KB151416

와일리 블랙웰 핸드북
The Wiley Blackwell Handbook

일터에서 긍정심리학 활용하기

The Psychology of Positivity and Strengths-Based Approaches at Work

Lindsay G. Oades · Michael F. Steger
Antonella Delle Fave · Jonathan Passmore 편집

유성경 · 박정민 · 이혜진 · 이준걸 공역

시리즈 편집
Jonathan Passmore

와일리 블랙웰 핸드북: 조직심리학 부문

시리즈 편집자: 조나단 패스모어(Jonathan Passmore)

와일리 블랙웰 핸드북 조직심리학 부문의 목표는 현대에 이루어지고 있는 핵심적인 조직심리학 하위 영역의 연구, 이론, 실천에 대한 일련의 심층적인 검토를 고유한 시각으로 수행하는 것이다. 각 시리즈의 제목은 각 연구 영역의, 학자, 연구자, 학생, 실무자의 손끝에서 현재 이루어지고 있는 가장 중요한 작업에 대한 최첨단의 기술을 전달하는 것을 목적으로 한다. 시간이 지남에 따라, 본 시리즈는 각 분야에 대한 포괄적 이해를 얻고자 하는 사람들을 위한 완성된 참고자료로 성장할 것이다.

출판된 시리즈

와일리 블랙웰 핸드북: 코칭과 멘토링의 심리학
(The Wiley-Blackwell Handbook of the Psychology of Coaching and Mentoring)
조나단 패스모어(Jonathan Passmore), 데이빗 피터슨(David B. Peterson), 테레사 프레이어(Teresa Freire) 편집

와일리 블랙웰 핸드북: 리더십, 변화 및 조직개발의 심리학
(The Wiley-Blackwell Handbook of the Psychology of Leadership, Change and Organizational Development)
스킵톤 레너드(H. Skipton Leonard), 레이첼 루이스(Rachel Lewis), 아서 프리드먼(Arthur M. Freedman), 조나단 패스모어(Jonathan Passmore) 편집

와일리 블랙웰 핸드북: 훈련, 개발 및 성과개선의 심리학
(The Wiley Blackwell Handbook of Psychology of Training, Development and Performance Improvement)
커트 크레이거(Kurt Kraiger), 조나단 패스모어(Jonathan Passmore), 시그마르 말베찌(Sigmar Malvezzi), 누노 레벨로 도스 산토스(Nuno Rebelo dos Santos) 편집

와일리 블랙웰 핸드북: 직업 안전 및 직장 건강의 심리학
(The Wiley Blackwell Handbook of the Psychology of Occupational Safety and Workplace Health)
샤론 클라크(Sharon Clarke), 타히라 프로스트(Tahira Probst), 프랭크 굴덴문드(Frank Guldenmund), 조나단 패스모어(Jonathan Passmore) 편집

와일리 블랙웰 핸드북: 일터에서 긍정심리학 활용하기
(The Wiley Blackwell Handbook of the Psychology of Positivity and Strengths-Based Approaches at Work)

린제이 오데스(Lindsay G. Oades), 마이클 스테거(Michael F. Steger), 안토넬라 델 페이브(Antonella Delle Fave), 조나단 패스모어(Jonathan Passmore) 편집

출판 예정

와일리 블랙웰 핸드북: 팀 작업 및 협력 프로세스의 심리학
(The Wiley Blackwell Handbook of the Psychology of Team Working and Collaborative Processes)
에두아르도 살라스(Eduardo Salas), 라몬 리코(Ramon Rico), 닐 애쉬카나시(Neal Ashkanasy), 조나단 패스모어 (Jonathan Passmore) 편집

와일리 블랙웰 핸드북: 채용, 선발 및 구성원 유지의 심리학
(The Wiley Blackwell Handbook of the Psychology of Recruitment, Selection and Employee Retention)
해롤드 골드스타인(Harold Goldstein), 일레인 풀라코스(Elaine D. Pulakos), 칼라 세메도(Carla Semedo), 조나단 패스모어(Jonathan Passmore) 편집

와일리 블랙웰 핸드북: 일터에서의 인터넷 심리학
(The Wiley Blackwell Handbook of the Psychology of the Internet at Work)
귀도 헤르텔(Guido Hertel), 다이에나 스톤(Dianna L. Stone), 러처드 존슨(Richard D. Johnson) 조나단 패스모어 (Jonathan Passmore) 편집

차 례

Part Ⅱ　일터에서의 긍정심리학 활용을 위한　조직적 접근법

Part Ⅲ 비즈니스 현장에서 긍정심리학의 적용

이 QR코드를 스캔하면
『일터에서 긍정심리학 활용하기』의
참고 문헌을 열람할 수 있습니다.

편집자 소개

린제이 오데스 박사(Lindsay G. Oades, PhD)

린제이(최우수 경영학석사, 박사)는 호주 맬버른 대학교(University of Melbourne)에서 부교수로 재직 중이고, 긍정심리학 학습 및 훈련 센터의 부회장이다. 응용긍정심리학 석사학위 과정(MAPP: Masters in Applied Positive Psychology)의 프로그램 코디네이터이기도 하다. 2013년 그는 교육에 탁월한 기여를 한 공로로 호주 정부로부터 표창장을 받았다. 린제이는 전 세계 여러 컨퍼런스에서 연설을 하고 있으며 2,100회 이상 인용된 100편 이상의 동료심사논문(peer-reviewed journal articles)과 학술 단행본의 챕터를 집필하였다. 그의 연구 주제는 일터와 건강 및 교육 시스템에서 웰빙의 적용이다. 그 중에서도 그는 긍정심리학과 웰빙 과학의 경험적 기반을 바탕으로 하여, 보다 회복지향적인 정신건강 서비스의 개입법 및 조직개발 프로그램을 개발해 왔다. 현재 개발 중인 연구 프로그램은 긍정 시스템(positive systems)과 웰빙 활용능력(well-being literacy)에 중점을 두고 있다. 2015년에 린제이는 연구 상업화의 우수성으로 부총장상을 받았다. 그는 여러 학문분야에 걸친 연구를 다루는 국제 웰빙 저널의 공동 편집자이고, 라이프 스컵쳐 회사(Life Sculpture Pty Ltd)의 전무이사이며, 리치 파운데이션(Reach Foundation)의 비상임이사이며, 하버드 대학의 맥클린 병원(McLean Hospital)에서 코칭 연구소의 과학 자문 패널을 맡고 있다. 린제이는 뉴 사우스 웨일즈 정신건강위원회(Mental Health Commission of New South Wales) 웰빙 협동조합(Wellbeing Collaborative)의 리더십 팀의 팀원이다. 린제이는 아내와 두 아들과 함께 여행, 문화 체험, 야외 활동하는 것을 즐긴다.

마이클 스테거 박사(Michael F. Steger, PhD)

마이클은 미국 콜로라도 주립대학(Colorado State University)에서 상담심리학과 및 응용사회심리학과의 부교수로 재직 중이다. 또한, 삶의 질과 의미 연구를 위한 실험실(Laboratory for the Study of Meaning and Quality of Life)의 책임자이다. 그의 연구 분야는 인간의 번영(flourishing)을 촉진하고 심리적 고통을 완화시키는 요인을 탐구하는 것이다. 특히, 사람들은 자신의 삶을 의미 있게 여기는 인식을 어떻게 생성하는지, 그리고 의미있는 삶을 살면서 얻을 수 있는 혜택이 무엇인지 밝히는 연구에 집중하였다. 마이클은 전 세계 여러 조직에서 강연을 하고 여러 컨퍼런스에서 연설을 하고 있으며, 100편 이상의 동료심사논문과 학술 단행본의 챕터를 집필하였다. 그의 저서로는 긍정심리학 설계(Designing Positive Psychology), 일터에서 의미찾기(Purpose and Meaning in the Workplace)이라는 두 권의 책이 있다. 현재 그는 학술지 웰빙 심리학의 공동편집장이며, 그 밖의 몇 가지 학술지의 편집위원으로 활동하고 있다. 그는 세계에서 가장 널리 사용되는 의미와 목적의 척도인 일과 의미 척도 와 삶의 의미 척도 의 개발자이다.

안토넬라 델 페이브 박사(Antonella Delle Fave, PhD)

안토넬라는 임상심리학을 전공하였으며, 이탈리아 밀라노 대학교(Università degli Studi di Milano)에서 심리학과 교수로 재직 중이다. 그녀의 연구 분야는 웰빙 척도, 일상적 경험의 변동 패턴, 다양성과 역경을 경험할 때의 심리적 선택에 있어서 문화 간에 나타나는 개인 간 차이를 포함한다. 안토넬라는 건강 및 교육 영역에서 개입법 프로젝트를 개발하였다. 그녀는 국제적인 파트너들과 함께 다양한 문화 전반에 걸친 웰빙의 구성요소를 밝히기 위한 "목적지향적 및 쾌락적 행복 탐구(Eudaimonic and Hedonic Happiness Investigation)" 프로젝트를 발족하고 시행하였다. 현재에는 서구 의학의 생물심리사회적 관점과 건강에 대한 인도 전통의 관점을 통합하기 위한 연구 및 임상실험을 수행하고 있다. 그녀는 국제긍정심리학협회(IPPA: International Positive Psychology Association), 긍정심리학 유럽네트워크(ENPP: European Network of Positive Psychology), 이탈리아 긍정심리학협회(SIPP: Società Italiana di Psicologia Positiva)의 창단 멤버이자 회장으로 긍정심리학의 발전에 기여하였다. 안토넬라는 150편이 넘는 과학 연구논문과 저서를 집필했으며, 2010년부터 행복연구 저널의 편집장을 역임하고 있다.

조나단 패스모어 심리학 박사(Jonathan Passmore, D.Occ.Psych)

조나단은 포르투갈 에보라 대학교(University of Évora)의 심리학과 교수이며, 윈체스터 비즈니스 스쿨(Winchester Business School)에서 강의하고 있으며, 유럽, 중동, 아프리카에서 영업활동을 하고 있는 심리학 컨설팅 회사 엠브리온(Embrion)에서 20명의 트레이너 및 심리학자 팀과 함께 전무이사로 일하고 있다. 그는 공인된 심리학자이며, 5개의 학위를 소지하고 있으며, 코칭 및 리더십 분야에서 국제적인 명성을 갖고 있다. 코칭 시리즈 협회(Association for Coaching series)의 편집을 담당하였으며, 리더십, 개인 개발, 변화를 주제로 한 20권 이상의 저서를 집필하였다. 조나단은 미국에서 유럽 및 아시아에 이르기까지 전 세계 여러 컨퍼런스에서 연설을 하고 있으며, 100편 이상의 동료심사논문과 학술 단행본의 챕터를 집필하였다. 그의 업적은 2010년 코칭협회로부터 글로벌 코칭 어워드(Global Coaching Award) 수상, 2012년 안전한 코칭에 대한 연구로 영국심리학회로부터 리서치 SGCP 어워드(Research SGCP Award) 수상, 2015년 비즈니스 심리학자 협회(Association for Business Psychologists)로부터 체어맨스 어워드(Chairman's Award for Excellence) 수상을 통해 많은 전문기관으로부터 인정받았다. 그는 국제 코칭 심리학 리뷰(International Coaching Psychology Review)를 비롯한 몇몇 국제학술지의 편집위원을 역임하고 있다. 조나단은 영국에서 아내와 두 명의 어린 자녀들과 살고 있다. 그는 여가시간에 양봉을 즐기며, 수영, 산책과 달리기를 좋아한다.

저자 소개

팀 안스티스 박사(Tim Anstiss, PhD)
행동 의학, 웰빙의 강화, 직원의 발전에 연구의 초점을 두고 있는 의사이다. 전직 장대 높이뛰기 선수이자 검투사 도전자였던 팀은 BBC 다큐멘터리 "슬라우 행복 만들기(Slough Happy Making)"에서 "슬라우 50" 중 한 명이었다. 그는 직업의학(Occupational Medicine) 분야에서 대학원 학위를 받았다.

로버트 디스와스-디너 박사(Robert Biswas-Diener, PhD)
파지티브 에이콘(Positive Acorn)의 전무이사이며, 55편이 넘는 학술 단행본과 많은 책을 집필한 다작 작가이다. 또한 편집자, 강연자, 트레이너 겸 코치이기도 하다. 그의 연구 분야는 긍정심리학 개입법, 강점 활용 및 개발, 문화간 연구, 웰빙, 건강, 삶의 만족과 같은 주제들을 포함한다.

브리타니 브라난드(Brittany Branand)
미국 클레어몬트 대학원 박사과정 학생이며, 시카고 대학 전국여론조사센터(NORC: National Opinion Research Center) 수석연구원으로서 보조금을 지원받으며 혁신적 개입법을 평가하는 일을 하고 있다. 발달긍정심리학 분야에서 그녀의 연구분야는 멘토링 관계, 대학 공동체 내에서의 관계, 노년층의 애정관계를 포함한 대인관계에 초점을 맞추고 있다.

스테판 칸토레 박사(Stefan P. Cantore, PhD)
영국 사우스햄튼 비즈니스 스쿨에서 조직행동 및 인적자원관리 부문의 수석 조교로 재직 중이다. 스테판은 조직 개발 및 컨설팅 관계에서 대화가 갖는 역할에 특별한 관심을 가지고 있다. 그는 글쓰기 및 조직 컨설팅을 접목하여 교육을 하기도 한다.

지넷 클리블랜드 박사(Jeanette N. Cleveland, PhD)
미국 콜로라도 주립 대학 산업 및 조직 심리학과 교수이며, 산업 및 조직 심리학회(Society for Industrial and Organizational Psychology)와 미국 심리학회(APA)의 선출된 협회원이다. 그녀는 펜 주립 대학에서 박사학위를 받았다. 그녀의 연구 주제는 업무 태도, 성과 결정, 노동력의 다양성 이슈, 직장-가정 문제 등이 있다.

팀 로마스 박사(Tim Lomas, PhD)
영국 이스트런던 대학교에서 강사로 일하고 있으며, 응용긍정심리학 및 코칭 심리학 석사과정의 프로그램 리더이다. 팀은 퇴근 응용긍정심리학 분야의 교과서를 비롯하여, 긍정심리학 분야에서 수많은 저서와 논문을 집필했다.

피터 클로 박사(Peter J. Clough, PhD)
영국 맨체스터 메트로폴리탄 대학 응용심리학과의 학과장을 맡고 있다. 그의 연구 주제는 정신적 강인함(mental toughness) 및 이 특성이 스포츠, 교육, 비즈니스 성과와 갖는 관계에 초점을 두고 있다.

리 크러스트(Lee Crust)
영국 링컨 대학의 스포츠 운동학 수석 강사로 엠터프(MTOUGH) 연구 팀을 지휘하고 있다. 그는 공인된 스포츠 운동학 심리학자이며, 정신적 강인함에 관한 질적, 양적 연구를 발표하였다.

미하이 칙센트미하이 박사(Mihaly Csikszentmihalyi, PhD)
29개 언어로 번역된 14개 서적의 저자이며, 250편 이상의 연구논문을 저술하였다. 그는 2001년에 설립한 국제 긍정심리협회(International Positive Psychology Association)의 공동창립자이며, 이사회의 일원이다.

돈 데이비스 박사(Don E. Davis, PhD)
미국 조지아 주립 대학의 상담심리학과 조교수이다. 그는 버지니아 코먼웰스 대학에서 상담심리학 박사학위를 받았다. 돈의 연구 주제는 긍정심리학, 특히 관계의 강화 및 회복과 관련된 덕목(예: 용서, 겸손, 감사)에 중점을 둔다.

설린 드블레어 박사(Cirleen DeBlaere, PhD)
미국 조지아 주립 대학의 상담심리학과 조교수이다. 그녀는 플로리다 대학에서 상담심리학 박사학위를 받았다. 설린의 연구 및 임상실무의 초점은 소외된 정체성을 가진 개인의 경험, 특히 복합적으로 소외된 정체성을 가진 개인에 있다.

앤드류 드노반(Andrew Denovan)
영국 맨체스터 메트로폴리탄 대학의 심리학과 강사이다. 그의 연구 분야는 스트레스, 적응, 긍정심리학, 웰빙, 그리고 고등교육에서 학생의 경험이다. 앤드류는 또한 연구 방법론에 대해서도 관심을 가지고 있다.

아일린 둘라길(Aylin Dulagil)
긍정심리학, 구성원 몰입, 리더십 개발, 인적자원, 조직개발 분야에 경험이 있는 코칭 및 긍정조직심리학자이다. 그녀는 지난 20년 동안 호주의 다양한 산업 분야에서 조직개발 방향성을 제공한 내부 및 외부 컨설턴트로 일했다. 현재 아일린은 조직 분위기와 관리자 행동이 개인의 강점 활용에 미치는 영향을 조사하는 박사과정을 마무리하는 중이다.

그위니스 피셔 박사(Gwenith G. Fisher, PhD)
미국 콜로라도 주립 대학의 산업 및 조직심리학 조교수이다. 그녀는 볼링그린 주립대학교에서 박사학위를 받았다. 그위니스의 연구 분야는 고령의 노동력 및 업무/비업무 이슈에 초점을 맞춘 노동자 건강 및 웰빙에 관련된 개인요인 및 업무요인에 대한 탐구이다.

수지 그린 박사(Suzy Green, PhD)
임상 및 코칭 심리학자이며 긍정성 인스티튜트(The Positivity Institute)의 설립자이다. 호주 시드니 대학 코칭 심리 부문에서 응용긍정심리학을 10년간 강의했으며, 코칭 심리학 국제 단체(International Society for Coaching Psychology)의 명예 부회장이다. 수지는 현재 웨스턴 시드니 대학교, 울런공 대학교, 멜버른 대학교, 호주카톨릭 대학교에서 명예직을 맡고 있으며, 영국 캠브리지 대학의 웰빙 인트티튜트(Well-being Institute)와 제휴를 맺고 있다.

조슈아 후크 박사(Joshua N. Hook, PhD)
미국 노스텍사스 대학교의 상담심리학과 조교수이다. 그는 버지니아 코먼웰스 대학교에서 박사학위를 받았다. 그의 연구 분야는 겸손, 용서, 종교 및 영성, 다문화 상담에 중점을 두고 있다.

이타이 이브챤 박사(Itai Ivtzan, PhD)
영성과 심리학 간의 결합에 열정을 갖고 있다. 그는 긍정심리학자이며, 영국 이스트런던 대학교 응용긍정심리학 석사과정(MAPP: Masters in Applied Positive Psychology)의 선임강사이자 프로그램 리더이다. 이타이는 많은 저서, 논문, 단행본의 챕터를 집필했으며, 주요 관심사는 영성, 마음챙김, 의미, 자기실현이다. 그의 연구에 대한 추가정보를 얻고 싶거나 그에게 연락하고 싶다면 www.AwarenessIsFreedom.com을 방문하면 된다.

애론 자뎅 박사(Aaron Jarden, PhD)
뉴질랜드 오클랜드 공과대학교 심리학과 선임강사이다. 그는 뉴질랜드 긍정심리협회(New Zealand Association of Positive Psychology)의 회장이며, 웰빙 국제 저널의 공동편집자이며, 뉴질랜드 독립 웰빙 지표(Sovereign New Zealand Wellbeing Index) 연구를 이끌었으며, 웰빙 연구에 있어서 연륜 있는 학자이다.

레베카 자뎅(Rebecca Jarden)
뉴질랜드 오클랜드 공과대학교 간호학과 강사이다. 그녀는 중환자 간호에 있어서 공인된 간호사이며, 그녀의 연구 및 실무 관심사는 중환자 간호, 건강 관리의 질, 학생 및 직장 내 몰입 및 동기부여이며, 특히 웰빙에 중점을 둔다.

모히타 윤나카 박사(Mohita Junnarkar, PhD)
긍정심리학 분야에서 박사후 과정(post-doctoral fellowship)을 마쳤다. 그녀의 전문분야는 다양한 척도의 정신측정학적 특성을 연구하고, 인도 사람을 대상으로 그 특성의 타당성을 검증하는 것이다. 모히타는 긍정심리학 구성개념에 대한 정신측정학적 타당화에 있어서, 국내 및 국제 동료심사논문을 통해 좋은 평판을 얻었다.

토드 카쉬단 박사(Todd B. Kashdan, PhD)
150여 편의 동료심사논문(peer-reviewed articles)을 집필했으며, 부정적인 측면이 가진 이점(The Upside of Your Dark Side)을 비롯한 책들의 공동저자이다. 그는 미국 조지메이슨 대학교의 심리학과 교수이자 웰빙 향상 센터(Center for the Advancement of Well-Being)의 수석 과학자를 맡고 있다.

소널 코슬라 석사(Sonal Khosla, MA)

미국 클레어몬트 대학원 긍정발달심리학 및 평가 과정의 학생이다. 현재 그녀는 잔느 나카무라 박사(Dr Jeanne Nakamura)와 미하일 칙센트미하이 박사(Dr Mihaly Csikszentmihalyi)의 감독하에 삶의 질 연구 센터(Quality of Life Research Center)의 연구조교로 일하고 있다.

가자 자거 콕잔(Gaja Zager Kocjan)

슬로베니아 류블랴냐 대학교 심리학과에서 심리학자이자 교육조교로 일하고 있다. 그녀의 주요 연구 분야는 긍정심리학과 성격심리학을 포함한다. 현재 가자의 주요 관심사는 구성원 웰빙의 다양한 지표이다.

이혜진(Lee Hyejin)

캐나다 브리티시 컬럼비아 대학교에서 심리학 학사학위를 받았으며, 한국 이화여자대학교에서 상담심리학 석사 학위를 취득했다. 그녀는 한국의 인적자원 컨설팅 회사에서 근무했던 경력이 있으며, 현재는 역량평가, 역량교육 및 인적자원 개발을 전문으로 일하고 있다.

팀 로마스 박사(Tim Lomas, PhD)

영국 이스트런던 대학교에서 강사로 일하고 있으며, 응용긍정심리학 및 코칭 심리학 석사과정의 프로그램 리더이다. 팀은 퇴근 응용긍정심리학 분야의 교과서를 비롯하여, 긍정심리학 분야에서 수많은 저서와 논문을 집필했다.

셰인 로페즈 박사(Shane J. Lopez, PhD)

갤럽(Gallup)의 수석 과학자이며, 클리프튼 강점 인스티튜트(Clifton Strengths Institute)의 리서치 디렉터이다. 캔자스 대학교에서 긍정심리학의 설립과 변영에 중요한 역할을 담당하며 존경을 받고 있는 교수이다. 희망, 강점 개발, 학업적 성공과 전반적 웰빙 간의 관련성에 대한 그의 연구는, 전세계 학자들 사이에서 통찰력과 협력을 이끌어 냈다. 그는 한 사람의 긍정적인 특성에 생명력을 불어 넣는 것이 어떻게 긍정적 집단을 만들고 강화시키는지 그 예시를 보여주었다. 로페즈 박사는 그의 원고를 포함한 이 책이 출간되기 전 2016년에 작고하였다.

나데즈나 류브치크(Nadezhda Lyubchik)

파지티브 에이콘(Positive Acorn)에서 일하고 있으며, 사회심리학 및 긍정심리학을 포괄하는 주제에 대한 여러 간행물을 보유하고 있다. 그녀의 연구 분야는 사회적 관계, 비교문화 연구, 공공정책 개발 및 평가, 사회인지 신경과학, 긍정심리학 개입법 등이 있다.

더그 맥키 박사(Doug MacKie, PhD)

호주, 아시아, 영국의 최고 기업을 대상으로 경영진, 리더십, 팀 역량의 평가 및 개발 분야에서 25년 이상의 경험을 쌓은 비즈니스 심리학자 겸 임원 코치이다. 그는 리더십 개발, 효과적인 평가의 중요성, 코칭 개입법의 투자수익률(ROI)에 관한 강점 기반 접근법을 국제 컨퍼런스에서 발표하였고, 이 분야를 선도하는 논문도 발표하였다. 더그는 이 분야에 대한 연구를 토대로, 조직에서의 강점 기반 리더십 코칭에 대한 글을 발표할 예정이다.

수자나 마르크스 박사(Susana C. Marques, PhD)

포르투갈 포르투 대학교 심리학 센터의 연구원이자 정회원이며, 같은 대학의 심리 및 교육학 학부 교수이다.

그녀의 연구 대부분은 희망, 그리고 희망이 개인, 집단, 조직을 번영하도록 어떻게 도울 수 있는지에 초점을 맞추고 있다.

미셸 맥콰이드(Michelle McQuaid)

베스트셀러 작가이며, 일터에서의 웰빙 교사이자, 쾌활한 변화촉진가이다. 그녀는 호주 멜버른 대학교, 멜버른 교육 대학원의 명예회원이며, 미국 펜실베니아 대학교에서 응용긍정심리학 석사학위를 받았으며, 현재 박사과정을 마치는 중이다. 미셸은 심리학 투데이(Psychology Today), 허핑턴 포스트, 행복하게 살자(Live Happy)에 글을 기고하여 왔으며, 그녀의 연구는 포브스, 하버드 비즈니스 리뷰, 더 월스트리트 저널 등에서 발표되었다.

잔느 나카무라 박사(Jeanne Nakamura, PhD)

미국 클레어몬트 대학원의 행동 및 조직 과학 부문의 부교수이며, 긍정심리학 컨센트레이션(positive psychology concentration)과 삶의 질 연구 센터(Quality of Life Research Center)의 공동책임자이다. 그녀는 몰입 및 창의성, 멘토링 및 좋은 일, 잘 나이 드는 방법을 포함하여, 성인 발달의 맥락에서 긍정심리학을 탐구하였다.

크리스토퍼 니미엑 박사(Christopher P. Niemiec, PhD)

미국 로체스터 대학 심리학과 부교수이며, 임상 및 사회과학 심리학 부문 학부과정의 관리자이다. 또한 그는 호주 시드니 울렁공 대학교 비즈니스스쿨로부터 경영학부 객원부교수의 명예직에 임명 받았다. 크리스토퍼의 연구 프로그램은 사회심리학, 성격심리학, 발달심리학에서의 자기결정이론의 원리를 확장시킴으로써, 그 원리를 교육, 건강, 조직행동의 영역에 적용하는 것이다.

바네사 플라케어스(Vanessa Placeres)

2급 상담전문가이다. 그녀는 미국 캘리포니아 주립 대학교 에서 상담, 부부 및 가족 치료 과정 석사학위를 받았다. 그녀는 현재 학교상담 장면에서 교육전문가로서 경력을 쌓고 있다. 그녀의 연구 주제는 긍정심리학이며, 특히 왕따 및 용서에 중점을 두고 있다.

알리시아 퍼텔(Alicia Purtell)

조직개발 전문가이다. 그녀는 호주 시드니 대학에서 경영학 학사학위를 받았고, 맥쿼리 경영 대학원에서 경영학 대학원 과정을 마쳤으며, 시드니 대학에서 코칭 심리학 석사학위를 받았다. 또한 그녀는 시드니 대학에서 대학원 학위 과정을 마치는 중이다. 알리시아는 긍정성 인스티튜트(The Positivity Institute)에서 선임연구원으로 일한 경력을 가지고 있으며, 현재는 라이온(Lion)사 호주산 맥주, 사이다, 와인 (BCWA: Beer, Cider and Wine Australia) 부문 인적자원 및 문화 담당 이사이다.

폴라 로빈슨 박사(Paula Robinson, PhD)

고위경영자로서 경력을 쌓은 후, 현재는 공인된 컨설팅 심리학자로 일하고 있으며, 전통적 심리학 및 긍정심리학의 과학적 적용 및 통합을 전문으로 하고 있다. 지난 15년 동안 폴라는 정부, 사기업, 학교, 지역사회를 대상으로, 다수의 연구 조사, 학술 강연, 자문 역할, 기조 강연, 전략적 긍정변화 프로그램을 수행하였다.

수 로피 왕립예술학회 연구원(Sue Roffey, FRSA)

교육 심리학자, 학술가이자 작가이다. 그녀는 웰빙 호주(Wellbeing Australia)의 창립자이며, 현재 호주 웨스턴 시드니 대학교 의 부교수이며, 영국 캠브리지 웰빙 인스티튜트(Well-being Institute at Cambridge)의 회원이다. 그녀는 많은 간행물을 통해 국제적인 독자층을 보유하고 있으며, 교육 컨설턴트 및 강연자로 전세계에서 활동하고 있다.

세바스티안 로스만 박사(Sebastiaan Rothmann, PhD)

남아프리카공화국 North-West University 산업심리학과 교수이자 옵텐시아 연구 프로그램(Optentia Research Programme)의 이사이다. 그의 연구 분야는 다문화 맥락에서 인간의 잠재력을 평가하고 발전시키는 것, 이에 따른 조직 내에서의 번영이다. 세바스티안은 동료심사논문 및 핸드북에서 160편이 넘는 논문과 챕터를 집필하였다.

캄레쉬 싱 박사(Kamlesh Singh, PhD)

다양한 구성개념의 검증, 다양한 인구에 대한 개입법의 개발 및 타당화에 중점을 두고, 긍정심리학 연구에 적극적으로 참여하고 있다. 그녀는 다수의 책을 집필하였고, 국내 및 국제 동료심사논문을 통해 다수의 연구를 발표하였다. 캄레쉬는 국제긍정심리학협회(IPPA: International Positive Psychology Association) 이사회의 회원이며, 인도 국제 긍정 심리학 협회(NPPA: National Association of Positive Psychology)의 창립 멤버이자 간사이다. 더욱 자세한 내용은 다음을 참고하기 바란다(http://web.iitd.ac.in/~singhk/).

가빈 슬렘프 심리학 박사(Gavin R. Slemp, PsyD)

호주 멜버른 대학교의 강사, 학술가이며, 긍정 심리학 센터(Centre for Positive Psychology)에서 학부 프로그램의 부관리자를 맡고 있다. 그의 연구 주제는 조직심리학을 바탕으로 하며, 주로 구성원 웰빙, 동기부여, 잡크래프팅, 비교문화 심리학 영역에 초점을 맞추고 있다.

로렌스 수사이-네이던 박사(Lawrence Soosai-Nathan, PhD)

로마 카톨릭 사제이며, 절충주의 접근법과 전체론적 웰빙 관점을 가진 심리치료사이다. 실무가로서의 경력과 함께, 에이누그라하 사회과학 인스티튜트(Anugraha Institute of Social Sciences) 심리학 부문의 학과장을 맡고 있으며, 인도 타밀 나두(Tamil Nadu) 농촌 지역에 위치한 마두라이 카마라 대학교와 제휴를 맺고 있으며, 농촌 지역 청소년 특히 소녀를 대상으로 하는 권한위임에 전념하고 있다.

고든 스펜스 박사(Gordon B. Spence, PhD)

호주 Sydney Business School과 University of Wollongong에서 비즈니스 코칭 석사과정 책임자를 맡고 있다. 그는 공인된 심리학자이며, 강사, 연구자, 활동 중인 임원이자, 직장 코치이다. 고든의 박사학위 논문은 마음챙김의 실천을 증거기반 코칭으로 통합하는데 중점을 두었으며, 현재의 연구 주제는 자율적 동기부여, 구성원 몰입, 일터에서의 웰빙을 포함한다. 그는 과학 자문 위원회(Science Advisory Council), 코칭 인스티튜트(Institute of Coaching), 맥클린 병원/하버드(McLean Hospital/Harvard)의 전임 공동의장이었으며, 다수의 동료심사 단행본 챕터 및 학술논문의 저자이기도 하다.

케빈 월터스(Kevin M. Walters)
미국 콜로라도 주립대학교의 산업 및 조직심리학과 대학원생이며, 교육 및 연구의 산과 평지 센터(Mountains and Plains Education and Research Center)의 직업건강심리학 과정의 수련생이다. 그의 연구는 건강, 직무만족, 일에서의 의미충족과 같은 업무환경의 긍정적 측면을 개선하는 데 초점을 맞추고 있다.

크리스티안 반델러 박사(Christian A. Wandeler, PhD)
미국 캘리포니아 주립대학교 의 연구방법론 및 통계 부문 조교수이다. 그의 연구 주제는 희망 및 동기부여, 일터에서의 자기결정, 교사 훈련, 직업 교육 및 훈련의 질 향상이다.

울리히 뷔스만(Ulrich Wiesmann)
의학 심리학 인스티튜트의 부소장이며, 독일 그라이프스발트 대학교에서 심리치료 서비스 부문의 책임자이다. 심리치료사로서 그는 트라우마 장애 치료를 전문으로 하고 있으며, 임상 팀의 슈퍼바이저로서 오랜 경험을 가지고 있다. 울리히는 연구자로서 긍정적인 나이 듦의 심리학에 관심이 있다.

폴 웡 박사(Paul T. P. Wong, PhD)
캐나다 트렌트 대학교의 명예교수이며, 미국 새이브룩 대학교 임상 박사학위 프로그램의 겸임교수이다. 그는 미국심리학회(APA)와 캐나다심리학회(CPA)의 회원이며, 개인적 의미를 위한 국제 네트워크(International Network on Personal Meaning; www.meaning.ca)과 의미-중심 상담 인스티튜트(Meaning-Centered Counselling Institute)의 회장이다. 실존주의적 심리학 및 심리치료 국제저널(International Journal of Existential Psychology and Psychotherapy)의 편집자이기도 한 그는 의미에 대한 인간의 탐구(The Human Quest for Meaning)에서 영향력 있는 두 권의 책을 편집하였다. 다작 작가로서 그는 가장 많이 인용된 실존주의 및 긍정 심리학자 중 한 사람이다. 의미치료 와 국제 의미 컨퍼런스(International Meaning Conferences)의 창시자인 그는 전세계에서 연사로 초청받고 있다.

유성경 박사(Sung-Kyung Yoo, PhD)
이화여대 심리학과 교수이다. 그녀는 미국 미네소타 대학교에서 박사학위를 받았고 국제 학자 공로(Distinguished International Scholar award)를 수상한 바 있다. 유성경 박사는 하버드 대학교의 풀브라이트 객원 연구원(Fulbright Visiting Scholar)이기도 했다. 그녀의 연구 분야는 발달 단계에 따른 경력 이슈 및 아시아 문화에서의 젠더 이슈이다.

역자 소개

유성경

서울대학교 사범대학 교육학과를 졸업하고, 동 대학원에서 교육심리로 석사학위, 미국 미네소타대학교 (University of Minnesota)에서 교육 및 상담심리 전공으로 박사학위를 취득하였다. 2001년부터 현재까지 이화여자대학교 심리학과에서 교수로 재직 중이며, 미국 매케나 칼리지(McKenna College)와 하버드대학교(Harvard University) 심리학과에서 Fulbright 방문교수를 지냈다. 미네소타대학교에서 Distinguished International Scholar Award, 한국상담심리학회에서 학술상을 받았으며, 2018년에는 미국 심리학회 상담심리분과에서 Excellent Contribution Award를 수상하였다. 한국상담심리학회 상담심리 전문가, 한국상담학회 전문 상담사로 활동 중이다. 저서 『상담 및 심리치료의 핵심원리』, 역서 『심리치료의 세 가지 접근』, 『상담의 디딤돌』, 『건강한 상담자만이 남을 도울 수 있다』, 『감정 공포 치료』 등이 있으며, 국내외 학회지에 상담 과정-성과, 슈퍼비전, 일-가정 양립 관련 다수의 논문을 발표하였다.

박정민

이화여자대학교 대학원 심리학과에서 상담심리학 전공으로 박사 학위를 받았다. 한국청소년상담원(현 한국청소년상담복지개발원) 선임상담원, 이화여자대학교 학생상담센터 상담원, ㈜다산E&E의 EAP 팀장, ㈜피플인싸이트그룹의 EAP 팀장, ㈜리더스인싸이트그룹의 Development 담당 상무를 역임하였고, 현재 COZY SUDA라는 1인 기업 대표로 재직 중이다. 다양한 조직의 임원 및 중간관리자, 구성원을 대상으로 Smart Leadership & Followership 개발을 조력하는 Coach, 역량을 평가하는 Assessor, 건강한 마음관리를 하는 Counselor로 활발히 활동하고 있다.

저서로 『코칭여행자를 위한 안내서』, 『오해하지 말아주세요』, 『남자의 공간』, 『멘붕 탈출! 스트레스 관리』, 역서로 『일의 심리학』, 『밀레니얼 세대가 일터에서 원하는 것』, 『나의 일을 의미있게 만드는 방법』, 『일터에서 의미 찾기』, 『역량기반 평가기법』, 『스트레스 없는 풍요로운 삶』, 『상사를 관리하라』, 『Y세대의 코칭 전략』, 『중간관리자의 성과코칭전략』, 『심리치료의 거장』 등이 있다.

이혜진

브리티시컬럼비아 대학교에서 심리학을 전공하고, 이화여자대학교에서 상담심리학 전공으로 석사 학위를 받았다. 리더스인싸이트그룹 Development Team HR컨설턴트, 엔다인아이엔씨의 컨설팅 사업부 책임컨설턴트를 역임하였고, 현재 교육기업 <잇셀프컴퍼니>의 공동대표로 재직하고 있다. 한국상담심리학회 상담심리사이자 한국코칭심리학회 정회원이며, 현재 2030세대 조직구성원의 자기이해와 역량개발을 돕기 위해, 심리학이론을 활용한 프로젝트와 워크숍을 기획·운영·관리하는 일을 하고 있다. 2017년 본서 『The Psychology of Positivity and Strengths-Based Approaches at Work』의 공동저자로 참여한 바 있다.

이준걸

성균관대학교에서 법학과 심리학을 전공하고, 동대학원에서 산업및조직심리학 전공으로 석사 학위를 받았다. 리더스인싸이트그룹 Assessment Team HR컨설턴트, 엔다인아이엔씨의 컨설팅 사업부 팀장으로 일했고, 현재, 교육기업 <잇셀프컴퍼니>의 대표로 공공기관과 사기업의 간부리더 후보자를 대상으로 리더십역량진단과 역량개발을 돕기 위해 일하고 있다. 주요 연구분야는 성격과 조직 내 성과의 연관성이다. 최근에는 일하는 성인을 대상으로 업무를 수행할 때 선호하는 행동패턴에 대한 자기인식능력의 향상을 돕는 일을 하고 있다.

머리말

핸드북의 중요한 기능 중 하나는 핵심 주제와 관련된 최신 정보와 신뢰할 수 있는 연구발견에 대한 포괄적인 시각을 제공하는 것이다. 처음부터 끝까지 핸드북을 모두 읽는 사람은 거의 없지만, 우리는 특정한 주제에 대해 무엇을 알고 있는지, 아직 모르는 것은 무엇인지 식별하기 위해 핸드북을 사용한다. 핸드북의 챕터는 일반적으로 학습의 진척을 위한 가장 신뢰할 수 있는 출처로 간주된다. 이것은 새롭고 흥미로운 것, 다른 곳에서는 발견하기 힘든 어떠한 것을 발견할 수 있도록 우리를 도와준다.

이 핸드북은 핸드북으로서 최고 수준의 열망을 충족시켜줄 것이다. 이 책은 긍정조직심리학 분야에서 가장 잘 알려진 학자들에 의해 편집되었으며, 챕터 주제와 기고자의 선택에 있어서 매우 탁월하다. 각 챕터의 저자들은 그들의 업적과 권위에 기반하여 국제적으로 알려져 있을 뿐만 아니라, 아직 하나의 단행본으로 엮이지 않은 다양한 학자들을 대표한다. 이들은 아프리카, 아시아, 호주 및 뉴질랜드, 유럽, 북미를 대표하며, 조직심리학 문헌에서 자주 간과되는 주제를 다룬다. 또한, 다양한 산업 부문(예: 교육, 건강관리, 예술 및 공예, 농업, IT), 다양한 인구통계학적 특성(예: 중년층 경력, 나이 듦), 다양한 실무 관행(예: 잡크래프팅, 관계, 동기부여, 리더십, 조직변화)과 같은 인상적인 일련의 업무 맥락에서 긍정조직심리학의 적용을 강조한다.

예상할 수 있듯이, 긍정심리학 및 업무에 대한 강점 기반 접근법은 비평과 혹평을 초래한다. 업무에 대한 이러한 접근법은 기존의 서구 가치체계에 대해 편향된 것으로 비난받아왔다. 비평가들은 긍정심리학 및 강점 기반 접근법에 보이는 태도가 유럽 중심적, 미국 중심적이며 편협한 가치편향적 관점을 영속시킨다고 주장한다. 더욱이, "긍정"이라는 용어는 실체적이기보다는 추상적 의미를 내포하며, 상식적으로 이해할 수 있는 단순한 개념으로 들리기 때문에 주목을 받았다. 많은 경우, 연구 발견은 과장되고, 오도되고, 타당성이 결여되었으며, 잘못 해석되거나 과대평가된 경우가 일반적이라고 비평가들은 말한다. 긍정조직심리학은 단지 "행복학"에 불과하며, 연구결과는 노동자의 순응성을 증가시키고 자유의 결여를 영속시킨다는 비판이 있다.

오데스(Oades), 스테거(Steger), 델 페이브(Delle Fave), 패스모어(Passmore)는 이와 같은 비평가들에 대한 반론의 훌륭한 예를 제공하기 위해 이 핸드북을 만들었다. 제시되는 관점은 매우 다양하며, 연구는 엄격하고 신중하게 진행되었다. 논쟁은 건전하며 잘 문서화되어 있다. 또한, 적용법은 인상적이고 혁신적이다. 각 챕터의 저자들은 초보자나 미숙한 학자가 아니다.

그들은 접근 가능한 최고의 지성을 대표한다. <와일리 블랙웰 핸드북: 일터에서 긍정심리학 활용하

기>는 일터에서의 긍정조직심리학에 대한 최신의 사조 및 최신 연구를 통해 발견된 결과를 배울 수 있는 훌륭한 지침서가 될 것이라고 확신한다.

킴 캐머런(Kim Cameron)
러셀 윌리엄 켈리(Russell William Kelley) 경영 및 조직학, 고등교육학 교수
미국 미시건 대학교(University of Michigan)

시리즈 머리말

와일리 블랙웰 산업 및 조직심리학 시리즈의 다섯 번째 핸드북의 독자가 되신 것을 환영한다. 시리즈 내에서 본 핸드북은 리더십과 변화, 코칭과 멘토링, 훈련과 개발, 건강과 안전에 관한 시리즈의 이전 네 가지 핸드북을 토대로 하며, 일터에서의 긍정심리학에 초점을 둔다

최근 몇 년 동안 우리는 그 뿌리를 1950년대와 1960년대의 인본주의적 접근에 두고 있는 긍정심리학의 성장을 보았다. 한편 지난 10년 이상 이 분야의 연구는 긍정적 접근법을 채택함으로써 얻을 수 있는 웰빙과 성과 측면의 혜택에 대한 양적 증거를 제공하였다. 조직심리학은 전통적으로 효과가 없는 것의 반대인 효과가 있는 것에 초점을 맞춘다. 하지만 긍정심리학은 일터의 심리학자로 하여금 고객을 더욱 향상시키고 지원할 수 있는 기회를 제공하며, 더 높은 성과를 달성하는 동시에 업무를 더욱 충족적이며 즐거운 것으로 만드는 과정을 돕는다.

우리는 본 시리즈가 다음 네 가지 면에 있어서 차별화된다고 믿는다. 첫째로, 본 시리즈의 초점은 실무자보다는 학술연구자 및 학생에 맞춰져 있지만, 현장 실무자 또한 흥미로운 읽을거리를 발견할 수 있을 것이다. 본 시리즈의 목적은 주제 영역의 주요 논점에 대한 폭넓은 자료를 제공하고, 각각의 주요 논점에 있어서 포괄적인 비판적 문헌 리뷰를 제공하는 것이다. 각 장은 해당 주제와 관련된 주요 논문, 단행본의 챕터, 아이디어를 간추리고 있으며, 10,000단어 내로 집약된 하나의 장으로 연구자, 학생, 학자들에게 있어서 산업 및 조직심리학 핵심 주제 연구를 위한 출발점을 제공한다. 본 책자는 각 영역에 대한 더욱 심층적 조사를 위한 출발점으로써 기능하는 것을 목표로 한다.

두 번째로, 많은 책들이 하나의 지배적인 대륙으로부터 모집한 저자 집단을 통해 영국/유럽 혹은 미국/북미 접근법을 취하고 있는 반면에, 이 시리즈에서는 국제적인 느낌을 만들어 내기 위한 노력을 매우 많이 기울였다. 전세계로부터 저자를 초대하였으며, 국가적/지역적 관점보다는 국제적 관점에 초점을 맞추도록 장려하였다. 이러한 접근법은 우리에게 매우 도전적이었다. 언어 및 철자 면에서의 도전은 물론, 각 국가 혹은 지역에서 아이디어 혹은 개념이 적용되는 방식에 의한 도전이 크게 존재하였다. 우리는 저자들에게 그러한 차이점을 강조하도록 권장했다. 마찬가지로 차이점이 어떻게, 왜 발생했는지, 당신의 연구에 있어서 어떤 시사점을 갖는지 반영함으로써, 우리는 당신이 이러한 아이디어를 뒷받침하는 심리적 구성개념을 더 깊이 이해할 수 있는 독자가 되기를 기대한다.

세 번째로, 각 챕터는 단일 저자의 아이디어에 기반하여 단일한 관점을 제공하는 것을 최대한 피하기 위해 노력했다. 대신 우리는 각 분야의 선도적인 작가를 초빙하여 전문 분야의 문헌을 비평하도록 했다.

따라서 각 챕터는 주요한 학술가들이 그들의 영역에서 연구문헌을 해석한 것을 공유함으로써, 각 분야의 연구문헌에 대한 독자적인 통찰력을 제공할 수 있을 것이다.

마지막으로, 나는 시리즈 편집인으로서 자선단체에 저작권료를 기부할 수 있는 저자와 편집자를 초빙하였다. 본 핸드북의 국제적인 기조에 맞추어, 우리는 전세계의 가출청소년과 버려진 어린이를 지원하는 국제적인 자선단체 레일웨이 칠드런(Railway Children)을 선정하여 지원할 것이다. 이 핸드북의 소비자가 중 약 10%가 자선단체에 기부될 것이며, 우리 모두는 이러한 방법으로 세상을 좀 더 나은 곳으로 만드는 데 작은 기여를 할 수 있기를 희망한다.

안타깝게도 이런 종류의 출판물에는 오류가 나타날 가능성이 항상 존재한다. 편집자로서 미리 이에 대해 사과의 마음을 전한다.

조나단 패스모어(Jonathan Passmore)
시리즈 편집자, 산업 및 조직심리학자

역자 머리말

흥미로운 이야기들로 가득 찬 이 책을 번역하면서 가장 마음에 남았던 내용은 이 부분이었다.

"노래를 하거나 음악을 연주하는 일을 즐겁게 만들어주는 것은 노래를 끝마치는 것이 아니다. 노래와 연주를 하는 과정에서 하나의 코드, 하나의 음을 최대한 잘 표현하기 위해 노력하는 일이 중요한 것이다. 전체적인 도전과제 해결을 하는 과정에서 발생하는 다양한 문제와 다양한 도전과제들을 해결하는 것이 보상 자체인 것이다."(7장 / 일터에서의 몰입)

어떤 인생을 살아야 할까, 어떻게 사는 것이 잘사는 것일까. 어떤 일을 해야 할까, 어떻게 일하는 것이 일을 잘하는 것일까, 일에서 만나는 사람들과는 어떤 관계를 맺어야 할까, 일을 통해 나의 커리어를 어떻게 만들어가야 할까.

자신의 고민에는 단 하나의 유일한 정답이 있는 거고, 혹시 나는 그것을 놓치고 있는 것이 아닐까를 끊임없이 불안해하며 걱정하는 클라이언트분들에게, 그분들의 인생이 얼마나 반짝반짝 빛나는 가치 있는 경험들로 가득 차 있는지에 대해 말씀드리면서 보여드리고 싶은 이야기였다.

이렇게 일에 대해 다양한 고민을 가지고 있고 여러 가지 질문을 던지는 클라이언트들이 가지고 있는 강점과 자원을 확신하면서, 그분들과 함께 험난하지만 가치와 의미와 재미로 가득한 여행을 하고 계신 조력업계 전문가 동료들께 이 책을 선물하고 싶다.

건강한 사람들과 건강한 일터를 만들고자 하는 목표를 가진 여러 분야 사람들의 정성과 마음이 가득 담긴 이 책, 전문가로서 일을 하는 자신의 삶을 돌아볼 때, 클라이언트와의 상담과 코칭을 할 때, 보다 생산적인 일터 환경을 만드는 작업을 할 때, 든든한 힘이 되는 참고서로서의 기능을 충분히 해드릴 수 있을 거라 기대한다.

2019년
같은 하늘 아래
유성경, 박정민, 이혜진, 이준걸

본 핸드북이 후원하는 자선단체

레일웨이 칠드런(Railway Children)

레일웨이 칠드런은 인도, 동아프리카, 영국의 거리에서 혼자서 위험에 처한 어린이들을 돕는 단체이다. 아이들은 다양한 이유로 거리로 내몰리지만, 신체적 및 성적 학대, 착취, 마약, 심지어는 죽음까지도 경험할 수 있다는 점에서는 동일하다. 우리는 조기 개입에 초점을 맞춘다. 아이들이 거리로 내몰리기 전에 그들에게 다가갈 수 있으며, 가능한 경우 우리는 아이들이 가족 혹은 공동체와 재결합할 수 있도록 지원한다.

이 문제를 해결하기 위해, 우리는 다음의 3단계 변화 의제에 기반하여 작업한다.

- 길거리 아이들의 즉각적인 필요 충족-우리는 지역사회와 함께 피난처, 교육 혹은 직업훈련, 상담을 제공하며, 가능하다면 가족 생활로의 재결합을 지원한다.
- 지역 환경에서의 인식의 변화-우리는 길거리 아이들이 학대 혹은 착취의 상품으로 간주되지 않고, 보살핌과 보호를 필요로 하는 아동으로 여겨지도록 현지 이해관계자와 협력한다.
- 정부의 지원을 요청-장기적인 관점에서 길거리 아이들을 위한 지속가능한 변화를 도출하기 위해서, 우리는 핵심 정책결정자에게 영향을 미침으로써 정책과 예산으로 어린이를 보호할 수 있는 장치를 마련한다.

작년에 우리는 27,000명 이상의 어린이에게 다가가서 도움을 주었다. 이중 14,690명에 대한 조치는 인도에서 이루어졌으며, 2,820명의 어린이를 가족과 재결합시켰다. 우리는 영국에서 가장 소외된 100명 이상 어린이들의 경험을 알리는 "소외된 아동들(Off the Radar)"이라는 이름의 연구를 시작했다. 이 아이들 중 상당수가 집을 떠나기 전에도, 길거리에 내몰렸을 때에도 아무런 도움을 받지 못했다. 우리는 16세 미만을 위한 비상피난소를 포함하는 권고사항을 만들었고, 실종자 수색 계획(Misper schemes), 지역 상담전화(local helplines), 봉사활동 및 가족 연락처(outreach and family liaison)와 같은 다른 서비스를 보완하였다. 이는 아동과 청소년이 다양한 방법을 통해 도움의 손길을 얻을 수 있도록 하는 전략이었다.

우리의 활동에 대해 더욱 자세히 알아보고 싶거나, 취약한 어린이들을 돕고자 한다면 www.railwaychildren.org.uk를 방문해주기 바란다.

1장
일터에서 긍정심리학과 강점-기반 접근법 활용하기

린제이 오데스(Lindsay G. Oades), 마이클 스테거(Michael F. Steger),
안토넬라 델 페이브(Antonella Delle Fave), 조나단 패스모어(Jonathan Passmore)

서론

1장에서는 간단하게 긍정심리학의 특성에 대해 알아보고, 강점-기반 접근법들이 개인과 조직을 위해 어떻게 활용되고 있는지에 대해 파악해보고자 한다. 긍정심리학과 강점-기반 접근법에 대해 정의를 내린 다음, 그 두 가지가 일터에 얼마나 적합한지에 대해 설명할 것이다. 마지막으로, 다양한 저자가 참여한 이 핸드북에 어떤 내용이 담겨 있는지를 독자들이 이해할 수 있도록 간단하게 요약을 할 계획이다.

긍정심리학이란?

긍정심리학(positive psychology)은 '긍정주의 심리학'(psychology of positivity)을 위한 대부분의 경험적 자료를 제공한다. 긍정심리학은 인간의 긍정적 기능과 내적 성장(예: 생물학적, 정서적, 인지적 성장), 상호적 성장(예: 관계적 성장), 집단적 성장(예: 조직적, 문화적, 전세계적 성장)을 대상으로 한 과학적 연구의 형태로 시작되었다(Seligman & Csikszentmihalyi, 2000).
긍정심리학 연구는 세 가지 차원(주관적 차원,

개인적 차원, 집단적 차원)에서 분류해 볼 수 있다. *주관적 차원*(subjective level)의 연구는 한 사람의 주관적인 경험을 가치 있게 여기고, 그 경험을 과거, 현재, 미래의 구성(construct)으로 나눈다. 과거에는 웰빙, 만족감, 기쁨이 포함되고, 현재에는 몰입과 행복이 포함되며, 미래에는 희망과 낙관주의가 포함된다. *개인적 차원*(individual level)의 연구에는 강점(다른 사람들과 상호작용을 할 수 있게 해주는 성격), 재능, 특정 직업을 가질 수 있는 능력과 같은 긍정적인 개인의 특성에 대한 연구가 포함된다. 마지막으로 *집단적 차원*(group level)의 연구에는 "사람들이 더 훌륭한 시민이 될 수 있도록 만드는 시민의식(citizenship) - 책임감, 돌봄의식, 이타주의, 시민정신(civility), 중재행동, 인내심과 노동윤리"에 대한 연구가 포함된다. 이 세 가지 차원에서 언급된 요소들은 모두 일터에 적용해볼 수 있는 것이기 때문에, 우리는 이 핸드북의 첫머리에서 각 차원에 대해 정리를 해보려고 한다. Part I에서는 주관적 차원과 개인적 차원에 대한 지도를, Part II에서는 집단적 차원에 대한 지도를 설명하였다. 특히, 긍정적 조직학과의 중요한 연구들은 Part II에서 언급된 연구들과 많은 관련성이 있다

(Cameron & Dutton, 2003; Cameron & Spreitzer, 2012).

강점-기반의 접근법이란 무엇인가?

긍정심리학이 노력을 통해 얻어내고자 하는 핵심적 성과는 웰빙이라고 볼 수 있다. 강점, 특히 성격적 강점을 활용하는 것은 긍정심리학의 주요한 과정이다. 성격적 강점(character strength)이라는 개념은 바르게 행동하고자 하는 인간의 미덕(virtue)을 강조하는 전통(인간에게는 행동에 대한 규칙을 제시해야 한다는 전통과 대조됨)을 바탕으로 개발되었다. 피터슨과 셀리그만(Peterson and Seligman, 2004)은 다양한 강점들을 분류하여 보편적인 6개의 미덕과 24개의 성격적 강점 체계를 개발하였다. 강점 행동 평가를 위한 가치들(VIA: The Values in Action Inventory of Strengths)이라는 검사에서는 삶의 모든 영역(집, 가족, 사회적 삶, 일터)에서 나타나는 성격적 특성에 대해 파악한다. 이 핸드북에서는 이 중에서도 일에 초점을 맞춰볼 것이다.

특정한 성격적 강점과 강점의 활용에 대한 탐색은 3장에서 다루게 될 것이고, 이 책의 전반에서는 보다 넓은 범위에서 강점에 대한 이야기를 해볼 것이다. 즉, 각 장에서 다루는 접근법들은 강점 중심의 시각을 가지고 개인과 조직에게 다가간다 — 일을 잘한다는 것은 무엇인가, 한 개인이 다양한 강점들의 균형을 잡으려면 어떻게 해야 하는가, 최적의 성과를 내려면 어떻게 해야 하는가—. 이러한 접근법은 진단적이고 문제해결중심이며, 핵심적인 원인을 찾는 것에 중점을 두었던 전통적 접근법들과 대조적이다. 강점-기반의 접근법은 종종 결점-기반의 접근법과 비교되곤 한다. 강점-기반의 접근법은 부정적 특성이 부재한 상태가 아니라, 긍정적인 특성을 추구하고자 하는 목표를 가지고 있다. 이는 부정적 편견에 맞서 싸우는 접근법이고, 비용절감뿐 아니라 예산 자체를 중요시하며, 인간과 환경에 대한 기여를 중요하게 여기는 접근법이다. 머리말에서 킴 캐머런(Kim Cameron) 교수가 언급했던 긍정적 조직학파의 접근법과도 유사

하다. 긍정주의 심리학 및 강점과 관련된 학문분야들은 조직의 맥락에서 개인과 집단의 행동을 이해할 수 있는 이론적 기반과 경험적 자료들을 점점 더 많이 제공하고 있다. 지금부터는 이 분야에서의 세부적인 연구들의 발전에 대해 소개해보도록 하겠다.

일터에서의 긍정주의 심리학 및 강점-기반 접근법 활용에 대한 연구 발전

우리는 자신만의 독특한 연구를 위한 기반이 될 수 있는 전반적이고 비판적인 문헌 리뷰를 찾고 있는 석사학위를 가진 연구자, 학생, 학자에게 이 핸드북이 실용적인 자료로 쓰일 수 있기를 희망한다. 학자이자 실무자인 전문가들 또한 이 핸드북을 활용해서 근거기반의 실무를 강화하고, 실무-기반의 연구를 창출하기 위해, 문헌자료를 심층적이고 포괄적으로 이해할 수 있기를 바란다. 더 중요하고 더 큰 바람은, 이 핸드북에서 정리된 지식 기반이 우리의 일터를 더 긍정적이고 의미 있는 장으로 만들고, 구성원의 강점이 더 효과적으로 발휘되어 조직이 발전하도록 하는 일에 활용되었으면 하는 것이다.

이 책은 일터에서 긍정심리학을 활용할 수 있는 개인적 접근법과 조직적 접근법 그리고 긍정심리학을 사업분야에 적용하는 방법, 세 가지 파트로 구성되어 있다. 독자들은 이 핸드북의 내용을 읽으면서 개인적 차원으로부터 조직적 차원까지의 여행을 할 수 있을 것이고, 전체적인 국제적 비즈니스에 대해서도 생각해보는 기회를 가지게 될 것이다.

Part I은 일터에서 찾아볼 수 있는 전통적인 긍정심리학의 구인과 근거에 대해 설명하고 있다.

2장에서 그린, 맥콰이드, 퍼텔과 둘라길(Green, McQuaid, Purtell and Dulagil)은 프레드릭슨(Fredrickson)의 긍정 정서의 확장 및 축적 이론(Broaden and build theory, Fredrickson, 2001; Fredrickson & Joiner, 2002)을 포함하여 일터에서의 긍정주의 심리학을 둘러싼 다양한 이론들과 근거들을 리뷰하

면서 이 핸드북의 기초를 닦았다. 이 저자들은 '긍정조직학자들은 긍정적 정서(예: 기쁨, 감사와 희망)와 더 넓게 보면 '긍정주의'가 구성원과 조직에게 가져다줄 수 있는 혜택에 대해 큰 흥미를 느끼게 되었다'고 말한다. 비스와스-디너, 카쉬단과 류브치크(Biswas-Diener, Kashdan, and Lyubchik)는 3장에서 일터에서의 심리적 강점을 다루는 중요한 분야에 대해 탐색하였다. 핵심적인 문헌자료를 비판적으로 리뷰하는 것에 더하여, 3장에서는 VIA 강점검사, 스트렝스 파인더(StrengthsFinder), Realise2 강점검사의 틀로서 잘 알려진 강점의 프레임워크와, 강점의 유연성에 대한 의미 있는 탐색을 비교해보는 유용한 작업을 진행할 것이다(Linley, Nielson, Wood, Gillett, and Biswas-Diener, 2010; Peterson & Seligman, 2004; Peterson, Stephens, Park, Lee, & Seligman, 2009).

4장에서는 독자들에게 희망이라는 미래-중심적인 구인을 소개할 것이다. 반델러, 마르크스와 로페즈(Wandeler, Marques, and Lopez)는 인간의 사고, 감정, 행동에 대한 기본적인 동기와 인지, 정서적 요소를 설명하는 희망 이론(hope theory)에 대한 소개를 해준다. 저자들은 대부분의 경우 희망은 한 개인의 특성으로 생각되곤 하지만 조직 또한 희망적인 존재가 될 수 있다고 주장한다(Wandeler, Baeriswyl, & Shavelson, 2011).

스테거(Steger)는 5장에서 "의미 있는 일은 조직의 성과를 높일 수 있는 장치를 찾고자 하는 다양한 조직들 중에서 진정한 '미래의 거물'을 만들어낼 수 있는 핵심 요소"라고 주장한다(Dik, Byrne, & Steger, 2013). 그는 의미 있는 일이, 조직과 관련되어 있는 다양한 사람들의 웰빙 수준을 상승시키기 위한 노력과 그로 인한 성과를 극대화시키는 데에서 한 단계 더 나아갈 수 있는 기회를 제공하는 방법을 탐색하였다. 스테거는 의미란 일터에 존재할 뿐 아니라, 일 그 자체에서도 찾아볼 수 있다고 주장하였다(Steger & Dik, 2010). 5장은 '좋은 일'을 다룬 14장과 관련이 높다.

니미엑과 스펜스(Niemiec and Spence)는 6장에서 동기에 대한 전형적인 일터 구인을 소개하였다.

6장에서는 자기-결정 이론(SDT: self-determination theory)을 기반으로 하여 일터에서의 최적의 동기부여를 탐색한다. 저자는 최적의 동기부여(optimal motivation)-자유의지와 자기조절력으로 대표되는-가 기본적인 심리적 니즈(자율성, 유능성, 관계성)를 충족시킬 수 있도록 하는 맥락적 지원에 의해 촉진될 가능성이 높다고 설명했다(Baard, Deci, & Ryan, 2004). 6장에서는 이론적 기술과 함께 최근의 경험적 문헌 자료에 대해서도 비판적 리뷰를 진행해볼 것이다(Güntert, 2015).

7장과 8장에서는 일터에서의 주의집중과 몰두(absorption)에 대한 이슈로 초점을 옮겨가본다. 7장에서는, 칙센트미하이, 코슬라와 나카무라(Cziksentmihalyi, Khosla, Nakamura)가 몰입 이론(Csikszentmihalyi, 1990)을 설명하고, 그 이론을 일터와 일 자체에 적용하는 방법에 대해 설명한다. 연구자들은 10년 동안의 문헌 자료를 리뷰하면서 몰입의 촉진요인과 방해요인 그리고 몰입의 결과에 대한 요약을 해줄 것이다.

8장에서 스펜스(Spence)는 최근에 유명해진 분야인 일터에서의 마음챙김(mindfulness)에 대해 자세히 설명한다. 그는 독자들이 마음챙김에 대해 제대로 정의를 내리지 않은 상태에서 나타난 많은 접근법들(마음챙김이 무엇인지에 대해 '상태, 특성, 주의집중 프로세스, 존재의 방식, 삶의 스타일에 대한 선택' 등과 같이 일치되지 않는 이야기를 하고 있다) 때문에 생긴 혼란과 씨름하고 있는 독자들에게 도움의 손길을 내밀려고 한다(Cavanagh & Spence, 2013). 스펜스는 이러한 어려움이 있는 상황에서도, 마음챙김이 일을 하는 성인에게 미치는 긍정적 영향에 대해서는 샤르마와 러쉬(Sharma and Rush, 2014) 및 비르질리(Virgili, 2015)가 진행한 메타-분석 연구들에 의해 증명이 되었다고 보고하였다.

9장과 10장에서는 일에 관련된 도전과제를 해결하기 위한 도구로서 탄력성(resilience)과 정신건강(mental fitness)에 대해 설명하려고 한다. 드노반, 크러스트와 클로(Denovan, Crust and Clough)는 9장에서 일터에서의 탄력성에 대해 탐색한다. 이 저자들은 기꺼이 시간을 투자하여 인내력(hardiness)과

정신력(mental toughness)을 포함한 다른 개념들과 차별화되는 탄력성에 대한 경쟁력 있는 정의를 내려주었다.

그리고 결론으로서 탄력성을 정의하고 측정하기 위한 보다 효율적인 방법을 가지고 미래에 연구가 이루어져야 하는 필요성을 제시하였다.

10장에서는 정신건강의 개념과 그 개념을 일터에 적용하는 방법에 대해 소개한다. 로빈슨과 오데스(Robinson, Oades, & Caputi, 2014)는 신체건강과 마찬가지로, 정신건강의 개념을 일터에서 활용하게 되면 조직에서는 구성원의 심리적 웰빙을 관리하기 위한 의도적 노력을 할 수 있게 된다고 주장했다. 이 목표를 달성하기 위해서는 강점, 인내력과 유연성과 같은 요소들을 다룰 필요가 있다. 10장에서는 관련 문헌들을 비판적 시각으로 리뷰하고, 이 새로운 경험적 구인을 정교화하기 위해 일터에서의 사례들을 소개할 것이다.

Part I의 마지막 세 장은 일터에서의 관계적 개념, 긍정적 상호작용, 겸손과 연민의 이슈에 대한 내용을 다룬다. 11장에서 로피(Roffey)는 일터에서의 긍정적 관계에 대한 광범위하고 중요한 이슈에 대해 비판적인 리뷰를 진행하였다. 라이스와 게이블(Reis and Gable, 2003)의 연구를 보면, 관계란 인생에서의 만족과 웰빙을 가져올 수 있는 가장 핵심적인 원천이라고 하였다. 로피는 이 연구결과를 인용하면서, 조직의 변화무쌍한 속성이 업무동료와 일터에서 맺는 관계에 대해 어떤 영향을 미치는지에 대해 설명해줄 것이다.

데이비스, 후크, 드블레어와 플라케어스(Davis, Hook, DeBlaere and Placares)는 12장에서 일터에서의 겸손함(humility)이라는 흥미로운 현상에 대해 논의하였다. 그들의 주장에 따르면, 우리는 과거보다 자기애적인 경향성과 씨름을 하는 경우가 더 많아졌다고 한다(Twenge & Campbell, 2009). 이러한 현상에 기반하여 12장에서는 겸손함이 일의 삶에 대해 어떤 영향을 미치는지에 대해 살펴보면서, 2010년 이후 겸손함을 주제로 한 과학적 연구가 눈에 띄게 늘어났다는 사실도 언급한다.

13장에서는 일터에서의 연민을 다루어본다. 안

스티스(Anstiss)는 자자이에리와 동료들(Jazaieri et al., 2013)의 연구 결과를 활용해서 연민(compassion)이란 '다음 네 가지의 핵심 요소로 구성된 복합적이고 다면적인 구인'이라고 정의하였다. (1) 고통에 대한 지각(인지적 요소), (2) 고통에 의해 감정이 움직여지면서 생긴 동정적 염려(정서적 요소), (3) 고통이 감소되는 것을 보고자 하는 바람(의도적 요소), (4) 고통을 경감시키는 일을 돕고자 하는 반응성/준비도(동기적 요소). 저자는 겸손함에 대한 연구 분야에서는 이제 개념을 설명하고 소개하는 연구, 새로운 이론의 도출, 그럴듯한 모델 개발을 하는 수준을 넘어서서, 보다 철저하고 체계적인 모델 테스트, 단일요소/다요소에 대한 개입 연구, 인과관계와 메커니즘에 대한 연구가 진행되어야 한다고 주장한다.

Part II는 긍정심리학과 웰빙을 포함한 조직적 접근법을 소개하는 9개의 장으로 구성되어 있다.

웡, 이츠반과 로마스(Wong, Itzvan and Lomas)는 14장에서 Part II를 시작하면서, 의미-중심 접근법을 기반으로 하여 '좋은 일'이라는 개념을 탐색하였다(Wong, 2006). 이 저자들은 긍정심리학을 조직에 적용했었던 기존의 접근법들에 대해 비판적 리뷰를 진행하면서, 일과 삶의 의미 사이에는 아직 발견되지 못한 고리가 존재한다고 주장하였다.

15장에서 오데스와 둘라길(Oades and Dulagil)은 웰빙의 세 차원(개인적, 집단적, 조직적)에 대한 개념화를 하였다. 그들은 조직연구에서 나타나는 '개인주의적 오류(individualist fallacy)'ー조직에 대한 분석을 할 때 별 생각 없이 조직이 아니라 개인 구성원 수준의 분석을 하게 되는 경우ー에 대해 반박한다. 저자들은 시스템적 사고를 하게 되면, 앞으로 일터에서의 조직에 대한 연구를 진행하고 조직의 웰빙수준을 높이는 데에 도움이 될 거라는 제안을 해주고 있다(Schneider & Somers, 2006).

칸토레(Cantore)는 16장에서 조직적 변화의 핵심 분야에 대해 살펴보았다. 그는 사람들이 조직과 조직에서의 변화를 어떻게 개념화하는지에 있어서 비관주의와 낙관주의가 기능하는 역할에 대해 탐색한다. 칸토레는 긍정조직학에서 소개된 긍정적

일탈(positive deviance)과 같은 개념을 통해 긍정적인 조직의 발전 방법에 대해 제시해줄 것이다.

17장에서 맥키(MacKie)는 긍정적 리더십 개발 분야는 루선스와 아볼리오(Luthans and Avolio, 2003)와 같은 학자들의 연구에서 도출된 새로운 이론적 접근법들과 근거-기반의 접근법들을 활용하여, 다양한 조직에서 리더와 리더십이 어떻게 개발되는지에 대해 정교화하고, 효과적인 방법을 강화시킬 수 있을 것이라고 주장한다.

로스만(Rothmann)은 18장에서 구성원의 조직몰입(employee engagement) - 칸(Kahn, 1990)이 정리한 개념으로서, 자신의 일에 대한 각 개인의 몰입을 의미한다. 담당하게 된 역할을 수행하는 데에 인지적, 신체적, 정서적 에너지를 투자하는 행동을 가리킨다 - 에 대해 관심이 많아지고 있음을 보여주었다. 슈펠리, 살라노바, 콘잘레즈-로마와 바커(Schaufeli, Salanova, González-Romá, V., Bakker, 2002)의 연구에서는 몰입을 많이 하게 되면 소진상태가 나타나는 부정적인 상관관계가 있다는 단점이 있기는 하지만 몰입은 일터에서의 열정, 헌신, 몰두라는 세 가지 국면으로 특징지어지는 독립적이고 차별화되는 변인이라고 주장했다. 로스만은 구성원 몰입에 대한 현재 접근법을 비판하면서, 미래의 경험적 연구를 위해서는 새로운 통합 모델이 필요하다는 이야기를 해줄 것이다.

19장에서 슬렘프(Slemp)는 잡크래프팅(job crafting)에 대한 문헌자료를 요약하고 비판해줄 것이다. 잡크래프팅은 "각 개인이 일을 하는 데 있어서 자신의 과제나 관계적 경계를 물리적, 인지적으로 변화시키는 행동"(Wrzesniewski & Dutton, 2001, p.179)으로 정의되는 개념이다. 슬렘프는 잡크래프팅이 구성원들에게 일 경험 안에서 새로운 조직을 만들어내는 방법을 제공한다고 이야기한다. 잡크래프팅을 통해 사람들은 자신의 업무과제, 관계, 인지적 사고의 방향을 틀어서 스스로의 내적 동기와 선호도의 방향과 일치시킬 수 있다는 것이다. 그래서 구성원들은 보다 내적동기수준을 높여주는 색다른 일 경험을 할 수 있을 거라고 슬렘프는 주장한다. 유성경과 이혜진은 20장에서 사람들이 경력의 중간단계에서 어떻게 경력 전환을 하는지에 대한 흥미있는 분야에 대해 탐색하였다. 그동안의 연구를 통해 저자들은 대부분의 경우 경력의 중간단계(mid-career)란 숙련과 유지 경험으로 대표되는 최고 수준의 역량을 갖추는 시간이라고 생각되어 왔다고 보고하였다(Slay, Taylor, & Williason, 2004). 경력의 중간단계에서의 전환이 가지는 속성에 대해 이해하기 위해 유성경과 이혜진은 경력의 중간단계라는 개념의 발달과정에 대해 리뷰하였고, 환경과 개인적 요소들이 이에 미치는 영향을 논의하였다. 그들의 주장에 따르면, 미래의 연구지들은 전통적인 접근법을 넘어서서 경력의 중간단계에서의 전환 및 새롭게 나타나는 경력 패턴에 문화, 젠더, 일의 유형이 미치는 영향에 대해 고려할 필요가 있다고 한다.

21장에서 클리블랜드, 피셔, 월터스(Cleveland, Fisher and Walters)는 기대수명이 늘게 되면서 우리가 일하면서 보내는 삶의 기간도 길어짐에 따라 생기는 현상에 대해 탐색하였다(Phillips & Siu, 2012). 이 저자들은 일에 있어서 연령의 증가가 가져오는 긍정적인 영향(특히, 연령증가의 혜택, 일터에서 연령대가 높은 구성원들의 긍정적인 기여 가능성과 조직에서의 인적자원 관리를 하는 데 있어서 구성원의 연령증가가 가져오는 긍정적 결과)에 대해 논의하였다.

22장은 Part II에서의 결론으로서, 자덴과 자덴(Jarden and Jarden)이 일터에서 기존에 사용하던 웰빙 측정도구에 대해 비판적으로 분석한 내용을 제시한다. 이 장에서는 일터에서의 웰빙이 가져다주는 혜택과 웰빙에 대한 측정 사례 그리고 긍정적인 심리특성 평가 활용에 대해 요약정리를 해줄 것이다. 그리고 조직에서 어떤 것을 측정해볼 것인지, 어떻게 평가를 해야 바람직한 것인지에 대한 제안도 제시할 예정이다. 저자들은 조직의 웰빙에 대한 연구를 위해 활용할 수 있는 새로운 프레임워크를 제안해줄 것이다.

Part III에서는 5개의 장에서 다양한 비즈니스 분야들을 다루어볼 것이고, 세부 직업유형들이 일의 삶에 어떻게 영향을 미치는지에 대해 정리해본다. 세계건강기구는 의료분야의 인력을 "대상의 건강수준을 향상시킨다는 핵심적인 목표를 가진 일에 종사하는 모든 사람들"이라고 정의하였다(World Health Organization, 2006, p.1). 뷔스만(Wiesmann)은 의료분야 인력의 웰빙을 증가시키기 위한 시도들에 대해 비판적인 리뷰를 하면서, 지금까지 긍정심리학은 의료분야기관의 '긍정적 리더십'이나 '인적자원관리'에 대해 그 어떤 이론적 함의도 제공하지 못했다고 비판한다. 의료분야인력의 중요성과 그 집단의 크기를 고려해볼 때, 이와 같은 주장은 매우 의미 있는 생각을 해볼 수 있는 기회를 제공할 것이라고 생각된다.

24장에서 브라난드와 나카무라(Branand and Nakamura)는 초중고교 교사와 대학교수들의 웰빙을 점검해봄으로써 관심분야를 앞에서 이야기한 의료분야에서 교육분야로 옮겨본다. 저자들은 교육자에 관련된 전파력(generativity)이라는 개념과, 그들의 인내심과 웰빙에 대한 심각한 도전-소진(burnout)에 대한 개념을 탐색할 것이다(Vailliant & Milofsky, 1980). 일터에서 교사와 학교운영진이 경험하는 웰빙에 대한 문헌을 비판적으로 리뷰하면서, 웰빙의 두 가지 차원인 쾌락적 웰빙(hedonic well-being)과 목적지향적 웰빙(eudaimonic well-being)이 일에 미치는 영향에 대해서도 살펴볼 예정이다.

25장에서 싱과 윤나카(Singh and Junnarkar)는 정보기술(information technology) 전문가들의 웰빙에 대해 탐색해본다(Diedericks & Rothmann, 2014). 저자들은 25장의 서두에서 중요한 사실을 알려주었다. 전세계적으로 거의 천만 명에 가까운 사람들이 정보기술분야에서 일을 하고 있지만, 여전히 구성원 부족 문제 때문에 고민을 하고 있다는 것이다(Young, Marriott, & Huntley, 2008). 이 분야에서 일을 하는 사람들이 많은 만큼, 정보기술전문가들의 웰빙수준을 강화하는 일은 매우 중요하다.

델 페이브와 자거 콕잔(Dell Fave and Zager Kocjan)은 26장에서 미술과 공예분야(arts and crafts) 종사자들에 대해 탐색해보면서, 창의성에 대한 도전 및 혜택에 초점을 맞춘 연구들을 요약한다(Bille, Bryld Fjællegaard, Frey, & Steiner, 2013). 이 분야 종사자의 웰빙에 대한 연구는 대부분의 경우 관심을 받지 못했기 때문에, 저자들은 미술가나 숙련된 공예가로서 일하는 사람들의 웰빙을 다룬 소수의 연구(서구사회 및 다른 나라, 또는 문화에서 이루어진 연구)들을 정리해보았다. 저자들의 주장에 따르면, 미술가와 공예가를 대상으로 이루어진 연구 결과를 보면 오히려 의도했던 연구대상이 아닌, '일이 없거나, 반복되는 일을 하거나, 의미 있는 도전기회를 갖지 못하는 것과 같은 위험요소'에 더 많이 노출되어 있는 다른 전문적 분야 종사자의 직업만족도와 일에 관련된 웰빙수준을 높이는 것을 목표로 하는 경우가 더 많았다고 한다.

27장에서 수사이 네이던과 델 페이브(Soosai-Nathan and Delle Fave)는 우리 모두에게 매우 중요한 영향을 주는 전세계의 농부 및 농업분야 종사자의 웰빙에 대해 검토하였다. 정보기술전문가와 마찬가지로, 공식적으로 농업에 종사하는 사람의 수는 거의 천만 명에 가깝다. 농사짓는 과정에는 일의 성과에 직접적인 영향을 주는 예측할 수 없는 날씨를 다루는 일이 포함된다(Kennedy, Maple, McKay, & Brumby, 2014). 아직 농업종사자의 웰빙에 대해 탐색해본 연구의 수는 매우 적지만, 긍정적 관계, 숙련도, 자기효율성, 자연과의 관계가 중요하다는 증거는 발견되고 있다.

결론

이 핸드북에서 우리는 강점과 긍정주의를 포함한 긍정심리학을 일터에 적용하기 위해 체계적인 학문적 접근법을 사용하고 있다. 이는 류보미르스키(Lyubomirsky, 2008)의 저서와 같은 대중적으로 유명한 자료(실무자를 위한 지침서)와는 대조적인 접근법이다. 이 핸드북의 목표는 다양한 국가의 학자들로부터, 일터에서의 긍정주의 심리학과 강점 활용에 대한 다양한 문헌자료들에 대해 포괄적이고 비판적인 리뷰를 진행한 원고들을 수집하여, 독자들에게 제공하는 것으로 잡았다.

Part I

일터에서 긍정심리학을 활용하기 위한
개인적 접근법

2장
일터에서의 긍정주의 심리학

수지 그린(Suzy Green), 미셸 맥쾨이드(Michelle McQuaid), 알리시아 퍼텔(Alicia Purtell),
아일린 둘라길(Aylin Dulagil)

서론

비즈니스 성과의 20-30%는 구성원의 정서상태에 의해 좌우된다는 연구결과가 제시된 지는 꽤 세월이 흘렀다(Goleman, 2000). 그럼에도 불구하고 아직까지도 이와 같은 주장을 증명할 수 있는 근거는 그다지 많지 않다. 하지만 현대사회의 조직들은 테일러(Taylor, 1911)가 주장해서 한때 유명했었던 과학적 관리 방법(구성원들을 기계와 같이 다루어야 함)에서는 인간이 낼 수 있는 성과의 핵심 추진 요인들 중 하나인 정서를 간과했었다는 것을 인식하고 있다.

조직들이 지속적으로 구성원의 몰입도를 증진시키고, 협업과 혁신을 촉진하며, 생산율을 유지할 수 있는 안정적인 방법을 찾게 되면서, 점점 더 많은 연구자들이(Cameron, 2013; Dutton, 2014; Fredrickson, 1998, 2000, 2001, 2009; Isen, 2000, 2002; Tsai, Cheng & Cheng, 2009; Vacharkulksemsuk, Sekerka & Fredrickson, 2011) '진심어린(heart-felt)' 긍정주의를 강화하게 되면, 시간이 지나감에 따라 개인 및 조직의 성장과, 최적의 기능수행을 가능하게 하는 수단이 될 수 있다고 제안하고 있다.

프레드릭슨(Fredrickson, 2009)의 주장에 따르면, 긍정주의(positivity)에는 우리의 심리적 요소와 신체적 요소의 화합성을 강화해줄 수 있는 사랑, 기쁨, 감사, 흥미, 희망과 같은 정서들이 포함된다고 한다. 바일란트(Vaillant, 2012)는 긍정주의란 포유류의 뇌에서 생겨나는 상태로서, 우리가 감정을 느끼는 방법에 대해 영향을 미칠 뿐 아니라, 우리가 기능하는 방법에도 영향을 미치게 된다고 주장하였다. 쉐러, 쇼르와 존슨(Scherer, Schorr, Johnson, 2001)은 긍정주의가 신체적 쾌락에 대조되는 단순한 개념이라고 주장하기도 했지만, 이 긍정적 감정은 우리가 주위에서 발생한 사건들과 아이디어들을 해석하는 방법들로부터 생겨나는 것이다.

결과적으로, 긍정심리학자들과 긍정조직학파는 긍정적 감정과 (더 광범위하게 이야기하면) '긍정주의'(정서, 사고, 행동을 아우르는)가 구성원과 조직을 대상으로 제공할 수 있는 혜택에 대해 관심을 가지게 되었다. 바카컬크셈석과 프레드릭슨(Vacharkulksemsuk, Fredrickson, 2013)은 긍정적 정서의 단기 및 장기적 영향이 일터에서 유용하게 쓰일 수 있다고 주장하였다. 그들은 일터에서의 사소한 행동과 인정으로 인해 발생해서 '그다지 중요해보이지 않은' 긍정적 정서는 가치 있는 일터 성과(친사회적 행동, 집단역동 발달, 윤리적 문화 구축, 학습문화 생성)와 관계가 있다고 강조하였다(Akrivou, Boyatzis, & McLeod, 2006; Arnaud & Sekerka, 2010; Luthans, Vogelgesang, & Lester, 2006; Triliva & Dafermos, 2008).

이와 같은 연구가 증가하고 있다는 것을 보면, 흥미, 기쁨, 경외심, 감사와 같은 긍정적 정서를 강화하게 되면 (개인적/집단적으로) 사람들이 보다 효율적으로 행동하게 된다는 사실을 알 수 있다.

2장에서는 독자들을 위해, '긍정성' 과학의 현재 흐름에 대해 소개를 하고, 긍정적 정서에 대해 예전부터 지금까지 지속적으로 발표되고 있는 연구들에 대해 비판적 리뷰를 하는 것을 목표로 한다. 그리고 '긍정성'이 일터에 제공할 수 있는 혜택에 대해 더 세부적으로 탐색하는 현대 연구들에 대해 살펴볼 것이다. 우선 사회심리학 분야의 연구와 조직에 대한 대표적 연구들을 리뷰하는 것으로 시작하고, 성장가능성이 높은 이 분야에 대해 앞으로 진행해볼 연구에 대한 제안점으로 마무리를 지어보려고 한다.

긍정성의 과학

윌리엄 제임스(William James, 1890), 칼 로저스(Carl Rogers, 1959)와 에이브러햄 매슬로우(Abraham Maslow, 1962)와 같은 현대 심리학의 창시자들이 긍정적 정서의 잠재력에 대해 언급을 하였었지만, 긍정적 정서가 단순히 즐겁고 유쾌한 기분을 경험하는 수준을 넘어서서 매우 큰 혜택을 줄 수 있다는 사실을 이해하기 시작한 것은 1970년대에 앨리스 아이센(Alice Isen)이 획기적인 연구결과를 발표한 때부터이다.

아이센과 동료들은 긍정적 정서 상태가 다양한 인지적 성과들(창의성 퍼즐부터 복잡하고 생사가 걸린 매우 중대한 업무 환경에 대한 가상 과제까지)에 미치는 영향에 대해 실험을 진행하였다. 그들은 긍정성

이 인지적 유연성을 촉진하고(Isen, Daubman, & Nowicki, 1987), 내적 동기를 강화하며(Isen, 2003), 뛰어나게 독특한 사고의 패턴을 창출해내고(Isen, Johnson, Mertz, & Robinson, 1985), 새로운 정보에 대한 수용성을 높이며(Estrada, Isen, & Young, 1997), 창의성을 촉진하고(Isen et al., 1987), 문제해결력을 상승시킨다(Isen, Rosenzweig, & Young, 1991)는 것을 발견하였다. 아이센의 연구를 간단하게 요약해보면, 긍정적인 정서는 "인지적 맥락을 확장시킨다"는 주장이다(Isen, 1987; p.222). 또한 그녀는 긍정적 정서가 포용가능성을 촉진시키고(Isen & Daubman, 1984), 너그러움과 타인을 도와주려는 태도, 사회적 책임감을 강화하며(Isen, 1987, 2003), 갈등을 감소하려는 자세를 증진시켜서(Isen, 2001) 결국 우리의 사회적 관계에 영향을 미치는 것을 발견하였다.

긍정적 정서의 경험이 가져다줄 수 있는 혜택은 칙센트미하이(Csikszentmihalyi, 1990)가 '몰입(flow)'이라는 심리적 상태에 대한 연구를 발표하면서 더 많은 관심을 받게 되었다. 흥미와 유사한 긍정적인 정서인 몰입은 사람들이 명확한 목표를 가지고, 자신의 강점을 잘 살려서 과제수행을 할 수 있는 적절한 수준의 도전과제를 받았을 때, 그리고 정기적인 피드백을 받을 때 생길 수 있다고 한다. 개인에게 즐거움과 만족감을 주는 몰입 경험은 우리가 삶에 더 깊숙이 개입하고, 활동들을 즐기며, 통제감을 가지고, 자아감을 강화할 수 있게 해주어(Lyubomirsky, 2007) 각 개인의 긍정성을 증가시키는 것으로 나타났다.

21세기 초반, 셀리그만과 칙센트미하이(Seligman and Csikszentmihalyi)는 인간의 긍정적 기능 및 '좋은 삶'에 대한 과학적 이해를 목적으로 하는 연구에 더 많은 관심을 가지는 긍정심리학(positive psychology) 분야를 구축하였다(Seligman and Csikszentmihalyi, 2000). 긍정적 정서, 상태, 특성이 가지는 타당성과 가치, 중요성에 대해 강조하려는 그들의 노력은 2010년대에 200편 이상의 우수 연구들이 발표되는 큰 성과를 낳았다(Rusk & Waters, 2013). '행복'이나 그보다 더 많이 알려진 과학적

구인인 '주관적인 웰빙'(Diner, Emmons, Larsen, & Griffin, 1985)에 대한 연구는 지금까지 행복한 사람들, 긍정적 감정을 자주 경험하는 사람들은 결혼, 우정, 수입, 업무성과, 건강과 같은 다양한 삶의 영역에서 성공을 거두는 것을 보여주고 있다(Lyubomirsky, King, & Diener, 2005).

지난 25년 동안 주관적인 웰빙과 행복에 대해 진행했던 연구로 유명한 디너(Diener)와 동료들은 이 연구결과를 설명하기 위해 개념적 모델을 개발하였고, 행복과 성공 간의 관계가 존재하는 이유는 성공이 사람들을 행복하게 만들었기 때문이기도 하겠지만, 긍정적 정서가 성공을 만들었기 때문이기도 하다는 주장을 하였다. 그리고 그들은 세 가지 연구방법(횡단연구, 종단연구, 실험연구)을 활용해서 얻은 결과들을 가지고 새롭게 개발된 모델을 검증하였다. 관련된 연구에 대한 메타분석의 결과에서는, 행복이 매우 다양한 성공적 성과와 상관관계가 있으며, 성공적 성과 및 성공을 이끌어내는 행동에 선행한다는 사실이 밝혀졌다. 더 나아가서 저자들은 "웰빙의 전형적 특성"이라고 부르는 긍정적인 정서는 행복과 상관관계가 있는 바람직한 특성, 자원, 성공들 중 많은 부분의 원인이 될 수도 있다는 결론을 내렸다(Lyubomirsky et al., 2005).

하지만 셀리그만(Seligman, 2009)은 행복이라는 단어를 '혐오하였고', "긍정심리학의 주제는 웰빙이다"라고 주장하였다"(p.13). 셀리그만(Seligman, 2012)이 제시한 페르마(PERMA) 모델은 긍정적 정서(Positive emotion), 몰입(Engagement), 관계(Relationship), 의미(Meaning)와 성취(Accomplishment)로 구성되어 있다. 웰빙을 이해하기 위한 이론/모델과 접근법들은 다양하게 존재하고 있지만(예: Deci & Ryan, 1985; Keyes, 2010; Ryff, 1999), 웰빙의 정의에 대한 논쟁은 지속되고 있으며, 긍정적 정서는 웰빙의 핵심적인 요소로 여겨지는 경우가 많다(Diener, 1984; Seligman, 2009).

이제는 '웰빙'이라는 개념을 '행복'의 추구를 이야기할 때만 쓰는 것이 아니라, 모든 범위의 인간 정서를 표현할 때 활용하게 되었다. 그러면서 긍정심리학의 학문과 실무(예: 긍정조직학, 긍정성 교육)

분야에 종사하는 사람들이 많아지고 있으며, 이 분야에 대한 대중의 관심도 높아지고 있다.

긍정 정서의 확장 및 축적 이론

아이센(Isen, 1987)의 연구결과에 기반하여 프레드릭슨(Fredrickson, 1998)의 연구에서는 다음과 같은 질문을 던졌다. "긍정적 정서의 강점은 무엇인가?" 정서연구에 대한 전통적인 접근법에서는 긍정적 정서에 그다지 큰 관심을 갖지 않는 경향이 있다는 것을 알고 있었기 때문에, 프레드릭슨은 긍정적 정서를 일반적 정서 모델에 적용시켜보고, 밀접하게 관련된 정서상태와 혼합시켜보기도 하고, 일반적인 경향성을 기술할 때 쓰는 용어로 긍정적 정서의 기능을 기술해보면서, 긍정적 정서의 독특한 효과를 잘 설명할 수 있다고 생각되는 대안적 모델을 개발하였다. 그녀는 이 모델을 긍정 정서의 확장 및 축적 이론(broaden-and-build theory)이라고 명명하였다. 왜냐하면, 긍정적 정서는 사람들의 순간적인 사고-행동 레퍼토리 범위를 확장하고, 지속적으로 유지되는 개인자원을 구축하는 역할을 해주는 것으로 보이기 때문이다(Fredrickson, 1998; 2004).

부정적 정서는 특정한 의도가 생길 때 그에 따라 나타나는 것으로 알려졌는데(예: 공포는 눈앞에 놓인 상황에서 우리가 도망치거나 회피할 수 있게 해준다, 분노는 우리가 상대방을 공격하거나 특정한 행동을 계속하게 해준다, 혐오는 우리가 특정한 자극으로부터 벗어날 수 있게 해준다), 프레드릭슨의 연구는 긍정적 정서 또한 행동 경향성을 촉진한다는 가설을 지지해주었다. 그러나 그녀의 주장에 따르면, '긍정적 정서는 특정 경향성보다는 정서의 확장과 관련이 있다'(예: 기쁨은 우리로 하여금 무위(inaction)나 뚜렷한 목적이 없는 흥미에 대해서도 만족감을 느끼게 해준다 / Frijda, 1986).

프레드릭슨(2009)은 긍정적인 사람들은 새로운 가능성들을 찾아내고, 좌절을 극복할 수 있으며, 타인들과 보다 깊은 관계를 맺을 수 있고, 잠재력을 최대 수준까지 발휘할 수 있다고 주장하였다.

[표 2.1] 프레드릭슨이 주장한 10가지 긍정적 정서

긍정적 정서	영향과 혜택
기쁨/Joy	기쁨은 현재의 상황에서 기대하지 못했던 좋은 일이 발생되었을 때 생긴다. 기쁨으로 인해 우리는 놀이를 하고 싶고, 일을 해결해나가는 과정에 참여하고 싶은 마음이 생기게 되며, 실험적 학습을 통해 스킬을 하나씩 배워나갈 수 있게 된다.
감사/Gratitude	감사는 다른 사람이 기대하지 못했던 좋은 일을 가져다주었다는 사실을 우리가 알게 되었을 때 생긴다. 감사로 인해 우리는 친절하고 너그러운 행동을 할 수 있는 새로운 방법을 창의적으로 만들어내고 싶은 마음이 생기게 되고, 누군가를 돌봐주고, 상대방에게 애정을 표현하며 사회적 관계를 맺을 수 있는 스킬을 강화하게 된다.
평정심/Serenity	만족감이라는 다른 이름을 가지고 있는 평정심은 우리가 현재의 상황에 대해 매우 소중한 순간들이며 모든 일들이 올바르게 진행되고 있고, 만족스럽다고 느낄 때 생긴다. 평정심을 느낄 때 우리는 현재의 상황의 모든 순간들을 행복하게 음미하고 싶은 마음을 가지게 되고, 그러한 소중한 순간들을 모아 새로운 우선순위나 가치를 만들고 싶어진다.
흥미/Interest	흥미는 안전하다고 생각되지만 새로운 것을 제공해주는 상황에서 생겨난다. 흥미로 인해 우리는 새로움에 대해 탐색하고 학습하며 몰입하고 싶은 마음이 생기게 되고, 자기(self)의 범위를 확장시켜 나갈 수 있게 해준다.
희망/Hope	희망은 사람들이 최악의 경우를 두려워하면서도 더 나은 세상을 만나기를 갈망하는 어려운 환경에서 생겨난다. 희망으로 인해 우리는 스스로의 능력과 독창성을 발휘해서 상황을 변화시키고, 낙관주의와 탄력성이 생겨날 수 있는 원천을 만들고 싶은 마음을 갖게 된다.
자부심/Pride	자부심은 사람들이 사회적으로 가치가 있는 좋은 성과를 통해 적절한 보상을 얻을 때 생긴다. 자부심을 통해 우리는 유사한 분야에서 더 큰 성공을 거두고 싶다는 마음이 생기며 자신감과 스스로에 대한 확신감을 느끼게 된다.
재미/Amusement	재미는 우리가 현재 상황에서 심각하지 않은 사회적 부조화 현상이 일어나고 있다고 생각될 때 생겨난다. 재미를 통해 우리는 사람들과 함께 웃게 되고, 사회적 연대감을 구축하고 유지하게 해주는 유쾌한 상태를 지속시킬 수 있는 창의적인 방법을 찾게 된다.
영감/Inspiration	영감은 우리가 어떤 특정한 방법으로 인간의 위대함을 관찰할 수 있을 때 생겨난다. 영감을 통해 우리는 스스로를 더 발전시키고 싶은 마음이 생기고, 더 높은 목표에 도달하거나 꿈을 이루고 싶어지며, 개인적 성장을 하고자 하는 동기수준이 높아지게 된다.
경외감/Awe	경외감은 우리가 더 높은 수준과 더 커다란 크기의 '선(goodness)'을 마주했을 생겨난다. 경외감의 경험을 하게 되면, 우리는 이 거대한 존재를 받아들이고 새로운 세계관을 만들게 된다.
사랑/Love	사랑은 우리가 가장 자주 느끼는 긍정적인 정서로서, 안전한 상호적 관계의 맥락에서 긍정적 정서가 느껴질 때 생겨난다. 사랑을 통해 우리는 순간적으로 사회적 연대감과 자기확장감을 느끼게 되고, 사회적 연대와 커뮤니티를 구축하게 된다.

* 출처: 프레드릭슨의 연구(Fredrickson, 2013a)

그녀가 15년 동안 진행한 포괄적인 리뷰 연구(2013a)를 보면, 열 가지의 긍정적 정서가 제시되어 있고, 그 정서들이 긍정성을 어떻게 촉진하는지에 대해 설명되어 있다(표 2.1 참조).

〈긍정적 정서의 확장 효과〉

심리학의 다양한 이론들(인지와 내적 동기, 애착 유형과 동물 행동에 대한 연구결과들)에서 발견된 경험적 근거들을 보면, 긍정적 정서는−부정적 정서와 중립적 상태에 비교해보았을 때−우리의 주의 집중, 인지, 행동의 범위를 확장해준다고 한다

(Derryberry & Tucker, 1992; Fredrickson, 1998; Gasper & Clore, 2002; Isen, 1987; Johnson, Waugh, & Frederickson, 2010; Renninger, 1992). 예를 들어, 프레드릭슨과 브라니건(Fredrickson and Branigan, 2005)의 연구에서는, 다양한 정서들을 느낄 수 있는 특정 과제를 제시하고, 참가자들에게 현재의 정서적 상태를 기반으로 하여 바로 해보고 싶은 행동들을 모두 적어달라고 요청하였다. 아무런 감정을 느끼지 못하거나 부정적인 감정을 느낀 경우보다, 긍정적 감정을 경험한 참가지들은 더 다양하고 많은 수의 행동 리스트를 적어냈다.

웨이드링거와 이사코비츠(Wadlinger and Issacowitz, 2006)도 다음과 같은 실험을 통해 확장 가설을 지지하였다. 다양한 감정을 느끼고 있는 피험자를 무작위로 고른 후에, 피험자에게 슬라이드쇼를 보여주었다. 각 스크린에는 세 개의 사진을 담았는데, 하나의 사진을 중앙에 놓고 두 개의 사진을 양 옆에 놓았다. 그리고 나서, 피험자들에게 TV를 보듯이 본인이 흥미를 가진 사진을 바라보라는 지시를 하고 눈동자의 움직임을 추적해하는 기술을 사용해서 시선을 따라가 보았다. 이 실험을 통해 연구자들이 발견한 것은, 긍정성을 가지고 있는 사람들은 양 옆에 있는 사진을 더 많이 보았고 더 자주 시선을 고정한다는 것이었다. 이렇게 긍정성이 우리의 주변시야를 확장시켜준다는 연구결과는 다른 연구들에서도 많이 증명되었다(Fredrickson, 2008; Rowe, Hirsh, & Anderson, 2007; Schmitz, De Rosa, & Anderson, 2009; Trick, Brandigampola, & Enns, 2012).

긍정적 정서가 강화되면 타인과의 연대감도 더 많이 느끼게 되는 것으로 나타났다. 프레드릭슨(2009)은 관계에서의 연대감에 대한 측정 도구(Aron, 1992)를 사용하여 긍정성이 타인에 대한 우리의 감정에 어떻게 영향을 주는지에 대해 탐색해보았다. 연구참가자들은 가장 친한 친구와의 관계에 대해 어떻게 느끼는지에 대해 이야기해보라는 요구를 받았다. 그런 다음에 현재 긍정성, 부정성, 중립성의 세 가지 감정으로 분류된 참가자들이 무작위로 선발되었고, 그 다음에 다시 가장 친한 친

구에 대한 느낌을 질문받았다. 연구자들의 발견에 따르면, 그 순간에 긍정성 수준이 높았던 피험자들은 자기 자신과 타인 사이에 공통된 부분이 더 많다고 이야기했고, 본인의 인생에서 중요한 사람들과의 사이에서 더 많은 친밀감과 유대감을 느끼는 것으로 나타났다. 다른 연구에서도 긍정성은 개인의 신뢰범위를 넓혀주어 더 다양한 사회적 반응을 보이게 한다는 결과를 발견하였고(Dunn & Schweitzer, 2005), 집단구성원의 정체성을 형성하여 '타인'과 '우리' 사이의 간격을 줄여주는 것으로 나타났으며(Dovido, Isen, Guerra, Gaertner, & Rust, 1998), 인종에 대한 편견을 극복하는 것을 도와주기도 했다(Johnson & Fredrickson, 2005).

프레드릭슨(2009)은 이 다양한 연구들의 결론으로서, 긍정성은 단순히 한 개인의 부정적인 사고를 긍정적인 사고로 바꿔주는 것을 넘어서서, 한 사람의 마음의 범위와 경계선을 변하게 하고, 결국은 행동에 영향을 준다고 주장했다. 중요한 사실은, 이러한 변화가 일터에서의 업무성과에도 긍정적인 영향을 준다는 사실이 발견되었다는 것이다. 예를 들어 보자. 의대 3학년의 의학적 의사결정에 대해 탐색한 연구에서는, 긍정적 정서가 더 신속한 판단을 이끌어내는 것(중립적인 정서를 가진 통제집단과 비교했을 때 동일하게 정확한 판단이었음)을 발견했다(Isen et al., 1991). 이에 더하여, 긍정적 정서를 가진 연구참가자 집단은 진단하는 데 있어 본인의 담당업무범위 이상의 일을 해냈다. 긍정적 정서를 가진 피험자들은 진단을 위한 정보 통합을 보다 잘 하였고, 진단절차에 있어서 혼란을 겪는 경우도 적었다(Isen et al., 1991).

리더들의 긍정적 정서는 조직의 업무성과와 생산성에 매우 중요한 영향을 주는 것으로 알려졌다. 조직 구성원의 정서와 조직의 업무 프로세스에 대해 리더의 기분이 미치는 영향을 탐색한 한 연구에서는, 리더가 긍정적인 기분일 때(부정적 기분과 반대) 조직 구성원들은 더 긍정적인 감정을 느끼는 것으로 나타났다(Sy, Cote, & Saavedra, 2005). 또한, 긍정적 정서를 가진 리더와 함께 일하는 조직은 팀구성원들 사이에서 협업이 더 잘 이루어졌으며,

업무를 완수하기 위해 불필요한 노력을 덜 들인다는 결과도 나왔다(Sy et al., 2005).

긍정적 정서는 복잡한 비즈니스 관계의 성과에도 영향을 미치는 것으로 알려져 있다. 협상의 성과에 정서적 상태(긍정적, 부정적, 중립적)가 미치는 영향을 탐색한 일련의 연구에 따르면, 긍정적 정서를 표현한 협상가들은 협상과정으로부터 미래에 도움이 되는 비즈니스 관계를 구축하는 경우가 많았다고 한다(Kopelman, Rosette, & Thompson, 2006). 두 번째 연구에서는 최종결과를 내야 하는 세팅에 초점을 맞추었고, 긍정적인 정서를 가진 관리자들이 협상과정을 마무리하는 경우가 많았던 것으로 나타났다. 마지막 연구에서는 긍정적 정서를 표현하는 것은 부정적/중립적 정서를 표현하는 것보다 상대방으로부터 동의를 끌어내는 데 있어서 더욱 효과적이며, 협상가들은 부정적 감정으로 점철된 협상과정을 마주했을 때 더 극단적인 요구를 하게 된다는 결과가 나왔다(Kopelman et al., 2006).

이와 같은 연구들은 긍정적이고 상호 간에 이득이 되는 성과를 낼 가능성을 높이는 데 있어서, 일터 환경에서의 정서를 인식하고 활용하는 일의 중요성을 강조하고 있다.

〈긍정적 정서의 축적 효과(build effects)〉

긍정적 정서들이 주의집중과 인지의 범위를 확장시키고, 유연하고 창의적인 사고를 가능하게 하는 만큼, 연구자들은 긍정적 정서의 확장적 기능은 자원의 축적을 촉진하고, 사람들을 성장궤도에 들어서게 한다고 주장해왔다(Aspinwall, 1998, 2001; Fredrickson, 1998; Fredrickson & Joiner, 2002; Isen, 1990). 이렇게 확장된 마음가짐은 새로운 지식과 새로운 동맹세력 및 새로운 스킬을 발견할 수 있는 기반이 되어준다(Fredrickson, 2013a).

이와 같은 자원들은 다음과 같이 다양한 유형으로 나타날 수 있다. 인지적 성과(예: 대가의 지식, 지적 복잡성), 사회적 성과(예: 우정, 사회적 지지 네트워크), 신체적 성과(예: 건강, 수명 연장). 이 자원들을 강화하게 되면, 단순히 최적의 기능을 수행한다고 말하는 수준을 넘어서서, 실제로 개인 내면의

성장, 대인관계적 성장, 조직적 성장을 이끌어낼 수 있게 된다(Lyubomirsky et al., 2005; Mauss et al., 2011; Vacharkulksemsuk et al., 2011).

예를 들어보자. 7주간의 '애정어린 친절함' 명상으로 구성된 한 연구에서는, 무작위로 배정된 피험자들에게 매일 다양한 범위의 변인들에 대해 기술하는 온라인 설문조사에 응답하라는 요청을 하였다. 연구참가자들은 매일매일을 재구성하는 일기를 작성하였고, 정신적/심리적/사회적/신체적 자원, 그리고 10가지의 긍정적 정서를 느끼는 정도를 측정하는 사전검사와 사후검사에 참여하였다(Fredrickson, 2008). 이 연구의 결론을 보면, '애정어린 친절함' 명상에 참가한 피험자들은 높은 수준의 진심어린 긍정성을 경험하였고, 정신적/사회적/사회적/신체적 자원을 얻게 되어 스스로에 대한 수용도가 높아졌으며, 일에 있어서의 목적의식이 강해졌고, 동료와 더욱 깊이 있고 신뢰도가 높은 관계를 맺을 수 있었으며, 타인으로부터 더 많은 지지를 받게 되었고, 신체적으로 더 건강해졌다고 보고하였다.

후속 연구도 동일한 결과를 나타냈고(Kok et al., 2013), 초반 연구보다 더 풍성한 근거들을 제공해주었다. 중학교 교사들을 대상으로 한 종단 연구에서는 일터에서의 긍정적 정서가 개인적 자원 및 조직적 자원과 상호적 관계가 있다는 것을 발견하였다(Salanova, Bakker, & Llorens, 2006). 일상적인 삶에서 긍정적 정서를 더욱 많이 '강화'하게 되면, 시간이 지나감에 따라 마음챙김에 대한 인지적 자원을 더 많이 얻게 되고, 보다 긍정적인 역동안에서의 풍요로움 수준이 높아지게 될 것이라는 사실도 예측가능했다(Catalino & Fredrickson, 2011).

확장 및 축적 이론에 대한 경험적 연구들의 지지는 시간이 흐를수록 많아지고 있고, 정신적/신체적 건강(Fredrickson, 2013a; Garland et al., 2010; Johnson et al., 2009) 및 조직의 기능(Sekerka, Vacharkulksemsuk, & Fredrickson, 2012)을 개선하는데 있어서 효과적인 방법으로 주목받고 있다.

긍정성 비율

2004년, 연구자 마셜 로사다(Marcial Losada)와 동료들은 고성과를 내는 비즈니스 팀의 특성을 파악하는 연구에서, 60개 이상의 팀을 관찰하면서 각 팀의 사업미션과 전략계획을 검토하였고, 그 자료에 나온 언어표현이 긍정적인지 부정적인지, 자기-중심인지 타인-중심인지, 요구를 하는 쪽인지 옹호를 하는 쪽인지를 코딩하였다. 그리고 개인적인 사업 성과 데이터와 비교해보았다. 로사다의 주장에 따르면 고성과를 내는 비즈니스 팀의 언어표현은 6.1점 정도의 매우 높은 긍정성 비율을 나타냈고 이는 그후부터 로사다 비율(Rosada Ratio)로 알려지게 되었다(Losada & Heaphy, 2004).

2005년, 로사다와 프레드릭슨은 함께 긍정적 정서가 부정적 정서에 미치는 영향에 대해 탐색을 하기 시작했다(P/N: Positive to Negative affect). 이는 각 개인의 건강(flourishing) 상태와 불건강(non-flourishing) 상태를 구분해주는 것이었다(Fredrickson & Losada, 2005). 로사다가 비즈니스 팀들에 대한 연구에서 사용했던 비선형 수학모델을 적용하여 진행된 이들의 연구에서는, 활성화 상태를 경험하고 있던 사람들은 P/N 비율이 평균 2.9:1로 나타났고, 그때부터 이는 긍정성 비율(positivity ratio)이라고 알려지게 되었다.

2013년, 브라운(Brown)과 동료들은 로사다의 수학적 공식을 논박하는 연구논문을 발표하면서, 명확한 긍정성/부정성 비율의 수치를 진지하게 받아들인다 하더라도 '건강한 상태(flourishing)'가 되기 위해서는 단일 비율이 존재하는 것이 아니라, 특정 가치에 대해 바람직한 긍정성/부정성 비율과 바람직하지 않은 비율이 다양하게 존재하는 것이라고 주장했다(Brown, Sokal, & Friedman, 2013). 프레드릭슨(2013b)은 이에 대해 수학적 계산의 오류에 대해 인정하고, 비율 자체에 대한 주장을 철회하였다.

하지만 두 가지를 비교할 때에는 P/N 비율이 유용하다는 연구결과가 있다는 것을 아는 것은 그만한 가치가 있을 것 같다. P/N 비율은 고통을 경험하고 있는 커플과 그렇지 않은 커플을 구분하는 데에 활용되었다(Gottman, Markman, & Notarius, 1977). P/N 비율이 더 낮은 경우(1:1)는 결혼에서 파경을 맞을 위험이 유의미하게 더 컸고, 결혼에 대한 만족도가 낮은 것으로 나타난 반면(Gottman & Levenson, 1992), 성공적인 결혼생활을 하고 있는 사람들은 긍정성 비율이 5:1 정도로 나타났다(Gottman, 1994). 프레드릭슨(2013b)은 "긍정성 비율의 역동과 비선형적 특성, 그리고 긍정성 비율을 가장 정확하게 계산할 수 있는 알고리즘을 더 잘 이해하기 위해서는 많은 실증적 연구가 필요한 상황이다"라고 이야기했다(p.7).

긍정적 정서, 웰빙 그리고 건강

앞에서 언급했듯이, 긍정심리학의 초점은 행복으로 시작해서 이제는 웰빙으로 옮겨져 왔다(Seligman, 2012). 하지만 여전히 긍정적 정서는 심리적 건강(flourishing)의 핵심적인 특성(예: PERMA)으로 생각되고 있다(Seligman, 2012). 연구자들은 좋은 기분을 느끼는 것은 효과적으로 기능하고 성공을 창출하는 데 있어서 중요한 요소라는 결과를 지속적으로 발견하고 있다(Huppert & So, 2013; Keyes, 2002; Kuppens, Realo, & Diener, 2008; Lyubomirsky et al., 2005).

또한 다양한 연구들에서는 긍정적 정서가 일이 잘 풀리고 있을 때에만 적절한 것이 아니라, 인생이 계획한 대로 잘 안될 때에도 똑같이 필요하다고 주장한다. 특히, 탄력성이 높은 사람들은 좌절 상황을 마주했을 때에도 일상생활에서 긍정적인 의미를 찾아내거나, 좌절경험 그 자체에서도 긍정적 요소를 발견하면서 긍정적 정서를 활용한다는 점을 강조하였다(Aspinwall, 2001; Cohn, Brown, Fredrickson, Mikels, & Conway, 2009; Folkman, 1997; Tugade & Fredrickson, 2004).

긍정적 정서는 스트레스로 인해 생기는 부정적 효과를 감소시키는 데에도 도움이 되는 듯하다. 예를 들어보자. 불안수준을 높이고 심장을 빨리 뛰게 하며, 말초 혈관 수축을 증진시키고 최대/최소혈압

수치를 높이는 일을 매우 신속하게 해내는 부정적인 정서를 연구 참가자들에게 유발시킨 후 약한 수준의 긍정적 정서를 유발시켰다(중립성이나 슬픔과는 반대되는 정서). 그랬더니, 연구참가자들의 심혈관은 매우 빠른 속도로 회복되는 것으로 나타났다(Fredrickson & Levenson, 1998; Fredrickson et al., 2000).

우울감과 우울이 만들어내는 좁은 시각의 비관적 사고는 웰빙을 추구하지 못하는 나락의 소용돌이로 사람들을 끌어내린다고 주장한 연구결과에 대조적으로, 프레드릭슨과 동료들(2013)은 긍정적 정서와 긍정적 정서가 만들어내는 확장된 사고는 시간이 지남에 따라 정서적 웰빙의 연속적 상승을 가져온다고 제안하였다. 이와 같은 효과의 장기적 결과는 연구자들에게 자신의 개인기록(20대 초반에 손글씨로 썼던 자서전이 포함되어 있는 자료), 의료기록, 뇌부검 자료를 사용할 수 있도록 해준 180명의 천주교 수녀들을 대상으로 한 70년간의 종단 연구에서도 나타난다. 연구팀은 이들이 긍정적 정서와 부정적 정서를 느꼈던 순간들을 기록하였고, 가장 높은 수준의 긍정적 정서를 표현했던 참가자들은 가장 낮은 수준의 긍정적 정서를 표현했던 사람들보다 평균 10년 더 오래 살았다는 것을 발견하였다(Danner, Snowdon, & Friesen, 2001).

연령, 젠더, 건강상태, 사회적 지위와 같은 다른 혼재변수들을 통제했을 때에도, 좋은 기분을 느끼는 것과 수명이 길어지는 것 사이에는 관계가 있는 것으로 나타났다(Ostir, Markides, Black, & Goodwin, 2000; Ostir, Markides, Peek, & Goodwin, 2001; Peterson, Seligman, & Vailliant, 1988; Richman et al., 2005).

긍정적 정서를 더 자주 느낄 수 있게 노력을 하는 사람들은 심혈관패턴과 미주신경긴장도 수치에 변화가 오면서 건강이 좋아지는 결과를 얻을 수 있다는 근거도 이제 조금씩 새롭게 나오고 있다(Kok et al., 2013). 연구자들은 긍정적 정서로 인해 인지적/행동적 행동양식이 변화가 오게 되면, 생물심리사회적 자원이 강화되어 대처기술의 향상과 정신건강의 발달이 이루어질 수 있다는 가설을 세우고 있다(Garland et al., 2010).

이제 프레드릭슨과 동료들은 일상생활에서 긍정적 정서를 더 많이 경험하려는 사람들의 노력이 건강에 도움이 되는 생물학적 자원을 만들어낼 수 있을지에 대해 검증해보고 있다(Fredrickson, 2013b; Fredrickson et al., 2015). 프레드릭슨과 동료들은 (2015) 확장 및 축적 이론을 기반으로 하여, 신체적 활동으로 인한 긍정적 정서 또한 환경통제력, 사회적 지지, 삶에서의 의미와 같은 자원을 증가시킬 수 있다고 주장했다. 그들은 신체적 활동에 초점을 맞추었을 때 현실적인 혜택을 얻을 수 있는 이유는, 대부분의 사람들이 할 수 있는 행동이고, 특별한 훈련과정이 필요하지 않으며, 사회적 지위에 상관없이 매력적인 활동이기 때문이라고 주장하였다.

긍정성의 어두운 면

시간이 갈수록 긍정적 정서의 혜택에 대한 근거들이 많아지는 것에 반하여, 일부 사람들은 심리학적 실무분야가 긍정성 쪽으로만 지나치게 많이 기울여지는 것이 아닌가에 대한 걱정을 한다. 그들은 긍정적 정서만 너무 강조하다보면 사람들의 좌절감이 더욱 커질 수 있다고 염려하며, 사실 부정적 정서란 우리의 고통감내력을 길러주는 핵심적인 메카니즘이며, 우리가 더 강해지고, 더욱 유연한 심리상태를 가지며, 결국은 더 행복해질 수 있게 도와준다고 주장한다(Kashdan & Biswas-Diener, 2014).

이와 유사하게, 수용전념치료(Acceptance and Commitment Theory, ACT)의 연구자 및 실무자들은 우리의 사회적 담론이 긍정적 정서를 이상화하며, 부정적 정서를 빨리 제거하고 '신속한 치유'를 하고 싶어한다고 주장하였다. 헤이즈, 윌슨, 기포드, 폴레트와 스트로샬(Hayes, Wilson, Gifford, Follette, and Strosahl, 1996)은 불편한 감정은 종종 '나쁜' 것으로 간주되며, 사람들은 그 나쁜 감정을 피하거나 멈추고 싶어한다고 주장했다. 안타깝게도 심리적인 좌절감을 의도적으로 억압하려고 하면 실제적으로는 그 좌절감이 더 커지게 되고(예: Wegner,

1997), 다양한 회피 전략들(예: 술, 약물남용, 미루는 습관)은 장기적으로 보았을 때에는 별 도움이 되지 않는다. 실제로 한 연구에서는 부정적인 심리적 상태를 회피하면, 심리적 장애가 생길 위험성이 높아진다는 결과가 나타났다(Hayes & Gifford, 1997). 따라서, 수용전념치료 실무자들은 감정에 대해 '긍정적'이나 '부정적'이라는 이름을 붙이는 것보다는, 모든 감정들은 우리의 삶에 있어서 각각의 목적을 가지고 있다는 사실을 단순하게 인정하고 바라보는 자세를 취할 때 사람들은 더 발전될 수 있다는 주장을 하였다(Harris, 2006). 자, 그렇다면 일터에서의 긍정성에 대해 논의해보도록 하자.

일터에서의 긍정성

과학적 연구는 "나쁜 것은 좋은 것보다 강하다"(Baumeister, Bratslavsky, Finkenauer, Vohs, 2001)라는 명제에 대한 근거들을 제공해왔다. 왜냐하면, 우리가 방어와 생존을 하려는 경향성이 있기 때문에, 부정적인 일과 부정적인 자극을 매우 강하게 느끼고, 정서에도 매우 많은 영향을 받게 되기 때문이다. 하지만 이 명제가 조직 내에서의 일과 조직의 성과에 대해서도 정말 논리적으로 의미가 있는지에 대해서는 논쟁을 해볼 수 있을 것이다(Alderfer, 1986; Maslow, 1968).

그래서 긍정조직학(POS: positive organizational scholarship)의 창립자 중 한 명인 카메론(Cameron)과 동료들은(Cameron, Mora, Leutscher, & Calarco, 2011, p.290) "조직 내에서 긍정적인 효과를 축적시키려면 긍정적 실무에 대해 매우 많은 강조를 해야 하는데, 아직도 대부분의 조직에서는 여전히 부정적인 현상에 대해서만 초점을 맞추고 있다"라고 주장한다.

이와 같이 조직맥락에서 부정적 자극만을 강조하는 경향성에 맞서기 위해 다양한 조직 실무와 이론들이 발표되었다(예: 성과 리뷰, 개발 계획, 몰입 전략, 변화 관리, 인적자원 전략, 리더십 개발). 각각의 분야에 대해 이루어진 연구들을 자세하게 리뷰하기에는 무리가 있으니, 2장에서는 앞에서 언급했던 인적자원에 대한 실무에 적용할 수 있는 일터의 긍정성 연구의 일부에 대해 탐색해보도록 하겠다.

구성원의 정서와 일터에서의 성과 간의 관계를 측정하는 작업이 그다지 새로운 것이 아니라는 사실을 아는 것은 중요하다고 생각된다. 조직구성원의 효율성에 대해 정서가 미치는 영향에 대해 고려한 최초의 연구는 1930년대에 발표되었었다(Hersey, 1932). 허시(Hersey)에 의하면, 긍정적인 정서 상태를 경험하고 있는 구성원은 부정적 정서를 가진 구성원과 비교했을 때 효율성이 8% 높은 것으로 나타났다. 이와 같은 희망적 연구결과를 가지고 출발을 했지만, 일터에서의 긍정주의 과학이 더 많은 관심을 받고 탄력을 갖게 된 것은 10년 전의 일이었다.

점점 더 많은 연구들이 긍정적 정서는 일터에서 가치가 있다는 아이디어를 지지하고 있다(Vacharulksemsuk & Fredrickson, 2013). 다양한 사회심리학 연구들에서는, 매일 일터에서 경험하는 긍정적 정서는 각 개인의 업무 환경(예: 자율성, 따뜻함과 협력에 대한 심리적 분위기)과 낙관주의, 자기효율성, 자기존중감에 대한 개인적 자원 간의 관계를 매개한다는 결과를 제시하고 있다(SXanthopoulou, Bakker, Demerouti, & Schaufeli, 2012). 긍정적 정서를 경험하는 구성원은 고객에게 더 많은 도움을 주며, 더욱 창의적이고, 주의집중을 더 잘하며, 서로를 존중하는 모습을 보인다고 한다(George, 1998; Sharot, Riccardi, Raio, & Phelps, 2007). 그리고 일상적으로 경험하는 긍정적 정서는 조직에 이득을 가져다주는 행동에 몰입하고자 하는 개인의 준비도에 영향을 미친다는 연구결과도 있다(Weiss, 2002).

앞으로 연구되고 실험되어야 하는, 일터에서의 긍정성으로 접근할 수 있는 통로는 몇 가지가 있을 수 있지만, 우리는 그중에서도 세 가지의 핵심 통로에 대해 초점을 맞춰보려고 한다. 문화와 몰입, 개인적인 수준에서 고안되고 수행될 수 있는 구성원의 행동, 팀의 성과와 긍정성에 영향을 미칠 수 있는 리더십 실무. 이제부터는 각 통로에 대한 설명을 통해 일터에서의 긍정성에 대한 논의를 해보도록 하겠다.

문화와 몰입

조직에서의 긍정적인 요소들을 생각해보면 긍정적 정서, 주관적인 웰빙, 조직 시민의식, 친사회적 행동, 긍정적 정체성, 몰입, 심리적 자본, 만족 등을 들 수 있다(Harter, Schmidt, & Keyes, 2002; Luthans, Youseff, & Avolio, 2007). 이 요소들은 조직/산업 심리학 연구들에서 많은 관심을 받아왔다. 하지만 대부분의 연구들은 조직의 성과보다는 개인적 수준에서의 분석에 초점을 맞추고 있어서(Cameron et al., 2011; Moore & Beadle, 2006), 구성원의 웰빙 및 긍정성을 조직의 성과 및 효율성과 연결시켜야 할 필요성이 제기되고 있다.

조직시민행동(OCB: organizational citizen behavior)은 긍정성에 대한 더 광범위한 시각을 얻을 수 있는 한 가지 방법이다. 조직시민행동은 과업과 조직의 성과를 더욱 발전시키는 구성원의 행동을 가리킨다(Organ, 1997).

조직시민행동은 업무 성과의 핵심적인 요소로 간주되며(Rotundo & Sackett, 2002), 점점 더 많은 연구에서 긍정적인 정서는 조직시민행동과 다양한 선행사건 간의 관계를 매개한다고 주장하고 있다(Spence, Ferris, Brown, & Heller, 2011). 예를 들어보자. 감사는 조직시민행동과 특별한 상관관계가 있는 독특한 긍정적 정서라고 알려져 왔다. 왜냐하면, 감사하는 마음은 우리가 타인에게 도움을 주고 싶게 만들고, 타인에 대해 긍정적인 정서를 가지도록 한다는 가설이 있기 때문이다(McCullough, Kilpatrick, Emmons, & Larson, 2001). 감사하는 상태는 상사와 동료들이 조직시민행동을 할 것을 예측할 수 있고(일반적인 긍정적 정서를 경험하는 것을 넘어서서), 그리고 조직시민행동을 수행하는 사람 내부의 변인에 영향을 미친다고 한다(Spence, Brown, Keeping, & Lian, 2014). 따라서 감사하는 마음을 증가시키게 되면 많은 조직들이 추구하는 중요한 문화적 요소인 협력을 강화할 수 있을 것이다. 감사와 협력 간의 직접적인 관계를 탐색하는 것은 고려해볼만한 미래의 연구분야일 듯하다.

긍정심리학과 긍정조직학 분야에서 긍정적 정서가 구성원 개인과 팀에 이득을 줄 수 있다는 근거를 제시하는 동안, 이에 힘을 실어줄 수 있는 접근법으로 나타난 것이 AI(Appreciative Inquiry, Coopperrider & Srivastva, 1987)이다. 이 조직 변화활동은 조직 내에서 긍정적인 면을 유지하고 기능하게 하는 것에 초점을 맞추고 있으며, 구성원의 긍정적 열망과 조직의 강점을 기반으로 삼아 전반적인 조직의 문화를 긍정적으로 변화시키는 것을 목표로 한다. AI는 다음과 같이 다양한 조직세팅에서 활용되었고 성공적인 결과를 도출하였다는 보고가 있었다. 학교(Dickerson & Helm-Stevens, 2011; Kozik, Cooney, Vinciguerra, Gradel, & Black, 2009), 영국공영방송/BBC(Mishra & Bhatnagar, 2012), 국제연합/UN(http://appreciativeinquiry.case.edu/intro/commentFeb05.cfm).

조직에서 초점을 맞추고 있는 또 한 가지의 분야는 구성원의 몰입에 대한 연구이다. 리더와 HR 전문가, 산업 및 조직 심리학자들은 구성원의 몰입 분야에 대한 관심을 많이 보였었지만, 학자들은 계속해서 이 구인의 정의에 대해 논쟁을 하고 있다(Shuck, Reio, & Rocco, 2011). 여기에서 다루어볼만한 가치가 있는 정의를 몇 가지 정리해보겠다. 구성원 몰입에 대한 첫 번째 정의는 "바람직한 조직의 성과를 목표로 하는 개인 구성원의 인지적, 정서적, 행동적 상태"(Shuck & Wollard, 2010, p.15)이다. 두 번째 정의는 "일에 대한 몰입으로서, 일과 관련된 긍정적이고 자기충족적인 마음상태이며, 열정, 헌신, 몰두(absorption)라는 특성을 가지는 것"이다(González-Romá, Schaufeli, Bakker, & Lloret, 2006; Schaufeli, Salanova, González-Romá, & Bakker, 2002). 바커와 레이터(Bakker and Leiter, 2010)는 몰입이란 개인적인 변인이며, 선행요소와 성과 간의 매개 요소라고 정의하였다. 몰입에 대한 또 다른 정의는 조직에 대한 헌신이다―조직에 대한 한 개인의 심리적 연대감으로서, 정서적 애착과 충성심의 감정이라고 설명한다(Allen & Meyer, 1997; Judge & Kammeyer-Muller, 2012; Meyer & Allen, 1997). 이와 같이 다양한 정의들이 공통적으로 가지고 있는 부분은 구성원 몰입의 정서적 요소이다 - 조직이나 과제에 대한 긍정적 정서를 표현하는 것. 몰입의 정의에 대해 논란이 존재하고는 있지만, 조직은 반드시 구성원의 몰입을 강화해야 한다는 명제를 지지하는 연구결과들은 많이 제시되고 있다.

구성원의 몰입은 다음과 같은 다양한 조직 및 수행성과와 상관관계를 보이는 것으로 알려졌다. 자기주도적 노력, 이직 의도(Shuck, 2010), 전반적인 성과(Rich, LePine, & Crawford, 2010), 웰빙(Harter et al., 2002). 업무 만족도(구성원 몰입의 한 가지 요소)가 높으면 구성원의 협력도, 정확성과 효율성이 증가되는 것으로 나타났고, 근태가 좋아졌으며 이직율이 낮아진다고 알려졌다(Spector, 1997). 몰입도가 높은 구성원들은 인지적/정서적으로 업무 및 일터와 연계되어 있다고 느끼고 있었으며(Harter & Blacksmith, 2010), 지속적으로 고성과를 창출한다는 연구결과가 보고되었다(Meere, 2005).

몰입을 하고 있는 구성원들은 긍정적인 조직행동을 할 가능성이 높았고(Meyer, Stanley, Herscovitch, & Topolnytsky, 2002), 조직에서 계속 근무할 가능성도 높은 것으로 나타났다(Harter, Schmidt, Kilham, & Asplund, 2006). 구성원 몰입도가 높으면 성공적인 조직성과를 창출할 가능성도 높아졌다(Rath & Harter, 2010). 부정적 감정보다 긍정적 감정을 더 많이 경험했다고 보고한 구성원들은 상사로부터 더 높은 성과평가를 받는 것으로 나타나기도 했다(Wright & Bonett, 1997; Wright & Cropanzano, 2000).

구성원의 행동

긍정조직학에서, 조직에서 발견되는 긍정적 행동(positive practices)의 수행에 대한 관심은 다양한 조직의 성과에 대해 매우 의미 있는 영향을 미친 것으로 나타나고 있다(Cameron, Dutton & Quinn, 2003). 긍정적 행동에는 서로를 배려하는 우정, 동료들의 따뜻한 지지, 서로의 잘못을 용서하는 문화 촉진, 존중과 정직함 그리고 감사를 중요하게 생각하는 분위기 창출, 의미 있는 일에 대한 강조와 같

은 것들이 포함된다. 카메론(Cameron)과 동료들(2011)은 이와 같은 긍정적 행동은 다양한 비즈니스 성과(이직율 감소, 조직의 효율성 개선, 더 효율적인 업무환경, 경영진과의 더 원활한 관계)에 대한 보고와 정적 상관관계를 보이는 것을 발견했다. 긍정적 일터 행동이 조직수준의 효율성에 대해 매우 큰 영향을 미치는 것이 발견된 것에 반해, 특정한 긍정행동이 가장 중요한 단일 요소로 밝혀지지는 않았다. 가장 큰 영향력을 가진 것으로 밝혀진 것은 다양한 긍정적 행동들이 복합적으로 일어나는 때였다.

긍정성의 증가를 촉진하는 구성원 행동은 한 가지의 독특한 것만 존재하는 것이 아니라, 보다 다양한 인지적/정서적 자원들과 관련이 있는 것으로 나타났다. 개인의 발전에 대한 긍정적 심리상태 - 자기효율성, 낙관주의, 희망, 탄력성으로 구성됨 - 인 심리적 자본(psychological capital)에 대한 연구(Luthans, 2002a, 2002b; Luthans et al., 2007)에서는 구성원이 자신의 사고유연성에 영향을 미치고, 또한 긍정성 수준을 높일 수 있는 활동들을 제안해주었다.

예를 들어보자. 최근에 다양한 조직들을 대상으로 진행되었던 한 연구에서는, 심리적 자본과 창의성에 대해 탐색하였다. 대만의 16개 회사에 근무하는 781명의 구성원들을 대상으로 이루어진 연구는 자기보고식 평가에 의해 문화, 심리적 자본, 혁신적 행동간의 관계를 측정하였다(Hsu & Chen, 2015). 이 연구에 따르면, 개인수준의 심리적 자본은 조직의 분위기보다 창의적 행동을 촉진하는 데 있어서 더 큰 도움이 되는 것으로 나타났다. 이때 심리적 자본은 혁신을 위한 매개체로서 기능하고 있었다. 낙관주의, 희망, 탄력성, 창의적인 자기효율성은 예측하지 못한 실패경험에 대한 방어적 충격완화제 역할을 하며, 혁신적 사고의 강화를 위해 개선 가능한 개인적 자원을 제공하는 것으로 나타났다(Hsu & Chen, 2015).

긍정적 집단 구성원 행동의 혜택은 체계적 시각을 통해 관찰해볼 수 있다. 사회 관계망 분석(SNA: Social Network Analysis)을 기반으로 한 체계적 관점 - 비교적 새롭게 개발된 방법론 - 은 공유된 긍

정적 구성원 행동이 정서적 전염 효과를 창출할 수 있다는 주장의 근거를 제공해준다. 예를 들어보자. 정서적 상태는 모방(mimicry)과 '정서적 전염'에 의해 한 명의 개인에서 또 다른 개인에게 직접적으로 전달된다. 사람들은 타인에게서 관찰된 정서적으로 적절한 신체 행동, 특히 얼굴 표정을 따라한다(Fowler & Christakis, 2008). 조직 내 '긍정적 에너자이저'에 대한 연구(Cross, Baker, & Parker, 2003)에서는 긍정성 과학을 기반으로 하여 구성원 자신의 웰빙 수준을 높이기 위해 그들을 능동적으로 훈련시키는 작업의 혜택에 대해 더 많은 근거를 제시한다. 이는 조직 세팅에서 '파급 효과'를 가져다 준다고 한다(O'Connor & Cavanagh, 2013). 이에 더하여, 사회관계망 분석을 기반으로 조직에서 성장을 위한 코칭을 활용하는 것에 대해 탐색한 연구에서는 코칭의 결과로서 심리적 웰빙의 수준이 유의미하게 높아졌다는 것을 발견하였다. 이전 연구 결과에서도 코칭은 목표달성율과 웰빙수준을 상승시키는 것으로 나타났었다(Green, Oades, & Grant, 2006; Linley, Willars, & Biswas-Diener, 2010; Spence & Grant, 2007).

새롭게 나타나고 있는 긍정적 구성원 행동이라는 주제는 체화된 인지(embodied cognition)에 대한 연구에서 다뤄지고 있다. 체화된 인지란 한 개인의 운동 경험(motor experience)에 관련된 정보 처리를 가리키는데, 이때의 운동 움직임(motor movement)은 특정한 상황에 대한 정서적/심리적 경험과 관련되어 있다(Niedenthal, 2007; Havas, Glenberg, Gutowski, Lucarelli, & Davidson, 2010). 예를 들어 보자. 기쁨과 분노를 느낄 때 사람들이 보이는 신체적 표현에는 슬픔의 표현 때보다 어깨, 팔꿈치, 골반, 몸통의 움직임이 더 많이 나타난다(Gross, Crane, & Fredrickson, 2012). 확장 및 축적 이론과 체화된 인지에 대한 자료들은 모두, 사람들이 감정을 경험하는 방법에서는, 단순히 얼굴 표정뿐 아니라 전반적인 신체적 움직임이 중요한 역할을 한다는 것을 강조하고 있다.

리더십

팀의 구성원들에게 긍정적인 정서를 갖게 하는 리더의 능력 또한 조직의 효율성 측면에서 핵심적인 요소이다. 연구들에 따르면, 리더는 구성원들이 일터에서 가지는 감정에 대해 중요한 영향을 미친다고 하며(Sy et al., 2005), 고위 경영진이 표현하는 정서는 조직의 분위기에 영향을 미쳐서 결국 조직의 효율성에 기여하게 된다고 한다(Ozcelik, Langton, & Aldrich, 2008). 예를 들어, 긍정적 정서는 거래적 리더십보다 변혁적 리더십과 더 밀접한 관계가 있는 것으로 알려지고 있다(Rowold & Rohmann, 2009). 5일 동안의 일기 연구팀에서는 매일 수행되는 변혁적 리더십 행동이 구성원의 일상적인 업무 몰입을 예측하고 이때 구성원이 매일 느끼는 낙관성의 수준이 완벽한 매개요인이 된다는 것을 발견하였다(Tims, Bakker, & Xanthopoulou, 2011).

리더는 팀구성원의 긍정적 행동을 구성하는 데 있어서 매우 중요한 역할을 하는 사람이다. 조직 내에서 중요한 조직의 변화에 대한 아젠다를 구성할 때, 실제 가치 있는 일은 리더가 팀구성원의 긍정적 변화 행동에 어떻게 영향을 미치는지를 파악하는 것이고, 그중에서도 특히 긍정적 행동이 변화에 대한 구성원의 수용도를 높인다는 점을 고려하는 것이다. 최근에 진행되었던 한 연구에서는 변화-중심 행동을 촉진하는 심리적 자본의 중요성에 대해 탐색을 해보았다. 린, 카오, 첸과 루(Lin, Kao, Chen, and Lu, 2015)는 두 가지의 변화-중심 행동(창의적 업무수행과 책임지기)에 대해 관심을 가지고 40명의 리더와 248명의 구성원에 대해 측정을 해보았다. 그들의 발견에 의하면, 긍정적인 리더-구성원의 관계는 심리적 자본의 수준이 높을 때 촉진되는 것으로 나타났다. 심리적 자본은 긍정적 정서를 발생시키는 데 있어서 촉매제 역할을 했고, 성과와 책임감의 수준을 높이는 데에 영향을 주었다. 이 연구의 주장에 따르면, 내부적인 개인자원은 그 사람이 새롭고 신선한 아이디어를 창출하고 실행하는 능력을 증가시켜줄 뿐 아니라, 변화과정 중에서 자기주도적인 노력을 더 많이 하게 해준다고 한다(Lin et al., 2015).

일터에서의 긍정성을 촉진하는 데 있어서 가장 신뢰도가 높은 접근법들 중 하나는, 일터에서 강점을 활용하는 것이다. 강점의 적용은 매우 다양한 방법으로 가능하며, 구성원의 강점은 여러 창구를 통해 활용될 수 있다. 관리자들은 구성원의 강점에 대해 초점을 맞춤으로써 긍정적 영향을 줄 수 있다. 관리자에 의해 관심을 받지 못한다고 느끼는 구성원들은 일에 적극적으로 몰입하지 못할 가능성이 두 배 커지며 구성원의 약점에 대해 초점을 맞추는 관리자는 구성원이 몰입하지 못하는 상태를 22%까지는 줄이는 것으로 나타났다(부정적인 관심조차 아예 관심이 없는 것보다는 낫다는 것이다). 그리고 구성원의 강점에 대해 관심을 가지는 관리자는 구성원의 몰입하지 못하는 상태를 1%로 감소시킨다는 결과가 나왔다(Gallup, 2013). 관리자가 구성원의 약점에 대해 초점을 맞출 때, 구성원의 평균적인 업무성과는 최고 27%까지 감소한 반면, 강점에 대해 관심을 가져주면 구성원의 업무성과는 36%까지 개선되었다(Corporate Leadership Council, 2004). 이 연구결과를 보면, 기존에 조직에서 잘 알려졌던 80:20의 단점 중심의 시각(deficit-bias)을 따르기보다는, 관리자들은 이 비율을 뒤집어서 구성원들의 강점을 강화하는 데에 더 많은 시간과 에너지, 노력을 들여야 한다는 것을 알 수 있다 (Cooperrider & Godwin, 2011).

2015년, 일터에서의 강점 설문조사(Strength@ Work Survey / McQuaid & VIA Institute, 2015)에서도 관리자가 구성원의 강점에 대해 의미 있는 논의를 할 때, 구성원 중 78%는 몰입감과 동기수준이 상승된다고 이야기했고, 65%는 자기 자신이 일터에서 "성장하고 있다(flourishing)"고 표현했다. 설문조사 결과에 따르면 안타깝게도 관리자들 중 68%는 이와 같은 대화를 하고 있지 않았으며, 긍정적인 피드백은 최소한으로만 주는 경우가 제일 많았고, 아예 강점에 대한 이야기를 하지 않거나, 발전에 대한 방향제시는 없이 구성원의 약점만 지적하는 경우도 많이 나타났다.

일터에서 구성원의 강점을 활용할 때 긍정적인 결과로 나타나는 것은 매우 많지만, 구성원과 관리자는 다음과 같은 사실도 인식할 필요가 있다. 사람들은 때때로 강점 활용의 결과 때문에 실망하고 몰입하지 못하며 좌절한다는 것을 말이다. 일터에서 강점을 강조하게 되면 각 구성원들의 자신감 수준은 높아지고 성공에 대한 낙관적 시각을 갖게 될 가능성이 많기 때문에, 항상 좋은 결과만이 나올 거라고 강한 기대감을 가졌던 사람들은 실패경험을 하게 될 때 낙관주의적 시각에 대해 신중한 태도를 가졌던 사람들보다 더 많이 실망할 수 있고 더 큰 자책감을 갖게 될 수도 있다(Biswas-Diener, Kashdan, & Minhas, 2011). 이와 같은 위험요인을 줄이려면 현실적인 기대수준을 갖게 하고, 실패란 무엇인가를 또 배울 수 있는 기회라는 생각을 하게 하는 것이 도움이 된다. 즉, 조직과 관리자들은 강점을 개발하는 것이 모든 상황과 모든 구성원에게 적절한 것은 아닐 수 있다는 점을 기억할 필요가 있다.

긍정적 효과에 대한 설명

앞에서 언급했듯이, 긍정적 정서와 웰빙에 대한 연구들이 많아지는 것을 보면, 개인 구성원들은 일터에서 더 많은 긍정성을 추구하고, 조직은 그러한 상황에 초점을 맞추고 있는 것은 분명한 듯하다. 이제부터는 긍정성이 조직의 업무성과에 미치는 영향을 어떻게 설명할 수 있을지에 대해 탐색해볼 것이다. 긍정조직학자들에 따르면, 긍정성(특히 긍정적 행동)이 조직의 성과를 향상시키는 방법과 이유를 설명해주는 변인은 세 가지가 있다고 한다. 증폭 효과, 완충 효과, 향일성 효과(Cameron et al., 2011).

〈증폭 효과〉

증폭(amplification)은 긍정적 행동이 긍정적 정서에 영향을 미쳐서, 조직 내 개인의 업무성과를 향상시키는 기능과 관련된 개념이다(Fineman, 1996; Fredrickson, 1998; Seligman, 2002; Staw, Sutton, & Pelled, 1994; Tutu, 1999; Wright & Staw, 1999). 이 효

과는 정서적 전염의 파급효과에 대해 탐색한(Baker, Cross, & Wooten, 2003) 사회관계망에 대한 문헌에서 잘 설명되어 있다(Christakis & Fowler, 2009). 조직 내 사회적 자본에 대해 알아본 연구(Baker et al., 2003; Coleman, 1988)에서는 관계의 증진이 가져오는 긍정적 효과에 대해 강조하고 있다. 헌신, 신뢰, 협력의 구축과 같은 긍정적인 일터 행동은 모두 긍정적인 관계를 구축하고 사회적 자본을 증가시킨다고 알려져 있다.

〈완충 효과〉

긍정적인 일터 행동은 각 개인 구성원들의 탄력성을 강화해주어 트라우마나 좌절이 주는 부정적인 영향력으로부터 조직을 보호해주는 완충제 역할을 한다(Cameron et al., 2011; Masten et al., 1999). 더 나아가서, 연민, 용기, 용서, 정직과 낙관주의와 같은 긍정적 정서를 강화시키게 되면 심리적 좌절, 중독, 역기능적 행동을 예방할 수 있다(Seligman, Schulman, DeRubeis, & Hollon, 1999).

〈향일성 효과〉

한 연구에서는 모든 살아있는 유기체들이 긍정적인 에너지를 향해 나아가고자 하고 부정적인 에너지를 회피하려 하듯이, 긍정성은 '향일성 효과(heliotropic effect)'를 가진다고 주장하였다(D'Amato & Jagoda, 1962; Mrosovsky & Kingsmill, 1985; Smith & Baker, 1960). 이 효과는 조직 내의 일에 대해서도 적용 가능한데, 긍정성은 핵심적인 구조화 기능을 하고 있으며, 개인 구성원을 위한 긍정적인 혜택을 강화하고자 하는 의도를 가지고 있기 때문이다(Cameron et al., 2011). 긍정적 사회적 절차를 감수하기란 부정적 절차를 참아내기보다 쉽게 느껴질 가능성이 높다. 왜냐하면, 긍정적 사회적 절차는 기능적 효율성이 높으며 집단과 구성원을 위한 이득을 가져다주는 것이기 때문이다(Cameron et al., 2011). 연구결과들을 보면, 긍정적 행동을 하는 조직에서는 구성원에게 긍정적 에너지를 불어넣으려 노력하고, 그로 인해 업무성과가 높아지는 결과를 낳는다고 한다(Cameron et al., 2011; Dutton, 2003).

미래의 연구에 대한 제안

2장에서 전반적인 긍정성의 혜택, 그중에서도 일에 대한 혜택에 대한 근거를 제시하는 연구들의 간단한 역사와 기반이 되는 결과물들에 대해 정리해보니, 아직 추가적인 연구가 많이 요구되는 상황이다. 특히 앞으로는 일터에서의 긍정성에 대한 '실제 비즈니스 사례'를 지속적으로 수집할 필요가 있다. 이때의 긍정성은 전반적인 조직의 효율성과 높은 상관관계를 보이고 있어야 하고, 객관적인 측정이 가능한 변인이어야 한다.

하지만 조직 및 산업심리학 분야의 연구들은 이미 긍정적인 개인 행동(예: 몰입, 유지, 조직 시민행동)과 조직 성과(예: 이익률, 고객과의 관계, 이직율 감소)간의 관계에 대해 중요한 근거들을 제공해왔다는 사실은 꼭 언급할 필요가 있겠다(Harter et al., 2002; Harter et al., 2006; Rotundo & Sackett, 2002; Salanova, Agut, & Peiro, 2005).

이와 같이, 앞으로 이루어질 연구들은 긍정적 정서와 조직성과 간의 직접적 관계를 이해하는 데에 도움이 될 필요가 있다. 특히, 긍정성이 객관적이고 외부적인 측정이 가능한 성공에 어떻게 영향을 주는지에 대해 밝힐 수 있기를 기대한다. 현재 연구들의 초점은 긍정적 행동이 몰입수준을 높인다는 근거를 제시하는 데에 있다. 긍정성이 조직의 수익률을 어떻게 증가시키는지에 대해 알아내려면, 조직은 반드시 가설과 개입전략을 검증하기 위한 노력을 해야만 한다. 리더들과, 그들의 파트너인 조직심리학 전문가들은 장기적인 개입전략을 실행해보고, 그 전략이 구성원과 재무적인 업무성과에 미치는 영향력을 측정해볼 필요가 있겠다.

사회적 연계망 접근법(social network approach)을 사용해서 일터에서의 긍정적 정서가 주는 혜택에 대해 탐색해볼 수도 있을 것이다(Baker et al., 2003; Fowler & Christakis, 2008; O'Connor & Cavanagh, 2013). 앞에서 언급했듯이 사회 관계망 분석은 네트워크 구성원들이 관계를 맺는 방법에 대해 알아보는 방법이다(Scott, 2000). 다양한 분야에 이 방법을 적용해볼 수 있을 듯 하다. 경영학, 인류학, 정치학, 심리학(Hatala, 2006). 사회 관계망 분석을 상호적 네트워크의 연계성을 탐색하는 데에 사용하게 되면, 조직 구성원의 정서와 웰빙에 대해 그리고 그러한 긍정적인 정서가 전반적인 조직 효율성에 미치는 영향에 대해 명확하게 이해할 수 있게 될 것이다.

이렇게 연구들이 지속적으로 발전하게 된다면, 조직은 긍정적 정서와 부정적 정서가 성과에 미치는 영향을 이해하기 위해 더 많은 분석을 해볼 것이라고 우리는 믿고 있다. 방법론상에 문제가 있고 지나치게 야심찬 수학적 모델의 결함 때문에 초기 시도들이 실패를 했었지만(Fredrickson & Losada, 2005), 이때의 시도는 중요하고 가치 있는 의미를 여전히 가지고 있다. 우리는 연구자들이 과거의 실수로부터 교훈을 얻은 후, 지속적으로 더 나은 통찰을 얻어서, 조직과 리더, 구성원들이 진정성 있게 그리고 효율적으로 자신의 정서를 관리하여 성과수준을 높이는 작업을 조력해주기를 기대한다.

앞으로의 연구를 원활하게 진행하기 위해, 긍정적 정서에 대한 연구와 구성원 특성에 대한 분석을 연계하는 것은 흥미있는 일이 될 것이다. 빅데이터를 활용하여 구성원 경험에 대한 트렌드와 패턴을 알아보는 일은 이제 사업의 성과수준을 높이고 개인 구성원의 몰입도를 높이는 방법으로서 빠르게 인식되어가고 있다(Davenport, Harris, & Shapiro, 2010). 빅데이터 분석가들은 보다 효과적인 의사결정을 촉진하고, 우리의 후손들이 투자 결정을 잘 할 수 있게 도와줄 것이다. 긍정적 정서가 인재확보, 다양성, 일에서의 성공, 인재유지와 같은 인적자원 관련 활동에 미치는 영향을 명확하게 측정할 수 있다면, 조직들은 긍정적 정서를 증진하는 행동에 몰입하게 될 것이다. 단순히 개인 구성원에게 혜택을 주기 때문만이 아니라, 사업의 성과수준을 높여줄 테니까 말이다.

마지막으로, 일터에서의 긍정적 정서를 창출할 수 있는 많은 경로가 존재하고, 연구와 실무경험(예: 긍정심리학, 긍정조직학, AI)에서 제안했던 여러 가지 규칙들이 있다는 것을 인정한다면, 다양한 분야 전문가들은 서로 교류하며 소통하고 공동연구를 해볼 필요성이 있다. 바카컬크셈석과 프레드릭슨(Vacharkulksemsuk and Fredrickson, 2013, p.56)은 이런 말로 결론을 내주었다. "분야별 전문가들의 소통은 일터에 대한 긍정적 정서의 단기적, 장기적, 지속적 혜택을 파악할 수 있는 효과적이고 지속가능한 방법을 찾는 과정에서 핵심 요소가 될 것이다."

결론

이제 긍정적 정서와 긍정성을 경험할 때 얻을 수 있는 혜택을 더 광범위하게 증명해주는 다수의 연구 결과들이 도출되었다(Lyubomirsky, King, & Diener, 2005). 또한, 팔마(PERMA)를 증진시키는 것을 목표로 하는(Seligman, 2012) 긍정심리학적 개입 전략을 경험한 사람들의 긍정적 혜택을 증명하는 연구도 있다(Bolier, Haverman, Riper, Smit, & Bohlmeijer, 2013; Sin & Lyubomirsky, 2009). 조직 내에서 이루어지는 소통의 특징적인 긍정성과 부정성의 패턴은 웰빙과 몰입, 만족도와 같은 개인적 요소의 경험에 중요한 영향을 미친다는 주장이 지속적으로 제시되고 있다(Harter et al., 2006). 하지만 앞으로 이루어질 연구에서는 더 광범위한 조직 성과에 영향을 미치는 긍정적 정서와 진정성 있는 긍정성을 창출해낼 수 있는 긍정적 일터 행동에 몰입하는 것의 혜택을 증명해줄 필요가 있다.

결론적으로, 과학분야가 지속적으로 성장하는 한, 기존에 진행된 연구에서 발견된 결과들은 개인 구성원의 긍정적 정서, 긍정적 관계, 긍정적 업무 성과를 촉진하기 위해, 리더와 팀구성원이 (그리고 외부 컨설턴트가) 사용할 수 있는 효과적인 도구로서 고려되어야 한다고 우리는 주장하고 싶다. 우리가 예측하기로는, 긍정성은 전체적인 조직이 긍정적인 상승기류를 탈 수 있도록 도와주어, 조직의 효율성을 개선하는 성과를 창출하게 해줄 것이다(Vacharkulksemsuk, Sekerka, Fredrickson, 2011).

3장
일터에서 심리적 강점 다루기

로버트 비스와스 디너(Robert Biswas-Diener), 토드 카쉬단(Todd B. Kashdan),
나데즈다 류브치크(Nadezhda Lyubchik)

서론

강점이라는 주제는 광범위한 긍정심리학이라는 분야에 존재하는 다양한 요소들 중에서도 여러 가지 이유에서 독특한 주제이다. 이 새롭게 나타난 과학의 핵심적인 주제들(예: 희망, 주관적 웰빙, 탄력성)은 특정한 심리적 현상에 대해 초점을 맞춘다. 반대로, 강점이라는 주제는 여러 가지 표현형(phenotype)들이 모여 있는 하나의 범주라고 할 수 있다. 박난숙, 피터슨과 셀리그만(Park, Peterson, and Seligman, 2004)은 강점이란 "긍정적인 특성의 집합(family)"이라고 표현한 바 있다(p.604). 따라서, 강점에 대해 전반적인 설명을 한다는 것은 매우 엄청난 일이 될 것이다. 몇 가지 설명이 가능한 하위 주제를 생각해본다면, 강점에 대한 평가와 확인, 강점과 연관된 요소들과 강점의 영향, 강점개발의 개념 등이 있을 수 있겠다. 즉, 이 모든 광범위한 이슈들을 심층적으로 논의한다는 것은 한 장의 범위 내에서는 불가능한 일이다. 그래서 우리는 2장에서, 강점이 일의 맥락에서 어떻게 기능하는지에 대해 주된 초점을 맞추면서 중요한 내용들을 강조하고 실용적인 제안을 제공해볼 계획이다.

강점에 대한 전반적 리뷰

강점을 이해하기 위해 우선 일반적인 학문적 접근법들 몇 가지를 살펴보도록 하자. 이 접근법들 중 대부분은 표준화된 평가도구를 활용하고 있다. 긍정심리학 저널에 가장 많은 연구논문이 실렸고, 관련된 컨퍼런스에서 가장 많이 언급이 되었던 강점 접근법은 '성격 강점(character strength)' 접근법으로서 VIA 분류체계(VIA: Values in Action)를 사용한다(Peterson & Seligman, 2004). VIA 강점검사는 24개의 일반적인 성격 강점 목록으로서, 용감성 및 용서와 같은 안면타당도가 높은 명칭의 항목들로 이루어져 있다(Biswas-Diener, 2006). 이 분류체계에서 정의하는 강점은 개인 자신에게 가치가 있는 성격특질(그 성격특질을 사용했을 때 어떤 결과가 나오는지에 대해서는 고려하지 않음)이다. 긍정적 특질들은 사고, 정서, 행동을 통해 표현되고, 표현의 효과로는 심리적 건강의 가능성을 높여주는 것이 있다. VIA 강점검사는 전세계의 약 260만명이 사용하였다고 하며(www.viacharacter.org), 매우 다양한 연구들이 진행되고 있다.

VIA 강점검사를 사용해서 과거에 진행되었던

연구의 주제는 자기존중감(Proctor, Maltby, & Linley, 2011)부터 학문적 성취(Park & Peterson, 2009)까지 다양했다.

잘 알려진 접근법들 중 또 하나는 갤럽사(Gallup Organization)에 의해 개발된 것이다. 이 접근법에서는 강점을 지식 및 스킬과 통합된 타고난 재능이라고 정의한다(Buckingham & Clifton, 2001). 갤럽의 강점 분류체계는 그 회사에서 개발된 클리프톤 스트렝스파인더(Clifton StrengthsFinder / Rath, 2007)로 구조화되어 있다. 스트렝스파인더에는 34개의 강점 주제가 담겨 있으며, 기업과 교육현장에 있는 약 1,250만 명이 이 평가도구를 사용했다고 한다(www.gallupstrengthscenter.com). 2007년 갤럽에서 스트렝스파인더에 대한 기술보고서를 출판했지만(Asplund, Lopez, Hodges, & Harter, 2007), 이 도구와 상관관계가 있는 요소와 효과에 대한 연구는 동료심사논문에 자주 나타나지는 않고 있다. 즉, 갤럽은 자체 출판한 책에서만 주로 스트렝스파인더에 기반한 연구 결과들을 발표하고 있다(예: 강점 기반 리더십, Rath & Conchie, 2008).

린리(Linley, 2008)가 개발한 세 번째 강점 접근법에서는, 강점이란 "바람직한 결과를 추구하는 과정에서 최적의 기능을 하게하는 사고, 정서와 행동을 할 수 있는 능력"이라고 정의된다(Linley & Harrington, 2007). 린리는 R2 스트렝스 프로파일러(R2 Strengths Profiler)를 설계한 책임자였는데, 이 평가도구에서는 60개의 특성들을 강점, 약점이나 '학습된 행동'으로 분류해준다(Linley, Willars, & Biswas-Diener, 2010). R2 스트렝스 프로파일러는 연구를 위한 도구보다는 현장실무를 위해 더 많이 사용되었는데, 채용과 배치를 할 때, 그리고 리더십개발과 팀워크 증진 작업을 할 때 주로 활용되는 경우가 많았다(www.cappeu.com).

강점의 용어에 대해서는 차이점이 존재했지만, 앞에서 정리해본 세 가지의 접근법들은 모두 고전적인 성격 이론에 기반을 하고 있다(표 3.1 참조).

즉, 일반적으로 학자들은 강점이란 유전적인 요인을 가지고 있는 성격 특질이며('태어나면서부터 가지고 있던'), 어느 정도 예측가능한 성과나 탈맥락적 일관성과 관련이 되어 있다는 점에 동의한다는 것이다.

여기에 더하여, 대부분의 학자들이 공통적으로 주장하는 것은, 강점이 우수한 판단을 내리고 인간의 위대함을 추구하는 행동을 하기 위해 필요한

[표 3.1] 일반적으로 사용되는 강점 분류체계의 비교

	VIA 연구소 / VIA 강점검사	갤럽 / 스트렝스파인더 2.0	응용긍정심리학센터/ R2 스트렝스 프로파일러
핵심 구성	일반 주제	재능에 대한 주제	성과범주에 대한 주제
대상 분야	학교, 일터, 관계	일터, 학교	일터
성격과의 관계	정체성	성과	맥락에서의 성과
핵심 질문	당신은 누구인가?	당신이 잘하는 것은?	당신에게 동기부여를 하는 것은?
밝히고자 하는 것	핵심 성격	재능/스킬	강점, 약점, 학습된 행동
타당도 기반	역사적 분석, 기준, 심리측정	설문조사, 심리측정	기준, 심리측정
초점	특징적 강점 (하지만 모든 24개의 강점이 다 중요함)	상위 5개 강점 (하지만 모든 34개의 강점이 다 중요함)	4가지의 개념적 범주로부터 뽑은 다양한 목록
기술보고서의 제공여부	가능	불가능	가능
측정하는 특성의 수	24	34	60

* 출처: 저자의 조사

지식과 기질의 복합체라는 점이다(Schwartz & Sharpe, 2006 / 이 이슈에 대한 이론적 논의내용을 볼 수 있다). 아마 강점의 기능에서 가장 중요한 점은 (성격 이론에 직접적인 기반을 두고 있음) 개인차에 대한 생각일 것이다. 거의 모든 학자들과 현장전문가들은 동의할 것이다. 사람은 특정한 강점들을 향해 나아가거나 회피하는 독특한 경향성을 가지고 있다는 사실에 대해 말이다.

현대 긍정심리학이 시작되었던 1998년 무렵부터, 학자들은 강점과 웰빙 간의 관계에 대해 탐색해 왔다. 초기 연구 결과들 중 하나를 보면, 박난숙과 동료들(2004)은 약 4,000명의 성인(평균연령 35세 - 40세)을 대상으로 한 연구에서 삶의 만족도와 강점이 상관관계를 보인다는 결과를 발견하였다. 상관도는 변인에 따라 달랐는데, 가장 작게 나온 것은 겸손(r=.05)이었고, 가장 크게 나온 것은 희망(r=.53)이었다. 이렇게 학자들이 강점과 다양한 변인들(사회적 관계, 신체적 건강, 금전적 성취와 경력에서의 성취) 간의 상관관계에 대해 탐색을 해왔지만, 주관적 웰빙(subjective well-being)에 대한 관심에 비하면 그다지 많은 연구가 이루어졌다고 할 수 없다.

강점과 다양한 웰빙 변인 간의 관계에 대해 초점을 맞춘 연구가 일부 있긴 했지만, 대부분의 연구들은 강점 개입전략에 대해 관심을 가졌다. 전형적인 개입전략으로는 강점 발견하기, 새로운 방법으로 강점을 활용하기, 목표달성을 위해 강점을 사용하기 등이 있었다. 무선통제집단을 처음으로 사용했던 연구들 중의 하나인 셀리그만, 스틴, 박남숙과 피터슨(Seligman, Steen, Park, and Peterson, 2005)의 연구에서는 개인적 강점을 발견하고 강점을 사용하는 데 있어서 새롭고 독특한 방법을 활용해서, 개입전략이 수행된지 일주일 후, 한달 후, 3개월 후에 행복의 수준을 측정하였고, 6개월 후에 사람들이 강점을 새로운 방법으로 활용하는 사례를 수집하였다. 프로여, 러쉬, 부스커(Proyer, Ruch, and Buschor, 2012)는 통제집단을 활용한 연구에서 다양한 강점강화 개입전략들을 테스트해본 후, 강점 '훈련'을 받은 참가자들의 인생 만족도가 더 높게 나타난 것을 발견하였다. 이에 대한 후속 연구들에서는 강점을 발견하고 활용하는 행동이 우울증상 감소(Seligman, Rashid, & Parks, 2006), 스트레스 지각의 감소(Wood, Linley, Maltby, Kashdan, & Hurling, 2011), 자기효율성 증진(Govindji & Linley, 2007), 목표달성력 강화(Linley, Nielson, Wood, Gillett, & Biswas-Diener, 2010)와 상관관계가 있다는 결과를 제시하였다. 가장 최근에 진행된 프로여, 갠더, 벨렌존, 러쉬(Proyer, Gander, Wellenzohn, Ruch, 2015)의 연구에서는 무선표집한 플라시보-통제집단을 활용하여, '핵심(signature)' 강점과 '일반(lesser)' 강점에 대한 개입전략을 수행해보았다. 프로여의 연구에서 행복과 우울수치를 평가해보니, 강점-기반 개입전략은 전반적으로 높은 수준의 웰빙과 상관관계가 있는 것으로 나타났다. 그리고 스스로를 도덕적인 사람이라고 생각하는 참가자의 경우, 일반적 강점에 대한 개입이 효과적이었고, 자기 자신의 도덕성 수준이 낮다고 생각하는 사람들은 핵심 강점에 대한 개입이 효과적이었던 것으로 나타났다. 전체적으로 보았을 때, 이 연구결과는 강점의 명료화, 활용, 개발작업이 현장에서 가치 있는 일이라는 사실을 보여주고 있다.

이렇게 강점에 대해 초점을 맞추는 작업이 가져다줄 수 있는 혜택을 예측할 수 있는 반면, 그 혜택이 발생되는 과정에 대해 우리가 아는 것은 별로 많지 않다. 강점 개입전략에 대한 연구들을 리뷰해보면서, 퀸란, 스웨인과 벨라-브로드릭(Quin-lan, Swain, Vella-Brodrick, 2012)은 '대부분의 강점 개입전략들은 특정한 목표달성 때문에 강점 활용을 강조하고 있고, 학자들은 목표 수립의 역할과 강점에 대한 실제 개발과정을 구분해야 한다'고 주장했다. 퀸란과 동료들은 이에 더하여, 대부분의 강점 개입전략들은 사회적인 요소(강점 공유, 집단학습, 사회적 시각으로 구성원 강점을 바라보기)를 가지고 있으며, 강점을 다루는 과정에서 혜택을 얻는 것은 강점활용 자체의 산물인지, 아니면 사회적 과정 때문인지에 대한 문제는 아직 명확하지 않다는 의견을 제시하였다. 그리고 다른 연구들(예: Proyer et al., 2015; Seligman et al., 2005)에서도 사람들에게 자신의 강점을 새로운 방법으로 활용해보도록 요청하는 작업은 개입전략의 목적과 결과를 명확히 하지 못하고 다소 모호한 상태로 놔두고 있다고 주장하였다. 따라서, 강점 개입전략들이 강점 활용이나 새로운 시도(쾌락적 적응을 예방하기 위한 방법, Sheldon & Lyubomirsky, 2012)의 혜택과 관련되어 있는지의 여부는 아직 불명확한 면이 있다.

우리가 알기로는, 참가자들이 실제 자신의 강점을 새로운 방법으로 활용하도록 한 연구는 아직 존재하지 않는다(일상생활에서 단순하게 강점활용을 하도록 하는 경우가 대부분이었음).

강점 개입전략과 관련된 가장 중요한 이슈는—특히 일의 맥락과 관련되어 있는 이슈—한 개인이 약점 대신 강점 활용에 대해 투자해야 하는 집중력과 에너지는 어느 정도여야 하는가의 문제이다. 초기에 러스트, 디스너와 리드(Rust, Diessner, Reade, 2009)는 강점에 대해서만 작업을 하는 것보다는, 강점과 약점에 대해 동시에 다루는 것이 더 바람직하다고 주장했다. 반 웨콤과 메이어스(van Woerkom and Meyers, 2015)는 강점 및 약점에 대해 다루는 개입전략 간의 차이점에 대해 탐색하였다. 그들의 주장에 의하면, 강점을 개발하기 위해 노력한 사람과, 약점을 보완하기 위해 노력한 사람 모두 개인적인 성장을 하였다고 한다. 하지만 강점개발집단은 더 큰 긍정적인 결과를 보인 것으로 나타났다. 2012년에 수행된 다른 연구에서는, 우울증 진단을 받은 성인들을 대상으로 강점을 강조한 개입전략을 활용했더니, 약점을 보완하는 개입전략을 쓴 대상들보다 수행결과가 더 좋다는 것을 발견하였다(Cheavens, Strunk, Lazaru,s & Goldstein, 2012). 이러한 결과를 기반으로 하여, 연구자들은 강점-기반 개입전략을 경험한 사람들은 약점-기반 개입전략을 경험한 사람들과 비교했을 때 초반 3주 동안 우울증상이 더 빨리 감소되는 경향을 보였으며, 이러한 개선경향은 이후 12주 동안 지속되었다는 결과를 발견하였다. 이러한 연구들을 보면, 일반적으로 긍정심리학을, 특히 강점을 일터에 적용하려는 사람들에게 중요한 메시지를 제공해준다. 즉, 성과수행의 품질을 높이고, 심리적 건강수준을 강화하기 위해서는 강점에만 초점을 맞출 필요는 없다는 것이다. 강점-기반, 약점-기반, 통합전략 중 어느 것이 더 유용한지에 대해서, 그리고 각 개입전략이 가장 잘 맞는 사람들의 유형은 어떤 것인지에 대해서는 더 많은 자료가 필요한 상황이다. 다양한 연구결과들을 기반으로 생각해볼 때, 강점과 약점 모두를 다루는 것이 중요하다고 주장하는 현장 실무자는 조직 및 개인 고객에게 더 좋은 평가를 받을 수 있을 거라 생각된다.

일터에서의 강점

긍정심리학에 관련된 모든 주제들 중에서, 일과 조직에 대해 가장 적절하게 적용할 수 있는 것은 '강점'(strengths)이라고 말할 수 있다. 사실, 현대 긍정심리학 분야가 태어나기 전에도 일터에서의 강점에 대해 사람들이 관심을 가진지는 매우 오래되었다(예: Clifton & Nelson, 1995; Drucker, 1967). 강점에 대한 주제가 조직에서 일하는 사람들의 관심을 끌게 된 이유들 중의 하나는, 이 주제에 관련된 언어표현일 수 있다. '용서'나 '행복'—긍정심리학 주제들 중의 두 가지 예—이라는 단어와 달리, 강점은 비즈니스 문화에서 익숙한 단어이며, 성과관리나 인력 선발과 같이 오랫동안 존재해온 개념들에 잘 어울리는 단어이기도 하다. 또한, 심리학전문가가 아닌 일반인들도 쉽게 강점에 대해서는 인식하고, 평가하고 훈련시킬 수 있기 때문에, 강점에 대한 개입은 바람직한 행동을 직접 제시해주고, 조직에서 더 긍정적인 시각으로 평가되는 행동에 대해 초점을 맞추어줄 수도 있기 때문이다.

한 연구에서는 강점-중심 문화는 업무성과의 증가와 직접적인 상관관계가 있다는 결과를 발견하였다(van Woerkom & Meyers, 2015). 두브루일, 포레스트와 커시(Dubreuil, Forest, and Courcy, 2014)의 연구에 따르면, 자기보고된 강점활용은 업무성과와 유의미한 상관을 보였으며, 업무성과의 16%를 설명하는 것으로 나타났다. 개인적 강점은 활기, 집중력, 일과 관련된 과제에 대한 열정적 기여 수준을 높이면서, 건강한 업무성과를 만들어낸다는 분석결과도 나왔다. 다른 연구자들도 일터에서의 강점에 초점을 맞추는 작업의 결과에 대해 유사한 결과를 발견하였다. 갤럽의 업무성과와 강점 개입 전략 자료에 대한 리뷰를 보면, 홋지와 아스플런드(Hodges and Asplund, 2010)는 강점 개입을 한 연구집단은 대기를 하고 있는 통제집단과 비교해보았을 때, 몰입도의 상승, 이직율의 감소, 생산성의 강화, 이익률의 증진을 예측할 수 있었다고 보고했다. 유사한 리뷰결과를 보면, 강점에 초점을 맞춘 관리자는 약점에 초점을 맞춘 관리자와 비교해보았을 때, 팀의 성과에서 평균수준을 넘는 경우가 2배 가까이 되었다(Clifton & Harter, 2003).

이직율에 대해 나왔던 기존의 연구결과들은 대기업을 대상으로 한 사례연구결과와도 유사한 내용을 보였다(Stefanyszyn, 2007). 미국인 7,000명을 대상으로 한 연구 결과를 보면, 자기 자신이 가지고 있는 강점을 명확하게 인식할수록(가장 많이 나오는 강점은 호기심, 열정, 희망, 감사, 영성이었다), 그들의 일 만족도는 높은 것으로 나타났다(Peterson, Stephens, Park, Lee, & Seligman, 2009). 이와 같이 일터에서의 강점에 대한 연구결과들을 종합적으로 보면, 구성원의 웰빙, 업무성과, 최종결산기준을 개선하기 위해 강점 개입 전략을 활용하는 것이 도움이 될 수 있을 듯하다.

'비즈니스 친화적인 강점 중심 개입전략'의 한 가지 실례로는 AI(appreciative inquiry)를 들 수 있다(Cantore & Cooperrider, 2013; Cooperrider, Whitney, & Stavros, 2008). AI는 팀과 업무유닛으로 하여금, 그들이 가장 잘할 수 있는 일에 집중하고, 그 일의 성과를 기반으로 하여 다양한 목표달성(팀의 응집력 강화, 동기 및 자기효율성 증진, 미래 목표를 위한 전략적 계획 강화)에 기여해 달라는 요청을 한다. AI는 일반적인 긍정심리학 전략(아주 명확하지는 않다는 단점이 있지만)을 다양하게 사용하는 소통을 촉진하여, 건강한 일-관련 변화 창출과정을 지원한다. AI를 기반으로 한 전략에는 다음과 같은 것들이 있다. 긍정적인 언어표현 강조, 과거의 성공에 집중, 강점과 자원 관리, 모호한 가치를 명확한 목표로

전환, 목표달성을 위한 노력행동. 사례연구를 보면, AI는 조직이 비즈니스 성과에 대한 기대목표를 달성하는 데에 도움이 된다고 한다(Cooperrider et al., 2008).

강점에 초점을 맞춘 작업이 일회성의 훈련과정이나 개입전략이 아닐 때에 가장 효과적이라는 주장이 있다(Linley, 2008). 특히, 강점은 더 광범위한 철학적 마음가짐-린리(Linley)가 "풍요로움 시나리오(abundance scenario)"라고 불렀던 것-의 일부로 보는 것이 가장 좋을 수 있다. 이 마음가짐은 일터에서 강점을 활용할 수 있는 방법을 제시해줄 수 있다. 린리는 강점이라는 주제를 모든 비즈니스 사이클의 장면(채용과 배치, 팀빌딩, 성과관리, 리더십 개발, 재취업 컨설팅)에서 활용할 수 있고, 활용해야 한다고 주장했다. 그리고 린리는 풍요로움 접근법(abundance approach)이 전통적인 관리방법과 차이가 있는 개념이며, 강점개입전략에 대한 반응은 호의적인 사람도 있었고, 아직 잘 모르겠다는 사람도 있었으며, 적극적으로 반대의견을 보이는 사람도 있었다는 언급을 하였다.

일터에 있어서 일반적인 긍정심리학을 적용하고, 특히 강점개입전략을 활용해보기를 희망하는 사람들에게 보다 신중했으면 좋겠다고 이야기하는 이유가 여기 있다. 이와 같은 접근법들이 유용한 것은 사실이지만, 더 광범위한 문화적 맥락과 사회적 역동에 대한 고려에서는 다소 미흡하다. 전반적인 강점 개입전략이 비즈니스 전략과 문화에 기반하고 있다면, 일관적으로 효율성을 유지할 수 있는 가능성이 높다고 본다. 그래서 이제부터는, 일터에서 강점을 실제적으로 활용하기 위해 실용적인 지침을 몇 가지 제시해보려고 한다. AID-A(Attitude, 태도), I(Identification, 명료화), D(Development, 개발).

강점 개입전략: AID 방법

과거에 우리가 가장 많이 논의했던 강점 개입전략은, 긍정심리학을 '강점의 명료화와 활용(identify and use)'의 작업이라고 생각했던 현장전

문가들이 사용하던 것이었다(Biswas-Diener, Kashdan, & Manhas, 2011). 표현 그대로, 현장전문가들은 사람들에게 자신의 강점을 파악하고, 그 강점을 활용해서 성과수준을 높이거나 웰빙을 강화할 것을 제안하였다. 사실, 단순하게 강점을 발견하는 작업만으로도 행복의 수준을 높일 수 있다는 연구결과가 있다(Seligman et al., 2005). 단기적인 이득을 얻을 수 있기는 했지만, 많은 현장전문가들은 강점에 대한 작업을 하면서 더 장기적인 성과를 낼 수가 없어서 좌절감을 느끼곤 했다.

우리가 생각하기에 이와 같은 염려는 강점 개발에 대한 AID 전략을 사용해서 감소시킬 수 있을 것 같다. AID 전략은 강점이란 개인적 특질이라기보다는 탁월함을 위한 능력이라고 생각하고 있기 때문에, 지속적으로 강점을 개발할 수 있다고 믿는다(Biswas-Diener et al., 2011).

그리고 강점이 선천적인 특질이라고 하더라도, 다양한 상황에서 강점을 활용하는 방법을 배우게 되면서, 맥락이 강점의 활용에 대해 영향을 미칠 수 있는 방법을 파악할 수 있다는 이점도 있다. 따라서, AID 전략은 다양한 강점 특성에 대한 개인의 '태도'로 시작을 한다. 드웩(Dweck, 2008)의 연구에 따르면, 사람들은 자기 자신의 특성이 고정적이라고 여기거나(독립체 이론), 변화가능하다고(점증 이론) 생각하면서 자기이론(self-theories)을 만들어 나간다고 한다. 점증 이론(incremental theory)을 믿는 사람들은 - 지속적인 강점 개발을 진행할 가능성이 가장 높은 태도 - 협상과 같은 비즈니스 과제 수행을 더 잘해내는 모습을 보였고(Kray & Haselhuhn 2007), 가상과제에서는 높은 자기효율성을 보이며 높은 수준의 조직성과를 만들어내는 모습을 보였다(Wood & Bandura, 1989).

강점이란 고정되어 있는 것이 아니라 변화가능하다고 믿는 태도의 잠재적 이득에 대한 근거는 루이스(Louis, 2011)의 연구에서 찾아볼 수 있다. 루이스는 388명의 학부 학생들을 재능 명료화(talent identification) 집단, 통제 집단/강점 개발 집단에 배정하였다. 재능 명료화 집단의 참가자들은 강점의 활용을 강조하는 분위기에서, 동료들과 함께 자신의 강점에 대해 이름을 붙이고 활용을 하는 일에 집중하였다. 루이스가 발견한 것은, 재능의 명료화(개발보다는)에 초점을 맞춘 작업을 통해 성장에 대한 마음가짐은 유의미하게 감소했다는 사실이었다. 이 연구가 고등교육의 맥락에서 수행되었다는 제한점은 있지만, 여기에서의 발견은 일터에서도 유의할 점을 제공해줄 수 있을 것 같다. 루이스는 다음과 같은 통찰을 제공해주었다. "특정 유형의 강점 개입전략은 - 특히, 강점 이름 붙이기를 중점적으로 강조하는 - 부정적인 심리적/행동적 결과를 이끌어낼 가능성이 있다"(p.212). 따라서, 태도는 효과적인 강점-기반 전략에 대한 사전조건(그리고 개입전략의 원천)이 될 수 있다고 보여진다.

조직에서의 강점 개발에 대한 가장 흥미있고 실용적인 접근법들 중의 하나는 메이어스와 반 웨콤(Meyers and van Woerkom, 2014)이 재능에 대한 태도를 논의한 연구이다. 강점과 재능은 분명히 차별화되는 개념이지만, 둘 사이에는 꽤 겹치는 부분이 많기 때문에 여기에서 강점과 재능은 교차점이 많은 개념들이라고 말해도 될 거라 생각한다. 메이어스와 반 웨콤에 따르면, 재능의 원천(안정적인가 vs. 변화가능한가)과 다양성(배타적인가 vs. 수용적인가)에 대해서는 다양한 믿음이 있다고 한다. 그림 3.1의 간단한 2x2 모델에서는 재능 개발 전략에 대한 함의를 보여주고 있다.

재미있게도 네 가지 중 어느 것이 재능에 대한 태도로서 '올바른지'에 대한 주장은 없다. 그보다 각 개인의 태도는 일터에서 자신의 강점과 재능을 어떻게 활용하는지의 방법에 영향을 미친다는 주장은 존재한다.

재능에 대한 2x2 모델 이론들을 살펴보면, 스스로의 강점이 고정된 것이라고 믿는지, 아니면 변화가능하다고 믿는지에 대한 태도는 일터에서 사용하는 전략에 영향을 미치게 된다는 사실을 쉽게 찾아볼 수 있다. 강점이란 '고정된' 것이라고 생각하는 사람들은 강점을 개발하기보다는 활용하는 것을 강조하는 경향이 있다. VIA(특히 성격에 관련해서 / Peterson & Seligman, 2004) 강점 체계를 사용하는 많은 현장전문가들이 강점의 활용에 초점을

[그림 3.1] 재능에 대한 통설

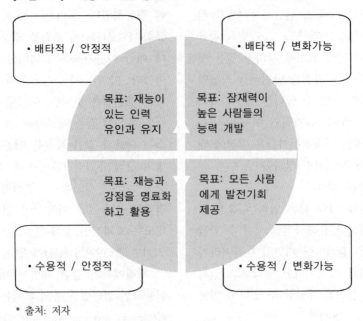

• 배타적 / 안정적

• 배타적 / 변화가능

목표: 재능이 있는 인력 유인과 유지

목표: 잠재력이 높은 사람들의 능력 개발

목표: 재능과 강점을 명료화 하고 활용

목표: 모든 사람 에게 발전기회 제공

• 수용적 / 안정적

• 수용적 / 변화가능

* 출처: 저자

주로 맞추는 이유가 바로 이것이다(Gander, Proyer, Ruch, & Wyss, 2012; Mongrain & Anslemo- Matthews, 2012; Seligman et al., 2005). 강점을 '변화가능한' 것으로 보는 사람들은 반대로 강점의 발달을 강조하는 경향이 있다(Biswas-Diener et al., 2011).

강점의 변화가능성에 대한 논의를 하려면, 우리가 지금 이 순간에 사고하고 행동하는 방법에 대해 고려를 해보아야 한다. 즉, 환경의 영향 및 현재 맥락이 제공하는 강력한 효과를 점검해보아야한다는 것이다. 용기를 예로 들어 생각해보자. 우리 모두는 용감해질 때가 있고, 무서운 사고, 감정, 감각이 생길 때 겁이 나고 행동하기 싫은 때가 있다. 어떤 사람을 용감하다고 말할 때, 강점은 변화가능하다고 생각하는 사람은 두려움을 느끼는 상황에서도 상대방이 용감한 행동을 하는 순간을 근거로 주장할 것이다(Fleeson, 2007). 그렇다고 해서, 용감한 사람이 두려움을 느낄 때 절대 회피하지 않는다는 의미는 아니다. 그보다, 용감한 반응을 보이는 많은 순간들이 존재한다는 것이다. 사람은 타인에 대해 특정한 행동을 도출하는 상황을 학습할 수 있다. 즉, 특정 순간에 용기가 강화될 가능성을 높이거나 감소시키는 개인적/환경적 요소가 어떤 것인지에 대해 학습할 수 있다는 의미이다. 이에 더하여, 강점을 변화가능한 것으로 보는 시각에서는, 하나의 맥락에서 평소에 하지 않던 행동을 하도록 훈련할 수 있고, 그 다음에는 다른 상황에서, 또 다른 상황에서의 훈련을 반복하게 되면, 용기있는 행동을 보이는 시간들이 매우 많아지게 되고, 그 사람의 정체성에 포함될만큼의 강점으로 개발될 수 있다고 믿는다. 이와 같은 이벤트의 전체적인 연결은 강점에 대한 이론들로부터 시작되었다는 사실을 기억해둘 필요가 있다.

AID 방법의 두 번째 요소는 '명료화'이다. 이제부터는 한 사람(또는 집단)의 강점을 파악하는 방법들에 대해 이야기를 해보려고 한다. 개입의 수단으로서 특정 강점을 사용하려면, 우선 그 강점이 무엇인지를 알아보는 일을 해야만 한다. 강점을 명료화하는 데에는 공식적 방법과 비공식적 방법이 존재한다. 공식적 방법은 VIA, 갤럽 스트렝스 파인더, R2 스트렝스 프로파일러와 같은 강점 평가도구를 활용하는 것이다. 공식적 방법은 많은 수의 사람들에 대해 시행해볼 수 있고, 강점에 대한 공통적 언어를 만들어낼 수 있으며, 비교를 위한 표준 데이터를 창출할 수 있고, 엄격한 심리측정을 더 많이 강조할 수 있다는 이점이 있다(Asplund et al., 2007; Linley & Stoker, 2012; Peterson & Seligman, 2004). 실제로 공식적 접근법은 강점을 명료화하는 데 있어서 가장 공통적으로 사용되는 방법이고, 조직의 훈련, 팀빌딩 활동, 관리를 위한 소통의 중심에서 자주 활용되는 방법이다.

강점을 명료화하는 비공식적 방법으로는 '강점발견(strengths spotting)'이 있다. 강점 발견은 강점을 찾고, 강점을 명료화하기 위해 다양한 이름을 붙이는 자유로운 형식의 작업이다. 강점은 높은 수준의 열정 및 생리적인 각성과 관련되어 있기 때문에, 사람들이 보여주는 강점과 연계된 신체적 변화와 목소리톤의 신호에는 다양한 것들이 있다(표 3.2 참고 / Linley, 2008). 관리자와 코치는 구성원이 보이는 이러한 신호들에 대해 민감하게 관찰하고, 강점에 대해 논의할 수 있는 시기로서 활용할 수 있을 것이다. 그 순간, 관찰자는 잠재적인 강점에 대한 통찰 내용을 제공하거나 질문을 해볼 수도 있겠다. 이 방법은 신체적인 신호를 활용해서 자연스러운 소통을 할 수 있다는 이점을 가지고 있다.

채용면접부터 성과리뷰까지, 다양한 비즈니스 상황의 소통에서 강점과 관련된 신호들은 활용가능성이 있을 듯하다. 공식적인 평가 상황에서 잘 쓰지 않는 언어를 사용할 수 있다는 이득도 있겠다.

> 일부 코치들은 강점평가 및 명료화를 할 때, 보다 자유로운 접근법의 사용을 선호한다. 강점에 대한 언어표현 및 구성작업이 클라이언트의 생생한 경험을 기반으로 이루어지기 때문에, 클라이언트는 강점에 대해 보다 진정성있는 정서를 갖게 되고, 더 많은 주인의식을 느끼게 된다는 이점이 있다(Linley, Garcea et al., 2010, p.167).

결정적으로 린리와 동료들(LInley, Garcea et al., 2010)은 20개 문항으로 구성된 자기보고식 강점발견 척도(strengths-spotting scale)를 개발하였다. 이 척도에서는 강점 발견을 통해 세부적인 스킬까지 파악할 수 있게 된다. 여기에서 발견가능한 세부

[표 3.2] 강점과 관련된 신호

신체적 신호	더욱 자연스러운 자세
	더욱 부드러운 손동작
	더욱 인상적인 손동작
	앞으로 몸을 기울이기
얼굴표정의 신호	눈썹 치켜올리기
	눈이 커짐
	미소가 많아짐
	눈맞춤을 하는 시간이 길어짐
목소리/언어표현의 신호	목소리의 설득력이 높아짐
	말이 더욱 빨라짐
	은유의 사용빈도가 많아짐
	더욱 유창한 언어표현

Note: 개인과 문화 특성에 따라 이 신호들은 다양하게 나타날 수 있다.

* 출처: 저자

스킬들은 다음과 같다. (1) 강점을 발견할 수 있는 능력, (2) 강점을 발견했을 때 얻을 수 있는 정서적 보상, (3) 한 개인이 강점에 대해 민감하게 알아채는 빈도, (4) 강점을 발견하고자 하는 동기, (5) 실제 세상에서 강점에 대한 지식을 적용할 수 있는 능력. 이 다섯 가지의 차원은 높은 수준의 낙관주의 및 긍정적 정서와 유의미한 상관관계가 있으며, 능력 / 적용 / 빈도가 높은 경우는 낮은 부정적 정서를 예측하는 것으로 나타났다. 따라서, 강점 발견은 발견을 해주는 사람 및 발견이 되는 사람 모두에게 유용한 도구라고 말할 수 있겠다.

강점 발견에 대해 여기서 마지막으로 한 가지 중요한 이야기를 해보려고 한다. 공식적 강점 평가 도구를 활용할 때, 특히 강점 발견을 할 때 중요한 것은 사람들 자신이 특정 강점과 어느 정도 일치한다고 생각하는지를 확인하는 일이다. 이때 사용할 수 있는 핵심 질문들은 다음과 같다. 특정 강점 표현에 대한 질문(이 강점의 이름은 쉽게 이해할 수 있는가?), 정확도에 대한 질문(당신의 삶에서 이 강점이 발휘된 사례를 이야기해볼 수 있겠는가?), 발전에 대한 질문(시간이 지나감에 따라 이 강점을 활용하는 능력은 어떻게 변화해왔는가?). 클라이언트나 수련생과 함께 이 확인 작업을 해보게 되면, 강점 개발 전문가는 발생가능한 측정 오류를 예방하고, 상대방의 수용도와 이해도를 증진시킬 수 있을 것이다. 상대방이 특정 강점을 자신의 정체성 안으로 받아들이는 정도에 대해 소통하지 않는 강점 명료화 작업은 불완전한 개입이라고 우리는 믿고 있다.

강점을 다루는 AID 접근법의 세 번째이자 마지막 차원은 강점의 개발이다. 앞에서 이야기했듯이, 강점을 변화 가능한 것으로 생각되는 시각에서는 강점 개발의 가능성을 중요시한다.

이는 강점을 개인적인 특질로 보는 시각과 반대되는 태도이다. 드웩(Dweck, 2008)은 사람들이 자기 자신의 능력에 대해 가지는 시각—고정된 특질 또는 개발가능한 잠재력으로 보는 시각—은 수행성과에 영향을 준다고 주장했다. 안타깝게도, 창의성이나 용기와 같은 특정 강점에 대해 드웩이 주장한 바에 대해서는 그다지 많은 연구가 이루어

지지 않았다. 소수의 연구결과를 기반으로 볼 때, 강점은 개발가능하다는 태도를 가지는 것이 바람직하다고 생각되기는 하지만 이 주제에 대해서는 앞으로 더 많은 연구가 진행될 필요가 있다.

결론적으로, 강점은 체계적으로 개발이 가능한 것이라는 아이디어는 "이제 뭘 해야 하지?"라는 질문에 대한 답변을 줄 수 있을 것이다. 이 질문은 강점에 대해 느꼈던 초기의 흥분이 가라앉고, 다음에 무엇을 해야 할지를 잘 모르겠다는 모호함 때문에 힘들어하는 많은 강점 개입전문가와 조직들을 괴롭히고 있다. 강점은 맥락안에서 볼 때 가장 잘 볼 수 있다고 우리는 주장하고 있으며, 이러한 시각은 개발전략에 대한 제안을 해주고 있다(Biswas-Diener et al., 2011). 특히, 우리는 탐색을 통해 풍부한 자료가 나올 거라고 예상되는 독특한 세 가지의 분야로서 사회적 맥락, 상황적 맥락, 심리학적 맥락을 들어 왔다.

사회적 맥락에서, 강점 개발은 대부분 긍정적인 사회적 영향력을 줄 수 있는 방법으로 강점을 활용할 수 있는 능력에 중점을 맞추고 있다. 강점과 가치는 밀접하게 연관되어 있기 때문에, 모든 사람들이 특정 강점에 대해 동일한 평가를 하지는 않는다. 예를 들어, 계획과 조직화의 강점을 가지고 있는 사람들은 가끔씩 즉흥성을 즐기는 일을 어려워하는 반면, 즉흥성에 강점을 가지고 있는 사람들은 세부적인 계획을 수립하는 일을 답답해하기도 한다. 사회적 맥락에서 강점을 개발하는 것은 팀 성과에 있어서 중요한 일이다. 명랑함, 낙관주의, 사회성에 대한 평가가 유난히 더 높은 미국 문화에서는 위의 예시를 이해하기 어려울 수도 있다. 이러한 이유 때문에, 우울하고, 방어적인 비관주의적 시각을 가지고 있으며, 사회적인 관심에 대해 큰 관심이 없는 사람들(외향성의 핵심적인 요소가 없는 / Ashton, Lee, & Paunonen, 2002)은 팀과 조직에서 강점에 대해 평가절하를 받는 경우가 많다. 낙관주의자와 달리 방어적인 비관주의자들은 최고의 상태를 희망하는 동시에 최악의 상태에 대해서도 대비한다(Norem & Chang, 2002). 이와 같은 경계심과 불안 경향은 더 우수한 문제해결 스킬을 갖추

게 해준다. 예방-중심의 마음가짐은 실수와 실패를 회피하려 하기 때문에, 조직의 성공에 필요한 핵심적인 요소가 될 수 있다. 긍정적 정서와 낙관주의만을 지나치게 강조하는 문화에서는 우리의 방어적인 비관주의와 다른 강점들을 제외시킬 위험이 있다. 즉, 우리는 최적의 개인/조직 성과를 창출하기 위해, 강점에 대해 유연하고 포괄적인 태도를 가지는 것이 중요하다는 것이다(Kashdan & Biswas-Diener, 2014).

비교 문화 연구

다양한 문화에서의 강점을 세부적으로 다루는 문헌자료는 매우 적다. 특정 국가와 문화에서는 독실함(Park, Peterson & Seligman, 2006)이나 겸손함과 자기 통제(Biswas-Diener, 2006)와 같은 특정한 강점을 더 광범위하게 인정하고 더 높은 가치를 둔다는 것을 파악한 연구들이 있는 정도이다. 서구인, 유럽인, 중동인, 아프리카인, 아시아인을 포함하여 다양한 세계에서 온 사람들을 대상으로 설문조사를 한 몇 가지 연구들을 보면, 모든 문화들은 강점-초점과 개발에 대한 분야들을 가지고 있고, 미국과 유사하게, 강점에 대해 가치평가를 하는 것을 알 수 있다(Biswas-Diener, 2006; Park et al., 2006). 문화를 일터에서의 강점 활용 및 개발에 있어서 유용한 요소로서 생각하고, 연구자들이 문화에 대해 많은 관심을 가지게 되기 전에는, (조직과 사회 모두에서) 강점-기반 프로그램을 개발할 때에는 지역 문화의 규범을 따르는 것이 바람직한 것으로 생각되었다.

'강점 개발전문가들이 상황적 맥락에 대해 특히 많은 관심을 두어야 한다'고 우리는 주장한다. 강점이 활용되는 방법에 영향을 미치는 독특한 조건이 존재할 가능성이 있기 때문이다.

우리의 직관적인 느낌과 달리, 상황적 요구에 따라 강점을 더 많이 활용하거나 덜 사용하는 것도 가능한 듯하다. 상황적 맥락을 고려할 때에는, "지금 이 강점에 대한 최적의 사용방법은 어떤 것일까?"라는 질문을 하는 것이 도움이 될 것이다.

특정 강점을 능숙하게 사용하는 사람이라도 최적의 수준이 아닌 방법을 활용할 수 있다. 유머에 대한 를 들어보면 이해가 쉬울 것 같다. 일터에서 유머를 사용하려면, 시간과 청중에 대한 적절성을 고려해야 한다. 선천적으로 재미있는 사람이라 하더라도, 때로는 농담을 해야 할 포인트를 놓칠 때가 있다. 이는, 강점이 약점으로 변화했다는 것이 아니라, 단순히 잘못 사용되었다는 것을 의미할 뿐이다.

마지막으로, 강점은 심리학적 맥락 내에 존재하고 있다. 강점은 개인적 가치, 목표, 태도, 선호도를 포함한 내부 체계의 일부라고 할 수 있다. 강점과 흥미는 상호작용하는데, 예를 들어 흥미는 특정 강점이 시간이 지남에 따라 표현되는 길을 이끌어준다고 말할 수 있다(Biswas-Diener et al., 2011). 매우 용맹스러운 사람을 떠올려보자. 자연에 대해 흥미를 가지고 있다면 등산가가 될 수 있을 것이고, 사회적 정의에 대해 흥미를 가지고 있다면 법조계에 종사할 수도 있을 것이다. 이는 실패의 이슈에 대해서도 마찬가지이다. 사람들은 때때로 핵심적인 강점을 활용할 때에도 실패를 하곤 한다. 핵심 정체성과 매우 밀접하게 관련된 분야에서도 실패는 일어나기 때문에, 커다란 심리적 고통을 느끼게 되는 경우가 많다. 강점이란 변화가능한 것이라고 생각하는 사람들은 탄력성을 보이는 경우가 더 많은데, 위험감수나 때때로 경험하는 실패를 회피할 수 없는 것은 아니지만, 강점개발과정 자체에서 중요한 부분이라고 생각하는 경향이 있기 때문이다.

강점 맥락 구축

모든 맥락은 일터에서의 강점 명료화 및 개발에서 중요하다는 아이디어를 기반으로 하여, 강점개발에 호의적인 맥락을 구축하는 작업과 관련된 이슈에 대해 지금 여기에서 초점을 맞춰보는 일은 의미가 있을 듯하다. 어떤 학자들은 강점이란 조직 문화에서 부차적인 존재가 되어서는 안 되고, 비즈니스의 모든 국면에 통합될 필요가 있다고 주장한다(Linley, 2008; Linley et al., 2010). 성과리뷰, 후계자 계획, 리더십 개발 및 채용과 같은 비즈니스 프로세스에서 강점에 대해 핵심적인 초점을 맞추게 된다면, 리더십 개발과 채용에 대한 전문가들은 이러한 시각에 대해 동의하는 조직의 모든 직급 구성원들과 상호작용을 해야 할 것이다. 강점에 대한 초점을 수용하는 것은 조직의 모든 직급 구성원을 위해 필요한 일이고, 강점을 탐색하고 개발하는 것에 대해 개방적인 리더십 모델을 가지는 것은 매우 중요한 일이다.

문화라는 것을 메타-개입요소로 보고, 문화가 특정한 강점 개입전략의 효율성을 지지하거나 방해하는 맥락을 제공한다고 생각하는 시각은 많은 연구들에서 일관되게 나타나고 있다. 비스와스-디너와 류브치크(Biswas-Diener and Lyubchik, 2013)는 '미시문화(micro-culture)' – 일시적이고 소수의 사람들에게만 영향을 주는– 가 강점 개발 전략을 지원해줄 수 있다고 주장했다. 각 분야의 역할과 큰 집단에서의 기준을 상호적 합의하는 소통을 통해 이 작업은 이루어질 수 있다. 예를 들어보자. 주간미팅을 할 때 강점을 활용한 구성원들이 작은 칭찬을 받는 '긍정 360(positive 360)'이라는 프로그램을 시행하는 팀은 사회적 영향력, 발전, 실패, 그리고 관련이 있는 강점 주제들에 대해 효과적으로 이야기할 가능성이 크다.

문화적 고려가 강점에 대한 논의와 개발에 미치는 영향을 강조하는 일은, 문화에 대한 가장 광범위하고 가장 공통적인 개념화와 밀접한 관련이 있다. 문화란 사회의 구성원들에 의해 공유된 기준의 모음이기 때문이다. 특히, 사회적 조화를 명시적 규범으로 여기는 '집단주의'와 같은 문화들이 있다(Triandis, 1993). 집단주의 문화에서는 겸손함을 강조하고 독특함을 가치절하하는 경향이 있다.

이와 같은 문화적 경향성의 맥락에서, 대부분의 사람들은 강점을 강조하는 태도에 대해 거부감을 가지게 될 수 있다. 실제로 위저비카(Wierzbicka, 2008)는 일반적인 긍정심리학이라는 용어, 특히 좀 더 확장했을 때 '강점'이라는 개념의 언어표현은 다른 나라의 언어로 번역하기가 쉽지 않으며, 공통적인 문화적 기반도 찾아보기 힘들다고 주장하였다. 이러한 이유 때문에, 일터에서 강점을 활용할 때에는 문화적 맥락을 세심하게 신경써야 한다. 겸손과 연관된 문제점 및 강점과 관련된 의구심을 피해갈 수 있는 방법이 다양하게 존재하고 있다. 예를 들어보자. 강점에 대한 의사소통은 1대1로 진행해도 되고, 집단의 강점에 대해 초점을 맞추어도 좋으며, 강점은 자랑이나 거만함과 동일한 개념이 아니라는 말로 이야기를 시작해도 효과적일 것 같다.

미래의 연구

강점에 대해 초점을 맞추는 작업은 조직관리와 리더십에 긍정적인 영향을 줄 수 있는 접근법이라는 근거자료가 존재한다고 해서, 강점을 일시적 유행이나 만병통치약 같이 다루어서는 안 된다. 비즈니스에 도움을 줄 수 있는 다른 요소들(진정성, 영향력이 높은 커뮤니케이션, 정서지능, 보상)과 마찬가지로, 특정 단일 주제가 성공을 보장해주는 '황금열쇠'라고 생각할 수는 없는 것이다. 강점에 대해 논의할 때에는 반드시 고려해야 할 몇 가지 사항들이 있다. 첫째, 지나치게 극단적인 태도로 강점만을 강조하게 되면, 사람들이 약점, 위협, 취약성을 간과하게 만들 위험성이 분명히 존재한다. 사실 어떤 회의론자들은 이와 같은 극단적인 시각을 비판하면서, 강점에 초점을 맞추는 접근법은 정의 자체로도 매우 제한적이라고 주장한다. 이 때문에, 여기에서 우리가 강점만을 중요하게 다뤄야 한다고 주장하는 것이 아니며, 약점에 대해서도 관심을 가질 필요가 있다는 이야기를 하는 것은 중요해 보인다. 강점을 중요하게 여기는 시각은 강점을 활용하고 개발하는 일을 강조하는 것이 맞지만, 최대한 약점을 고려하지 않고 관리하려는 방법과는 분명히 다른 것이다.

강점을 명명하는 데 있어서 '지나치게 전형적인 분류를 하는(pigeon-holing)' 사람들에게도 염려되는 위험요소가 있다. 대부분의 강점 명칭은 좋은 의도를 가지고 만들어졌지만, 의도치 않게 한 개인에 대해 고정된 지각을 만들어내는 경우도 생기곤 한다. '창의적'이거나 '말주변이 좋은 사람'이나 '계획을 잘 세우는 사람'이라는 별명을 가진 조직 구성원들은 다른 강점에 대한 평가를 받지 못하거나, 해당 강점의 활용이 어떻게 변화하는지에 대해서는 관심을 받지 못하는 경우가 많다. 특히, 좁은 범위의 강점에 대한 인공적/근시안적인 시각을 만들어 내는 'Top 5' 접근법들은 강점이란 특질이기 때문에 개발되기 힘들다는 느낌을 주는 경우가 많다. 이와 같은 경직된 방법들에 맞서 싸울 때는 '강점 발견'이라고 알려진 강점 명료화의 비공식적 방법을 때때로 사용해주는 것이 바람직하다. 다양한 지역문화에서 적절하게 활용될 수 있고 창의성이 높은 명칭으로 명명될 수 있는 강점들은 수십개가 넘는다.

강점에 초점을 맞추는 전략의 세 번째 위협요인은 긍정심리학의 내용을 더 강하게 주장할 때 생긴다. 긍정적인 재구조화를 너무 많이 하는 경우의 문제점이다. 사람들이 실패를 재구조화하여 '학습의 기회'로 생각하는 것과 같이, 모든 개인적 특성들을 강점의 렌즈를 통해 보려는 경향성이 있는 것이다 예를 들어보자. 만성적 투덜이는 '개선에 앞장서는 사람'으로 부를 수 있고, 부적절한 위험 감수는 '용기'로 볼 수 있으며, 자원을 낭비해서 매몰비용을 많이 쓰는 행동은 '고집'이라고 이야기하면 더 멋져 보인다. 오용된 강점과 약점을 구분하기란 쉬운 일이 아니다. 그래서 우리는 특정한 본인의 특성이 진정한 강점인지를 구분하고자 할 때 다음과 같은 질문을 고려해보기를 제안한다. 나는 이 특성에 대해 긍정적인 피드백과 칭찬을 받아본 적이 있는가? 나는 이 특성을 갖고 있는 것을 좋아하고, 해당 특성을 활용할 수 있는 기회를 찾는 편인가? 나의 성공은 이 특성과 직접적인 관계가 있는가? 어떤 특성이 확실한 강점이라고 판단이 되면, 이 질문들에 대해 긍정적인 대답을 할 가능성이 매우 높을 것이다.

강점 초점 전략이 가지고 있는 마지막 위험요소는 우리가 잘하는 과제만 하려고 할 때, 또는 내가 익숙하고 잘 하지만 더 이상 유용성이 없어진

프로세스에만 집착할 때 발생한다.

이바라(Ibarra, 2015)는 이를 '역량의 덫'이라고 표현하고, 특히 리더에게 위험한 것이라고 경고하였다. 그녀의 표현에 따르면, "운동선수, 회사, 관리자와 전문가들은 강점 부분에 지나치게 많은 투자를 한다. 이때의 잘못된 전제는 과거의 성공을 가져다준 것이 미래의 승리를 반드시 안겨줄 거라는 믿음"이다(p.29). 이바라는 변화하는 맥락과 빠르게 바뀌고 있는 비즈니스 환경 속에서 강점을 고려하는 것에 더 많은 신경을 써야 한다고 주장하였다. 이와 같은 태도를 가지게 되면, 강점에 대한 소통(코칭이나 관리면담)의 방법을 근본적으로 바꿀 수 있게 될 것이다. "당신이 잘하는 것은 무엇인가?"라는 질문을 하는 대신, "현재 상황에서 잘한다는 이야기를 듣는 것은 무엇인가?", "특정한 상황에서 강점을 사용하려면 어떻게 해야 하는가?". 이러한 시각은 지혜란 다른 모든 강점들을 최적의 수준에서 활용할 수 있도록 해주는 메타-강점이라는 주장과 일맥상통한다(Schwartz & Sharpe, 2006).

강점은 오랜 기간 동안 일터에서 관심의 초점이 되어 왔기 때문에, 행복이나 낙관주의와 같은 다른 주제보다 긍정심리학의 중심 '자산'이라는 시각은 조금 약할 수 있다. 그렇다 해도, 긍정심리학 연구가 시작되면서, 강점에 대한 관심이 부흥기를 맞이했다는 사실은 꼭 기억할 필요가 있다. 의심의 여지가 없이, 긍정심리학 연구는 조직 내/외부에서 일하는 전문가들이 사용할 수 있는 새로운 이론과 평가도구, 개입전략을 제공해주었다.

지난 20년은 강점에 대한 초점에 있어서 매우 많은 변화가 일어났던 시기였다. 성과관리에 대한 전통적인 접근법 대신, 강점에 대해 초점을 맞추고 구성원의 몰입을 강조하는 방법이 나타나기 시작했다. 현재 우리의 전문분야에서는, 강점에 관련된 핵심 주제들에 대한 연구가 부족한 것 때문에 고민을 하고 있다. 미래의 연구자들은 강점 평가와 개입을 하는 데 있어서 영향을 미칠 가능성이 있는 문화적 요소에 대해 관심을 가져야 한다. 그리고 태도(특히 '성장에 대한 마음가짐')가 강점 개입전

략의 효과에 영향을 미치는 방법에 대한 연구가 더 많이 이루어질 필요가 있다. 마지막으로, 카리스마, 창의성, 정서지능과 같은 특정 강점들을 명확하게 개념화해야 하며, 그 강점들이 역할과 조직에 따라 차별화되는 일터 성공을 만들어내는 독특한 역할을 탐색하는 것이 도움이 될 것이다.

4장
일터에서의 희망

크리스티안 반델러, 수잔나 마르크스, 셰인 로페즈
(Christian A. Wandeler, Susana C. Marques, and Shane J. Lopez)

서론

일터에서의 긍정성에 관심을 가지게 된 것은 꽤 오래전부터이지만, 긍정심리학의 탄생으로 인해 일터에서의 긍정적 접근법에 대한 아젠다가 만들어지고 활용빈도도 높아지게 되었다. 긍정적인 일터분위기를 만들기 위해서는 인적자원과 리더십이 발전되어야 하는데(Youssef & Luthans, 2011), 이때 활용 가능한 심리학적 자원 중의 하나로는 희망(hope)을 들 수 있다(Snyder, 2000a). 희망이론(hope theory)은 인간의 사고, 정서, 행동에 대한 기본적 동기, 인지, 정서 요소들을 설명하고 있기 때문에 일터라는 맥락에 적용하기에 매우 적절하다. 대부분의 경우 희망은 한 개인의 특성으로 생각되지만, 조직 또한 희망적인 존재가 될 수 있다(Adams et al., 2002). 그리고 지금까지 발견된 연구결과들을 보면, 일터에서의 희망은 현재와 미래에 조직이 해결해야 할 중요한 도전과제를 해결할 수 있도록 도와줄 수 있을 것 같다.

4장에서는 먼저 희망 이론에 대해 간단히 소개를 하려고 한다. 희망이란 어떤 것인지, 사람들의 목표와는 어떤 관계가 있는지, 어떻게 측정할 수 있는지 그리고 관련된 심리학 이론 및 구인(construct)들과는 어떤 관계인지에 대해 설명할 것이다. 이렇게 기반작업을 하고 나서는, 희망에 대한 연구 결과를 통해 일터에서의 희망이 가져오는 긍정적인 혜택들을 정리해볼 것이다. 성과, 구성원 몰입, 일에 대한 만족도부터 심리적 건강과 웰빙까지. 그리고 희망에 대해 흥미를 가지고 있는 독자들에게 실제 행동으로 옮길 수 있는 정보들과 실용적인 접근방법(조직과 개인들이 개인, 집단, 조직 수준에서 일터에서의 희망을 개발할 수 있는 대안)을 제공해보려고 한다. 결론으로는 미래의 연구에 대한 아이디어들을 제시할 것이다.

희망 이론: 희망의 개발, 측정, 독특성

업무성과를 개선하기 위한 방법을 더 다양하게 찾기 위해, 연구자들은 과제와 목표를 성공적으로 달성하는 데 중요한 공통적 요인으로서 자기(예: 자기효능감, 자기개념)와 미래(예: 희망, 낙관주의)에 대한 사고들을 고려하였다. 스나이더와 동료들(Snyder et al., 1991)이 개발한 희망이라는 구인은, 어떤 조직구성원은 좌절을 극복하고 과제와 목표를 향해 나아가는 반면, 또 다른 구성원은 좌절을 경험하고 활기가 없어지는 현상을 설명하는 데에 유용하다. (따라서, 4장에서는 스나이더의 1991년 연구에 의해 영향을 받은 연구들을 강조하게 될 것이다.) 스나이더와 동료들은(Snyder, 1994; Snyder et al., 1991) 희망이론과 희망에 대한 측정도구를 개발하였는데, 이는 심리학 분야의 내/외부-가장 최근에는 직업 심리학(Juntunen & Wettersten, 2006)에서, 그리고 조직행동 분야(예: Luthans, 2002)로부터-로부터 많은 관심을 받았다(Edwards, Rand, Lopez, & Snyder, 2006).

희망 이론에 따르면, 희망은 다음과 같은 스스로의 능력에 대한 개인의 지각(perception)을 반영한다. (1) 목표를 명확하게 개념화하는 능력, (2) 목표에 도달하기 위한 특정 전략을 개발하는 능력(경로적 사고), (3) 그 전략을 활용하여 동기를 불러일으키고 유지하는 능력(주도적 사고). 조직에 대한 문헌자료에서 자주 개념화되는 목표(예: "제시된 과제를 제한된 시간 내에 진행할 수 있는 효율성의 특정 기준, Locke & Latham, 1990, p.26)와는 반대로, 스나이더와 동료들(1991)은 목표를 보다 일반적이고 포괄적인 것으로 생각하였다. 목표는 단기적/장기적인 것 모두, 심리적 행동의 순서를 제공하고, 구체성에 있어서 다양성을 보이지만, 의식적 사고를 유지할 수 있을만한 가치를 가지고 있어야 한다(Snyder, 2002). 경로적 사고(pathways thinking)란 기대되는 목표달성을 위해 실현가능한 경로를 만들어낼 수 있다고 스스로 지각하는 능력을 의미한다(Snyder, Shorey et al., 2002). 장애물을 만나게 될 때를 대비하여 다양한 경로들을 만들어놓는 것이 중요하다. 주도적 사고(agency thinking)는 희망이론에서의 동기요인으로서, 목표달성을 위한 행동을 시작하고 유지하는 스스로의 능력에 대한 지각을 반영한다(Snyder, Lopez, Shorey, Rand, & Feldman, 2003). 역시 이들은 어려운 문제를 마주하게 될 때 특히 중요한 요소이다. 경로적 사고와 주도적 사고는 정적 상관을 보이며, 가산적(additive)이기도 하고 상호보완적이기도 하다. 하지만 둘 중의 하나만 있어서는 희망을 정의할 수 없으므로, 동의어라고 말할 수는 없다.

목표달성을 위한 인지적 프로세스에 희망만 있는 것은 아니다. 희망은 사고 프로세스를 성공적으로 진행할 수 있는 스스로의 능력에 대해 위계적으로 구성된 신념체계라고 말할 수 있다. 이 믿음들은 모호함의 수준에 따라 4가지로 나뉜다. 전반적 또는 특질적 희망(global or trait hope), 영역-특정적 희망(domain-specific hope), 목표-특정적 희망(goal-specific hope), 상태적 희망(state hope). 목표를 달성하는 데 필요한 경로를 설계하고 주도적 사고를 할 수 있는 자기 자신의 능력을 전반적으로 평가하는 것이 전반적 또는 특질적 희망이다(Snyder, Feldman, Shorey, & Rand, 2002). 성인을 위한 희망 척도는 이 전반적 희망을 측정하기 위해 개발되었다(Snyder et al., 1991). 그리고 희망과 관련된 믿음들은 영역-특정적인 것일 수도 있고, 동시에 다른 영역과 연결될 수도 있다(예: 전반적 희망 수치가 높은 사람들은 대부분의 인생 영역에서 희망을 많이 표현한다. 하지만 전반적인 삶에 대한 희망수준은 높지만 일의 영역에서는 낮은 수준의 희망을 가지고 있는 조직구성원도 있다). 이 니즈를 충족시키기 위해 영역-특정적 희망 척도(Sympson, 1999)가 개발되었다. 이 척도는 다양한 삶의 영역에서 성인의 희망 수준을 측정한다. 사회적 관계, 낭만적 관계, 가정 생활, 일과 여가 생활.

희망 믿음의 위계에서 더 구체적인 수준은 목표-특정적 차원으로서, 특정한 목표에 관련된 것이다. 한 사람의 전반적/영역-특정적 희망수준이 매우 높다고 해도, 특정 목표에 대해서는 낮은 희망을 가지고 있을 수도 있다. 그래서 목표-특정적 차원에 대한 분석은 특정한 목표 추구에 있어서 지각되는 결점을 이해하기 위해 중요한 일이다.

스나이더와 동료들(1996)은 특정한 맥락에서의 희망을 측정하기 위해 상태적 희망 척도(State Hope Scale)를 개발하고 타당화하였다. 목표를 명시하지 않은 상태에서, 이 척도는 한 사람의 순간적인 희망적 사고를 측정하고, 현재 목표를 달성하기 위한 사고에 대한 스냅샷을 제공해준다. 즉, 동기에 대해 보다 지속적인 측정을 하는 것과 반대로, 상태적 희망 척도는 사람들의 삶에서 일상적으로 일어나는 이벤트와 관련이 되어 있다. 특질적 희망과 상태적 희망은 모두 사람들의 초점을 이해하기 위해 유용하게 사용할 수 있다. 사람들은 상황과 시간에 상관없이 일관적인 희망 성향을 가지고 있으면서도, 특정한 시간과 이벤트를 경험할 때에는 다른 상태 희망을 보일 수 있다. 이론적으로, 성향적 희망은 상태적 희망의 다양성 범위 내에 속하므로, 상태적 희망의 정도와 관련이 있을 것이다. 예를 들어 문헌에서 상태적 희망과 특질적 희망의 수준을 높이기 위한 전략을 찾아보면, 다음과 같은 실용적인 접근법들을 볼 수 있다. '도전적인' 목표를 설정하기, 비상시를 위한 계획 수립하기, 헛된 희망을 품지 않기 위해 목표를 재설정하기(Snyder, 2000b).

따라서, 각 개인이 가지고 있는 희망과 관련된 신념들의 복잡한 관계를 이해하려면, 전반적인 희망뿐 아니라 영역-특정적 희망, 목표-특성적 희망, 상태적 희망에 대해서도 더 많은 관심을 갖는 것이 중요한 일인 것이다(Snyder, Feldman et al., 2002).

희망과, 목표 이론(Covington, 2000; Dweck, 1999), 낙관주의(Scheier & Carver, 1985), 자기-효능감(Bandura, 1982), 문제해결(Heppener & Petersen, 1982)과 같은 긍정심리학 구인들 사이에는 공통점도 있지만, 명확한 개념적 차이가 존재한다. 이 구인들이 오늘날의 일터에 중요한 기여를 할 수 있는 이유는 각 역량들의 특이점과 독특성 때문인 것이다. 개념적으로, 희망 구인의 특성은 목적-추구 요소들(목표 자체, 주도성, 경로 요소)의 동등하고, 추가적이고, 상호적인 특성과 차이가 있다(Snyder, 1994). 경로적 사고는 조직구성원이 제시된 목표를 달성하고, 어려운 것으로 알려진 대안적 전략을 추구하는 방법에 대해 고려할 때, 다양한 전략들을 고려해보도록 해준다. 주도성(agency)은 경로적 사고와 함께 목표달성을 가능하게 해줄 전략을 실행해보고자 하는 동기를 부여해준다. 추가적이며 상호적이고, 기능적으로 분리할 수 없는 관계하에서, '의지(will)'와 '방법(way)'은 목표달성과정에서의 핵심적인 요소인 것이다. 희망 이론과 기타 이론(예: 수행 동기, 몰입, 마음챙김, 낙관주의, 탄력성, 자아존중감)간

의 유사성과 차이점에 대해 자세히 알아보려면 스나이더(Snyder, 1994)의 연구를 참고하기 바란다.

일터에서의 희망과 바람직한 성과

〈일터에서의 희망과 성과〉

경험적 연구들을 보면, 희망은 일터에서의 성과와 정적 상관관계가 있다고 한다(Luthans, Avolio, Avey, & Norman, 2007; Luthans, Avolio, Walumbwa, & Li, 2005; Luthans, Norman, Avolio, & Avey, 2008). 다양한 직급을 가지고 있으며, 다양한 산업분야에서 일하는 미국의 조직구성원 샘플 3 종류를 대상으로 연구를 진행했을 때, 희망적인 사람들은 희망 수준이 낮은 사람들과 비교했을 때 수행성과가 더 높은 것으로 나타났다(객관적인 평가도구를 사용했을 때). 이는 자기효능감과 인지적 능력을 통제했을 때에도 마찬가지였다(Peterson & Byron, 2008). 또한 희망은 직업훈련과정 졸업시험에서의 성과와 직업 관련 역량의 개발도 예측하는 것으로 나타났다(Wandeler, Lopea, & Vaeriswyl, 2011). 희망이 성과에 미치는 효과의 세부적인 역동은 이론화되었고, 개인 대상의 연구를 통해 확장되었다(Curry, Snyder, Cook, Ruby, & Rehm, 1997; Peterson, Gerhardt, & Rode, 2006; Snyder, Shorey et al., 2002). 그리고 메타분석을 통해 요약되기도 했다(Reichard, Avey, Lopez, & Dollwet, 2013). 리히차드와 동료들(Reichard et al., 2013)은 핵심적인 45개의 연구들을 검토하고, 희망과 전반적인 업무성과 간에 보통(moderate) 수준의 정적 상관관계가 있음을 발견하였다(표집오차와 측정도구의 불신뢰도를 감안한 효과 크기는 95% 신뢰수준에서 평균 p=0.27, 신뢰구간은 0.24-0.31이었다).

연구의 장소는 중요한 조절변수(moderator)로 기능했다—미국에서 진행된 연구는 업무성과와 희망 사이에서 유의미하게 더 큰 평균 상관관계를 보여주었다(미국 평균 p=0.34, 미국 외의 국가 평균 p=0.22).

〈희망은 성과에 어떤 영향을 주는 것일까?〉

이론적/경험적 근거를 기반으로 한 설명에 따

르면, 희망과 성과간의 관계는 상호적(reciprocal)이다. 즉, 성과경험도 한 개인의 희망 수준에 영향을 미칠 수 있다. 반델러와 분딕(Wandeler and Bundick, 2011)이 종적 자기회귀 모델을 3년간 검증한 결과, 1년차에 측정된 희망은 2년차에 스스로 지각한 역량을 예측했고, 3년차의 희망까지 예측한 것으로 나타났다. 희망이 성과에 영향을 주는 메카니즘에 대해서는 아직 더 많은 탐색이 이루어져야 하지만 지금까지 발견된 메카니즘은 다음과 같이 다섯 가지가 있다. 첫째, 희망수준이 높은 사람들은 주도적 사고를 많이 한다(Snyder, 2000a). 희망을 가지고 있는 조직구성원들은 자신의 목표가 달성 가능한 것이라고 확신을 하는 경향이 있었다. 다른 구성원들과 비교해보았을 때, 희망수준이 높은 구성원들은 동기수준이 높았고, 활력이 더 넘쳤으며, 어려움을 경험해도 좌절하지 않는 경우가 더 많았다. 둘째, 희망 수준이 높은 구성원들은 경로적 사고를 많이 한다. 전반적으로 바람직한 목표를 달성하기 위해 다양한 해결방안들을 도출하는 편이며, 대안적인 경로도 개발하는 모습을 보여주었다(Snyder, 2000a; Adams et al., 2002). 대안적 경로를 적용해볼 수 있겠다고 기대하기 때문에, 장애물도 도전기회로 생각하곤 했다. 따라서, 희망수준이 높은 조직구성원들은 일터에서 어려움을 마주할 때에도 보다 회복력이 빠르고, 해결책을 찾는 데 있어서 더 많은 창의성을 보였다. 셋째, 희망은 자기-통제, 자기-결정, 주도적 행동에 영향을 미친다(Snyder, 2002; Wandeler & Bundick, 2011). 일터에서의 목표추구를 작은 하위 목표들의 위계적 구조로 구성해볼 때(Hacker, 2003), 조직구성원들은 목표달성 프로세스에서 반복되는 문제들에 대처하는 것으로 보여질 수 있다. 일터에서의 목표는 시간과 명료성에 따라 다양성을 가진다. 예를 들어보자. 목표에는 매일 일상적으로 하는 업무과제도 있지만, 대단히 중요하고 장기적으로 수행해야 하는 목표도 있고, 명확히 정의된 목표도 있지만 모호한 목표도 있다. 희망적인 사고는 모든 수준의 목표추구에 있어서 중요한 역할을 한다. 넷째, 희망수준이 높은 사람들은 더 달성하기 어려운 목표를 수

립하는 경향이 있다(Snyder, Felman et al., 2002). 일터에서 더 어려운 목표를 추구하고자 하는 태도를 보이면 개인성과가 더 좋아지고, 전반적인 조직 기능의 수준이 더 향상될 수밖에 없다. 빠르게 변화하고 있는 업무환경에서, 희망수준이 높은 구성원들은 단순히 업무수행만을 위한 목표보다 무엇인가를 배울 수 있는 목표를 선택하는 경우가 더 많았다(Snyder, Feldman et al., 2002). 무기력하고 고정된 태도를 갖는 것이 아니라, 학습이 가능한 목표를 통해 숙달수준을 높이고 성장을 지향하는 마음가짐을 가지게 되는 것이다(Dweck, 1986). 다섯째, 희망수준이 높은 구성원들은 일터에서 발생하는 문제점과 스트레스원들에 대해 더 잘 대처하는 경향이 있었다(Peterson & Byron, 2008; Snyder & Feldman, 2000).

〈일터에서의 희망과 다른 가치 있는 성과들〉

경험적 연구에서는 희망이 다음과 같은 일터에서의 다양한 가치 있는 성과들과 정적 상관관계가 있다고 주장한다. 구성원 만족(Adams et al., 2002; Luthans et al., 2007; Luthans et al., 2008), 직무 만족(Hirschi, 2014), 일에 대한 몰입(Ouweneel, Le Blanc, & Schaufeli, 2012), 헌신(Adams et al., 2002; Luthans et al., 2008), 지지적 분위기(Luthans et al., 2008), 경력 탐색(Hirschi, Abessolo, & Froidevaux, 2015), 관리자가 평가하는 구성원의 창의성(Rego, Machado, Leal, & Cunha, 2009). 리히차드와 동료들(Reichard et al., 2013)은 메타연구에서 45개의 핵심적인 연구들을 검토하여, 보통(moderate) 수준의 긍정적 효과크기를 발견하였다. 희망과 직무만족(95% 신뢰수준에서 평균 p=0.37, 신뢰구간은 0.33-0.42), 희망과 조직 몰입(95% 신뢰수준에서 평균 p=0.31, 신뢰구간은 0.24-0.39), 희망과 건강 및 웰빙(95% 신뢰수준에서 평균 p=0.44, 신뢰구간은 0.37-0.50), 희망과 소진 및 스트레스 간의 부정적 효과 크기(95% 신뢰수준에서 평균 p=-0.35, 신뢰구간은 -0.39에서 -0.29).

일터에서의 건강, 희망과 소진

희망은 적응과 최적의 기능, 정신건강을 나타내는 지표로 볼 수도 있다. 업무 몰입과 같은 정신건강요소 강화에 관심을 가지는 동시에, 조직들은 소진과 스트레스와 같은, 업무진행과정에서 발생 가능한 부정적 결과를 예방할 수 있기를 기대한다. 희망과 관련된 심리 프로세스는 개인의 전반적 건강에 영향을 미치고, 긍정적 정서를 창출하며, 예방과 관련된 행동에 영향을 미치고, 스트레스원으로부터 생기는 부정적 영향으로부터 회복할 수 있게 돕는다(Snyder & Feldman, 2000; Stajkovic, 2006; Valle, Huebner, & Suldo, 2006). 리히차드와 동료들(2013)은 희망과 건강/웰빙의 관계에서 보통(moderate) 수준의 긍정적 효과 크기를 발견했고(95% 신뢰수준에서 p=0.44, 신뢰구간 0.37-0.50), 희망과 소진/스트레스의 관계에서는 부정적 효과 크기를 발견했다(95% 신뢰수준에서 p=-0.35, 신뢰구간은 -0.39에서 -0.29).

애비, 루선스, 스미스와 팔머(Avey, Luthans, Smith, Palmer, 2010)가 진행한 일터 연구에서는 희망(긍정적 심리적 자산의 일부로서 정의함)이 구성원의 심리적 웰빙과 전반적인 정신건강의 변화를 일으키는 데에 영향을 미친다는 결과를 보여주었다. 또한, 반델러, 로페즈와 배리스빌(Wandeler, Lopez, Baeriswyl, 2011)은 자기회귀 교차지연 구조방정식 모델(autoregressive cross-lagged structural equation model)을 사용하여, 동일한 정신건강지표(GHQ-12 / General Health Questionnaire-12)와 희망은 동시에 발생 가능한 관계인 것을 발견했지만, 9개월 후 측정해본 희망은 정신건강을 예측하지 못했고, 마찬가지로 정신건강도 희망을 예측하지 못했다. 즉, 상호적 영향은 9개월보다는 단기적으로만 효과가 있다는 것을 알 수 있다.

자원이론(resource theory)의 두 번째 원칙에 의하면, 자원을 충분하게 가지고 있는 사람들은 자원이 별로 없는 사람들(더 많은 자원을 얻기 위해 애씀으로써 악순환에 빠질 가능성이 많음)과 비교했을 때 조금 더 손쉽게 자원을 증가시키고 유지할 수 있다고 한다. 자원을 가지고 있는 사람들은 하나의 자원을 얻으면 추가적으로 또 하나의 자원을 얻을 수 있는 선순환의 고리에 들어갈 수 있게 된다(Hobfoll, 1998). 희망 수준이 더 높고, 전문적 수행성과의 수준이 더 높으며, 정신건강수준이 높은 것은 건강하게 기능한 사람들의 특징이자 자원 그 자체이다. 이 자원들간의 상호작용은 자원에 대한 손실과 위험이 발생했을 때 추가적인 강화작업을 긍정적으로 촉진하고, 상호적인 안정화를 가져다준다. 희망은 더 높은 수준의 전반적 정신건강과 관련이 있고, 더 구체적으로 보면 희망과 일터에서의 건강한 행동간에는 특정한 관계가 존재한다. 예를 들어보자. 업무 스트레스를 감소시키는 데에 효과적이라고 증명된 몇 가지 전략(예: 목표수립과 문제해결 훈련 / Hudson, Flannery-Schroeder, & Kendall, 2004)들은 희망수준을 높이는 것과 직접적 관련이 있는 것으로 보이지만, 시간관리, 에어로빅 연습, 이완 훈련, 전반적 대처기술과 같은 기타 전략들은 희망적 사고를 촉진하고 희망적 사고의 기반을 제공해주는 것으로 보인다. 희망과 관련된 요소들을 탐색하면서 생길 수 있는 두 가지 질문은 다음과 같다. 사람들은 어떻게 희망을 갖게 될까? 희망은 어떻게 개발되는 것일까?

일터에서의 희망 개발

스나이더(Snyder, 1994, 2000b, 2002)는 희망의 개발에 대한 일반 이론 프로세스를 광범위하게 기술하였고, 여러 가지 삶의 영역(심리치료, 교육, 건강, 일 등)에서, 다양한 대상을 위해(아동, 노인, 운동선수, 학생 등) 희망수준을 높일 수 있는 방법을 다양하게 제시하였다. 스나이더(2000b)는 빠르게 변화하고 있는 세상에서 희망이라는 요소가 필요하다는 점을 지적하였고, 희망이란 학습가능한 것이라고 개념화하였다. 희망이 부족한 이유는, 희망적인 태도로 생각하는 법을 배운 적이 없기 때문이기도 하고, 아동기나 성인기에 희망적 사고를 파괴하는 외부적 힘을 경험했기 때문이기도 하다(Snyder, 2000a, 2002). 사회적 환경은 희망적 사고와 행동을 모델링해주고 코칭하는 데 있어서 핵심적인 역할을 한다(Snyder, 2000b).

그래서 3개 요소로 구성된 상호적이고 결정론적인 접근법이 유용해보인다(Bandura, 2008). 한 개인의 기능은 심리적, 행동적, 환경적 영향 간의 상호작용의 결과로 보인다. 첫째, 성격과 업무 환경은 시간이 지남에 따라 서로에게 영향을 줄 수 있다(Frese, Garst, & Fay, 2007; Kohn & Schooler, 1983). 그래서, 사람들의 희망은 업무 환경으로부터 영향을 받기도 하고, 영향을 주기도 하는 것이다. 둘째, 업무 환경이 성격에 미치는 영향은 학습-일반화 프로세스로서 볼 수 있다. 이는, 일을 통해 배운 것을 일 이외의 현실에도 일반화시켜 적용하는 것을 의미한다(Kohn & Schooler, 1983). 여기에서 얻을 수 있는 교훈은, 일터에서 희망을 경험한 구성원은 자신의 다른 인생 영역에 대해서도 희망을 전파시킨다는 것이다. 아담스와 동료들(Adams et al., 2002)의 주장에 의하면 희망수준이 높은 구성원들은 개인적 삶에서도 희망을 가지는 경우가 많다고 한다. 왜냐하면, 인생에서의 목적과 희망 사이에는 강한 상관관계가 있으며, 일은 목적의식에 있어서 핵심적인 원천이기 때문이다.

오웨닐, 르 블랑, 쇼펠리와 반 위제(Ouweneel, Le Blanc, Schaufeli, van Wijhe, 2012)는 일기를 사용한 연구에서 일터에서의 일상적인 긍정적 정서는 희망을 개발하고, 결과적으로 업무몰입과 관련된다고 주장했다. 반면에 스나이더와 펠드만(Snyder and Feldman, 2000)은 희망수준이 낮은 환경에서 일을 하는 경우 생기는 몇 가지 결과를 논의하였다. 구성원의 동기수준 저하, 양심의 감소, 낮은 품질의 성과 창출. 또한 구성원들은 자기존중감과 몰입도가 떨어졌고, 결근율도 높아졌으며, 동료 및 관리자에 대한 표현하는 존중감 수준도 낮아지는 것으로 나타났다.

일터에서 희망을 개발하기 위한 실용적인 접근법

다양한 연구 결과에서는 희망이 제공하는 긍정적인 효과에 대한 근거를 제공해주면서, 동시에 조직을 대상으로 이러한 질문을 던지고 있다. 일터에서 희망을 강화시키려면 어떻게 할 수 있을까? 단기적인 제안점으로는, 조직에서 채용을 할 때 희망수준을 고려해야 한다는 것이 있을 것이다. 그렇다면 기존에 있던 구성원에게는 어떻게 하면 되겠는가? 그리고 희망척도에 응답하는 사람들이 그 대답의 중요성을 인식하게 되는 즉시, 척도의 타당도는 너무나 쉽게 무너지게 될 것이다. 따라서, 조금 더 건설적인 질문이 필요한 상황이다. 조직은 희망을 촉진하기 위해 어떤 행동을 할 수 있을까? 리더는 구성원의 희망을 강화하고 긍정적인 영향력을 미치기 위해 무엇을 할 수 있을까? 우선 개인(예: 1대1 코칭, 멘토링) 수준과 조직(예: 리더십, 조직구조, 문화) 수준에서 할 수 있는 접근법들을 살펴보도록 하겠다.

〈개인적 수준에서 희망 강화하기〉

개인구성원과 팀의 희망수준을 높이기 위해 개발된 몇 가지 개입전략들이 있다(Lopez et al., 2004; Luthans & Jensen, 2002; Marques, Lopez, & Pais-Ribeiro, 2011; Marques, Lopez, Rose, & Robinson, 2014). 일반적으로, 희망을 촉진하려면 개인이 어려움을 극복할 수 있는 방법에 대해 자기 자신의 아이디어를 개발하도록 조력해야 하지만 조직에서는 구성원들이 대안을 발견하는 과정에서 만나게 되는 부정적 & 긍정적 경험에 대해 대처할 수 있는 방법을 배울 수 있도록 적절한 지원을 해주어야 한다(McDermott & Hastings, 2000; Snyder, 2000b). 희망을 촉진하는 환경에서 경험을 쌓게 되면, 목표를 추구하는 데 필요한 경로를 만들어내고 에너지를 유지할 수 있다는 핵심적인 자기신념을 가질 수 있게 된다. 리더와 멘토는 구성원들이 장애물을 극복할 수 있는 스스로의 아이디어를 만들어가는 과정을 조력하고, 그 과정에서의 역할모델로서 기능해줄 수 있다. 관리자와 경험이 많은 동료들은 조직 내에서 이와 같은 멘토의 역할을 맡을 수 있을 것이다. 스나이더와 쇼레이(Snyder and Shorey, 2004)는 희망수준이 높은 상사는 달성가능한 업무의 세부목표를 명확하게 설명하고, 구성원들의 동기를 강화해서, 그 결과 더 큰 범위의 조직 목표에 도달할 가능성이 더 커진다고 주장했다.

또한, 희망수준이 높은 상사는 구성원과의 사회적 상호작용을 즐기며, 구성원이 일터에서 보내는 시간과, 구성원이 만들어가는 전반적인 삶에 대해 많은 관심을 보이는 경향이 있다.

셀든과 엘리엇(Sheldon & Elliot, 1999)은 자기-일치된 목표(한 개인의 흥미 및 핵심 가치와 일치하는 목표)가 다른 유형의 목표들과 비교해보았을 때, 결과로서 더 높은 수준의 웰빙을 창출하며, 꾸준히 노력을 하는 모습을 만들어내고, 실제로 목표달성이 될 가능성도 더 높다는 연구결과를 보여주었다. 따라서, 자기-일치된 목표는 목표달성 프로세스에서 만나게 되는 장애물을 극복하기 위해 필요한 행동을 유지하고, 경로적 사고를 촉진할 수 있게 해주는 주도적 사고(심층적 근원을 가지고 있고 활력을 가져다주는)와 관련되어 있을 가능성이 높다. 희망은 언제나 목표-지향적이기 때문에(Snyder, 2000), 희망의 기저에 깔려 있는 목표구조와 목표의 자기-일치성은 목표로부터 촉진되는 주도성 정도를 결정하는 데 있어서 핵심적인 요소인 것이다.

그리고 스스로의 성과에 대한 자기평가 프로세스는 핵심적인 내적 보상이 되며, 행복감을 가져다주고, 성취에 대한 개인적인 인센티브를 만들어준다(Bandura, 1997). 이와 같은 역량관련 경험은 희망의 수준과 상호작용하고, 일터에서의 희망 개발에 영향을 미친다(Wandeler & Bundick, 2011).

〈조직적 수준에서 희망을 촉진하기〉

스나이더와 펠드만(Snyder and Feldman, 2000)은 희망을 촉진하는 방법으로서 다음과 같은 방법을 제안하였다. 조직구성원이 업무과제를 잘해내는 과정에서 만족감을 얻는 동시에, 의미 있는 목표를 추구한다는 느낌을 극대화시킬 수 있는 방법으로 업무환경을 조성하기. 희망수준이 높은 업무환경과 일터를 만드는 방법에 대한 제안점들은 아담스와 동료들(Adams et al., 2002)의 질적 조사연구에서 찾아볼 수 있으며, 구성원의 기본적인 심리적 니즈를 만족시키는 과정을 통해 높은 희망을 갖게 해주는 것이 핵심이다. 아담스와 동료들(2002)은 목표와 과제내용을 공유하게 되면 구성원들이 사회적 지원을 받고 있다는 느낌을 더 많이 갖게 되며, 희망을 내재화할 수 있게 도울 수 있다고 주장하였다. 이러한 접근법을 활용하게 되면, 구성원들은 조직의 목표를 구축하는 과정에 참여할 수 있게 되며 의사결정과 시행착오를 겪을 수 있는 기회를 갖게 된다. 또한 문제에 대한 해결책을 찾고 새로운 아이디어를 만들어내는 일에 대한 책임감도 부여받게 되는 것이다. 이와 같은 업무환경은 더 큰 의미를 만들게 해주는 일터 분위기를 조성해줄 뿐 아니라 구성원의 역량과 자율성에 대한 니즈를 촉진해주게 된다.

희망수준이 높은 조직의 특성은 구성원의 기여도를 높이는 접근법을 활용하는 조직의 특성과 유사하다(Lawler, 1992). 아담스와 동료들(2002)은 미국의 회사들을 조사하여 희망수준이 높은 회사들의 공통적인 특성을 알아보았다. 예를 들어 보자. 구성원들은 경영진을 두려워하지 않음, 구성원들은 해당 조직에서 성공할 수 있는 기회를 가지고 있다고 생각함, 직급이 낮은 사람도 높은 직급에 있는 사람과 동등한 대우를 받고 있음, 경영진의 최고 우선순위는 구성원을 지원하고 일을 잘 해낼 수 있는 환경을 조성해주는 것임, 구성원과 경영진은 개방적인 소통을 함, 구성원이 제시하는 피드백은 조직을 발전시키기 위한 방안으로서 가치 있게 검토됨, 업무담당자는 가능한 한 많은 의사결정권한을 위임받음, 구성원들은 목표수립과정에 참여함, 문제를 해결하고 해결방안을 도출하는 책임을 구성원에게 부여함, 조직의 구성원들은 특정 영업목표를 달성하는 것에만 초점을 맞추는 것이 아니라 고객과의 장기적인 관계를 구축하는 목표에 대해 모두 이해하고 있음.

희망의 발달이 잘 이루어질 수 있는 환경을 구축하는 것에 대한 이와 같은 제안들은 자기결정이론(self-determination theory)의 환경적 조건에 많이 포함되어 있다(Deci & Ryan, 1985). 반델러, 베리스빌, 샤벨슨(Wandeler, Baeriswyl, and Shavelson, 2011)은 자기결정이론의 이론적 배경과 광범위한 경험적 자료들을 활용하여, 희망이론을 정교화하고 일터환경의 특정한 긍정적 특징이 희망수준과 어떻게 연계가 되는지에 대해 경험적 연구를 수행하였다. 이들은 희망에 대해 중다회귀분석을 하였다. 기본적인 심리적 니즈에 대한 만족도를 개인적 수준과 집단수준으로 나누어 살펴보았더니, 희망수준을 높여주는 일터의 특성중 하나는 자기결정이론에서 설명되었듯이 기본적인 심리적 니즈에 대한 만족도라는 근거가 나타났다(Deci & Ryan, 2000).

케니, 월시-블레어, 블루스틴, 벰페쳇과 셀트저(Kenny, Walsh-Blair, Blustein, Bempechat and Seltzer, 2010)는 기대가치, 희망, 자기결정이론에 대한 연구를 수행하여, 도시의 고등학교 학생들의 일에 대한 희망은 성과와 관련된 신념 및 지지와 자율성으로 대표되는 학습 환경과 강한 관계가 있다는 것을 발견하였다.

희망은 명확히 정의된 목표, 그 목표를 달성하는 길을 찾는 것(경로), 그리고 자기 자신에게 동기부여를 해서 행동을 시작하고 유지하는 것(주도성)에 관련된 것이기 때문에, 목표를 수립하고, 명확한 목표를 발전시키고, 상위 목표를 세부 목표들로 나누고, 구성원들이 문제를 해결하고 창의적으로 사고할 수 있는 역량을 길러주어 목표에 도달할 수 있는 다양한 길을 찾도록 하는 모든 과정에 구성원들을 참여시키면 당연히 조직은 긍정적인 이득을 얻을 수 있게 될 것이다. 또한, 조직은 특정 목표를 추구해야 하는 이유를 구성원들에게 이해시키고, 목표에 관련되어 주인의식을 느낄 수 있도록 하는 데에 신경을 써야 하는데(예: 목표에 대한 자기일치성, Sheldon & Elliot, 1999), 왜냐하면 이와 같은 요소들은 주도성을 촉진시킬 수 있기 때문이다. 라자루스(Lazarus, 1991)에 의하면, 희망은 목표와 일치되는 감정인 듯 하다. 또한, 희망은 사람들이 자기 자신의 목표를 수립하고, 큰 범위의 목표를 세부 단계로 나누는 방법을 배우며, 목표를 달성하는 과정에서 마주하게 되는 문제들을 경험하고, 시행착오를 자유롭게 할 수 있고, 그 모든 과정이 긍정적인 학습 경험으로 느껴질 수 있을 때 촉진된다(McDermott & Hastings, 2000). 이와 같은 환경에서의 경험이 축적되면 다음과 같은 핵심적 자기신념이 강해질 수 있다. 나는 목표를 향해가는 경로를 만들어낼 수 있는 능력이 있고, 목표를 추구하는 데 필요한 에너지를 유지해낼 수 있는 사람이다.

일터에서의 목표를 추구하는 과정에서 자기 자신의 역량 및 성과, 전문적 자긍심을 발전시키고 긍정적인 정서적 피드백을 받는 것에 대해 사람들이 긍정적인 반응을 보이게 되면, 일과 관련된 감정, 희망, 정신건강에 긍정적인 영향을 미칠 수 있게 된다. 긍정적인 정서는 건강에 대해 관련이 있는 정도를 넘어서서, 건강을 만들어내는 요소이다(Fredrickson, 2001). 일터에서의 문제를 해결하고 어려움을 극복하는 경험을 하게 되면 삶의 다른 영역에서도 그러한 경험을 할 수 있게 되며, 경로와 주도적 사고를 향상시킬 수 있게 된다.

미래 연구

희망과 긍정적인 업무 성과 간의 긍정적인 관계, 그리고 희망과 바람직하지 않은 업무성과 간의 부정적 관계는 다양한 연구들에서 증명되고 있지만, 라히차드와 동료들(Reichard et al., 2013)은 연구가 진행된 지역에 따라 약간의 차이점이 있다는 것을 발견했고 앞으로 진행될 연구에서는 최대한 다양한 맥락과 연구대상을 검토해봐야 한다고 주장했다. 지금과 같이 세계화된 일터와 조직에서는, 다양한 문화에서의 희망을 측정하고 개념화하기 위해 더 많은 정보를 얻고, 업무성과와의 관계에서 나타나는 다양성, 희망의 촉진방법의 차이점, 희망이 기능하는 방법에서의 잠재적 차이점들을 파악할 수 있다면 큰 도움이 될 것이다. 현재까지 이루어진 연구에서는 실제적으로 희망이 일터에서 어떻게 기능하는지에 대한 이해도가 높지 않다. 라히차드와 동료들은 "일터 조건, 훈련, 관리부분에서 어떤 변화를 가져와야만 희망의 수준을 높이고 성과의 개선도 가져올 수 있을지를 이해하기 위해서는, 추가적인 종단연구와 개입전략 연구가 이루어져야 한다"라고 제안하였다(p.302). 그리고 구성원의 역할, 구성원의 주도성, 희망척도의 유형(상태 vs. 특질), 조직의 발달 상태(스타트업 vs. 안정화된 회사)와 같은 중재요인들을 검토해볼 필요에 대해서도 제시하였다. 어떤 조직이 구성원의 희망을 촉진할 수 있는지, 그리고 어떤 조직과 구성원들이 어려움을 극복해낼 가능성이 있는지의 문제는 앞으로 밝혀내야 할 과제이다.

라히차드와 동료들(2013)은 조직이 비용부담을 많이 느끼지 않고도 구성원의 희망수준을 높일 수 있는 방법을 찾아내야 한다고 주장하였다. 한 가지의 방법은 특질적 희망을 촉진하는 것이고, 또 하나의 방법은 구성원의 상태적 희망수준을 높이는 데에 집중하는 것이다. 리더십 행동, 멘토링 관계, 특정 개입전략, '미시-개입'(Avey, Avolio, & Luthans, 2011), 조직구조, 조직 문화 같이 효과가 증명된 요소들이 존재한다

미래 연구에서는 조직이 어떻게 희망을 촉진할 수 있을지, 그리고 상호작용을 통해 희망수준을 높이고 싶을 때 피해야 할 행동은 무엇인지에 대해 탐색할 수 있을 것이다. 반델러, 베리스빌, 샤벨슨(Wandeler, Baeriswyl, and Shavelson, 2011)은 유능성, 관계성, 주도성에 대한 인식은 희망과 긍정적 상관관계가 있는 것을 발견하였다. 실험 연구를 진행해 보면, 심리적 니즈가 희망과 어떻게 관련이 되는지를 검토할 수 있을 것이다. 구성원, 고객, 이해관계자들의 희망수준을 높이는 데에 효과적인 조직의 설계와 특징은 어떤 것일까? 예를 들어, 낭비없는 생산(lean manufacturing), 자기주도적인 팀, 자기관리와 같은 조직 구조와 전략은 구성원들이 목표의 정의, 문제 해결, 주도적 의사결정, 장애물을 예측하고 극복하는 데 있어서 주도성을 기르도록 하는 과정에 참여할 수 있는 많은 기회를 제공해준다. 주도성을 가지고 비판적 사고를 한다는 것은 현대사회의 일터에서 매우 높은 가치를 지니는 행동이므로, 이와 같은 바람직한 행동과 희망이 어떻게 관련이 되는지에 대해 탐색하는 것은 도움이 될 것이다. 미래의 연구에서는 다양한 조직 내 집단(예: 전체 조직, 부문, 팀)에서의 집단적 희망 요소가 있는지, 그리고 집단적 희망의 효과는 무엇인지

를 알아볼 수도 있을 듯하다. 조직은 집단적 희망을 발달시킬 수 있을까? 그렇다면 그 방법은 어떤 것일까? 개인적 희망과 집단적 희망을 발달시키는 데에 조직은 어느 정도의 에너지를 투자해야 할까? 어려운 상황을 극복하는 데 있어서 희망은 어떤 기능을 하는 것일까? 결국, 미래의 연구에서는 조직을 개선하는 데 있어서 희망이 가지는 한계에 대한 적절한 정보를 밝혀낼 수 있을 것이다. 희망은 특정 환경에서는 효과적이지 않다고 말할 수 있을까? 이와 같은 가설에 대해서는 조금 더 경험적 연구가 필요한 상황이다.

결론

기존 문헌자료를 리뷰해 본 결과를 요약해보면, 희망 수준이 높은 구성원들은 그렇지 않은 사람들과 비교했을 때 일을 더 잘하고 더욱 풍요로운 개인적인 삶을 살아가는 것으로 보인다(더 높은 업무성과, 더욱 바람직한 행동과 태도, 부정적인 업무성과가 별로 없음, 정신건강과 같은 생리적 지표에서 더 높은 수치를 보임). 그리고 이러한 연구결과는 다양한 국가, 기업규모, 업무환경에서 동일하게 나타났다. 개인의 수행의지를 구성하는 한 요소인 희망은 문제해결, 과제수행, 장애물을 만날 때 목표달성을 할 수 있는 동기('주도성')와 방법('경로')을 제공해준다. 조직은 구성원의 희망수준을 높이는 데 있어서 중요한 역할을 할 수 있으며, 그 역할 수행을 돕는 요소로는 리더십 행동, 멘토링 관계, 대상에 맞춤화된 개입전략, 조직 구조, 조직 문화가 있다.

5장
일터에서의 의미와 목적 만들기

마이클 스테거(Michael F. Steger)

서론

행복한 구성원은 일을 더 잘할 수 있으며, 업무 웰빙은 투자수익율을 높여준다는 자료에 기반하여, 조직들은 업무성과를 높이기 위한 핵심적 방법으로 구성원의 웰빙에 관심을 자주 보이곤 한다. 조직이 구성원의 웰빙에 투자하는 비용은 대략 3-5배의 이득을 가져온다고 한다(Goetzel & Ozmin-kowski, 2008; Rath & Harter, 2010). 의미 있는 일(meaningful work)이란 직관적으로도 매력적으로 느껴지는 개념이고, 최근에는 그에 대한 연구가 점점 더 많이 이루어지고 있는 주제이다. 또한, 성과개선을 위한 방법을 찾고 있는 조직들이 '차세대 혁신'을 약속해줄 수 있는 중요한 요소로 생각하고 있는 것이기도 하다(Dik, Byrne, & Steger, 2013). 이제는 몰입과 헌신을 넘어서 의미 있는 일을 향해 나아갈 시기인 듯하다.

일반적으로 사람들은 의미 있는 일이란 어떤 모양과 느낌을 갖는지에 대해 대략적인 공감대를 형성하고 있지만, 학자들은 이 구인(contruct)을 공식적으로 정의하는 방법에 있어서 다양한 접근을 하고 있다. 모든 정의들에서 공통적으로 나타나고 있는 점은, 의미 있는 일을 하려면 구성원 개인이

스스로의 노력을 통해 개인적으로 의미 있는 기여를 하고 있다고 지각할 수 있어야 한다는 것이다. 또한, 의미 있는 일은 구성원의 직업, 일, 경력이 목적성을 가지고 있고 중요하다는 주관적인 경험이며, 구성원의 일이 더 광범위한 삶 내에 존재하는 의미와 목적과 어울려 조화롭고 역동적인 시너지를 내는 것이고, 구성원의 일을 통해 더 큰 선을 만들어내는 과정에 기여할 수 있는 것이기도 하다. 5장에서는 의미 있는 일에 대해 현재 존재하는 이론, 평가도구, 연구들을 리뷰해볼 계획이다. 그러한 과정을 통해 의미 있는 일 환경을 만들어서 성과를 극대화하고, 강한 브랜드를 만들어내고, 혁신과정을 진행하며, 구성원과 조직이 모두 이득을 얻을 수 있는 방법을 더 잘 이해할 수 있기를 희망한다.

의미 있는 일은 조직의 운영방식에 대해, 단순히 방법의 효율성과 성과를 극대화하는 차원(인센티브, 몰입, 헌신에만 초점을 맞춘 정책)을 넘어서서, 보다 광범위한 관계자들의 복지수준(이해관계자, 구성원, 조직 모두)을 높이기 위한 방법의 효율성과 성과를 만들어내는 차원으로 옮겨갈 수 있게 해주는 기회를 제공해준다.

의미 있는 일에 대한 이론과 적용방법의 핵심

은, 구성원의 동기, 노력, 생산성 수준을 향상시킬 수 있는 방법, 그리고 구성원이 더 큰 수준의 웰빙, 건강, 소속감을 동시에 즐기면서도 열정을 가지고 조직에 대한 주인의식, 책임감, 시민의식을 가질 수 있도록 해주는 방법으로 조직이 제공하는 기회들을 최적화시키는 것이다. 이와 같은 구성원의 특성을 파악하기 위해, 조직은 의미 있는 일의 활성화를 도울 수 있는 긍정적인 환경을 조성해줄 필요가 있다. 5장에서는 의미-친화적 환경을 구축하는 데 도움을 줄 수 있는 요소들을 리뷰하기 위해 관련된 연구들에 초점을 맞춰보려고 한다. 우선, 의미 있는 일의 핵심주제와 차원을 파악하기 위해 의미 있는 일 이론들을 리뷰해볼 것이다. 그 다음으로는 의미 있는 일에 대한 측정부분을 살펴보고, 세 번째로는 의미 있는 일과의 상관변수, 예측변수, 혜택에 대해 파악한 후 이에 대해 논의해보려고 한다. 마지막으로는 조직 구성원, 리더, 조직이 의미 있는 일을 촉진할 수 있는 실용적인 방법들을 제안해볼 계획이다.

의미 있는 일 이론

의미 있는 일에 대한 이론들은 뒤르껭(Durkheim, 1897)의 자살에 대한 사회학적 분석으로부터 영감을 받았다고 말할 수 있겠다. 뒤르껭의 주장에 의하면, 자살을 하게 되는 이유들 중 하나에는 실업이 있다. 왜냐하면, 실업이란 사람들로부터 일을 뺏는 것이고, 사회에 기여할 수 있는 기회를 앗아가는 것이기 때문이다. 이 유명한 사회학자는 실업이 사람들에게 미칠수 있는 악영향이 매우 크다고 걱정하였는데, 이는 사람들의 삶에 있어서 일이 담당하던 역할을 산업 혁명이 엄청나게 바꿔놓은 것부터 시작되었다. 예전에 특정한 일은 특정 가문의 구성원들이 대를 이어 당연히 하게 되어 있는 것이었다(구두장인은 구두를 만들고, 무역상은 상품을 유통시키고, 양조장인은 맥주를 만드는 것 같이). 그런데 기계가 인간의 노동을 대신하게 되고, 조립라인기술이 하나의 일을 해체하여 관련된 세부 과제들의 연속선으로 만들게 되면서, 전통적인 직업은 그 뿌

리를 잃게 되었고, 사람들은 본인의 가문에서 당연하게 하게 되어있던 일을 하는 것이 아니라, 전체적인 일에서 한 부분만을 담당하게 되었다. 뒤르껭이 실업을 통해 사람들이 사회에서의 자리를 잃어버리게 되면서 받게 되는 부정적 영향에 대해 관찰한지 100년 이상이 흐른 뒤에도, 우리는 여전히 일의 세계가 얼마나 빨리 변해가고 있는지, '인간'의 직업은 얼마나 신속하게 로봇이나 알고리즘에 의해 대체될 것인지에 대해 걱정하고 있다. 기술은 우리의 삶에서 일의 형태를 지속적으로 변화시켜 나가고 있다. 직업시장에서의 경쟁을 심화시키고, 세계화를 촉진하며, 일터에서의 소통을 근무 외 시간에도 이어나가야 하는 상황에서, 사람들은 일의 요구와 개인적 삶의 중요한 부분 간의 균형을 잡아야 하는 도전과제 때문에 씨름을 하고 있는 중이다.

의미 있는 일은 노동자의 바쁜 삶에서 균형까지는 아니더라도 최소한 조화를 가져올수 있고, 조직구성원에게 일터에서의 웰빙을 제공해주며, 조직에게는 생산성과 업무성과 및 헌신 수준을 높여줄 수 있는 방법으로 생각되고 있다. 의미 있는 일에 대한 이론에는 핵심적인 학파 두 가지가 있다. 한 가지는 일에 대해 부여하는 의미 또는 일을 통해 사람들이 얻을 수 있는 의미에 대한 이론이고, 또 한 가지는 일을 소명으로 생각하는 이론이다.

〈의미 있는 일 이론〉

간단하게 정리해보자면, 의미 있는 일은 자기 자신에게 의미, 목적, 중요성을 가지고 있다고 지각되는 유급/무급 노동 또는 직업적 역할을 말한다. 이와 같은 기본적인 정의는 직업 특성 모델(JCM: Job Characteristics Model, Hackman & Oldham, 1976)에서 제시한 정의와 유사하다. 의미 있는 일이란 구성원이 의미 있고 가치 있으며 귀중하다는 지각을 할 수 있는 일이다. 직업 특성 모델을 기반으로 한 설문조사에서는 구성원에게 특정 직업을 통해 수행하게 되는 일이 쓸모없고 사소한 것인지, 아니면 의미 있는 것인지에 대한 자기 자신의 의견과 동료의 의견을 질문하는 방법으로 의미 있는

일을 측정하였다(Hackman & Oldham, 1975).

그 과정을 통해 의미 있는 일이란 쓸모없거나 사소한 것이 아니라, 중요한 의미를 가진 것으로 정의되었다. 최근 학자들은 의미 있는 일이란 어느 정도의 의미를 가지고 있어야 한다는 일반적인 수준을 넘어서서 그 개념을 더 정교화시키는 데에 신경을 많이 쓰고 있다.

더 최근에는 의미 있는 일에 대한 공식적인 다면모델(multidimensional model)이 제안되었다. 스테거, 딕, 더피(Steger, Dik, and Duffy, 2012)는 의미 있는 일을 세 가지 차원으로 구분하였다. 스테거와 동료들은 의미 있는 일에서 자기-초월(self-transcendence)의 중요한 역할을 파악하기 위해, 삶에서의 의미에 대해 다룬 다양한 연구들을 검토해보았다(Steger, 2009, 2012a, 2012b). 지금까지 발표된 이론들에 의하면, 사람들이 현재 직면하고 있는 자기 자신에 대한 걱정을 넘어서서 다른 사람들의 고민에 대해 관심을 가지게 되면, 삶에 있어서 더 큰 의미를 경험하게 된다고 한다(Dik, Duffy, & Steger, 2012; Reker, Peacock, & Wong, 1987; Schnell, 2009; Steger, Kashdan, & Oishi, 2008). 스테거와 동료들이 개발한 모델은 자신이 종사하는 직업으로부터 어느 정도 초월해 있는가의 정도를 보여주는 동심원들로 이루어져 있다. 조직구성원이 자신의 일이 의미 있으며 조직 내에서 중요성 및 목적을 가지고 있다고 지각할 때, 그 사람의 일은 단순한 직무기술서의 내용을 수행하는 수준을 넘어설 수 있다. 누군가의 일이 그 사람의 개인적인 전체 삶에서의 의미와 관계가 있다는 것은 단순한 직무기술서를 넘어서는 초월의 또 다른 단계이다. 마지막으로, 스스로의 삶에 긍정적인 영향을 미치기 위해 일을 하는 수준을 넘어서서, 더 큰 선을 위해 일을 하게 되는 초월의 단계도 있다. 그림 5.1을 보면, 이론에서 제시하는 의미 있는 일의 차원들을 살펴볼 수 있다. 중심원은 노동자가 자신의 일을 의미 있고 중요하다고 생각하는 정도이다. 그 다음 원은 직업이나 일이 노동자의 전체적인 삶에서의 의미 및 목적과 조화를 이루거나 대안적으로 그 사람이 삶에서 더 많은 의미를 만들어낼 수 있도록 돕는 정도를 가리킨다. 가장 큰 원은 직업이나 일이 노동자를 도와서 타인이나 더 큰 선을 친사회적인 방법으로 조력하거나 긍정적인 영향을 미치는 정도를 말한다.

- 일의 의미

지금까지는 사람들이 어떤 의미 있는 일의 경험을 하는지에 대해서보다는, 사람들에게 있어서 일이라는 것이 어떤 의미를 가지는지 대해 정의를 내리는 데에 더 많은 초점이 맞추어졌다. 두 가지 개념-일의 의미 vs. 의미 있는 일-은 차별화되는 것이지만, 비슷하게 느껴지는 명칭 때문에 잠깐 설명을 하고 지나가는 것이 좋을 듯하다. 의미 있는 일은 앞에서 언급했듯이 한 사람의 직업, 일, 경력이 의미 있다고 느끼는 주관적인 경험이라고 정의할 수 있으며, 삶에서의 의미에 대해 시너지를 제공하며, 더 큰 선에 대해 긍정적인 영향을 미치는 반면, '일의 의미'는 "개인과 집단이 인간의 주된 활동인 일에 대해 부여하는 중요성, 신념, 정의, 가치"를 말한다(Harpaz & Fu, 2002, p.641). 또 다른 방법으로 차이점을 설명해본다면, 의미 있는 일에 대한 연구는 일이 사람에게 제공하는 의미와 가치를 이해하고자 하는 목표를 갖고 있고, 일의 의미에 대한 연구는 일이 인간의 삶과 사회에서 담당하는 역할에 대해 이해하고자 한다. 이와 같은 전통을 기반으로 한 연구(Harpaz & Fu, 2002)에서는 인간의 삶에서의 일의 중요성, 사회적인 규범이 가지는 권한과 의무에 대한 수용, 공통적인 업무성과와 업무목표 및 업무역할에 대한 동일시에 부여하는 가치와 같은 요소들에 초점을 맞춘다. 일의 의미에 대한 대안적인 접근에서는 앞에서 언급한 요소들을 구조화하여 네 개의 분류로 나누었다. 자기와 관련된 변인(가치, 신념, 동기), 타인과 관련된 변인(동료, 리더, 커뮤니티, 가족), 일-맥락 변인(직무설계, 재정적 요소에 대한 고려, 문화적 업무 표준), 영성적 삶의 변인(영성, 소명)(Rosso, Dekas, & Wrzesniewski, 2010). 혹자는 여기에서 몇 가지 빠져있는 변인들(예: 신체적 업무능력)이 있다고 할 수도 있을 것이다. 하지만 위의 두 가지 접근법 외에도 한 명

[그림 5.1] 스테거, 딕, 더피(2012)가 제안한 의미 있는 일의 세 가지 수준 모델

의미 있다고
느껴지고, 조직의
목표 및 정체성과
일치하는 일

노동자의 개인적인 삶과 조화를
이루고 의미를 만들 수 있도록
도와주는 일

타인을 조력하거나 더 큰 선에 영향을
미칠 수 있는 기회를 제공하는 일

각각의 수준은 노동자의 특정한 일로부터 초월할 수 있는 정도를 나타낸다. 의미 있는 일이란 다음과 같다. (1) 노동자가 직업이나 경력 활동에서 의미 및 목적성을 지각함(가장 중심원). (2) 노동자의 전체적인 삶과 조화를 이룰 수 있고 의미를 발전시키는 과정을 도와줄 수 있는 일의 능력. 이는 직업 그 자체보다 더 수준이 높은 초월의 한 단계이다(두 번째 원). (3) 노동자의 커뮤니티, 사회, 전세계에 있는 타인들을 위한 더 큰 선에 긍정적인 영향을 미치거나 혜택을 줄 수 있는 기회(가장 바깥쪽 원).

* 출처: 스테거와 동료들(2012). 세이지 출판사(Sage Publications)의 허가하에 재출판함.

의 노동자가 일에 대해 의미를 부여할 수 있는 거의 모든 요소들을 포함시킬 수 있다. 따라서, 일이란 엄청나게 많은 역할을 담당하고 있으며, 매우 광범위한 방법들을 포함한다고 말할 수 있다. 하지만 우리에게는 의문이 남는다. 직업적인 추구를 더 의미 있고 목적성이 있으며 중요하게 느끼도록 하는 요소는 무엇일까?

- 의미 있는 일에 대한 촉진요소

의미 있는 일을 도출하는 메카니즘을 가장 광범위하게 설명한 연구결과를 보면 일곱 개의 경로를 제시하고 있다. 진정성, 자기효율성, 자기존중감, 목적성, 소속감, 초월, 그리고 문화적/상호적 해석능력(sensemaking)(Rosso et al., 2010). 이 중의

일부 경로들은 직업특성모델에 기반을 두고 있다. 직업특성모델(JCM)에서 의미 있는 일은, 노동자가 다양한 스킬, 재능, 활동을 활용해야 하는 일에 몰두할 때, 한 과제의 처음부터 끝까지의 과정을 경험하면서 본인의 업무능력이 발전하는 것을 볼 수 있는 일의 기회를 가질 때, 지속적으로 동료 및 조직외부 타인들의 삶과 일에 대해 중요한 영향을 미치는 일을 할 수 있는 능력을 가질 때를 가리킨다(Hackman & Oldham, 1975). 따라서, 직업특성모델은 사람들이 자기효율성, 자기존중감, 소속감, 문화적/상호적 해석능력을 기르도록 도와주는 요소들을 보여주고 있다. 최근에 개발된 의미 있는 일의 다면모델은 의미 있는 일의 세 번째 예측변인에 대한 아이디어를 확장시키고 있는 듯하다.

의미 있는 일은 사람들이 자신의 일이 타인의 일과 삶에 영향을 미칠 수 있다고 생각할 때를 가리킨다기보다는, 의미 있는 일 자체가 타인을 조력하고 더 큰 선에 긍정적인 영향을 미치고자 하는 욕구와 기회를 포함하고 있다는 것이다. 직업특성 모델에서 정교화한 의미 있는 일의 또 다른 두 가지 예측변인들(스킬의 다양성과 전체과제의 완성)은 최근에 나타난 의미 있는 일의 모델에서는 중요성이 감소하고 있으며, 그보다는 조직적, 사회적, 심리적 특성을 더 강조하고 있다.

스테거와 딕(Steger and Dik, 2010)이 제시한 의미 있는 일 모델을 보면, 의미 있는 일이란 노동자가 일의 환경에서 본인이 담당해야 하는 역할을 전반적이고 명확하게 인지적 이해를 할 수 있을 때, 그리고 업무 노력을 하고자 하는 기본적 동기를 제공하는 삶의 목적을 파악할 때 얻을 수 있다. 이 모델의 모든 요소들이 모두 증명된 것은 아니지만, 이 모델이 발표된 이후부터 진행된 연구와 실무들은 사람들이 의미 있는 일을 할 수 있도록 돕는 방법의 핵심적인 특성을 발혀가고 있다.

스테거와 동료들(Steger & Dik, 2010; Steger et al., 2012)이 개발한 의미 있는 일의 다면적 모델에서는, 일이란 사람들이 항해하고 목표를 찾으며 가치, 강점, 열정을 표현하는 방법을 배우는 몇 가지 중요한 인생의 차원 중 하나라고 설명한다. 개인적 수준에서 의미 있는 일은 자신의 강점과 약점에 대한 명확한 평가, 타인 및 더 큰 선에 긍정적인 영향을 미치고자 하는 욕구, 진정성, 자신이 근무하는 조직에 대한 책임감과 주인의식, 일과 의무에 대한 명확한 이해, 자기 자신의 목표에 일치하는 조직의 가치와 미션에 대한 충분한 이해가 이루어질 때 촉진된다. 대인관계적 수준에서 의미 있는 일은 서로를 존중하는 관계를 가지고, 조직의 사회적/정치적 영향력에 대한 충분한 이해를 하며, 도움을 주고 도움을 받을 수 있는, 그리고 멘토가 되고 멘토링을 받을 수 있는 기회를 가질 때 강화될 수 있다. 리더십과 조직적 수준에서, 의미 있는 일은 조직의 가치와 미션에 대해 명확하게 소통을 하고, 그 과정에서 조직의 문화 및 실무에서 그 가치와 미션을 진정성 있게 실행하며, 리더들이 진정성 있고 윤리적인 행동을 보여주고, 각 구성원이 자신의 일을 통해 조직의 기능에 어떻게 기여하는지에 대해 명확하고 세부적인 관찰을 해주며, 각각의 노동자가 자신의 업무를 실행하는 과정에서 적절한 수준의 자율성과 개인적 표현의 자유를 가질 수 있게 해줄 때 촉진될 수 있다. 로소와 동료들(Rosso and colleagues, 2010)이 의미 있는 일을 얻을 수 있는 방법으로 제시한 모든 경로들은 이 접근법에 모두 포함되어 있다. 필자는 앞으로 이와 같은 핵심 요소들을 이용자-친화적(user-friendly) 형식으로 구조화하여 각 개인과 조직들이 의미 있는 일 프로그램을 효과적으로 활용할 수 있도록 조력할 수 있는 방식에 대해 이야기해보려고 한다.

〈소명 이론〉

가장 넓은 범위로 생각해보면, 일에서의 소명(calling)이란 개인적으로 의미가 있고, 친사회적 욕구를 추구할 수 있는 능력을 키워주는 것이라고 정의할 수 있다. 예를 들어보자. 도브로우와 토스티-카라스(Doborow and Tosti-Kharas, 2011)는 소명을 "사람들이 특정한 영역에서 경험하는 의미 있는 열정"(p.1003)이라고 정의했고, 다른 학자들은 삶의 목적이나(Hall & Chandler, 2005), 의미라는 용어로(Wrzesniewski, McCauley, Rozin, & Schwartz, 1997) 정의하였다. 이와 같은 개념은 소명이라는 구인의 신성한 버전이며, 5장의 앞부분에서 우리가 언급했듯이 의미 있는 일의 정의와 유사한 내용이다. 하지만 소명의 뿌리는 종교적인 원천에 있기도 하고, 소명에 대한 몇몇 현대적 이론들은 "신-고전주의"나 영성적인 정보를 담은 정의를 활용하고 있다. 예를 들어보자. 딕과 더피(Dik and Duffy, 2009)는 소명에 대해 "개인적인 존재를 넘어선 초월적인 부름으로서, 목적성과 의미를 구현하기 위한 방법으로 특정한 삶의 역할에 접근하고, 핵심적인 동기로서 타인-중심의 가치와 목표를 가지는 것"(p.427)이라고 정의하였다.

딕과 더피는 이 정의를 내리는 데 있어서 다양한 학문분야의 연구결과를 참고하였다. 독일과 미국의 성인 노동자를 대상으로 하여 진행된 질적 연구에서 소명에 대한 유사한 정의가 도출된 적이 있다. 해그마이어와 아벨레(Hagmaier and Abele, 2012)는 인터뷰를 통해 다섯 가지의 차원을 분류하였다. 감각과 의미, 가치-기반 행동, 개인-환경 적합도, 자신의 일에 대한 일치, 초월적인 이끄는 힘. 하지만 이 차원들로부터 도출된 설문 문항들을 요인분석을 해보니 세 가지의 차원만이 존재하는 것으로 나타났다. 초월적인 이끄는 힘(초월적 부름과 유사하지만 마음속 목소리, 마음속 부름, 운명에 대한 문항), 자신의 일에 대한 일치(업무와의 일치성, 열정을 가지는 일, 자신의 잠재력에 대한 인식) 그리고 감각과 의미, 가치-기반 행동(다른 소명 이론들의 친사회적 차원과 매우 유사함. 공통의 목표에 대한 추구, 이 세상을 더 나은 곳으로 만드는 것, 자신의 일에 대해 높은 윤리적 기준을 적용하는 것). 이 소명 모델은 소명이라는 특정한 일로 이끄는 힘이 존재하며, 소명은 일을 통해 개인적인 니즈와 욕구를 표현하게 해주며, 타인을 조력하는 데 있어서 높은 도덕적 기준을 가지고 있는 것이 소명이라고 생각하는 듯하다. 하지만 이 모델은 특정한 일이 응답자에게 의미가 있는 것인지를 측정하는 명확한 차원을 가지고 있지는 않았다. 그래서 소명이란 개인적으로 의미 있는 일, 친사회적 목표를 위해 노력하는 것에 대한 흥미에 의해 동기부여가 되는 일 그리고 종교적인 '더 커다란 힘'이나 존경하는 권위상이나 사회적 니즈에 대한 지각과 같은 초월적 원천으로부터 나오는 부름에 대한 응답이라고 말할 수 있을 것이다.

소명의 영적(spiritual) 차원은 소명의 영향을 우리가 조금 더 잘 이해할 수 있게 도와줄 수 있을 듯하다. 고학력의 워킹맘들을 대상으로 한 연구에서 일을 신성화시키는 태도는, 다른 종교적 척도를 사용한 연구결과와 비교해보았을 때 긍정적 감정과 직업 만족도가 더 높았으며, 삶과 일에서의 역할 갈등이 더 낮은 것으로 나타났다(Hall, Oates, Anderson, & Willingham, 2012). 이와 같은 결과가 있기는 하지만 소명을 다루는 어떤 연구들은 소명에 대해 접근할 때 초월적 부름이나 다른 영성적

내용을 포함시키지 않기도 한다. 이 때문에 대부분의 소명 연구들은 의미 있는 일 연구로 진행되는 경우가 많으며, 의미 있는 일의 예측변인, 상관변인, 결과변인을 이해하는 데에 종종 활용된다.

- 다양한 업무지향성 중 하나인 소명

의미 있는 일 이론과 직접적인 관련이 있는 소명 모델들은, 벨라와 동료들(Bellah, Madsen, Sullivan, Swidler, & Tipton, 1985)이 처음으로 제시한 일에 대한 3차원 지향성을 기반으로 하는 경우가 대부분이다. '직업(job)' 지향성을 가지고 있는 사람들은 일이란 금전적/물리적 보상을 얻기 위한 것으로 생각하고, 의미나 중요성에 대해서는 별 관심을 갖지 않는다. '경력(career)' 지향을 가진 사람들은 일이란 성취감과 숙달감을 느낄 수 있고, 조직 내 지위와 승진을 얻을 수 있는 통로로 생각하며, 의미에 대해서는 큰 관심이 없다. '소명(calling)' 지향을 가진 사람들은 반대로, 일이 제공하는 자기실현, 친사회적 혜택, 목적의식에 관심을 가지고, 특히 이 세상을 더 좋은 곳으로 만드는 것에 초점을 맞춘다. 소명 지향은 의미 있는 일의 이론에 적절한 것으로, 연구자들이 관심을 많이 가지고 있다. 예를 들어, 브제스니예프스키와 동료들(Wrzesniewski et al., 1997)은 소명에 대한 연구를 설계하였다.

프랫(Pratt)과 동료들은 벨라의 고전적인 소명 지향을 세 가지의 독립적 차원의 결합으로 이해할 수 있다는 주장을 하였다(Pratt, Pradies, & Lepisto, 2013). 사람들은 일을 통해 다양한 형태의 자기실현을 할 수 있기 때문에 일은 소명이 될 수 있다는 것이다. 솜씨 지향(craftsmanship orientation)은 스킬을 개발하고 숙달수준을 높이며, 일을 잘하는 것을 통해 즐거움을 느끼는 사람들이다. 섬김 지향(serving orientation)은 소명에 포함된 더 큰 선(the greater good)에 관심을 가지고, 일을 통해 다른 사람들을 돕는 것에서 기쁨을 느끼는 사람들이다. 연대감 지향(kinship orientation)은 일을 통해 사람들(동료, 전문기관, 고객)과의 관계강화를 하는 것에서 행복을 느끼는 사람들이다.

이와 같은 차원들은 소명의 매개변수(parameter)에 정확하게 맞지 않는 경우도 존재한다. 예를 들어보면, 솜씨 지향은 노동자의 주된 관심이 지위와 승진보다는 숙달과 업무완결에 있는 경우라면 경력 지향과 매우 유사하다.

– 소명을 살아가기 vs. 소명을 기대하기

소명 학자들이 만들어낸 또 하나의 분류는 의미 있는 일에 대한 연구자료에서 아직 제대로 증명이 안 되고 있다. 소명을 가지는 것(having a calling)과 소명을 살아가는 것(living a calling) 간에는 차이가 있는 듯하다. 소명을 가지고 있다는 것은 스스로가 의미를 부여하고 느끼고 있는 경력이 저기 어디엔가에 있다고 지각하는 것을 가리키고, 소명을 살아간다는 것은 바라는 경력이 어떤 것인지를 이해하고, 저 길의 끝 어딘가에 소명이 기다리고 있을 거라고 생각하는 것이 아니라 소명을 실현하는 데에 적극적으로 몰입하는 것을 의미한다(Duffy, Allan, Autin, & Bott, 2013). 나를 위해 마련된 소명을 언젠가 만나게 될 거라는 것을 느끼는 것은 좋은 일이기는 하지만 이론적으로 보면 자신의 소명을 위해 노력을 하게 되면 더 큰 혜택을 얻을 수 있게 된다(Duffy & Autin, 2013). 개념적인 시각으로 볼 때, 의미 있는 일은 소명을 살아가는 것에 가장 가깝다. 의미 있는 일의 정의를 내리려면 사람들이 현재 자신이 하고 있는 유급 노동이나 자원봉사에 대해 생각해보면 된다. 그리고 의미 있는 일을 지각하는 것과 살아가는 것의 차이점은 아직 제대로 검증되지 않았기 때문에 지금 명확하게 이야기하기는 어려울 것 같다.

의미 있는 일 이론과 마찬가지로 소명 이론은 자기 자신에 대한 지식과 자기이해를 강조한다. 어떤 사람이 소명을 가지고 있지만 소명에 일치하는 직업과 경력을 지니지 못하고 있을 때, 어떻게 하면 원하는 일을 얻을 수 있을지 그리고 일을 통해 어떻게 기대하는 바를 성취할 수 있을지를 파악하는 방법은 아쉽게도 아직 명확하게 밝혀지지는 않았다.

의미 있는 일에 대한 측정

앞에서 언급한 이론분야에서의 노력 덕분에, 의미 있는 일은 문화적으로, 그리고 학문적으로 점점 중요하다는 인식을 얻고 있다. 몇몇 국제적 조직 및 컨설팅 회사들은 의미 있는 일에 대해 설문조사를 진행하고 시사점을 제시하고 있으며, 이와 같은 연구들은 매우 빠른 속도로 발전해나가는 중이다. 2015년 5월 17일에 심리학 전자저널 데이터베이스(PsychINFO)에서 '의미 있는 일(meaningful work)'이라는 검색어를 넣고, 학술지 논문과 도서를 검색해보았다. 그 결과 2009년 이후 발표된 논문 및 도서의 50% 이상인 225건이 있었고(110회 인용), 2013년부터 2015년 중순까지 출판된 자료에서는 30%가 있었다(67회 인용, 29.8%). 의미 있는 일에 대한 연구가 얼마나 역동적으로 증가하고 있는지를 판단하는 데에는 보다 엄격한 평가 방법도 있겠지만, 이 정도 검색의 결과를 보아도 어느 정도 짐작은 가능할 것 같다. 1940년대, 1950년대, 1960년대부터 지금까지 발표된 출판물들을 보았을 때, 2012년 이후부터 의미 있는 일에 대한 논문과 자료들이 거의 1/3을 차지하고 있다는 것은 이 분야가 엄청나게 빨리 성장하고 있다는 증거라고 말할 수 있겠다. 또한, 지금까지 주로 논의된 것은 겨우 이삼백 건의 논문과 도서뿐이라는 사실은, 매우 많은 경험적 연구가 앞으로 이루어져야 한다는 의미이기도 하다.

모든 분야의 과학은 이론, 방법론 그리고 특히 측정을 바탕으로 구성되어 있다. 의미 있는 일에 대한 측정분야는 매우 다양한 방법을 사용하고 있다. 단일문항과 즉석 설문조사부터 이론적/심리측정적으로 개발된 다면적 질문지까지. 이제부터 해볼 이야기의 목적은 어떤 측정도구를 사용해야 할지에 대한 제안이 아니라, 의미 있는 일에 대한 측정을 위해 가장 뛰어난 노력을 했던 경우들을 통합하고 리뷰하기 위함이다. 의미 있는 일과 소명 측정에 대해 더 자세히 알아보고 싶다면 관련 연구들을 참고하기 바란다(Duffy, Autin, Allan, & Douglass, 2015; Steger, Dik, & Shim, 출판중).

〈의미 있는 일의 측정 도구에 대한 리뷰〉

　의미 있는 일과 소명에 대해 측정을 했던 초기에는, 주로 사람들이 일에 대해 의미와 소명을 느끼고 있다는 것을 보고하는 정도를 단순하게 측정했었다. 예를 들어, 의미 있는 일은 직업특성모델(JCM)의 단순하고 일차원적인 구인으로 측정하였고(Hackman & Oldmam, 1975), 소명에 대한 유명한 초기 연구에서는 자기 자신을 가장 잘 묘사한 문단 세 개를 고르라고 했었는데, 그중의 한 문단이 소명의 정의를 나타내고 있었다(Wrzesniewski et al., 1997). 하지만 각각의 접근법에 포함된 것은 다양한 개념들이었다. 직업특성모델에서, 의미 있는 일에 대한 문항은 자신의 일이 의미 있는지, 아니면 쓸모없고 사소한 것인지를 물어보는 것이었다. 소명 측정에서, 자극으로 활용된 문단에는 일에 대한 다음과 같은 묘사가 포함되었다. 인생에서의 가장 중요한 부분들 중 하나임, 자기 자신의 정체성에 대한 핵심 부분임, 일과 삶은 동등하게 중요함, 직장 친구들을 많이 가지고 있음, 일을 사랑함, 일은 세상을 더 좋은 곳으로 만들 수 있음, 타인에게 자신의 업무분야에 들어올 것을 권유할 수 있음, 일을 그만둘 수밖에 없는 상황이 된다면 당황하게 될 것임(Wrzesniewski et al., 1997). 따라서, 특히 소명에 대한 사례에서, 의미 있는 일에 대한 많은 개념들이 같이 다루어졌다.

　의미 있는 일에 대한 측정에서 그 다음으로 이루어진 큰 발전은, 일차원적인 측정 전략에 매여있던 수준을 넘어서서 지속적으로 내용을 추가해나갔다는 것이다. 예를 들어, 메이, 길슨과 하터(May, Gilson, & Harter, 2004)는 의미 있는 일을 일터 권한위임(workplace empowerment)의 한 요소로 생각하고, 6개의 문항(중요성, 가치, 소중함, 의의있는 활동)을 통해 의미 있음을 측정하였다. 이 문항들은 직업특성모델에서 다루는 의미 있는 일의 핵심적 요소인 '의미 있음'의 동의어와 '쓸모없음'의 반의어들로 구성되어 있다. 사실, 2000년대 중반부터 사용된 대부분의 의미 있는 일 측정도구에서는 구인의 특성을 탐색하기 위해 의미 있는 일의 동의어와 의미없는 일의 반의어를 다양하게 사용해왔다.

아놀드, 터너, 발링, 켈로웨이, 맥키(Arnold, Turner, Barling, Kelloway, and McKee, 2007)가 개발한 설문조사도구에서는 일을 자기실현을 할 수 있고, 보상을 줄 수 있으며, 중요한 결과를 성취할 수 있는 것으로 정의하고 측정하고 있다.

　애쉬모스와 뒤숑(Ashmos and Duchon, 2000)은 의미 있는 일에 대한 이와 같은 트렌드를 일터 영성(workplace spirituality)을 측정하는 도구의 하부 척도로 사용하였다. 일에 대한 개인적 의미를 측정하는 것에 더하여, 이 척도는 더 큰 사회 및 커뮤니티의 선과 같은 중요한 가치와 일과의 관계에 초점을 맞추었다. 안타깝게도, 이 척도에서는 일에서의 기쁨, 에너지, 긍정적 기대와 같은 요소들을 추가하여, 실제 이 척도가 측정하고자 하는 이슈를 모호하게 만든 면이 있다. 예를 들어 보자. 어떤 사람은 일을 통해 가치 있는 사회적 이슈에 대해 기여할 수 있게 해주기 때문에 이 척도에서 높은 점수를 얻는 반면, 또 다른 사람은 무료로 먹을 수 있는 간식, 트램폴린에서의 점핑 운동, 동료들과의 비디오 게임, 업무몰입 캠페인의 다른 프로그램들 때문에 이 척도에서 높은 점수를 얻을 수도 있는 것이다. 따라서, 지금까지 개발된 의미 있는 일 척도들이 일차원적임에도 불구하고, 아니 바로 그렇기 때문에, 측정 결과는 오히려 신뢰도가 높을 수도 있다고 생각된다. 그리고 의미 있는 일에 대한 측정결과는 업무적응의 다른 긍정적 지표들과 기대한 대로의 상관관계를 보였고, 의미 있는 일이 바람직한 것이라는 주장의 초기 기반을 탄탄하게 해주었다. 하지만 그와 동시에 실제로 의미 있는 일이 어떤 것인지를 판단하는 데에는 별 도움이 되지 못한 부분도 있다.

　의미 있는 일에 대한 측정도구들은 의미 있는 일 이론에 기반을 하기보다는 개인 연구의 실용적인 니즈 때문에 개발된 것이 대부분이기 때문에, 정교화되지 않아 다소 거친 느낌을 주는 면이 있다. 하지만 최근에 개발된 의미 있는 일과 소명에 대한 측정도구들은 더 명확한 이론적 기반을 가지고 구성되는 편이다. 예를 들어, 도브로우와 토스티-카라스(Dobrow and Tosti-Kharas, 2011)는 소명의 정의들에서 나타나고 있는 개념적 혼란을 줄이기 위해, 소명은 "특정한 목표를 향해 가는 과정에서 사람들이 가지는 의미 있는 열정"(p.1005)이라고 정의하였다. 연구자들은 이 정의를 기반으로 12개 문항을 설계하여서, 다음과 같은 개념에 대해 논리적인 질문을 하였다. 열정, 기쁨, 개인적 만족, 운명에 대한 느낌, 지속적인 마음가짐, 소명에 의해 감동받고 감사하게 되는 정도 그리고 소명을 추구하는 과정에서 희생을 감수하고 장애물을 극복할 수 있는 정도.

이 문항들은 총 합계를 내어 확인적 요인분석을 진행하였다. 소명 점수는 일차원적으로 소명을 측정한 다른 결과들과 매우 큰 상관관계를 나타냈다. 또한 소명의 일차원적 측정결과들은 업무몰입(work engagement)과 직무관여(job involvement)와의 상관도가 높았다. 사실, 도브로우 및 토스티-카라스의 척도와 브제스니예프스키 및 동료들(1997)의 소명 척도에서 가장 큰 상관관계를 보인 것은 직무관여였다. 의미 있는 일에 대해 이론을 기반으로 하여 일차원적인 측정을 한 것은 심리측정적으로 탄탄한 도구처럼 보이지만, 의미 있는 일(그리고 소명)을 유사한 구인들과 구분하는 면에서는 충분하지 못했던 것 같다.

최근에는 이론을 기반으로 하여 심리측정적 규준을 잘 갖추고 다차원의 구성을 가진 척도들이 몇 가지 개발되었다. 첫 번째는 소명과 직업 질문지(CVQ: Calling and Vocation Questionnaire, Dik, Eldridge, Steger, & Duffy, 2012)로서, 딕과 더피(Dik and Duffy, 2009)의 소명 이론을 측정하기 위해 개발되었다. 소명과 직업 질문지는 소명의 하부척도를 2 x 3 체계로 만들어서, '찾기' vs. '존재를 경험함'의 두 가지 기준을 세 가지 내용 분야에 연결시켰다. 초월적 부름, 목적이 있는 일, 친사회적 지향. 두 번째는 일과 의미 척도(Work and Meaning Inventory: WAMI; Steger et al., 2012)로서, 스테거와 딕이 개발한 의미 있는 일에 대한 다차원적 모델을 측정하는 데에 사용되었다(Steger & Dik, 2010; Steger et al., 2012). 일과 의미 척도는 긍정적 의미, 일을 통해 의미 만들기, 더 큰 선에 대한 동기 라

는 세 가지의 하부척도를 사용한다. 이 두 가지 모델은 5장의 초반에 언급한 적이 있다. 소명과 직업 질문지(CVQ)와 일과 의미 척도(WAMI)는 관계가 있지만 차별화되는 구인을 측정하는 척도보다, 동일한 구인을 측정하는 다른 척도들과 더 높은 상관관계를 보이며, 각각의 하부 척도들도 명확히 구분되는 패턴을 나타낸다. 세 번째 노력은 다면적 소명 척도(MCM: Multidimensional Calling Measure, Hagemeier & Abele, 2012)로서, 세 가지의 하부척도를 가진 심리측정도구이며, 각 하부척도에는 세 개의 문항들이 포함되어 있다. 하부 척도는 업무 동일시/직업에 대한 적합도, 가치-기반 행동으로서의 의미 느낌, 초월적인 이끄는 힘으로 구성된다. 점수는 소명에 대한 다른 척도들과 유사하게 나온다(Duffy et al., 2015). 마지막으로 소개하는 네 번째 다면척도는 질적 연구를 기반으로 개발된 것이다. 전반적 의미 있는 업무 척도(Comprehensive Meaningful Work Scale)는 6가지의 하위척도를 통해 사람들이 일을 바라보는 시각들을 측정한다. 자기 자신의 발전, 다른 사람들과의 일치성, 타인에 대한 서비스, 잠재력 개발(Lips-Wiersma & Wright, 2012). 이 척도에 대한 타당도 정보는 아직 제시되지 않았지만, 심리측정적인 구성과 기반된 이론의 수준은 모두 매우 뛰어나다. 따라서, 앞에서 소개한 도구들 중 어떤 것을 사용하더라도, 단순히 측정 대상과 동의어인 구인을 활용 하는 것보다 명확하게 의미 있는 일에 대해 측정을 할 수 있을 거라 생각된다. 그리고 의미 있는 일의 어느 요소가 가장 핵심적이고 중요한지에 대해서는 하부척도들을 활용 가능하며, 문항에서 나타나는 다양한 내용들 때문에 혼란을 겪는 경우를 감소시킬 수 있을 것이다.

의미 있는 일의 측정에 대해서는 조금 더 과정을 정교화시키고 발전시키는 작업이 분명히 곧 이루어지게 될 것이다. 하지만 이론을 기반으로 하며, 심리측정적 타당도를 보유한 도구들이 이미 몇 가지 개발되어 있다. 일차원적 도구(Dobrow & Tosti-Kharas, 2011)와 다면적 도구(Dik, Eldridge et al., 2012; Hagemeier & Abele, 2012; Steger et al., 2012).

의미 있는 일의 상관변수, 예측변수와 혜택

의미 있는 일에 대한 모든 연구들이 가장 적절한 척도를 사용했던 것은 아니다. 하지만 다양한 도구들을 활용한 연구들은 의미 있는 일에 대한 측정결과에서 유사성이 높은 결과를 얻고 있다(Dobrow & Tosti-Kharas, 2011; Duffy et al., 2015). 그 때문에, 우리는 의미 있는 일의 예측변인 및 혜택에 대한 연구를 할 때에는 다양한 의미 있는 일 측정 도구를 사용할 수 있을 거라는 자신감을 가지고 있다.

그리고 소명과 직업 질문지(CVQ)와 다면적 소명 척도(MCM)에서의 초월에 대한 하위척도를 제외하면, 소명에 대한 대부분의 척도들은 의미 있는 일에 대한 척도와 동일한 도구를 사용하고 있기 때문에, 소명에 대한 연구는 의미 있는 일에 대해 직접적인 도움이 되는 정보를 제공할 수 있을 것이다.

〈의미 있는 일의 상관변수〉

대부분의 의미 있는 일 연구들은 횡단면 분석방법과 상관을 기반으로 한 분석방법을 사용하고 있다. 이 장의 초반에 리뷰해보았던 의미 있는 일 이론들에서 예측가능하듯이, 의미 있는 일(그리고 소명)은 바람직한 웰빙 및 일과 관련된 다양한 변인들과 긍정적 상관관계를 보인다. 일반적으로, 자신의 일이 의미 있다고 느끼는 사람들 또한 웰빙의 수준이 높은 것으로 보고하였고, 긍정적인 정서를 더 자주 느꼈으며(Steger, Littman-Ovadia, Miller, Menger, & Rothmann, 2013; Steger, Pickering, Shin, & Dik, 2010), 더 긍정적인 자기상을 가지고 있었으며(Torrey & Duffy, 2012), 삶에 대한 만족도가 높았고(Douglass, Duffy, & Autin, 2016; Steger et al., 2010; Steger et al., 2012), 인생에 대한 의미를 더 많이 느끼고 있었다(Dik, Sargent, & Steger, 2008; Dik & Steger, 2008; Douglas et al, 2016; Steger et al., 2010; Steger et al., 2012). 의미 있는 일에 종사하고 있는 사람들은 불안과 우울의 정도도 낮은 것으로 보고하였다(Steger et al., 2012). 의미 있는 일을 하고 있

는 사람들의 개인적인 웰빙에 더하여, 의미 있는 일은 가정생활의 질에 대해서도 큰 영향을 미치는 것으로 나타났다. 의미 있는 일에 종사하는 사람들은 일과 가정에서 만족스러운 삶을 살고 있는 경우가 많았고, 일은 자신이 더 좋은 가족구성원으로 기능할 수 있게 도와준다는 이야기를 하였다(Tummers & Knies, 2013).

이들은 다른 사람들보다 스스로의 일에 대해 더 높은 가치를 부여하고 있었으며(Nord, Brief, Atieh, & Doherty, 1990), 삶에서 일이 더 핵심적인 역할을 차지한다는 것을 믿고 있었다(Harpaz & Fu, 2002). 야망, 공포, 또는 무기력감을 느끼고 있을 때, 일에 대한 가치와 중요성이 커질 수도 있지만, 의미 있는 일을 하고 있는 사람에게는 해당사항이 없는 듯하다. 이들이 일에서 소진되는 경우는 더 적게 나타났다(Creed, Rogers, Praskova, & Searle, 2014; Hagemeier & Abele, 2012). 더 높은 직무만족을 보고하였고(Douglass et al., 2016; Hagemeier & Abele, 2012; Kamdron, 2005; Littman-Ovadia & Steger, 2010; Lobene & Meade, 2013; Sparks & Schenk, 2001; Steger & Dik, 2009; Steger et al., 2012; Wrzesniewski et al., 1997), 일에서의 즐거움을 느끼고 있었다(Steger et al., 2010). 일을 할 때의 몰입도 또한 더 높은 것으로 나타났다(Steger et al., 2013). 경력선택을 하는 데 있어서 명확도가 높았고(Steger et al., 2010), 더 큰 확신을 느끼고 있었으며(Duffy & Sedlacek, 2007), 경력에 대해 더 큰 자기효율성을 가지고 있었다(Dobrow & Tosti-Kharas, 2011; Domene, 2012). 의미 있는 일을 하는 사람들은 자신의 경력과 소속된 조직에 대해 강한 긍정성을 느끼고 있었고, 다른 사람들에 비해 헌신하는 수준이 높았으며, 더 강한 내적 동기를 가지고 있었으며, 퇴사하고자 하는 의도가 더 낮았다(Duffy, Dik, & Steger, 2011; Fairlee, 2011; Lobene & Meade, 2013; Steger et al., 2012). 의미 있는 일은 자기보고된 상사의 성과평가와 정적 상관관계를 보였는데(Lobene & Meade, 2013), 이는 의미 있는 일을 하게 되면 일을 더 잘할 수 있다는 것에 대한 시사점을 준다.

의미 있는 일(그리고 소명)을 경험하는 사람은

조직에서 더 긍정적인 사회적 자원 역할을 하는 경우가 많다. 예를 들어 보자. 이들은 동료들에 비해 적대감의 수준이 낮고(Steger et al., 2012), 업무 조직에서의 응집력이 높으며(Sparks & Schenk, 2001), 경영진에 대한 신뢰도가 높고 상사가 평가하기에 팀원으로서의 기능도 더 잘하는 것으로 판단된다(Wrzesniewski et al., 1997). 그리고 조직시민행동을 더 자주 보여주며, 가장 늦게 퇴근하는 사람들 중의 하나이고, 동료들을 위해 신선한 커피를 끓이며, 휴게실 냉장고에 점심도시락을 넣어놓아도 아무도 손대지 않는 평판이 좋은 사람인 경우가 많았다(Rawat & Nadavulakere, 2015; Steger et al., 2012).

의미 있는 일에 대한 논의가 시작된 지는 꽤 오랜 시간이 지났다. 예를 들어 보자. 미국과 한국의 학부 학생 대상으로 이루어진 연구에서, 자신의 전공이 궁극적인 경력 목표와 일치한다고 보고한 학생들은, 자신이 추구하기를 바라는 경력과 불일치하는 전공을 하고 있다고 지각한 학생들보다 유의미하게 더 높은 수준의 의미 있는 일을 경험한다는 보고를 하였다(Shin, Steger, & Lee, 2014). 이 연구에서는 잘못된 경력경로에 있다면 의미 있는 일을 할 가능성이 낮아진다는 것을 보여준다. 현재하고 있는 일에 비해 본인의 자원이 너무 많다고 생각해도 의미 있는 일의 경험에 대한 보고는 낮게 나타났다(Lobene & Meade, 2013).

따라서 연구에서는 삶의 만족도, 인생에서의 의미, 경력에 대한 헌신, 직업 만족도와 같은 의미 있는 일의 예측변인들을 다양하게 제시하고 있다. 이와 같은 관계성은 종단연구에서도 동일하게 나타나고 있다(Duffy, Allan, Autin, & Douglass, 2014). 그러나 심리학에서의 다른 연구들과 마찬가지로, 주로 미국의 학생들을 대상으로 하는 연구가 이루어지고 있다는 점은 유의할 필요가 있다. 지금까지 발견된 트렌드의 예외상황은 매우 다양할 수 있는 것이다. 실제 일을 하고 있는 사람들을 대상으로 조사를 한 연구들이 몇 가지 있다. 아마존의 크라우드소싱 기반 인력시장 서비스인 미케니컬 터크(Mechanical Turk)를 활용하여 다양한 직업을 가진

노동자들을 대상으로 패널조사를 한 경우가 많았다(Duffy et al., 2013). 전세계의 특정한 조직으로부터 노동자 연구샘플을 모집한 연구들도 꽤 많이 존재했고(Steger et al., 2013), 그중의 일부 연구들에서는 다양한 문화들에 대해 관심을 가지고, 사람들의 경험에서 국적이 중재요인 역할을 하는 과정에 대해 비교작업을 하였다(Douglas et al., 2016). 의미 있는 일에 대한 신뢰도와 매력이 높아지게 되면, 보다 정교화된 연구방법론을 활용하여 전세계의 보다 광범위한 노동자 샘플을 대상으로 한 연구까지 확장할 수 있을거라는 희망을 가져본다.

〈의미 있는 일의 예측변인〉

의미 있는 일에 대한 예측변인은 세 가지 분류로 나눌 수 있다. 개인-수준의 예측변인, 대인 간 예측변인, 일터 특성 예측변인. 하지만 우선 기억해야 할 것은 의미 있는 일에 대해 이루어진 대부분의 연구는 상관관계를 다루고 있기 때문에, 의미 있는 일에 연계하여 살펴본 변인들이 예측변인인지, 혜택인지, 단순하게 관련만 된 변인인지를 결정하기란 거의 불가능한 상황이다. 의미 있는 일과 소명에 대한 일반적 상관관계를 앞에서 리뷰했었으니, 이번에는 의미 있는 일의 예측변인과 혜택에 대해 가치 있는 정보를 제공해준 소수 연구들에 대해 초점을 맞춰보도록 하겠다.

- 의미 있는 일에 대한 개인-수준의 예측변인

의미 있는 일에 대해 가장 많이 연구가 된 예측변인 유형은 성격 특성(personality trait)이나 다른 일터 변인(예: 직무만족)과 같은 개인-수준 변인으로 보인다. 인과관계를 명확하게 보여주기는 어렵지만, 종단연구에서는 시간이 변화해도 의미 있는 일과 다른 변인들 간의 관계가 존재함에 대해 제시해주었다. 만약에 특정 변인에 대한 초기 측정이 나중의 의미 있는 일을 예측했는데, 의미 있는 일에 대한 초기 측정이 나중의 특정 변인을 예측하지 못한다면, 의미 있는 일이 다른 변인들에 대해 인과관계를 가진다고 이야기할 수는 없다. 한 가지 예를 들어보자. 연구자들은 2년에 걸쳐 의대 학생

들을 대상으로 측정작업을 수행하였다. 삶에서의 의미와 직업적 발전에서의 초기 변화는 소명을 살아가고 있다는 느낌에 있어서의 추후 변화를 예측했지만, 반대 방향에 대한 근거는 찾지 못했다(Duffy, Manuel, Borges, & Bott, 2014).

변인들 중에는 속성상 예측변인이 될 거라는 생각이 쉽게 드는 것이 있다. 가장 명확한 실례로는 성격 강점(character strength)을 들 수 있다. 성격 강점은 사회적으로 긍정적인 자기의 한 부분이며, 성격 강점을 활용할 경우 자기 및 타인의 긍정적인 경험을 만들어낼 수 있다는 이론이 존재한다.

성격 강점은 어린 나이 때부터 존재한다고 생각되므로, 발달단계상 의미 있는 일의 경험보다 더 먼저 가지고 있는 것이어야 한다. 연구에 따르면, 사람들이 자신의 성격 강점을 수용하는 정도와 스스로 경험하는 의미 있는 일의 정도 간에 정적 상관관계가 존재한다고 한다(Littman-Ovadia & Steger, 2010). 하지만 의미 있는 일이 강점을 어떻게 만들어내는지에 대한 이론적 설명이 아직 없기 때문에, 연구에서는 강점이 만들어지는 과정이 의미 있는 일을 촉진하는 하나의 방법일 거라고 주장하고 있다.

또한 연구자들은 일을 하는 데 있어서 자신의 강점을 실제적으로 활용한 사람들은 스스로의 일을 의미 있게 생각할 가능성이 높다고 주장한다(Hartzer & Ruch, 2012; Littman-Ovadia & Steger, 2010). 사람들은 하루 동안, 아니 한 시간 동안에도 강점을 활용할 수도 있고, 강점활용을 멈출 수도 있기 때문에, 의미 있는 일이 강점활용을 촉진하는 것이 아니라, 강점이 의미 있는 일을 만들어낸다는 가설을 지지해줄 이론적 배경은 아직 명확치 않다. 하지만 이와 같은 강점활용의 유연성 덕분에, 성격 강점은 의미 있는 일을 강화시키기 위해 설계된 프로그램의 중요한 요소가 될 수 있을 것이다.

- 의미 있는 일의 대인 간 예측변인

일의 경험에 있어서 사회적 맥락이 차지하는 중요성에도 불구하고, 의미 있는 일의 대인 간(interpersonal) 예측변인에 대해 진행된 연구는 별로 없다. 멘토를 대상으로 수행한 질적 연구에서는 멘토링 때문에 일이 의미 있어졌다는 결과를 발견하였다(Kennet & Lomas, 2015). 인터뷰를 한 노동자들은 멘토링을 통해 일에서 더 많은 의미를 얻을 수 있었다고 보고를 하였지만, 적어도 자발적으로 멘토 역할을 하는 사람들은 이미 일에서의 의미를 찾은 사람일 수도 있다. 연구에서 인과관계를 발견하지는 못했지만, 멘토링 프로그램이 접근하기 쉽고 의미 있는 일을 촉진하는 방향으로 활용되는 경우라면 멘토링은 예측변인으로 활용될 수 있는 듯하다.

- 의미 있는 일에 대한 일터 특성 예측변인

의미 있는 일에 대한 일터 특성(workplace characteristic) 예측변인 찾기를 시작할 수 있는 가장 논리적인 지점은 아마도 조직 리더들의 성과일 것이다. 리더의 행동은 구성원의 성과에 대해 매우 광범위하게 영향을 미칠 수 있으며, 일터가 기능하는 방법의 방향을 잡아준다. 리더십은 의미 있는 일을 촉진하는 모델을 조율하는 필수적인 장치를 제공해줄 수 있다. 왜냐하면, 소수의 리더가 개입전략을 수행하여 동시에 훨씬 더 많은 구성원들의 일 경험을 개선시킬 수 있는 가능성이 있기 때문이다. 리더십과 의미 있는 일간의 직접적 인과관계를 다룬 연구는 아직 존재하지 않는다. 그렇기 때문에, 리더가 팔로워에게 주는 영향이 반대의 경우보다 크다는 가정만을 기반으로, 리더십이 의미 있는 일의 예측변인이라고 명확히 정의하기는 어려운 상황이다. 보다 엄격한 연구 방법론이 부재한 상황이므로, 대안적 설명방안을 도출하는 것은 불가능하다. 예를 들어 생각해보자. 자신의 일을 보다 의미 있다고 생각하는 사람들은 리더를 바라볼 때 보다 낙관적인 시각으로 볼 수 있고, 일에 대한 긍정적인 감정을 리더에게도 느낄 수 있지만, 이때 리더 자체가 그럴 만한 자질을 가지고 있는지의 문제는 검증되지 않았다. 또한, 의미 있는 일에 종사하는 사람들은 리더와 더 좋은 업무관계를 만들어낼 수 있다. 왜냐하면, 의미 있는 일에 부여하는 높은 가치 때문에, 일터에서의 헌신, 즐거움, 몰입, 노력,

성과, 사회적 기여의 정도가 높아질 수 있기 때문이다. 따라서, 리더십이 어떤 상황에서도 의미 있는 일에 영향을 미칠 수 있다고 가설을 세우는 데에는 보다 신중해질 필요가 있다.

이러한 유의점이 있지만, 리더십과 의미 있는 일이 관련되어 있다는 근거는 존재한다. 변혁적 리더십(transformative leadership)에서 강조되는 열정, 진정성, 에너지, 비전수립 때문에, 변혁적 리더와 함께 일하는 구성원들은 아마도 일에서 가치를 찾아내고 충분한 목적의식을 가지고 있을 가능성이 높다.

그래서 변혁적 리더십 접근법을 가진 리더는 자신의 일을 의미 있게 보는 구성원을 가질 수 있는 것이다(Judge & Piccolo, 2004). 의미 있는 일로 가는 길을 제공하는 것은 최고 리더의 중요한 기능이어야 하며, 그 결과 조직은 구성원이 의미 있는 일에 몰입하면서 생기는 혜택을 얻을 수 있는 것이다(Steger & Dik, 2010).

전통적인 리더십 스킬을 사용하는 것 이외에도, 구성원들이 지원받고 있다는 느낌을 갖도록 해주면, 그들이 의미 있는 일을 찾도록 도울 수 있는 듯하다. 상사와의 생산적인 관계라는 것은 지지받고 이해받으며, 보살핌을 받고 있고 상호적으로 신뢰하는 업무관계를 가지고 있다는 느낌을 갖는 것이다. 이와 같이 효과적인 리더십 관계는 의미 있는 일과 정적 상관관계를 보인다(Tummers & Knies, 2013). 상사로부터 지지를 받고, 자기 자신의 일에 대해 더 큰 통제력을 가지는 것은 모두 의미 있는 일과의 정적 상관관계를 보인다. 하지만 상관연구 결과를 가지고 의미 있는 일에 종사하는 사람이 상사의 지지를 얻을 가능성이 많고, 자신의 직업에 대한 통제력을 더 많이 얻을 것이라는 주장을 하기는 어렵다. 그럼에도 불구하고, 구성원 자신이 변화를 만들어내는 수준에 머무르지 않고, 조직 수준에서 직무 설계를 수정하여 구성원들이 보다 의미 있는 일을 얻을 수 있는 기회를 증가시키는 데에는 상사의 지지와 업무에 대한 통제력이 중요한 것으로 보인다. 노인 간호업무를 하는 사람들을 대상으로 진행된 종단연구를 보면, 중간관리자가 팀

워크를 향상시키는 과정에 적극적으로 개입하게 되면 업무조건에 대한 보다 긍정적인 지각(이 연구에서는 의미 있는 일을 포함시킨 변인)을 만들어낼 수 있다는 것을 알 수 있다(Nielsen & Randall, 2009). 업무조건 개선은 직업 만족도와 웰빙의 개선과 더 많은 관련이 되어 있는 변인이다.

마지막으로, 조직이 구성원의 더 높은 이상을 지원하는 것은 의미 있는 일에 있어서 중요한 것으로 보여진다. 자원봉사를 하는 사람들은 자신의 일이 의미 있다고 느끼는 경우가 많은데, 이는 자원봉사가 직무와 전혀 다른 분야일 때에도 마찬가지이다(Rodell, 2013). 하지만 그렇다고 해서 조직이 구성원에게 자원봉사를 할 것을 강요해야 한다는 것은 아니다. 구성원들이 자원봉사를 하는 과정을 적극적으로 지원한다는 것은 조직이 의미 있는 일을 촉진할 수 있는 중요한 일이다. 단순히 구성원에게 중요한 무엇인가에 대해 감사함을 명확하게 표현할 수 있기 때문이 아니라, 더 큰 선(의미 있는 일의 중요한 부분)에 긍정적인 영향을 미치는 행동을 조직이 지지할 의지가 있다는 것을 표현하기 때문인 것이다. 이러한 주장을 뒷받침할 수 있는 연구결과를 보면, 구성원들이 조직의 사회적 책임 행동을 인식하는 것은 의미 있는 일에 대한 지각(의미 있는 일 질문지의 문항과 매우 유사한 문항으로 측정하는 "과제 중요성"이라고 명명됨)과 정적 상관관계가 있는 것을 알 수 있다(Raub & Blunschi, 2014).

인과관계를 밝히기 위해 설계된 연구방법론을 활용한 연구들이 그다지 많지 않지만, 의미 있는 일의 예측변인에 대한 아이디어를 얻기 위해 개인 구성원을 통제하지 않은 상태의 변인들에 초점을 맞춘 기존의 종단적 연구와 상관연구로부터 추론을 할 수 있을 것 같다. 삶에서의 의미, 직업적 정체성, 한 사람의 성격 강점을 이해하고 활용하기 위한 역량을 강화하는 것은 의미 있는 일에 대한 유용한 예측변인으로 보인다. 구성원에게 비전과 지원을 제공하고, 의미 있는 가치를 향해 자기주도적으로 나아갈 수 있는 기회를 제공하는 변혁적 리더가 이끄는 조직에서 일하는 것 또한 의미 있는 일을 예측할 수 있는 것 같다. 앞으로도 지속적

으로 연구들이 진행되어, 예측변인에 대해 보다 명확한 근거들을 수집할 수 있고, 의미 있는 일이 개인구성원, 조직과 커뮤니티에 어떻게 좋은 영향을 미치는지에 대해 더 잘 이해할 수 있기를 희망한다.

〈의미 있는 일의 혜택〉

의미 있는 일이 줄 수 있는 혜택(benefit)을 탐색하려면, 우리가 보고자 하는 혜택의 유형은 어떤 것이 있는지에 대해 의문을 가져보면 좋을 것이다. 직업 특성 모델(JCM)에 의하면, 의미 있는 일은 높은 내재적 업무 동기, 높은 직무만족, 높은 수준의 성과, 낮은 무단결근과 퇴사율 유지를 돕는 것으로 알려져 있다.

이 모든 관계는 상관연구설계를 통해 발견된 것이다. 하지만 지금까지 보다 명확한 인과연구방법론은 의미 있는 일 연구에서 그다지 활용되지 않았었다. 의미 있는 일의 예측변인을 이해하는 것에 더하여, 종단연구방법은 인과관계에 대한 아이디어를 테스트하는 데에 가장 많이 사용되는 것이었다. 의미 있는 일에서의 변화가 직무만족과 웰빙에서의 변화에 선행한다는 결과를 발견한 연구가 몇 가지 있는데, 이는 의미 있는 일의 혜택을 보여주는 것이라 하겠다(Nielsen & Randall, 2009). 의미 있는 일의 가장 명확한 혜택들 중 하나는 무단결근의 감소이다. 한 연구에서는, 3개월 동안 관찰해본 결과 더 큰 의미를 느끼는 일을 하고 있는 사람들은 다른 사람들에 비해 결근을 하는 경우가 적은 것으로 나타났다(Soane et al., 2013). 의미 있는 일을 하는 사람들은 물리적으로 일터에 더 자주 나타나는 것에 더하여, 심리적, 정서적, 행동적으로 일터에서 더 몰입하고 있었다. 종단 연구를 보면, 의미 있는 일을 발달시키는 것은 일터에서 구성원의 몰입도를 강화시키는 것으로 나타났다(Nakamura & Otsuka, 2013). 또한 의미 있는 일은 3개월, 6개월 동안 관찰하는 종단연구에서 직업 만족도와 경력 몰입을 예측하는 것으로 나타났다(Duffy, Allan et al., 2014). 그리고 의미 있는 일과 소명은 인내심을 강화하고, 사람들로 하여금 자신의 소명에 일치되는 흥미와 반대되는 부정적인 경

력 조언을 무시할 수 있도록 해주는 것이 발견되었다(Dobrow & Heller, 2015). 물론, 특정한 경력추구를 중단하는 것이 좋겠다고 말해주는 모든 조언이 '나쁜' 것은 아니다. 열정만 가지고 있다고 해서 모든 사람들이 성공을 할 수 있는 것도 아니고, 때로는 소명에 대해 몰입을 하는 태도 때문에 착취의 대상이 될 수 있는 가능성도 존재한다(Bunderson & Thompson, 2009).

의미 있는 일은 구성원들의 일과 더 넓은 범위의 삶에 긍정적인 영향을 미친다. 의미 있는 일을 하는 사람들은 일터에서 더 높은 헌신, 인내, 몰입, 만족도를 보이며, 전체적인 삶에서 더 큰 웰빙을 즐긴다. 행복하고 몰입도가 높으며 조직에서 생산적인 노력을 하는 노동자가 많다는 사실은 리더와 관리자들에게 긍정적인 영향을 미치게 되기 때문에, 의미 있는 일은 어떤 조직의 프로그램에도 꼭 들어가야 하는 요소이다.

이와 같이 노동자에게 미치는 긍정적인 혜택 외에도, 의미 있는 일은 더 좋은 삶을 위한 탄탄한 기반을 제공해준다는 근거가 존재한다. 스스로에게 의미 있는 일을 할 수 없을 때 사람들에게 어떤 일이 일어나는지를 보게 되면, 의미 있는 일의 혜택을 인식할 수 있을 것이다. 한 질적 연구에서는 소명을 살아가고 있지 못하다고 보고한 31명을 대상으로, 자기실현을 하기 힘든 경력경로를 선택해서 그런 것인지, 아니면 하나 이상의 소명을 가지고 있을 때 그중의 하나를 따라가서 그런 것인지를 살펴보았다. 연구참가자들은 소명을 잃어버렸을 때의 아쉬움을 많이 표현하였다(Berg, Grant, & Johnson, 2010).

의미 있는 일을 강화하기

구성원과 일터의 특성이 날이 갈수록 복잡해지면서, 인재를 유지하고 동기부여하기 위해서는 단순하고 기계적인 거래적 리더십(transactional leadership)의 수준을 넘어서는 것이 도움이 될 가능성이 높다. 조직구성원이 더 열심히 일을 하고, 조직에 더 오래 머무르도록 동기부여하는 데 있어서,

단순한 거래적 리더십이 가지고 있는 핵심적인 문제는 많은 회사에서 보상과 복지조건에만 집중하고 있다는 것이다. 구성원이 더 열심히 일하고 조직에 머무를 수 있도록 하기 위해 회사가 제공할 수 있는 핵심적인 인센티브가 금전밖에 없다면, 구성원이 더 좋은 연봉협상을 하는 것을 막는 것은 없어야 하는데, 현재는 그렇지 않은 상황이다. 업무인력의 이동가능성이 증가되면서, 조직들은 최고 핵심인재들을 유지하기 위해 이 조직에 머물러야 하는 더 근본적인 이유를 제공할 필요성이 생겼다. 따라서, 구성원들이 의미 있는 일을 찾고 있고, 고용주가 의미 있는 일 환경을 제공해주기를 기대하는 부분에 대해서는 더 많은 탐색이 이루어져야 한다(Šverko & Vizek-Vidović, 1995). 물론, 필자는 의미 있는 일이 핵심인재 유지, 조직의 최적화, 구성원의 웰빙을 결정하는 중요한 요소로 고려되기를 희망한다. 대부분의 조직구성원들은 의미 있는 일을 찾고 있는 것으로 보인다. 노동자에게 있어서 의미 있는 일이 가지는 중요성은, 자신의 일에서 의미를 찾는 것은 보상과 직업 안정성의 수준만큼 중요하다고 많은 사람들이 이야기한 것에서 알 수 있을 것이다.

사실, 전세계의 비정규직 인력을 아웃소싱하는 켈리 서비스(Kelly Services)에서 최근에 진행한 설문조사에서는, 많은 구성원들이 더 의미 있는 일을 가지기 위해 연봉감소를 선택하는 것을 발견했다(Kelly Services, 2010).

지금까지 5장에서는 의미 있는 일의 이론, 측정, 상관변수, 예측변수, 혜택에 대해 리뷰해보았다. 이제부터는 의미 있는 일에 대한 다양한 정보들을 모아서 조직 내에서 의미 있는 일을 촉진하기 위해 유용한 틀을 만들어보는 작업을 해보려고 한다. 필자는 의미 있는 일의 이론적/경험적 예측변인들을 두 가지 모델로 조직화하는 것이 효과적이라는 것을 발견하였다. 첫 번째는 SPIRE 모델로서, 의미 있는 일의 가장 중요한 개인-수준의 예측변인과 상관변인들을 포함한 것이다. 두 번째는 CARMA 모델로서, 의미 있는 일의 가장 중요한 리더십 및 조직-수준의 예측변인과 상관변인들을 포함한다. 그림 5.2를 보면 두 가지 모델을 보여주면서, SPIRE와 CARMA의 요소들을 간단하게 설명하고 있다.

의미 있는 일과 소명에 대한 대부분의 문헌자료들은 구성원들이 보다 의미 있는 일을 스스로 크래프팅할 수 있는 동기와 열정을 제공하는 것에 초점을 맞추고 있다(Berg, Dutton, & Wrzesniewski, 2013). 필자는 의미 있는 일을 도출하기 위한 중요한 요소들에 초점을 맞출 때 SPIRE 모델을 사용한다. 강점(Strengths), 개인화(Personalization), 통합(Integration), 공명(Resonance), 확장(Expansion).

앞에서 리뷰해보았듯이, 자기 자신의 개인적/성격적 강점을 인식하고 일터에서 그 자원을 활용할 수 있는 기회를 찾는 작업은 스스로의 일에서 더 큰 의미를 지각하는 작업과 관련되어 있다(Littman-Ovadia & Steger, 2010). 강점인식을 통해 조직구성원은 일터에서 자신의 강점을 적극적으로, 그리고 조금 더 자주 활용할 수 있는 방법을 생각해 보게 되고, 그러한 과정이 가져다줄 수 있는 혜택에 대해 인식하게 된다.

개인화는 의미 있는 일과 업무중심성/조직시민행동간의 관계를 가리키며, 개인의 특성을 표현할 수 있는 일을 찾는 것의 이론적 중요성을 말하기도 한다(Dik, Eldridge et al., 2012; Dobrow & Tosti-Kharas, 2011; Steger et al., 2012; Wrzesniewski et al., 1997). 개인화를 통해 사람들은 자신의 가치를 명확화할 수 있는 기회와, 자신의 가치와 일치하는 종류의 일을 더 많이 하게 될 기회를 가질 수 있게 된다.

통합은 사람들이 일에서 찾는 의미와 자신의 다른 삶의 영역에서 찾는 의미 사이에는 시간이 갈수록 상호적인 관계가 강해진다는 것을 보여주는 연구에 기반하는 개념이다(Duffy, Allan et al., 2014; Steger & Dik, 2009). 삶에서의 의미는 한 개인의 가치를 표현하는 것을 가리키기도 하기 때문에(Steger, 2009), 통합의 개념은 일을 할 때 자신의 가치관에 일치하는 활동들을 하는 것의 중요성을 강조해 준다. 실제로 요구되는 과제 및 조직의 전체적 가치 모두에서 말이다(Hoff man, Bynum, Piccolo,

[그림 5.2]　개인 및 조직/리더십 수준에서 의미 있는 일을 개발하기 위해 이론과 연구결과를 조직화하는 하나의 방법

SPIRE 모델: 보다 의미 있는 일에 접근하기 위한 경로 찾기

S	Strengths (강점)	자신의 독특한 강점과 재능을 이해하고, 일을 할 때 그 자원을 활용하기(그 일이 자신의 기본적인 업무책임의 범위를 넘어설 때에도)
P	Personalization (개인화)	일을 할 때 진정한 자신을 보여주기, 자신의 가치관에 맞는 일을 하기, 조직에서 일을 할 때 책임감과 주인의식을 갖기
I	Integration (통합)	자신의 직업에 대해 가지는 동기와 업무수행행동을 본인의 다른 삶의 요소들과 통합하기. 개인적 삶에 대해 의미를 가져다주는 방식으로 일을 하기
R	Resonance (공명)	조직의 핵심 가치와 미션에 대해 이해하기. 일상적인 일을 통해 개인적인 미션과 의미를 공명시킬 수 있는 방법을 찾기
E	Expansion (확장)	자신의 일이 더 큰 선에 긍정적인 영향을 줄 수 있도록 성장할 수 있는 방법을 찾고, 자기 자신을 넘어서서 더 넓은 세상에 대한 관심을 갖도록 시각을 확장시키기

CARMA 모델: 구성원과 팔로워들을 위해 의미 있는 일을 촉진하기

C	Clarity (명확성)	조직은 모든 직급의 구성원들에게 공유할 수 있는 비전과 미션을 가지고 있어야 함(혹시 회사가 목적의식을 잠시 잃는 상황이 벌어지더라도, 구성원들은 관리자에 대한 신뢰를 할 수 있어야 함)
A	Authenticity (진정성)	조직은 수립되어 있는 미션을 추구해야 하며, 리더는 윤리적으로 정직하게 행동을 해야 함. 거짓된 목적과 착취는 의미를 상실시키게 됨
R	Repect (존중)	조직에서 긍정적, 효율적 관계를 구축하는 것은 구성원을 존중하는 리더십 모델링부터 시작되며, 서로에게 이득을 가져다주는 상호작용을 위한 기회를 창출하는 것을 의미함
M	Mattering (중요성 인정)	리더는 리더십행동을 통해 구성원의 기여가 조직 및 미션의 성공과 건강을 창출하는 데 있어서 핵심적인 요소임을 명확하게 전달해야 함
A	Autonomy (자율성)	팔로워들이 자기주도, 시행착오, 혁신, 아이디어 교환을 할 수 있는 기회를 제공함으로써 자기표현을 더 많이 할 수 있도록 조력하기

SPIRE 모델은 개인 구성원들이 긍정적인 영향을 미칠 가능성을 높여주는 의미 있는 일의 가장 중요한 이론적/경험적 예측변인들을 제공해준다. CARMA 모델은 구성원과 팔로워들이 조직에서 의미 있는 일을 경험할 수 있는 가능성을 높여주기 위해 조직에 배포할 수 있는 의미 있는 일의 가장 중요한 이론적/경험적 예측변인들을 보여준다.
　* 출처: 저자

& Sutton, 2011). 즉, 일은 인생에서의 의미를 향해 가는 중요한 경로가 될 수 있는 것이다(Allan, Duffy, & Douglass, 2015; Steger & Dik, 2009).

공명(resonance)은 리더가 조직에서의 비전과 목적을 표현해주면, 구성원들은 일을 하는 과정에서 조금 더 쉽게 의미를 찾을 수 있다는 것을 보여주는 연구결과에 기반한 개념이다(Judge & Piccolo, 2014). 이론적으로, 자신의 개인적 미션 및 목적과 고용주의 미션 간에 유사성을 찾을 수 있게 되면, 구성원은 조직의 미션을 지원하는 데에 더 높은

수준의 동기를 부여받을 수 있으며, 자신의 일이 인생에서의 의미를 지지해주고 더 나은 삶을 만들 수 있게 될 거라는 느낌을 가지게 된다(NIelsen & Randall, 2009; Steger et al., 2012).

확장은 자신의 일을 통해 다른 사람들에게 긍정적인 영향을 줄 수 있다는 생각의 중요성을 강조하는 연구와 이론에 기반하고 있다(Dik, Eldridge et al., 2012; Grant, 2007; Steger et al., 2012). 오랜 기간에 걸쳐 정리된 이론(Dik et al., 2012)과 심리측정적 요인 분석(Steger et al., 2012)은 자신의 노력을

통해 더 큰 선이나 타인들을 조력하고 싶다는 욕구가 의미 있는 일의 핵심요인임을 보여준다. 확장을 통해 사람들은 의미 있는 일로 다가가는 하나의 경로가 현재의 요구와 역동을 초월하기도 하고, 다른 사람을 도와줄 수 있는 방식으로 자신의 경력 야망을 충족시킬 수도 있다는 것을 알게 된다.

CARMA 모델－카르마(karmaz)라고도 읽을 수 있는－은 관리자, 리더, 조직에게 우리가 씨뿌린 것을 수확할 수 있는 방법을 간단하게 알려주기 위해 개발되었다. 리더가 구성원들이 의미 있는 일을 조금 더 쉽게 경험하도록 도와줄 수 있다면, 긍정적인 혜택을 얻을 수 있을 것이기 때문이다. CARMA는 명확성(Clarity), 진정성(Authenticity), 존중(Respect), 중요성 인정(Mattering), 자율성(Autonomy)에 초점을 맞춘 모델이다.

명확성은 SPIRE 모델에서의 공명 요소와 유사한 개념이며, 리더가 미션과 목적을 명확하게 제공하는 것은 더 좋은 성과를 낳기 위한 중요한 도구라는 변혁적 리더십과 기타 리더십 모델에 대한 연구에 기반한 것이다(Judget & Piccolo, 2004). 명확성은 명확한 조직의 목적을 수립하고 소통하는 것의 중요성을 강조할 뿐 아니라, 조직이 적절한 목적을 갖는 것도 중요하다는 것을 말해준다. 명확성의 아주 좋은 실례는 최근 미국 주식시장의 붕괴에서 찾을 수 있다. 스타벅스(Starbucks)의 CEO인 하워드 슐츠(Howard Schultz)는 주가가 곤두박질친 이후 전형적인 CEO의 메일과는 매우 다른 내용으로 전사 구성원들에게 메일을 보냈다. 이메일에 적힌 내용은 회사의 성장, 혁신, 경쟁력 있는 상품에 대한 확신과, 긍정적인 사회적 영향력 및 구성원을 중심으로 생각한다는 것이었다.

하지만 주주들의 이익에 대한 보장, 시가 총액, 또는 발전하는 시장에서 영업력을 확장하기 위한 전략을 논의하는 것과 같은, 신선하지 못한 언급은 없었다. 대신에, 스타벅스의 핵심적인 고객 서비스 메시지에 대한 모델을 기반으로, 슐츠는 많은 고객들이 걱정스러운 마음 때문에 스트레스를 받은 상태로 매장을 방문하게 될 테니까, 스타벅스팀의 모든 사람들은 기존의 어느 때보다 고객이 편안한 경험을 할 수 있도록 더 많이 애써야 한다고 구성원들에게 이야기했다. 조직의 CEO가 그 누구도 믿지 않는 립서비스 미션을 담아서 유사한 메일을 보냈을 때 생기게 될 냉소적인 반응을 상상해보라. 진정성있는 미션을 리더가 잘 이해하고 있을 때, 미션 메시지의 영향력은 그 어느 때보다 커질 수 있다.

진정성 또한 변혁적 리더십이나 진성리더십과 같은 새로운 리더십 모델에 대한 연구와 이론을 기반으로 한다(Judge & Piccolo, 2004). 리더가 구성원에게 의미 있는 일과 관련된 요소인, 깊이 있는 헌신, 기여, 몰입, 성과를 기대한다면, 비윤리적 행동, 냉소적 조작, 솔직하지 못한 관계로는 구성원의 노력에 보답할 수 없다. 진정성 개념에 따르면, 팔로워가 회사의 미션을 명확하게 이해하기를 조직이 바란다면, 리더는 반드시 그 미션과 일치하는 행동을 해야 한다. 의미 있는 일을 하는 사람들은 개인적 자기의 가장 좋은 부분을 일터에 가져오는데, 의미 있는 일을 촉진하고 싶은 리더 또한 동일한 행동을 해야 하는 것이다.

존중이라는 개념은 일터의 사회적 환경이 구성원의 만족도에 있어서 중요하다는 것을 보여주는 연구결과에 기반한다. 리더와 관리자는 특히 일터에서의 지원적 환경을 조성하는 데 있어서 중요한 역할을 담당하는 사람들이다(Tummers & Knies, 2013). 동료 또한 의미 있는 일을 창출하는 데 있어서 가장 큰 영향을 미칠 수 있는 요소들 중 하나이고, (Pratt et al., 2013), 구성원들이 즐거움을 느끼고 긍정적인 태도로 일을 열심히 하며, 서로를 배려하며 지원을 해주고, 조직의 성장을 위한 일에 몰입하는 문화를 만드는 것은(Steger et al., 2012) 상호적으로 존중하는 리더에 의해 모델링이 되고 솔선수범되어져야 하는 행동이다(Leape et al., 2012).

중요성 인정(Mattering)은 직업 특성 모델의 연구결과 및 직무과업은 조직 내에서 중요성을 가지고 있어야 한다는 의미 있는 일의 핵심 이론적 요소에 기반하고 있고, 인정할 수 있고 가치 있는 조직의 성과를 끌어낼 수 있는 개념이다(Hackman & Oldham, 1976; Steger et al., 2012). 솔직히 이야기해보자. 구성원의 노력이 조직에게 중요한 이유가 무엇인지, 그리고 구성원이 가치 있는 성과를 만들어내는 과정에 어떻게 기여하는지에 대해 명확하게 설명해줄 수 없다면, 구성원 혼자 그와 같은 내용을 알아낼 거라고 기대하는 것은 무리이다. 결국, 각 구성원의 역할과 그에 도움이 되는 자원을 만들어낸 것은 조직이니까 말이다. 중요성을 인정받는 느낌을 구성원, 조직, 특히 리더, 관리자, 상사에게 제공한다는 것은, 어떤 일을 해야 하고 일을 어떻게 해야 하는지에 대해 정리해주는 수준을 넘어서서, 조직의 모든 사람들이 하는 일이 가치 있는 이유를 말해주는 것이다.

자율성은 웰빙에 대한 광범위한 연구결과에 기반한 개념이다(Ryan & Deci, 2001). 다양한 이론에서는, 구성원이 강점을 활용하고 멘토링에 몰입하며, 일의 개인화를 가능하게 하는 직업의 개인화를 할 수 있을만큼 충분한 권한과 자유를 제공하는 것이 매우 중요함에 대해 강조하고 있다(Littman-Ovadia & Steger, 2010; Rodell, 2013). 구성원에게 자율성을 보장하는 것에는 물론 위험이 존재한다. 직무 수행을 하는 과정에서는 예상치 못한 변화들이 일어날 수 있고, 그러다보면 성과에 부정적인 영향을 미칠 수도 있다. 하지만 문제를 해결하고 조직성과를 발전시키는 과정의 탈중심화는 지속적인 혁신을 만들어낼 수 있는 풍부한 원천이 될수 있는 잠재력을 가지고 있다. 조직 내에서 과제를 수행하는 방법을 알려줄 수 있는 방법은 매우 다양하게 존재하고, 일상업무에서 그 과제들을 직접적으로 마주해야 하는 사람들은 개선방법을 독특하게 실험해볼 수 있다. 자율성은 구성원이 자신의 일과 관계를 맺고, 스스로의 일로 만들며, 혁신과 문제해결을 하는 데 있어서 주인의식을 가질 수 있게 해주는 핵심 열쇠이다.

SPIRE와 CARME 모델은 함께 사용할 수 있다. 한편으로 리더와 조직이 의미 있는 일의 씨앗을 제공하기 위해(SPIRE) 해야 할 일(CARMA)을 보여주기 위해 구조화되었다. 또 한편으로는, 유망한 인재에게 의미 있는 일을 강화할 수 있는 조직역량(CARMA)을 평가할 수 있는 렌즈(SPIRE)를 제공

할 때 활용되기도 한다. 필자는 '의미 있는 일'이, 최고의 핵심인재가 특정 회사로부터 받은 일자리 제의나 이동에 대한 제안을 고려할 때 사용할 수 있는 중요한 평가 도구가 될 가능성이 있지 않을까라는 생각을 하고 있다. SPIRE와 CARMA 모델의 활용은 조직이 미래의 최고 핵심인재를 데려올 수 있는 더 좋은 환경이 될 수 있게 도와줄 수 있을 것이다.

미래 연구

의미 있는 일에 대한 측정, 의미 있는 일의 상관변인, 예측변인, 혜택에 대한 연구를 리뷰해보니, 조직과 개인의 일을 발달시키는 과정에서 의미 있는 일이 가질 수 있는 잠재력이 엄청나게 큰 것을 알 수 있었다. 하지만 그 리뷰 과정에서 또 알수 있었던 것은, 이 중요한 변인에 대한 우리의 지식에는 매우 큰 차이가 있다는 것이었다. 미래의 연구에서는 세 가지 핵심적인 분야를 우선순위로 다루어야 할 것 같다. 첫 번째로는, 가장 기본적인 수준에서, 의미 있는 일에 대해 우리가 알고 있는 대부분의 지식은 유럽과 북미 지역에서 진행된 연구에서 얻은 것이라는 사실이다. 물론 완벽하지는 않지만, 이 지역은 대부분의 구성원들에게 직장을 제공하는 민주주의 체제에서 운영되는 성숙하고 안정적인 경제를 가지고 있는 곳이다. 의미 있는 일이 이와 같은 경제상황에서 중요한 부분을 차지하는 이유는 적어도 두 가지가 있다. 성숙한 경제는 구성원들에게 동기부여를 하기 위해 간접적, 심리적 방법에 투자를 한다. 왜냐하면, 강압적이고 착취를 하는 노동관행은 금지되어 있고, 노동자들은 대부분 교육을 받은 사람들이며, 업무조건 및 보상에 대한 정보에 접근이 가능하고, 다양한 회사에 다닐 수 있을만큼 거주지를 옮길 수 있는 환경이기 때문이다. 즉, 이 지역의 노동자들은 대부분 무한정 학대받거나 착취받지 않으며, 핵심인재들은 회사를 고를 수 있는 선택권이 많은 것이 사실이다. 하지만 실업율이 높고 불평등한 노동권이 존재하며, 민주주의 정부의 존재가 미약한 개발도상

국의 노동자들에게도 마찬가지로 의미 있는 일이 중요한지에 대해서는 아직 명확하지 않다. 북미와 유럽 외의 지역에서 의미 있는 일이 유사한 중요성을 가지고 있는 유사한 개념인지도 불명확하다. 의미 있는 일 연구의 미래에 대한 하나의 실례로서, 학자들은 교육수준 및 고용율 상승의 도전과제를 마주하고 있는 남미에서 의미 있는 일에 대한 연구를 점점 더 많이 진행하고 있다(Rothmann, this volume; Van yl, Deacon, & Rothmann, 2010).

미래 연구가 초점을 맞출 두 번째 부분은 종단연구와 실험연구 설계의 활용을 증가시키는 것이 되어야 한다. 우리가 의미 있는 일에 대해 가지고 있는 대부분의 지식은, 핵심인재들이 자신의 일에 대한 의미를 보고한 것에 기반하고 있다. 우리는 이와 같은 진술을 넘어서서, 의미 있는 일의 발달과 영향력을 시간이 지나감에 따라 추적해서, 의미 있는 일이 특정한 성격에 의해 강화되고 다른 혜택을 만들어내는 과정을 제시할 수 있게 될 것이다. 장기적으로 의미 있는 일이 보여주는 상호적 역동을 따라가는 것은 의미 있는 일이 가지는 인과적 관계를 검증하는 유일한 방법은 아니다. 의미 있는 일을 조율하는 실험연구 또한 업무성과, 생산성, 행복을 도와주거나 방해하는 일의 의미를 증가시키거나 감소시키는 방법을 측정하는 데에 활용할 수 있다. 이와 같은 실험은 반드시 조직에서 실행할 필요는 없다. 예를 들어, 심리학 연구실에서 참가자를 모집하여 두 가지 조건하에서 과제를 수행하도록 할 수 있다. 첫 번째는 통제조건으로, 지시사항이 주어지거나 주어지지 않도록 하고, 두 번째는 실험 조건으로서 해당 과제를 완료하는 것이 또 다른 집단을 도와줄 수 있고, 더 큰 선에 기여할 수 있다는 것에 대한 설명을 제시해주도록 한다.

그리고나서 성과, 생산성, 집단역동, 참가자의 행복면에서 차이가 있는지를 비교해보고, 의미 있는 일의 수준을 높여주었을 때 혜택을 더 가져올 수 있는지를 관찰해보는 거다.

이와 같은 연구실 실험이 의미 있는 일의 핵심적 장점에 대해 초점을 맞춰줄 수는 있지만, 활동적인 조직에서의 실제 현장을 반영하는 연구는 이 분야가 개발하고 싶어하는 궁극적인 목표이다. 따라서, 미래 연구가 초점을 맞추어야 할 세 번째 분야는 의미 있는 일 프로그램을 개발하고 검증해볼 수 있는 조직과의 튼튼한 파트너십을 구축하는 것이 되어야 한다. 특히 연구자와 현장전문가들 간의 파트너십도 마찬가지로 강화될 필요가 있다. 이와 같은 파트너십은 현장전문가가 수행하는 전략과 개입방법을 통해 미래 연구에 필요한 자료를 얻게 해줄 것이며, 연구자들에 의해 검증된 우수한 개입방법을 더 많이 현장전문가들에게 보급하도록 해줄 것이다.

결론

오랜 전통을 기반으로 하여, 최근에는 의미 있는 일과 관련된, 다양한 바람직한 특성과 성과들을 세부적으로 밝혀주는 연구보고서 발표가 특히 많아졌다. 하지만 의미 있는 일의 혜택과, 개인 및 조직의 수준에서 의미 있는 일을 어떻게 강화할 것인지를 더 잘 이해하려면 아직도 진행되어야 할 작업이 많은 상황이다. 하지만 현재도 개인 및 조직 수준에서 의미 있는 일이 가지는 중요성에 대해 아는 것이 꽤 많은 상황이다. 의미 있는 일은 높은 수준의 개인 웰빙 및 삶에서의 의미, 일터에서의 더 높은 만족과 행복도, 일에 대한 헌신 및 몰입도 강화, 긍정적인 사회참여와 멘토링의 증가, 보다 성실한 관리 및 시민행동, 더 좋은 성과와 더 효율적인 팀, 더 광범위한 사회에서 조직을 위한 자리를 만들어주도록 하는 노동자의 투자와 같은 요소들과 관련되어 있다. 지금까지 진행된 발전과정을 고려해볼 때, 의미 있는 일이 다양한 직급의 구성원들에게 가치를 제공해줄 가능성이 높아 보이며, 구성원의 웰빙, 조직의 성과, 커뮤니티 및 사회의 건강을 촉진하는 데 있어서 의미 있는 일이 가지는 잠재력에 대해 낙관적으로 볼 이유도 매우 많이 존재한다고 말할 수 있겠다.

6장
일터에서의 최적의 동기

크리스토퍼 니미엑, 고든 스펜스(Christopher P. Niemiec and Gordon B. Spence)

서론

일은 대부분의 성인의 삶에 있어서 핵심적인 요소이다. 사실, 일과 관련된 활동은 구성원이 깨어 있는 시간(U.S. Bureau of Labor Statistics, 2015) 중 매우 많은 시간을 차지하고 있으며(25-33%; Harter, Schmidt, & Keyes, 2003), 개인의 정체성 구축과 개발을 촉진하는 기능을 한다(Doherty, 2009). 일의 본질이 심리적 요구(신체적 요구보다, Lundberg & Cooper, 2011)에 많은 초점을 맞추게 되면서, 다양한 경험적 연구들은 사회-맥락적(social-contextual) 요소들이 구성원의 건강과 일에서의 기능에 영향을 미친다는 근거들을 많이 제시하기 시작했다(Schaufeli, Bakker, & Van Rhenen, 2009). 일터에서, 어떤 구성원들은 자신이 수용할 수 있고 가치 있다고 생각하는 과제를 추구하고, 숙련을 위한 역량을 기르고 노력을 할 수 있으며, 중요한 타인과 상호적인 지지관계를 발달시킬 수 있는 기회를 얻는다. 하지만 또다른 구성원들은 상사, 동료, 일로부터의 관계에서 압력과 강압, 무기력, 단절의 경험을 하는 경우가 있다. 사회-맥락적 요소들이 구성원의 성과 및 일의 건강에 미치는 중요한 영향을 강조하게 되면서, 연구들은 전자의 구성원들이

경험한 행동유도성(affordance)들은 구성원의 건강 및 기능과 관련이 되어 있는 반면, 후자의 구성원들의 부정적 경험은 스트레스, 신체적 불편감, 정서적 소진, 이직 의도, 무단결근과 관련이 되어 있다는 것을 보여주기 시작했다(Gagné & Deci, 2005; Olafsen, Niemiec, Halvari, Deci, & Williams, 2015; Van den Broeck, Vansteenkiste, De Wittre, Soenens, & Lens, 2010; Williams et al., 2014).

6장에서 우리는 자기결정이론(self-determination theory)을 일터에서의 최적의 동기(optimal motivation)에 적용해보려고 한다. 자기결정이론의 시각에서 보았을 때, 최적의 동기에는 가치와 흥미에 대한 성찰 및 일관성을 통한 행동의 조직, 행동의 시작, 행동의 방향이 포함된다. 확실히, 호기심(Loewenstein, 1994), 흥미(Silvia, 2008), 지식 및 행동의 일관성(Ryan, 1995)에 대한 적극적인 경향성ー구성원의 효과적인 기능에 매우 적합한 특성ー은 인간의 본성으로 보여진다(Niemiec & Ryan, 2009).

하지만 자유의지와 자기통제로 대표되는 최적의 동기 또한 기본적인 심리적 니즈를 충족시키기 위해서는 맥락적 지원(contextual support)에 의한 촉진이 필요한 것으로 보여진다. 이러한 아이디어들을 한 단계 더 발전시키기 위해, 6장은 다섯 가

지의 큰 분류로 나눠보았다. 첫 번째로, 우리는 자기결정이론의 메타이론 및 이론적 기초에 대해 논의해볼 것이다. 그 다음에는, 일터에서의 최적의 동기의 한 형태인 자율적인 자기통제에 대한 이론과 연구결과들을 리뷰해보려고 한다. 세 번째로는 일터에서의 최적의 포부(aspiration)가 모여진 것인 내적인 인생 목표(intrinsic life goal)에 대한 이론과 연구결과를 살펴볼 것이다. 네 번째로 우리는 기본적인 심리적 니즈에 대해 관리자가 지원을 해주게 되면 일터에서 구성원이 자율적인 자기통제를 하고 내적인 인생 목표를 추구하는 과정을 어떻게 촉진해줄 수 있을지에 대해 검토해보려고 한다. 마지막으로는, 자기결정이론의 시각을 활용해서 일터에서의 최적의 동기에 대한 미래의 연구를 위해 몇 가지 방향성을 제시해볼 것이다.

자기결정이론의 메타이론 및 이론적 기초

자기결정이론(SDT: Self-determination theory; Deci & Ryan, 2000; Niemiec, Ryan, & Deci, 2010; Ryan & Deci, 2000b; Vansteenkiste, Niemiec, & Soenens, 2010)은 일터에 직접적인 영향을 미치게 되는 사회적 맥락에서의 인간 동기, 정서, 성격에 대한 거시-이론적 접근법(macro-theoretical approach)을 의미한다. 자기결정이론의 철학적 시작점은 유기체-변증법적 메타이론(Deci, Vansteenkiste, 2004; Ryan & Deci, 2002)부터 찾을 수 있는데, 이 이론에서는 이후의 이론적 발전을 이끄는 데에 활용된 인간의 본성에 대한 몇 가지의 가정들을 제공해주었다. 유기체-변증법적 메타이론(organismic-dialectic metatheory)의 시각에서 보면, 인간은 환경이 제공하는 강화물들에 의해 움직이는 수동적인 유기체가 아니라, 선택, 효율성, 타인과의 관계를 맺을 수 있는 기회를 찾으려 하는 능동적인 유기체이다. 따라서, 인간은 그 본성상 심리적이고 사회적인 통합(자율성과 집단성의 통합, Angyal, 1965)을 지향하는 존재이지만, 수동성과 통제, 비효율성, 타인으로부터의 고립 경험에 대한 취약성을 보이기도 한다. 그리고 인간은 분화와 통합(differentiation and integration; Piaget, 1971), 종합(synthesis; Freud, 1923/1960), 자신의 모든 잠재력의 자기실현(Rogers, 1963)을 향해 나아가는 경향성이 있지만, 심리적 파편화와 부조화에 대한 취약성도 가지고 있기 때문에, 일터에서 소진이나 최적화되지 않은 기능들을 경험하기도 한다(Freudenberger, 1974). 자기결정이론의 시각에서 볼 때, 완전한 기능 및 유기체적 행복을 향한 내재적 경향성(Niemiec & Ryan, 2013)은 기본적인 심리적 니즈의 충족을 지지하거나 방해할 수 있는 사회적 맥락과 동시에 함께 존재한다는 변증법적 관계인 것으로 보인다.

자기결정이론을 관통하고 있는 원칙은 기본적인 심리적 니즈(basic psychological needs)에 대한 개념이다. 데시와 라이언(Deci and Ryan, 2000, p.2229)에 따르면, 기본적인 심리적 니즈란 "지속적인 심리적 성장, 통합, 웰빙에 있어서 중요한 타고난 심리적인 자양분"으로 정의될 수 있다. 즉, 자율성, 유능성, 관계성에 대한 기본적인 심리적 니즈를 충족시키게 되면, 어떤 인구학적 특성을 가지고 있든지, 어떠한 인생의 영역이나 문화에서 생활을 하고 있든지 상관없이, 더 높은 수준의 심리적 행복, 사회적 통합, 신체적 건강, 행동적 지속성 및 성과를 만들어 낼 수 있다고 자기결정 이론에서 주장한다는 것이다(Deci & Ryan, 2008). 자율성(autonomy)에 대한 니즈(de Charms, 1968)는 타율성과 반대되는 개념으로서, 선택과 개인적 선호의 감각에 기반하여 수행되는 행동 경험을 뜻한다. 유능성(competence)에 대한 니즈(White, 1959)는 무능력과 반대되는 개념으로서, 효율성과 숙달에 대한 감각과 함께 수행되는 행동 경험을 가리킨다. 관계성(relatedness)에 대한 니즈(Baumeister & Leary, 1995; Ryan, 1995)는 관계단절과 반대되는 개념으로서, 중요한 타인으로부터 돌봄과 지원을 받는 경험을 의미한다.

앞에서 언급했듯이, 자기결정이론은 자율성, 유능성, 관계성에 대한 기본적인 심리적 니즈를 충족시키는 것이 최적의 기능과 행복을 위한 보편적인 요구조건이라는 가정을 하고 있다. 물론, 이러한 시각에 대해서도 비판점이 존재한다(Jordan, 1997;

Markus & Kitayama, 2003; Stephens, Markus, & Townsend, 2007). 확실히, 지난 40년 동안 자기결정이론에 대해 수행된 연구들을 보면, 젠더, 연령, 사회계층, 문화, 주위의 가치에 상관없이 모든 사람들에게 있어서 니즈의 충족은 기능적으로 긍정적인 영향을 주는 것으로 나타났다. 니즈의 충족은 다음과 같이 다양한 대상에 있어서 더 높은 수준의 심리적 행복, 사회적 통합, 신체적 건강과 관련되어 있었다. 남녀 모두(Ryan, La Guardia, Solky-Butzel, Chirkov, & Kim, 2005); 인생발달단계에 있어서 유아기(Bernier, Carlson, & Whipple, 2010), 청소년기(Curran, Hill, & Niemiec, 2013), 초기 성인기(Niemiec, Ryan, & Deci, 2009; Sheldon & Niemiec, 2006), 성인기(Van den Broeck et al., 2010), 노년기(V. Kasser & Ryan, 1999); 다양한 국가와 문화(Deci et al., 2001; Quested et al., 2013; Vansteenkiste, Lens, Soenens, & Luyckx, 2006), 다양한 사회계층(Williams, Niemiec, Patrick, Ryan, & Deci, 2009). 일터에 대한 우리의 초점에 더 밀접한 연구결과를 보면, 바아드, 데시와 라이언(Baard, Deci, and Ryan, 2004)은 니즈 충족은 더 높은 수준의 성과 평가 및 적응과 관련되어 있고, 구성원의 낮은 수준의 불안 및 우울과 관련되어 있다는 것을 발견하였다.

지금까지 자기결정이론의 메타이론 및 이론적 기초에 대해 정리해보았으니, 이제부터는 일터에서의 최적의 동기의 한 형태인 자율적 자기-통제에 대한 이론과 연구결과에 대해 리뷰해보도록 하겠다.

일터에서의 최적의 동기의 한 형태인 자율적인 자기-통제

동기는 심리학 분야에서 오랫동안 이론 및 경험적 연구의 주제로 자리잡아온 개념이다. 광범위한 분석수준에서 볼 때, 동기란 움직이게 되거나 행동을 하게 되는 원인을 의미한다. 역사적으로, 심리학에서 다루는 동기에 대해서는 두 가지의 시각이 존재해왔다. 전통적인 시각에서는 동기를 단일개념-유형이 있기보다는 정도만 달라지는 단일개념으로 보았다. 예를 들어, 일터에서 어떤 구성원들은 높은 수준의 동기를 가지고 있지만, 다른 구성원들은 낮은 수준의 동기를 가지고 있듯이 말이다. 사실, 일터에서의 성과와 일관성은 높은 수준의 동기로부터 나오는 것으로 생각되어왔다. 이 시각에서, 관리자들은 구성원에게 동기부여를 해야 하는 책임을 가지고 있다. 다양한 강화물들을 제공하고(Skinner, 1953, 1974), 일터에서 몰입을 끌어낼 수 있는 방안(Locke & Latham, 1990; Vroom, 1964)을 활용해서 말이다. 반대로, 동기의 분화에 대한 시각에서는 동기의 다양한 유형이 존재하고 각각 다른 방법으로 기능한다고 생각하고 있으며, 자기결정이론에서는 이 분화 시각을 기반으로 동기를 다룬다.

동기의 한 가지 유형은 내재적 동기(intrinsic motivation)로서, 자기 자신을 위한 행동을 하는 것을 가리킨다(Deci, 1975; Ryan & Deci, 2000a). 내재적 동기에서는 명확한 성과나 행동을 강화하는 사건들이 존재하지 않는다. 그보다 활동은 자기 자신의 니즈를 충족하기 위한 것이며, 그러한 과정에서 자연스럽게 행동이 나오게 되며, 탐색과 놀이의 형태로 나타나는 경우가 많다. 내재적 동기는 자기(self; 내적으로 지각된 인과소재; De Charms, 1968)로부터 나오는 것이며, 흥미와 흥분(Izard, 1977), 즐거움, 그리고 – 때로는 – '몰입'(Csikszentmihalyi, 1975)과 같은 정서적 경험을 동반하기도 한다. 내재적 동기는 능동적인 유기체가 가지고 있는 특성이며, 건강한 발달에 있어서 중요한 역할을 한다(Flavell, 1999). 자기결정이론은 자유의지 행동의 원형으로서, 자율성 및 유능성에 대한 충족은 내재적 동기의 유지와 발전에 있어서 필수적인 요소라고 주장했다.

연구결과를 보면 의미 있는 선택(Patal, Cooper, & Robinson, 2008)과 능력(Vallerand & Reid, 1984)은 내재적 동기를 지지하는 반면, 통제를 위한 보상(Deci, Koestner & Ryan, 1999) 및 압력과 강압 방법(Deci, Driver, Hotchkiss, Robbins, & Wilson, 1993; Ryan, 1982)은 내재적 동기를 약화시킨다는 것을 명확하게 알 수 있다.

동기의 두 번째 유형은 외재적 동기(extrinsic motivation)로서, 보상을 받거나 처벌을 피하려는 성과나 이벤트를 얻기 위한 활동을 가리킨다(Ryan & Deci, 2000a). 외재적 동기는 자기 자신의 욕구를 만족시키거나 스스로를 즐겁게 하기 위한 행동을 의미하는 것이 아니다. 어떤 이론가들은(Harter, 1981) 외재적 동기란 내재적 동기에 대한 반대개념으로서, 자유의지와 병행할 수 없는 것이라고 주장하기도 했다. 하지만 자기결정이론의 시각에서 보면, 자기결정의 정도에 따라 외재적 동기의 다양한 유형이 있을 수 있고(Ryan & Connell, 1989), 외재적 동기가 자기 안으로 내재화되는 정도에 따라 상대적인 자율성의 연속선이 존재할 수 있다.

자기결정이론에 따르면, 내재화 과정을 통해 사람들은 외재적 동기의 중요성과 가치를 수용하고(Ryan, 1993), 그와 같은 자연스럽고 능동적인 과정은 자기 자신을 위해서가 아니지만 효과적인 사회적 기능을 하는 데 있어서 중요한 행동을 스스로 시작하고 유지하는 데 있어서 꼭 필요하다. 가장 내재화되기 힘든 유형의 외재적 동기는 외적 통제(external regulation)로서, 외부의 강화물에 맞추기 위해 행동을 수행하는 경우이다. 예를 들어보자. 외적 통제에 의해 동기화된 조직구성원은 관리자나 동료로부터의 압력 때문에 일터에서의 과제를 완료하게 된다. 이와 같은 행동은 환경으로부터의 강화사건이 있을 경우에만 유지될 가능성이 있다(Vansteenkiste, Ryan, & Deci, 2008). 외재적 동기의 다음 유형은 내사된 통제(introjected regulation)로서, (외적이 아닌) 내적인 강화물에 의해 수행되는 행동을 가리킨다. 예를 들어보면, 내사된 통제에 의해 동기부여된 구성원은 일을 열심히 함으로써 자부심과 자긍심을 느끼기 위해 일을 많이 하고, 일을 하지 않음으로써 생기는 죄책감과 수치심을 느끼지 않으려고 일을 열심히 한다. 이와 같은 행동은 자아 몰입이나 조건적(contingent) 자기존중감으로 표현된다(Niemiec, Ryan, & Brown, 2008). 조건에 대한 시각에서 보면, 외재적 통제와 내사된 통제는 외부적으로 지각된 인과소재(de Charms, 1968)를 가지고 있으며, 상대적으로 통제된 유형의 동기로서 경험된다.

내재화 과정이 더 높은 수준의 자율성을 얻을 때까지 진행되는 것 같이, 외재적 동기의 다음 유형은 인식된 통제(identified regulation)으로, 가치와 적절성을 이해하기 때문에 수행하는 행동을 가리킨다. 예를 들어, 인식된 통제에 의해 동기부여되는 조직구성원은 개인적인 중요성을 느끼기 때문에 일터에서의 과제를 수행한다. 가장 내재화되기 쉬운 외재적 동기는 통합된 통제로서, 스스로 수용할 수 있고 가치, 신념, 자기의 특성과 일치되는 행동을 하는 것이다. 예를 들어, 통합된 통제(integrated regulation)에 의해 동기부여되는 조직구성원은 행동을 함에 따라 커뮤니티에 기여할 수 있는 기회를 얻을 수 있기 때문에 일터에서의 과제를 수행한다. 조건에 대한 시각에서 보면, 인식된 통제와 통합된 통제는 모두 내부적으로 인식된 인과소재(de Charms, 1968)를 가지며, 상대적으로 자율적인 유형의 동기로서 경험된다.

자기결정이론을 기반으로 하는 상관 연구(Niemiec et al., 2006)와 실험 연구(Deci, Eghrari, Patrick, & Leone, 1994)를 보면, 내재화 과정이 일터에서의 기본적인 심리적 니즈 충족에 대한 지원에 의해 촉진된다는 것을 알 수 있다(Williams et al., 2014). 또한, 일터에서의 자기결정이론에 대해 과거에 진행된 연구에서는 자율적인 자기통제가 일터에서의 최적의 동기를 나타내는 하나의 유형임을 보여주었다. 즉, 자율적인 자기통제는 조직구성원의 심리적 행복, 사회적 통합, 신체적 건강, 일과 관련된 경험에 대해 기능적 혜택을 제공한다는 것이다. 지금부터는 이와 관련된 연구의 몇 가지 실례들을 살펴보도록 하자.

세네칼, 발러랜드와 구아이(Senécal, Vallerand, and Guay, 2001)는 배우자 및 한 명 이상의 자녀와 집에서 같이 살고 있는 786명의 조직구성원을 대상으로 진행한 연구에서, 업무활동에 대한 자율적인 자기통제는 낮은 수준의 가족에서의 고립 및 정서적 소진과 관계가 있다는 것을 발견하였다. 리처, 블랜처드와 발러랜드(Richer, Blanchard and Vallerand, 2002)는 그레이터 몬트리올(Greater Montreal) 지역에 사는 490명의 조직구성원을 대상으로 연구를 진행하였고, 업무 활동을 위한 자율적 자기-통제가 낮은 수준의 정서적 소진 및 이직 의도, 그리고 높은 수준의 업무 만족과 상관관계가 있다는 것을 발견하였다. 윌리엄스와 동료들(Williams et al., 2014)은 노르웨이의 대기업 네 곳에서 근무하는 287명의 조직구성원들에 대한 연구에서, 업무 활동에서의 자율적인 자기-통제는 낮은 수준의 신체적 불편감, 정서적 소진, 이직 의도, 무단결근과 상관관계가 있음을 찾아냈다. 군터(Güntert, 2015)는 스위스의 보험사에 근무하는 201명의 조직구성원을 대상으로 한 연구에서, 업무 활동에서의 자율적인 자기-통제는 낮은 수준의 이직 의도, 높은 수준의 직무만족, 시민 가치, 이타주의와 관계가 있음을 밝혀냈다. 전체적으로 정리해보면, 이 연구결과들은 일을 하면서 자율적인 자기-통제를 경험하게 되면, 가족으로부터의 고립도를 더 적게 느끼고, 회사를 떠나고 싶은 마음도 적으며, 신체적 불편감도 적고, 조직 시민행동을 더 한다는 것을 보여준다.

이제부터는 교육분야의 전문가들을 대상으로 진행된 연구결과들을 살펴보도록 하겠다. 페르네, 구아이, 세네칼(Fernet, Guay, and Senécal, 2004)은 큰 규모의 프랑스계 캐나다 대학에서 근무하는 398명의 교수진을 대상으로 한 연구에서, 업무 활동에 대한 자율적인 자기-통제는 더 낮은 수준의 정서적 소진 및 몰개인화, 그리고 더 높은 수준의 개인적 성취도와 관계가 있다는 것을 발견하였다. 램과 걸란드(Lam and Gurland, 2008)는 미국의 소규모 리버럴 아츠 칼리지(liberal art college)에 근무하는 160명의 직원들을 대상으로 한 연구에서, 업무 활동에 대한 자율적인 자기-통제는 더 높은 수준의 직무만족과 업무 몰입과 관련되어 있다는 것을 발견하였다. 페르네, 가네와 오스틴(Fernet, Gagné, and Austin, 2010)은 프랑스계 캐나다 대학에서 근무하는 380명의 구성원을 대상으로 한 연구에서, 업무 활동에 대한 자율적인 자기-통제는 더 낮은 수준의 정서적 소진과 몰개인화, 더 높은 수준의 개인적 성취 및 관계의 질과 관련이 있다는 것을 발견하였다. 페르네, 오스틴과 발러랜드(Fernet, Austin, and Vallerand, 2012)는 프랑스계 캐나다 학

교의 교장 586명을 대상으로 한 연구에서, 업무 활동에 대한 자율적인 자기-통제는 정서적 소진을 감소시키고, 직업에 대한 몰입도를 높이는 것을 발견하였다. 페르네, 구아이, 세네칼과 오스틴(Fernet, Guay, Senécal, and Austin, 2012)은 캐나다 교사 806명을 대상으로 한 연구에서, 업무 활동에서의 자율적인 자기-통제의 증가는 몰개인화 및 정서적 소진을 감소시키고, 개인적 성취도를 높이는 것을 발견하였다. 트레파니얼, 페르네, 오스틴(Trépanier, Fernet and Austin, 2012)은 프랑스계 캐나다 학교 교장 568명을 대상으로 한 연구에서, 업무 활동에서의 자율적인 자기-통제는 더 높은 수준의 변혁적 리더십과 상관관계가 있고, 자기 자신이 효율적으로 타인의 흥미를 자극해주면서 영감을 줄 수 있는 능력이 있다는 지각과 관련된다는 것을 발견하였다. 트레파니얼, 페르네, 오스틴(Trépanier, Fernet and Austin, 2013)은 캐나다의 교육위원회 구성원 356명을 대상으로 한 연구에서, 업무 활동에서의 자율적인 자기-통제는 낮은 수준의 역할 모호성, 역할 갈등, 역할 부담, 심리적 좌절(불안, 우울, 성급함, 인지적 문제)과 관련이 있다는 것을 발견하였다. 종합적으로 정리해보면, 이 연구들의 결과에서 나타나는 것은 일터에서 자율적인 자기-통제를 경험하는 구성원은 일에서 더 많은 성공을 거두고, 관계에서의 만족을 더 많이 느끼며, 타인의 성공을 더 잘 촉진하는 경향이 있다는 것이다.

마지막으로 이제는 법집행분야에 근무하는 사람들을 대상으로 진행한 연구에 대해 알아보도록 하겠다. 오티스와 펠레티어(Otis and Pelletier, 2005)는 캐나다 경찰관 122명을 대상으로 한 연구를 진행했는데, 업무활동에서의 자율적인 자기-통제가 높을 경우 일상생활에서 느끼는 귀찮음과 신체적 증상 정도가 낮았고, 미래의 업무에 대한 의도 수준도 높게 나타났다. 질렛, 후아트, 콜롬뱃과 포쿼로우(Gillet, Huart, Colombat, and Fouquereau, 2013)는 프랑스 경찰관 170명을 대상으로 한 첫 번째 연구에서, 업무 활동에서의 자율적인 자기-통제는 더 높은 수준의 일에 대한 열정, 헌신, 몰입과 상관관계가 있다는 것을 발견하였다.

질렛과 동료들은 프랑스 경찰관 147명에 대한 두 번째 연구에서도 동일한 상관관계를 발견하였다. 전체적으로 볼 때, 이 연구들의 결과가 말하고 있는 것은, 일터에서 자율적 자기-통제 경험을 한 구성원들은 심리적/신체적 불편감을 더 적게 보고하는 편이고, 현재의 직장에 남아있고자 하는 욕구가 높고, 업무에 대한 몰입도가 더 높은 것으로 나타났다. 스트레스가 높고 일에 대한 요구가 많은 것이 특징인 직업에서도 마찬가지였다.

이 연구결과들을 보면, 자율적인 자기-통제는 다양한 전문분야 및 다양한 국가에서 나타나는 최적의 동기를 보여주는 한 형태임을 알 수 있다. 이제부터는 일터에서의 최적의 포부들로 구성된 내재적 인생 목표에 대한 이론과 연구 결과를 리뷰해보도록 하겠다.

일터에서의 최적의 포부들로 구성된 내재적 인생 목표

인생의 목표, 또는 포부(aspirations)는 장기간의 행동에 대해 구조와 방향성을 제공해주는 비교적 안정적인 동기요소로서, 심리적 행복, 사회적 통합, 신체적 건강에 영향을 미칠 수 있다. 하지만 자기결정이론의 시각에서 보면, 인생의 목표가 성취되더라도, 모든 포부가 완전한 기능 및 유기체적 행복을 가져다주는 것은 아니다. 자기결정이론은 자율성, 유능성, 관계성이라는 기본적인 심리적 니즈의 충족과의 관련성에 따라, 포부를 두 가지의 분류로 나눈다(Ryan, Sheldon, Kasser, & Deci, 1996). 이 분류는 카세와 라이언(Kasser and Ryan, 1996; Kasser & Ryan, 1993)의 연구로부터 시작되었는데, 이들의 연구에서는 개인적 성장과 발달, 커뮤니티에 대한 참여도와 생산성, 의미 있는 소속감과 친밀한 관계, 신체적 건강과 행복에 대한 내재적 포부(intrinsic aspiration), 부와 자원의 보유, 매력적인 신체특징과 이미지, 사회적 인지와 명성에 대한 외재적 포부(extrinsic aspiration)를 파악하기 위해 요인분석을 활용하였다. 이론적으로, 내재적 포부는 자율성, 유능성, 관계성의 충족과 상관관계가 높으

며, 외재적 포부는 기본적인 심리적 니즈의 충족과는 상관관계가 없는 것으로 알려져 있다(Kasser, 2002). 그로젯과 동료들(Grouzet et al., 2005)이 진행한 중요한 연구에서는 전세계의 15개 문화에 걸쳐서 내재적 포부와 외재적 포부가 구조적으로 구분되는 근거들을 발견하였다.

과거에 진행된 자기결정이론에 대한 연구에서는 내재적(외재적의 반대개념) 포부의 추구와 성취 간의 상관관계에 대해 검토하였었다. 카세와 라이언(Kasser and Ryan, 1996)은 (첫 번째 연구) 미국 커뮤니티에 살고 있는 100명의 성인 및 (두 번째 연구) 192명의 학부 학생들을 대상으로 연구를 진행하였는데, 내재적 포부의 중앙성(centrality)은 더 낮은 수준의 우울증, 나르시시즘, 신체적 증상과 관련되어 있고, 더 높은 수준의 긍정적 정서, 활력, 자기-실현과 상관관계가 있다는 것을 발견하였다. 외재적 포부의 중앙성에 대해서는 반대의 결과가 나타났다. 다음의 나라들에서도 유사한 패턴을 찾아볼 수 있었다. 러시아(Ryan et al., 1999), 독일(Schmuck, Kasser, & Ryan, 2000), 한국(Kim, Kasser, & Lee, 2003), 스페인(Romero, Gòmez-Fraguela, & Villar, 2012), 헝가리(Martos & Kopp, 2012), 아이슬란드(Kasser et al., 2014). 위험한 행동(Williams, Cox, Hedberg, & Deci, 2000), 장기적인 금연(Niemiec, Ryan, Deci, & Williams, 2009), 운동(Sebire, Standage, & Vansteenkiste, 2009), 대식증(Verstuyf, Vansteenkiste, & Soenens, 2012)과의 관계에서도 동일한 결과가 나타났다. 전체적으로 정리해보면, 이 연구결과들은 내재적(외재적에 반대되는 개념) 포부에 대한 추구는 다양한 국가, 다양한 행동 및 인생에서의 영역에서도 동일하게 건강과 관련되어 있는 것을 보여준다.

내재적(외재적에 반대되는 개념) 포부와 사회적 태도, 대인 간 행동 간의 관계에 대해 검증한 연구도 있다. 쉘든과 카세(Sheldon and Kasser, 1995)는 미국의 사립대학교 학부 학생 161명을 대상으로 진행한 연구에서, 내재적 포부의 중앙성은 더 높은 수준의 인지적 공감과 상관관계가 있다는 것을 발견했다.

맥호스키(McHoskey, 1999)는 미국 공립대학교의 학부 학생 70명을 대상으로 진행한 연구에서, 내재적 포부의 중앙성(centrality)은 더 낮은 수준의 고립, 무규범, 반사회적 행동, 마키마벨리즘(다른 사람들을 이용하는 경향), 더 높은 수준의 친사회적 행동과 상관관계가 있다는 것을 발견하였다. 두리에즈, 반스틴키스트, 쇠넨스, 드 위트(Duriez, Vansteenkiste, Soenens, and De Witte, 2007)는 벨기에 고등학생 905명을 대상으로 한 연구에서, 외재적 포부의 중앙성은 사회적 지배성 경향과 인종/민족에 대한 편견의 증가와 관련이 있다는 것을 발견하였다. 쉘든과 맥그레거(Sheldon and McGregor, 2000)는 미국 학부생 152명을 대상으로 진행한 연구에서, 외재적 포부의 중앙성은 더 높은 수준의 욕심과 관련이 있지만, 모의 자원관리게임에서 얻은 이득은 더 낮은 것으로 나타났다. 이 연구결과들을 정리해보면, 내재적(외재적의 반대개념) 포부는 일터에서의 '최종 결산 결과'(이득)에 영향을 미칠 수 있는 더 건강한 대인적 경향과 상관관계가 있다는 것을 보여준다.

자기결정이론을 기반으로 한 다른 연구에서는 내재적(외재적과 반대개념) 포부와 건강 간의 관계에 대해 알아보았다. 카세와 라이언(Kasser and Ryan, 2001)의 연구에서는 대학 학생들을 두 집단으로 나누어서 관찰하였는데, 내재적 포부의 성취는 더 낮은 수준의 우울과 불안, 더 높은 수준의 자기실현, 활력, 자기존중감, 대인관계의 질과 관계가 있다는 것을 발견하였다. 외재적 포부의 성취는 이와 같은 건강의 지표와 상관관계를 보이지 않았다. 반 히엘과 반스틴키스트(Van Hiel and Vansteenkiste, 2009)는 노인들을 대상으로 한 연구에서, 내재적 포부의 달성은 낮은 수준의 불행, 좌절, 죽음에 대한 공포, 그리고 높은 수준의 행복, 자아통합, 죽음에 대한 수용과 상관관계가 있음을 발견했다. 외재적 포부의 성취는 더 낮은 수준의 죽음의 수용, 높은 수준의 좌절과 관계가 있었다. 최근, 니미엑, 라이언과 데시(Niemiec, Ryan, and Deci, 2009)가 미국 대학 졸업생을 대상으로 한 연구를 보면, 내재적 포부의 성취는 더 낮은 수준의

불안, 신체적 증상, 부정적 정서와 관련이 있었고, 더 높은 수준의 삶의 만족, 자기존중감, 긍정적 정서와 관련이 있었다. 외재적 포부의 달성은 이와 같은 웰빙의 요소들과 상관관계가 없었고, 높은 수준의 불행을 예측하는 것으로 나타났다. 여기에서 기억해야 할 중요한 점은, 내재적 포부의 성취와 웰빙/불행 간의 관계는 자율성, 유능성, 관계성이라는 기본적인 심리적 니즈의 충족으로 설명될 수 있다는 것이다. 종합적으로 볼 때, 이 연구들의 결과는 목표달성(내용에 상관없이)이 반드시 심리적 건강을 창출해낼 수 있다는 신념에 문제를 제기하고 있다(Carver & Scheier, 1990; Locke & Latham, 1990). 사람들이 내재적(외재적의 반대개념) 포부를 달성하게 되면, 더 높은 수준의 웰빙과 더 낮은 수준의 불행을 경험하게 되는 듯하다.

마지막으로, 우리는 경영학 전공 학생들과 성인 근로자들을 대상으로 한 연구들을 살펴보았다. 카세와 아우비아(Kasser and Ahuvia, 2002)는 싱가포르의 경영학 전공 학생 92명을 대상으로 한 연구에서, 외재적 포부의 중앙성은 더 높은 수준의 불안, 그리고 더 낮은 수준의 자기실현 및 활력과 상관관계가 있다는 것을 발견하였다. 반스틴키스트, 두리에크, 시몬스, 소넨스(Vansteenkiste, Duriez, Simons, and Soenens, 2006)는 경영학을 전공하고 있거나, 교사가 되기 위해 공부하고 있는 벨기에의 학부 학생 248명을 대상으로 연구를 진행하여, 내재적 포부의 중앙성은 더 낮은 수준의 내적 좌절과 약물 남용, 그리고 더 높은 수준의 웰빙과 상관관계가 있다는 것을 발견하였다. 외재적 포부의 중앙성은 더 낮은 수준의 웰빙, 그리고 더 높은 수준의 내적 좌절과 약물 남용과 관련이 있었다. 중요한 것은, 이 결과 패턴은 경영학 전공 학생들과 예비 교사들에게서 동일하게 관찰되었다는 사실이다. 반스틴키스트와 동료들(Vansteenkiste et al., 2007)은 벨기에의 조직구성원 119명을 대상으로 연구를 진행한 후, 외재적 업무가치 경향의 중앙성은 더 낮은 수준의 업무 헌신, 업무 활력, 업무 만족과 관련이 있으며, 더 높은 수준의 성공에 대한 단기적 만족, 일-가정 간 갈등, 정서적 소진, 이직 의도와 상

관관계가 있다는 것을 발견하였다. 외재적 업무가치 경향성과 업무-관련된 성과 간의 관계는 일터에서의 자율성, 유능성, 관계성이라는 기본적인 심리적 니즈의 충족에 의해 설명된다는 사실을 인식하는 것은 중요한 일이다.

정리해보면, 이 연구들의 결과는 돈, 명성, 매력적인 이미지를 강조하는 경향이 있는 교육적/맥락적 환경에서도 내재적 포부의 혜택과 외재적 포부의 부정적 효과를 강조하고 있다.

앞에서 이야기한 연구결과들을 종합해 보면, 내재적 인생 목표(intrinsic life goal)는 다양한 국가에 살고 있는 경영학 전공 학생과 성인 근로자가 가지고 있는 최적의 포부들의 모음이라고 말할 수 있을 것이다. 이제부터는 기본적인 심리적 니즈에 대해 관리자가 지원을 어떻게 해준다면, 일터에서의 구성원들이 자율적인 자기-통제를 할 수 있도록 촉진하고, 내재적 인생 목표를 추구하도록 도와줄 수 있을지에 대해 생각해보도록 하자.

구성원 니즈에 대한 관리자의 지원과, 일터에서의 최적의 동기

최근 건강분야에서 이루어진 184개의 연구를 메타분석한 결과, 사회적 맥락으로부터 니즈에 대한 지원을 받는다는 지각과 자율적인 자기-통제 간에는 관계가 있다는 사실을 증명해주는 강한 근거가 발견되었으며(Ng et al., 2012), 자기결정이론을 기반으로 한 연구에서도 사회적 맥락으로부터의 니즈 지원에 대한 지각은 내재적 포부의 중앙성과 관련이 있다는 결과가 나타났다(Kasser, Ryan, Zax, & Sameroff, 1995; Williams et al., 2000). 따라서, 관리자가 일터에서의 최적의 동기를 촉진하기 위해 자율성, 유능성, 관계성의 충족을 해줄 수 있는 지원방법을 고민하는 것은 중요한 일이다.

다른 연구들에서도 찾아볼 수 있듯이(Niemiec & Coulson, 출판 중; Niemiec, Soenens, & Vansteenkiste, 2014; Williams et al., 2011), 기본적인 심리적 니즈를 충족시켜주기 위한 지원은 권위상(예: 관리자)이나 또래(예: 동료)로부터 시작되어야 한다. 이들은 타

인(예: 구성원)에 대한 현상학적인 시각을 가지고 있는 사람들이다. 이 시각에서, 상대방의 니즈충족에 대해 지원을 잘 해주는 관리자는 일터에서 일어나는 특정한 사건에 대해 구성원이 어떻게 생각하고 느끼는지에 대해 표현하게 하고, 이를 인식하고 수용하기 위해 노력한다. 관리자는 다음과 같이 대화를 시작할 수 있을 것이다. "나는 당신이 일터에서 일어난 일에 대해 어떻게 생각하고 있는지 알고 싶습니다". 이와 같은 표현은 평가적이거나 비난조로 들리지 않지만, 구성원의 경험에 대한 관심을 전달하기 위한 의도를 가지고 있다. 관리자에게는 구성원의 시각을 명확하게 이해하기 위해 구성원과 직접적으로, 그리고 상대방을 존중하는 태도로 관계를 구축하는 것이 중요하다. 구성원의 생각을 이해하게 되면, 관리자는 구성원이 자신의 개인적인 가치와 포부를 실현해나갈 수 있도록 지원할 수 있고, 일터에서 일어나는 일들이 구성원의 인생 목표 달성을 도와주는지 아니면 방해하는지를 살펴볼 수 있을 것이다. 이러한 대화와 관심을 통해, 관리자는 구성원의 자율성을 촉진하게 되고, 구성원이 기대하는 방향에 맞는 대안들을 제공해주며, 행동에 대한 제한 및 다른 요구사항들에 대해 의미 있는 설명을 해줄 수 있게 될 것이다. 또, 관리자는 강압적이고 이용하는 듯한 표현('반드시', '해야 한다')을 써서 구성원의 진행과정, 지속성, 성과의 깊이를 낮추는 부정적 행동을 하지 않을 수 있다(Vansteenkiste, Simons, Lens, Sheldon, & Deci, 2004). 즉, 이 전략들은 자율성의 충족을 위한 지원을 제공해준다는 의도를 가지고 있는 것이다.

구성원의 니즈충족을 지원하는 관리자는 일터에서 기대하는 행동에 대해 명확하고 일관적인 기준을 소통하는 과정을 통해 구조(structure)를 제공해준다. 자율성을 지원하는 방법으로 구조에 대해 이야기해준다는 것은 매우 중요한 일이다(Curren et al., 2013; Jnag, Reeve, & Deci, 2010). 구성원이 일을 하면서 어려움을 경험할 때, 관리자는 구성원이 성공을 거둘 수 있을 거라는 낙관적인 태도를 가지고, 성공을 가로막는 장애물을 찾아내기 위해 노력하며, 구성원이 스킬수준을 높이고 문제해결을

위해 학습을 하는 과정을 조력할 것이다.

　관리자는 구성원이 성공적인 과제완료를 위해 집중력과 스킬이 필요한 흥미로운 경험을 할 수 있는 최적의 도전환경을 조성해주는 것이 좋다 (Deci & Ryan, 1985). 자율성에 대한 지원을 받는 환경이 조성될 경우, 모든 성인은 자신의 능력을 테스트하고 스킬범위를 확장시킬 수 있는 활동을 선호하는 경향이 있다(Shapira, 1976). 또한 관리자는 구성원이 업무 과제를 수행하는 방법에 대해 즉각적이고 명확한 피드백을 제공해줄 수 있다. 이 전략들은 유능성에 대한 니즈를 충족시켜주기 위한 지원을 제공하려는 의도를 가지고 있는 것이다.

　구성원의 니즈를 지원해주는 태도를 가지고 있는 관리자는 일터에서 따뜻하고, 공감적이며, 비판적이지 않은 대인관계 분위기를 창출하며, 특히 일터에서 어려움을 겪고 있는 구성원에게 소통을 통해 무조건적 긍정적 존중을 전달한다(Rogers, 1957). 이 전략들은 관계성 니즈를 충족시켜주기 위한 지원을 제공하고자 하는 의도를 가지고 있다.

　자기결정이론을 기반으로 진행된 한 연구에서는, 관리자가 구성원에 대해 니즈충족인 태도를 학습할 수 있는가에 대해 검증해보았다. 데시, 코넬, 라이언(Deci, Connell, and Ryan, 1989)은 포춘 500대 기업에 근무하는 관리자들을 대상으로 하여 구성원의 자율성 지원에 초점을 맞춘 조직개발전략을 설계하고 시행해보았다. 연구결과를 보면, 구성원의 니즈 지원 훈련을 받은 관리자가 훈련을 받지 않은 관리자보다 구성원의 자율성에 대해 지원을 하는 경향성이 높아졌다. 그리고 니즈 지원 훈련의 효과는 구성원에 긍정적인 영향을 미쳐서, 구성원은 상사와의 협력에 대해 더 높은 수준의 신뢰도를 보고했고, 이후의 발전 가능성에 대해 더 높은 만족도를 보였다. 하드레와 리브(Hardré and Reeve, 2009)는 유사한 연구를 진행하여, 니즈 지원 훈련을 받은 관리자는 그렇지 않은 관리자에 비해 보다 자율성을 많이 지원하는 스타일을 보였고, 구성원들은 더 높은 수준의 자율적인 자기-통제를 하고 있으며 일터에서 더 높은 수준의 몰입을 한다는 보고를 하였다. 정리해보면, 이 연구들의 결과

에서는 관리자가 구성원의 니즈를 충족시켜주는 방향으로 변화할 수 있다는 것을 말해주고 있으며, 관리자의 경향성 변화는 바로 구성원에 대한 혜택으로 이어진다는 것을 보여준다.

　자기결정이론을 기반으로 한 다른 연구를 보면, 구성원의 니즈를 충족시키는 방법을 훈련받은 조직의 코치는 관리자와 수퍼바이저의 중요한 업무 목표에 대한 동기의 내재화를 촉진할 수 있다고 한다. 광범위하게 이야기하면, 조직에서 이루어지는 코칭은 목표 수립을 촉진하고(Grant & Cavanagh, 2011), 기능과 행복을 최적화하기 위해(Spence & Grant, 2013) 설계된 대인 간 활동이라고 정의할 수 있다. 인간의 기능을 향상시키고 잠재력을 활성화하는 데에 초점을 맞춘 연구에서는 코칭이 더 낮은 수준의 불안 및 일터 스트레스와 상관관계가 있다는 것을 보여주었고(Gyllensten & Palmer, 2005), 자기효율성 및 개인적 목표를 수립할 수 있는 유능성을 높여준다는 결과를 나타냈다(Evers, Brouwers, & Tomic, 2006). 재미있는 것은, 코칭에 대한 학문적 문헌자료들이 대부분 비이론적 방법으로 발전되고 있다는 것이다. 최근에는 스펜스와 오데스(Spence and Oades, 2011), 스펜스와 데시(Spence and Deci, 2013)가 자기결정이론을 이론적 체계로 활용해서, 코칭과 관련된 프로세스 및 결과를 이해하고, 코칭과정에서 일어나는 역동에 대해 경험적 탐색을 하고 있다.

　스펜스와 니미엑(Spence and Niemiec, 2016)은 한 통합적 건축 체계의 전국 규모 사업체의 관리자 및 수퍼바이저를 위해, 조직 코치가 코칭활동을 하는데 있어서 니즈 지원적 태도를 가질수 있도록 훈련하는 것에 초점을 맞춰 조직 코칭 개입 전략을 설계하고 실행해보았다. 개입전략은 코치가 자기결정이론의 원칙 및 코칭에 대한 적용방법에 대해 익숙해질 수 있도록 반나절의 훈련 워크샵을 제공하고, 내용충실도를 극대화할 수 있도록 설계한 수퍼비전 회기들을 진행해주는 것으로 구성되었다. 연구결과를 보면, 10주의 코칭기간이 지난 후, 구성원의 니즈를 충족해주는 방향으로 훈련받은 조직 코치의 도움을 받은 관리자와 수퍼바이저

는 통제집단에 비교해보았을 때, 중요한 업무 목표를 달성하는 데 있어서 자율적인 자기-통제력이 상승되는 모습을 보였다. 또한, 자율적인 자기-통제의 향상은 중요한 업무 목표에 대한 유능성의 지각 향상과 관련되어 있었고, 그 결과 업무 몰입의 증가, 부담으로 인한 신체적 증상의 감소, 정신건강문제의 감소와 상관관계를 보였다.

이 전략들은 일터에서의 최적의 동기는 자율성, 유능성, 관계성에 대한 지원을 제공하는 대인간 맥락을 기반으로 창출된다는 사실을 보여준다.

미래 연구에 대한 방향성

6장에서, 우리는 자기결정이론을 기반으로 한 개념적 모델을 발전시켜보았다. 이 모델은 구성원의 니즈 충족에 대한 관리자의 지원이 구성원의 최적의 동기(자율적 자기-통제 및 내재적 인생 목표의 추구)와 상관관계가 있으며, 결과적으로 심리적 행복, 사회적 통합, 신체적 건강, 행동적 일관성, 일터에서의 성과를 낳는다는 것을 보여주었다. 지금부터는 이 결과를 기반으로 하여, 미래의 연구에 대한 몇 가지 방향성을 제공하고자 한다.

첫째, 미래의 연구에서 중요한 점은, 이 개념적 모델의 모든 요소들을 다양한 조직, 조직 내의 다양한 유형의 구성원, 다양한 젠더, 연령, 사회계층, 문화를 대상으로 하여 동시에 테스트해보는 것이다. 자기결정이론에 의하면, 자율성, 유능성, 관계성에 대한 기본적인 심리적 니즈를 충족시키는 것은 최적의 기능 및 행복에 대한 보편적인 조건이라고 한다. 따라서, 우리는 이 개념적 모델의 다양한 요소들 간의 관계 강도는 다양한 조직의 유형, 조직 내의 다양한 유형의 구성원, 인구통계학적 분류와 관련된 제한적 요소들에 따라 다를 것으로 생각한다. 조금 더 명확하게 이야기하자면, 관리자의 니즈 충족, 최적의 동기, 기능, 행복에서 나타나는 평균 차이는 다양한 조직 및 구성원의 유형에 따라 존재하겠지만, 자율성, 유능성, 관계성에 대한 지원이 가지는 기능적 중요성은 변하지 않을 것이다.

둘째, 미래 연구에서 관리자의 니즈 충족이 구성원의 최적의 기능 및 행복과 관련이 있다는 점에 대한 이론 구축과 프로세스 검토는 중요한 작업이 될 것이다. 기본적인 심리적 니즈에 대한 지원은 높은 수준의 인지적 유연성(McGraw & Fiala, 1982; McGraw & McCullers, 1979), 과정진행의 깊이(Vansteenkiste et al., 2004), 창의성(Amabile, 1979), 최적의 도전(Deci & Ryan, 1985), 그리고 몰입(Csikszentmihalyi, 1990)과 관련이 있다고 우리는 생각한다. 또한, 기본적인 심리적 니즈에 대한 지원은 높은 수준의 통합적 정서 통제(Roth, Assor, Niemiec, Ryan, & Deci, 2009), 마음챙김(Schulz, Ryan, Niemiec, Legate, & Williams, 2015), 흥미 찾기(Deci, Ryan, Schultz, & Niemiec, 2015)와 상관관계가 있다고 추측한다. 물론, 대부분의 경우—모두 그런 것은 아니겠지만—인지적, 정서적, 자기-통제적 요소는 최적의 동기 및 경험과 관련되어 있다.

셋째, 미래 연구에서 다룰 중요한 점은, 자율적 자기-통제, 내재적 인생 목표에 대한 추구, 심리적 행복, 사회적 통합, 신체적 건강, 행동적 지속성, 일터에서의 구성원의 성과에 대해 긍정적인 영향을 미칠 수 있는 구성원의 니즈 충족을 위한 관리자의 노력 및 효과를 높이기 위한 개입전략을 개발하는 것이다. 자기결정이론을 기반으로 한 어떤 연구에서는, 관리자가 구성원의 니즈를 충족하기 위한 성향을 더 발전시킬 수 있다는 것을 보여준다(Deci et al., 1989; Hardré & Reeve, 2009). 관리자에게 구성원의 현상학적 시각을 파악하고, 즉각적이고 명확한 피드백을 제공하며, 일터에서 비판적이지 않은 대인 간 분위기를 추구하는 작업의 중요성을 강조하게 되면, 개입전략은 '성공'을 거둘 수 있을 거라고 우리는 생각하고 있다. 또한, 일터에서의 니즈 충족과 관련된 혜택이 오랜 기간에 걸쳐 지속되는 경우, 구성원의 동기, 기능, 행복에 대해 개입전략이 가지는 단기적/장기적 효과를 검증하는 일도 중요할 것이다.

결론

자기결정이론의 시각에서 볼 때, 일터에서의

최적의 동기는 구성원의 자율적 자기-통제 및 내재적 인생 목표의 추구로 나타날 수 있다. 자율적인 자기-통제 및 내재적 인생 목표 추구에 대한 경험은, 자율성, 유능성, 관계성에 대한 기본적인 심리적 니즈의 충족에 의해 촉진될 수 있다. 그럼에도 불구하고, 구성원의 니즈를 충족시켜주는 일터 환경에서도, 구성원은 일을 통한 성과 및 행복을 추구하는 과정에서, 정기적으로 찾아오는 동기적 좌절을 경험할 수 있다. 그럴 때에는, 관리자가 구성원의 유기체적 발달 가능성에 대해 신뢰를 해주고, 최적의 동기를 향한 움직임은 니즈충족을 지원해주는 사회적 맥락에서 일어날 가능성이 있다는 사실을 믿어주는 것이 필요하다(Landry et al., 2008). 구성원을 신뢰해주는 관리자는 구성원의 완전한 기능 및 유기체적 행복을 끌어낼 수 있는 일터 환경을 조성해줄 가능성이 더 높다.

7장
일터에서의 몰입

미하일 칙센트미하이, 소날 코슬라, 잔느 나카무라(Mihaly Csikszentmihalyi, Sonal Khosla, and Jeanne Nakamura)

서론: 일이란 무엇인가?

일은 안정적이고 변하지 않는 개체가 아니다. 호의적인 조건에서 일은 삶의 가장 좋은 부분이 될 수 있지만, 부정적으로 설계된 사회적 조건에서의 일은 거의 참아낼 수 없는 부담이 될 수 있다. 수렵-채집민의 시대별 집단들을 관찰해온 인류학자들의 연구결과를 보면, 남성과 여성이 생존하기 위해 필요한 일을 하는 것을 즐거워하는 사회에서는, 우리가 '일'이라고 부르는 것과 '여가'라고 부르는 것(춤추기, 음악 연주하기, 모닥불 주위에서 이야기하기)이 거의 구분되지 않는 것을 알 수 있다(Evans-Pritchard, 1956; Sahlins, 1972; Turnbull, 1961). 일이라는 것이 독립된 경험이 되기까지는 꽤 오랜 시간이 걸렸다. 일을 독립된 경험으로 만들게 된 것은, 사람들이 곡물과 같은 음식을 축적할 수 있게 해주는 기술이 개발되어 음식을 상하게 하지 않고 보관할 수 있게 되었고, 군인, 농부, 석공, 목수, 하인, 필경사와 같은 직업이 생기게 된 변화였다. 사회는 모든 사람들이 생계를 위해 동일한 일을 하는 민주적 집단으로부터 독재적인 폭군의 군대가 통치하는, 보다 다양하게 분화된 노동력으로 구성된 곳으로 변화하였다.

이와 같이 일에 관련된 조건적 환경에서 부정적 변화가 많이 일어났음에도 불구하고, 인생에서 가장 만족스럽고 의미 있는 몇몇 순간들은 여전히 우리가 일을 할 때 발생한다(Csikszentmihalyi, 2003; Csikszentmihalyi & LeFevre, 1989). 그 이유를 찾기란 어려운 일이 아니다. 살아있는 유기체들은 환경으로부터 에너지를 얻을 수 있게 만들어졌고, 일을 잘 할 수 있는 환경이 조성될 때, 대부분은 깊은 만족감 및 즐거움을 느끼게 된다. 산의 목초지에 가득 피어 있는 꽃밭에 사는 꿀벌들은 햇살 속에서 게으름을 피우며 날아다니면서도, 계속해서 벌집에 신선한 꿀을 채워간다. 따라서 일의 몰입도 정도에 따라, 일로부터 느끼는 스트레스나 지루함의 정도가 달라진다고 단순하게 말하기는 어렵다. 사실, 대부분의 동물들은ㅡ적어도 우리가 가까운 곳에서 관찰하고 이해할 수 있는 동물들ㅡ우리가 '일'이라고 부르는 것에 몰입할 때, 즉 자신을 생존하게 만들어주는 활동을 할 때, 최선을 다한다.

다양한 시대의 사상가들의 주장에 따르면, 살아있는 생물들은 자신이 특히 잘 적응되어 있는 일을 할 때 최선을 다한다. 긍정심리학에서 최근에 개발된 원칙은 동일한 결론을 향해 가고 있다. 사람들은 다양한 강점을 가지고 있으며-피터슨과 셀리그만(Peterson and Seligman, 2004)에 의하면 24개-강점을 활용할 때에는 더 효율적이 될 뿐 아니라 더 긍정적인 기분을 느끼게 된다는 것이다. 화상 피해자의 치료를 전문으로 했던 의사, 리차드 그로스만(Richard Grossman)의 사망 기사를 보면 좋은 실례를 찾아볼 수 있다. 그로스만은 자신의 일에 대해 '대단한 헌신'을 했던 사람이었고, 그가 환자의 고통을 감소시키기 위해 개발한 새로운 기술은 전설로 남았다. 녹초가 될 수밖에 없는 일을 중독된 것같이 계속해서 하게 되는 이유에 대해 질문을 받았을 때, 그는 자신이 창출해 낸 성과의 좋은 점에 대해 이야기를 한 것이 아니라, 이렇게 단순하게 대답했다. "스킬을 개발했으면, 쓰고 싶어지는 거죠."(Nelson, 2014). 전문가나 운 좋은 사람에게서만 들을 수 있는 이야기가 아니다. 조립라인 근로자, 서비스 종사자, 그리고 자신의 일을 즐기기가 매우 어려워 보이는 사람들도 시인이나 의사와 같은 직업을 가지고 있는 사람만큼 표현력이 좋은 경우가 많다. 이탈리아의 알프스 산맥에 살고 있는 62세의 여성은 이렇게 말한다. "저는 소를 키우고 과수원을 가꾸어요. 그중에서도 식물을 돌볼 때 특히 만족감을 느낍니다. 매일매일 성장하는 것을 보는 것이 좋아요. 정말 아름답거든요"(Dell Fave & Massimini, 1988, pp.197, 199).

하지만 전세계에서 진행된 설문조사를 보면, 대부분의 성인들은 '일'을 싫어하는 경우가 많고, 일에서의 몰입도를 못 느낀다고 대답할 때가 많다(Gallup, 2013). 업무조건이 많이 개선되었지만, 뭔가가 아직 부족한 상황이다. 자신은 일을 통해 최고의 장점을 표현할 수 있고, 일은 스스로에게 의미 있는 활동이며, 일에서 재미를 찾는다고 느끼는 근로자는 여전히 찾아보기 힘들다. 지금의 상황을 변화시킬 수 있는 아이디어는 어디에서 찾을 수 있을까? 7장에서, 우리는 몰입(flow)의 개념에 대해 리뷰해보려고 한다. 몰입이란, 자신이 하고 있는 것에 완전히 빠져있다고 느끼고, 삶에 있어서 가장 큰 보상이자 가치 있는 순간을 경험하고 있다는 느끼는 심리적 상태를 가리킨다. 그리고 나서는, 일을 통해 몰입을 어떻게 경험할 수 있는지에 대해 논의해보고, 일터에서의 몰입에 대한 최근의 문헌자료를 리뷰해볼 것이다. 그러한 과정을 통해, 어떤 결과들이 공통적으로 도출되었는지, 그리고 지금까지 수행된 연구들에서 빠져 있는 것은 무엇인지를 검토해보려고 한다.

즐길 수 있는 일의 재구조화

일의 즐거움에 대해 연구를 해온 우리와 다른 학자들이 발견한 것은 다음과 같은 사실이었다. 한 사람이 자신의 일에 깊이 몰입하게 되면, 일로부터 내재적인 보상을 받기 시작하고, 화가, 음악가, 운동선수들이 성과가 좋게 나왔을 때의 느낌을 보고했던 현상과, 많은 면에서 유사한 현상을 경험하게 된다. 예를 들어, 수술과정에 매우 몰입했다는 느낌을 묘사할 때, 외과의사는 "스키를 타고 활강하는 느낌이었다" "순풍을 받고 항해하는 느낌이었다" "보디 컨택트 스포츠(body contact sports)를 하는 느낌이었다"라고 이야기한다(Csikszentmihalyi, 1975). 전통적인 이득을 얻을 수 없는 상황에서도 스스로 즐길 수 있는 경험을 한다는 공통 요소들은 *몰입 경험*(flow experience)의 특징으로 나타난다(Csikszentmihalyi, 1975, 1990; Csikszentmihalyi & Csikszentmihalyi, 1988).

7장에서 우리는 최적의 경험에 대한 몰입 모델에 대해 간단하게 요약을 해볼 것이고, 그 다음에는 심리학자와 다른 사회과학자들이 몰입의 느낌, 몰입의 원인, 업무환경에서 몰입을 경험할 때 얻게 되는 결과에 대해 연구한 자료들을 정리해볼 계획이다.

〈몰입의 발달〉

몰입의 개념은 '최적의 경험(optimal experience)', 최고의 기분을 느끼는 삶의 순간들을 이해하기 위한 일련의 연구들을 통해 발전하였다. 생각했던 것과 달리, 이와 같은 최적의 경험들은 음악을 작곡하거나 연주할 때, 조각을 할 때, 시를 쓸 때, 등산을 할 때, 영국해협을 헤엄쳐서 건너갈 때, 좋은 대화를 할 때의 느낌과 일치하는 부분이 매우 많은 것으로 나타났다.

연구과정이 진행됨에 따라, 최적의 경험은 일터에서도 얻을 수 있는 것을 알게 되었다. 외과의사나 시인과 같은 엘리트 전문가뿐 아니라, 조립라인에서 일을 하거나 육가공품 가게에서 샌드위치를 만드는 단순한 일을 하는 경우에서도 말이다.

이와 같은 몰입경험을 했을 때 어떤 기분을 느꼈는지를 기억하고 그에 대해 묘사한 사람들의 이야기를 보면 8가지의 특성들이 나타났다. 예상과 달랐던 것은, 분야는 컴퓨터 프로그래밍과 수술부터 농사 및 건설까지, 수행하는 활동은 게임, 운동, 음악 작곡, 시 쓰기 중 그 어느 것이든지 상관없이 최적의 경험은 동일한 현상학적 특징을 보인다는 사실이었다. 미국에서 우리가 진행한 연구는 이탈리아, 독일, 한국, 일본 등 다양한 나라에서, 다른 문화에서도 반복 검증되었는데, 동일한 현상학적 특성이 나타났다.

첫 번째로 놀라웠던 것은, 최적의 경험 과정을 시작하는 도전과제에 대한 이야기가 많이 나왔다는 점이었다. 도전과제의 내용은 매우 다양했다. 바이올린 연주자 지망자가 쇼팽의 곡을 연주하는 것, 등반가가 요세미티(Yosemite)의 특별히 험준한 암벽을 오르는 것, 과학자가 가장 적절한 실험 방법을 찾아서 가설을 증명하는 것, 지금까지 관련이 없었던 사실에 대해 가장 만족스럽게 설명을 해줄 수 있는 이론을 개발하는 것. 어머니의 도전과제는 중요한 이슈들을 아이에게 가르치는 것이 될 수 있고, 아이에게 도전과제는 문을 열기 위해 열쇠를 사용하는 방법을 배우는 일이 될 수 있다. 중요한 것은, 일반적으로 생각하는 것과 달리, 사람들의 삶에서 가장 기억에 남는 순간은 편안함을 느끼고 휴식을 할 때, 금전적 이득이나 대중의 찬사를 기반으로 한 외부적 성공을 거둘 때가 아니라, 어려움과 두려움을 느끼는 도전을 마주했을 때였다.

물론, 최적의 경험은 도전과제뿐 아니라 과제를 해결하기 위해 필요한 스킬의 사용가능성에 달려 있기는 하다. 도전과제가 자신이 가지고 있는 스킬의 범위를 넘어선다고 생각될 때, 사람들은 걱정을 하게 되고 불안감을 느끼게 된다. 스킬의 수준이 도전과제의 수준보다 높을 때, 사람들은 지루함을 느낀다. 도전과제와 스킬의 수준이 모두 낮을 때의 상황을 가장 잘 묘사할 수 있는 단어는 무관심이다. 최근에 이루어진 연구들을 보면, 몰입은 도전과제의 수준이 스킬 수준보다 몇 퍼센트 위에 있을 때 최고수준이 되지만, 스킬이 도전과제의 수준보다 조금만 더 높아지면 몰입 수준은 매우 빠르게 떨어진다고 한다(Abuhamdeh & Csikszentmihalyi, 2012).

한 사람이 해결해야 하는 도전과제는 활동을 통해 도달해야 하는 목표를 결정해준다. 체스 게임에서, 각각의 말을 움직인다는 것은 게임에서 이긴다는 전반적인 목표 내에서의 세부적인 목표를 가지고 있다. 그 목표는 자신의 영토나 왕을 지키는 것일 수도 있고, 단기적 또는 전반적인 전략적 목표일 수도 있다. 또한 목표는 적의 말을 잡는 것일 수도 있고, 체스판의 한쪽에 대한 통제상황을 만드는 것일 수도 있겠다. 게임을 하는 동안 몇백 가지의 의사결정이 이루어져야 하지만 각각의 판단은 적의 움직임에 의해 생겨나는 문제를 가장 잘 해결한다는 동일한 목표를 가지고 있다. 승리를 한다는 것은 게임의 전체적인 목표이지만, 즐겁게 게임을 할 수 있게 해주는 것은 문제를 해결할 수 있는 수백 개의 기회가 주어진다는 사실이고, 각 기회의 목표는 성취에 대한 보상을 받을 수 있는 순간을 만들어내는 것이다.

노래를 하거나 음악을 연주하는 일을 즐겁게 만들어주는 것은 노래를 끝마치는 것이 아니다. 노래와 연주를 하는 과정에서 하나의 코드, 하나의 음을 최대한 잘 표현하기 위해 노력하는 일이 중요한 것이다. 바위산 등산가는 정상에 올라가는 행동에서 많은 보상을 받는 것이 아니라, 등산을 하기 위해 필요한 수백개-또는 수천개-의 움직임을 할 수 있는 능력에 의해 보상을 받는다. 정상에 도달한다는 전체적인 도전과제 해결을 하는 과정에서 발생하는 다양한 문제와 다양한 도전과제들을 해결하는 것이 보상 자체인 것이다.

최적의 경험에서 공통적으로 나타나는 그 다음 특성은, 자신이 어떤 것을 해야 하고, 스스로가 얼마나 잘 하고 있는지를 알게 되는 순간이다. 신체적 게임이나 심리적 게임은 '점수를 낼 수 있는 것'이 무엇인지를 명확하게 이해할 수 있는 규칙을 가지고 있다.

테니스 선수는 자신이 보내고 싶은 곳으로 공이 가고 있는지를 알 수 있다. 음악가는 자신이 만들어내는 소리를 모니터링하면서 자신이 만들어내고 싶은 소리가 아닐 때를 판단할 수 있다. 암벽등반가는 각각의 움직임을 할 때 몇 피트 더 높은 곳을 보면서, 자신이 계곡으로 떨어지지 않고 있는지를 판단한다. 의사는 자신이 수술을 하는 이유들 중의 하나는 "실수를 할 때(구멍에 피가 차거나, 동맥을 잘랐을 때) 항상 알 수 있다"는 것이라고 말한다.

이러한 조건들이 만족되었을 때 – 명확한 목표를 제공해주는 활동으로부터 자신의 스킬수준보다 약간 높은 수준의 도전과제를 수행하고, 즉각적인 피드백을 받을 때 – 몰입을 하기 위해서는 그 활동에 대한 관심 집중이 필요하다. 일상생활에서 우리의 관심을 끄는 일상적인 존재적 걱정들과 같이 부적절한 방해물을 신경쓰지 않는 상당한 정도의 집중. 등반가가 자기 자신에 대해, 또는 인류의 미래에 대한 걱정에 빠져 있다면, 암벽에서 떨어지게 될 가능성이 높고, 피아니스트는 건반을 잘못 치게 될 것이며, 체스선수는 부지불식간에 퀸을 희생시키게 될 것이다. 일상생활에 존재하지만 원하지 않는 방해물들을 잠시 제거한다면, 자신의 스킬을 발휘할 수 있는 도전과제에 몰입하면서 충만한 삶을 경험할 수 있게 될 것이다. 이것이 특정한 활동에 몰입하게 되는 궁극적인 이유이다. 그리스인들이 자기목적적 경험(autotelic experience)라고 불렀던, 활동 자체가 보상인 경험을 하게 될 때 말이다.

진화의 과정에서, 우리의 어떤 조상들은 도전과제에 대해 의식적으로 몰입하는 것과, 뇌의 쾌락중추와의 관계를 구축했던 것으로 보인다. 이 일이 어떻게 일어났는지는 미스테리로 남아 있고, 아마도 우연히 일어난 것으로 생각된다. 하지만 이와 같은 뇌의 변화가 일어난 사람들은 신경생리학적 사건으로부터 혜택을 받게 되었다. 왜냐하면, 그들은 새로운 도전과제를 추구하는 데 있어서 더 많은 호기심을 보이고, 더 많은 실험을 했으며, 더 기꺼이 위험을 감수하게 되었기 때문이다. 이와 같은 추론에 대해서는 더 많은 연구가 이루어져야 하지만 그 추론을 뒷받침하는 근거도 존재한다. 예를 들어, 스톡홀름의 카롤린스카(Karolinska) 연구소에 있는 신경생리학자들에 따르면, 몰입을 경험하는 사람들은 의도적인 추구행동에 관련되어 있는 뇌부분으로 도파민을 더 자주 전달하는 경향이 있다고 한다. 반대로, 몰입을 상대적으로 딜 경험해본 사람들은 수동적인 쾌락을 창출하는 것에 관련되어 있는 뇌의 중심부분에만 거의 집중하여 도파민을 보낸다는 것이다(de Manzano, Cervenka, Jucaite, Hellenäs, Farde, & Ullén, 2013). 노력과 쾌락 간의 이와 같은 관계는 완전히 유전적인 것일 수도 있고, 몰입을 경험할 가능성은 뇌의 모든 분야일 수도 있다. 하지만 습관이 되려면 연습을 통해 활성화를 반복해야 할 필요가 있다. 어떤 경우라도, 도전하는 것을 좋아하는 것은 우리의 본성에 포함된 특성이므로, 우리는 운동, 게임, 음악 및 미술과 같이 즐거움을 제공하기 위한 목적으로 실행하는 활동 및 일을 통해 도전을 경험할 수 있어야 한다. 그렇다면, 구성원들이 몰입을 경험할 가능성을 높이기 위해 조직이 할 수 있는 것은 무엇일까?

〈일터에서의 몰입에 대한 논의〉

우선 일터에서의 몰입은 일에서 즐거움을 찾는 방법을 구성원에게 교육하는 전문적 발달 기회를 제공하는 것으로 간단히 해결할 수 있다. 구성원이 일로부터 더 많은 몰입기회를 찾을 수 있도록 촉진하는 첫 번째 단계는 몰입이 어떤 것이고, 어떻게 찾아야 할 것인지에 대한 이해를 증진시키는 것이다. 두 번째로, 조직은 성과리뷰나 관리자/리더가 구성원의 이야기를 들을 수 있는 다른 기회를 통해, 일을 하는 과정에서 몰입을 촉진하거나 방해하는 것에 대해 소통을 함으로써, 구성원을 직접적으로 지원할 수 있다. 조직이 우선적으로 수행해야 하는 일로서 몰입을 소개했던 자료를 보면,

관리자들은 지루함, 불안이나 다른 부정적인 감정을 낳을 수 있는 일을 할 때, 그러한 장애물을 극복하기 위한 방법을 찾을 수 있게 구성원을 도와주었고, 구성원이 좋아하는 일을 할 때 더 많은 책임을 가질 수 있도록 조력하였다(Marsh, 2005).

마지막으로, 조직은 구성원들이 스킬을 개발하고 더 많은 도전 기회를 가질 수 있도록 자원을 제공해줄 수 있다. 최근, 아시아의 대규모 과학기술 회사들 중 한 곳(8만 명의 구성원이 일하고 있는)의 대표이사는 칙센트미하이(Csikszentmihalyri)에게 지난 25년 동안의 대차대조표를 보여주었다.

그 대표이사는 12년 전의 변곡점을 짚어보았다. 지속적으로 총 수익은 늘고 있었지만 12년 동안 회사의 순이익이 침체되었었는데, 갑자기 순이익이 상승되었던 때였다. 관리 시스템에 몰입이라는 개념이 소개되었던 그때부터, 회사는 과거의 성과와 비교해보았을 때 65억 달러의 순이익을 더 올리게 되었다고 대표이사는 말했다. 몰입이라는 개념을 진지하게 받아들였기 때문만은 아니겠지만, 몰입을 완전히 무시하지는 않았던 때였다.

몰입을 통해 생길 수 있는 또 다른 결과는 구성원의 스킬이 지속적으로 성장한다는 것이다. 몰입 상태에 머무르기 위해, 구성원들은 발전하고 있는 자신의 스킬을 활용할 수 있는 더 큰 도전과제를 가지고 싶어한다. 따라서 구성원의 성장기회를 제공해주지 못하는 조직은 지루함과 무관심 때문에 동기가 저하된 구성원이 존재할 가능성이 있는 것이다. 그리고 자신의 스킬을 인정해주고 활용해주며, 성장할 수 있는 직장으로 옮기고 싶어하는 핵심인재들의 퇴사가 지속되는 현상을 경험할 수도 있다.

이와 같은 제안들은 몰입 이론에서 직접적으로 제시하고 있는 것이다. 앞으로 더 필요한 것은, 몰입 이론을 현실에 적용하기 위한 경험적 기반에 대해 통합적인 리뷰를 하는 일이다. 일에 대한 몰입 문헌자료들을 더 초기에서부터 살펴보거나(Dell Fave, Massimini, & Bassi, 2011), 더 간단하게 요약을 할(Nakamura & Dubin, 2015) 필요가 있다. 일의 세상이 변화무쌍해짐에 따라, 이와 같은 제안들은 현재의 업무 환경에 적절해야만 한다. 이와 같은 목적을 위해, 우리는 일에서의 몰입에 대해 최근에 이루어진 연구들을 중점적으로 리뷰해보았다. 그럼으로써 실무자들에게 필요한 정보를 제공하고, 미래의 연구가 밝혀내야 할 점을 살펴보도록 하겠다.

지난 10년간 몰입과 일에 대해 이루어진 연구에 대한 간단한 리뷰

업무환경에서의 몰입에 대해 최근 이루어진 연구들은 주로 구성원의 몰입을 촉진하거나 방해하는 요소들에 대해 초점을 맞추고 있다. 또 일부 연구들은 일터에서 경험한 몰입을 통해 창출된 결과를 강조하고 있기도 하다. 몰입과 일에 대한 연구가 빠른 속도로 늘어났기 때문에, 우리는 그 분야의 트렌드와 시각차이를 보여줄 수 있는 몇몇 연구들에게 더 초점을 맞춰보기로 하였다. 2005년부터 2015년 중순까지 발표된 몰입과 일에 대한 연구들은 7장의 목표인 최신 트렌드를 최대한 보여줄 수 있는 자료들이었다. 일터에서 몰입을 촉진하거나 방해하는 요소에 대해 논의를 하거나, 정량화할 수 있는 몰입의 결과에 대해 고려한 연구는 28개가 있었고, 그중에서 25개의 연구는 몰입 경험의 선행요인에, 9개는 억제요인에, 13개는 몰입 경험의 결과에 초점을 맞추었다. 그리고 일터에서의 몰입 경험을 탐색하였지만, 촉진요인이나 억제요인, 몰입의 결과라는 시각에서 일터에서의 몰입을 이해하는 데에는 별 도움이 안되는 연구가 1개 있었다.

〈조사결과〉
- 촉진요인

일터에서의 몰입을 촉진하는 요소에 대해 언급한 25개의 연구들 중, 대부분은 개인의 성격에 대해 탐색을 하였다. 개인의 인지적 요인에 관련된 연구가 11개 발견되었다. 살라노바, 바커, 로렌스(Salanova, Bakker, & Llorens, 2006)는 스스로에 대한 자기효능성 신념과 같은 개인적 자원은 일과 관련된 몰입의 촉진요인으로 기능한다고 주장하였다.

업무환경에 존재하는 몰입의 촉진요인에 대한 인식을 강조한 연구들 또한 인지적 요인 연구로 포함하였다.

몰입의 지각과 관련된 연구들 중의 하나는 '어려움을 파악하기'(예: 분석적인 문제해결을 기획하기, 과제에 초점 맞추기)와 같은 요인을 강조하였다(Baumann & Scheffer, 2010).

개인 행동의 영향력(예: 접근적 대처행동)을 탐색한 연구는 8개가 있었다. 토버트와 모네타(Tobert and Moneta, 2013)의 연구에서는, 계획수립과 적극적인 대처를 포함하는 접근적 대처행동(approach coping)이 몰입의 예측요인으로 발견되었다. 그리고 이 연구에서, 긍정적 정서 또한 몰입의 긍정적인 예측요인으로 나타났다. 개인적-동기 요인을 몰입의 촉진요인으로 주장한 연구는 5개가 있었다. 모네타(Moneta, 2012)에 따르면, 내재적 동기에 대한 특성이 많을수록, 일터에서 몰입을 경험할 가능성은 더 높다고 한다. 개인적 기질은 정서적, 인지적, 동기적, 그리고 행동적으로 코딩되었다. 다른 사람들(예: 사회적 네트워크)에 관련된 요인들을 다루는 연구는 매우 적었다. 대인 간 변인을 몰입의 촉진요인으로 언급한 경우는 25개의 연구들 중 2개밖에 없었다. 대인 간 변인을 언급한 연구들 중 하나에서는, 음악교사의 몰입이 후배의 몰입을 촉진한다고 주장하였다(Bakker, 2005).

일부 연구에서는 개인적/대인 간 요소를 넘어 상황적 요소에도 관심을 가졌다. 상황적 요소는 일과 관련된 부분과 그렇지 않은 부분으로 분류할 수 있다. 일과 관련된 상황적 요소에는 업무 특성(예: 스킬의 높은 다양성, 낮은 긴장도)과 업무 자원(예: 사회적 지원)이 있다. 구성원의 자율성과 전문성 발달의 기회를 제공해주는 업무는 몰입 경험에 직접적이고 중요한 영향을 주는 것으로 나타났다(Kuo & Ho, 2010). 그리고 정서적 요구, 업무에서의 압력, 자율성과 같은 업무 특성 또한 몰입과 상관관계를 보인다(Bakker, 2008). 일과 관련된 상황적 요소는 13번 언급된 반면, 일과 관련되지 않은 상황적 요소는 집에서 하는 일이 몰입을 유도한다는 내용으로, 한 연구에서만 언급되었다(Peters, Poutsma, Van der Heijden, Bakker, & De Bruijn, 2014).

- 억제요인

몰입을 방해하는 요인들을 언급한 9개의 연구 중에서 8개의 요소는 개인-정서 분류로 묶을 수 있다. 부정적인 정서는 몰입과 부적 상관관계를 보이는 것으로 나타났다(Tobert & Moneta, 2013). 개인적-인지적 영향을 언급한 연구는 7개가 있었다. 심리적 소진은 낮은 수준의 몰입과 연결된다는 결과가 몇몇 연구에서 나타났다(Demerouti, Bakker, Sonnentag & Fullagar, 2012; Mäkikangas, Bakker, Aunola, & Demerouti, 2010). 그리고 개인적-행동적 요소에 초점을 맞춘 연구는 3개가 있었다. 회피와 자기-처벌을 포함한 부적절한 대처법은 몰입을 부정적으로 예측하는 행동적 요인들 중 하나였다(Tobert & Moneta, 2013). 많은 연구들은 개인적 요소의 한 가지 분류 이상을 다루고 있었다. 피터스와 동료들(2014)의 연구에 따르면, 일과 관련된 몰입은 "구성원이 권한위임을 받았다는 느낌을 갖지 못할 때, 그리고 자신의 업무조건을 일을 위한 자원으로 활용하고 경험하지 못할 때" 달성되지 못한다고 한다(p.271). 대인관계가 포함된 억제요인을 다룬 연구는 하나도 없었다.

개인적/대인 간 요소들을 넘어서서, 일에 관련된 상황적 요소를 언급한 연구는 한 가지가 있었다(Fagerlind, Gustavsson, Johansson, & Ekberg, 2013). 페이거린드와 동료들에 따르면, 긴장도가 높은 일(요구수준이 높고 통제가 많이 되는 일)은 몰입에 대한 억제요인으로 기능한다. 반대로, 일과 관련되지 않은 상황적 요소는 어떤 연구에서도 언급되지 않았다(그림 7.1 참고).

몰입 연구자들은 업무 환경에 관련된 요소들을 억제요인이 아닌 촉진요인으로서 관심을 가져왔다는 사실을 기억하는 것은 중요하다. 구성원의 몰입 경험을 고려할 때, 업무환경을 개선하는 일에 대해서는 더 큰 중요성을 부여할 필요가 있다. 또한 대인 간 요소들은 몰입의 촉진요인/억제요인으로서의 중요성을 그보다 더 인정받지 못했다.

[그림 7.1] 일터에서의 몰입에 대한 촉진요인 및 억제요인을 검증한 연구들(2005-2015)의 비율(촉진요인 25개 / 억제요인 9개)

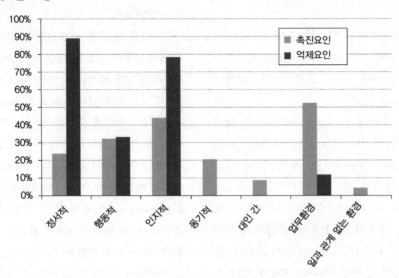

* 출처: 저자

- 결과

일터에서의 몰입 경험이 창출하는 결과를 언급한 13개의 연구 중, 개인적-인지적 요소를 언급한 연구는 7개였다. 몰입은 일에서의 창의성을 낳는 것으로 보인다(Yan, Davison, & Mo, 2013). 일터에서 몰입을 경험하는 것은 또한 더 낮은 수준의 소진 및 퇴근 후의 소진과 상관관계가 있었다(Demerouti et al., 2012; Lavinge, Forest, & Crevier-Braud, 2011).

개인적-정서적 변인과 관련된 요소들을 고려한 연구는 6개였다. 많은 연구에서, 몰입의 존재는 긍정적 정서를 가져온다는 결과를 보여주고 있다(Demerouti et al., 2012; Eisenberger, Jones, Stinglhamber, Shanock, & Randall, 2005; Fullagar & Kelloway, 2009). 하지만 개인적-행동적 결과에 대한 연구는 3개밖에 없었다. 사람들은 몰입의 결과로서, 더 자발적으로 흥미를 느끼며 과제를 수행한다는 연구가 있었다(Eisenberg et al., 2005). 몰입은 대인 간 요인의 결과로 보여진다는 연구도 3개가 발견되었다. 한 연구에서는, 조직구성원의 몰입은 상사의 몰입에 의해 만들어진다는 결과를 나타내었다(Bakker, 2005).

일과 관련된 상황적 결과는 4개의 연구에서 검증되었다. 몰입은 일터에서 역할 안/역할 밖의 성

과를 이끌어내고(Demerouti, 2006), 고객에게 더 우수한 품질의 서비스를 제공하도록 해준다(Kuo & Ho, 2010). 일과 관련없는 상황에서의 결과를 언급한 연구는 한 가지밖에 없었다(업무 외의 환경에서 더 높은 에너지 수준을 보임 / Demerouti et al., 2012). 또한, 검토된 연구들 중에서, 단기적인 결과(특정한 하루 동안 일에 대한 소진을 덜 느낌)에 대해 근거를 수집한 연구는 3개였고, 장기적인 결과(지속적인 개인적 자원)를 보고한 경우는 2개밖에 없었다. 수집된 연구결과만 가지고 몰입의 결과가 단기적인지 장기적인지를 판단하기는 어려웠다. 몰입으로 인해 중요한 결과가 나왔다는 것만 알 수 있었다.

〈요약과 제안〉

검토된 28개의 연구들 거의 모두가 일터에서의 몰입에 대한 촉진 및 억제요인들 중 하나 이상을 다루고 있었다. 몰입의 촉진요소를 논의한 25개의 연구들 중, 17개가 개인적 요소를 고려하였다. 대부분은 몰입을 촉진하는 데 있어서, 광범위하게 정의된 인지적 요소들을 다루었고, 정서적/행동적 요소를 다룬 경우는 그보다 적었다. 동기적 변인도 몰입의 촉진요소로 검증되었다. 반면, 몰입에 대한 억제요인을 다룬 경우는 9개밖에 되지 않았고, 인

[그림 7.2] 일터에서의 몰입이 창출한 결과를 검증한 연구들(2005-2015)의 비율(13개)

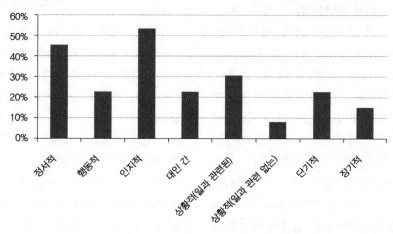

* 출처: 저자

지적/정서적 요소들은 거의 동일한 빈도로 다루어 졌으며, 인지적/정서적 요소를 모두 다룬 경우도 있었다.

일터에서의 몰입을 방해하는 요소보다는 촉진 하는 환경적 요소를 검증한 연구들이 더 많았다. 일과 관련없는 상황적 요소를 논의한 연구는 매우 적었다.

일과 관련된 몰입의 결과를 논의한 연구들 중 에서 대부분은 정서적/인지적 결과를 다루고 있었 다. 행동적/대인 간 결과를 논의한 경우는 많지 않 았다. 일과 관련된 결과를 다룬 연구는 매우 적었 고, 일과 관련되지 않은 결과를 논의한 경우는 그 보다도 더 적었다. 마지막으로, 단기적 결과를 분 류한 연구가 몇 가지 있었고, 일터에서의 몰입을 경험한 것의 장기적 결과를 언급한 경우는 그보다 적었다.

이와 같이 관찰해보았듯이, 업무환경과 관련된 요소들은 몰입을 촉진하는 데 있어서 중요성을 더 많이 인정받은 반면, 개인적 요소들은 몰입을 방해 하는 경우에 더 많이 언급되었다. 업무자원(job re-source)에 대한 연구는 사회적 지원을 포함하는 때 가 많은 반면, 대인 간 과정이 연구되는 경우는 거 의 없었다. 일터에서의 몰입에 있어서 대인 간 요 인이 담당하는 역할을 알아내는 것을 목표로 하는 연구가 더 많이 진행될 필요가 있다.

마찬가지로, 몰입을 촉진하는, 일과 관련 없는 환경적 요소를 다룬 연구는 하나밖에 없었고, 그 요인들이 어떻게 몰입을 방해하는지에 대해 검증 한 연구는 없었다. 따라서, 몰입을 촉진하거나 방 해하는, 일과 관련 없는 환경적 요소를 찾아내기 위한 연구가 더 많이 진행될 필요가 있다.

마지막으로, 대부분의 연구들은 다양한 분야를 대상으로 하였으며, 매우 짧은 기간 수행된 종단연 구였으므로, 일터에서의 몰입을 경험하는 것의 장 기적 결과를 알아내기 위해 더 많은 노력을 기울 일 필요가 있을 것이다. 여기에서 논의된 이슈들은 매우 풍부한 인지적/사회-경제적 의미를 가지고 있으며, 미래에 매우 중요한 연구들을 창출해낼수 있다는 것은 분명한 사실이다. 지금까지 진행한 간 단한 소개를 통해 연구자들이 중요한 이슈들을 인 식하고, 제기된 문제들을 해결하는데에 도움이 될 수 있기를 기대한다.

미래의 연구

많은 연구들이 몰입에 대해 관심을 가졌지만, 일터에서의 몰입을 다룬 경우는 상대적으로 적었 다. 몰입을 촉진하거나 방해하는 요소를 검증하거 나, 일터에서의 몰입 경험이 창출하는 결과를 측정 한 경우는 그보다 훨씬 더 적었다.

앞에서 언급한 연구들을 기반으로 하여, 미래의 연구에 대해 몇 가지 제안을 할 수 있을 것 같다. 첫째, 몰입의 대인 간 촉진요인 및 억제요인을 파악하기 위해 더 많은 연구가 이루어져야 한다. 몰입의 촉진에 있어서 다른 사람들이 줄 수 있는 영향력을 언급한 연구는 거의 없었고, 몰입을 억제하거나 억제하지 않는 것에 있어서, 다른 사람들이 어떤 역할을 하는지에 대해서는 아예 진행된 연구가 없었다. 예를 들어, 한 연구에서는 몰입경험을 하는 상사와 함께 일하는 것이 구성원의 몰입을 설명할 수 있다는 것을 발견하였다(Bakker, 2005). 마찬가지로, 다른 사람들이 몰입 경험에 어떻게 영향을 미치는지를 설명하기 위해 대인관계 및 사회적 영역에 대해 더 많은 연구를 진행할 필요가 있겠다.

둘째, 몰입의 촉진요인으로서 가장 많이 연구되었던, 일과 관련된 상황적 요소들 또한 몰입을 어떻게 억제할 수 있는지에 대해 살펴볼 필요가 있다. 몰입을 억제하는, 일과 관련된 상황적 요소들(예: 업무의 요구, 업무의 구조, 업무 자원 등)은 더 세부적으로 연구가 되어야 한다. 셋째, 가정환경, 문화요소, 사회적 영향력과 같은, 일과 관련되지 않은 상황적 요소들은 몰입에 대한 영향력을 이해하기 위해 연구될 대상이다. 리뷰해 본 연구들 중에서, 몰입의 촉진요인으로서 일과 관련되지 않은 환경의 영향을 다룬 연구는 한 개뿐이었고(Demerouti et al., 2012), 몰입을 억제하는 요소들의 영향력을 파악하기 위해 진행된 연구는 없었다. 넷째, 몰입의 결과에 초점을 맞춘 대부분의 연구들은, 정서적, 행동적, 인지적 변화와 같은 개인적 결과를 강조하고 있지만, 일터에서 경험한 몰입으로 인해 생기는 환경적 결과를 탐색한 연구는 별로 없었다. 몰입이 환경적 결과(일과 관련되거나 관련되지 않거나)를 어떻게 창출하는지를 다룬 연구가 부족한 상황이다. 마지막으로, 몰입이 단기적인지 장기적인지에 따라 결과가 어떻게 달라지는지를 설명하는 것도 중요하다.

결론

7장의 목표는 지난 10년 동안 진행된 연구들을 리뷰한 결과를 기반으로 하여, 몰입과 관련된 요소들을 요약해보는 것이었다. 관찰해본 요소들은 몰입에 대한 촉진요인, 억제요인, 결과로 분류될 수 있었다. 촉진요인에 대해 살펴본 대부분의 연구들은 개인적-인지적 요인(예: 자기효능감에 대한 신념), 개인적-정서적(예: 긍정적 기분 및 정서) 영향과 개인적-행동적(예: 접근적 대처행동) 영향, 타인에 대한 요인(예: 사회적 네트워크), 동기적 요인(예: 특성-내재적 동기)과 상황적 요인(예: 일의 설계)을 다루었다. 몰입을 억제하는 요인은 대부분 상황요인이 아닌 개인요인이었다. 개인적-정서적(부정적 정서), 개인적-인지적 영향(예: 심리적 소진), 개인적-행동적 요인(예: 자기 처벌). 몰입의 결과로서 몇몇 연구에서 논의된 것은 개인적-정서적(예: 일터에서의 웰빙), 개인적-인지적(예: 인지적 전략), 개인적-행동적 요인(예: 자발적인 과제수행)이 있었다. 일과 관련된 상황적 결과(예: 일을 할 때 더 좋은 서비스를 제공함)가 몇몇 연구에서 보고된 반면, 일과 관련되지 않은 상황(예: 일 이외의 상황에서 더 높은 에너지 수준을 나타냄)에서의 결과를 보고한 연구는 하나밖에 없었다.

8장
일터에서의 마음챙김

고든 스펜스(Gordon B. Spence)

서론

지금까지 일터에서의 마음챙김(mindfulness)에 대한 연구는 주로 업무 스트레스에 대한 성공적인 관리, 적응적 대처의 강화, 웰빙의 강화를 위해 마음챙김이 담당하는 역할에 관련된 질문을 다루었었다(Aikens et al., 2014; Brown & Ryan, 2003; Michel, Bosch, & Rexroth, 2014; Reb, Narayanan, & Ho, 2013; Shonin, Van Gordon, Dunn, Singh, & Griffiths, 2014; van Berkel, Boot, Proper, Bongers, & van der Beek, 2014; van Gordon, Shonin, Zangeneh, & Griffiths, 2014; Vindholmen, Høigaard, Espnes, & Siler, 2014). 마음챙김이 성인 근로자에게 미치는 긍정적인 영향은 샤르마와 러쉬(Sharma and Rush, 2014), 비르질리(Virgili, 2015)가 수행한 메타분석 연구에 의해 검증되고 있다. 연구자들은 업무 스트레스라는 주제를 넘어서서, 마음챙김과 업무성과간의 관계에 대해(Dane, 2010; Dane & Brummel, 2014; Reb et al., 2013; Shonin et al., 2014; Van Gordon et al., 2014), 팀 역동과 대인 간 관계에 대한 영향(Krishnakumar & Robinsin, 2015; Vallabh & Singhal, 2014), 리더십에 대한 시사점에 대해서도 살펴보고 있다(Reb, Nara-

yanan, & Chaturvedi, 2014; Roche & Haar, 2013; Roche, Haar, & Luthans, 2014).

8장에서는 일터에서의 마음챙김에 대해 조금 더 잘 이해하는 것에 초점을 맞춰볼 계획이다. 우선 이 분야에서 이루어지는 학문적 작업은 '확산적인(epidemic)' 업무 스트레스에 의해(Wainwright & Calnan, 2002), 그리고 스트레스의 부정적인 영향을 감소시키기 위한 체계적 방법을 찾아내고자 하는 기대에 의해 강한 영향을 받고 있다는 사실을 인식하는 것이 중요할 것 같다. 마음챙김이라는 구인(construct)을 업무적으로 정의한 다음에는, 마음챙김이 가져다주는 긍정적인 영향에 대해 알려진 바를 요약해 보려고 한다. 그리고 성인 근로자의 웰빙 및 업무관련 결과 및 집단적/사회적 효과에 대해서는 특별히 더 살펴볼 것이다. 그 다음에는, 사회문화적 요소들이 마음챙김 및 일의 시작과 유지에 대해 어떻게 영향을 미치는지에 대해 점검해보려고 한다. 이 부분의 논의를 할 때에는 자기결정이론(SDT; Self-determination theory)을 이론적 배경으로 활용할 것이며, 구성원의 마음챙김은 관리자(그리고 더 광범위하게는 조직)가 기본적인 심리적 니즈에 대한 지원을 제공하는 정도에 따라 강하게 영향을 받는다는 점을 검토해볼 것이다.

검토 결과 후 살펴볼 질문은 다음과 같다. 지원을 해주지 않는 환경에서 일하는 근로자들은 지지적 환경의 근로자들과 비교했을 때 마음챙김으로부터 차별화되는 혜택을 받고 있을까? 8장에서는 이 질문에 대해 답을 해줄 수 있는 경험적 자료들을 살펴보고, 미래 연구에 대한 방향성을 제안하면서 마무리를 해볼 계획이다.

일의 '폭력성'과 마음챙김이 도움을 주는 방법

역동적이고 예측이 어려우며 복잡한 세상에서, 현대의 일터는 지속적이고 끊임없는 스트레스가 항상 발생하는 원천이다. 일이라는 것이 긍정적인 자원을 매우 많이 갖고 있지만(Dutton, Roberts, & Bednar, 2010), 현대의 일이 가지고 있는 폭력성은 오래 전부터 알려져 왔고(Terkel, 1974), 그로 인해 매우 부정적인 경험을 한 구성원들이 많은 것으로 보인다(Nixon, Mazzola, Bauer, Krueger, & Spector, 2011; Wainwright & Calnan, 2002). 비즈니스 리더, 관리자, 구성원에게 큰 도전과제를 안겨주는 스트레스원(stressor)을 떠올리기란 쉬운 일이다. 점점 줄어들고 있는 4분기의 영업실적을 검토하면서 대표이사가 느끼는 좌절, HR 관리자가 영업사원에게 좋지 않은 성과평가점수를 주기 전에 느끼는 두려움, 영업사원이 좋지 않은 평가점수를 받았을 때 느끼는 당혹스러움. 이러한 상황을 경험했을 때 보이게 되는 강한 반응에서 나오는 감정은 모두 '부정적'(대표이사의 분노, 관리자의 수동성, 영업사원의 의욕상실)이라는 결론을 내리는 것이 자연스러워보인다.

스트레스와 대처에 대한 거래적 모델(transactional model; Lazarus & Folkman, 1984)에서는, 스트레스원에 대한 우리의 반응은 스트레스원을 어떻게 평가하는가에 따라 매개된다고 주장한다. 부정적인 업무 성과를 개인적인 도전이 아닌 개인적 실패로 보게 되면 두 가지의 다른 반응을 낳을 수 있다. 비판적으로 볼 때, 대처 반응의 품질을 결정하는 것은 객관적인 환경 스트레스원(예: 성과평가)과 주관적인 개인적 평가(예: 도전인가 실패인가) 간의 거래이다(Garland, 2007; Garland, Gaylord, & Fredrickson, 2011). 이는 많은 서구 학자들과 현장 전문가들이 마음챙김에 대한 논의를 시작한 지점이다. 마음챙김을 기반으로 한 스트레스 감소 프로그램(MBSR; Mindfulness-Based Stress Reduction; Kabat-Zinn, 1990), 수용 전념 치료(ACT; Acceptance and Commitment; Hayes, Strosahl, & Wilson, 1999), 그 외의 구조화된 마음챙김 프로그램들(Linehan, Cochran, & Kehrer, 2001; Teasdale, 2004)은 모두 사람들이 다양한 인생의 스트레스원과 관계를 맺는 방법을 변화시켜서, 건강하고 적응적인 대처반응을 창출할 수 있도록 조력하는 것을 목표로 하고 있다.

이 프로그램들은 사람들이 다음과 같은 일을 할 수 있을 때 어려운 경험은 관리가능한 것으로 변화시킬 수 있다는 생각을 촉진하려고 한다. (1) 현재의 맥락에 대해 명확하게 인식한 후 스트레스원을 평가한다. (2) 현재 발생한 사건들을 지각하고 재구조화하는 데 있어서 다양한 방법을 활용하는 개방적인 태도를 보인다. (3) 매순간 자신의 마음에 충실한 반응을 한다. 예를 들어, 사업실적이 좋지 않은 상황을 마주한 대표이사가 할 수 있는 일은 다음과 같다. (1) 더 광범위한 시장 요소들의 제한점을 인식한다. (2) 실망스러운 결과 안에서도 어려움을 극복할 수 있는 실마리를 찾는다. (3) 좌절의 감정을 인식하고, 자아-관여(ego-involvement)의 징후를 파악한다. 이 실례에서 볼 수 있듯이, 자신의 인생에서 일어난 사건을 바라보는 방법을 근본적으로 변화시키는 데 있어서 도움이 되는 것이 마음챙김이다.

일터에서의 마음챙김에 대한 정의

지난 15년 동안 마음챙김에 대한 연구가 매우 빠르게 늘어나면서, 마음챙김에 대한 정의에 대해 논쟁이 많아졌지만, 높아진 학자들의 흥미에 비해 개념의 명확성을 높이기 위해 학계에서 이루어진 것은 그다지 많지 않은 것이 사실이다(Mikulas, 2011).

연구자들이 마음챙김을 이해하는 데 있어서 상태, 특질, 주의집중 과정, 존재의 형태, 헌신하는 인생스타일 선택과 같이 매우 다양한 접근을 했기 때문에, 오히려 많은 혼란만 발생되어왔다(Cavanagh & Spence, 2013; Reb et al., 2013). 브라운, 라이언, 크레스웰(Brown, Ryan, Creswell, 2007)에 따르면, 이와 같은 대부분의 혼란은 서구의 의사들이 고객의 마음챙김을 촉진하기 위해 한 노력들이 다양한 개념정의를 낳았기 때문이라고 한다. 태도적 특성(attitudinal qualities / Shapiro, Carlson, Astini, & Feedman, 2006), 사고에 대한 라벨링(labeling of thoughts / Baer, 2003), 목적을 가진 주의집중(purposeful attention / Kabat-Zinn, 1990), 목표-지향성(goal directedness / Rapgay & Bystrisky, 2009). 보다 간단하고 명확한 정의가 필요하다는 연구자들의 주장에 따르면(Brown & Ryan, 2003; Mikulas, 2011), 다양한 태도, 인지적 사고과정, 개인적 의도들을 섞어서 하나의 구인을 만들게 되면, 마음챙김의 핵심적인 특성(단순한 인식과 더 가까운 것)과는 점점 멀어지게 된다고 한다. 니미엑과 동료들(Niemiec et al., 2010)은 마음챙김이란 "현재 일어나고 있는 것이 무엇인지를 단순하게 관찰하고, 현재의 경험을 인식함으로써 정보를 얻으며 주의를 집중하는 수용적인 마음의 상태"라고 주장하였다(p.345). 데인(Dane, 2010)은 다양한 개념의 혼란을 정리하면서, 마음챙김에 대해 가장 적절한 정의는 (1) 현재-순간의 현실에 초점을 맞추고 있는 (2) 심리 상태로서, (3) 내적인 특성일수도 있고 외적인 특성일 수도 있다고 주장하였다.

〈일터와 관련된 정의들〉

마음챙김에 대해 합의된 정의를 찾는 과정은 앞으로도 계속되겠지만, 최근 이론들은 일과 조직의 맥락에서의 마음챙김을 정의하는 방법에 대해 논의하기 시작했다. 예를 들어 데인과 브루멜(Dane and Brummel, 2014)은 구성원이 일을 하면서 마음챙김을 경험하는 다양한 정도들을 반영하는, '일터에서의 마음챙김(workplace mindfulness)'이라는 개념을 소개하였다. 브루멜이 마음챙김에 대해 발견

한 세 가지 사실은 다음과 같다. 첫째, 어떤 사람들은 (유전적인 특성과 환경적 영향 때문에) 다른 사람들보다 마음챙김 수준이 더 높다. 둘째, 마음챙김이 특질같이 보이기는 하지만 모든 사람들은 의도적인 훈련과 연습을 통해 마음챙김 수준을 높일 수 있는 능력을 가지고 있다. 셋째, 마음챙김을 하는 주의집중은 업무환경에 의해 많은 영향을 받는다. 이 시각에 따르면, 일터에서의 마음챙김 경험을 위해서는 기질, 경험, 맥락적 요소가 모두 있어야 한다.

대부분의 경우, 마음챙김은 내면적, 개인적 수준의 현상으로 생각되곤 하지만 항상 그런 것은 아니다. 예를 들어, 조직적 마음챙김(OM / organizational mindfulness: Ray, Baker, & Plowman, 2011)과 마음챙김의 조직화(MO / mindful organizing; Vogus & Sutcliffe, 2007; Vogus & Sutcliffe, 2012)와 같은 구인들은 일터에서의 마음챙김을 더 대인 간/집단적 수준으로 생각한다. 보거스와 서트클리프(Vogus and Sutcliffe, 2012)에 따르면, 조직적 마음챙김과 마음챙김의 조직화는 다양한 수준이 존재하는 보완적인 구인들이다. 마음챙김에 대한 대부분의 정의와 달리, 이 두 개념들은 개인이나 집단의 내적 심리의 과정으로 정의되지 않았다. 그보다는 조직의 특성(조직적 마음챙김)과 적극적인 사회적 과정(마음챙김의 조직화)으로 이해된다. 이 구인들에게서 눈에 띄는 특징은 조직의 생존을 위한 목적으로 구조화되었다는 것이다. 와익과 서트클리프(Weick and Sutcliffe, 2001)에 따르면, 조직적 마음챙김이란 '신뢰도가 높은 조직'의 특징이며, 위험도와 복잡성이 높은 환경에서 일관성 있게 기능할 수 있는 조직의 능력을 가리킨다고 한다. 표 8.1에서 볼 수 있듯이, 조직적 마음챙김은 조직의 성공을 위한 집단적인 조화의 한 형태에 가깝고, 관리자 및 구성원들의 행동이 다음과 같은 특징을 가지고 있는 경우를 가리킨다. (1) 실패경험에 대해 깊이 생각한다 (2) 간단하게 넘어가지 않으려 한다 (3) 조직운영방법에 대해 민감하다 (4) 회복탄력성에 대해 관심이 많다 (5) 전문성에 대한 존중을 표한다. 조직적 마음챙김은 경영층으로부터 구성원에게 전달되는 것으로서, 가장 높은 경영층(예: 대

[표 8.1] 조직적 마음챙김과 마음챙김의 조직화에 대한 정의, 특성과 실례

	정의	특성	현장에서의 실례
조직적 마음챙김 (Organizational Mindfulness: OM)	전략적이고 태도적인 개념. 경영진이 주도하여 조직이 다양한 위협요소들의 세부적인 내용에 대해 명확하게 인식하고 그에 대해 적절하게 대응할 수 있는 능력. 현장에서 적응적인 사고와 행동을 할 수 있는 맥락을 창출하기.	조직의 문화를 구성할 수 있는 공유된 태도. 다음과 같은 요소들을 중요시 여김. - 실패경험에 대해 깊이 생각한다. - 간단하게 넘어가지 않으려 한다. - 조직운영방법에 대해 민감하다. - 회복탄력성에 대해 관심이 많다. - 전문성에 대한 존중을 표한다.	- 실패경험에 대해 깊이 생각한다. 문제에 대한 토론을 하는 것을 개방적으로 받아들임. 실수를 인정하는 태도를 지지받음. - 간단하게 넘어가지 않으려 한다. 다양한 시각에 대해 알아보려 함. 단순한 수준의 해답에서 만족하지 않으려 함.
마음챙김의 조직화 (Mindful Organizing: MO)	운영적이고 행동적인 개념. 현재 발생하고 있는 위협요소에 대해 정보를 얻으면서 일관적으로 행동할 때, 조직 구성원들에게 보이는(상향식) 운영 상태. 조직적 마음챙김이 발생하는 맥락에 의해 지지되는 '현장에서의' 행동.	조직구성원의 집단적 행동 특성. - 실패경험에 대해 깊이 생각한다. - 간단하게 넘어가지 않으려 한다. - 조직운영방법에 대해 민감하다. - 회복탄력성에 대해 관심이 많다. - 전문성에 대한 존중을 표한다.	- 조직운영방법에 대해 민감하다. 업무과정에 대해 많은 관심을 보임. 위험수준을 낮출 수 있는 방법을 찾기 위해 노력함. - 회복탄력성에 대해 관심이 많다. 실수경험으로부터 신속하게 회복함. 실수로부터 교훈을 얻음. - 전문성에 대한 존중을 표한다. 직급과 역할을 통해 전해내려온 지식에 대해 가치를 인정함. 현재 과제를 해결하기 위해 최적의 자원을 활용함.

* 출처: 레이, 베이커, 플로우맨(Ray, Baker, and Plowman, 2011), 보거스와 서트클리프(Vogus and Sutcliffe, 2012), 와익과 서트클리프(Weick and Sutcliffe, 2001).

표이사, 고위 임원)이 다섯 가지의 요소들을 수용하고 체득하여, 조직의 모든 직급을 통해 적응적인 사고와 행동을 위한 맥락을 창출하는 것을 의미한다(Weick & Sutcliffe, 2001).

반대로, 마음챙김의 조직화는 앞에서 설명한 집단적 특성을 행동으로 옮기면서 만들어지는 상태를 가리킨다. 차이점에 대해 정리해보면, 마음챙김의 조직화는 조직구성원들이 다음과 같은 행동을 할 때 발생한다. (1) 문제에 대한 토론을 하는 것을 개방적으로 받아들임(실패경험에 대해 깊이 생각한다) (2) 다양한 시각에 대해 알아보려 함(간단하게 넘어가지 않으려 한다) (3) 업무과정에 대해 많은 관심을 보임(조직운영방법에 대해 민감하다) (4) 실수경험으로부터 신속하게 회복함(회복탄력성에 대해 관심이 많다) (5) 가장 많은 권력을 가지고 있는 사람들이 아니라, 가장 많은 지식을 가지고 있는 사람들로부터 과제해결에 적절한 정보와 자원을 찾음(전문성에 대한 존중을 표한다).

이렇게 개념에 대해 정리해본 결과는 일터에서의 마음챙김에 대한 미래의 연구에 대해 도움이 될 것이다. 하지만 경험적 자료를 얻기 위해서는 시간이 많이 필요하기 때문에, 보거스와 서트클리프(Vogus and Sutcliffe, 2012)의 연구 아젠다를 기반으로 실제 연구결과가 발표될 때까지는 어느 정도 시간이 있어야 한다. 그럼에도 불구하고, 삶의 많은 영역들에서(일과 조직을 포함하여) 마음챙김에 대한 과학적 탐색이 지속적으로 발전되고 있기 때문에, 여기에서 간단히 리뷰를 해보려고 한다.

마음챙김의 긍정적 영향

마음챙김은 지난 10년 동안 다양한 연구자들의

관심을 받아온 주제여서, 많은 양의 연구가 발표되었다. 그래서 다양한 맥락 내에서의 마음챙김의 활용에 대해 다양한 메타분석 및 체계적 리뷰가 이루어지고 있다. 표 8.2를 보면, 그 연구들의 실례 및 핵심적인 결과가 정리되어 있다. 대부분의 연구들은 2010년 이후에 발표된 것들이 많고, 빠른 속도로 발전되어왔다. 하지만 데인과 브루멜(Dane and Brummel, 2014)이 언급했듯이, 일터 맥락에서의 마음챙김에 대한 연구는 표 8.2에 나온 다른 영역의 연구들과 비교해보았을 때 그다지 많이 이루어지지 않았다. 지금까지 수행되었던 일과 관련된 연구들 중 대부분은 웰빙 및 일과 관련된 변인들을 활용해서, 개인 수준의 결과에 대해 마음챙김이 제공하는 효과에 주로 초점을 맞추었다.

〈개인적인 웰빙에 관련된 결과들〉

마음챙김은 성인 근로자의 다양한 긍정적 성과와의 관계가 점점 더 많이 밝혀지고 있다. 예를 들어, 마음챙김 기반의 개입전략(MBIs: mindfulness-based interventions)을 활용하게 되면 다음과 같은 긍정적인 결과를 낳는 것으로 나타났다. 구성원의 성향적 마음챙김의 강화(Aikens et al., 2014; Flook, Goldberg, Pinger, Bonus, & Davidson, 2013; Malarkey, Jarjoura, & Klatt, 2013), 업무관련 스트레스, 우울, 소진의 수준을 성공적으로 낮춤(Flook et al., 2013; Geary & Rosenthal, 2011; Gold et al., 2010; Kang, Choi, & Ryu, 2009; Krasner et al., 2009; Manocha, Black, Sarris, & Stough, 2011; Spence, Cavanagh, & Grant, 2008; Warnecke, Quinn, Ogden, Towle, & Nelson, 2011), 회복탄력성과 활력의 수준을 높임(Aikens et al., 2014), 일과 삶에 대한 만족도의 강화 및 일로부터의 심리적 분리(Michel et al., 2014), 전반적인 건강(Bazarko, Cate, Azocar, & Kreitzer, 2013; Foureur, Besley, Burton, Yu, & Crisp, 2013), 자기-연민(Flook et al., 2013), 높은 서비스 품질을 유지하기 위해 정서적으로 요구가 많은 역할(의료서비스 종사자와 같은)을 하는 근로자에 대한 지원(Krasner et al., 2009).

다른 연구들에서는 특질적 마음챙김(trait mindfulness)이 업무에서의 회복 과정에 어떻게 관련이 되어 있는지에 대해 탐색하면서, 일터에서의 마음가짐에 대한 심층적 연구를 진행하였다. 알렌과 키부츠(Allen and Kiburz, 2012)의 연구결과에 따르면, 마음챙김은 구성원들의 일-삶 균형과 활력 수준에 관련이 있다고 한다. 흥미로운 것은, 특질 마음챙김과 수면의 품질 또한 긍정적 상관관계가 있었는데(Allen & Kiburz, 2012), 헐셰거와 동료들(Hülsheger et al., 2014)은 이 관계가 업무로부터의 심리적 분리에 의해 매개된다는 것을 발견하였다.

[표 8.2] 마음챙김에 대해 발표된 연구에 대한 체계적 리뷰 및 메타분석

탐색영역	저자	유형	연구 대상 수	핵심결과
약물남용과 중독	Zgierska et al. (2009)	체계적 리뷰(SR)	25	약물남용장애(SUD)에 대해 명상을 기반으로 한 개입전략이 전반적인 효과를 나타내었음(중요한 방법적 제한점 존재: 샘플사이즈가 작음).
	Chiesa & Serretti (2014)	체계적 리뷰(SR)	24	마음챙김을 기반으로 한 개입전략(MBI)을 통제집단과 비교했을 때 약물(예: 알콜, 코카인) 사용량을 감소시켰고, 약물에 대한 열망 또한 감소시켰으며, 마음챙김의 수준을 강화하였음.
정신건강과 심리 치료	Khoury et al. (2013)	메타분석 (MA)	209	마음챙김을 기반으로 한 개입전략(MBI)이 다양한 심리적 문제(특히 불안, 우울, 스트레스)에 효과적임이 증명되었지만, 인지행동치료나 약물치료와 유의미한 차별점이 발견되지는 않았음.

탐색영역	저자	유형	연구 대상 수	핵심결과
아동과 청소년	Strauss, Cavanagh, Olive, & Pettman (2014)	메타분석 (MA)	12	마음챙김을 기반으로 한 개입전략(MBI)이 우울증상의 심각도를 낮추었음(불안에는 효과가 없었음). 마음챙김을 기반으로 한 인지치료(MBCT) 연구에서도 효과가 발견되었으나, 마음챙김을 기반으로 한 스트레스 감소 프로그램(MBSR)에서는 효과가 없었음. 개입을 하지 않는 통제집단과의 비교에서는 효과가 있었지만, 다른 개입전략을 사용하는 통제집단과의 비교에서는 차이가 없었음.
	Black (2015)	체계적 리뷰(SR)	41	마음챙김을 기반으로 한 개입전략(MBI)은 청소년의 집행기능 및 정신/신체적 건강분야를 약간 강화해주는 효과가 있다는 강한 근거가 증명됨.
	Zoogman, Godlberg, Hoyt, & Miller (2014)	메타분석 (MA)	20	마음챙김을 기반으로 한 개입전략(MBI)에서 다른 개입을 하는 통제집단에 비해 중소규모(small to medium)의 효과크기가 발견되었고, 심리적 증상 및 임상적 샘플 대상으로는 더 큰 효과크기가 나타남.
건강 행동 수정	Godfrey, Gallo, & Afari (2015)	체계적 리뷰(SR)/ 메타분석 (MA)	19	마음챙김을 기반으로 한 개입전략(MBI)이 폭식에 대해 중대규모(medium to large)의 효과크기를 나타냈음. 연구대상이 섭취한 음식물의 종류가 너무 다양했다는 제한점이 있음.
	Olson & Emery (2015)	체계적 리뷰(SR)	19	19개의 연구들 중 13개의 연구에서 유의미한 체중 감소가 나타났음. 하지만 마음챙김으로 인해 변화가 나타났다는 인과관계로 보기는 어려움.

〈임상적 조건〉

탐색영역	저자	유형	연구 대상 수	핵심결과
(1) 다발성 경화증	Simpson et al. (2014)	체계적 리뷰(SR)	3	마음챙김에 기반한 개입전략(MBI)은 다발성 경화증 환자들의 일부에게, 삶의 질, 정신건강, 일부의 신체적 건강에 있어서 긍정적 영향을 미쳤음.
(2) HIV/ AIDS	Riley & Kalichman (2015)	체계적 리뷰(SR)	11	마음챙김에 기반한 스트레스 감소 프로그램(MBSR)은 정서적 고통에 대해 중소규모의 효과크기를 창출하였고, 질병 악화에 있어서는 혼합된 효과를 만들어냈음.
(3) 섬유 근육통	Lauche, Cramer, Dobos, Langhorst, & Schmidt (2013)	체계적 리뷰(SR)/ 메타분석 (MA)	6	마음챙김에 기반한 스트레스 감소 프로그램(MBSR)은 섬유근육통 증상에 대해 약한 효과를 보였고, 삶의 질과 고통 개선에 대해서는 단기적 효과를 나타내었음.
(4) 수면 장애	Winbush, Gross, & Kreitzer (2007)	체계적 리뷰(SR)	38	마음챙김에 기반한 스트레스 감소 프로그램(MBSR)은 수면상태를 개선시켰고, 수면을 방해하는 인지적 과정을 감소시킨다는 근거가 나타남.

탐색영역	저자	유형	연구대상수	핵심결과
(5) 위장 장애	Aucoin, Lalonde-Parsi, & Cooley (2014)	메타분석 (MA)	7	마음챙김에 기반한 치료(MBT)가 과민성 대장 증후군의 심각도를 낮추고, 삶의 질을 개선시키는 데 있어서 약간의 효과를 보임.
(6) 혈관 장애	Abbott et al. (2014)	체계적 리뷰(SR) / 메타분석 (MA)	8	마음챙김에 기반한 스트레스 감소 프로그램(MBSR) / 인지치료(MBCT) 개입이 심리적으로 긍정적인 혜택을 다양하게 제공하는 것으로 나타났으나, 질병의 신체적 부분에 대해 미치는 영향을 발히는 부분은 다소 미흡했음.
(7) 암(다양한 종류)	Piet, Wurtzen, & Zachariae (2012)	체계적 리뷰(SR) / 메타분석 (MA)	22	마음챙김에 기반한 치료(MBT)가 마음챙김 기술을 강화하고, 성인 암환자 및 생존자의 불안과 우울수준을 낮춘다는 충분한 근거가 수집되었음.

참고: SR = 체계적 리뷰(systematic review), MA = 메타분석(meta-analysis), SUD = 약물남용 장애(substance use disorders), MBI = 마음챙김을 기반으로 한 개입전략(mindfulness-based interventions), MBT = 마음챙김을 기반으로 한 치료(mindfulness-based therapy), CBT = 인지-행동 치료(cognitive-behavioral therapy), MBCT = 마음챙김을 기반으로 한 인지치료(Mindfulness-based cognitive therapy), MBSR = 마음챙김을 기반으로 한 스트레스 감소 프로그램(mindfulness-based stress reduction).
* 출처: 저자

후속 연구에서 헐셰거, 파인홀트, 누볼드(Hülsheger, Feinholdt, and Nübold, 2015)는 간단하고 단순한 마음챙김 개입전략이 수면의 질과 지속기간에 대해 긍정적인 영향을 미치지만, 업무로부터의 심리적 분리에는 영향을 미치지 않는다는 것을 발견하였다.

언제나 그랬듯이, 이 연구결과들을 제대로 활용하려면 신중한 점검이 이루어져야 한다. 조직 세팅에서 마음챙김을 기반으로 한 개입전략(MBI)을 활용한 것의 효과를 찾아낸 19개의 연구를 메타분석한 결과(Virgili, 2015), 다른 스트레스 관리 전략(예: 근육이완과 요가)과 유사한 정도의 효과를 보였다. 또한, 항상 기대하는 효과를 만들어낸 것도 아니었다. 예를 들어, 반 베르켈(van Berkel et al., 2014)의 통제연구에서는 마음챙김을 기반으로 한 개입전략(MBI)이 일터에 미치는 영향을 탐색하고, 삶의 행동 스타일(예: 신체적 활동과 과일 섭취)에 미치는 영향도 측정하였다. 회사에서 지원한 마음챙김 훈련 및 건강한 음식 섭취와 새로운 행동에 대한 온라인 코칭을 8주 동안 진행하였지만, 삶의 행동 스타일이나 그 행동에 대한 선행조건(예: 행동에 대한 의도, 행동에 영향을 주는 장애물 지각)에 있어서 유의미한 사전/사후 차이를 나타내지 않았다. 그러다보니, 공식적이고 구조화된 일터에서의 개입전략에 대한 의문점이 생기게 되고, 독특한 영향력과 기여도를 명확하게 알아보기 위한 연구가 더 필요하다는 의견이 나오고 있다(Virgili, 2015).

〈개인적 수준의 일과 관련된 결과〉

원래 조직과 비즈니스는 구성원들이 할 수 있는 일에 주로 관심이 있을 뿐, 구성원들이 얼마나 좋은 기분을 느끼는지에 대해서는 그다지 많은 관심을 가지지 않았었다. 따라서, 조직학자들(예: Dane & Brummel, 2014)이 마음챙김과 일-관련 변인들(예: 직무 성과)간의 관계에 대해 점점 많은 흥미를 표현하는 것은 그다지 놀라운 일이 아닐 것이다. 하지만 업무 성과가 주관적인 결정요인(예: 자기효능감)과 명확하게 구분되지 않는 상황이기 때문에, 이와 같은 조사들은 마음챙김 및 수면과 모두 관련된 변인들을 검토하는 식으로 동시에 진행되는 경향이 있다(Allen & Kiburz, 2012; Hülsheger et al., 2014; Hülsheger et al., 2015).

업무성과의 관점에서 볼 때, 마음챙김이 수면의 질과 지속기간에 미치는 영향에 대한 연구결과는 흥미롭다. 왜냐하면, 수면과 업무성과 간에는 강한 경험적 관계가 존재한다는 것이 발견되었기 때문이다(Pilcher & Huffcutt, 1996; Swanson et al., 2011). 지금까지 일터에서의 성과에 대해 마음챙김이 미치는 영향을 주장하고자 할 때, 마음챙김과 업무-성과 변인 간의 관계를 명료화하는 연구가 시작되기 전에는, 연구자들과 현장전문가들은 신뢰도가 높은 다른 분야 연구결과(예: 수면과 성과)에 의존할 수밖에 없었다.

마음챙김과 성과 간의 관계에 대해서는 보다 더 직접적인 탐색이 이루어졌다. 초반 연구들 중의 하나에서, 샤오와 스카리키(Shao and Skarlicki, 2009)는 149명의 MBA 과정 학생들의 학문적 성과에 대해 조사를 한 후, 마음챙김은 여성의 성과를 예측하는데 있어서 젠더와 상호작용을 하는 것을 발견하였다(남성에게서는 유의한 결과가 나오지 않았다). 일터에 대한 연구는 아니었지만, 이 연구에서는 강한 업무 지향을 가진 성인들(MBA 학생)로부터 자료를 수집하였고, 마음챙김과 성과간에 직접적인 관계가 없다는 것을 보여주었다. 마음챙김과 성과간에 존재할 가능성이 있는 복잡한 관계를 고려하면, 이와 같은 결과는 다소 놀랍다. 다행히, 이 분야에서는 몇 가지 최근의 이론을 기반으로 하여 좋은 연구들이 이루어졌다(Dane, 2010; Rees, Breen, Cusack, & Hegney, 2015; Vallabh & Singhal, 2014). 예를 들어, 데인(Dane, 2010)은 마음챙김이 일터 성과에 항상 유용한 것은 아닐 수 있다고 주장하였다. 그보다, 마음챙김의 가치는 구성원이 일하고 있는 환경의 유형(예: 역동적인가 안정적인가)과, 구성원이 보유하고 있는 업무 전문성의 수준(예: 전문가인가 초심자인가)에 따라 달라진다는 것이다. 데인은 몇 가지 이론적 명제를 제시하면서, 마음챙김에 의해 강화되는 '주의집중의 범위'는 역동적인 환경에서는 업무 성과를 촉진하지만 안정적 환경에서는 오히려 업무성과를 방해한다고 주장하였다(명제 1; Dane, 2010, p.1007).

그리고 마음챙김은 높은 수준의 업무전문성을 가지고 있는 사람들의 업무 성과는 촉진하지만 해당 업무에 대한 초심자의 업무 성과에 대해서는 오히려 방해가 된다고 주장하였다(명제 2, p.1009). 이와 같은 명제들은 성과에 있어서 마음챙김의 활용에 대해 고려할 수 있는 맥락을 소개해 줄 수 있기 때문에 유용하다.

데인(Dane, 2010)의 첫 번째 명제를 검증하기 위해, 데인과 브루멜(Dane and Brummel, 2014)은 레스토랑 직원들에 대한 연구를 진행하였고, 일터에서의 마음챙김이 역동적인 고객 서비스 환경에서는 직업 성과와 긍정적인 관계가 있다는 가설을 지지해주는 근거를 발견하였다. 그들의 연구 결과에서는, (바쁜 레스토랑의 압력이 많은 현실에서) 마음챙김의 수준이 높은 직원들은 그렇지 않은 직원들과 비교했을 때 더 일을 잘하는 것으로 나타났다. 왜냐하면, 그들은 경쟁적인 자극을 잘 소화하였고, 현재 순간에 몰입을 잘했기 때문이었다. 몇몇 다른 연구들에서도 유사한 관계를 탐색하였지만(Ho, 2011; Shonin et al., 2014), 데인(Dane, 2010)이 제시한 이론적 제안으로부터 나온 연구 가설의 검증은 탐색을 위해 유용한 경험적 경로로 보여진다.

〈집단적이고 사회적인 수준의 결과〉

앞에서 정리해보았듯이, 마음챙김은 단순한 개인 의식의 품질 수준을 넘어서서 확장되는 것으로 정의되어 왔다. 조직적 마음챙김과 마음챙김의 조직화(Ray et al., 2011; Vogus & Sutcliffe, 2012)의 세부적인 특징들이 일터에서의 마음챙김에 대해 연구할 수 있는 새로운 기회를 열어주었지만, 이 기회들이 경험적 논문으로 정리된 것은 그다지 많지 않다. 하지만 조직적 마음챙김과 같은 개념적 가치는 광범위한 집단 수준의 결과 및 행동과 관련되어 지속적으로 탐색되고 있다. 글로벌 시장 성과에서 조직들이 담당하는 역할(Nwankpa & Roumani, 2014), 기업의 기획 시스템 자원 활용에 대한 선행 요소로서의 영향(Bayraktar & Oly Ndubisi, 2014), 편승적인 의사결정의 발생(또는 비발생)에서의 역할

(Fiol & O'Connor, 2003).

또 다른 종류의 마음챙김 연구는 속성상 보다 더 사회문화적인(개인적 수준의 측정도구를 활용한) 결과에 초점을 맞추었다. 예를 들어, 크리쉬나쿠마르와 로빈슨(Krishnakumar and Robinson, 2015)은 적대적인 업무 행동에 대한 연구에서, 마음챙김을 경험하는 사람들은 권모술수에 능하지 않고, 비생산적인 업무행동을 하는 경우가 적은 것을 발견하였다. 이 연구에서는 마음챙김이 사람들이 비생산적인 업무행동을 하기 전에 강한 감정을 억제하도록 하기 때문에, 조직을 위한 보호요인으로 기능한다는 추가적인 근거를 보여주었다. 리더/관리자의 마음챙김에 대해 탐색한 연구들에서도(Roche et al., 2014) 유사한 결론이 도출되었고, 구성원의 웰빙과 성과에 대한 상사의 마음챙김의 영향력도 검증되었다(Reb et al., 2014).

일터에서의 마음챙김에 대한 리뷰 결과, 마음챙김이 일이라는 영역에서 어떤 기능을 하는지에 대해 중요한 이론이 발견되었지만, 마음챙김을 기반으로 한 개입전략(MBI)을 경험한 학생들이 중요한 변화 도구로서 명상을 활용한다는 연구 이외에는, 일터에서의 마음챙김을 지원해주는 것이 무엇인지에 대해 그다지 많은 논의가 이루어지지는 않은 듯하다. 이제부터는 조직 내에 존재하며, 일에서의 개인적/집단적 마음챙김을 창출해낼 가능성이 높은 사회문화적 힘에 대해 점검하는 것에 초점을 맞춰보려고 한다.

일터에서의 마음챙김에 대한 조직적 지원의 영향

최근 몇몇 연구자들은 개인적 마음챙김이 문화적/환경적 요소들에 의해 영향을 받는다고 주장하였다(Reb et al., 2013; Wolff, 2014). 예를 들어, 데인과 브루멜(Dane and Brummel, 2014)는 다음과 같은 제안을 하였다.

일터에서의 맥락적 요소들은 한 사람이 일터에서 어떻게 행동하는지, 일터 내에서 어떻게 주의집중을 하는지에 대해 매우 큰 영향을 미칠

수 있다.
그래서 어떤 사람들에게는 마음챙김을 '창출할 수 있는' 특정한 업무 환경이 존재할 수 있는 것이다(p.108).

구성원의 마음챙김이 문화적/환경적 힘에 의해 촉진될 수 있다는 주장은 리더와 관리자가 이 과정에서 담당할 수 있는 역할에 대한 궁금증을 유발하였다. 렙(Reb)과 동료들이 최근 진행한 두 가지 연구는 몇 가지 아이디어를 제시해주었다. 렙과 동료들(Reb et al., 2013)의 첫 번째 연구에서는, 상사의 지원이 구성원의 자기-자각(self-awareness)을 예측한다는 결과를 발견하였다. 자기-자각이 마음챙김에 대한 대부분의 정의에서 핵심을 차지하는 만큼(Baer, 2003), 이 연구에서는 구성원의 마음챙김이 지지적인 권위상의 존재에 의해 강화된다고 주장하였다. 렙과 동료들(Reb et al., 2014)은 또 다른 연구에서, 리더의 특질적 마음챙김은 구성원의 일탈 및 정서적 소진과 부적 상관관계가 있으며, 일-삶의 균형 및 구성원 성과와 정적 상관관계가 있는 것을 발견하였다. 또한, 연구자들은 기본적인 심리적 니즈 충족(예: 자율성, 유능성, 관계성)이 리더의 마음챙김과 업무 성과간의 관계를 매개한다는 것도 발견하였다. 이 연구들을 통해 "후배직원과 상호작용하는 과정에 온전히 존재하며 몰입하는 리더는 후배를 더 효과적으로 지지하기 위해 상대방의 니즈를 더 잘 이해하려 애쓰고"(p.43), 긍정적인 업무와 관련된 성과를 창출해낸다는 결론을 낼 수 있었다.

주의집중적 관점에서 볼 때, 렙과 동료들(Reb et al., 2014)이 보고한 연구결과들은 의미가 통한다. 즉, (리더의 마음챙김에 의해) 개인적 니즈에 대한 지지를 지속적으로 받아온 구성원들은 자신의 시각과 의견을 인정받고(자율성), 스스로의 유용성과 가치에 대해 확인받으며(유능성), 또는 더 안정적이고 생산적인 관계를 추구하기 위해(관계성) 많은 주의를 기울일 필요가 없다. 심리적인 전제조건이 충족될 경우, 구성원은 업무 과제와 책임을 다하기 위해 필요한 주의집중적 자원을 자유롭게 활용할 수

있다.

일터에서의 마음챙김에 대한 자기결정이론의 시각

앞에서 진행한 리뷰에서 몇 번 언급했듯이, 일터에서의 마음챙김에 대한 연구는 주로 인지적, 정서적, 행동적 역기능이라는 부정적 효과에 대응하는 마음챙김의 능력에 주로 초점을 맞추어왔다. 지금까지 발표된 연구들의 대부분은 개인들에게 마음챙김을 기반으로 한 개입전략(MBI)의 긍정적 효과에 초점을 맞춰왔고, 특히 개인 내부의 변화에 관심을 가졌다. 하지만 앞부분의 연구들에서 살펴보았듯이, 주의집중을 하게 해주는 마음챙김에 관련된 사회심리학이 있다. 관리자 행동과 같은 사회문화적 요소들이 구성원의 의식적 경험을 민감/둔감하게 할 수 있고, 심리적 웰빙과 생산적인 성과의 수준에 영향을 미칠 수 있는 힘을 가지고 있다는 사실이 관찰되어 왔다. 일터에서의 마음챙김 기능을 탐색하는데 유용한 이론은 자기결정이론(SDT; Deci & Ryan, 1985)이다. 왜냐하면, 자기결정이론은 사회적 맥락이 사람들의 마음챙김에 어떻게 영향을 주는지를 설명해주고, 마음챙김과 업무현장에서 매우 중요한(특히 자율적 동기) 동기적 현상 간의 관계를 보여주기 때문이다.

〈자기결정이론: 핵심적 개념 아이디어〉

자기결정이론(Deci & Ryan, 1985)은 인간의 동기와 성격 발달에 대한 거시 이론이다. 자기결정이론을 구성하는 6가지의 미시 이론들은 동기와 성격 과정의 다양한 특성들을 설명해주는데(Spence & Deci, 2013, p.91), 그중에서의 핵심은 인간이 보편적이고 기본적인 심리적 니즈들을 가지고 있으며, 그 니즈를 충족시키는 것은 건강한 발달, 활기찬 몰입, 효과적 행동, 심리적 웰빙에서 중요한 요소라는 명제이다

보다 세부적으로 보면, 자기결정이론에서는 한 사람의 기능 및 웰빙 수준은 세 가지의 기본적인 심리적 니즈(자율성, 유능성, 관계성)를 만족하는 수준에 따라 달라진다고 주장한다(Deci & Ryan, 2008).

삶의 사회문화적 조건(예: 가족 관계, 우정, 일터 문화, 정치적 체계, 문화적 기준)이 자기주도적으로 선택한 행동을 경험하고(예: 자율성), 강점 및 능력을 활용하면서 가치 있는 성과를 창출하며(예: 유능성), 중요한 타인과 친밀하고 안정적으로 관계를 맺고(예: 관계성) 싶은 니즈를 지원할 때, 사람들은 일을 잘하고 최고의 감정을 느낀다는 것이다.

- 내재적 & 외재적 동기

자기결정이론은 인간의행동의 다양한 특성 및 심리적 웰빙을 이해하고 예측하기 위해 여러 가지 유형의 동기를 구분하는 작업의 중요성을 강조한다. 동기의 핵심적인 유형을 보면 자율적인 동기와 통제적 동기로 나눌 수 있다. 자율적 동기란 선택, 기꺼이 하는 마음, 자유의지를 가지고 행동하는 것을 의미한다. 자율성을 가지고 있을 때, 사람들은 자신이 하는 일에 대해 일치성을 느끼며, 긍정적인 정서, 지지받는 기분, 만족감을 느낄 가능성이 높다. 자율적 동기는 두 가지 종류의 동기로 구성된다. 내재적 동기와 효과적으로 내재화된 외재적 동기. 내재적 동기란 행동 자체가 흥미있고 즐겁기 때문에 해당 행동에 몰입하는 것을 의미한다. 내재적 동기는 자율적 동기(예: 놀이를 하는 아이들)의 원형으로서, 내재적이고 타고난 동기이며, 가장 중요한 것을 만족시키는 동기이다. 반대로, 외재적 동기는 차별화되는 결과를 얻기 위해 행동하는 것을 가리킨다. 지금부터 간단히 살펴보겠지만, 마음챙김은 외재적 동기의 내재화 과정에서 역할을 담당하는 것으로 보이며, 이는 자율적 동기의 수준을 높이기 위한 움직임으로 나타난다.

- 내재화 및 통합

데시와 라이언(Deci and Ryan, 2008)에 의하면, 내재화는 사람들이 외재적 가치나 규율을 인식하지만 자기 자신의 것으로 받아들이거나 거부하는 과정을 의미한다. 조직적 통합의 과정(기본적인 발달 과정)은 외재적으로 동기화된 행동의 가치 및 규정을 수용하고, 자기에 대한 감각과 통합시키는 더 완전한 내재화과정을 가리킨다. 더 세부적으로

[표 8.3] 외재적 동기와 관련된 통합 및 주인의식의 다양한 수준

원인	유형	동기	실례
외재적 (external)	통제된 (controlled)	누군가 나에게 요구를 했기 때문에 노력을 하는 것이고, 해당 행동을 하면 보상을 받으며 하지 않으면 문제가 생기는 경우	"후배직원들을 위한 멘토가 되어주겠습니다. 제 승진 기회에 도움이 될 것 같으니까요."
내사된 (introjected)	통제된 (controlled)	해당 행동을 하지 않으면 수치심, 죄책감이나 불안을 느끼게 되기 때문에, 또는 해당 행동을 하면 스스로 위대해졌다는 느낌이 들기 때문에 노력을 하는 경우	"후배직원들을 위한 멘토가 되어 주겠습니다. 좋은 관리자라면 당연히 해야 하는 일이니까요."
확인된 (identified)	자율적 (autonomous)	개인적으로 자신의 행동 가치를 인정하기 때문에 행동함. 행동이나 목표가 다른 사람에 의해 요구될 수 있지만, 자기 자신의 니즈와 목표를 위한 유용성을 인정하는 경우	"후배직원들을 위한 멘토가 되어 주겠습니다. 다른 사람들이 발전하는 것을 보는 것은 저에게 많은 의미가 있으니까요."
통합된 (integrated)	자율적 (autonomous)	자신의 정체성을 통합하는데 있어서 중요하기 때문에 특정 행동을 하게 됨. 이 동기는 흥미있거나 재미있기 때문에 행동을 하는 것이 아니라, 완전성과 존중감을 가지고 행동하는 것이 매우 중요하기 때문에 행동하는 경우	"후배직원들을 위한 멘토가 되어 주겠습니다. 제 역량 개발을 할 수 있는 좋은 방법이고, 비용도 많이 들지 않으니까요."

* 출처: 데시와 라이언(Deci & Ryan, 2000)

설명하면, 내재화 정도와 결과행동의 자율성 정도에 따라, 외재적 동기는 네 가지 유형으로 나눌 수 있다(표 8.3 참고).

앞에서 언급했듯이, 외재적 조절이란 규정에 대한 내재화가 없고, 활동 및 과제에 대한 가치를 인정하지 않는 외재적 동기를 가리킨다. 사람들은 유인가의 존재(예: 금전적 인센티브)나 강압적 요소(예: 징계에 대한 위협) 때문에 행동을 해야 하는 상황인 것이다. 통제적 상황(예: "누군가를 돕지 않으면 다른 사람들이 나를 게으르다고 생각할 거야")을 마주하고, 스스로를 통제하기 위해 유사한 행동을 유지할 때, 사람들은 내사(introjection)를 하게 된다. 자기결정이론에서 나오는 용어인 '자기-통제(self-control)'나 '내재적 통제'는 스스로에게 압력을 가함으로써 자기존중감과 죄책감이라는 자아에 관련된 상황을 만들어서 행동하도록 하는 것을 가리킨다. 이는 압력 및 긴장 때문이 아닌 자유의지와 선택을 기반으로 행동을 하는 진정한 자기-조절(self-regulation)과는 매우 다른 개념이다. 따라서, 내사

된 조절은 자율적이지는 않지만 통제된 동기의 두 가지 유형들 중 하나(나머지는 외재적 조절)이다.

자기결정이론에 따르면, 사람들은 자기 자신의 니즈와 스스로 선택한 목표의 중요성을 보다 명확하게 인식하면서 조절과정을 내재화한다. 이러한 현상이 일어났을 때, 사람들은 조절과정을 자기 자신의 것으로 수용하고, 행동으로 옮길 때 자율성을 느낀다.

외재적 동기의 이와 같은 유형은 확인된 조절(identified regulation)으로 불린다. 마지막으로, 사람들이 이 단계를 밟으면서 자기감각에 대한 확인을 통합하게 되면, 외재적 동기는 통합된 조절(integrated regulation)으로 부를 수 있다. 외재적 동기의 가장 성숙한 형태이자, 사회와의 성공적인 유형이다. 표 8.3에서 볼 수 있듯이, 확인된 조절과 통합된 조절은 모두 자율성 동기에 포함된 유형이다. 온전히 내재화된 외재적 동기는 내재적 동기와 차별화된다. 왜냐하면, 내재적 동기는 특정 행동에 대한 사람들의 타고난 흥미이기 때문이다. 반대로,

통합된 조절은 자신의 계획, 목표, 가치에 대한 행동의 중요성을 내재화한 것이다

표 8.3의 실례에서 설명하였듯이, 차별화된 동기에 의해서도 동일한 활동이나 목표가 추구될 수 있다. 자기결정이론에서는, 모든 동기가 노동자의 목표 추구를 위해 (다양한 수준으로) 존재한다고 주장한다. 또한, 이 동기의 강도는 적절하게 지지적인 사회문화적 조건에 의해 영향을 받게 된다고 주장하기도 한다. 현재의 논의에서 이 주장의 의미는, 조직적 니즈를 지원해줄 수 있는 자원(예: 관리자, 멘토, 코치)은 구성원이 더 자율적인(확인되고 통합된) 목표 선택을 할 수 있게 도와주어, 자율성, 유능성, 관계성의 촉진을 지원해주는 정도를 결정해준다는 것이다. 지금부터 간단히 설명해볼 것은, 조직구성원의 사회적 네트워크에 존재하는 관리자, 멘토, 코치, 다른 중요한 사람들이 높은 수준의 마음챙김을 경험하는 경우, 구성원의 기본적인 심리적 니즈의 충족이 이루어질 가능성이 높다는 내용이다.

- 조직적 변증법 및 기본적인 심리적 니즈

앞에서 언급했듯이, 자기결정이론의 시각은 인간을 능동적이고 성장-지향적인 존재로 보며, 내재적 동기와 조직적 통합을 표현하는 존재로 생각한다. 이 시각에서, 자기(self)란 적극적인 경험(한 사람의 삶을 구성하고 있는 무수히 많은 내적/외적 이벤트의 의미를 지속적으로 찾으려 하고, 일관성 있고 통합된 자아감을 통합하려는 다양한 역동적인 심리적 과정 및 구조 모음)을 하는 존재이다.

이는 타고난 인간 본성에 대한 긍정적인 시각이다. 그럼에도 불구하고, 자기결정이론은 인간 경험의 유기체적 변증법을 명확히 인식하고, 경험적 자료를 얻는 데에 초점을 많이 맞추고 있다(Deci and Ryan, 1985). 간단하게 설명해보면, 변증법이란 갈등관계에 있는 힘이나 아이디어들의 병존이다. 자기결정이론의 핵심인 변증법은 다음 두 가지의 사이에 존재하는 갈등을 말한다. 성장과 발달에 대한 인간의 선천적 지향과 다양한 사회-맥락적 힘(예: 부모의 통제, 동료의 압력, 제한적 법규)이 가지고

있는 잠재적 파괴성-긍정적인 발달지향 및 자율성 동기를 방해하고 손상시키거나 지연시킬 수 있음-간의 상호작용.

유기체적 변증법의 한 가지 특성인 내재화와 통합은 다양한 사회문화적 조건(변증법의 또 다른 측면)에 의해 강화되거나 방해될 수 있는 발달적 과정이다. 이는 기본적인 심리적 니즈가 다시 한번 중요해지는 결합과정이기도 하다. 자기결정이론에 대한 많은 연구들이 검증해준 것은, 자율성, 유능성, 관계성 니즈를 충족하게 되면 내재적 동기를 유지할 수 있고, 외재적 동기의 내재화와 통합을 강화할 수 있게 된다는 사실이다(Baard, Deci, & Ryan, 2004; Deci, Eghrari, Patrick, & Leone, 1994). 즉, 타인(예: 구성원)의 일을 조력하고 조언하며 이끌어주는 사회적 담당자(예: 관리자)는 기본적인 심리적 니즈의 충족을 촉진을 해주는 수준이 높을수록, 다른 사람들에게 더 많은 동기부여를 할 가능성이 높다는 것이다. 이에 따라 자기결정이론 연구는 각 개인이 기본적 니즈를 충족하거나 좌절스러워할 때 자신의 환경을 어느 정도로 경험하는지를 탐색하고 있다. 기본적 니즈에서 좌절감을 느낄 때, 인간 경험의 어두운 부분은 부정적 정서, 공격적 행동, (일터에서의 보다 특별한 실례를 들자면) 능동적인 구성원 이탈과 같은 형태로 나타나게 된다.

마음챙김의 동기부여 스타일, 자율성 지원, 역할

핵심적인 자기결정이론의 명제와 일관되는 방향으로, 몇몇 연구들은 구성원의 자율적 동기에 대한 니즈를 지원해주는 환경의 중요성에 대해 보고하고 있다(Gillet, Gagné, Sauvagére, & Fouquereau, 2013; Hardre & Reeve, 2009; Schultz, Ryan, Niemiec, Legate, & Williams, 2014). 그리고 '자율성을 지원해주는 사회적 맥락'(Schultz et al., 2014, p.4)으로 알려진 맥락은 일터에서의 관리자 및 리더의 활동 및 행동에 의해 창출될 가능성이 높다(Gillet et al., 2013; Roche & Haar, 2013). 관리자와 리더의 효과적인 행동은 다음과 같다. (업무 과제에 대한) 의미 있는 근거의 제공, 통제적이지 않은 언어의 사용, (가

능한 경우) 실제 선택권의 제공, 과제수행 및 가장 근본적인 몰입의지에 대한 촉진, 구성원의 시각을 진정으로 인정해주기(예: 구성원이 업무 결정이나 서비스 개선에 대한 창의적 아이디어에 대해 부정적인 반응을 보일 때).

하드르와 리브(Hardre and Reeve, 2009)에 따르면, 이러한 행동들은 관리자의 동기부여스타일 – "일터에서 구성원에게 동기부여하는 관리자의 독특한 방법"(p.167) – 을 반영한다. 관리 스타일을 파악하기 위해 설계된 개입전략 연구에서, 연구자들은 동기부여 스타일의 전반적인 순응성에 대한 근거를 찾았고, 일부 행동은 다른 행동보다 더 변화시키기 쉽다는 것을 발견하였다. 특히 성공을 거둔 대부분의 관리자들은 통제적이지 않은 경우가 많았지만(비통제적인 언어 사용, 행동에 대한 배경 설명, 부정적 정서에 대한 인식), 반드시 구성원의 높은 자율성을 보장해주는 것(구성원의 내적 동기부여 자원을 더 잘 강화시키기)은 아니었다.

하드르와 리브(Hardre and Reeve, 2009)는 이 연구결과에 기반하여, 자율성에 대해 지원을 잘 하려면 전반적인 훈련이 필요한 듯하다고 주장하였다. 지원을 잘 하기 위해서는 구성원의 흥미, 가치, 선호에 대해 인식해야 하고, 그들의 내적 자원을 일터에서의 역할 및 책임과 방향일치를 시켜줄 수 있는 방법을 찾아야 하기 때문이다.

마음챙김에 대한 관리자의 능력은 구성원의 내적인 동기 자원을 강화시키기 위한 핵심적 요소로 보인다. 왜냐하면, 자기 자신에 대해 명확하게 이해를 하지 못한 사람은 다른 사람에 대해서 이해를 하기가 매우 어렵기 때문이다. 스스로를 잘 이해하려면 자기 자신에 대해 안정적인 애착관계를 형성해서(Bruce, Manber, Shapiro, & Constantino, 2010), 다양한 범위의 개인경험에 대해 개방적이고 호기심어린 시각을 유지해야 한다. 카바나와 스펜스(Cavanagh and Spence, 2013)는 "자기 자신과의 긍정적이고 호기심 가득한 관계에 의해 강화된 안전성은 지속적인 경험에 몰입하고, 그 안에서 중요한 통찰을 얻어내게 해준다. 이를 통해 자기 자신을 더 잘 이해하게 되고, 궁극적으로는 타인을 더

잘 이해할 수 있게 된다"(p.121)라고 설명을 하였다. 조금 더 다르게 표현해보자면, 대인 간 조율에서 중요한 역할을 하는 것이 바로 개인내부적 조율인 것이다(Bruce et al., 2010). 카바나와 스펜스(2013)도 마음챙김의 발달에서 나타나는 첫 번째 효과와 두 번째 효과에 대해 설명하였다(그림 7.2, 그림 7.4).

마음챙김은 더 좋은 관리자-구성원의 관계를 통해 구성원의 자율성 지원을 강화해주는 것으로 보이는데, 두 가지 정도의 중요한 방법으로 지원을 해주는 듯 하다. 첫째, 슐츠와 동료들(Schultz et al., 2014)이 정리했듯이, 마음챙김이 가지는 비평가적인 속성은 불편한 사고와 감정들이 영원하지 않은 것이라는 사실을 보여줌으로써 정서적 조절을 조력하고, 자각수준을 높여주어 다양한 반응들을 선택할 수 있도록 '잠깐의 시간'(Martin, 1997)을 제공해준다. 조금 다르게 설명해보면, 마음챙김은 한 사람의 평가와 반응 사이에 심리적 '공간'을 창출함으로써 행동적 반응의 민감성을 낮춰주고, 개인적인 성찰수준을 높이며 부정적 자극의 영향을 감소시킨다(Schultz et al., 2014). 둘째, 성찰 역량의 강화는 사람들이 자기의 중요한 부분(예: 가치, 흥미, 직관)에 대해 보다 민감할 수 있게 해주고, 그에 맞는 행동을 고를 가능성을 높여준다(Brown & Ryan, 2015). 선택에 대한 가능성을 느끼고 자기-방향성을 가지게 되면, 진정한 성격 발달의 기반을 형성할 수 있게 된다.

지금까지 정리한 바에 따르면, 마음챙김의 수준이 높은 경우 자기-이해, 대인 간 조율이 강화되고, 행동반응의 민감성이 낮춰진다고 한다. 이와 같은 특성이 일터에서 효과적으로 발휘될 경우, 조직 및 구성원에게 최고의 이득을 가져다줄 수 있는 방법을 적극적으로 찾으며 지원하는 환경을 창출할 가능성이 높다.

마음챙김과 일터 지각의 상호작용

앞의 리뷰에서 살펴보았듯이, 개인 노동자들의 마음챙김은 그들이 일하고 있는 일터 분위기의 품

[표 8.4] 니즈를 충족시켜주는 일터와, 니즈를 좌절시키는 일터의 특성

니즈	니즈-충족	니즈-좌절
자율성 (autonomy)	조직구성원의 시각을 인정해줌으로써, 구성원이 업무 목표에 대해 자기주도성과 주인의식을 가질 수 있도록 촉진하기 / 조직에서 요구하는 과제에 대해 (가능한 경우) 선택권을 제공하고, 과제의 배경에 대해 설명해주기	다양한 보상, 처벌이나 다른 강압적인 전략(예: 최후통첩)을 통해, 구성원의 활동 수준을 통제하거나 조종하기
유능성 (competency)	조직구성원에게 충분한 정보를 제공하는 피드백, 노력과 성취에 대한 인정, 좋은 업무 환경 조성과 같은 효과적인 행동에 대한 지원을 다양하게 제공해주기	피드백의 부재, 지속적인 비판, 감사의 표현 부족, 부적절한 자원제공과 같은 행동을 통해, 조직구성원의 절망과 좌절감을 악화시키기
관계성 (relatedness)	조직구성원들이 자유롭게 소통할 수 있고, 상대방을 신뢰하며 스스로도 신뢰받는다는 느낌을 가질 수 있으며, 동료들과 따뜻하고 진정성있는 관계를 맺을 수 있는 대인 간 환경을 조성해주기	자유롭게 소통하기 어렵고, 업무역할을 수행하는 데 있어서 관계에서의 배제나 외면을 경험하는 대인 간 맥락을 창출하기

* 출처: Chen et al. (2015)

[표 8.5] 조직구성원의 마음챙김과 일터 환경의 상호작용

	지지적이지 않은 업무 환경	지지적인 업무 환경
높은 수준의 마음챙김	• 반응성에 대한 관리 • 대인관계에서의 문제가 자주 발생함 • 사회적인 관계를 유지함 • 안정적인 업무 몰입 • 심리적 좌절에 대해 관리	• 높은 적극성 • 조화로운 대인관계 • 원활한 사회적 관계 • 온전한 업무 몰입 • 풍요로운 심리적 건강
낮은 수준의 마음챙김	• 높은 반응성 • 불안한 대인관계 • 사회적 관계 부족 • 눈에 띄게 업무에 몰입하지 못함 • 심리적 좌절의 심각도가 높음	• 낮거나 중간 수준의 적극성 • 안정적인 대인 간 관계 • 중간 정도의 사회적 관계 • 부분적인 업무 몰입 • 취약한 심리적 건강

* 출처: 저자

질에 따라 달라질 수 있다. 그렇다면 다음과 같은 질문을 해볼 수 있겠다. 지지적이지 않은 환경에서 일하는 노동자는 지원을 잘 해주는 환경에서 일하는 노동자와 비교해보았을 때, 마음챙김으로부터 얻는 혜택이 다를까? 최근의 경험적 연구결과 (Schultz et al., 2014)를 볼 때, 마음챙김 수준이 높은 노동자들은 통제가 심한 환경에 있을 때, 마음챙김 수준이 낮은 사람들과 비교해보았을 때, 기본적인 심리적 니즈의 좌절을 덜 경험하는 것으로 나타났

다. 지금까지 리뷰해보았던 다른 자기결정이론 연구들과 다른 결과를 주장한 이 연구는 주목해볼만 하다. 왜냐하면, 이 연구에서는 니즈 지원의 존재나 부재에 대한 지각이 아니라, 일터에서 경험하는 적극적인 니즈 좌절의 직접적인 지각을 측정했기 때문이다. 표 8.4에 이와 같이 차별화되는 일터 지각에 대해 설명해보았다.

슐츠와 동료들(Schultz et al., 2014)의 연구에서 관심을 가졌듯이, 마음챙김과 일터 환경의 상호작

용에 대한 고려가 이루어지고 있다. 표 8.5를 보면, 구성원의 마음챙김 수준(높음 vs. 낮음)이 업무 환경(지지적이지 않음 vs. 지지적임)을 만났을 때 어떤 상황이 벌어지는지에 대해 정리되어 있다. 지금부터는 각각의 내용에 대해 간단히 정리해보도록 하자.

〈지지적이지 않은 업무 환경 / 높은 수준의 마음챙김〉

슐츠와 동료들(Schultz et al., 2014)의 연구결과에서 볼 수 있듯이, 높은 수준의 마음챙김은 지지적이지 않은 업무 환경에 있는 근로자들을 보호해줄 수 있는 요소인 듯하다. 자율성, 유능성, 관계성에 대한 니즈가 좌절되면 부정적인 결과가 창출될 수 있기 때문에(예: 스트레스로 인한 신체적 증상 / Bartholomew, Ntoumanis, Ryan, Bosch, & Thøgersen-Ntoumani, 2011), 마음챙김이 유해한 업무환경에 대한 노출(Roche et al., 2014)로 인해 생기는 부정적 영향을 감소시킬 수 있다는 사실을 인식하고, 마음챙김을 기반으로 한 개입전략(MBI)의 활용방법을 몇 가지 알고 있는 것은 유용하다고 생각된다(Virgili, 2015).

〈지지적이지 않은 업무 환경 / 낮은 수준의 마음챙김〉

반대로 낮은 수준의 마음챙김을 경험하는 구성원들은 심리적 안정상태를 보장해주지 않은 환경 −유해한 조직 원칙(예: 구성원보다 이득을 우선시함), 좋지 않은 업무 조건, 조직 내 갈등(Harder, Rash, & Wagner, 2014)−에서 제대로 대처하지 못할 가능성이 높다. 기본적인 니즈가 지속적으로 충족되지 않거나 좌절감을 경험하게 될 때, 이 구성원들은 심리적 고통을 계속해서 겪게 되지만, 자신의 경험을 제대로 인식하고 그에 대해 적절한 반응을 보이기 위한 자기-자각이나 자기-이해 능력이 부족하다. 그러다보니 심각한 심리적 어려움을 경험하고, 건강한 사회적 관계를 유지하기 위해서서도 너무 많은 애를 써야 하며, 능동적인 공격성부터 수동적인 회피까지 다양한 방법으로 스트레스원에 대해 매우 예민한 반응을 보이게 된다.

〈지지적인 업무 환경 / 낮은 수준의 마음챙김〉

지지적인 업무환경에서 일을 할 때, 낮은 수준의 마음챙김을 경험하는 구성원들은 만족스러운 경험을 할 가능성이 높지만, 다른 사람들에게 큰 좌절을 주는 사람이 될 수도 있다. 왜냐하면, 마음챙김 수준이 낮은 구성원들은 환경이 제공하는 기회(인식하지 못했던 잠재력을 활성화할 가능성이 있는)를 최적화하기 위해 필요한 메타인지적 스킬이 부족하기 때문이다. 예를 들어보자. 한 초급 관리자는 (수행불안 때문에) 경영회의에서 발표하는 것을 의도적으로 피한다. 부서장이 전폭적인 지지와 지원을 해주는데도 말이다. 이와 같은 구성원들은 자기 자신에게 도전이 되는 업무과제나 책임을 강하게 거부할 가능성이 있다. 하지만 앞에서 리뷰해보았던 연구들(Reb et al., 2014, Reb et al., 2013)에 따르면, 마음챙김 수준이 높은 관리자는 구성원의 마음챙김 수준에 영향을 미칠 수 있다(기본적인 니즈에 대한 지원을 제공하고, 역할모델이 되어주는 행동을 통해).

〈지지적인 업무 환경 / 높은 수준의 마음챙김〉

자기자각과 자기이해수준이 높은 구성원들에게, 심리적 계약을 중요하게 여기는 업무 환경(Harder et al., 2014)은 최적의 기능을 촉진해줄 수 있고(Spence & Deci, 2013), 심리적 건강을 강화해줄 수 있는(Grant & Spence, 2010) 맥락을 제공해준다. 이 환경에서 구성원들은 자신의 전문적 도전과제를 회피하는 것이 아니라, 호기심을 가지고 접근할 가능성이 높다. 왜냐하면 (1) 직속 상사나 다른 환경에서의 지원(예: '실패해도 되는' 실험을 할 수 있는 환경, 심리적으로 안전한 환경; Edmonson, 2011)이 조력을 해주며, (2) 자신을 보다 확장시키기 위한 심리적 반응을 조절할 수 있다는 자신감을 느끼게 해주기 때문이다.

조직적 마음챙김과 마음챙김의 조직화를 위한 기본적 니즈 지원

8장에서는 다양한 마음챙김의 개념화를 살펴보

면서, 그중에서도 특히 일터에서의 마음챙김에 초점을 맞추어 보려고 한다(Dane & Brummel, 2014; Vogus & Sutcliffe, 2012). 자기결정이론에 의해 세부적으로 설명된 사회문화적 요소들을 탐색하여, 일터에서의 마음챙김이 표준적인 마음챙김을 기반으로 한 개입전략(MBI)의 활용과 같은 방법을 사용해서 어떻게 강화되고 유지될 수 있는지에 대해 알아볼 것이다. 지금부터는 이 개념들이 어떻게 관련되는지에 대해 몇 가지 아이디어를 정리해보도록 하겠다.

표 8.1에서 살펴보았듯이, 조직적 마음챙김(OM)과 마음챙김의 조직화(MO)는 상호보완적인 구인이다. 조직적 마음챙김은 집단적 성공에 대해 몰두하는 태도(가장 높은 수준의 관리에 의해 촉진된)와 전체적인 조직 내에서 적응적인 사고와 행동을 할 수 있는 맥락을 조성한다. 마음챙김의 조직화는 시스템에서 나타나는 자원으로서, 조직의 가장 큰 이득을 만들어내기 위해 일을 하는 구성원들의 축적된 행동을 기반으로 한다.

이 구인들의 핵심에는 조직이 신뢰롭고 지속성 있게 기능해야 한다는 근본적인 기대가 있다. 핵심은 조직의 운영되는 방법에 맞춰 민감하게 조율하고, 문제가 생겼을 때 거시적인 시각으로 바라보며 수집가능한 모든 전문가의 지식을 신속하게 활용하여 대응한다는 것이다(Vogus & Sutcliffe, 2012). 자기결정이론의 시각에서 보았을 때, 이와 같은 특성은 높은 수준의 업무 적극성(자율적으로 동기부여된 구성원으로부터 볼 수 있는 수준)을 반영한다. 앞에서 여러 번 언급했듯이, 기본적인 심리적 니즈에 대한 지원과 충족을 제공하는 것은 자율적 동기 및 구성원이 자유롭게 업무과제 및 활동에 몰입할 수 있는 정도와 긴밀한 관계가 있다. 슐츠와 동료들(Schultz et al., 2014)는 이와 같이 표현하였다.

관리자가 구성원의 시각을 이해하게 되면, 구성원은 자신감을 느끼게 되고, 자신의 의견이 중요하다는 기분을 가지며, 관리자와의 연계성을 느끼게 되고, 더 큰 자유의지를 경험하게 된다. 관리자가 특정한 결과를 만들어내라고 압박하기보다는 구성원 자신의 의견에 귀를 기울이고, 구성원 자신의 참조틀을 통해 세상을 바라봐준다는 느낌을 가질 수 있다(pp.4-5).

일터에서 자율성에 대한 지원을 해주는 것은 대안적인 시각(자율성 / 상황을 단순하게 보고 넘어가버리지 않음)에 대해 파악하고 이해하기, 암묵적 지식(tacit knowledge)과 잠재능력을 평가하기(유능성 / 전문성에 대한 존중), 문제에 대한 집단적인 해결책을 찾기(관계성 / 회복탄력성에 대한 기여)와 같은 행동을 하는 것을 의미하며, 마음챙김의 집합적인 형태를 구축하는 데 있어서 핵심적인 역할을 하는 것으로 보인다. 자율성에 대한 지원은 조직적 마음챙김(OM)의 기본적인 마음가짐을 제공하는데, 고참 리더들이 이를 조력할 수 있고, '업무현장에서의 사고와 행동을 가능하게 하는 맥락'을 조성해줄 수 있다(Vogus & Sutcliff, 2012, p.724). 반대로, 자율성에 대한 지원은 마음챙김의 조직화(MO) – '브리핑, 미팅, 중간보고, 팀활동 중에서 발생되는 실시간 소통과 상호작용을 지속하기'(Vogus & Sutcliffe, 2012, pp.724-725) – 를 강화하는 사회적 과정을 촉진하도록 도와줄 수 있다. 이러한 주장에 대한 검증이 아직 충분히 이루어지지 않았기 때문에, 미래의 연구에서는 언급되었던 관계에 대해 확인하는 작업이 진행되어야 할 것이다.

미래의 연구

앞에서 방금 정리해보았듯이, 미래의 연구에서는 조직적 마음챙김(OM)과 마음챙김의 조직화(MO)라는 구인을 이용하여, 자율성에 대한 지원이 집합적 수준의 마음챙김에 대해 중요한 기여를 할 수 있는지에 대해 알아볼 필요가 있다. 횡단적 연구를 통해 이와 같은 관계가 명료화되면, 일터에서 기본적인 심리적 니즈의 충족에 대해 지원하는 것이 이러한 환경에서의 마음챙김에 대해 어떻게, 그리고 어느 정도의 영향을 주는지에 대한 관심이 자연스럽게 생기게 될 것이다.

앞에서 리뷰해보았듯이, 마음챙김과 업무 성과

간의 관계에 대한 연구는 지금도 계속 발전되고 있고, 앞으로도 더 많은 관심을 가져볼 분야이기도 하다(Dane & Brummel, 2014). 미래의 연구에서 다뤄볼 흥미로운 부분은 마음챙김, 수면, 성과 간의 관계이다. 마음챙김과 수면의 품질 및 지속기간과의 관계에 대해서는 이제 증명이 되기 시작하고 있으며(Hülsheger et al., 2015), 수면과 인간 성과의 몇 가지 특성 간의 관계에 대해서는 보다 더 명확한 관계가 밝혀지고 있다(Pilcher & Huffcutt, 1996; Swanson et al., 2011). 이 변인들을 동시에 검증할 수 있게 해주는 연구 설계(구조방정식 모델링과 매개/조절변수 분석)는 마음챙김과 수면이 일터에서의 성과에 대해 미치는 통합적 영향을 알아낼 때 도움이 될 것이다.

마지막으로, 관리자의 동기부여 스타일에 대해(Hardre & Reeve, 2009) 8장에서 언급했던 연구에 대해서는 더 많은 초점을 맞춰볼 필요가 있다. 관리자를 대상으로 공식적이고 구조화된 마음챙김 훈련을 하는 것이 구성원의 자율적 동기수준을 더 많이 높일 수 있는지를 측정하는 방법을 쓸 수 있을 것이다.

더 세부적으로 보면, 이와 같은 관계는 하드르와 리브(Hardre and Reeve, 2009)가 밝혀낸 메카니즘―구성원의 내적인 동기 자원을 강화하는 관리자의 역량―을 통해 파악할 수 있겠다. 앞에서 논의했듯이, 다른 사람의 내적인 동기자원을 강화해 주려면, 먼저 상대방을 이해하는 능력이 필요한데, 이는 자기 자신을 이해하지 않은 상태에서는 얻기 힘든 능력이다. 마음챙김과 업무 성과 간의 관계에 대해서는 그다지 많은 것들이 알려져 있지 않기 때문에, 앞으로 연구가 이루어지면 좋을 분야이다. 그렇게 되면, 구성원, 조직, 궁극적으로는 관리자와 리더 자신에게 긍정적인 혜택을 주기 위해 전문적인 발달 훈련(예: 마음챙김을 기반으로 한 개입전략, MBI)에 몰입해야 하는 명확한 이유를 제시할 수 있을 것이다.

결론

일터에서의 마음챙김에 대한 이론적/경험적 탐색은 스트레스 및 일터에서 나타나는 다양한 역기능들을 관리하는 데 있어서 마음챙김을 기반으로 한 개입전략(MBI)에 유난히 많은 초점을 두고 이루어져왔다. 많은 연구들이 이와 같은 목적을 위해 마음챙김 훈련을 활용하는 것이 효과적임을 밝혀냈지만, 또 다른 연구에서는 마음챙김을 기반으로 한 개입전략(MBI)이 일반적인 믿음만큼 효과적이지는 않을 수 있다는 결과를 보여주었다(Virgili, 2015). 복잡한 현대의 일터 맥락을 고려할 때, 이와 같은 연구결과가 나온 것이 놀랍지는 않다. 대부분의 일터 스트레스원은 사회적/문화적으로 만들어진 것이기 때문에, 일반적인 마음챙김을 기반으로 한 개입전략(MBI)은 구성원의 심리적 적응을 돕기에는 불충분할 수도 있을 것이다.

8장에서는, 일터에서의 마음챙김을 사회문화적으로 설명하기 위해 자기결정이론이 활용되었다. 하지만 스트레스 관리의 시각에서 볼 때, 자율성에 대한 지원을 해주는 관리 및 조직운영 방법으로서, 일반적으로 개인적인 마음챙김을 기반으로 한 개입전략(MBI)을 활용하게 되면, 모든 구성원에게 적절하지 않을 수도 있다. 노동자의 성과는 그 사람의 사회문화적 환경(예: 니즈 충족이나 좌절), 대인간 환경(예: 자신 외부에 대한 자각상태를 유지하는 능력)에 따라 많이 달라지기 때문이다. 따라서, 마음챙김을 할 수 있는 일터 환경을 조성할 수 있는 능력을 키우려면, 개인적 수준의 개입보다는 조직적, 문화적 수준의 개입전략을 구축하는 것에 더 많은 초점을 맞출 필요가 있어 보인다.

9장
일터에서의 탄력성

앤드류 도노반, 리 크러스트, 피터 클로(Andrew Denovan, Lee Crust, and Peter J. Clough)

서론

일터에서의 탄력성(resilience)은 연구 및 현장 실무 모두에서 지속적으로 많은 관심을 받고 있다. 하지만 이 개념은 다른 시각들에 연계되지 않고, 긍정심리학 쪽에서만 다루어지는 경우가 많았다. 그래서 9장에서는 다양한 이론적 모델들의 맥락에서 탄력성의 개념을 간단하게 살펴보고, 논의해보려고 한다. 마지막에는 일의 세계에서 탄력성과 긍정심리학의 관계를 설명할 수 있는 접근법을 사용해서 정신적 강인함(mental toughness)을 다뤄볼 것이다.

긍정심리학

셀리그만과 칙센트미하이(Seligman and Csikszent-mihayli, 2000)의 중요한 연구에 의해 시작된 긍정심리학 운동은 심리적 웰빙을 이해하기 위한 최적의 체계를 제공해주었다. 이 연구자들은 긍정적인 인간 기능과 지속적 성장(flourishing)에 대한 연구에 더 많은 초점이 맞추어져야 한다고 주장하였다. 셀리그만과 칙센트미하이가 제시한 메시지와 접근

법은 (그들도 인정했듯이) 사실 특별히 새로운 것이 없다. 하지만 그때까지도 긍정적인 인간 기능에 대해 우리가 아는 것이 별로 없었던 데다가, 심리학 분야에서 이루어지는 연구는 대부분 불안과 우울과 같은 부정적인 심리적 상태를 감소시키는 것에 초점을 맞추는 경향이 있으며, 부정적인 상태를 없앤다고 해서 웰빙의 상태를 바로 만들어낼 수는 없다는 사실을 밝히는 데 있어서 그들의 문제 제기는 시기 적절했다. 결국 좋은 정신건강상태를 만든다는 것은 질병이 없다는 것뿐 아니라, 자기만족, 독립성, 능력과 역량, 스트레스와 역경에 대한 효과적인 대처전략을 필요로 한다는 것이다(Bird, 2007). 셀리그만과 칙센트미하이는 심리적 상태를 파악하고 조절하며 문제를 개선하는 일의 중요성을 인정하는 동시에, 즐거움, 진정한 행복과 웰빙과 같은 개념을 이해하기 위해 더 많은 노력을 기울일 필요가 있다는 것을 강조하였다. 간단히 말해서, 기존에 이루어진 연구는 부정적인 심리적 상태 때문에 경험하게 되는 고통을 경감시켜 정상적인 기능으로 회복시키는 것에 주로 초점을 맞추었지만, 정상적인 기능을 넘어서서 인간이 경험할 수 있는 연속선상의 긍정적 절반에 대해서는 그다지

많은 이해를 하지 못했었다는 것이다.

긍정심리학 운동은 인본주의 심리학을 기반으로 하여, 세 가지의 핵심 개념을 다루고 있다. 첫째, 즐거운 삶(life of enjoyment)은 긍정적인 정서와 기분을 만끽하는 인생을 가리킨다. 9장에서 많이 인용하게 될 프레드릭슨(Fredrickson, 2001)의 연구를 보면, 기쁨 및 흥미와 같은 긍정적 정서가 거시적 사고를 창출하고, 개인적 자원을 구축하는 일을 도우며, 정서의 긍정적/적응적 특성을 통해 개인적 성장을 촉진하는 방법을 더 잘 이해할 수 있을 것이다.

둘째, 몰두하는 삶(life of engagement)은 자신이 하고 있는 일에 빠져드는 것을 말한다. 몰입(flow)은 몰두와 관련된 가장 중요한 긍정심리학의 개념으로서, 높은 수준의 스킬과 높은 수준의 도전과제가 매칭될 때 발생되며, 자각수준을 변화시키면서 내적 동기부여를 하는 경험을 의미한다(Jackson & Csikzentmihalyi, 1999). 셋째, 친화적인 삶(life of af-filiation)은 긍정적인 관계가 웰빙, 소속감, 의미, 목표의식을 가지도록 어떻게 돕는가에 대해 관심을 가진다. 이와 같은 긍정심리학의 핵심 주제들은 대부분의 연구들이 초점을 맞추었던 부정적인 정서 상태 및 질병과 반대되는 것이었다.

심리적 웰빙(psychological well-being)은 '한 사람이 온전한 심리학적 잠재력을 성취'하는 것을 의미한다(Carr, 2004, p.36). 심리적 웰빙의 명확한 정의에 대해서는 아직 다양한 의견들이 존재하고 있지만, 다면적 구인(multidimensional construct)이라는 것에 대해서는 일반적인 합의가 이루어져 있다. 캐롤 리프(Carol Ryff)와 동료들의 작업은 심리적 웰빙 연구에 있어서 가장 널리 받아들여지는 이론기반 접근법을 제시하였다. 리프(Riff, 1989)는 심리적 웰빙의 6요소 모델을 구성하는 여섯 가지의 차별화되는 요소들을 찾아내었다. 리프가 정의한 건강에는 다음과 같은 요소들이 포함된다. (1) 자기-수용(자기 자신과 과거 삶에 대한 긍정적 평가), (2) 개인적인 성장(하나의 개인으로서 발달 및 지속적인 성장을 하고 있다는 감각), (3) 삶의 목표(자신의 인생은 의미가 있다고 믿는 신념), (4) 타인과의 긍정적 관계(다른 사람과의 의미 있는 관계 맺기), (5) 환경적 숙달(자신의 삶과 주위 세상을 효과적으로 관리할 수 있는 능력), (6) 자율성(자기결정성에 대한 감각).

최근까지, 심리학 분야에서 이루어진 대부분의 연구-연구위원회의 재정적 지원 이슈와 주로 연계되기 때문에-는 의학적 또는 결핍 모델을 기반으로 하였다. 즉, 대부분의 연구 초점은 심리학적 문제를 이해하고, 정상기능의 회복을 촉진하기 위한 치료방법을 발전시키고 검증하는 것에 맞추어졌었다. 삶을 살아가는 데 있어서 심리학적 문제를 경험하는 사람은 25% 정도 된다는 근거가 제시되었으므로(Layard & Clark, 2014), 물론 이와 같은 연구들은 중요한 것이었다. 하지만 결핍상태를 회복시키고 질병을 치료하는 것에 대해 중점적으로 초점을 맞춘다는 것은, 긍정적인 인간 기능과 지속적 성장(flourishing)을 이해하는 데에는 그다지 많은 노력이 이루어지고 있지 않다는 의미이다. 탄력성을 더 잘 이해하기 위한 좋은 방법들 중 하나는 도전적인 환경에서 탄력성을 표현하는 사람들에 대해 연구하고 배우는 것으로 보여진다. 탄력성이 높은 사람들이 사용하는 과정과 메카니즘에 대해 이해할 수 있다면, 다른 사람들의 탄력성 수준을 높이는 것을 돕기 위해 이 지식을 적용하는 것이 가능해질 것이다. 이 작업에 대해 조력하기 위해, 9장에서는 대담성(hardiness)과 정신적 강인함(mental toughness)과 같은 관련 개념들의 맥락에서 탄력성을 다루어보려고 한다.

대담성

수잔 코바사(Suzanne Kobasa)와 동료들(Kobasa, 1979; Kobasa, Maddi, & Khan, 1982)은 심리적 대담성(hardiness)이라는 중요한 보호특성을 발견하였다. 이는 스트레스를 받을 수 있는 환경을 경험할 때 대처를 잘하는 사람과 잘 못하는 사람을 구분할 수 있는 특성이다.

스트레스와 질병간의 높은 상관관계를 예언한 연구들이 많지만, 실제로 발견한 것은 중소 규모의 관계 정도였기 때문에, 그 관계는 처음에 생각했던 것보다 더 복잡한 것으로 보인다. 스트레스가 많은 상황에 지속적으로 노출이 되면 질병과 심각한 스트레스 관련 장애들과 관계가 높아지지만, 스트레스가 매우 높은 상황이라 하더라도 모든 사람들이 좌절하는 것은 아니다. 코바사에 의하면, 스트레스와 질병 간 관계를 이해하는데 있어서 개인 간 차이는 중요한 요소라고 한다. 대담성은 스트레스로 인해 생길 수 있는 부정적 결과를 막아줄 중요한 변인이다.

코바사(Kobasa, 1979)는 스트레스 상황을 마주했을 때, 질병을 앓게 되거나 반대로 건강을 유지하는 관리자/임원간의 차이를 이해하는 데 있어서 핵심적인 요소인, 3C, 헌신(commitment), 통제(control), 도전(challenge)이라는 세 가지 태도/경향을 처음 발견하였다. 헌신은 자신이 하고 있는 일에 대해 분리감이나 무관심을 느끼는 것이 아니라, 심층적으로 개입하고 흥미를 느끼는 태도를 가리킨다. 통제란 수동적으로 환경을 수용하기보다는 자신이 영향력을 가지고 있다고 믿으며 행동하는 경향을 의미한다. 도전은 도전과 기회를 위협요인으로 보는 것이 아니라, 도전과 기회로 생각하는 대담한 사람들이 가지고 있는 잠재적인 스트레스원을 지각하거나 평가하는 태도를 가리킨다. 이 연구결과들을 보면 대담성은 스트레스의 부정적 효과를 감소시킬수 있는 중요한 개인적 자원으로 보인다. 이와 같은 초반 작업 이후, 다양한 영역(예: 비즈니스, 교육, 군대)에서 지속적으로 어렵고 도전적인 상황에 노출될 때, 대담성이 스트레스에 대한 버퍼로서의 역할을 한다는 경험적 근거들이 나오고 있다. 대처에 있어서, 대담한 사람들은 스트레스원을 바라볼 때 긍정적인 평가를 하고, "변혁적 대처방법"이라고 불리는 전략을 사용해서 스트레스원의 영향력을 줄이며, 건강과 성과에 대한 부정적 효과를 감소시키는 데에 능숙한 것으로 보여진다.

매디(Maddi, 2004)는 대담성을 이해하기 위한 초반의 연구노력을 이어서, 대담성의 3C가 통합될 때의 중요성을 강조하고, 스트레스성 상황을 유리하게 만들기 위해 용기와 동기를 제공하려면 세 가지 중의 하나만으로는 부족하다는 것을 보여주었다. 간단히 말해서, 대담성은 3C가 함께 진행될 때를 반영하고, 실존적 용기가 표현될 때를 가리킨다.

매디는 다른 실존적 심리학자들과 마찬가지로, 지속적으로 삶의 의미를 찾는 것 – 낮은 중요성(예: 음식의 선택)부터 높은 중요성(예: 직업의 전환)을 가지는 의사결정을 포함하는 과정 – 에 중점을 두었다. 매디에 따르면, 모든 의사결정은 변하지 않는 형태를 가진다고 한다. 미래나 과거를 선택하는 것. 지속적으로 의미를 찾는 데 있어서, 과거를 선택한다는 것은 이상하게 보일 수도 있지만, 익숙한 것에 매여 있고 안전지역에 머물러 있는 태도를 가리키는 것이다. 과거를 선택하는 태도는 안주하는 결과를 가져오고, 학습과 개인적 성장을 위한 길로 생각하기는 어렵다. 어떤 사람들이 정기적으로 과거를 선택하는 주요한 이유는, 그럼으로써 존재론적인 불안을 경험하는 불편함을 피할 수 있기 때문이다. 미래를 선택하게 되면 누구나 도전과 불편한 감정을 마주할 수밖에 없지만, 학습과 발달, 개인적 자원의 구축을 할 수 있는 길을 갈 수 있게 된다. 어떤 사람에게 있어서 도전과 관련된 공포와 위험은 미래를 선택하면서 얻을 수 있는 이득보다 크게 느껴질 수 있지만, 과거를 선택하는 것의 부정적 영향은 지루함으로 시작해서 의미없음에 대한 고통스러운 감각까지 진행되는 과정이다. 미래를 선택하기 위해, 과정에서의 변화를 수용하고 개인적 성장을 경험하기 위해, 우리는 용기를 가져야만 한다. 매디에 따르면, 대담성은 실존적 용기를 실현하는 것으로서, 과거보다는 변화와 미래를 수용하는 의사결정을 촉진하는 3C를 가지는 것이다. 지금부터는 대담성과 탄력성의 시너지와 차별성에 대해 더 자세히 알아보도록 하겠다.

탄력성

탄력성은 확실한 형태가 없는 개념이지만, 다양한 정의들의 공통점을 찾아보면, 스트레스원과 좌절을 다루는 능력이자, 성공적인 성과 및 웰빙과 관련된 인간실존의 핵심적인 부분을 가리킨다. 심리학적 탄력성은 몇 가지 다른 방법으로 정의되어

왔지만, 대부분의 경우에는 환경적 요구가 변화하는 것에 대한 유연성 그리고 부정적 정서경험을 겪은 후 회복할 수 있는 능력을 의미한다(Tugade, Fredrickson, & Barrett, 2004). 하지만 니난(Neenan, 2009)과 같은 몇몇 이론가들은 '회복'을 강조하는 탄력성의 정의와 개념화에 대해 비판을 하고 있다. 왜냐하면, 기존의 정의에서는 신속하고 그다지 큰 노력없이도 이전의 상태로 돌아간다는 느낌을 주고 있지만, 실제로 탄력성은 보다 긴 시간 동안 발전되는 경우가 많고, 자기 자신을 위해 중요한 투쟁, 고통, 재조직화를 포함하는 과정이기 때문이다. 탄력성의 정의가 매우 다양하지만 일반적으로 합의가 된 정의는 위험이나 어려움이 있음에도 불구하고 긍정적인 적응을 한다는 것이다(Luthar & Ciccetti, 2000).

탄력성의 정의에 대한 합의가 부족한 것에 더하여, 이 구인이 내포하고 있는 메커니즘은 논쟁의 대상이 되어왔다. 어떤 연구자들은 과정적(process) 접근법을 택하고, 다른 연구자들은 특질적(trait) 접근법을 택하기 때문이었다(Jacelon, 1997). 유명한 과정 모델에는 윌슨, 프리드먼, 린디(Wilson, Friedman, and Lindy, 2001), 리차드슨, 나이거, 젠슨, 쿰퍼(Richardon, Neiger, Jensen, and Kumpfer, 1990; Richardson, 2002)의 연구결과가 있다. 윌슨과 동료들(Wilson et al., 2001)은 탄력성에 대한 트라우마 모델을 개발하였다. 이 모델에서는, 트라우마성 사건이 성격, 자기-구조, 자아 과정에 영향을 주어, 항상성이 깨진 스트레스 반응의 긍정적 활성화(항상성을 유지하고자 하는 행동적/생리적 노력, Sterling & Eyer, 1988)를 시키고, 탄력성과 적응성을 지속적으로 강화시킨다. 스트레스 반응의 특성으로는 성격, 자아방어, 대처스타일, 정서 조절, 보호요인의 활용에 대한 상호작용적 요소들의 축적을 들 수 있다. 특정 사건에 대한 스트레스 반응의 결과를 보면, 적응과 탄력성을 측정해볼 수 있다.

리차드슨과 동료들(Richardson et al., 1990; Richardson, 2002)은 생물-심리-영성의 균형 모델(biopsychospiritual balance model)을 개발하였다. 이 모델에서, 내적/외적 스트레스원은 생물-심리-영성

의 항상성(마음, 신체, 영혼)을 위협하며, 대처능력은 좌절경험을 다루기 위한 과거의 성공/실패 시도에 의해 영향을 받는다. 좌절에 대한 반응은 재통합적 과정으로서, 몇 가지 가능한 결과들 중 하나에 영향을 미치는 것으로 보인다. 첫 번째 결과는 성장과 탄력성 증가에 대한 것으로서 더 높은 수준의 항상성을 이끌어내는 적응을 가리키고, 두 번째 결과는 손실의 극복으로서 낮은 수준의 항상성을 창출한다. 그리고 세 번째 결과는 항상성으로의 회복으로서, 좌절수준을 겨우 넘어서는 것을 의미한다. 네 번째 결과는 역기능적 상태로서, 부적응적 대처 방법이 사용된다(예: 자기-파괴적 행동).

와그닐드와 영(Wagnild and Young, 1993)이 정의한 특질로서의 탄력성은, 스트레스의 부정적인 영향을 완화시키고, 적응을 촉진하는 사람의 특징이다. 성찰능력, 다른 사람에 대한 긍정적 반응, 평균 이상의 지능, 평정심, 의미를 가짐, 넓은 점위의 개인적/사회적 활동, 흥미, 인내심, 삶에 대한 긍정적이고 에너제틱한 접근법과 같은 안정적 개인요소들을 포함한다. 특질적 접근법과 반대되는 것이 과정적 접근법이다. 과정적 접근법에서는 탄력성이 개발되고 표현되는 방법을 더 잘 이해하기 위한 목적을 가지는 반면, 특질적 접근법에서는 보다 단순한 시각을 가져서 탄력성의 유무를 파악하는 것에 관심을 둔다. 연구자들도 과정적 접근법에 적절한 모델에 대해서는 아직 합의가 부족하고, 과정에서의 단계에 대해서도 아직 명료화되지 않은 상태이다. 과정적 접근법에서는 탄력성이란 학습이 가능하다는 것을 강조한다. 이 사실은 직관적으로 이해되기는 하지만 탄력성을 개발하는 데 필요한 기간은 아직 명확하지 않다(Jacelon, 1997).

탄력성은 많은 연구자들의 관심을 끌 만큼 매력적인 개념이다. 많은 연구들의 공통적인 핵심 초점은 탄력성의 개발에 맞춰져 있었다.

대부분의 발달 연구는 어려운 상황(부모의 질병, 빈곤)에서 성장한 아동의 탄력성을 탐색하기 위해 진행되었고, 트라우마 경험 연구에서는 트라우마 사건으로부터의 회복을 하는 데 있어서 탄력성이 담당하는 역할을 조사하였다(Bonanno, 2004). 베르

너와 스미스(Werner and Smith, 2001)는 카우아이(Kauai) 섬의 빈곤한 가정에서 태어난 아동들에 대해 유명한 종단 연구를 실시하였다. 505명의 아동들 중 2/3이 심각한 문제를 나타냈다. '건강한' 성인으로 성장한 나머지 1/3은 좋은 성격과 다정한 기질과 같이 다양한 보호요인을 보유하고 있었고, 학교에서도 많은 친구와 다양한 흥미를 가지고 있었으며, 양육자와의 안정적인 애착관계를 형성하고 있었다. 매스텐과 동료들(Masten et al., 2005)은 20년 동안의 종단연구를 시행해서, 어려운 상황에서도 건강하게 성장한 아동들은 좋은 부모와 우수한 인지 역량과 같은 내적/외적 자원을 더 많이 가지고 있다는 것을 발견하였다. 자원이 별로 없는 아동은 취약성이 더 높았고, 더 많은 스트레스성 사건을 경험하였으며, 성인으로서의 대처능력이 부족했다. 매스텐(1994)은 탄력성 연구들을 리뷰해서, 다양한 핵심 보호요인들을 찾아냈다. 좋은 부모, 우수한 인지 역량, 자기-가치, 희망, 학교에서의 좋은 성적.

트라우마로부터의 극복 과정으로서의 탄력성에 대한 연구를 보면, 안정적인 평정성을 유지할 수 있게 도와주는 다양한 보호요인들을 찾아볼 수 있다(Bonanno, 2004). 정서적 분리(Weinberger, Schwartz, & Davidson, 1979), 자기 자신에 대해 긍정적인 평가를 하며 스트레스성 사건에 대해 보다 잘 저항할 수 있는 자기-고양(Bonanno, Rennicke, & Dekel, 2005), 긍정적 정서와 유머(Ong & Bergeman, 2004).

어떤 연구에서는 경제적 환경이 좋지 않은 청소년들의 학문적 탄력성에 대해 탐색해보았다. 고든(Gordon, 1995, 1996)은 탄력성이 있는 아프리카계 미국 학생들은 그렇지 않은 경우와 비교했을 때, 물질적 이득, 인지적 목표, 과외 활동의 추구에 의해 동기부여되는 정도가 더 크다는 것을 발견하였다. 고든-라우즈(Gordon-Rouse, 2001)는 스트레스가 많고 경제적 상황이 좋지 않은 가정에서 자란 170명의 고등학생을 대상으로 한 연구를 진행했는데, 탄력성 수준이 높은 학생들은 그렇지 않은 경우보다 긍정적인 동기행동, 특히 자신의 인지적 능력에 대한 믿음과 끈기를 더 많이 보였고, 이는 더

우수한 학업성취도로 이어지는 것을 발견하였다(평균 평점으로 측정).

루더(Luthar, 1991)는 탄력성이 높은 청소년 학생들이 내적 통제소재와 훌륭한 사회적 스킬을 가지고 있다는 것을 발견하였다. 하지만 지능은 취약 인자로서, 높은 지능은 높은 수준의 민감성에 기여하는 것으로 나타났다. 가메지와 루터(Garmezy and Rutter, 1983)는 탄력성이 높은 아동-학생들은 그렇지 않은 경우보다 학업성적과 인지능력이 우수하고 독립성이 높은 것을 발견하였다. 경제적으로 불리한 상황은 낮은 학업성취도 및 학업능력과 관련되어 있다는 기존의 연구트렌드를 볼 때, 이와 같은 연구결과는 매우 흥미롭다(Hanusek, 1997). 원래 역경에 대한 반응으로서의 긍정적 적응은, 대항할 자가 없는 무적의 능력으로서 특별한 사람들의 자원으로만 생각되었었다. 하지만 매스텐의 연구는 탄력성이란 매우 특별한 자원이 아니라, "평범한 삶의 마술"이라는, 특별하지 않은 현상이라고 주장하였다(Masten, 2001).

탄력성은 오랜 기간 동안 스트레스 및 대처전략과 관계되어 탐색되었는데, 이는 구인의 정의에도 포함되어 있는 내용이다(Maluccio, 2002). 이는 대담성에 대해 앞에서 언급했던 연구결과와도 긴밀한 관계가 있다. 하지만 긍정심리학이 강조하는 것과 마찬가지로, 스트레스에 대한 반응으로서의 웰빙과 적응을 탄력성의 기능으로 생각하는 연구들이 많아지고 있다. 예를 들어, 어떤 연구에서는 스트레스에 대한 대처전략이 가지는 적응적 혜택으로서 긍정적 정서와 경험의 역할을 탐색하고 있다(Folkman & Moskowitz, 2004). 탄력성이 높은 사람들은 부정적인 정서경험을 최소화하기 위한 대처전략으로서 긍정적 정서를 활용하며, 문제에 초점을 맞추고 목표-지향적인 대처전략을 사용하고(Billings, Folkman, Acree, & Moskwitz, 2000), 긍정적인 재평가와 이득 찾기(Affleck & Tennen, 1996)와 유머(Ong, Bergeman, & Bisconti, 2004) 행동을 한다는 연구결과가 나타났다. 이는 9장 뒷부분에서 더 자세히 다룰 예정이다.

또한, 탄력성에서의 개인차는 스트레스 경험을

더 잘 극복하는 것과 관련되어 있었다. 프레드릭스, 투게이드, 와프, 라킨(Fredrickson, Tugade, Waugh, and Larkin, 20013)은 더 높은 수준의 특질 탄력성은 낮은 우울 증상과 상관관계가 있다는 것을 발견하였다. 투게이드, 프레드릭슨, 바렛(Tugade, Fredrickson, and Barrett, 2004)은 실험에서 제공한 스트레스원(스피치를 준비하는 과제)을 경험한 후 심혈관 반응의 회복이 빠른 경우는 더 높은 수준의 특질 탄력성과 관련이 있다는 것을 발견하였다. 중요한 것은, 우울증상과 심혈관 반응은 긍정적 정서 경험에 의해 매개된다는 사실이다. 옹, 베르그만, 비스콘티와 왈라스(Ong, Bergeman, Bisconti, and Wallace, 2006)는 긍정적 정서경험은 탄력성이 높은 사람들에게서 흔히 찾아볼 수 있으며, 스트레스로부터의 회복을 돕는 것을 발견하였다. 탄력성이 낮은 사람들은 일상생활에서의 스트레스원에 대해 더 큰 반응을 보였고, 부정적 정서를 통제하는 것을 더 많이 어려워했다. 흥미있게도, 이 연구에서는, 탄력성이 극심한 트라우마를 경험하고 있는 사람들뿐 아니라, 일상생활의 스트레스(귀찮고 번거로운 일들)를 경험하는 사람들에게도 적절하다는 것을 발견하였다. 즉, 탄력성은 누구나 경험할 수 있는 현상이고(Bonanno, 2004), 일상생활에서 경험하는 스트레스에 대처해야 하는 일반 사람들을 어느 정도 도와줄 수 있는 중요한 특질인 것이다.

마틴과 마쉬(Martin and Marsh, 2008)는 일상에서의 귀찮은 일(특히 시험에서의 압력, 마감일, 나쁜 학점)과 같은 학문적 좌절과 도전과 관련된 학부생들의 탄력성에 대해 초점을 맞춰보았다. 이 연구에서는 탄력성을 회복력(buoyancy)이라고 명명하면서, 이는 탄력성의 일반생활 버전이라고 정의하였다. 조금 다른 용어를 사용하였지만 핵심 개념은 동일하다. 학업적 탄력성 수준이 높은 경우는 자기효능감과 학업에 대한 몰입도가 높았고, 불안 수준이 낮았다. 캠벨-실스, 코한, 스테인(Campbell-Sills, Cohan, and Stein, 2006)은 초기 성인기(대학 학부생)의 탄력성과 성격 특성, 대처 스타일, 정신과 증상의 관계를 탐색하였다. 탄력성이 높은 학생들은 성실성과 외향성이 높았고, 신경증 정도가 낮았으며, 문제-초점적인 대처전략을 사용한 반면, 탄력성이 낮은 학생들은 정서-초점의 대처전략을 사용하였다.

연구분야에 있어서 리차드슨(Richardson, 2002)은 탄력성 정의에 있어서의 제1의 물결과 제2의 물결 간에 중요한 차이가 있음을 발견하였다. 제1의 물결에서는 탄력적인 특성을 파악하는 데에 집중했고, 스포츠 분야의 정신적 강인함에 대한 문헌자료에서 많은 근거를 수집하였다(정신적 강인함의 요소들을 파악함). 제2의 물결에서의 탄력성 연구는 각 개인이 과거의 어려운 상황에 적응하고 성공적으로 움직이기 위해 탄력성을 어떻게 얻는지를 이해하는 것에 더 많은 관심을 가지고 있다. 어떤 개념화 연구(Lepore & Revenson, 2006)에서는, 사람들이 탄력성을 어떻게 얻는지를 이해하는 데 특히 유용하고 중요한 개념으로서, 세 가지의 요소를 제시하였다. 첫째, 저항(resistance)은 역경에 의해 방해받지 않는 태도를 나타낸다. 둘째, 극복(recovery)은 어려움을 겪기는 하지만 궁극적으로는 스트레스를 겪기 전의 기능 수준으로 돌아가는 것을 의미한다. 셋째, 재배치(reconfiguration)는 역경에 의해 방해를 받지만, 스트레스를 받기 전의 기능으로 돌아가기보다는 새로운 세상에 대한 시각을 가지게 되어, 더 적응적이거나 덜 적응적인 결과를 낳게 되는 것을 말한다. 성장에 대한 탄력성의 잠재력은 스트레스성 환경에 의해 항상성이 방해를 받고, 사람들이 자신의 안전영역을 벗어나게 될 때 발휘되는 것으로 보인다. 이러한 상황에서, 항상성으로의 복귀는 네 가지 경로를 통해 가능해진다. 첫째, '역기능적 재배치'에서는 폭력과 같은 파괴적인 방법을 통해 어려운 상황에 대처한다. 반대로 '손실을 가져오는 재배치'에서는 역경을 극복하기는 하지만 개인적 자원(예: 자신감, 동기)을 잃는 경우가 많다. '항상성 재배치'는 변화없이도 역경을 극복하는 것을 가리킨다(손실이나 이득 없이). 마지막으로, 가장 이상적인 형태의 재배치는 '탄력적인 재배치'로서, 성공적으로 역경을 극복하고, 앞으로 스트레스에 대해 더 잘 대처하기 위한 준비를 할 수 있도록 새로운 자원을 얻을 수 있는 과정을 진행한다.

스트레스가 가득하고, 어려우며 때로는 트라우마가 생기는 사건들을 경험한 후, 몇몇 영역에서 오히려 긍정적인 결과가 나왔다는 연구결과가 보고된 것은 흥미로운 일이다. 초반에 트라우마는 심리적 웰빙의 지각에 대해 부정적인 영향을 미쳤지만(Board, Arrighi, & Thatcher, 2003), 사전/사후 연구에서는 스트레스와 관련된 성장을 찾아냈다는 결과가 지속적으로 보고되었다(Calhoun & Tedeschi, 1999; Joseph, 2012; Peterson & Seligman, 2003). 스트레스와 관련된 성장은 장기간의 성찰과 사색을 한 후에 이루어지는데(Helgeson, Reynolds, & Tomich, 2006), (1) 자기에 대한 시각이 바뀌고(예: 자기수용도가 높아짐), (2) 개인적 관계의 가치가 높아지며, (3) 정말 중요한 것이 무엇인지에 대해 재평가하는 것과 같이, 삶의 철학이 바뀔 때 일어나는 것으로 알려져 있다(Joseph, 2012). 하지만 조셉(Joseph)에 따르면 스트레스와 관련된 연구에서 만나게 되는 도전과제들 중의 하나는, 참가자의 회상적 설명에 주로 의존하고, 성장에 대한 지각과 실제 성장 간의 차이가 있을 수 있다는 것이다. 따라서, 트라우마를 일으키는 사건들은 항상 개인적 성장과 같은 긍정적 성과를 낸다고 생각하는 것은 틀릴 수도 있는 것이다. 안타깝게도, 어떤 사람들은 지속적으로 트라우마를 일으키는 사건을 다시 살아내고, 커다란 부정적인 정서를 경험하며, 성공적으로 움직이지 못하고 그 단계에 머물러 있다. 이러한 상황을 보면, 생존을 하는 사람과 성장을 하는 사람 간에는 중요한 차이가 있는 듯 하다. 탄력성을 가지고 있는 사람들만이 중요한 투쟁과 어려움을 겪은 다음에 개인적 성장 및 트라우마를 겪은 후 삶에 대한 새로운 시각을 가지게 되는 것과 같은 긍정적인 결과를 얻는 것으로 보인다.

탄력성, 긍정적 정서와 웰빙

탄력성은 대담하고 정신적으로 강인한 사람들이 긍정성과 편안함을 유지하고, 어려운 상황에서도 유연하게 사고할 수 있는 능력을 보여준다. 특정한 대처전략(예: 회피하기보다는 접근하기)은 탄력성이 더 높은 사람들의 특징이라는 연구들도 있다(Nicholls et al., 2008). 대담하거나 정신적으로 강인한 사람들이 저항적 자원을 개발하는 방법에 기반하는 과정에 대해서는 아직 파악을 하는 중이지만, 긍정 심리학의 체계 안에서 나타난 한 이론은 희망적인 이야기를 들려주고 있다. 긍정적 정서에 대한 확장과 수립 이론(broaden-and-build)은 긍정적인 정서를 오랫동안 경험하게 되면 건강이 좋아지고(예: 웃음과 유머의 역할), 접근 유형의 행동을 하게 된다는 사실을 발견하면서 만들어졌다. 부정적 정서는 교감신경계통과 협소한 주의집중 과정을 활성화시키는 반면, 투쟁이나 도피와 같은 행동 경향을 지원한다. 예를 들어, 기쁨은 놀이를 하고 싶은 욕구를 강화하고, 흥미는 탐색의 욕구를 촉진하며, 만족감은 즐기며 통합하고자 하는 욕구를 창출한다.

중요한 연구들에서는 정보에 대해 유연하고 창의적이며 개방적인 사고패턴을 창출하는 긍정적인 정서를 제안하는 확장과 수립 이론(Fredrickson & Levenson, 1998)을 지지하는 결과를 보여주었다. 또한 확장 효과는 교감신경계통의 기능을 줄여주고 순간적인 사고-행동 레파토리를 증가시켜주는 생리적 과정에 동반된다. 부정적 경험 이후에 긍정적 정서를 경험하는 것은 '해결의 효과(undoing effect)'를 창출하는 것으로 보인다. 예를 들어, 프레드릭슨과 동료들(Fredrickson & Levenson, 1998; Fredrickson, Mancuso, Branigan, & Tugade, 2000)은 세 가지의 실험을 통해 발견한 결과를 다음과 같이 보고하였다. 초반에는 높은 각성수준과 부정적인 정서를 경험하도록 자극을 주었고, 그 다음에는 참가자들에게 기쁨, 만족감, 중립성이나 슬픔과 같은 정서적 자극을 주는 영화를 보도록 하였다. 긍정적 정서를 담고 있는 영화는 중립적이거나 슬픈 영화와 비교해보았을 때, 혈압을 더 빨리 정상수치로 돌려놓는 것으로 나타났다.

그리고 확장과 수립 이론은 반복적으로 긍정적 정서를 경험하게 되면 지속이 가능한 자원을 만들어낼 수 있다는 것을 제안했다는 것이 가장 중요한 일이다.

연구결과를 보면, 탄력적인 사람이란 긍정적 정서를 가지고 있을 뿐만 아니라, 친밀한 관계 내에서 적절한 지원을 제공하면서 타인의 긍정적 정서까지 강화하는 사람을 가리킨다. 투게이드와 동료들(Tugade et al., 2004)에 의하면, 긍정적인 정서는 심리학적 탄력성의 단순한 산물이 아니라, 사람들이 스트레스성 사건으로부터 회복할 수 있도록 하는 중요한 기능을 제공해주는 것이다. 자기-보고식 연구, 관찰 연구, 종단 연구들에서 다양한 결과가 나와서, 긍정적 정서와 탄력성간의 관계를 지지해주었다(Fredrickson, 2004). 콘, 프레드릭슨, 브라운, 미켈스, 콘웨이(Cohn, Fredrickson, Brown, Mikels, and Conway, 2009)는 긍정적 정서가 학생의 자아-탄력성과 유의미한 관계가 있다는 것을 발견하였으며, 하루하루의 정서를 기록한 수개월 동안의 연구에서는 긍정적 정서가 보고된 탄력성의 증가를 예측하였다. 보다 최근에 영국의 몇몇 대학생들을 대상으로, 학부 3년 동안을 걸쳐 진행한 연구(Stamp et al., 2015)에서는, 정신적 강인함과 심리적 웰빙간에 중-대 규모의 유의미하고 긍정적인 상관관계를 발견하였다. 기존의 연구에서도 학부 1학년의 정신적 강인함이 학업성취와 발전에 대한 유의미하고 긍정적인 예측변인이라는 결과가 나왔다(Crust, Earle et al., 2014). 이 연구결과들은 직업 세팅에서도 유사하게 반복될 가능성이 높다. 요새의 대학생들은 공부를 하면서 일을 하고, 학위를 따기 위한 공부를 일로 생각하는 경우가 많기 때문이다. 또한, 대학생들은 곧 일의 세계로 들어갈 사람들이기 때문에, 학생들에게 발견된 상관관계가 일의 세계에서도 발견될 가능성이 높다.

긍정적 정서를 자주 경험하는 참가자들은 인생의 도전에 잘 대처할 수 있도록 도와주는 자원을 창출해낸다는 생각을 지지해주는 연구도 있다. 예를 들어, 흥미와 만족감과 같은 긍정적 정서는 개인적 자원을 만들어주어, 사람들이 회피행동보다는 접근행동을 하면서 성장 및 발전을 하게 하고, 그리고 긍정적인 정서경험의 결과로 창의성과 성찰을 많이 하게 할 가능성이 있다. 프레드릭슨(Fredrickson, 2004, p.1367)은 이렇게 표현했다.

가장 중요한 메시지는, 사람들은 자기 자신과 주위 사람들을 위해 긍정적 정서를 강화해야 한다는 것이다. 가장 최적의 상태를 만들어야 한다는 것이 아니라, 시간이 지나감에 따라 심리적 성장을 하고, 심리적/신체적 웰빙 수준을 개선해나가는 방법으로서 말이다.

반대로, 탄력성에 대한 부정적 정서의 효과는 대부분 미약하거나 없는 것으로 나타났다. 스트레스를 받을 때, 탄력적인 사람들은 다른 참가자들과 비슷한 수준으로 부정적 정서를 보고했지만, 긍정적인 정서는 더 많은 것으로 나타났다. 이와 일치하는 결과로서, 최근의 연구들은 주로 부정적인 감정과 정서와 연관되는, 요구가 많은 환경에서, 정신적으로 강인한 사람들은 자신의 시각을 유지하며 효과적으로 대처하기 위해 유머 및 과거의 긍정적 경험을 활용하는 것을 발견하였다(Crust et al., 2010). 정신적으로 강인한 운동선수는 어려운 상황을 대처하는 데 있어서 효과적으로 더 많은 성공을 거둔다는 결과를 보여준 연구도 있다(Nicholls, Levy, Polman, & Crust, 2011).

앞에서 언급했듯이, 높은 수준의 탄력성을 가지고 있는 사람들은 스트레스 반응에서 긍정적 정서를 유도하는 특정한 대처전략(긍정적인 재평가 및 문제-초점적 대처전략)을 더 많이 쓰는 것으로 나타났다(Affleck & Tennen, 1996; Billings et al., 2000; Folkman, Acree, & Moskowitz, 2000). 긍정적인 정서 자원을 활용하는 더 큰 능력은 스트레스의 영향을 막아주고 지속적인 스트레스 경험이 있더라도 스스로 중간에 한숨 돌릴 수 있게 해준다(Zautra, Johnson, & Davis, 2005). 벌프와 다피노이우(Vulpe and Dafinoiu, 2012)는 스트레스 에피소드에 대한 반응으로서 긍정적 정서와 부정적 정서가 동시에 일어날 수 있으며, 다음과 같은 상황하에서는 긍정적 정서가 지배적으로 나타날 수 있다는 것이 중요한 사실이라고 주장하였다. 자신이 현재 환경을 통제하고 있다고 느낄 때, 스트레스 경험이 성장기회로 생각될 때, 적응적 대처전략을 활용할 때. 긍정적 정서는 탄력성에 있어서 중요한 요소이다. 왜냐하면, 긍정적 정서는 스트레스의 영향을 막아주고 발생가능한 부정적 영향을 감소시켜주는 것을 돕는 대처 전략과 연결되어 있기 때문이다(Folkman et al., 2000).

첸과 동료들(Chen et al, 1996)은 긍정적인 정서 반응이 유방암 여부를 파악하기 위한 생체검사를 진행하고 있는 여성의 대처전략을 예측하며, 유방암 수술 후, 이전에 존재하던 긍정적 기분의 수준은 적극적인 몰입을 통해 대처를 하는 경향을 예측한다는 것을 발견하였다(Carver et al., 1993).

긍정적 정서가 탄력성과 지속적인 자원을 강화하는 방법과 관련된 메카니즘에서, 확장 및 수립 이론은 긍정적 정서의 경험이 스트레스에 대한 반응으로서의 탄력성을 강화하고, 긍정적 정서를 미래에도 느낄 수 있도록 하는 대처자원의 발전과 관련되어 있다고 한다(Reschly, Huebner, Appleton, & Antaramian, 2008). 이와 같은 과정은 시간이 지나감에 따라 대처능력과 탄력성을 강화시키는 촉매로서 긍정적 정서가 기능하는 '선순환'으로 진행된다고 한다. 글로리아, 폴크와 스타인하르트(Gloria, Faulk, and Steinhardt, 2013)는 업무 스트레스와 관련해서 긍정적 정서의 효과 근거를 찾아냈는데, 긍정적 정서는 공립학교 교사들의 더 낮은 업무 스트레스와 더 높은 수준의 심리적 탄력성을 예측한다는 결과가 나왔다. 또, 긍정적 정서는 업무 스트레스와 탄력성의 관계에서 매개요인으로 기능한다는 결과도 나타났다.

벌프와 다피노이우(Vulpe and Dafinoiu, 2012) 또한 긍정적 정서가 적응적인 대처전략(접근적 대처, 자기-조력 대처, 순응적 대처)과 자아-탄력성 간의 관계에서 매개요인으로 기능한다는 확장 및 수립 이론에 대한 직접적 근거를 찾아내었다. 이 연구에서는 적응적 대처전략을 활용하는 사람들은 긍정적 정서를 경험하므로, 그 과정에서 자아-탄력성이 강화된다고 주장하였다. 중요한 것은, 긍정적 정서가 거시적이고 적응적인 대처전략의 원인과 결과로 보인다는 점이다. 프레드릭슨과 조이너(Fredrickson and Joiner, 2002)는 138명의 대학생을 대상으로 한 연구에서, 어느 한 시기의 긍정적 정서 경험이 5주

후의 보다 효과적인 전략(거시적 대처)과 더 큰 긍정적 정서와 상관관계를 보이며, 이때에는 상호적인 상승효과가 존재한다는 것을 발견하였다. 매개 분석을 진행해보니 시간이 지남에 따라 긍정적인 정서와 대처전략 간에는 스파이럴 효과가 존재한다는 결과가 나타났다. 거시적인 대처전략과 긍정적인 정서는 상호적인 관계인 것이 발견되었다. 긍정적인 정서는 사람들이 현재에 대해 좋은 기분을 느낄 수 있게 해줄 뿐 아니라, 보다 확장된 사고(미래에 좋은 기분을 느낄 수 있는 가능성을 높이고, 어려운 상황에서 효과적인 대처전략을 창출해서 시간이 지남에 따라 탄력성을 발전시킨다)에 대해 영향을 미친다.

긍정적 정서는 탄력성을 발전시켜서 그 결과로 심리적 웰빙을 창출하는 중요한 요소이다. 심리적 웰빙과 긍정적 정서의 관계는 많은 연구들에서 보고되어 왔다(Greenglass & Fiksenbaum, 2009). 예를 들어, 애플렉과 테넨(Affleck and Tennen, 1996)은 스트레스성 경험(어려운 상황의 출산을 하고, 병원에 오랫동안 입원함)으로부터 긍정성을 찾아낸 여성이 높은 수준의 웰빙을 보고하였고, 이것이 아동의 발달적 웰빙으로 확장된 것을 발견하였다. 한 종단적 연구에서는 대학졸업사진에서 더 많은 긍정적 정서를 표현한 여성들은 30년 후 결혼과 웰빙에서 더 바람직한 결과를 보여주었다는 것을 발견하였다(Freese, Meland, & Irwin, 2006). 이에 더하여, 낙관적이고 자신감이 있는(긍정적 정서와 관련된 특성) 사람들은 더 많은 사회적 지원을 받고 찾으며, 스트레스에 대해 또 다른 적응적 대처 전략(예: 문제-초점적 대처)을 활용하기 때문에, 긍정적 정서는 만족스러운 사회적 관계 발달과 관련이 있다고 말할 수 있다(Aspinwall & Taylor, 1992; Chemers, Hu, & Garcia, 2001). 따라서, 긍정적 정서는 심리적 웰빙의 강화와 상관관계가 있는 것이다.

류보미스키, 킹, 다이너(Lyubomirsky, King, and Diener, 2005)는 신체적/심리적 건강의 척도는 긍정적 정서라고 주장하였다. 신체적/심리적 웰빙에 대한 긍정적 정서의 영향은 매우 자주 보고되고 있다(Bartram & Boniwell, 2007; Dockray & Steptoe, 2010; Pressman & Cohen, 2005). 심리적 탄력성에 대

한 긍정적 정서의 영향 또한 제시되고 있고(Fredrickson et al., 2003; Tugade & Fredrickson, 2004), 탄력성은 긍정적 정서와 심리적/신체적 건강의 관계에서 핵심적인 역할을 하는 것으로 알려져 있다(Aspinwall, 2001; Folkman et al., 2000; Tugade & Fredrickson, 2004).

예를 들어, 콘과 동료들(Cohn et al., 2009)은 긍정적 정서와 증가된 삶의 만족도 간의 관계에서 탄력성이 매개변인으로 기능한다는 것을 발견하고, 행복한 사람들은 단순하게 기분이 더 좋아져서 더 큰 만족감을 느끼는 것이 아니라, 잘 살아갈 수 있는 자원을 개발했기 때문이라고 주장하였다. 그리고 투게이드와 프레드릭슨(Tugade and Fredrickson, 2004)은 긍정적 정서는 심리적 탄력성을 통해 심리적/신체적 건강에 영향을 미친다는 것을 발견하였다. 특히, 연구참가자들이 시간제약이 있는 상황에서 스피치를 준비하는 과제를 받았을 때, 탄력성이 높은 사람들은 삶의 만족도와 긍정적 정서(예: 흥미)가 높았지만 동시에 과제진행과정에서의 불안 수준도 높았다.

확장 및 수립 이론은 탄력성과 긍정적 정서가 상호적으로 서로를 창출해내며, 시간이 지나감에 따라 신체적/심리적 웰빙을 구축하는 상향 나선(upward spiral) 과정을 촉진한다고 주장한다(Fredrickson, 1998, 2001). 탄력적이고 일반적 상황 및 어려운 삶의 환경에서 긍정적인 의미를 찾아낼 수 있는 능력이 있다는 것은 일을 진행하는 과정의 초반부터 긍정적 정서를 가질 수 있도록 촉진할 수 있는 선행적 대처(proactive coping) 전략을 개발한다는 것을 의미한다. 이 과정이 반복되면, 긍정적 정서의 상향 나선 과정이 발생하게 되고, 그 결과 장기적인 웰빙이 만들어지게 된다(Fredrickson, 2001; Fredrickson & Joiner, 2002). 즉, 긍정적인 정서는 장기적인 신체적/심리적 웰빙을 창출해내는데, 이때 심리적 탄력성은 매개변인으로 기능한다는 것이다. 나스와 프래드한(Nath and Pradhan, 2012)은 146명의 대학생들을 대상으로 한 연구에서, 긍정적 정서-건강의 관계에서 심리적 탄력성이 매개변인으로 기능한다는 근거를 찾아내었다. 따라서,

한 사람의 심리적 탄력성 수준은 긍정적 정서를 유지하고, 신체적/심리적 성장을 강화시키는 능력을 의미한다고 말할 수 있겠다.

콘과 동료들(Cohn et al., 2009)은 단기간의 긍정적 정서를 경험하는 것은 장기간의 성장과 변화를 촉진하고, 자원 및 역경을 극복할 수 있는 탄력적 스킬을 개발을 조력한다는 것을 발견하였다. 긍정적 정서는 자아-탄력성의 성장을 예측하는데, 이는 경미한/심각한 스트레스원에 대처하는 데 유용한 심리적 자원이다(Ong, et al., 2006; Tugade & Fredrickson, 2004). 자아-탄력성은 다면적 스킬로서, 문제 해결, 정서 조율, 시각을 변화시킬 수 있는 역량, 긍정적 정서를 확장하고 촉진하는 능력을 포함하는 개념이다. 콘과 동료들(Cohn et al., 2009)은 자아-탄력성이 삶의 만족에 대한 긍정적 영향을 미쳐서, 장기간의 행복과 웰빙을 강화하는 핵심개념이라는 것을 발견하였다. 긍정적 정서와 자아-탄력성은 개별적으로 유지되고 서로를 촉진하는 상향 나선과정에 존재한다.

긍정적 정서와 자아-탄력성의 관계는, 긍정적 정서의 수준이 높을수록 어려운 상황에서 긍정적 의미를 찾아내는 능력이 높다는 것을 의미한다. 왜냐하면, 긍정적 정서는 유연한 사고를 만들어내기 때문이다. 유연한 사고는 심리적 탄력성을 도출하며, 신체적 건강과 심리적 웰빙 수준을 높이는 역할을 한다(Waugh & Fredrickson, 2006). 중요한 것은, 기쁨, 열정, 흥미와 같은 긍정적 정서의 경험이 학습, 관계, 탐색, 궁극적으로는 탄력성과 같은 새로운 자원을 촉진한다는 사실이다(Cohn et al., 2009). 다시 말하면, 긍정적 정서는 심리적 탄력성을 통해 한 개인의 심리적 웰빙과 신체적 건강을 예측할 수 있다는 것이다.

긍정적 정서는 순간적인 쾌락적 경험을 확장시켜 궁극적으로는 생존과 건강을 가능하게 하는 자원을 구축해준다. 건강(flourishing)은 최적의 기능으로서, 성장, 생산성, 탄력성의 요소들로 구성되어 있고(Diener et al., 2010), '좋은 삶'의 상징이라고 말할 수 있다. 탄력성은 건강의 핵심적인 요소로서, 연구에 따르면 긍정적 정서와 대처능력은 건강

의 강화와 관련이 있다(Fredrickson & Joiner, 2002). 레슐리와 동료들(Reschly et al., 208)은 긍정적 정서와 탄력성에 대한 더 많은 경험은 고등학생의 적응적 대처전략과 건강을 예측하는 것을 발견하였다. 그리고 폴크, 글로리아, 스타인하르트(Faulk, Gloria, and Steinhardt, 2013)는 대처전략이 삶의 건강수준을 높이거나 악화시키는 개인의 경향에 영향을 준다는 것을 발견하였다.

특히, 보다 적응적인 대처방법(탄력적인 사람들이 전형적으로 사용하는 것)을 쓰는 사람들은 건강할 가능성이 더 높고, 부적응적 대처전략을 쓰는 사람들은 건강이 악화될 가능성이 더 높다. 따라서, 긍정적 정서와 탄력성은 좌절을 통제하는 데 있어서 심리적/신체적 웰빙의 핵심일 뿐 아니라, 한 사람의 인생범위를 확장하며 개선하여, 성장기회를 제공하고 더 건강하고 풍요로운 삶을 만들어갈 수 있도록 도와준다.

정신적 강인함: 탄력성을 긍정심리학에 적용할 수 있는 실례

지금까지 탄력성의 원인과 결과에 대해 살펴보았다. 하지만 이 아이디어들을 정리해서 보다 실제적으로 적용해보는 것이 더 중요할 듯하다. 이제부터는 두 가지 영역에 대해 간단하게 살펴보도록 하겠다. 스포츠와 일. 두 영역은 사람들의 심리적 건강에 있어서 핵심적인 부분이다. 건강을 위해서는 '심리적 사일로(silos)'를 만들지 않으려 노력하는 것이 중요한 것이다. 탄력성과 긍정심리학은 영역-특수적인 것이 아니라고 우리는 굳게 믿고 있다. 이 요소들은 인간의 환경에서의 핵심이다. 이에 대해서는 응용심리학의 모든 내용에서 배울 것이 매우 많을 것이다. 지금부터는 독자들에게 간단하게 조금 더 실용적인 시각을 제공해보도록 하겠다.

〈스포츠에서의 정신적 강인함〉

클로, 얼, 세웰(Clough, Earle, and Sewell, 2002)의 연구에서는 정신적 강인함(mental toughness)을 대담함(hardiness)과 관련이 있지만 차별화되는 구인으로서 처음 보고하였다. 클로와 동료들(Clough et al., 2002)은 운동선수, 코치, 스포츠 심리학자들을 대상으로 연구를 진행하여, 정신적 강인함의 모델과 측정도구를 개발하였다. 이 모델에서는 정신적 강인함의 여섯 가지 요소들을 소개하고 있다. 능력에 대한 자신감, 대인 간 자신감, 정서적 통제, 삶에 대한 통제, 헌신, 도전. 2002년까지 정신적 강인함에 대한 몇 가지 모델과 시각들이 발표되었는데(Gucciardi, Gordon, & Dimmock, 2009; Jones, Hanton, & Connaughton, 2007), 일반적인 탄력성 문헌자료와 마찬가지로, 모두 상황적 요소를 변화시키고 효과적인 대처를 하기 위해 적응하는 데에 집중하는 모습을 보여주었다. 정신적 강인함에 대해 초반에 이루어진 연구들은 엘리트 운동선수들을 주로 대상으로 하였지만, 탄력성은 초인적 특성이 아니라 스트레스, 역경, 도전을 일상적으로 다루는 과정에서 나타나는 일반적인 특성이라고 주장한 니난(Neenan, 2009)과 같은 몇 가지 예외적 연구결과들이 존재한다. 스포츠에 대한 연구결과 대부분은 일의 세계에 직접적으로 적용할 수 있는 것들이다. 스포츠는 압력이 높고 성과창출을 요구하는 환경에서 이루어지는 것이기 때문에, 탄력성 연구를 할 만한 이상적인 테스트 베드이다. 크러스트, 스완, 알렌-콜린슨, 브렉콘, 와인버그(Swann, Allen-Collinson, Breckon, and Weinberg, 2014)의 연구를 보면 이와 같은 크로스오버를 잘 살펴볼 수 있다.

크러스트와 동료들(Crust et al., 2014)은 운동 지도자들과 자주 운동을 하거나 정기적으로 운동을 하는 사람들을 인터뷰해서, 운동 환경에서의 정신적 강인함을 찾아내었다. 이 연구의 초점은 긍정심리학과 방향을 같이 해서, 전체적인 삶의 범위 내에서 운동을 하고, 이 행동을 유지하기 위해 관리를 하는 사람들을 더 잘 이해하는 것에 맞춰져 있었다. 사람들이 구조화된 운동 프로그램을 중간에 그만두는 경우가 많은 것을 고려할 때, 정신적 강인함은 도전행동변화의 도전적 여정을 하는 프로그램에 성실하게 참여하는 사람들과, 중간에 그만두는 사람들을 구분할 수 있는 다양하고 중요한 요소들의 하나일 수 있다. 정신적 강인함을 보고한 운동지도자들은 업무비율, 경쟁성, 집중적이고 요구적인 운동에 대한 선호, 높은 몰입(예: 자주 운동에 참여함), 좌절에 대한 긍정적 반응, 지식에 대한 갈망, 목적의식, 제한적인 정서적 표현, 도전을 피하기보다는 기꺼이 마주하는 경향성을 집단/개인 회기에서 나타냈다.

정신적 강인함이라는 구인은 운동 환경에서 손쉽게 찾아볼 수 있으며, 스포츠의 정신적 강인함에 대한 이전의 개념과 전반적으로 일치한다(Clough et al., 2002). 운동하는 사람들은 집중을 잘하고, 몰입하며(이기적인 수준까지), 자기 및 타인들과의 경쟁심이 높으며, 지나칠 정도로 훈련을 하고 상처를 입어도 연습을 지속하는 위험한 행동을 할 때가 있었다. 연구참가자들은 필요한 경우 지원과 조언을 얻기 위해 다른 사람들에게 접근하고, 학습과 성장을 위해 몰입하지만 정신적 강인함을 개발하는 것이 '모든 것을 혼자 하는 것'을 의미하는 게 아니라는 점을 강조하였다. 이 연구결과들을 보면, 개선과 개인적 성장에 초점을 맞추는 운동하는 사람들은 좌절을 경험하거나 진전이 느릴 때 자신의 감정을 관리하고 긍정적 시각을 유지할 수 있다는 것을 강조해준다(이는 크러스트와 아자디(Crust & Azadi, 2010)의 연구결과와 유사함). 하지만 이 연구의 제한점들 중 하나는, 계속해서 참여하는 주요 원인은 운동에 대한 즐거움이라는 사실이다(물론, 항상 그런 것은 아니라는 보고도 존재했다). 힘든 것보다는 즐거운 것에 집중하기가 더 쉬운 법이다. 운동을 즐기지 않지만 건강과 관련된 이유 때문에 장기간 동안 운동행동을 유지하는 참가자들을 연구한 결과, 정신적 강인함에 대한 이해를 더 잘할 수 있었다.

〈일의 세계〉

일터 시각에서의 정신적 강인함은 만족감과 자기실현의 중요성을 강조한다. 클로와 스트리차식(Clough and Strycharcyk, 2012, p.227)은 이와 같이 표현하였다. "정신적 강인함은 기회와 만족감을 얻기 위한 문을 열고, 그 문을 통과하기 위한 심리적 도구를 얻는 것이다". 더 거시적인 시각으로 보면,

정신적 강인함이라는 개념은 응용심리학의 직업 분야 및 다른 분야들을 기반으로 하는 몇몇 핵심 개념들과 상관관계가 있을 수 있다. 세 가지의 핵심 개념들을 간단하게 살펴본다면 다음과 같다.

- 동기
- 스트레스
- 타인과 함께 일하기

조직구성원의 기쁨과 만족감이 충족된 상태라면, 조직에서 이루어져야 하는 모든 일들은 '원활하게' 잘 수행될 것이다. 동기 이론은 정신적 강인함과 긍정 심리학간의 관계를 명확하게 보여주고 있다. 매슬로우(Maslow, 1943)의 중요한 연구는 자기실현의 중요성을 강조하였지만, 탄력성과 강인함이 없다면 자기실현이 어렵다는 것을 보여주었다. 좌절은 발전과정의 한 부분이지만, 탄력성의 기반이 없다면 좌절은 종종 성장의 중단과 순응으로의 후퇴를 의미하기도 한다.

스트레스는 건강 이슈의 중요한 원인이 된다. 조직이 가능한 한 스트레스의 수준을 감소시키는 것은 중요한 일이지만, 그렇다고 해서 항상 정답이 되는 것은 아니다. 스트레스는 신체적/심리적 웰빙을 악화시키는 동시에, 인지와 같은 응용 기능의 다른 면에도 부정적 영향을 미치게 된다. 일터에서 발생할 수 있는 스트레스원은 매우 다양하다. 개인 수준에서의 스트레스원은 직업에서의 요구, 역할 갈등, 역할 모호성, 일의 양을 들 수 있다. 집단 수준에서의 스트레스원에는 팀워크의 부재, 그룹 내의 갈등이 있고, 조직 자체도 구조, 문화, 기술로부터 많은 스트레스원을 창출해낸다. 정신적으로 강인한 사람들은 압력으로부터 살아남는 수준을 넘어서서, 실제적으로 압력을 통해 성장한다. 민감성 수준이 높은 사람들은 종종 압력을 많이 받는 상황에서 기능을 하기 어려워하고, 행복과 만족감을 느낄 수 있는 잠재력을 감소시키곤 한다. 따라서, 탄력성은 심리적 건강과 성장에 대한 전구체(precursor)이다. 이와 같은 튼튼한 기반이 없다면, 만족감이란 불가능한 꿈이라고 말할 수 있을 것이다.

마지막으로, 9장의 마지막 부분에서는 '다른 사람들'에 대해 간단하게 언급을 해보려고 한다. 타인은 스트레스의 원인이 될 수도 있고, 해결책이 될수도 있다. 민감성이 높은 사람들은 웰빙수준을 높이기 위해 다른 사람들에게 의존하는 경우가 더 많다는 사실은 매우 흥미롭다. 클로와 동료들(Clough et al., 2002)의 정신적 강인함 모델을 활용한 연구에 따르면, 강인한 사람들은 적극적인 대처 스타일을 쓰는 반면, 더 민감한 사람들은 보다 수동적이고 정서적인 접근법을 쓰는 경향이 있다고 한다(Nicholls, Polman, Levy, & Backhouse, 2008). 조직은 정서적 대처전략을 쓰는 구성원보다 적극적 대처전략을 쓰는 구성원을 더 잘 관리하고 보상을 제공하는 경우가 많다.

일터에서 구축될 수 있는 모든 관계에서의 핵심 플레이어는 리더로서, 평균 이상의 강인함을 보이는 경향이 있다(Marchant et al., 2009). 즉, 리더는 민감한 동료들에게 상처를 줄 수 있다는 의미이다. 당연히 강인하고 탄력적인 사람들은 그렇지 않은 타인들을 이해하고 돌보아줄 수 있다. 한 연구에서는 정서적 지능과 정신적 강인함과의 관계를 살펴보았는데(Nicholls et al., 2015), 연구자들은 정신적 강인함과 정서적 지능 간의 긍정적 관계를 발견하였다. 온리, 베셀카, 셔머와 버논(Onley, Veselka, Schermer, and Vernon, 2013)도 흥미있는 연구를 진행하였다. 이들은 성격의 어두운 3요소(마키아벨리즘, 나르시시즘, 사이코패스)와 강인함 간의 관계를 탐색한 후, 나르시시즘과는 약간의 긍정적 상관관계를 발견하였지만, 사이코패스와 마키아벨리즘과는 부적 상관관계가 있다는 것을 찾아냈다. 이는 니콜스(Nicholls)와 동료들이 최근 진행한 정서적 지능 연구결과와 일치하고, 부하직원을 성장시켜주지 않고 이용만 하려 하는 상사의 매우 불공정한 전형에 대한 오해를 씻어줄 수 있을 것이다.

미래의 연구

탄력성과 긍정 심리학에 대한 기존 연구문헌에는 중요한 점이 적어도 세 가지가 누락되어 있다. (1) 정의 (2) 긍정 심리학의 경험에서 탄력성이 차지하는 중요성 (3) 가능한 개입전략. 탄력성과 긍정 심리학간의 관계를 보여주는 개념 분야는 연구를 진행하기에는 복잡하고 혼란스러운 면이 있다. 이 모호함의 가장 큰 원인은 탄력성, 그리고 그와 관련된 모델 및 이론에 대해 수많은 정의와 개념이 존재한다는 데 있다. 지금까지 이 내용을 정리해보았고, 그중에서도 많이 관찰을 할 수 있었던 정신적 강인함에 대해 초점을 맞추어보았다. 그렇다고 해서 이 개념만이 유일하게 적절하다고 말하는 것은 아니다. 그보다는, 존재하는 관계들을 보여주기 위해 정신적 강인함이 유용한 요소라고 이야기하고 싶다. 따라서, 이 분야에 대해 연구를 해보려면, 모두 합의할 수 있는 '표준의' 모델을 개발해야 할 필요가 있다. 물론 우리가 정신적 강인함의 강점에 대해 주장하였지만, 더 거시적인 탄력적 개념(Putwain, Nicholson, Connors, & Woods, 2013), 그릿(grit / Duckworth, Peterson, Matthews, and Kelly, 2007), 마음가짐(Dweck, 2006)에 대한 장점을 무시하는 것은 아니다.

앞으로 더 많은 탐색이 필요한 핵심 연구 이슈는 사람들이 긍정심리학에서 핵심적인 요소인 행복감과 만족감을 경험하기 위해 탄력성에 대한 의존을 어느 정도 하는지에 대한 문제이다. 시간이 지나감에 따라, 정신적으로 강인한 사람들은 더욱 행복해지고 건강해진다고 알려져 있다(Brand et al., 2014; Brand et al., 출판중).

마지막으로, 우리는 응용심리학자로서 현 상황을 변화시키는 데에 관심이 많다. 안타깝게도, 사람들의 장기적인 긍정적 자원을 훈련시키는 데 있어서 탄력성이 어떤 영향을 주는지에 대해서는 연구가 거의 없다. 따라서, 우리는 사람들의 핵심적인 웰빙수준을 높이기 위해 어떤 도구와 기술을 활용할 수 있을지를 파악하고, 어떻게 평가할 것인가에 대해 신중하게 에너지를 투자하여 연구해볼 필요가 있다. 어느 정도 수준까지 탄력성이 개발될 수 있을지에 대해서는 아직 명확하지 않다. 탄력성은 특질일 수도 있고 상태일 수도 있으며, 생물학적/환경적 요소 모두 탄력성에 영향을 미친다는 근거가 수집된 정도이다.

하지만 정신적 강인함에 관련되어서는 특별한 실례를 찾을 수 있다. 호스버그, 셔머, 베셀카와 버논(Horburgh, Schermer, Veselka, and Vernon, 2009)의 연구에서는, 정신적 강인함이 유전적 요소 및 환경요소 모두에 의해 영향을 받으며 "행동적 유전학에 의해 탐색된 모든 성격적 특질과 동일한 태도의 행동"이라고 설명해주었다(p.104). 정신적 강인함 평가척도(MTQ48 / Mental Toughness Questionnaire)와 빅파이브 성격 요소(외향성, 개방성, 우호성, 성실성, 신경증) 간의 중요한 관계를 파악하면서, 호스버그와 동료들은 정신적 강인함이 유전적 요소에 의해 많은 영향을 받기 때문에, 쉽게 바뀌지 않을 수 있다고 주장하였다. 하지만 정신적 강인함의 특성 중 유전율이 적은 부분(예: 헌신 또는 통제)은 보다 쉽게 강화할 수 있다는 말도 덧붙였다. 정신적 강인함 개발에 대한 실용적인 지침은 크러스트와 클로(Crust and Clough, 2011)의 연구에서 제시하고 있다.

결론

탄력성과 긍정심리학간의 관계는 다소 복잡하다고 말할 수 있다. 필수적인 요소라는 것은 분명하지만 어떤 부분에서는 서로 반대적인 특성을 보인다. 탄력성에 관련된 모델과 이론이 다양하기 때문에 생기는 문제들도 있다. 탄력성은 특질, 또는 상태, 아니면 그 사이의 무엇이라고 여기는 주장들도 있다. 물론 명료화된 설명을 기대하기란 좀 어려운 상황이지만, 연구결과를 보면 탄력성은 웰빙 및 개인적 성장과 밀접하게 관련되어 있다는 근거들이 많다. 탄력성이 없다면, 긍정심리학 운동의 핵심적 목표인 '즐거운 삶', '몰두하는 삶', '친화적인 삶'이라는 세 가지의 핵심 요소를 만들어내기란 어려울 일일 것이다(Seligman & Csikszentmihayli, 2000). 이는 긍정심리학에서 개인적 차이점을 이해하는 것이 매우 중요하다는 것을 보여준다. 대부분의 심리학이 그렇듯이, 개인적 특성에 따라 다른 것이다.

이제 탄력성은 웰빙과 삶의 즐거움에 있어서 매우 중요한 요소이지만, 아직 그 중요성의 세부내용에 대해서 알려진 것이 별로 없다고 결론을 내려도 될 듯하다. 또한, 어떤 사람들은 탄력성을 가지고 태어났고, 어떤 사람들은 시간이 감에 따라 탄력성을 강화시켜나가고, 어떤 사람들은 오히려 탄력성의 감소를 경험하게 되며, 어떤 사람들은 탄력성의 낮은 수준부터 시작해서 변화없이 끝까지 간다는 것도 비교적 명확하다. 누군가는 탄력성을 개발하게 되면, 긍정심리학이 주장하는 이상적인 세상에 더 잘 몰입하게 되기도 할 것이다. 하지만 탄력성이 정말 개발가능하다면, 어떻게 개발이 되는 것인지에 대해서는 명확치가 않다. 우리는 탄력성이 개발가능하며, 탄력성의 강화는 매우 좋은 일이라고 믿는다. 우리의 신념이 사실로 밝혀지기 위해서는 더 많은 연구가 이루어져야 한다. 탄력성과, 탄력성이 개인의 웰빙에 미치는 영향은 특별한 영역에만 제한적인 것이 아니다. 업무 세팅, 스포츠, 레저, 교육분야에서 탄력성은 중요한 역할을 한다. 우리가 생각하기에 탄력성은 연구할 가치가 충분한 개념이라고 보인다.

10장
일터에서의 멘탈 피트니스

폴라 로빈슨과 린제이 오데스(Paula Robinson and Linsay G. Oades)

서론

10장에서는 멘탈 피트니스(mental fitness)의 개념과, 특히 일터에서의 정신건강 및 웰빙과의 관계에 대해 소개하려고 한다. 많은 나라들의 건강 보험료 3 - 16%가 정신질환 치료에 사용되고 있을 정도로 정신질환의 부정적 영향은 매우 크다(Organisation for Exonomic Co-operation and Development; OECD, 2011). 정신질환의 심각도가 올라가고 있는 것도 큰 문제이다. 예를 들어, 세계보건기구(World Health Organization, WHO, 2012)에서는 전세계 인구의 절반 정도가 정신 질환으로부터 영향을 받고 있다고 추산하였다. 블룸과 동료들(Bloom et al., 2011)은 세계경제포럼(Word Economic Forum)에 제출한 보고서에서, 정신질환 치료에 쓰인 비용이 2010년에는 2.5조 달러였지만, 2030년에는 6조 달러 이상으로 늘어날 거라고 예측하였다. 경제협력개발기구(OECD)의 보고서에 따르면, 이와 같은 비용 증가가 조직에도 영향을 준다고 한다. 정신 질환은 노동력 공급의 심각한 손실, 실업율의 강화, 질병과 결근의 증가, 업무 생산성의 감소와 같은 문제를 가져올 것이기 때문이다.

2000년 이후로, 정신질환의 부정적 영향력을 감소시키기 위한 가장 명확한 방법에 대한 주된 초점은 선행적이고 예방적인 접근법으로 옮겨갔다. 예를 들어, 유럽연합(2008)의 '정신건강 및 웰빙에 대한 유럽의 협정' 보고서와, 세계보건기구(WHO)의 '정신장애의 예방 보고서(2004)를 보면 알 수 있을 것이다. 키이스(Keyes, 2007)는 정신질환의 예방과 일에서의 웰빙 및 정신 건강의 강조로 패러다임이 변화함으로 인해 경제적/사회적 이득이 발생했다고 주장하였다. 정부 및 조직의 전략이 지속적으로 정신질환을 진단하는 것에 초점을 맞춘다면, 기대할 수 있는 최적의 결과는 진단된 정신질환의 수준을 낮추는 것밖에 안된다. 이러한 접근법은 심리적으로 건강한 근로자나 일터를 보장해주지 못하기 때문이다. 키이스의 주장에 따르면, 정신건강은 독립된 연속체로서, 활기가 없는 사람이라고 해도 주요 우울 삽화를 경험하는 누군가와 비슷한 수준으로 기능할 수 있다고 한다. 즉, 하나의 진단된 정신질환을 가지고 있더라도, 다른 부분에서는 건강할 수 있는 것이다.

후퍼트(Huppert, 2009)는 키이스의 주장에 동의하면서, 핵심적인 초점은 장애발생율을 줄이는 것이 아니라 웰빙수준을 높이는 것에 맞춰져야 한다고 주장하였다. 그리고 최근 긍정심리학은 웰빙 패러다임 안에서 많은 성장을 해왔다(Seligman & Csikszentmihalyi, 2000; Peterson, Park, & Castro, 2011). 셀리그만(Seligman, 2002)은 긍정심리학 연구의 핵심적인 목표가 예방이라는 것을 강조하였다.

10장에서는, 일터에서의 정신건강과 웰빙의 이슈들을 살펴본 다음에, 피트니스라는 개념을 먼저 정리해서, 멘탈 피트니스라는 새로운 개념을 소개해볼 계획이다. 기존 문헌을 비판적으로 리뷰해보면, 멘탈 피트니스의 개발이 시작되었고, 그 다음부터 멘탈 피트니스 개념을 일터에 적용하게 된 것을 알 수 있다. 10장의 마무리에서는 일터에서의 멘탈 피트니스에 대한 경험적 기반을 발전시키기 위해 중요한 미래 연구들을 제시해보려고 한다.

일터에서의 정신건강과 웰빙

앞에서 언급했던 통계수치를 보면, 안전하고 건강한 심리적 일터를 제공한다는 것은 조직에게 있어서 매우 중요한 문제가 되어가고 있다. 일터에서 제대로 기능하지 못하는 구성원들에 대한 연구결과를 보면 어떤 시기에 보아도 최소한 구성원 5명 중의 한 명은 정신건강에 대한 문제를 경험할 가능성이 있다고 한다(Australian Human Rights Commission, 2010). 결국 정신질환은 조직생활에서 비용이 많이 드는 요소이며, 위험 평가의 대상(예: 비용, 핵심 인재, 업무건강 및 안전에 대한 위험)이 되어야 한다는 것이다.

1. **비용에 대한 위험(예산 내에서 비용관리하는 것을 실패함)**: 특별 보험료의 증가, 백업 스탭의 비용, 재교육비, 의료비, 상담비, EAP(Employee Assistance Program) 비용
2. **핵심 인재에 대한 위험(핵심 인재 채용, 유지, 개발의 실패)**: 직원의 손실, 지식의 손실, 외부 컨설턴트의 활용, 최고 인재 채용에 있어서의 무능력, 무단결근, 직원개발의 부재, 명성에 대한 이슈

3. **업무건강 및 안전에 대한 위험(업무 건강 및 안전한 법규/규정에 대한 순응 실패)**: 따돌림과 괴롭힘 문제, 정신적으로 상처입은 근로자, 안전하지 않은 일터, 규정적인 제재, 법규적 과정

정신질환의 지속적인 증가 및 새롭게 발생하고 있는 비용을 고려해볼 때, 일터는 조직구성원의 정신건강과 웰빙에 관련된 중요한 맥락이다. 따라서, 정신질환에 대한 선행적 접근법을 촉진하는 것은 (특히 예방과 웰빙에 초점을 맞춘), 조직에게 있어서 점점 더 중요해지고 있다. 조직경영 및 사회적 책임 전략뿐 아니라, 비용 감축, 위험 감소, 몰입 강화 면에서 말이다.

하지만 긍정심리학 개입전략이 우울 수준을 낮추고 웰빙수준을 높인다는 연구결과는 존재하지만 (Pietrowsky & Mikutta, 2012), 이 전략을 조직 세팅에 적용하는 것은 더 어려운 일이다. 경쟁이 심한 오늘날의 비즈니스 환경에서, 조직들은 문제를 해결하는 수준을 넘어서서, 탁월함을 촉진할 필요가 있다. 따라서 인적자원의 관리, 그리고 구성원의 웰빙과 비즈니스 결과 간의 관계는 연구와 현장실무가 다루어야 할 중요한 영역이다. 임원진, 시니어 관리자 및 현장관리자와 리더들은 구성원의 웰빙과 비즈니스 성과는 재정적/심리적으로 건강한 일터의 상호보완적 요소라는 사실을 시간이 지나가면서 조금씩 더 인식하고 있다.

그래서 조직과 개인들은 정신질환을 감소하고 몰입수준을 강화하기 위한 방법으로서, 웰빙 연구와 개입전략에 대해 시간, 에너지, 자원을 배정할 필요가 있는 것이다.

정신적으로 건강한 일터환경을 조성하는 것은 사업적으로 매우 유용한 일이라는 연구결과가 제시되어 있다. 이 명제를 지지하는 연구결과 실례들은 다음과 같다.

1. 미국에서, 조직구성원들은 몰입을 하게 해주는 상위 촉진요소로서, '고위 경영진이 구성원의 웰빙에 관심을 가지는 것'을 뽑았다. 갤럽이 진행한 일터 감사(Gallup Workplace

Audit) 보고서는 8,000개 이상의 사업부서에 근무하는 응답자 약 200,000명의 자료를 분석하였다. 결과를 보면, 구성원의 이직, 고객의 충성도, 생산성, 이익률, 더 높은 영업 매출은 관리자가 구성원의 웰빙 및 몰입 이슈에 관심을 가지는 방법에 의해 영향을 받는다고 나타났다(Harter, Schmidt & Keyes, 2003; Judge, Thoresen, Bono, & Patton, 2001).

2. 18개 국가의 조직구성원 90,000명에 대한 글로벌 일터 연구 결과를 보면, 5명의 구성원 중 1명은 일에 대해 온전한 몰입을 느끼고 있으며, 적극적으로 일로부터 분리감을 느낀다는 경우는 40% 정도로 나타났다. 이와 같은 결과는 금전적 최종결산과도 직접적으로 연결되었다. 가장 몰입수준이 높은 구성원들이 일하는 조직은 전년도와 비교했을 때 영업이익이 19% 상승하였고, 주당순이익은 28% 증가했으며, 해당 조직 구성원의 90%는 이직 계획이 없다고 보고하였다. 반대로, 몰입수준이 가장 낮은 조직은 전년도와 비교했을 때 영업이익이 32% 감소하였고, 주당순이익은 11% 떨어졌으며, 다음 해에 이직을 고려한다고 대답한 구성원은 50%였다(Towers Watson Global Workforce Study, 2012).

3. 리더와 직원의 긍정적 정신건강 및 웰빙은 비용 감소와 생산성, 창의성, 일-삶의 통합, 다른 중요한 지표들의 강화와 관련된 개인, 팀, 조직 성과에 대해 측정 가능하고 긍정적인 영향을 미칠 수 있다(Cameron & Spreitzer, 2012; Hillier, Fewell & Shephard, 2005; Linley, Harrington & Garcia, 2010; Mental Health Commission, 2010; Robertson & Cooper, 2010).

4. 웰빙은 버퍼로서의 영향을 제공해줄 수 있다. 윌스와 이사시(Wills and Isasi, 2007)에 의하면 버퍼링은 심리적 자원이 스트레스가 심리적 웰빙에 미치는 영향을 감소시켜주는 프로세스를 가리킨다고 한다.

5. 프라이스 워터하우스 쿠퍼스(Price Water-house Coopers, 2014)사가 진행한 투자자본수익율(ROI / Return on investment) 분석을 보면, 효과적인 일터 정신건강 행동에 사용되는 1달러는 조직을 위해 2.3달러의 이득을 내는 것으로 나타난다. 이러한 혜택은 프리젠티즘(presenteeism), 무단결근, 보상에 대한 불만의 감소로 나타난다. 또한 이 보고서에서는 다양한 목표행동을 수행하게 되면, 투자자본수익율이 증가될 가능성이 있다고 제안하였다.

6. 슬론 노화와 직장 연구센터(The Sloan Center on Aging and Work, 2014)에서는 21세기의 조직들은 구성원의 선택을 받게 될 가능성이 크므로, 구성원이 일하러 오게 하려면, 일터에서 열심히 일을 하게 하려면, 경쟁업체에 가기보다는 우리 회사에 머무르기를 원하도록 하려면 어떻게 동기부여할 수 있을지에 대해 고민해야 한다고 주장한다. 일터에서의 의미, 자율성, 소속감(이는 모두 긍정적인 정신건강 예측변인이다)은 일터에서 연령대가 높은 구성원들을 유지하기 위해 중요한 요소로 증명된 것들이다.

7. 페어리와 스버건(Fairlie and Svergun, 2015)은 다양한 조직에서 일하는 캐나다인과 미국인 700명 이상을 대상으로 설문조사를 진행하였다. 이 연구에서는 전통적인 기업의 사회적 책임(CSR / Corporate Social Responsibility)에 초점을 맞추고, 긍정적인 CSR(예: 사업실적과 반드시 연결되지는 않지만, 더욱 좋은 세상을 만들기 위한 자유재량적이고 선행적인 사회적 제도)의 개념을 추가하였다. 연구결과에 따르면, 소속된 조직의 긍정적인 CSR에 대한 구성원의 지각은 스트레스, 몰입, 헌신, 이직의도의 수준과 관련이 있는 것으로 나타났다.

8. 카메론(Cameron, 2013)은 다양한 비즈니스 부서를 대상으로 연구를 하면서, 구성원이 긍정적 에너지 네트워크의 중심에 있는 경우, 성과가 4배 이상 좋아지는 것을 발견하고, 리더의 긍정적 에너지의 중요성을 강조

하였다. 요세프와 루선스(Youssef and Luthans, 2007)는 희망, 낙관주의, 탄력성이 직업을 통한 성과, 직업에 대한 만족, 업무의 행복, 조직에 대한 헌신에 대해 긍정적 영향을 준다는 것을 발견하였다.

조직의 개입전략이 가지는 목표가 긍정적 정신건강 및 웰빙이라는 결과를 내는 것이라면, 다른 변화계획들과 마찬가지로, 설계, 효과적 수행, 측정, 유지과정에서 기장 먼저, 그리고 가장 중요하게 생각해야 하는 것은 리더와 구성원의 참여와 몰입일 것이다. 물론 쉽게 이룰 수 있는 것은 아니다. 또한 많은 사람들은 아직도 핵심적인 정신건강 개입전략은 예방보다는 심리적 병리사태를 치료하는 것으로 생각하고 있기도 하다. 또한, 지금까지 조직에서는 웰빙 결과의 개념적/경험적 평가 및 개발에 대해 잘 이해하지 못하고 있다. 웰빙은 종종 '소프트 스킬'과 정신 건강 및 질환의 이슈에만 관련되어 지각되곤 한다. 그 결과, 정신질환 예방의 설계 및 수행과 유지, 긍정적 정신건강 강화, 웰빙 전략 및 수행방법은 정부와 조직에서도 단회적이며 맹목적으로만 이루어지는 경우가 많다.

일터에서의 웰빙에 대한 장애물

정신건강을 둘러싼 낙인 및 개념적 혼란은 정신건강 예방, 정신건강 촉진, 긍정적인 정신건강 활동 및 수행의 몰입에 있어서 중요한 장애물로 기능한다. 예를 들어, 체버튼(Cheverton, Cheverton & The Queensland Alliance for Mental Health, 2009)은 정신적으로 좋지 않은 건강에 붙어 있는 낙인은 사람들이 본인의 질병에 대해 노출하지 못하도록 한다고 주장하였다. 명확한 실례로서 변호사의 사례를 들어볼 수 있겠다. 벤자민, 달링, 세일스(Benjamin, Darling, and Sales 1990)가 미국의 100개 직업에 종사하는 11,000명의 참가자들을 대상으로 진행한 연구를 보면, 변호사는 모든 근로자들 중에서도 우울 증상이 가장 많이 나타난 직업이었다. 약물 의존은 전체 연구참가자들의 8-10%였던 반면, 법률 분야에서는 15-18%에서 나타났다(Resner, 2006). 법률적 직업의 속성은 적대적이고 경쟁이 심한 것으로 유명하고, 변호사들이 공통적으로 보이는 특성은 완벽주의와 비관주의였다. 하지만 이와 같은 부정적인 태도는 21세기의 대부분의 조직에서 쉽게 찾아볼 수 있는 것이다.

체버튼은 사람들이 도움을 원하는 기간이 길수록, 건강 및 관련된 서비스 기관에 실제로 전화를 하는 행동의 중요성은 더 커진다는 것을 강조하였다. 그리고 낙인과 개념적 혼란 때문에, 개인, 조직, 정부, 커뮤니티가 구성원들의 정신건강을 유지할 수 있는 자원과 역량을 강화시키는 단계를 조언하는 데에 필요한 더욱 거시적인 예방과 강화에 대한 아젠다가 요구되는 상황이다.

낙인과 개념적 혼란이라는 장애물은 정신건강 및 웰빙의 개입전략에 대한 명확하고 긴급한 니즈를 확대시키고 있다. 이해하기 쉽고, 전반적인 커뮤니티에 적용가능하고 안면타당도가 있으며, 다양한 맥락에서 쓰일 수 있는 프로그램이 필요하다. 긍정적 정신건강 연구 및 현장실무가 이해되고 수용되도록 하기 위해서는 이론적/경험적 혁신이 필요하다. 정신질환의 발생율을 감소시키고, 긍정적 정신건강에 대한 교육 및 활동을 강화시키기 위해 개인, 조직, 정부의 관심을 끌려면, 새롭고 독창적인 접근법과 개념적 체계가 이제 그 어느 때보다 더 필요한 상황이다. 키이스(Keyes, 2007)는 긍정적인 정신건강 전략과 활동들의 촉진이 정신건강계획의 핵심적 요소라고 강조하였다. 셀리그만(Seligman, 2002)은 정신질환을 예방하기 위해 사람들이 선행적인 긍정적 정신건강활동에 대한 교육을 받고, 촉진하며 몰입하는 데에는 거의 초점이 맞추어지지 않고 있다고 강조하였다. 루선스(Luthans, 2002, 2012)는 튼튼한 이론적/경험적 기반을 제공해주어 개발을 촉진하고 다양한 세팅에서의 적용을 하게 해줄 수 있는 새로운 긍정적인 핵심 개념이 필요하다고 주장하였다. 문제는 정신질환의 낙인에 대한 공포가 없이, 사람들이 자기 자신의 긍정적인 정신건강 및 웰빙의 개발을 능동적으로 즐길 수 있도록 어떻게 촉진하고, 스스로 목표로 한 의도적 활동을 수행하도록 할 것인지에 대한 것이다. 이 문제를 해결할 수 있는 대안들 중 하나로 이제부터는 피트니스라는 개념에 대해 논의해보도록 하겠다.

피트니스

세계보건기구(WHO)는 "건강이란 질병이나 장애가 없는 상태를 의미하기도 하지만 피트니스와 능력의 상태, 또는 필요할 때 사용할 수 있는 개인적 자원의 저장고"(p.17)라는 설명을 하면서, 정신건강의 강화에 대한 보고서에서 피트니스(fitness)라는 용어를 사용하였다. 이 정의에서 피트니스는 정신적 피트니스와 신체적 피트니스가 분리되어 있지 않으며, 정신적 요소와 신체적 요소를 포함한 전반적인 개념을 의미한다.

"신체적 피트니스란 사람들이 활력있는 신체적 활동을 하는 데에 모든 잠재력을 발휘할 수 있는 특성의 총합을 의미하며, 지구력, 근력과 유연성으로 구성된다(하지만 이 세 가지 요소에만 국한되는 것은 아니다)"(Physical fitness, 2004). 이 정의를 보면, 신체적 피트니스 활동은 다양한 범위의 의도적인 신체활동을 수행하면서 한 사람의 잠재력을 실현시키기 위한 촉진제를 의미한다. 신체적 피트니스를 위한 개입전략은 최근 정부, 조직, 의료계에서 질병에 대항하기 위해 매우 유용한 예방적 조치로 활용되고 있다. 예를 들어, 사람들은 개인적으로 전반적인 신체적 피트니스 상태를 확인하기 위해 의사나 유명한 평가센터를 찾아가서, 개선을 위한 방법에 대해 조언을 받을 수 있다. 정부와 조직도 또한 시민, 리더, 스탭의 건강수준을 높이기 위해 신체적 피트니스 개입전략을 다양하게 개발할 수 있다.

신체적 질병은 발생했을 때 치료하는 것이지만, 신체적 피트니스의 개념은 더 높은 수준의 신체적 건강을 지원하기 위해 선행적이고 예방적인 전략을 제공하는 것이다. 신체적 피트니스 또한 강화해야 하는 간단한 개념이다. 피트니스 수준을 높이기 위해 이미 수백만 달러가 쓰였다는 것을 대부분의 사람들은 알고 있고, 평균적인 사람이라면 피트니스라는 용어를 이미 알고 있다. 우선, 피트니스에 대한 강화는 평가 및 개입 프로그램과 건강한 운동 과정(도구, 피트니스 센터, 책, 앱 등을 활용한)에 초점을 맞추고 있다. 그리고 다양한 배경(의학, 스포츠, 심리학과 건강)을 가지고 있는 개인 트레이너와 코치들은 당신의 피트니스를 개선하기 위해 다양한 체계와 방법론을 활용한 전략들을 제공해줄 것이다(일부는 과학적으로 타당화되었고, 일부는 그렇지 않은 경우도 있다).

왜 멘탈 피트니스인가?

피트니스라는 개념은 더 넓은 커뮤니티 내에서 핵심적인 의미를 가지고 이해되는 용어이고, 최적의 기능과 경쟁우위의 수준에 대한 역동적 속성을 강조한다. 그리고 피트니스를 달성하기 위해서는 장기간 동안의 노력과 동기가 필요하며, 정기적인 활동과 연습이 요구된다. 멘탈 피트니스 또한 전체적인 피트니스 전략의 일부이므로, 동일한 내용이 적용 가능하다. 멘탈 피트니스라는 용어는 신체적 피트니스와 함께 개인, 조직, 정부, 더 넓은 범위의 커뮤니티를 위한 전체적인 피트니스 접근법에 속해 있다. 피트니스라는 단어보다 '멘탈'이라는 용어를 더 앞에 썼기 때문에, 멘탈 피트니스는 신체적 피트니스와 유사하게 보일 수 있다. 신체적 피트니스는 더 잘 알려진 용어라서, 사람들이 멘탈 피트니스의 잠재적 의미를 이해하도록 도와주는 데에 활용된다.

긍정적 정신건강 평가, 활동, 실행을 피트니스라는 범위 내에 맞추는 것은 정신건강 강화에 도움이 될 수 있다. 왜냐하면, 피트니스는 선행적, 예방적이며, 쉽게 이해할 수 있고, 주위 사람들의 낙인을 받지 않을 수 있는 개념이기 때문이다. 사람들은 이미 피트니스라는 개념을 이해하고 있고, 신체적 건강과 웰빙수준을 높인다는 핵심적인 목표를 가지고 정기적으로 목표를 향해 연습을 한다는 것이 중요하다는 사실도 알고 있다.

신체적 피트니스의 개념과 방향을 같이 하는

멘탈 피트니스 전략은 이미 긍정적 건강 접근법의 일부로 인식되고 있다. 예를 들어, 1948년부터 현재까지 세계보건기구가 정의한 건강은, 신체적/정신적 지표를 함께 포함하여 전반적인 접근법을 사용하고 있다. "건강은 전반적인 신체적, 정신적, 사회적 웰빙의 상태를 가리키며, 단순하게 질병이나 병약함의 부재를 의미하는 것이 아니다"(1948, p.1).

미국 스포츠 의학회(American College of Sports Medicine, ACSM, 2000)는 페이트(Fate, 1988)에 의해 개발된 '건강에 관련된 피트니스' 정의를 지지하였다. 페이트는 피트니스란 질병을 예방하고 건강을 촉진하는 것을 돕는 역량의 표현이라고 정의하였다. 셀리그만(Seligman, 2008)은 생물학, 화학, 의학의 분야에서는 정기적인 신체적 연습을 통해 신체 및 정신 건강 개선이 이루어진다는 것을 타당화하였지만 실제로 전반적인 건강 분야에 적용할 수 있는 과학적 원칙이란 거의 존재하지 않는다고 주장하였다.

정신건강과 신체적 건강이 함께 긍정적인 결과를 도출할 수 있다는 근거는 이미 점점 늘어나고 있다(Richards, Campania, & Muse-Burke, 2010). 그리고 정기적인 신체적 운동이 정신건강에 미치는 혜택은 다양한 연구들에서 입증되고 있다. 운동은 뇌를 변화시켜서 스트레스에 대한 저항력을 키워준다(Schoenfeld, Rada, Pieruzzini, Hsueh, & Gould, 2013), 운동은 불안에 대한 방어적 효과가 있다(Smith, 2013), 운동은 우울증상의 경감에 관련이 있다(Cooney et al., 2013).

'긍정적인 경제/건강'이라는 결과를 만들어내기 위해 피트니스 활동과 운동 기회를 증가시킨다는 것은 매우 큰 도전과제이다. 예를 들어, 앉아서 생활하는 라이프스타일 행동이 많아지게 되면서, 대부분의 정신건강 전문가들은 가장 큰 도전과제들 중의 하나는 고객들로 하여금 보다 긴 기간 동안 처방한 정신건강을 위한 활동을 정기적으로 연습할 수 있도록 동기부여하는 것이라는 사실에 동의할 것이다. 따라서, 조직과 정부가 신체적 건강과 정신건강 영역에 모두 적용할 수 있는 보다 협조적이고 통합적인 접근법을 시급하게 개발할 필요성이 대두되고 있다(Ory, Smith, Mier, & Wernicke, 2010).

〈의도적 활동이 필요한 피트니스〉

문헌자료에서 언급된 신체적 피트니스와 마찬가지로, 특정한 활동과 연습은 웰빙이라는 결과에 긍정적 영향을 미친다는 근거가 점점 늘어나고 있다. 긍정 심리학과 신경가소성(neural plasticity)에 대한 연구는 다양한 맥락에서 긍정적 정신건강활동을 잘 적용할 수 있을 만한 분야가 되어가고 있고, 많은 연구들에서는 사람들이 생애전반에 걸쳐 학습과 성장을 한다는 근거를 제시하고 있다(Greenwood & Parasuraman, 2010; Shaw & McEachern, 2001; Sin and Lyubormirsky, 2009).

리켄과 텔레겐(Lykken and Tellegen, 1996)의 쌍둥이 연구에서는 행복의 안정적인 부분(stable part)이 유전에 의해 설명된다는 것을 제시했고, 변량의 양을 측정해보면 행복이 변화가능한 정도를 알 수 있다고 주장하였다. 류보미스키, 쉘든과 슈케이드(Lyubomirsky, Sheldon, and Schkade, 2005)는 유전의 역할에 대해 탐색한 결과, 사람의 만성적 행복(chronic happiness) 수준을 지배하는 세 가지 핵심 요소가 있다는 것을 찾아냈다. 세트 포인트(set point) 또는 잠재력 범위(예: 유전적 성향), 삶의 환경(예: 인종, 연령, 장애), 의도적 활동(당신이 참여하기로 결정한 자발적 활동). 의도적 활동에는 사람들이 사고하고 느끼고 행동하는 방법에 대한 다양한 활동들이 포함된다. 횡단적 웰빙의 분석에서 각 요소들이 설명하는 변량을 측정해보니, 40% 정도는 의도적 활동에 관련된 것으로 나타났다. 바로 이 40%가 멘탈 피트니스 활동이 목표하는 대상이 될 것이다.

쉘든과 킹(Sheldon and King, 2001)은 긍정심리학이 '보통 사람들이 옳은 것을 찾아내고, 개선할 것이 무엇인지를 찾아내는 작업에 어떻게 몰입하게 되는가의 문제'를 재고려할 필요성이 있다고 강조하였다. 신과 류보미스키(Sin and Lyubomirsky, 2009)가 수행한 메타분석에 따르면, 사람들의 웰빙 수준을 강화하는 작업에 가장 도움이 될만한 연구들 중 하나는 우울증상을 감소시키고 웰빙수준을 높이기 위한 의도적 활동을 활용하는 것이라고 나타났다. 하지만 연구자들은 그와 동시에, 행복감을 느끼는 정도가 늘어날 수는 있지만 그 행복의 강화가 얼마나 지속될 것인지에 대해서는 여전히 명확치 않으며, 사람들이 보다 오랜 시간 동안 의도적인 활동에 참여하도록 동기부여하는 것은 도전과제로 남아 있다고 설명하였다. 디너와 비스바스-디너(Diener and Biswas-Diener, 2008)도 행복감을 강화하는 과정의 하나로서 의도적인 활동을 소개하였다.

연구자와 현장전문가들이 마주하고 있는 도전과제는 어떤 의도적 활동에 초점을 맞출 것인지를 판단하고, 의도적인 활동에 사람들이 참여하도록 동기부여하는 방법을 찾아내는 일이다. 하이트(Haidt, 2006)가 제시했듯이, 문제는 '사람들이 자신의 잠재력 범위의 정상으로 올라가도록 어떻게 촉진할 것인가'(p.91)다.

의도적인 심리적 활동에 정기적으로, 그리고 오랜 기간 동안 참여하도록 동기부여하는 방법을 알게 된다면, 이론, 연구, 현장 실무를 발전시키는 데에 큰 도움이 될 것이다. 의도적 활동의 개념과 수행은 신체적 피트니스 분야와 방향을 같이 한다. 따라서, 많은 사람들은 건강해지기 위해서는 정기적으로 운동을 해야 하고, 목표 행동을 수립해야 하며, 그 목표에 맞게 연습을 해야 한다는 것을 알고 있다(예: 역기 들어올리기(근력 강화), 달리기(지구력 강화)).

멘탈 피트니스의 개념은 의도적인 활동에 대한 연구와 유사한 내용을 가지고 있다. 왜냐하면, 신체적 피트니스를 설명하는 것과 유사한 방법으로 구조화되어 있는 개념이기 때문이다(예: 각 개인의 특정한 기준에 맞춰 설계된 활동을 정기적으로, 그리고 의도적으로 연습하는 것). 또한, 멘탈 피트니스의 개념은 사람들이 자신의 인생 활동의 일부로서 멘탈 피트니스를 강화할 수 있도록 동기부여하는 문제를 풀 수 있도록 도와줄 수 있을 것이다. 신체적 피트니스의 이론에 따르면, 피트니스라는 것은 저장될 수 있는 것이 아니기 때문에, 자주 연습을 하

며 지속기간을 높이지 않는 이상 소멸된다는 것도 이해할 필요가 있다.

요약해보면, 멘탈 피트니스는 커뮤니티와 일터라는 맥락에서 정신건강을 강화하기 위해 효과적인 솔루션이 될 수 있다. 그 이유는 다음과 같다. (1) 멘탈 피트니스는 이미 알려져 있는 용어를 사용하고, 근력, 유연성, 지구력과 같이 쉽게 이해할 수 있는 개념을 소개해 준다 (2) 멘탈 피트니스는 정신건강에 관련된 낙인과 개념적 혼란을 감소시켜주는 것을 도와준다 (3) 멘탈 피트니스는 정신적 건강을 강화하려면 사람들이 잘 수용할 수 있는 보다 선행적, 예방적, 통합적인 접근법이 필요하다는 문제상황에 대한 해결을 도와준다 (4) 건강한 마음과 신체는 모두 중요한 것이며, 유지가능한 심리적 습관을 만들기 위해서는 정기적이고 의도적인 활동과 연습이 필요한 것이다 (5) 멘탈 피트니스는 정신건강과 웰빙의 수준을 강화한다는 특정한 결과를 만들어내는 과정(평가와 정기적 활동의 모음)이다.

멘탈 피트니스의 개념은 긍정적인 정신건강 이론, 연구, 활동을 위협적이지 않고, 간명하며(parsimonious), 선행적인 방법으로 설명할 수 있는 방법을 제공해주지만, 최근까지의 심리학 연구에서는 신체적 피트니스와 같은 과학적 용어를 보여주지 못했었다. 그러다보니 연구나 반복 연구를 하고, 정신건강 전문가들이 활용하기 위해 필요한 일관된 이론적 기반이나 표준화된 측정도구가 제대로 마련되어 있지 않은 상황이었다.

멘탈 피트니스란?

멘탈 피트니스라는 개념을 과학적으로 개발하기 위한 과정을 시작하기 위해, 로빈슨과 오데스, 카푸티(Robinson, Oades, and Caputi, 2014)는 세 가지 연구문제를 검증해보았다.

1. 멘탈 피트니스라는 것은 무엇이고, 어떻게 정의되어야 하는가?
2. 멘탈 피트니스의 구성요소는 무엇인가?

3. 현재 멘탈 피트니스를 활성화하기 위해 구입 및 사용할 수 있는 측정도구들을 기반하고 있는 요소는 무엇인가?

이 연구문제들을 검증하기 위해, 개념에 대한 리뷰 및 두 가지의 연구가 수행되었다. 개념에 대한 비판적 문헌리뷰에 의해 멘탈 피트니스에 대한 초반 준비작업이 진행되었고, 델파이 연구(Delphi study)는 국제적인 전문가 패널의 도움을 받아 개념 및 기반이 되는 원칙을 구성하였으며, 경험적 연구에서는 73문항으로 구성된 멘탈 피트니스의 다면적 모델을 구축하였다(Robinson, Oades, & Caputi, 2014). 이 연구들에서 정리된 결과들을 지금부터 요약해보도록 하겠다.

멘탈 피트니스라는 개념은 심리학 문헌에서 새롭게 나타난 것이 아니다. 이 개념은 맥카티(McCarthy, 1964)가 제안한 것으로서, 그는 "커뮤니티의 정신건강 클리닉이 다양한 질병 분류 카테고리에 의해 제시된 다양한 단계를 통해 심리학적 도움을 제공하여, 현실의 어려움에 대처하면서, 사회에 대해 효과적인 기여를 하며, 인지적, 정서적, 사회적 잠재력을 실현시키는, 적응적이고 자발적이며 자연스럽고 창의적인 사람들을 도울 수 있는 개념"(p.202)이라고 주장하였다. 또한 그는 멘탈 피트니스는 고 케네디 대통령이 주도하였던 국민 대상 신체적 피트니스 프로그램의 뛰어난 파트너 개념으로서 기능해서, 멘탈 피트니스와 신체적 피트니스를 통합한 전체적인 피트니스 프로그램을 개발하게 되었다고 설명하였다. 보다 최근에 수집된 샘플을 가지고 셀리그만(Seligman, 2011)은 군대의 탄력성 훈련 맥락에서 피트니스 개념을 활용하여서 전반적인 군인 피트니스를 개발하였다.

피트니스라는 용어의 역사적 사용은 14세기부터 시작되었다(예: "Fitness", 2012). 그리고 시간이 지남에 따라 피트니스는 발달에 관련된 개념으로 생각되었다. 사람들은 자기 자신과 환경을 성공적으로 조화(fit)시키기 위해 변화하고 발전하며, 적응하고 반응할 수 있게 하는 능력이나 역량을 얻어내는 프로세스에서 적극적인 존재이며, 이 과정에서 사용되는 기능이 피트니스라고 정리되었다(Darwin, 1869). 연습에 의해 강화되는 신체적 피트니스라는 용어는 1920년대까지는 명확하게 정리되지 않았었고, 21세기에 들어서면서 피트니스라는 용어는 좋은 건강과 신체적 피트니스를 얻게 해주는 정기적인 연습에 더 많은 초점을 맞추게 되었다. 그때까지는 멘탈 피트니스라는 용어는 소개되지 않았었다.

〈피트니스의 현대적 의미와 활용〉

지금까지 피트니스라는 용어의 역사적 의미와 활용에 대해 알아보았다면, 그 다음에 할 일은 피트니스의 현대적 의미와 활용에 대해 탐색하고 이해하는 것이 될 것이다. 이를 위해 로빈슨, 오데스와 카푸티(Robinson, Oades, and Caputi, 2014)는 웹 브라우저의 구글 검색을 사용하여(2013년에 진행함) 영어를 사용하는 21세기의 인터넷 사용자들이 피트니스, 신체적 피트니스, 특히 멘탈 피트니스라는 용어를 어떻게 생각하고 있는지를 분석하였다. 모든 반응을 분석한다는 것은 불가능했지만, 엄청나게 많은 검색건수가 발견되었다. 피트니스 4억 6천 백만 건, 신체적 피트니스 8천 6백만 건, 멘탈 피트니스 1천 7백만 건, 신체적/멘탈 피트니스를 같이 검색한 경우는 6백만 건이었다. 이와 같은 검색 결과를 보면, 멘탈 피트니스라는 개념이 현대의 사회에서 의미와 활용도를 가지고 있다는 것을 명확하게 알 수 있다.

검색 결과를 분석해보니, 피트니스라는 용어가 활용되는 데에는 다섯 가지의 분류가 존재하는 것을 알 수 있었다. 첫 번째 분류는 건강과 심리적 서비스와 같이 유명한 분야를 설명하는 웹사이트로부터 신뢰로운 정보를 얻는 것이었다. 두 번째 분류는 자격증이 없는 일반인, 개인 블로그, 소셜 미디어와 같이 신뢰성 수준이 낮은 창구를 통한 정보였다. 세 번째 분류는 다양한 창구로부터 홍보하는 코스와 프로그램들로부터 정보를 얻는 것이었고, 네 번째 분류는 정부기관 또는 민간기관으로부터의 정보였으며, 마지막은 잡지와 같이 출판된 자료에서의 용어를 소개하는 미디어 창구였다.

검색결과를 요약해볼 때, 분명히 이제 피트니스의 개념(멘탈 피트니스와 신체적 피트니스 모두)은 매우 많이 사용되고 있고, 그 의미는 어느 정도 역사적 뿌리를 반영하는 것으로 보여진다. 그 의미의 예를 들어 보면 다음과 같다. 멘탈 피트니스는(신체적 피트니스와 같이) 연습을 필요로 하는 것이고, 멘탈 피트니스를 강화하기 위해 노력하고 있는 사람들은 최적의 수준으로 기능하고 있으며, 더 많은 능력을 가지고 있다. 또 멘탈 피트니스는 학습이 가능한 프로세스이기 때문에, 핵심적인 초점은 일, 삶, 학교와 같이 다양한 세팅을 통해 연습과 훈련을 하는 것에 맞춰져 있다. 추가적으로, 다양한 배경(의학, 스포츠, 심리학, 건강)을 가지고 있는 개인 트레이너와 코치들은 신체적/멘탈 피트니스를 개선하기 위한 다양한 체계와 방법론들을 제공해주고 있다(예: 피트니스 센터, DVD, 자기훈련 도서).

그리고 신체적 피트니스를 강화하는 것만큼 매우 많은 비용과 시간을 들여야 멘탈 피트니스를 강화할 수 있다는 것이 명확해졌다.

분석 결과들 중에서 가장 중요한 것은 핵심 초점이 다양한 맥락에서 사용하는 평가/개입 프로그램과 도구들에 맞춰져 있다는 것이었다. 또한, 개인 블로그와 소셜 웹사이트들이 멘탈 피트니스에 대한 정보와 경험을 열심히 공유해주고 있다보니, 구글 사용자들간에는 그에 대한 흥미 수준이 높아가고 있었다. 멘탈 피트니스에 대한 역사적인 해석과 대중적 해석 간에는 공통성이 있기는 하지만 앞에서 언급한 다섯 가지 분류에서는 과학적으로 도출된 개념, 측정도구, 경험을 기반으로 한 개발 활동의 근거가 없이 모두 다르게 용어들을 사용하고 있었다.

⟨심리학 문헌⟩

분석의 다음 단계에서는, 역사적 및 대중적 개념화를 반영한 심리학 문헌을 찾아보았다. 사이크인포(PsycInfo) 데이터베이스를 사용하여 2013년에 검색해본 것이다. 검색결과, 멘탈 피트니스는 심리학 문헌에서 과학적으로 탐색을 많이 해본 개념은 아니었다(전체 결과 중 60건밖에 없었다). 하지만 역

사적/대중적 검색결과에서 공통적으로 나타난 테마는 다음과 같았다. (1) 정신적/신체적 건강과 피트니스는 종종 같이 검색되었고, 학습이 가능하며 변화가 가능한 스킬, 그리고 정기적인 연습이 포함된 개념이었다 (2) 피트니스는 발달적 이론과 적응 과정이 중요한 개념이었다 (3) 멘탈 피트니스는 인지적, 정서적 행동 요소들이 포함된 개념이었다 (4) 멘탈 피트니스는 일, 삶, 사회라는 영역에 따라 달라질 수 있다 (5) 멘탈 피트니스는 웰빙이라는 결과를 만들어내기 위한 프로세스이다 (6) 멘탈 피트니스는 탄력성과 같은 심리적 요소를 포함한다 (7) 멘탈 피트니스는 불안, 분노, 우울과 같은 정신질환의 감소를 도와준다 - 치료와 예방 요소가 있다 (8) 멘탈 피트니스는 의도적이고 목표지향적이다 (9) 다양한 멘탈 피트니스 검사도구와 지표가 있지만, 설명하는 방법과 내용이 매우 다양하다. 대중적인 문헌 연구와 마찬가지로, 신뢰도와 타당도가 높은 측정도구도 없고 일관적인 정의가 없는 상황이다.

요약해보면, 앞에서 진행된 리뷰에서는 역사적, 대중적, 심리적 문헌자료에서 멘탈 피트니스의 개념을 탐색해보았다. 탐색된 결과를 기반으로 초반의 정의와 네 가지 가이드 원칙들이 도출되어, 미래의 연구와 수행에 영향을 주었다(이제부터 설명할 델파이 연구 결과를 참고할 것).

⟨멘탈 피트니스에 대한 전문가의 시각⟩

멘탈 피트니스에 대한 개념적 리뷰에 이어, 로빈슨, 오데스와 카푸티(Robinson, Oades, and Caputi, 2015)는 델파이 연구를 진행하여 국제적인 전문가 패널(25명)에게 멘탈 피트니스에 대한 정의와 네 가지 가이드 원칙을 평가하도록 하였고, 전문가들의 합의과정이 이루어졌다. 연구 결과에서 제시한 멘탈 피트니스의 정의는 "도전과제 및 새로운 이득에 유연하게 적응할 수 있는 자원을 활용하는 변화가능한 역량으로서, 지속적인 성장을 가능하게 하는 것"이다. 네 가지 가이드 원칙은 다음과 같았다. (1) 피트니스는 정신건강이나 정신질환에 포함되어 있는 질병에 대한 의미가 없는 긍정적

용어이다 (2) 멘탈 피트니스는 더 다양한 커뮤니티에서 신체적 피트니스와 유사한 방법으로 이해할 수 있는 개념이다 (3) 멘탈 피트니스는 측정 가능한 개념이다 (4) 멘탈 피트니스는 신체적 피트니스와 유사한 방법으로 개선가능하다. 전문가 패널도 미래의 연구와 현장실무를 위해 가치 있고 수준이 높은 자극과 제안을 제공하였다.

지금부터는 전문가 패널이 합의한 네 가지 가이드 원칙들을 간단히 요약해보도록 하겠다.

(1) 피트니스는 정신건강이나 정신질환에 포함되어 있는 질병에 대한 의미가 없는 긍정적 용어이다. 1 원칙은 다음과 같은 가정을 기반으로 한다 — 신체적 건강(physical health)은 신체적 질병이 없는 상태에 대한 개념이며, 사회적 오명을 얻지 않은 개념으로 각 개인들과 더 다양한 커뮤니티에서 이해되고 있다. 하지만 정신건강(mental health)은 정신질환이 없는 상태를 의미하지만 사회적 오명을 매우 많이 가지고 있는 개념이다. 로빈슨, 오데스와 카푸티(Robinson, Oades and Caputi, 2014)의 연구에서 제시한 개념적 리뷰를 보면, 멘탈 피트니스(mental fitness)라는 용어는 사회적 낙인이 찍히지 않은 것으로 나타난다.

(2) 멘탈 피트니스는 더 다양한 커뮤니티에서 신체적 피트니스와 유사한 방법으로 이해할 수 있는 개념이다. 앞에서 언급했듯이, 마이크로소프트 엔카르타 온라인 백과사전(Microsoft Encarta Reference Library / Physical fitness, 2004)에서는 신체적 피트니스에 대해 지구력, 근력, 유연성을 포함한 개념(하지만 그 세 가지 요소에만 국한된 것은 아님)으로 설명하였다. 멘탈 피트니스는 하나의 맥락에서 다른 맥락으로 구성 요소들(심리적 근력, 유연성, 지구력)을 옮길 수 있다. 왜냐하면, 이미 사람들이 의미를 이해하고 있고, 다양한 커뮤니티에 적용할 수 있는 개념이기 때문이다.

전문가 패널은 멘탈 피트니스 자원 인덱스의 요소들을(힘, 유연성, 인내력) 포함하여 개인별로 자신만의 정의를 만들 것을 제안하였다. 메리엄-웹스터 온라인 사전(Merriam-Webster Online Dictionary /

"Endurance", 2014; "Flexibility", 2014; "Strength", 2014)에서는 이 개념들에 대해 일반인이 이해할 수 있도록 설명해주었다. 근력(strength)은 "강함에 대한 속성과 상태: 수행과 인내 능력", 유연성(flexibility)은 "새롭고, 다양하고, 변화가능한 요구사항에 적응할 수 있는 능력"으로 정의되었고, 지구력(endurance)은 "어려움이나 역경이 연장될 때 이겨낼 수 있는 능력"으로 개념화되었다.

(3) 멘탈 피트니스는 측정 가능한 개념이다. 3 원칙에서는, 멘탈 피트니스 모델이 긍정적인 정신건강에 관련된 심리적 문헌 내에서 각각 분리되어 있는 핵심 이론, 연구, 현장실무를 통합하는 데 있어서 도움이 된다고 주장한다. 예를 들어, 의미, 목적, 강점에 대한 지식, 활용, 탄력성, 긍정적 정서, 마음챙김, 수용성은 긍정적 정신건강 연구에서 명확하게 나타나는 웰빙과 모두 연계되어 있는 개념들이다.

(4) 멘탈 피트니스는 신체적 피트니스와 유사한 방법으로 개선가능하다. 4 원칙에서는 멘탈 피트니스가 평가된 니즈를 충족시키기 위한 발달적이고 의도적인 활동, 연습, 정기적인 수행을 통해 학습이 되어서, 긍정적인 심리습관과 의식을 만들어낼 수 있다고 주장한다.

델파이 연구 전문가 패널은 신체적 피트니스에 대한 패러다임이 쉽게 이해하고 예방 가능하며, 선행적으로 발달시키기 쉬운 것임에 대해 합의하였고, 부정적인 낙인이 없이 다양한 커뮤니티에서 쉽게 이해할 수 있는 긍정적 정신건강 이론, 연구, 활동을 설명할 수 있는 방법을 제공하는 좋은 안면 타당도를 가지고 있다고 주장하였다. 또한, 멘탈 피트니스의 전체론적인 모델 발달을 시키는 것은 연구가치가 있다고 설명하기도 하였다. 전문가 패널은 멘탈 피트니스 전략이 일터의 커뮤니티를 기반으로 한 프로그램을 개발할 수 있는 기회를 제공해준다고 생각하였고, 멘탈 피트니스 활동은 멘탈 피트니스와 신체적 피트니스에 동시에 영향을 미치도록 개발될 수 있지만, 명확한 평가를 기반으로 하여 목표를 설정해야 한다는 것을 강조하였다.

〈멘탈 피트니스의 다면적 모델〉

피터슨과 셀리그만(Peterson and Seligman, 2004)
은 개입전략을 설계하고 평가하기 위해 더 개념적
이고 경험적인 도구가 필요하다는 것을 강조하였
다. 또한 단일 연구내에서 결과로서의 웰빙을 가능
하게 하는 다양한 요소들을 검증하는, 보다 고차적
인 구인의 하위 체계를 탐색해보고자 하는 관심이
늘어나기도 했다(Sheldon & Hoon, 2007; Staats,
1999).

다양한 맥락에서 다면적인 긍정적 정신건강 변
인들을 함께 측정하는 다면적 모델이 몇 가지 존
재하고 있지만(Luthans, 2012; Ryff, 1985; Ryff and
Keyes, 1995), 긍정적인 정신건강에 대한 기존 연구
들의 대부분은 웰빙이라는 단일 요인에 대한 상관
변수와 예측변수들을 측정해왔기 때문에, 보다 다
양한 연구들이 필요한 상황이다.

로빈슨, 오데스와 카푸티(Robinson, Oades, and
Caputi, 2014)는 멘탈 피트니스에 대한 경험적 탐색
을 강조하는 이론적 모델을 개발하였다. 이 모델의
목표는 다음과 같았다. (1) 분석을 통해 보다 고차
적인 차원들의 하위체계를 발견하여, 멘탈 피트니
스를 가장 잘 설명해줄 수 있는 구조를 타당화할
수 있는지를 확인하기 (2) 다양한 차원들을 포함하
는 멘탈 피트니스의 핵심 요소가 있는지를 판단하
기. 이 연구의 결과는 현재 출판을 위해 마무리 작
업을 하고 있다.

멘탈 피트니스의 이론적 구성은 중요한 심리적
자원들(연구에서 발달적 요소들이라고 제안하는 것)을
반영하는 아이템들을 포함하는 심리적 연구를 기
반으로 해야 한다. 멘탈 피트니스 모델에 포함될
수 있는 중요한 심리적 자원으로서 고려할 수 있
는, 긍정적인 정신건강 결과와 관련된 심리적 이
론, 구인, 측정도구들에 대해서는 발표된 것이 많
다. 델파이 연구에서는 기존에 다양한 도구를 사용
한 연구에서 그랬듯이 몇 가지 제안점을 제공하였
다. 예를 들어보자. 변인들은 동료심사논문에 의해
확인 및 측정, 발달되어야 하며, 다양한 맥락에서
활용가능한 관련된 개입전략과 의도적 활동을 가
지고 있어야 한다. 이 변인들은 신체적 피트니스와

유사한 개념적 체계(근력, 유연성, 지구력)로 통합되
어, 쉽게 설명할 수 있는 익숙한 용어를 사용해야
한다.

멘탈 피트니스가 가지고 있는 전체론적인 속성
과, 단일 연구에서 다양한 변인들을 같이 검증하는
경향을 고려할 때, 고차적인 이론 및 방법론에 대
해서는 몇몇 사례들을 소개할 수 있겠다. 이 변인
들에 관련된 아이템들에 대해 통합작업을 진행한
한 연구에서는 많은 수의 변인들을 보다 관리가능
한 자원 인덱스로 단순화하고 분류할 수 있는 기
회를 제공해주었다. 이 결과는 멘탈 피트니스의 개
념, 가이드 원칙에 특히 도움이 되고, 일터 및 커뮤
니티의 맥락에 적용 가능할 것이다.

- 자기결정이론(SDT, Self-determination theory)

자기결정이론은 지난 30년 동안 발전된 동기
이론이다(Deci & Ryan, 1985, 2000; Sheldon, 2012).
인간은 선천적으로 상황을 앞서서 주도하며, 내적
인 힘(동기와 정서) 및 외적인 힘(환경)을 통제할 수
있는 잠재력을 가지고 있다는 가정을 가지고, 인간
의 동기에 접근한다. 자기결정이론의 연구와 적용
에 대한 리뷰를 해보니, 자율성 동기를 기반으로
한 멘탈 피트니스는 몰입과 유지에 있어서 핵심적
이라는 이론에 대한 근거를 발견할 수 있었다. 자
기결정이론은 또한 사람들이 자율적인 자기-조절
을 통해 스스로를 발전시키는 일에 내적 흥미가
있는 적극적인 참여자라는 가설도 지지해주었다.

- 정서 이론

정서 조절(regulation of emotion)은 필요한 경우
자발적인 반응을 허용하거나 지연할 수 있는 사회
적 인내심과 충분한 유연성을 가지고 다양한 범위
의 정서들을 지속적으로 경험하도록 요구하는 것
에 반응하는 능력으로 정의되어 왔다(Cole, Michel, &
Teti, 1994). 예를 들어, 확장 및 수립 이론(broaden-
and-build theory)에서는, 긍정적인 정서는 생존과
재생산이라는 인류 조상의 역경이 늘어나는 상황
에 대한 심리적 적응 중 하나의 반응으로서 생겨
났다고 주장한다(Fredrickson, 1998, 2001). 연구에서

는, 긍정정 정서가 부정적 정서와 비교할 때, 사고와 행동의 범위를 넓혀준다는 결과를 보여주었다. 확장된 마음가짐이 가져다주는 혜택은, 다음과 같은 개인적 자원을 다양하게 개발해준다는 것이다. 사회적 관계, 대처 전략, 환경적 지식, 창의성, 혁신. 이는 위협이나 스트레스원을 관리하는 데에도 사용될 수 있는 자원이다.

긍정적 정서, 전반적 행복과 웰빙을 확실히 강화시켜줄 수 있는 개입전략과 관련된 과학적 근거가 점점 더 많이 발견되고 있다. 종단 연구들을 보면, 긍정적 정서는 탄력성과 같은 장기적인 심리적/개인적 자원을 개발하는데 있어서 중요한 역할을 하는 것으로 나타났다(Cohn, Fredrickson, Brown, Mikels, & Conway, 2009; Fredrickson, 2004). 그리고 콕과 동료들(Kok et al., 2013)은 심혈관 건강은 긍정적 정서의 강화로 인해 개선된다는 연구결과를 발표하였다.

- 사회적 지원 이론

사회적 지원의 중요성과 관련되어서는 많은 이론들이 존재한다. 대처 이론, 사회적 교환 이론, 사회적 비교 이론(Williams, Barclay, & Schmied, 2004). 긍정적 대인관계는 다양한 긍정적/신체적 건강 결과와의 상관관계가 보고되었다(Dutton & Ragins, 2007; Uchino, 2009). 국가 간 비교를 수행한 연구들을 리뷰해본 결과, 긍정적 관계는 연구를 진행한 모든 나라에서 지속적으로 주관적 웰빙을 예측하는 요인들 중 하나였다(Diener, 2006).

스트레스와 대처 이론에 따르면, 사회적 지원은 적응적 평가와 대처를 강화하는 것으로 나타났다. 이에 대한 근거는 사회적 지원을 지각하게 된 후 스트레스에 대한 버퍼링 효과가 생기는 것을 관찰한 연구들에서 찾아볼 수 있다. 관계 조절 이론에 따르면, 사회적 지원과 정신 건강간의 관계는 대화와 공유 활동에 의해 자신의 정서를 조율하는 사람들의 경우, 강화된다고 한다. 사회적 지원과 발달적 기회에 대해 매우 많은 연구들이 이루어지고 있다는 것을 고려할 때, 사회적 지원은 멘탈 피트니스의 핵심적인 요소로 보여진다.

- 탄력성 이론들

심리적 탄력성(resilience)에 대해서는 매우 많은 이론적 체계와 정의들이 존재한다. 예를 들어, 미국 심리학회(American Psychological Association, 2014)에서는 탄력성이란 스트레스와 어려운 상황에 대해 적절하게 적응할 수 있는 능력이라고 정의하고 있다. 더 세부적인 정의를 보면, "적응이나 발달에 대해 심각한 위협요인이 있음에도 불구하고 좋은 성과를 내는 능력"이라고 할 수도 있겠다(Masten, 2001, p.238). 탄력성은 긍정적 결과를 보장하는 보호요인을 촉신하는 것으로 알려지고 있다. 예전에 탄력성은 기질로 생각되었지만, 보다 최근에는 다음의 두 가지 요소로 정의될 수 있는 프로세스로 간주되고 있다. (1) 스트레스원이나 위험요인에 대한 노출, (2) 능력과 성공적인 적응의 표현(Luthar & Cicchetti, 2000).

셀리그만과 매튜(Seligman and Matthews, 2011)는 탄력성은 개인 내부에서 강화되고 개발될 수 있다고 주장하였다. 웰빙에 대한 연구 또한 긍정적 정서는 탄력성 수준이 높은 사람들에게 보다 많이 공통적으로 나타난다고 제시하였다(Ong, Bergeman, Bisconti, & Wallace, 2006). 탄력성에 대한 전반적인 문헌 연구를 해보면, 탄력성은 탄력성 자체에 대해 초점을 맞추기보다는, 탄력성의 결과와 관련된 능력 및 자산에 초점을 맞출 필요가 있다는 것을 알수 있다(Martin-Breen & Anderies, 2011). 사람들은 탄력성에 대해 배우고 탄력성을 보다 더 개발할 수 있는 능력을 가지고 있다는 근거를 보여준 연구들이 있다(Connor & Davidson, 2003; Luthans, Norman, & Hughes, 2006).

- 주의집중과 자각 이론

주의집중과 자각(attention and awareness) 이론들에서 가장 중요한 요소로 나타나고 있는 것이 마음챙김(mindfulness)이다. "현재 일어나고 있는 일에 대해 주의를 집중하고 자각하는 상태"라고 정의되는 마음챙김을 강화할 때 얻을 수 있는 혜택에 대해서는 많은 연구가 이루어졌었다(Brown and Ryan, 2003, p.822). 연구를 보면, 마음챙김 기술을 훈련하게 되면, 다양한 긍정적 정신적/신체적 건강과 웰빙을 얻을 수 있다는 결과가 나타났다(Kabat-Zinn, 1990; Piet & Hougaard, 2011).

마음챙김을 연습하는 사람들이 습관적/자동적 사고에 대해 개입하고, 자신의 핵심적인 목적과 목표를 위해 최적의 반응을 할 수 있도록 평가를 통해 자기-조율을 하는 경우에 얻을 수 있는 생리적/심리적 혜택에 대해서는 다양한 연구결과들을 찾아볼 수 있다(Alexander, Langer, Newman, Chandler, & Davies, 1989; Levesque & Brown, 2007; Rosch, 1997).

이렇게 마음챙김의 자기-자각과 자기-조율이라는 속성과 문서화가 잘 된 개입전략들을 보면, 마음챙김은 멘탈 피트니스의 중요한 요소인 것이다.

- 수용 이론

수용(acceptance)이라는 개념은 심리학 문헌에서 눈에 띄게 나타나고 있다(Hayes, Strosahl, & Wilson, 2011; Linehan, 1993; Segal, Teasdale, & Williams, 2002). 헤이스(Hayes, 1994)는 심리적 수용이란 맥락변화를 가져올 수 있는 핵심 전략들 중 하나라고 정의하였다. 윙(Wong, 1998)은 좋은 삶에 대한 암묵적 이론에서 이에 동의하였지만, 수용의 적응적 가치가 긍정 심리학에서 그다지 인정받고 있지 못하다고 주장하였다. 케이스와 마자르-모어(Keyes and Magyar-Moe, 2003)가 사회적 웰빙 모델에서 자기-수용을 측정했듯이, 리프(Ryff, 1985)는 심리적 웰빙 척도에서 자기-수용을 측정하였다. 카쉬단과 시애로키(Kashdan and Ciarrochi, 2013)는 마음챙김, 수용, 긍정 심리학에 대해 통합적인 리뷰를 제공하였고(매우 드문 연구였음), 다양한 효과적 개입전략을 통해 어떻게 이 개념들이 활용될 수 있는지에 대해 정리하였다.

- 삶에 대한 의미와 목적에 대한 이론

삶에서의 의미와 목적 및 긍정적인 인간 기능의 개념과 개발에 대한 중요성은 전통적 긍정심리학의 핵심 요소가 되어왔고(Crumbaugh & Maholick, 1964; Frankl, 1963), 멘탈 피트니스와의 일치성이

높게 나타났다. 데이먼(Damon, 2008)은 인생에서의 목적이 '왜?'라는 질문에 대한 대답을 이끌어낸다고 주장하였고, 맥나이트와 카쉬단(McKnight and Kashdan, 2009)은 목적이란 웰빙에 대한 보호요인으로 기능한다고 설명하였다. 삶에서의 목적은 진정한 인생 목표를 창출하는 것과 관련되어 있다(King, Hicks, Krull, & Del Gaiso, 2006; Schulenberg, Hutzell, Nassif, & Rogina, 2008; Wong & Fry, 1998).

삶의 의미는 희망, 믿음, 사랑, 건강, 행복, 탄력성, 대처 스킬, 권한위임과 정적 상관이 있고, 우울, 불안, 외상후 스트레스, 약물과 알콜 남용, 물질주의와 경험적 회피와 부적 상관관계인 것으로 나타났다(Morgan & Farsides, 2009; Schulenberg, Baczwaski, & Buchanan, 2013; Schulenberg, Schnetzer & Buchanan, 2011; Steger, Frazier, Oishi, & Kaler, 2006; Wong, 2012). 의미 연구에서는 의미가 발달 가능한 것이고, 안정성이 중요하다고 제시한다(Kim, Sun, Park, Kubzansky, & Peterson, 2013; Steger & Kashdan, 2013).

- 사회 학습 이론

자기효능감(self-efficacy)은 알버트 반듀라(Albert Bandura)가 개발한 영향력이 높으며 많은 연구가 이루어진 사회학습이론의 핵심개념이다. 반듀라에 의하면, 자기효능감은 특정 상황에서 성공할 수 있는 능력에 대한 개인의 신념이며, 반듀라의 자기체계의 핵심 부분이고, 학습 및 발달이 가능한 개념이다. 반듀라와 다른 연구자들이 주장했듯이, 자기효능감은 심리적 상태, 행동, 동기에 대해 영향을 미칠 수 있다(Bandura, 1977, 1992, 1994, 1995, 2006). 코너와 노만(Conner and Norman, 2005)은 건강에 영향을 미치는 의사결정(예: 흡연과 신체적 활동)이 자기효능감의 수준과 관련되어 있다고 주장하였다. 지스트와 미첼(Gist and Mitchell, 1992)도 자기효능감이 높은 사람들이 어려운 상황을 더 잘 다루며, 실패를 마주했을 때 더 잘 버티고, 멘탈 피트니스를 얻을 수 있게 해주는 가치 있는 자산이라고 주장하였다.

요약해보면, 멘탈 피트니스 모델의 근력, 인내

[표 10.1] 멘탈 피트니스 도메인과 일터에 대한 적용

	하위 도메인	일의 맥락에서의 유용성
근력 (Strength)	의미 (Meaning)	자신이 맡은 역할과 업무 가치 사이의 일치성이 있고, 조직은 더 큰 선을 위해 기여할 때, 조직구성원들은 더 많은 연계감을 느낀다.
	목적 (Purpose)	조직구성원들은 자신의 인생 목표를 이해하고 있고, 그 목표가 스스로의 업무와 어떻게 관련되어 있는지를 알고 있다.
	사회적 지원 (Social Support)	조직구성원들은 업무 동료 및 팀과 생산성 있는 관계를 맺고 있는 것을 좋아한다.
	강점 (Strengths)	일에 대한 자신의 강점을 이해하고 활용하게 되면, 조직구성원들은 채용, 역할 몰입, 과제 권한위임을 하는 과정에 더 많은 몰입을 할 수 있고 지원을 받고 있다는 느낌을 가질 수 있다.
유연성 (Flexibility)	마음챙김 (Mindfulness)	보다 긴 기간 동안 주의집중을 할 수 있고, 업무 시 집중을 할 수 없을 때 마음챙김을 할 수 있다면, 민첩성을 요구하는 과제가 많은 업무 환경에서 일하는 조직구성원에게 매우 가치가 높다고 말할 수 있다.
	긍정적 정서 (Positive emotions)	긍정적 정서는 조직구성원이 21세기의 일터에서 창의성, 혁신, 팀 성과를 높이고, 중요한 기여를 할 수 있도록 도와준다.
지구력 (Endurance)	자기효능감 (Self-efficacy)	자기 자신과 동료들에 대한 자신감과 신념을 가지고 있는 조직구성원과 팀은 팀에게 요구되는 바를 해낼 수 있다.
	능력 (Competence)	조직구성원이 자신의 일에 대해 숙련감을 느낄 때, 동기부여되는 수준이 높아진다.
	자율성 (Autonomy)	최대한 많은 기회를 제공하고 지원하는 업무 환경에서 일하는 조직구성원은 동기부여가 더 잘 된다.
	탄력성 (Resilience)	탄력성이 있는 조직구성원은 변화요구와 같은 도전적인 업무 환경을 경험할 때 더 잘 조정하고 적응한다.

* 출처: 저자

력, 지구력이라는 개념적 차원들은 기존의 이론, 연구, 관련된 측정도구로부터 정리되었다. 멘탈 피트니스라는 개념이 혁신적이고 탐색적인 만큼, 크론바흐와 밀(Cronbach and Meehl, 1955)이 발달단계에서 찾아냈던 법칙적 관계망(nomological network)의 구축은 제대로 성숙되지 못한 것이었다. 하지만 표 10.1의 개념적 체계를 보면, 멘탈 피트니스 자원의 요소로서 기존에 리뷰했던 개념들의 실례와, 일터라는 맥락에서 그 개념의 적용 사례를 찾아볼 수 있다.

"자원 인덱스(resource index)"라는 용어는 멘탈 피트니스의 각 영역(예: 근력)이 다양한 자원들을 가지고 있다는 것을 보여준다. 이 자원 인덱스는

하위요인들을 어떻게 분류하고, 신체적 피트니스 체계에 따라 의도적인 활동/연습 계획을 어떻게 수립할 수 있을지를 보여준다. 경험적 모델링을 위한 탐색적 체계를 수립할 수 있을 것이다.

표 10.1에서 제시한 실례들을 보면, 심리적 기능을 잘하는 조직구성원들은 앞에서 리뷰했던 심리적 자원들 중의 하나 이상을 활용할 수 있는 능력을 가지고 있는 것으로 보인다. 보다 전반적인 범위의 긍정적 정신건강 요소들을 동시에 측정하는 것에 대해 연구자 및 현장전문가들의 관심이 높아감에 따라, 단일 연구 내에서 다양한 변인들을 동시에 탐색하는 연구들이 앞으로 더 필요한 상황이다(Sheldon & Hoon, 2007; Staats, 1999).

단일 연구에서 다양한 변인들을 함께 측정하는 모델과 구인들의 실례를 들어보면 다음과 같다. 심리적 웰빙 척도(Psychological Well-being Scale), 쾌락적 웰빙의 여섯 가지 하위요소에 대한 포괄적 측정도구(Ryff, 1985), 심리적 자본(PsyCap), 원래는 조직 맥락을 위해 개발된 도구로서, 긍정적인 정신건강의 네 가지 차원을 측정함−자기효능감, 탄력성, 낙관주의, 희망(Luthans, 2002), 글로벌 측정 도구(Global Assessment Tool), 현재는 미국 군대의 탄력성 훈련을 위해 사용되고 있으며, 긍정적 정신건강의 네 가지 차원을 측정함−정서, 사회, 영성, 가족(Peterson, Park, & Castro, 2011). 단일 연구 내에서 다양한 변인들을 사용하여 긍정적인 정신건강에 대한 가치 있는 연구와 통찰을 제공해준 다면적 요소 측정도구들이 존재한다. 이 도구들과 다른 모델사이에는 공통점과 차이점이 존재하는 반면, 이 다양한 변인들이 서로 어떤 관계를 가지고 있고, 긍정적인 정신건강 결과를 어떻게 예측하는지를 이해하기 위해서는 더 많은 연구가 이루어질 필요가 있다.

멘탈 피트니스의 기준에 관련하여, 어떤 변인들이 멘탈 피트니스라는 전반적인 구인을 구성하는지에 대해서는 아직 경험적인 증명이 완료되지 않았다.

멘탈 피트니스의 개념과 모델은 정신건강에 대해 개인, 조직, 더 넓은 커뮤니티가 주도적이고 예방적인 접근을 더 잘 할 수 있도록 촉진할 때(정신건강과 같은 용어를 사용할 때 종종 연결되는 사회적 낙인의 영향이 없이), 신체적 피트니스에 대한 개념적 체계를 제공해준다. 그리고 멘탈 피트니스는 신체적 피트니스와 같이, 정기적으로 의도적 활동을 연습하기 위한 동기부여가 필요하다는 사실을 이해할 필요가 있다. 그럼으로써 웰빙, 전념, 희망, 사회적/정서적 지능, 몰입과 같은 과학적인 탐색이 가능하며 긍정적인 결과를 예측할 수 있는 긍정적인 심리적 습관을 창출할 수 있는 것이다.

미래의 연구

멘탈 피트니스 모델에 대한 미래의 연구에 대해서는 가능성도 많이 존재하고, 니즈도 큰 편이다. 일터에서의 멘탈 피트니스에 대한 미래 연구는 다음과 같은 영역에서 이루어질 필요가 있다.

- **용어**: 구성원과 관리자가 일터에서의 정신건강과 웰빙의 촉진을 촉진하는 개념으로서 멘탈피트니스를 지각하고 있는지를 파악한다. 예를 들어, 리더와 조직구성원들은 정신건강에 관련된 제한점이나 사회적 오명이 없이 멘탈 피트니스에 대해 생각하는지, 아니면 신체적 피트니스와 마찬가지로, 경쟁적인 일-삶의 혜택들 중 하나의 유형을 얻을 수 있는 방법으로 지각하는지를 탐색할 수 있다.
- **측정**: 개인 구성원들이 공통적으로 마주하는 일터의 도전과제를 파악하여, 해당 일터마다 차별화되는 멘탈 피트니스 측정도구를 개발한다. 또, 자기보고식 측정을 하는 수준을 넘어서서, 성과를 기반으로 한 측정까지 범위를 확장할 수 있다. 예를 들어, 신체적 피트니스에 대한 객관적 성과-기반 측정도구와 유사하게, 멘탈 피트니스에 대한 기대모습을 정하고, 그를 현대의 일터에 적용하여 '일에 대한 핏(fit)'을 측정해보는 거다.
- **개입전략**: 엄격한 실험 및 종단적인 경험적 연구를 가능하게 하는 특정한 프로토콜을 가지고, 근거를 기반으로 하여, 일터에서의 멘탈 피트니스 개입전략을 개발한다. 개입전략은 개인구성원을 대상으로 할 수도 있고(개입전략은 개인구성원의 멘탈 피트니스를 개선하고 있는가?), 조직의 실무를 대상으로 할 수도 있다(개입전략은 조직의 실행, 정책, 문화가 이해관계자들의 멘탈 피트니스 촉진을 조력하는 방법을 강화할 수 있는가?). 그리고 멘탈 피트니스 개입전략의 투자자본수익율을 검토하는 것도 궁극적인 조직 및 연구의 목표가 될 수 있을 것이다.

결론

멘탈 피트니스의 개념, 측정, 개발을 하게 되면, 개인, 학교, 조직, 커뮤니티, 정부가 몰입, 동기, 전념, 자기-자각, 자기-관리가 요구되는 최적의 정신 건강으로 가는 길을 찾도록 도와줄 수 있다. 이 길은 신뢰도와 타당도가 보장된 측정도구를 활용하고, 개인의 니즈에 맞춤형으로 설계된 의도적 활동을 정기적으로 연습함으로써 찾을 수 있게 된다. 일터에서의 신체적 피트니스는 조직구성원들이 신체적 건강의 최적수준에 도달할 수 있도록 가이드를 하고 조력을 하는 것과 마찬가지로, 멘탈 피트니스도 조직구성원의 정신건강을 위해 동일한 일을 할 수 있다. 이때 필요한 것은 근거를 기반으로 한 프로그램과 활동들을 과학적으로 설계하고 활용하려는 태도일 것이다.

11장
일터에서의 긍정적 대인관계

수 로피(Sue Roffey)

서론

레이스와 게이블(Reis and Gable, 2003)은 대인관계란 삶의 만족과 웰빙에 있어서 가장 중요한 자원이 될 수 있다고 주장하였다. 일터에서의 관계 수준은 개인적으로 성장할 수 있는 능력뿐 아니라, 성취감을 향상시키는 데 있어서도 중요한 문제이다. 조직의 모든 직급을 대상으로 높은 수준의 사회적 자본(social capital)을 강화하는 능동적인 개입 전략은 비즈니스 성과에 가치를 더할 수 있고, 조직의 재무적인 성과를 보장할 수 있다.

특히 디지털 커뮤니케이션의 등장 이후부터 일터에서의 우리의 삶은 매우 극적으로 변화해왔다. 사람들이 하는 일, 일하는 방법과 기술, 세계화, 여성의 교육의 영향은 사람과 일 간의 관계를 바꾸어놓았고, 궁극적으로는 일터에서의 대인관계도 변화시켰다. 11장의 첫 번째 부분에서는 일의 속성 변화에 대해 이야기를 해보려고 한다. 현재 사람들의 인생 맥락에서 일은 어떤 의미를 가지는 것일까? 문화간 차이점이 존재하지만 유사점도 많이 있다. 그리고 나서 사람들이 일터에서 동료, 고객, 관리자와 가지는 다양한 대인관계에 대해 점검해보고, 사람과 일 간의 관계가 변화함에 따라, 일터에서의 대인관계라는 새로운 패러다임은 어떻게 영향을 받는지에 대해 살펴보려고 한다. 그리고 일터에서의 웰빙에 대해 간단히 정리하고, 긍정 심리학 연구가 사람들이 일터에서 성장할 수 있도록 해주는 과정을 어떻게 정의하고 있는지를 탐색해볼 것이다.

두 번째 부분에서는, 긍정성 실천(positive practice) 프로그램의 개발을 위한 배경설명을 제공할 계획이다. 개인과 조직에게 있어서 긍정성 실천 프로그램이 가치 있는 이유는 무엇일까? 사람들이 타인과 협력적으로 일하는 데에 최선을 다할 수 있도록 동기부여하는 것은 무엇일까? 생산성이라는 더 큰 그림속에서 긍정적 관계는 어떤 기능을 하는 것일까?

세 번째 부분에서는 긍정적 관계의 실천에 대해 설명해볼 것이다. 우리는 조직에서 사회적 자본을 어떻게 키울 수 있을까? 관계적 가치와 정서적 능력의 기능은 무엇일까? 구성원들이 소속감을 느끼고 자신의 기여가 가치 있다고 느끼도록 해주는 것은 무엇일까? 구성원들은 효과적으로 함께 일하고, 어려움과 갈등에 대해 생산적으로 대처할 수 있는 방법을 어떻게 배우는 것일까?

그리고 마무리에서는 일터에서의 긍정적 관계

를 보다 더 잘 이해하기 위해서는 어떤 연구가 필요할지에 대해 탐색해보도록 하겠다.

배경 설명

〈조직구성원들이 일과 맺는 관계〉

산업 혁명 이후, '발전된' 세상에서 많은 사람들은 자신이 생계를 유지하는 일을 통해 정의되기 시작했다. 광부, 경찰관, 교사, 은행원이라는 직업은, 당신의 업무 인생에 있어서 대부분의 시간 동안 해왔던 일을 설명하는 것이다. 당신은 특정한 직업을 갖게 되면서, 대부분의 경우 그 직업을 유지해왔을 것이다. 당신의 업무 동료들도 변화가 없었을 것이고, 일과 가정에 대해서는 명확한 설명이 가능했다. 20세기 중반 이전에는 남성만 전문가로서 고용될 수 있었다. 여성들도 일을 하기는 했지만, 고등교육을 받아야 가질 수 있는 직급을 얻기는 불가능했다. 사람들이 매일 하는 일과, 그들이 일을 하고 있는 환경은 지난 50년 동안 이전의 상태를 알아볼 수 없을 만큼 엄청나게 많이 변해왔다. 대부분의 서구 국가들에서는 농업과 제조업에 관련된 직업들이 눈에 띄게 감소하였다. 1940년부터 2002년 사이에, 미국의 제조업 인구는 48%에서 28%로 줄어들었고(Employment Policy Foundation, 2003), 1983년부터 1999년 사이에 호주의 제조업 인구는 18.1%에서 12.8%로 감소하였다(Pusey, 2003). 하지만 지구의 다른 쪽에 있는 다른 나라들, 예를 들어 한국에서는 제조업 인구가 비슷한 비율이 증가하였으며, 중국의 제조업 인구는 전세계에서 가장 높은 수준을 보이고 있다.

유럽, 미국, 호주의 제조업 및 농업 인구 감소 현상이 일어나게 되면서, 보다 전문적, 기술적, 행정적 일과, 서비스와 관련된 직업들(여행, 교육, 환대 산업)에 대한 니즈가 늘어났다. 비전문적 일에 대한 수요가 여전히 존재하기는 하지만 그러한 일들은 변화하게 될 가능성이 매우 높은 상황이다.

20세기 후반이 되자, 선진국의 근로자들 대부분은 그들을 대신해서 고용주와 협상을 해주는 노동조합이나 전문직협회에 소속되게 되었다. 영국

과 미국 정부는 노동조합의 힘을 성공적으로 감소시켜서, 지속적으로 노동조합원의 수가 줄어들어 왔다(Department for Business Innovation and Skills, 2014). 이러한 상황은 일터에서의 안전감과 관련된 임금과 업무 환경에도 영향을 주게 되었다(WHO, 1999). 하지만 독일, 벨기에, 노르딕 국가들은 강한 국가적 연방과 연계된 특정 사업을 위해 노동조합을 유지하고 있다.

2014년, 영국의 고용연구원(IDS / Incomes Data Service)은 2000년부터 2014년까지 파이낸셜타임스 스톡익스체인지(FTSE)가 선정한 100대 상사들의 총 수입 중앙값은 278% 상승한 반면, 정규직 조직구성원의 수입 상승률은 48%밖에 되지 않았다는 것을 발견하였다. 젠더에 대한 차별도 모든 나라는 아니지만 많은 나라에서 문제점으로 남아 있다. 2014년, 영국에서의 평균적인 젠더별 임금 차이는 19.1%였고, 공기업보다 민간기업에서 더 크게 나타났다(Office for National Statistics, 2014a). 호주에서의 젠더별 임금 차이는 18.8%였고(Australian Government, 2015), 미국에서는 21.7%였다(National Committee on Pay Equity, 2015). 웰빙 연구가 지속적으로 평등에 대한 문제를 찾아내고 있기 때문에(Huppert & So, 2011; Wilkinson & Pickett, 2010), 이러한 수치들은 일과의 관계 및 웰빙에도 영향을 미칠 가능성이 크다.

1980년대 이후, 일은 보다 더 유동적인 활동이 되어 갔다(HSE, 2006). 물론 어떤 사람들은 풀타임 정규직으로 일하고 있지만, 파트타임과 잡셰어링(job share)은 날이 갈수록 흔한 일이 되어가고 있다. 조직들은 점점 더 사람들을 단기계약직이나 파견직으로 고용하는 경우가 많다. 이렇게 사람들이 자주 바뀌게 되면서 일터에서의 관계는 더욱 기능적이며 역할 중심으로만 되어가는 상황이다.

예전에 사람들은 한 지역에 오래 머물러서 생활을 했었다. 동일한 조직에서 일하는 것뿐 아니라, 같은 동네에 계속해서 살면서 동일한 가족구성원과 친구 네트워크를 유지해나갔다. 하지만 현대인들은 일터를 따라 이동하는 경우가 많다. 다른 지역으로 가는 수준을 넘어서서 아예 다른 나라로

옮겨가기도 한다. 유럽지역에서는 업무로 인한 이동 자체가 정치적 이슈가 될 정도였다. 반대로 미국의 가족들은 자신이 태어난 지역, 아니면 최소한 동일한 주 안에서 생활을 하고 일을 하는 경우가 더 많다.

이와 같은 이동성은 감소하기보다는 증가하고 있는 것으로 보인다(Cohn & Morin, 2008). 따라서 기존에 구축된 지역 네트워크가 부재한 상태에서, 일터에서의 관계가 가지는 중요성은 더욱 커지고 있다. 조직구성원의 충성도는 특정 회사에 대해 나타나기보다는, 조직의 동료들에 대해 보여지는 경우가 더 많아질 것이기 때문에(Ragins & Kram, 2007), 일터에서의 사회적, 관계적 차원은 구성원 유지를 위한 비용을 고려하는 것보다 더 큰 영향력을 가지게 될 것으로 보여진다.

진로 경로(career path)는 예전보다 훨씬 더 굴곡이 많이 생겼고, 근무시간에 대해서도 명확한 경계선이 없어진 상황이다. 조직의 문화는 여전히 중요성을 가지고 있지만, 역사보다는 몰입과 관리의 현재 프로세스로부터 영향을 더 많이 받게 될 것이다.

랜디와 콩트(Landy and Conte, 2010)에 의하면, 일터는 예전의 그 어떤 때보다 더 많은 다양성을 갖게 될 것이다. 대부분의 조직 구성원들이 가지고 있는 사회적, 문화적 배경의 범위는 매우 커질 것이기 때문이다. 또한, 많은 사람들은 일을 하러 직장에 '가기'보다는, 텔레마케터와 같이 '가상의' 환경에서 이루어지는 과제를 수행하고 있다. 제조업, 소매업, 서비스업, 금융업 및 장인(artisan)의 영역을 포함하여, 모든 산업분야에서는 기술을 활용하기 때문에 — 조경 디자이너도 창의적인 성과를 도출하기 위해 컴퓨터 프로그램을 사용한다 — 사실 일터에서의 주된 소통은 컴퓨터를 대상으로 이루어지고 있다. 우리는 컴퓨터를 사용해서 정보를 찾고, 자료를 기록하며, 아이디어를 만들어내고, 물리적으로 먼 곳에 있는 동료 및 고객과 이야기를 하며, 인적자원을 관리하기까지 한다. 이와 같이 사람들이 일과 맺는 관계가 변화했다는 것은, 일터에서의 관계에 대해서도 영향을 미칠 수밖에 없다.

이제부터는 이 부분에 대해 논의해보도록 하겠다.

〈일터에서의 관계〉

일을 하기 위해 먼 지역으로 나가게 되면, 성인으로서의 주된 관계는 원가족을 포함하여 아동기부터 알아왔던 사람들과는 멀어지게 될 가능성이 높다. 어떤 사람들은 일을 할 때 한 번에 몇 주씩 집을 떠나야 되기도 한다. 유전이나 광산에서 일하는 군인들, '투어'를 해야 하는 국제적 컨설턴트나 연예인들은 자녀와 배우자를 집에 남겨놓고 일을 떠나곤 한다. 이러한 상황에서 가족과의 관계는 위험에 처할 수 있고(Green & Canny, 2003), 특히 가족의 붕괴경험을 겪은 후에는 자녀와 긍정적 관계를 유지하기가 쉽지 않다 — 이는 젊은이의 웰빙에 있어서도 중요한 이슈이다(Dowling & Elliot, 2012). 이렇게 되면 핵심적인 관계는 가정에서보다는 직장에서 갖게 되는데, 그것조차 사람들의 이동이 많기 때문에 단기적인 관계만 이루어지게 된다.

하지만 업무를 하는 장소에 대한 이슈가 예전보다 훨씬 더 유연해진 면이 있다. 영국에서는 재택근무를 하는 비율이 13.5%로 나타났으며(Office for National Statistics, 2014b), 일주일에 며칠 정도 집에서 일을 하는 경우도 많아졌다. 원격 업무(재택 컴퓨터 근무)에 대한 초반 연구에서는 혼합된 결과를 나타냈다. 가족 관계와 자율성에 대해서는 긍정적이었지만, 대면 상호작용을 할 수 있는 경우가 매우 적기 때문에 동료관계가 좋지 않게 나타났다(Gajendran & Harrison, 2007).

조직에서 일하는 개인구성원은 현장 관리자, 동료, 팀구성원, 멘토, 고객, 교육생, 그리고 청소원과 식당직원과 같은 다른 직원들과 관계를 맺게 된다. 각 사람들이 담당하는 역할은 모두 다르지만, 긍정적인 관계를 기반하는 기본적인 전제는 어느 정도 공통적이라고 말할 수 있다. 긍정적인 관계 구축 방법, 일상적인 소통에서의 정서 활용 방법, '모두에게 유리하도록' 신중한 태도로 접근하는 과정에서 경험하는 어려움을 표현하는 방법을 알게 되면, 온라인을 통해 주로 소통을 해야 할 때에도 업무 환경에서 좋은 결과를 만들어낼 수 있다. 해당 산업에서 독특하게 나타나는 지식을 파악하는 것은 물론 중요한 일이지만, 성격과 대인관계에 대한 스킬에 대한 관심은 이전의 어떤 때보다 높아지고 있다. 사람들이 타인과 관계를 맺는 방법은 개인적 웰빙을 위해서뿐 아니라, 조직의 목표를 달성하기 위해서도 중요한 일이다.

조직에서의 관계 품질은 생태적인 것이라고 말할 수 있다. 각 개인간의 상호작용에 초점을 맞추는 미시적인 수준에만 의존하는 것이 아니라, 일터 전반에서의 관리, 조직 문화, 기대와 관련이 있기 때문이다. 여기에는 리더십 스타일, 커뮤니케이션 관행, 강점-기반 접근법, 인적자원 서비스 정책이 모두 영향을 미친다.

즉, 조직에서의 다양성이 어느 정도 존중을 받는지, 출산휴가에서 돌아왔을 때 여성 구성원에게 어떤 일이 일어나는지, 회의는 어떻게 진행하는지, 상호작용과 팀워크에 대한 기준, 자문 과정, 고용 과정, 오랜 기간 동안 재직한 사람에게 어떻게 인정을 해주는지에 대한 상황이 모두 영향을 미치는 것이다. 이 모든 것들은—그 이상의 많은 요소들은—업무 환경이 건강한지, 아니면 유해한지에 따라 달라진다.

상호작용은 신뢰, 존중, 동료의식을 촉진하고, 상호적으로 합의된 목표를 달성하게 할 수도 있고, 그 반대의 역할을 할 수도 있다. 더턴과 히피(Dutton and Heaphy, 2003)는 '관계의 마이크로 모멘트(micro-moments)'에 대해 논의하면서, 높은 수준의 관계경험을 통해 사람들이 어떻게 더 많은 에너지를 받는다고 느끼는지에 대해 설명하였다. 사람들은 힘을 얻을 수 있는 관계를 찾으려 하고, 에너지를 뺏기는 관계를 회피하려 한다. 즉, 사람들은 접근가능성이 높은 경우라면 잘 모르는 동료에게도 다가가게 될 것이라는 의미이다(Casciaro & Lobo, 2008). 관계적 에너지(Owens, Baker, Sumpter, & Cameron, 2015)는 상호작용이 동기에 대해 어떻게 영향을 미치는지 그리고 업무성과와 어떻게 정적 상관을 보이는지에 대해 보여주는 구인인 것이다.

〈리더십〉

조직에서 목표에 대한 의사결정을 내리고, 업무환경 품질에 대한 기준을 정하는 것은 경영진이다. 그래서 리더가 가지고 있는 가치관은 조직문화의 발달에 있어서 명시적으로나 암묵적으로 중요한 영향을 미치게 된다. 문헌을 보면 리더(leader)와 관리자(manager)를 구분하는 경우를 찾아볼 수 있다(Channer & Hope, 2001). 관리자란 일을 잘 하는 것에 관심을 가지는 사람이고, 리더는 옳은 일을 하는 것에 관심을 가지는 사람이라는 정의가 있다. 관리자는 통제하지만 리더는 촉진하며, 관리자는 조직에서 일을 하지만 리더는 조직을 위해 일을 한다는 것이다(Ellyard, 2001). 관리자는 규칙에 초점을 맞추지만, 리더는 관계에 초점을 맞춘다.

리더는 비전을 수립하지만 거기에서 멈추지 않는다. 리더는 구성원에 대해 경청하고 이해하며, 동기부여를 하고 에너지를 불어넣으며, 어려운 의사결정을 한다. 리더는 일이 잘 될 때 칭찬을 하며, 어려운 상황일 때 책임을 지며 문제를 해결한다. 리더는 관계에 대한 것이다(Hoerr, 2006).

암스트롱(Armstrong, 2012)은 미래의 리더십에 대해 새로운 패러다임을 제시하였다. 이제 더 이상 리더를 수퍼히어로나 영웅적 혁신가, 그 누구보다 더 많은 지식을 가지고 있는 사람으로 보지 않는다. 암스트롱에 따르면, 효율적인 리더십은 기술적 전문성 및 위계적 힘보다는, 관계적 이해력과 촉진적 스킬이 더 중요한 것이라고 한다. 종종 이는 "소프트 스킬(soft skills)"이라고 가치비하되기도 하지만 리더가 구성원 개인 및 팀을 몰입할 수 있게 도와주고 동기부여해주며 촉진해줄 수 있는 복잡한 사회적, 정서적 지능을 갖게 해준다. 이러한 접근법에 따르면, '태어나면서부터' 리더인 사람은 없으며, 리더십은 사회적인 노력이라고 주장한다. 리더는 부하직원이 없이는 존재할 수 없기 때문에, 타인과 관계를 맺는 능력은 매우 중요하다는 것이다.

울프, 페스코솔리도, 드루스캣(Wolff, Pescosolido, and Druskat, 2002)에 따르면, 어떤 사람이 집단에 대해 영향력을 행사할 수 있고 집단 내에서 일어나는 정서들을 관리할 수 있으며, 모호한 상황에서 방향성을 제시할 수 있을 때 리더십이 만들어지는 경우가 많다고 한다. 그러기 위해서는 연대감을 강화하고 구성원들이 현재 상황에 대한 의미를 만들 수 있도록 돕는 정서적 반응에 대한 모델링과 공감행동이 필요하다.

스콧(Scott, 2003)이 학교 교장들에게 가장 도전적인 업무가 무엇이냐고 질문했을 때, 관계에 대한 대답이 가장 많이 나왔다. 교장들은 효과적인 학교의 리더가 가져야 할 특성에 대해 다음과 같이 순위를 매겼다.

1. **정서적 지능(emotional intelligence)**: 평정심을 유지하고, 일관된 시각을 가지며, 유머감각을 가지는 것이 포함된다. 탄력성과 역경에서의 회복력, 실수를 통해 배우는 능력, 어려운 의사결정을 내리는 역량 또한 이 분류에 포함된다. 가능한 범위 내에서 최적의 성과를 달성하기를 기대하는 태도도 마찬가지이다.

2. **사회적 지능(social intelligence)**: 갈등 상황을 효과적으로 다루기, 다양한 배경을 가진 사람들에게 공감을 해주며, 그들과 함께 생산적으로 일하기, 사람들의 가치를 존중하고 인정해주기, 의사결정을 하기전에 다양한 시각에 대해 기꺼이 귀를 기울이기, 팀 프로젝트에 도움이 되는 방향으로 기여하기와 같은 행동이 포함된다.

3. **인지적 능력(intellectual abilities)**: 우선순위를 파악하고 유연하게 사고하는 능력이 포함된다. 학교가 나아갈 방향에 대해 명확한 비전을 세울 수 있는 일반적 스킬과 세부적 스킬을 가지고, 업무를 조직화하며 시간을 효과적으로 관리할 수 있는 능력도 필요하다.

더턴과 스프레이저(Dutton and Spreitzer, 2014)에 따르면, 암스트롱은 상호작용의 세부내용을 강조하였다 - 일상적으로 이루어지는 소통이 차이점을 만든다는 것이다. 업무에 관련된 소통이나 사적인 소통, 공식적이거나 비공식적 소통, 어느 경우이든지 조직구성원이 소통에 관하여 가지게 되는 느낌은 매우 중요하다. 더턴(Dutton, 2014)은 높은 수준의 관계(HQCs: high-quality connections)란 이런 것이라고 제시하였다. (a) 다른 사람들이 해야 하는 말에 대해 관심을 가지고 경청하려는 의지를 보여주는 것 (b) 건설적인 반응을 보여주는 것 (c) 지시보다는 질문을 하는 것 (d) 목표를 달성하기 위해 다른 사람들에게 의지하면서 신뢰를 보여주는 것 (f) 즐겁게 일할 수 있도록 조력하는 것!

카메론(Cameron, 2014)은 효과적인 리더가 가지는 핵심적인 과제는 높은 수준의 관계(HQCs)를 모든 구성원들에게 모델링해주고 촉진하는 것이라고 주장하였다. 이때 리더는 관계적 스킬에 대한 전문적 개발과정을 제공하고, 높은 수준의 관계행동을 나타내는 사람들을 인정해주고 보상해주며, 회의, 교육 프로그램, 입문 프로그램과 대화를 할 때 친절함, 연민, 수용성, 정직함, 용서와 같은 가치가 기반된 행동을 하는 것이 도움이 된다.

조직의 규모와 인원을 줄여야 하는 어려운 결정을 해야 하는 상황에서도, 경영진에 대한 높은 신뢰도가 있다면 구성원의 부정적인 반응도 줄어들기 마련이다(Brockner, Seigel, Daley, Tyler, & Martin, 1997). 우리가 하는 일의 효과는 우리가 일을 하는 방법에 따라 달라진다. 브로크너(Brockner)의 연구에 따르면, 조직축소작업이 공정성, 공평성 및 연민과 같은 태도를 가지고 이루어질 때, 회사를 떠나는 사람과 회사에 남는 사람 모두에게 유의미하게 긍정적 영향을 미칠 수 있다고 한다.

〈일터에서의 웰빙〉

영국의 신경제재단(New Econimics Foundation in the UK, 2014)에서는 일터에서의 웰빙에 대한 연구결과들을 정리해본 후, 조직구성원의 개인적 삶과 일의 삶은 떨어질 수 없게 얽혀 있으며, 일터에서의 웰빙을 촉진하기 위해서는 보다 균형잡힌 접근법이 필요하다는 결론을 제시하였다. 이 재단이 발견한 세부내용과 제안들은 다음과 같다.

• 일터에서의 웰빙 수준이 높은 사람들은 그렇

지 않은 사람들보다 더 창의적이고 조직충성
도과 생산성이 더 높으며, 고객에게 더 높은
만족도를 제공한다.
- 일의 삶의 특성에 따라, 웰빙의 다양한 차원
(목적의식, 긍정적 정서, 동기, 사기, 직업 만족도,
삶에 대한 만족도)에 대해 차별적인 영향을 줄
수 있다.
- 좋은 건강과 웰빙간에는 강한 관계가 있다 -
고용주는 구성원의 신체적 활동과 건강한 식
가사를 촉진해주고, 업무 때문에 충분한 수면
을 하지 못하는 일이 없도록 보장해줄 필요가
있다.
- 이상적인 일과 삶의 균형을 잡는 것은 스트레
스 및 부정적 결과를 감소시켜준다.
- 조직의 웰빙을 강화시켜줄 수 있는 것은 공정
한 보수체계와 직업의 안전성이다.
- 조직구성원의 사기는 자신에게 배정된 과제
가 달성가능하다고 느낄 때 높아진다.
- 일터에서의 관계를 개선하기 위한 단계를 실
행하게 되면 - 조직구성원과 관리자 간의 관
계에 특히 초점을 맞추고, 긍정적 정서를 강
화함으로써 - 직업 만족도를 높일 뿐 아니라
삶의 만족도까지 높이는 것이 가능한 것으로
보인다.

긍정적 관계를 강화해야 하는 이유는 무엇인가?

메타분석연구에 따르면, 사람들이 높은 직업만
족도를 느끼게 되면, 더 낮은 무단결근율, 더 높은
조직 잔존비율, 더 우수한 성과를 보인다고 한다
(Judge, Thorensen, Bono, & Patton, 2001).

일터에서의 긍정적 관계를 강화해야 하는 이유
들(독립적이지만 서로 관련이 있는)을 몇 가지 들어보
도록 하겠다. 그중의 몇몇은 개인 간의 상호작용
수준에 주로 초점을 맞추고 있고, 모든 요소들은
조직의 효율성을 강화해줄 수 있는 것이다. 한번
살펴보도록 하자.

- 주관적인 웰빙의 강화 - 개인이 지속적으로

발전하고 성장할 수 있는 능력
- 스트레스의 감소 및 정신건강의 강화
- 우수한 신체적 건강의 촉진 및 무단결근의 감소
- 조직구성원의 유지
- 효과적인 협업과 팀워크의 강화
- 갈등 감소 및 문제 해결
- 동기부여
- 창의적 혁신을 극대화시키는 환경 조성
- 최적 수준의 고객과의 상호작용

일터에서의 성장(flourishing)은 몰입, 동기부여,
성장, 학습이 포함된 복잡한 구인이다. 더턴, 로버
츠, 베드나(Dutton, Roberts, and Bednar, 2011)는 업
무와 관련된 정체성이 일터에서 어떻게 형성되는
지에 대해 논의하였고, 보다 긍정적인 정체성을 가
지게 될수록 심리적, 사회적 기능이 좋아지고 보다
긍정적인 감정을 갖게 된다고 주장하였다. 업무 몰
입은 보다 적응적인 행동과 혁신을 촉진해서, 생산
성, 이익, 고객의 만족도에 결과적으로 영향을 미
치게 된다.

금전적인 부를 축적하는 것에 초점을 맞추는
것은 사람들의 웰빙수준을 높이는 것을 보장해주
지 않는다는 것을 보여주는 연구가 다수 나타났다
(Twenge, 2000). 세계보건기구(WHO)는 전세계에서
4억 명 이상이 정신건강에 관련된 어려움을 겪고
있지만(WHO, 2001), 그중에서 복잡하고 심각한 상
황인 사람들은 소수에 불과하다고 추산하였다.

차발라, 차진스카, 므로지악(Czabala, Charzynska,
and Mroziak, 2011)은 1988년부터 2009년 사이에
일터에서의 정신건강 촉진에 대해 발표된 연구들
을 리뷰해보았다. 관련된 연구들은 4,865건이었고,
그중에서 315건은 추상적인 검토 수준이었으며,
세부적인 리뷰를 수행한 것은 79건이었다. 연구자
들에 따르면, 여전히 개입전략은 정신건강 강화보
다는 스트레스 감소에 초점을 맞추고 있었고, 대부
분 교육 프로그램, 이완 기술, 대처 스킬, 마음챙김
과 같은 개인중심의 내용이었다. 안식년(guaranteed
breaks)과 같은 조직구조에 관심을 둔 연구는 몇몇
있었지만, 사회적 역동을 다룬 연구는 거의 없었다.

긍정적 관계는 심리적 웰빙의 수준을 높일 뿐 아니라 신체적 건강에도 영향을 미친다. 긍정적 정서와 그 결과로 생기는 스트레스 감소는 우리의 호르몬, 심장혈관, 면역 시스템에 영향을 준다 (Lewis, 2011). 학교에서 능동적으로 건강한 관계를 강화하기 위한 노력을 하는 한 교장은 교직원이 높은 수준의 전문적 개발을 할 수 있도록 충분히 예산을 배정하였고, 그렇게 하는 것이 병가에 대한 비용보다 덜 든다고 주장하였다(Roffey, 2007). 교사의 소진은 유럽, 호주, 캐나다, 미국의 많은 지역에서 문제로 대두되고 있다. 부캐넌과 동료들(Buchanan, 2013)은 329명의 초심 교사들의 경험을 탐색하여 차이점을 만들어내는 여섯 가지의 요소(동료 의식, 지원 등)들을 찾아냈다. 이 요소들은 교사들의 자기가치와 고립 수준에 영향을 미치는 것으로 나타났다.

페이, 쉽톤, 웨스트와 패터슨(Fay, Shipton, West, and Patterson, 2014)은 45개의 영국 제조업체로부터 자료를 수집 및 분석한 후, 팀워크의 활용이 잘 될수록, 조직 내의 혁신이 더 잘 일어난다는 것을 발견하였다. 하지만 효과적인 팀을 구성하기 위해 꼭 사람들을 모아놓을 필요는 없었다. 스튜어트 (Stewart, 2006)가 팀 설계와 성과 간의 관계에 대해 메타분석을 해본 결과, 더 높은 성과와 상관관계가 있는 요소들은 자율성, 팀내 협력, 변혁적 리더십이었다.

리차드슨과 웨스트(Richardson and West, 2010)에 따르면, 효율적인 팀이 되기 위해서는 팀구성원들에게 영감을 주고 몰입하도록 할 수 있는 과제가 필요하고, 각 개인의 다양한 강점이 가지는 가치를 인정하고 그 가치를 활용하며, 과제를 진행하면서 생기는 역할과 기대에 대해 명료화하는 작업이 요구된다고 한다.

퀵, 개빈, 쿠퍼와 퀵(Quick, Gavin, Cooper, and Quick, 2004)은 경쟁적 업무환경과 협력적 업무환경이 가지는 강점과 단점을 비교하면서, 뛰어난 수준의 성과를 달성하기 위해서는 두 가지 업무환경이 모두 필요하다고 주장하였다. 연구자들의 결론에 따르면, 이기고 지는 패러다임만을 추구하면 결국 모두가 지는 결과를 만들어낼 수 있기 때문에, 팀간의 경쟁에서는 경쟁적 패러다임과 협력적 패러다임의 균형이 필요하다고 한다.

관계의 질이 좋지 않은 경우, 사람들은 "자신이 작아진 느낌이 들고 좌절감에 빠지며, 동기수준이 낮아지고 사기가 떨어지며, 존중받지 못하는 느낌이 들거나 상태가 더 나빠진다. 그로 인해 복수심을 갖게 되고, 절망하게 되거나 패배감을 느낄 수 있다"(Lewis, 2011, p.180). 좋지 못한 관계로 인해 구성원들의 심리적 웰빙 수준이 낮아질 뿐 아니라, 조직에도 부정적인 결과가 생기게 된다. 협력의 부족, 혁신성의 감소, 시간 낭비, 무단결근. 모든 사람들은 똑같지 않으므로 관계에서의 갈등은 피할 수 없는, 정상적인 것이다. 상대방과의 차이점을 어떻게 다루는가가 중요한 문제이다. 개인의 내면관리 및 대인 간 스킬은 갈등의 빈도, 강도, 파괴성을 줄이는 데에 필요하다(Edmund, 2012). 효과적인 접근법으로는 상호의존성의 인정, 의도에 대한 탐색, 소통의 분석-특히 오해가 어떻게 발전하게 되는지에 대해-이 있다. 긍정적 정서와 행동의 촉진 또한 불쾌하고 이상적이지 않은 갈등의 결과를 감소시킬 수 있다.

지금까지 많은 사람들이 학교와 법정에서의 갈등에 대해 회복적 접근법(restorative approach)을 익숙하게 사용해왔는데, 이제 이와 같은 접근법들이 일터에서도 활용될 수 있을지에 대한 관심이 생겨나고 있다. 이 접근법은 커뮤니티의 연계성을 약화시키는 행동을 밝혀내고, 직접적으로 관련되지 않은 사람들에게 미치는 파급효과를 파악해준다. 상처로부터 회복하고 갈등을 해결하는 과정에서 관계와 감정이 해야 하는 역할은 매우 크다. 램버트, 존스톤, 그린, 쉽리(Lambert, Johnstone, Green, and Shipley, 2011)는 영국의 헐(Hull) 지역에 있는 한 조직에서 현장연구를 진행한 후, 도전과제가 어렵고, 과제의 수행 및 훈련과정이 힘든 상황에서도, 시간이 지나면서 희망적인 발전이 생겨나는 것을 발견하였다. 직원들은 관리자에게 보고하기 전, 대부분 자기 스스로 문제를 해결하는 방법을 찾아내려 했고, 팀미팅 및 의사결정과정에서 더 높은 수준의 몰입행동을 보였다. 회복적 접근법은 부서 간의 의사소통이 잘 이루어지지 않는 경우를 해결해주었고, 조직 문화를 통해 회복적 접근법과 언어를 통합해주었다. 이 접근법은 시간을 절약해주었고, 불만의 발생율을 매우 크게 줄여주었으며, 관리자들이 보다 건설적인 과제에 몰입할 수 있는 여유를 만들어주었다.

핑크(Pink, 2009)는 사람들이 외재적 보상에 의해 가장 많은 동기부여를 받는다는 아이디어(구성원에게 더 많은 보상을 주면, 그 구성원의 생산성이 더 높아질 것이다)에 도전하였다. 그가 생각한 일터에서의 동기란 목적, 의미, 숙달(mastery)의 통합이었다. 딕, 번, 스테거(Dik, Byrne, and Steger, 2013)는 일에서의 의미(meaning in work / 당신의 일은 얼마나 의미 있는가?)와 일의 의미(meaning of work / 일을 의미 있게 만드는 것은 무엇인가?)를 구분하였다. 많은 사람들은 함께 일하는 사람들(동료, 고객, 또는 소속된 커뮤니티)로부터 의미를 얻는다(Wrzesniewski, Dutton, & Debebe, 2003).

칸과 펠로우스(Khan and Fellows, 2013)는 사람들이 자신의 일에 대해 온전히 몰입하는 상태를 네 가지 차원으로 나누어 설명하였다. (1) 현재 일어나고 있는 일에 온전히 참여하여 초점을 맞춘다 (2) 동일한 목표나 더 큰 그림 및 목적을 향해 함께 일하고 있는 사람들과 관계를 맺는다 (3) 동료들과 연계감을 가지고, 사고, 의도, 에너지와 감정을 일에 쏟아넣는다 (4) 일로부터 분리되는 상태와 반대인 태도(일에 대해 매력을 느끼고 집중하는)를 가지고 몰입한다. 이는 칙센트미하이가 제시한 '몰입(flow)' (1990) 구인과 유사한 개념이다. 일터에서의 관계는 이와 같은 몰입을 촉진하는 환경을 조성하거나 방해할 수 있는 요소가 된다.

경쟁적인 국제 환경에서, 창의성과 혁신은 경쟁이 가져다주는 이득의 기반이 된다. 사케티와 토르시아(Saccheti and Tortia, 2013)는 창의성의 발달과, 창의성 부분에서 일에 대해 느끼는 만족감에 도움이 되는 조직의 특성을 탐색해보았다. 그들이 정의하는 창의성이란 새로운 방법으로 상황을 바라보고 행동할 수 있는 능력을 말한다. 자기결정이

론(Ryan & Deci, 2000)에 따르면, 이와 같은 자기실현의 가능여부는 각 개인이 자신의 니즈와 열망을 조화롭게 추구할 수 있도록 해주는 맥락적 조건에 따라 달라진다고 한다. 하지만 사케티와 토르시아는 창의성에 대한 만족감은 팀워크, 자율성, 특정 영역에 적절한 역량 및 수용적이고 공정한 프로세스와 관계에 의해 지원된다는 사실을 발견하였다. 얀센, 반 드 블리어트와 웨스트(Janssen, Van de Vliert, and West, 2004)는 다음과 같이 혁신적인 팀워크에 기여하는 요소들을 리뷰해보았다. 지식 공유와 직무순환, 신뢰롭고 상호존중이 이루어지는 환경, 관리자로부터의 지지와 지원, 의사결정과정에 대한 참여.

세이볼드, 마르샤크와 루이스(Seybold, Marshk, and Lewis, 2001)에 따르면, 현대의 고객은 자신의 선택과 서비스 활용에 있어서 더 큰 통제권을 가지고 있다. 오늘날의 고객들은 다양한 대안들과 수준높은 전문성을 제공해주는 자원들을 찾을 수 있는 다양한 원천들에 쉽게 접근할 수 있다. 따라서, 고객과의 관계 및 경험은 예전 그 어느 때보다 중요하다(Gillies, 2012). 시장에서의 브랜드 충성도는 고객 만족도에 영향을 받고, 이는 가격 및 서비스도 움직이게 된다. 하니프, 하피즈와 리아즈(Hanif, Hafeez, and Riaz, 2010)는 휴대폰 판매업자들에 대한 연구를 진행한 후, 다음과 같은 결론을 제시하였다. "고객이 영업사원이나 민원담당자로부터 정중한 대우를 받은 경우, 휴대폰 제조업체의 브랜드에 대해 정서적 애착을 느끼게 된다. 마찬가지로, 고객이 제시한 불만이 명료하게 해결되고, 그 과정에서 관계자들의 기여도가 큰 것을 보게 되면, 브랜드에 대한 소속감은 커질 수밖에 없다"(p.50).

구성원이 고객의 요구에 대해 명확하게 응답하고, 고객의 시각을 진지하게 존중하며, 항상 명료한 메시지를 공손하게 제공하도록 촉진하는 조직은 경쟁상황에서 우위를 차지할 가능성이 높다. 생태학적 모델을 조직의 운영기반으로 삼고, 모든 사람들이 관리자 및 동료들로부터 가치를 인정받는 상황이라면, 고객과 좋은 관계를 맺기가 더 쉬워질 것이다.

긍정적인 관계의 가치와 실천

사람들이 일어나서 일하러 가고, 최선을 다하고 싶도록 만드는 것은 무엇일까? 자기 자신, 동료들, 자신이 하는 일에 대해서는 어떤 마음을 가지고 있을까? 일터에서의 긍정성을 촉진하는 요소에 대해 우리는 어떤 것을 알고 있을까?

더턴과 라진스(Dutton and Ragins, 2007)가 주장했듯이, 일터에서의 긍정적 관계의 정의에 대해 중요한 합의가 이루어진 것은 아직 없다. 이는 특정한 시각과 상황에 따라 다른 부분을 강조하는, 복잡하고 다면적인 구인이다.

하지만 조직 내의 모든 사람들에 대한 관계적 신념과 행동은 관계적인 문화를 창출하는 데 있어서 중요하고, 쌍방향적인 생태학적 모델에서는 양쪽 요소가 서로에게 영향을 미친다고 주장한다(Bronfenbrenner, 2979; Roffey, 2008). 예를 들어 경영진이 학교에서 교사를 대우하는 방법은, 교사가 학생과 상호작용을 하는 과정에 영향을 미치게 된다(Roffey, 2012).

다양한 맥락에 적용할 수 있는 긍정심리학의 공통요소는 존재하고 있으며, 그 모두는 사회적 자본을 강화하는 데에 사용할 수 있는 것이다.

유해한 환경은 구성원을 침묵하게 하고, 겁먹게 하며, 가치비하되는 느낌이 들게 하고, 동기수준을 낮추게 한다. 사회적 자본은 이와 반대되는 것으로서, 일터에서의 자각수준을 높이고 적극적인 개입을 할 수 있도록 조력해준다.

루이스(Lewis, 2011)는 사회적 자본에 대해, 조직 내에서 일어나는 대인관계와 상호작용의 품질이라고 정의하고, 좋은 사회적 자본을 구축하기 위한 핵심열쇠는 조직생활 내에서의 긍정적 편향(affirmative bias)이라고 주장하였다. 사회적 자본은 존중적인 소통과 협력을 촉진하고, 구성원의 몰입을 강화한다. 루이스에 따르면, 사회적 자본의 수준이 높으면, 각 개인들이 다양한 역기능적 행동에 대처할 수 있게 되고, 심리적 탄력성(Werner & Smith, 2001)과 최적의 신체적 웰빙을 모두 높이는 요소들을 강화할 수 있게 된다(Baker & Dutton,

2007; Heaphy & Dutton, 2008). 조직 수준에서, 사회적 자본은 세부 조직들이 연계할 수 있게 해주고, 낙관적이고 주도적이며 효율적으로 기능할 수 있도록 도와준다.

긍정적 관계는 자기 자신 및 타인에 대한 긍정적 정서를 기반으로 하고 있다. 긍정적 정서는 사회적 자본을 강화하는 행동을 도출해낸다. 그렇다면, 사람들이 일터에서 최선을 다하고, 최적의 업무 경험을 할 수 있도록 만드는 행동과 감정을 촉진하는 관계를 어떻게 하면 강화할 수 있을까? 다음의 목록에서는 일터에서의 긍정적 관계에 대한 연구에서 발견한 핵심 결과들을 요약해보았다.

- 사람들은 자신이 존중받는 느낌이 들 때, 상대방이 하는 말에 귀를 기울일 가능성이 더 높다.
- 사람들은 수용되는 느낌을 받을 때, 적극적으로 참여할 가능성이 더 높아진다.
- 사람들은 자신의 가치와 노력이 인정받을 때, 조직에 기여할 기회를 찾기 위해 노력할 가능성이 높아지고, 다른 사람들의 가치를 높여주는 일을 더 많이 할 수 있게 된다.
- 사람들은 소속감을 느낄 때, 자신이 속한 집단에 더 많은 기여를 할 가능성이 높아진다.
- 사람들은 함께 웃을 때 스트레스를 덜 받고 더 많은 탄력성을 기르게 된다.
- 사람들은 수용해주는 느낌을 받을 때, 조직의 이익을 위해 자신의 강점을 개발하고자 하는 동기수준이 높아질 가능성이 높다.
- 자신의 부정적 감정과 걱정에 대해 인정받고, 자신의 이야기를 들어준다는 느낌을 받을 때, 사람들은 현재에 안주하거나 부정적 감정을 증가시키지 않게 된다.

〈긍정적 관계 구축을 위한 ASPIRE 원칙〉

ASPIRE 원칙은 긍정적 관계의 개발 및 교육맥락에서의 집단 상호작용을 위한 체계를 제공하기 위한 것이었지만(Dobia et al., 2014; Roffey, 2013), 다양한 조직 세팅에도 적용 가능하다. ASPIRE란 주도성(Agency), 안전감(Safety), 긍정성(Positivity), 포용성(Inclusion), 존중감(Respect), 평등성(Equality)의 첫 글자를 딴 단어이다. 지금부터는 이와 같은 관계적 가치들이 연구에서 어떻게 타당화되고 있는지를 탐색해보고, 자기결정, 신뢰, 연민, 공정성과 같은 적절한 구인들을 정리해본 후, 이 요소들이 업무환경에서의 관계 과정에 어떻게 녹아들어 갈 수 있을지에 대해 알아보도록 하겠다. 세 가지 원칙에는 조금씩 겹치는 부분이 있고, 각 요소들은 선순환구조에서 서로를 촉진하는 관계이다.

– 주도성(agency)

관계에서의 주도성이란 행동과 의사결정에 대해 자신이 가지고 있는 통제력의 양을 가리킨다. 업무 맥락에서 조직구성원에 대한 권한위임이라고 하면, 주도성을 가지고, 자신의 일에 자긍심을 느끼며, 주인의식을 가질 수 있도록 촉진하는 것을 의미한다(Wagner et al., 2010). 주도성은 구성원 개인 및 조직 모두에게 이득이 되는 것으로 보인다(Seibert, Wang, & Courtright, 2011).

주도성은 웰빙의 결정요소들 중 하나를 포함한다–자기결정. 자기 자신이 지시에 의해 통제를 받거나, 외부의 힘에 의해 조절되는 존재가 아니라, 과제에 몰입하는 것을 스스로 선택하는 사람으로 생각한다면, 자신의 일로부터 의미를 찾아낼 가능성이 더 높다.

과제를 진행하는 방법에 있어서 어느 정도의 선택권을 가지고 있고, 과제가 도전적이기는 하지만 자신의 역량 내에서 시도해볼만 하며, 자신의 목표와 방향이 일치하는 과제라고 생각하는 경우라면, 자율적 동기를 경험할 수 있다. 이는 협상이 불가능한 외부적 지시와 외재적 보상으로부터 오는 압력과 반대되는 상태이다. 외부적 지시와 외재적 보상만 가지고서는 동기 및 업무성과수준을 높이기가 어렵다(Gagne & Deci, 2005). 데시, 코넬과 라이언(Deci, Connell, and Ryan, 1989)의 연구에 따르면, 관리자가 부하직원의 시각을 인정하고, 통제적이지 않은 방법으로 적절한 정보를 제공하며, 선택권을 보장하고, 자기주도성을 촉진하는 경우, 자

율성을 길러줄 수 있다. 조직구성원의 자율성 수준이 높다면, 자신의 직업에 대한 만족도가 높고, 조직의 경영에 대한 신뢰도가 높아지며, 업무에 관련된 상황에서 긍정적 태도를 보일 가능성이 높다. 조직운영에 있어서 주도성/자율성을 중요시하는 조직의 실례로는 구글(Google)을 들 수 있겠다. 구글에서는 구성원에게 자신이 선택한 일이라면 무엇이든 할 수 있는 기회를 주 1회 제공한다. 그 결과, 신선한 아이디어와 해결책이 다양하게 도출되었다(Pink, 2009).

– 안전감(Safety)

건강한 관계의 상징은 사람들이 신체적/정서적으로 안전감을 느끼는 것이다. 따돌림이나 협박이 존재하는 문화를 가진 일터에서는 생겨날 수 없다. 일터 따돌림은 구성원이 굴욕감과 괴로움을 느끼게 하는 체계적이고 부정적인 행동의 대상이 되는 곳에서 일어난다(Trepanier, Fernet, & Austin, 2015). 일터 따돌림에는 지속적인 비난, 역량을 하찮게 여기기, 불합리한 마감일, 소외시키기, 지나친 놀림, 소리지르기, 위협행동 등이 포함된다. 일터 따돌림의 결과로 생기는 것은 무단결근, 조직구성원의 유지율 감소, 심리적 스트레스, 신체적 질병이다. 일터 따돌림은 구성원의 기능 저하, 몰입저하, 직업 불만족, 불안, 우울, 소진의 증상과도 연관되어 있다. 실제로 조직에서는 일터 따돌림을 허용하고, 보상까지도 할 수 있기 때문에, 조직 따돌림이 관찰된다면, 조직의 문화에 대해 재점검해보고, 경쟁을 넘어서서 협력을 촉진하고, 사회적 지지를 강화하며, 안전한 환경을 촉진할 필요가 있다(Yamada, 2010). 조직구성원이 취약감을 인정하고 지원을 요청할 수 있을 만큼의 높은 신뢰감이 존재하는 곳에서 일터 안전감은 조성될 수 있다.

신뢰란 튼튼한 대인관계에 있어서 핵심적인 요소이다. 이 다면적 구인은 일터에서의 웰빙에 대한 연구에서 점점 더 많은 관심을 받고 있는 중이다(Helliwell & Huang, 2011). 메이어, 데이비스와 스쿠어먼(Mayer, Davis, and Schoorman, 1995)의 주장에 따르면, 신뢰라는 구인에 포함되는 요소들은 다음

과 같다. 상대방의 과제 수행 능력 및 역량에 대한 민음, 상대방의 선의와 좋은 의도에 대한 민음, 상대방의 진실함에 대한 민음 - 윤리적 원칙의 범위 내에서 행동할 거라는 민음. 프로스트와 무사비(Frost and Moussavi, 1992)는 신뢰를 받지 못한 상태에서 권력을 보유한 사람은 일터내에서의 영향력이 낮다고 주장하였다. 처치와 와클라브스키(Church and Waclawski, 1999)는 이에 더하여, 오늘날의 비독재적인 환경에서 조직구성원들은 수평/수직 관계 안에서 서로에게 신뢰를 보여주고 영향력을 미칠수 있는 능력을 요구받으며 일을 해야 한다고 주장하였다.

헬리웰과 후앙(Helliwell and Huang, 2011)은 연구들을 리뷰한 결과, 경영진을 신뢰할 수 있는 경우, 금전적 소득이 30% 상승하는 것 이외에도, 더 많은 삶의 만족도를 느끼는 가치가 있는 것을 발견하였다. 미국, 캐나다, 영국에서는 젠더간 차이점이 유의미한 수준으로 나타나서, 여성은 남성보다 일터에서의 사회적 관계를 더 높게 평가하였다. 신뢰할 만한 사람의 행동은 예측 가능하고 의지할 수 있다고 보여진다. 경영진이 신뢰로운 모습을 보이면서도 자신이 맡은 의무를 잘 수행하는 것을 어려워하는 일터가 많이 존재하며(Ammeter, Douglas, Ferris, & Goka, 2004), 일의 사회적/가치 차원을 무시하는 의무에 대한 공식적 메카니즘은 일터에서의 신뢰, 주도성, 웰빙을 악화시킨다(Berryhill, Linney, & Fornewick, 2009). 리와 테오(Lee and Teo, 2005)는 싱가포르에서 진행된 연구에서, 구성원에게 급격한 변화가 요구될 때, 경영진에 대한 신뢰는 위협을 받는다는 사실을 발견하였다. 이와 같은 상황의 긴장도는 인적 조직을 재구조화하는 작업을 통해 감소시킬 수 있다.

- 긍정성(Positivity)

일터에서는 인적자원과 사회적 자본에 영향을 미치는 관계와 감정을 언제나, 일상적으로 찾아볼 수 있다. 개인 구성원 및 조직의 효율성을 위해 긍정성을 적극적으로 촉진하는 작업은 의미가 있다. 대인관계는 긍정적 정서의 경험과 표현에 의해 증가되는 반면(Barsade & Gibson, 2007), 부정성은 '논리적으로 생각할 수 있는' 능력을 감소시킨다. 프레드릭슨(Fredrickson, 2001)은 긍정적 정서가 문제해결 및 창의적 사고를 촉진한다는 것을 발견하였다. 긍정적 정서는 조직이 경쟁자를 이길 수 있는 신선한 아이디어를 도출하는 과정을 도와준다(Caruso & Salovey, 2004). 또한 협력을 촉진하고, 갈등을 감소시키며, 탄력성 수준을 높여주고, 사회적으로 책임감 있는 조력행동을 강화하며, 학습을 하고 복잡한 정보를 통합하는 능력을 상승시켜주고, 보다 철저한 의사결정을 할 가능성을 높이며, 변화를 가능하게 해준다(Isen, 2005). 하지만 긍정적 정서는 다소 광범위한 용어이다. 이 용어가 의미하는 것은 무엇일까? 긍정적 정서의 몇몇 차원들은 11장의 다른 부분에서 논의되고 있으므로, 여기에서는 존재, 장난기(playfulness), 친절함, 감사, 축하에 의해 창출되는 특별한 정서에 초점을 맞춰보도록 하자.

시애틀의 파이크 플레이스(Pike Place) 수산시장에서 처음 시작된 물고기 철학(Fish philosophy)은 일터에서의 긍정적 관계를 더 많이 발전시키기 위한 체계이다. 이는 조직 내에서도 영향을 미치고, 고객 서비스를 제공하는 데 있어서도 영향을 미친다. 긍정적 조직 기능에 대한 많은 연구들(특히, 높은 수준의 대인관계에 대한 더턴(Dutton, 2014)의 연구)을 요약해보면 다음과 같은 네 가지 요소로 정리해볼 수 있다.

- **현재에 몰입하기(Be there)**: 최적의 성과를 얻어내기 위해서는 현재의 순간에 몰입할 필요가 있다. 즉, 초점을 맞추고, 주의집중을 하며, 방해물에 대해 반응하거나 다른 자극에 주의를 돌리는 것이 아니라, 현재 함께 하고 있는 사람에게 온전한 몰입을 하는 것이다.
- **행복한 오늘을 만들기(Make their day)**: 동료나 고객과의 일상적 상호작용을 보다 더 즐거운 경험으로 만든다. 미소, 작은 친절함, 공손함, 인정. 친절함은 수동적인 상태가 아니라 적극적인 행동을 가리킨다. 류보미스키(Lyubomirsky, 2007)에 따르면, 친절함은 자신감과 자기

가치를 높여주는 자기-지각을 변화시킬 뿐 아니라, 긍정적인 사회적 결과를 다양하게 만드는 작업을 시작해줄 수 있다고 한다.

- **놀이**: 매일의 업무생활에 유머 감각을 더하게 되면, 문제를 해결하는 과정에 있어서 새로운 시각을 가질 수 있고, 창의성과 탄력성 수준을 높일 수 있게 된다. 웃는 행동은 옥시토신을 신체에 흘려보내준다. 옥시토신은 '기분을 좋게 만드는' 신경전달물질로서, 커플의 연대감, 이완, 신뢰, 협력과 같은 사회적 태도 및 행동에 기반된 경우가 많다(Olff et al., 2013). 일터에서의 모든 과제에 몰입하기란 어려운 일이지만, 때로는 창의적 접근방법을 쓰는 것이 과제를 도전적으로 만들거나 재미있게 만드는 데에 도움이 되기도 한다. 조직은 팀빌딩 활동부터 사회적 이벤트 및 축하행사를 통해 일터에서 놀이를 할 수 있는 기회를 촉진해줄 수 있다. 그러기 위해서는 사회적 행사에서 재미를 느끼는 것을 보상이라기보다는 위협으로 생각하는 부정적 편견을 가지고 있는 구성원들에게 신중한 설명을 해줄 필요가 있다.
- **자신의 태도를 스스로 선택하기**: 긍정성을 찾고 싶다면, 스스로에게 에너지를 충전시켜주고 몰입도를 높여줄 수 있는 요소들을 쉽게 발견할 수 있을 것이다. 자기실현에 대한 기대를 수동적으로 가지고만 있는 것이 아니라, 실제로 기대를 충족하기 위해 행동해야 한다는 것이 자기충족적인 예언이다. 이 전략은 자기 자신의 강점을 파악하고 그 강점을 통해 일터에 몰입하는 것뿐 아니라, 다른 사람들이 가지고 있는 다양한 강점들을 인식하고 활용하는 것까지 포함한다. AI(appreciative inquiry)와 해결중심사고에서는, "이런 일은 항상 일어난다"고만 생각하는 사고와, 그런 일이 일어나지 않는 때를 찾아보려는 사고 간에는 차이가 있다고 주장하며, 이미 효과를 내고 있는 것을 찾으려고 하는 해결책을 만들어내기 위해 작은 발자국을 떼기 시작하는 것이 중요

하다고 설명한다.

- 긍정성과 감사

감사함을 느끼는 사람들은 자기 자신 및 자신이 속해있는 세상에 대해 더 좋은 감정을 가진다. 다른 사람으로부터의 지원을 더 잘 인식하며, 더 많은 지원을 제공하려 한다.

감사와 관련된 행동의 효과성에 대한 연구를 보면, 감사한 일을 인식하는 행동은 낙관주의를 강화하고 우울감을 감소시킨다는 결과가 나타났다(Seligman, Parks, & Steen, 2005). 하웰즈(Howells, 2012)는 감사를 단순한 사고 방식으로 생각하기보다 관계적인 것이라고 주장하였다. 교육세팅을 기반으로 한 하웰즈의 연구는 감사를 행동으로 옮기게 되면 조직 문화에 영향을 미친다는 것을 보여주었다. 부트(Buote, 2014)는 미국에서 진행된 한 연구의 응답자 중 29%는 동료에게 한 번도 감사함을 표현해본 적이 없고, 35%는 상사에게 한 번도 감사해본 적이 없다는 결과를 인용하였다. 감사는 인식하는 것으로 시작된다 ─ 이는 신경제재단(New Economics Foundation, 2014)이 제시한 웰빙을 얻을 수 있는 다섯 가지 방법들 중의 하나이다. 청결한 사무실, 동료로부터의 도움, 관리자의 지지적 표현을 인식하려면, 감사의 표현을 먼저 할 수 있어야 한다. "간단하게 '~에 대해 감사합니다'라고 말하는 것은 친사회적 행동 및 연대감을 촉진해주는 긍정적 결과를 낳는 선순환구조를 만들어준다" (Grant & Gino, 2010).

축하는 감사에서 한 단계 더 올라간 수준의 행동이다. 커플을 대상으로 한 연구에서는, 한 사람이 성공을 거두었을 때 적극적이고 건설적인 반응을 보여주면 관계를 강화할 수 있다고 주장하였다(Gable, Reis, Impett, & Asher, 2004). 이는 흥미를 보이지 않거나 질투하거나, 부정적인 면을 지적하는 태도와 반대인 것이다. 팀의 성공을 인정하고 축하하는 태도를 보이는 것은 구성원들을 연대할 수 있게 해주고, 성취에 대한 긍정적인 감정을 공유하게 해주며, 미래에 대한 기대감을 강화시켜준다. 실제로 우리는 일터에서 축하를 하는 행동을 그다

지 효과적으로 잘하지 못하기 때문에, 아직 '축하'는 연구의 주제로서 그다지 많은 관심을 받지 못하고 있다.

- 감정의 신경학

우리의 뇌에 있는 거울 신경은 다른 사람들의 감정에 대해 반응을 하고 복제를 하는 기능을 가지고 있다. 이는 일터의 정서적 분위기에 있어서 중요한 시사점을 보여준다(Mukamel, Ekstrom, Kaplan, Iacoboni, & Freid, 2010). 모든 정서는 전염이 되기 때문에, 정서를 읽을 수 있는 리더는 구성원의 정서가 팀에 영향을 미칠 수 있다는 사실을 이해하며, 긍정성을 촉진할 수 있는 행동을 한다. 우리의 정서 경험과 그것을 체화시키는 것은 양방향적이다. 즉, 우리는 기분이 좋을 때 미소를 짓지만, 미소를 짓는 행동 그 자체는 우리의 웰빙수준을 강화한다는 의미이다(Wenner, 2009). 반대의 경우도 마찬가지이다. 일터에서 따뜻한 유머를 사용하고, 다른 사람들을 가치 있는 동료로 대우하며, 주위 사람들의 성공을 축하해주는 사람은 개인에게 좋은 일을 해주는 수준을 넘어서, 보다 성공적인 조직을 강화하는 작업을 하는 것이라고 말할 수 있다.

- 포용성(Inclusion)

연대감은 기본적인 심리적 니즈(Baumeister & Leary, 1995)로서, 그리고 탄력성과 웰빙의 보호요소로서(Werner & Smith, 2001) 점점 더 많이 인정받고 있다.

퍼트넘(Putnam, 2000)은 사회적 자본의 개념을 조직 내 네트워크와 관계를 맺는 결속자본(bonding capital) 및 조직 간 네트워크와 관련된 교량자본(bridging capital)의 개념으로 확장시켰다. 그는 이 개념을 명확한 비유를 통해 설명하였다. 사회적인 결속자본은 사회학적인 초강력 접착제의 한 종류인 반면, 사회적인 교량자본은 '사회학적 WD-40'을 제공해주는 것이다(Putnam, 2000, p.23).

건강한 관계를 구성하려면 두 가지가 모두 필요하지만 그중에서 결속자본은 내집단에 속하지 않은 사람들이 문제아로 지목되고 희생양이 될 수 있는 '배타적인' 상황을 만들어낼 가능성이 있다(Roffey, 2013).

우리가 소속감을 느낄 수 있으려면, 다른 사람들이 특정한 방법으로 행동을 해주어야 한다(Baumeister & Leary, 1995). 다른 사람들이 상냥하기는 하지만 그러한 마음을 행동으로 표현해내지 않는다면, 우리가 심층적인 소속감을 경험하기란 쉽지 않다. 주위 사람들은 우리에게 긍정적인 태도로 환영을 표현해주고, 우리의 존재에 대해 무관심한 태도를 보이지 않아야 한다. 사람들이 우리가 이야기하는 것에 관심을 가져주고 동지로서의 대우를 해주면, 우리가 조직에서 중요한 존재라는 느낌을 가질 수 있을 것이며 우리가 조직에서 일을 하는 것이 중요하다는 생각을 하게 될 것이다. 또한, 우리는 우리의 복지를 위해 지지적으로 조력을 해주는 사람들에게 의지할 필요가 있다. 카탈라노, 해거티, 오에스테를, 플레밍과 호킨스(Catalano, Haggerty, Oesterle, Fleming, and Hawkins, 2004)는 교육장면에서의 유대감에 대해서 유사한 이야기를 하였다. 안전하고 지지적인 환경은 소속감에 있어서 핵심적인 요소이지만, 조직은 각 개인 구성원의 강점이 인식될 수 있는 곳이 되어야 하고, 스스로에 대해 발전하고 있으며, 성취적이고 조직에 기여하는 존재로 생각할 수 있도록 도와주는 환경이 될 필요가 있다.

구성원들이 물리적으로 떨어져 있는 지역에서 근무하거나 제한된 시간동안만 일을 하는 조직에서 소속감을 강화시키려면 다음과 같은 도전과제를 해결해야 한다.

- 존중감

우리는 '존중받기 위해서는 다른 사람들을 존중해야 한다는 사실'을 발견했다(Aboriginal Girls Circle, Dobia et al., 2014). 일터에서 높은 수준의 유대감을 구축할 수 있는 첫 번째 경로(Dutton & Spreitzer, 2014)는 '주위 사람들을 존중하면서 관계를 맺는 것'이다. 존중은 이제 더 이상 권력층으로부터 '주어지는' 것이 아니라, 당신이 관계하고 있는 모든 사람들에게 상대방이 중요하다는 메시지를 제공하면서 표현되는 것이다. 언어적/비언어적 메시지는 모호하지만 매우 큰 힘을 가지고 있다. 사람들에게 인정받고 경청받으며 가치를 존중받는다는 느낌을 줄 수도 있고, 그 반대일 수도 있다. 다른 사람들에게 온전한 주의집중을 한다는 것은 바쁜 사람들(특히 리더)에게는 쉽지 않은 일이다. 다른 일을 하면 더 잘 쓸 수 있는 가치 있는 시간이라고 생각되기 때문이다. 하지만 신뢰로운 관계를 구축하려면, 상호작용을 하는 방법에 있어서 작은 변화를 만들어내야 하고, 장기적으로 관계로부터 얻을 수 있는 이득에 대해 더 많은 인식을 해야 한다. 간단하게 주위 사람들의 이름을 기억하고 불러주며 환영해주고 미소로 맞아주는 행동만으로도 상대방의 가치감을 촉진할 수 있다(Roffey, 2005). 자신의 실수, 잘못된 판단, 지각에 대해 인정하고 사과하는 행동이야말로 자존감보다는 관계를 우선시하는 태도이다. 일본에서 인사를 할 때 고개를 어느 정도 깊게 숙이는지를 보면 어떤 사람이 가장 중요한지를 모두다 알 수 있는 것같이, 회의에서의 좌석 배정은 권력과 직급에 대한 메시지를 줄 수 있는 행동이다. 이건(Egan, 2002)은 상대방을 존중하는 상호작용을 다음과 같이 정의하였다. 상대방에게 자신의 아젠다를 강요해서 부담을 주지 않고, 서둘러서 판단을 내리지 않는 것. 적극적 경청이란 휴대폰을 끄고, 현재의 대화에 집중하며, 모호한 부분에 대해서는 질문을 하고, 함께 아이디어를 만들어가는 과정을 의미한다. 존중이란 상대방에 대해 관심을 보여주고, 상대방이 제공할 수 있는 것에 대해 흥미를 보이는 것을 가리킨다. 대화나 이메일을 시작할 때, 긍정적인 코멘트나 질문을 하는 것은 상대방 맞춤형으로 상호작용을 하며, 상대방의 가치를 인정하는 태도이며, 진행되는 대화에 대해 주의집중하는 것을 더 쉽게 해준다.

AI(Appreciative inquiry; Cooperrider, Sorenson, Yaegar, & Whitney, 2001)는 상대방에게 존중을 표현할 수 있는 하나의 방법이고, 강점을 강화하고, 이상적인 미래에 초점을 맞추며, 협력적인 체계 내에서 의미를 만드는 긍정심리학 접근법과 일치하는 것이다. 업무환경이 변화를 하고 있을 때, AI는 특히 가치 있게 활용할 수 있다(Lewis, 2011). 명칭에서 알 수 있듯이, AI는 자신의 주장을 하고 요구를 하기보다는, 상대방에게 질문을 하고, 해답을 찾아나가며, 협력적으로 앞으로 나갈 길을 만들어가는 과정이다.

중국의 업무 과정은 콴시(Guanxi) 원칙을 기반으로 하고 있다-관계의 중심성을 인정하는 원칙 말이다. 비즈니스 계약은 신뢰와 친숙함의 수준이 어느 정도 올라온 후에만 진행 가능하다. 다국적 기업들은 중국인이 존중받는다고 느낄 수 있도록 성공적인 논의를 하는 방법을 이해할 필요가 있다(Gold, Guthrie, & Wank, 2004).

- 평등성(Equality)

"가장 효율적으로 일하는 리더는, 내 생각에는, '나'라는 말을 절대 하지 않는다… '나'라는 생각도 하지 않는다. 효율적인 리더는 '우리'를 생각하고, '팀'을 생각한다. 자신의 책임을 받아들이고 회피하지 않지만, '우리'는 리더로 인해 이득을 얻는다"(Peter Drucker, Collins & Thompson, 2008에서 인용).

맥카쉔(McCashen, 2005)은 강점-기반의 접근법의 핵심은 '자신의 힘을 과시하는 것(power over)'이 아니라 '사람들을 위해 자신의 힘을 쓰는 것(power with)'이라고 이야기했다. 사람들의 독특함과 다양성에 대해 많은 관심을 두는 것이고, 사람들 간의 공통점에 대해서도 존중하는 것을 의미한다. 포용적이고 민주적인 업무 문화에서는 가치와 목표에 있어서의 공통점을 찾아낼 수 있는 기회들을 제공한다.

이와 같은 활동은 사람들이 공통적으로 가지고 있는 취약성을 인식할 수 있고, 공감을 촉진할 수 있다. 모든 사람들은 때때로 실수를 할 수 있으며, 가끔씩 역경과 도전과제를 마주하게 된다. 모든 것을 잘해야만 한다고 강조하는 일터에서 보면 이와 같은 사실을 부인하는 경우가 종종 있다.

정보에 대한 접근권이 평등한 것도 신뢰도를 높일 수 있는 조건이다. 맥카쉔은 이를 투명성이라고 표현하였다. 투명한 조직환경에서 구성원들은 가능성 및 도전과제에 대해 개방적이고 정직한 태도를 가질 수 있으며, 진부한 관행과 비밀 아젠다에 빠지지 않을 수 있다. '왕국 건설'과 같은 행동은 조직 성장과정에 있어서 주인의식을 가질 수 없게 하며, 유해한 환경조성을 촉진할 수밖에 없다.

공정성에 대한 인간의 니즈는 선천적으로 타고난 것이다. 공정성과 협력을 경험할 때, 뇌의 보상센터는 활성화될 수 있다(Tabibnia & Leiderman, 2007).

하지만 공정성은 경직된 동일성을 의미하는 것은 아니다－공정성이 가리키는 것은 다양한 상황에 대한 인식과, 그에 맞는 유연성이다. 또한 공정성에는 어린 자녀나 나이드신 부모님을 모시고 있어서 언제든지 전화를 받아야 하는 상황에 있는 구성원들을 파악하고 이해하는 행동도 포함된다. 바람직한 가정과 삶의 균형에 대한 모델링을 해주는 상사와 함께 일하는 구성원들은 자신도 상사와 같은 행동을 할 수 있을 거라고 느끼게 되고, 그 결과 소진되는 경우가 적고 일터에서 더 수준 높은 몰입을 할 수 있게 된다(Koch & Binnewies, 2015).

〈효과적인 소통〉

조직에서의 소통은 다양한 기능을 가지고 있고, 그중의 몇몇 기능들은 공통점을 보유하고 있다. 정보 제공과 탐색, 아이디어 공유, 의사결정, 설득, 방향성 제시, 동기부여와 지원, 어려운 문제해결, 관계 구축.

하지만 소통은 단회적인 이벤트가 아니라, 상대방을 이해하기 위한, 끝이 없는 사회적, 정서적 과정이다(Lewis, 2011). 소통은 역사, 관계, 기대와 현재 환경의 맥락 안에서 일어나는 것이다. 또한, 소통은 단순한 언어나 문자로 이루어지는 것이 아니라, 시간, 몸짓, 환경을 통해 표현된다. 효과적인 소통과정을 진행하려면 높은 수준의 정서 활용 능력이 필요하다. 정서 활용 능력(emotional literacy)은 소통 참가자들이 현재 논의되는 주제 및 상호작용이 발생하는 정서적 맥락에 대한 반응을 조율할 수 있게 해주고, 다른 사람의 반응을 파악하고 이해할 수 있게 해준다. 일터에서의 소통 수준에

따라, 관계가 만들어질 수도 있고 파괴될 수도 있다(Langley, 2012). 이때 사용되는 언어는 소통을 확장하거나 제한할 수 있고, 아이디어를 창출할 수 있을 뿐 아니라, 앞에서 언급했던 ASPIRE 원칙을 촉진하거나 방해할 수 있다. 확장적인 소통은 사람들의 이야기가 가지고 있는 가치를 인정하고, 상대방에게 어떤 가치를 가지고 있는지에 대해 질문하는 행동을 포함한다. '무시하고 지나치는 것이 없도록 하기'라는 원칙을 기반으로 하여, '자신이 선호하는 것'을 우선시하고 다른 사람들을 가치비하하거나 의견을 묵살하는 행동을 하지 않는다.

로사다와 히피(Losada and Heaphy, 2004)의 연구에 따르면, 고성과를 올리는 팀은 긍정적 상호작용과 부정적 상호작용의 비율이 5:1인 것으로 나타났다. 요구와 지지에 대한 표현을 균형 있게 하고, 자신과 타인중심 표현의 균형도 잡혀 있었다. 반면 저성과팀은 지지 표현과 자기중심의 표현이 1:20 정도였으며, 협력과 유대감의 정도가 낮은 것으로 나타났다. 루이스(Lewis, 2011)가 관찰한 바에 의하면, 누군가 좋은 성과를 창출하지 못할 때 공식적으로 비판을 한다고 해서 성과가 높아지는 것이 아니라, 고성과는 관대함, 용서, 감사, 응원, 긍정적 피드백에 의해 만들어진다고 한다. 특히 상황이 어려울 때는 더 그렇다.

사람들은 이에 대해 동의하지 않을 수도 있겠지만, 피드백을 어떻게 제공하는가는 매우 중요한 문제이다. 비판적인 피드백을 주는 것을 어려워하는 상사들도 있고, 결의를 불태우며 부정적 피드백을 하는 상사들도 있다. 하지만 업무가 제대로 진행되지 않을 때 그에 대해 언급하지 않고 모르는 척 넘어가게 되면, 비효율적인 행동을 용납하고 촉진하는 상황이 벌어지게 된다. 부정적인 피드백은 제공할 필요가 있다. 하지만 개인의 인격을 대상으로 이루어지지 않아야 하며, 다양한 면에 대해 비판을 해보아야 한다－당신이 지금과 다르게 행동할 수 있었던 것은 무엇인가, 다른 사람들이 지금과 다르게 행동할 수 있었던 것은 무엇인가, 어떤 부분을 다시 해보면 좋을까. 다른 사람들의 말에 귀를 기울여주는 것이 바람직하며, 논쟁을 일으키

거나 방어적인 태도를 취하는 것은 도움이 되지 않는다. 중요한 것은, 조직의 가치와 목표에 관련하여 상대방이 자신에게 어떤 기대가 주어지는지, 그 기대의 배경은 무엇인지를 명확하게 알도록 해주는 것이다.

미래의 연구

일의 삶이 가지는 속성이 지속적으로 변화함에 따라, 일터에서의 관계는 앞으로 많은 도전과제를 만나게 될 듯하다. 11장에서 제기한 이슈들은 다음과 같이 정리해볼 수 있겠다. 일터와 가정 간의 경계가 점점 모호해짐에 따라 일터에서의 관계와 가정에서의 관계 간의 균형의 필요성이 대두되었음 / 일이 경제적 이득에 대해 점점 더 많은 초점을 맞추게 됨에 따라 경쟁적 문화와 협력적 문화 간의 구분이 이루어졌음 / 리더십에 대한 새로운 패러다임과 높은 수준의 유대감이 어떻게 인식되고 촉진되고 있는지를 이해할 필요가 있음 / 다양한 문화간의 관계적 차이점을 이해하면서 일을 하는 방법을 파악해야 함.

일터에서의 긍정심리학 연구들 중 대부분은 서구의 이념과 자본주의 사상 범위 내의 선진국 자료들을 기반으로 이루어졌다. 그래서 우리는 개발도상국 사람들의 일의 삶에 대해서는 그다지 많은 것을 알지 못하고 있다. 또한, 전문직과 사무직군과 관련된 연구가 많은 것에 대해서도 고려해볼 필요가 있다.

일터에서의 긍정심리학은 현재 확장해나가고 있으며, 매우 빨리 변화하고 있는 세상에 발맞춰 나갈 필요가 있는 분야이다. 하지만 긍정심리학 패러다임의 가치와 신념은 비즈니스 환경에서 주로 통용되는 가치와 항상 일치하지는 않는다. 긍정심리학 접근법은 다음과 같이 보다 큰 이슈들을 다룰 필요가 있다. 금전적으로 어려운 상황에서, 다양한 역할을 하는 사람들의 웰빙에 지속적으로 초점을 맞출 수 있는 방법은 무엇일까? 핵심적인 역할을 맡지 못한 사람들의 가치를 계속해서 인정해줄수 있는 방법은 무엇일까?

권한위임, 감사, 정서활용능력과 같은 분야 내의 많은 구인들은 일터에서의 관계에 대한 자료들을 제공해주고 있지만, 그 구인들의 영향력과 유지 가능한 효율성에 대해서는 맥락적 요소가 중요하다는 사실을 기억할 필요가 있다(Mills, Fleck & Koziowski, 2013). 조직의 문화를 고려하지 않은 상태에서, 긍정심리학 개입전략을 활용하기란 어려운 일이다. 이에 대해서는 전반적인 교육 현장에서의 웰빙을 위한 접근법을 다룬 많은 연구들이 근거를 제시해주고 있다(Noble, McGrath, Roffey, & Rowling, 2008). 조직 문화는 생태적인 개념이며, 다양한 심리학적 구조들을 통합해준다 - 개인 구성원의 웰빙과 지속적으로 성장하는 기업의 변화를 만들어내는 데 있어서 관계는 어떤 기능을 하는 것일까? 그리고 두 가지 요소 간의 상호작용은 어떤 것일까?

ASPIRE 체계는 관계적 가치가 행동에 대해 어떻게 영향을 미치는지에 대해 보여준다. 일터에서 독특하게 나타나는 상황은 아니지만, 그 어떤 맥락에서도 높은 수준의 유대감을 지원하는 다양한 상호관계 요소들이 존재한다. 하지만 하나의 개념으로서 보았을 때에는 조금 더 경험적 타당화 과정이 필요한 상황이다.

긍정적 관계에 대한 연구결과를 보면 중요한 통찰을 제공해주지만, 다양한 시간과 공간에 적용할 수 있도록, 긍정성을 파악하고 현 상황을 해체하며 좋은 점을 유지하는 방법에 대해서는 아직 정답을 찾아야 하는 궁금증들이 남아 있다. 관계란 복잡하고, 양방향적이며, 변동이 많은 개념이다. 특정한 개입전략이 창출한 결과를 측정한다고 해도 다양한 맥락과 시기에 적용할 수 있는 효과를 보장할 수는 없다. 사람들의 실제 경험에 대해 더 많은 정보를 얻는 작업이 필요하다. 지금까지 수집된 대부분의 자료들은 실증적(positivistic)이고 선형적인 것이기 때문에, 세부적인 차이점을 나타내는 서사를 보여주기에는 다소 부족한 면이 있다.

관계에서의 웰빙에 도움이 되는 것이 무엇인지에 대한 연구결과들이 많이 제시되었지만, 그 요소들을 정책에 녹여내고, 대규모 조직과 거시적인 사회-정치적 수준에서 전반적으로 수행될 수 있도록 하려면 어떻게 하면 될 것인가? 예를 들어, 우리는 보다 수평적인 조직 구조와 더 높은 평등성을 가지고 있는 조직으로부터는 긍정적 연구결과를 얻었었지만, 다른 조직들에서는 위계적 문화와 관리 행동이 여전히 지속되고 있는 상황이다. 일터에서의 관계에서 발생하는 권력 이슈는 어떻게 해결하면 좋을까? 그리고 조직 체계에 대해 개인 심리학이 미치는 영향은 어떤 것들이 있을까?(Case & Maner, 2014). 각 개인과 조직의 성장을 조력하는 것이 일상적인 일의 삶에서의 현실이 될 필요가 있다는 주장의 근거를 어떻게 찾아낼 수 있을까?

결론

11장에서 필자는 변화무쌍한 일의 환경 내에서 긍정적 관계가 담당하는 역할을 리뷰해보았다. 흥미로운 문화 간 차이점이 존재하기는 하지만 일의 경험을 최적화시켜줄 수 있는 공통적인 핵심 요소들이 존재하는 것을 알 수 있었다. 그 요소들은 ASPIRE 체계로 정리해서 제시하였다. 긍정적 관계는 비교적 새롭게 관심을 받고 있는 긍정심리학 분야이며, 우리의 이해도를 심화시키고 확장시키기 위한 연구가 앞으로 더 이루어질 필요가 있다.

12장
일터에서의 겸손

돈 데이비스, 조슈아 후크, 설린 드블레어, 바네사 플라케어스
(Don E. Davis, Joshua N. Hook, Cirleen DeBlaere, and Vanessa Placeres)

서론

우리는 자기 자신에 대해 초점을 맞추는 사회와 세상에서 살고 있다. 아이들은 자존감을 높이라는 주위의 응원을 받는다. 성인 초기에는 자신의 독특한 재주와 재능에 적합한 진로를 찾으라는 기대를 받는다. 성인이 되면 자신의 잠재력을 극대화시키라는 요구도 받는다. 이와 같은 문화적 초점이 가지고 있는 문제점은 오늘날의 사회에 살고 있는 사람들이 겸손에 대해 고민하고 있다는 사실이다. 어떤 연구자들에 따르면, 우리는 예전보다 훨씬 더 많이 자기애적인 경향 때문에 어려움을 겪고 있다고 한다(Twenge & Campbell, 2009).

이와 같은 어려움을 고려하면서, 우리는 12장에서 겸손이 우리의 일의 삶에 어떻게 영향을 미칠 수 있는지에 대해 탐색해보려고 한다. 긍정심리학 연구에서 중요하게 다루어지고 있는 다른 구인들(주관적인 웰빙, 감사, 용서)과 비교해볼 때, 겸손에 대한 과학적 연구는 시작이 느린 편이다. 긍정심리학 운동이 시작된 후 초반 10년 동안, 겸손에 대한 연구는 심리학자들로부터 그다지 큰 관심을 받지 못했다(Davis, Worthington, & Hook, 2010). 중요

한 점은, 겸손이 아주 다루기 힘든 측정에 대한 문제를 가지고 있다고 보여지는 것이다. 핵심적인 문제는 겸손에 대한 조작적 정의를 하는 데 있어서 사용되는 자기보고식 측정도구의 타당도이다. "매우 겸손하다"라고 주장하는 것은 자랑하는 것처럼 보일 수 있고, 일반적으로 겸손한 사람에게 기대하는 것과 반대되는 모습이다. 매우 높은 수준의 겸손함을 가진 사람들은 자기보고식 측정도구에 응답을 할 때 고민할 수 있고, 반대로 자기애적인 경향을 가진 사람들은 자신의 응답수준을 의도적으로 높일 가능성이 있다는 걱정이 있다.

하지만 2010년 이후부터 겸손에 대한 과학적 연구가 눈에 띄게 늘어나기 시작했다. 측정도구에 대한 염려가 있었기 때문에, 연구자들은 겸손에 대한 새로운 측정도구를 개발하기 시작했다. 예를 들어, 측정도구에 대한 최근 리뷰에서는 겸손에 대한 측정도구를 14가지 소개하였다(Davis & Hook, 2014). 또한 연구자들은 이와 같이 측정도구에 대한 이슈를 해결하는 것과 동시에, 겸손이 중요한 기능을 하는 다양한 맥락들을 탐색하기 시작했다. 12장에서 우리는 그중에서도 매우 유망한 맥락들 중 하나를 리뷰해보려고 한다-일터에서의 겸손. 특히,

우리는 조직 리더십에서 겸손이 담당하는 역할을 탐색해볼 계획이다.

첫 번째로는 일터 맥락에서의 겸손에 대한 정의 및 측정도구에 대한 전반적인 리뷰를 해보도록 하겠다. 그 다음으로는 조직에 대해 겸손이 제공하는 혜택에 대한 이론과 경험적 연구를 리뷰해볼 것이다. 마지막으로는 미래의 연구에서 다룰 흥미 있는 몇 가지 영역들을 예상해보고 설명해보도록 하겠다.

확장되어가고 있는 다양한 정의들

새롭게 나타나고 있는 연구 분야들과 같이, 겸손에 대한 정의와 측정도구는 한 가지로 고정되기보다는 확장되어왔다. 연구자들은 겸손에 대해 평가하고 측정하기 위해 몇몇 전략들(자기보고식 설문조사, 타인보고식 설문조사, 관찰 측정법, 묵시적 측정)을 사용해왔다(Davis, Worthington, & Hook, 2010). 겸손에 대한 초반 연구에서는 자기보고식 측정도구의 타당도에 대해 의문을 제기했지만, 겸손의 자기보고식 측정도구의 정확성에 대해 검증해본 경험적 연구들은 심각한 걱정이 필요하다는 근거를 찾아내지 못했다(Davis et al., 2013). 사실, 겸손에 대한 자기보고식 측정도구 연구들을 보면, (a) 잘 알려진 다른 측정도구와 함께 사용해보았을 때, 자기보고와 타인보고의 결과의 합치도가 높게 나타났고, (b) 예언 타당도에 대한 근거가 제시되었다(Cohen, Panter, Turan, Morse, & Kim, 2013). 성격의 다각적 특질에 대한 연구 분야에서는 오랫동안 다양한 전략들(자기보고법, 타인보고법, 실제 행동의 관찰법)을 사용해왔다(Baumeister, Vohs, & Funder, 2007; Dorn, Hook, Davis, Van Tongeren, & Worthington, 2014). 연구자들은 예전부터 측정도구에 대한 고민을 가지고 있었지만(Tangney, 2000), 우리는 현재 겸손에 대해 연구를 하고 있는 사람들이 경험하는 주된 도전과제는 개념적 정교화에 대한 니즈라고 믿고 있다.

겸손에 대한 정의는 거의 항상 대인내적인 요소와 대인 간 요소를 모두 포함하고 있으며, 대인 간 요소보다는 대인내적인 요소에 대한 합의가 더 많이 이루어져 있는 편이다. 대인내적 요소에 있어서, 겸손은 자기에 대해 명확한 시각을 가지고 있다. 많은 연구자들은 한 사람의 제한점에 대해 명료한 시각을 가지는 것이 중요하다고 강조하고 있지만, 일부 연구자들은 겸손이란 자신의 강점에 대해 명확한 시각을 가지는 것이라고 주장한다. 예를 들어, 겸손한 리더는 다른 팀구성원과 비교해보았을 때 자신의 능력을 과대평가하거나 과소평가하기보다는, 자기 자신에 대해 '정확한' 시각을 가진다고 말할 수 있겠다.

겸손의 대인 간/관계적인 면에 대해서는 합의된 면이 많지 않다. 어떤 연구자들에 있어서는 대인 간 특성에 대해 자기-초점보다는 타인-초점적인 시각을 가지는 것이 겸손에 있어서의 중요한 점이다(Davis et al., 2011). 마찬가지로, 겸손은 대인 간 겸손함(modesty), 학습 능력, 타인에 대한 감사함을 표현하고자 하는 의지를 포함하는 경우가 많다(Owens, Johnson, & Mitchell, 2013). 반대로, 어떤 연구자들은 대인 간 특성은 겸손의 정의를 구성하는 요소이기보다는 상관변인으로 보고 있다-즉, 겸손의 핵심요소는 심리내적인 특성이고, 대인 간 특성은 겸손에 관련된(핵심은 아닌) 변인이라는 것이다.

성격에 대한 시각에서 볼 때, 한 사람이 가지고 있는 특질을 명확하게 판단하려면, 특질과 관련된 행동을 관찰할 수 있어야 한다(Funder, 1995). 따라서, 우리는 겸손의 정의에서 핵심요소인 대인 간 행동을 고려할 필요가 있으며, 사람들은 자기 자신이나 타인의 행동을 관찰하면서 간접적으로 그 사람의 심리내적인 특성을 추론하게 된다. 용기에 대해 정확하게 판단을 하려면, 상대방이 위험의 맥락에서 어떻게 반응하는지를 보아야 하듯이, 겸손에 대해 판단을 하기 위해서는 상대방이 이기주의와 방어적 태도를 불러일으킬 가능성이 있는 환경에서 어떻게 반응하는지를 관찰할 수 있는 능력이 필요하다(Davis et al., 2013). 겸손의 대인 간 특성을 정의하기 힘든 이유들 중의 하나는, 겸손이 다음과 같은 다른 강점들과 관련된 매우 넓은 범위의 맥락에 관련될 가능성이 많기 때문이다. 용서(공격에 대해 어떻게 대처하는가), 감사(이득을 얻었을 때 어떻게 행동하는가). 이 두 가지 환경(그리고 다른 강점에 관련된 환경들)은 모두 겸손에 관련된다. 스스로 책임을 지고 사과하는 것을 거부하는 공격자는 거만하다는 평가를 받게 될 것이기 때문이다.

공격을 할 때 공격자가 아무런 자비를 베풀 생각이 없다고 생각해서, 공격행동에 대해 일반적인 사람들이 기대하는 것과 매우 동떨어진 정도로만 사과를 한다 해도, 역시 거만하다는 평가를 받을 것이다. 다른 사람들이 자신의 부채를 해결해주도록 하기 위해 선물을 주는 사람은 착취를 한다는 평가를 받게 된다. 결과적으로, 겸손과 연관성이 높은 환경은 매우 다양하게 많다. 갈등을 해결하는 방법, 아이디어에 대해 협상하는 방법, 권력의 차이점에 대해 대처하는 방법, 부를 사용하는 방법, 명예를 얻는 방법, 문화적 차이점을 다루는 방법.

이 이슈에 대해 좀더 세부적으로 논의하기 위해서는, 각 개인과 집단은 겸손에 대해 동일한 방법으로 이해하거나 평가하면 안 된다. 특정한 맥락에서 상대방을 거만하다고 이야기하려면, 그 사람이 대인관계상 공격행동을 해서, 개인적 경계선이나 사회적 규준을 어긴 다음에도 관계를 회복하려 하지 않을 때를 평가해봐야 한다. 즉, 사람들이 겸손에 대해 가지고 있는 지각은 가치관 및 문화적 표준과 연계되어 있다. 예를 들어 한 연구에서는, 민주적인 커뮤니티에서는 겸손이 자기-초월이나 개방성과 더 많은 관련이 있는 것으로 나타났지만, 보수적인 커뮤니티에서는 겸손이 권력을 존중하는 태도와 더 많은 상관이 있는 것으로 나타났다(Schwartz et al., 2012). 겸손 분야 연구자들은 아직 문화 및 대인 간 맥락이 겸손의 지각에 영향을 미치는 방법을 통합할 수 있는 강력한 이론을 제공하지 못하고 있다.

겸손의 핵심적인 요소인 다양한 대인 간 특성을 설명하기 위해, 연구자들은 복잡하고 다면적인 정의와 측정도구를 개발하였다. 예를 들어, 데이비스와 후크(Davis and Hook, 2014)는 기존에 존재하는 측정도구의 내용을 분석해서 여섯 가지 주제를 찾아내었다. (1) 타인지향(이기적이지 않음) (2) 개방

성(우월성의 부족) (3) 대인 간 겸손 (4) 실수를 인정하고자 하는 의지(학습능력) (5) 지위의 니즈에 대한 통제 (6) 영적/실존적 겸손.

최근에 개념적 정교화에 대해 제안된 또 하나의 전략에 포함된 이론은, 겸손의 여러 형태가 존재할 수 있으며, 겸손행동을 제약하는 맥락에 따라 다양하게 나타날 수 있다고 주장한다(McElroy et al., 2014). 다시 말해서, 어떤 연구자들은 특정한 하위영역에서의 겸손의 개념과 측정을 맥락화하기 시작했다. 지적 겸손이나 문화적 겸손. 이 시각에서는, 자기효능감이 영역-특수적일 수 있듯이, 겸손행동도 특정 맥락과 관련되어 고려할 필요가 있다고 주장한다. 이와 같은 이론화 작업에서는, 겸손의 모든 하위영역들이 전반적인 겸손 구인과 충분한 정도의 상관관계가 있는가, 그리고 하위영역들은 서로 독립적인 변인들인가에 대한 이슈를 제기하면서, 단순한 개념적 수준이 아니라 경험적 검증작업을 시도하고 있다. 이와 같은 하위영역에 대한 개념화는 보기에 차별화되는 것 같은 개념들을 보다 광범위한 겸손에 대한 연구의 맥락에서 통합시킬수 있는 또 다른 접근법을 제공하려 노력한다.

조직의 리더들이 가지고 있는 겸손을 측정해보기

조직의 리더십 연구에 관련해서는, 겸손에 대해 잘 알려진 측정도구가 두 가지 있다(그 외의 겸손 측정도구에 대한 리뷰를 하려면 다음의 연구들을 참고하면 된다; Davis, Worthington, & Hook, 2010; Davis & Hoo, 2014). HEXIDO-PI-R의 하위척도인 정직성-겸손성(HH, Honesty-Humility)과 표현된 겸손 척도(EHS, Expressed Humility Scale; Owens et al., 2013).

〈정직성-겸손성(HH) 하위척도〉

정직성-겸손성(HH) 하위척도는 조직 리더십에서의 겸손 연구분야에서, 지금까지 일반적인 겸손에 대해 가장 많이 사용되고 있는 측정도구이다. 정직성-겸손성(HH) 하위척도는 성격의 6요인 모델의 한 요소로서(겸손성-정직성, 정서성, 외향성, 순응성, 성실성, 개방성), 5요인 성격 모델의 무서운 경쟁

자로서 떠오르고 있다.

이 모델은 5요인 모델의 예언 타당도 부재에 대한 보완설명을 해주고 있다(Ashton, Lee, & deVries, 2014).

몇몇 겸손 분야의 연구자들은 정직성-겸손성(HH) 척도가 겸손을 측정하는 데 타당도가 높은 도구가 아니라고 생각하지만 우리는 이 장에서 그 의견에 대해 도전해보려고 한다. 정직성-겸손성(HH) 척도에 대해 주로 나오는 비판은, 겸손과 관련되어 있는 문항들을 포함하고 있지만, 겸손의 기존 정의와 맞지 않는 내용도 포함하고 있다는 것이다. 정직성-겸손성(HH) 척도는 네 가지의 하위척도를 가지고 있다. 공정성(Fairness / "내가 싫어하는 사람으로부터 뭔가를 얻어내고 싶다면, 그 사람이 기대하는 행동을 하도록 하기 위해 매우 친절하게 행동할 것이다"), 성실성(Sincerity / "내가 절대 잡히지 않으리라는 것을 확신할 수 있다면, 백만 달러를 훔칠 생각이 있다"), 겸손함(Modesty / "내가 다른 사람들보다 더 우월하다는 대우를 받고 싶지 않다"), 욕심-회피(Greed-Avoidance / "사회계층이 높고 부유한 이웃과 함께 살고 싶다").

우리도 공정성과 성실성은 겸손의 기존 정의와 관련도가 그다지 높지 않다는 것에 동의하지만 겸손함(Modesty)과 욕심-회피는 겸손의 하위영역 척도로 고려할 만한 논리적 근거가 있다고 생각한다. 개념적으로, 우리는 겸손의 하위영역으로서의 겸손함은 질투와 시기심을 회피하기 위해 타인에 대해 자신을 표현하는 것을 조절하는 행동을 포함한다는 시각을 가지고 있다. 정직성-겸손성(HH) 척도의 겸손함 하위척도는 겸손의 다른 척도들과 상관성이 높다(Davis et al., 2011). 욕심-회피는 겸손에서 자주 관심을 받지 못하는 측면으로서, 지위, 특히 물질주의와 부에 대한 동기를 조절할 수 있는 능력에 관련된 부분이다. 명확한 체계가 없지는 하지만 겸손에서 가치를 인정받고 있는 특성들, 예를 들어 영성적 겸손(Davis, Hoo, et al., 2010)이나 문화적 겸손(Hook, Davis, Owen, Worthington, & Utsey, 2013)과 앞에서 설명한 하위영역들과의 관계가 없다고 주장할 이유는 없다고 생각한다.

〈표현된 겸손 척도〉

리더의 겸손에 대해 잘 알려진 척도는 표현된 겸손 척도(EHS / Expressed Humility Scale, Owens et al., 2013)이다. 표현된 겸손 척도(EHS)가 일터에서의 겸손 연구에 도움이 되는 실용적인 점은 세 가지의 하위척도가 특히 조직의 맥락에서 개념화되었다는 점이다. 그 외의 또 다른 강점은 문항개발을 하는 데 있어서 엄격한 질적연구방법을 사용했다는 것이 있다(Owens & Hekman, 2012). 오웬스와 동료들(Owens et al., 2013)은 조직 임원들과의 인터뷰를 통해, 다음과 같은 겸손의 개념화를 진행하였다. (1) 자기 자신에 대해 명확한 시각을 가지기 (2) 타인의 강점을 인정하기 (3) 교육을 받아들이기. 오웬스와 동료들은 학부생과 지역주민들을 대상으로 한 연속적 연구에서, 탐색적/확인적 요인분석을 사용하여 척도를 개발하고, 구인타당도에 대한 초반 근거를 제공하였다. 특히 첫 번째로 이루어진 연구에서, 표현된 겸손은 겸손함(modesty), 나르시시즘, 정직성-겸손, 기대하는 방향에서의 학습목표 지향과 강한 상관성을 보였고, 개방성, 정서적 안정성, 핵심적 자기-평가와 중간 정도의 정적 상관관계를 나타냈으며, 성실성과 외향성과는 상관성이 낮은 것으로 나타났다.

팀에서 10주 동안 일했던 경영학 전공 학부생을 대상으로 한 두 번째 연구에서는, 표현된 겸손이 개인 및 팀의 성과와의 관련성을 나타내었다. 표현된 겸손은 인구학적 변인(예: 연령, 젠더, 인종, 업무 경험, 개방성, 핵심적인 자기-평가)을 통제한 후에도 개인 및 팀의 성과, 자기효능감, 성실성, 정신적 능력을 긍정적으로 예측하였다. 추가적으로, 표현된 겸손은 정신적 능력이 낮은 경우의 업무성과와 강하고 긍정적인 관계를 나타냈다. 즉, 겸손은 특히 지능이 낮은 경우를 보완할 수 있는 방법으로서 특히 중요하다는 것이다. 왜냐하면, 리더에게 있어서 리더역할을 할 수 있는 자신의 역할을 과대평가해주는 것은 대인관계상 공격적으로 느껴질 수 있고, 인지적 능력이 낮은 개인이 효율적인 리더십을 구축할 수 있는 하나의 방법은 자신의 한계를 인식하고 타인의 강점을 끌어내는 것이기 때문이다.

세 번째 현장연구는 건강서비스를 하는 조직의 구성원 704명을 대상으로 하였는데, 표현된 겸손은 직무몰입(r=.25), 직무만족(r=.44), 팀의 학습 목표-지향(r=.35), 자발적인 이직율(r=-.14)과 관련이 있는 것으로 나타났다. 중요한 것은, 표현된 겸손이 공변인(예: 젠더, 인종, 근속기간, 특정 리더와 함께 일한 기간)을 통제한 후에도 이 구인들을 예측했다는 사실이다.

하지만 표현된 겸손 척도의 문항은 리더-부하직원 관계에서 개발된 것이기 때문에, 이 행동들은 다른 관계 맥락(예: 결혼)에서의 겸손과는 관련성이 적을 수 있다는 제약이 있다. 따라서, 연구자들은 다양한 대인 간 하위영역들을 추가하여 지속적인 연구를 해야 할 필요가 있는 것이다. 우리가 추가적으로 겸손을 연구해볼 맥락들은 다음과 같다. 의료서비스(Baughman, Aultman, Ludwick, & O'Neill, 2014; Beagan & Chacala, 2012; Brown et al., 2011; Carter & Swan, 2012; Griswold, Zayas, Kernan, & Wagner, 2007; Mahant, Jovcevska, & Wadhwa, 2012; Varkey, Peloquin, Reed, Lindor, & Harris, 2009), 학교(Theoharis, 2008), 커플(Farrell et al., 2015), 종교(Boyatzis, Brizz, & Godwin, 2011), 이문화적인 관계(Hook et al., 2013). 우리가 행동을 수집할 수 있는 하위영역은 이와 같이 많다.

조직 리더십에서의 겸손에 대한 이론과 연구

조직 리더십 맥락에서의 겸손에 대한 초반 연구에서, 연구자들은 조직과 구성원들에 대해 겸손이 미칠 수 있는 긍정적 혜택에 대해 초점을 맞추었다(이 연구의 방법론과 결과들은 표 12.1에 요약되어 있다). 우리는 조직 리더십 맥락 내의 겸손이 가지는 중요성을 강조하는 네 가지 이론을 기반으로 하여 초기 연구를 구조화하였다. (1) 겸손과 사회적 유대 (2) 겸손과 도덕성 (3) 겸손의 전염성 (4) 사회적 오일(oil)로서의 겸손.

〈겸손과 사회적 유대〉

사회적 유대에 대한 가설에서는 겸손이라는 개념은 사회적 유대를 조절한다고 주장한다. 사회적 유대는 상호의존적인 관계에서, 사람들이 자신의 니즈뿐 아니라 타인의 니즈에 맞춰 행동하도록 한다는 것이다. 데이비스와 동료들(Davis et al., 2013)은 상대방이 겸손하다고 지각하는 이유들 중 하나는, 상대방이 동기가 이기적이기보다는 타인-지향적이라고 인식하는 것이라고 주장하였다. 간단하게 설명하면, 겸손한 사람은 이기적인 태도를 넘어서서, '나'보다 '우리'를 강조한다는 것이다. 겸손은 사고, 행동, 동기가 통합된 것이다. 겸손한 사람은 자기 자신에 대해 명확한 시각을 가지고 겸손한 행동을 할 뿐 아니라, 다른 사람들과 관계를 맺을 때 타인-지향의 동기를 발달시킨다. 데이비스와 동료들(2013)은 이타주의 이론을 개발하여, 겸손을 촉진할 수 있는 관계적 요인들(예: 상호의존성의 지각)을 설명하고, 겸손의 지각이 사회적 유대에 대한 조절작업을 어떻게 조력하는지를 설명하였다. 연구자들은 타인의 겸손을 인정하게 되면, 사회적 유대의 강도를 조절할 수 있다고 주장하였다. 사회적 유대가 협력과 친밀한 관계를 강화하기는 하지만 사람들이 특정 관계에 대해 강한 유대를 가지고 있는 만큼 착취의 대상이 될 수 있는 가능성이 있다. 자신의 헌신과 충성에 대한 보상을 상대방으로부터 받지 못할 수 있는 것이다. 따라서, 사회적 유대를 위해서는 명확한 조절이 요구된다. 이론에 따르면, 상대방이 거만하고 이기적으로 행동하는 것을 보았을 때, 상대방을 겸손하지 않다고 판단하고 사회적 유대를 약화시키게 된다고 한다. 반대로, 이기적이지 않고 타인-지향적인 행동을 하는 사람을 보게 되면 사회적 유대가 강화될 수밖에 없다.

이와 같은 아이디어는 스탠리(Stanley)의 헌신과 희생에 대한 연구에서 정리되었다(Stanley, Rhoades, & Whitton, 2010). 헌신에는 사회적 유대에 대한 심리적 인식이 포함된다. 관계를 계속하고 정서적 애착을 유지하고자 하는 욕구(Rusbult, 1980), 다른 선택이나 관계에서의 파트너에 대한 다른 선택이나 대안을 포기한다는 판단, 관계를 위한 미래-지향적　　　태도(Stanley et al., 2010).

[표 12.1] 리뷰과정에 포함된 연구의 방법론

연구논문	연구대상	겸손의 측정도구	측정지표	핵심 발견
바스포드, 오퍼만, 베흐렌드(Basford, Offerman, & Behrend, 2014)	조직구성원 511명	오웬스(Owens, 2009)의 겸손 척도(9문항)	정보원 신뢰도, 변혁적 리더십, 사과의 성실성, 용서, 관계적 겸손, 상사에 대한 신뢰/충성도, 상사에 대한 만족도, 리더-구성원의 상호작용, 정서적인 조직 헌신, 맥락적 변인들	신뢰도 요인(신뢰성과 배려/선의)이 있다면 리더의 사과에서 긍정적 관계가 표현된다. 리더의 사과 성실성에 대한 구성원의 평가는 리더에 대한 구성원의 반응에 유의미한 영향을 미치고, 리더십에 대한 신뢰를 강화시킨다.
부르다지, 리, 리, 신(Bourdage, Lee, Lee, & Shin, 2012)	한국 조직구성원 262명	정직성-겸손성(HH) 척도	조직 시민 행동 동기, 근로자가 평가한 조직 시민 행동	정직성-겸손성 척도는 인상관리와는 연관성이 나타났지만, 다른 동기와는 관련이 없었다.
코헨, 팬터, 투란, 모스, 킴(Cohen, Panter, Turan, Morse, Kim, 2014; 연구 1)	조직구성원 1,020명 / 동료 215명	정직성-겸손성(HH) 척도	인구통계학적 특성, 성격, 도덕성, 업무 환경	- 잠재적 프로파일 분석을 통해, 도덕성이 높은 그룹, 보통인 그룹, 낮은 그룹으로 분류하였다. - 정직성-겸손성(HH) 척도는 각 그룹을 분류하는 데 있어서 더 효율적인 척도들 중 하나였다.
코헨과 동료들 (Cohen et al., 2014; 연구 2)	조직구성원 494명 / 동료 126명	정직성-겸손성(HH) 척도	정서, 업무 경험, 행동	세 가지 그룹의 분류를 재검증했다. 각 그룹의 분류는 일터에서의 유해한/도움이 되는 행동에 대한 자가평가/구성원 평가를 예측하였다.
코헨과 동료들 (Cohen et al., 2014; 연구 3)	조직구성원 553명	정직성-겸손성(HH) 척도	성격과 사회적 행동	세 가지 그룹의 분류를 재검증했다. 각 그룹의 분류는 범죄행동과 비윤리적인 협상 전략에 대한 태도를 예측하였다.
드 브리스 (de Vries, 2012)	리더 113명 / 부하직원 201명	정직성-겸손성(HH) 척도	윤리적 리더십, 카리스마 리더십, 지지적 리더십, 과제지향적 리더십, 통제요인들	정직성-겸손성(HH) 척도는 방법에 관련된 오염요인을 통제한 후, 윤리적 리더십에 대해 강한 정적상관을 보였고, 과제-지향적 리더십에 대해 강한 부정 상관을 보였다.
에펠스버스, 솔가, 거트(Effelsberg, Solga, & Gurt, 2014)	조직구성원 321명	정직성-겸손성(HH) 척도	변혁적 리더십, 조직 동일시, 이타적인 친조직적 행동	변혁적 리더십은 구성원이 자신의 개인적 이득을 포기하고 조직의 이익을 우선시하고자 하는 의지를 강화하였다.
그레이헥, 톰슨, 톨리버(Grahek, Thompson, & Toliver, 2014)	리더십 프로그램의 참가자 274명	자가개발 척도	행동 평가, 중요성 평가, 캘리포니아 심리척도(California Psychological Inventory)	겸손은 동일한 도구로 측정한 다른 특성에 대한 평가와 강한 연관성을 보였고, 캘리포니아 심리척도의 다양한 하위척도와는 약한 상관관계를 나타냈다.
요나슨, 맥케인 (Jonason & McCain, 2012)	조직구성원 269명	정직성-겸손성(HH) 척도	성격의 5요인, 직무 스킬에 대한 상사의 평가	정직성-겸손성(HH) 척도는 직업 스킬을 잘 예측했지만, 5요인 모델에 대한 예측도는 낮았다.

연구논문	연구대상	겸손의 측정도구	측정지표	핵심 발견
리, 애쉬튼, 모리슨, 코데리, 던롭(Lee, Ashton, Morrison, Cordery, & Dunlop, 2008; 연구 1)	신입직원 지원자 1,105명	정직성-겸손성(HH) 척도	성격의 6요인 모델(HEXACO)	정직성-겸손성(HH) 척도는 위험성이 높은 인적자원 채용 상황에서도 다른 성격 요인으로부터 구분되었다.
리와 동료들 (Lee et al., 2008; 연구 2)	학부생 326명	정직성-겸손성(HH) 척도	인구통계학적 요인, 성격의 5요인, 진실성(integrity), 윤리적 의사결정	정직성-겸손성(HH) 척도는 진실성검사의 수치와, 비즈니스 상황에서의 윤리적 의사결정 과제 결과를 예측하였다.
마커스, 리, 애쉬턴 (Marcus, Lee, & Ashton, 2007)	조직 구성원 및 독일/캐나다 출신 학생 853명	정직성-겸손성(HH) 척도	비생산적인 업무 행동, 비생산적인 학문적 행동, 진실성	정직성-겸손성(HH) 척도는 명시적인 진실성 검사에서 더 중요한 역할을 하였다. 성격의 5요인은 성격을 기반으로 한 진실성 검사에서 더 중요한 기능을 하였다.
맥엘로이, 라이스, 데이비스, 후크, 일, 워팅턴, 반 톤제렌 (McElroy, Rice, Davis, Hook, Hill, Worthington, & Van Tongeren, 2014; 연구 1)	지역주민 213명	지적인 겸손 척도 (Intellectual Humility Scale), 60문항 (자체개발)	없음	지적인 겸손 측정도구를 개발하였다. 문항을 선택할 때 탐색적 요인분석을 활용하였다. 측정도구의 최종 버전은 2요인, 12개 문항으로 구성되었다.
맥엘로이와 동료들(2014; 연구 2)	지역주민 213명	지적인 겸손 척도	없음	2요인 구조는 두 번째 샘플에서도 잘 검증되었다.
맥엘로이와 동료들(2014; 연구 3)	학부생 139명	지적인 겸손 척도	파트너의 신뢰도, 성격의 5요인	자신의 리더가 지적으로 보다 겸손하다고 지각하는 경우는 신뢰도가 더 큰 것으로 나타났다. 지적인 겸손은 동의성과 개방성과의 상관성을 보였다.
맥엘로이와 동료들(McEloy et al., 2014; 연구 4)	학부생 105명	지적인 겸손 척도	신성 모독, 신에 대한 긍정적/부정적 태도, 용서	지적인 겸손은 신에 대한 긍정적 태도와 정적 상관관계를 보였고, 신에 대한 분노와 부적 상관관계를 나타냈다.
미탈, 도르프만 (Mittal & Dorfman, 2012)	59개 사회의 관리자 12,681명	서번트 리더십에 대한 자가개발 척도	권력 거리, 모호성 회피, 인간성 지향, 집단주의, 주장성, 젠더 평등주의, 미래 지향, 성과 지향	겸손은 유럽 문화보다 아시아 문화에서 서번트 리더십의 한 요소로 더 강하게 인정받고 있었다. 겸손은 모호성 회피, 집단주의, 주장성, 미래 지향, 성과 지향이라는 가치와 상관관계가 나타났다.
오건포와라 (Ogunfowara, 2014; 연구 1)	진로 박람회 참가자 111명	윤리적 리더십 척도	조직의 평판, 직업 추구 의도, 직업 추구 행동, 윤리적 리더십	취업 준비생들은 진로 박람회에서 윤리적인 CEO가 있는(겸손 특성이 포함된) 조직에서 직업을 찾으려는 경향이 높았다. 조직의 평판에 대한 지각은 CEO의 윤리성과 직업 추구 간의 관계를 매개하였다.

연구논문	연구대상	겸손의 측정도구	측정지표	핵심 발견
오건포와라 (Ogunfowora, 2014; 연구 2)	학부생 335명	정직성-겸손성 (HH) 척도	성격, 가치 일치성에 대한 지각, 가치 일치성, 조직의 평판, 윤리적 리더십	CEO의 가치 일치성에 대한 지각은 CEO의 윤리성과 직업 추구 간의 관계를 매개하였다. 그 효과는 유망한 취업 준비생의 정직성-겸손성(HH) 척도의 성격 조건에 따라 다르게 나타났다.
오건포와라, 부르다지 (Ogufowora & Bourdage, 2014)	학부생 237명	정직성-겸손성 (HH) 척도	성격, 도덕적 이탈, 리더십 발생	- 정직성-겸손성(HH) 척도는 리더십 발생에 대해 유의미한 직접적 효과는 없었다. - 정직성-겸손성(HH) 척도의 수준이 낮은 사람들은 도덕적 이탈을 경험하는 경우가 많았고, 그로 인해 리더십 발생에 대한 자기-동료 평가가 낮게 나타났다.
오건포와라, 부르다지, 구엔 (Ogunfowora, Bourdage, & Nguyen, 2013; 연구 1)	학부생 258명	정직성-겸손성 (HH) 척도	자기-점검	자기점검을 많이 하는 사람들은 정직하지 못한 경향과 자기이득에 대한 지향성 때문에 정직성-겸손성(HH) 척도에서 낮은 점수를 받는 경향을 나타냈다.
오건포와라와 동료들 (Ogunfowara et al., 2013; 연구 2)	학부생 215명	정직성-겸손성 (HH) 척도	성격의 5요인, 활기, 사회적 유대, 자기점검	자기점검을 많이 하는 사람들은 비윤리적 비즈니스 의사결정을 하는 경우를 많이 보였으며, 이는 도덕적 이탈 경향성에 의해 매개되었다. 이 효과는 정직성-겸손성(HH) 척도를 통제한 경우, 사라졌다.
오, 애쉬튼, 드 브리스(Oh, Ashton, & de Vries, 2014)	한국의 예비 군인 217명	정직성-겸손성 (HH) 척도	인지적 능력, 맥락적 성과, 과제 성과	정직성-겸손성(HH) 척도는 맥락적 성과에서는 부가적 타당도를 보였으나, 과제 성과에서는 그렇지 않았다.
우와 동료들(Ou et al., 2014; 연구 1)	중국 학부생 276명	자체개발 척도	없음	요인 3가지로 탐색적 요인 분석을 실시하였다.
우와 동료들 (2014; 연구 2)	중국 MBA 학생 286명	자체개발 척도	핵심적 자기-평가, 학습 목표 지향, 겸손함, 나르시시즘	확인적 요인 분석은 적절한 적합성을 보여주었다. 구인 타당도의 초반 근거가 나타났다.
우와 동료들 (2014; 연구 3)	CEO 130명, 중간관리자 645명	자체개발 척도	CEO의 겸손, 권한위임을 하는 리더십, 최고위 경영진(TMT / Top Management Team)의 통합, 권한위임을 하는 조직 분위기, 중간관리자의 업무 몰입, 정서적 헌신, 직업 성과	CEO의 겸손은 권한위임이라는 리더십 행동에 관련되어 있었고, 이는 더 큰 최고위 경영진의 통합을 이끌어냈다. 최고위 경영진의 통합이 잘 되는 경우는 조직분위기상 권한위임이 더 많이 이루어지고, 이는 더 큰 업무 몰입, 정서적 헌신, 직업 성과와 관련되는 것으로 나타났다.

연구논문	연구대상	겸손의 측정도구	측정지표	핵심 발견
오웬스, 존슨, 미첼 (Owens, Johnson, & Mitchell, 2013; 연구 1)	경영학 전공생 165명, 경영학 전공생 236명, 경영학 전공생 124명, 의료분야 조직의 구성원 511명, 풀타임 구성원 263명	표현된 겸손 척도 (EHS / 자가개발)	겸손함, 나르시시즘, 성실성, 외향성, 경험에 대한 개방성, 정서적 안정성, 핵심적인 자기-평가, 정직성-겸손성(HH) 척도, 학습 목표 지향	탐색적 요인 분석을 통해 3가지 요인이 제시되었다.\n확인적 요인 분석 결과는 두 가지 종류의 추가적 연구대상에서도 동일하게 나타났다.\n시간적 안정성의 근거가 나타났다.\n변별 타당도의 근거가 나타났다.
오웬스와 동료들 (2013; 연구 2)	경영학 전공생 144명	표현된 겸손 척도 (EHS)	개방성, 핵심적인 자기-평가, 자기효능감, 성실성, 일반적인 정신 능력, 팀기여, 개인의 성과	증가 예측타당도의 근거가 발견되었다.\n겸손은 낮은 지능에 대한 보완을 조력하는 것으로 나타났다.
오웬스와 동료들 (2013, 연구 3)	건강서비스 조직의 구성원 704명	표현된 겸손 척도 (EHS)	직업 몰입도, 직업 만족도, 팀 리더의 성장지향, 자발적인 이직율	겸손은 직업 몰입도, 직업 만족도, 팀 성장 지향, 자발적인 이직율을 예측했다.
오웬스와 해크만 (Owens & Heckman, 2015; 연구 1)	학부생 89명	표현된 겸손 척도 (EHS)	팀의 집단적 촉진에 대한 초점, 팀 성과	팀이 평가한 리더의 겸손은 집단적 겸손을 통해 팀의 집단적 촉진에 대한 초점을 긍정적으로 예측하였다.
오웬스와 해크만 (2015; 연구 2)	학부생 192명	표현된 겸손 척도 (EHS)	팀의 집단적 촉진에 대한 초점, 팀 성과	집단적 촉진 초점은 집단적 겸손과 팀 성과 간의 관계를 매개하였다.
오웬스와 해크만 (2015, 연구 3)	건강 서비스 조직의 구성원 362명	표현된 겸손 척도 (EHS)	팀의 집단적 촉진에 대한 초점, 팀 성과	리더의 겸손은 전체적인 팀 성과에 있어서 중요한 역할을 하며, 집단적 겸손과 집단적 촉진 초점의 두 단계 과정을 통해 영향을 미친다.\n과제 배정의 효율성은 리더의 겸손 및 팀 성과의 효과를 매재한다.
오웬스, 왈라스, 워크맨(Owens, Wallace, & Walkman, 2015)	조직구성원 876명	표현된 겸손 척도 (EHS)	리더의 나르시시즘, 리더의 효율성에 대한 지각, 부하직원의 직업 몰입도, 부하직원의 주관적인 성과, 부하직원의 객관적인 성과, 통제변인들	겸손은 일터 성과에 대해 나르시시즘이 미칠수 있는 부정적인 효과에 대한 버퍼 역할을 하였다.
슈나이더, 고핀 (Schneider & Goffin, 2012)	학부생 213명	정직성-겸손성 (HH) 척도	속일 수 있는 능력, 자기-기만, 인상 관리, 불안, 시험을 치르고자하는 동기, 성격의 5요인 모델, 비생산적인 업무 행동	정직성-겸손성(HH) 척도는 속일수 있는 능력과 인상 관리에 대한 지각과 관련이 있었지만, 자기-기만, 시험을 치르고자 하는 동기, 불안과는 관련이 없었다.
투렌버그, 우우스트롬, 폴렛 (Toorenburg, Oostrom, & Pollet, 2015)	채용담당자 73명	정직성-겸손성 (HH) 척도	인지적 능력과 고용능력	비공식적인 이메일 주소는 고용능력에 대한 낮은 평가와 관련이 있었고, 이 관계는 겸손에 대한 지각에 의해 매개되었다.

연구논문	연구대상	겸손의 측정도구	측정지표	핵심 발견
윌트셔, 부르다지, 리(Wiltshire, Bourdage, & Lee, 2014)	조직구성원 368명	정직성-겸손성(HH) 척도	조직 정치에 대한 지각, 성격, 비생산적 업무 행동, 인상 관리 행동, 직업 스트레스, 직업 만족도, 통제 변인들	겸손-정직은 지각된 조직 정치와 역기능적 업무행동 간의 관계를 증폭시켰다.

* 출처: 저자

헌신에 대한 이론은 또한 압력이 있는 상황에서 겸손을 가장 정확하게 평가할 수 있다는 우리의 전제와 일치한다. 사회적 유대의 강도 및 헌신의 수준을 명료화하는 작업을 도와줄 수 있는 특정 상황이 몇몇 존재한다. 겸손에 제약을 가하는 진단적 환경은 사람들로 하여금 헌신도에 대해 명확하게 판단할 수 있게 도와준다. 사람들은 자신의 개인적인 이익과 조직의 니즈를 비교하게 되기 때문이다(Holmes & Rempel, 1989; Wieselquist, Rusbult, Foster, & Agnew, 1999). 이와 같은 환경에서, 누군가 타인과의 관계에 미칠 이득을 우선시하고, 즉각적인 자신의 개인적 이익을 포기한다면, 관계에 대해 그 사람이 기여하는 정도에 대해 명확한 시그널을 보여주는 것이라고 말할 수 있다. 이는 희생-행동으로서, 겸손에 관련된 행동으로 개념화 가능하다.

헌신 수준이 높은 관계에서, 개인이 파트너의 흥미를 자신의 것같이 소중히 여길 때, 동기의 변형이 일어나게 된다(Rusbult, 1980). 서로를 위한 희생이 존재하지만 모두 그러한 상황을 즐기고 있어서, 긍정적 역동이 반복되어 지속적으로 헌신행동을 강화하게 되는 것이다(Stanley et al., 2010). 이러한 맥락에서, 겸손은 관계-특정적인 것이지만, 어떤 사람들은 모든 관계에서 더 높은 수준의 겸손을 발달시키고 있다. 즉, 그런 사람들은 상호의존성과 헌신을 최적화하는 관계를 협상해서 만들어 낸다는 것이다.

관계에서 겸손이 가지는 중요성에 대한 이러한 주장은 구성원의 신뢰와 헌신을 촉진하는 리더십 특성에 대한 이론에 잘 들어맞는다. 리더십-부하직원 관계에 기반되어 있는 권력의 차이 때문에, 혹시 일어날지도 모르는 착취를 지속적으로 모니터링할 필요성이 존재한다. 사회적 유대 가설에 따르면, 리더가 자신에게 주어진 기대사항을 위반하고 부하직원을 공격하는 경우, 부하직원이 리더의 특성(특히 겸손)에 대해 가지고 있는 시각을 변화시키는 것이 필요하다.

몇몇 경험적 연구에서는 사회적 유대 가설에 일치하는 결과들을 보고하였다. 예를 들어 보자. 드 브리스(de Vries, 2012)는 커뮤니티 구성원을 대상으로 한 연구에서, 정직성-겸손성(HH) 척도를 사용하여 겸손과 몇 가지 리더십 스타일간의 관계를 검증하였다. 이 리더십 스타일들은 성격의 6요인에 관련되어 있다는 가설을 세운 것으로, 윤리적 리더십, 카리스마 리더십, 지지적 리더십, 과제-지향적 리더십을 포함한다. 예측한 대로, 다른 보고 방법을 사용한 방법 변량(method variance)과 같은 공변량을 통제한 경우, 자기보고식 겸손은 자기보고된 윤리적 리더십과 강한 정적 상관관계를 보였다. 그리고 겸손은 과제-지향적 리더십과 강한 부적 상관관계를 보였다. 또다른 연구에서는 진로 박람회 참가자들이 비윤리적이거나 평판이 알려지지 않은 CEO와 비교해보았을 때, 윤리적 평판이 좋은 CEO와 더 많이 일하고 싶어하는 것을 발견했으며, 이러한 선호도는 특히 겸손 수준이 높은 참가자들에게서 강하게 나타났다(Ogunfowora, 2014).

겸손은 헌신의 강화를 통해 사회적 유대를 개발해주고, 공격이 발생한 후에도 사회적 유대를 복구하는 작업을 조력한다. 두 가지 연구에서는 조직의 맥락에서 이 가설에 대한 초기 근거 자료를 제공해 주었다(Basford, Offermann, & Behrend, 2014; McElroy et al., 2014). 바스포드와 동료들(Basford et al., 2014)은 커뮤니티의 조직구성원들을 대상으로 한 연구에서, 지각된 겸손은 용서와, 신뢰 및 헌신과 같은 기타 관계적 성과와 강한 정적 상관관계를 보인다는 것을 발견하였다. 그리고 맥 엘로이와 동료들(McElory et al., 2014)은 학부생을 대상으로 한 연구에서, 지각된 겸손은 종교 리더의 용서 특성과 상관관계가 있다는 것을 발견하기도 했다. 이 연구 두 가지는 모두 횡단연구설계라는 제한점이 있기 때문에, 가설에서 제시한 인과적 추론을 검증하기 위해서는 실험 설계나 종단 설계가 필요하다.

우리가 지금까지 리뷰해본 연구들은 구성원이 리더에 대해 어떻게 지각하는지에 대해 초점을 맞추어왔다. 하지만 겸손이 동료들과의 사회적 유대에 영향을 미친다는 근거도 존재한다. 예를 들어보자. 커뮤니티 구성원을 대상으로 한 연구에서, 겸손(정직성-겸손성(HH) 척도로 측정한)은 자기보고된 이타적인 친-조직 행동(r=.28)과 개인이나 조직의 혜택을 위한 복권을 배정하는 행동 과제(r=.15)와 상관관계가 있는 것으로 나타났다(Effelsberg, Solga, & Gurt, 2014).

또 다른 커뮤니티의 조직구성원을 대상으로 한 연구를 보면, 연구참여자들은 사내정치와 다른 업무 성과(직업 만족도, 직업 스트레스, 인상 관리 행동, 역생산적 업무 행동; Wiltshire, Bourdage, & Lee, 2014)에 대한 측정 도구에 응답하였다. 연구자들은 정직성-겸손성(HH) 척도에 의해 측정된 겸손은 사내정치에 대한 지각과 부정적인 업무 성과 간의 관계에서 생기는 부정적 영향에 대한 버퍼 역할을 하는 것을 발견하였다. 지각된 사내 정치와 부정적인 업무 성과 간의 관계는 정직성-겸손성 수준이 높은 경우에 더 강하게 나타났다.

〈겸손과 도덕성〉
겸손 분야에서 두 번째로 눈에 많이 띄는 연구 흐름은 겸손이 도덕성과 밀접하게 관련되어 있다는 전제를 기반으로 하고 있다는 점이다. 이 전제가 옳다면, 겸손한 행동을 예측할 수 있다는 것은 인적자원 채용에 대해 매우 중요한 시사점을 주게 될 것이다. 왜냐하면, 겸손은 더 수준이 높은 윤리적 행동과 같은 일터에서의 성실성-관련 결과들과 연계되어 있고, 보복, 조직의 자원을 무책임하게 사용하기, 또는 정직하지 못한 행동과 같은 역생산적 업무 행동과 부적 상관관계가 있다는 근거가 일관적으로 나오고 있기 때문이다. 수십 년 동안, 연구자들은 성실성을 더 명확하게 측정할 수 있는 도구가 필요하다고 주장해왔고, 몇몇 초기 연구는 정직성-겸손성의 하위 척도를 사용해서 성실성과 관련된 행동을 예측할 수 있는지에 대해 탐색했다(Ashton et al., 2014). 지금부터는 겸손-도덕성 이론에 관련된 최근 연구 몇 가지를 간단히 리뷰해보도록 하겠다.

코헨, 팬터, 투란, 모스와 김(Cohen, Panter, Turan, Morse, and Kim, 2014)은 잠재 프로파일 분석(latent profile analysis)을 활용하여 2가지의 연구를 진행했는데, 여기에서는 도덕성이 높은 집단, 보통인 집단, 낮은 집단 이렇게 3개의 집단으로 나눌 수 있다는 것을 발견하였다. 이 그룹들은 다음과 같은 핵심적인 업무 성과를 예측할 수 있었다. 유해한 업무 행동, 도움이 되는 업무 행동, 범죄 행동, 비윤리적 협상 전략에 대한 태도. 다양한 도덕성 측정도구 중에서, 정직성-겸손성(HH) 하위척도와 성실성 척도는 도덕성의 세 집단(높음, 보통, 낮음)을 가장 명확하게 분류할 수 있는 두 가지의 척도이다.

정직성-겸손성(HH) 하위척도 또한 도덕성에 관련된 다른 변인들과의 관련성을 보인다. 예를 들어보자. 정직성-겸손성(HH / 자기보고 및 다른 방식의 보고) 척도는 대학생을 대상으로 하여, 성격의 5요인 외에도 성실성과 윤리적 의사결정을 예측했다(Lee, Ashton, Morrison, Cordery, & Dunlop, 2008). 경영학 전공 대학원생을 대상으로 한 연구에서 정직성-겸손성(HH) 하위척도는 도덕적 이탈(r=-.40)과 비윤리적 의사결정(r=-.47)과 부적 상관관계를 나타냈다(Ogunfowora, Bourdage, & Nguyen, 2013). 프로젝트를 하면서 함께 일했던 소집단 두 종류를 대상으로 하여 정직성-겸손성(HH)을 세 번 측정해보았더니, 더 낮은 수준의 도덕적 이탈을 통해 더 높은 수준의 리더십 발생과 부적 상관관계가 있었다(Ogunfowara & Bourdage, 2014).

이와 같은 초기의 연구결과들이 희망적이기는 하지만 정직성-겸손성(HH) 하위척도의 가치는 인적자원 채용의 맥락에서 아직 완전히 탐색되지는 못했다. 한 연구가 채용 맥락에서 HEXICO-PI-R의 6요인 구조를 반복검증하는 데에 성공하기는 했지만(Lee et al., 2008), 정직성-겸손성(HH)의 예측 타당도를 성과에 대한 다른 예측변인들과 비교하여 종단 연구에서 평가해보는 것이 중요하다.

〈겸손의 전염성〉

또 하나의 유망한 아이디어인 겸손의 전염성(humility contagion)이 의미하는 것은 다음과 같다. 리더들이 겸손을 모델링으로 보여줄 때, 그 결과 함께 일하는 업무 팀은 보다 겸손한 방법으로 서로와 관계를 맺고, 명확한 자기-평가를 하고자 하는 의지를 강화하며, 팀구성원의 강점을 인정하고, 상대방으로부터 뭔가를 배우려 하게 된다(Owens & Hekman, 2015). 특히, 세 가지 연구를 진행한 연구자들은 리더의 겸손이 집단적인 겸손을 강화하고, 그 결과 구성원들은 팀이 가지고 있는 모든 잠재력을 발휘할 수 있도록 돕게 됨으로써(집단적인 촉진 초점) 팀의 성과가 좋아진다는 가설을 가진 모델을 탐색해보았다.

첫 번째 연구에서, 참가자들은(89명) 팀으로 일을 하는 상황에 배정되었다. 팀에는 실험적으로 리더의 겸손을 착취하기 위한 연기자들이 포함되어 있었다. 예상했던 대로, 리더의 겸손은 집단적 겸손의 강화를 가져왔고, 그 결과 집단적 촉진 초점에 영향을 미쳤다. 이 분석에서는 평균 팀 규모, 젠더, 연령을 통제하였다.

두 번째 연구에서는, 참가자들(경영학 전공 학부생 192명)이 자동차 업계상황을 경험하도록 설계된 시뮬레이션 프로젝트를 위해 팀에 배정되었다. 시뮬레이션에서는 경영진의 의사결정이 자동차 업계에서의 시장 점유율과 주식 가치에 어떻게 영향을 미치는지에 대해 현실적인 그림을 제공해주었다. 6주 동안 시뮬레이션 과제를 수행한 후, 참가자들은 다음과 같은 팀변인에 대한 평가를 하였다. 집단적 겸손, 촉진 초점, 응집성, 심리적 안전감. 예상했듯이, 집단적 겸손은 집단적 촉진 초점과 정적 상관관계를 보였고, 그 결과 팀 성과도 더 높게 나타났다. 이 분석에서는 팀 규모, 젠더, 연령뿐 아니라, 세 번째 경쟁이 끝난 후에는 주식 가격도 통제하였고, 경쟁의 정도(예: 팀의 수)도 통제하였다.

세 번째 연구의 첫 번째 측정 시기에는, 참가자들이(77개의 업무 팀에서 일하고 있는 건강서비스 조직 구성원 326명) 리더의 겸손과 변혁적 리더십(영감을 주는 가치와 비전을 통해 더 좋은 성과를 낼 수 있도록 동기부여하는 리더십 스타일)을 평가하였다. 두 번째 측정 시기에는, 구성원들이 1개월 후에 집단적 겸손과 팀의 집단적 촉진 초점을 평가하였다. 그리고 리더는 이 시기에 팀 성과를 평가하였다. 가설을 세웠듯이, 리더의 겸손은 더 높은 수준의 집단적 겸손과 상관관계가 있었고, 그 결과 더 높은 수준의 집단적 촉진 초점을 예측하며, 결국 팀 성과를 강화시켰다. 이 분석에서는 팀 규모, 젠더, 연령, 변혁적 리더십을 통제하였다(리더 겸손과의 상관도 .53). 이 세 가지 연구에서 나온 결과들을 종합해보면, 리더의 겸손한 행동은 팀 구성원들이 서로 간에 관계를 맺는 방법에 영향을 미칠 수 있다는 초기 근거를 제공해준다.

〈사회적 오일로서의 겸손〉

마지막 이론은 다른 이론들보다 형이상학적인 면이 있다. 겸손이 제공할 수 있는 혜택은 다소 역설적이기도 하고 명확하지 않기도 하다. 예를 들어보자. 한 연구에서는 나르시시즘이 미국에서 어떻게 관심을 받게 되었는지에 대해 설명하였고(Twenge & Campbell, 2009), 겸손은 다양한 대상들의 장점들 중에서 항상 낮은 순위를 차지한다는 것을 보여주기도 했다(Linley et al., 2007; Park, Peterson, & Seligman, 2004; Shimai, Otake, Park, Peterson, & Seligman, 2006). 이 가설은 겸손이 특히 도움이 되는 맥락을 알아내기 위해 설계된 것이다.

사회적 오일 이론에 따르면, 겸손은 '사회적 오일'로서 기능할 수 있어서, 오일이 엔진의 과열화를 막아주는 것과 같은 방법으로 관계적 소모를 막아준다고 한다. 콜린스(Collins, 2001)는 자신의 뛰어난 연구에서, 겸손과 동기부여(drive)는 훌륭한 리더가 가지는 두 가지 특성이라는 것을 발견하였다. 이때의 훌륭한 리더란 조직이 높은 생산성의 시대로 진입할 수 있도록 이끌 뿐 아니라, 자신이 리더의 자리를 떠난 후에도 조직이 지속적으로 성장할 수 있도록 해주는 사람을 가리킨다. 사회적 오일 이론은 이와 같은 과정을 이해할 수 있게 해준다. 성공을 거둔 CEO는 (야망은 리더 후보들에게 있어서 매우 높은 가치를 인정받는 성격 특성이지만), 높은 성과를 만들어내는 특성이 동시에 관계적인 소모를 가져올 수 있다는 것을 이해하고 있다는 사실은 그다지 놀랍지 않다. 예를 들어, CEO는 일반적인 사람들보다 우울증과 이혼을 경험하는 비율이 높다(Meers & Strober, 2009). 우리는 겸손이 경쟁과 협력 사이에서 최적의 균형을 촉진해줌으로써, 경쟁적 특성이 가져올 수 있는 부정적 영향에 대한 버퍼역할을 한다는 이론을 수립하였다.

오웬스, 월러스와 월드만(Owens, Wallace, and Waldman, 2015)은 조직적 맥락에서 이 가설에 대한 초기 근거를 제공할 수 있는 연구를 진행하면서, 의료서비스 조직의 리더의 겸손(표현된 겸손)에 대한 구성원(876명)의 지각 정도를 측정하였다. 나르시시즘과 표현된 겸손은 상호작용을 하여 리더의 효율성, 직업 몰입, 주관적/객관적 성과에 대한 지각을 예측하는 것으로 나타났다. 이렇게 초반 연구들은 리더의 사회적 유대에 대한 가설을 증명해주는 근거를 제공해주고 있다. 앞으로는 이 가설을 경쟁적 특성이 관계의 소모를 가져오고 협력을 방해할 수 있는 다양한 관계와 맥락에서 탐색해보는 것이 중요할 것이다.

미래 연구

조직의 리더십에서의 겸손이 가지는 중요성에 초점을 맞춰볼 미래의 연구에는 몇 가지 재미있는 분야가 존재한다. 첫째, 측정의 이슈는 계속된다. 연구자들은 다양한 맥락에서 겸손을 조작적 정의할 수 있는 최적의 전략을 명료화하기 위해 지속적으로 노력해야 한다. 또한, 겸손 및 다양한 하위

영역의 정의를 명확화하기 위해 이론적 논의를 발달시킬 필요도 있다. 조직적 맥락에 초점을 맞춘 몇몇 겸손 척도들은 다양한 관계(일과 가정의 삶)에 대해 겸손이 미치는 영향을 비교하는 데 있어서는 그다지 적절하지 않기 때문이다. 지금까지 대부분의 연구들은 겸손을 기질(trait)로서 생각하고 탐색을 해왔지만, 우리는 앞으로 겸손을 상태(state)로도 생각하고 탐색해보려고 한다. 예를 들어, 연구자들은 이동이나 스트레스를 경험하는 맥락에서 겸손과 관련된 평가 스타일을 탐색해볼 수 있다 (예: 도전을 받을 때 실존적 가정에 대해 보다 주도적으로 점검해보고, 기존에 소중히 여겼던 신념들을 재구성해보는 스타일). 또한, 연구자들은 압력을 많이 받는 환경에 있을 때 낮은 겸손을 나타내는 특정한 행동에 대해 알아볼 수도 있을 것이다. 초반 작업에서는 서로를 잘 알지 못하는 상태에서는, 겸손의 평가에 있어서 자신과 타인 간 차이가 존재하지만 사람들이 특정한 상황에서 리더의 행동을 진단하는 방법을 관찰해보면 그와 같은 간단한 판단의 정확성을 증진할 수 있을 것이라는 점을 발견하였다. 용기에 대해 정확한 평가를 내리기 위해서는 상대방이 위험에 어떻게 대응하는지를 관찰해야 하듯이, 리더의 겸손에 대해 정확한 파악을 하려면 그 리더가 관계적 갈등을 일으킬 수도 있는 환경에서 어떻게 대응하는지를 관찰해야 한다. 겸손을 평가하게 되면, 채용 결정을 하는 데에 특히 도움이 될 수 있다. 예를 들어, 리더의 겸손을 정확하게 판단하는 것을 도와주는 표준화 인터뷰 질문지를 개발하는 데에 연구자들이 조력을 해줄수도 있을 것이다.

이에 더하여, 다양한 집단을 대상으로 하여 겸손 측정 도구의 측정동일성을 평가해보는 것은 중요한 일이다. 겸손 구인은 젠더, 인종/민족성, 국적과 같은 변인에 따라 다양한 모습을 나타낼 수 있다고 보는 것이 타당할 것이기 때문이다. 따라서, 미래 연구가 관심을 가져야 할 두 번째 분야에는 문화적 정체성이 겸손의 기준과 겸손의 혜택에 어떻게 영향을 미칠 수 있을지에 대해 탐색하는 것이 될 것이다. 겸손이 가져올 수 있는 부정성은, 집

단이 각 개인의 겸손을 평가하는 데 있어서 차별적인 기준을 적용할 수 있다는 점이다. 예를 들어, 여성의 사회적, 문화적, 정치적 경험은 겸손의 개인내적/대인 간 해석을 남성과는 다른 내용으로 이끌어낼 수 있다. 여성이 겸손을 표현하는 데 있어서 더 높은 수준을 요구받는 반면, 남성은 여성과 동일하거나 더 낮은 수준의 행동만 보여도 더 큰 사회의 인정과 혜택을 받을 수 있기 때문이다. 문화적 기준이 겸손 및 기타 변인들과의 관계에 어떻게 영향을 미치는지에 대해서는 이제 탐색적 연구가 막 시작된 상황이다(Hook et al., 2013; Kim & Lee, 2014).

미래 연구의 세 번째 분야는 다양한 혜택의 예측변인으로서 겸손의 강건성(robustness)을 탐색하는 것이다. 우리가 리뷰해보았던 많은 연구들은 단일방법론만을 사용했다는 문제점이 있어서, 날카로운 독자라면 긍정적 결과와 관련된 것이 진정한 겸손인지에 대해 의문점을 가질 수 있을 것이다. 앞에서 언급했던 단편적 판단법(thin-slice approaches / 예: 진단환경을 기반으로 한 행동 관찰)은 중요한 환경(예: 갈등이 일어날 가능성이 있는 환경)에서의 겸손 행동이 관련된 결과를 예측할 수 있다는 사실에 대해 더 명확한 근거를 제공해줄 수 있을 것이다.

그리고 실제로 겸손한 행동을 통제할 수 있는 실험적 설계(Owens & Hekman, 2015) 또한 이 문제를 해결하는 데에 도움이 될 수 있을 것이다.

미래 연구에서 다룰 필요가 있는 네 번째 분야는 겸손과 다양한 결과간의 연계에 존재하는 중재 요인들을 탐색하는 것이다. 사회적 오일 가설이 하나의 실례가 되겠다. 겸손은 특히 경쟁이 심한 맥락과 같은 특정 환경에서의 긍정적 결과에 대한 상관관계 정도가 높을 수 있다. 대인 간 관계를 부드럽게 만들 수 있는 능력을 가지게 되면, 전형적으로 경쟁에 동반되는 소모가 없이 효과적으로 경쟁에 몰입할 수 있다. 또한, 겸손이 특히 잘 맞지 않는 맥락을 탐색해보는 것도 중요하다. 예를 들어, 임원들은 인터뷰와 같이 압력을 많이 받는 환경에서 겸손은 다소 약한 모습으로 느껴질 수 있다는 점을 지적하였다(Owens & Heckman, 2012).

그 결과, 압력을 받는 환경은 겸손과 업무 관련 성과 간의 관계(예: 팀 성과, 집단적 촉진 초점)를 중재할 가능성이 있다.

마지막으로, 미래 연구가 다룰 다섯 번째 분야는 개입전략에 대한 연구이다(Lavelock et al., 2014). 일반적인 맥락과 업무 맥락에서의 겸손에 초점을 맞춘 기본적인 연구들도 아직 초기 단계이지만, 특별한 맥락에서의 겸손 행동의 수행과 발달을 촉진하기 위한 전략을 고려한다는 것이 너무 이르다고 생각하지는 않는다. 실험 설계의 이득을 고려한다면, 단기 개입전략들은 겸손에 대한 기본 연구를 보완하고, 발달 이론을 정교화하는 작업을 조력해줄 수 있을 것이다.

결론

미국과 전세계의 경제상황이 매우 빠르게 변화하고 있고, 겸손에 관련된 특질도 그만큼 빨리 변화하고 있는 상황에서(Twenge & Campbell, 2009), 겸손이 조직 리더십에 어떻게 영향을 미치는지에 대해 이해하는 것은 점점 더 중요해지고 있다. 겸손의 범위는 조직 리더십에 대한 다양한 중요 이론들의 공통 주제로 나타나고 있으며, 최근 측정 분야에서 이루어진 발전은 리더와 동료 리더 및 구성원들 간의 관계에서 겸손이 차지하는 중요성을 좀더 신속하게, 좀더 잘 이해할 수 있게 해주고 있다.

13장
일터에서의 연민

팀 안스티스(Tim Anstiss)

서론

연민(compassion) 분야에 대해 날이 갈수록 관심이 높아지고 있다. 진화적 기원, 기반된 신경과학, 결정요인, 혜택, 강화. 또한 연민과 일터에서의 연민 주제에 초점을 맞춘 연구, 학회지 논문, 계획, 정책 문서, 전략, 컨퍼런스, 집단, 조직들도 늘어가고 있다. 연민과 이타주의 연구 센터(The Centre for Compassion and Altruism Research, http://ccare.stanford.edu/), 연민 마인드 재단(The Compassionate Mind Foundation, http://www.compassionate mind. co.uk/), 연민 헌장(The Charter for Compassion, http://www.charterforcompassion.org/).

13장에서는 우선 연민이 무엇인지, 개인과 조직에 있어서 연민이 중요한 이유는 무엇인지, 연민은 개발될 수 있다는 근거에 대해 살펴볼 것이다. 그 다음으로는, 일터에서의 연민 표현과 관련되어 있다고 알려지거나 생각되는 요인들을 검토해보려고 한다. 마지막으로는, 조직이 일터에서의 연민을 강화하는 방법에 대해 이론을 찾아보고, 그 근거자료를 기반으로 한 제안들을 정리해본 후, 미래에 가장 도움이 될 만한 연구 주제를 탐색해볼 계획이다.

연민이란 무엇인가? 연민이 중요한 이유는 무엇일까?

'연민(compassion)'은 "함께 고통을 나눈다"라는 뜻의 라틴어 'compati'에 기원을 두고 있다. 연민에 대해 모두가 동의하는 정의는 아직 존재하고 있지 않지만, 스탠포드 대학의 연민 강화 훈련(The Compassion Cultivation Training) 접근법은(Jazaieri et al., 2010) 연민을 "고통에 대한 반응으로 보이는 과정으로 고통에 대한 인식으로 시작해서, 공감과 염려에 대한 사고와 감정을 갖게 되고, 그 결과 고통을 경감시키기 위한 행동을 촉진하게 된다"라고 정의한다.

자자이에리와 동료들(Jazaieri et al., 2013)은 연민을 다음과 같이 정의하였다.

복잡한 다면적 구인으로서 네 가지의 핵심 요소로 구성되어 있다. (1) 고통에 대한 인식(인지적 요소) (2) 고통에 대해 정서적인 반응을 보이는 것과 관련된 동정적 염려(정서적 요소) (3) 고통이 경감되는 것을 보고 싶은 희망(의도적 요소) (4) 고통의 경감을 도와주고자 하는 민감성이나 준비성(동기적 요소).

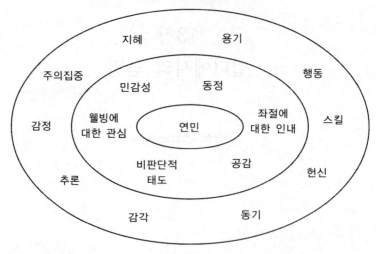

[그림 13.1] 연민의 속성과 측면

지혜　　용기

주의집중　　민감성　　동정　　행동

감정　　웰빙에　　연민　　좌절에　　스킬
　　　　대한 관심　　　　대한 인내

비판단적　　공감　　헌신
추론　　　태도

감각　　동기

* 출처: Gilbert(2009)를 각색함.

문헌자료에서 공통적으로 사용되는 조금 더 간단한 연민의 정의는 다음과 같다. '자신과 타인의 고통에 대한 민감성, 그리고 고통을 경감시키고 고통을 막는 일에 전념하려는 태도'(Germer & Siegel, 2012; Gilbert & Choden, 2013).

이 세 가지의 정의들에서 공통적으로 강조하는 것은 연민의 두 가지 핵심 요소이다.

(1) 자신과 타인의 고통을 피하거나 멀리하지 않고, 고통에 대해 관심을 가지고 개입하고자 하는 의도와 행동
(2) 고통을 경감시키고 막는 방법에 대해 배울 수 있는 지혜를 얻고자 하는 의도와 그 지혜를 기반으로 한 행동

연민은 고대로부터 우리가 가지고 있던 배려에 대한 동기에 뿌리를 두고 있으며, 다양한 역량, 능력, 스킬, 강점(공감, 동정, 너그러움, 개방성, 좌절에 대한 인내, 헌신, 용기)에 의해 만들어진다(Gilbert, 1989, 2005, 2009; Gilbert & Choden, 2013; Goetz, Keltner, & Simon-Thomas, 2010). 연민은 단순한 하나의 개념이 아니라는 것을 이해하는 것은 중요한 일이다(예를 들어, 연민은 단순한 정서가 아니다. 그림

13.1 참고). 연민은 동정, 공감, 공감적 관심, 친절함, 배려, 이기주의와 관련된 것이지만 동일한 것은 아니다. 연민은 감정, 사고, 행동적 준비성, 생리적 준비도, 행동이 포함된 동기라고 생각할 수도 있고, 용기와 지혜와 같은 성격 감정을 기반으로 만들어진 것이기도 하다(Peterson & Seligman, 2004).

연민인 것과 연민이 아닌 것을 더 잘 이해하려면, 관련된 용어들을 탐색해보는 것이 도움이 될 것 같다.

'동정(sympathy)'은 어려운 일을 경험할 때 우리가 느끼는 좌절감이다(예: 걱정, 괴로움, 슬픔). 하지만 동정적인 사람이 느끼는 감정은 고통을 겪고 있는 사람이 느끼는 감정과 차별화된다. 예를 들어, 특정 종류의 뇌 손상을 입은 사람은 자신 주위에서 일어나는 일에 대해 다소 무심해질 수 있지만, 우리는 주위 사람들에게 일어난 일에 대해 매우 큰 슬픔을 느낄 수 있다. 로웬스타인과 스몰(Loewenstein and Small, 2007)은 동정에 대해 타인에 대한 배려를 의미하는 것이지만, 다소 미성숙하고 비이성적인 것이라고 생각한다.

'공감(empathy)'은 "함께 느낀다" 또는 "다른 사람의 경험 안으로 들어간다"를 의미하는 그리스어 'empatheria'에 기원을 두고 있다. 공감은 타인과

[그림 13.2] 표현하는 과정으로서의 연민

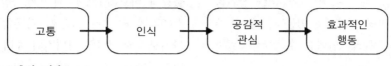

* 출처: 저자

유사한 감정을 느끼고(때로는 정서적 전염성이라고 불리기도 한다), 타인의 정서적/동기적 상태의 특성에 대해 이해할 수 있는 능력에 관련되어 있다. 후자의 스킬은 인지적 시각화 또는 정신화(mentalize)라고 불린다. 즉, 우리는 다른 사람이 경험하고 있는 느낌뿐 아니라, 그 사람이 가지는 감정의 이유까지 이해할 수 있다는 것이고, 상대방이 왜 그런 방법으로 행동하는지에 대해서도 파악할 수 있다는 것이다. 때로는 이와 같은 다양한 공감의 측면을 정서적 공감(유사한 감정을 느끼기)과 인지적 공감(정서보다는 조망수용적 측면)이라고 부르기도 한다(Decety & Cowell, 2014; Decety & Ickes, 2011). 물론 공감은 다른 사람의 고통에 대한 것이어야 할 필요는 없다─다른 사람의 기쁨, 성취, 혼란, 즐거움, 놀람, 그 외의 다른 정서와 경험에 대해서도 공감할 수 있다.

우리는 공감의 신경학적 기반과, 좋은 사회적 기능에 있어서 공감이 근본적인 중요요소로서 담당하는 역할에 대해 점점 더 많이 이해하고 있다(Singer & Lamm, 2009). 공감은 연민에 있어서 필요요소이지만 충분요소는 아니다. 다른 사람의 고통을 이해하기 위해서는, 상대방에게 어떤 상황이 벌어졌는지를 상상할 수 있는 능력이 있어야 한다. 다른 사람의 고통을 알아차리긴 하지만 그 고통을 경감시키거나 막기 위한 행동을 하고싶어하지 않는다면 다른 사람을 충분히 공감한다고 말할 수 없다. 사실, 어떤 사람들은 다른 사람의 고통을 증가시키기 위해 공감을 사용하기도 한다(예: 따돌림 가해자, 고문 가해자, 유괴범, 외모에 대한 수치심을 불러일으켜서 화장품을 더 많이 팔고 싶어하는 홍보전문가). 공감의 초점이 타인의 고통과 괴로움에 맞춰져 있고, 그 고통과 괴로움을 경감시키고자 하는

욕구가 있다면, 공감적 관심을 가지고 있다고 말할 수 있다(Decety & Cowell, 2014).

연민은 선천적이고, 다중요소이며, 특정한 상황과 환경에서 나타나는 매우 인간적인 과정(이며 동기)이라고 생각된다. 연민의 표현은 그림 13.2에서 제시된 단계들을 통해 일어난다고 알려져 있다(Kanov, Maitlis, Worline, Dutton, & Lilius, 2004; Miller, 2007).

연민의 표현에서의 첫 번째 단계는 타인의 고통에 대해 인식하는 것이다(자기-연민의 경우라면 스스로의 고통을 인식하기). 그 다음에는 '공감적 관심'의 감정─인식된 고통을 경감하거나 미래의 고통을 막기 위해 행동하고 싶은 욕구─이 발생한다. 그 후에는 현재의 고통을 경감하고, 미래의 고통을 막기 위한 행동을 취하게 된다.

인식된 고통에 대한 반응으로 연민을 표현하는 것은 개인별 차이가 많고, 그 차이는 타인의 고통에 대해 신속하고 자동적으로, 무의식적으로 인식하는 평가 과정에 의해 어느 정도 설명될 수 있다. 사실, 이와 같은 평가 과정은 우선적으로 고통을 인식하는지의 여부에 영향을 미칠 수 있다.

행동을 할 것인가의 여부를 계산할 때 뇌가 평가하는 변인들은 다음과 같다. 상대방이 경험하고 있는 고통의 정도가 어느 정도로 심한가, 또는 상대방의 고통이 나 자신의 괴로움을 불러일으키는가, 그 사람을 도울 수 있는 스킬이 있는가, 조력과정에 관련된 어려움은 인내할 만한 것인가(Goetz et al., 2010; Loewenstein & Small, 2007).

연민 반응을 할 때 요구되는 스킬은 단순한 즉각적 조력 스킬(응급처치, 지지, 수영, 상담, 통증완화, 친구되기, 안심시키기 등)이 아니다. 필요한 것은 관리와 계획 스킬, 경청 스킬(고통을 경험하고 있는 사

람이 어떤 것을 원하는지, 조력을 원하는 것은 맞는지에 대해 파악하기 위해), 예를 들어 보기 흉한 상처를 입었거나 불쾌한 질병을 가지고 있는 사람을 마주했을 때 생기는 불편함을 인내할 수 있는 능력과 관련된 스킬들이다.

연민 행동을 하기 위해서는 용기도 필요하다 - 예를 들어, 반응자는 자기 자신을 위험에 빠뜨리는 식으로 움직여야 할 때도 있다. 거친 바다에 빠진 사람을 구하고자 할 때, 성난 군중이나 높은 바위로부터 누군가를 구해야 할 때. 의도 또한 연민의 핵심요소이다. 동일한 행동 - 고통을 경험하고 있는 다른 사람들을 돌보기 - 을 할 때에도 연민을 가지고 할 수도 있고, 연민이 없이 할 수도 있다. 예를 들어, 다른 사람을 돌보는 일은 돈을 벌기 위해 할 수도 있고, 두려워서 할 수도 있으며, 도덕적인 행동을 하기 위해 할 수도 있다. 배려 행동이 연민으로부터 비롯된 것이라고 생각되는 경우는, 반응하는 사람이 공감적 관심을 가지고 상대방의 고통을 인식해서 움직이는 때뿐이다. 공감적 관심이 없는 상태라면 연민이라고 말할 수 없다.

연민을 위해서는 숙련된 행동이 핵심요소여야 한다. 예를 들어, 강물에 빠진 아이를 발견하고, 공감적 관심을 느낀 후 강에 뛰어들어서 아이의 익사를 막았다고 하자. 하지만 그 사람이 수영을 하지 못한다면, 현명한 연민행동이라고 생각할 수 없다. 어떤 사람들은 고통받고 있는 사람들을 대상으로 연민행동을 수행하기 위해 수십 년에 걸쳐 스킬을 연마하기 위해 노력한다(예: 신경외과의사, 사회복지사, 암연구자).

연민은 몇백만 년 전 아기를 돌보기 위한 포유류의 생산적 전략으로부터 시작되었다. 포유류는 아기와 가까이 있으면서 음식을 먹이며 돌봐주는 점에서 대부분의 파충류와 다른 모습을 보인다 - 보호를 해주고 민감하게 관찰하며 아기가 불편할 때 내는 소리에 반응해준다. 따라서, 다른 사람의 니즈와 불편감에 대해 관심을 보이는 우리의 능력은 진화적으로 매우 오래된 것이며, 구분되는 종으로서 인류가 나타났던 때부터 시작된 것이라고 말할 수 있다. 인간은 이와 같은 연민능력을 매우 높

은 수준까지 발달시켜왔다. 인간의 아기는 다른 동물들과 비교해보았을 때 미성숙한 상태로 태어나서(우리의 뇌가 크기 때문에), 다른 동물의 갓 태어난 아기보다 어머니와 아버지의 배려에 대해 훨씬 더 많이 의존한다(Dunsworth & Ecclestone, 2015). 이렇게 자신의 아기가 실제로 경험하거나 경험할 가능성이 있는 어려움에 대해 알아채고 반응하는 근본적인 신경학적/행동학적 메카니즘은 같은 부족의 친척, 친척이 아닌 구성원들에게까지 확장되었고(Barrett, Dunbar, & Lycett, 2002; Gilbert, 1989; Preston, 2013), 궁극적으로는 잘 모르는 사람과 인간이 아닌 존재들에게까지 확장되었다(Geary, 2000; Gilbert, 1989, 2015, Loewenstein & Small, 2007; Mac-Lean, 1985; Penner, Dovidio, Piliavin, & Schroeder, 2005; Preston, 2013).

〈일터에서의 연민은 왜 중요한 것인가?〉

따라서 연민은 친사회적 행동에 있어서 매우 중요한 역할을 하게 된다. 즉, 인류의 진화와 인류의 지능을 결정하는 핵심적인 요소인 것이다(Carter, 2014; Dunbar, 2007, 2010; Porges, 2007). 이와 같은 복잡하고 선천적인 동기적, 대인 간, 행동적 과정이 없다면, 인간이 주위에서 흔히 볼 수 있는 많은 협력적인 동맹과 조직(팀, 회사)을 구성한다는 것은 불가능했을 것이다. 즉, 연민은 조직의 매우 중요한 핵심요소라고 생각될 수 있는 것이다. 연민은 나와 직접적으로 관련되지 않은 사람들의 집단이 협력하고, 성장하며, 발전해나갈 수 있도록 조력한다.

연민은 대상의 특성에 따라 다양한 혜택을 가져다준다. 고통받는 사람, 연민행동을 하는 사람, 연민반응을 관찰한 사람, 업무단위, 조직, 보다 일반적 사회.

연민과 자기연민은 친사회적 동기와 조력행동(Leiberg, Klimecki, & Singer, 2011; Weng et al., 2013)뿐만 아니라, 다양한 건강과 웰빙 결과에 관련된 것으로 알려져 있다(Arch et al., 2014; Barnard & Curry, 2011; Brach, 2003; Breines et al., 2015; Raque-Bogdan, Erickson, Jackson, Martin, & Bryan, 2011;

Salzberg, 1997; Seppala, Rossomando, & Doty, 2013).

라이버그와 동료들(Leiberg et al., 2011)의 친사회적 게임 실험을 보면, 단기적인 연민 훈련을 받은 참가자들은 사전/사후 평가를 해보았을 때 조력행동이 증가한 반면(p=.05), 단기적인 기억 훈련을 받은 참가자들은 그렇지 않았다(p=.24).

웡과 동료들(Weng et al., 2013)은 연민이 체계적으로 훈련될 수 있는지에 대해 알아보았다. 단기적인 연민 훈련이 훈련외의 맥락에서도 이타적인 행동을 증가시키는지, 이타주의에서 나타나는 개인적 차이는 고통에 대한 신경계 반응에서 나타나는 유도된 변화와 관련이 있는지에 대해 탐색해본 것이다. 참가자들은 연민 훈련(20명)과 재평가 훈련(21명)에 무작위로 배정되었다. 우선, 모든 참가자들을 탐색해보니, 공감적 관심의 특질 수준과 배부한 금전 수준 간에는 정적 상관관계가 나타났다(r=.43, p<.001). 두 번째로, 훈련이 진행된 2주 후에 희생자에게 주어진 금전의 평균 수준은 재평가 훈련을 받은 참가자들에 비해 연민 훈련을 받은 참가자들이 더 높았다(t=2.09, p<.05). 그리고 이와 같은 행동은 다른 사람들의 고통을 이해하고, 행동 및 정서적 통제, 보상 프로세스 작업과 연관된 뇌의 부분이 변화되어 활성화되는 것과 관련되어 있는 것이 발견되었다.

브레인스와 동료들(Breines et al., 2015)은 33명의 건강한 자원봉사자들을 이틀 동안 표준화된 실험실 스트레스원에 노출시켜 보았는데, 자기연민 평가 수치는 이틀 내내 타액-아밀라아제 수준(공감적 신경체계활동의 표시)에 대해 의미 있는 부정적 예측변인으로 기능하고 있었다(1일차, p=.007; 2일차, p=.03).

자기연민을 경험하는 사람들은 자기연민이 부족한 사람보다 심리적 건강상태가 더 좋았고, 불안과 우울수준도 더 낮았으며(Neff, Hsieh, & Dejitterat, 2005), 코티졸 수준이 더 낮았고, 심박 변이도가 높았으며(Rockliff, Gilbert, McEwan, Lightman, & Glover, 2008), 과거를 반추하거나 완벽주의를 보이는 경우가 낮았고, 실패에 대한 공포감도 낮게 나타났다(Neff, 2003; Neff, Hsieh, & Dejitterat, 2005). 원하지

않는 생각을 억압하는 정도도 낮았으며, 부정적인 정서를 타당하고 중요한 것으로 수용하려는 의지도 더 크게 나타났다(Leary, Tate, Adams, Allen, & Hancock, 2007; Neff, 2003).

또한 자기연민은 행복, 낙관주의, 지혜, 호기심, 탐색, 개인적 주도성, 정서적 지능과 같은 심리적 강점과 관련되어 있었다(Heffernan, Griffin, McNulty, & Fitzpatrick, 2010; Hollis-Walker & Colosimo, 2011; Neff, Rude, & Kirkpatrick, 2007). 자기연민 수준이 더 높은 사람들은 학문적 실패(Neff et al., 2005), 이혼(Sbarra, Smith, Mehl, 2012), 아동기 학대(Vettese, Dyer, Li, & Wekerle, 2011), 만성적 통증(Costa & Pinto-Gouveia, 2011)와 같은 어려움에 대해 더 잘 대처하는 것으로 보였고, 다음과 같이 더 건강한 행동패턴을 보이는 것으로 나타났다. 식이요법 변화를 지속하기(Adams & Leary, 2007), 흡연량 줄이기(Kelly, Zuroff, Foa, & Gilbert, 2007), 적절한 의료 서비스 찾기(Terry & Leary, 2011), 신체적 활동(Magnus, Kowalskim & McHugh, 2010). 관계기능도 더 좋았으며(Neff & Beretvas, 2012; Yarnell & Neff, 2012), 타인에 대한 공감적 관심, 이타주의, 조망수용, 용서의 수준도 높았다(Neff & Pommier, 2012). 이와 같은 이유들 때문에, 연민은 심리치료적 개입의 초점이 되어왔고, 그 효과성에 대한 근거도 지속적으로 많이 나타났다(Gilbert, 2010; Hofmann, Grossman, & Hinton, 2011; Hofman, Sawyer, Witt, & Oh, 2010).

네프와 동료들(Neff et al., 2005)이 222명의 학부생들을 대상으로 진행한 두 개의 연구에서는 자기연민, 학문적 성취 목표, 지각된 학문적 실패 간의 관계에 대해 탐색해보았다. 연구자들은 자기연민이 실패 공포를 부적으로 예측하며(B=-.54, p<.001), 지각된 역량을 정적으로 예측하고(B=.33, p<.001), 숙달의 목표와 정적 상관이 있으며, 성과-회피적 목표와 부적 상관관계를 나타내는 것을 발견하였다.

고통을 겪고 있는(또는 고통경험을 할 위험이 있는) 사람은 다양한 방법으로 연민의 혜택을 받을 수 있다. 배려받기, 보호받기, 경청받기, 귀를 기울여주는 경험을 하기, 이해받기, 재확인받기, 구조

되기, 위험한 환경으로부터의 탈출에 대한 도움받기, 어려워하는 과제에 대해 조력받기, 좋지 않은 건강이나 상해를 입을 위험을 감소시키는 과정에서 도움받기, 새로운 직업을 찾을 때 도움받기, 물품이나 금전, 숙소, 교통편의 형태로 물질적 도움받기. 또한 지지받고, 배려를 받으며, 보호된다는 느낌을 가질 수도 있다. 연민은 치유와 회복을 도우며(Bento, 1994; Brody, 1992; Doka, 1989), 존엄성과 가치를 인정받는다는 느낌을 전해주는 것과 연계되어 있기도 하다(Clarke, 1987; Dutton, Debebe, & Wrzesniewski, 2012; Frost, 2003).

연민행동을 하는 사람이 얻을 수 있는 혜택은 다음과 같다. 인생에서 중요하게 생각하는 것에 대한 가치와 일치하는 효과적인 행동을 할 수 있음, 고통을 겪고 있는 사람이 자신의 노력에 대해 응답해주는 것을 볼 수 있음, 다른 사람으로부터 감사를 받을 수 있음, 타인을 돌보고 효율적인 행동을 하는 사람으로서의 자기-개념을 유지하고 개선할 수 있음. 또한 연민행동을 한다는 것은 우리가 즐길 수 있는 것이다. 물론 대부분의 사람들은 어려움을 경험하는 것을 즐기지 않고, 좌절에 대한 인내심을 요구받기 때문에 좋지 않은 기분을 느끼고 괴로움을 겪게 될 수 있다. 하지만 자신의 행동을 통해 누군가에게 도움이 되는 것을 즐길 수 있고, 그 결과 다음과 같은 것을 얻을 수 있기도 하다. 의미와 직업 만족(Graber & Mitcham, 2004; Kim & Flaskerud, 2007; Pearson, 2006; Youngson, 2008), 긍정적인 업무 정체성(Moon, Hur, Ko, Kim, & Yoon, 2012), 리더로서의 지각(Melwani, Mueller, & Over-beck, 2012).

문과 동료들(Moon et al., 2012)은 한국 회사 10곳에서 근무하는 구성원 338명을 대상으로 연구를 진행하였다. 구조방정식 모델과 부트스트랩 통계 방법을 활용하여, 긍정적 업무 정체성은 연민과 정서적인 조직 헌신 간의 관계를 매개한다는 것을 발견하였다(B=.45, 95% 신뢰도 구간 .36, .58).

일터에서의 연민행동을 관찰한 사람들은 업무 동료의 행동방법에 대해 자긍심(Dutton et al., 2006)과 긍정적 고양 정서를 경험하게 되어, 공통의 선을 위한 행동을 더 많이 하고 싶은 동기를 가지게 된다(Haidt, 2002). 콘돈과 드스테노(Condon and DeSteno, 2011) 또한 사람들이 연민 행동을 볼 수 있는 기회를 가지게 되면, 연민 에피소드와 관련되지 않은 규정위반자들에 대한 처벌 행동이 감소하게 된다고 주장하였다.

업무 부서와 조직은 다음과 같이 일터에서의 연민을 표현하고 발견하는 과정을 통해 이득을 얻을 수 있다. 자긍심과 만족감과 같은 긍정적 정서의 증가(Dutton, Worline, Frost, & Lilius, 2006), 건강과 웰빙 및 집단적 헌신의 발전, 이직율 감소(Grant, Dutton, & Rosso, 2008; Lilius et al., 2008), 협력 수준의 증가(Dutton et al., 2006), 명성의 개선 및 우수한 인적자원을 채용하고 유지시킬 수 있는 능력의 증진. 또한 연민 행동은 상해, 불건강, 병가, 사고로 인해 생기는 비용을 절감시킬 수 있다고 알려져 있다.

그랜트와 동료들(Grant et al., 2008)은 포춘지가 선정한 500대 기업에 속하는 미국 회사 20곳에 근무하는 구성원들과 진행한 40개의 인터뷰 내용을 질적 분석하였다. 인터뷰는 구성원의 고용주와의 관계, 특히 구성원이 조직에 대해 뭔가를 제공하고, 뭔가를 받았을 때의 상호작용 및 조직의 기여에 대해 초점을 맞추었다. 연구자들은 회사의 내부 자선 조직인 '구성원 지원 재단'이 '친사회적 의미형성(prosocial sensemaking)' 과정을 시작하게 되면서, 구성원들이 동료 및 조직의 행동과 정체성이 자신에게 호의적이라고 평가하게 되고, 고용주를 위한 정서적 기여를 더 많이 하게 되었다는 것을 발견하였다.

일터에서 연민 행동을 할 수 없게 된다면 매우 많은 비용을 쓰게 될 수 있다. 충분한 연민이 없이 스탭의 수준과 연봉 수준을 낮추게 되면, 소송(Lind, Greenberg, Scott, & Welchans, 2000)이나 일탈, 바람직하지 않은 행동(Greenberg, 1990)의 가능성이 높아지게 된다. 영국에서는 연민수준이 낮은 상황이 결국은 조직의 실패와 범죄담당기관의 와해를 가져왔던 사건들이 일어나기도 했다(Francis, 2013).

<연민은 개발될 수 있을까?>

　　사람들이 자신의 고통 및 타인의 고통에 대해 민감성을 강화하고, 그에 반응하여 공감적 관심을 보이며 대처행동을 더 잘 하는 것을 돕기 위해 다양한 접근법들이 다음과 같이 개발되어왔다. 공감-초점 치료 및 공감적 마인드 훈련(Compassion-Focused Therapy and Compassionate Mind Training / Gilbert, 2009, 2010), 공감 강화 훈련(Compassion Cultivation Training / Jazaieri et al., 2010), 마음챙김적 자기-연민(Mindful Self-Compassion, MSC / Neff & Germer, 2012).

　　네프와 저머(Neff and Germer, 2012)는 사람들의 자기-연민 수준을 높이기 위한 훈련을 하도록 설계된 8주간의 마음챙김적 자기-연민 프로그램의 효과를 평가해보았다. 이 프로그램에서는 8회기 중 한 회기만 마음챙김에 초점을 맞추고 있었다. 연구자들은 자기-연민, 마음챙김, 다양한 웰빙 결과에 있어서 사전/사후 비교를 해보았을 때 유의미한 차이가 있고, 6개월 및 12개월 후에 측정을 해보았을 때에도 긍정적인 결과가 있다는 것을 발견하였다.

　　자자이에리와 동료들(Jazaieri et al., 2013)은 9주 동안의 공감 강화 과정의 효과를 검증해보았다. 이 과정에서는 훈련된 강사를 활용하였고, 무선통제 방법을 통해 지역사회의 성인 100명을 개입집단(60명)이나 대기리스트에 이름을 올리는 통제집단(40명)에 배정하였다. 집단 내 검증에서는 연민의 세 가지 영역에서 모두 유의미한 개선이 이루어짐을 보여주었다－타인에 대한 연민(효과크기 .44, p<.001), 연민을 받기(효과크기 .27, p<.001), 자기-연민(효과크기 .34, p<.001). 연구자들은 연민의 특정한 영역들은 훈련 프로그램을 통해 의도적으로 강화할 수 있다고 결론내렸다.

　　클리메키, 라이버그, 리카드와 싱어(Klimecki, Leiberg, Ricard, and Singer, 2014)는 훈련을 통해 공감을 강화했을 때의 기능적 신경가소성과, 고통을 경험하고 있는 상대방을 공감했을 때 생길 수 있는 부정적 효과에 대한 연민의 영향을 탐색하였다. 연구자들은 공감 훈련을 통해 앞뇌섬과 전방 중심부 대상피질(타인의 고통에 대한 공감과 관련되어 있다고

알려져 있는 영역)의 활성화가 강화되는 것을 발견하였다. 추가적인 연민 훈련은 부정적 영향(t=3.04, p<0.01)을 약화시켰고, 긍정적 정서의 자기보고를 증가시켰다(t=4.25, p<0.001). 연민 훈련은 공감을 하면서 경험할 수 있는 고통을 극복하고 탄력성을 강화하는 것을 도울 수 있다고 연구자들은 결론내렸다.

　　엥겐과 싱어(Engen and Singer, 2015)는 경험적 및 신경적 정서반응에 대한 연민 명상을 기반으로 한 정서통제전략이 고통을 받고 있는 사람들의 이미지에 미치는 영향을 탐색해보았다. 그 전략은 통제집단과 비교해보았을 때 개입집단의 긍정적 정서를 증진시켰으며, 연민은 어머니의 사랑과 같은 긍정적 정서의 관계적 유형과 관련되어 있다고 알려진 뇌의 영역의 활성화를 증가시키는 것을 연구자들은 발견하였다(Bartels & Zeki, 2004).

　　로젠버그와 동료들(Rosenberg et al., 2015)도 정서적 반응에 초점을 맞춘 명상 훈련이 인간의 고통 장면에 미치는 영향을 연구하였다. 60명의 참가자들은 명상 집단이나 대기 통제 집단에 무선 배정되었다. 훈련과정은 타인에 대한 주의집중과 연민적 관심을 발달시키는 전략을 일상적으로 연습하는 것으로 구성되어 있었다. 12주 동안의 훈련이 끝난 후 인간의 고통을 묘사한 동영상을 보았을 때, 명상 집단에 있었던 참가자들은 통제 집단보다 슬픔의 표정을 더 많이 보여주었고(B=0.783, p<0.001), 분노, 경멸, 혐오와 같은 거부 정서의 얼굴 표현은 덜 보여주었다. 로젠버그와 동료들은 이 결과를 통해, 집중적인 마음챙김 훈련은 고통받고 있는 타인에 대한 공감적 관심을 증가시키고 혐오 감정을 감소시킬 수 있도록 조력한다는 것을 알 수 있다고 생각했다.

　　앞에서 언급했듯이, 연민은 공감적 관심을 알아채고 경험하는 것 이상이다－연민은 현재의 고통을 경감시키고 미래에 경험할 가능성이 있는 고통을 예방하는 숙련된 행동을 포함한다. 발견된 고통에 대한 숙련된 반응은 훈련을 통해 발달시킬 수 있다. 결국은 바로 이것이 우리가 의사, 간호사, 치료자, 사회복지사, 응급처치요원, 긴급구조대원,

재난대책설계사, 의학연구자, 소방관과 같은 다양한 조력업에 종사하는 사람들을 교육하고 훈련하고 평가하는 이유인 것이다.

우리가 아직 잘 알지 못하고 있는 것은 우리가 일터에서의 연민을 강화할 수 있는가의 여부이다. 이에 대해서는 조금 후에 다루도록 하겠다.

일터에서의 연민 표현을 구성하는 요소는 어떤 것인가?

일터에서의 연민은 고통의 발생을 알아채고 미래의 고통을 예방하고자 하는 욕구에 의해 생겨난다. 일터에서의 고통은 일터 내/외부에서 일어난 일로부터 생겨서, 일을 하고 있는 사람들을 고통스럽게 만든다. 일터에서의 고통을 가져오는 요인들은 다음과 같다(하지만 꼭 이것들만 있는 것은 아니다). 업무와 관련된 스트레스, 정리해고, 재배치, 따돌림, 차별, 사고와 상해, 직업병, 승진 누락, 직업의 불안전성, 고립, 원하지 않는 시간에 일하기, 신체적 불편감, 고객으로부터의 언어적 학대, 공격(Ashford, Lee, & Bobko, 1989; Dutton et al., 2014; Driver, 2007; HSE, 2011; Lilius, Kanov, Dutton, Worline, & Maitlis, 2012). 일터에서의 고통을 가져올 수 있는 일터 외부의 요인은 다음과 같다. 금전적 걱정, 상해, 불건강, 죽음과 애도, 상실, 관계의 분열, 범죄의 희생자가 되기, 굶주림, 외로움, 자연재해나 인재.

일터에서의 고통은 각 개인, 업무 팀, 조직이 비싼 비용을 치러야 하는 것이다. 고통을 경험하는 개인 구성원들은 일상수준으로 업무 과제를 수행해내기가 어렵게 되고, 일로부터 벗어날 수 있는 시간을 가지기를 희망하게 된다. 이와 같은 고통은 결근, 스탭의 이직, 일탈, 일터에서의 나쁜 평판을 가져올 수 있고, 조직은 핵심인재를 고용하고 유지하기 어렵게 될 수 있다(EUOSH, 2014; Rosch, 2001; Zaslow, 2002).

하지만 동일한 환경이나 상황을 마주했다 하더라도 고통의 수준, 그 고통에 대해 소통하는 정도(소통을 하는 경우), 도움을 받고 싶은지의 여부, 조력을 받고 싶은 방법에 있어서는 사람에 따라 매우 큰 차이가 있다는 것을 반드시 기억해야 한다(Beck, 1970; Ellis, 1980; Lazarus & Folkman, 1984; Lin & Peterson, 1990; NHS England, 2015).

연민은 선천적인 인간의 동기 체계이기 때문에, 일터에서의 연민은 고통을 알아채는 어느 때에나 생겨날 수 있다. 일터에서의 연민에 대한 연구는 다양한 일터와 부문에서 진행되어 왔다. 은행, 학교, 항공사, 콜센터, 의료기관, 가정간호기관, 대학, 금융서비스, 범죄교정시스템. 두 사람 사이의 연민뿐 아니라 소집단, 부서, 조직의 집단적 연민에 대해서도 연구는 이루어졌다. 이와 같은 연구에 사용된 다양한 연구방법과 설계들은 인터뷰, 설문조사, 사례연구, 액션러닝, AI(Appreciative Inquiry), 개입전략들이 있다. 연구자들은 다음과 같은 문제들을 탐색하였다. 연민이 발생되고 표현되는 시기, 장소, 방법, 그리고 핵심 당사자와 다른 사람들에게 미치는 영향. 또한, 업무와 관련된 어떤 요소가 일터에서의 연민 표현을 강화하거나 방해하는지에 대해서도 알아보았다. 이때 검증된 요소들은 다음과 같다. 가치, 신념, 규준, 관행, 관계의 질, 리더십의 측면, 내부 조직의 패턴. (더 자세한 리뷰를 보려면 더턴과 동료들(Dutton et al., 2014)의 연구를 참고할 것).

〈공유된 가치〉

공유된 가치(Shared values)란 동일한 조직의 구성원들이 중요하다고 믿는 것을 가리킨다. 공유된 가치는 중요한 것, 관심을 가져야 할 것에 대한 소통인 '의미형성(sensemaking)'(Smircich, 1983)을 구성하고, 특정한 활동 및 행동에 대한 동기를 부여해준다(O'Reilly & Chatman, 1996). 대학캠퍼스의 학생 주택 화제에 대해 일터에서 연민이 어떻게 표현되는지에 대해 묘사하고 분석한 세부적인 사례연구에서, 더턴과 동료들(Dutton et al., 2006)은 각각의 개인을 전인적 인간(whole person)으로 존중하는 공유된 가치는 고통을 알아채고, 학생의 경험에 대한 소식을 공유하며, 고통스러운 환경에 대해 관심과 반응을 보이며 자원을 제공해줄 만한 가치가 있다고 인정하는 행동에 영향을 준다고 주장했다.

벤토(Bento, 1994)의 주장에 따르면, (각 개인을 전인적 인간으로 존중하는) 공유된 가치가 부재한 일터에서는, 슬픔과 같은 정서적 고통이 억압될 수 있기 때문에, 일터에서의 연민도 자유롭게 표현되기 어려울 수 있다고 한다. 마찬가지로, 금전적 성과의 증가 및 목표달성에 대한 니즈를 가치로 삼는 경우, 의료서비스 조직에서의 배려와 연민에 대한 가치는 줄어들 수 있는 것이다(Crawford, Gilbert, Gilbert, & Harvey, 2013; Maben, Latter, & Clark, 2007).

〈공유된 신념〉

앞에서 언급했던 대학 화재에 대한 세부 사례연구에서, 더턴과 동료들(Dutton et al., 2006)은 다음과 같은 주장을 하였다. '사람의 인권을 우선시하는 것'이 수용가능한 공유된 신념인 곳에서는 화재 사건에 관련된 세명의 학생들의 상황에 대해 보다 우호적으로 바라보았고, 연민적 반응의 속도와 범위 또한 긍정적으로 강화되었다. 이와 마찬가지로, 애쉬포드, 크레이너와 푸게이트(Ashforth, Kreiner, and Fugate, 2000)는 같이 일하는 사람들이 한 동료의 일터 바깥에서 보내는 개인적인 삶에 대해 수용할 수 있고 이해하기를 바란다는 신념을 공유하고, 그 신념에 기반하여 행동할 경우, 일터에서의 어려움을 보다 자유롭게 표현하고 그에 대해 동료들이 연민적 반응을 보여줄 가능성이 높다고 주장하였다.

이와 반대로, 어떤 공유된 신념은 일터에서의 연민 표현을 할 수 있는 가능성을 오히려 감소시키기도 한다. 마틴과 동료들(Martin et al., 2015)은 비즈니스 스쿨 학생들의 경쟁적, 위계적 신념 체계와 공감 간의 관계에 대해 검증해보았다. 연구자들은 사회 지배적 성향(Social Dominance Orientation / Pratto, Sidanius, Stallworth, & Malle, 1994; Sidanius et al., 2012) 척도를 활용하여(세상은 경쟁적이며 승자와 패자가 생기고, 먹고 먹히는 살벌한 곳이라는 신념, 소속된 집단을 지배하고 싶으며, 집단들 사이에서 우월한 존재가 되고 싶은 강한 욕구를 측정함), 강한 사회 지배적 신념을 가지고 있는 학생은 타인에 대한 연민

을 표현하고, 타인의 연민을 수용하며, 자기 자신에 대한 친절함과 연민을 표현하는 것(자기-연민)을 더 많이 두려워한다는 것을 발견하였다. 몰린크사이, 그랜트와 마골리스(Molinksy, Grant, and Margolis, 2012)는 경제적 효율성, 합리성, 자기-흥미에 대한 핵심신념 및 활성화된 신념에 대한 연속 실험 연구를 통해, 일터에서의 정서를 표현하는 비전문적 행동에 대해 걱정이 많아지게 되면 공감의 표현이 감소된다는 것을 발견하였다. 유사하게 달리와 뱃슨(Darley and Batson, 1973)은 과제의 긴급성에 대한 신념을 조작한 실험에서(반어적으로 선한 사마리아인 우화에 대한 잡담을 하는 것을 포함), 매우 급한 상황에 처한 사람들은 고통을 겪고 있는 사람들을 위해 멈춰서서 도움을 주는 경우가 더 적은 것을 발견하였다.

〈조직규준〉

조직규준(organizational norms)은 기대되는 행동 (일을 진행하는 방법, 허용되지 않는 행동 등)들을 보여준다(Schein, 1985). 조직규준에 따라 일터에서 고통을 받는 것을 표현할 것인지, 어떻게 표현할 것인지, 동료들이 어떻게 그에 대해 반응할 것인지가 달라진다.

굿럼(Goodrum, 2008)은 가족구성원이 살해된 경험을 겪은 조직구성원의 슬픔 반응에 대한 연구에서, 옳지 않은 시간에, 맞지 않는 장소에서, 부적절한 사람에게 표현되는 슬픔은 규준의 위반을 나타내며, 타인의 부정적인 반응을 이끌어낸다고 주장하였다. 그랜드와 패틸(Grant and Patil, 2012)은 조력에 대한 규준이 일터에서의 배려와 연민을 어떻게 발생시키는지에 대해 탐색하였고, 사람들이 가지고 있는 자기-이익(조력을 방해하는)에 대한 규준은 지속적으로 도움행동에 대한 모델링을 해주고, 도움행동을 옹호하며 주창하는 한 명의 팀동료에 의해 변화할 수 있다고 주장하였다. 그리고 연구자들은 업무조직에서의 규준을 형성하는 한 사람의 능력이 사회적 지위, 유사성, 업무조직의 수용성, 개방성, 시간에 대한 고려에 의해 어떻게 영향을 받을 수 있는지에 대해서도 탐색하였다.

〈조직의 관행〉

조직의 관행(organizational practices)은 다양한 행동패턴의 반복이라고 할 수 있다. 세 가지의 세부적인 사례 연구를 보면(Dutton et al., 2006; Lilius, Worline, Dutton, Kanov, & Maitlis, 2011; McClelland, 2012), 고통에 대한 단일 사건이나 여러 가지 에피소드가 발생했을 때 다양한 조직 관행들이 일터에서의 연민 표현에 어떻게 영향을 미치는지에 대해 보여주고 있다. 예를 들어, 관계적 스킬을 기반으로 한 채용 관행은, 인식된 고통에 대해 연민행동을 할 가능성이 높은 사람을 고용할 가능성에 영향을 미친다. 맥클러랜드(McClelland, 2012)는 일부 병원이 신규직원을 채용할 때 연민을 촉진하는 행동 인터뷰 전략 및 반응을 활용했을 때, 구성원들이 일터에서 연민행동을 할 가능성이 더 높아진다는 것을 보여주었다. 채용이 된 후, 도움을 필요로 하는 사람들을 조력하고 지원하는 관행은 연민의 표현이며, 구성원들이 일터 동료들에게 연민행동을 할 수 있도록 도와준다. 그랜트와 동료들(Grant et al., 2008)에 의하면, 어려움을 겪고 있는 동료를 돕는 일터 펀드에 1주마다 1달러를 기부할 때 해당 구성원의 친사회적, 배려적 정체성이 강화된다는 것을 발견하였고, 맥클러랜드(McClelland, 2012)는 공식적인 구성원 지원 활동은 병원 환자에 대한 연민을 강화하는 것을 조력한다는 것을 발견하였다. 조직의 중요한 사람들이 일터에서의 손해, 어려움, 고통의 발생에 대해 파악할 수 있도록 도와주는 '인식(notification)' 관행도 존재한다. 더턴, 프로스트, 워라인, 릴리우스, 카노브(Dutton, Frost, Worline, Lilius, and Kanov, 2002)의 연구에서는 시스코(Cisco)의 대표이사인 존 체임버스(John Chambers)의 사례를 언급하였다. 그는 HR의 커뮤니케이션 체제를 구축하여, 조직구성원들 중 누군가가 매우 아픈 상실(가족구성원의 심각한 질병이나 죽음)을 경험했을 때 자신에게 알려주도록 하여, 자신이 힘든 구성원을 개인적으로 접촉할 수 있도록 하였다. 일터에서의 연민반응의 발생에 영향을 미칠 수 있는 또 다른 조직 관행은 동료들에 대해 조력과 연민적 반응을 하는 사람들을 인정해주고 보상해주는

것이다(McClelland, 2012).

〈관계의 질〉

연민은 선천적 대인 간 프로세스이기 때문에 (앞에서 언급했듯이, 유사성에 대한 평가 과정에 의해 영향을 받을 수 있다), 일터에서의 연민 수준은 구성원의 일터 관계가 가지는 구조와 질에 의해 영향을 받을 수 있다. 일터에서의 관계가 상호적 존중과 긍정적 관심으로 가득차 있다면(Dutton & Heaphy, 2003), 사람들은 서로에 대해 정서적 애착 수준을 높일 것이고(Kahn, 1998), 그 결과 고통의 사건에 대한 연민 반응을 촉진할 수 있게 된다(Lilius et al., 2012). 고통스러운 사건에 대한 소식 또한 관계가 강하게 맺어져 있을 때 확산될 가능성이 높다(Dutton et al., 2006).

〈리더십〉

리더십의 질과 스타일은 일터에서의 연민 발생 및 표현에 영향을 줄 수 있는 또 하나의 맥락 요소이다. 리더는 구성원의 고통에 대해 알아채고, 관심을 주며, 그 사건의 의미를 구성해주며, 연민적 반응을 모델링해줄 수 있다(Boyatzis & McKee, 2005; Dutton et al., 2012). 더 나아가서, 리더의 공식적인 힘과 지위는 앞에서 언급했던 공유 가치, 공유 신념, 조직 활동, 관계의 구조 및 질이라는 맥락적 요소를 구성할 수 있고, 일터에서의 연민의 양에 미치는 자신의 영향력을 확장할 수 있게 된다. 사람들은 리더십 행동이 연민행동에 영향을 미친다고 믿고 있다는 사실을 보면(Melwani et al., 2012), 리더십 활동과 연민 반응은 다양한 이해관계자들(고객, 고용주, 팀, 관리자, 리더, 전반적 조직)이 보다 우수한 반응을 보일 수 있도록 조화롭게 일을 할 수 있게 해준다.

내부 조직의 패턴

일터에서의 연민에 대한 대부분의 연구는 개인적인 관계에서 연민이 어떻게 일어나고 표현되는지에 대해 살펴보았지만, 그와 동시에 집단과 조직

수준에서 연민이 어떻게 발생하고 표현되는지, 그리고 조직의 연민 역량이 시간이 지남에 따라 어떻게 발전하는지에 대한 연구와 이론은 존재했었다. 더턴과 동료들(Dutton et al., 2006)은 각 개인이 조직의 고통스러운 사건에 대해 반응하는 방법은 '연민 조직화(compassion organizing)'라고 이름 붙인 과정을 통해 어떻게 사회적으로 조율되는지를 탐색하였다. 연민 조직화에 대한 정의를 보면, "특정한 사람의 고통에 대한 집단적인 반응으로서, 특정 조직 맥락에서 각 개인의 연민을 통합하는 것"이다. 연민 조직화는 주의집중, 정서, 신뢰의 맥락적 가능 요소가 사회적 구조, 순간적인 구조, 연민 반응의 발생, 활성화, 조화를 만들어내고 영향을 미치는 상징적 과정과 어떻게 상호작용을 하는지를 보여준다. 연구자들은 이 개념을 통해 얻은 통찰이 조직이 연민 행동 및 반응을 할 수 있는 역량을 개발하는 과정을 촉진할 수 있을 거라 희망하고 있다.

매든, 더천, 매든과 블로우맨(Madden, Duchon, Madden, Plowman, 2012)은 조직의 연민 역량이 어떻게 공식적 방향이 없이 새롭게 나타나고 있는 자산으로 생각될 수 있는지에 대해 탐색해보았다. 연구자들은 복잡성 과학의 렌즈를 사용하여(Anderson, Mayer, Esienhardt, Carley, & Pettigrew, 1999; Axelrod & Cohen, 2000; Beeson & Davis, 2000; Stacey, 2005), 고통의 자극에 대해 조직의 연민 반응이 더 나타나기 쉬운 조건(다양성 조건, 상호의존적 역할, 효과적인 사회적 상호작용 조건)이 어떤 것인지를 알아보기도 했다. 또한, 연민 반응의 프로세스는 시간이 지남에 따라 조직 내의 구조, 문화, 과정, 역할, 판단 메카니즘을 어떻게 변화시키는지, 그리고 조직이 미래에 보일 연민 반응 반응을 어떻게 개선하는지에 대해 살펴보았다. 연구자들은 조직이 연민을 조직의 가치로 내면화하고, 조직 및 규준에 포함시킬 때 변화가 일어날 수 있다고 믿게 되었다.

〈진화 심리학과 업무 분위기의 특성〉

조직은 사회적 영장류의 집단으로 생각되며, 생태학자들은 이와 같은 사회적 영장류의 사회적 상호작용에는 두 가지 모드가 있다는 것을 발견하였다. 서열적(agonic) 모드와 쾌락적(hedonic) 모드(Chance, 1977, 1998; Gilbert, 1989; Price, 1992). 서열적 모드는 위협, 권력, 불안을 기반으로 하며, 쾌락적 모드는 재확인, 안전감, 놀이, 소속감을 기반으로 하는 것이다. 위협, 지배, 위기의 수준이 높을 때에는 연민 반응에 대한 억제 분위기가 구축된다(Darley & Batson, 1973; Martin et al., 2015; Molinsky, Grant, & Margolis, 2012).

이 연구결과들은 사회적 신경과학을 기반으로 한 정서적 통제의 3원 모델로 설명할 수 있다(Gilbert, 2009; 그림 13.3 참고). 위협-초점과 추진력-초점의 동기-정서 시스템은 교감신경과 연결되어 있는 반면, 안전감과 평온함, 소속감을 추구하는 친사회적 동기-정서 시스템은 부교감신경의 활성화를 포함한다. 이 세 가지 동기 시스템은 우리가 인식하지 못하는 중에도 매우 빠르게 활성화되고, 우리가 주의집중하는 것, 우리가 느끼는 방법, 우리가 행동하는 방법을 구성한다(Gilbert, 2009; Kahneman, 2011; Lazarus & Folkman, 1984). 그리고 유기체의 통제를 하기 위해 서로 경쟁하는 관계이다.

일터에서 위협 및 추진력 초점의 시스템이 지나치게 많이 활성화되면 친사회적, 배려 시스템에서의 활동을 억제하게 되며, 위협-기반의 정서적 상태의 활성화는 정보를 내재화하고 성찰하며 통합하는 능력을 방해한다(LIotti & Gilbert, 2011). 또한 프란시스 보고서(Mid Staffordshire NHS Foundation Trust, Francis, 2013)에 따르면, 공포와 관련된 문화에서 금전적 성과를 지나치게 강조하는 것은 배려와 연민의 높은 부재율에 영향을 미친다고 한다.

위협행동이 많이 일어날 경우 일터에서 좋은 성과수행을 방해할 가능성이 있기 때문에, 드밍(Deming, 1982)은 관리자를 위한 14가지의 제안점을 통해 리더와 관리자에게 있어서 '(구성원에게) 공포감을 주지 않는 것(Driving out Fear)'이 중요하다고 강조하였다.

일터에서의 연민 표현 및 행동, 그리고 연민이 가져다줄 수 있는 혜택(성과의 측면을 포함하여)을 강화하려면, 조직은 위계적이고 독재적인 관리 스

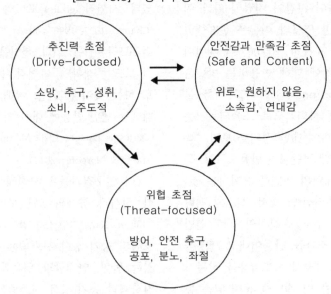

[그림 13.3] 정서적 통제의 3원 모델

추진력 초점
(Drive-focused)

소망, 추구, 성취,
소비, 주도적

안전감과 만족감 초점
(Safe and Content)

위로, 원하지 않음,
소속감, 연대감

위협 초점
(Threat-focused)

방어, 안전 추구,
공포, 분노, 좌절

* 출처: 길버트(Gilbert, 2009)의 연구를 각색함

타일과 문화를 감소시키고, 안전감, 연대감, 소속감을 일터에서 느낄 수 있도록 해주어야 한다.

〈일터에서의 연민행동을 촉진하고, 추구하기〉

1990년 이후부터, 우리는 리더십의 다양한 측면들을 강조하는 몇몇 리더십 모델과 체계들의 발생과 탐색을 관찰해왔다(Day, Fleenor, Atwater, Sturm, & McKee, 2014). 여러 모델과 체계에서 공통적으로 나타나는 것은, 리더십에는 동료들의 변화와 개선, 그리고 동료들을 위한 변화와 개선이 포함된다는 사실이었다.

공감과 시각 수용−상대방이 어떤 느낌을 가지고 어떤 생각을 하는지에 대해 느끼고 사고할 수 있는 능력−은 리더십의 핵심 요소이며, 정서지능의 주제에서 종종 다루고 있다. 공감적 관심−상대방의 어려움, 좌절, 고통으로 인해 마음이 움직일 수 있는 능력−또한 타인의 고통을 감소시키기 위해 명확한 행동을 하거나, 동료들의 웰빙과 성장 강화를 도와줄 수 있다.

이렇게 보았을 때, 좋은 리더십이란 연민에 기반하는 정도가 매우 크다고 말할 수 있다.

연민에는 알아차림, 마음이 움직임, 고통을 감소시키거나 예방하기 위한 행동이 포함되는 만큼, 조직에서의 부정적 정서 수준을 감소시키는 것을 도와줄 수 있다. 타인으로부터 연민반응을 얻고, 타인에게 연민표현을 하고, 연민이 발생하는 것을 관찰하는 것은, 사람들의 헌신, 성취, 우정, 직업 만족도, 기분의 고양, 긍정적 일터 정체성과 같은 상태를 경험할 수 있도록 도와주며, 긍정적 정서 상태를 강화해주기도 한다. 이렇게 볼 때, 연민은 부정적 정서에 대한 긍정적 정서 비율의 증진을 도와줄 수 있으며, 일터에서의 인간의 발달과 성장에 기여한다고 할 수 있다(Fredrickson, 2013).

따라서 리더는 자기 자신, 팀, 구성원, 조직의 건강 및 웰빙, 몰입과 성과 수준을 높이기 위한 노력을 할 때 새로운 연민에 대한 과학 및 일터에서의 연민에 관심을 가질 필요가 있다. 리더가 연민행동을 하게 되면, 타인으로부터의 평가수준도 높아질 가능성이 있다(Melwani et al., 2012).

13장 및 다른 연구들에서 정리한 현대의 과학적 지식을 기반으로 하여, 일터에서의 연민을 확실하게 증가시키는 방법을 보여주는 수준높으며 재검증가능한 연구들을 우리가 기다리고 있는 동안, 일터에서의 연민 강화를 원하는 사람들은 표 13.1

[표 13.1] 일터에서의 연민을 강화시키기 위한 행동과 배경

가능한 행동	배경과 세부내용
일터에서 연민이 발생되고 표현될 수 있는 조건을 창출하기	연민은 선천적인 인간의 능력이며, 적절한 조건에서 발생가능한 프로세스이다. 관리자와 동료들이 할 수 있는 일이란 적절한 환경을 구축하는 것이다. 일터에서 사람들을 전인적 인간으로 대우하는 공유된 가치를 창출하기, 일터에서의 존엄성 보장이 수용되는 공유된 믿음을 촉진하기, 독재적인 관리 스타일, 공포, 위협받는 느낌을 감소시키기, 관계적 스킬을 기반으로 사람들을 채용하기, 사람들이 일터에서 연민행동을 할 수 있는 기회를 제공하기(예: 자원봉사, 조직의 자선 펀드에 기부하기 등), 구성원의 고통 에피소드에 대해 알아차리고 소통할 수 있는 시스템과 과정을 구축하기, 연민적 반응을 모델링해서 보여주기, 일터에서의 연민행동에 대해 인정해주고 보상해주기, 상호적인 존중과 긍정적 관심이 존재하는 긍정적인 일터 관계를 구축 및 유지하기, 사람들이 동료의 고통에 대해 조금 더 쉽게 인지하고 반응할 수 있도록 역할을 변화시키기, 조직 구성원의 건강과 웰빙을 너 잘 보호할 수 있도록 정책을 변화시키기
사람들이 공감과 연민(자기-연민을 포함하여)에 대한 스킬을 배우고 발달시킬 수 있는 기회를 제공하기	연민은 선천적으로 인간이 가지고 태어나는 프로세스이기는 하지만 많은 연구결과들에 따르면 연민과 구성요소들(예: 공감, 공감적 관심, 좌절 인내, 조력 스킬 등)은 훈련에 의해 강화될 수 있다고 한다.
기대하는 변화를 가져올 수 있는 전략을 개발하고 실행하기	단편적인 행동도 물론 도움이 되기는 하지만 일터에서의 연민을 강화하기 위한 대규모의 문화적 변화는 잘 설계되고 효과적으로 실행되는 전략을 만들어낼 가능성이 높다. 애플바움, 하바쉬, 말로와 샤피크(Appelbaum, Habashy, Malo, and Shafiq, 2012)는 코터(Kotter)가 1996년 집필한 "변화를 리딩하라"(Leading Change / Kotter, 1996)에서 정리한 단계를 기반으로 변화 관리에 대한 15년간의 문헌을 리뷰하였다. 그리고 대부분의 단계들을 지지해줄 수 있는 근거를 찾아내었고, 이 변화-관리 모델에 위반되는 근거는 찾지 못했다. 연구자들은 이 단계를 실행 도구로 활용할 것을 제안하였고, 이와 함께 맥락적 요소나 장애물을 극복할 때 다른 도구들과 함께 쓰면 좋겠다고 주장하였다. 연구자들이 검토한 8가지의 단계는 다음과 같다. 변화를 만들어내고자 하는 니즈가 가지는 절박성을 도출하기, 협력체제를 구축하기, 비전과 전략을 개발하기, 변화에 대한 비전을 소통하기, 광범위한 행동을 촉진하기, 단기적 성공경험을 만들어내기, 이득을 공고히 하고 더 많은 변화를 창출하기, 조직 문화에서 새로운 접근법의 뿌리를 내리기
	일터에서의 연민 수준을 높이기 위한 도구로서 활용되었던 부가적 접근법은 AI(appreciative inquiry)이다(Dewar, 2011; Youngson, 2014).

* 출처: 저자

의 행동들을 고려해보고 있을 것이다.

미래 연구

연민이라는 주제에 대한 과학적 흥미는 날이 갈수록 커지고 있다. 예를 들어, 메들린(Medline) 검색엔진에서 찾아보았을 때 '연민'이라는 단어를 사용한 최근 연구결과는 그림 13.4에서 볼 수 있다. 2000년 이후로는 이 분야에 있어서 더 많은 연구

가 이루어져야 한다는 요구가 많아졌다(Frost, 1999). 13장에서는 연민에 대한 연구가 이 기간 동안 얼마나 많은 발달을 했는지에 대해 정리해보았다.

연민에 대한 연구는 다음과 같이 다양한 주제를 다루고 있다. 리더십, 관리, 조직 발달, 진화 생물학, 사회적 신경과학, 경제학, 신체적/심리적 건강, 웰빙. 하지만 이 분야는 여전히 신생 학문이다.

지금까지 이루어진 일터에서의 연민에 대한 대부분의 연구들은 기술적, 탐색적 연구였고, 이론을

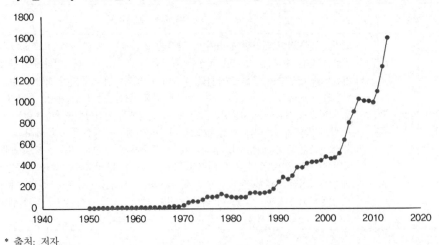

[그림 13.4]   1950년부터 2013년까지 '연민' 용어를 언급한 연구의 수(Medline)

* 출처: 저자

구축하는 연구였으며, 사례 연구, 관찰 연구, 인터뷰, 설문조사, 행동연구였고, 몇몇 실험 연구도 있었다. 연구의 목적은 연민이 나타나는 시기와 방법, 일터에서의 연민이 다양한 이해관계자들에게 미치는 영향, 연민의 발생과 흐름을 촉진하거나 방해하는 맥락적 요소를 더 잘 이해하기 위한 것이었다.

연민 주제 연구가 더 발전하기 위해서는, 기존의 관찰 및 모델 구축 연구를 지속하는 것도 필요하지만 실험 연구와 개입전략 연구에 더 많은 초점을 맞출 필요가 있다. 그중에서도 일터에서의 연민에 대해 잘 기술되고 재생산가능한 개입전략의 영향 및 특히 일터에서의 연민이 개인구성원, 팀, 업무단위, 서비스, 조직, 지역 커뮤니티에 미치는 효과를 탐색하는 실험 설계가 더 많이 필요하다.

예를 들어, 리더, 관리자, 구성원을 대상으로, 연민, 연민과 관련된 스킬과 역량(자기-연민을 포함해서)을 교육하고 훈련하는 것은 다음과 같은 종속변인들에 대해 영향을 미칠 수 있다. 몰입, 웰빙과 성장, 긍정적 정서, 친사회적 행동, 창의성, 윤리적 행동, 직업 성과, 건강의 결과, 서비스의 질, 고객에 대한 케어, 출근율 등. 그리고 사람들이 연민의 긍정적인 효과를 인식하게 할 수 있는 명확한 경로와 메카니즘은 어떤 것일까?

개인적 수준을 넘어서서, 연민과 관련된 변인들에 대해 앞에서 언급한 맥락적 요소(예: 직업 역할, 자원봉사 기회, 리더와 관리자의 연민행동에 대한 모델링, 일터에서의 연민행동의 가치를 강조하는 이야기, 가치명료화 연습과 활동, 연민에 대한 코칭 및 멘토링 활동, 신규직원의 채용 및 사회화 과정에서 일터에서의 연민이 가지는 중요성에 대한 정보 명료화, 관리자가 창출할 수 있는 연민과 관련된 업무 분위기 - 케어받고, 존중받고 있다는 느낌, 소속감, 안전감 - 에 대해 피드백 제공)들을 조율하는 것이 미치는 영향은 무엇일까?

일터에서의 연민을 강화할 수 있는 단일 개입전략을 개발하고 검증해야 할 필요성이 있기는 하지만 미래의 연구자들은 복잡한 개입전략의 영향을 평가할 때 의학연구위원회(MRC / Medical Research Council)가 제시한 지침을 활용하여, 동시에 여러 가지 변인들을 검토해볼 수 있는 다중요인 개입전략을 개발하고 검증해볼 필요가 있다(MRC, 2006).

일터에서의 연민에 대해 탐색하는 연구자가 제시한 다른 질문들은 다음과 같았다. 단일 연민 에피소드는 미래의 연민 발생 가능성을 어떻게 나타내고 영향을 주는가? 어떤 유형의 고통 발화제가 개인 수준의 연민을 촉진하는가? 어떤 유형의 고통 발화제가 집단적 반응을 더 강화시킬 수 있을까? 고통받는 사람들은 자신의 어려움에 대해 어떻게 이야기하는가? 고통을 받는 사람들의 개인적 맥락(예: 개인적 차이와 역할 특성)은 타인으로부터의 연민 경험 및 타인으로부터의 연민에 대한 니즈에 어떻게 영향을 주는가? 그리고 타인의 연민 행동을 어떻게 구성하고, 그에 대해 반응하는가? 국가 간-문화 간 차이는 일터에서의 연민(고통의 표현 방법과 반응 방법 / 연민 반응이 환영받지 못하고 고통을 경험하는 사람에게 불편하게 여겨지는 환경)에 어떻게 영향을 주는가? 단일 또는 연속의 연민 행동이 수행되는 동안, 핵심적 행동수행자(focal actors)의 힘은 연민 행동의 범위와 속성에 어떻게 영향을 주는가? 조직의 연민 역량은 고통에 대한 미래의 반응에 대해 어떻게 영향을 주는가? 가치 및 신념 구조에 연민을 내재화시킨 조직은 고통에 대해 더 자주, 더 다양하게 인식하는가? 조직의 미션과 구조는 일터에서의 연민을 강화/감소시키는가? 그렇다면 그 방법은 무엇인가? 일터에서의 연민이 가지고 있는 내적 초점은 조직 외부에 존재하는 고통에 대한 조직의 사회적 책임 및 민감성과 상관관계가 있는가?

연민에 대한 가치를 가지고 있는 조직은 외부의 이해관계자 집단에게 손해를 입힐 가능성이 적을까? 조직은 내부적/외부적 고통 발화제들 중 어떤 것에 반응할 것인지에 대해 어떻게 판단을 할까? 연민의 존재가 부정적인 영향을 일으키는 시기와 방법은 무엇일까? 연민이 최적으로 조직화될 수 있는 방법은 무엇일까? 일터에서의 연민과 정서의 신경과학 간의 연결고리는 무엇인가? 일터에서의 연민에서 얻은 통찰을 통해 보다 세계적이고 거시적인 수준에서의 연민에 대해 파악할 수 있는 방법은 무엇일까? 즉, 보다 연민수준이 높은 사회를 개발하기 위한 최적의 방법은 무엇일까?

결론

일터에서의 연민은 중요한 연구주제이다. 다면적이며 다음과 같이 여러 가지의 학문 주제가 관련된 주제이다. 진화 생물학, 생리학, 신경과학, 긍정/조직/성과 심리학, 철학과 경제학.

연민 자체는 복잡하고, 선천적인 동기 시스템/

프로세스로서, 포유류의 돌봄 체계를 기반으로 하여, 고통에 대해 알아차리고, 고통에 의해 마음이 움직이며, 고통을 경감시키고 예방하기 위해 행동하는 것을 포함한다. 연민 및 일터에서의 연민에 대한 연구가 증가하고 있으며, 이제 우리는 일터에서 연민이 발생하고 표현되는 환경, 다양한 이해관계자들에 대한 혜택, 일터에서의 연민 수준이 시간이 지나감에 따라 증가하는 방법에 대해 더 많이 이해하게 되었다.

미래에는 기술적 연구, 이론 구축, 활용 가능한 모델의 개발을 하는 수준을 넘어서서, 보다 통계적으로 엄격하고 체계적인 모델 검증, 단일/다요소의 개입전략 연구, 인과경로 및 메카니즘에 대한 연구가 이루어질 필요가 있다. 일터에서의 연민에 대해 탐색하는 연구는 점점 늘어나고 있지만, 아직 초기 수준이다. 일터에서의 연민의 발생, 표현, 혜택을 증가시키는 데에 도움이 될 수 있는, 신뢰도가 높고, 재검증이 가능하며, 측정가능한 방법을 발견하고 개발할 수 있다면, 전반적인 사회와 세계에서 연민의 수준을 높이는 방법을 이해하는 데 있어서 매우 큰 발전을 이룰 수 있게 될 것이다.

감사의 글

13장의 준비를 하는 데 있어서, 큰 도움이 되는 이야기를 해주었던 폴 길버트(Paul Gilbert), 크리스 아이언스(Chris Irons), 닐 클랩톤(Neil Clapton), 제인 더턴(Jane Dutton)에게 감사의 마음을 전하고 싶다.

Part
II

일터에서의 긍정심리학 활용을 위한
조직적 접근법

14장
좋은 일: 의미-중심 접근법

폴 웡(Paul T. P. Wong), 이타이 이브챤(Itai Ivtzan) 및 팀 로마스(Tim Lomas)

서론

14장에서는 의미-중심 접근법을 통해, 좋은 일의 개념을 중점적으로 소개해보려고 한다. 의미-중심 접근법이란 좋은 일의 개념을 개인, 조직, 사회적 차원의 세 가지 수준에서 바라보는 개념이다. 개인적 차원에서 좋은 일은 구성원의 내적 동기를 촉진함으로써 자신의 강점 활용을 최적화하여, 높은 직무 만족도와 생산성을 창출해내는 개념이다. 조직적 차원에서 좋은 일은 서번트 리더십(Wong, 2004)을 통해 구성원의 잠재력을 최대로 발휘하도록 이끌며, 긍정적인 문화를 조성한다고 본다(Wong, 2005). 사회적 차원에서 좋은 일은 사회적 책임을 바탕으로 더 큰 선을 창출하는 것과 같이, 사회에 공헌하기 위하여 그들이 할 수 있는 수준 그 이상으로 최선의 노력을 다하는 것을 의미한다. 따라서 좋은 조직은 좋은 일터일 뿐만 아니라 긍정적 사회 변화의 매개체로서의 기능을 수행하는 것이다.

실존주의적 긍정심리학(EPP; Wong, 2010)으로부터 소개된 의미-중심 접근법은 긍정심리학(Positive Psychology, PP)의 '제 2의 물결'이라고도 불리는 "긍정심리학 2.0"(Wong, 2011) 연구의 한 갈래이다(Ivtzan, Lomas, Hefferon, & Worth, 2015, Lomas & Ivtzan, 2015). 긍정심리학의 '첫 번째 물결'이 등장했던 1998년 당시, 긍정심리학의 두드러진 특징은 인간의 기능에 대한 '긍정적' 측면을 탐구해야 한다는 새로운 주장을 제기한 것이다(Seligman & Csikszentmihalyi, 2000). 이는 '기존의 심리학'과는 명백하게 대조되었다. 왜냐하면 기존의 심리학은 인간의 '결핍'에 기반한 접근법을 특징으로 하기 때문이다. 한편, 긍정심리학에 대해 비평가들은 긍정적인 기능에 중점을 두는 것은 가치가 있으나, 다른 한편으로는 여러 잠재적 문제를 초래할 수 있다고 제안했다. 예를 들어, 긍정적 자질(예: 낙관주의)로 보이는 특성을 바람직한 것으로, 그리고 부정적 자질(예: 비관주의)로 보이는 특성을 바람직하지 않은 것으로 정의하는 것은, 후자의 특성을 보이는 사람들로 하여금 추가적인 스트레스를 받거나 비난을 받는다고 느끼게 만들 수 있음을 의미한다(Held, 2002, 2004). 뿐만 아니라, 기능의 '긍정적'측면에 초점을 맞추는 긍정심리학의 접근법은, 역설적으로 인간성이 지닌 '더 어두운' 면(예: 부정정서 또는 해를 끼칠 수 있는 부정적 잠재력)에 있어서는 불충분한 접근법이 될 수 있음을 시사하기도 한다.

긍정심리학2.0에서는 최적의 기능이란 긍정적 요인과 부정적인 요소 간의 역동적인 상호작용에서 유래한다는 점에 착안하여 변증법적 접근법을 취했다.

긍정심리학2.0의 핵심은 인간의 건강에 대해, '의미' 중심의 접근법을 사용한다는 것이다(Wong, 2011; Wong, 2012a). 특히, 프랭클(Frankl, 1985)의 의미치료 패러다임을 조직에 적용한 의미-중심 접근법의 경우 이에 해당된다. 의미-중심 접근법은 긍정성, 강점 또는 도덕성과 같은 대안 모델에 비해 몇 가지 장점을 갖고 있다. 긍정심리학의 첫 번째 물결이 갖고 있던 문제로부터 벗어나, 주요 주제를 모두 통합할 수 있기 때문이다. 실존주의적 철학과 같은 맥락에서, 의미-중심 접근법은 '선'과 '악'의 잠재력을 모두 지닌 인간의 특성을 완전하게 포괄한다(다만, 악은 다소 형이상학적 용어로 간주될 수 있다, Allison, 2002). 이번 장에서는 실제로 사람들이 가질 수 있는 증오, 파괴적 행동 등의 범위를 생생하게 포착하기 위해 의미-중심 접근법이라는 개념을 소개할 것이다. 의미-중심 접근법은 조직 내 개인이 더욱 더 긍정적으로 변화하기 위하여, 개방성과 준비성의 증진을 돕는 유용한 접근법이다(Burger, Crous, & Roodt, 2008).

긍정심리학에 대한 비판적 검토 및 조직적 접근법

긍정심리학의 첫 번째 물결은 긍정 정서, 긍정적 특성 및 긍정조직에 대해 과학적으로 연구해왔다(Seligman & Csikszentmilahlyi, 2000). 특히, 응용 긍정심리학은 사람들이 가정, 일터, 학교에서 건강하게 기능하도록 돕기 위해 긍정심리학 연구 결과를 적용하였다(Donaldson, 2011). 첫 번째 물결이 전개됨에 따라 긍정 정서, 심리적 자본, 대표 강점, 플로우(flow)와 몰입(engagement), 의미와 목적 등과 같이 긍정심리학과 관련된 변인이 가진 유익한 효과를 강조하는 문헌이 많이 축적되었다(Bolier et al., 2013; Sin & Lyubomirsky, 2009).

긍정심리학은 엄청난 관심과 열정을 불러일으켰지만, 동시에 이에 대한 비판도 존재한다. 예를

들어, 웡(Wong, 2007a, 2007b)은 주관적 만족감과 같이 '행복만을 지향'하는 결과변인만을 강조했던 긍정심리학에 대하여 다음과 같이 비판하였다. 긍정심리학은 사람들이 의미-지향적 추구보다는, 쾌락 지향을 추구(pursue a futile hedonic quest)하게 된 현상에 대한 책임이 있다는 것이다. 이어서 웡(Wong, 2007a, 2007b)은 의미를 추구하는 것이야말로, 사회적으로 보다 책임감 있고 '진정한' 형태의 행복을 찾는 길이라고 보았다. 이와 유사하게 헬드(Held, 2002, 2004)와 같은 학자들은 사람들에게 행복을 파는 데 혈안이 된 정부 및 대기업을 포함하여, '행복 산업'을 창안하고 유지하는데 기여한 긍정심리학의 역할을 비판했다. 경험 연구에 따르면, 행복의 추구가 우리에게 항상 좋은 것은 아닐 수도 있다는 것에 주의를 기울일 필요가 있다(예: Gruber, Mauss, & Tamir, 2011; Mauss, Tamir, Anderson, & Savino, 2011). 예를 들어, 마우스와 동료들(Mauss et al.)은 행복을 더 중시하는 사람들은 행복을 별로 중요하게 생각하지 않는 사람들보다, 더 낮은 수준의 삶의 스트레스 조건하에서 더 낮은 행복 수준을 경험한다는 사실을 발견했다. 또한, 맥널티(McNulty)와 핀챔(Fincham, 2011)은 긍정심리학이 긍정적으로 보이는 자질에만 초점을 맞춘다면, 웰빙에 대해 불완전하게 이해하는 것이라고 주장했다(예를 들어, 부정적으로 보이는 정서와 경험의 유익한 잠재력을 충분히 느끼지 못하게 됨).

앞서 제시된 비판적 검토의 결과로, 긍정심리학 연구자들은 단순히 '긍정적'인 측면에 초점을 맞춤으로 인한 위험에 더욱 주의를 기울이고, 긍정성과 부정성의 개념을 더 비판적으로 다루게 되면서 더욱 발전이 이루어졌으며, 현재 긍정심리학2.0으로 분류된 '제 2의 물결' 단계로 옮겨가고 있다. 긍정심리학2.0도 행복과 같은 주제에 초점을 맞추지만, 행복 추구와 관련된 잠재적 문제점에 대해서도 인식하고 있다. 부정정서는 목적지향적 행복창출(eudaimonic)과정에 있어 필수적인 부분이다. 왜냐하면, 변증법적 관점에서 볼 때, 부정감정이 행복 경험의 일부가 될 수 있기 때문이다.

이 명제는 역설적으로 들릴 수도 있다(어떻게

행복과 부정적인 감정이 서로 가까워 질 수 있을까?). 하지만 행복을 단순히 긍정적인 감정으로 보는 것이 아니라, 인간이라는 존재로서 더 만족감을 느끼는 방법이라는 조금 더 복합적인 개념으로 접근해 본다면, 부정정서는 행복에 있어 더 중요한 차원으로 인식될 수 있다. 부정정서가 있는 그대로 수용되고 받아들여질 경우, 오히려 삶의 긍정적인 변화에 대한 강력한 촉매제가 될 수 있으며, 의미와 진정성에 대해 더 깊이 느낄 수 있도록 돕는다.

한편, 프레드릭슨(Fredrickson, 2001)은 긍정정서의 확장과 수립 이론(broaden-and-build theory)을 제안한 바 있다. 이에 더하여 웡(Wong, 2012a)은 긍정심리학2.0의 관점에서 부정정서의 이점을 강조하는 '심층적인' 가설을 제시하여 프레드릭슨의 이론을 보완하였다. 웡(Wong, 1995, 2006)에 따르면, 좌절감 및 기타 부정적 경험은 우리로 하여금 내적 자원을 깊이 탐구하도록 동기부여하며, 새로운 가능성에 대한 시야 또한 확장시킨다. 예를 들어, 부정정서의 긍정적 결과에 관한 연구는 기억력 향상, 판단 오류의 감소, 동기의 향상, 대인관계 전략의 효율성 증가와 같은 결과를 보여준다(Forgas, 2013; Storbeck & Clore, 2005). 실제로 변증법적 개념에서 바라본 건강과 관련하여, 부정성과 긍정성의 통합 및 초월이 가진 이점에 대한 수많은 경험적 근거가 존재한다. 예를 들어, 사망 수용(Wong & Tomer, 2011), 변혁적 대처(transformative coping: Wong, Reker, & Peacock, 2006), 비극적 낙관주의(tragic optimism: Wong, 2009) 등이 웡(Wong)의 연구를 통해 근거로 제시되었다. 마찬가지로, 사망 인식 및 사망 수용에 관한 코졸리노(Cozzolino, 2006)의 연구에 따르면, 개인이 자신의 죽음이라는 사건에 노출되는 과정에서, 자기주도적이고 성장 지향적인 반응이 관찰된다. 이 연구는 죽음에 대한 직접적인 경험은 삶에 대한 인식, 다른 사람들에 대한 관심, 더 높은 수준의 의미와 같이 본질적인 삶의 변화를 만들어낸다는 것을 설명하고 있다.

긍정심리학의 첫 번째 물결은 행복의 단편적이고 제한된 측면에만(전술한 바와 같이, 명백하게 '긍정적으로' 보여지는 주제에 대한 연구) 집중했기 때문에,

일터 내 긍정심리학의 적용 또한 제한되어 왔을 것이다. 예를 들어, 코와 도날슨(Ko, Donaldson, 2011)이 일과 관련된 긍정심리학의 문헌을 광범위하게 검토한 결과, 조직의 도덕성, 심리적 자본, 플로우, 긍정정서, 몰입과 같은 긍정적인 주제가 주류를 이뤄왔음을 발견했다. 물론, 이 또한 매우 가치 있고 중요한 연구분야임에 틀림없다. 그러나, 긍정조직심리학 연구가 이루어진 12년 동안, '의미'가 직무만족도(Kamdron, 2005)와 웰빙(Arnold, Turner, Barling, Kelloway, & McKee, 2007), 구성원이 자신의 일에 대해 부여한 가치(Nord, Brief, Atieh, & Doherty, 1990)를 향상시키는 요인이라는 사실이 밝혀진 바 있음에도 불구하고, 일터에서의 의미 관련 주제는 크게 주목받지 못해 온 것이 사실이다. 따라서 의미-중심 접근법은 일터에서 의미가 가진 중요성에 초점을 맞춤으로써, 부정성과 긍정성 간의 균형을 바로 잡으려고 한다.

실존주의적 패러다임의 전환

쿤(Kuhn, 1962)에 따르면, 패러다임의 변화는 지배적인 개념적 틀이 갖고 있는 기본 가정에 의문을 제기하는 분위기가 충분히 고조되었을 때 발생한다고 보았다. '기존의 심리학'이 활용했던 결핍 모델이 인간의 잠재력을 적절하게 다루지 못했다는 인식이 고조됨으로 인해, 긍정심리학의 첫 번째 물결이 나타났다. 장애와 병리에 대한 과도한 집중으로부터, 행복과 강점에 대한 집중으로 패러다임 전환이 이루어진 것이다(Seligman & Csikszent-mihalyi, 2000). 긍정심리학1.0은 건강의 '변증법적' 성격을 간과하였다. 긍정심리학2.0의 최신 흐름은, 피할 수 없는 인간의 실존적 측면과 의미의 중심적 역할이 중요하다는 인식에 의해 촉발되었다. 즉, 세상은 여러 가지 어려움으로 가득차 있지만, 그와 동시에 의미가 가진 잠재력으로 가득차 있다는 점을 인식한 것이다(Frankl, 1985).

우리가 의미 있는 몰입 안에 숨겨진 기회를 발견하고, 책임과 윤리를 바탕으로 행동할 때, 우리의 삶은 더욱 더 만족스러워질 것이다.

또한, '고통은 불가피한 동시에 잠재적으로 유익한 특성을 갖고 있다'라는 주장은 긍정심리학2.0이 제시한 또 하나의 중요한 통찰력이다(긍정심리학2.0은 실존적 특징을 갖고 있기 때문에, 실존적 긍정심리학에도 해당된다, Wong, 2010). 웡(Wong, 2012b)의 '깊이 있고 넓은(deep-and-wide)' 가설에 따르면, 우리는 고통스런 상황을 마주하는 과정에서 우리 자신에 대해 더 깊이 들여다보며, 우리의 삶을 풍요롭게 만들 수 있는 새로운 가능성에 대해 더 개방적이 된다. 또한, 긍정심리학2.0은 인간이라는 존재의 근본 역설과 딜레마에 대해 다룬다. 예를 들어, 인간 본성이 갖고 있는 근본적 역설은 다음과 같다. 우리 자신만을 더 행복하게 하거나 더 가치 있게 만드는 것과 같이, 자기 자신에게만 주의를 기울이면 기울일수록, 우리 자신의 목적에서 벗어나게 된다. 반대로, 우리가 타인을 돕거나 사회에 공헌하는 등, 나 이외의 존재에게 관심을 기울이면 기울일수록, 우리는 좀더 행복하고 가치 있는 삶을 살게 된다. 이는 인간 본성에 뿌리를 두고 있다. 빅터 프랭클(Viktor Frankl, 1988)은 다음과 같이 말했다. "자기초월은 존재의 본질이다. 인간다워진다는 것은 자신만을 추구하는 것이 넘어서서, 자신이 아닌 다른 무엇인가를 추구하는 것이다"(p.50).

최신 간행물에는 긍정조직심리학이 실존적 관점을 취하기 시작한다는 고무적인 징후가 발견되고 있다. 예를 들어, 조셉(Joseph, 2015)이 편집한 긍정심리학의 실제(Positive Psychology in Practice)의 목차에는 긍정심리학의 '실존적 차원'에 대해 브레튼(Bretton, 2015)이 기술한 챕터, 불편하지만 필수적인 개념인 '부정성'의 역할에 대한 포웰스(Pauwels, 2015)의 챕터가 실려있다. 의미-중심 접근법에 대해 설명을 제공하는 본 장이 이 책의 일부로 포함되었다는 사실 또한 고무적 징후이다. 결론적으로, 두 번째 물결의 패러다임을 상징하는 긍정심리학2.0(그리고 의미-중심 접근법)은 좋은 삶을 추구함에 있어 행복지향적인 접근보다는 의미지향적인 접근을 취한다. 실존 심리학과 철학에서는 인간의 잠재력을 충족시키는 밝은 면뿐만 아니라, 인간의 어두운 측면을 인식하고 있다. 이는 과학적 발견, 치유와 건강에 대한 고전적인 지혜, 양측면에 기반하고 있다.

긍정조직을 위한 의미-중심 접근법

성인의 삶에 있어서 많은 부분을 차지하고 있는 것은 '일'이기 때문에, 인생에서 의미의 혜택에 관한 연구 결과는 일터에서의 삶에 적용되기 용이하다. 다수의 연구를 통해, 의미는 웰빙(Hicks & Routledge, 2013; Park, Park, & Peterson, 2010, Ryff & Keyes, 1995)과 심리사회적 적응(Reker & Wong, 2012)의 기반임이 밝혀졌다. 그러나 아직까지, 인생에서 일과 의미 간의 자연스러운 연결고리는 널리 알려지지 않았다. 의미 이론의 가설은 다음과 같다. 진짜로 중요한 것 그리고 내적으로 귀중한 것에 가치를 두고 추구할 때, 우리는 진정한 행복을 경험한다. 의미란 본질적으로도 가치 있고 만족스러울 뿐만 아니라, 미덕(virtue)과 행복(happiness)이라는 다른 두 가지 최종 가치와도 밀접하게 관련되어 있다. 따라서 좋은 삶과 좋은 일에 대한 의미-중심 이론은 의미, 미덕, 행복이라는 세 가지 축에 기반하고 있다.

의미-중심 접근법은 프랭클의 의미치료(logotherapy, 1985)를 일터에 적용한 것에 기반하여 만들어졌다. 의미-중심 접근법은 모든 사람이 고유하고 내재된 가치를 가진 동시에, 인간 본성의 어두운 면(탐욕, 자존심, 편견, 이기주의적 경향, 파괴적 행동 가능성)의 존재에 대해서도 함께 인식한다. 의미-중심 접근법은 긍정심리학2.0과 같이, 실존심리학과 긍정심리학을 통합하는 것에 대한 관심이 증가함에 따라 발전하였다(Wong, 2011). 의미는 구성원들을 동기부여하는 동시에, 에너지를 불어넣는 주요 원천이다. 특히, 자신의 경력을 '소명(calling)'이라고 여길 경우(Wrzesniewski, McCauley, Rozin, & Schwartz, 1997), 좋은 일을 직업적 탁월함과 직업윤리 달성의 도구로 여길 경우(Gardner, Csikszentmihalyi, & Damon, 2001), 의미는 내적 동기의 중요한 원천으로 더 크게 작용한다. 의미-중심 접근법은 스스로 의미를 만들 수 있는 능력을 타고난 인간(Wong & Weiner, 1981)과 의미의 보편적 접근 가능성(Frankl, 1985)에 주목하였다. 보다 구체적으로, 의미-중심 접근법은 '의미 만들기'라는 새로운 개념적 모델을 기반으로 하고 있다. 다음 절에서는, '건강을 위한 퓨어 접근법'이라 불리는 의미-중심 접근법을 소개하겠다.

건강을 위한 퓨어(PURE) 접근법

퓨어 접근법은 목적(Purpose), 이해(Understanding), 책임(Responsibility), 즐거움/평가(Enjoyment/Evaluation) 영문의 두음의 조합으로 만들어낸 접근법으로서, 의미-중심 접근법에서 말하는 의미를 온전히 정의하고, 업무 맥락에서 의미-중심 접근법을 구현하기 위한 개념적 틀이다.

〈목적의 본질적 중요성〉

조직 내에서 목적(Purpose)에 대한 인식은 다섯 가지 핵심 차원에서 평가할 수 있으며, 이 다섯 차원은 조직 기능의 일곱 가지 측면에 적용할 수 있다. 다섯 차원의 관점에서, 목적에 대한 인식에 관하여 다음과 같은 질문을 제시할 수 있다. (1) 목적이 있는가, 없는가? (2) 목적이 분명한가? (3) 목적이 설득력 있는가? (4) 목적이 일관성을 갖고 있는가? (5) 목적이 협력을 이끌어내는가?

이와 같은 다섯 가지 측면은, 다음과 같은 측면에 대한 사람들의 인식을 반영한다. (1) 공동의 목표를 위한 동기부여와 화합을 담보하는 현재의 비전과 사명 (2) 간결하고, 구체적이고, 초점이 있고, 측정 가능한, 명확한 목표를 공유할 수 있는 팀원 및 파트너 (3) 모든 이해관계자의 필요와 가치에 부합하는 목적의 설득력 (4) 부서 별 의사결정, 시간의 흐름에 따른 의사결정이 동일한 핵심가치에 따라 이뤄지는 것을 표상하는 목적의 일관성 (5) 팀워크, 협력 및 파트너십을 강조할 때 나타나는 목적의 협력성.

또한, 목적은 (1) 조직의 전반적인 비전과 사명 (2) 조직의 사회적 관심사와 시민에 대한 폭넓은 책임감 (3) 조직의 체계적 기능(즉, 조직 운영의 질) (4) 인적 자원(예: 구성원에 대한 존중) (5) 조직의 서비스(또는 제품) (6) 효율성 (7) 전반적인 품질에 따라 검토해볼 수 있다.

따라서 조직 현장에서는 표 14.1을 사용하여 조직의 현재 목적에 대한 인식 상태를 평가할 수 있다. 조직 기능의 일곱 가지 측면, 목적의 다섯 가지 핵심차원, 이에 대한 사람들의 인식에 대해 1에서 10까지 평가한다. 매트릭스의 개별 점수의 총점은 조직이 현재 가지고 있는 목적의식의 강도와 범위를 나타낸다. 이에 따라 해당 점수가 높을수록 조직의 사기와 생산성이 높아질 것이라고 예측할 수 있는 것이다.

〈이해의 다리〉

이해(Understanding)는 문제에 대한 해결책을 찾기 위한, 조직의 현재 상황을 평가하는 열쇠이다. 문제를 해결하려면 기존 문제의 심각성을 충분히 이해하고 수용하는 것이 필요하다.

또한 이해(U)에는 어떠한 일이 일어나고 있는지를 아는 것뿐만 아니라, 자기 자신을 아는 것도 포함된다. 자기의 정체성에 대해 일관된 감각과 명확한 개념을 갖고 있는 것은 의미 있는 고용과 최적의 기능을 위한 필수요소이다. 조직 내(특히 매우 위계적인 조직일수록)에는 문화적 차이, 잘못된 의사소통, 개인적인 편견, 의사소통의 장벽 등이 존재할 수 있으며, 이는 효과적인 팀워크를 방해하고 생산 과정을 지연시킬 수 있다. 텃세 본능, 파벌 의식, 권력 투쟁은 조직을 더욱 손상시킬 수 있는 요인이다. 어떠한 조직도 사람들을 연결시킬 수 있는 '이해의 다리'를 구축하지 않고서는 생존할 수도 건강해질 수도 없는 것이다.

〈책임있는 행동의 힘〉

리더십과 경영에서, 책임(Responsibility)은 항상 중요한 영역으로 간주되어 왔다(Bass & Bass, 2008). 최근에 카메론(Cameron, 2011)은 미덕의 리더십이란 책임감 있는 리더십이라고 정의했다. 책임있는 행동이란 올바른 결정을 내리고, 올바른 사람들을 고용하고, 올바른 제품을 개발하고, 낭비적인 실무

[표 14.1] 조직 기능에 대한 목적수준 평가

목적 수준 조직 기능	목적이 없는가? 또는 목적을 갖고 있는가?	목적이 분명한가?	목적이 설득력 있는가?	목적이 일관성을 갖고 있는가?	목적이 협력을 이끌어내는가?
1. 비전 / 사명					
2. 사회적 책임					
3. 조직의 기능					
4. 인적 자원					
5. 서비스 / 제품					
6. 효율성					
7. 전반적인 품질					

* 출처: 저자

를 제거하는 것이다. 격변의 시대에 살아남기 위해서, 구조조정 및 재편성을 수행하는 데 있어서도 용기가 필요하다. 최근 몇 년 동안, 조직 자체의 성공뿐만 아니라, 더 넓은 시민사회를 위한 리더십의 책임에 관한 새로운 문헌이 등장했다(Szekely & Knirsch, 2005).

⟨즐거움(Enjoyment) 또는 평가(Evaluation)⟩

즐거움이란 가치 있는 일에 능동적으로 몰입하고 앞으로 나아가는 경험을 통해, 내적으로 깊은 만족감을 느끼는 것을 의미한다. 좋은 일을 통해 좋은 느낌을 갖는 것은, 인간의 선천적인 도덕성을 반영하는 시대를 관통하는 보편적 경험이다(Hitlin, 2007). 카메론(Cameron, 2011)이 주장한 좋은 일의 수행이, 좋은 비즈니스의 수행을 의미할 수 있는지에 대해서는 아직 명확히 밝혀지지 않았다. 예를 들어, 조직의 윤리적 행동은 윤리적인 소비자의 의사결정을 통해 보상받을 수 있다. 영국의 더 코퍼레이티브(The Cooperative, 2012)는 윤리적 시장의 가치를 2012년에 472억 파운드(1999년 135억 파운드에서 증가)라고 측정하였으며, 회사에 대한 평판을 바탕으로 제품을 외면하는 소비자의 비율이 50%로 나타났다(2000년 44 %에서 증가).

퓨어 모델은 외재적/내재적 만족의 원천 모두, 웰빙과 생산성에 중요하다는 것을 예측하고 있다. 그러나 연봉수준의 양극단(가장 높은 수준 vs. 가장 낮은 수준)의 경우, 내재적 동기가 가장 중요하게 나타났다. 그림 14.1과 그림 14.2에서는 일터에서의 업무 만족도와 관련된 내재적/외재적 만족의 원천을 설명하고 있다.

그림 14.1과 14.2의 각 칸에, 내재적 만족감/외재적 만족감의 수준을 1점부터 10점으로 평가할 수 있다. 이 점수는 지속적인 성장을 위한 중요한 정보를 제공한다. '즐거움(E: Enjoyment)'의 수준이 낮게 나타났다면, 급진적 변화 혹은 점진적 개선이 필요한 분야를 규명하기 위하여, 목적, 이해, 책임 있는 행동을 재평가해야 한다고 해석한다. 특히, 내재적 동기와 관련하여 점수가 높을수록, 더 깊은 수준의 의미를 경험하고 있는 사람의 상태를 반영한다고 해석할 수 있다.

퓨어 전략의 응용

퓨어 전략의 4가지 구성요소는 워크샵, 모델링, 코칭을 통해 학습할 수 있다. 또한, 이는 정성적, 정량적으로 측정할 수 있다. 더 중요한 의미-중심 접근법의 이점은, 이것이 이익률/생산성의 증가, 조직의 사기, 업무 상 낭비/결근의 감소와 같은 요소로도 측정될 수 있다는 것이다. 그림 14.3에서 제시된 것과 같이, 퓨어 모델은 조직의 성장에 목적이 의미하는 중요성을 강조하고 있다. 앞서 언급했듯이 리더십은 조직의 탁월성을 위한 핵심요소

[그림 14.1] 내재적 동기의 수준

초월(Transcendence)

실현(Actualization)

자아 존중감(Self-esteem)

함께 가기 및 소속되기
(Getting along and belonging)

의미와 목적(Meaning and purpose)

개선 및 성장
(Improvement and growth)

역량과 자기 효능감
(Competence and self-efficacy)

* 출처: 저자

[그림 14.2] 외재적 동기의 수준

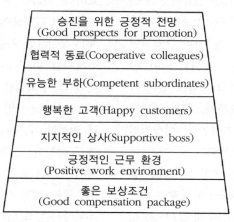

승진을 위한 긍정적 전망
(Good prospects for promotion)

협력적 동료(Cooperative colleagues)

유능한 부하(Competent subordinates)

행복한 고객(Happy customers)

지지적인 상사(Supportive boss)

긍정적인 근무 환경
(Positive work environment)

좋은 보상조건
(Good compensation package)

* 출처: 저자

[그림 14.3] 조직이 앞으로 나아가기 위한 퓨어 접근법

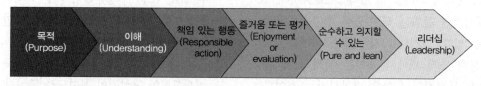

목적
(Purpose)

이해
(Understanding)

책임 있는 행동
(Responsible action)

즐거움 또는 평가
(Enjoyment or evaluation)

순수하고 의지할 수 있는
(Pure and lean)

리더십
(Leadership)

* 출처: Paul T. P. Wong.

이다. 유능한 리더는 역량과 정직의 표준을 제시한다. 또한 다른 사람들에게 영감을 주고 동기를 부여하며, 조직을 앞으로 나아가게 하는 올바른 전략을 개발한다.

긍정적 기업 문화

의미-중심 접근법은 인적자원개발과 일터에서의 의미를 강조하기 때문에, 긍정적 조직문화 창출을 가져온다. 스케인(Schein, 1990)은 기업문화를

'유일무이하고 필수적인 관리의 기능'으로 정의했다(p.317). 최고의 근로자를 보유하고, 이들의 동기를 부여하며, 비즈니스를 성장시키기 위해, 긍정적인 조직문화가 필요하다.

긍정적이고 성공적인 조직은 문 안으로 들어가는 순간 차이를 느낄 수 있다. 분위기는 호의적이며, 일하는 사람들의 헌신과 에너지와 같은 뚜렷한 감각이 느껴진다. 궁극적으로 긍정적 협력 문화는 지속가능한 성장을 위해 필수적이다. 의미-중심 접근법은 문화 혁신(Wong, 2002, 2005, Wong & Gupta, 2004), 청렴성 복원(Wong, 2002, 2004), 팀워크 및 협력 개선(Wong, 2005, 2006)과 같은 과정에 적용되었다. 긍정적인 변화에 온전히 몰두한 리더십 없이 기업문화를 변화시키기는 어려울 것이다.

웡(Wong)과 겁타(Gupta, 2004)는 (1) 진보와 적응의 문화 (2) 목적 지향적 문화 (3) 지역사회 지향적 문화 (4) 사람 중심 문화라는 네 가지 긍정적인 문화를 제시하였다. 위의 네 가지 문화는 의미, 공동체, 영성, 주장성에 대해 사람들이 갖고 있는 가장 깊은 니즈를 충족시키기 때문에, 내적 동기를 부여하며 최상의 성과창출에 기여한다. 이상적인 회사는 이와 같은 건강한 기업문화의 네 가지 특성을 모두 지녀야 한다. 이들은 또한 부정적인 문화를 (1) 권위주의적-위계적 문화 (2) 경쟁적-대립적 문화 (3) 방관적 문화 (4) 부정부패 문화 (5) 경직되고-고지식한 문화로 구분하여 제시하였다. 위와 다섯 가지 문화는 상호배타적이지 않으므로, 여러 특성이 동시에 나타날 수 있다(Wong and Gupta, 2004). 부정적인 문화는 의미-중심 접근법을 통해 변형될 수 있다. 그러나 가장 시급한 과제는 퓨어 전략을 통해 조직 내에 존재하는 독성 요소부터 제거한 후, 부정적인 문화를 변화시키는 것이다.

불필요한 지출을 줄이기 위한 퓨어 전략

가장 빠른 배일 지라도 선체에 누출이 있을 경우, 멀리갈 수 없다. 퓨어 전략은 속도를 향상시킬 뿐만 아니라 누출 요소를 수리해준다. 퓨어 전략을 체계적으로 구현하면, 효율성, 생산성, 혁신, 직무

만족을 높이는 동시에, 족벌주의, 편파적 인사, 횡령, 부적절한 관리와 같은 독성 요소를 크게 줄일 수 있다. 퓨어 전략은 독성 요소의 가지치기 작업과 관련하여, 재정적/인적 자원의 낭비를 줄이기 위한 전략적이고 체계적인 방법을 제공한다. 다음에서는 의미 있는 비용절감 방법에 대한 간략한 가이드라인을 소개해보려고 한다.

첫째, 조직 내 모든 부서는 명확한 미션 선언문을 작성한다. 각 운영 단위의 목적, 목표, 프로젝트의 우선순위를 정하는 작업을 위해, 목적 수준 평가 도구(표 14.1)를 사용할 수 있다. 작성된 미션과 관련되지 않은 사항은 면밀한 조사가 필요하다. 물론 어떤 조직도 목적 자체 만으로는 살아남을 수 없으며, 건강한 비즈니스 모델 또한 필수적으로 필요하다. 따라서 선언문은 목적성과 영리성 모두를 포괄하여 작성해야 한다. 여기서 요구되는 도전과제는 불필요한 지출을 줄이고, 각 부서의 생산성을 향상시킬 수 있는 실행 가능한 공식을 개발하는 것이다. 이 과정을 통해 산출된 공식은, 미션 가치(Mission Value) 및 재무 가치(Financial Value) 각각에 적절한 가중치를 부여한 가치 지표(Value Index)를 도출한다. 일부 부서는 조직의 미션과 목적에 기여한 덕분에 미션 가치에 크게 의존하지만, 재정적으로는 거의 기여하지 못할 수 있다. 일부 다른 부서에서는 그 반대가 되기도 한다. 전반적으로 음(−)의 가치 지표값을 보유한 부서는 살아남을 수 없다.

두 번째, 모든 구성원들이 지출 삭감의 필요성과 불필요한 지출 감소에 필요한 정당한 절차를 이해할 수 있도록, 모든 이해관계자와 협의하고 의사소통하는 것이다. 불필요한 운영절차를 제거하고, 비생산적인 구성원의 참여도를 줄이기 위한 공정하고 투명한 절차를 개발하기 위해, 협상과 타협의 과정이 필요하다.

세 번째, 일련의 절차를 공정하고 효과적으로 수행하기 위해, CEO에서부터 하위직급 사원에 이르기까지 조직의 모든 수준에서 각자가 책임을 다하는 것이다. 근무시간 감축대상자, 혹은 심지어 직장을 잃을 수도 있는 사람들의 경우, 공정한 보

상, 다른 직업을 구하기 위한 진로상담과 같은 도움을 받을 수 있도록 충분한 주의를 기울여야 한다.

마지막으로, 낭비를 줄이고 어려움을 겪는 조직을 되살리는 혜택은 모든 이해관계자에게 돌아간다. 더 중요한 것은 낭비지출을 줄이면, 사회에 긍정적 파급효과가 발생할 수 있다는 것이다. 퓨어 전략과 같은 접근법이 조직 내에 건강하게 자리잡는 것과 같이, 조직 내 긍정적 문화를 개발하는 과정에는 효과적인 리더십이 필요하다. 다음 절에서는 좋은 리더십 모델의 하나인 '서번트 리더십'을 살펴보려고 한다.

서번트 리더십

서번트 리더십은 의미-중심 접근법, 특히 그중에서도 퓨어 접근법을 구현하기 위한 이상적인 모델이다. 왜냐하면 서번트 리더십은 리더의 정직함, 겸손, 더 높은 목적의 추구, 미션 완수, 구성원의 잠재력을 개발하고 이끌어내는 것과 같은 자질을 강조하기 때문이다. 조직변화를 위한 퓨어 접근 방식에서, 궁극적으로 중요하게 제시하고 있는 개념은 서번트 리더십이다(Wong, 2004). 리더는 일터의 분위기를 조성하고 역할 모델을 제공하는 존재이다. 퓨어 원칙이 조직의 모든 수준에서 체계적으로 구현되도록 만들 수 있는 사람은 리더뿐이다.

서번트 리더십은 정직함, 겸손, 미덕, 높은 목적, 책임, 모든 구성원의 잠재력을 개발의 필요성 등을 강조한다. 서번트 리더십의 구성개념을 확인하고 평가하기 위해서, 웡(Wong)과 동료들은 서번트 리더 자기평가(Page & Wong, 2000), 리더십 360도 평가(Rude, 2004), 두 가지 측정도구를 개발했다. 좀 더 현실적인 측면에서, 페이지(Page, 2009)는 관리자를 서번트 리더십으로 변혁시키는 데 필요한 세밀하고도 실용적인 가이드를 제공했다. 서번트 리더십은 좋은 일의 세 가지 수준(개인, 조직, 사회적 차원)의 조직적 도덕성에 영향을 미치며, 생산성도 향상시킨다(Searle, Barbuto, 2010).

결론적으로, 퓨어 모델은 인간적이고 도덕적이다. 퓨어 모델은 조직 내 존재하는 낭비와 독성 요소를 제거하고, 개인과 조직 모두의 잠재력을 최대한 끌어내기 위한 개념적 틀과 절차를 제공한다. 퓨어 모델의 연구와 실무를 위한 미래의 방향을 살펴보기 전에, 다음 절에서는 이 접근법을 온전히 구현한 조직의 우수사례를 소개해보려고 한다.

사례 연구: 탁월한 조직

시노부스 파이낸셜 주식회사(Synovus Financial Corporation, www.synovus.com)는 포춘지(Fortune)가 수년간 선정한 '일하기 좋은 최고의 회사'로, 의미-중심 접근법과 서번트 리더십의 혜택을 보여주는 좋은 예시이다. 시노부스의 구성원들은 고객에게 봉사하고, 잠재력을 발휘하며, 양육적인 서번트 리더 아래에서 일함으로써, 의미와 만족을 찾는다. 퓨어 원칙은 조직 전체에서 명확하게 작동한다.

시노부스의 성공 비결은 바로 '사람을 우선'으로 하는 조직문화 때문이다. 초창기 설립자들로부터 물려받아 수십 년에 걸쳐 지켜지고 있는 가치는 변함이 없다. 시노부스는 사람 한 명 한 명을 중요하게 여기기 때문에, 모든 구성원, 이해관계자, 고객을 친절과 존중으로 대할 것을 강조한다. 이렇게 타인을 섬기는 마음에 대한 확고한 의지는 안정성, 충성도, 지속적 성공을 이끌어낸다.

관계를 기반으로 만들어진 조직의 철학은 조직의 가치관을 결정하고 미래를 정의한다. 나 보다는 타인의 서비스를 우선하는 고객지향 조직문화는 고객과의 약속에도 분명하게 반영된다. 동일한 철학은 각각의 구성원에게도 적용된다. 시노부스가 위와 같은 철학을 만든 이유는, 구성원 한 명 한 명이 회사의 성공에 기여할 수 있으며, 회사를 통해 성장할 수 있고, 회사의 성공으로부터의 혜택받을 수 있는 기회를 갖고 있다고 느끼기를 희망하기 때문이다. 또한, "회사는 서비스를 제공하는 모든 시장에서, 구성원 스스로가 선택의 주체가 되기를 갈망한다. 훌륭한 일터를 만드는 것은 시노부스 전략 설계의 기초가 된다. 팀원의 열정은 곧, 높은 생산성과 높은 수익성으로 연결된다"(Page, 2000, p.1).

서번트 리더십이 다른 사람들을 위해 헌신하는 기업을 위한 최고의 모델인 이유를 이해하는 데 많은 상상력이 필요하지 않다. 시노부스 파이낸셜 주식회사 집행위원회 위원장을 지낸 윌리엄 터너(William Turner)는 다음과 같이 말했다. "서번트 리더십은 앞으로의 관리방법이 될 것입니다. 서번트 리더십은 상사를 포함하여 모든 조직구성원 개개인의 성취감을 가져올 뿐만 아니라, 변화에 대해서도 신속하고 효과적으로 대처할 수 있는 방법이기 때문입니다"(Turner, 2000). "또한, 비전은 의미를 갖고 있어야 합니다. 인간은 의미 없이는 살아갈 수 없기 때문입니다. 비전은 개인의 삶을 둘러싼 영역(교회, 가족, 지역사회 및 교육기관 등)에서 갖고 있는 비전의 맥락과 함께 보았을 때, 전체적으로 조화로우며, 일관적이어야 합니다. 그렇지 않을 경우, 가치와 우선순위 간의 갈등이 생기게 됩니다"(p.83).

시노부스의 의미-중심 비전을 살펴보면, 회사의 정책과 운영에서 퓨어 원칙을 쉽게 감지할 수 있다. 열정과 탁월함을 고객에게 제공하려는 목적은 모든 구성원의 실무에 습관으로 뿌리깊게 자리잡고 있다. 마찬가지로, 구성원의 전문성 및 개인적 성장에 대한 회사의 관심은 다양한 경력개발 프로그램을 이끌어냈다. 개인의 개발을 촉진하고 코칭을 제공하는 것과 같은 노력은, 각 구성원이 조직 내에서 자신의 잠재력을 성장시키고 실현할 수 있다고 느끼도록 돕는다. 이로 인해 구성원은 일에 대한 의미를 한층 크게 느끼게 된다.

시노부스는 고객과 구성원을 돌보는 것 외에도, 사회공헌 차원에서 지역사회의 삶의 질을 높이는 것과 같이, 더 높은 목적에 헌신하는 노력을 기울이고 있다. 특히 지역사회 봉사활동은 회사의 핵심적인 부분으로 자리잡고 있다. 1996년에는 지역사회 봉사 프로젝트 리치(REACH)를 공식화하였다. 리치 프로젝트는 다음의 약자, Recognizing(인식), Encouraging(격려), Atmosphere(분위기), Community(지역사회), Hope(희망)로 구성된다. 터너(Turner, 2000)는 다음과 같이 말했다. "(지역사회 봉사를 위한) 토대를 마련하는 것이 우리 회사 서번트 리더

십의 시작이었다. 서번트 리더는 일터에서 자신과 일하는 사람들이 가진 니즈(그들의 일터, 가정, 지역사회 모두)를 충족시켜야 한다고 믿는다"(p.139).

최고 경영진에서부터 모든 구성원에 이르기까지, 조직이 가진 마인드가 회사 전체 문화에 스며드는 환경에서, 봉사의 원칙을 중요하지 않게 생각하긴 어렵다. 조직 내 모든 정책과 결정사항은 '사람 우선'의 메시지를 전달한다. 가치와 목적에 대한 시노부스의 명확한 이해는 다음과 같은 고객과의 약속에 의해서 강화된다.

"우리는 최고의 응답률, 전문성, 효율성, 정확성을 바탕으로, 모든 고객에게 최고 수준의 성실, 공정성, 예의, 존경, 감사에 기반한 서비스를 제공할 것을 약속 드립니다. 우리는 고객과의 지속적 관계를 구축하는 비즈니스를 하고 있으며, 우리가 대우받고 싶은 마음 그대로 고객을 대할 것입니다."

시노부스가 제시하는 일관된 메시지는 사람들을 올바르게 대우하고, 옳은 일을 하며, 최선을 다하는 것이다. 아무런 예외도 변명의 여지도 없다. 시노부스의 정신은 책임있는 행동에 도움이 된다. 일로 인해 내적으로 동기부여되고, 일이 의미 있다고 느끼는 경우, 사람들은 자신이 하는 일에 열정적으로 몰입할 가능성이 더 크다.

단기적인 경제적 이익을 극대화하기 보다는, 지역사회에 봉사한다는 철학은 시노부스가 옳은 일, 고객과 지역사회에 가장 이익이 되는 일을 하도록 이끈다. 이는 건강한 재무분석을 간과하지 않는다는 점에도 유의해야 한다. 부적절한 대출을 줄이기 위해, 위험 관리의 정책과 절차를 끊임없이 개선하는 노력도 동시에 진행하고 있다. 또한, 예기치 않은 경우에 대비하기 위해, 충분한 자산을 구축하는 노력도 기울인다. 예방적 조치를 취함으로써 미래의 손실로부터 고객을 보호할 수 있다. 시노부스는 이와 같이 퓨어 원칙과 서번트 리더십을 준수함으로써, 긍정적이고 도덕적인 회사를 만드는 방법을 보여준다.

미래 연구

의미-중심 접근법은 가치-중심적이고 도덕적 리더십의 표본이다. 또한, 긍정심리학2.0의 변증법적 틀을 통해, 긍정적 경영 연구를 위한 유망한 틀을 제공하였다. 그러나 갤럽-헬스웨이(Gallup-Healthways, 2015)의 세계 웰빙 보고서(World State of Well-Being)가 제시한 바와 같이, 성인의 52%가 목적과 관련된 웰빙에 어려움을 겪고 있음을 감안할 때, 일터에서 의미를 높일 수 있는 최선의 방법에 대한 더 많은 연구가 필요해 보인다. 일터에서 의미를 찾기 어려운 사람들은 결과적으로 자신의 일에 몰입할 가능성이 적기 때문이다. 높은 이탈율은 직무 스트레스, 정서적 장애, 개인과 일터 간의 불일치, 의미의 부족 등과 같은 다양한 이유로부터 비롯되었을 수 있다. 샤벨(Schawbel, 2015)의 최근 연구에 따르면, '밀레니얼' 세대는 업무몰입도가 가장 낮은 세대라고 주장했다. 밀레니얼 세대는 의미 있는 일을 찾고자 하는 기대를 갖고 있다. 하지만 이들의 기대치를 충족할 수 있는 일자리를 찾는 것은 어렵다. 따라서, 의미 있는 일을 통해 몰입도를 향상시키는 방법에 대한 연구는 아직 과제로 남아있다(Cartwright & Holmes, 2006). 또한, 측정의 관점에서 볼 때, 삶의 일반적인 의미(Steger, Frazier, Oishi, & Kaler, 2006; Wong, 2012b)를 신뢰롭게 측정하는 척도와 일의 의미(Steger, Dik, & Duffy, 2012)를 측정하는 도구는 이미 개발되어 있다. 그러나 후속 연구를 통해, 삶의 의미에 대한 더욱 더 실질적인 내용에 대한 연구가 더 진행되어야 할 필요가 있다(McDonald, Wong, & Gingras, 2012; Peterson & Park, 2014; Wong, 1998). 마찬가지로 일터에서의 의미와 관련하여, 양적이고 질적 측면에서 조직 내 의미 수준을 평가하는 감사를 실시하는 방안도 필요할 것이다.

또한 보다 비판적인 관점에서, 일터에서 의미를 증진시키는 접근법이 가질 수 있는 잠재적 단점과 위험에 대한 연구가 필요하다. 예를 들어, 긍정심리학2.0은 리더가 가진 권력의 오용에 대해서도 우리의 주의를 집중시킨다. 일부 야심 가득한 개인이 자신의 이익을 위해 열정과 재능의 개념을 악용할 수도 있다. 마찬가지로, 자신감이나 낙관주의와 같은 개인의 성격특성이 지나칠 경우, 구성원에게 해가될 수 있다(Chang, Sanna, 2003). 의미-중심 접근법은 조직 내에서 성격 요인의 역할에 대한 새로운 시각을 제시할 수 있다. 마찬가지로, 미션에 대한 헌신은 경영자가 구성원을 착취하는 방법으로 악용될 위험성도 있다. 또한 리더들은 더 높은 목적을 구현한다는 명목하에, 부당한 대우를 정당화할 위험도 존재한다(McGregor et al., 1998; Peterson, 2012).

긍정심리학2.0은 최적의 조직을 창조하는 데 있어서, 긍정과 부정을 통합하는 방법의 연구를 위한 비옥한 토양을 제공하고 있다. 낭비지출을 줄이면서 내재적 동기부여를 증가시키는 방향으로, 보다 많은 연구가 진행되어야 할 것이다. 마찬가지로 독성 요소를 줄이거나 제거하는 방법을 찾고, 동시에 부정적 감정과 경험을 긍정적인 동기로 전환할 수 있는 방법에 대해 지속적인 연구를 수행해야 할 것이다.

결론

14장에서는 좋은 일을 개인, 조직, 사회의 세 가지 수준에서 유익한 상태로 정의하였다. 긍정심리학의 첫 번째 물결과 긍정조직 연구가 지금까지 인간상태의 어두운 면을 간과했다는 측면에서 한계점이 있기 때문에, 다음으로 이에 대한 비판적 관점을 논의해보았다. 결과적으로, 실존주의적 입장의 긍정심리학2.0이 주장하는 패러다임 전환은, 어두운 면에 주의를 기울였던 '기존의 심리학', 이를 반대하며 나타난 '강점-기반 접근인 긍정심리학 첫 번째 물결' 간의 이상적 통합이다. 통합적 접근은 긍정심리학2.0 연구와 적용의 범위를 크게 확장시킬 것으로 기대된다.

이 장에서는 긍정적 경영과 조직 탁월성에 대한 의미-중심 접근법, 특히 조직의 기능에 대한 퓨어 접근법을 소개하였다. 의미-중심 접근법은 인간 존재의 실재와 관련하여 실존주의적 심리학의 입장을 취하고 있기 때문에, 일에 대해 더 깊고 풍부한 이해를 제공하고 있다.

의미-중심 접근법은 서번트 리더십과 관리 프로세스를 통해 실용적인 방법으로 낭비를 줄이는 동시에, 도덕성, 창의성, 생산성을 향상시킨다. 또한 14장에서는 서번트 리더십을 구현하는 방법에 대한 실질적인 가이드 라인을 소개하였다. 이와 더불어 스스로 의미를 만들기 위해 인간이 타고난 능력을 십분 활용하는 방법도 제시하였다.

지금까지의 방법으로는 인간적 약점과 내면적인 열망으로부터 우리 자신을 자유롭게 만들 수 없었기 때문에, 의미-중심 접근법은 인간이 가진 파괴적인 힘을 억제하기 위한 방법을 제시했다. 즉, 좋은 일과 높은 열망에 대한 개인적 책임을 키우도록 돕기 위하여, 보다 실행가능한 프레임워크를 제시하려고 노력한 것이다. 의미-중심 접근법의 가장 매력적인 측면은 탁월한 미덕과 재능을 필요로하지 않는다는 것이다. 자기중심주의를 벗어나 자기 초월을 지향하는 태도의 변화와 이를 위한 동기만 필요할 뿐이다. 감사할 수 있는 태도로 일한다면, 지극히 평범하거나 보수가 낮은 일 조차도 의미 있는 일이 될 수 있다고 주장한다. 결론적으로 의미-중심 접근법은 인간의 어두운 면과도 건강한 관계를 맺을 수 있도록 돕는다. 또한, 인간의 탁월함을 달성하고 모든 이해관계자의 이익을 실현하기 위해 자기주도적으로 '좋은 일'을 창조할 수 있도록 권한을 위임하는 방법을 제시하고 있다.

15장
일터와 조직의 웰빙

린지 오데스(Lindsay G. Oades), 아일린 둘라길(Aylin Dulagil)

서론

행복하고 생산적인 근로자는, 오랫동안 조직을 연구하는 연구자와 실무자 모두를 매료시켜 온 개념이다. 행복한 구성원은 불행한 구성원보다 자신의 직무에서 높은 수준의 고성과 행동을 보인다. 행복한 근로자 가설은, 직무만족에 대한 구성원의 자기 평가와 성과에 대한 상사의 평정 간의 상관관계를 조사하는 방법으로 연구가 진행되어 왔다(Wright & Cropanzano, 2000).

그러나 행복한 근로자 가설(및 개인적 웰빙)은 조직의 당면 이슈와 조직 차원의 상황적 이슈를 직접적으로 다루지 않는다는 한계점이 존재한다. 또한, 웰빙에 대한 기존의 접근법은 웰빙의 향상시켜야 할 책임을 개인에게 부과하고 있다. 조직은 개인과 팀으로 구성되지만, 그 자체로서 역동적인 실체이다. 연구자와 실무자에게 있어서, 개인적 웰빙과 조직의 성과, 양쪽 모두에 초점을 맞추는 것은 중요하다(Cotton & Hart, 2003). 그러나 우리는 개인적 웰빙이 조직 웰빙에 미치는 영향, 그 반대 방향의 영향을 조사하고 정의할 때 고려해야 할 개인/집단/조직 차원에 존재하는 각각의 변수 간에는, 내재적이며 본질적인 차이가 있다는 점에 대

해 집중할 필요가 있다(Loney & Nagelkerke, 2014). 15장에서는, 조직에 대해 탐구하는 이론이 행복한 근로자 가설을 넘어섬으로써, 개인주의 오류를 피할 필요가 있음을 제안하려고 한다. 다시 말해, 모든 웰빙을 항상 개인 차원으로 한정하여 개념화하는 것을 피해야 할 것이다.

역사적으로 연구자들은 웰빙을 개인 차원에서 개념화했으며, 이는 조직에서 일하고 있는 많은 사람들의 웰빙에 대한 인식에 영향을 미쳐왔다. 15장에서는 "개인주의 오류"라는 용어를 사용하여 이를 설명해볼 계획이다. 개인주의 오류는 집단 혹은 조직 차원의 개념을 개인 차원의 분석에 융합시키는 현상을 의미한다. 개인주의 오류는 조직 웰빙에 대한 인식에 만연해 있다. 웰빙을 분석하는 과정에 있어서, 조직의 복합성은 반드시 다차원 개념화를 통해 이해되어야 할 것이다.

웰빙의 3차원 개념화를 제안한 일터와 조직의 웰빙 모델(WOWM: The workplace and organizational well-being model)은 웰빙이 개인 차원, 팀/집단 차원, 조직 차원에서 존재하고, 이러한 세 차원은 상호적인 영향을 준다고 가정한다. 본 장에서는 웰빙을 정의한 후, 각각의 세 차원과 관련된 문헌을 검토할 것이다. 현재까지는 첫 번째 차원에 훨

씬 더 많은 연구결과가 존재한다. 본 장은 조직 내 여러 차원에서의 웰빙과 각 차원 간의 상호작용을 탐구하는 시스템 과학과 시스템 사고를 포함하는 향후 연구의 필요성에 대한 논의로 끝맺는다.

일터에서의 웰빙: 개인 차원

우리는 개인적 웰빙을 리프와 싱어(Ryff and Singer, 2008)가 제시한 목적지향적 웰빙(eudaimonic well-being)의 개념으로 정의하였다. 목적지향적 웰빙은 자기-진실(self-truth)과 자기-책임(self-responsibility)에 심취한 의미 있는 삶, 즉 자신의 고유한 잠재력을 실현하여 최선의 성취를 이룸으로써 탁월함을 추구하는 것을 뜻한다. 이와 같은 웰빙에 대한 관점은, 행복한 근로자 가설(The happy worker hypothesis)을 고도화시키며, 긍정적인 감정 상태와 긍정적인 평가가 근로자의 성과와 삶의 질을 향상시킨다고 제안하고 있다. 이와 같은 과정은 결국 더 생산적이고, 수익성 있으며, 성공적인 조직을 이끌어낸다.

개인적 웰빙은 서로 구분되는 두 가지 구성개념으로 나눌 수 있다. 우선 '쾌락적 혹은 주관적 웰빙(Hedonic or subjective well-being)'은 즐거움을 극대화하고 고통을 최소화하는 것으로 정의된다. 또한, 높은 긍정정서, 낮은 부정정서 및 행복으로 특징 지어진다. '목적지향적 웰빙'은 개인적 충족과 개인적 성취의 결과물로 웰빙을 정의한다. 이 두 가지 구성개념은 서로 뚜렷하게 구분된다는 증거가 밝혀졌다(Keyes, Shmotkin, & Ryff, 2002). 목적지향적 웰빙, 정서적 웰빙, 심리적 웰빙 간의 차이에 대한 철저한 비평은 이 장의 범위를 벗어나므로, 조직 차원에서의 웰빙을 탐구하고자 하는 현재의 목적을 감안할 때, 리프와 싱어(Ryff and Singer, 2008)가 제시한 다음 여섯 가지의 심리적 웰빙을 고려하는 것이 유용하다고 판단된다.

1. **성장**: 지속적인 개인의 변화, 발달, 심리적 성장
2. **관계성**: 타인과의 긍정적이고, 따뜻하고, 애정 어린 관계
3. **자율성**: 자기 결정과 자유, 사회적 규범의 영향력에 저항할 수 있는 능력
4. **인생의 목적**: 삶의 목표, 의미 및 방향 감각, 의미와 방향성의 창조, 적극적 몰입, 목적에 대한 분명한 이해
5. **환경에 대한 통제력**: 환경과 일상적인 업무에 대한 지배력
6. **자기수용**: 자기 자신의 현재와 과거의 삶에 대한 긍정적인 시각

리프와 싱어의 심리학적 웰빙 모델은 개인 차원에 적용되며, 웰빙의 정의를 팀, 조직, 환경 차원으로 확장하는데 유용한 출발점을 제공한다. 리프와 싱어의 모델에는, 자기결정이론(self-determination theory, Deci & Ryan, 1985)에 내재된 세 가지 기본적 심리적 욕구―자율성(autonomy), 관계성(relatedness), 유능성: 환경에 대한 통제력과 성장(competence: environmental mastery and growth)―이 포함되어 있음을 주목하는 것 또한 중요할 것이다.

〈직무만족〉

개인 차원에 초점이 맞춰진 행복한 근로자 가설의 핵심은, 높은 수준의 직무만족이 높은 수준의 생산성으로 이어진다는 것이다. 이 가설에 따르면, 행복한 구성원은 불행한 구성원보다 높은 수준의 직무관련 고성과 행동을 나타낸다(Spector, 1997). 행복한 근로자 가설(happy worker hypothesis)은, 직무만족에 대한 구성원의 자기 평정와 성과에 대한 상사의 평정 간의 상관관계를 조사하는 방법으로 연구되어 왔다(Wright & Cropanzano, 2000).

직무만족은 개인이 자신의 직무에 대한 만족감과 긍정적인 감정을 갖는 상태이다(Judge & Kammeyer-Mueller, 2012). 직무만족은 성과와 연관되기 때문에 중요한 변수이다(Iaffaldano & Muchinsky, 1985; Judge, Thoresen, Bono, & Patton, 2001). 직무만족은 구성원이 조직을 떠날 것을 고려하게 만드는 정서 및 태도를 유발하는 일터에서의 사건 및 상황에 의해 감소될 수 있다(Mitchell, Holtom, Lee, Sablynski

& Erez, 2001).

행복하고 만족스러운 구성원을 가진 조직은 주식가치를 포함한 여러 가지 면에서 더 나은 결과를 보여준다(Edmans, 2012). 직무만족과 생산성 간의 관계에 대한 연구들은 일반적으로 매우 낮은 상관관계를 나타냈다(r=.17 ~ r=.30, Judge et al., 2001, Laffaldano & Muchinsky, 1985). 직무만족과 직무성과 간의 관계에 대한 메타분석 결과, 이들 변수 간에 0.30의 상관계수가 나타났으며, 행복한 근로자 가설을 약하게 지지하는 결과가 나타났다는 점은 주목할 필요가 있다(Judge et al., 2001).

일부 연구자들은, 생산성과 구성원의 웰빙 간의 관계에 초점을 맞추는 것이, 직무만족에만 초점을 맞추는 편보다 효율적일 것이라고 주장한다(Cotton & Hart, 2003). 1990년대의 연구들은 직무만족보다는 구성원 웰빙을 통해 '행복한 근로자' 개념을 더 잘 설명할 수 있다는 주장을 지지하였다(Cropanzano & Wright, 1999; Wright & Bonett, 1997; Wright & Cropanzano, 1997). 연구자들은 이와 같은 연구결과가 직무만족과 직무성과 간의 상관관계에 불과하기 때문에, 두 변수 간의 관계를 지지하는 결과가 구성원의 '행복'에 대한 일관성 없는 측정으로 인한 것인지와 같은 의문을 제기한다(Cropanzano & Wright, 2001). 후속 연구는 구성원의 웰빙과 구성원의 생산성 간의 관계에 대한 지지 증거를 제공한다. 두 변수 간의 인과관계가 명확하게 밝혀지지 않았음에도 불구하고, 만족-성과 관계에 대한 전반적인 회의론은 이 분야 연구의 쇠퇴를 초래하였다(Cropanzano & Wright, 2001).

〈구성원의 몰입〉

행복한 근로자 가설을 구체화한 최근의 또 다른 접근방식에서는 구성원의 몰입에 중점을 두고 있다. 구성원의 몰입은 저명한 인적자원 문헌과 경영학 문헌으로부터 많은 관심을 받아왔으나, 아직 더욱 명확한 개념화가 필요한 상태로 남아있다(Macey & Schneider, 2008a; Robinson, Perryman, & Hayday, 2004; Saks, 2006). 구성원의 몰입에 대한 기존의 정의를 예로 들면, 특정적 개념(Bakker &

Leiter, 2010) 혹은 다양한 요인(예: 특성, 상태, 행동, 태도 등)을 포함하는 포괄적 용어를 들 수 있다(Christian, Garza, & Slaughter, 2011, Kahn, 1990, Macey & Schneider, 2008b). 하나로 통일된 구성개념의 부재는, 구성원의 몰입과 조직 성과에 관한 일반적인 결론을 도출하는 작업을 어렵게 만든다. 구성원 몰입의 구성개념에 대한 포괄적인 검토는 15장의 범위를 넘어서지만, 우리는 이를 일터에서의 웰빙과 관련된 맥락에서 살펴보고자 한다.

직무요구-자원모델(JD-R: Job Demands-Resources model, Bakker, 2011)은 몰입에 대한 개념화 작업의 초기 이론이다. 직무요구와 직무자원은 각각 업무몰입과 소진의 근원이 되는 서로 다른 심리적 과정을 촉발시킨다. 피드백, 자율성, 상사의 지원과 같은 직무자원은 업무몰입의 주요한 선행요인으로 작용하며(Hakanen, Bakker, & Schaufeli, 2006), 특히 직무요구가 높은 상황에서 직무자원은 몰입을 더욱 향상시키는 것으로 보인다(Bakker, Hakanen, Demerouti, & Xanthopoulou, 2007). 직무자원뿐만 아니라, 개인자원 또한 업무몰입을 예측하는 것으로 밝혀진 바 있다(Xanthopoulou, Bakker, Demerouti, & Schaufeli, 2007).

따라서 직무요구-자원모델에 따르면, 업무몰입은 개인과 업무환경 양쪽으로부터 영향을 받으며, 이는 각각의 차원이 상호적 관계를 갖는다는 가설을 뒷받침한다.

구성원 웰빙과 고객 서비스, 생산성과 같은 비즈니스 성과 간의 관계를 조사한 갤럽(Gallup) 연구의 메타분석 결과(약 8,000개의 비즈니스 조직과 200,000명의 개인 대상의 조사), 구성원 몰입과 성과 간에 중간 수준의 상관관계가 있음을 밝혀냈다(Harter, Schmidt, & Keyes, 2003).

직무만족은 조직심리학자와 같은 연구자들에 의해 주목받은 주요한 직무태도 중 하나이다. 직무태도는 자신의 직무에 대한 감정, 신념, 애착을 표상하는 직무에 대한 평가이다(Judge & Kammeyer-Mueller, 2012). 직무태도는 삶의 만족에 대한 전반적 평가와 밀접한 관련이 있으며(Judge & Watanabe, 1993), 조직 생산성과 문화에 기여하는 주요 행동을 예측한다고 보기 때문에, 산업 및 조직심리학에서 중요성을 갖는다(Harrison, Newman, & Roth, 2006). 세 가지 주요 직무태도는, 조직헌신, 직무만족, 조직에 남으려는 의도이다. 직무태도는 행동 수준에서의 몰입을 예측하는 것으로 밝혀졌으며(Langford, 2010; Langford & Demirian, 2007; Langford, Parkes, & Metcalf, 2006; Newman, Joseph, & Hulin, 2010), 조직적 성과와 관련된 행동 척도를 능가하는 예측력을 갖는다(Langford, 2010). 구성원 몰입이 직무태도와 동일한 개념인지(Macey & Schneider, 2008a), 구별되는 개념인지(Little & Little, 2006)에 대해서는 아직 불분명한 상태이다.

직무만족과 조직몰입은 실질적으로 겹치는 부분이 많지만, 개념적 목표대상이 각각 역할 대 조직으로 다르다는 점에 주목할 필요가 있다(Newman et al., 2010). 연구자들은 두 개념 간에 상관관계가 있지만, 이 둘은 구별 가능한 구성개념이라고 주장한다(Meyer & Allen, 1991). 조직헌신은 정서적 애착과 충성심으로 정의되는, 조직에 대해 개인이 갖는 심리적 유대감이다(Judge & Kammeyer-Mueller, 2012, Meyer & Allen, 1997). 조직헌신 3요인 모델(three-component model of organizational commitment)은 정서적(affective), 규범적(normative), 지속적(continuance) 헌신이라는 세 가지 요인을 제안하였다(Meyer & Allen, 1984). 그러나, 긍정적인 조직행동, 조직 차원의 지원에 대한 인식과 가장 강한 관계를 갖는 요인은 정서적 헌신으로 나타났다(Meyer, Stanley, Herscovitch, & Topolnytsky, 2002). 인적자원개발(HRD)의 질적 측면과 양적 측면 양쪽 모두가 구성원 헌신을 향상시키고, 결과적으로 조직의 재무성과를 결정한다는 것을 확인하기 위해, 경로분석을 사용하여 다양한 인적자원개발 차원이 조직성과에 미치는 영향을 조사한 연구가 존재한다(Sung과 Choi, 2014).

교사의 직무만족을 조사한 연구에서, 급여와 근속기간은 직무만족과 상관관계가 없는 것으로 나타났으나, 동료 및 상사와의 관계는 직무만족에 영향을 미치는 것으로 나타났다(Tillman & Tillman, 2008; 관계에 대한 심리적 욕구와 직무만족 간의 관련성

에 대한 지지 근거를 제시함).

초기 연구에서는, 의사결정 과정에 대한 참여, 가치 있는 기술의 활용, 자유와 독립성, 도전, 창의성의 표현, 학습의 기회와 같은 요인들을 고려하는 과정을 통해, 교사가 자신의 니즈를 인식하고 직무만족이 결정된다는 시사점을 도출하였다(Pastor, 1982). 이러한 연구결과는 최근의 연구에서도 뒷받침되어 왔다. 예를 들어, 구성원에게 권한을 부여하는 풍토와 높은 직무만족 간에 관련이 있다는 연구결과가 있다(Seibert, Silver, & Randolph, 2004). 또한, 강점을 사용할 수 있는 기회는, 직무만족에 기여하는 것으로 앞서 제시된 요소들과도 밀접한 관련을 갖는다. 예를 들어, 신입교사 연수과정에서 강점 평가도구를 활용함으로써 개인의 강점 활용을 장려하는 것과 같은 방식으로, 조직이 구성원 각각의 기대를 효과적으로 취합한다면, 충족되지 않은 기대가 직무만족에 영향을 줄 수도 있다.

연구에 따르면 구성원의 이직률, 퇴직 의도, 인적자원 유지(Langford, 2010, Little & Little, 2006, Steel and Ovalle, 1984), 혹은 몰입의 수준(Harter & Blacksmith, 2010)과 같은 측정치는, 일터에 대한 구성원의 태도를 나타내는 신뢰로운 지표이다. 예를 들어, 개인의 기대가 충족되지 못하면 조직을 떠날 가능성이 더 크다(Cotton & Tuttle, 1986). 개인은 '직종에 대한 흥미', '관리자의 질', '배우고 성장할 수 있는 기회' 그리고 '몰입에 대한 기대'를 갖고 있는 것으로 밝혀졌다(Harter & Blacksmith, 2010). 인적자원이 보유한 조직의 지식과 기술을 유지하기 위해 이직률을 관리하는 것은, 조직성과에 핵심적인 영향을 미친다.

구성원 참여를 표상하는 또 다른 구성개념은 "활력, 헌신, 몰두와 같은 특성의 긍정적이고, 충족적인 업무관련 마음 상태"로 정의되는 '업무몰입'이다(González-Romá, Schaufeli, Bakker, & Lloret, 2006; Schaufeli, Salanova, González-Romá, & Bakker, 2002). 업무몰입은 높은 수준의 고객지향 풍토를 예측하는 것으로 밝혀졌다. 이는 결국, 명확하고 바람직한 조직 차원의 결과물인 구성원의 업무성과와 고객 충성도로 이어진다(Salanova, Agut, &

Peiró, 2005).

긍정심리학의 패러다임에서, 보다 포괄적으로 몰입을 정의하려는 시도 또한 있었다. 연구자들은 몰입을 다음과 같이 정의하였다. 구성원이 일터에서 성장하고, 고용주에게 헌신하며, 자신과 조직의 이익을 위해 최선을 다하도록 동기화된 상태(Stairs, Galpin, Page, Linley, 2006). 이러한 정의는, 웰빙, 조직헌신, 개인과 조직 모두의 결과물을 위해 동기화된 상태와 같은 개념을 모두 포괄한다.

〈구성원의 웰빙〉

개인적 웰빙이 개인에게 긍정적인 결과를 가져오고, 조직에 유익하며, 조직 웰빙에 기여한다는 것을 보여주는 상당한 연구가 나와있다. 긍정심리학의 출현 이후, 행복한 근로자를 구성개념화하는 작업은, 구성원 몰입이나 직무만족보다는 오히려 구성원 웰빙 쪽으로 옮겨갔다(Cropanzano & Wright, 1999; Wright & Bonett, 1997; Wright & Cropanzano, 1998, 2000). 웰빙의 관점은, 직무만족의 개념을 근로자의 성과 및 삶의 질을 강조하는 긍정적 정서 상태와 긍정적인 평가에 포괄시킨다(Cotton & Hart, 2003).

구성원 웰빙과 몰입 간에는 서로 겹치는 요소(Robertson & Cooper, 2011, pp. 33-35)가 있지만, 웰빙은 몰입과는 구분되는 개념이다. 왜냐하면 웰빙은, 구성원이 개인적 자원의 활용을 극대화하는 것에 초점을 맞출 뿐만 아니라, 구성원이 성장할 수 있는 조직적 구조를 만드는 데에도 초점을 맞추기 때문에, 보다 포괄적인 접근 방식을 의미한다. 웰빙 연구와 몰입 연구 간의 또 다른 주요한 차이점은 다음과 같다. 몰입 연구는 구성원을 위한 긍정적 결과물을 '비용'으로 산정하여, 고용주와 조직 차원의 결과물에 초점을 맞춘다(Robertson & Cooper, 2010). 반면, 웰빙 연구는 개인적 결과물에 초점을 맞추고 있다. 이러한 접근 방식의 차이는, 각각의 구성요소가 나타나게 된 근본적 패러다임을 반영한다. 몰입의 개념은 경영학 및 조직개발 연구로부터 유래하였지만, 웰빙의 개념은 심리학 연구로부터 유래하였다. 보편적으로, 심리적 웰빙은 구성원

몰입의 핵심요소로 여겨지지 않지만(Harter et al., 2002; Schaufeli et al., 2006), 로버트슨과 동료들(Robertson et al., 2012)은 구성원 몰입의 요소에 웰빙을 포함시키는 것이, 보다 긍정적인 비즈니스 성과를 이끌어낼 수 있을 뿐만 아니라, 개인 차원의 몰입(Meyer & Maltin, 2010)과 조직 차원의 몰입(Robertson & Cooper, 2010)을 보다 포괄적으로 정의내리는 데에도 용이하다고 제안하였다.

높은 수준의 웰빙은, 긍정적인 자기인식 및 타인에 대한 판단, 복합적인 정신능력을 요구하는 과제에서의 높은 성과, 더 높은 창의성, 유연성, 독창성–업무 성공과 관련된 행동 및 심리적 과정–과 관련되어 있었다(Lyubomirsky, Sheldon, & Schkade, 2005).

구성원의 웰빙은 결국, 더욱 생산적이고, 수익성 있으며, 성공적인 조직으로 이어진다. 메타분석을 사용하여 일터에서의 웰빙과 조직성과 간의 관계를 조사한 결과, 긍정적인 일터 인식 및 긍정적인 감정은, 비즈니스에 대한 고객의 더 높은 충성도, 더 높은 수익성, 더 높은 생산성, 더 낮은 이직률과 관련되어 있었다(Harter et al., 2002).

구성원의 높은 심리적 웰빙 수준은, 질병/결근의 감소, 재능 있는 인재의 유치와 유지, 더 만족하는 고객 혹은 서비스 이용자와 같은 좋은 소식을 조직에게 전달해준다. 심리적 웰빙 수준이 높은 사람들은, 일을 더 잘하고, 더 장수하며, 더 행복한 삶을 누린다. 몰입과 웰빙이 서로를 뒷받침 함으로써, 더 건강하고 생산적인 조직이라는 결과를 낳으며, 이는 구성원과 고용주 모두에게 이득이다(Langford, 2010). 구성원들의 만족도가 높을수록, 고객만족도에 기여하는 자유재량의 노력이 증가하게 된다(Harter et al., 2002).

일터에서 건강하지 않고 낮은 웰빙 수준을 경험하는 근로자는, 생산성이 떨어지고, 더 서투른 의사결정을 내리며, 결근률이 높아지고, 조직에 대한 기여도를 감소시키는 것으로 나타났다(Price & Hooijberg, 1992). 구성원의 웰빙 수준이 높은 서비스 조직에서는, 구성원이 자신의 역할 이상의 고객 서비스를 제공할 가능성이 높다(Moliner, Martinez-

Tur, Ramos, Peiro, & Cropanzano, 2008). 고객만족도 및 서비스품질 또한 구성원 웰빙과 관련이 있는 것으로 나타났다(Leiter, Harvie, & Frizzell, 1998; Robertson & Cooper, 2011).

연구자들은 웰빙을 정의하고, 이것이 조직에 미치는 중요성을 강조하고, 이를 어떻게 향상시킬 수 있는지 탐구하기 위해, 직무만족을 넘어서는 모델을 제안했다(Page and Vella-Brodrick, 2009). 이 모델은 구성원 웰빙의 3가지 요소로 구성된다. 주관적 웰빙(높은 수준의 긍정 정서, 낮은 수준의 부정 정서, 삶의 만족), 일터 웰빙(업무 관련 정서와 직무만족), 심리적 웰빙(Ryff[1995]의 6가지 심리적 건강 차원에 기초함). 라이트(Wright)와 동료들은, 직무만족이 구성원 웰빙에 의해 조절되는 성과의 유효한 예측변인임을 발견하였다(Wright et al., 2007; Wright & Bonett, 2007). 이 결과는 구성원 웰빙의 핵심요소에 직무만족을 포함시키기 위한 지지 근거를 제공한다(Page & Vella-Brodrick, 2009).

신 경제 재단(New Economic Foundation)은, 일터에서의 경험(구성원이 무엇을 느끼는지), 개인적 자원(구성원이 어떤 사람인지), 일터에서의 기능(구성원이 무엇을 하는지), 그리고 구성원이 일하는 조직 체계를 고려한 일터에서의 웰빙 모델(model of well-being at work)을 만들었다. 본 모델이 제시하는 네 가지 차원 간에는 상호적 관계와 피드백 회로가 존재하며, 이는 개인의 경험 및 자원과 조직의 환경 및 구조 간의 상호작용을 강조하고 있다(New Economic Foundation, 2014). 이러한 모델은 구성원 웰빙과 조직의 성공 간의 관계에 잠재해 있는 복합성을 암시한다.

15개 조직을 대상으로, 광범위한 일터에서 다양한 역할을 수행하는 16,000명의 구성원을 조사한 결과, 구성원의 높은 생산성이 더 나은 심리적 웰빙과 관련되어 있음을 발견하였다(Donald et al., 2005). 후속 연구는 서로 다른 다양한 환경에서 심리적 웰빙과 업무성과 간의 관계, 심리적 웰빙과 생산성 사이의 관계를 확인하였다(Robertson & Cooper, 2011). 다양하게 수행된 111개 연구(87,634명의 응답자)를 대상으로 한 메타분석의 결과, 연구

자들은 심리적 건강(우울, 전반적인 불안, 삶의 만족)이 업무성과와 중간 수준부터 강한 수준까지의 상관관계를 갖는다고 결론 내렸다(Ford, Cerasoli, Higgins, and Decesare, 2011).

그러나 개인의 업무성과에만 초점을 맞추는 것은, 개인의 결과물과 노력에 영향을 줄 수 있는 팀과 조직의 상황을 감안한 것이 아니기 때문에, 전체로서의 조직의 성공을 예측하기 위한 포괄적인 이해의 틀을 제공하지 못한다.

또한, 이와 같은 상호적 관계의 복합적인 속성은, 다음과 같은 연구결과에 의해 더욱 강조된다. 웰빙의 수준이 높은 사람은, 보편적으로 삶의 문제에 더 잘 대응하며, 더 성공적이다(Robertson & Cooper, 2011). 뿐만 아니라, 웰빙의 수준이 높은 사람(따라서 긍정적인 감정을 경험하는 사람)은 조직과 집단의 환경에 상호적 영향을 미치며, 조직 내에서 긍정적인 상승의 나선을 만들어 낸다는 증거가 있다(Fredrickson, 2001).

〈일터에서의 개인적 웰빙에 기여하는 요소들〉

일터에서의 개인적 웰빙에 기여하는 요소로는, 개인의 통제력 및 자율성의 정도, 업무량이 관리하기 어렵다고 느끼는 정도를 들 수 있다. 구성원의 복지는 생산성과 강한 상관을 갖는 풍토요인이다. 다시 말해, 조직이 구성원의 복지를 고려한다고 구성원이 느낄 경우, 구성원은 더욱 생산적으로 움직일 가능성이 높다(Patterson, Warr, & West, 2004). 이러한 연구는 웰빙의 관계적 측면을 중요하다고 강조하면서, 일터에서 형성하는 타인과의 따뜻하고, 긍정적이며, 애정 어린 관계를 강조한다(Dutton & Heaphy, 2003).

긍정적인 조직행동은 희망(Snyder, 2002), 감사(Emmons & McCullough, 2003)와 같은 개인의 긍정적인 특성을 촉진시킨다. 희망의 수준, 회복탄력성, 낙관주의, 자기효능감과 같은 개인의 심리적 자본은 해당 개인의 재무적 성과, 회사 내 평판, 관리자로서의 성과와 관련이 있다(Avey, Nimnicht, & Nancy, 2010). 정신건강은 도전이나 기회에 대응하기 위해 자원과 기술을 활용하는 유연성의 정도로

정의된다(Robinson, Oades, & Caputi, 2015). 강점, 유연성, 인내력이라는 정신건강의 세 요소는, 측정이 가능하며, 특정한 목표를 갖는 개발 및 개입법에 의해 증진될 수 있다. 지금까지 정신적 건강과 조직성과를 연결시키는 연구는 거의 없었다. 그러나, 정신건강과 웰빙 사이에는 중복되는 중요한 부분이 있다. 따라서, 정신건강은 다른 변수들과의 관계를 조사할 만한 잠재력을 가지고 있다. 정신건강에 대한 보다 자세한 내용은 10장을 참조하길 바란다.

일터에서의 개인적 웰빙에 대한, 긍정적인 감정 그 자체의 영향력은 주목해 볼 가치가 충분하다. 연구에 따르면, 긍정적인 감정을 경험할 때, 창조성을 확장하여 주어진 상황을 최대한 활용할 수 있도록 하는 '유연한 인지적 처리(Fredrickson, 2001)'를 더 잘할 수 있다(Isen, 2003). 웰빙과 긍정적인 감정을 경험하는 것은, 일터에서의 성장, 자기개발, 환경에 대한 통제력을 증진시킨다. 의미 있는 업무에 대한 구성원의 참여는, 동기와 수행을 향상시키는 것으로 여겨진다(Steger & Dik, 2010). 자신의 직업을 천직과 소명으로 여기는 정도는, 업무경험의 질을 결정하는 중요한 요소이다(Steger & Dik, 2010). 일터에서의 의미는 조직 내에서 자신의 적합성을 이해하는 것, 소속감을 느끼는 것으로 정의할 수 있다(Pratt & Ashforth, 2003). 여기서 더 나아가, 의미를 만드는 작업은 사회적 맥락에서 일어나며, 따라서 관계의 발전과 정체성 형성을 가능하게 한다(Steger & Dik, 2010). 조직의 실무는, 조직 내에서의 역할 과제와 멤버십을 충실화함으로써, 의미를 촉진할 수 있다(Pratt & Ashforth, 2003). 그러나 의미를 촉진하는 것에 초점을 두지않는 조직의 경우, 의미를 도출할 부담은 개별 근로자에게 돌아간다(Pratt & Ashforth, 2003).

마음챙김은 개인에게 다양한 신체적, 심리적 혜택을 제공할 수 있으며, 이는 다른 분야에서 광범위하게 연구되었다(Marianetti & Passmore, 2010). 일터에서의 마음챙김은 안전, 갈등 해소, 창의력, 의사결정(Marianetti & Passmore, 2010)과 같은, 비즈니스 성과와 관련된 여러 영역에 영향을 미치는 것으로 나타났다. 마음챙김은 조직 차원에서 집단적으로 활용될 수도 있다(Weick & Sutcliffe, 2001).

자기결정이론(SDT, Self-determination theory)은 동기부여에 관련된 일련의 이론을 포괄하는 이해의 틀이다(Deci & Ryan, 2002). 그중에서 기본욕구이론(basic needs theory)은 인간이 자율성(autonomy), 유능성(competence), 관계성(relatedness)으로 이루어진 세 가지 기본욕구를 가지고 있으며, 이것의 충족은 웰빙의 증진과 관련되어 있다고 가정한다. 일터와 같은 환경이 세 가지 욕구를 충족/표상하는 정도는, 자율성을 지지하는 성도로 설명할 수 있다. 자기결정이론은 환경이 자율성을 지지하는 정도가 높을수록, 개인이 그 환경 안에서 내재적으로 동기부여 된다는 점을 제시한다. 이는 조직에 중요한 시사점을 제공한다. 왜냐하면 몰입, 조직시민행동과 같은 바람직한 구성원의 행동은, 조직의 목표 달성에 대한 구성원의 내재적 동기에 기반하고 있기 때문이다. 실제로 자기결정이론이 몰입과 관련된 광범위한 측정치에 쉽게 적용될 수 있다는 주장도 있다(Meyer and Gagne, 2008). 이 구성개념이 갖고 있는 상호성의 성격은, 자율성을 지지하는 환경에 의해 촉진된다. 왜냐하면, 이러한 환경은 조직 차원에서 유익한 목표를 추구함에 있어서, 각 개인의 동기 수준을 향상시키기 때문이다.

심리적 주인의식은 자율성과 어떤 측면에서 유사한 구성개념으로, 역할 외 행동 및 조직시민행동(Vandewalle, Van Dyne, & Kostova, 1995), 조직의 재무성과(Wagner, Parker, & Christiansen, 2003)와 긍정적으로 관련되어 있다. 심리적 주인의식은 특정 대상에 대한 책임감과 염려의 느낌으로 정의된다(대상은 직무 혹은 조직일 수 있음, Parker et al., 2003). 심리적 주인의식은 개인이 반드시 대상을 선택하지는 않지만, 그 대상에 대한 책임감을 나타낸다는 점에서, 자기결정이론에서 정의한 자율성과 차이점이 있다.

개인적 웰빙과 조직적 웰빙이 가진 상호적 관계를 다음의 사례에서 주목해 볼 필요가 있다. 예를 들어, 랭포드 대학(Langford's university)에서는, 성과가 향상됨에 따라 도서관, 직원 공간, 주차장,

대학 주점과 같은 시설이 구축되거나 업그레이드 되었다. 성과가 우수한 조직은 구성원에 대한 인정을 더욱 많이 제공하고, 이에 따라 개인적 웰빙이 잠재적으로 향상된다. 반대로, 성과가 저조한 조직에서는 개인적인 진보의 기회가 부족하다는 증거를 발견하였다(Langford, 2010). 개인적 웰빙과 조직적 웰빙 사이의 상호적 관계는, 우리가 이 장에서 주장하는 핵심 요소이다.

일터에서의 웰빙: 집단 또는 팀 차원

15장에서 우리는 집단과 조직 수준의 웰빙은 개인적 웰빙과는 구분되는 구성개념임을 제안하려고 한다. 조직의 지속가능성을 나타내는 조직 차원의 웰빙은, 개인과는 구분되는 별도의 실체를 표상하는 실제적인 결과물(예: 생산성, 재무 성과, 고객 충성도, 성장률, 자산)을 고려해야 한다. 집단 차원의 웰빙은 연구문헌에서 많은 주목을 받지 못했으며, 아래에서는 집단 및 팀 웰빙, 이와 관련된 구성개념에 대한 기존의 연구들을 종합해서 소개하였다.

세계화, 기술의 변화, 경계의 변화와 같은 조직이 처한 새로운 환경은, 팀이란 무엇인지를 끊임없이 다시 정의하도록 한다(Wageman, Gardner, & Mortensen, 2012). 기존 연구에서 팀은 다음과 같이 정의되었다. 분명한 경계를 갖고 안정적인 멤버를 보유하고 있으며, 공유된 공통의 작업에 집중하는 집단(Wageman et al., 2012). 해크만(Hackman, 2012)은 팀원과 팀원이 아닌 구성원 모두가 하나의 실체(entity)로 인식하는 사회적 시스템으로 '팀'에 대해 정의하였다. 팀으로 일하는 것은 홀로 작업하는 것과는 구별된다. 팀원은 자신의 행동을 조정해야 하며, 팀의 성공은 팀원들이 서로 어떻게 상호작용하는지에 달려있다(Marks, Mathieu, & Zaccaro, 2001).

리프(Ryff)의 여섯 가지 심리적 웰빙 차원을 논의의 출발점으로 활용하여, 우리는 웰빙 수준이 높은 집단을 다음과 같이 정의한다.

성장하고 발달하고 있으며, 갈등보다는 긍정적인 관계를 경험하며, 명확한 목표를 가지고 있으며, 자율성에 따라 행동하며, 목표를 이루기 위해 환경을 조작할 수 있는 능력이 뛰어나며, 자기수용, 공감, 소속감을 특징으로 하는 집단. 집단 차원의 웰빙이 최근의 연구에서 별로 주목받지 못했기 때문에, 이에 대한 검토에는 관련된 다른 구성개념이 포함되어 있다. 집단 차원의 웰빙에 대한 하나의 구성개념은 집단의 사기이다. 집단의 사기는 집단 수준의 웰빙(Peterson, Park, & Sweeney, 2008)과 성과 결과물(Armstrong, Hart, & Fisher, 2003)의 중요한 지표로 제시되었다.

집단의 사기는 집단의 능력에 대한 확신, 집단의 임무에 대한 열정, 집단의 성공에 대한 낙관주의, 집단의 능력/회복탄력성/리더십에 대한 믿음, 집단 구성원과 리더 간의 상호 신뢰와 존중, 집단 자체와 구성원에 대한 충성도, 사회적 응집력, 공통된 목적, 집단을 위한 개인적 욕구의 희생, 영향력 있는 집단의 역사(Peterson et al., 2008)를 포함한다. 그러나 집단의 역사를 제외한 요소들은, 각각의 구성원 개인에 내재하기 때문에, 개인주의 오류를 나타낸다고 볼 수 있다. 피터슨과 동료들(Peterson et al., 2008)은 개인의 사기와 집단의 사기는 융합되는 측면이 있지만, 집단 수준으로 종합된 개인 수준의 분석은, 진정한 집단 수준의 사기를 포괄적으로 측정하지 못한다는 점을 지적한다. 피터슨과 동료들(Peterson et al.)은 방법론적으로 독립적인 집단 차원의 측정을 포함할 것을 권고하지만 이 접근법을 실현할 만한 제안은 거의 제시하지 않았다.

일터에서의 집단의 사기는 다음과 같은 요인들로 인해 향상된다. 효과적인 리더십, 직업의 안정성, 안전, 좋은 급여와 복리 후생, 발전을 위한 기회, 업무 수행을 위한 충분한 자원, 업무의 지위, 조직의 목표와 관련된 가치(Hart & Cooper, 2001). 또한, 집단 웰빙은 효과적인 팀워크-성과를 창출하기 위한 협력적인 공동 작업-로 설명될 수 있다(Paris, Salas, & Cannon-Bowers, 2000).

조직 내 집단의 사기에 대한 연구는 집단 갈등, 괴롭힘, 편견, 빈약한 의사소통 문제와 같은 건강하지 못한 업무환경에 초점을 맞추는 경우가 많고, 웰빙과 성장을 장려하는 건강한 환경에 대한 것은 드물다(Cameron & Caza, 2004). 집단의 사기는 동기와 인내심을 촉진하는 것으로 여겨지며, 특히 무엇인가 시도해야 하는 집단 과업의 성공을 이끌어낸다(Manning, 1991). 높은 사기의 선행요인과 결과에 대한 연구가 부족하다는 점은 놀랍다. 피터슨과 동료들(Peterson et al., 2008)은 사기가 개인과 집단 차원 모두에서 긍정적인 결과물을 낳는다고 주장한다.

개인 차원의 구성개념은 집단이나 팀 차원에서 다르게 작용할 수 있다. 예를 들어, 변혁적 리더십(transformational leadership)과 직무만족 혹은 웰빙 간의 관계에 있어서, 자기효능감은 개인 혹은 팀 차원에서 서로 다른 매개 효과를 갖는다. 자기효능감과 팀 효능감은 변혁적 리더십과 웰빙 간의 관계를 완전 매개하며, 팀 효능감은 변혁적 리더십과 직무만족 간의 관계를 부분 매개한다고 나타났다(Nielsen, Yarker, Randall, & Munir, 2009).

연구자들은 개인의 업무몰입에 대한 개인 차원의 연구와 더불어, 팀 차원에서도 이 구성개념에 대한 탐구를 시작하였다(Costa, Passos, & Bakker, 2014). 팀 차원의 업무몰입은 업무성과 및 팀 성과, 긍정적인 집단 정서와 효능감 뿐만 아니라, 개인의 업무몰입과도 상관관계를 갖는다(Costa et al., 2014).

연구자들은 팀 몰입-팀 활력, 팀 헌신, 팀 몰두-이 각각의 개인 구성원에게 인식되며, 팀 구성원 사이에서 정서적 전염성(emotional contagion, Hatfield, Cacioppo, & Rapson, 1994)을 갖는다고 제안한다(Bakker, Albrecht, Leiter, 2011). 팀워크 몰입에 대한 이와 같은 관점은 인지적 혹은 동기적 차원이 아닌 정서적 차원을 강조하는 것이다.

다른 연구자들은, 정서적 전염성이 팀워크 몰입의 기초가 되는 메커니즘일 수 있다고 제안한다(Torrente, Salanova, Llorens, and Schaufeli, 2012a). 13개 조직의 62개 팀을 대상으로 구조방식 모델을 활용하여, 사회적 자원(지지적인 팀 분위기, 협조, 팀워크)과 팀 성과 간의 관계를 팀워크 몰입이 매개한다는 증거를 발표하였다. 이 모델은 팀워크 몰입의 존재, 팀워크 몰입과 팀 성과 간의 관계를 설명하는 팀 차원의 변수들을 고려하기 위해, 개인 수준의 직무요구-자원모델(Bakker, 2011)을 기반으로 한다(Costa et al., 2014).

높은 수준의 웰빙을 보이는 집단은 긍정적인 관계를 갖고 있는 것이 하나의 특징이다. 심리적으로 안전한 문화는 업무갈등과 팀 성과 간의 관계를 완화시킨다(Bradley, Postlethwaite, Klotz, Hamdani, & Brown, 2012). 집단 차원의 웰빙과 개인 차원의 웰빙 간의 상호적 관계는 개인에게 영향을 미치는 팀 차원의 요인을 조사할 때 분명하게 나타난다. 예를 들어, 팀 기반의 업무, 팀 구조, 직무 설계가 구성원의 직무만족, 업무 스트레스에 미치는 영향에 대한 연구에 따르면, 팀 구조, 직무 설계는 구성원의 높은 만족, 낮은 스트레스와 관련이 있는 것으로 나타났다(So, West, & Dawson, 2011).

집단 차원의 웰빙과 개인 차원의 웰빙 간의 상호적 관계에 대한 분명한 증거가 있다. 높은 수준의 사기를 가진 집단은 낙관주의, 감사, 사랑과 같이 개인적 웰빙에 기여하는 특성을 촉진한다(Park, Peterson, & Seligman, 2004). 긍정적인 집단(즉, 높은 수준의 사기를 가진 집단)은 사람들의 더 많은 몰입을 유도하고 의미를 찾을 수 있게 한다(Peterson, Park, & Seligman, 2005). 또한, 연구자들은 사람들로 하여금 즐거움을 찾고 좋은 일을 만끽하게 할 수 있게 하는 것은 바로 사회적 참여라고 주장한다(Bryant & Veroff, 2006). 이러한 발견은 조직적 웰빙의 다차원적 개념에 개인주의 오류를 적용하는 한계점을 강조하고, 각 차원 간에 일어나는 상호성에 주목해야 함을 강조한다. 정서적 조직 몰입과 같은 복합적인 조직 현상을 올바르게 이해하기 위해, 심리사회적 작업 환경의 개인적/맥락적 요소(예: 리더십의 질, 일터에서의 영향, 팀 분위기, 역할 모호성, 작업 속도)는 다차원 모델에 기반해야 한다(Clausen & Borg, 2010).

팀워크를 구축하고 성공적인 팀을 개발하기 위한 잠재적인 경로는, 다음과 같은 상관연구에서의 발견에 기반해야 한다. 팀 낙관주의는 새로 구성된 팀의 성과를 예측하며, 팀 회복탄력성과 팀 효능감은 이미 구성된 팀의 성과를 예측한다(West, Patera, & Carsten, 2009).

사회 관계망 분석(Social network analysis)은 집

단 내 관계를 분석할 수 있는 방법을 제공한다(Baker, Cross, & Wooten, 2003; Cross, Baker, & Parker, 2003). 그러나 검사된 관계는 집단 전체를 대상으로 하기 보다는, 개인 또는 두 사람을 기반으로 하는 경향이 있다. 이와 같은 현상은 집단 차원의 웰빙을 측정하는 방법론적 도구의 부족을 다시 한번 강조하는 결과이다.

팀 차원의 몰입을 조사한 리차드슨과 웨스트는 (Richardson and West, 2010b) 다음과 같이 제안하였다. 팀 몰입은 팀 구성원 개인의 자원 할당과 집단을 목표로 향하게 하는 상호작용 프로세스의 결합으로부터 발생한다. 이들은 팀의 투입, 팀의 몰입, 팀의 성과를 미시적 수준에서 조망하기 위한 긍정성의 투입-공정-산출 모델(positive inputs-process-outputs model)을 제안하였다(Richardson and West, 2010a). 긍정적인 팀을 이루기 위한 투입의 핵심 요소는 다음과 같다. 영감을 주는 팀 과업(내재적인 동기와 의미 있는 목적을 통해 창의적인 성취를 장려함), 팀 다양성을 인정하는 가치관(심리적 안전, 창의성, 팀 학습의 개발을 가능하게 함, Edmondson, 1999; Hoffman & Maier, 1961), 명확하고 점차 발전하는 역할(성장과 과업에 대한 몰입을 촉진함), 긍정적인 팀 관계(긍정적인 사회적 상호작용에 대한 인간의 타고난 필요를 충족함), 긍정적인 팀 애착(소속감에 대한 공유된 감각을 발생시킴, Spear & West, 2002). 또한 거시적 수준의 요인으로는 조직 분위기, 가치와 목표의 일치성, 변혁적 리더십을 포함한 조직적 요인을 제시하였다(Richardson and West, 2010a).

이 모델은 팀 몰입의 수준과 조직적 요인 간에 존재하는 호혜성을 포함한다. 실제로 연구자들은 조직 내 사회 집단이 개인의 건강과 웰빙을 보호하고(Jetten, Haslam, Haslam, Dingle, & Jones, 2014) 조직적 성과를 달성하도록 동기를 부여할 수 있는 주요 심리적 자원이라는 사실을 발견했다(Haslam, Powell, & Turner, 2000). 이는, 조직적 웰빙에 대한 다차원적 접근법의 호혜성에 대한 추가 지지근거를 제공한다.

집단-차원 분석은 "내가 일하는 작업 집단에는 많은 에너지와 열정이 존재한다("나는 많은 에너지와 열정을 가지고 있다"와 비교하여)"라는 말로써 그 차이를 확인할 수 있다(Cotton & Hart, 2003). 그러나 이러한 질문도 작업 집단 내 개인적 구인의 목소리를 활용했다는 한계점이 존재한다. 이로 인해, 개인주의 오류를 범할 수 있으며, 집단 고유에 존재하는 상태를 분석하는 것을 포기하는 접근으로 전락할 수 있다. 여기서는 개인적 차원의 구인(에너지)을 집계한 값에 의존하고 있는 것이다. 여기서 우리는 집단의 전체를 분석하기보다는, 개인의 집단적 에너지를 측정하고 있다. 오히려, "우리 팀은 많은 에너지와 열정을 가지고 있습니다"라고 표현하는 것이 더 나은 접근법일 것이다. 다음의 비유를 통해 생각해보자. 가족 단위를 예시로 생각해볼 때, 이렇게 질문해볼 수 있다. "가족이 잘 기능한다는 것에 대해 어떻게 설명할 수 있습니까?" 가족 내에는 다양한 구인이 존재하며, 가족구성원 개개인에게 적용되기보다는, 가족 단위 전체에 적용되는 차별적 구인이 존재할 것이다.

위에서 소개한 연구의 경우, 집단-차원의 연구와 웰빙 구인의 분석에 대한 주요 비판 중 일부를 제시하고 있다. 그룹-차원의 구인을 조사한 것으로 알려진 대부분의 연구는 개인의 응답으로 집계된 집단의 상태에 의존하고 있다. 몇몇 연구자들은 개인과 집단의 맥락에서 웰빙 요소의 상호성에 대해 논의한다. 우리는 조직 내 다차원적 상호적 관계(개인, 집단 및 조직)가 서로에게 가질 수 있는 상호 관계 및 영향을 밝히는 것이 미래 연구의 핵심 영역으로 보고 있다.

일터에서의 웰빙: 조직적 수준

조직/일터 수준에서의 '웰빙'은 용어 자체에 대한 혼란이 존재한다. 일부 정의는 조직 내의 개인적 웰빙을 구체적으로 지칭한다. 예를 들어, 차터드 인력 개발 연구소(The Chartered Personnel and Development Institute)의 정의는 다음과 같다. 조직적 웰빙이란, 안전하고 건강한 환경 속에서, 구성원에게 의미 있고 도전적인 일을 제공하며, 구성원이 자신의 동료 및 관리자와의 효과적인 업무관계를 통해, 학습한 기술과 지식을 자신에게 적용할 수 있는 기회를 제공하는 것(Chartered Institute of Personnel and Development, 2007). '조직적 웰빙'이라는 용어는 종종 조직 내 개인적 웰빙을 향상시키기 위해 고용주가 후원하는 프로그램을 지칭하기 위해서 사용되기도 한다. 15장에서는, 조직적 웰빙이란, 조직의 전반적 행복에 대한 속성 자체에 대해 다루는 것으로 정의할 것이다. 그럼에도 불구하고 조직적 웰빙에 대한 논의는 개인적 웰빙에 대한 조직의 영향과 이로 인한 개인적 웰빙의 결과에 대해서도 살펴볼 필요가 있을 것이다.

행복수준이 높은 구성원을 가진 조직은 주요 재무지표(Edmans, 2012) 등, 더 나은 성과를 증명한다. 하터와 동료들은 구성원이 가진 일터에 대한 긍정적 인식과 감정이 높은 고객 충성도, 높은 수익성 및 생산성, 낮은 이직률과 관련되어 있음을 보여주었다(Harter et al, 2002). 1958년 연구자들은, 심리적으로 건강한 조직의 개념을 탐구하고 조직의 건강을 측정할 때, 결근, 이직률 및 생산성과 같은 전통적 지표의 가치에 대한 의문을 제기했다(Argyris, 1958). 이에 따라, 개인과 조직이 가진 요소 및 특성 간의 관계를 설명하기 위한 다양한 이론적 틀과 모델이 제시되고 있다.

다나와 그리핀(Danna & Griffin, 1999)은 일터에서의 건강과 웰빙을 조사하는 개념적 틀을 다음과 같이 제안했다. 첫째, 세 가지 선행 요인(작업 환경, 성격 특성, 직업 스트레스), 둘째, 두 가지 차원으로 이루어진 결과 세트(개인적 차원의 결과세트(신체/심리/행동적 결과) 조직적 차원의 결과세트(건강보험 비용, 생산성, 결석 및 소송 비용 등))에 대한 정보를 제공한 것이다. 연구 결과, 조직적 차원의 결과가 개인 차원의 결과에 상호 관계 없이 독립적 혹은 직각적으로(orthogonally) 관련되어 있지는 않으며, 세 가지 다른 수준의 웰빙 사이의 관계의 복잡성이 존재함을 지적하였고, 이러한 관계에 대한 보다 미묘한 검토의 필요성을 강조했다.

조직적 건강 프레임워크(OHF: Organizational Health Framework)는 스트레스요인(stressors)과 긴장(strain)으로 본 직무스트레스라는 이론적 접근법에 대한 대안모델로 제안되었으나, 일반적으로 조직적인 맥락을 고려하지 못했다고 분석된다(Cotton & Hart, 2003). 스트레스요인과 이로 인한 긴장으로 바라본 직무스트레스라는 이론적 접근법은, 직무스트레스란 조직·내에서 시스템적으로 접근해야 할 이슈가 아니라, 구성원 개인의 이슈로 바라보아야 한다는 시각을 강화하는 경향이 있다(Hurrell, 1995). 또한, 직무스트레스를 조직의 성과와 직접적으로 연결하여 바라본 접근은 거의 찾아볼 수 없었기 때문에, '스트레스'라는 이슈를 경영 및 조직적 행동 분야로 넓혀진 연구영역에서 소외되는 결과를 낳았다(Hart & Cooper, 2001; Wright & Cropanzano, 2000).

조직적 건강 프레임워크는 사람과 환경 간의 역동적 상호 작용에 대하여 조직적 차원에 초점을 두고 있으며, 개인 요인과 조직 요인의 어떠한 요인이 서로 상호작용함으로써 개인의 웰빙과 조직의 성과를 결정하게 되는지에 대해 상세하게 연구하는 이론 기반의 접근법이다(Cotton & Hart, 2003). 웰빙은 조직의 성과에 영향을 미치는 결과변인과 연결성을 갖고 있어야 한다(예: 직무만족이 고객만족이라는 조직의 성과에 기여하는 구성원의 노력을 증가시키는 것, Hart et al., 2002). 조직적 건강 프레임워크가 '행복한 근로자 가설'을 뛰어넘는 조직 이론을 제시한 측면을 다음과 같이 설명할 수 있다. 개인 특성 대 조직특성 간의 관계는, 분석을 적용하는 수준에 따라, 얼마든지 더 넓은 맥락에서 해석할 수 있다는 점을 인식했다는 점이다. 개인특성 대 조직특성 간의 관계에 대한 설명은 조직풍토와 관련된 논의에서 찾아볼 수 있다.

조직풍토는 조직문화의 하위 집합체이다. 스케인(Schein, 1990)은, 문화란 "외부세상에 대한 적응과 내적세계의 통합과정에서 생겨나는 문제에 대처하는 방법을 배울 때, 소속된 집단에 의해 발명/발견/개발된 기본 가정이 가진 패턴"이라고 정의했다. 또한, 조직문화가 구성원에게 타당하게 받아들여지기 위하여 충분한 노력을 기울일 필요가 있다고 덧붙이면서, "구성원이 자신의 문제해결 과정에서 지각하고/생각하고/느끼는 데 있어 올바른 방법의 존재로 기능할 수 있도록 조직적 차원의 학습기회를 제공해야 한다"(pp. 111)라고 제안했다(Schein, 1990). 조직풍토란 조직이 어떻게 기능하는지, 조직행동을 이끌어가는 정책과 현장은 어떠한지에 대한 구성원의 지각으로 정의된다. 경찰관 및 교사를 표본으로 한 연구 결과에 따르면, 조직풍토는 사기(집단 수준의 구성개념)와 조직적 웰빙에 가장 큰 영향을 미치는 변인으로 나타났다(Hart, 1999; Hart & Cotton, 2003; 이는 조직풍토가 조직적 웰빙에 영향을 미치는 주요 역할을 하고 있다는 것을 증명한다). 조직풍토와 관련된 또 다른 연구에서는, 조직풍토가 개인의 전반적 웰빙을 예측하는 강력한 변인이라는 발견을 포함하여, 조직적 웰빙과 개인적 웰빙 간의 상호적 링크가 존재한다는 결과가 나타났다. 반면에, 구성원의 철수행동의 의도를 강력하게 결정하는 요인은 '성격'인 것으로 나타났다(Cotton & Hart, 2003). 조직풍토가 조직적 웰빙에 미치는 영향은, 각기 다른 직업 집단에 걸쳐 증명되고 있으며, 직업 특정적으로 발생하는 스트레스 요인보다, 더욱 더 중요한 영향을 미치는 요인이라는 것이 발견되었다(Cotton & Hart, 2003).

조직의 건강을 개념화한 학자들 중에 '성과와 건강의 관계'에 빗대어 표현한 내용을 소개한다. 즉, 조직의 건강은 조직이 구성원에게 케어를 제공할 때 향상되며, 케어의 중요성을 무시할 때 악화되므로, 비즈니스의 수익성을 고려하는 차원에서도, 구성원의 웰빙에 대한 고려가 중요하다는 것을 상징한다(De Smet, Loch, Schaninger, 2007).

'조직'에 초점을 명확하게 맞추는 관점으로써 직업 건강심리학의 연장선으로서 조직 건강의 개념을 제안한 연구(Adkins, 1999)가 있으며, 구성원의 개인적 웰빙을 조직의 효과성 및 기능에 연관시킨 연구가 있다(Danna and Griffin, 1999). 로위(Lowe, 2003, 2010)의 정의에 따르면, 건강한 조직이란 문화, 풍토, 실무로 창조된 조직환경이 구성원의 건강과 안전을 증진시키는 동시에, 조직의 효과성을 증진하는 상태를 말한다. 그러나 이와 같은 정의는 조직의 건강을 측정할 수 있는 수익성, 생산성, 주식가치 등과 같은 지표를 설명하지는 못하는 한계점이 있다.

전통적으로 양호한 재무 성과 및 생산성의 측정결과는 건강한 조직의 지표로 간주되었다(Raya & Panneerselvam, 2013). 그러나 학자들은 회계-기반 재무 측정만으로는 조직의 건강을 측정하기에 충분하지 않다고 주장해왔다(예: Schneider, Hanges, Smith, & Salvaggio, 2003). 또한, 연구자들은(Schneider et al., 2003) 집단차원 또는 조직차원의 구인을 분석하기 위해, 개인차원의 측정치를 사용하는 접근법에 대해 문제를 제기한 바 있다. 예컨대, 구성원 태도의 집합체와 조직 성과(고객만족도로 조작적정의를 내림), 생산성(Ryan, Schmitt, & Johnson, 1996), 교사의 이직률 및 학생들의 학업 성취도(Ostroff, 1992) 연구, 단기간의 재무성과를 측정한 연구(Denison, 1990)를 연결하여 측정한 연구들을 예비연구증거로 인용할 수 있는 출처로 제시하였다.

구성원 웰빙 및 인적자원관리(HRM)-조직 성과 관계에 대한 검토 연구(Van De Voorde, Paauwe & Van Veldhoven, 2012)에서는 조직의 성과지표를 운영성과(예: 생산성 및 품질) 및 재무성과(예: 투자 자본 수익률 및 주주 수익률)로 구분하였다. 구성원 웰빙을 겨냥한 인적자원관리 개입의 효과가 재무성과 지표에 비해 운영성과 지표에 더 큰 영향을 미칠 수 있다는 결과를 제시했으며, 이는 이 두 가지 지표가 서로 가까우면서도 거리가 있는 독특한 특징을 갖고 있다는 것을 시사한다. 직무에 대한 통제, 역할 과부하, 사회적지지 및 수퍼바이저 행동과 같은 다양한 스트레스 요인은 구성원 웰빙에 영향을 미칠 수 있다. 연구자들은 인적자원의 실무 및 인적자원개발 전문가가 구성원의 웰빙을 향상시키고, 이러한 문제에 집중함으로써 조직의 효율성에 기여할 수 있다고 오랫동안 주장해 왔다(Gilbreath & Montesino, 2000). 또한, 학습 및 개발, 구성원의 의견 및 일터의 건강과 안전에의 참여 등을 목표로 한 인적자원관리(HRM) 전략을 사용할 경우, '구성원의 웰빙'과 '서비스 품질' 모두 개선이 가능하다고 제안한 연구가 있다(Clarke and Hill, 2012). 인적자원개발의 실무가 일터에서의 구성원 웰빙과, 공공 부문에서의 성과에 미치는 영향을 조사한 연구(Baptiste, 2008)에서는, 현장관리자의 지원과 신뢰가 관리자와 구성원 간의 좋은 관계에 중추적인 역할을 하며, 이러한 요인은 구성원의 웰빙을 향상시킨다고 밝힌 바 있다.

건강한 조직의 5가지 주요 특성(De Smet et al., 2007)은 다음과 같다. (1) 회복탄력성(resilience, 재해에 대처할 수 있도록 조직을 적절하게 배치하는 데 적극적으로 임하는 능력, Burnard & Bhamra, 2011) (2) 실행력(execution, 건전하고 시기적절한 의사결정을 내리는 능력, 예측력, 자신의 역할과 책임을 이해하는 구성원) (3) 정렬(alignment, 목적의 응집력) (4) 개선(renewal, 기존의 자산과 역량이 레버리지를 제공하는 적절하게 선택된 시장(well-chosen market)으로의 확대, 아이디어를 창출하고 변화에 적응할 수 있는 능력) (5) 그리고 조직 실무 간의 보완성(complementarity, 고용정책, '일관되고 상호 보완적인 행동 보상' 등)

조직의 자율성과 관련된 또 다른 개념은 역동적인 역량이다. 즉, 급격하게 변화하는 환경(Helfat, 2007)에 대처하기 위해, 기업 내부 및 외부 역량을 통합(integrate)/구축(build)/재구성(reconfigure)할 수 있는 역량으로 정의되는 개념이다(Teece, Pisano, and Shuen, 1997).

역동적 역량은 조직의 현재 작업과 관련된 운영 역량과는 다른 개념이다. 이 역동적 역량의 정의는 조직의 환경 숙달 및 자율성을 표상하며, 조직이 역동적 역량을 증명하는 정도가 조직의 웰빙을 나타낼 수 있다.

조직적 웰빙 차원과 개인적 웰빙 차원 간에 상호 연관성이 있음을 보여주는 또 다른 증거로써, '조직풍토'가 개인적 웰빙 전반에 대한 가장 강력한 지표라는 사실을 포함하는 반면, '성격'은 구성원 철수행동 의도의 가장 강력한 결정요인이다(Cotton & Hart, 2003). 조직풍토가 직업적 웰빙에 미치는 영향은 각기 다른 직업 집단에서 발견되었으며, 직무 별로 특정되는 스트레스 요인보다 조직풍토가 중요하다는 결과가 있다(Cotton & Hart, 2003).

긍정조직학파(POS: positive organisational scholarship) 이론가들은, 조직 내 긍정적인 활동 및 이에 벗어나는 현상에 대해 생각해볼 수 있는 하나의 방식으로 '조직의 미덕'이라는 개념을 제안했다.

조직의 미덕은 다음의 세 가지 원리에 의해 작동한다. (1) 인간의 영향력(긍정적인 인간의 영향을 보장하기 위해 수행되는 행동) (2) 도덕적 선(미덕/도덕은 선천적인 선함을 지니고 있음) (3) 사회적 개선(호혜 또는 보상을 기대하지 않고, 타인에게 이익을 제공하는 사회적 가치를 창출함, Cameron, 2003). 긍정조직학파는 조직 내 미덕(개인의 행동과 관련된)과 조직을 통한 미덕(미덕을 육성하고 영속시키는 조직 내의 원동력과 관련된, [Cameron, 2003])을 구분하고 있다. 카메론은 조직을 통한 미덕이 긍정적인 성과와 관련이 있다고 예측하지만 조직적 차원에서 이 가설을 검증하기 위한 경험적 증거는 거의 없다는 것을 인정한 바 있다(Cameron, 2003).

그동안 경영분야 문헌과 대중 언론에서는, 조직이 목적달성을 위한 행동의 촉진을 위해서는, 그들의 이해관계자에게 자신들의 목적을 정의하고 소통해야 할 필요성에 대해 많은 내용을 기록해왔다. 조직의 목표는 구성원의 웰빙에 연결된다. 예를 들어, 구성원 훈련 및 유지 등은 조직의 목표달성에 있어 매우 중요한 스텝이다(Steger & Dik, 2010). 조직의 목표와 개인의 목표/목적 사이에 가시성(visibility)과 일치성(alignment)이 높을수록 더 효과적으로 달성될 가능성이 높다. 개인적 웰빙은, 스스로 의미 있다고 여기는 목표(예: Chalofsky & Krishna, 2009)에 기여하고 있다는 느낌과 관련되어 있다. 목표/가치/목적을 강화하는 데 중점을 두는 조직일수록, 구성원이 의미를 키울 수 있도록 도울 가능성이 더 크다(Pratt & Ashforth, 2003). 마찬가지로, 이상주의적 조직 목표를 강화하는 방식의 '비전제시형 리더십(visionary leadership)'의 실무는 구성원 개인의 정체성과 소속감에 호소하고 공감함으로써 구성원들에게 의미를 부여한다(Pratt & Ashforth, 2003). 의미는 일터에서 가족과 같은 역동성을 쌓거나, 단순한 이윤추구 이상의 가치에 기반한 가치를 강조함으로써, 조직공동체를 구축하는 조직에 의해 창조될 수 있다(Pratt & Ashforth, 2003). 이 맥락에서 더 나아간 개념은 '학습 조직'이다.

학습조직이란, 조직이 지속적으로 변화하고 적응하며 새로운 결과를 창출할 수 있도록, 조직구성원들이 새로운 사고방식과 행동패턴을 학습함으로써 지속적으로 자신의 역량을 키우는 조직이다(Senge, 1990). 학습조직의 개념은 리프의 여섯 가지 심리적 웰빙 차원 중 하나인 '성장'과 관련있다(2008).

긍정심리학의 움직임 맥락에 있어 '증폭'이란, 망가져 보이는 것을 고치기(전통적인 방식인 문제-중심의 심리학적 모델)보다는, 향상의 원칙을 따른다. 조직적 맥락에서 증폭이란, 구성원의 웰빙을 증진/향상시키는 긍정적인 개입을 의미한다(Schaufeli & Salanova, 2010). 증폭은 구성원의 웰빙을 향상시키는 작업이 지속적이고도 의식적인 노력이 필요한 장기적인 목표라는 개념에 근거한다. 조직은 조직의 수익성과 지속가능성을 보장하기 위하여, 개인과 조직적 차원을 기반으로 한 긍정성 기반의 개입에 집중할 필요가 있으며, 개인과 조직적 차원 간의 상호성에 대해 인식할 필요성이 있다고 강조하는 연구가 있다(Schaufeli & Salanova, 2010).

미래 연구

일터에서의 개인적 웰빙에 대해 연구한 다양한 경험적 근거에 대해 이해하는 작업도 적절한 접근법이지만, 조직 안에서 조직에 대한 웰빙의 개념이 가진 복합성을 이해하기 위하여, 다차원적 개념화로 접근하는 방식도 필요한 작업이라고 생각한다. 복합적 적응시스템이론(CAS: Complex adaptive systems, Anderson 1999; Miller & Page, 2009 참조)에서는, 일터의 웰빙과 조직적 웰빙을 이해하는 데 필요한 훌륭한 개념적/방법론적/경험적 기초를 제공하였다.

복합적 적응시스템이론에서는, 개인적 차원에서의 조사 시 발견된 프로세스가 전체 사회적 차원(예: 자살률)의 현상을 예측하는 데 사용될 수 있다고 제안하였으며, 이 현상을 '출현(emergence)'이라고 명명한다. 우리가 개인 수준에서 찾을 수 있는 인과 관계를 넘어서서, 시스템(조직) 전체의 행동차원으로 넘어간다면, 행동 양식이 가진 전반적인 패턴이 분명하게 드러날 수 있다. 단, 이러한 접근은 개인 수준 내에서의 인과 관계를 이해하는

차원의 능력은 다루지 않게 되는 한계점이 존재한다(Lansing, 2003). 조직을 복합적 적응시스템(Dooley, 1997; Schneider & Somers, 2006)이라는 관점에서 생각해보는 작업은, 우리로 하여금, 시스템/조직적 차원에 존재하는 행동에 대한 전반적인 패턴에 대한 인식이 가능하도록 만들어준다.

일터 내 개인적 수준에 대한 웰빙 연구를 넘어서서, 시스템 역동, 에이전트 기반 시뮬레이션 모델링(Borshchev & Filippov, 2004, Sterman, 2000, 2001 참조)과 같은 도구와 결합된 복합적/적응적인 접근법을 활용한다면, 개인/팀/조직 전체의 기능 간에 발생 가능한 상호작용에 대한 모델링이 가능해질 것이다. 개인 및 조직적 웰빙에 대한 미래연구는 개인주의 오류를 넘어서서 진행되어야 할 것이다. 즉, 조직적 웰빙이 단순히 행복한 근로자들의 웰빙을 더한 값을 넘어서는 개념이라는 식의 접근법이 필요한 것이다.

예를 들어, 웰빙 수준이 중간 수준인 팀 내에서, 개인적 웰빙 수준이 높은 구성원이 있다고 가정할 경우, 조직적 웰빙에 미치는 영향은 무엇일까? 조직적 웰빙은 그저 다른 차원의 수준으로 인해 출현하는 것이라고 봐야 할 것인가? 이러한 질문들은 앞으로의 웰빙연구, 특히 일터 및 대규모 조직에서의 웰빙에 대해 연구하는 작업에 있어 주요 가이드가 되어 줄 것으로 기대해본다.

결론

15장에서는 조직의 이론이 행복한 근로자 가설을 넘어설 필요가 있다고 제안했다. 또한, 일터에서의 웰빙의 정의에 있어서도, 개인적 차원을 넘어서는 개념화 작업이 필요하다는 점을 강조했다. 즉, 3단계, (1) 개인적 차원에서의 웰빙 (2) 팀/그룹 차원에서의 웰빙 (3) 조직적 차원에서의 웰빙으로 구분하여 개념화하였다. 조직 내 다양한 차원에서 존재하는 웰빙의 상호 작용을 탐구하기 위하여, 시스템 이론과 방법을 제안하였다. 이러한 접근법은 조직 내에서 개입할 수 있는 새로운 지점을 발견하고, 조직의 기능을 향상시킬 수 있는 개발 포인

트를 찾을 수 있다고 제안한다. 표 15.1에서는, 웰빙에 대한 다차원적 접근방식의 중요성을 강조하는 측면에서, 조직 내 세 가지 차원에서의 웰빙과 관련된 여러 가지 구인을 정리하였다.

[표 15.1] 조직적 맥락에서 다차원 수준에서의 웰빙과 관련하여 기존연구에서 제시한 구인

⟨개인적 수준의 웰빙 구인⟩
• 직업 만들기(Wrzesniewski & Dutton, 2001)
• 일터에서의 플로우(Csikszentmihalyi, 1990)
• 직무만족(Locke, 1976)
• 마음챙김(Roche, Haar, & Luthans, 2014)
• 정신건강(Robinson et al., 2015)
• 심리적자본(희망, 낙관, 탄력, 자기 효능감) (Luthans, Avolio, Avey, & Norman, 2007)
• 경험에 대한 개방성(Neo Personality Inventory; NEO-PIR 개정) (Costa & McRae, 1992)
• 자기결정이론 - 기본적 심리적 욕구(자율성, 유능성, 관계성) (Baard, Deci, & Ryan, 2004)
• 의미와 목적의 의미(Ryff, 2008, Steger & Dik, 2010)
• 강점 지식 및 사용(Crossan, Mazutis, Seijts, & Gandz, 2013)

⟨팀 수준의 웰빙 구인⟩
• 환경을 조작하고 통제할 수 있는 집단의 역량
• 집단 심리적 안전감(Kahn, 1990)
• 집단 평판(Kimbrough & Rubin, 2015)
• 공통 목적을 집단으로 이해하고 이를 달성하기 위해 함께 노력함(Kurtzman, 2010)
• 팀의 긍정적인 관계, 서로의 힘에 대한 공감과 감사의 마음가짐(Dutton & Ragins, 2007)
• 자기 관리가 가능한 팀, 일에 대한 자율성(Campion, Medsker, & Higgs, 1993, Spreitzer, 1995)
• 팀 성취, 진전 및 인정(McClelland & Burnham, 2003)
• 팀 응집력(Paskevich, Brawley, Dorsch, & Widmeyer, 1999)
• 다양한 관점에 대한 팀 다양성 및 감사(Horwitz & Horwitz, 2007)

⟨조직적 수준의 웰빙 구인⟩
• 복잡한 환경을 조작하고 제어할 수 있는 능력(Boisot & Child, 1999)
• 증폭(Amplition)(Schaufeli & Salanova, 2010)
• 평가적 탐구(Cooperrider & Srivastva, 1987)
• 변화 관리(Todnem, 2005)
• 명확한 비전과 목적, 전략, 비전 및 가치 정의(McClelland & Burnham, 2003)
• 핵심 비즈니스를 정의하기 위해 조직의 강점, 약점 및 대상 고객에 대한 명확한 이해(Porter, 2008)
• 동적 능력(Teece et al., 1997; Helfat, 2007)
• 과잉 규제로부터의 자유, 주주 가치에 대한 지나친 의존으로부터 자유, 노조 개입(Andrews, Boyne, Law, & Walker, 2008)
• 리더십(Alimo-Metcalfe, Alban-Metcalfe, Bradley, Mariathasan, & Samele, 2008, Hunter, 2009, McMurray, Pirola-Merlo, Sarros, & Islam, 2010)
• 학습 조직 - 피드백과 변화로부터 학습할 수 있는 능력(Senge, 1990)
• 전략적 제휴, 좋은 공급자 관계(Austin, 2010, Hamel, 1991)
• 조직 문화(Schein, 1990)
• 조직 탄력성(Burnard & Bhamra, 2011, Parsons, 2010)
• 조직의 성공과 진전(Cotton & Hart, 2003)
• 조직의 도덕성(Cameron, 2003)
• 긍정적 윤리(Stansbury & Sonenshein, 2012)

- 긍정조직(Cameron, Mora, Leutscher, & Calarco, 2011)
- 긍정조직학(Cameron, 2003)
- 전략적 의사 결정(Schwenk, 1995)
- 전략적 실무(Sheehan, 2006)

* 출처: 저자

16장
조직변화에 대한 긍정적 접근

스테판 칸토레(Stefan P. Cantore)

서론

2000년대 이래로 조직변화에 대한 긍정적 접근에 대한 관심이 증가하고 있다. 이러한 분위기는 학술연구자와 실무자 모두에 의해 생성되어 왔다.

긍정심리학의 인기가 증가했다는 사실은 의심의 여지가 없다. 긍정심리학은 일터에서 구성원의 강점을 파악하고 사용함이 지닌 가치(Rath & Conchie, 2009), 근무경험을 최적화함이 지닌 가치(Csikszentmihalyi, 2014), 긍정정서가 가진 가치(Fredrickson, 2001)처럼, 다양한 범위의 주제를 아우르는 연구결과를 제시해왔으며 16장에서 하나씩 소개해보려고 한다.

한편, 조직전체의 변화를 만들어내기 위해 일하는 주체인 조직개발/변화종사자를 포함한 조직의 리더는 보다 더 의미 있고 효과적인 새로운 방법을 통해 조직의 긍정성 및 몰입도를 높이기 위한 노력을 기울이고 있다. 일례로 변화에 대한 대화적 접근법의 사용은 상당한 영향력을 발휘했으며, 새롭고 다른 접근법으로 확인되었다. 아마도 이는 인본주의적 심리학 접근이 자리잡고 있던 그때, 대조적으로 나타났던 긍정심리학이 새롭고 다른 것으로 자신의 존재를 입증한 것과 같은 이치

로 해석할 수 있을 것이다(Bushe & Marshak , 2009, Grant & Marshak, 2011, Marshak & Bushe 2013, Oswick, 2009).

이 장에서는 조직변화에 있어 필요하다고 느껴지고 있는 '새로운' 접근법과 더불어, '낡았다고' 인식되고 있는 접근법이 갖고 있는 일그러진 면모에 대한 맥락에서 토론을 시작해볼 것이다. 특히, 16장에서는 '긍정적인 측면'과 관련하여 논의가 진행될 것이기 때문에, 철학적 관념에서 살펴본 비관주의와 낙관주의라는 개념에 대해서도 간단하게 살펴보려고 한다. 16장의 목표는 조직변화 이론 및 실천의 배경에 존재하고 있는, 근본적이지만 자주 반영되지 않아왔던 가정이 조직변화에 대한 긍정적 접근방식 개발에 있어 잠재적인 영향을 미친다는 시각하에 여러 가지 가정들에 대해 탐구해보는 것이다.

본질적으로 심리학적 통찰이란 개인의 행동을 관찰하는 것으로 시작되며, 이를 조직 전체의 노력으로 연결시키는 작업은 지적이고도 실제적인 일련의 개발과정이다. 이에 16장에서는 조직변화 이론 및 실천의 배경을 소개하는 것으로 시작해서, 이후 절에서는 이론과 실천의 핵심 사안에 대한 비판적 성찰을 해볼 계획이다. 이를 통해 학자, 실

무자 및 학자 겸 실무자 모두가 속해 있는 학습과정에 기여하고자 한다. 아직까지 연구기반 실적이 상대적으로 적게 쌓인 상황이라는 한계점으로 인해, 철학적 관점, 이론화, 자기보고 사례연구와 결합된 연구결과를 많이 소개할 계획이다. 끝에서 두 번째 섹션은 향후 연구를 위한 영역을 언급하고, 전체 내용을 요약한 후 결론을 맺을 것이다.

배경

16장에서는 조직의 다양한 형태를 포함하기 위하여 다음과 같이 매우 광범위한 정의를 채택하였다. 조직이란 '특정한 목적을 가진 사람들로 구성된 집단'이다(Stevenson, 2010, p. 1240). 조직에 대한 암묵적이고 낙관적인 신념 중 하나는 바로 조직이 개인보다 훨씬 더 많은 것을 달성할 수 있다고 보는 것이다. 마찬가지로, 조직경영의 맥락에서 '변화'라는 구인은 조직의 발전을 더하려는 노력으로 정의한다. 따라서 변화란, 적어도 조직변화 과정을 주도하고 디자인하는 사람들에 의해서는, 매우 낙관적으로 인식되고 있는 개념이라고 볼 수 있다. 16장은 조직전체의 변화를 위한 접근법에 대해 다룰 것이다. 이러한 접근법은 조직을 긍정적이고 낙관적으로 변화시키며, 효과적인 변화과정을 주도하는 힘이 있다.

이와는 대조적으로(논란의 여지는 있지만), 2008년 글로벌 금융 위기 이후, 조직의 내재된 선 또는 긍정적인 속성에 대한 믿음이 꾸준히 줄어들었다. 다시 말해, 조직이 보다 나은 세상을 만드는 데 기여하기 위한 목적으로 자원과 사람들을 확보하는 능력을 갖고 있을 것이라는 믿음이 줄어들었다. 전 세계의 사람들은 조직에 대해 의심을 품게 되었다. 예컨대, 조직에서 개인이 성취할 수 있는 여지가 있는지에 대한 의심, 개인이 조직이 계획한 변화에 순순히 따르는지에 따라 개인을 대우하는 방식이 달라지는 조직의 모습을 더이상 신뢰하기 어려운 것이다(Roth, 2009). 이 섹션에서는 '조직 및 조직변화'에 대한 사람들의 메타사고 경향에 대해서도 논의해보도록 하겠다.

조직이 사람들을 실망시켰던 증거를 찾는 일은 매우 쉽다. 2008년 금융 위기 시, 유명하고 권위를 가진 조직이 내놓은 투자상품과 주택 대출을 신뢰했던 많은 사람들은, 은행이 홍보했던 활동 내용이 가난한 정부의 현실과 비윤리적인 비즈니스 관행 및 문화와 서로 일치하지 않는다는 사실을 발견하였고, 사람들의 기대는 산산조각 났으며, 은행은 이들(투자자)의 요구를 무시하면서도 배부른 자의 탐욕을 보상했던 것이다. 애플(Apple Inc.)과 같이 높은 명성과 가치를 지닌 조직이라 할지라도 중국 지사의 고용 및 공급망 관리에 있어서는 비난받아 온 일이 있을 정도다("iPod의 중국 공장에 대한 현실", 2006).

영국의 미드 스태포드 병원 파운데이션 트러스트(Mid Staffordshire Hospitals Foundation Trust, Francis, 2010)에 대한 조사에서 전문가의 대대적인 탈몰입 현상, 부정적인 조직문화, 환자의 필요와 관심을 무시하는 행위, 가난한 정부 및 효과적인 외부감시체계의 부재를 발견했다. 가난한 조직으로 인한 파장은 결국 환자들의 죽음으로 이어졌다. 주요 결과를 살펴보면 첫째, 지역 공동체의 신뢰 감소, 둘째, 로버트 프란시스 경 의장의 긴급요청을 들 수 있다. 이 병원의 의장은 "눈앞에 보이는 것을 첫 번째 우선순위로 두라고 말하며, 모든 환자의 니즈를 최우선상에 놓고, 환자케어에 최상 수준의 기준을 두라"(2010, p. 403)고 전했다. 이 사건은 헬스케어 조직이 그들이 가진 원래의 목적과 얼마나 동떨어져 있을 수 있는지를 여실히 보여준다.

이와 같이 조직에 대한 실망감은 조직이 변화를 위한 노력을 기울인다고 보고하는 데 비해, 실제로 사람들의 눈에 띌만큼 차이를 만들기에는 충분하지 않은 것 같다는 불만과 좌절감으로 이어졌다. 연구자 또한 이러한 낙담감에 기여한 바 있다. 예를 들어, 조직변화 노력의 70%는 실패한다는 관념은 학자 및 변화 종사자 모두가 자주 언급하고 있다. 이 수치는 원래 해머와 챔피(Hammer and Champy, 1993)에 의해 처음으로 추정된 수치이며, 이후에도 많은 사람들에 의해 인용되었다(Beer and

Nohria, 2000 & Kotter, 1995). 비록 휴즈(Hughes, 2011)가 70%라는 수치는 아무런 근거가 없다고 지적했음에도 불구하고, 최종적으로는 조직변화 노력이 별로 가치가 없다는 등의 비관적 인식만이 남아 있는 실정인 것이다.

철학적 관점

16장은 우리가 현실, 조직, 변화의 본질에 대해 가진 신념을 논의하기 위해 다음의 전제에서 시작할 것이다. 즉, 우울한 맥락 뒤에 자리잡고 있는, 더욱 깊고 팽배하게 스며져 있으나 누구도 말하지 않는, 철학적이고도 문화적인 신념에서 출발하고자 하는 것이다. 조직 내 존재하는 낙관주의와 비관주의에 대한 폭넓은 담론을 탐구하지 않는다면, 변화에 대해 긍정적이고 고양된 그리고 낙관적인 현재의 접근법이 가진 매력을 충분히 만끽하기는 쉽지 않을 것이다. 또한, 조직변화에 대한 긍정적 접근이 현재 한창 부상하는 중인 구인이라는 점에 기반하여 볼 때, 학자들과 실무자들은, 긍정조직변화 분야를 타 분야와 차별화하기 위하여, 조직변화에 대한 철학적 입장을 파악하는 데 힘을 쏟고 있다. 이러한 현상은 긍정조직변화 분야에 있어 경험적 연구자료의 양과 이론 및 실무자들의 이야기 사이에 불균형이 존재함을 시사한다고 볼 수 있다.

디엔스태그(Dienstag, 2006)는 한 가지 큰 시사점을 제시하였다. 바로 서양의 철학적 사고가 제시한 주요 담론은 내재적으로 낙관주의적이라는 것이다. 이 낙관적 철학에 따르면, 우리의 궤도는 언제나 향상에 초점이 맞춰져 있으며, 인간의 이성적 사고는 자신의 문제를 해결하기 위한 충분한 능력이 있다고 믿는다.

디엔스태그가 주장하는 인간의 내재적 능력에 대한 긍정성을 받아들이는 조직변화 담당자가 자신이 맡은 임무에 대해 긍정적으로 말한다면 이들은 분명 자신들이 수행하는 변화 노력이 향상이나 긍정적인 방향으로 이루어질 것이라는 '의도'에 기반하고 있을 것이다(비록 구성원들이 실제로 접하는 경험이 부정적이라 할지라도).

조직개발(OD)이론을 만드는 학자들(French and Bell, 1999; Margulies and Raia, 1978; Schein, 2010)의 언어를 살펴보면 '향상'의 개념을 지지하고 있다는 걸 알 수 있다.

조직 내 변화 에이전트가 가진 낙관적인 목소리와 긍정적 변화에 대한 문헌과 더불어, 비관적인 관점을 가진 사람들의 목소리 또한 존재한다. 특히 철학 문헌에서는 비관적 관점의 예시가 풍부하다. 그러나 비관주의를 정의하는 것은 그 자체로 하나의 도전이다. 예를 들어, 베일리(Bailey, 2013)는 사람들이 '비관주의와 낙관주의'에 대한 감정적 반응을 분리시키고, 이러한 개념은 그저 "조직변화의 방향, 그중에서도 명시적으로 드러난 부분에 한해, 사람들이 어떠한 인식을 갖고 있는지를 표상하는 단순한 개념"이라는 주장했다(p. 5).

반면에, 버트랜드 러셀(Bertrand Russell, 1945/2013)은 낙관주의와 비관주의가 개인적인 기질과 관련이 있으며, 합리적인 판단과는 관련이 없다고 주장하면서 반대 견해를 제시하였다. 대체적으로, 어떤 위치에 있든지 간에, 조직은 더 나은 곳이 될 수 있다는 전제를 갖고 있다. 이러한 철학은 조직변화에 관심이 있는 사람들을 이끌어내는 역할을 한다.

긍정적인 조직변화 아래에 깔린 철학적 가정을 이해하는 것은 조직변화라는 구인을 비판하기 위한 기초지식을 제공할 뿐만 아니라, 이를 위한 이론과 실무를 이해하는 데에도 도움이 된다. 이 논의에 있어 무엇이 옳고 그르다는 정답은 없으며, 오히려 낙관주의와 비관주의가 분명히 공존한다는 증거하에 더 나은 조직을 만들겠다는 포부가 결합되고 있다.

이 장에서는 긍정조직변화가 가지고 있는 철학적 가치 기반의 태도뿐만 아니라, 새롭게 나타나고 있는 다양한 형태의 증거를 통해 긍정조직변화를 위한 효과적인 실천 및 유용한 이론의 개발이 확인되고 있다는 현상에 주목하고자 긍정조직변화의 사례를 소개하고자 한다.

조직변화 트렌드와 조직변화에 대한
긍정적 접근의 출현

이 섹션에서는 조직변화 이론의 최근 동향을 간략하게 살펴본 후, 이를 조직변화에 대한 긍정적 접근방식의 용어 및 구인을 이해하기 위한 렌즈로 사용하도록 하겠다.

지난 20년 동안 조직변화가 실제로 어떻게 이해되고 제정되어야 하는지에 대해 변동이 있어왔다. 1950년대부터 1990년대까지는 조직의 중심부에서 구성원들을 관리하는 식의 하향식(top-down) 조직개발(OD)에 초점을 맞추고 있으며, 분명히 예측가능한 세계 내에서 이루어져왔다(Oswick, Grant, Michelson, & Wailes, 2005). 그러나 그 이후로 현재까지 조직변화의 트렌드는 격동기를 경험하고 있으며, 이는 구성원들이 조직 전체에 분산되어 있다는 사실을 인식하고 이에 대처하는 경향이 만들어지고 있음을 시사한다. 이제 구성원들은 조직변화의 과정 자체를 더욱 새롭게 부상하는 개념으로 간주하며, 누군가에 의해 사전에 신중하게 계획된 관리형태에 대해서는 점점 덜 순종적으로 대응하는 방식으로 진화했다.

그동안 조직개발은 전문컨설턴트들과 함께 조직변화에 대해 많은 지혜를 축적해왔다. 하지만 현 시점에서 조직개발은 "보다 현장화되었으며, 변화관리 문헌 및 실무에 의해 대체되고 있다"는 주장이 이어졌다. 즉, 구성원의 새로운 행동을 유도하고, 일상에서 발생하는 문제와 우려사항 및 기회에 대한 대응을 공식적으로 진행하는 과정에서 벌어지는 갖가지 긴급한 프로세스의 일부로서, 구성원의 직접참여와 현장관리자의 책임하에 조직변화가 현장에서 실천되고 있는 모양으로 진화하고 있는 것이다(2005, p. 386).

오즈윅(Oswick)과 동료들의 제안 이후, 또 다른 연구진들에 의하여 조직개발의 재기를 촉구하는 움직임이 있었다. 이른바 '새로운 조직개발(NEW OD)'의 출현이라고 불리는 목소리이다(Marshak and Grant, 2008). 이들의 관점에서, 낡은 조직개발의 전형적인 특징은 변화에 대한 사고에 있어 다음과 같은 고전적 방식의 과학-기반 접근을 수용했다는 점이다. 즉, 조직에 대한 하나의 객관적 진실은 다음과 같다. 분석과 근거를 도출하는 작업만이 진실을 발견하도록 이끄는 역할을 할 것이며, 타당한 데이터에 기반한 합리성은 리더의 문제해결을 가능하게 할 것이라는 것이다. 반대로 '새로운 조직개발'은 포스트모더니즘의 사고, 특히 다음과 같은 사회적 구성주의에 의해 형성된다. 하나의 진실 혹은 현실은 없다. 그러나 집단적, 권위적, 정치적 프로세스에 의해 하나의 사실을 도출하는 작업은 변화에 대한 협상에 있어 필수적이다. 또한, 이러한 논의의 목적은 '사고'의 전환을 위한 것이지, '행동'의 전환이 아니다. '새로운 조직개발'이라는 구인은 연속적이며, 자기-조직화가 가능하기 때문에, 변화를 선형적으로 바라보고, 특수한 노력을 필요로 한다고 믿는 '순수한 조직개발'을 넘어서서, 변화의 '관리'측면에 더 강점을 두고 있다.

'새로운 조직개발'에 대한 흥미로운 비판 한 가지는 다음과 같다. 덜 대립적이고, 더 낙관적인, 또는 긍정적인 접근에 의해서 '권력'이 점점 무시되고 있다는 점이다(2008, p.4). 이와 관련해서는 마쉑과 그랜트(Marshak and Grant)에 의해 소개된, 카메론(Cameron)과 동료들의 연구를 참고하기 바란다(Cameron & Dutton, 2003). 이들은 2000년대 초반부터 긍정조직론(POS)에 대한 연구를 활발하게 진행해오고 있다.

카메론의 연구에서 말하는 긍정조직론은 탁월함, 번창함, 건강함, 풍요로움, 회복탄력성, 도덕성을 표상하는 조직의 역학에 집중한다(Cameron et al., 2003). 카메론과 동료들의 연구가 타 조직연구와 다른 점은 다음과 같다. 바로 인간이 가진 최고를 찾는 데 있어 '사람들이 함께 조직화하는 방법'에 집중하였다는 사실이다.

카메론과 동료들은 역기능이라는 개념에 대해 반대하지 않는다는 말을 조심스럽게 꺼낸다. 그러나 역기능이 그들이 조직 행동을 연구할 때 주로 사용하는 렌즈는 아니다. 어떤 것이 '긍정적이다'라고 여겨진다는 것은 가치 판단의 영역이라는 점은 의심할 여지가 없다. 파인맨(Fineman)은 긍정조직론에 대해 광범위하게 비판한 문헌에서 다음과 같이 주장했다. 긍정성의 결과로 나타날 수 있는 한 가지는 바로 "긍정성으로 인하여, 스스로의 목표를 달성할 수 있는 기회를 제외하는 것과 같이 중요한 문을 닫아버릴 수 있다. 긍정적 경험, 학습 및 변화는 부정적 현상뿐만 아니라, 긍정적 현상과 사건 모두로 연결될 수 있다"는 것이다(2006, p.275).

이러한 비판 이후, 학자들은 '긍정성'이라는 것이 무엇을 의미하는지에 대해 정하는 작업에 몰두하기 시작했다. 최근 들어 카메론(Cameron)과 스프레이쳐(Spreitzer)는 '긍정'이라는 용어가 지나치게 넓어서 정확하게 정의내리기가 어렵다는 점을 인정했다. 대신 조직과 관련된 긍정의 의미에 대해 다음의 네 가지로 분류하였다.

1. '긍정성'은 주로 조직 맥락에서 기회와 강점을 찾는 데 있어 활용할 수 있는 하나의 독특한 렌즈이다.
2. '긍정성'은 주로 비범하고 설명하기 어려운, 긍정적으로 뛰어난 성과에 대해 조명할 수 있다.
3. '긍정성'은 개인과 조직의 역량과 능력의 성장을 촉진시키는 요인을 찾아 단언하는 기능을 수행한다.
4. '긍정성'이란 인간시스템과 같이, 조직이 얼마나 높은 잠재력, 도덕적 상태 및 궁극적으로는 구성원의 만족을 달성할 수 있는지를 바라보는 것을 의미한다(2012년 p.2~3).

이러한 정의로도 긍정성을 정확하게 정의하는 것은 충분하지 않다. 그러나 현장에 있는 학자들이 갖고 있는 입장에 대해 어느 정도의 감을 제공하는 목적으로는 무리가 없을 것이다.

긍정조직학의 발전은 긍정심리학의 성장과 함께한다. 보니웰(Boniwell, 2008)은 긍정심리학의 창시자 셀리그만(Seligman)과 칙센트 미하이(Csikszentmihalyi)의 시각을 반영하여, 긍정심리학을 "인간 삶의 긍정적 측면에 대한 과학"이라고 정의한다(2000, p.1). 긍정심리학은 개인으로 하여금 조직 내

의 이타주의, 예의, 더 나은 직업윤리로 다가갈 수 있도록 만들어주는 긍정적 조직이라는 구인을 제안했지만, 조직변화 자체에 특별히 초점을 맞추지는 않았다.

2000년대에는 "긍정조직 행동(Positive Organizational Behavior, POB, Luthans)"이라고 불린 조직 연구 분야 내에서 긍정심리학을 통합하기 위한 연구 영역이 개발되었다. 이는 "오늘날 일터에서의 성과 개선을 목적으로 효과적인 측정, 개발 및 관리를 위하여, 인적자원의 강점 및 심리적 자본에 대한 긍정적인 방향으로의 연구 및 적용을 수행히는 영역"으로 정의된다(Wright, 2003, p. 437). 이 영역에서 초점이 되는 연구주제는 긍정적 성격 특성이 업무성과, 핵심 자기평가(자기존중감, 일반화된 자기효능감, 통제소재, 정서적 안정성) 및 긍정적 심리특성과 관련된다(Luthans & Youssef, 2007).

이것이 의미하는 바는 심리학 분야의 하위 분야로서의 긍정심리학이 지난 십 년 동안 조직의 맥락에서 개인의 개발 및 성과에 관한 연구 및 이론에 많이 기여했다는 것이다. 긍정조직행동의 개발은 개인이 조직 맥락에서 긍정적으로 행동할 수 있도록 돕기 위해 해야 할 일에 중점을 두는 분야의 한 예시이다(Bakker & Schaufeli, 2008; Luthans, 2002; Luthans & Youssef, 2007). 그러나 긍정심리학적 기준 틀을 채택할 경우에 '어떻게' 조직 내에 광범위한 변화가 실현될 수 있는지에 대한 실체적인 설명은 미흡하다고 보는 실정이다.

심리학 및 조직변화에 대한 긍정적 접근에 관한 담론에서 '강점'이라는 용어는 종종 '긍정성'이라는 용어와 함께(또는 대체해서) 사용된다. 다시 말해, '긍정성'이라는 용어가 조직의 맥락에서 의미하는 바를 정확하게 정의하는 데 어려움이 존재한다.

마틴 셀리그만과 그의 동료인 크리스토퍼 피터슨(Christopher Peterson)은 긍정적인 인간의 강점을 분류한 '성격 및 강점 핸드북'을 제작했다(Peterson & Seligman, 2004). 이 분류에서는 인간의 강점이 약점의 후순위에 있는 것이 아니라, 과학적으로 이해될 수 있으며, 사람 간의 차이를 구별할 수 있는

속성을 가지고, 특질과 유사하지만 환경에 의해서 영향받을 수 있다고 본다. 최종적으로 6개의 대표 강점(prime virtues)으로 분류하였다(지혜와 지식, 용기, 사랑과 인성, 정의, 절제, 초월).

이와 같은 강점분류방식에 대한 타당성과 측정 가능성에 대해서는 지속적으로 논쟁이 진행되고 있으며, 보니웰(Boniwell, 2006)은 개인 수준의 약점과 강점 두 가지 모두를 다루는 것도 어느 정도 의미가 있을 수 있다고 주장했다.

1980년대 후반부터 긍정조직혁명(AI)의 개발과 적용은 조직과 시스템의 변화 분야에서 '강점 및 긍정성'에 초점을 맞추어 왔다. 긍정조직혁명의 사회구성주의적-철학적 입장은 긍정적인 조직변화의 본질에 대해 생각하는 논의에서 중대한 영향을 미친다. 긍정조직혁명에 대한 자세한 논의는 이 장의 후반부에서 더 자세히 다루도록 하겠다.

긍정조직혁명의 직접적 정의는 "인간 시스템이 최상으로 기능하도록 생명력을 주는 요인에 대한 연구 및 탐색"이다(Whitney & Trosten-Bloom, 2010, p.1). 여러 학자들은 긍정조직혁명의 철학과 실무에 대해 무언가를 도출해내기 위하여 긍정조직혁명의 정의에 대해 설명을 덧붙이고 요약을 시도했다. 예를 들어, 긍정조직혁명은 "개인과 조직 및 그들을 둘러싼 세계가 갖고 있는 최상의 것을 찾는 협동적이고 공동진화적인 접근법 … 긍정조직혁명은 예술과 과학을 결합하여 창조한 질문을 통해, 시스템의 이해 및 예측 역량을 강화시키고, 긍정적 잠재력을 높인다(Cooperrider, Whitney, and Stavros, 2008, p. 3)".

최근에는 기존의 긍정심리학적 접근 방식에 '혁신 기반 영감을 통한 긍정조직개발(IPOD: Innovation-inspired Positive Organization Development, Cooperrider & Godwin)'이라고 부른 접근법을 통합하려고 시도하고 있다(Cameron & Spreitzer, 2012).

흥미로운 사실은 이 새로운 학문이 조직개발의 초기창시자, 특히 베니스(Bennis, 1969)가 취했던 '낙관적 철학적 입장에 대한 복귀'라는 주장이 있다는 것이다. 이 개념에 대해서는 추후에 더 깊이 탐구할 것이다. 단, 여기서 중요하게 살펴볼 점은

조직변화에 대한 긍정적 접근방식이 다음의 세 가지 주요 추세로 드러났다는 것이다. 첫째, 긍정성과 관련하여 다양하고 풍부한 어휘의 출현(Cameron & Spreitzer, 2012, p. 742)이다. 둘째, 부정적으로 이탈하거나 긍정적으로 이탈한 성과에 대해 논의하는 틀을 제시한 연구(Cameron, Bright, & Caza, 2004). 셋째, 긍정적으로 이탈한 현상에 대한 연구가 점차 증가하고 있다는 점이다.

다음은 긍정적인 조직변화 분야에 대한 요약이다.

긍정적인 조직변화 분야는

- 개인과 조직의 변화와 관련하여 존재해왔던 다양한 역사적 사상 및 실무 분야로부터 생겨나고 있다.
- 기존의 문제해결중심과 합리적인 과학적 접근법이 사용했던 언어와는 대조적으로 긍정적이라는 '느낌'을 언어로써 창출해내고 있다.
- 조직 내의 사회적 현실은 모든 구성원에 의해 함께 창조되고, 재창조된다고 제안함으로써 사회구성주의적 입장을 취하기도 한다.
- 다른 변화 접근법이 채택해왔던 실증주의적 접근법이나 문제해결 지향적 접근법과는 명백하게 다름을 추구한다.
- 긍정성에 대해 비판적 입장을 취하는 문화에서 살아가는 학자들과 사람들의 비판적 반응을 불러일으킨다.
- 회고지향적이기 보다는 미래지향적인 경향이 있다.
- 본질적으로 변화는 더 나은 삶으로 인도할 것이라는 낙관적인 관점을 내재적으로 채택하고 있다.
- 아직까지 지속적으로 개발과 변화가 진행 중임에 따라, 명확하게 정의되지 않거나 하나의 합의된 이론적 틀이 부실하다.

조직변화에 대한 긍정적 접근

이 섹션에서는 긍정조직 분야가 현재 갖고 있는 특성(다양성 및 최근 부상했다는 점 등)을 감안하

여 광범위한 주제 영역을 다루고 있다. 각 영역 별로 포함한 기준과 할애한 공간의 양은 각 주제가 조직변화와 명백하게 관련되어 있는 정도에 따라 차이가 있다. 이 책의 다른 장들은 상호보완적인 긍정심리학 분야에 초점을 맞추고 있지만, 종종 개인이나 팀의 발전을 주요 관심사로 설정하고 있기도 하다. 궁극적으로 이 장의 목표는 기존의 설명을 확장하고 실무에 대해 고찰하며 이전 섹션에서 언급한 접근법에 대해 비판하는 것이다.

추가적인 목표는 각 접근법과 관련된 연구문헌을 설명하고 표기하는 것이다. 이 작업은 말로 하기는 쉬워도 실제작업은 절대 쉽지 않다는 점을 밝혀둔다. 첫째, 작업 프로세스(World Café, Open Space 및 Future Search)와 같은 일부 프로세스의 경우 공식 서한이 거의 출판되지 않았다. 그렇다고 해서 사용할 수 있는 것이 아예 없다는 의미는 아니다. 반대로 자기보고식 사례연구자료, 책 그리고 실무자 가이드는 많이 있다. 이것은 상대적으로 최근까지 주로 학계가 아닌 실무자의 영역으로 인식되어 온 긍정조직심리분야의 성격을 그대로 반영하는 것이다. 학계/학자들은 조직개발을 죽이려고 시도하는 것 같아 보이나, 실제로는 조직개발의 실무자들이 현장에서 실무를 수행함으로써 조직개발이 살아남을 수 있도록 기여하고 있다(Bartunek & Woodman, 2012, p.730). 이러한 긴장이 낳은 결과로서 학자들은 실무에 대한 연구를 수행하기보다는, 실무장면으로부터 보고된 내용에 대한 편견을 가지게 된 것이다.

둘째, 긍정조직변화는 특히 긍정심리학과 긍정조직변화 사이의 상호연결과 관련된 연구가 부족하다. 히그스(Higgs)는 조직적 맥락에서 "긍정심리학이 우리가 변화를 훨씬 효과적으로 이행할 수 있는 방법을 이해하는 데 가치가 있을 수 있다"고 조심스럽게 언급하였다(2013, p. 74). 그러나 광범위한 조직변화 문헌에서는 일반적으로 긍정적인 접근은 부정적이거나 공포에 기반한 접근보다는 더 성공적일 것이라는 가정이 존재해온 것은 사실이다. 이러한 취지의 문헌 예시로는 변화에 대한 준비, 조직몰입, 잘 발달된 사회관계 등에 대한 가치에 대해 동료평가 증거(Madsen, Miller, & John 2005), 지지적 변화 리더십 행동(Caldwell, Chatman, O'Reilly, Ormiston, & Lapiz, 2008, Higgs and Rowland 2011), 변화와 신뢰(Saunders & Thornhill, 2003), 정서 지능(Higgs, 2002) 등이 있다.

마지막으로, 인간의 사회적 활동을 분석하기 위해 과학적 가정을 사용하는 것이 무익하며 관련성도 없다는 도발적인 주장도 존재한다(Gergen). 대신에 그는 주로 미래지향적이고 생산적인 능력을 가진 새로운 사회과학의 창조역량이 필요하다고 제안한다. 즉, "현존하는 사회에 대해 본질적인 질문을 제기하고, 당연하게 받아들여지고 있는 기본가정에 대해 다시 생각해볼 수 있도록 촉진하며, 이로 인해 사회적 행동에 대한 새로운 대안을 제공하여 문화에서 제시한 기본가정에 대해 도전할 수 있는 역량"이라고 정의한다(1978, p. 1346). 긍정적인 조직변화와 관련된 문헌의 상당 부분이 생산적인 조직변화 과정에 대해 이론화하려는 경향이 있다. '혁신 기반 영감을 통한 긍정조직개발(IPOD: Innovation-inspired Positive Organization Development)이 좋은 예이다. 이 부분에 대해서는 뒷부분에서 더 자세히 소개하겠다.

이제부터는 접근법에 대한 설명과 동시에 현재까지의 연구문헌에서 소개된 관련 사례를 통해 설명을 추가할 것이다.

〈긍정조직혁명(AI: Appreciative Inquiry)〉

긍정조직혁명은 아마도 긍정조직변화의 철학을 완전히 해명하고, 실무를 위한 기본 틀을 제공한 최초의 긍정적 조직변화과정일 것이다. 긍정조직혁명이 강점과 사회구성주의적 철학에 초점을 둠으로써, 낡은 조직개발 및 변화관리기법으로부터 벗어나, 전문가의 진단 및 문제해결에 대한 실증적 접근방식으로 변화시켰다.

모든 정의를 종합해볼 때, 긍정조직혁명은 "우리가 살고 있는 사회 세계가 지속적으로 공동-구축되는 방식에 대한 철학적 이해를 바탕으로 존재하는, 인간 시스템과 관련된 살아있는 연구 프로세스"로 요약될 수 있다(Cantore & Cooperrider, 2013,

p. 271).

긍정조직혁명은 사회적 구성주의, 특히 우리가 누구인지에 대한 감각과 우리가 지닌 지식이 사회적 관계 내에서 그리고 사회적 관계 사이로부터 생성된다고 주장하는 접근방식에 철학적 근거를 두고 있다(Gergen, 1997a, 1997b). 그는 이러한 아이디어를 조직과학(Gergen & Thatchenkery, 1996)과 사회심리학(Gergen, 1997b)에 적용했다.

게르겐(Gergen)은 특히 긍정조직혁명의 긍정적인 성격에 관심을 가졌다(Gergen, 1978). 게르겐은 사회적 구성주의자 실무를 '생성능력(generative capacity, 게르겐의 정의에 따라)'을 구축하는 수단으로 보았다.

그는 생성능력이란 "문화의 지침적인 가정에 도전하고, 당연히 받아들여지고 있는 현대 사회생활에 관해 근본적인 질문을 제기하고, 사회적 행동을 위한 새로운 대안을 제공하는 능력이다"(1978, p. 1346).

긍정조직혁명은 생성능력에 대한 개념을 파악하여 이를 방법론 및 언어에 통합한다. 명시적으로 정의가 긍정적이지는 않지만 암묵적으로, 그리고 종종 명시적으로 그것의 실행이 긍정적이라는 주장이 있다(Cantore & Cooperrider, 2013, p. 272). 이 방법은 대개 발견(discovery), 꿈(dream), 디자인(design), 운명(destiny) 단계가 뒤따르는 변화 중심의 정의로 시작하는 5-D 프로세스이다. 각 요소는 참가자가 공동으로 설계하고 광범위한 그룹 내 대화작업을 수반한다. 긍정조직혁명은 단 하나의 프로토콜이 정해져있지 않으며, 각 조직의 요구사항을 충족하고, 조직의 맥락을 존중하는 프로세스를 맞춤형으로 수립하도록 설계되어 있다.

〈긍정조직혁명의 관점〉

긍정조직혁명의 효율성이나 기타 사항에 대한 연구는, 반드시 긍정조직혁명에만 초점을 좁게 맞추어서는 안 되며, 다양한 출처에서 추출해야 한다.

예를 들어, 최진남(2007)은 다음과 같이 지적한다. 변화지향적인 조직시민행동(OCB, Organizational Citizenship Behavior)과 관련하여, 긍정조직혁명이 명시적으로 권장하는 강력한 집단적 비전과 혁신적인 풍토는, 개인과 집단 양쪽의 심리적 권한위임을 지원하여 변화에 영향을 미친다. 흥미롭게도 한국의 대기업에 대한 연구는, 집단활동보다 변화에 대한 희망적인 약속을 제공하는 전 조직 차원의 접근에 초점을 맞추고 있다. 물론 긍정조직혁명은 개인 혹은 집단보다는 전체 조직에 초점을 맞추고 있다. 이와 같은 전 조직 차원의 발견은 파울리, 프라이, 배럿 그리고 브라이트(Powley, Fry, Barrett and Bright)가 미국 해군 조직을 대상으로 수행한 대규모 긍정조직혁명 프로세스 연구를 통해 지지하며, 긍정조직혁명 프로세스에 대해 다음과 같이 언급한다. "긍정조직혁명은 사람들이 변화의 통합을 위해 더 많은 업무책임을 맡도록 내재적으로 동기부여 하는 공간을 창출하는 것이다." (2004, p. 77). 또한 긍정조직혁명이 규범적 의식, 전체론적 협력관계와 공유된 확신의 생성을 촉진했음을 언급했다. 이는 프로세스의 지속기간 내에서뿐만 아니라, 개입법이 공식적으로 마무리된 이후에도 지속되었다.

보이드와 브라이트(Boyd and Bright)는 공동체 심리학 '관점'의 사례연구를 통해 긍정조직혁명을 조사한 결과, 다음과 같이 결론내렸다. "긍정조직혁명은 생태학적 분석과 사람-환경 적합도(person-environment fit)의 개념과 일치한다(2007, p. 1033)". 사람과 그들을 둘러싼 환경 간 관계의 거래적 성격을 고려할 때, 긍정조직혁명은 개인과 그들이 일하고 있는 조직 맥락 사이의 심리적인 '적합'을 향상시키는 지각된 환경의 변화를 지원한다고 주장했다. 흥미롭게도, 긍정조직혁명이 조직 구성원들 간의 개인차에 대한 관용을 강화한다는 것도 관찰했다. 또한, 학습된 낙관주의(Seligman, 1991)의 개념과 긍정조직혁명 사이의 연결고리를 만드는 과정을 통해, 참가자들이 '부정적 심리적 상태'를 피함으로써 변화과정을 보다 잘 제어할 수 있음을 보였다고 주장하였다.

또 다른 관점에서, 긍정적 감정이 조직에 미치는 영향에 관한 연구문헌은 긍정조직혁명의 유용성에 무게를 더한다. 프레드릭슨(Fredrickson)은 긍정적 감정에 대해 다음과 같이 주장한다. "이것은 개인의 순간적인 사고-행동 레퍼토리를 넓히는 역할을 한다. 따라서, 시간이 지남에따라 개인의 신체적/지적/사회적 자원을 구축하는 효과가 나타난다." (1998, p. 300). 후속연구는 사람들이 감사를 느낄 때 생리학적으로 어떤 효과가 나타나는지 조사하였다(Sekerka and McCraty, 2004). 이는 업무 결과물과 긍정적 감정 사이의 연결을 보고한 초기연구(Staw, Sutton, Pelled, 1994)의 결과를 지지한다. 긍정적 감정과 회복탄력성 간의 관계를 조사한 프레드릭슨과 동료들(Fredrickson, Tugade, Waugh, & Larkin, 2003)의 연구는 다음을 시사한다. 긍정적 감정이 번성할 수 있는 조직 공간을 창출하는 것은, 본질적으로 회복탄력성을 필요로 하는 변화과정을 지원할 가능성이 있다는 것이다.

최초로 성별 측면에서 긍정조직혁명을 탐색하는데 초점을 맞춘 흥미로운 연구에서, 연구자들은 다음과 같이 결론내렸다. "자기에 초점을 맞춘 긍정조직혁명은, 진단적 접근법보다 호의적인 정서적 반응을 일으켰으며, 자기개념의 긍정적 측면을 두드러지게 했고, 전통적인 변화활동에서 낮은 참여수준을 보였던 남성들의 참여와 창의성까지도 향상시킬 수 있다(Sekerka, Brumbaugh, Rosa and Cooperrider, 2006, p. 474)". 이것은 조직변화에 대한 다른 접근법의 이점을 배제하지 않지만, 긍정적 감정과 변화에 대한 긍정적 접근법 사이의 관계를 강화하는 사례이다.

연구자들은 이와 같은 사례들을 포함하여 다양한 사례들을 검토하고, 늘어나고 있는 변화 접근법의 한 예인 긍정조직혁명을 포함하여, 긍정적 조직변화에 대한 증거 기반 이론을 만들어야 한다고 결론내렸다(Sekerka and Fredrickson, 2013). 이는 강점 기반 접근법, 긍정적 감정, 조직 차원의 긍정적 정서적 풍토, 조직적 관계의 강점, 조직의 성장과 발전을 연결하려는 노력이다.

하지만 여전히 의문은 남아 있다. 긍정조직혁명은 실제로 긍정적 조직변화에 영향을 미치는가? 많은 조직변화 과정에서와 마찬가지로, 경험적 연구문헌에서 효과성을 입증할 수 있는 증거를 찾기는 어렵다. 대부분의 자료는 사례연구나 질적 연구 문헌이기 때문이다. 카터(Carter, 2006)는 영국 내에서 우수한 간호실습 및 연구의 개발을 지원하는데 있어 긍정조직혁명의 적용에 대해 설명하고 검토하였다. 또 다른 연구자들은 캐나다 환경에서 이와 유사한 결과를 확인한바 있다(Richer, Ritchie and Marchionni, 2009).

부쉬(Bushe)와 카쌈(Kassam, 2005)은 그들의 연구에서 다음과 같은 질문을 제기한다. "긍정조직혁명은 언제 변혁적일 수 있는가?" 이들의 연구는 현재까지 문헌에 존재하는 유일한 메타-사례분석이다. 저자들은 긍정조직혁명을 변화프로세스, 일부 거래적 방식의 문화, 그리고 변혁적 문화를 채택한 조직 등을 포함하여 총20건의 사례를 검토하였다. 연구 결과, 긍정조직혁명이 거래적 문화에서 변화프로세스로서 사용될 경우, 기존의 다른 변화프로세스와 비슷한 수준의 효과성이 나타났다. 그러나 긍정조직혁명이 의도적으로 변혁적 문화에서 시도될 경우, 새로운 사고와 생성 이미지의 출현을 지원하고, 조직 자체가 변혁적이라고 생각할 수 있는 바람직한 교대를 유도했다고 나타났다. 종합하면, 긍정조직혁명을 포함하여 긍정심리에 대한 지식과 긍정조직변화 접근법 간의 링크를 연결하는 증거 기반 연구가 존재하기는 하나, 아직까지 광범위하게 밝혀지지는 않은 실정이다. 이는 조직변화에 대한 연구와 개발을 장려해야 한다는 시사점으로 연결해볼 수 있을 것이다. 앞서 언급했듯이 긍정조직혁명은 짧은 수명에 비해서는 다른 긍정조직변화 프로세스에 비해 가장 광범위한 증거 자료를 보유하고 있다. 이는 다음에서 소개될 내용들과 비교해보면 알 수 있다. 또한 긍정조직혁명을 지지하는 근거는 종종 질문, 강점, 긍정정서 및 사고의 변혁적 변화가 널리 퍼져있는 다른 긍정적인 접근법을 뒷받침하는 데도 관련이 있다.

〈대화적 조직개발〉

긍정조직혁명과 자주 연결되는 또 다른 접근법은 대화적 조직개발(Dialogic organization development, DOD)이라 불리는 상대적으로 새롭게 대두된 영역이다. 이것이 지속적으로 발전하고 있는 접근법이라는 것을 감안할 때, 아직까지 대화적 조직개발에 대한 명확한 정의를 제공하는 것은 도전적인 과제이다. 부셰와 말섁(Bushe and Marshak 2009, p. 362)은 이를 다음과 같은 패러다임으로 묘사한다.

- 변화의 프로세스는 시스템 내에서 일반적으로 발생하는 대화의 변화를 강조한다.
- 질문의 목적은 시스템에 존재하는 다양한 관점, 문화, 서사를 표면화하고, 타당화하며, 학습하기 위한 것이다.
- 변화의 프로세스는 사람들이 생각하고 행동하는 방식에 영향을 미치는 새로운 이미지, 서사, 텍스트와 같은 사회적으로 구성된 실체를 만들어낸다.
- 변화의 프로세스는 클라이언트 체계 내에서의 협업, 정보에 입각한 자유로운 선택, 역량구축과 같은 가치를 추구하며, 이는 고전적인 조직개발의 가치와도 일치한다.

사회적으로 구성된 실체와 이미지의 생성에 초점을 맞춘다는 사실을 통해, 대화적 조직개발은 조직변화에 대한 긍정적인 접근법에서 이야기하는 맥락에 속해있다고 볼 수가 있다. 이와 같은 과정은 포괄성(inclusivity)의 감각에 의해 평가될 수 있으며, 포괄성이라는 개념의 정의는 긍정심리학이 갖고 있는 주요 특성이라고 할 수 있다. 변화관리는 엘리트 관리자에만 부여된 것이 아니라, 전적으로 집단적인 노력으로 인식된다.

위의 정의를 채택한 논문은 당시 조직개발이 그 지점에서 분기점을 넘었다고 주장했다. 분기점에서 영역은 둘로 나뉜다. 첫 번째는 진단 및 문제해결에 초점을 두는 반면, 다른 하나는 보다 대화지향적이며 내재적으로 긍정성을 지향한다. 긍정조직혁명은 긍정적이고 미래지향적인 접근법 중하나로 인용된다. 이 새로운 발전과 함께하는 실무자와 연구자들은 이론을 뒷받침하는 연구를 수행하였다(Bushe & Marshak, 2009, 2014, 2015, Cantore & Passmore, 2012, Lewis, Passmore, & Cantore, 2008,

Marshak, 2013, Marshak & Bushe, 2013, Rothwell, Stavros, Sullivan, & Sullivan, 2010).

부셰와 말섁은 대화적 조직개발의 사례를 발표함으로써 '오래된' 방식을 벗어난 조직변화를 다음과 같이 제시하였다.

대화적 조직개발이라는 용어는 조직개발 연구자와 실무자가 조직개발의 이론과 실천을 제고하고 다시 활성화시킬 수 있는 이미지의 생성이 될 것이다. 대화적 조직개발의 이미지를 제공함으로써, 조직과 조직화의 본질, 변화 프로세스와 변화 집행자의 본질, 리더십과 컨설팅의 본질에 관한 논의를 나눌 수 있는 공간을 만들기를 희망한다. 이는 조직개발의 가치는 고수하지만 전통적인 진단적 마음가짐을 벗어난 것이다. (2015, p. 3)

이러한 방식으로 대화적 조직개발을 제시하는 것은 긍정적 조직변화와 맥락을 같이 한다. 이는 그것이 무엇을 의미하는지 명료화할 뿐만 아니라, 기존의 것과 다른 것으로 인식되기를 바라는 논점을 명확하게 한다. 핵심적인 특징은 새로움의 감각과 과거로부터의 탈피이다.

오스웍(Oswick)은 대화적 조직개발에만 집중하는 것이 지닌 위험에 주의를 기울였다. 첫째로, 아웃소싱이나 다운사이징 같은 형태의 다양한 변화는 조직개발에 의존한다기 보다는, 경제적 압력의 결과라고 주장하며, 이는 조직개발과의 관련성은 낮다고 간주된다. 둘째로, 대화를 개최하고 결과물을 제정함에 있어서 물질적 측면을 간과하는 위험을 지적하며 다음과 같이 언급하였다. "실체적이고 물질적인 결과물은, 무형의 추상적인 결과물에 대한 선호 경향에 의해 간과되거나 경시될 위험이 있다." (2013, p. 337). 사소한 부분과 물질적인 조직변화는 변화의 노력에 있어서 관심사가 될 필요가 없는 관리활동으로 간주되는 경향이 있다. 이는 특히 대규모 변혁적 대화적 조직개발과 일반적인 긍정적 조직변화에서 나타나는 현상이다.

〈대화적 조직개발의 관점〉

부셰는 대화적 조직개발의 시행에 크게 세 단계가 있다고 설명한다(Bushe, 2013). 첫째, 미래에 대해 낙관적인 방식으로 우려와 문제를 재구성한다. 둘째, 의도적으로 이미지의 생성을 자극하기 위해, 조직 전체를 아우르는 대화를 소집한다. 셋째, 새롭게 공유된 사회적 실체의 출현을 가능하게 하기 위해, 사람들이 다르게 말하고, 생각하고, 행동하도록 장려한다. 이 프레임워크를 위한 일련의 대화식 프로세스가 제정되었다. 이것은 조직 고객과 함께 일하는 컨설턴트들에 의해 개발되어 왔고 앞으로도 개발될 것이다. 이는 실무자와 학자 간의 지속적인 학습의 상호작용을 통해 이론과 실무의 영역에서 출현한 긍정조직변화의 주목할만한 특징을 강조하고 있다. 바트눅(Bartunek)과 우드먼(Woodman)은 이러한 학자와 실무자 간 연계의 중요성을 주장하며 다음과 같이 언급하였다. "조직개발은 학자와 실무자 간의 격차를 효과적으로 메워주는 기능을 수행하기 때문에 살아움직일 수 있는 것이다"(2012, p. 731).

칸토레(Cantore)와 힉(Hick)은 영국 초등학교의 사례를 통해 대화적 조직개발 개입법의 설계 및 시행에 대한 자세한 설명을 제공하였다(Cantore and Hick, 2013). 이 연구의 목적은 사람들이 대화에 참여할 공간을 만드는 작업이 어떻게 조직에 대해 갖는 사람들의 이미지와, 그 속에서 자신의 역할에 대한 이미지를 변화시키고자 하는 의도와 결합될 수 있는지를 보여주기 위한 것이다. 이 경우 코칭문화를 창출하는 작업은 조직으로서의 학교, 실무자로서의 개인, 모두의 요구를 해결하는 데 있어서 필수적이었다. 결과적으로 외부 조사평가에 의거하였을 때, 학교의 성과향상은 영국의 다른 모든 학교를 크게 능가하는 수준으로 나타났다. 볼드윈(Baldwin)은 미국 플로리다에 있는 학교의 성과변혁을 선도하는 데 있어서 매우 유사한 경험을 보고했다(in Lewis, Passmore, & Cantore, 2008, p. 112-114).

이 사례의 기본 프레임워크는 긍정조직혁명이었으며, 필요에 따라 다양한 변화프로세스(World Café, Open Space)가 활용되었다. 고르데스키(Gordezky, 2015)는 오염된 땅을 되찾기 위해 사회적 기업과 협력한다고 언급했다. 대화적 조직개발 프로세스는 이해관계자들 사이에 관계성(relatedness)의 감각을 느끼게 만들었고, 이렇게 함으로써 새롭게 공유된 정체성과 핵심 서사의 출현을 장려했으며, 자신들에게 주어진 작업 또한 전진할 수 있었다.

여기서 흥미로운 점은, 대화적 조직개발 변화 프로세스가 시도되는 배경의 경우, 상당 부분 조직의 시스템 내에 변혁적 변화가 필요하다는 느낌이 이미 존재하고 있다는 것이다. 따라서 대화적 조직개발이 갖고 있는 암묵적인(때로는 명시적으로 나타나기도 하는) 가정은, 모든 구성원까지는 아니더라도 대부분 조직변화에 대한 몰입은 전체적으로 넓게 퍼진 형태까지는 나타날 것이라는 점이다. 야로스(Jaros, 2010)는 변화를 위한 구성원의 몰입과 관련된 연구 문헌이 점점 늘어나고 있다고 지적하였다. 경험적 연구에 대한 비판적 리뷰에서, 변화에 대한 구성원의 몰입은 다음과 같은 요인의 수준에 달려있다는 점을 발견하였다. 조직에서 제안한 변화와 구성원의 가치관이 일치하는 정도, 관리자의 권한위임 행동, 사람들이 변화 과정에 대해 알고 있는 정도, 변화가 자신들(집단이나 팀)의 역할과 업무에 미치는 영향을 지각하는 정도. 야로스는 문헌 전반에 걸쳐 긍정적인 감정이 변화에 대한 몰입에 있어서 중요한 역할을 한다는 인식이 존재한다는 것을 발견하였다. 그러나 이와 같은 개념은 명확하게 정의되어야 할 것이다. 이어서 다음과 같이 주장했다. "변화를 위한 노력에 몰입한다는 느낌은 행동의 의도를 형성하며, 결과적으로 변화를 지지하는 행동을 이끌어 내며, 변인 간에 인과적 관계가 존재함을 시사하고, 이는 구조경로분석을 통해 검증할 수 있을 것이다"(p. 325).

흥미롭게도 '대화적 조직개발 핸드북(handbook of Dialogic Organization Development, Bushe & Marshak, 2015)'에서는 변화 몰입에서 감정의 역할에 대해 한 가지만을 언급하고 있다. 그러나 대화적 조직개발 실무와 이론에 암묵적인 가정은 다음과 같다. 감정은 이성적인 의견교환 정서적인 설득 양쪽 측면 모두에 있어서, 사람들이 대화에 참여하도록 하는 핵심적인 역할을 한다는 것이다(Cantore, 2014). 이는 대화적 조직개발 이론과 실무를 더욱 개발함에 기여하기 위해서는, 변화 몰입에 대한 정서적 측면의 연구가 이루어져야 함을 시사한다.

대화적 조직개발은 구성원의 몰입, 이로 인한 결과적 변화에 초점을 맞추기 때문에, 두 가지 구인을 연결하는 연구를 검토할 필요가 있다. 라인스와 셀라트(Lines and Selart, 2013)는 참여와 조직몰입, 참여와 조직변화 모두를 다룬 연구에 주목했다. 첫 번째 영역은 가장 많이 조사되었으며, 업무 프로세스에 대한 높은 수준의 관여, 팀 권한부여, 구성원의 의사결정 참여와 관련된 경험적 연구를 포함한다. 결론은 다음과 같다. "일반적으로 주효과의 관계는 긍정적인 것으로 가정되었으며, 이러한 관계는 많은 경험적 연구에 의해 뒷받침되었다"(p.290). 따라서 대화적 조직개발은 조직몰입에 긍정적인 영향을 미칠 가능성이 높다. 그러나 이것이 변혁적 변화에도 영향을 미쳤을까? 라인과 셀라트는 연구문헌에서 조직참여와 변화참여를 구분하기 어렵다는 것을 발견했다. 경험적 연구에 대한 리뷰결과는 다음과 같다. 변화에 대한 참여는 변화에 대한 저항 수준을 낮추고(Hideg, Michela, & Ferris, 2011), 냉소주의의 수준을 낮추며(Brown & Cregan, 2008), 변화에 대한 몰입의 수준을 높인다(Neubert & Cady, 2001). 이것은 광범위한 참여를 장려하는 변화의 지원 방식으로 대화적 조직개발이 가진 잠재력을 시사한다.

아마도 라인스와 셀라트가 내린 가장 중요한 결론은 다음과 같은 견해일 것이다. 급진적(대화적 조직개발의 용어로는 '변혁적') 변화의 정도가 커지면, 구성원이 받아들이는 변화의 의미가 커지고, 통제력을 발휘하고자 하는 심리적 욕구 또한 커진다. 결론적으로 "변화가 급진적일 때, 변화 관련 활동에 참여하고자 하는 구성원들의 의지가 증가할 가능성이 높다는 것이다. 또한 긍정적 감정, 인식, 태도, 행동은 점진적인 변화에 비해 급진적일 때 더욱 두드러질 것이라고 믿는다."(p. 299).

이 연구는 참여에 대한 개인의 심리, 참여를 통해 변화하는 집단적 몰입의 경험과, 나타난 변화의 정도 사이에 일련의 연결고리의 이정표를 세우는 것으로 보인다. 조직변혁의 규모와 범위가 클수록 적극적 참여의 가능성이 커진다. 따라서 변혁적 변화가 필요한 상황에서 대화적 조직개발은 잠재적으로 유용한 구인과 실천방안을 보유한 하나의 집합체라고 할 수 있다. 연구자들은 이 분야가 조직연구에 있어서 미개발 영역으로 남아 있다는 점에 동의하고 있다.

〈대화적 조직개발의 실무〉

가장 널리 알려진 대화적 조직개발의 실행방안 몇 가지를 아래에 요약해보겠다.

- 월드카페(World Café)

카페 분위기를 재현한 12~1,500명의 구성원으로 이루어진 모임으로, 사람들이 편안한 분위기 가운데 문제로 제시된 중요한 질문을 중심으로 20~30분 정도의 대화를 나누도록 권장한다. 테이블 호스트는 참가자들이 새로운 테이블로 2~3번 이동하는 동안 테이블에 남아 대화를 연결한다. 라운드가 끝날 때마다 카페 호스트는 숨겨진 테마와 핵심적 통찰이 수면으로 올라오도록 전체 카페 대화를 촉진한다. 이 과정은 새로운 질문으로 반복될 수 있다. 카페가 종료되면 참가자들이 새롭게 등장한 주제에 대한 생각을 공유할 수 있는 기회가 제공된다(Brown & Isaacs, 2005). 이 과정은 사람들이 더욱 심층적으로 교류할 공간과 시간 그리고 격려가 필요할 때 종종 긍정혁명사건과 함께 이루어진다. 이 접근법은 이미지의 생성과 새롭게 등장한 담론의 상호 교류를 장려한다.

워드, 보로스키, 그리고 브라운(Ward, Borawski, & Brown, 2008)은 〈미국품질협회, American Society for Quality〉에서 월드카페의 설계, 전달, 영향에 대해 자세히 설명한다. 알려진 결과물로는 비즈니스 프로세스의 필수요소인 조직 전체의 대화, 이해관계자와 보다 의미 있는 관계 맺기, 더 큰 신뢰와 투명성으로부터 비롯된 사내정치의 감소 등이 있다.

베스천(Bastien, 2005)은 월드카페 프로세스를 통해 사노피 신데라보(Sanofi-Synthelabo)가 새로운 비즈니스 아이디어를 창출하고 지역사회에 미치는 영향을 이미지화하여, 중요한 이해관계자와의 관계를 성공적으로 형성할 수 있었던 방법에 대해 자세히 설명한다. 이와 관계된 유사한 성공사례들도 연구를 통해 밝혀졌다(예: Burke & Sheldon, 2010; Delaney, Daley, & Lajoie, 2006; Fouché & Light, 2011; Fullarton & Palermo, 2008; Hechenbleikner, Gilburg, & Dunnell, 2008; Prewitt, 2011; Ritch & Brennan, 2010).

- 열린 공간(Open Space)

열린 공간은 사전에 합의한 주제를 논의하기 위해 초청된 자발적 참가자들과 함께 시작되며, 이들은 커뮤니티 게시판 작업에 참여한 다음, 자신의 의제와 회의를 구성할 수 있도록 준비된 장소로 이동한다. 대개 약 1시간 반 동안 지속되는 일련의 자율적인 대화가 이어지고, 참가자들은 원을 그리면서 이동한다. 각각의 참가자에게 맺음말을 할 수 있는 기회가 주어진다. 열린 공간은 다루는 문제에 따라 반나절 혹은 3일 동안 지속될 수 있다(Owen, 2008a).

이름에서 알 수 있듯이 열린 공간은 느슨한 구조를 가지고 있으며, 그들에게 문제가 되는 주제의 대화를 주최하는 참가자들의 책임에 의존하는 특성을 갖고 있다. 진행자의 개입은 매우 미미하며, 가장 중요한 역할은 '공간을 열고' 참가자들이 자유롭게 대화할 수 있게 함으로써 기존의 변화 프로세스에서 고려되지 않았던 주제를 열어주는 것과 같이 자유롭고 유동적인 대화를 촉진한다(Cantore & Passmore, 2012).

열린 공간이 조직변화에 미치는 영향은 무엇일까? 앞서 소개한 참여의 이점 이외에도, 이 프로세스를 지원하기 위한 수많은 사례연구가 발표되었다. 예를 들어, 연구자들은 프로세스와 이것의 효과성을 분석하기 위해 해석적 사례연구 방법론(interpretive case-study method)을 사용하였다(Thakadipuram and Stevenson, 2013). 결론적으로, 열린 공간이 복합적인 자기 조직화를 위한 조건을 조성하는 간단한 과정을 제공한다고 주장했다. 프로세스 설계에 대한 책임은 참여 가능성을 극대화하기 위해 모든 참가자에게 부과된다. 오웬(Owen, 2008b)은 에이티엔티(AT&T, American Telephone and Telegraph Company)에서 열린 공간을 사용하여, 통상적으로 10개월이 걸리는 복합적 설계 및 계획 변경과정을 2일 이내에 동의하도록 촉진하는 과정에 대해 설명하였다. 여기서 초점은 인식된 프로세스의 시간 효율성에 있다. 엘레넘(Elenurm, 2012)은 에스토니아의 대규모 시민사회 프로젝트에서, 열린 공간을 다양한 참가자들에게 지식공유를 지원하는, 변화의 은유이자 프로세스로서 평가했다. 열린 공간의 설계자인 오웬은, 매우 다양한 사례연구를 담고있는 무료 다운로드 서적을 제공하고 있다(1995). 할그렌(Hallgren, 2009)은 사람들이 혁신의 연구와 심사 프로젝트에 참여할 수 있는 방법으로서 열린 공간의 활용법에 대해 탐구하고 있다.

- 미래 탐색(Future Search)

미래 탐색 컨퍼런스는 일반적으로 커뮤니티/조직/이슈에 대해 원하는 미래를 향한 공공행동에 초점을 맞춘 25-100명 이상의 사람들을 포함한다. 과거와 현재를 탐험하고, 이를 활용하여 이상적인 미래의 시나리오를 만드는데 도움이 되도록 설계된 구조이다. 연구자들이 확인한 성공의 조건은 전체 시스템에 초청하기, 공통점에 초점을 맞춘 대화를 통해 탐구하기이다(Weisbord and Janoff, 2010). 미래 탐색 이벤트에서는 광범위한 프로세스가 지식을 표면화하고 학습을 지원하는 데 활용된다. 여기에는 소그룹 작업, 브레인스토밍, 도식화, 대화 세션과 같이, 설계 면에서 열린 공간과 매우 흡사한 방법들이 포함된다(Lewis et al., 2008) 다시 한번 우리가 주목해야 할 점은, 행동을 고무하는 미래와 이미지의 생성이다. 와이즈보드(Weisbord, 2004)는 가구회사인 이케아(Ikea)에서 이루어진 작업 프로세스의 변혁이 신속한 변화를 가능하게 하는 미래 탐색 프로세스의 좋은 예라고 설명한다. 미래 탐색이 어떻게 사용될 수 있는지에 대한 자세한 사례연구와 세부정보는 전용 웹사이트 http://www.

futuresearch.net에서 찾아볼 수 있다.

- 요약

지금까지 소개한 내용은 대화적 조직개발 프로세스의 세 가지 예에 불과하다. 부세와 말섁(Bushe and Marshak, 2015)은 조직변화에 대화적 조직개발 접근법을 적용하는 데 활용할 수 있는 40개 이상의 특색 있는 대화 프로세스를 확인하였다. 이것은 2013년에 그들이 기술했던 것보다 17개나 많은 숫자이며, 이는 조직개발 영역이 성장하고 있다는 것을 반증한다(Bushe & Marshak, 2013).

각 프로세스의 효과를 뒷받침할 수 있는 증거는, 실무자가 작성한 사례연구 자료의 형태로 수시로 생성된다. 보다 깊이 있고 심리학적이며 조직적인 변화과정과 관련된 경험적 증거는 제한적이지만 증가하고 있는 추세이다. 그러나 이러한 자료는 다양한 학문 분야에 산재되어 있으며, 실무자의 실천과 이론화가 직접 연결되는 경우는 거의 없다. 이로인해 연구와 실무에 대한 평가와 비판적인 검토를 수행하는 데 있어 상당히 한계가 존재한다.

〈긍정조직학〉

이 장에서 앞서 언급한 바와 같이, 긍정조직학(POS: Positive Organisational Scholarship)은 긍정성과 강점과 관련된 다양한 아이디어와 연구를 포괄하는 광범위하며 진화하고 있는 메타구인이다. 이를 설명하기 위해, 카메론과 스프레이쳐(Cameron and Spreitzer, 2012)는 *긍정조직학 옥스포드 핸드북*(Oxford Handbook of Positive Organizational Scholarship)에서 긍정적인 개인 특성, 긍정적 정서, 강점과 미덕, 긍정적인 관계, 긍정적인 인적자원실무, 긍정적인 조직실무, 긍정적인 리더십과 변화, 문제와 도전에 대한 긍정적인 관점을 검토하였다.

이와 같은 요인들 중 상당수는 이 책의 다른 곳에서 참조되고 있다. 여기서 특히 주목해야 할 점은, 긍정조직학이 조직변화의 본질에 대해 말하고 있다는 것이다.

그러나 서로 다른 몇 가지 관점이 존재하는 것은 명백하다. 첫째로, 조직개발과 긍정조직학은 다르지만 인간의 잠재력과 성취를 위한 포부라는 측면에서는 일치한다(Bartunek & Woodman, 2012). 둘째로, 조직개발은 긍정조직학에 완전히 통합될 수 있는 가능성이 있다(Cooperrider & Godwin 2012). 셋째로, 조직변화에 대한 긍정적 접근과 개인의 긍정적 변화행동, 그리고 사고방식 사이 간의 관계에 대한 깊이 있는 이해를 개발할 수 있는 잠재력이 존재한다(Quinn & Wellman, 2012). 명백한 것은 대부분의 학자들이 긍정조직학과 긍정적인 조직변화 간의 적합성이 완벽하다고 말하고 있다는 점이다.

이와 같은 현상의 한 가지 이유는 다음과 같다. 심리학적 태도를 취하는 사람들의 철학과 조직변화의 관점을 취하는 사람의 철학 사이의 차이점이 여전히 과소평가되고 있기 때문이다. 원칙적으로 긍정심리학을 포함하는 심리학은 다음과 같은 출발점에서 시작한다. 심리학은 "주어진 맥락에서의 행동에 영향을 미치는 인간의 마음과 그 기능에 대한 과학적 연구"이다(Stevenson, 2010, p. 1420). 이 시작점이 시사하는 의미는, 개인의 마음이 과학적 연구 대상이 될 수 있다는 신념이다. 이와 같은 연구는 개인의 마음을 행동과 연결시키는 것으로 이루어진다. 이는 가능할 수도 있고 그렇지 않을 수도 있으며, '진실'일 수도 있고 그렇지 않을 수도 있다. 그러나 현장에서 긍정적인 조직 변화의 관점을 채택한 사람들은 이와 같은 출발점을 갖지 않는다. 그들의 출발점은 개인의 마음이 아니라, 여러 사람 간의 대화와 서사로부터 비롯되는 집단적 감각 형성과 새로운 실체인 경향이 있다. 긍정심리학 분야의 획기적인 연구에서 셀리그만과 칙센트미하이(Seligman and Csikszentmihalyi, 2000)는 주의를 기울일 필요가 있는 구인인 '긍정조직(Positive Institutions)'을 명확하게 밝혀냈다. 출판된 논문의 양에 의해 입증된 바와 같이, 개인적 웰빙에 비해 제도적 웰빙은 실험심리학자들로부터 별다른 관심을 받지 못했다고 말하는 것이 공정할 것이다. 왜냐하면 긍정적인 조직변화에 관심을 둔 사람들이 취한 사회구성주의자 관점이, 실험적 혹은 과학적 관점을 통해 변화를 분석하려는 과학적 관점에 부합하지 않았기 때문이다.

칸토레(Cantore)와 쿠퍼라이더(Cooperrider)는 긍정심리학과 사회구성주의 이론(social constructionist theory)에 대해 다음과 같이 주장하였다.

서로 다른 두 가지 변화 패러다임에서, 서로 다르지만 관련된 두 가지 질문에 답하고 있다. 긍정조직혁명(Appreciative Inquiry)은 공동으로 설계된 관계적 탐구 프로세스의 사용을 제시함으로써, 새로운 업무 방식을 창출하기 위해 사람들이 무엇을 할 수 있는가?라는 질문에 대한 해답을 제공한다. 이와 같은 과정은 사람들로 하여금 함께 질문을 던지게 함으로써 조직의 미래를 함께 설계할 수 있게 만든다. 긍정심리학은 샘플 집단을 대상으로 이론을 검증할 수 있는 과학적 방법의 사용을 제공함으로써, 무엇이 일터에서 가장 큰 만족, 행복, 효과를 만들어 내는가 하는 질문에 해답을 제공한다(2013, p. 280).

따라서 긍정조직론(POS)과 조직변화에 대한 긍정적 접근법은 긍정적, 낙관적, 강점 기반의 입장을 공유한다. 반면, 변화를 위한 노력에서 이 두 가지 접근법을 채택할 때 극복해야 할 점이나 집중해야 할 측면 사이에는 명백한 차이점이 있다. 긍정조직론(POS)과 조직변화에 대한 긍정적 접근법의 통합을 목표로 하는 접근법의 예시로는 아이파드(IPOD)가 개발되었다(Cooperrider & Godwin, 2012).

〈아이파드의 실무〉

아이파드(IPOD: innovation-inspired positive organization development)는 긍정조직혁명과 긍정심리학으로부터 영감을 받았지만, 이에 생체 모방 구조(biomimicry: 생물체의 특성, 구조, 및 원리를 산업 전반에 적용시키는 것)라는 구인을 추가하였다. 쿠퍼라이더(Cooperrider)와 고드윈(Godwin)은 다음과 같이 주장하였다.

이렇게 서로 다른 영역의 교차점은 "조직개발과 조직변화 분야의 획기적인 약진이다."(2012, p. 743).

아이파드는 다음 세 가지 주요 영역(활동)의 '기등'으로 구성된다. 이는 서로 함께 작동하여 긍정적인 조직 변화의 추진력을 구축한다.

1. **강점의 향상(Elevation of strengths)**: 이 수준의 초점은 개인 및 집단에 있다. 긍정심리학과 아이파드는 사람들이 자신의 강점을 인식하도록 돕고, 그렇게 함으로써 긍정적인 개발 방식에 관심과 흥미를 유발하기 시작한다. 예를 들어, 강점 탐지 도구(Strengths Finder tool: Rath, 2007)는 정서지능 리더십 개발과 함께 사용될 수 있다(Boyatzis & Mckee, 2005). 감상적 코칭 방법론(Appreciative Coaching Methodologies) 또한 유용할 수 있다(Orem, Binket, & Clancy, 2007).

2. **강점의 배열 및 확대(Configuration and magnification of strengths)**: 이 단계의 아이디어는 "각 개인의 강점을 전 조직의 심포니로 확대하는 것이다(Cooperrider & Godwin, 2012, p. 745)." 긍정조직혁명은 조직설계 과정에서 모든 사람의 적극적 참여를 보장하기 위해, 비즈니스 및 전략 개발과 함께 주요 접근법 중 하나로 인용된다(Stavros & Hinrichs, 2011).

3. **강점의 굴절(Refraction of strengths)**: 쿠퍼라이더와 고드윈은 이 단계가 가장 혁신적이라고 강조한다. 이 시점에서 목표는 인간 신체 혹은 자연에서 발견되는 것과 같은 최선의 강점 특성을 확대하는 긍정적인 조직을 발굴하고 설계하는 것이다. 긍정조직학은 이 단계를 지원하는 데 도움이 되는 자원으로 여겨진다(Cameron & Spreitzer, 2012). 연구자들은 생체 모방 구조(biomimicry)와 관련해서 베니우스(Benyus, 1997)의 연구를, 지속가능성과 관련해서 맥도너프와 브러가르트(McDonough & Braungart, 2010)의 연구를, 지속가능한 가치 창출과 관련하여 라즐로(Laszlo, 2003)의 연구를 인용했다.

아이파드는 단계별 방법론을 제공하지는 않지만, 어떤 측면에서 다른 방식보다 유용한 긍정심리학적 요소를 혼합한 방법론을 제안한다. 연구자들은 긍정적인 발달과 변화의 이중 나선이 결합할 때, 세 개의 기둥이 많은 양의 긍정에너지를 생성한다고 설명한다. 단, 모델의 효과를 뒷받침하는 연구는 거의 없다.

〈아이파드의 관점〉

모든 긍정조직변화와 마찬가지로, 아이파드는 "문제 중심적이고 부정적인 방향의 조직개발(Cooperrider and Cameron, 2012, p.748)"을 표상하는 '오래된' 접근법과 차별화되는 특징을 갖고 있다. 아이파드는 변화의 본질에 대해 높은 수준의 낙관적인 관점을 가진 것으로 특징지어질 수 있고, 거의 시적이라고 할 수 있는 스타일을 갖고 있다. "변화는 강점에 관한 모든 것이다. 우리는 감각으로 느낄 수 있는 세계가 우리의 정상적인 관점보다 현저히 커질 수 있는 강점의 우주에 살고 있다. 긍정적인 변화는 풍부하고 재생 가능한 에너지원과 같이 강력하고, 스스로 갱신되는 깨끗한 자원이다."(p. 746). 긍정적 변화의 중요성에 대한 거의 복음주의적인 믿음은, 다음 절에서 살펴볼 아이파드 및 이와 유사한 프로세스에 대한 주요한 비판을 야기했다.

그러나 아이파드에서 변화의 목적과 변화의 윤리적 토대 사이에 흥미로운 연관성이 있다는 사실은 주목할 가치가 있다. 이와 같은 점은, 다른 긍정조직학적 조직변화 접근법에서는 명쾌하게 제시되지 않은 부분이다. 쿠퍼라이더와 고드윈에게 있어서, 환경적으로 지속가능한 세계를 가져올 수 있다는 점은 아이파드를 실행하는 필수적인 이유이다. 예를 들어, 녹색태양경제를 구현하고 석유 의존성에서 벗어날 수 있는 방법을 묻는다. 이러한 접근 방식의 전형적인 예로 코터의 연구(Kotter, 1995)를 인용하여, 변화를 촉진시키는 수단으로 공포를 사용하는 것에 대한 윤리적 우려를 표명했다.

또한, 변화를 즉시 받아들일 수 있는 강력한 긍정감정을 자극하기 위해 긍정심리학을 활용해야 한다고 주장하기도 했다.

조직변화의 긍정적 접근법에 대한 비판

16장에서는 긍정적으로 편향되어 있다고 비판받는 조직변화의 다양한 접근법을 설명했다. '긍정성'이 실제로 무엇을 의미하는지 정의하는 작업이 가진 어려움으로 인한 혼란과 모호함은 여전히 남아 있다. 그러나, 긍정성이 시사하는 바는 언제나 이전보다 나은 것을 의미한다. 결과적으로, 더 못하거나 '부정적'으로 여겨지는 것을 참고하여, "긍정성"을 정의하는 경향이 존재할 수 있다.

긍정적인 조직변화의 모든 요소 중, 가장 많은 비판을 받아온 요소는 바로 긍정심리학이다. 맥도날드와 오칼라한(McDonald & O'Callaghan)은 푸코(Foucault: 프랑스의 철학자)의 관점을 취해 다음과 같이 언급하였다. "긍정심리학은 한계를 인정할 필요가 있다. 긍정심리학은 일련의 개념을 규정하고(Peterson & Seligman, 2004) 비판적 성찰과 대안적 관점을 침묵시키는 시도를 통하여, 무엇이 '긍정적' 인간 존재인지를 정의하는 통치적/훈육적 메커니즘을 제정한 부정적이고 병리적인 심리학으로부터 유래되었다는 점에서 그러하다(2008, p. 128)". 이들은 권력과 지식의 긴밀한 관계에 대한 푸코의 개념을 인용하여 다음과 같이 주장한다. 긍정심리학에 관한 지배적 담론이 다른 목소리를 조정하고 강제하는 방식으로 형성되고 보편화되었다는 것이다. 또한 긍정심리학을 촉진시키는 사람들은, '오래된', '부정적인' 심리학이 충분히 과학적인 실험에서 실패했다고 주장하는 인본주의 심리학(humanistic psychology)으로부터 긍정심리학을 세심하게 분리시키고 있다고 주장했다. 지면 공간상 보다 상세한 설명은 배제하겠지만, 적어도 앞서 설명한 논증이 받아들여진다면, 유사한 방식으로 다음과 같이 긍정적인 조직변화 접근법을 비판하는 것도 가능할 것이다.

예를 들어, 대화적 조직개발의 옹호자들은 다음과 같이 말했다.

사회적 발견과정에서 사용될 수 있는 객관적인 데이터가 있다는 가정은, 진단적('오래된') 조직

개발의 변화 과정에서 핵심적인 부분이다… 이와 같은 근본적 전제와 실무는, 다른 가정을 통해 암묵적이나 명시적으로 작동하는 새로운 조직개발 실천으로부터 도전받고 있다(Bushe & Marshak, 2009, p. 351).

이것이 시사하는 바는 오래된 조직개발에 근본적인 결함이 있고, 새로운 접근에 더 큰 의미가 있다는 점을 암시한다. 여기서 새로운 조직개발의 실무가 더 효과적인지 아닌지는 주된 논점이 아니다. 맥도날드와 오칼라한의 관점에 따르면, 우리가 주목할 점은 새로운 방식의 조직개발이 보다 나은 조직을 개발하는 데 있어서 가장 희망적, 낙관적, 긍정적인 수단으로 자리 잡고 있다는 것이다.

비슷한 맥락에서, 아이파드의 제작자인 쿠퍼라이더와 고드윈은 아이파드를 '문제 중심의 개입법 및 분석적 진단의 창고'라고 불리는 것과 병치한다. 이를 통해 조직개발은 "결핍 기반의 우회적 접근법을 능가하고, 긍정성의 뿌리로 완벽하게 돌아갈 수 있다."(2012, p. 740).

이것은 과거의 잘못된 방식으로부터 진정한 과학으로의 심리학을 되찾고자 하는 긍정심리학의 주장을 어느 정도 반영한다. 한 걸음 더 나아가 다음과 같이 주장한다. 가장 효과적인 변혁은 "새로운 것을 세우고 오래된 것을 대체하는 것이다."(2012, p. 746).

이것은 신중한 판단과 증거에 기초한 것이라기보다는 이데올로기적 입장이다. '오래된' 것이 가장 효과적인 프로세스를 제공하거나 심지어 모든 관련자에게 가장 긍정적인 경우는 어떻게 설명할 것인가? 이러한 경우 '새로운' 것이 이전에 있었던 모든 것보다 우월하다는 것을 검증할 여지가 남지 않는다. 오스윅(Oswick)에 따르면, 새로운 조직개발로의 전환이 갖는 함축적 의미는 다음과 같다. "앞으로 나아갈 수 있는 개입법은 의심할 여지없이 조직개발기술의 가치 있는 첨가물이다. 그러나 일시적인 전환의 불행한 결과 중 하나는, 조직개발의 '퇴행'으로부터 비롯된 예기치 못한 소외와 좌절이다(2013, p. 375)."

맥도날드와 오칼라한의 관점에서 예기치 못한 결과는 "신자유주의적 정치/경제 담론에 내재되어 있는 주관성(subjectivities)을 무의식적으로 지지하는 것이다(2008, p. 129)." 오스윅이 관찰한 바와 같이, 일상적인 조직 변화노력의 관행과 실무에 있어서 "이것은 매우 심각한 문제이다. 왜냐하면 우발적인 조직과 조직 상황의 성격은 다음을 의미할 수 있기 때문이다. 문제 중심의 조직개발 접근법이 적절한 상황에서, 매혹적으로 보이는 대안의 무분별한 선호로 인해, 더 적절한 접근법(문제 중심)을 간과할 수 있기 때문이다(2013, p. 375)." 이것이 시사하는 바는 다음과 같다. 긍정적인 조직변화 이론과 실무에 있어서, 잠재적인 유용성에 관계 없이 '오래된' 것을 격하시키면서, 의식적 혹은 무의식적으로 '새로운', '긍정적인' 것을 촉진하고 담론으로 삼는 그림자와 같은 측면이 있다는 것이다.

긍정성으로의 심리학과 조직변화의 전환은 많은 학자와 연구자에 의해 더욱 비판받고 있다. 예를 들어, 파인맨(Fineman, 2006)은 다음과 같은 우려를 강조하였다.

- 당파성을 나타내며 명확한 정의가 부족하다.
- 조직의 맥락에서, 핵심 개념과 구체적인 결과 간에 연결고리가 빈약하다.
- 인간 존재는 근본적으로 선하며, 미덕은 긍정적인 태도와 행동에서 발견할 수 있다는 신념을 표명한다. 이것은 규범적인 도덕적 의제를 만든다.
- 모든 사람들이 가능한 한 자신의 최대한의 역량을 발현하고자 한다는 궁극적인 자기실현의 관점을 고수한다.
- 특정한 감정을 좋은 결과를 인도하는 긍정성으로 분류하는 반면, 다른 감정은 부정적인 것으로 분류하여, 어떠한 가치도 없는 것으로 여겨질 수 있다.
- 개인주의와 자기 홍보의 풍조에 바탕을 둔 미국적 문화에 특히 치우친 경향이 있다. 이는 감정적 절제와 가족 및 사회관계가 중요한 역할을 하는 유교적 사회와 대조를 이룬다.

- 사람들이 조직에서 어떻게 행동해야 하는지에 대한 사회적 관념을 형성하며, 결과적으로 긍정적인 방식으로 행동하거나 말하지 않는 사람에게 낙인을 찍는다.

밀러(Miller, 2008)는 낙관주의와 비관주의를 구별하는 오류를 강조하고, 긍정심리학에서 제시하는 것보다 사람들은 관점과 태도에 있어서 복합적이라는 점을 제시하면서, 파인맨의 비판을 지지한다. 순다라라잔(Sundararajan)은 긍정심리학 내에 자기성찰과 비판적사고를 통해 표면화되어야 할 도덕적 지도(map)가 숨겨져 있다고 주장한다(2005). 여기서의 비판은 긍정심리학이 이데올로기적으로 중립적이지 않으며, 개발과 발전을 바람직한 것으로 전제하는 신념을 표면적으로 정직하게 드러내야 한다는 것이다. 최근에 리오스와 페레즈(Ríos and Pérez)는 긍정심리학적 노력이 무지에 근거한다고 제안함으로써 한걸음 더 나아가고 있다.

> 긍정심리학은 심리학의 이론과 실무에 있어서 새로운 패러다임이 되려고 시도했지만, 그렇게 되지 않았다. 생존투쟁에 대한 역사적 교훈의 철저한 분석은, 긍정심리학이 많은 연구자들이 믿는 것처럼 독창적이지도 않고 유망하지도 않다는 결론에 이르게 한다.
> 그것은 이론적 관점에서 새로운 어떠한 공헌도 하지 못했다(2012, p. 342).

현장에서 비판적사고의 증거가 상대적으로 적다는 학자와 연구자들의 비판과 함께, 이것은 긍정심리학을 뒤흔들 수 있는 반감을 묘사하고 있다.

비평 중 어느 정도가 조직변화의 영역으로 옮겨갈 수 있는지는 흥미로운 질문일 것이다. 긍정심리학의 중요한 역할을 구체적으로 언급한 아이파드와 같은 이론적 체계의 최근 발전을 감안할 때, 비평가들이 제기한 이슈를 주의깊게 기록하는 것이 합리적이다. 또한, 조직변화 분야에서 효과성의 증거가 나타나기 매우 어렵다는 지속적인 우려도 있다. '조직변화'라는 개념 자체가 실제로는 근본

적인 도전을 받지 않고 있다는 제안도 있다(Sturdy and Gray, 2003). 이들은 조직의 안정성에 대한 고려도 필요하며, 조직의 변화에 대한 편향이 지배적이지만, 이는 증거에 기반해 있지도 않고, 균형 잡힌 담론도 아니라고 주장한다.

미래 연구

긍정조직변화 분야를 개발하고 비평가들의 우려에 응답하기 위해, 향후 연구 및 이론화를 위한 여러 가지 길을 열어 놓아보려고 한다. 첫째, 긍정적인 조직변화의 개념 자체에 관한 것뿐만 아니라, 담론이 어떻게 발전되고 있는지를 비판적으로 반영하도록 이론가들과 실무자들 모두를 격려할 필요가 있다. 앞으로 고려해야 할 잠재적으로 유익한 영역 중 하나는, 이론과 변화의 실무 양쪽 측면에서 사회구성주의와 비판적 사실주의 사이의 교차점에 대해 탐구하는 것이다(Cantore, 2014). 현재 이에 대한 철학적 입장은 '둘 중 하나'로 묘사될 수 있다. 궁극적인 질문은 어떻게 '양쪽 모두'를 취할 수 있는가 보다는, 양 측면을 어떻게 영민하게 오고갈 수 있는지에 관한 것일 수 있다. 서로 다른 집단에 의해 고수되는 프로세스나 입장이 무엇이든, 궁극적으로 한쪽이 다른 쪽을 압도하는 담론은 없는 상태로 아이디어를 탐구할 수 있는 공간을 만드는 것이 필요할 것이다.

바트눅과 우드먼(Bartunek and Woodman, 2012)은 역사적으로 조직개발의 주요 강점 중 하나는 실천적인 측면에 있기 때문에, 연구과정에 실무자를 포함시켜야 한다고 주장하고 있다. 이는 단지 추상적인 연구를 위해서가 아니라, 학자와 실무자가 이해와 실무를 구축하는 과정과 관계를 연구하기 위함이다. 한 예로써, 합동 행동 연구 방법론(collaborative action research methods)을 활용한 조직변화 실무자의 행동과 태도에 관한 칸토르(Cantore)의 최근 연구가 있다(2014). 더욱이 실무현장에는 명백한 성찰이 없다는 견해는 특정한 반응을 강제하는 태도이다. 다른 목소리와 관점을 배제한 지배적인 조직변화의 담론이 있는가? 그렇다면 질문의 장

을 열기 위해 무엇을 할 수 있는가?

둘째, 조직변화에 대한 긍정적인 접근법을 발전시키려면, 조직차원에서 보다 많은 관심을 기울일 필요가 있다. 카메론(Cameron)과 스프레이쳐(Spreitzer)는 다음과 같은 언급으로 이와 같은 점을 분명히 했다. "우리는 긍정조직학에서 여전히 '조직(O: organization)'에 관해 배울 것이 많다(2012, p. 1040)". 국내와 글로벌의 맥락에서 조직의 변화하는 특성을 고려할 때, 이와 같은 점은 특히 중요하다. 많은 사람들이 변화에 대해 말하지만 이것이 실제로 무엇을 의미하는지에 관한 질문이 남아있다. 변화관리 문헌에서 변화가 무엇인지에 관한 유형론은 많지만(예: Carnall, 2007, Cummings and Worley, 2014, Hayes, 2014, Myers, Hulks, & Wiggins, 2012), 연구자와 실무자가 직면한 문제의 해결에 이와 같은 유형론이 충분한가? 미래연구를 위한 길은 더 높은 수준의 성찰과 몰입을 가능하게 하는 철저한 협력적 사고와 행동을 통한 것일 수 있다.

협력적인 노력 없이는, 긍정조직변화를 둘러싼 연구와 담론은 좁아지고 잠재적으로 공허해질 가능성이 있다.

우리가 이쯤에서 제기해 볼 수 있는 질문은 다음과 같다. 조직변화가 긍정적인지 부정적인지 신경 쓰는 이유는 무엇인가? 아마도 지금이 21세기에 우리가 함께 조직의 목적을 새롭게 생각할 때일 것이다. 왜 협력적으로 작업할 가치가 있을까? 그렇게 할 때 우리가 염두에 두어야 할 최종적 목적은 무엇인가? 이것은 모든 사람들이 탐구해야 할 철학적, 윤리적, 경제적, 도덕적, 영적 문제를 열어줄 것으로 기대된다.

결론

조직변화에 대한 긍정적 접근법은 광범위한 철학적 관점을 바탕으로 하는 폭넓은 아이디어 및 실천 방안의 모음이다. 이것은 그 자체로서 발전과 논쟁의 대상이 된다. 특히 긍정심리학 분야의 이론과 연구는, 이 분야 미래의 방향성을 둘러싼 논쟁에 상당한 영향력을 주고 있다. 이와 같은 현상의 일환으로, 긍정심리학과 조직변화를 혼합한 접근법은 가능할 뿐만 아니라 앞으로 나아갈 명백한 방향임을 주장하는 쿠퍼라이더(Cooperrider)와 같은 옹호자가 있다(Cooperrider & Godwin, 2012).

그러나 최근의 비판은 긍정성의 지지자들이 사용하는 언어 및 권력 전략에 대한 몇 가지 의문과 함께, 과거 학습의 가치에 대한 신중한 고려를 요구한다. 긍정성이 세계와 조직을 어떻게 변화시킬 수 있는지에 대해 더욱 많은 조망을 받아야 한다는 이데올로기적 입장과, 실무자와 학자 간의 공유된 탐구 간에 명백한 연결점이 만들어졌다.

조직변화를 위한 노력의 이면에는, 변화가 필연적으로 개선을 가져올 것이라는 낙관적 가정이 암묵적으로 내재돼 있다. 이러한 신념이 있다는 것을 인식하고, 그것이 조직변화를 위한 노력에 참여하는 사람들 사이에 어떻게 형성되었는지는 추가 조사를 위한 영역일 것이다. 마찬가지로, 학술적 담론이 부정성과 긍정성, 새로운 것과 오래된 것, 변화와 안정성을 구별하는 이분법적 사고의 함정에 빠질 수 있다는 위험성을 인식하고, '양쪽'을 아우르는 사고로부터 도출되는 지혜를 놓치지 않도록 주의를 기울여야 할 것이다.

17장
리더십 개발에 대한 긍정적 접근법

더그 맥키(Doug MacKie)

서론

긍정적 리더십 개발(PLD: Positive leadership development)은 조직에서 리더십을 개발하는 방법을 개선하고 강화시킬 수 있는 새로운 이론과 근거-기반 접근 방식에 대해 안내하는 접근법이다. 현재까지 리더십에 대해 하나로 통일된 이론은 없으며, 리더십 개발에 대한 연구는 그 효능이 각각 다르게 나타나고 있고(Avolio, Reichard, Hannah, Walumbwa, & Chan, 2009), 근거 자료는 근로자를 대상으로 적용한 프로그램에 비해 크게 부족한 상태이다(Aguinis & Cascio, 2008). 리더십 개발은 미국에서만 매년 약 500억 달러를 소비하고 있는 주제이지만(Bolden, 2007), 많은 프로그램의 경우, 실질적인 근거-기반 연구나 일관된 이론적 근거가 부족한 상태로 운영되고 있다(Brinner, 2012). 17장에서 제공하는 내용은 긍정적 리더십 개발의 신규 분야가 리더십 개발의 효과를 향상시키는 데 기여할 수 있는 가능성에 대해 간략히 설명해볼 계획이다.

긍정적 리더십 개발 접근법에 대한 이론적 근거는 분명하고 강력하다. 첫째, 강점에 초점을 맞추는 접근은 결핍을 줄이는 데에 집중했던 기존의 리더십개발 영역이 갖고있던 접근법을 바로잡는

데에 집중한다(Luthans & Avolio, 2003). 둘째, 메타분석 성과연구를 살펴보면, 현재의 리더십 모델만으로는 리더십 개발에 대한 설명력이 떨어진다는 것을 알 수 있으며, 이는 리더십 개발 분야 내에 아직도 발견되어야 할 중요한 변수가 더 많이 존재하고 있음을 시사한다(Avolio, Reichard et al., 2009). 셋째, 현장에서 긍정적 접근, 특히 강점에 기반한 접근법을 적용하고 있는 실무자들은 근거-기반 연구결과에 비해 적용의 속도가 훨씬 더 빠르다. 실무자라면 이 시점에서 현재까지 제시된 근거-기반의 결과를 검토해보는 것도 적절할 것이라고 판단된다(Donaldson & Ko, 2010). 마지막으로, 응용 긍정심리학의 구인은 현재 임상심리학과 같은 타 분야에도 효과적으로 사용되고 있으며, 이는 교차영역 내에서 긍정심리학의 적용에 대해 평가해보는 것도 어느정도 가능하고 시기적절하다는 점을 시사한다(Seligman, Steen, Park, & Petersen, 2005).

17장은 긍정적 리더십 개발의 구인 및 근거기반의 발달에 있어 기초라고 여겨지는 4가지 영역으로 나누어지며, 매우 넓지만 상호연결된 영역으로 구분되어 있다. 우선, 기존에 제시된 긍정적 접근에서의 리더십 이론을 검토할 계획이다. 구체적

으로는, 리더십의 개발과 변화에 대한 준비도에 대한 이야기와 더불어, 긍정리더십 영역으로부터 진화한 이론인 진성리더십과 같은 긍정이론에 대한 논의도 해보려고 한다.

긍정이론은 암묵적이거나(예: 사고 방식) 명시적일 수 있으며, 두 경우 모두 긍정적 리더십 개발 분야와 관련이 있는 동시에, 이 분야를 형성하는 데 중요한 특성이라고 본다. 두 번째로는, 긍정리더십의 평가분야에 대해 리뷰할 계획이다. 긍정 모델과 구인에 있어 신뢰롭고 타당하게 이루어지는 평가(assessment) 자체는, 곧 긍정적 리더십 개발의 특성을 규명하는 데 있어, 보편적이고도 꼭 필요한 선행요인이라고 본다(McCauley & Wakefield, 2006). 전통적으로 리더십과 관련된 긍정 구인은 긍정정서에서부터 심리적 자본과 강점에 이르는 상태-특질의 연속선상에 걸쳐 평가되고 범주화 되어왔다. 특히, 강점은 긍정리더십 평가 분야에 있어 상대적으로 더욱 발달된 분야이기 때문에 더 집중적으로 검토해보려고 한다.

셋째, 긍정적 리더십 개발의 효과에 대한 근거를 집중적으로 검토해볼 것이다. 현재까지 크게 두 개의 방법론이 경쟁을 벌이고 있는데 서로 다른 부분을 강조하고 있다. 구체적으로, 집중적으로 개발이 필요하다고 여기는 구인에 있어서 차이가 존재한다. 또한, 개발이 이루어지는 형태가 전통적인 집단훈련 포맷으로 이루어질 것인지와 더욱 더 개인적으로 디자인된 코칭 형식으로 이루어질 것인지에 대해서도 입장이 갈리고 있다. 17장에서는 이 둘 간의 차별화된 논의를 중점적으로 비교 검토할 것이다. 특히 코칭은 임원과 리더십 개발을 위한 주요 전달 메커니즘으로 자리잡아가고 있는 실정이다(Day, 2001). 따라서 코칭과 긍정조직심리학과의 연계는 실무에 이론을 적용하는 데 필요한 논의로서 잠재적으로 중요한 작업이다. 마지막으로, 긍정적 리더십 개발의 한계점과 향후 연구를 위한 제언에 대해 논의할 것이다. 요약하면, 17장의 목적은 긍정적 리더십 개발의 전반적인 연구와 실무의 흐름에 대해 조사하고, 리더십의 효과성을 높이기 위해 활용되고 있는 개발방식이 갖고 있는

강점과 한계점을 명확히 밝히고자하는 것이다.

긍정적 리더십 개발의 기원

절정경험과 인간의 잠재력을 포함하여 인본주의 심리학자(Maslow, 1954)의 연구에서 발견된 긍정조직심리에 대한 집중적 관심에도 불구하고, 긍정적 리더십 개발은 경험적 연구의 부실함과 지지근거의 미흡함으로 인해 조직으로부터 힘을 얻지 못했었다(Wright & Quick, 2009).

이후, 미국 심리학 협회(American Psychological Association)의 회장직의 일환으로 마틴 셀리그만이 개척한 '긍정심리 운동'에 의하여 긍정적 심리구인은 다시 부상의 기회를 맞이했다. 긍정적 리더십 개발에 대한 관심의 부활은 부분적으로는 새천년의 시작과 함께 발생한 응용심리학 내 패러다임 전환에서부터 그 흔적을 찾아볼 수 있다(Seligman & Csikszentmihalyi, 2000). 긍정심리학은 심리적 고통 및 질병의 감소라는 기존의 시각으로부터 벗어나, 삶을 더욱 더 매력적이고 의미 있는 것으로 만들기 위한 요인에 집중하자는 관점과 같은 근본적인 변화를 요구했다(Seligman & Csikszentmihalyi, 2000). 긍정심리학은 긍적적인 주관적 경험, 특질과 같은 성격의 강점, 긍정조직 등으로 이루어진 세 가지 질문에 초점을 맞추었다. 애초에 임상심리학이 갖고 있던 부정적인 편견을 시정하는 것을 주요 목표로 설정했던 긍정심리학의 취지로 인해, 긍정심리 패러다임이 조직적 문제에까지 영향을 미치는 데에는 한계가 있었다는 주장이 있다(Wright & Quick, 2009). 그러나 성과 최적화에 초점을 둔 산업심리학은 언제나 심리학의 다른 측면보다도 '개인'에게 보다 긍정적으로 작용할 수 있는 접근법을 채택해 왔으며, 임상심리학의 질병모델에 퍼져있던 부정적 편견으로부터 자유로웠고(Hackman, 2009), 정신건강의학과와의 불일치한 입장을 유지했다. 응용심리학 내의 타영역에서 실증주의적 패러다임이 성공을 하고, 재능관리 분야에서의 관련(그러나 독립적인) 변화가 이루어지면서, 긍정적 리더십 개발은 추가적인 힘을 받게 되었다. 특히, 재능의 기

원에 대한 일반적인 신념, 구체적으로 리더십 역량에 대하여 기존의 특질-중심(trait-like)에서 상태-중심(state-life)으로의 신념의 전환이 이루어졌으며, 조직구성원들의 신념의 변화는 점점 더 빈번하게 관찰되기 시작하였다(Meyers & Van Woerkom, 2014; Meyers, Van Woerkom, & Dries, 2013). 또한, 관점의 변화는 개인의 개발가능한 상태에 초점을 두면서, 아직까지 실현되지 못했지만 존재하고 있는 리더십의 '잠재력'을 열어놓는 방향으로의 리더십 개발과 같은, 보다 더 포괄적인 관점을 열었다.

이어서 긍정성과 강점에 기반한 리더십 개발 접근법은 개념에 대한 검증과 더불어, 일관된 방법론을 제공함으로써 조직이 놓치고 있었던 각종 리더십관련 자원을 활용할 수 있도록 지원을 제공하였다(MacKie, 2014).

긍정조직심리학(POP)의 진화속도가 느린 편인 이유는 다음과 같다. 첫째, 긍정심리학의 세 가지 기둥은 조직적 효과성과 명시적으로 연관성이 있는 구인 중에서 개발가능한 요인이 무엇인지를 식별하는 등의 작업을 필요로 했던 조직심리학의 니즈와 잘 부합하지 못했다(Money, Hillenbrand, & da Camara, 2009). 둘째, 많은 사람들은 자신의 강점을 잘 인식하고 있지 못하고 있다는 증거가 밝혀졌으며, 이는 곧 긍정적 조직 개입의 핵심 초점이 되었던 한 가지에 제동이 걸렸다는 의미로 해석될 수 있다(Kaplan & Kaiser, 2010). 셋째, 조직에서 수행된 연구의 상당 부분은 횡단적이며 자기보고식 데이터에 크게 의존한 점(Mills, Fleck & Kozikowski, 2013), 이로 인해, 상관 추론 정도로서 결론이 제한되었고, 이는 곧 조직 성과에 대한 개인의 복지에 초점을 맞추는 것으로 이어졌다.

조직이 '결핍'에 초점을 맞춘 접근법을 지속해왔던 이유는 사실 다음과 같다. 진화론적으로 봤을 때, 우리는 부정적인 것에 대한 준비도가 더욱 더 강하기 때문에, 긍정적인 측면으로 단합하는 것보다는, 두려운 것에 대한 혐오증을 획득하는 것이 더욱 더 쉽게 배울 수 있다는 것이다(Rozin & Royzman, 2001). 위협과 손실을 다루는 부정정서가 지닌 적응적 성격과, 과대 평가의 필요성을 설명해내는

'진화론적 관점'은, 부정성의 증거를 확인하고 그 가능성을 과대평가하는 접근법이 가지고 있는 기능적 적응력을 제시한다. 이 일관된 모델은 여러 가지 측면에서 설명하기 어려웠던 갖가지 관찰에 대한 설명을 제공한다. 예컨대, 정서에 대해 설명하는 학자들이 내놓은 다소 편향된 분류법이라든지, 전통적으로 두려움에 대해 학습하는 것이 쉽고, 조상들이 도전으로 경험했던 것들을 피하는 행동과 같은 현상을 설명한다(Nesse, 2005). 조직에서 긍정성에 초점을 맞춘 접근법을 개발하기 위해서는, 우선 지금까지 채택해온 부정성 중심의 사고, 즉 (그동안 중요하다고 믿어오며, 적응 가능했으며, 지속 가능하다고 믿어왔던) 현재 갖고 있는 갖가지 편견을 극복하는 작업이 필요하다.

그러나 분류학 측면에서 바라본 긍정조직심리학(POP)은 두 가지로 구분된 연구접근으로 발전해왔다. 긍정조직행동(POB: Positive Organizational Behavior)은 '연구 기반', '측정 가능' 및 '상태-중심'과 같은 접근 방식으로 해석되는 접근법으로, 언제든 추가 개발이 가능하다는 목표로서 구인을 바라본다(Luthans & Youssef, 2007). 이에 대한 대조적인 접근 방식은 긍정조직론(POS: Positive Organisational Scholarship)이며, 이는 보다 '특질-중심'과 같은 관점에서 긍정적인 조직행동에 중점을 둔다. 긍정조직론에서 조직에 대한 연민과 감사(Boyatzis, Smith, & Blaize, 2006)와 같이, 미덕을 분류하고 식별하는 작업에 초점을 두면서 개발보다는 선발 프로세스에 집중한다. 반면에 긍정조직행동 접근법은 자신감, 희망, 낙관주의 및 회복탄력성과 같은 긍정적인 상태가 긍정리더십 스타일을 개발하는 데 필수조건으로 간주되는 '심리적자본'과 같은 긍정적인 심리상태 연구개발을 지원해왔다(Avolio & Luthans, 2006). 긍정적 리더십 개발(PLD)은 긍정조직행동(POB)의 추세를 논리적으로 확장한 것으로 본다.

심리적자본(PsyCap: Psychological capital)은 상사의 긍정적 리더십 행동(Luthans, Avolio, Avey, & Norman, 2007)의 결과로 인해 팔로워가 긍정적인 심리상태를 개발할 수 있다는 접근 모델로서 발전해왔다. 팔로워가 동기부여 및 목표 인내의 개발을

통해 성과(Gooty, Gavin, Johnson, Frazier, & Snow, 2009)를 창출하는 과정에 있어 심리적자본이 변혁적 리더십이 팔로워에게 영향을 미치는 정도를 중재하는 요인으로 작용한다는 연구 근거도 있다. 심리적자본모델은 한 개의 영역과 4개의 구조로, 훨씬 더 국한되어 있는 개념으로, 좋은 신뢰도 및 타당도를 갖고 있으며, 명시적으로 '상태'와 유사하고, 특정 개입에 의해 쉽게 개발된다는 점에서 다른 강점 모델과는 차이가 있다(Luthans, Avey, Avolio, Norman, & Combs, 2006).

긍정조직행동 혹은 긍정조직론, 이 두 가지의 연구 영역을 구분하는 것은 조직 내에서 긍정기반 모델을 개발하는 데 있어 또 다른 도전을 낳았다. 또한 다소 자의적이고 현장에서 필요로 하는 분류체계 보다는, 연구자 집단이 갖고 있는 흥미를 더욱 더 반영하는 분류체계라고 볼 수도 있는 것이다(Hackman, 2009).

그럼에도 불구하고, 각 접근법이 제시하는 가정, 분석 수준과 모델에는 크게 차이가 있으며, 리더십, 개발 등 조직적 모델을 대조하는 다양한 연구 프로그램을 이끌어내는 등의 성과를 만들었다.

분류학적인 도전에도 불구하고 몇 가지 연구의 출현과 더불어 중요한 경험적 지지근거가 나타나고 있다. 연구의 주제는 심리적 자본의 조사, 그리고 이와 관련된 요인(감정적인 전염, 팔로워의 긍정성과 성과 등)에 대한 영역이 포함된다(Meyers, van Woerkom, & Bakker, Meyers, Van Woerkom, de Reuver, Bakk, & Oberski, 2015). 강점 파악과 개발에 대한 연구는 강점과 미덕에 대한 새로운 분류법과 개발 방법론을 개발했다. 긍정조직에 대한 연구에는 성과가 좋은 팀의 특성을 식별하고 개발하는 방법론에 대한 내용이 포함되었다(Cohn & Fredrickson, 2010). 또한 진성, 변혁적, 이타적 그리고 서번트리더십을 포함한 긍정리더십의 발굴과 개발은 중요한 관심과 더불어 학계에서의 영향을 서로 주고있는 것으로 보인다(Donaldson & Ko, 2010). 리더십 개발 방법론으로 조작적 정의를 내리는 측면에서 긍정조직행동은 리더와 조직에 긍정적인 개입방법을 제공하기 위한 개인화된 방법론으로서의 리더십코칭

과 점점 더 연계되어 있다(Linley, Woolston, & Biswas-Diener, 2009).

긍정리더십이론

세상엔 많은 리더십이론이 존재하지만 진정한 긍정리더십이론으로 분류되기 위해서는 세 가지 요소가 포함되어야 한다. 첫째, 긍정리더십 이론은 리더의 강점(상황적, 기질적 특성 모두)에 초점을 맞추어야 한다(Linley et al., 2009). 예컨대, 개인은 언제 최고로 기능할 수 있으며, 그렇게 될 수 있는 이유는 무엇인가?와 같은 질문에 대해 탐구해야 한다. 둘째, 긍정리더십은 팔로워에게 근본적으로 긍정적인 영향을 미칠 필요가 있다. 가깝게는 더 큰 자신감과 자율적인 노력의 형태로 팔로워의 변화에 기여하는 것이며, 멀리는 더 우수한 개인과 조직적 성과에 영향을 미치는 것이다(Avey, Avolio, & Luthans, 2011). 셋째, 긍정리더십이론의 목적은 개인의 이익을 위하여 타인을 조종하지 않는 방식으로 자기초월적인 목적과 목표 추구를 가능하게 하는 것이다(Fambrough & Hart, 2008). 진정성(Authenticity)이란 변혁적, 윤리적, 서번트 리더십과 같은 긍정리더십모델의 핵심 구인으로 제안되었다(Avolio & Gardner, 2005). 긍정적 리더십 개발에 대한 지지근거를 제공하는 다양한 이론적 영역이 만들어진 상태이다. 이는 이론이나 모델(예: 진성리더십, Avolio, Walumba, & Weber, 2009) 또는 기본 심리구인(예: 심리적 자본; Luthans et al., 2007)으로 분류할 수 있다. 또한 긍정적 리더십 개발 모델은 내재적 리더십 이론(ILT: implicit leadership theories)에 의해 중재될 수 있다. 즉, 조직에서 리더십과 그의 개발에 대한 근본적인 가정은 무엇인가?에 대한 질문에 따라 영향을 받을 수 있는 것이다. 내재적 리더십 모델이 제시하는 발달에 대한 준비도 및 사고 방식과 같은 주제는 긍정적 리더십 개발의 관심주제이다. 긍정리더십개발에서 성공적인 긍정리더십 개발 프로세스의 필수 선행요인으로 여기는 성공적인 리더십 개발에 대한 준비와 신념을 나타내는 동기적인 요소와 역량의 요소를 모두 포함하기 때

문이다(Avolio , 2011).

〈내재적 리더십 이론과 긍정적 리더십〉

내재적 리더십 모델(Implicit leadership theories)은 리더가 보고하는 성과에 대한 인식, 그리고 행동, 능력, 성격의 유연성에 대해 갖고 있는 진실성 등에 있어 시사점을 제공해왔다(Heslin & Vande-Walle, 2008).

성장지향적인 리더의 마음가짐이란 자신과 타인에게 능력의 개발과 향상을 위해 타고난 능력이 있다고 가정하면서 실제 성장에도 도움이 되는 속성을 가진다(Dweck, 2006). 이와는 반대로, 리더가 고정된 마음가짐을 갖고 있을 경우, 개인의 능력은 시간이 지남에도 비교적 변함없이 지속된다는 가정을 갖고 있기 때문에, 다른 사람들의 능력 개발에 대한 투자를 지원하지 않는다(Heslin & Vande-Walle, 2008). 성공적인 긍정조직개발의 전조요인으로서 '발달 준비도'라는 개념은 리더십 역량의 변화가능성에 대해 리더가 갖고 있는 근본적인 가정에 초점을 맞추고 있다(Avolio & Hannah, 2008).

한 개인이 리더십역량강화작업에 참여할 준비가 되어있음을 암시하는 요인은 개인의 긍정 상태와 특성이다. 발달준비도는 리더십 개발에 있어 개인의 상태를 파악하기 위한 잠재적인 핵심 전조라고 볼 수 있다. 발달준비도는 "더욱 효과적인 리더십 역할을 수행할 수 있도록 집중하고, 의미를 만들며, 새롭고 복잡한 마음가짐을 개발할 수 있는 능력과 동기"라고 정의된다(Avolio & Hannah, 2008). '변화준비도'라는 구인은 그동안 많은 연구들, 특히 리더십의 낮은 유전력(Ilies, Gerhardt, & Lee, 2004)에 대해 지적한 임상심리학 문헌(Prochaska & DiClemente, 1983), 리더십효과를 예측하는 데 있어 상당 부분이 리더십의 효과성을 설명해내지 못하고 있다는 리더십효과에 대한 메타분석연구에서부터 나타났다(Avolio, Reichard, et al., 2009).

발달준비도의 '준비도'는 적절한 개입으로 인해 긍정적으로 늘어날 수 있는 '상태'와 같은 구인이라고 가정한다는 점에서 긍정조직행동과 맥락을 함께한다(Hannah & Avolio, 2010). 이 구인은 동기

적인 요소와 더불어, 하위영역을 지원하는 상위차원의 능력 요소를 모두 갖고 있는 개념이다. '동기 요인'은 관심과 목표, 목표 지향성, 발달적 효능감으로 구성되며, '능력 요인'은 자기 인식, 자기개념 명확성, 리더의 복잡성과 메타인지 능력으로 구성된다. 동기와 능력으로 구성되는 요인에 대한 이야기는 새로운 것이 아니다. 이들은 기존의 변화이론으로부터 도출되었다. 목표 지향성은 '자기에 대한 암묵적 이론(Dweck & Leggett, 1988)'에 의지했다. 즉, 리더는 두 가지 모델 중에 한 가지를 채택할 수 있다는 것이다. 리더가 성장에 대한 마음가짐을 선택할 때, 첫째로는 새로운 경험에 대한 탐구와 동화를 장려하는 것과 같이 자신의 발전에 대한 '점진적 관점(incremental view)'을 채택할 수 있으며, 둘째로는 상대적으로 고정된 마음가짐(fixed mindset)을 가짐으로 인해 개발의 잠재력에 대한 자기제한적 신념을 갖고 있다고 가정하는 '개체 모델(entity model)'을 선택할 수 있다는 것이다. 발달적 효능감 역시 오랜 역사를 지니고 있으며, 새로운 지식, 기술 및 능력의 개발 및 적용에 있어 리더가 갖고있는 자신감의 수준으로 개념화된다(Luthans, Luthans, Hodgetts, & Luthans, 2001).

마찬가지로 능력의 개발은 자기인식, 자기개념 명확성, 리더의 자기이미지의 복잡성과 자신의 생각(메타인지 능력)을 성찰할 수 있는 능력 등을 포함하는 기존의 이론적 구인에 근거한다. 근거의 상당 부분은 목표 설정(Locke & Latham, 1990), 마음가짐(Dweck, 2006), 메타인지 능력(Hannah, 2006), 자기 인식(Avolio, Wernsing, Chan, Griffeth, 2007)에 관한 연구로부터 나왔다. 그러나 발달준비도가 리더십 개발에 있어 누가 가장 큰 이익을 얻을 것인가를 예측하는 관점에 대해서는 추가 연구가 필요해 보인다. 발달준비도라는 구인이 갖고 있는 명백한 개념과 동시 타당도를 보유하고 있음에도 불구하고 이 개념은, 하위영역을 넘어서는 부가적 타당도(incremental validity)의 증명을 촉진할 수 있도록 신뢰도 및 타당도의 입증에 의한 조작적 정의가 더 필요할 것이다.

〈긍정리더십에 대한 명시적 이론〉

　강점을 기반으로 하는 리더와 리더십의 개념화로의 전환에 대한 반응으로 떠오른 다양한 긍정리더십 이론이 존재한다. 진성리더십(Luthans & Avolio, 2003), 서번트 리더십(Liden, Wayne, Zhao & Henderson, 2008), 긍정적 글로벌 리더십(Youseff & Luthans, 2012) 등이 그 예시이다. 또한 팔로워에게 긍정정서를 불어넣는 점을 강조한 변혁적 리더십(Bass, 1999)과 스튜어드십(서양의 큰 저택에서 주인 대신 집안일을 맡아보는 집사처럼)을 중심으로 한 그린리프(Greenleaf)의 서번트 리더십 모델(1977)을 포함한 기존 리더십 모델들도 긍정리더십 영역에 포함된다. 새롭게 출현한 이론들 중에서 가장 실증적이며 연구근거의 기반을 구축한 이론은 바로 진성 리더십이론이다(Avolio & Gardner, 2005, Gardner et al., 2011).

　진성 리더십(authentic leadership)이란 "긍정심리적 역량과 고도로 발달된 조직적 맥락에서 비롯된 프로세스로서, 자기인식 및 자기조절된 긍정행동을 높이는 결과를 이끌어낸다"라고 정의된다(Luthans & Avolio, 2003, p. 243). 따라서, 진성리더의 육성과정에는 리더가 갖고 있는 목적과 리더십 개발프로세스를 더욱 더 발전시키기 위하여, 긍정심리적 상태의 식별과 향상과 더불어 리더십 개발에 도덕적 요소를 통합하는 작업 등을 포함한다(Avolio & Gardner, 2005). 진성 리더십은 어설픈 변혁적 리더와 진정한 변혁적 리더 간의 차이점을 설명하는 장면에서 '변혁적 리더십'의 개념으로부터 생성되었다. 변혁적 리더십은 팔로워로 하여금 조직의 이익과 가치실현을 위하여 성과를 향상시키고 공동의 비전을 가질 수 있도록 리더가 영감을 제공하는 측면에서 리더로서 팔로워에게 미치는 영향을 강조하였다(Bass, 1999). 바스(Bass)는 리더십의 다섯 가지 변혁적 요소를 전 범위 리더십 모델(FRLM:full range leadership model)에 통합시켰으며, 팔로워의 행동에 보상을 제공한 2개의 거래적(transactional) 요소와, 덜 기능적이고/수동적/회피적인 리더십 유형을 설명하는 2개의 자유방임적(laissez-faire) 요소까지 추가하였다. 그동안 변혁적

리더십 구인에 대해 조작적 정의를 내리기 위한 다양한 시도가 있어왔으며, 그중 가장 많이 사용된 도구는 다요인 리더십 설문지(MLQ: Multifactor Leadership Questionnaire; Bass & Avolio, 1997)이다. 지금까지 전 범위 리더십 모델의 구성 타당도를 뒷받침하는 상당한 증거가 밝혀졌으며, 다요인 리더십 설문지는 연구자와 실무자 모두에 의해 가장 일반적으로 사용되는 리더십 측정도구 중 하나이다(Alban-Metcalfe & Mead, 2010).

　진성 리더십의 개념은 긍정조직행동의 영향이 증가하는 분위기를 이용하고, 긍정조직행동의 영향을 강점-지향적인 리더 개발의 프로세스에 더욱 통합할 수 있는 방법을 제시하였다. 진성 리더십은 (1) 균형 잡힌 의사결정 프로세스 (2) 내면화된 도덕적 관점 (3) 타인과의 관계에서의 투명성 (4) 자기인식 등의 네 가지 핵심 요소를 포함하고 있는 것으로 나타났다(Walumbwa, Avolio, Gardner, Wernsing, & Peterson, 2008). 이 4가지 척도는 변혁적 리더십의 개념과 구별되는 진성의 고차원적 요소만을 설명하는 것처럼 보였다. 진성 리더십 차원에서 리더가 가진 믿음과 가치에 대해 진정성 있게 표현하는 행위의 목표는 팔로워들의 신뢰, 희망, 낙관성을 향상시키는 것이라는 개념인 심리적 자본과 밀접한 관련이 있다(Hernandez, Eberly, Avolio, & Johnson, 2011).

〈긍정 리더십의 새로운 모델〉

　마음챙김(Mindfulness)과 수용전념치료(ACT: Acceptance and Commitment Therapy) 관련 분야는 부정적인 기분과 관련된 장애를 관리하기 위해 등장한 인지-행동 이론의 세 번째 물결로 묘사되고 있다(Hayes, 2004). 부정적인 경험에 도전하고, 반박하고, 제거하는 데에 집중하기보다는, 자신의 가치관에 부합하는 신념과 행동을 파악하기 위한 방법으로 완전한 인식과 비판단적인 수용에 더욱 집중한다. 임상심리학과 조직심리학(MacKie, 2007, Smither, 2011) 사이에는 오랜 상호 교환 및 혁신의 역사가 존재하며, 마음챙김과 수용-기반 기술의 물결은 이제 리더십 개발의 해안 기술에 자리잡고 있는 상

태이다.

인지행동적기술은 부정정서의 관리에 도움이 될 뿐만 아니라 긍정성, 웰빙과 심리적 유연성을 증진한다는 사실을 인정하는 분위기가 형성되었기 때문에 긍정리더십과 관련되어 있다고 볼 수 있다(Kashdan & Ciarrochi, 2013). 진성 리더십과 같은 긍정 리더십 모델이 리더십 효과성 향상(Avolio & Gardner, 2005)을 위한 통로로 기능함으로써 자기조절력을 높인다는 사실에 기반하여 생각해볼 때, 마음챙김 및 수용은 자기조절력을 향상(Kinsler, 2014)시키는 것으로 밝혀졌으며, 마음챙김과 수용은 긍정리더십개발과도 중요한 연결고리가 존재하고 있음이 시사되고 있다.

마음챙김은 리더가 인지적 탈융합(cognitive defusion)을 통해 자신의 사고와 신념을 구분할 수 있도록 도움으로써 리더십 개발을 중재하는 요인으로 제안되고 있다(Atkins, 2008). 인지적 탈융합은 리더로 하여금 의사결정 과정에서 여러 가지 관점의 채택하고 유지 가능성에 대해 탐색할 수 있도록 촉진한다. 또한 마음챙김은 지금 현재 순간의 주의를 기울이는 작업을 통해 리더의 자기 연민(self-compassion)과 몰입의 증진을 돕는다(Reb, Narayanan, & Ho, 2013). 그러나 일터에서의 마음챙김에 대한 연구의 대부분은 리더가 팔로워에게 미치는 영향에 대인관계 영역에 집중하기 보다는, 개인 내 영역(예: 소진의 감소, arayanan, Chaturvedi, Reb, & Srinivas, 2011)에 집중해왔다. 그럼에도 불구하고 마음챙김이 가진 개인 간의 영향에 초점을 둔 한 연구 결과를 살펴보면, 리더의 마음챙김과 구성원의 성과, 구성원의 조직시민행동과 직무만족 사이의 중요한 상관관계가 나타났다(Reb, Narayanan, & Chaturvedi, 2014). 고무적인 조사 결과와 진성 리더십과 같은 긍정리더십모델과의 명백한 연결고리에도 불구하고, 긍정리더십개발에서 마음챙김기술의 부가가치를 입증하는 피험자 간 설계기반의 종단 연구는 아직까지 없는 실정이다.

마음챙김은 영적관행의 밀레니얼에 발을 담구고 있는 반면, 수용전념치료는 원래 임상요법의 맥락으로부터 발전했다. 수용전념치료는 마음챙김과 수용의 프로세스, 가치기반 행동의 활성화의 조합에 집중한 기법이다(Flaxman, Bond, & Livheim, 2013).

수용전념치료훈련은 업무 성과향상에 효과가 있는 것으로 나타났으며(Bond & Flaxman, 2006), 리더의 심리적 유연성을 향상시킴으로써 회복탄력성을 발달시키는 것으로 나타났다(Moran, 2010). 습관적 패턴과 반사적 반응으로부터의 분리(decoupling)는 균형잡힌 의사 결정을 촉진시키고, 자기조절능력을 키움으로써 팔로워들의 웰빙 및 긍정성에도 긍정적인 영향을 미치는 것으로 나타났다(Avey et al., 2011). 그러나 아직까지 수용전념치료는 조직에서의 긍정리더십개발에 대해 유의미한 경험적 영향력을 미치고 있지는 못하는 실정이다.

긍정리더십의 평가

긍정리더십개발의 평가는 리더십의 기본이론과 철학과도 밀접한 관련이 있다. 특히, '리더십'이라는 구인이 상태의 속성을 갖고 있는지 특질로 간주해야 하는지 등의 여부는 긍정리더십 평가에 있어 중요한 연구분야이다(Biswas-Diener et al., 2011). 긍정 리더십의 평가는 진성 리더십과 같은 기본적인 긍정리더십모델에서의 개인의 능력, 혹은 리더십 효과를 중재하거나 매개한다고 가정하는 '강점'과 같은 긍정구인의 평가 모두에 초점을 맞출 수 있다(Gooty와 동료들, 2009; MacKie, 2014). 리더십 개발에서 강점-기반 접근법은 비교적 신규영역이기 때문에, 아직까지는 강점의 정의, 평가, 개발에 대해 하나의 일치된 목소리는 없다(Roarty & Toogood, 2014). 그러나, 하나 명백하게 기억해야 할 사실은 우리가 리더를 평가하는 방법은 긍정적인 리더를 개발하는 방법을 결정할 수 있는 매우 중요한 측면이라는 것이다. 따라서 특질에 초점을 맞출 경우, 강점을 '식별하고 사용하는' 접근법으로 이어질 수 있으며, 반면에 상태 측정에 초점을 맞출 경우, 강점의 개발 측면에 중점을 두게 될 것이다(Biswas-Diener et al., 2011).

응용 긍정심리학 패러다임의 초석 중 하나는 강점에 초점을 맞추어 왔다는 사실이다(Luthans &

Youseff, 2007). 따라서 강점이 조직 내에서 어떻게 정의되는지 이해하고, 파악하며, 어떻게 활용되고 있고 어떠한 매커니즘에 의해 조직 내에서 가치를 창출하고 있는지 등에 대해 알아보는 것은 긍정리더십 개발과정에 강점을 성공적으로 적용하기 위한 핵심작업이다.

강점 기반 접근법의 효과성을 검증하기 위해서는 강점의 정의와 분류에 있어서 일관성이 확보되어야 하며, 강점 기반 리더십 개발 프로토콜을 준수하는 것이 향상된 리더십 효과를 예측할 수 있어야 한다(MacKie , 2014).

〈강점-기반 리더십에 대한 심리측정〉

그동안 개인과 조직개발의 맥락에서 강점을 정의하려는 시도는 많이 있어왔다. 갤럽의 스트렝스파인더(Gallup StrengthsFinder, Rath & Conchie, 2008)라는 도구에서는 34가지 강점들을 측정하며, 실행(executing), 영향력(influencing), 관계 구축(relationship building), 전략적 사고(strategic thinking)로 이루어진 4가지 리더십 영역으로 군집을 만들어 리더십에 대한 설명을 시도했다. 주관적인 자기 평가에 의해 실시된 34가지의 강점 평가로 결과를 산출한 후, 상위 5가지의 강점 목록을 제공한다. 스트렝스파인더의 산출방식은 평균과의 상대비교가 가능한 노머티브(normativ)방식이 아닌 개인 내 비교만이 가능한 입서티브(ipsative)방식을 사용하고 있기 때문에, 결과값 자체는 종속변수로서의 활용이 어렵다는 한계점이 존재한다. 갤럽이 보고한 34개 강점의 내적합치도의 범위는 0.52에서 0.79이다(Asplund, Lopez, Hodges, & Harter, 2007). 갤럽의 모델이 정의하는 강점이란 "특정 작업에 대해 거의 완벽하게 일관된 능력을 창출할 수 있는 능력"으로 정의한다(Rath, 2007)하면서, '기술, 지식, 타고난 재능(개발로는 습득할 수 없는)' 간의 결합에 의해 창출된다고 주장한다. 이렇게 특질(trait)에 기반한 접근 방식과 타고난 재능(talent)을 찾는 데 중점을 두는 접근은 리더십 '개발'보다는 '평가'에 더 부합한다는 측면이 있다.

VIA(Value in Action) 질문지(Peterson, Stephens,

Park, & Seligman, 2010)는 성격(character)과 미덕(virtues)의 강점을 평가하고 측정하기 위한 모델을 개발하려는 의도가 명백했다. VIA의 연구진들은 세계에서 가장 영향력 있는 종교와 철학 문헌들을 검토하였고, 그 결과 특정한 대표강점을 모두 뒷받침하는 6가지 영역(지혜wisdom, 용기courage, 인간성humanity, 정의justice, 절제temperance, 초월transcendence)을 파악해냈다. 이어서 VIA는 6가지 영역 중에서, 개인이 성취를 위해 발견하고 적용하는 24가지 성격 강점을 식별하기 위한 작업을 진행했다. VIA는 스트렝스파인더와 마찬가지로 상위 5가지 대표강점의 상대적 순위를 산출하기 위해 자기 평가의 정확성에 의존하고 있다. 구성 타당성 측면에서 볼 때는, 6개의 독립적인 미덕(MacDonald, Bore, & Munro, 2008)의 분리된 구인보다는, 성격의 Big5 모델이 더 밀접하게 부합한다는 증거가 있다. VIA는 갤럽의 스트렝스파인더와는 달리, 리더십 행동과의 명백한 연관성은 두고있지 않다. 그러나 진정성, 팀워크 및 리더십과 같이 평가에서 확인된 성격강점을 지닌 리더십에 대한 암묵적인 연결고리는 존재한다 (Money 외., 2009).

리얼라이즈2모델(Realise2, Linley & Stoker, 2010)은 보다 폭넓은 접근을 시도하기 위하여 평가 프로세스에 개인의 상대적 약점과 개발이 필요한 영역에 대한 정보를 추가했다. 리얼라이즈2모델에서는 평가 참여자에게 60가지의 속성을 평가하도록 안내한다. 평가의 기준은 해당 속성이 참여자에게 얼마나 활력을 불어넣는지, 얼마나 해당 속성을 잘 드러낼 수 있는지, 얼마나 자주 해당 속성을 활용하는지이다. 응답을 수집한 후, 다음의 4가지 사분면으로 구분하여 제시한다. 인식되고 사용된 실현된 강점(realized strengths that are known and used), 알고는 있지만 충분히 활용되지 않은 미실현된 강점(unrealized strengths that are known but underutilized), 역량으로 발현된 학습된 행동(learned behaviors where performance has been acquired), 능력과 에너지가 모두 낮은 약점(weaknesses where both competence and energy are low). 따라서 가장 개발의 기회가 큰 영역은 '알고는 있지만 충분히 활용되지 않은 미실현된 강점(unrealized strengths that are known but underutilized)'에서 발견된다. 60개의 모든 속성 항목 그룹에서 평균 신뢰도 점수는 0.82로 보고되었다(Linley & Stoker, 2012).

성격 특질(traits), 역량(competencies) 및 미덕(virtues)과 겹치는 부분이 분명하게 존재하는 강점(strengths)이라는 구인은 그 개념에 있어 어느 정도 모호한 점이 있다는 사실은 분명하다. 또한, 규범집단과의 비교를 할 수 없다는 점, 주관적 평가에의 의존, 동료 학계의 리뷰 문헌의 부재, 불투명한 산출 체계 등의 특징으로 하여금 이 영역에 대한 비교 연구를 수행하기가 어려운 점이 있다.

앞으로의 연구에서는 강점이라는 개념의 구인의 정의와 구인의 변별 타당도에 대해 명확한 결론을 지을 필요가 있을 것이다(Hackman, 2009).

〈강점과 성과〉

긍정리더십개발을 위한 메커니즘으로서 강점을 활용하려면 강점이 성과와 어떤 관련이 있는지에 대해 이해해야 한다. 특히, 강점과 성과 간의 관계 그래프의 모양이 곡선의 형태인지 선형의 형태인지에 대한 데이터는, 리더십 향상의 효과성을 추구하는 데 있어 강점이 어떻게 개발되는지에 대한 방법을 알려줄 수 있을 것이다. 성실성(conscientiousness)과 리더십의 효율성(Ames & Flynn, 2007), 성실성과 정서적 안정성 및 직무 수행(Le et al., 2011), 윤리적 리더십과 조직 시민행동 간의 곡선적 관계에 대한 근거는 밝혀졌다(Stouten, van Dijke, Mayer, De Cremer, & Euwema, 2013). 또한 리더십 이탈(leadership derailment) 관련 문헌에 따르면, 과도할 경우, 강점이 약점이 되며 과도한 활용(leverage) 또는 상황별 오용의 형태가 나타날 수 있음이 시사되었다(Kaiser, 2009). 이것은 강도나 맥락에 관계없이 통제되지 않은 힘의 사용은 리더십에 부정적인 영향을 미칠 수 있음을 시사한다(Kaiser & Overfield, 2010).

긍정리더십 개발

리더십개발 문헌에 대한 최근의 리뷰는 다양한 방법과 프로세스(Day, 2001; Day, Harrison, & Halpin, 2012)를 통해 시간이 지남에 따라 리더십이 개발될 수 있음을 보여주는 설득력 있는 데이터를 제공했다. 리더십은 공식적인 훈련뿐만 아니라, 개인 혹은 팀 코칭(공식적 훈련보다 더욱 효과적일 수 있는)의 맥락(Carey, Philippon, & Cummings, 2011) 모두에서 개발이 가능하며, 개발에 대한 평가도 이루어질 수 있다.

〈긍정리더십개발 훈련〉

리더십개발 훈련프로그램의 효과를 종합적으로 조사한 여러 메타분석이 있어왔다. 콜린스와 홀튼(Collins and Holton, 2004)은 개인, 팀, 그리고 조직 차원에서 리더십 성과를 향상시키는 83가지 공식적 리더십 훈련 연구에 대해 조사를 실시했다. 이 중 19개 연구는 리더십 전문지식 수준에서 객관적인 결과를 평가하기 위해 종단통제설계를 사용했으며, 전체 효과 크기는 1.01이었다. 그러나 효과 크기의 범위는 0.28에서 1.66으로 나타나, 다양한 리더십 개발 방법론이 가진 효용성에 상당한 차이가 있음을 시사한다.

리더십개발에 관한 200개의 실험실과 현장 연구를 검토한 연구를 한번 살펴보자(Avolio, Reichard, et al., 2009). 연구자들은 개입 후에 리더십 변화에 있어 0.65 정도의 작은 효과크기를 발견했으며(대조군의 경우 0.35), 개입에 사용된 이론에 따른 큰 차이는 발견되지 않았다. 이와 같이 상대적으로 작은 효과 크기에도 불구하고, 결과의 표준 편차는 0.80으로 나타나, 평가된 연구의 유효성에 큰 변화가 존재하고 있음을 나타낸다. 전반적으로 연구자들은 다양한 이론, 종속변수, 발달과정과 결과 등이 혼재되어 있음에도 불구하고, 다양한 방법론을 사용하여 단기간에 리더십을 향상시킬 수 있다고 결론지었다. 이 연구에서의 긍정 리더십 이론은 다른 모델과 결합되어 측정되었기 때문에, 변혁적 접근이나 진성리더십 접근만이 유일하게 가진 상대적 가치에 대해서는 구체적으로 밝혀지지 않았다.

메타분석결과, 시간이 지남에 따라 리더십 등급이 크게 바뀔 수 있다는 점에 있어서는 확실한 근거를 제공하지만 변화가 실제 업무 성과에 미치는 영향에 대해서는 거의 알려주는 정보가 없다. 단, 변혁적 리더십의 성과결과에 대해서는 광범위한 연구가 수행되었다. 구체적으로, 작업, 맥락 및 창의적 성과결과에 대한 변혁적 리더십의 영향을 조사하는 113개 연구에 대한 메타 분석을 수행한 연구가 있다(Oh, Courtright & Colbert, 2011). 연구자들은 자기보고식 연구를 탈피한 방식의 평정방식을 사용하여, 개인적 차원의 성과와 변혁적 리더십 간에 평균 0.25의 상관관계를 보고했다.

이 메타분석연구의 근거가 제시하는 메시지는, 리더십이란 변할 수 있으며 상태에 대한 특정 개입을 통해 향상될 수 있는 하나의 '능력'의 속성을 가지고 있으며, 자기보고식 차원을 넘어서서, 객관적인 성과 기준에까지 직접적인 영향을 미친다는 것이다. 그러나 결과 측정의 일관성 결여, 특정 방법론을 고수하는 특성에 기반한 측정의 부재, 자기보고식 측정에 대한 과도한 의존 때문에 리더십 개발에 있어 특수한 구인의 확인작업은 문제가 있어온 것은 사실이다(MacKie, 2014). 긍정적 리더십 개발(PLD)에 관한 구체적인 문헌은 위에서 검토한 일반적인 리더십 개발 문헌만큼 발전하지 못했다. 이것은 구인이 상대적으로 최근에 나타났다는 점과 더불어, 부분적으로는 윤리적 의사결정과 관계적 투명성에 있어 리더를 훈련한다는 속성이 가진 복잡성 등 진성리더십 개발의 경우로 인해 발전이 더딘 이유 등이 존재한다(Cooper, Scandura, & Schriesheim, 2005). 그러나 변혁적 리더십의 훈련 가능성에 관한 문헌은 풍부하고 긍정적이다(Avolio, Reichard, et al., 2009, Day, Fleenor, Atwater, Sturm, & McKee, 2014; Kelloway & Barling, 2010).

또한 팔로워에 대한 변혁적 리더십의 효과는 변혁적 리더십이 팔로워에게 심리적자본을 구축하고, 결과적으로 성과에 긍정적인 영향을 미친다는 근거를 통해 경험적으로 조사된 바가 있다(Gooty과 동료들., 2009). 구체적으로 변혁적 리더십의 어떠한 측면이 팔로워에게 심리적자본을 구축하는지에 대해서는 명확하지 않으나, 팔로워가 리더로부터 정서적 전염을 통해 영감을 받는다는 하나의 옵션은 존재한다(Walumbwa, Peterson & Avolio, & Hartnell, 2010).

긍정리더십, 특히 진성리더십 개발의 토대를 마련한 다양한 이론적 논문이 존재한다(Avolio & Gardner, 2005; Cooper et al., 2005; Spreitzer, 2006). 그러나 관계적 투명성과 내면화된 도덕적 관점을 포함한 하위요인과 성과와의 링크에 대해서는 아직 입증되지 않았으며, 리더가 개발하기에 어려움이 존재할 가능성도 배제할 수 없다(Cooper et al., 2005). 또한 리더십 개발에서 진정성과 성과와의 선형적 관계가 있다는 점, 그리고 조절되지 않은 자기공개가 갖고있는 강압적 속성을 감안할 때 리더십 개발에 있어 얼마만큼의 진정성이 요구되어야 하는지에 대한 의문은 존재한다(Tourish, 2013).

〈긍정리더십개발에서의 코칭〉

개인화된 코칭은 리더십 개발을 위한 표준화된 교육 방법론에 있어 보편적인 대안으로 자리잡았다(Carey et al., 2011). 코칭은 스킬의 개발과 전달, 자기인식의 향상, 동기부여 강화 등을 포함하여 다양한 리더십 개발 영역에서 사용되어 왔다(Hernez-Broome & Boyce, 2011, Passmore, 2010). 전통적으로 코칭은 내용에 있어 중립적인 접근방식을 활용하였다(Grant, Green, & Rynsaardt, 2010). 그러나 코칭이 발전함에 따라, 리더십 코칭을 포함한 전문코칭 모델이 문헌에서 출현하기 시작했다(Elliot, 2005). 코칭은 성과향상 및 강점기반 방법론에 초점을 맞추기 때문에, 긍정리더십개발의 핵심 방법론과 잘 일치하는 측면이 있다(Biswas-Diener & Dean, 2007, Linley & Harrington, 2005, Seligman, 2007).

최근에 발표된 코칭성과에 대한 두 가지 메타분석 연구는 리더십개발 방법론으로 코칭의 효율성에 대한 일부 지지근거를 제공했다.

연구자들은 분석이 유의미할 정도로 충분히 엄격하게 실시되었는가를 기준으로 18개의 논문을 메타분석에 포함시켰다(Theeboom, Beersma와 van

Vianen, 2014). 그러나 안타깝게도 18개의 연구 중단 4건의 연구만이 일터 내에서 피험자 간 설계에 기반하여 자기보고식 데이터 수집을 넘어서는 접근으로 실시되었고, 한 개의 연구만이 변혁적 리더십을 독립변수로 설정한 것으로 나타났다(Cerni, Curtis, & Colmar, 2010). 이 4개 연구의 평균 효과크기(더 보수적인 변화 지수인 헤지의 g를 사용함)는 g = 0.08에서 0.36으로 나타났고, 이는 중간 정도의 효과로 간주된다. 더 최근의 메타분석연구(Jones, Woods, & Guillaume, 2016)는 일터에서 이루어진 코칭에 중점을 두었으며, 분석에 포함하기에 충분하다고 판단된 17개의 연구를 찾았다. 또한 연구자들은 기술습득과 개인의 성과와 같이, 조직과 직접적으로 관련된 결과만을 선택하여 살펴보았다. 분석결과, 코칭과 성과관련 변인의 효과 크기는 d = 0.28에서 1.24까지의 결과가 나타났으며, 개인차원의 결과가 효과크기에 가장 큰 영향을 미쳤다. 그러나 결과를 측정하는 측면에서 보자면, 결과에 대한 '자가평가'와 관리자, 동료, 그리고 직속상사를 포함한 '타인평가'의 피드백을 구별하지 않은 상태로 측정되었다는 한계점으로 인해, 코칭연구가 갖고 있는 광범위한 영향은 아직 알려지지 못한 실정이다. 여기서 하나 흥미로운 결과는, 다면평가에 의한 피드백자료(MSF, multisource feedback)가 없이 진행된 코칭은 효과 크기가 더 크게 나타난 것이다. 이는 리더십개발 프로그램에서 다면평가에 의한 피드백자료의 편재성을 고려할 만한 결과이다. 임원코칭에 대해 하나의 합의된 성과 준거는 없지만, 코칭 후 자신이 보고한 웰빙의 향상도를 비교하는 연구와, 리더십 행동에 있어 중요하면서도 긍정적인 변화가 일어났다는 다면평가 결과를 비교하는 연구를 실제로 수행하기에는 한계가 많다(MacKie, 2014). 이에 대한 부분적인 이유로는, 개인이 보다 객관적인 성과기준과 비교했을 때, 주관적인 성과에 대해 과대평가하는 경향이 있기 때문으로 해석할 수 있다(Kruger & Dunning, 1999).

리더십 관련 결과변인에 대한 일터 내 코칭(workplace coaching)의 구체적인 영향을 조사한 연구는 비교적 찾기 힘들다. 맥콜-케네디 앤더슨(McColl-Kennedy and Anderson, 2002)이 139명의 영업담당자를 대상으로 코칭과 리더십의 연계성을 조사한 결과, 좌절감과 낙관주의가 리더십 스타일과 부하직원의 성과 사이의 관계를 완전히 중재하는 요인이라는 것을 발견했다. 그러나 이 연구는 기존에 이미 존재하던 성과 기준에 따른 조사 설계를 그대로 사용했기 때문에, 낙관적인 설명 스타일의 훈련가능성 및 미래의 성과를 예측하는 능력에 대한 평가는 이루어지지 않았다는 한계점이 있다.

실리어스(Cilliers, 2011)는 리더십 코칭에 있어 긍정심리학적 접근법이 미치는 효과를 조사하기 위해 질적 방법론을 사용했다. 또한 리더십 코칭을 통해 리더십의 개인 내적측면 및 대인관계적 측면까지 긍정적인 영향을 미치기 위하여, 긍정심리학적 접근의 리더십 코칭을 학습, 성장 및 변화에 대한 '인적' 측면에 초점을 맞추어 정의한 후, 금융조직의 11명의 리더를 대상으로 긍정적 리더십코칭의 영향을 조사하였다. 참가자들은 일터에서의 몰입, 조화, 가치, 자원동원력, 통제소재에 초점을 맞추어 진행된 총10회기의 실험적 코칭세션에 참가했다. 일련의 단일케이스 설계와 담론 분석(discourse analysis) 방법론으로 분석한 결과, 다음과 같이 6개의 새로운 주제가 확인되었다. 역할에 대한 몰입, 역할의 복잡성, 정서적 자기인식, 자기 승인, 타인의 성장 촉진. 본 연구에서는 정량적인 데이터는 보고되지 않았고, 사후개입의 결과에 대해서도 평가된 바가 없기 때문에, 이 개입으로 인한 폭넓은 영향에 대해서는 확인이 어렵다는 한계가 존재한다.

코칭의 맥락에서 특정한 강점-기반 리더십개발 방법론의 효능에 대한 연구도 시작되었다(MacKie, 2014). 다면평가에 의한 피드백자료를 종속 변수로 사용하여, 국제비영리조직(NFP, international non-for-profit)에 종사하는 37명의 리더와 관리자를 대상으로 집단 간 무작위 설계 실험연구를 실시했다. 이 연구에서는 인터뷰(최고 경험), 심리측정(Realise2 Inventory) 및 다면평가 데이터(MLQ360)의 조합을 사용하여 참가자들의 강점을 측정하였다. 본 연구에서는 완전히 활용된 강점과 부분적으로 활용된 강점을 개발하는 동시에, 필요한 경우, 약점을 해결하는 데에도 중점을 두는 방식으로 설계된 매뉴얼 기반의 강점-중심 코칭 프로토콜을 사용했다. 참가자들은 3개월에 걸쳐, 총6회의 강점-중심 코칭을 받았다. 연구 결과, 참가자들은(MLQ360를 통한 타인의 평가결과와 마찬가지로) 변혁적 리더십에서 매우 높은 수준의 중요한 변화를 경험했다.

강점-기반 리더십 코칭 이후에 생겨난 변혁적 리더십의 중요한 변화 이외에도, 리더십 성과에 대한 긍정적인 변화가 보고되었다. 여기서 리더십 성과란 코칭 전후의 리더십 스타일에 대한 추가적 노력, 효과성과 만족도 측면에서 타인이 평가한 보고내용을 의미한다. 따라서 코칭이 종료된 후, 피코치의 리더십스타일의 긍정적 변화로 인하여, 피코치의 평가자들은 자발적 노력을 들인 피드백을 추가적으로 제공하는 현상이 나타났다. 이는 긍정적 리더십이 궁극적으로는 동료 및 직속부하를 포함하여 조직 내 타인들로부터 추가적 자원을 얻을 수 있는 등의 기회를 열 수 있다는 측면에서 중요한 발견으로 볼 수 있다. 끝으로, '강점-기반 코칭 매뉴얼'을 고수하는 방향에 대해 코치와 피코치의 관점에서 평가한 결과, 변혁적 리더십의 긍정적인 변화를 예측할 수 있는 것으로 나타났다. 즉, 피코치의 긍정적 리더십 변화를 만들어내는 데 영향을 미친 요인은 강점-기반 구인이라는 것을 나타낸다고 볼 수 있다(MacKie, 2014).

〈팀 내 긍정조직개발〉

긍정조직개발은 앞서 논의했던 것처럼 개인의 현상뿐만 아니라, 팀에서도 그 효과를 살펴볼 수 있다(Zaccaro, Heinen, & Shuffler, 2009). 예를 들어, '자기 통제'와 같이 개인의 기술 개발과, 팀지향성과 같은 대인관계 기술의 향상과 같은 리더십 개발 간의 차이를 구분하는 것은, 리더와 그들이 속한 조직적 맥락 간의 상호 작용이 갖고 있는 복잡성에 대한 인식에 기반한 접근이다(Day, 2001). 변혁적 리더십과 같은 개별 리더십이론이 효과적인 팀리더십의 기초를 형성할 수 있다고 주장하는 목소리가 있으나, 이에 더하여 팀리더십은 통합, 상호 연관성과 조화에 중점을 둔다(Marks, Zaccaro, & Mathieu, 2000). 팀리더십 모델에서는 '팀리더십'을 팀효율성의 조절변인으로 간주하는 경향이 있으며, 개별 리더가 갖고 있는 강점 간의 시너지 효과를 활용하는 방향으로, 공동의 리더십 모델을 채택하는 경향이 있다(Yammarino, Salas, Serban, Shirreffs, & Shuffler, 2012). 그룹이나 팀 차원에서의 리더십 개발을 촉진하는 작업은 더 이상 새로운 개념이 아니며, 액션러닝과 같은 개념을 통해 조직에 확산되어오고 있다(Day, 2001; Marquardt, 2000). 그러나 팀 기반 긍정조직개발은 보다 더 유연하고 직응력 있는 팀리더십 시스템을 마련하기 위한 목적으로, 개별 리더의 강점 파악과 활용을 지원하는 개념을 지지하는 방식인 관계적이고, 널리 퍼져 있으며, 공유된 리더십 모델에 더욱 더 명시적인 중점을 두고 있다(Gordon & MacKie, 2016). 팀에 관한 기존의 메타분석연구에서는, 사람-중심의 변혁적 리더십 행동과 팀 효율성, 그리고 생산성간에 유의미한 상관관계를 발견했다(Burke et al., 2006). 또한, 팀-수준의 긍정성, 특히 낙관주의와 효능이 추후 팀의 성과를 예측하는 변인인 것으로 밝혀졌다(West, Patera, & Carsten, 2009). 그러나 우수한 성과를 보이는 팀이 갖고 있는 긍정정서의 정확한 비율에 대해서는 여전히 논란의 여지가 있다(Brown, Sokal, & Friedman, 2013).

긍정조직개발의 한계점

현재 긍정리더십 프레임워크는 초기 개발단계에 있으며, 이론적/개념적/정치적 근거를 비롯한 다양한 기준에 의거하여 여러 비평가들의 도전을 받고 있다. 긍정리더십 개념에 대한 비판에는 부정 정서가 가진 이득을 무시한다는 의견(Gilbert, 2006), 리더십을 하나의 타고난 속성 또는 고정된 개념으로 장려한다는 비판, 그리고 긍정리더십 개발의 상황적 맥락을 무시한 측면(Biswas-Diener et al., 2011) 등 편향된 리더십을 증진시킬 위험성에 대한 비판적 의견들이 포함된다(Kaiser & Overfield, 2011).

이 주제와 관련하여 콜린슨(Collinson, 2012)은 긍정적인 결과 이외의 것을 예상하고 준비하기를 꺼리는 태도는 위험요인에 대한 불충분한 평가와, 의사결정으로 인한 부정적 결과에 대한 부정적 전망으로 이어질 수 있는 '프로작(Prozac) 리더십'에 대해 일침을 가했다.

긍정리더십의 핵심구인 중 하나인 진성리더십에 대한 우려도 있다. 특히 진성리더십 개발 방법을 수렴하기 전에 이루어져야 하는 구인, 특히 '진정성'이라는 구인을 측정하는 모델에 대한 질적 탐구가 아직 충분치 못한 상태이기 때문에, 우선적으로 진정성의 구성개념에 대한 명확한 정의와 판별타당도를 높일 필요가 있다(Cooper et al., 2005). 또한, 핵심 자기(core self, Ford & Harding, 2011)에 대해 아는 것은 불가능하다고 주장하는 사람들은, 진정성 구인 자체에 대해 도전거나, 핵심적 진짜 자기란 전인류에 걸쳐 긍정적일 것이라는 가정에 대해 의문을 제기한다(Tourish, 2013). 이는 잠재적인 한계점인 동시에 후속 연구를 위해 참고할 만한 유익한 영역이라고 볼 수 있다.

강점은 상황에 따라 과장될 수 있으며, 맥락이나 영향에 대한 고려 없이 사용될 경우, 그 영향력이 잘못 쓰여질 가능성이 있다는 인식에 따라, 강점-기반 접근법의 적용에 관한 지속적인 우려의 목소리가 존재한다(Kaiser, 2009; MacKie, 2008). 많은 사람들이 이미 다양한 업무(Dunning, Johnson, Ehrlinger, & Kruger, 2003)에 대하여 자신의 역량을 과대평가했다는 점을 감안할 때, 긍정적인 것에 대해서만 지나치게 초점을 맞추는 것은 개인의 인식을 왜곡할 수 있으며, 기존에 갖고 있던 긍정적 편향을 재확인할 위험성이 있다는 것을 인식할 필요가 있다. 또한, 강점에 초점을 두는 접근은 개인과 조직을 개발하기 위한 또 하나의 '특질(trait)-기반 접근법'이 될 위험이 있으며, 이는 팀/그룹/두 사람 간의 상호작용과 다양한 상황 변수, 그리고 개인적 자질 간에 벌어질 수 있는 복합적인 상호작용에 대해서는 상대적으로 간과할 위험이 있다(Hernandez et al., 2011).

끝으로 리더십 연구에 대한 비판적 관점에서 살펴보면, 변혁적 리더십 모델과 진성리더십 모델을 포함하여 긍정리더십 이론은 리더에게 과도한 주도성을 부여하는 동시에, 팔로워가 만들어낼 수 있는 기여도를 감소시킨다는 주장이 있다(Collinson, 2011). 따라서 현재 긍정리더십 분야는 리더십이 아니라 '리더'에게 초점을 맞춘 추세, 그리고 권력이 매우 불균형하게 설정된 리더-팔로워 관계에서 강제력이 가진 잠재적 단점에 대해서는 아직까지 완전히 탐구하지 않은 상태가 지속되고 있다고 해석할 수 있다(Tourish, 2013). 또한, 다운된 기분이나 감정을 덜 표현하는 스타일이 긍정리더십을 전파하는 조직문화에 있어 적절하지 않거나 병리적으로 해석될 여지가 있다는 점도 주의를 기울일 필요가 있다(Fineman, 2006). 일터에서의 웰빙에 대한 개인의 책임에 대해서는 조직 내 긍정적 분위기 및 웰빙에 대한 사회적 설명을 강조하는 연구자들에 의해 도전받고 있으나(Wilkinson & Pickett, 2009), 개인과 사회적 속성 사이에 존재하는 긴장에 대해서는 아직 충분히 탐구되지 않은 실정이다.

긍정리더십에 대한 비판에 대해 전체적으로 분석한 결과, 긍정접근법이 갖고 있는 명확한 한계와 피해야 하는 영역에 대해 인식할 필요가 있다고 주장하고 있으며, 리더십개발 영역에 있어 긍정조직행동 구인을 적용할 시에 보다 균형적이고 주의를 기울인 접근이 필요하다고 주장한다.

미래 연구

본 리뷰의 목적은 2000년경에 출범한 이래, 긍정리더십 개발분야에서 이루어진 발전에 대해 확인하고자 한 것이었다.

긍정리더십 이론의 개념화, 그리고 리더와 리더십 개발에 대한 적용법에 있어 상당한 발전이 있었음에도 불구하고, 학술적 엄격성에 비추어봤을 때 더욱 더 진전이 필요한 영역이 여럿 존재한다. 첫째, 교차연구비교가 가능하기 위해서는, 조직 관련 성과변인에 대한 동질성이 더욱 커져야 할 필요가 있다(Day et al., 2014).

따라서 자기보고식 평정 수준을 넘어선 조사(특히 팔로워의 데이터)가 결과분석에 포함될 필요가 있다. 긍정리더십 연구의 효과를 더 심층적으로 조사하기 위해서는, 예를 들어 '진성리더십 개발' 대 '강점-기반 개발'과 같이 서로 대조되는 접근법에 대하여 적극적으로 비교연구를 실시할 필요가 있다(Barling, 2014). 이를 위해서는, 리더십코칭의 프로토콜 준수를 시험하는 것과 같은 매뉴얼화를 통해, 투명성을 높이는 방법이 하나의 대안이 될 수 있을 것이다. 강점이라는 개념이 하나의 독립적인 구인으로서 충분한 변별타당도를 갖고 있는지에 대한 지속적인 연구가 필요하다. 끝으로, 독립적인 경험적 입증작업을 위하여, 연구자-실무자 간의 격차를 좁히고, 우수한 수준으로 개발된 실무적 접근법에 주의를 기울이는 작업이 필요한 시기이다(예, Zenger, Folkman, & Edinger, 2011).

최근에 부상한 마음챙김과 수용전념치료와 같은 이론을 기반으로 조직개발 진행할 경우, 해당 구인이 긍정조직개발을 어떻게 매개하거나 중재하는 지에 대한 충분한 고려가 필요하다. 예를 들어, 수용전념치료는 부정정서가 존재할 잠재성이 있는 경우에도 불구하고 가치기반의 목표의 추구를 장려하기 때문에, 개입으로 인한 웰빙이나 긍정정서의 변화를 측정하는 것은 모델에 대한 공정한 측정이 아닐 수 있다. 그러나 수용전념치료기반 리더십개발에 따른 심리적 유연성의 향상은, 리더십 유연성이 리더의 출현과 효과를 예측하는 요인으로 확인됨에 따라 중요한 발견으로 간주되고 있다(Good & Sharma, 2010). 이와 같은 맥락에서 팔로워의 몰입, 긍정성 및 성과에 대해 리더의 마음챙김이 미치는 영향에 대해 조사한 종단 연구는, 긍정조직개발 프로세스에 마음챙김이라는 구인을 통합하는 데 있어 기초자료가 될 것이다(Kinsler, 2014). 리더의 마음챙김에 대한 연구는 여전히 우선 순위에 포함되어 있다. 하지만 현장에서의 적용이 연구에 의한 근거보다 훨씬 더 앞서고 있으며, 현장에서의 자기보고식 평정에 따른 낮은 신뢰도, 마음챙김 척도의 구성타당도가 가진 한계점, 다양한 마음챙김 척도 간의 낮은 변별타당도 등과 같은 기존의 마음챙김 연구에 대한 방법론적 한계가 존재한다.

현재까지 대다수의 연구가 미국과 영국에서 실시되었고, 긍정적 개인주의의 가치에 젖어 있는 긍정조직개발 영역에 있어서는 문화적 확장을 위한 기회가 충분히 존재한다(Collinson, 2011). 진성리더십에 함축되어 있는 개인의 정체성에 대한 초점은 개인의 성취보다 사회적 책임을 선호하는 집단적인 문화나, 개인의 발전과 만족이 억제되고 절제되어야 한다는 가치가 옹호되는 사회에서 과연 의미가 있다고 볼 수 있을까?(Wong, 2011)

마지막으로, 팀 분석수준에서는 팀효율성에 대한 강점과 개발의 영향을 검토하고, 긍정기반의 강점과 강점의 개발이 작업과 프로세스의 성과에 미치는 영향을 조사할 수 있는 기회도 남아있다. 또한, 팀의 단계나 성숙도가 긍정조직개발 개입의 효과를 중재한다고 제안하는 예비근거가 발견되었다(Burke et al., 2006). 팀개발의 단계와 그 안에서의 긍정리더십 행동의 진화를 확인하는 작업은 긍정조직 연구문헌에 있어 중요한 근거가 될 것이다.

결론

리더십 개발에 대한 긍정적인 접근법은 긍정적인 상태와 특질을 파악하는 과정인 동시에, 개인의 강점과 약점을 조직이 갖고 있는 도전과 정렬시키는 방법이기도 하다. 강점의 개발은 해당 강점이 적용되는 조직환경의 맥락에서, 강점 프로파일의 체계적인 측정을 필요로 하는 것과 같이 복잡하고 미묘한 과정이다(Zenger & Folkman, 2011). 구인으로서의 강점의 변별타당도를 향상시켜야 하는 것이 현안임을 감안할 때, 강점을 긍정조직개발에 통합하는 작업의 진보가능성은 강점 개발방법론이 얼마나 정교화되고 검증될 것인지에 달려 있다고 보인다.

리더십코칭은 자연스럽게 긍정적 리더십 개발(PLD)의 전달을 위한 수단이 되지만, 다양한 변수, 프로세스와 모델을 어떠한 방식으로 코칭에 적용하고 통합시킬 것인지에 대한 정확한 방법론에 대해서는 향후 연구를 통해서 밝혀질 필요가 있다. 가역적 성질을 가진 긍정적 구인을 타겟 변인으로 하는 대안적 긍정리더십 코칭방법론에 대한 종단

통제연구와 같은 접근은 위의 질문에 대한 답을 찾아가는 데 가장 적합하다고 보여진다(Mills et al., 2013).

진성 리더십과 발달적 준비도 이론을 포함한 긍정리더십 모델은 리더십개발 프로세스에 적극적으로 참여할 준비가 된 사람들에게 인사이트를 제공하고 있다. 단, 기존의 다요인-전범위 모델을 대변하는 변혁적 리더십이 갖고있는 한계점을 되풀이하지 않도록 주의를 기울여야 한다는 사실을 기억할 필요가 있을 것이다(Bass & Bass, 2008). 끝으로, 긍정적 리더십 개발은 특질-기반의 접근법을 넘어서서, 긍정적인 상태, 마음가짐과 강점이 구체적으로 어떤 상황과 맥락에서 최적의 리더 및 리더십 개발을 촉진할 수 있는지에 대한 근거를 밝혀내는 작업을 지속할 필요가 있을 것이다.

18장
구성원 몰입

세바스티안 로스만(Sebastiaan Rothmann)

서론

칸(Kahn, 1990)은 업무에 대한 개인적 몰입(인지적, 신체적, 정서적 에너지를 자신의 역할수행에 투자)의 개념을 처음으로 소개하였다. 그 후 다양한 이유로 구성원 몰입에 대한 관심이 점진적으로 증가하였다. 첫째로, 심리학의 초점은 '약점, 기능하지 못함, 손상'에 대한 탐구에서, '행복, 강점, 최적의 기능으로 전환되었다(Seligman & Csikszentmihalyi, 2000, Strümpfer, 2005). 셀리그만(Seligman, 2003)은 행복의 탐구와 촉진을 심리학의 중요한 목표로 삼아, 즐거움, 몰입, 의미라는 세 가지 행복의 경로를 제안했다. 몰입은 개인이 강점을 활용하여 만족을 추구하는 과정을 수반한다. 후속 서적에서, 셀리그만(Seligman, 2011)은 몰입을 인간 건강의 차원 중 하나로 간주했다. 소진에 대한 연구문헌(Maslach & Leiter, 1997)에서는, 소진의 직접적 반대 개념으로서 몰입에 대한 관심이 생겨났다. 소진에 대한 연구는 구성원 몰입에 대한 연구를 촉진하였다(Bakker, Schaufeli, Leiter and Taris, 2008). 소진을 "업무 몰입에 대한 침식"으로 정의한 견해도 있다(Maslach and Leiter, 1997, p. 23). 연구자들은 구성원 몰입을 에너지, 개입, 효능으로 특징지을 수 있다고 제안

하였다. 이는 소진의 구성요소로 알려진 고갈, 냉소주의, 낮은 직업적 효능감의 반대 개념이다. 이와 같은 관점과 반대되는 견해로, 슈펠리, 살라노바, 콘잘레즈-로마, 바커(Schaufeli, Salanova, González-Romá, Bakker, 2002)는 몰입이 소진과 부정적 상관관계를 가지고 있지만, 업무에 대한 활력, 헌신, 몰두로 특징지을 수 있는 독립적인 별도개념임을 강조한다.

둘째로, 구성원의 투입을 극대화하려는 기업의 니즈가 몰입에 대한 관심에 기여하였다. 갤럽에 의해 개발된 만족-몰입 접근법(satisfaction-engagement approach)은 구성원 만족이 고객만족, 총자산이익률(ROA), 수익, 주주 가치와 같은 조직성과를 향상시킨다는 것을 보여주었다(Harter, Schmidt, Hayes, 2002; Harter, Schmidt, & Keyes, 2002; May, Gilson, & Harter, 2004).

셋째로, 일터에서 개인적 몰입이 구성원의 심리적 웰빙에 긍정적인 영향을 미친다는 사실이 발견되었다(Robertson & Cooper, 2009). 몰입은 구성원의 사고방식에 영향을 미치며, 개인의 주도성 및 학습과도 연관된다(Sonnentag, 2003). 또한, 이는 품질에 대한 자유재량의 노력과 관심을 불러 일으킨다(Salanova, Llorens, Cifre, Martinez, & Schaufeli, 2003).

넷째로, 삭스(Saks, 2006)의 연구와 관련된 몰입에 대한 다차원적 접근법은 직무몰입과 조직몰입을 구분하고 있다(Shuck, 2011).

구성원 몰입은 심리학, 산업 및 조직심리학, 간호학, 교육학, 인적자원 관리 및 비즈니스의 분야에서 학자와 실무자의 상상력을 사로 잡았다(Truss, Delbridge, Alfes, Shantz, & Soane, 2014). 과학자들은 백만 명이 넘는 구성원의 몰입에 대해 연구하였다(Bargagliott, 2011). 또한, 글로벌 경제가 빠른 속도로 변화함에 따라, 노동생산성을 높이려는 조직과 국가에서 구성원 몰입은 점점 더 중요한 관심사가 될 것으로 예상된다(Gallup, 2013). 그러나 몰입 연구의 성과는 일관성 없는 정의 및 측정(Schaufeli, 2014), 학자와 실무자의 선행요인(antecedents)과 결과변수에 대한 불일치한 견해(Truss et al., 2014)에 의해 저해되어 왔다.

18장에서는 구성원 몰입 연구의 개요를 소개해 볼 계획이다. 첫째로, 구성원 몰입을 개념화하고, 이에 대한 측정법 및 최신 트렌드와 지식을 소개할 것이다. 둘째로, 구성원 몰입을 설명하는 이론과 모델에 대한 개요를 제시해보려고 한다. 셋째, 구성원 몰입의 동인과 결과를 확인할 것이다. 마지막으로, 구성원 몰입에 관한 향후 연구에 대해 논의하면서 18장을 마무리할 것이다.

구성원 몰입의 개념, 측정, 보편성

〈구성원 몰입의 개념〉

구성원 몰입의 정의에 대해서는 혼란이 존재한다. 구성원 몰입은 때로는 상태, 특성, 행동, 심지어 이것의 선행요인 및 결과변수에도 적용된다. '업무 몰입', '구성원 몰입'(Truss et al., 2014)과 같은 용어 간의 차이는 분명하다. 슈펠리(chaufeli 014)는 업무 몰입이라는 용어는 개인과 직무 간의 관계를 의미하는 반면, 구성원 몰입은 직무뿐만 아니라 조직과의 관계 또한 의미한다고 주장한다. 그러나 이 장에서 사용된 구성원 몰입이라는 용어는 업무 몰입과 구성원 몰입 모두를 포괄한다. 구성원 몰입은 개인적 몰입과 조직적 몰입, 학문적 관점과 실무적

관점, '경직된 관점'과 '부드러운 관점', 변동하는 몰입과 지속적인 몰입, 구성원 몰입과 웰빙의 관점과 같은 다양한 관점에서 개념화되어 왔다.

- 개인적 관점과 조직적 관점

구성원 몰입에 대한 개인적 관점에 있어서, 다음과 같이 구성원의 몰입을 세 가지 유형으로 구분하였다(Macey and Schneider, 2008). (1) 심리적 상태(psychological state)로서의 몰입(참여, 헌신, 애착으로 나타남) (2) 특성(trait)으로서의 몰입(긍정 정서, 성실성 등으로 나타남) (3) 행동(여분의 시간, 사고력, 에너지의 자발적 투입과 같은 업무환경에서 직접 관찰이 가능함). 몰입하는 구성원은 더 많은 일을 할 뿐만 아니라, 혁신적 행동과 주도성을 나타내고, 적극적으로 공헌의 기회를 찾으며, 자신의 역할에서 보편적으로 기대되는 것 이상을 수행한다(Macey & Schneider, 2008).

상태에 초점을 맞춘 몰입의 개념은 다음과 같은 칸(Kahn, 1990)과 슈펠리 등(Schaufeli et al., 2002)의 정의를 포함하고 있다.

- 칸(Kahn, 1990, p.694)은 몰입이란 "조직구성원이 자신의 정체성을 자신의 업무역할에 신체적/인지적/정서적으로 연결하는 것"이라고 정의하였다. 사람들이 신체적/인지적/정서적으로 자신을 업무역할에 연결하는 정도는 다양하게 나타난다. 인간이 자신의 자아를 역할 수행에 더 많이 투입할수록, 그들의 업무성과는 더 크게 영향을 받는다. 또한, 업무와의 관계와 타인과의 관계를 촉진하는 직무행동에 있어서, 몰입은 개인이 선호하는 자아의 활용과 표현의 방식이라 할 수 있다.
- 반면, 슈펠리 등(Schaufeli et al, 2002)은 구성원 몰입을 활력, 헌신, 몰두로 특징지을 수 있는 긍정적이고, 충족적인 업무관련 마음상태로 정의했다. 슈펠리(Schaufeli, 2014)는 구성원 몰입을 심리적 상태라고 주장할 만한 충분한 증거가 있다고 언급했다.

또 다른 연구에 따르면, 몰입은 인간이 자신의 역할수행에 개인적인 에너지를 투입하고 진정성을 나타냄으로써, 해당 역할에서 자아를 표현하도록 하는 진정성(authenticity)의 개념에 그 뿌리를 두고 있다(Rothbard and Pati, 2012). 구성원 몰입을 긍정 정서와 동일하게 다루는 견해(예: Bakker & Oerlemans, 2012, Schaufeli et al., 2002)를 비판하고, 몰입이 긍정정서와 부정정서 모두와 관련될 수 있음을 지적했다.

칸(Kahn, 1990)과 슈펠리와 동료들(Schaufeli et al., 2002)에 따르면, 구성원의 몰입은 3가지 차원, 즉 신체적 차원(신체적으로 과제에 몰두하고, 활력 및 긍정적인 정서 상태를 나타냄), 인지적 차원(일터에서 집중하며, 몰두와 참여를 경험함), 정서적 차원(일하는 동안 직무 및 타인과 연결되며, 전념과 헌신을 나타냄)으로 구성된다.

메이시와 슈나이더(Macey and Schneider, 2008)는 업무(열정, 몰두)와 조직(자긍심, 정체성)에 대한 높은 수준의 몰입, 정서적 에너지(열정, 높은 각성 수준), 일터에서의 자기 존재감을 의미할 때, 몰입은 심리적 상태와 행동을 결합하는 기능을 수행한다고 보았다. 다른 연구자들은 구성원 몰입을 정의할 때, 심리적 상태(즉, 인지적, 신체적, 정서적 차원)와 행동(즉, 성과와 관련된 결과물)과 같은 구성원 몰입의 선행요인을 고려해야 한다고 주장했다(Rich, LePine and Crawford, 2010). 따라서, 몰입은 구성원이 주변 상황을 어떻게 경험하고 해석하는지, 이에 따라 어떻게 행동하는지를 의미한다(Shuck, Ghosh, Zigarmi, & Nimon, 2012). 구성원 몰입은 과업에 대한 강력한 집중과 개인적 자원을 투자하려는 결심을 수반한다(Christian, Garza, & Slaughter, 2011). 구성원의 즉각적인 과업에 초점을 맞추는 것이 몰입의 근본적인 특징이다(Shuck et al., 2012). 다음 단계로, 특정한 심리적 조건(예: 의미, 안정성, 유용성)에 따라 개인적 자원을 업무에 투자하기로 결정하게 된다.

구성원 몰입은 직무 태도(Christian et al., 2011), 직무 몰입, 직무 만족, 조직 헌신과 구별되는 개념이다(Rich et al., 2010; Shuck et al., 2012). 구성원 몰입은 업무역할 적합도(work role fit)와 같은 선행요인에 대한 예측력도 가지고 있다(Shuck, Reio, & Rocco, 2011).

조직 차원의 몰입은 조직이 구성원 몰입에 영향을 줄 수 있는 하나의 방법이다(Harter, Schmidt, Hayes, 2002)

그러나 조직 수준에서 구성원 몰입에 초점을 맞춘 연구는 거의 없다. 삭스(Saks, 2006, p.601)는 "조직이 역할을 실행할 때 나타나는 심리적 실체"라고 몰입을 정의함으로써, 조직 차원을 그 의미에 포함시켰다. 삭스(Saks, 2006)는 몰입에 대한 개인적 관점을 포함시키긴 하였지만, 조직 차원의 구성원 몰입에 초점을 맞추는 것이 더욱 중요하다고 주장했다. 점점 조직 내 소유(ownership) 구조의 전환이 더 자주 나타나고 있기 때문에, 장기적으로 조직의 구성은 구성원의 몰입 경향성에 더 큰 영향을 미칠 수 있다. 따라서 몰입이란 "구성원이 조직의 목표와 가치에 헌신하고 조직의 성공에 기여하도록 동기를 부여하며, 동시에 자신의 웰빙에 대한 지각을 향상시킬 수 있도록 설계된 조직 차원의 접근법"이라고 정의할 수 있겠다(MacLeod and Clarke, 2009, p.9). 이와 같은 정의는 심리적 상태보다는 노동력을 관리하는 접근법의 관점에서 몰입을 조망하고 있다.

배릭, 써굿, 스미스, 콜라잇(Barrick, Thurgood, Smith, Courtright, 2015)은 집단적 조직몰입(collective organizational engagement)이라는 조직 차원에서의 구성원 몰입에 대한 개념을 개발하였다. 조직 몰입은 개인 몰입의 단순 합계와는 구별되며, "전체로서 조직 구성원이 신체적, 인지적, 정서적으로 자신의 업무에 투자한 공유된 인식"이라고 정의한다(Barrick et al., 2015, p. 114). 세 가지 요인(동기부여적 업무 설계, 인적자원 관리 실무, 최고경영자의 변혁적 리더십 행동)이 집단적 조직몰입에 기여하며, 요인들의 효과는 전략적 실행(strategic implementation)이라는 요인에 의해 조절된다.

- 학문적 관점과 실무적 관점

구성원 몰입의 정의에 관해 서로 다른 관점을 가진 학문과 실무 간의 구분이 나타난다. 학계는 실무자의 몰입 전략에 초점을 맞추는 데 비해, 상대적으로 이론에 대해서는 관심이 낮은 현상에 대해 우려를 표한다. 이에 반해, 실무자는 일터에서 높은수준의 몰입을 촉진하는 데 있어서 이론이 가진 타당성에 의문을 제기한다(Truss, 2014).

구성원 몰입에 대한 연구에서, 학문적 관점과 실무적 관점이 대조된다(Jenkins and Delbridge, 2013). 학문적 관점은 심리학(예: Bakker & Demerouti, 2008)에 그 뿌리를 두고 있고, 구성원 몰입이 선행요인과 성과를 설명하는 유용한 정보를 제공한다고 본다. 실무적 관점에서 구성원 몰입을 촉진하는 경영진의 역할은 핵심적이다. 예를 들어, 구성원의 공헌, 구성원의 목소리를 반영하는 메커니즘, 신뢰와 조직적 정직성을 가치 있게 여기는 경영진의 접근법이 매우 중요하게 여겨진다. 그러나 실무적인 관점에서, 몰입의 '어두운' 측면(예: 스트레스와 소진과의 연관성)은 거의 고려되지 않는다는 점은 주목할 필요가 있을 것이다.

- **구성원 몰입에 대한 '경직된' 관점과 '부드러운' 관점**

'부드러운' 접근법은 긍정적인 업무환경, 경영진과 구성원 간의 관계, 구성원 몰입에 도움이 되는 업무환경의 설계에 중점을 두고 있는 반면, 생산성의 증대는 우선적 목표가 아니다. '경직된' 접근법은 구성원 몰입에 초점을 맞추어 조직의 성과를 향상시킴으로써 경쟁우위를 확보하는 것을 목표로 한다. 젠킨스와 델브리지(Jenkins and Delbridge, 2013)의 연구에 따르면, '부드러운' 접근법은 높은수준의 몰입과 관련이 있고, '경직된' 접근법은 높은수준의 이탈과 관련이 있다. 그러나, 조직은 결국 구성원 몰입을 지원하는 내재적 환경을 창출할 수 있는 경영진의 능력이라는 맥락적 요인에 직면한다는 것을 발견했다.

- **구성원 몰입과 구성원 웰빙**

로버트슨과 쿠퍼(Robertson and Cooper, 2009)는 구성원 몰입과 웰빙을 통합하는 완전 몰입(full engagement)이라는 개념을 도입했다. 완전 몰입은 구성원의 심리적 웰빙이 아닌 구성원의 헌신(commit-

ment), 애착(attachment), 시민의식(citizenship)에만 초점을 맞추는 좁은 의미의 몰입과 대조되는 개념이다. 종단연구에 따르면, 심리적 웰빙은 구성원의 성과와 관련이 있다(Cropanzano and Wright, 1999). 연구 결과, 입사 1년차의 구성원 웰빙과 5년 후의 성과 간의 관계는 점차 악화되었으며, 이는 성과에 영향을 미치는 웰빙의 중요성을 지지한다.

번영(thriving)의 개념(Porath, Spreitzer, Gibson, & Garnett, 2012)은 웰빙의 2차원 모델(bidimensional model of well-being)에서의 학습과 몰입의 요인(활력)을 통합한다. 2차원적 관점의 중요성은 활력과 학습이라는 두 가지 차원을 결합하여 행동을 이해할 때 분명해진다고 주장한다. 예를 들어, 구성원이 학습하고 있지만 고갈되었다고 느끼면 그 사람은 번영하는 것이 아니라고 보는 것이다. 구성원 몰입과 건강(flourishing; 정서적, 심리적, 사회적 웰빙으로 정의됨) 간의 강력한 관계도 보고되었다(Diedericks and Rothmann, 2013).

몰입에 대한 다양한 이론모델에는 웰빙의 요인이 포함된다. 예를 들어, 심리적 의미충족, 안정성, 유용성은 개인적 몰입모델(personal engagement model)에 포함된다(Kahn, 1990; Kahn & Heaphy, 2014). 소진, 신체적 질병으로부터 건강, 심리적 웰빙, 조직헌신은 직무요구-자원모델(JD-R)의 일부이다(Demerouti, Bakker, Nachreiner, Schaufeli, 2001). 로스만(Rothmann, 2013)은 일터에서의 건강 모델에 구성원 몰입을 통합했다. 이 모델은 정서적 웰빙(예: 직무만족, 긍정정서의 균형), 심리적 웰빙(몰두, 활력, 헌신, 의미, 목적, 자율성의 만족, 유능성의 만족, 일터에서 관계성의 만족), 사회적 웰빙을 포함한다.

개인의 웰빙을 증진시키는 프로그램에 투자함으로써, 조직은 구성원 몰입을 향상시킬 수 있다. 구성원의 신체적 건강은 일터에서의 몰입과 긍정적인 관계를 갖는다. 몰입된 구성원은 적극적으로 이탈한 구성원보다 건강한 습관을 가지고 있고, 만성적인 건강문제(예: 고혈압, 당뇨, 높은 콜레스테롤, 비만, 우울증, 심장 질환)의 발병률이 낮다(Gallup, 2013).

- 변동하는 몰입과 지속적인 몰입

최초에 몰입이라는 개념은 업무와 관련된 구성원의 지속적인 정서적-동기적 상태(Schaufeli et al., 2002), 혹은 역할에 대한 심리적 존재(Rothbard & Patil, 2012)를 나타내기 위해 개발되었다. 그러나 몰입은 일터와 환경에 대한 개인 내 경험의 변동으로도 정의되어 왔다(Bakker, 2014). 일기 연구(diary studies)를 통해, 구성원 몰입의 상태와 행동이 시간의 흐름에 따라 어떻게, 그리고 왜 변하는지 연구할 수 있다. 또한, 일기 연구 방법론을 통해 연구자는 실제 현장에서 실시간으로 변화하는 심리적 프로세스를 보다 자세히 조사할 수 있다. 뿐만 아니라, 이는 경험과 행동을 회상할 때 발생하는 부정확성의 문제를 예방한다(Sonnentag, 2003). 바커(Bakker, 2014)는 구성원 몰입에 있어서 변화의 상당량은 개인 내 변동에 기인하기 때문에, 일기 연구의 사용을 지지하였다. 또한, 날짜에 따른 직무자원의 변동은 날짜에 따른 구성원 몰입의 변동을 설명한다.

〈구성원 몰입의 측정〉

위트레흐트 업무몰입 척도(UWES: Utrecht Work Engagement Scale) 연구에 따르면, 위트레흐트 척도를 활용하여 몰입을 타당하고 신뢰롭게 측정할 수 있음이 밝혀졌다(Bakker et al., 2008; Barkhuizen & Rothmann, 2006; Burke, Koyuncu, Tekinkus, Bektas, & Fiksenbaum 2012; Schaufeli et al., 2002; Storm & Rothmann, 2003).

대부분의 연구에서 3요인(몰두, 활력, 헌신) 혹은 단일요인 모델이 보고되었다. 단일요인 모델이 다양한 문화권 전반에 걸쳐 적합하더라도(Shimazu, Schaufeli, Miyanaka, & Iwata 2010), 몰입의 차원(예: 정서적 요소, 인지적 요소)은 개인과 조직 차원의 결과물에 있어서 차별적인 예측력을 가질 수 있다. 위트레흐트 척도의 측정 안정성은, 남아프리카공화국 경찰의 서로 다른 문화집단(Storm & Rothmann, 2003)에 속하는 응급구조대원(Naudé & Rothmann, 2004), 네덜란드와 이탈리아의 조직구성원(Balducci, Fraccaroli, & Schaufeli, 2010), 호주, 캐

나다, 중국, 인도네시아, 오만의 교사(Klassen et al., 2012)를 대상으로 조사한 연구에 의해 검증되었다. 클라센과 동료들(Klassen et al.)은 활력, 헌신, 몰두로 이루어진 구성원 몰입의 3요인 모델이 호주, 인도네시아와 같은 국가의 샘플에 적용가능하다는 것을 발견하였으며, 위트레흐트 척도의 모든 항목이 하나의 구성원 몰입요인을 형성하는 단일요인 모델로서 캐나다, 중국과 같은 국가의 샘플에 적용가능하다는 것을 발견하였다. 또한, 위트레흐트 척도는 서구집단과 비서구 집단에서 변함이 없었다. 그러나 위트레흐트 척도는 다문화집단이나 여러 문화가 혼재된 환경에서 사용할 때에는 문제가 있어왔다(Naudé & Rothmann 2004; Shimazu et al., 2010).

- 몰입 척도(EI: Engagement Inventory)

몰입 척도는 메이와 동료들(May et al., 2004)이 개발하였으며, 인지적, 신체적, 정서적 몰입이라 불리는 구성원 몰입의 세 가지 요인을 측정한다. 이 요인들은 위트레흐트 척도에서 사용하는 3요인, 즉 몰두(인지적), 활력(신체적), 헌신(정서적)과 겹친다. 로스만과 로스만(Rothmann and Rothmann, 2010)은 몰입 척도의 심리측정의 특성에 문제가 있음을 발견하였다. 후속 연구(예: Diedericks & Rothmann, 2013)에서, 척도에 사용된 항목은 구성타당도와 신뢰도를 향상시키기 위해 개정되었다. 또 다른 후속 연구에서는 몰입 척도의 구성타당도와 하위척도의 신뢰도를 지지한 바 있다(Fouché, 2015).

- 지적/사회적/정서적(ISA: Intellectual, Social, Affective) 몰입 척도

지적/사회적/정서적 몰입 척도는 손과 동료들(Soane et al., 2013)이 개발하였다. 본 척도는 칸(Kahn, 1990)의 개인적 몰입모델을 기반으로 제작되었으며, 지적 몰입(일터에서의 몰두), 사회적 몰입(구성원이 업무 환경과 사회적으로 연결되는 정도), 정서적 몰입(구성원이 자신의 업무 역할과 관련하여 긍정적인 정서를 경험하는 정도)으로 이루어진 세 가지 요인을 측정한다.

- 갤럽 조사연구(Gallup Survey)

갤럽(Gallup, 2013)은 다음과 같은 4가지 측면에서 만족-몰입의 원인을 분류했다. (1) 구성원의 기본 요구사항이 만족되는가(예: 자신이 맡은 역할에 무엇이 기대되는지 알고있는지, 직무를 원활하게 수행하기 위해 필요한 자원과 장비를 가지고 있는지) (2) 자신의 공헌을 평가하고, 타인이 그 공헌을 인정하는지(예: 자신의 강점을 활용할 수 있는 기회를 가졌는지, 인정과 칭찬을 받는지, 상사가 자신을 인간으로서 배려하는지, 일터에 있는 누군가가 자신의 발전을 장려하는지) (3) 일터에 소속돼 있는지(예: 일터에서 그들의 의견이 수렴되는지, 회사의 미션은 자신의 직무가 중요하다고 느끼게 하는지, 동료들은 최선의 성과를 위해 노력하는지, 일터에서 가장 친한 친구가 있는지) (4) 개선, 학습, 성장, 혁신하며, 새로운 아이디어를 적용할 기회가 있는지(예: 누군가 자신의 성장에 대해 이야기해줄 수 있는지, 학습하고 성장할 기회가 있는지).

〈몰입의 보편성〉

구성원 몰입의 국제 수준의 평가를 하기란 어렵다. 서로 다른 맥락의 구성원 몰입을 비교하려면, 동일한 측정법으로부터 도출된 점수를 비교하기 전에, 측정불변성(measurement invariance)이 존재해야 한다. 그러나, 전세계 연구자와 실무자가 활용하는 구성원 몰입에 대한 다양한 개념과 측정법을 고려할 때, 대부분의 연구가 소규모로 수행되었다는 한계가 존재한다.

로스만(Rothmann, 2005)은 위트레흐트 척도를 사용하여 남아프리카공화국의 여러 직종에서 구성원 몰입에 대한 측정불변성 연구를 수행했다. 연구결과, 남아프리카공화국의 서로 다른 직종의 샘플에서 두 가지 하위척도(활력, 헌식)에 대한 측정불변성이 확인되었다. 서로 다른 직종에서 구성원 몰입의 수준은 낮음(약사, 응급구조대원, 교도관, 고등교육기관의 행정직, 중등학교 교사), 중간(경찰관, 간호사, 콜센터 상담사), 높음(비전문 상담사, 기차 운전사)으로 구분되었다.

갤럽(Gallup, 2013)은 2년 단위로 구성원 몰입의 조사결과를 보고하였다(2011-2012년 결과는 표 18.1 참조). 연구결과에 따르면 142개국 구성원 중 13%만이 업무에 몰입하고 있고, 63%는 몰입하지 않고 있으며, 24%는 적극적으로 이탈하고 있다(Gallup, 2013).

[표 18.1] 국가별 구성원 몰입

국가	몰입의 범주		
	몰입함	몰입하지 않음	적극적 이탈
미국	30%	52%	18%
필리핀	29%	63%	8%
카타르	28%	62%	10%
브라질	27%	62%	12%
호주	24%	60%	16%
뉴질랜드	23%	62%	15%
덴마크	21%	69%	10%
러시아	19%	63%	19%
영국	17%	57%	26%
아르헨티나	16%	56%	28%
독일	15%	61%	24%

국가	몰입의 범주		
	몰입함	몰입하지 않음	적극적 이탈
파키스탄	15%	68%	16%
이집트	13%	55%	32%
나이지리아	12%	65%	23%
멕시코	12%	60%	28%
한국	11%	67%	23%
말레이시아	11%	81%	8%
사우디아라비아	9%	80%	11%
인도	9%	60%	31%
남아프리카공화국	9%	46%	45%
이란	7%	56%	38%
일본	7%	69%	24%
중국	6%	68%	26%
이라크	6%	63%	31%
이스라엘	5%	73%	22%

* 출처: 저자

그러나, 세계의 각 지역마다 서로 다른 결과가 나타난다. 2011-2012 갤럽 조사에 포함된 사하라 사막 이남의 아프리카 지역 26개국 가운데, 응답자의 19%만이 고용주를 위해 일하는 것으로 나타났다. 남아프리카공화국은 세계에서 적극적 이탈의 비율이 가장 높은 것으로 나타났다. 이와 같은 상태에 영향을 미친 한 가지 요인은 광산 부문의 불안정한 노동 환경이다. 대부분의 경우, 적극적 이탈은 몰입하는 구성원의 수를 3대1로 압도하였다. 한국에서는 문화적 규범이 구성원 몰입 증진의 장애요인으로 작용한다. 예를 들어, 성과보다는 연공이 급여 및 승진 결정에 영향을 미친다. 인재 육성은 '집단' 정신에 의해 잠식당한다. 남아시아 국가에서는 낮은 교육 수준과 고급 인재의 부족이 구성원 몰입을 저해한다. 서유럽에서는 현지 취업 시장에 대한 낮은 신뢰도가 구성원으로 하여금 몰입하지 않는 일터에 머무르게 한다. 러시아에서는 경영과 리더십, 신뢰와 정직성이 구성원 몰입을 촉진하기 위해 해결되어야 하는 영역이다.

구성원 몰입의 이론 및 모델

칸(Kahn, 1990)의 개인적 몰입모델, 직무요구-자원모델(Schaufeli & Bakker, 2004), 자기결정 이론(Deci et al., 2001), 사회적 교환 이론을 포함한 다양한 모델과 이론이 구성원 몰입을 이해하고 예측하는 데 사용되었다. 이 중에서 개인적 몰입 모델은 구성원 몰입을 이해하기 위해 개발되었다.

〈개인적 몰입 모델〉

칸(Kahn, 1990)의 개인적 몰입모델(personal engagement model)은 욕구-만족 접근법(need-satisfying approach)으로 분류된다(Shuck, 2011; Truss, Shantz, Soane, Alfes, & Delbridge, 2013). 이 모델에 따르면, 개인이 자신의 업무역할에 연관되는 데 있어 다양한 선행요인이 기여한다. 직무환경에 대한 지각은 구성원의 심리적 반응에 영향을 미치며, 이는 다시 구성원의 몰입에 영향을 미친다. 질적연구를 통해 칸(Kahn, 1990)은 다음과 같이 결론내렸다. 직무의 다양한 맥락적 요인은 심리적 의미충족, 심리적 유용성, 심리적 안정성이라 불리는 세 가지 심리적 조건을 통해 구성원 몰입에 영향을 미친다. 칸과 히피(Kahn and Heaphy, 2014)는 이를 구성원 몰입의 '관계형 모델(relational model)'이라고 부른다.

심리적 의미 충족은 "신체적/인지적/정서적 에너지로 자신을 투자하여, 이에 대한 수익을 얻는다는 인식"을 의미한다(Kahn, 1990, pp.703-704). 칸과 히피(Kahn and Heaphy, 2014)는 집단의 집합적인 노력, 변혁적 리더십, 소속감, 수혜자와의 접촉으로 인하여 심화된 목적은 심리적 의미충족과 구성원 몰입의 결과로 이어진다고 주장했다. 다양한 연구결과(May et al., 2004, Olivier & Rothmann, 2007, Pratt & Ashforth, 2003, Rothmann & Welsh, 2013, Steger & Dik, 2010)를 살펴보면, 업무역할 적합성, 과업의 내재적 특성, 동료와의 관계특성이 일터에서의 심리적 의미 충족과 밀접한 관련이 있음을 보여준다. 심리적 의미충족은 구성원 몰입이 가진 변량의 상당부분을 예측한다(May et al., 2004; Rothmann & Buys, 2011; Rothmann & Rothmann, 2010). 일이 의미 있는 것으로 인식되지 않을 때, 높은 수준의 정서적 성향(즉, 긍정적 정서)을 가진 구성원은 낮은 수준의 정서적 성향을 가진 구성원에 비하여 더 강하게 몰입한다(Steger, Littman-Ovadia, Miller, Menger and Rothmann, 2013).

그러나, 일이 의미 있는 것으로 인식되는 경우, 정서적 성향 점수의 높거나 낮음 사이에, 몰입 수준의 차이가 발견되지 않았다.

심리적 안정성(psychological safety)은 자아상, 지위, 경력에 부정적인 결과가 초래될 것이라는 두려움 없이 자기 자신을 나타낼 수 있는 감각을 의미한다(Kahn, 1990). 안전한 환경에서 일하는 개인은 허용되는 행동의 경계를 이해한다. 칸과 히피(Kahn and Heaphy, 2014)에 따르면, 존중과 공감을 보여주는 리더와 동료로 특징지을 수 있는 '안정적(holding)' 환경은 심리적 안정성에 크게 기여한다. 심리적 안정성은 부정적인 결과에 대한 두려움 없이 자신을 나타낼 수 있다는 믿음을 반영하기 때문에, 이는 몰입이라는 결과로 이어진다. 모호하고, 예측할 수 없으며, 위협적인 업무 환경에서는

그 반대의 상황이 발생할 수 있다. 모호하고, 예측할 수 없으며, 위협적인 환경에서, 구성원은 업무로부터 이탈할 가능성이 높고, 새로운 것을 시도하는 데 있어서 더 조심스러울 것이다(May et al., 2004).

심리적 유용성(psychological availability)은 칸(Kahn, 1990)에 의해 인지적, 정서적, 신체적 자원을 보유한 결과로서 몰입할 수 있는 능력으로 정의되었다. 열정적 상호작용과 정서적 안도는 심리적 유용성과 구성원 몰입에 긍정적인 영향을 미치는 반면, 인지적, 감정적, 신체적 고갈은 부정적인 영향을 미친다. 업무 역할의 불안정성(work-role insecurities)과 같은 요인은 개인의 신념에 영향을 미칠 수 있고, 이것은 다시 개인의 심리적 유용성에 직접적인 영향을 미칠 수 있다(Vinarski-Peretz & Carmeli, 2011). 심리적 유용성은 구성원 몰입과 긍정적인 관련이 있다(May et al., 2004, Olivier and Rothmann, 2007).

〈직무요구-자원모델(The JD-R model)〉

업무 활동의 경험으로서 몰입을 다루는 연구는 직무요구-자원모델을 활용하였다(Demerouti et al., 2001; Hakanen, Schaufeli, & Ahola, 2008; Jackson, Rothmann, Van de Vijver, 2006; Schaufeli & Bakker, 2004).

직무요구-자원모델은 웰빙과 관련된 업무특성을 직무요구(job demands)와 직무자원(job resources)이라는 큰 범주로 나눌 수 있다고 가정한다(Demerouti et al., 2001). 직무요구는 지속적인 신체적 혹은 심리적 노력을 요하기 때문에, 생리적이나 심리적 비용(예: 업무 압력, 역할 과부하, 정서적 요구)을 초래하는 직무의 신체적, 심리적, 사회적, 조직적 측면을 말한다. 직무 자원은 업무목표 달성, 직무요구의 축소, 개인적 성장과 개발의 촉진에 있어서 기능적인 업무의 신체적, 심리적, 사회적, 조직적 측면을 말한다. 자원은 조직 차원(예: 급여, 경력 기회, 직업 안정성), 대인관계 혹은 사회적 차원(예: 상사의 지원, 동료의 지원, 팀의 풍토), 업무의 조직화(역할 명확성, 의사결정에의 참여), 과업의 수준(예: 성

과 피드백, 기술 다양성, 과업의 중요성, 과업의 정체성, 자율성)에 결부될 수 있다.

남아프리카공화국의 서로 다른 다섯 가지 조직 유형을 대표하는 2,717명의 구성원 샘플에서 직무요구 및 직무자원의 측정불변성이 확인되었다 (Rothmann, Strydom, and Mostert, 2006). 다양한 연구결과들은 상사 및 동료의 사회적 지원, 직무의 내재적 특성(예: 기술 다양성, 자율성, 학습 기회)과 같은 직무자원이 구성원 몰입과 긍정적으로 관련됨을 보여준다(Bakker et al., 2008; Schaufeli & Bakker, 2004). 종단연구의 결과는 직무자원이 직무요구보다 구성원 몰입을 더 잘 예측함을 보여준다(Mauno, Kinnunen, and Ruokolainen, 2007). 다른 종단연구는 직무자원이 미래의 몰입을 예측한다는 사실을 밝혔다(Hakanen et al., 2008).

직무자원과 구성원 몰입 간의 관계에 관한 연구는 직무에서 성장의 기회(즉, 다양성, 학습 기회, 자율성)가 구성원 몰입을 가장 잘 예측한다는 것을 발견하였다(Rothmann and Pieterse, 2007). 채광 산업에서 조직의 지원과 직무에서 성장의 기회는 구성원 몰입의 강력한 예측요인이었다(Rothmann and Joubert, 2007). 사회적 지원, 피드백과 같은 풍부한 직무자원은 직무요구의 영향을 감소시킬 수 있다 (Demerouti et al., 2001).

직무요구와 직무자원은 자율성, 유능성, 관계성에 대한 심리적 욕구를 충족시킴으로써 구성원 몰입에 간접적으로 영향을 미치는 것이 발견되었다 (Van den Broeck, Vansteenkiste, De Witte, and Lens, 2008). 또한, 스프라이쳐(Spreitzer, 1995)의 모델을 활용한 연구는, 리더십과 역할 명확성이 의미충족, 자기결정성, 영향력과 같은 심리적 권한위임(psychological empowerment)을 통하여 구성원 몰입에 간접적인 영향을 준다는 것을 발견하였다(Mendes and Stander, 2011). 그러나 대부분의 연구(예: Bakker, Hakanen, Demerouti, & Xanthopoulou, 2007, Saks, 2006, Schaufeli & Bakker, 2004)는 구성원 몰입에 대한 조건의 매개효과를 경험적으로 검증하지 않았다.

유럽의 8개국에 수행된 연구는 직무요구가 구성원 몰입을 감소시키는 반면, 자율성과 지원은 구성원 몰입을 증가시킨다는 것을 밝혔다(Taipale, Selander, Anttila and Nätti, 2011). 조직과 상사의 역할에 대한 연구는 성과관리 활동이 구성원 몰입에 기여함을 보여주었다(Mone, Eisinger, Guggenheim, Price, Stine, 2011). 보다 구체적으로, 참여적인 방식의 성과 및 개발목표 설정, 지속적인 피드백과 인정의 제공, 구성원 개발에 대한 관리, 성과에 대한 구성원과의 논의, 신뢰 및 권한위임의 풍토 조성은 구성원 몰입에 기여한다.

직무요구-자원모델에서 개인적 자원의 역할 또한 연구되었다. 개인적 자원은 이해할 수 있고, 관리 가능하며, 의미 있는 환경을 구축하기 위해 인간이 지각하고 대응하는 방식을 결정함으로써(예: Feldt, Kivimäki, Rantala, & Tolvanen, 2004, Judge, Bono, & Locke, 2000, Xanthopoulou, Bakker, Demerouti, & Schaufeli, 2009) 구성원 웰빙과 몰입을 가져온다. "중요한 삶의 영역에 있어서 좋은 결과가 나타날 것이라는 안정적이고 일반화된 기대(Wrosch & Scheier, 2003, p. 64)"로 정의되는 기질적 낙관주의는, 직무자원을 통하여 구성원 몰입에 강력한 간접효과를 가질 뿐만 아니라, 직무 자원의 지각에 대한 강력한 직접 효과를 가진다(Barkhuizen, Rothmann, and Van de Vijver, 2014).

⟨사회 교환 이론⟩

사회 교환은 개인, 집단, 조직 간 관계의 기본 토대이다. 사회 교환 이론(Social exchange theory, Blau, 1964)은 왜 구성원이 다양한 수준의 몰입으로 이와 같은 조건에 반응하는지 설명하는 데 사용될 수 있다(Saks, 2006). 이 이론에 따르면, 상호의존적 상태에 있는 당사자 간의 일련의 상호작용을 통해 의무가 형성된다. 삭스(Saks, 2006)는 사회 교환 이론을 인용하여, 사회적 관계와 조직적 지원이 구성원 몰입을 개발하는 데 결정적이라고 강조한다. 일관성 있는 전략적 메시지를 전달하고, 조직과 조직문화에 대한 구성원의 지식을 향상시키는 조직적 의사소통 활동은 조직 차원의 몰입에 강력하게 기여한다(Reissner and Pagan, 2013).

구성원 몰입의 특정한 동인(예: 효과적인 리더십, 역할 명확성)은 신뢰와 정의를 보여주는 조직 지원의 증거로 인식될 수 있다(Meyer, 2013). 조직 지원을 경험한 구성원은 이에 대하여 조직 목표에 대한 헌신의 증가, 자유재량적 노력의 증가로 화답한다. 조직으로부터 자원을 지원받은 구성원은 이에 대한 대가로 몰입해야 할 의무를 느낀다.

조직으로부터 자원을 제공받지 못하면, 구성원은 그들의 역할로부터 이탈할 수 있다.

신뢰는 구성원 몰입의 핵심에 있는 것으로 보인다(Macey & Schneider, 2008). 몰입한 구성원은 본질적으로 혹은 부대적으로 의미 있는 방식으로 자신의 에너지, 시간, 자원의 투자가 보상받을 것이라고 신뢰한다. 사회 교환 이론의 관점에서, 구성원은 상호성에 근거하여 투자한다(Coyle-Shapiro & Conway, 2004). 구성원은 또한 사회적 정체성에 근거하여 투자할 수도 있다(Moorman & Byrne, 2005). 리더, 팀, 조직에 대한 신뢰가 높아질수록 구성원이 몰입할 가능성이 높아진다.

〈만족-몰입 접근법〉

하터와 동료들(Harter et al., 2002, p.269)이 몰입을 업무에 대한 참여와 만족, 그리고 열정으로 정의하였지만, 그 구성개념과 일치된 정의는 갤럽 연구조사에서 측정되지 않았다는 점은 중요한 쟁점이다. 몰입의 선행요인으로 볼 수 있는 12개 항목에 기반하여, 갤럽 연구조사는 구성원을 다음의 세 가지 범주로 분류한다(Gallup, 2013).

1. 몰입된 구성원: 열정을 가지고 일하며, 조직과 연결되어 있다고 느낀다. 혁신을 주도하고, 조직을 앞으로 나아가게 한다.
2. 몰입하지 않은 구성원: 적대적이거나 파괴적이지 않기 때문에, 발견하기가 어렵다. 고객, 생산성, 수익성, 낭비, 안전, 팀의 미션과 목적에 거의 관심을 두지 않는다.
3. 적극적으로 이탈한 구성원: 조직에 손해를 끼치고, 사고를 많이 내며, 품질 결함을 야기하고, 질병이 있으며, 결근이 많고, 일을 그

만둘 생각을 더 자주한다.

갤럽 연구조사는 구성원이 몰입하기보다는 만족할 수 있는 조건을 측정한다(Schaufeli, 2014). 그러나, 조사의 결과는 구성원 몰입과 사업단위의 성과를 연결시켰기 때문에 연구와 실무에 영향을 미쳤다(Harter et al., 2002).

〈자기결정성: 심리적 욕구 만족의 역할〉

데시와 라이언(Deci and Ryan, 1985, 2011)은 자기결정 이론(SDT: Self-determination Theory)을 개발했다. 자기결정 이론은 인간의 행동이 자율성(autonomy), 유능성(competence), 관계성(relatedness)이라는 세 가지의 선천적, 본질적, 보편적 욕구에 의해 동기화된다고 가정한다(Deci & Ryan, 2008). 심리적 욕구(psychological needs)는 인간으로 하여금 욕구 만족에 영향을 미치는 활동에 몰입하도록 에너지와 방향성을 제공한다. 또한, 이것은 관찰자로 하여금 사람들이 주관적으로 잘 지내는지 이해할 수 있도록 하며, 개입법을 실행하는 사람으로 하여금 어떠한 사회 맥락적 측면이 욕구만족을 위해 변화되어야 하는지 결정할 수 있도록 한다(Deci & Ryan, 2011).

자기결정 이론의 이해의 틀에서 구성원 몰입을 예측하는 데 있어 중요한 것은, 욕구의 강도보다는 세 가지 욕구의 만족이다 자율성, 유능성, 관계성의 욕구는 보편적이지만, 개인에 따라 자신의 욕구를 충족시킬 수 있는 정도는 다르다(Deci & Ryan, 2011). 자기결정 이론은 자율적 동기와 통제된 동기를 구분한다. 자율적 동기는 인내심과 지속성을 예측하며(Deci & Ryan, 2008), 심리적 웰빙과 관련된다. 자율성, 유능성, 관계성에 대한 심리적 욕구는 자율적 동기를 보완한다. 자율적 동기는 선택과 의지에 따른 행동을 이끌어낸다. 통제된 동기는 압력과 요구에 따른 외부의 힘을 통해 작용한다.

자율성의 욕구는 특정한 활동을 수행할 때 자유와 선택을 경험하고자 하는 욕망으로 정의된다. 유능성의 욕구는 환경과의 상호작용에서 효능감을 느끼고자 하는 인간의 타고난 욕망을 의미한다. 관

계성의 욕구는 타인과의 연결을 느끼고, 타인을 사랑하고 돌보며, 사랑 받고 돌봄받고자하는 인간의 타고난 욕망을 반영한다. 이 욕구는 인간이 교감을 경험하고, 타인과 밀접하고 친밀한 관계를 형성할 때 충족된다. 충족되지 않은 욕구(결핍 욕구)뿐만 아니라, 충족된 욕구(성장 욕구) 또한 삶의 영역에서 동기로서 가치를 갖는다(Sheldon & Gunz, 2009). 따라서 인간은 기본적인 심리적 욕구가 충족되면, 더 많은 자율성, 유능성, 관계성에 대한 경험을 원한다.

업무 환경이 세 가지 욕구충족을 위한 적절한 지원을 제공한다면, 구성원의 자율적 동기로부터 비롯된 더 높은 수준의 참여가 일어난다. 자율성, 유능성, 관계성의 기본 욕구에 대한 만족은 자율적 동기로 이어진다(Milyavskaya & Koestner, 2011). 자율적 목표를 설정한 구성원은 더 많은 목표를 달성하고, 이는 미래에 더 자율적인 목표를 설정하고 달성하도록 동기부여하며, 이와 같은 과정을 통해 웰빙이 향상된다(Sheldon & Houser-Marko, 2001). 목표의 자율적인 정도는 이 목표를 달성하기 위한 개인의 에너지를 결정한다. 성취된 목표는 자율성, 유능성, 관계성에 대한 심리적 욕구를 충족시키고, 이는 최적의 인간 발달과 정직성에 필수적이며 (Gagné & Deci, 2005), 긍정적 조직성과를 촉진한다 (Greguras & Diefendorff, 2010).

자기 결정이론에 대한 연구문헌을 종합해보면, 심리적 욕구 만족 및 구성원의 자율적 동기에 있어 리더의 역할이 매우 중요한 영향을 미치는 요인으로 나타났다(Gagné & Deci, 2005). 즉, 리더가 구성원에게 업무 환경에서의 자율성을 지원해주는 것이 유익하다는 효과가 입증되었다(Baard, Deci, and Ryan, 2004). 다른 연구는 리더-구성원 교환 이론(leader-member exchange theory)이 어떻게 심리적 욕구의 만족을 일으키는지 보여주었다(Graves and Luciano, 2013). 또 다른 연구들은 변혁적 리더십이 심리적 욕구 만족, 업무 몰입, 성과에 미치는 긍정적 영향에 초점을 맞추었다(Hetland, Hetland, Andreassen, Pallesen, and Notelaers, 2011)(Kovjanic, Schuh, Jonas, Van Quaquebeke, and van Dick, 2012)

(Kovjanic, Schuh, and Jonas, 2013). 리더의 특정 행동은 구성원의 심리적 욕구의 만족을 이끌어내며, 이는 다시 그들의 업무 몰입을 촉진한다.

직무요구와 직무자원은 자율성, 유능성, 관계성에 대한 심리적 욕구 충족을 통해 간접적으로 구성원 몰입에 영향을 미치는 것으로 나타났다(Van den Broeck et al., 2008). 자율성, 유능성, 관계성에 대한 리더의 지원은 구성원의 심리적 욕구 충족 및 몰입과 긍정적으로 관련이 있었다(Fouché, 2015). 리더의 지원은 자율성에 대한 구성원의 만족을 통해 몰입에 긍정적인 영향을 미쳤다.

구성원 몰입의 동인

〈관계적 맥락: 리더, 동료 및 고객의 역할〉

리더(관리자 및 감독자 포함)는 조직에서 구성원 몰입에 도움이 되는 환경을 조성하는 데 중요한 역할을 한다(Kahn & Heaphy, 2014; Soane, 2014). 사람들을 지원하고, 격려하며, 발전시키는 리더 행동은 구성원 몰입에 중요한 역할을 한다(Harter & Adkins, 2015; May et al., 2004; Rothmann & Rothmann, 2010; Schaufeli & Bakker, 2004). 리더가 구성원을 존중으로 대할 때, 구성원의 몰입도는 55% 이상 높아진다(Porath, 2014). 안타깝게도 이 연구에서는 구성원의 절반이 리더로부터 존중받지 못한다고 느꼈다.

구성원 몰입 점수에 있어서, 관리자는 70%의 변량을 설명하는 요인으로 나타났다(Harter and Adkins, 2015).

리더-부하 관계는 유대감과 목적에 대한 의미 부여의 기회(Kahn & Heaphy, 2014), 개인 맞춤형 고려(Soane, 2014), 심리적 의미충족, 유용성, 안정성 증진의 기회를 제공할 수 있다(Crawford, Rich, Buckman, & Bergeron, 2014). 변혁적 리더십이 구성원 몰입을 만들어 낼 것이라는 주장도 있다(Macey and Schneider, 2008). 최고경영자의 변혁적 리더십은 집단적인 구성원 몰입과 긍정적인 관계가 있음이 발견되었다(Barrick et al., 2015).

진성 리더십(authentic leadership)의 영향을 받는 리더에 대한 신뢰는 구성원 몰입을 유도한다(Wang

& Hsieh, 2013). 리더에 대한 신뢰도는 행동의 일관성, 행동의 정직성, 통제권의 공유와 위임, 정확하고 개방된 의사소통, 관심의 표현으로 불리는 5가지 행동의 범주와 관련된다(May et al., 2004). 관리자가 통제력을 놓는 것을 꺼릴 경우, 구성원에게 그들이 신뢰받지 못한다는 메시지를 보낼 수 있으며, 이는 구성원으로 하여금 기회를 잡는 것과 경계를 넘어서는 것을 두려워하게 만들 수 있다. 관리자가 예측할 수 없거나, 일관성이 없거나, 위선적으로 행동할 때, 이와 같은 두려움은 강화된다(Kahn, 1990; May et al., 2004). 신뢰할 수 있는 리더와 관리자의 행동은 심리적 안정감을 제공할 뿐만 아니라, 구성원으로 하여금 기꺼이 일터에 더 큰 투자를 하고자 하는 의지를 이끌어낸다(Edmondson, 2004). 대인관계 신뢰는 인지적 혹은 정서적 기반을 쌓을 수 있다(McAllister, 1995). 믿음직함과 타인에 대한 의존가능성은 인지기반 신뢰와 관련이 있는 반면, 개인 간의 정서적 관계는 정서적 신뢰에 영향을 미친다.

동료애와 소속감을 창출하는 지지적인 동료 관계는 심리적 의미충족과 구성원 몰입을 예측한다(May et al., 2004). 동료 간 협력적인 관계의 보상은 일터에서 정신적인 안정감을 줄 수 있는 소속감과 보살핌의 경험을 창출할 수 있다(Olivier & Rothmann, 2007). 또한, 업무의 의미를 도출하는 데 있어서 구성원은 동료와의 상호작용으로부터 암시를 받는다(Wrzesniewski, Dutton, Debebe, 2003). 구성원은 존중으로 대우받고 공헌의 가치를 인정받을 때, 상호작용으로부터 의미 충족을 경험하게 된다(Kahn and Heaphy, 2014).

고위경영진에 의한 전략적 실행(Strategic implementation)은, 구성원이 경험하는 심리적 의미충족, 안정성, 유용성을 향상시킴으로써, 조직의 자원과 집합적인 조직 차원의 몰입 간의 관계를 향상시킨다(Barrick et al., 2015). 고위경영진의 전략적 실행은 다음과 같은 행동으로 특징지어진다. 구성원으로 하여금 조직의 목표와 전략을 이해하도록 하고, 조직의 목표와 전략을 향한 진전을 평가함에 있어서 명확하게 정의된 기준에 근거하며, 고위경영진의 목표를 조직의 전략적 방향과 일치시키며, 목표와 전략으로의 진전에 영향을 줄 수 있는 조직 외부의 사건을 모니터링하고, 팀이 조직의 목표와 전략을 얼마나 잘 충족시키고 있는지 이해관계자로부터 시의적절한 피드백을 얻는 것이다.

〈몰입〉

연구자들은 구성원의 목소리를 반영하는 것이 몰입과 긍정적인 관계가 있음을 확인하였다(Rees, Alfes and Gatenby, 2013). 연구에 따르면, 중국인 8명 중 1명만이 자신의 견해가 일터에 반영되는지 여부를 묻는 항목에 매우 동의하고 있다. 자신의 의견이 반영된다는 것은 조직의 기능을 향상시키기 위한 의도로 만들어낸 자신의 아이디어, 제안, 의견을 전달하는 것으로 정의된다. 구성원 의견 반영은 고위경영진에 대한 구성원의 신뢰 및 구성원-관리자 관계를 통해 몰입에 간접적으로 영향을 미친다.

의사결정 과정의 참여는 구성원 몰입과 관련된다(Yoerger, Crowe, and Allen, 2015). 회의 참석은 회의의 중요성이 높을 때, 그리고 상사가 지지적일 때, 구성원 몰입에 더 큰 영향을 미쳤다.

〈인적자원 관리 실무〉

인적자원 관리 실무는 구성원의 집단적 몰입에 영향을 미치며 크게 두 차원으로 구분할 수 있다. (1) 구성원에 대한 조직의 기대에 초점을 맞추는 실무 (2) 구성원이 기대하는 보상과 결과물에 초점을 맞추는 실무(Barrick et al., 2015). 구성원은 임금 인상, 고용 안정성, 승진, 자유와 기회, 동료로부터의 존중, 상사로부터의 칭찬, 훈련과 개발 기회, 도전적인 과업 할당, 대중적 인식과 같은 역할로부터 비롯된 혜택에 대한 인식에 따라 몰입을 변화시킨다. 인적자원에 대한 투자와 기대를 충족하는 실무(예: 임금 형평성, 고용 안정성, 발전적 피드백, 성과에 대한 보상)는 조직 몰입과 긍정적으로 관련이 있다(Barrick et al., 2015).

〈개인-환경 적합성〉

자기일치성 이론(self-concordance theory; Sheldon & Elliot, 1999), 자기결정 이론(self-determination theory; Ryan & Deci, 2000), 자기개념 기반 이론(self-concept-based theory; Shamir, House, & Arthur, 1993)에 기반하여, 보노와 저지(Bono and Judge, 2003)는 업무가 자신의 가치관과 일치할 때 개인의 몰입이 일어날 것이라고 주장한다. 따라서, 특정한 환경적 요구나 자원보다는, 개인-환경 적합성이 구성원 몰입을 가져온다. 칸(Kahn, 1990)의 개인적 몰입 모델과 같은 맥락에서, 개인과 조직 간의 상호작용은 구성원 몰입에 대한 설명력을 갖는다.

개인은 창의적인 방식으로 온전히 자기를 표현할 수 있는 업무 역할을 추구한다. 개인의 자기 개념과 업무 역할 사이의 적합성은, 자신의 가치와 신념을 표현할 수 있는 능력에 힘입어, 의미 있다는 감각을 가져온다(Shamir, 1991). 사람들이 신념과 가치를 표현할 수 있는 기회로 자신의 일을 인식하면, 업무 역할 적합성을 느끼게 되어 일터에서 의미를 경험하게 된다(May et al., 2004). 인간은 창조적이고 자기표현적인 존재이기 때문에, 그들의 진정한 자아를 표현하는 데 도움이 되는 업무 역할을 찾는다. 개인은 진정한 자기 개념을 표현하는 데 도움이 되는 직무에서 효능감을 느낄 것이며, 동시에 업무 역할 적합성을 경험한다. 업무 역할 적합성을 지각할 때, 자기 자신을 어떻게 생각하는지에 따라, 업무로부터 비롯되는 정체성이 형성된다(Kahn, 1990; May et al., 2004).

개인은 자신의 자아와 업무 역할의 요구사항 간에 더 큰 일치를 경험할 때, 더 큰 심리적 의미 충족을 경험할 것이고, 조직이 그들에게 부여한 목표를 달성하는 데 자기 자신을 더 많이 투자할 것이다(May et al., 2004). 산업심리학자를 대상으로 조사한 연구에서, 업무 역할 적합성이 심리적 의미 충족과 업무몰입을 예측한다는 것이 발견되었다(Van Zyl, Deacon, and Rothmann, 2010). 개인은 자신의 업무를 목적을 위한 수단일 뿐만 아니라, 그 자체로서 목적으로 생각하기 때문이다. 업무 역할 적합성이 심리적 의미충족으로 이어지는 개인은

자신의 일을 소명으로 생각한다(Dik & Duffy, 2008). 업무 역할이 자기개념에 적합하지 않을 때, 자신의 자아를 어떻게 인식하는지에 따라 역할을 재창조(recraft)한다(Wrzesniewski, 2012). 몰입한 구성원은 물리적, 관계적 방법으로 그들의 업무를 창조하고, 이는 더 나은 개인-직무 적합성을 만든다(Lu, Wang, Lu, Du, Bakker, 2013). 잠비아 교사의 업무 역할 적합성과 업무 지향성은 심리적 의미 충족 및 구성원 몰입의 경험을 예측하였다(Rothmann and Hama-kangandu, 2013).

〈강점 활용〉

몰입하는 삶은 자신을 상징하는 강점을 아는 것과, 이것을 활용하기 위해 일터 혹은 다른 삶의 환경에서 재창조하는 것에서 비롯된다(Peterson, Park, & Seligman, 2005). 강점을 키우는 것은 약점을 찾아서 교정하는 것보다 더 많은 몰입을 창출한다(Linley, Woolston, & Biswas-Diener, 2009). 강점은 "진정으로 자신에게 활력을 불어넣는 특정한 방식의 행동, 사고, 감정에 대한 이미 가지고 있는 능력"으로 정의된다(Linley, 2008, p.9). 강점에 대한 '발견과 활용' 접근법은 강점을 지금보다 더 많이 활용할 수 있고 활용해야 한다고 가정한다. 약 3분의 1의 사람들만이 자신의 강점을 발견할 수 있고, 17%만이 매일 대부분의 시간에 강점을 활용한다고 응답했다(Buckingham, 2007). 발견과 활용 접근법은 인간이 유능하다는 것을 전제로 하여, 개인적 성취를 추구하는 데 있어서 강점을 활용하는 데 집중한다. '강점 개발' 접근법은 강점에 대한 개입법이 강점의 사용에 관한 것이라기 보다는, 강점의 개발에 집중하는 접근이어야 한다고 가정한다. 이 접근법은 강점 역량의 개발 작업을 강조한다. 발견과 활용 접근법은 개인의 행복과 우울에 영향을 미칠 수 있는 반면, 강점 개발은 동기부여, 노력, 대인관계 효율성과 심리적 기능의 다른 측면에도 초점을 맞춘다.

구성원은 강점을 사용할 때 몰입을 경험하며, 자신의 약점에 집중하는 상사를 둔 구성원보다 몰입할 가능성이 2.5배 높다. 약점에 대해 피드백받

은 구성원보다, 그들의 강점에 대해 피드백받은 구성원은 이직의도가 14.9% 낮았다. 강점 기반 접근법이 시행된 단위 부서는, 개입이 적용되기 이전보다 12.5% 더 생산성이 높아진 것으로 나타났다(Lewis, 2011).

〈조직 차원의 요인〉

조직 자체, 특히 조직의 목표와 가치는 몰입의 원천이 될 수 있다. 업무 조건은 상태적 몰입과 행동적 몰입에 대한 주효과를 갖는 것으로 나타났다. 또한, 업무 조건은 특성적 몰입(trait engagement)과 상태적 몰입(state engagement) 간의 관계를 조절할 뿐만 아니라, 상태적 몰입(state engagement)과 행동적 몰입(behavioral engagement) 간의 관계를 조절하는 것으로 나타났다(Macey & Schneider, 2008).

지각된 조직의 지원은 조직이 구성원을 돌보고 지원한다는 일반적인 믿음으로 정의된다(Rhoades & Eisenberger, 2002). 조직은 존중, 만족스러운 임금, 의료 혜택을 포함한 사회-정서적 지원의 원천 역할을 수행한다. 따라서, 지각된 조직의 지원은 인정, 존중, 소속에 대한 구성원의 욕구 충족에 기여한다. 조직의 지원은 스스로의 일정을 계획할 수 있도록 하는 정보 제공, 직무에 유용한 훈련에 대한 접근 기회 보장, 보상의 제공, 구성원의 목표와 가치에 대한 고려, 구성원에 대한 염려의 표시, 구성원의 의견을 돌보는 것, 어려움을 겪고 있을 때 기꺼이 도움을 제공하는 것, 구성원을 착취하지 않는 것을 포함한다. 삭스(Saks, 2006)는 지각된 조직의 지원이 구성원 몰입의 중요한 예측변인임을 발견했다. 조직이 자신을 지원한다고 지각하는 구성원은, 사회 교환 이론에서 말하는 상호성의 규범에 따라 더욱 적극적으로 몰입하게 된다. 그러므로, 조직이 자신을 고려하며 관심을 갖고 있다고 구성원이 믿을 때, 그는 더욱 몰입하게 됨으로써 조직에 대한 의무를 이행하는 방식으로 대응하게 될 가능성이 크다.

〈업무 설계〉

업무의 중요성과 합목적성은 심리적 의미충족 경험에 영향을 준다. 업무의 다섯 차원, 즉 기술 다양성, 업무 정체성, 업무 중요성, 자율성, 피드백은 심리적 의미충족과 구성원 몰입에 영향을 줄 수 있다(Hackman & Oldham, 1980; May et al., 2004).

조직 차원의 집합적인 구성원 몰입은, 조직 차원에서의 이와 같은 직무 특성의 실행과 관련이 있다(Barrick et al., 2015). 기술 다양성은 구성원이 자신의 업무를 완수하기 위해 적용해야 하는 기술의 총합을 의미한다. 업무 정체성은 특정한 업무의 단위가 정체성을 갖는 정도, 즉 어떤 업무의 단위가 완료되었는지 분명히 알 수 있는 정도와 관련이 있다. 업무 중요성은 전반적인 조직 목표를 감안할 때, 특정한 업무 단위가 갖는 중요성으로 정의된다. 자율성은 어떤 작업을 완료할지, 이것을 어떻게 완료할지 선택할 수 있는 자유의 정도와 관련이 있다. 직무충실화(job enrichment)의 마지막 구성요인은 직무 그 자체로부터 받게 되는 피드백과 관련이 있다. 몇몇 연구들(예: May et al., 2004, Rothmann & Buys, 2011)을 통해 업무 설계, 심리적 의미충족과 구성원 몰입 간의 긍정적인 관계가 확인되었다.

〈환경의 역할〉

환경은 구성원 몰입과 그것의 선행요인에 있어서 중요한 문제이다. 첫째로, 국가 간의 문화가 다를 수 있으므로, 구성원 몰입과 그 선행요인에 대한 결과를 일반화하기 어렵다(Rothmann, 2014). 둘째로, 보다 광범위한 조직적 요인(예: 산업 부문, 시장 조건, 소유 및 관리 체제, 조직 규모, 내부 구조)이 구성원 몰입에 영향을 줄 수 있다(Jenkins & Delbridge, 2013). 그러므로, 한 가지 솔루션의 만능 적용 접근법은 곧 실패로 귀결될 것이다.

로스먼(Rothmann, 2014)은 구성원 몰입의 평가와 촉진에 있어서, 에틱(etic)과 에믹(emic) 접근법의 결합이 반드시 필요하다고 주장했다. 이는 즉, 에틱 접근법의 과학적 엄격함과 에믹 접근법의 문화적 민감성을 결합하는 작업을 의미한다(Cheung, Van de Vijver, & Leong, 2011). 에믹 접근법이 활용될 때, 독특한 문화적 행동이 감지될 수 있다. 문화적이거나 측정을 위한 인공물은, 서로 다른 문화 사이에서 차이가 있는 구성개념을 도출할 수 있다. 그러므로, 서로 다른 맥락에 같은 측정 도구가 적용될 때에는, 측정불변성이 반드시 평가되어야 한다. 구성원 몰입을 평가할 때, 응답자가 측정 항목을 이해했는지, 측정 도구의 번역이 정확하게 수행되었는지, 번역된 측정 도구가 원래의 도구와 동질적인지, 측정 점수의 평균 및 분포에 있어서 문화 간의 차이가 있는지, 문화 간의 측정 점수의 차이를 어떻게 해석해야 하는지와 같은 다양한 방법론적 질문이 제기되어야 한다.

전세계로 사업을 확장하는 고용주에게 있어서, 문화적으로 다양한 노동력을 대상으로 구성원 몰입의 동인을 찾는 것은 필수적이다. 호프스티드, 호프스티드, 민코프(Hofstede, Hofstede, Minkov, 2010)가 제시한 개인주의, 권력 간격, 불확실성 회피, 남성성, 장기적 관점 지향의 문화적 차원을 분석하여, 구성원 몰입을 이끌어내는 요소를 이해할 수 있다. 서로 다른 국가에서 몰입의 동인은 다를 수 있다는 점을 기억해야 할 것이다(Sanchez & McCauley, 2006). 영국과 중국의 구성원 몰입의 동인에는 개인적 성취감, 고위경영진에 대한 믿음, 훈련 기회, 공정한 임금, 성과 피드백이 포함되었다. 영국과 미국에서는 존중이 중요하다. 프랑스와 인도에서는 구성원들이 자신이 하고 있는 일의 유형을 중요하게 생각한다. 반면, 독일에서는 구성원들이 함께 일하는 사람들의 유형이 중요하다(Sanchez & McCauley, 2006).

중국 간호사에 있어서, 가족 통제력은 업무 몰입에 강력하게 영향을 미치며, 직무요구가 높을 때에는 더욱 그러하다. 이는 아마도 집단주의 문화에서 가족은 개인 자아의 강력함의 주요한 원천이기 때문일 것이다(Lu, Siu, Chen, and Wang, 2011)

교육자의 업무 관련 신념은 문화적 신념(즉, 집단주의의 수준) 및 국가에 따라 다르게 나타난다(Klassen et al., 2012). 한 국가 내에서 널리 공유된 문화적 가치는, 일터에서의 동기부여에 대한 신념이 교육자와 기타 노동자에게 작용하는 방식에 영향을 미친다.

개인에 초점을 맞춘 동기부여에 대한 신념(예: 몰입)은 개인주의 환경에 비해 집단주의 환경에서 더 낮은 신뢰도와 구성타당도를 나타낸다. 구성원 몰입에 대한 연구에서, 버크와 동료들(Burke et al., 2012)은 서구의 인적자원 실무를 터키의 조직에 적용하는 것의 위험성에 대해 경고했다. 갤럽 보고서(Gallup report, 2013)는 어떻게 협약(conventions)이 중동 및 북아프리카 지역에서 구성원 개입을 저해하는지 보여준다. 예를 들어, '인맥'이 일자리를 구하는 것과 일터에서 이득을 얻는 데 중요한 역할을 하기 때문에, 이는 역할에 대한 낮은 적합성과 조직에 대한 부정적 인식으로 이어진다.

〈구성원 몰입의 결과〉

구성원 몰입은 다양한 긍정적/부정적 결과와 관련이 있다. 개인적 웰빙의 결과와 관련하여, 갤럽 보고서(Gallup report, 2013)에 따르면, 적극적으로 이탈한 구성원보다 몰입하는 구성원이 번영할 가능성이 높으며, 더 높은 삶에 대한 만족도와 더 긍정적인 감정을 경험하게 된다.

- 몰입한 구성원은 적극적으로 이탈한 구성원에 비해 번영할 가능성이 1.6배 높다. 남아시아에서는 그 가능성이 5.5배 높다.
- 동아시아에서 몰입한 구성원은 적극적으로 이탈한 구성원에 비해 전날 일어난 일로 스트레스 받을 확률이 절반이다.
- 라틴 아메리카에서 몰입한 구성원의 3분의 2는 번영하고 있으며, 적극적으로 이탈한 구성원의 경우 42%만이 그러하다.

메타 분석 결과, 몰입한 구성원은 조직에 변화를 가져오는 것으로 나타났다. 34개국 192개 조직에서 수행된 263개 연구를 종합하여 갤럽(Gallup, 2013)은 다음과 같은 결과를 보여주었다. 구성원 몰입은 다음 9개의 성과 결과물에 있어서 영향력을 나타냈다. 고객 평가(10%), 수익성(22%), 생산성(21%), 이직률(65%), 안전사고(48%), 손실(28%), 결근(37%), 환자 안전사고(41%), 품질(41%). 괄호 안의 백분율은 상위 4분의 1 업무단위와 하위 4분의 1 업무단위 간의 중앙값의 차이를 나타낸다.

- 구성원 몰입도 점수 상위 25% 업무단위는 하위 25% 업무단위에 비해, 생산성, 수익성, 고객 평가가 유의미하게 높았고, 이직률과 결근 의도가 낮았으며, 안전사고가 적었다.
- 2010-2011년에, 적극적으로 이탈한 구성원에 비해 몰입한 구성원이 9.3배 많은 조직은, 경쟁업체에 비해 147%의 주당 순익을 기록했다. 같은 기간에, 적극적으로 이탈한 구성원에 비해 몰입한 구성원이 2.6배 많은 조직은, 경쟁업체에 비해 2% 낮은 주당 순익을 기록했다.
- 미국에서 적극적 이탈로 인해 발생하는 경제적 비용은 연간 5,500억 달러에 달한다. 독일에서는 연간 1,860억 달러, 영국에서는 연간 1,120억 달러에 달한다.

미래 연구

몰입을 위한 활동의 개발, 실무, 경험과 관련된 다양한 질문의 해답은 아직 마련되지 않았다(Truss, 2014).

첫째, 몰입 개념의 유용성을 높이기 위해, 심리적 상태와 행동을 함께 다루는 연구가 필요하다. 잠재적 선행요인과 조절변수를 포함하는 모델이 없다면, 구성원 개입을 늘리기 위한 측정과 개입법의 측면에서 의미 있는 과학적 진보를 이루기 어려울 것이다. 심리상태적 몰입은 행동적 몰입의 선행요인(예: 자유재량의 노력, 역할 내 또는 역할 외 행동)으로 모델화할 수 있다. 심리적 상태뿐만 아니라 행동까지 포함하는 구성원 몰입의 보다 광범위한 정의를 내리기 위해서는 다음과 같은 질문에 대한 해답이 필요하다. 낮은 구성원 몰입의 결과는 무엇인가? 구성원 몰입의 개인 및 조직 차원의 결과는 항상 긍정적인가? 몰입하는 구성원을 선별하기 위해 선발도구를 어떻게 활용할 수 있는가? 어떻게 구성원 몰입을 가장 잘 촉진할 수 있는가? 개

인 수준과 집합적인 조직 차원에서 구성원 몰입을 연구하기 위해서는 다차원 연구 설계를 구현해야 한다.

둘째, 구성원 몰입에 관한 연구는 심리적 관점 및 미시적 태도 변수 차원에서 수행되었다(Truss et al., 2014). 관리자와 인적자원 전문가가 어떻게 구성원 몰입 프로그램을 개발하고 적용할지, 그리고 어떻게 이와 같은 프로그램으로 인한 생생한 경험을 평가할 수 있을지에 대한 연구가 필요하다. 구성원 몰입에 대한 실무자와 연구자의 관심을 통합하는 새로운 연구 주제가 등장할 것이다.

셋째, 개인이 몰입하는 이유를 설명할 수 있는 문화적 협약(cultural conventions)에 관한 정보가 없다는 점에서, 현재의 지식에는 공백이 존재한다. 미래 연구는 구성원 몰입에 영향을 미치는 맥락적 요인에 더 많은 관심을 기울여야 한다. 지금까지의 연구문헌은 구성원이 속해 있는 환경의 복합성에 대해 충분한 주의를 기울이지 않았다. 문화, 젠더와 같은 다양성 이슈와 구성원 몰입 간의 관계에 대해서도 과학적 정보가 필요하다. 또한, 내재적/외재적 환경, 경영 상의 제약조건과 구성원 몰입 간의 상호작용에 대한 연구가 필요하다. 포르팅가(Poortinga, 2011)는 행동의 이면에 내재된 개인의 동기는 한편으로 제약조건, 다른 한편으로 개인의 선택에 있어서 열려있는 선택지를 시사하는 행동 유도성의 기반이 된다는 점을 지적하였다. 행동 유도성이나 선택지, 제약조건이나 규칙은 어떻게 행동, 생각, 느낌이 의사결정에 영향을 미치는지 알려준다. 개인의 인지, 행동, 정서는 특정한 사회에 고유한 관습 및 정신으로 다시 구체화된다. 협약이란 무엇이 어떻게 이루어져야 하는지에 관한 사회의 합의를 가리킨다(Poortinga, 2011). 문화적 협약은 개인이 자신의 업무와 조직에 대하여 어떻게 행동하고, 생각하고, 느끼는지, 이에 따라 어떻게 대처하는지에 큰 영향을 준다.

넷째, 집단 혹은 팀 차원에서 구성원 몰입에 대한 연구가 필요하다. 예를 들어, 집단 혹은 팀 차원에서 몰입의 전염성에 관한 정보가 필요하다.

결론

구성원 몰입에 대한 관심은 긍정적인 심리적 상태에 대한 관심의 증가, 구성원 웰빙 및 업무성과에 있어 인적 요소의 중요성에 대한 인식의 증대 때문일 수 있다. 구성원 몰입은 상태, 행동이나 특성으로 간주될 수 있다. 지식의 진보를 위해서는, 심리적 상태뿐만 아니라, 구성원 몰입이라는 정의 내에 조직 목표에 부합하는 결과적 행동까지 포함되어야 한다. 구성원이 심리적 몰입은 경험하지만 조직 목표에는 기여하지 않을 수 있다.

이와 같은 정의가 사용된다면, 연구자와 실무자 간 접근법의 차이가 줄어들 수 있지만, 개념의 차별성을 위협할 가능성도 존재한다(Schaufeli, 2014). 집합적 조직 몰입에 관한 연구는, 구성원 몰입이 집합적인 차원에서도 중요함을 보여주었다(Barrick et al., 2015)

고유한 구성원 몰입의 이론적 틀은 존재하지 않는다. 칸(Kahn, 1990)의 개인적 몰입 모델, 최근에 제시된 구성원 몰입의 관계적 모델, 직무요구-자원모델은 구성원 몰입의 이해와 예측에 있어서 중요한 공헌을 했다. 그러나 구성원 몰입에 있어서 지배적인 모델은 존재하지 않는다. 포괄적인 구성원 몰입 이론의 개발을 통해 연구와 실무 측면에서 혜택을 얻을 수 있다. 구성개념의 타당성(즉, 경험적 토대)을 보장하기 위한 연구가 필요할 것이다. 그러나, (연구결과가 설명력을 가질 수 있도록 하기 위해서는) 구성원 몰입이 이론적 토대를 갖추고 있는지 확인하는 것은 무엇보다도 중요하다. 구성원 몰입과 선행요인(예: 동인, 심리적 과정, 조건) 간의 관계를 설명하기 위해서는 더 많은 과학적 정보가 필요하다.

이 주제에 대해 20년 이상의 연구가 진행됐음에도 불구하고, 많은 국가에서 구성원의 몰입 수준이 낮은 것으로 조사되었다. 이에 따라, 구성원 몰입을 설명할 수 있는 모든 심리적 과정과 조건에 연구자가 초점을 맞추고 있는지 의문이 제기된다. 칸과 히피(Kahn and Heaphy, 2014)의 구성원 몰입 모델은 맥락 특정적 변수와 구성원 몰입 간의 관계에서 매개변수로 작용하는 심리적 의미충족, 안정성, 유용성에 초점을 둔다. 또한, 자기결정 이론(Deci & Ryan, 2011)은 직무-요구/자원과 구성원 몰입 간의 관계에서 가능한 매개변수로서 심리적 욕구충족에 중점을 둔다. 그러나, 심리적 조건과 과정이 구성원 몰입에 대한 예측력을 갖는지 조사하기 위해서는 종단연구가 수행되어야 할 것이다.

구성원 몰입의 유용성은 실무자들에 의해 항상 강조되었다. 다양한 긍정적인 개인적, 조직적 결과가 구성원 몰입에 기여한다. 기존 구성원 몰입 모델의 성공적인 적용은 이것의 유용성을 뒷받침하고 있다.

조직 차원의 구성원 몰입은 맥락적 요인의 영향을 받을 수 있다. 이것은 관리자 및 인적자원 실무자에게 있어 다양한 함의를 제공한다. 서로 다른 문화, 재산, 교육 수준을 가진 사람들 간의 접촉이 늘어남에 따라 문화 간 차이가 줄어들었다. 문화의 중요성이 과장되어서는 안 되지만, 문화의 일부 측면은 고유하기 때문에 우리가 반드시 이해해야 하는 것으로 간주되어야 하며, 구성원 몰입에 영향을 미친다는 것을 인식하는 것이 중요할 것이다. 점수의 차이가 구성개념 자체의 차이라기 보다는, 항목의 의미와 이해에 있어서 문화적/맥락적 영향에 의한 것일 때 몰입의 측정불변성이 검증되어야 한다. 문화적/맥락적 영향이 고려되지 않은 경우, 연구 중인 구성개념에 대해 타당하지 않은 결론이 내려질 수 있다.

19장
잡크래프팅

슬램프(Gavin R. Slemp)

서론

일을 통해 돈을 번다는 것에 대해서는 다양한 견해가 있으며, 우리는 다양한 형태로 일을 경험한다(Gini, 1998). 어떤 사람들에게 일이란 저주 혹은 짐, 인생에서 정말로 중요한 것으로부터 벗어나게 만드는 불행한 의무로 느껴지기도 한다. 이처럼 많은 사람들에게 일을 위한 생각은 만성적인 스트레스와 걱정(Scholtz, Hellhammer, Schulz, & Stone, 2004)이 동반되는 것으로 나타난다. 또한, 사람들이 자신의 일을 떠올릴 때, 기분 좋은 기대나 감정이 일어나지 않는다는 점을 알 수 있는 연구가 많이 있다. 그러나 다른 연구에서는 이와는 반대 경험을 실제로 하는 사람들이 있다는 증거를 제시했다(Wrzesniewski, 2003; Wrzesniewski, McCauley, Rozin, & Schwartz, 1997). 이들은 대개 일터에서 통증, 고역 등을 경험하지 않는다고 보고한다. 대신에 이들은 일터에서 스스로의 목표를 추구하고 달성하고, 새로운 기술을 배우고, 도전, 효능감과 기여도를 경험하며, 다른 사람들과의 관계를 발전시킬 수 있는 환경을 경험하기 때문에, 일 자체가 이들이 경험하는 기쁨의 근원으로 본다. 이 사람들에게 일하는 것은 종종 자기개념에 있어 중심적인 특징을

형성하며, 일이란 자신이 누구인지, 그리고 자신의 삶이 왜 중요한지에 대한 이해를 돕는 존재이다. 그리고 아직도 많은 사람들의 일 경험은 이 두 극적인 현실 사이에 있다.

주관적인 업무 경험의 질에 관계없이, 일반적으로 일하는 것은 협상 불가능한 성인 삶의 현실이며, 일을 통한 경제활동은 성인의 심리와 신체 건강에 중요한 영향을 미친다(Linn, Sandifer, & Stein, 1985; Repetti, Matthews, Waldron, 1989, Steger & Dik, 2010). 걱정과 스트레스의 중요한 근원이 되는 일(Scholtz et al., 2004)이 건강한 삶에서 의미하는 바를 이해하기 위해서는 실업과 건강 간의 관계를 조사할 필요가 있다(Jin, Shah, & Svoboda , 1995; Murphey & Athanasou, 1999). 연구 결과에 따르면 인간은 내재적으로 회복력이 있으며, 부정적이고 고통스러운 상황에 적극적으로 적응하려는 경향성이 있지만(예: Brickman, Coates, & Janoff-Bulman, 1978, Frederick & Lowenstein, 1999), 지속되는 실업기간은 인간이 적응하기 힘들고 원래의 심리상태로 되돌아가기 어려운 삶의 상황 중 하나이다(Clark, Diener, Georgellis, & Lucas, 2008; Lucas, Clark, Georgellis, & Diener, 2004). 따라서 일을 통해 경제활동을 할 수 있다는 사실은 건강한 성인생활에 있어 매우 중요

한 부분이다.

일단 고용이 되면, 일의 본질은 정신 건강과 웰빙에 더 많은 영향을 미친다(O'Brien & Feather, 1990). 따라서 지난 30년 동안 학자들은 구성원의 일 경험, 그리고 무엇이 일을 즐겁고 의미 있게 만드는지에 대한 학술적 탐구에 집중했다. 이 연구의 많은 부분은 구성원이 자신의 임무와 상황을 수동적으로 수령한다는 이론적 가정에 기반을 두고 있지만(Fried & Ferris, 1985; Hackman & Oldham, 1976, 1980; Loher, Noe, Moeller, & Fitzgerald, 1985), 최근의 관점은 자신의 업무를 디자인하는 것에서 더 나아가, 자신의 일자리 자체를 디자인하는 방향으로 옮겨 갔다. 즉 근로자들은 자신의 업무, 환경과 전반적인 업무 경험 모두를 형성하는 데 있어 보다 더 적극적인 역할을 맡고 있다고 제안했다(Wrzesniewski & Dutton, 2001; Wrzesniewski, LoBuglio, Dutton, & Berg, 2013).

이와 같은 관점을 제시한 최신 이론 중 하나는 잡크래프팅에 대해 다음과 같이 정의하였다. "개인이 업무의 경계나 관계와 관련하여 창조할 수 있는 물리적이고 인지적 변화"(Wrzesniewski & Dutton, 2001, p. 179). 직무기술서 내용 자체를 공식적으로 변경하거나 업무의 구조적 특성 자체를 변경하는 것과는 다르게, 자신에게 주어진 업무 내에서 주도적으로 변화시킬 수 있는 작업 및 관계의 경계를 구성원이 스스로 찾음으로써 비공식적 프로세스를 통해 자신의 일에 대해 새롭게 해석할 수 있는 여지를 만드는 작업이 바로 '잡크래프팅'인 것이다(Wrzesniewski & Dutton, 2001).

이 장의 목적은 잡크래프팅의 개념에 대해 탐구하고, 이 개념이 구성원의 웰빙, 몰입 및 정신 건강과 같이 일터에서의 성과를 예측하는 요인과 어떠한 관계가 있는지에 대한 이론적 토대를 검토하는 것이다. 특히 이 장에서는 자기결정 이론(SDT: Self Determination Theory)과 직무요구-자원모델(JD-R: Job Demand-Resource)에 집중하여 탐구할 것이다. 또한 잡크래프팅의 적용을 통해, 개인과 근로 환경 사이에 더욱 긴밀한 관계를 형성하여, 구성원이 자신의 타고난 선호 및 성격과 일하는 환경 간의 조화를 만드는 데 있어 도움받을 수 있는 방법에 대해서도 탐구할 것이다. 미래 연구에 대한 제안으로 마무리해보려고 한다.

잡크래프팅과 하위 구성 요소

잡크래프팅은 구성원의 주도성에 관한 문헌 내에서 논의되는데, 이는 구성원이 자신의 일을 자신들에게 맡겨진 일에서 그치는 것이 아니라, 자신이 맡은 업무의 '본질'을 형성하는 데 적극적 역할을 수행한다는 것을 의미한다(Grant & Ashford, 2008). 의견 표현하기(Van Dyne & LePine, 1998), 업무 재디자인(Staw & Boettger, 1990), 역할 혁신(Van Maanen & Schein, 1979), 개별근무협약(Rousseau, 2005; Tims & Bakker, 2010에서 설명과 검토 참조)과 같은 개념들은 잡크래프팅과는 구별되는 개념이지만 어느 정도 연관이 있는 연구 주제들이다. 이와 같은 개념들은 구성원이 자신의 업무 역할을 재설계하는 데 도움이 될 수 있는 구성원의 주도적 변화에 관한 내용이지만, 일반적으로는 조직의 문제를 해결하고 조직의 효율성을 높이는 데 주력한다는 점에 있어서 잡크래프팅과는 다르다고 봐야 한다. 따라서 일부 연구자들은 구성원들로 하여금, 일을 통해 더 높은 수준의 질적 경험을 할 수 있도록 돕는 데 있어서는 한계가 있으며, 이에 대해서는 잡크래프팅이 설명을 제공할 수 있다고 주장한다(예: Tims & Bakker, 2010). 또한 잡크래프팅은 일반적으로 구성원을 위한 업무 경험의 질을 높이기 위해 하향식으로 일자리의 양이나 성격을 변화시키는 매체로써 기능하는 직무확대와 직무충실화(Parker, 1998)와 같은 개념과는 구별된다. 이렇게 업무 재설계와 같은 개념에 있어서 구성원의 주도성은 중심 특징으로 다루어지지 않는다.

잡크래프팅에 대한 최초의 이론적인 입장(Wrzesniewski와 Dutton, 2001)에서는 구성원들이 적극적으로 자신의 일을 공략할 수 있는 세 가지 방법으로 작업, 관계, 인지적 관점에서의 잡크래프팅을 제안했다. **작업적 측면에서의 잡크래프팅**(Task crafting)이란 작업을 구성하는 특성 중에 '물리적 또는 시간적' 질적 특성(Wrzesniewski et al., 2013, 283)에 변화를 주는 것이다. 구성원은 현재 하고 있는 작업에 새로운 작업을 추가하거나, 일부 작업을 제거하여 원래 작업이 갖고 있던 물리적 특성 자체를 변화시킬 수 있다. 마찬가지로 구성원은 작업범위 중의 특정 부분에 더 많은 시간과 노력을 투자하여, 업무의 전반적인 성격을 변화시킬 수도 있다. 추가적으로 도전적이거나 복잡한 작업을 선택하거나, 더 즐거운 작업에 중점을 두는 것, 혹은 다른 작업에 대한 책임을 추가하거나 줄이는 것, 또는 원래의 역할에 포함되지 않았던 일부 역할을 자연스럽게 자신의 업무범위에 새롭게 포용하는 것 모두가 작업적 측면에서의 잡크래프팅을 구성할 수 있는 활동이다. **관계적 측면에서의 잡크래프팅**(Relational crafting)은 작업의 사회적 관계에 대한 변화를 시작하고, 작업이 형성하고 있던 관계적 도식의 경계를 밀어내는 것을 포함한다(Wrzesniewski & Dutton, 2001; Wrzesniewski 외., 2013). 일과 관련하여 새로운 관계를 만들고, 작업에 해가 된다고 판단된 상호작용이나 관계를 제한/종료하거나, 일터에서 긍정적인 관계를 형성하고 강화하기 위한 조치를 취하는 등의 행동을 모두 포함한다. 이는 구성원 스스로가 자신의 일을 경험하는 방식을 바꿀 수 있는 다양한 조치 방법이다. 또한 구성원들은 자신의 업무 관련 인맥에 대해 새로운 방식으로 생각할 수도 있으며, 잠재적으로는 다른 사람들이 일터에서 갖는 역할에 대한 의미와 인식에 대해서도 발전적으로 생각해볼 수 있다(Wrzesniewski 외., 2013). 마지막으로, **인지적 측면에서의 잡크래프팅**(cognitive crafting)이란 작업 혹은 일과 관련된 관계에 대해 의미/중요성을 부여하는 것과 같은 인지적 경계에 변화를 만드는 것을 의미한다. 예를 들어, 작업 자체를 개별 작업들의 집합으로 보거나, 하나로 통합된 전체(Wrzesniewski & Dutton, 2001)로 보는 것과 같이, 작업에 대해 갖고 있던 생각을 변경하거나 일 자체에 의미 또는 중요성을 부여하는 작업이 포함된다(Wrzesniewski et al., 2013). 인지적 잡크래프팅은 일에 대한 정체성과 가장 밀접하게 관련되어 있는 잡크래프팅의

한 측면으로, 주어진 일 내에서 자신이 수행해야 할 행동에 대한 이해와 그에 상응하는 방식을 용이하게 하는 업무 기반 '자기 정의'로 광범위하게 특징지을 수 있다(Ashforth & Kreiner, 1999; Wrzesniewski & Dutton, 2001). 여기에는 구성원의 개인적 속성(예: 주장성, 야망)과 사회적 정체성(예: 남성/여성, 관리자)을 포함하여 개인이 갖고 있는 안정적 특성이 모두 포함된다(Ashforth & Kreiner, 1999, Walsh & Gordon, 2008). 구성원이 일에 대해 갖고 있는 인지에 변화를 시도함으로써, 구성원 스스로 자신의 업무 경험으로부터 발생한 의미와 중요성을 발견하여 보다 긍정적으로 혹은 자기일치도가 높은 일의 정체성을 만들 수 있다.

위의 세 가지 요소는 서로 중복될 수 있으며, 조직에서 나타나는 하나의 행동(혹은 주도적 활동)은 여러 가지 형태의 잡크래프팅을 표상하고, 잠재적으로는 세 가지 요소 모두를 담고 있을 가능성이 매우 높다(Wrzesniewski, Berg, & Dutton, 2010; Wrzesniewski & Dutton, 2001 Wrzesniewski et al., 2013; 추가 예시와 토론 참조). 잡크래프팅이 일어나는 시간적 범위는 정해져 있지 않다. 대신 구성원들은 보다 즉각적이고 일상적인 업무 경험을 통해 잡크래프팅 자체를 매우 신속하게 만들어낼 수 있다(Wrzesniewski et al., 2013). 또한 구성원들은 목표 설정 및 기타 장기적 개발 계획을 통합하는 작업 등에 있어 상대적으로 긴 시간에 걸쳐 잡크래프팅을 경험할 수도 있다.

그동안 잡크래프팅에 관한 이론의 대부분은 개인에 중점을 두었기 때문에 개인적 차원에서의 분석에 초점을 맞추어 왔다. 그러나 작업을 조직화하고 제정하는 잡크래프팅이 집단 수준에서도 발생할 수 있다는 증거가 나타나고 있다. 초기의 경험 연구(Leana, Appelbaum 및 Shevchuck , 2009)에서는 개인 및 '협업(공동의 목표를 달성하기 위해 공동의 결정을 통해 업무를 수정하는 방법을 시도하는 팀 내 잡크래프팅)' 수준에서의 잡크래프팅 개념을 통합하기 위한 목적으로 잡크래프팅 이론을 확장했다. 232명의 교사/보조교사를 대상으로, 수정된 척도를 사용하여 잡크래프팅의 협업적 측면에 대해 조사했다.

연구 결과, 개인적 크래프팅과 협업적 크래프팅은 서로 경험적으로 다른 구성요인임을 발견했다. 특히 경험이 부족한 교사일수록, 협업적 크래프팅은 업무 성과와 긍정적으로 관련이 있는 것으로 나타났다. 저자들은 협업적 크래프팅 및 개인적 크래프팅 모두 추후 연구에 포함될 수 있는 특별한 구성요인이라고 결론지었다.

다음 섹션에서는 잡크래프팅으로 인해 만들어 낼 수 있는 결과 및 잠재적으로 구성원에게 도움이 될 수 있는 방법을 탐구하기 위한 목적으로 잡크래프팅에 관한 연구 결과를 보다 자세히 살펴볼 것이다. 이 논의에는 잡크래프팅이 구성원에게 가치 있는 결과를 창출할 수 있다는 가능성을 제시하는 두 가지 이론적 모델에 대한 검토도 포함된다.

잡크래프팅의 이론적 토대와 가능한 결과

〈잡크래프팅, 환경적 통합과 자기 결정성〉

자기결정 이론(Deci & Ryan, 1985; Ryan & Deci, 2000a)은 인간이 자기 주도적이고 내재적으로 동기 부여된 방식으로 행동하고자 하는 동기를 갖고 태어난다고 가정하는 인간 동기에 대한 메타 이론이다. 이는 사람들이 환경(사회적 시스템)과 자신을 통합하려는 적극적이고도 성장-지향적인 존재임을 시사한다(Deci & Ryan, 2000). 개인과 환경 간의 통합 과정을 통해 개인은 자신의 타고난 재능과 성향을 사용하기 위해 내적으로 끌리는 '진정한' 자아(Ryan & Deci, 2002)에 따라 도전과 기회를 추구한다. 개인은 자신의 진정한 본성에 따라 성공적으로 통합되고 행동할 때, 자기실현, 활력과 완전한 상태로 살아갈 수 있으며, 내적으로 동기 부여되고, 스스로 결정하며, 추구하는 바대로 행동할 수 있다(Deci & Ryan, 2008a, 2008b).

내재적 동기 부여와 웰빙에 대한 수십 년의 연구를 바탕으로 한 자기결정 이론 다음과 같이 제안한다(Deci & Ryan, 2008b). 인간은 최적의 기능과 심리적 건강을 달성하기 위하여 반드시 충족되어야 하는 3가지 심리적 욕구(자율성, 유능성, 관계성)를 갖고 있다. **자율성**(Autonomy)은 개인으로 하여금 자유의지가 있으며, 자신의 행동이 자기주도적이라는 인식을 필요로 한다(Deci, 1975; Deci & Ryan, 1995). **유능성**(Competence)은 숙달되었다는 느낌, 원하는 결과의 달성 및 도전적 과제 수행을 필요로 한다(Deci & Ryan, 1980). **관계성**(Relatedness)은 타인과 의미 있는 관계를 형성하고, 타인과의 상호 존중 및 신뢰감을 형성할 수 있는 능력을 필요로 한다(Baumeister & Leary, 1995). 자기결정 이론 앞에서 제시한 세 가지 욕구를 인간의 기능, 성장 및 완전한 상태를 위해 필요한 기본 영양소로 정의한다. 다양한 연구를 통해, 위의 세 가지 욕구 충족이 개인의 심리적 건강과 활력을 위해 필요하다는 결과가 밝혀지고 있으며, 그 반대의 경우도 낮은 웰빙수준과 같은 다양한 지표와 관련이 있다고 나타났다(Deci & Ryan, 2000, Ryan & Deci, 2000b, Vansteenkiste & Ryan, 2013).

또한 스포츠(예: Gagné, Ryan, Bargmann, 2003, Reinboth & Duda, 2006, Reinboth, Duda, Ntoumanis, 2004, Wilson, Rodgers, Blanchard, & Gessell 등 스포츠와 같은 여러 다른 맥락에서 욕구를 탐구했다. 2003), 일상 생활(예: Reis, Sheldon, Gable, Roscoe, & Ryan, 2000, Sheldon, Ryan, & Reis, 1996), 그리고 일터에서의 세 가지 욕구의 필요성에 대해서도 다양하게 조사되었다. 연구 결과, 일반적으로 일터에서의 만족감이 동기, 몰입, 웰빙 및 성과와 같은 업무-관련 성과의 향상을 예측한다고 나타났다. 일례로, 두 개의 조직에서 성과와 웰빙을 위한 동기부여의 기반으로서 내적 욕구의 충족감에 대해 조사했다(Baard, Deci, Ryan, 2004). 연구 결과, 일반적으로 내적 욕구의 충족감이 더 높을수록 더 높은 성과 평가를 받았고, 심리적 적응도 또한 더 높다는 결과가 나타났다.

그레이브스(Graves)와 루치아노(Luciano, 2013)의 연구에서도 심리적 욕구에 대한 만족도가 일터에서의 자발적 동기 부여를 예측하고 활력(vitality), 직무 만족도 및 조직에 대한 정서적 몰입도를 예측했다. 데시와 동료들(Deci et al., 2001)도 다른 문화를 포함하여 실시한 연구에서 이와 유사한 결과를 발견하였다. 구체적으로, 미국과 불가리아의 참가자를 대상으로 '자기결정 모델'을 지지하는 근거를 밝혔으며, 심리적 욕구의 만족감은 구성원의 몰입 및 자존감의 향상과 더불어 불안수준의 감소를 예측한다고 밝혔다. 유럽의 참가자 대상의 연구에서는 데시와 동료들의 연구와 일치하는 패턴의 결과가 나타났으며(Van den Broeck, Vansteenkiste, De Witte, & Lens, 2008), 심리적 욕구에 대한 만족도는 낮은 수준의 소진과 향상된 활력수준을 예측하였다. 전반적으로 수많은 연구에서 일터에서의 웰빙을 예측하는 잠재적 요인으로서의 심리적 욕구 충족의 중요성을 제안하였다(Gagné & Deci, 2005, Van den Broeck, Vansteenkiste, De Witte, 2008 참조).

잡크래프팅은 구성원들이 자신의 업무 경험을 진정한 의미로 통합하고 조직화할 수 있는 기회를 제공한다. 구성원들은 자신의 직무를 크래프팅 함으로써 내적 경험에 입각한 진정한 자기감과 자신의 업무 경험을 조화시켜, 보다 본질적으로 동기부여된 행동을 촉진하고 활성화할 수 있다. 연구자(Wrzesniewski와 Dutton, 2001)들은 잡크래프팅(작업, 관계 또는 인지적 차원)이 인간의 세 가지 중요한 동기로부터 비롯된다고 제안했다. 첫째, 인간은 자신의 환경에 대한 통제권을 유지하고자 하는 동기가 있으며(Bandura, 1989; Leotti, Lyengar, & Ochsner, 2010), 잡크래프팅은 구성원들이 자신의 일에 대해 더 큰 통제력을 확보함으로써 업무에 대한 반감을 줄이는 데 도움이 된다. 둘째, 인간은 스스로의 이미지를 긍정적으로 만들고자 하는 동기가 있으며(Pyszczynski, Greenberg, Solomon, Arndt, Schimel, 2004 참조), 잡크래프팅의 도움을 통해 보다 긍정적인 방향으로 일에 대한 정체성(work identity)을 창출함으로써 자기 계발(self-enhancement)을 돕는다. 세 번째, 인간은 소속감과 대인 관계를 갖고자 하는 동기가 있기 때문에(Baumeister & Leary, 1995 참조), 잡크래프팅은 구성원들로 하여금 타인과의 관계를 형성하고 만들어갈 수 있는 방법을 제공한다. 위의 연구(Wrzesniewski와 Dutton, 2001)에서 제시한 세 가지 동기를 자기결정 이론과 명시적으로 연관짓지는 않았지만, 자율성, 유능성 및 관계성에 대한 욕구와의 개념적 유사성은 명백하다(Slemp &

Vella-Brodrick, 2014). 따라서 구성원들은 타고난 재능, 성향과 업무에 대한 선호도를 보다 효과적으로 활용할 수 있도록, 욕구를 충족할 수 있는 방향으로 자신의 업무 경험을 크래프팅하는 데 동기부여 될 수 있다. 또한, 작업 환경과의 보다 진보된 통합(integration & synthesis)을 향한 진전뿐만 아니라, 자기주도적으로 결정한 행동과 적용이 가능해진다. 일터에서 욕구-충족의 경험을 추구하는 것은 구성원의 기능과 웰빙에 영향을 미치게 된다. 이 이론적 모형은 최근 일하는 253명의 성인을 대상으로 조사했다(Slemp and Vella-Brodrick, 2014). 이 연구에서는 구조방정식 모델링을 사용하였으며, 연구 결과, 연구자들의 가설대로 잡크래프팅은 내적 욕구 만족도를 예측하고, MHCSF(Mental Health Continuum, Short Form)에 의해 측정한 쾌락적 웰빙(hedonic, 예: 쾌락, 만족)과 목적지향적 웰빙(eudaimonic, 예: 성장, 숙달, 성취 등) 모두를 예측하는 변인으로 나타났다. 이는 일터에서의 잡크래프팅이 구성원의 근본적인 심리적 욕구를 만족시킬 수 있는 잠재적 메커니즘이라는 연구결과와 일치하며, 구성원의 웰빙을 포함하여 일하는 경험의 질적 향상을 일으킨다는 것을 나타낸다. 단, 변수의 시간적 순서가 보다 명확하게 수립될 수 있는 종단적 또는 실험적 데이터로 재현될 필요가 있다.

이 연구는 또한 잡크래프팅이 잠재적으로는 개인-직무 간 적합도에 대한 구성원의 인식에도 기여한다는 사실을 보여주는 연구와 일치하며, 일반적으로 개인과 직무 특성 사이에 인식된 적합성으로도 정의된다(Kristof-Brown, Zimmerman, & Johnson, 2005). 예를 들어, 한 연구(Lu, Wang, Lu, Du, Bakker, 2014)에서는 기술 회사에 근무하는 중국인 구성원 246명에 대한 2개 시점의 종단연구를 실시한 결과, 잡크래프팅과 개인-직무 간 적합도 간의 관계를 탐구하였다. 특히 몰입은 잡크래프팅을 예측하였고, 이어서 '수요-능력 적합성(demands-abilities fit, 예: 구성원이 가진 스킬이 자신의 직무에서 요구하는 바와 일치하는지)' 및 '요구-공급 적합성(needs-supplies fit, 예: 구성원이 자신의 업무에서 '찾고 있는 것'을 해당 직무가 대표하고 있는지)'을 이어 예측하였다.

최근 대만 호텔 구성원 246명(Chen, Yen, & Tsai, 2014)을 대상으로 수행한 연구도 이와 비슷한 결과를 제시했다. 특히, 이 연구에서는 개인 크래프팅과 협업 크래프팅 모두가 일에 대한 몰입과 관련이 있고, 개인-직무 간 적합도는 개인 및 협업 크래프팅과 몰입을 중재하는 요인이라는 것을 발견했다. 따라서 잡크래프팅은 개인-직무 간 적합도에 대한 선행요인이라는 근거가 발견되었으며, 이는 잡크래프팅을 통해 구성원들이 내적 욕구와 선호에 맞게 자신의 직무를 조정할 수 있기 때문이라는 현상으로 설명될 수 있다. 그러나, 첸과 동료들(Chen et al., 2014)의 연구에서는 몰입이 선행요인으로 설정된 것에 비하여, 루(Lu, 2014)의 연구에서는 몰입이 결과 변인으로 설정되었다는 차이점이 존재한다. 따라서 잡크래프팅이 몰입에 대한 선행요인인지 결과변인인지에 대한 추가 연구를 통해 변수 간의 인과적 순서를 확인할 필요가 있다.

질적 연구에서도 구성원으로 하여금 자신의 일과 일에 대한 동기를 정렬하는 방법으로써 잡크래프팅을 활용할 수 있다는 근거를 제공했다. 한 질적 연구(Berg, Grant, and Johnson, 2010)에서는 다양한 분야에 종사하는 31명의 구성원에 대한 조사를 실시한 결과, 구성원들은 '미처 답을 찾지 못한 직업적 소명'을 찾기 위한 시도로써 잡크래프팅과 관련된 다양한 형태의 행동(예: 직무에 추가적인 작업을 추가하거나, 직무에 대한 자신의 인식을 변경하는 것 등)을 수행하고 있음을 발견했다. 여기서 직업적 소명이란 실현되지 않은 잠재적 직업으로 내적으로 즐겁고 의미 있으며 일에 대한 정체성과도 일치하기 때문에 구성원으로 하여금 강렬한 바람을 가지는 일(아직 실현되지 않았으나 잠재적으로 갈망하는)로 정의된다. 이 발견은 구성원들로 하여금 현재 자신의 일, 그리고 보다 내적으로 즐겁고 의미 있는 것으로 생각하는 일과의 조화를 만들어내기 위한 긍정적 심리적 상태를 촉진하는 하나의 프로세스로써의 잡크래프팅의 잠재력을 시사한다.

요약하면, 구성원들은 그들의 일 경험과 내적 욕구, 동기, 선호를 일치시키는 프로세스로 잡크래프팅을 활용하며, 이에 대한 이론적 지지근거가 제시되기 시작하였다. 구성원 스스로와 업무 맥락 간 더욱 향상된 차원의 통합과 정렬이 이루어진다면, 구성원들은 보다 더 내적으로 동기부여되고, 내재적으로 동기화된 행동을 만들어낼 수 있다. 이는 업무에서의 몰입, 웰빙, 개인-직무 간의 적합성 모두를 늘릴 수 있을 것이다.

〈잡크래프팅과 직무요구와 자원의 형성〉

현재까지 구성원의 잡크래프팅을 설명하는 모델은 두 가지가 있으며, 이 둘은 서로 상반되는 주장을 제안한다. 위에서 소개한 이론적 모델(Wrzesniewski와 Dutton, 2001)에서는 구성원이 수행할 수 있는 잡크래프팅을 3가지 독특한 방법(작업의 변화, 관계의 변화, 인지적 변화)으로 설명한다. 이 세 가지 요인에 대한 변화를 주도함으로써 구성원들은 일에 대한 경험과 더불어 자신이 좀더 선호하는 방식으로 직무를 변화시킬 수 있다고 보는 것이다. 잡크래프팅의 최신 이론은 스트레스와 몰입에 대한 JD-R모델의 지지자로서, 앞서 설명한 이론적 입장과는 반대되는 입장을 제시하고 있다(Bakker & Demerouti, 2007; Bakker, Demerouti, Schaufeli, 2003, Demerouti, Bakker, Nachreiner & Schaufeli, 2000, 2001). 잡크래프팅에 관한 경험적 연구의 대부분이 직무요구-자원모델에 중점을 두고 있기 때문에, 직무요구-자원모델이 잡크래프팅과 어떻게 관련되는지에 대해 우선적으로 검토할 것이다.

직무요구-자원모델 학자들은 직무요구-자원모델을 구성원 웰빙에 대한 균형 이론으로 묘사하며, 구성원 건강의 두 가지 경쟁세력(직무요구나 자원) 간의 불균형으로 인해 발생하는 소진이나 몰입이라고 설명한다.

직무요구(Job demands)란 어떠한 일을 위한 신체/심리적 노력을 필요로하는 신체/심리/사회/조직적 요인을 지칭하며, 자연스럽게 이에 대한 신체/심리적 비용과 관련되어 있는 개념이다. 예를 들어, 부담감이 많은 직무를 부여받은 구성원들의 경우, 긴 근무 시간 동안 인지적 노력을 쏟을 수밖에 없을 것이다. 지속적인 노력으로 인해 에너지는 점점 고갈되고, 이에 따라 신체적(예: 피곤, 피로, 긴장

등)/심리적(예: 탈몰입, 우울, 소진, 불안 등) 비용이 발생할 수 있다. 직무요구의 또 다른 예로는 작업의 변경, 정서적 스트레스, 컴퓨터 문제 등이 있을 수 있다.

긴장(strain) **프로세스**는 직무요구와 소진 및 탈몰입과 같은 결과변인 사이의 관계를 설명하는 반면, 별도의 **동기적**(motivational) **프로세스**의 경우, 직무요구의 압박 하에서도 개인이 신체적, 정신적 건강을 유지할 수 있도록 도움이 되는 과정에 대해 설명한다. **직무자원**(Job resources)이란 직무와 관련하여 구성원을 대상으로 다양한 혜택을 제공하기 위해 조직에서 제공하는 다양한 신체/심리/사회/조직적 특징을 말하며, (1) 업무 목표 달성을 돕는 것 (2) 학습, 성장, 개발을 촉진하는 것 (3) 직무요구 및 이와 관련된 심리/신체적 비용의 경험을 감소시키거나 완충하는 것 등이 있다. 직무자원의 예로는 자율성, 업무 피드백 또는 조언, 역할의 명확화 등이 있다.

직무요구-자원모델에서는 직무요구 및 직무 자원으로 이루어진 두 개의 개념이 구성원의 직무 스트레스 및 동기의 개발에 직접적으로 그리고 상호작용의 역할을 통해 기능한다고 제안한다(Bakker & Demerouti, 2007 참조). 일부 연구에서도 이 가설을 지지하고 있다. 예를 들어 한 연구(Bakker, Demerouti, Schaufeli, 2003)에서는 네덜란드 콜센터 구성원 447명을 대상으로 직무요구 및 직무자원을 조사했다. 그 결과, 직무요구(예: 작업량, 컴퓨터 문제)가 건강 문제를 예측하고, 이는 결근을 예측하여, 긴장 프로세스에 대한 일부 근거를 제공한다는 사실을 발견했다. 연구자들은 또한 직무 자원(예: 사회적지지, 피드백)이 일에 대한 몰입도를 예측하고, 이는 이직 의도를 예측하여 동기적 프로세스에 대한 일부 근거를 제공하였다. 또 다른 연구(Hakanen, Bakker 및 Schaufeli, 2006)에서는 2,038명의 핀란드 교사 표본에서 유사한 결과를 발견했다. 구체적으로, 본 연구는 직무요구(예: 학생들의 비행 행동)가 소진을 예측하고, 이는 건강을 악화시키는 반면, 직무자원(예: 직무에 대한 통제감)은 업무 몰입 및 조직에 대한 헌신을 예측한다는 사실을 발견했

다. 다른 횡단 연구(Bakker, Demerouti, Taris, Schaufeli, Schreurs, 2003, Hakanen, Bakker, & Demerouti, 2005)에서는, 다양한 직업을 가진 집단에서 직무요구-자원모델의 근거를 제공하였다.

종단 연구 설계를 사용한 직무요구-자원모델의 검증은 흔치 않으나 대체로 지금까지 실시된 종단 연구는 직무요구-자원모델의 이론적 명제에 대한 지지를 제공해왔다. 연구자(Hakanen, Schaufeli, Ahola, 2008)들은 핀란드 치과 의사 2,555명을 대상으로 3년간 2가지 시점에서 측정한 데이터의 교차지연 검증을 실시했다. 연구 결과, 직무요구가 미래의 소진 및 우울증을 예측한다는 사실을 발견했다. 직무 자원이 미래의 업무몰입을 예측하고 조직에 대한 헌신을 예측했음에도 불구하고, 동기적 과정을 뒷받침하는 상관 관계는 매우 작게 나타났다(예: 직무 자원 → 업무 몰입: $\gamma = .08$, p <.01). 다른 연구(Schaufeli, Bakker 및 van Rhenen, 2009)에서는 네덜란드의 201명의 관리자 및 임원을 대상으로 직무요구와 직무자원에 대해 조사한 결과(비록 데이터가 1년에 불과하다는 점이 있지만), 강한 상관관계를 발견했다는 점에 주목할 필요가 있다. 요약하면, 종단연구 결과, 직무요구와 직무자원의 이중 프로세스에 대한 지지가 일부 나타났지만, 횡단 증거보다는 훨씬 작은 관계가 나타났다.

일부 연구는 직무요구 × 직무자원 간의 상호작용에 대한 근거를 제공했지만(직무요구가 낮고 직무자원이 있을 때 구성원의 웰빙이 가장 높음을 시사함) 결과는 아직 혼재된 상태이다.

네덜란드의 홈케어 인력 747명을 대상의 연구(Xanthopoulou et al., 2007)에서는 횡단 설계 조사를 실시했다. 중재된 구조 방정식 모델링 및 시너지(synergistic) 테스트를 사용하여 검증한 결과, 높은 수준의 직무요구는 직무자원(예: 피드백 및 전문성 개발을 위한 기회)이 낮은 경우에만 높은 수준의 피로와 냉소와 함께 나타났다. 저자들은 직무 자원이 소진을 일으키는 직무요구로부터 완충작용을 한다고 결론지었다. 다른 연구(Bakker, Hakanen, Demerouti, Xanthopoulou, 2007)에서 805명의 핀란드 교사를 대상으로 상호작용 검증을 실시한 결과, 18건의

검증작업 중에서 14건의 근거가 발견되었다. 구체적으로, 직무자원은 업무에 대한 몰입과 함께 나타났는데, 특히 직무요구가 높을 때 더 두드러진 결과가 나타났다. 즉, 직무자원의 경우, 직무요구가 높을 때 더욱 더 현저하게 그 기능이 드러난다고 해석할 수 있는 것이다.

다른 연구들은 더욱 더 혼합된 결과를 나타냈다. 예를 들어, 두 개의 중국인 표본((1) 625명의 사무직과 (2) 761명의 보건 의료 전문가)을 대상으로 소진 및 몰입에 대한 직무요구와 직무자원의 추가(additive) 및 중재효과를 조사했다(Hu, Schaufeli 및 Taris(2011). 연구 결과, 긴장 및 동기적 프로세스에 대한 근거를 찾았으나, 보건 의료 전문가 샘플에서의 요구 × 자원 간의 상호 작용 및 소진과의 관계에 대해서는 약한 효과크기를 발견했으며($\gamma = -08$, p <.05), 사무직 샘플에서는 유의한 결과가 나타나지 않았다. 더욱이, 상호 작용의 경우, 두 샘플 중 어느 하나의 몰입도 예측하지 못했다. 이는 호주와 중국 간의 상호 문화 비교를 이용한 최근의 연구 결과와 일치하며, 상호 작용 검증이 통계적으로 유의미한 결과를 얻지 못하는 경우가 대부분이다(Brough et al., 2013). 전반적으로, 직무요구-자원모델의 이중 과정은 횡단 설계조사를 통해 비교적 견고한 지지를 받았지만, 종단 조사의 증거에 따르면 직무요구 × 자원 간의 상호 작용에 대한 지지는 아직까지 혼재되어 있는 실정이다.

원래 직무요구-자원모델 학자들은 직무설계를 통해 경험한대로 요구 및 자원이 가진 역할에 관심을 가졌지만, 구성원이 업무 환경의 수동적인 수령자로 제한될 수 있다는 견해를 인식하게 되면서부터, 최근의 조사는 구성원 스스로 직무요구 및 자원을 형성함에 있어 보다 더 주도적인 역할을 수행할 수 있다는 입장을 취하고 있다(예: Tims & Bakker, 2010, Tims, Bakker, & Derks, 2012). 따라서 저자들은 직무요구-자원모델 내에서 잡크래프팅*

의 첫 번째 구인에 대해 JD-R 모델 내에서 다음과 같이 개념화하였다. 즉, 구성원 스스로가 자신의 직무를 크래프팅 함으로써 직무요구 및 자원을 원하는 방향으로 전환시킬 수 있다는 것이다. 구체적으로 이 모델에서는 다음과 같은 4가지 방법으로 구성원 주도의 크래프팅을 실시할 수 있다고 가정한다. (1) 구조적 직무자원을 늘린다(예: 새로운 것을 배우고 자신을 계발하는 단계) (2) 사회적 직무 자원을 늘린다(피드백과 조언 요청, 멘토링 기회 제공) (3) 기대되는 직무요구를 감소시킨다(예: 비현실적이고 어려운 결정을 피하는 사람들과의 접촉 최소화) (4) 도전적 직무요구를 늘린다(시간이 허락된다고 판단되는 경우, 새로운 프로젝트를 시작하거나, 다른 프로젝트에 자발적으로 지원함으로써 학습하고 도전감각을 장려)(Tims & Bakker 2010, Tims et al., 2012).

일터에서의 직무요구와 직무자원에 대한 경험을 스스로 형성함으로써 구성원들은 직무 특성의 변화를 주도할 수 있으며, 이는 업무 몰입, 소진의 감소 및 성과 향상에 기여할 수 있다. 이 이론적 모형은 경험적으로도 뒷받침되었다. 한 연구에서는 화학 공장 종사자 288명을 대상으로 종단 조사(Tims, Bakker, Derks(2013)를 실시했다.

직무자원을 늘리는 접근을 시도했던 연구의 첫 번째 달에 측정한 결과, 직무요구-자원 크래프팅을 시도한 구성원들은 직무요구-자원 크래프팅에 참여하지 않은 사람들에 비해, 웰빙 수준이 높아진 것을 확인했다(예: 업무에의 몰입 및 만족도가 높아지고 소진이 줄어듦). 더 최신 연구(Petrou, Demerouti 및 Schaufeli, 2015, 3월23일)에서는 1년 동안의 조직 변화를 겪은 580명의 경찰관으로부터의 종단 데이터(2개의 시점 측정)를 수집했다. 연구 결과, 시점1에서 직무자원과 직무에서의 도전의 추구는 시점2(조직 변화가 시도된 후)에서의 높은 성과와 낮은 수준의 소진을 예측하였다. 직무요구-자원 크래프팅이 구성원으로 하여금 조직 변화에 대처할 수

---

* 직무요구–자원모델(JD–R모델)을 기반으로 한 잡크래프팅의 개념화를 설명하기 위해 '직무요구–자원크래프팅(JD–R crafting)'이라는 용어를 사용한다. 이 문헌의 학자들은 이 과정을 '잡크래프팅'이라고 부르지만 이 이론적 접근법은 Wrzesniewski

and Dutton (2001)이 제시했던 잡크래프팅의 이론 모델(작업적/관계적/인지적 크래프팅 하위요소를 제시했던)과는 개념적으로 다르다. 따라서 이 장에서는 혼란을 피하기 위해 잡크래프팅에 대한 두 가지 접근 방식을 구별할 것이다.

있는 잠재적인 전략으로 기능할 수 있음을 시사하는 결과이다. 또한, 팀 수준에서의 협업적 직무요구-자원모델 크래프팅이 팀수준의 성과 및 몰입을 예측된다는 결과로 확장되었다(McClelland, Leach, Clegg, & McGowan, 2014, Tims, Bakker, Derks, & van Rhenen, 2013).

닐슨(Nielsen)과 아빌가드(Abildgaard, 2012)는 사무직 구성원에게 더 적합한 직무요구와 관련된 추가 요소를 찾기 위해 직무요구-자원 크래프팅 모델에 대한 수정작업을 실시했다. 저자들은 직무요구-자원 크래프팅(예: 도전적인 직무요구의 증가 및 양적 직무요구의 증가)의 일부 측면이 12개월 후에 업무 몰입도를 예측한다는 사실을 발견했다. 양적 직무요구 및 사회적 직무자원의 증가는 12개월 후의 직업 만족도를 예측했다. 하지만 직무요구-자원 크래프팅의 어떠한 요소도 사후측정 단계에서의 소진을 예측하진 않았다(모두 p> 0.05). 보다 더 최신에 진행된 연구에서는 직무요구-자원 크래프팅이 업무 몰입과 관련이 있음을 시사하는 근거를 뒷받침 해오고 있다(Brenninkmeijer & Hekkert-Koning, 2015).

잡크래프팅과 직무요구-자원 크래프팅 간의 상관관계가 있다는 점은 대부분의 경험연구를 통해 밝혀지고 있다. 최근 네덜란드에서는 경찰 39명(van den Heuvel, Demerouti, & Peeters, 2015)을 대상으로 직무요구-자원 크래프팅이 잠재적으로 개인에게 미치는 영향에 대해 검증하기 위한 연구가 수행되었다. 연구에서 설정한 개입은 하루 종일 실시되는 훈련으로 설정되었다. 우선, 참가자들은 직무요구-자원 모델에 대해 학습한다. 그리고 이어서 자원을 찾는 방식(예: 동료로부터 피드백 구하기), 방해가 된다고 느끼는 요구를 줄이는 방식(예: 이동하는 시간에 보고서 작성하기), 도전적인 요구 찾아보기(예: 협상스킬의 개발을 위하여 협상 장면에 참여하기) 등의 크래프팅을 기반으로 업무 목표를 만든다. 다음으로 참가자들은 자신의 목표달성에 집중하여 4주 동안의 실험을 실시한다. 이 실험의 주요 포커스는 현재의 직무요구 및 자원에 있어 자기-주도적인 변화를 만들어보는 것이다. 연구 결과, 프로그램 개입의 효능에 대한 기초 근거를 찾을 수 있었다. 예를 들어, 사후 검증에서 개입을 실시한 그룹의 경우, 개발을 위한 기회, 리더-구성원 교환, 자기효능감에서 향상된 점수를 기록하였으며, 부정정서가 감소되는 효과가 관찰되었다. 통제집단에서는 아무런 효과가 관찰되지 않았다. 단, 시간 × 집단 간의 상호 작용(개입집단과 통제집단을 동시에 고려했을 때)에 있어서는 통계적으로 유의미한 차이가 나타나지 않았다. 앞으로의 연구에서는 더욱 큰 샘플을 대상으로 실시될 필요가 있을 것이다. 다만, 이 연구를 통하여 연구자들은 구성원의 업무 관련 결과 변인에 대해 해당 개입이 가진 효능의 근거를 일부 제시했다고 볼 수 있다.

요약하면, 직무요구-자원모델의 지지자들은 구성원 스스로가 일터에서 직면한 직무요구 및 직무자원을 형성함으로써 자신의 일을 크래프팅 할 수 있다는 독특한 이론적 견해를 제공한다. 다만, '인지'가 일의 정체성을 형성하는 데 갖고 있는 역할에 대해서는 충분히 설명하지 못한다는 한계점이 존재한다(Slemp & Vella-Brodrick, 2013). 구성원들이 어떻게 자신의 업무 경험을 변형시킬 수 있는지에 대한 다소 관행적인 견해를 제공했다는 측면은 또 다른 한계점으로 볼 수 있다. 따라서 잡크래프팅이 제시했던 원래의 이론적 모델(예: '고객을 해고한' 헤어드레서의 예시 Wrzesniewski & Dutton, 2001, p. 191)과 같이 일터에서의 사회적 상호작용을 줄임으로써 잡크래프팅을 시도하려는 사람들의 케이스의 경우, 직무요구-자원 모델이 제시하는 개념적 공간에서 벗어날 수 있다.

그럼에도 불구하고 지금까지 연구된 문헌에 따르면 직무요구-자원 크래프팅은 잠재적으로 구성원의 일에 대한 몰입과 성과를 향상시키고 소진수준을 낮추는 데 유망한 방법일 수 있다고 제안한다.

조직적 맥락에서의 잡크래프팅: 맥락적 상관 요인과 바람직하지 않은 잠재적 결과

〈잡크래프팅의 맥락적 상관요인〉

일반적으로 잡크래프팅은 개인과 조직 모두에

게 긍정적인 영향을 미치는 대비책이나 목적을 가진 주도성의 한 형태로 간주된다. 그러나 아직까지 구성원이 업무를 수행함에 있어 잠재적으로 방해를 하거나, 제한을 하거나, 혹은 구성원 스스로가 자신의 일을 크래프팅함에 있어 도움이 되는 조직 맥락적 변인에 대해 조사한 연구는 거의 없다. 일에 대한 자율성이 조직에서의 주도성 행동에 있어 맥락적 선행요인이 될 수 있음을 보여주는 여러 연구와 마찬가지로(Crant, 2000; Parker, Williams, & Turner, 2006), 구성원이 자신의 일 경험에 대해 주도적으로 변화를 만들어낼 수 있다는 자율성을 갖거나, 혹은 자율성이 있다는 사실을 인식하는 정도에 따라 잡크래프팅을 구현할 수 있는 능력에 영향을 미친다. 다음의 연구(Petrou, Demerouti, Peeters, Schaufeli, & Hetland, 2012)에서는 일에 대한 자율성과 직무요구-자원 크래프팅에 대해 매일의 기록을 측정하여 기초 근거를 발견했다. 저자들은 '능동적인 일자리(높은 수준의 요구가 있지만, 동시에 높은 수준의 직무통제감을 제공하는 일)'를 가진 구성원의 경우, 직무요구-자원 크래프팅에 몰입하는 경향이 더 많다는 점을 발견했다. 구체적으로, 중재된 구조방정식 모델링을 사용하여 분석한 결과, 하루 동안의 직무에 대한 부담과 일에 대한 자율성 간의 조합이 하루 동안의 직무자원 찾기 수준 및 직무요구의 감소 수준을 예측한다는 것을 발견했다. 자기결정 이론 문헌에서 사회-맥락적 요인으로 일부 관심을 받았던 요인은 자율성에 대한 지지, 리더나 권위자의 포지션에 위치한 사람이 가진 구성원에 대한 내적 동기 자원, 대인관계적 지향성으로 정의된다(Baard et al., 2004; Deci, Connell, & Ryan, 1989). 예를 들어, 자율성을 지지하는 관리자의 경우, 구성원의 관점을 인정하고 이해하며, 선택 및 자유의지의 기회를 제공하고, 자기-주도적 행동을 장려하는 조치를 취한다(Deci et al., 2001). 반대로 통제적 유형의 관리자의 경우, 자율성 지지 유형과의 정반대의 특성을 가진 것으로 간주되며, 구성원의 생각, 느낌, 행동에 대해 특정 방식을 강요하는 경향이 있다.

잡크래프팅은 개념 상 구성원이 스스로 주도하는 적극적 행동 양식을 표상하므로, 이론적으로는 자율성을 지지하는 업무 맥락이 주어져야 일터에서의 주도성을 활성화 할 수 있는 가능성이 높다. 즉, 구성원은 자신의 업무 경험을 변경하기 위한 자율성 및 범위가 있다고 느껴지는 정도까지만 자신의 일에 대한 크래프팅이 가능할 것이다. 그러나 다른 연구 결과에 따르면, 업무 환경이란 안정적이거나 고정되어 있지 않고 변화하기가 용이하여(Berg, Wrzesniewski, & Dutton, 2010), 구성원들이 자신의 역할에 있어 더 많은 자율성을 만들어낼 수 있도록 스스로 변화를 주도할 수 있다고 제안한다. "적응적 움직임(Berg, Wrzesniewski 및 Dutton, 2010)"이라는 개념에서는 구성원 스스로가 크래프팅을 주도함에 있어 도전적이라고 인식되는 환경을 극복하기 위해 필요한 인지적 혹은 행동적 차원의 반응에 대해 설명하였다. 이 연구에 따르면, 직급이 낮은 구성원(낮은 수준의 자율성 지지를 받고 있을법한)이 시도한 한 가지 적응적 움직임의 결과, 더 많은 범위의 잡크래프팅을 가능하게 만들 수 있기 위해, 타인이 그들의 업무 환경에 대해 원래 갖고 있던 기대와 행동을 바꾸는 결과를 만들어낼 수 있었다고 보고한다.

종합적으로 볼 때, 잡크래프팅 및 '자율성 지지' 사이의 상호보완적 관계를 암시한다. 구성원은 높은 수준의 자율성 지지를 받는다고 인식되는 업무 환경에서 더욱 더 주도적으로 잡크래프팅에 전념할 수 있다는 것이다(그 반대의 경우도 마찬가지). 업무의 맥락은 변화가 가능하며, 구성원은 자신의 역할에 보다 자율적인 지지를 크래프팅 할 수도 있다. 최근의 한 횡단 조사에 의해서도 잡크래프팅과 자율적 지지 사이의 상호 연관되어있음을 밝힌 바 있다(Slemp, Kern, & Vella-Brodrick, 2015). 이 연구에서는 또한 구성원의 웰빙과 함께 잡크래프팅과 자율성 지지 사이에 시너지 효과가 있는 관계를 발견했다. 즉, 잡크래프팅과 자율성 지지는 구성원의 웰빙을 독립적으로 예측했으나, 가장 높은 수준의 웰빙의 경우 자율성 지지 및 잡크래프팅이 모두 존재할 경우에 나타나는 것을 밝혀냈다.

종단 데이터를 통한 복제연구의 필요성은 남아

있으나, 앞선 연구 결과는 잡크래프팅 및 자율성 지지가 서로 호혜적으로 상호작용하여, 구성원의 웰빙에 도움을 줄 수 있는 조직적 차원의 프로세스가 될 수 있다는 예비 근거를 제공한다는 측면에서 의의가 있다.

일부 연구에 따르면 잡크래프팅은 일과 관련된 권태감 경험에 따라 발생한 구성원 주도의 반응일 수 있다. 예를 들어, 성격 특성 중에 쉽게 지루해질 수 있는 경향성(boredom proneness; Vodanovich, 2003)은 일에 있어서의 권태감을 예측하는 특정 요소로 작용할 수 있으며, 이는 사회-맥락적인 요소(예: 너무 적은 일, 반복, 단조로움, Loukidou, Loan-Clarke, Daniels, 2009)를 통해 권태감이 만들어질 수 있다는 점을 시사한다. 다음의 연구(van Hooff와 van Hooft, 2014)에서는 일-관련 권태감과 (직무요구-자원 크래프팅으로 조작적 정의된) 잡크래프팅과 같은 자기-조절적 행동 사이의 관계를 조사하기 위해, 189명의 네덜란드 구성원을 대상으로 한달 간의 종단 조사를 실시했다. 연구결과, 일터에서의 권태감을 높은 수준으로 경험한 구성원들이 도전적인 직무요구와 구조적 직무자원을 늘리기 위해 노력을 시도할 가능성이 더 큰 것으로 나타났다. 따라서 직무요구-자원 크래프팅은 구성원이 업무 관련 권태감과 이에 따른 잠재적 부정적 결과를 관리하기 위해 사용할 수 있는 대처 매커니즘으로 볼 수 있다.

요약하면, 문헌연구 결과 자율성-지지적인 일터의 분위기가 잡크래프팅을 예측하며, 이는 구성원 스스로가 자신의 역할 내에서의 자율성 지지를 더 확보하기 위한 목적으로 크래프팅 행동을 시도할 수 있다는 것을 시사한다. 더욱이 업무 관련 권태감을 불러일으킬 가능성이 있는 업무 맥락의 경우, 구성원 주도의 크래프팅을 통해 일터에서의 권태감으로 인한 부정적 경험을 줄이도록 유도할 수 있을 것이다.

〈잡크래프팅의 단점〉

잡크래프팅에 대한 많은 연구가 구성원과 조직에 긍정적인 결과를 가져온다는 가정하에 수행되었으나, 최근의 연구 결과는 잡크래프팅에도 잠재

적인 단점이 존재함을 시사한다(이 연구의 대부분은 직무요구-자원 크래프팅에 중점을 두었다). 예를 들어, 다음의 연구에서는 두 명으로 이루어진 팀에서, 한 명의 팀원에 의한 직무요구-자원 크래프팅이 그의 파트너의 직무 특성 및 웰빙과 관련이 있는지를 알아보는 것에 초점을 맞추어 조사를 실시했다(Tims, Bakker, & Derks, 2015). 이 연구에 따르면 한 팀원이 방해가 된다고 판단되는 직무요구를 줄이려고 시도하게 될 경우, 그의 파트너는 높아진 작업량으로 인한 갈등을 경험할 가능성이 높았으며, 이는 결국 파트너의 소진을 예측했다. 이 연구의 경우, 상관 관계를 조사하고 있다는 한계점이 있지만, 여전히 일부 유형의 직무요구-자원 크래프팅의 경우, 팀 멤버 간의 특정 작업에 대한 책임을 전환시킴으로써 다른 파트너의 업무량과 소진에 영향을 미칠 수 있다는 한계점이 나타나고 있다. 최근의 다른 연구들의 경우에도 다소 바람직하지 않은 잠재적 상관 관계를 밝혀내고 있다.

예를 들어, 다음의 연구(Demerouti, Bakker 및 Halbesleben, 2015)에서는 5일간의 일상기록조사를 통해 직무요구-자원 크래프팅이 일상 업무의 성과와 관련이 있는지를 탐색하였다(측정변인: 자기보고식 업무 성과, 이타성, 비생산적 업무 행동). 연구 결과, 직무자원을 찾는 행동은 일상의 업무성과와 긍정적인 상관이 나타났다. 이는 5일 후에 나타난 결과인 구성원의 자율성과 업무몰입 증가라는 지표에 의해 설명될 수 있다고 보았다. 그러나 구성원들이 자신의 직무요구를 줄이기 위해 노력한 날에는 그날의 업무성과가 *낮아지는 결과가 나타났다*. 이는 5일 후의 구성원의 업무량과 업무몰입도가 낮아진 결과를 통해 어느 정도 설명될 수 있다. 흥미롭게도 구성원들이 더 많이 도전을 시도한 날에는 비생산적인 업무 행동(예: 실수 숨기기, 험담 등)이 증가했다. 따라서 이 연구에 따르면 직무요구를 줄이면서 동시에 도전을 증가시키는 데에 따른 잠재적 부작용이 있음을 시사한다. 또 다른 연구에서도 직무요구-자원 크래프팅의 부작용 가능성을 시사했다(Petrou et al., 2015). 저자들은 직무요구를 줄이기 위해 노력하는 행동이 1년 후의 구성원 소진과 정

적인 관계가 있음을 발견했다. 상관지수 자체는 작게 나타났지만, 업무량을 줄이고자 노력하는 구성원의 행동은 오히려 업무 자체에 쏟는 노력을 줄임으로써 업무량 자체를 늘리는 효과와 더불어 피로감이 가중될 수 있음을 시사한다.

전반적으로, 잡크래프팅에 대한 많은 연구가 잡크래프팅과 관련된 상관요인 및 경험적 결과를 중요시하고 있다는 것을 보여준다. 단, 일부 연구에 따르면 잡크래프팅과 관련된 바람직하지 못한 결과도 발생 가능하다는 점도 간과해선 안 될 것이다. 특히, 구성원이 자신의 직무요구를 줄이려고 노력하는 방식의 크래프팅을 시도할 경우, 이로 인해 자신의 업무를 다른 동료에게 이전할 수 있다는 점에 있어 주의가 필요하다. 또한 직무요구를 줄이는 과정에서 원래 맡고 있던 업무 자체에 더 적은 노력을 기울일 수 있으므로, 이 또한 잠재적으로 소진을 증가시킬 가능성이 있다는 점을 기억할 필요가 있을 것이다.

잡크래프팅의 방법: 자기결정 이론 접근법

구성원들이 자신의 업무 경험에 변화를 줄 수 있는 방법에 대해 설명을 제공하는 다양한 모델이 존재한다. 일부 연구자들은 작업, 관계 및 인지적 기술(Berg, Dutton, & Wrzesniewski, 2010; Wrzesniewski 등, 2010)의 측면을 사용하는 크래프팅 방법에 대해 제안했다. 이와 비슷한 맥락에서, 많은 수의 경험적 문헌에서는, 직무요구-자원 모델에 초점을 맞추어 구성원들이 직무요구 및 자원을 자신이 원하는 방향으로 이동시키는 데 집중해야 한다고 제안했다(Tims et al., 2012, Tims, Bakker, & Derks, 2013). 직무요구-자원 모델의 적용은 이미 다른 곳에서도 광범위하게 다루어지고 있기 때문에, 이번 파트에서는 자기결정 이론과 관련된 잡크래프팅 방법에 초점을 맞출 것이다. 즉, 잡크래프팅을 통해 구성원들의 타고난 선호와 성격을 자신의 업무 경험에 통합하여, 잠재적으로는 개인과 근로환경 간의 보다 긴밀한 조화를 가능하게 하는 방법에 초점을 맞출 것이다. 일부 학자들은 이와 같은 목적에 대

해 유용한 출발점을 마련했다. 예를 들어, 잡크래프팅 실습(Berg Dutton, Wrzesniewski, & Baker, 2008)의 경우, 구성원이 자신의 내적 동기, 열정 및 강점의 식별과 활용(이론적으로는 구성원들로 하여금 그들의 일터 환경과의 통합을 도울 수 있는)을 돕기 위한 목표로 개발된 실용적인 도구이다. 이 파트에서는 구성원들의 내적 선호 및 성향과 일 간의 조화를 찾는 데 도움이 되는 크래프팅(작업적/관계적/인지적)에 대해 연구한 내용에 대해 자세히 탐색해볼 것이다.

〈작업적 크래프팅〉

목표 설정은 대부분의 일과 커리어에서 중요한 기능을 차지할 뿐 아니라, 구성원 개인의 열망을 추구하는 데 필요한 업무 범위를 넓히는 데에도 유용하다. 목표 설정에 관련해서는 다양한 모델과 프레임워크가 존재하지만 그중에서도 목표 자기-일치 접근법(goal self-concordance approach; Sheldon, 2014; Sheldon & Elliot, 1998, 1999)은 작업 경험과 자아의 욕구 간의 조화를 돕기 위해 사용할 수 있는 유용한 목표 설정 체계이다(Locke & Latham, 2002). 이 모델에 따르면, 인간의 주도성이 존재하는 가장 깊은 지점에서부터 발생한 목표, 즉 가장 내적인 곳으로부터 발생한 진정한 관심사, 가치관, 욕구 및 동기가 있는 곳으로부터 통합된 자아, 이 지점이야 말로 구성원들로 하여금 더 통합적이고 내재적으로 동기부여된 업무 경험을 만들어내기 위한 크래프팅이 발생할 수 있다고 본다. 더 나아가, 자기-일치적 목표는 목표에 대한 지속성을 높이기 때문에 달성률 또한 높아진다(Koestner, Lekes, Powers, & Chicoine, 2002; Sheldon & Elliot, 1998, 1999). 유사하게, 자기-일치적 목표는 동기, 만족도 및 웰빙을 포함하여 최적의 심리적 기능을 가능하게 하는 데 도움이 된다는 증거가 있다(Sheldon, Sheldon & Houser-Marko, 2001, Sheldon, Ryan, Deci, & Kasser, 2004). 목표란 자율성, 유능성, 관계성과 같이 타고난 심리적 욕구를 반영한다고 보기 때문에 자기-일치적 목표를 설정하기 위해서는 (1) 자율적이고 자유의지를 기반으로 목표가 설정되어야

하며 (2) 목표에 따른 내재적 동기와 보상이 있어야 한다(Deci & Ryan, 2000).

자기-일치적 동기에 관한 문헌연구의 대부분은 학생에게 초점을 맞추었지만, '목표 자기-일치' 이론은 개인에게 목표 추구를 위한 맥락을 제공하는 일터와도 관련이 높다. 그러므로 잡크래프팅이 장기간에 걸쳐 이루어질 수 있다는 개념과도 일치하여(Wrzesniewski et al., 2013), 구성원이 자기-일치적 작업 목표를 추구하기 위한 목적으로 자신의 업무 경계를 크래프팅 할 수 있다. 자기-일치적 목표를 만들고 추구하는 것은 사람들의 관심사와 열정뿐만 아니라 중심 가치와 신념을 표상하는 동시에, 일에도 관련이 있으며, 구성원은 보다 더 의미를 느끼고 몰입할 수 있으며, 내적으로 동기부여된 경험을 할 수 있도록 자신의 일을 재창조할 수 있다. 특히, 자기-일치적 목표는 구성원들로 하여금 진정으로 즐기고 즐거워하며 내적으로 가치 있다고 여기는 활동들(열정이 있는 영역, Vallerand et al., 2003)과 자신의 일과의 통합을 이룰 수 있는 기회를 제공한다. 이를 뒷받침하는 연구에서는 일터에서의 자기-일치적 목표의 추구가 삶의 만족도 및 목표의 달성(자기보고 결과)을 예측한다고 밝혔다(Judge, Bono, Erez, & Locke, 2005, 연구 2). 궁극적으로 일터에서의 자기-일치적 목표를 추구할수록, 구성원들은 자신의 업무를 안에 새로운 조직을 크래프팅할 수 있으며, 이를 통해 스스로가 바라고 의미 있다고 여기는 방향으로 자신의 일을 이끌어나갈 수 있게 된다고 본다(Sheldon, 2014).

- 강점과 재능의 사용

자기-일치적 목표를 지지하는 연구자들은 업무에서 동기부여가 일어날 수 있는 요인에 관심을 가지지만, 구성원은 본래부터 자신에게 '능숙한(잘하는)' 능력을 일에 적용하여 일을 재조정하는 방식으로 크래프팅할 수도 있다. 간단히 말하면, 구성원들은 자신의 강점(자신의 베스트 혹은 성과를 만들어낼 수 있는 개인적 특성)을 발휘할 수 있는 방법에 대해 탐색할 수 있는 것이다(Wood, Linley, Maltby, Kashdan, & Hurling, 2011). 이를 통해 구성원들은 자연스럽게 잘할 수 있는 일과 자연스럽게 활력을 주는 일에 자신의 에너지를 집중함으로써 자신의 업무 범위를 확장할 수 있다. 한 질적 연구에서 제시된 사례에서는, 어떤 고객서비스 담당자는 컴퓨터를 다루는 기술과 재능이 뛰어났다. 사람들은 이를 알고 자연스럽게 컴퓨터 관련 도움이 필요할 때 그를 찾았다(Berg, Wrzesniewski, & Dutton, 2010). 고객서비스 담당자에게 있어 컴퓨터 능력은 불필요한 기술일 수 있으나, 자신의 전문지식을 해당 도움이 필요한 동료들에게 제공함으로써 기존의 업무에 자신의 바람직하게 여기는 작업들을 추가함으로써 자신의 강점을 일터에서 발휘할 수 있었던 것이다.

강점 활용과 정신건강 간의 상관관계 및 성과에 대한 근거는 문헌에 의해 강력히 뒷받침되고 있으며(Peterson & Seligman, 2004; Seligman, Steen, Park, & Peterson, 2005), 갤럽의 강점 데이터에 따르면, 일터에서 강점을 사용하는 구성원의 경우 몰입도 또한 높게 나타났다(Clifton & Harter, 2003; Harter, Schmidt, & Hayes, 2002; Hodges & Clifton, 2004). 또한, 강점의 활용은 내재적 욕구 만족도를 예측하며(Linley, Nielsen, Gillett, & Biswas-Diener, 2010), 이는 자기-일치적 목표와 마찬가지 맥락에서 강점은 내면의 선호나 성향을 반영할 것이기 때문에, 일터에서의 강점을 사용하는 것은 업무 맥락과 보다 잘 통합되는 방법의 하나가 될 수 있을 것이다. 따라서 일터에서 강점을 사용할 수 있는 영역과 기회를 찾는 접근법은 구성원으로 하여금 타고난 재능 및 성향(자연스럽게 잘하는 것을 업무 환경에 반영할 수 있는)을 활용하여 자신의 일을 재조정할 수 있는 바람직한 대안이 될 수 있을 것이다.

〈관계적 크래프팅〉
- 사회적 선호와 일을 조화시키기

인간은 타인에게 소속감과 연결성을 느끼고자 하는 강한 욕구를 갖고 있다(Baumeister & Leary, 1995 참조). 일터의 속성상 사람들은 하루 종일(또는 밤늦게까지) 서로 밀접한 거리에서 많은 시간을 보내는 공간이라는 특성상, 인간의 기본 욕구를 만족시킬 수 있는 중요한 매체를 제공한다.

그러나 사람들이 관계를 발달시키고 만들어가는 방식은 개인마다 특별한 방식이 있으며, 관계적 크래프팅을 통해 사람들은 개인의 욕구 및 선호에 따라 업무-기반 연결을 만들어가는 방법을 잠재적으로 시도해볼 수 있다. 예를 들어, 일반적으로 일터는 사람들에게 더 큰 사회적 관계망에 투자하고 통합될 수 있는 기회를 제공할 뿐 아니라, 매우 높은 수준의 질적 관계경험을 통해(Dutton & Heaphy, 2003) 1:1 혹은 더욱 개인적이고 양육지향적인 관계를 만들어갈 수 있는 기회도 제공한다(Baumeister & Sommer, 1997 참조).

개인의 욕구와 선호에 따라 구성원들은 더 큰 사회적 관계 영역(예: 위원회 참여, 위원장이 되어보는 것 또는 위원회를 만들어보는 것, 대형 프로젝트/직능 간/계층별 팀에 합류 또는 이끌어보는 것 등)으로 자신의 직무를 크래프팅할 수 있다. 혹은 더 적은 수의 긴밀한 관계(예: 다른 사람들을 코칭 혹은 멘토링 하거나, 코칭 또는 멘토링을 받는 것을 선택하거나, 소규모 프로젝트 팀과 협력)로 크래프팅할 수도 있을 것이다.

또한 구성원의 성격과 기질 특성은 다른 사람들과 어떠한 방식으로 관계맺기를 선호하는지에 대해서도 영향을 줄 수 있다. 아마도 관계 선호에 잠재적으로 영향을 미칠 수 있는 성격 특성 중 하나는 내향성-외향성이며, 실제로 사회성은 이 특성의 주요 요인과도 깊숙이 연관되어 있다. 내향적인 사람과 외향적인 사람 모두 단단한 사회적 연결이 있을 때 더 행복감을 느낀다(Hotard, McFatter, McWhirter, & Stegall, 1989). 다만 이들은 서로 다른 방식으로 사람들과의 연결고리를 만들 수 있다는 점을 이해하는 것이 중요하다. 초기에 아이젱크(Eysenck, 1967)가 제시한 기질에 대한 견해에 따르면, 외향적인 사람들이 사회적으로 각성되었다고 느끼기 위한 임계치가 더 높기 때문에 더 많은 사회적 자극을 필요로 하며, 내향적인 사람들은 더 낮은 수준의 각성이 필요하기 때문에 더 적은 사회적 상호작용을 필요로 할 것이라고 보았다. 어떤 사람들에게는 광범위한 네트워크와 다양한 집단의 사람들과의 새로운 관계를 수립할 기회를 만드는 것보

다는, 기존 관계의 질을 더 깊게하고 강화하는 것이 더 필요할 수 있다는 것이다. 보다 최근에는 외향성의 중심 특징이 주도성이라는 견해를 제시하였다. 즉, 야망, 지배성, 주장성, 효능감, 성취감, 과시성과 같은 요소를 포괄하는 기질을 의미한다(Depue & Collins, 1999). 이것은 아마도 외향성이 높은 구성원의 경우 리더십 크래프팅을 자신의 역할로 활용하거나 자신의 기술을 펼칠 수 있는 상황을 즐길(혹은 추구할) 가능성을 시사한다. 커리어 이동성(career mobility)에 있어서도 구성원의 성격과 기질 특성을 고려해볼 수 있다. 예를 들어, 어떤 사람들은 대규모 그룹을 이끌고 관리하는 직책을 위해 에너지를 쏟을 수 있겠지만, 다른 사람들은 다양한 방법으로 경력을 향상시키는 작업에 집중하는 방향이 더 적합할 수 있다(예: 자신의 기술과 전문성 확장에 전념하기로 선택하는 경우).

〈인지적 크래프팅(Cognitive crafting)〉
- 작업에 대한 인식을 의미 있게 만들기(Crafting meaningful cognitions about work)

인지적 크래프팅을 탐색한 경험 연구는 거의 없었으나, 사람들이 일에 대해 더욱 의미 있고 긍정적인 형태의 인지(cognitions)를 가질 수 있는 크래프팅 방법(이로 인해 일에 대한 정체성과 합치되어 갈 수 있는)에 대하여 조직 학자들은 지속적으로 탐구를 시도해왔다. 대부분 사회에서 기능적으로 필요하지만 주로 낮은 지위(low status)라고 취급되거나/낙인 찍히거나/저평가되고 있거나/오염될 수 있는 다양한 범위의 직업군(흔히 '더러운 일(dirty work)'이라고 불리는)을 대상으로 실시된 문헌에서 찾아볼 수 있다(Ashforth & Kreiner, 1999; Ashforth, Kreiner, Clark, & Fugate, 2007). 작업환경이 쓰레기/사망/사람에 의한 폐기물(human waste; 예: 장의사, 경비) 또는 위험(예: 병사, 광부) 등에 노출되어 있을 경우, 신체적으로 오염될 수 있다고 제안한다(Ashforth와 Kreiner, 1999, 2013). 또한 사회적으로 낙인 찍힌 집단(stigmatized groups; 예: 교도관, 정신과 병동 근무자) 환경에서 근무할 경우, 혹은 타인에게 종속된 역할(예: 신발 닦는 사람, 집사, 가정부)을 직업으로 갖고

있는 경우에도 사회적 오명의 대상이 될 수 있다. 마지막으로, 직업이 죄악으로 여겨지거나 도덕적인 원칙이나 미덕이 없는 것처럼 보이는 경우(예: 이국적인 무용수, 성매매업 종사자, 낙태업무 종사자)에도 사회적 오명을 가진 존재로 보일 수 있다.

그러나 이렇게 사회로부터 낙인찍힌 직업 중 많은 경우에도, 집단 내 구성원 간에 특정 이데올로기가 공유되면서 강력한 집단 문화가 형성될 수 있음이 밝혀졌다(Ashforth & Kreiner, 1999 참조).

연구에서는 이렇게 '사회로부터 낙인찍힌 근로자(dirty work)'가 스스로의 직업에 대한 부정적인 속성을 제거하고 긍적적인 특성에 주의를 기울임으로써 일의 의미를 변환시킬 수 있는 세 가지 인지적 전략을 제시했다(Ashforth와 Kreiner, 1999, 2013). 첫째, 근로자는 **리프레이밍**(reframing)에 참여할 수 있다. 즉, 일에 대한 긍정적인 가치를 조명함으로써 사회적 오명에 대해 직면(flooding)함으로써 궁극적으로는 나의 일 자체를 '명예로운 배지'로 사용하는 것이다(예: 장례식을 관장하는 업무의 경우, 사망으로부터 이익을 얻는다고 보기보다는, 유족을 위한 슬픔의 과정을 돕는 일을 하는 것으로 바라볼 수 있다). 둘째, **재보정**(recalibrating)으로 알려진 인지적 기술이다. 여기서는 작업을 평가하는 기준자체를 조정하는 작업이 포함된다. 이 기술을 통해 중요하지 않다고 보여졌던 작업들도 인간에게 기본적으로 필요한 작업으로 *재조정*될 수 있다(Ashforth & Kreiner, 1999, 2003, Dik, Duffy, & Eldridge, 2009). 예를 들어, 병원의 청소부들의 경우, 복잡한 의료 절차가 정상적으로 진행될 수 있도록 돕기 위해 꼭 필요한 역할이라는 점에 주목하는 것이다(Dutton, Debebe, & Wrzesniewski, 2012). 리프레이밍에서는 작업자로 하여금 사회로부터 낙인찍혔던 속성을 보다 긍정적인 자질로 바꾸는 것을 포함하는 동시에, 그 외의 특성에 집중하는 전략을 취할 수도 있다. 이는 **재집중**(refocusing; Ashforth & Kreiner, 1999, 2013)이라는 세 번째 전략이다. 이 전략에서는 일이 가지고 있는 긍정적인 특징 중에서 외적인 특징(예: 고임금 또는 탄력적인 시간)에 주의를 옮기거나, 혹은 내재적 특성(예: 실외에서 일함으로써 얻을

수 있는 쾌적함)으로 주의를 옮기는 것을 포함한다. 세 가지 인지적 형성 전략을 통해 구성원들은 자신의 일이 시간/에너지/동기를 투자할 만한 가치고 있다고 느낄 수 있으며, 일을 통해 보다 즐겁고 유익함을 인식하게 될 수 있다.

초기연구에서 이 세 가지 인지 전략은 '사회로부터 낙인찍힌 근로자(dirty work)'가 더 긍정적인 방향으로 일의 정체성을 만들어내는 방식으로 개념화 되었으나, 점차 다른 직업 군의 영역에서도 유용하게 적용할 수 있는 방법을 생각할 수가 있을 것이다. 예를 들어, 스트레스가 많은 직업(예: 교사 / 사회복지사, Johnson et al., 2005)군의 경우, 스트레스가 덜하거나 즐거움이 많은 영역에 주의를 재조정하는 방법을 선택할 수 있다. 전통적으로 성비율이 불균형한 직종에서 일하는 남성/여성은 해당 직종에서 자신의 소수성에 기반한 지위가 해당 직업에 대해 열망을 가진 다른 사람들에게 자부심과 영감의 원천으로 작용할 수 있으므로 이를 명예배지로 사용하기도 한다(예: Eisenberg, 1999; O'Lynn, 2007). 상업용 항공기 조종사의 경우, 지리적으로 분산된 회사들의 성공적 운영을 위해 국제선에 크게 의존하는 글로벌 비즈니스를 위해 매우 중요한 기능을 수행하고 있다는 점을 인식함으로써 조종사로서의 자부심을 고취시킬 수 있을 것이다(recalibrating; Beaverstock, Derudder, Faulconbridge, & Witlox, 2009). 궁극적으로 인지 기술 전략을 통해 구성원은 자신의 업무 및 직업에 더욱 큰 의미 및 목적을 부여할 수 있으며, 이를 내적 동기와의 조화를 이루는 데에 활용할 수 있을 것이다.

미래 연구

최근까지도 잡크래프팅에 대한 대부분의 조사는 이론적인 검토 또는 구성요인에 대한 질적 차원의 조사만을 제공했다(예: Berg, Grant, & Johnson, 2010, Berg, Wrzesniewski & Dutton, 2010, Fried, Grant, Levi, Hadani & Slowik , 2007; Lyons, 2008; Wrzesniewski & Dutton, 2001). 연구에서 잡크래프팅을 구성하는 요소를 통합하고, 잠재적으로 유사한 형태의 주

도적(proactive) 일터행동과 어떻게 다른지에 대한 지식을 축적하는 노력은 여전히 중요하나(Tims et al., 2012), 정량적 방법(Ghitulescu, 2006; Leana et al., 2009)을 사용하여 측정하려는 시도는 아직 소수에 불과하다.

그동안의 경험 연구에서는 직무 만족도, 몰입, 성과 및 결근 등의 요인과 잡크래프팅과의 잠재적 상관 관계 및 성과에 대해 믿을만한 근거를 보여주고 있다. 단, 연구에서 사용된 척도는 업무의 맥락(제조와 교육)적 특수성이 있기 때문에, 연구 결과를 일반 대상에게 적용하는 데에는 한계가 있다. 결과적으로, 결점을 보완하기 위한 시도가 최근 들어 있어왔으며, 이에 따라 일반 근로자에게 적용이 가능한 척도를 개발하는 연구가 수행되었다(예: Slemp & Vella-Brodrick, 2013; Tims et al., 2012). 실제로 지난 3년간 잡크래프팅에 대한 실증적 연구가 크게 증가했다.

그럼에도 불구하고 기존 문헌의 상당 부분은 여전히 한계점이 존재하며, 문제를 해결하기 위해서는 지속적인 연구가 필요하다. 첫째, 대부분의 연구가 횡단 조사(Slemp & Vella-Brodrick, 2014; Slemp et al., 2015; Tims, Bakker, Derks, & van Rhenen, 2013), 자기보고식 종단 데이터(Nielsen & Abildgaard, 2012 Timer, Bakker, & Derks, 2014), 일일 기록법(예: Demerouti et al., 2015, Petrou et al., 2012, Tims, Bakker, & Derks, 2014)에 치우쳐 있으며, 잡크래프팅이 구성원의 몰입과 웰빙을 증진하는 원인 변수인지 혹은 단순히 발생한 부산물인지에 대한 확인이 필요하다. 최근의 연구가 준실험적인 현장 개입(van den Heuvel et al., 2015)을 통해 믿을만한 출발을 시도했으나, 아직 시작단계에 그치며, 더욱 큰 샘플, 무작위샘플, 더 긴 시간 동안의 팔로우업 기간 등을 활용한 연구가 계속해서 수행되는 작업을 통해, 잡크래프팅이 구성원의 일 경험을 향상시키는 원인 변인인지에 대한 탐색을 가능하게 만들어야 할 것이다.

둘째, 현존하는 잡크래프팅에 대한 측정도구들은 잡크래프팅을 구성하는 활동 유형에 대해 상당히 규범적인 접근을 제시하고 있다(Ghitulescu, 2006; Leana et al., 2009; Slemp & Vella-Brodrick, 2013, Tims et al., 2012). 따라서 아직까지는 잡크래프팅을 적용할 수 있는 다양한 활동들에 대한 설명력이 많이 부족하다. 후속 연구는 자기보고식 설문 조사 데이터 방식을 뛰어넘어, 자연스러운 환경에서 발생할 수 있는 잡크래프팅 및 웰빙에 대한 보다 엄격한 지표에 대한 탐구노력에 힘을 기울여야 할 것이다. 예를 들어, 하루의 재구성(day reconstruction; Kahneman, Krueger, Schkade, Schwarz, & Stone, 2004) 또는 경험 샘플링(experience sampling; Csikszentmihalyi & Larson, 1987)방법은 잡크래프팅(이와 관련된 상관 및 결과 변인을 포함하여)의 상황적 또는 시간적 예측이 가능한 잠재요인에 대한 유용하고 풍부한 통찰력을 제공할 것이다. 특히, 현재까지의 자기보고식 도구를 통해 파악했던 제한된 범위보다는, 잡크래프팅 활동을 구현할 수 있는 주도성의 광범위한 범위에 대해 설명하는 데 집중할 필요가 있다.

셋째, 향후 연구는 조직에서의 잡크래프팅을 조절하는 상황별/맥락별, 또는 '하향식' 변인에 대해 더욱 탐구할 필요가 있다. 사실 잡크래프팅에 대한 비판은 최적의 업무 경험을 창출함에 있어 '개인'의 책임을 과하게 부여하고 있다는 점에 있다. 실제로 조직 내 존재하는 다양한 요인들은 구성원 한 명의 직접적 통제를 벗어나는 경우가 많기 때문에, 구성원이 체감하는 일에 대한 주관적 질적 경험에 분명한 영향을 미치는 다양한 요인들에 대해서는 철저하게 간과할 수 있는 접근이기 때문이다. 구성원 스스로가 자신의 일에 접근하는 방식 자체를 형성하는 데 역할을 할 수 있다고 제안한 잡크래프팅의 개념 자체는 의미가 있다. 단, 잡크래프팅을 포함하여 조직 내 개인의 주도성은 조직 내에 존재하는 다양한 맥락적 요인에 의해 영향을 받기 마련이라는 점을 기억할 필요가 있다(예: 관리, 업무 설계, 풍토) (Johns, 2006 참조).

미래의 연구는 구성원의 잡크래프팅을 가능하게 하는 능력 및 구성원의 정신 건강 결과에 영향을 미칠 수 있는 다양한 '하향식' 또는 맥락적 요소에 대해 탐구해야 할 것이다. 일련의 연구를 통해 조직적 맥락이 일터 행동과 구성원의 정신 건강을 형성하는 방식에 대한 이해를 강화시킬 것이며, 이는 궁극적으로 조직 내 잡크래프팅이 보다 원활하게 일어날 수 있게 만들기 위해 참고할 만한 모범 사례 등의 정보를 제공할 것으로 기대된다.

마지막으로, 현재의 잡크래프팅에 관한 대부분의 연구는 긍정적인 상관관계와 결과에 대해 연구했기 때문에, 잡크래프팅으로 인한 잠재적/가능한 부작용에 대해 더 잘 이해할 필요가 있다. 최근의 연구들은(앞에서 검토한 바와 같이) 부정적인 측면에 대해서도 탐구하기 시작했으며, 미래의 연구들은 잡크래프팅으로 인해 발생 가능한 결과(조직 성과 등)에 대해 지속적으로 탐구해야 한다. 더욱이, 연구는 자기보고식 데이터를 넘어서서, 잡크래프팅과 밀접한 관계가 있는 요인을 분석하기 위한 객관적인 데이터(예: 결석, 성과 검토 측정 기준)의 사용을 도입해야 할 것이다.

결론

잡크래프팅은 구성원 스스로가 자신의 주관적인 업무경험을 바꿀 수 있다는 참신한 방법에 대해 제안한다. 크게 두 가지 이론적 과정을 설명했다. 첫째, 잡크래프팅은 구성원이 내적 선호도에 따라 업무를 보다 효율적으로 조정할 수 있는 잠재적 프로세스를 제공하여, 내부에서 주도한 진정한 자아와 업무 환경 간의 일관성을 높일 수 있다고 제안한다. 일터에서의 정렬 프로세스는 잠재적으로 내적 심리적 욕구와 구성원 웰빙에 대한 만족감을 제공할 수 있다. 강점과 재능을 사용하는 목표-자기 일치, 사회적 접근에 대한 개별적 선호와의 작업 정렬, 그리고 일에 대한 의미 있는 인식을 만드는 작업은 구성원이 갖고 있던 내적 흥미 및 욕구에 따라 업무를 조정할 수 있는 몇 가지 방법이 될 수 있다. 두 번째 이론적 모델은 구성원들이 일터에서 직면한 직무요구와 자원을 변경할 수 있는 기회를 제공함으로써, 궁극적으로 직무 특성을 형성하고, 업무 몰입 및 웰빙을 형성할 수 있는

능력을 도울 수 있다는 것이다. 잡크래프팅은 자율성을 지지하는 작업 환경과 관련이 있으며, 구성원들은 권태감을 느끼는 환경에서 일할 때 잡크래프팅을 사용할 가능성이 더 크다는 결과가 제시되었다. 일반적으로 잡크래프팅은 긍정적인 결과를 가져오지만, 팀 내 한 명의 구성원이 자신의 작업을 다른 팀원에게 이전하거나, 작업에 투입하는 노력을 줄이는 방식으로 크래프팅을 시도할 경우 상호 불리한 결과를 가져올 수 있다. 그럼에도 불구하고 잡크래프팅은 구성원들로 하여금 자신의 업무경험 내에 새로운 조직을 투입할 수 있는 접근을 제공하여, 자신의 내적 동기와 선호에 부합하는 방향으로 업무, 관계 및 인지를 조작할 수 있게 함으로써, 궁극적으로 일에 대해 색다르고 내적으로 동기 부여된 경험을 창출할 수 있다고 제안한다.

20장
경력의 중간단계에서의 전환경험에 대한 긍정적 접근

유성경, 이혜진

서론

전통적으로, 중년기의 경력은 숙달과 유지 관리 경험에 의해 표시되는 정체기로 간주되어 왔다 (Slay, Taylor, & Williamson, 2004). 그러나 경제 상황과 조직 구조의 변화로 인한 경력 변경의 빈도가 증가함에 따라 중년기의 경력은 이제 하나의 전환기와 지속적 성장의 시기로 보는 시각이 늘어나고 있다. 경력 전환은 평생에 걸쳐 발생하지만 그중에서도, 중년기의 경력 전환으로 불리는 45세 전후의 전환이 가장 보편적이면서도 중요한 지점이다. 20장의 목적은 중간 경력 전환과 중년기의 경력 전환에 대한 긍정적인 접근 방식을 논의하는 데 있다. 이를 위해 세 가지 주제를 구체적으로 설명할 계획이다. 첫 번째 주제는 중간 경력 전환의 개요이다. 중간 경력 전환을 이해하기 위해 유지단계 시점에서 전환시점까지 중간 경력 개념의 진화에 대해 검토할 것이다. 중간 경력 전환의 핵심 기능에 대해 논의하면서 다음의 두 가지 개념, 즉 '중간 경력 전환'과 '중년의 전환기'를 구분하여 설명해볼 것이다. 두 개념 사이에 상당한 중복이 있음에도 불구하고 '중간' 경력 전환과 '중년' 경력 전환의 경험은 뚜렷하게 구분된다. 두 번째 주제는 중

간 경력 전환에 대한 이해에 기여하는 관련 이론을 검토하는 것이다. 중년기 위기에 관한 고전 이론은 중간 경력에 대해서도 알아볼 수 있는 중요한 틀을 제공한다. 또한 경력개발의 최근 모델인 무경계 경력과 프로틴 경력에서는 개인 주도에 의해 일어나는 경력 전환에 대한 자기주도적이고 가치중심적 태도의 중요성을 시사한다. 마지막 주제는 개인과 조직 차원 모두에서 중간 경력 전환에 대한 긍정적인 접근 방식을 장려하는 것이다. 최근 경력 모델의 제안을 바탕으로 우리는 긍정적인 중간 경력 전환을 촉진하는 데 있어 '경력 적응력'과 '자기 인식'의 중요성에 대해 논의해볼 계획이다. 또한 조직의 충분한 지원 없이 개인 혼자의 힘으로는 중간 경력 전환에 대한 긍정적인 접근 방식을 달성하기 어렵다. 국내외 경제사정의 예기치 않은 변동과 더불어, 구성원의 니즈도 급격하게 변화함에 따라 조직은 지속적으로 변화하는 상황을 고려하는 동시에 각 구성원의 성격과 그의 직무가 갖고 있는 요구 사항에 맞춰가는 작업을 지속적으로 실시하는 역할이 기대된다.

조직 내에서의 정렬 과정을 통해 구성원들은 중간 경력 전환을 위해 필요한 적정 수준의 적응력을 개발할 수 있다. 조직 심리학 실무의 최근 동

향도 함께 논의해보려고 한다.

중간 경력 전환의 이해

연구 초반에는 '중간 경력(mid-career)'이란 성인 초기에 확립한 경력을 '유지'하는 시간으로 간주되었다(Super, 1957). 그러나 지금까지 이는 우리가 중년기(mid-life)를 하나의 '위기'의 시기로 보고, 중년의 삶이란 하나의 '전환(Jaques, 1965; Jung, 1966)'이 일어나는 변화의 지점으로써, 개인에게 있어 매우 중요한 발달 단계로 바라보는 관점과는 다소 상반되어 보인다. 중간 경력과 중년 두 개념 사이에 존재하는 불일치는 그동안 경력 연구에서 경력 개발 주제에 있어, '경력'과 '개인적인 문제'를 지나치게 구분하여 다뤄왔다는 지적을 불러왔다(Hackett, 1993; Swanson & Holton, 2001). 한편, 21세기 초반부터 중간 경력기의 지속적인 성장가능성과 이동성이 가진 장점에 대한 인식수준이 높아지기 시작했다. 변화는 비단 경제와 조직의 극적인 변화만으로만 일어난 것이 아니라, 일과 일 이외의 경험 간의 통합에 대한 니즈가 커진 개인에 의해서도 일어날 수 있었던 것이다. 인식의 변화는 중간 경력기에 있는 개인으로 하여금 지금까지의 경력을 뒤돌아보는 동시에, 앞으로의 방향을 그려보는 시간으로서 하나의 전환기로 바라보는 현대의 중간 경력 개념을 반영한다(Vander Zanden, 2000). 중간 경력 전환이라는 개념은 중년의 특성을 적절하게 반영하고 있는 것으로 보인다. 20장에서는 중간 경력 전환이라는 이슈를 논의함에 있어, 경력과 개인적인 이슈를 통합하는 하나의 방법으로써, 더 나아가 현대 사회에서 나타나고 있는 변화를 반영하는 하나의 현상으로써 바라볼 것이다. '중년 경력 전환'과 '중간 경력 전환'의 개념 사이에 많은 공통점이 있으나, 본 장에서는 의도적으로 두 개념을 구별하여 사용할 계획이다.

중년 경력 전환이라는 용어는 경력의 재평가, 그리고 중년의 위기에 대한 반응으로써 나타나는 변화에 대해 강조한다. 여기서 살펴볼 점은 개인의 경력 관점에서 어떠한 단계에 위치하고 있는지에 대한 고려가 부족하다는 점이다. 대조적으로 중간 경력 전환은 개인의 생물학적 연령에 관계없이, 경력의 중간 지점에서 수행되는 탐험과 변화로 정의한다. 두 가지 경험 사이에 상당한 중복이 있는 것처럼 보이지만, 20장에서는 두 개념이 서로 다르게 갖고 있는 심리적 측면에 대해 논의할 것이다.

중간 경력에 대한 견해의 변화: 유지 시점에서 전환 시점으로

중간 경력의 현상을 면밀히 살펴보려면 먼저 '중간(mid)'의 의미에 대해 탐구할 필요가 있을 것이다. 경력의 '중간'은 과연 언제를 말하는 것일까? 본래 중간 경력의 개념은 중년의 고전적인 개념에서 출발한다. 중년기(mid-life/middle adulthood/middle age)는 35세에서 65세 사이의 기간으로 정의되어왔다(Dacey & Travers, 2004; Vander Zanden, 2000). 수퍼(Super, 1957)의 정의에 따르면, 중년 경력단계란 유지(maintenance, 45~64세)기이다. 이는 성장(growth, 0~14세)기, 탐색(exploration, 15-24세)기과 확립(establishment, 25세~44세)기와 쇠퇴기(65세 이상) 사이에 위치한다. 중간 경력 이슈가 연대기적 연령을 기준으로 한 경력 개발단계 모델에서 다루어졌기 때문에, 연구 초반에는 중간 경력이라는 용어가 중년 경력이라는 용어와 상호교환적으로 사용되었다. 이후 수퍼(1980)는 기존에 제시했던 경력 단계가 내포했던 엄격한 선형성과 차별성이 가진 한계를 인정하면서, 경력 단계를 오고 감에 있어 '개인'의 자유의지에 의해 (기존의 제시된 경력단계별로 순차적으로 따르는 것이 아니라) 이전까지 확립했던 커리어를 재활용할 수 있으며 자신만의 다양한 경력 단계를 만들어가는 데 기존의 경력을 활용해나갈 수 있음을 인지하였다.

이어서 연구자들은 '사람들이 자신이 경험했던 하나의 경력을 평생에 걸쳐 지속하고 싶을까?'에 대한 의문을 제기하면서(Super, Savickas, & Super, 1996), 유지 단계의 발달 과제(45-65세)는 기존의 경력을 "붙들고 유지하는 동시에 혁신"(p. 134)하는 것이라고 주장했다. 중간 경력이 이전에 확립한 경력을 유지하는 시간만이 아니라, 경력에 있어서의 '혁신'을 창출할 시간이라는 개념은 현대 중간 경력자에 대한 보다 진취적인 태도를 반영한다.

재활용과 자기 개념의 구현이라는 개념을 포함하는 수퍼의 생애론적 접근법(LSLS: Life-Span생애기간, Life Space삶의공간 Approach, 1957, 1990, Super et al., 1996)의 확장과 더불어, 성인 발달의 다른 모델(Golan, 1986, Levinson, 1980) 또한 대학 교육을 이수한 중년기의 경력자들 중 상당수가 자신의 개인적 삶과 목표를 기준으로 자신의 경력을 재평가하고 변화를 시도한다는 현상을 인식했다(Arbona, 2003). 이와 유사하게 학자들은(Sheehy, 1976, Vaillant, 1977, Gould, 1978, Levinson, Darrow, Klein, Levinson & McKee, 1978) 중년기란 개인에게 있어 지속적 변화의 잠재력을 가진 시기로 바라볼 수 있다는 주장을 내놓기 시작했다(Wang, Olson, & Shultz, 2013)

중간 경력에 대해 수정된 견해에 따르면, 성인기 중반의 개인은 새로운 삶의 상황과 역할의 전환 경험을 탐색함으로써, 기존의 경력단계를 통해 습득했던 경험들을 재활용하고 새로운 선택(Savickas, 1990)을 결정해야 한다고 본다.

경력 변화는 모든 연령에서 일어날 수 있으나, 많은 사람들은 45세를 기점으로 새로운 경력 기회를 탐색하게 된다고 보았다(Guerrier & Philpot, 1978). 또한 중년 성인기는 보편적으로 변화에 있어 중요한 시기로 간주될 수 있다(Barclay, Stoltz, & Chung, 2011; Bobek & Robbins, 2005, Heppner, Multon, & Johnston, 1994). 조직에서의 고령에 속하는 구성원들을 연구하는 측면에서 바라본 '나이 듦(old)'이란 구성원이 보유한 지식, 스킬, 태도가 '구식'으로 평가되는 상태로, 대체적으로 40세에서 45세 사이가 임계치로 설정된다.

그러므로 45세 전후를 기준으로 경험하는 개인의 선택은, 사람들이 현재의 선택과 옵션들을 평가하는 방법과 감수하고자 하는 리스크에도 크게 영향을 미친다.

중간 경력에서 일어나는 직업에 대한 재평가는 중년 위기에 대한 하나의 반응으로 나타날 수 있지만, 개인은 경제적 상황에 일어날 수 있는 급격한 변화에도 대응해야 할 필요가 있다. 세계화와 21세기의 치열한 경쟁으로 인해 개인은 자신의 커리어를 보다 적극적으로 변화시켜야 한다.

홀(Hall, 1996)이 제안한 것처럼, 한 명의 삶에서 하나의 직업이란 개념은 더 이상 유효하지도 현실적이지도 않다. 더 이상 평생 직업은 21세기의 표준이 아니다. 학습 경험에 대한 요구가 높아지고 있으며, 구성원이 커리어를 변경하기 위한 자발적인 노력의 일환으로서의 경력 전환이 크게 증가했다. 결과적으로, 경력 전환은 성인기 중반까지 지연되지 않으며, 중간 경력 전환은 중년이 되기 전에도 발생할 수 있다. 21세기의 극적인 변화에 대한 응답으로 중간 경력 근로자(중년의 근로자에 국한되지 않는)는 과거보다 이동가능성이 뛰어나고 안전성이 낮아졌으며 자신의 경력을 스스로 만들어가는 데 더욱 많은 책임을 맡을 것으로 예상된다.

중간 경력 전환의 배경

최근의 경력 모델(예: 프로틴 경력 모델; Hall, 1996, 2002; 무경계 경력 모델; Arthur & Rousseau, 1996)은 현대 사회에서의 개인 주도적 형태의 경력 변화의 필요성을 제안한다. 중간 경력 전환의 배경을 이해하려면 거시적 접근과 미시적 접근 방식 모두를 고려해야 한다(Swanson & Holton, 2001; Ng, Sorensen, Yim; 2009). 거시적 차원에서 우리는 두 가지 조건, 경제 변화와 인구 고령화에 초점을 맞출 것이다. 첫째, 지난 100년 동안 세계화와 경제적 경쟁이 치열해졌고(Power & Rothausen, 2003; Sullivan, 1999), 이로 인해 조직의 형태는 빠르게 변화하고 있다.

중간관리자를 넘어서서 더 높은 수준으로의 승진에 대한 기회가 줄어들게 만드는 조직 구조의 평평화와 같은 동시대의 문제에 대해 지적한 연구가 있다(Power and Rothausen, 2003). 조직에서의 승진을 기대할 수 없는 환경으로 인해 개인은 더 이상 해당 조직에 특화된 스킬과 지식을 개발하는 데 관심을 가지지 않는다. 대신에, 자신의 경력 궤도를 재창조하기 위해 다양한 경력에 참여하고 도전하는 개인이 늘어나고 있다. 급변하는 경제와 조직의 시스템은 사람들의 삶과 관계방식을 근본적으로 변화시키는 데 영향을 미치고 있다(Carnoy, 2001; Liu, Englar-Carlson, & Minichiello, 2012). 혼란과 불확실성이 가득한 조직환경에 노출된 개인은 자신의 경력 경로에 대한 책임을 온전히 져야 하는 환경에 놓였다. 그 결과, 경력은 더욱 더 개인의 욕구, 상황과 능력에 따라 맞춤화 된다. 다시 말해, 한때 조직이 소유했던 개인의 경력 경로는 개인-주도적인 경력 경로로 대체되고 있다. 또한, 급변하는 경제 상황과 조직 구조 외에도, 인구의 고령화는 중간 경력 전환에 영향을 미치는 추가적인 거시적 차원의 맥락적 요인이다. 인구는 고령화되고 노동 인구는 또한 노화되고 있다(Alley & Crimmins, 2007). 특히 1957~1964년 사이에 태어난 베이비붐 세대의 고령화가 진행되고 있는 대부분의 국가에서 인구 고령화와 노동력에 대한 이슈를 마주하고 있다. 과거에 비해 인간의 평균 수명이 늘어났고 더 건강해졌기 때문에, 평생직업을 은퇴한 이후에도 인생의 1/3을 보낼 것으로 기대된다(Owen & Flynn, 2004). 많은 연구에 따르면 중년(또는 고령)의 근로자는 일터에 남아 퇴직시기가 늦춰지기를 바란다. 미국의 한 조사에 따르면 베이비붐 세대 중 약 80%는 전통적인 퇴직 연령 이후에, 적어도 파트타임 수준의 일을 지속할 것이라고 예상했다(Harris Interactive, 2005). 노동력을 유지하기 위하여 중간 경력자는 자신의 일하는 삶에 대해 보다 더 유연하게 계획할 필요가 있다. 중년과 고령 근로자의 은퇴시기를 늦추고 노동 인구로서 역할을 다하기 위하여, OECD국가(2015)들의 경우 연령 친화적인 고용 정책과 관행에 대해 새로운 의제를 주장했다. 또한 유럽 연합(EU)은 50세에서 69세 사이의 근로자의 노동 시장 참여율을 50%까지 늘리기 위한 목표를 설정했다. 고령화된 인력을 수용하기 위한 거시적 수준의 정책 외에도, 개인적 차원에서는 노동 시장에서 언제 퇴장할 것인지에 대해 자신만의 계획을 수립할 책임이 있다. 최근의 경력 모델은 경력 전환 접근에서 보다 능동적이고 주도적인 태도를 촉진하고 있으며, 중간 경력자에게 있어 점진적인 은퇴나 커리어 리뉴얼 측면에서도

매우 적용 가능한 접근이라고 주장했다(Bejian & Salomone, 1995; Murphy & Burck, 1976; Williams & Savickas, 1990). 다음 절에서는 중간 경력자가 경력 전환을 준비하는 데 있어 도움이 되는 방법에 대해 논의해보려고 한다.

경력 이동성 연구자들은 거시적 요인(예: 경제적 조건과 산업의 변화) 외에도 미시적 요소(예: 기질적 특성 등의 개인차; Ng, Sorensen, Eby, Feldman, 2007)를 고려하였다. 한 개인의 경력은 "경계가 없는 세계에서 바람에 흩날리는 것"(Feldman 2002, p. 4)과 같이 미약한 속성이 아니다. 경력이란 개인의 관심사, 욕구, 능력, 가치와 성격과 같은 요소에 의해 조정되는 것이다. 연구에 따르면, 중간 경력 전환에 영향을 미치는 개인의 심리사회적 변수 중에서, 개인의 가치와 일에 대한 의미는 특히 두드러지게 영향을 미치는 요인으로 확인되었다(Hall, Feldman & Kim, 2013). 사람들은 일하는 이유, 즉 일을 통해 얻고자 하는 욕구에 대한 성찰에 기초하여, 중간 경력 전환 과정을 준비하고 결정을 내린다. 웰빙의 중요성을 공유하는 시대인 21세기에 살아가는 개인들은 과거 어느 때보다도 일과 개인 삶의 통합에 더 관심을 가진다(Greenhaus & Allen, 2011). 최근의 한 메타분석에 따르면 일-가족 문제를 지원하는 것이 일터에서 관리자에게 기대되는 역할(Kossek, Pichler, Bodner, & Hammer, 2011) 중에서 중요한 부분이 되고 있으며, 이를 통해 고용주와 구성원 모두 일과 가족의 통합 이슈를 중요시 여기고 있음을 알 수 있다. 노동자의 일과 삶의 통합에 대한 관심이 증가한 현상은 현대 사회에서의 중간 경력 전환을 이해하는 데 있어 중요한 배경이다.

바람직하지 않은 경력 변화 상황에 닥칠 경우, 일의 목적과 가치는 일터에서의 의미를 키우는 데 있어 매우 결정적인 역할을 한다. 이는 자기주도적이고 가치 중심적인 사람들에게 특히 더 적용된다(Hall 등, 2013). 사람은 일과 경력에서 개인적 목표를 추구하다가도, 나이가 들수록 점점 일터에서의 남은 시간에 초점을 맞추어 미묘한 변화를 경험한다(Smyer & Pitt-Catsouphes, 2007). 일터에서의 시간이 제한되어있다는 사실을 감안할 때, 중간 경력자

는 일터에서의 의미를 찾는 작업이 삶에서 추구하는 의미와 양립하기를 바라며, 일을 통해 인생의 가치를 충족하고자 한다. 실증적 연구에서는 일의 의미와 삶의 전반적인 의미가 어느 정도 관련되어 있음을 보여준다(Holbeche & Springett, 2004). 스티거와 딕(Steger, Dik, 2009)은 일터에서의 의미가 삶의 의미에 기여하는 정도가 삶의 의미가 일터에서의 의미에 기여하는 정도보다 크다는 것을 발견함으로써 일터의미의 중요성에 대해 인식했다. 이는 중간 경력기에 일을 통해 의미를 발견하는 것은 개인이 원하는 삶을 살아가는 데 있어 매우 중요하다는 것을 시사한다. 경제와 고용 조건의 거시적 변화와 더불어, 일과 관련된 가치와 의미의 미시적 차원의 변화는 중간 경력 전환의 경험에 있어 특정한 영향을 미친다. 지금부터는 중년의 경력 전환과는 차이가 있는 중간 경력 전환의 핵심 기능에 대해 살펴보려고 한다.

중년 경력 전환과 중간 경력 전환

경제와 고용 구조의 급격한 변화로 인해 지속적이고 논리적으로 일관된 근로 생활은 거의 기대하기 어려우며(Carnoy, 1999), 현대 사회에서의 경력 변화가 더욱 두드러지게 나타나고 있다. 경력 전환이란 "현 시점의 일에서 필요로 하는 기술, 일상과 업무 환경과는 근본적으로 '다른' 속성을 필요로 하는 새로운 직업에 진입하는 것"(Feldman, 2002, p. 76)으로 표시된다. 경력 변화란 하나의 직업에서 다른 직업으로의 이동 또는 완전하게 경력을 변화하는 것으로 정의된다. 모든 경력 변화는 그것이 부정적이든 긍정적이든 어떠한 방식으로든 개인에게 지장을 줄 수 있다(Farjoun, 2010). 특히 중년의 경력 변화는 중년기의 생물학적, 심리적, 사회적 변화와 맞물려 나타날 수 있다. 중간 경력 전환의 하위 유형인 중년의 경력 전환은 인간이 경험하고 사망하는 존재로서 나타나는 반응이다(Zemon, 2002). 결론적으로 중간 경력 전환의 특징은 중년 경력 전환과는 다르지만 많은 공통점을 갖고 있다. 이제부터는 중년 경력 전환과 중간 경

력 전환이 갖고 있는 고유한 기능에 대해 하나씩 논의해보려고 한다.

〈중년 경력 전환〉

연대기적 나이가 경력 상의 나이와 같지는 않지만, 연대기적 연령은 여전히 경력 전환의 중요한 요소이다(David, 2005). 중년기에 접어들수록 사람들은 자기주도력을 갖게 되면서 '나이'가 경력에 있어 중요한 역할을 한다. 고령자가 될수록 학습하고자 하는 동기가 떨어지는 경향성이 나타난다(Inceoglu, Segers, Bartram, & Vloeberghs, 2008; Maurer, 2001; Warr, 2001; Warr & Birdi, 1998). 좀 더 구체적으로 말하면, 고령의 근로자일수록 외적 보상에 의해 덜 동기부여되며, 내적 보상을 주는 일에 의해 동기부여된다. 한 경험 연구(Inceoglu, Segers, Bartram, 2012)에서는 구성원 9,388명의 동기에 대한 설문조사를 실시한 결과, 나이가 많은 구성원일수록 재미있는 작업, 다른 사람들과 함께하는 작업, 자율적인 업무와 같이 내적으로 보람 있는 직무 특성이 더욱 더 강한 영향을 미치는 것으로 나타났다. 이와는 대조적으로, 지위, 재정적 보상, 칭찬, 인정, 쾌적한 작업 환경과 같이 외적으로 보상을 주는 직무 요인은 구성원이 나이가 들수록 영향력이 약해지는 경향이 있다. 다른 연구(Kanfer와 Ackerman, 2004)에서는 성과에 요구되는 사항을 달성하고 충족시키고자 하는 욕구가 나이에 따라 감소하는 경향이 있음을 발견했다. 이에 대한 원인으로는 낮은 에너지 수준, 습관화 효과, 요구되는 노력에 대해 기대하는 가치의 감소 등이 있다(Warr, 2001).

연구에 따르면 성년 초기일수록 경력과 관련하여 더 많은 이유로 일자리를 옮긴다(Owen and Flynn, 2004). 그러나 30대 중반에 가까워질수록 조직에서 긍정적 변화를 겪을 가능성이 줄어든다. 오웬과 플린(2004)이 중년에서 후기 사이의 경력 전환기에 나타날 수 있는 경력 변화 유형을 경험적으로 조사한 결과, 연구 참여자의 28%만이 선택하는 사람(choosers; 새로운 삶의 단계 혹은 인생의 제3막을 누리는 사람)이었으며, 40%는 생존을 위해 사는 사람

(survivors)이었으며, 자신의 통제와는 관계없이 경력 전환이 일어났고, 32%는 업무와 업무가 아닌 일 사이에서 저글링(jugglers)하는 사람들이었다. 매우 적은 비율의 중년의 노동자가 선택하는 사람이라는 사실은 중년의 경력전환이 낮아진 통제감과 같이 꽤 부정적인 경험일 수 있다는 점을 시사한다. 예를 들어, 한 연구보고서(Ilg, 2010)에 따르면, 2009년 미국에서 25-54세의 근로자 중 18%만이 해고된 이후 다른 직업을 찾을 수 있었다. 대부분의 중년 근로자가 적어도 파트타임으로라도 계속 일하기를 원하지만 이들에게 일자리가 남아있을 가능성은 이미 줄어들었다. 또 다른 연구 결과에 따르면, 실업으로 인한 부정적 영향은 중년의 남성(Murphy & Shillingford, 2012)에게 있어 더욱 심각하고 명백하게 드러났다(Goodman, Schlossberg, & Anderson, 2006, Jeon & Jin, 2011, Levinson, 1978, 1990). 한 연구(Simmelink, 2006)에서는 직업 상실 혹은 비자발적 경력 변화에 따른 부정적인 심리적 영향을 슬픔에 대한 부정적인 영향과 비교하여 직업의 상실이 가져오는 부정적 영향에 대해 설명했다. 연구 결과는 직장을 잃을 경우, 자존심의 하락, 수치심, 소외감과 우울감으로 나타날 수 있음을 강조하였다. 또한 우울증이 악화되면 재취업을 위한 탐색능력이 약화될 수 있다(Guindon & Smith, 2002). 준비되지 않은 상태 혹은 원치 않는 상태에서의 경력 전환이 가져올 부정적 영향을 고려해볼 때, 중년기의 긍정적 경력 전환을 촉진하기 위한 연구와 실행은 필수적으로 이루어져야 할 것이다.

이와 같이 중년의 경력 전환의 취약성이 존재하지만 다른 관점(Huebner and Royal, 2013)에 따르면 때로는 자발적인 중년의 경력 변화가 자기실현 욕구에 기인할 수 있다고 주장한다. 중년의 성인이 자신이 현재 하고 있는 일을 왜 하고 있는지에 대해 스스로에게 묻는 것은 드문 일이 아니다. 이 질문에 대한 진지한 성찰로부터 일부 근로자는 경력을 선택했던 원래의 이유가 더 이상 현재 시점에서 유효하지 않음을 알아차리게 된다(Super & Bohn, 1970). 어떤 노동자들은 20대와 30대에 걸쳐 개인의 삶을 희생했던 것을 더 이상 지키지 않기

로 선택할 수도 있다. 중년의 직업을 바꾸는 것이 항상 합리적인 결정은 아닐 수 있으며, 종종 감정이 강력한 역할을 하기도 한다(Huebner & Royal, 2013). 그러나 중년의 노동자는 자신이 성취한 것을 재평가하는 한편, 일의 세계에 대한 새로운 정보를 찾거나 (Super, 1980) 삶의 의미를 찾음으로써 대안을 모색한다. 일부 노동자들은 자신의 소명(calling)을 발견함으로써 중년의 경력 전환 과정을 성공적으로 달성하기도 한다(Huebner & Royal, 2013). 그동안 자발적인 중년 경력 변화에 대해서는 많은 이유가 연구를 통해 밝혀졌다(Barclay et al., 2011). 직업 불만족(Brown, 1995; Donohue, 2007), 도전의 부족(Vander Zanden, 2000), 경력 관련 정체성의 부족(Dacey & Travers, 2004), 직업 불안정과 관련된 스트레스와 불안(Donohue, 2007, Tivendell & Bourbonnais, 2000), 직장 괴롭힘(Donohue, 2007), 일과 다른 삶의 역할 사이의 갈등(Brown, 1995) 등이 그 예이다. 직업 변화의 이유와 더불어 개개인이 선택한 특정 전환 과정은 이들의 중년 경력 전환 경험에 반영된다.

〈중간 경력 전환〉

경제의 변화와 세계화된 경쟁에 따라 근로자들은 빈번한 경력 변화와 조기 퇴출에 적응하기 위해 경력 변화를 지속적으로 고려해야 하는 입장이 되었으며, 이는 이미 노동 시장에서 눈에 띄는 현상이다. 예를 들어, 미국 노동부(2008)는 1957년에서 1964년 사이에 태어난 사람이 19세에서 42세 사이에 평균 10.8개의 직업을 가졌다고 보고했다(Barclay et al., 2011).

한국인 724명을 대상으로 실시한 설문 조사에 따르면 직장 생활에서 평균 경력 변화의 숫자는 2.8번(Career, 2013)이었다. OECD 조사에 따르면 2007년에서 2012년까지 한국인의 평균 퇴직 연령은 남성 71.1세, 여성 69.8세였다. 그러나 2015년 실시한 설문 조사에 따르면 한국인의 은퇴 예정 연령은 52세이며, 현재 시점의 젊은 근로자의 경우 현재의 고령 근로자에 비해 훨씬 더 어린 나이에 퇴직할 것으로 예상된다. 또한 82.8%의 응답자

가 준비가 안 된 상태로 퇴직하게 될 것에 대한 불안을 갖고 있는 것으로 나타났다(Job Korea, 2015). 조기 퇴사 현상은 전세계의 노동 시장에서 공통적으로 갖고 있는 우려 중 하나이다(HayGroup, 2013). 빈번한 경력 변화와 조기 퇴사에 적응하려면 개인은 중년보다 훨씬 더 앞서서 자신의 경력 변화를 준비하고 계획해야 한다. 그동안에 제시되었던 중년의 경력 전환은 안정적인 근무 환경을 가정한 상황에서의 심리적 발달을 기반으로 논의되었으나, 중간 경력 전환은 보다 더 전략적인 접근이 필요하다. 중년의 경력전환에 비하여 더욱 적극적인 접근으로의 중간 경력 전환이 필요한 것이다. 중간 경력 전환의 초점은 잠재적인 구성원의 노동 가치를 향상시키는 것인 반면에, 중년 경력 전환의 초점은 노동력으로서의 마무리를 더 잘하자는 데에 대비한다는 초점의 차이가 존재한다. 그러나 두 가지 전환의 유형 모두, 개인이 지금까지 수행했던 작업과 앞으로 수행하고자 하는 작업에 대한 자기 주도적이며 가치 중심적인 성찰이 필요하다는 공통점이 있다. 이 장의 나머지 부분에서는 중간 경력 전환이라는 개념이 연대기적 발달 단계에 국한되지 않다는 점을 근거로, 중년의 경력 전환을 포함하는 개념의 용어로 사용할 것이다.

중간 경력 전환 관련 이론

위에서 검토한 바와 같이, 일의 세계는 구성원들에게 점점 더 높은 적응력을 요구하며 구성원들에게 더 큰 부담을 가하고 있다. 따라서 경력 경로의 중간 지점에 있는 사람들은 그들의 조직 또는 가족, 친구, 전문가와 같은 직장 내외부의 사람들로부터의 충분한 지지가 필요하다. 그러나 중간 경력 전환, 특히 중간 경력 전환의 영향에 대한 연구는 거의 없는 실정이다(Peake와 McDowall, 2012). 이 섹션에서는 중간 경력 전환에 대한 이해를 돕기 위한 이론을 검토할 것이다. 관련 이론의 검토를 토대로 중간 경력자가 자신의 경력 전환에 적극적으로 대처하는 방법에 중요한 점을 살펴볼 것이다.

〈중년의 위기 이론〉

중년 경력 전환의 핵심 특징을 이해하기 위해, 먼저 중년의 위기 이론부터 살펴보자. 현대 사회에서 경력 변화는 경력 개발 과정에 있어 두드러진 현상이며, 특히 중년 시기에 더 자주 발생한다. 또한 삶의 여정이나 경력 궤도에서 '중반'이란 위기라는 의미를 암시한다. 그것은 지금까지 무엇이 완료되었는가에 대한 엄격한 검토와 더불어, 앞으로 무엇을 해야 하는지에 대한 불안한 투영으로 이어진다. 중년기 위기 이론은 마치 사람들이 지나온 인생의 반과 앞으로 남은 인생의 반 사이에 서있는 것과 같이 느끼는 기간 동안 사람들이 어떤 경험을 하는지에 대한 통찰을 제공한다. 중년의 위기는 자크(Jacques, 1965)가 처음 작성한 용어로 30-60대 초반의 인간 발달에서 중대한 변화 단계를 의미하며, 변화의 시점 또는 전환의 시기를 맞는 점이 그 특징이다. 이 시기는 "삶의 반이 끝났다"라는 불편한 깨달음과 함께 의심과 불안을 경험하는 시간이다(Weaver, 2009). 중년의 전환은 '위기'로 간주되며, 자기와 삶에 대한 시험이 필요하다. 자기에 대한 성찰 작업은 종종 중년의 삶의 리뉴얼에 따른 공포감(Bell, 1982)을 만들어낼 수 있다.

현대 사회의 중년은 "지금이 아니면 절대로 오지 않을"(Blanton & Gordon, 1967) 것 같은 격렬한 압력에 직면하는 운명에 처해있다. 따라서 중년의 위기에 대한 심리학적 이론을 살펴보면, 중년의 변화의 주요 특징은 자기 자각과 위기라고 정리할 수 있다.

〈생애론적 모델〉

매우 특정 연령대와 '성숙'과 '계획성 개념'을 기반으로 주장했던 수퍼의 원래 모델인 생애 기간에 따른 모델을 확장한 이론이 "생애론적 모델(LSLS: life-span, life-space model, Super)"이다. 추후 정체성 확립에 필요한 갖가지 경력 변화의 변수가 갖고 있는 '순환적 특성'을 고려하면서 '재순환'과 '자기 개념'까지 포함하는 이론으로까지 확장되었다. 우선, 생애론적 모델은 중간-경력 단계의 중요성에 집중했다. 경력 개발 과정에서 생애주기 별로 특정하게 발생하는 욕구와 기대사항을 탐색하는 데에 는 수퍼의 생애론적 모델이 유용하게 사용된다. 다 만, 이 이론은 제한적이고 좁고 선형적인 관점만을 제시한다는 비판을 받아왔다(Peake는 & McDowall, 2012). 또한, 생애론적 모델은 실제 경력 변화로 이 어지는 프로세스 자체를 다루고 있진 않다는 한계 점이 존재한다. 이에 일부 경력 연구자들은 중간 경력 전환에 대한 이론의 개발을 위하여 수퍼의 생애론적 모델 접근법을 발달시키거나 확장하려고 시도해왔다. 예컨대 바클레이와 동료들(Barclay et al., 2011)은 경력 전환의 과정이 어떻게 진행되는지 를 설명함으로써 수퍼의 생애론적 모델을 확장했 다. 또한, 중간 경력 변화의 과정을 개략적으로 설

명하기 위해 변화의 전이 모델(TTM: Transtheoretical model of change)과 생애론적 모델의 통합을 시 도하였다(생애론적 모델과 변화의 전이 모델의 통합은 표 20.1에 요약되어 있다). 변화의 전이 모델은 변화 의 과정을 인지/정서/행동적 측면에서 설명을 제 공하는 근거 기반의 행동 변화 이론이다.

연구자들은 수퍼의 모델을 변화과정 모델과 통 합함으로써 중간 경력자가 현재 경력에 대한 불만 족의 인식이 부족한 단계부터 자발적인 경력 전환 과정을 만들어가는 과정에 이르기까지의 전 과정 에 대해 설명하였다. 표 20.1에서 볼 수 있듯이, 중 년에 경력을 바꾸는 사람들의 경우, 인지, 감정과 행동의 점진적인 변화를 경험한다. 이 모델은 중간

[표 20.1] TTM과 LSLS모델을 통합한 경력 개발 모델

단계	중간 경력 전환자
계획 전 단계 / 탈몰입 (Precontemplation / Disengagement)	의욕상실의 경험(이유에 대해서는 충분히 알지 못하는 상태) 업무 / 업무분야에 대한 흥미 상실 기존에 해왔던 일에 대한 정체성을 버리는 시기
계획 단계 / 성장 (Contemplation / Growth)	일에 대한 불만을 인식하기 시작함 미래에 대한 우려를 느낌 가능한 경력 변화에 대해 생각을 시작함 경력 변화에 관한 의심을 표현함 경력 변화의 장단점을 분석함 이에 따른 감정 표현이 나타남 개인 통제력 / 자기 효능감이 증가하기 시작함
준비 단계 / 탐구 (Preparation / Exploration)	경력을 바꾸려는 동기가 증가함 적절한 평가를 통해 관심 분야 / 기술을 탐구하고자 하는 의지가 생김 이를 위해 필요한 교육의 기회를 찾고자 하는 의지가 생김 생각을 굳게 만들고, 구체화하며 구현을 해나감
실행 단계 / 확립 (Action / Establishment)	스트레스를 관리함 자아를 재정의함 새로운 삶의 역할(예: 학생, 신입 사원 / 연수생)이 생김 의사결정과 결정결과에 전념함 새로운 결정에 대한 안정화 / 강화와 발전에 전념함
유지 / 유지 (Maintenance / Maintenance)	함께 일하는 사람과의 관계를 구축함 일을 위해 필요한 공식적인 교육을 마침 경력 변화를 완료함 현재의 경력을 붙잡고 유지와 혁신시키기에 전념함

* 출처: Barclay et al. (2011, p.391). John Wiley & Sons의 허락을 받아 재생산되었다.

경력자를 위한 상담 서비스의 지침을 제공하기 위한 목적으로 개발되었다.

〈무경계 경력과 프로틴 경력 모델〉

경력 전환에 있어 개인의 책임이 더욱 커지고, 경력 전환 현상이 더욱 두드러지는 현대에 들어 무경계 경력 모델(Boundaryless, Arthur & Rousseau, 1996)과 프로틴 경력 모델(protean, Hall, 1996, 2002)과 같은 경력 모델이 전통적인 모델을 대치하고 있다. 무경계 경력이란 경력 기회를 인식하고 활용하는 데 있어 경력과 개인의 역량은 무한한 가능성을 갖고 있다는 점을 강조하는 이론이다(Arthur, Inkson, & Pringle, 1999). 프로틴 경력이란 경력에 있어 자기-주도적인 접근을 강조하며, 경력이란 개인의 가치에 따라 관리된다는 개념에 집중한다(Hall, 2002). 이 섹션에서는 무경계 경력과 프로틴 경력에 대해 각각 살펴볼 것이며, 각각의 이론에서 제언된 개인의 역량에 대해 살펴볼 계획이다.

무경계 경력

이 개념은 현대 사회에 널리 퍼져 있는 경력 전환 현상을 설명하는 데 유용한 이론이다. 무경계 경력이란 단일 취업 환경에서 전개될 것으로 예상되었던 조직 내 경력과는 반대되는 개념이다(Arthur and Rousseau, 1996). 무경계 경력 모델에서 제시한 아이디어는 기존의 경력 연구를 자극했으며(Wang 외., 2013), 일 / 일 이외의 갈등, 퇴직으로 인한 전환과 멘토링(Sullivan & Baruch, 2009)과 같이, 경계 이슈와 관련된 여러 영역을 포함하도록 진화했다. 연구자들은 물리적 이동성과 심리적 이동성 사이의 상호 의존성을 묘사함으로써 무경계 경력의 개념을 확고히 했다(Sullivan and Arthur, 2006). 연구자들은 무경계 경력이 신체적, 심리적, 객관적, 주관적 수준으로 이루어진 다양한 경계와 차원 분석을 포괄하고 초월하는 다면적 현상이라고 제안했다. 무경계 경력은 나이와 함께 증가하는 경향이 있는 속성인 '자율성에 의해 동기부여 받는다는 점'을 강조한다(Inceoglu et al., 2008; Ryff, 1995). 직장 생활(혹은 개인의 삶)의 중간 단계에서 개인은, 변화하는 역할과 정체성에 따라 일 또는 개인 생활의 경계를 변화하도록 기대된다. 따라서 경계란 개인에 의해 창조(외부에 의해 주어지는 것이 아닌)된다고 주장하는 무경계 경력의 핵심 아이디어는 중간의(혹은 중년의) 경력 전환을 이해하는 데 중요한 함의를 제공한다. 또한, 무경계 경력에 필요한 개인의 역량은 중간 경력 전환 문제에 접근하는 데 유용한 프레임워크를 제공한다. 다음 섹션에서는 무경계 경력 환경에서 긍정적인 중간 경력 전환에 필요한 개인의 역량을 증진하는 방법을 모색해볼 계획이다.

- 프로틴 경력

이 개념은 개인의 내적 가치가 경력에 대한 성공의 지침과 척도를 제공한다는 의미에서 (1) 가치 중심적이며, (2) 개인의 경력 관리에 있어 자기주도적이다(Briscoe & Hall, 2002). 여기서 자기주도적 방향이란 자율성과 자기 결정성을 의미하며, 가치 중심적 행동이란 선택과 경력 성공을 평가하기 위한 척도로서 개인의 가치를 기준으로 여긴다는 것을 의미한다(Briscoe & Hall, 2003). 프로틴 경력은 특정 경력 행동으로만 설명될 수 없으며, 개인의 경력행동에 영향을 미치는 태도와 지향성을 의미하는 개념이다.

전통적인 경력의 특성과 프로틴 경력의 특징을 비교한 내용의 요약이 표 20.2에 제시되어 있다. 브리스코(Briscoe)와 홀(Hall, 2006)은 자기주도성과 가치 기반의 주도성이라는 두 가지 핵심 요인에 기반하여 분류한 네 가지 기본 범주를 제안했다. 자기 주도적이지도 않고, 가치 중심적이지도 않은 유형은 '의존적'으로 표기하고, 자기주도적이지만 가치 중심적이지 않은 유형은 '반응적'으로 표기하고, 자기주도적이진 않지만 가치 중심적인 유형의 경우 "엄격한", 그리고 자기주도적이면서 가치중심적인 유형의 경우 '프로틴'으로 이름 지었다(Briscoe & Hall, 2006).

프로틴 경력 모델은 특히 중간 경력 근로자와 관련이 있다. 경계가 없는 환경에서 생존해야 하는 중간 경력자에게 요구되는 두 가지 메타역량인 '적응력'과 자기성찰을 통한 '정체성'의 성장이 그 이

[표 20.2] 프로틴 경력 관점의 특성 vs. 전통적인 경력 관점

다섯 가지 관점에서의 차이점	프로틴 경력	전통적인 경력
1. 운전사	개인	조직
2. 핵심 가치	자유, 성장	승진
3. 이동가능성	높음	낮음
4. 성공의 유형	심리적 성공	직위, 급여
5. 핵심 태도	직업 만족도, 일에 대한 헌신	조직에 대한 헌신

* 출처: Briscoe, Hall, DeMuth (2006).

유이다(Hall & Mirvis, 1995). 오늘날의 개인은 기술을 개발하고 정체성의 성장을 위해 적응력과 자기 성찰을 향상시키는 방법을 학습해야 한다. 중간 경력자들이 직면하는 어려움 중 하나는 바로 학습 기술의 변화가 필요하다는 것이다. 중간 경력자들은 이미 지금까지 해왔던 주요 직무에서 필요한 일련의 기술과 지식을 축적했지만, 지속적인 학습에 적응하기 위해 필요한 다양한 학습 기술을 습득해야 한다. 홀(Hall)과 동료들(2013)에 따르면, 긍정적인 경력 변화를 경험했을 때에는 일터에서 의미를 발견하기 위해 자기가치감과 자기효능감을 활용할 수 있다. 그러나 변화가 부정적일 경우에는, 프로틴 경력 지향성을 가진 개인의 경우에만 삶과 가치의 목적에 따라 일에서의 의미를 찾을 수 있다.

무경계와 프로틴 경력은 개인의 경력에 있어 제시되는 무한한 기회에 있어 전적인 책임을 지는 주체는 '개인'이라고 가정하며, 이에 따라 자기주도력과 자기인식능력 등 개인의 가치와 관련된 역량이 매우 중추적인 요인이라고 간주된다. 무경계와 프로틴 경력 모델에서는 조직의 경계를 벗어난 외부에서 나타날 수 있는 '개인 역량'의 중요성이 강조된다(Briscoe 외., 2006). 무경계 경력에서는 '왜(why)를 아는 것', '어떻게(how) 하는지를 아는 것'과 '대상(whom)을 아는 것' 등의 개인 역량이 필요하다(DeFillippi와 Arthur, 1994). "왜를 아는" 역량이란 일의 방향, 정체성과 동기가 생겨나는 바를 아는 역량이다. '어떻게를 아는' 역량에는 암묵적 지식과 업무에 필요한 명시적 지식이 포함된다. '대

상을 아는' 역량은 대인 관계와 네트워킹 기술로 구성된다. 근로자는 무경계 경력 환경에 적응하기 위해 개인의 능력을 주체적으로 개발할 책임이 있다. 무경계 경력은 개인의 역량에 따라 각기 다른 직종과 조직 간에 개인의 신체적, 정신적 이동성을 설명한다. 이 관점에서, 개인은 독립적이고 내부 지향적 선택에 따라 일하며, 조직의 경계를 넘을 수도 있다(Chin & Rasdi, 2014).

개인의 정체성에 대한 분명한 인식이라고 정의되는 (1) 자아 인식능력 (2) 경력 적응력으로 이루어진 두 메타 역량은 프로틴 경력의 핵심이다(Hall et al., 2013). 홀(Hall)과 동료들은 두 개의 역량이 함께 활용되지 못할 경우에는 문제가 될 수 있다고 지적하면서, 자기 인식과 적응력의 균형적 발달의 중요성을 강조하였다.

'왜를 아는 역량', '어떻게 하는지를 아는 역량'과 '대상을 아는 역량'은 앞서 제시한 두 가지 메타 역량의 개념과 비슷하다. 이 메타역량은 성공적 전환을 위한 필요 조건이며, 특히 노동 시장/조직/직무에 대한 기초지식 모두에 있어 변화가 필요한 상황이라면 더욱 더 해당된다. 거블러와 동료들(Arnold, and Coombs, 2014)은 2006년과 2013년 사이에 발행된 경험문헌을 대상으로 '프로틴 경력(protean career)', '자기 주도적(self-directed)', 또는 '가치 주도적(value-driven)', '무경계(boundaryless)' 또는 '경계(boundaries)'라는 키워드로 포괄적인 문헌 검토를 실시하였다. 검토 결과, 프로틴 경력 지향성과 다양한 경력 관련 결과변인(경력 만족도; Gasteiger & Briscoe, 2007; Volmer & Spurk, 2010; 직

무 만족도; Baruch & Quick, 2007: Jung & Takeuchi, 2011)과의 긍정적인 관계를 확인하였다. 또한, 경력에 대한 통찰력은 프로틴 경력 태도와 고용가능성에 대한 인식, 경력 만족도를 중재하는 변인으로 나타난 연구가 있다(De Vos & Soens, 2008). 최근 연구(Herrmann, Hirschi & Baruch, 2015)에서는 526명의 독일 구성원을 대상으로 조사한 연구를 통해 프로틴 경력 지향성이 주도적 행동과 경력만족도를 예측한다는 사실을 보여주었다. 또한, 주도적인 성격과 긍정적인 경력 성과 사이에서 프로틴 경력 지향성의 중재 역할을 발견했다. 앞으로의 연구에서는 측정구인과 측정도구에 대한 보다 명확한 정의가 필요하다.

중간 경력 전환의 촉진을 위한 긍정적 접근

중간 경력 전환에는 여러 가지 형태(자발적 또는 비자발적, 계획적 또는 반응적)가 있다. 모든 경력 전환이 긍정적이진 않다. 계획되지 않은 중간 경력 전환의 부정적인 영향에 대한 연구 결과는, 현대 사회에서 중간 경력 전환에 대한 보다 적극적인 접근이 더 이상 선택 사항이 아니라 필수 사항임을 시사한다. 중간 경력 전환에 대한 긍정적 접근을 촉진하기 위해 개인과 고용주는 각각 어떻게 해야 할까? 이전 섹션에서 검토한 최근의 경력 모델(LSLS 모델을 확장한 중간 경력 개발 모델, 프로틴 경력 모델과 무경계 경력 모델)에서는 대체적으로 경력 전환에 있어 필요한 개인 요인으로써 자기주도성과 가치 중심적 접근 방식의 중요성을 강조하였다. 중간 경력자가 스스로의 전환 과정을 만들어나가고, 전환 과정을 이끌어나가기 위해 필요한 개인적 가치를 지닌다면, 일터와 개인의 삶 모두에서 의미 있는 경험을 하게 될 것이다. 위기라는 개념을 내포하고 있는 '중간 단계'란 일과 삶에서 위험과 기회 모두를 포함하며, 의미 있는 일을 통한 개인의 주도성과 목표의 복원(restoration)은 중간 경력 전환에 대한 가장 긍정적인 접근 방법으로 간주될 수 있다. 따라서 우리는 중간 경력 전환 과정에서 일터에서 의미 있는 결과를 낳을 수 있게 돕는다

고 보는 요인인 자기 주도적이며 가치 중심적 태도를 촉진하는 방법에 대해 논의할 것이다.

〈중간 경력 전환에 대한 긍정적인 접근 촉진: 개인적 차원〉

홀과 동료들(2013)이 제시한 두 가지 메타역량인 자기 인식능력과 적응성은 중간 경력 전환에 대한 긍정적 접근의 촉진에 유용한 시사점을 가지고 있다. 이 두 가지의 역량 간의 균형 잡힌 발달이 의미 있는 일을 달성하기 위해 결정적이라고 강조했다.

경력 적응력과 자기 인식능력의 역할은 무경계 경력과 프로틴 경력 모델에서도 찾아볼 수 있다. 경력 개발은 주기적(선형적인 속성이 아닌)으로 진행되고, 이동성이 경력의 표준 특징이 됨에 따라, 경력 전환을 주도하는 데 있어 개인의 책임이 더욱 강조되고 있다.

중간 경력 전환과정에 있어 전적인 책임을 맡기 위해 개인에게 필요한 능력은 바로 변화하는 역할과 직업전선에 대처할 수 있는 적응력이다. 또한 본인의 과거 경력과 미래 경력에 대해 재평가를 실시하기 위하여, 자기 삶의 가치와 의미에 대한 인식 능력의 보유가 필수이다. 설리반과 에머슨(Sullivan & Emerson, 2000)과 홀(1996)은 무경계 경력으로 나아가는 현대 사회에서의 초점은 외재적 보상에서 내재적 보상으로 이동하고 있고, 자립이 점차 중요해지고 있다고 지적했다. 점점 커지고 있는 불안정성과 이동성에 직면하게 되는 중간경력자들에게는 자기 삶의 가치와 의미에 따라 행동하는 자기결정성과 자기주도성이 필요하다.

- 경력 적응력

직업 성숙도에 대한 수퍼(1980)의 연구에서는 파생된 '경력 적응력(Career adapt-abilities)'이란 개념을 소개했다(Savickas, 1997, 2005, 2008). 경력 적응력이란 개인의 일 관련 역할과 관련하여 현재와 앞으로 마주하게 될 과제/전환/트라우마에 대처할 수 있는 개인의 준비도와 자원을 나타내는 심리사회적 구성요인이며, 개인의 사회적 통합에 있어 영

향을 미친다. 또한 경력 적응력은 노동 시장에서의 성공적 전환을 이루기 위한 개인의 능력과 관련이 있는 요인이다. 연구에 따르면 경력 적응력이 높은 사람들은 변화하는 직업 상황에서도 쉽게 적응할 수 있다고 한다. 일반적으로 경력 적응력은 경력 성공의 핵심 역량으로 소개되었다(O'Connel, McNeely, & Hall, 2008, Omar, & Noordin, 2013). "경력 적응력의 5개 역량의 프레임워크(five-fold career adapt-abilities competency framework; 표 20.3 참조)"는 진로상담에 관한 다문화적 접근의 양적 연구를 통해 개발되었다(Savickas and colleagues, 2009). 여기서는 5개 역량(5 Cs)에 집중하는 경력개발 접근방식을 주장했다(Bimrose, Brown, Barnes, & Hughes, 2011). 5개의 C는 제어(Control), 호기심(Curiosity), 헌신(Commitment), 자신감(Confidence)과 관심(concern)으로 구성된다. 다음의 5개로 구성된 역량은 서로 관련이 있으며, 경력 전환에 대한 개인의 적응 반응을 향상시키는 데 중요한 요소이다(Bimrose 외, 2011). 연구에 따르면 이 프레임워크는 중간 경력자들에게 있어 긍정적인 경력변화를 촉진하는 행동을 위해 필요한 동기를 부여하는 데 유용하다. 경력 적응력에 관한 최근의 연구에서는 호주의 577명의 고령 근로자를 대상으로 수행한 연구(Zacher & Griffin, 2015)에서 경력 적응력과 직업 만

족도 간의 관계를 입증한 결과를 통해 근거를 찾을 수 있었다. 연구 결과에 따르면, 고령 근로자의 연대기적 연령은 지속적으로 일하고자 하는 동기와 긍정적인 관계가 있는 것으로 나타났으며, 계속해서 일하려는 동기는 근로자의 적응력과 직업 만족도와도 관련이 있었다. 진로 상담 장면에서 상담자는 경력 적응력과 더불어 더욱 더 탄력적이고 위험관리와 불확실성이 가득한 교육/훈련/고용 환경에 적응 가능한 힘을 기르는 방향으로 상담 목표를 설정할 수 있다(Brown, Bimrose, Barnes, & Hughes, 2012).

브라운(Brown)과 동료들(2012)에 따르면, 일하는 성인이 5~10년의 시간 동안이나 훈련(공식적/비공식적)을 통한 실력 향상(up-skilling) 혹은 실력 다지기(re-skilling)에 전념하지 않는다면, 특정 업무 패턴 안에 갇힐 위험이 커진다고 제안하면서 '학습'의 중요성을 강조했다.

지속적으로 학습하지 않는 성인의 경우, 낮은 적응력으로 인해 노동시장에서의 가치가 낮아질 위험이 크며, 직무 혹은 상황의 변화가 클수록 더 취약해질 수 있다(Brown et al., 2010, p. 754). 경력 적응력이란 업무 경험, 지속적 학습, 주도적 자기계발의 조합으로 이루어지는 역량이다. 평생에 있어 지속적으로 학습함으로써 경력 적응력을 높이

[표 20.3] 경력 적응력의 5개 역량의 프레임워크

역량의 프레임워크	정의
1. 제어 (Control)	도전적인 일을 통한 학습, 경력 상황에 대한 개인의 영향력 증가, 실질적인 지식을 기반으로 업데이트를 실시하는 능력
2. 호기심 (Curiosity)	새롭고 다양한 활동과 프로젝트 실험, 보다 넓은 범위의 기회와 가능성 모색, 일터 내 상호 작용을 통해 학습하는 능력
3. 이행 (Commitment)	(특정 직업에 좁은 시야로 머물러있는 것 대신에) 새롭고 다양한 활동과 프로젝트를 실험함으로써 새로운 가능성을 창출하는 능력
4. 자신감 (Confidence)	자신의 경력 목표의 성취를 위해 필요한 것을 달성할 수 있다고 자신과 자신의 능력을 신뢰하는 능력
5. 관심 (concern)	미래에 대한 긍정적이고 낙관적인 태도를 자극하거나 발전시키는 능력

* 출처: 저자

는 것에 대한 중요성은 늘 강조되어 왔다. 연구자들은(Power and Rothausen, 2003) 다양한 직무에 적용 가능한 기술의 축적과, 축적된 지식을 통한 고용 가능성을 증진시키기 위해 전략적이고도 능동적인 접근법을 취할 필요성을 강조하였다. 무경계 경력 개념에서는 조직에 대한 충성도 대신 전문분야에 대한 충성도가 더 큰 중요하다고 여겨지며(Sullivan & Emerson, 2000), 직무에 대한 경험과 전문성의 가치를 존중한다(Wang과 동료들., 2013). 따라서 경력 적응력을 개발하기 위한 스킬/지식의 학습은 조직 내에서의 승진만을 위한 목적에 국한되지 않는다. 그러나 중년이나 고령 근로자가 가진 문제 중 하나는 자신이 갖고 있는 기술과 노하우에 대한 명확한 분석이 안 되어있다는 점이다.

또한 기술 개발을 위한 학습(공식적/비공식적)의 기회 또한 개인이 접근하기가 쉽지 않다(Cedefop, 2011). 이렇게 적절한 학습 기회를 제공받지 못할 경우, 경력 전환에 있어 좌절감을 느낄 위험에 처한다. 또한, 잘못된 전환의 결과(맞지 않는 직무로 이동하거나, 덜 준비된 상태로 새로운 직무를 시작해야 할 경우 등)는 저조한 수준의 직무성과와 직무만족도로 이어질 수 있다.

- 자기인식능력

경력 적응력의 향상을 위한 평생 학습에 대한 필요성이 커지고 있지만, 일부 근로자의 경우 장기적 차원에서의 경력 변화에 대비하기 위해 새로운 것을 학습하려는 결심 자체가 부족하다. 경력 적응력을 높이려는 결의가 부족한 것은 경력 정체의 신호일 수 있으며, 이는 현재의 경력 경로에서 더 모험적인 방향으로의 탐색이 필요함을 시사한다. 전통적으로 노동자들은 주로 업무 성과에 가치를 두었다. 그러나 오늘날의 사람들은 내적 보상이나 심리적 성공을 외적 가치보다 중요하게 여기며, 자신의 심리적 기준에 대해 더 잘 인식하고 있다. 특히 중간 경력자는 일터에서의 개인적 가치와 목적을 개발할 필요가 있다. 중간 경력자들이 경력상의 정체성과 개인적 정체성 사이의 차이를 깨닫는 순간 경력 변화를 고려하기 시작한다. 비록 중간 시

점의 경력에서 숙달되어 있는 개인이더라도, 여전히 자신의 경력에 대한 태도나 인식을 만들어나갈 수 있다(Slay et al., 2004). 연구자들은 개인이 업무 경험을 축적함에 따라 업무에 대한 자신만의 정의, 그리고 자신이 어떠한 일을 왜, 누구를 위해 하는지 등에 대한 자신만의 답을 만들어가는 방식으로 진화해간다고 주장했다(Power and Rothausen, 2003). 중간 경력의 노동자는 일에 대한 개인적인 의미, 혹은 일의 결과로서 자신이 달성하고자 하는 것 등과 같이 일에 대한 주관적인 정의에 의존하는 경향이 있다.

자기 인식능력(Self-awareness)을 개발함에 있어 중요하게 성찰해 볼 두 가지는 개인적인 가치와 의미이다. 가치는 개인이 일상적 성과를 평가함에 있어 자신과 타인의 성과를 판단하는 기준이 되는 핵심 신념이다(Rokeach, 1973). 따라서 "일이 만족스러울 때, 개인은 자신이 가치 있다고 믿는 활동에 참여할 수 있어야 하며, 그 결과 자신을 다른 사람들과 비교했을 때 맘에 들게 된다"(Brown, 1995).

또한 대다수의 사람들은 사회적 접촉을 얻거나 자신의 정체성을 유지하기 위한 목적으로, 일자리와 상관없이 경제적 필요가 없더라도 계속해서 일할 것이라는 주장이 있다(Noon and Blyton, 1997). 경력 변화가 부정적인 경우에는 개인의 가치와 일의 의미를 확인하는 것이 특히 중요해진다(Hall과 동료들, 2013). 자신의 경력에 대해 생각하기 위해서는, 경력 궤도에 대한 방향과 지향성을 제공할 수 있을 만큼의 중요한 가치 체계를 필요로 한다.

의미에 대한 연구는 '일'의 의미와 '삶'의 전반적인 의미(Steger & Dik, 2009) 사이의 특정 연결지점을 보여준다. 현대 사회의 불안정하고 역동적인 특성에 직면하여 개인은 일에서의 의미가 삶의 의미와 일치하는 방식으로 경력 전환을 하고자 하는 경향이 있다. 사람들은 일과 의무가 가진 의미를 탐구하는 힘든 과정을 통해, 의미에 대한 시각을 개혁하고, 궁극적으로는 최대의 가치를 발견한다(Briscoe 외., 2006). 같은 맥락에서 에릭슨(Erikson)과 펙(Peck)은 의미를 찾음으로써 사람들이 개인적 성장을 달성하고 새로운 가능성을 발견하며 다음

발달 단계에 진입한다는 점에 주목했다(Weaver, 2009). 위버(Weaver, 2009)에 따르면, 사람들은 창조적인 작업, 사랑과 용기의 경험, 그리고 전체 자기(whole self)를 수용하고 '소유(owing)'하는 것을 통해 자신의 개별화(individuation) 달성에 더 가까이 다가갈 수 있다. 또한, 이것은 사람들이 자기 존재의 의미를 깊이 있게 만들고, 개인의 성장 과정을 지속할 수 있게 돕는다. 따라서 위기를 기회로 전환시키는 긍정적인 태도를 촉진하는 관점의 변화와 개입의 훈련을 통해 성공적인 중간 경력 전환이 이루어질 수 있다. 개인은 변화를 위한 기회로 전환경험을 활용하고 이상적인 일자리를 탐구하기 위한 발판을 마련할 수 있을 것이다.

중간 경력 전환에 대한 긍정적인 접근 촉진: 조직적 차원

일반적으로 비즈니스 관리 측면에서 '인적 자원'(HR: Human Resources) 또는 '인적 자본'으로 이루어진 두 가지 개념이 조직의 성과 산출을 결정하는 주요 요소로 간주된다. 따라서 인적 자원 부서는 전략, 조직 환경, 체계적인 프로세스와 '인력' 또는 인적 자원의 균형 있는 관리를 담당한다.

인적 자원부서는 일반적으로 인적 자원 관리(HRM: Human Resources Management)와 인적 자원 개발(HRD: Human Resources Development) 두 부문으로 구성된다. 조직심리학에서는 각 부서는 고유한 목적과 책임을 가지고 있지만 서로 분리된 부서라고 보지 않는다. 인적 자원 관리와 인적 자원 개발의 통합을 장려하는 접근이 점차 확대되고 있으며 이는 곧 조직에서 인적 자원 실무의 효율성을 높일 수 있는 방법이라고 본다.

〈인적 자원 관리〉

연구자들은 구성원이라는 인적자원을 통해 경쟁 우위를 확보하는 것이 중요하다는 점을 강조하면서, 인적 자원이라는 이점을 활용하는 데 필요한 몇 가지 인적 자원 기법에 대해 연구했다(Pfeffer, 1998; Vermeeren et al., 2014). 우선 인적 자원 관리 부서는 채용과 배치와 같은 프로세스를 통해 중간 경력 전환기의 도전적인 시기에 놓인 노동자를 지원할 수 있다. 예를 들어, 철저하게 개인에게 맞춰진 방식의 직무설계를 통해 인적 자원 관리 자체의 궁극적인 목표인 노동자 생산성을 향상시킬 수 있다. 조직은 관리하고 구성원은 수동적인 팔로워라는 기존의 접근으로는 일과 개인 간의 적합도를 찾기가 어려워졌다. 현대 사회에서 외부 환경과 노동자에게 요구되는 특성이 변동에 취약할수록 더욱 더 개인 맞춤형 직무설계가 필요하다. 중년의 경력 위기를 경험하는 노동자의 경우, 일의 동기가 낮아질 가능성이 더 높으며, 조직에서 기대하는 성과 수준에 도달하기가 더 어려워진다. 따라서 인적 자원 관리 부서는 환경적 요소와 더불어 개인의 변화에 대해서도 지속적으로 세심하게 고려함으로써 구성원 개개인의 성격과 각 직무의 요구사항을 적극적으로 조정할 책임이 있다.

인적 자원 관리 부서의 정렬 프로세스는 중간 경력 전환을 위해 필요한 적응력을 키우는 데 도움이 될 수 있다. 전략적 인적 자원 관리 기법 또한 구성원과 조직 간의 관계에 영향을 준다. 모든 구성원은 서로 다른 요구를 가지고 있기 때문에, 구성원과 조직 간의 긍정적인 관계를 수립, 유지, 관리하기 위해서는 전략적 인적 자원 관리 기법의 실행이 필요하다. 예를 들어, "초기 경력 단계에 위치한 구성원은 중반과 후기 경력 단계의 구성원과는 다른 요구를 가질 것이다. 따라서 조직 내의 여러 구성 요소의 요구 사항과 조직의 전략과 환경에 의해 야기되는 우발 상황을 모두 해결하기 위해서는 인적 자원 전략의 차별화된 시스템이 필요하다"(Wang et al., 2013). 특히 건강 관리와 퇴직 급여의 경우, 중간-고령의 근로자들에게 있어 가장 중요한 복리 후생이다. 개별적으로 맞춤화된 인적 자원 관리 전략을 이용하는 제도적 차원의 지원은 구성원의 은퇴를 돕는 데에 더욱 효과적일 것으로 기대된다(Kim & Jin, 2013).

〈인적 자원 개발〉

인적 자원 개발은 많은 연구 관심을 받고 있는

연구 분야이다. 전세계의 이론가들은 인적 자원 개발을 정의하는 데 있어 적극적으로 논의해왔다(Khan, Khan, & Mahmood, 2012). 인적 자원 관리의 관점에서 볼 때 인적 자원 개발이란 조직이 구성원의 개발을 위해 제공하는 일련의 활동으로, 이를 통해 구성원들은 현재와 미래의 직업 요구를 충족시키는 데 필요한 기술을 습득할 수 있는 기회를 얻게 된다(Werner & DeSimone, 2006, pp.5). 전통적으로 인적 자원 개발은 인적 자원 관리의 하위 분야로 간주되었다. 사실 인적 자원 개발의 정의와 범위는 훈련에 한정된 협소한 정의로부터 진화했다. 그러나 현재 시점에서 연구자들이 정의한 인적 자원 개발이란 "개인/팀/업무 프로세스/조직 시스템 성과를 개선할 목적으로 전문성을 개발하는 프로세스"라고 간주된다(Khan 외, 2012). 다시 말하면, 인적 자원 개발은 "성과 향상을 목적으로 조직개발, 인력교육과 육성을 통해 인적 자원을 개발하고 자유롭게 만드는 프로세스"이다(Swanson & Holton, 2001). 연구자들은 교육이 조직의 학습 분위기를 촉진시켜 혁신을 향상시키는 데 효과적일 것이라고 주장했다(성 & 최, 2014). 최근 비즈니스 연구에 따르면, 지속적인 학습 능력은 개인의 '자기주도적 학습'이라는 의미 외에도, 조직의 생존을 위해 필요한 조건이라고 제안한다(Mansour, Chik, & Mohamad, 2014; Senge, 1997). 조직은 구성원, 특히 조직의 지원이 필요한 구성원의 학습 과정을 촉진하기 위해 학습 환경을 조성하는 데 주의를 기울여야 한다는 것이다. 알 카타니(Al-Kahtani)와 칸(Khan, 2013)에 따르면 인적 자원 개발은 모든 국가의 경제 상황에 있어 적극적인 역할을 담당하고 있으며, 조직 내에서의 발전은 구성원들이 지속적이고 계획적으로 도움을 받는 프로세스이다. 인적 자원 개발을 통해 근로자는 개인으로서의 역량을 개발하고 개인과(또는) 조직 개발에 필요한 내적 잠재력을 발견하고 활용하게 된다. 인적 자원 개발은 인적 자원 시스템의 핵심 요소이기 때문에, 최근 구성원의 관점을 긍정적으로 변경하여 성과를 향상시키려는 목적으로 개발/시행된 인적 자원 개발 프로그램을 검토하는 작업은 중요하다. 같은 맥락에서 조직의

인적 자원 개발 프로그램은 중간 경력자를 위하여 일터에서 '학습하고 촉진하는 환경'을 창출하는 역할을 제공할 수 있다. 슬레이(Slay, 2004)와 동료들은 중년의 경력 전환을 위한 인적 자원 개발 실무에 대한 몇 가지 중요한 제안을 제시했다. 첫째, 인적 자원 개발은 나이가 들수록 승진 기회가 적은 중년 근로자 대상의 전문적 성장 계획의 시간을 늘려야 한다고 지적했다. 중년의 구성원은 경력 적응력을 높이기 위해 자신의 능력을 향상시키거나 재교육을 필요로 하지만 조직의 지원이 부족한 실정이다. 슬레이와 동료들(2004)이 제안한 두 번째 방법은 잡크래프팅이다. 잡크래프팅이란 "개인이 자신의 일/어떠한 일을 하는 사람인지에 대한 독자적인 정의를 만들어내고 지속해나가는 데 있어, 구성원 스스로가 만들어갈 수 있는 영역이 얼마나 창의적이고 즉각적일 수 있는지에 대해 보여주는 프로세스"(Wrzesniewski & Dutton, 2001)이다.

연구자들은 이외에도 인적 자원 개발 실무를 위한 여러 가지 권장 사항을 제시했다. 그중 하나는 "구성원 개인은 동일한 일도 다르게 정의한다는 현상, 강점과 경력에 대한 희망이 분명해지는 개인을 위해 기회를 어떻게 제공할 것인지?" 등에 대해 관리자 대상의 교육을 제공하는 것이다. 구성원은 자신의 업무를 다른 시각에서 바라볼 수 있을 때 자신의 일의 중요성을 깨닫기도 한다. 즉, 일의 의미를 발견하는 것이다. 같은 맥락에서 조직은 구성원들로 하여금 '최고의 자기를 반영(reflected best self)할 수 있는 방식'으로 자신의 직무를 '재설계'하도록 권장할 수 있다(Roberts, Dutton, Spreitzer, Heaphy, & Quinn, 2005).

지금까지 우리는 구성원, 특히 중간 경력 전환을 경험하는 구성원에 대한 인적 자원 실무의 영향에 대해 검토했다. 또 다른 중요한 점은 인적 자원에 대한 지속적인 투자가 절대 선택 사항이 아니라는 것이다. 조직은 대개 경제적 어려움이 있는 시기에 교육과 개발을 위한 예산을 줄인다. 아일랜드 기업의 인적 자원 관리에 대한 설문 조사에서는 기업 중 절반 이상이 교육과 개발을 위한 예산 감소를 보고했다(Mulhall, 2014, Roche, Teague, Coughlan,

& Fahy, 2011). 루마니아 기업의 또 다른 설문 조사에서 82%의 기업이 글로벌 경기 침체 이후 2009년 인적 자원 지출을 축소했다고 보고했다(Daedalus Millward Brown, 2010).

추가적으로 연구자들은 각 구성원의 대인 관계 능력에 더 많은 주의를 기울여야 한다고 제안한다. 조직구성원의 실적은 조직의 상사, 부하 구성원과 동료, 그리고 외부 이해관계자(고객, 공급 업체, 일반 대중)와의 효과적 상호작용 능력에 달려 있기 때문이다(Hullamani, & Ramakrishna, 2013). 중간 경력 전환자의 경우, '자기 인식능력'뿐만 아니라 '대인 관계'를 도울 수 있도록 개발 프로그램의 범위를 확장한다면, 근로자가 미래 계획에 따라 경력 목표를 수립하는 데 더욱 도움이 될 것이다. 이와 같은 방법으로 인적 자원 개발은 개인으로 하여금 자신의 역량에 대한 견해를 넓힐 수 있도록 도울 수 있으며, 이로 인해 보다 긍정적인 방향으로 경력 경로를 개발하기 위한 안내자 역할을 수행할 수 있다.

미래 연구

중간 경력 전환은 1990년대 후반부터 연구의 관심을 받기 시작했다. 경력에 관한 최신 이론과 실증 연구는 경력 개발이 전통적이고 직선적이고 남성 지향적이며 조직 기반의 경력을 위주로 수행되었다는 것을 보여준다(Sullivan & Baruch, 2009). 현재까지의 경력 연구는 현대사회 특유의 문화/일/개인/환경적 맥락에 대한 관심이 증대되고 있다. 중간 경력의 문제는 개인의 발달 과업과 관련이 있으며, 조직과 글로벌 환경의 변화에 영향을 받는다. 따라서 앞으로의 연구는 중간 경력 전환기의 다양한 수준에서 다양한 심리사회적 요인의 영향에 초점을 맞추어야 한다. 그러나 지금까지의 연구에서는 개인의 중간 경력 전환에 대하여 여러 수준에 걸쳐 여러 요인을 통합하는 접근 방식이 부족한 실정이기 때문에, 이렇게 다양한 요인들이 어떻게 중간 경력 전환에 기여하는지에 대한 설명이 부족하다. 미래의 연구에서는 중간 경력 전환을 촉진하거나 방해하는 방법을 설명하기 위한 다양한 요인 간의 통합적 프레임워크를 개발해야 할 것이다. 이를 위해서는 연구자가 다양한 분야의 접근법을 취하고 다층수준 분석과 같은 고급 분석방법을 사용할 필요가 있다. 또한 현실 세계의 중간 경력 전환경험은 고정적이고 단면적이기 보다는, 시간과 관련되고 역동적이라는 사실을 인식해야 한다. 따라서 연구자는 종단적 변화에 보다 세심한 주의를 기울일 것을 권장한다. 예를 들어, 자기인식능력 수준이 높은 노동자가 향후 더 나은 성과와 주관적 직업 만족도를 예측할 수 있는가? 특정 멘토링 접근 방식이 시간에 따라 경력 적응력을 촉진하는가? 초기 경력 단계에서 학습에 대한 높은 수준의 참여가 이후의 자발적 경력 변화를 예측하는가? 잠재적인 연구 문제에 대한 해답은 종단연구를 통해 설명할 수 있을 것이다.

최근의 연구에서는 사회 문화적 요인을 중간 경력 전환의 경험 검토에 있어 중요한 맥락으로 고려해야 한다는 주장이 일관되게 제안되고 있다(Wang, et al., 2013). 중간 경력자들의 문화에 따라 욕구와 가치의 개발이 다르게 진행될 수 있다. 예를 들어, 일반적으로 유교 문화에서는 고령화될수록 연공 서열과 위계와 관련되어 있다(Li, Tsui, Weldon, 2000). 따라서 사회의 고령 근로자는 (공식적 관행에 그칠지라도) 조직 정책 수립에 참여할 기회를 얻는 것 자체를 매우 가치 있게 평가할 수 있다. 또한 유교 문화에서는 더욱 엄격한 성 역할을 부여하는 문화로 인해, 남성에게는 생계활동을, 여성에게는 가사 노동이 기대되는 경향이 있다. 현실적으로는 많은 여성들이 노동 인구에 진입하고 있지만, 사회에서 규범적으로 갖고 있는 성 역할은 여전히 많은 면에서 엄격하게 적용되고 있다. 결과적으로, 유교 문화에서 중간 경력의 남성들은 경력 변화에 대한 더 큰 불안감을 경험할 리스크가 있다. 지속적인 학습이 경력 적응력에 결정적인 영향을 미치기 때문에, 앞으로의 연구는 효과적인 경력 전략과 행동의 특성을 조사하고 확인해야 할 것이다. 또한 중간 경력자가 훈련이나 멘토링을 통해 얻은 지식을 업무 수행에 어떻게 적용하는지를 명확히 탐색하기 위한 추가 연구가 필요하다. 특히 미래 연구는 지식의 성공적인 전파를 촉진하는 특정 교육 과정이나 멘토링 접근 방법이 있는지 확인해야 할 것이다. 또한 연구자들은 조기 퇴직의 가능성을 가진 중간 경력자에게 발견되는 낮은 동기의 원천에 대해 탐색할 필요가 있다. 자기 주도적 경력 전환을 관리하는 데 있어 자기주도성은 핵심 요소이기 때문에, 낮은 동기의 원인을 이해한다면 자기 주도적 성향을 강화하기 위한 효과적 개입을 찾기 위한 통찰력을 얻을 수 있다. 목적과 의미는 중년과 중간경력 전환을 위한 중요한 동력으로 간주된다. 프로틴 경력 지향성의 수준이 높을수록 일의 의미는 일터에서의 업무 성과와 만족도를 높일 것으로 기대된다. 중간-경력 전환과 중년-경력 전환이 부정성을 내포한다는 것을 고려할 때, 프로틴 경력 지향성과 의미가 어떻게 상호작용하는지를 살펴보는 것은 매우 흥미로울 것이다. 미래의 연구는 중간 경력 전환기에 높은 수준의 프로틴 경력 지향성을 가지는 것과 의미와 관련된 개인과 조직 요인을 식별해야 할 것이다. 마지막으로 미래의 연구자들은 전통적인 경력 관점에서 벗어난 것으로 간주되는 경력 패턴이 현대 사회에 나타나고 있다는 점에 대해 인식해야 한다. 예를 들어, 노동 인구에서 증가된 비율을 차지하는 비 정규직 근로자는 '일시적인 노동력'으로 낙인찍히고, 자신의 경력에서 진전을 이루기 위해 필요한 멘토링과 훈련을 제공받을 가능성이 적다(Wang 외, 2013). 몇몇 국가의 치명적인 경제 상황으로 인해 비전통적인 경력 패턴은 빠르게 늘어나고 있어, 중간 경력 전환의 개념은 이렇게 비전통적인 경력 패턴에 적용하기에는 무리가 있을 수 있다(지나치게 전통적인 입장에 가깝기 때문에). 미래의 연구자들은 진화하는 경력 패턴을 포함하는 방향으로 연구 관심의 범위를 확장해야 할 것이다.

결론

20장에서는 중간 경력 전환과 관련된 이론과 경험 문헌을 검토했다. 중간 경력의 개념은 중년 경력 개념에 뿌리를 두고 있지만, 중간 경력의 개념은 세계적인 경제와 조직의 변화로 인해 지속적으로 개정되어왔다. 중간 경력 전환의 본질을 이해하기 위하여, 중간 경력에 대한 개념의 진화와 환경과 개인 요인이 중간경력 변화에 미치는 영향을 검토했다. '중간' 경력 전환과 '중년' 경력 전환 사이의 개념을 구분하여 제시하였다. 다음으로, 우리는 현대의 중간 경력 전환의 핵심 특징을 이해하기 위한 이론적 배경을 제시해보았다.

수퍼가 제시한 중간 경력 개발의 초기 모델은 '재활용' 이라는 개념을 포함하도록 확장되었다. 또한 최근의 경력 모델(무경계와 프로틴 경력 모델)을 통해, 기존까지 조직이 소유했던 경력 전환과는 달리, 개인 주도적 경력 전환에 중점을 두어 논의했다. 마지막으로 우리는 개인과 조직 차원에서 중간 경력 전환에 긍정적인 접근을 용이하게 하는 방법에 대해 논의했다. 성공적인 개인 주도적 경력 전환을 위해서는 경력 전환에 대한 자기 주도적이고 가치 중심적 태도가 중요하다. 중간 경력 전환이 안전하지 않고 취약한 경험으로 인식 되더라도, 개인이 자기 주도적이고 가치 있는 생활의 준비를 한다면 얼마든지 긍정적으로 접근할 수 있다. 또한 조직은 전략, 조직 환경과 체계적인 프로세스와 인적 자원의 균형 있는 관리에 적극적으로 참여해야 한다. 중간 경력 전환에 대한 향후 연구는 여러 수준에 걸쳐 여러 요소를 통합해야 한다. 또한 미래의 연구자들은 중간 경력 전환에 대한 문화, 성별과 업종의 영향뿐만 아니라 새로운 경력 패턴의 출현을 고려함으로써 전통적인 접근 방식을 넘어서는 연구를 수행해야 할 것이다.

21장
긍정조직과 고령노동자

지넷 클리블랜드(Jeanette N. Cleveland), 그위니스 피셔(Gwenith G. Fisher), 케빈 월터스(Kevin M. Walters)

서론

21세기에 평균수명은 약 30년이 늘어났다. 이전의 어떤 시대와도 다르게, 상당 수의 개인은 노년까지 살아갈 것이다. 새로운 세대(이른바 '네 번째 단계')가 수명과 생애주기에 추가되었다(Charles & Carstensen, 2003). 이는 전통적인 개념에서 인간이 장수할 때 '늙었다'고 부르는 시기를 나타낸다. 우리의 건강과 웰빙이 향상되고 연장됨으로써, 개인은 더 오랫동안 활동적인 사회구성원으로 기능하게 되었고, 종종 이 시기는 80대 이상으로까지 확장되었다(Phillips & Siu, 2012). 기술의 진보, 더 복합적인 서비스 기반과 정보 기반 업무의 증가, 물리적 요구가 줄어든 과업과 일터와 결부되어, 건강한 개인은 재정적 자원을 확보하고 활동성과 건강을 유지하기 위해 전통적인 정부 기준의 퇴직 연령보다 더 오래 일하기를 선택하고 있다. 일부 직종에서 일을 계속하는 것은 중요한 인적자원으로서 은퇴하는 것보다 개인의 신체적, 인지적, 정서적 건강을 유지하거나 향상시키는 데 도움이 된다. 평등한 권리, 다양성 관리, 포용을 중요하게 여기는 세계적인 분위기, 직장생활 프로그램의 개발과 함께, 조직은 특정한 목표집단(예: 역사적으로 차별받은 집단 혹은 사람들)뿐만 아니라, 고령의 구성원을 포함한 모든 노동자의 이익을 지키기 위한 규범, 문화, 관행을 제정하고 있다.

늙음을 쇠퇴로 보는 견해, 이를 경외심 혹은 낙관주의를 갖고 바라보는 견해가 병존한다. 역사적으로 구성원에 대한 심리학적, 조직학적 연구는 고령의 노동자가 직면한 장애물은 무엇인지, 이것을 어떻게 극복할 수 있는지에 초점을 맞추고 있다. 연구와 실무는 점진적으로 높은 기능적 행동 혹은 성과에 초점을 옮기고 있다. 또한, 일터를 포함한 다양한 환경에서 성과 창출을 가로막는 장애물을 통제하고 관리하는 방법에 초점을 맞춰보려고 한다.

긍정심리학과 긍정조직학의 출현과 성장으로, 조직과 고령의 개인이 마주하는 도전과 한계뿐만 아니라, 고령의 노동자의 긍정적 기여와 성취에 대한 연구의 중요성이 점차 강조되고 있다. 두 가지 초점은 고령에 대한 연구의 새로운 트렌드에서 병존하고 있다. 이 트렌드는 쇠퇴, 손실, 쇠락, 약점에 대한 독점적인 초점에서, 손실과 쇠퇴를 방지하는 데 도움이 되는 성숙(maturity)과 노화(aging)의 긍정적 측면을 포함하는 방향으로 옮겨지고 있다(예: 지적 개발, Baltes, 1987).

이 장의 목적은 업무와 관련된 노화의 긍정적 측면을 논하는 것이다. 특히, 노화의 혜택, 일터에서 고령 노동자의 이점, 조직에서의 인적자원 관리 차원에서 긍정적 노화의 함의를 다룬다. 첫째로, 노화가 무엇을 의미하는지 살펴본다. 연대기적 연령(chronological age)이 경제적, 정치적 결정을 내리는데 널리 사용되지만, 이로부터 비롯된 한계점은 의미 있는 연령 측정에 대한 창조적 대안을 제공한다. 다양한 대안적 연령 개념은, 노화 그 자체에 대한 여러 학문분야에 걸친 이론으로부터 도출되었다. 이 장의 다음 절에서 긍정조직론의 주요 특징을 간략히 소개하고, 이를 노화에 대한 사회정서적/동기적 이론을 반영하는 네 가지 이론 선택 최적화 보상이론(SOC: selection-optimization-compensation theory), 사회정서적 선택이론(SST: socio-emotional selectivity theory), 캔퍼/아크만의 연령과 업무동기 이론(Kanfer and Ackerman's age and work motivation theory, 2004), 직무요구-자원모델(JD-R: job demands-resources model)과 연관시킨다. 이 이론들은 성공적인 노화에 초점을 맞춘 생애주기 발달이론(lifespan development theories)이다. 다음으로 우리는, 고령 노동자가 소속조직과 동료에게 긍정적 영향과 이익을 제공할 수 있는 의미 있는 경력을 이어나갈 수 있도록, 가능한 오랫동안 노동자로서의 공헌을 유지하고 향상시키기 위해, 활용할 수 있는 자원과 조직 실무에 대해 설명할 것이다. 또한, 고령의 노동자가 지속적으로 능력/강점/한계점 등의 변화를 경험함에도 불구하고, 조직에 지속적으로 기여할 수 있는 방법에 대해 조직의 관점에서 논의해볼 계획이다.

〈늙음의 의미는 무엇인가?〉

'고령노동자(older worker)'는 다차원적 개념이며, 연대기적 연령은 한정된 접근만을 제공했다 (Cleveland & Lim, 2007). 연대기적 연령은 시력 변화, 근육 질량 감소, 인지적 처리 속도 저하 등을 포함하여, 건강, 일, 가족, 삶을 포함하는 여러 영역에서 예측 가능한 변화와 관련되어 있다. 그러나 개인의 '늙음'의 여부와 상관없이, 특정한 노동자

가 늙었는지 아닌지에 대한 인식은 단지 연대기적 연령에만 의존하지는 않는다. 같은 연대기적 연령을 가진 두 명 중, 한 사람은 늙은 노동자로 여겨지고, 다른 한 사람은 그렇지 않게 여겨지는 것은 충분히 가능하다. 연령 변화에 따른 능력과 기타 특성의 변화에는 상당한 개인차가 있기 때문에, 연대기적 연령은 '늙음'에 대한 일반적인 한 가지 표상에 불과하다 (Barak & Schiffman, 1981; Beier & Gilberto, 2015; Borkan & Norris, 1980; Kleinspehn-Ammerlahn, Kotter-Grühn, & Smith, 2008; Kooij, De Lange, Jansen, & Dikkers, 2008). 특정한 일터에서 누군가의 늙음 정도를 구체적으로 구분하는 것은 어렵기 때문에, 나이의 개념을 더 잘 이해하기 위해서는 연대기적 연령을 제외한 대안적 연령 측정법을 활용하는 것이 중요하다(McCarthy, Heraty, Cross, & Cleveland, 2014).

생물학적 연령(Biological age)은 앞으로 살게 될 년 수 또는 수명과 관련하여, 해당 개인이 어디에 위치하는지에 따라 정의된다(Jackson, Weale, & Weale, 2003). 상당한 개인차로 인하여 개인의 삶의 길이를 정확하게 예측하는 것은 어렵기 때문에, 생물학적 연령은 일반적으로 신체 장기 시스템과 물리적 외모에 대해 평가되며, 특히 동일한 연령대(예: 동료들)와 비교의 관점에서 평가된다. 기능적 연령(Functional age)이란 특정한 과업 수행에 있어서 개인이 갖는 능력을 의미한다(Anstey, Lord, & Smith, 1996).

생물학적 연령과 마찬가지로, 기능적 연령은 동일 연령층과의 비교를 포함한다. 또한, 기능적 연령은 해당 기능적 능력이 무엇이냐에 따라 동일한 개인 내에서도 다를 수 있다(Siegler, 1995). 기능적 연령은 특정한 상황, 활동, 직무와 관련하여 자주 측정된다.

심리적 연령(Psychological age)은 개인이 변화하는 상황에 얼마나 잘 기능하고 적응할 수 있는지, 적응을 위해 다양한 인지적/개인적/사회적 스킬을 활용할 수 있는 범위는 어디까지인지, 유연성을 유지할 수 있는 능력은 어떠한지를 의미한다(Kooij et al., 2008). 사회적 연령(Social age)은 특정

한 연령집단에 대한 기대와 관련하여, 그들이 무엇을 해야 하며 어떻게 행동해야 하는지에 대한 대다수 사회구성원의 견해로 구성된다(예: 결혼 할 나이, 자녀를 가질 나이, 부모의 집으로부터 독립할 나이 등). 예를 들어, 방금 첫 아이를 낳은 45세의 개인은, 28세에 첫 아이를 가진 사람보다 사회적으로 젊은 것으로 간주된다. 뉴가든과 리드(Neugarten and Reed, 1997)는 이것을 자신의 인생 단계 또는 진전, 또는 다른 사람의 진전이 '시간에 맞는지' 혹은 '시간에 어긋나는지' 평가하는 데 사용하는 사회적 시계라고 언급했다(Binstock, 2002). 주관적 연령(Subjective age)은 개인이 중년 또는 고령으로 진입하는 것으로 간주되는 연령을 나타낸다. 주관적 연령을 정의하는 기준은 부분적으로 개인의 연대기적 연령에 달려 있다. 예를 들어, 20대의 개인은 나이든 개인보다 중년과 노년이 더 낮은 연대기적 연령에 시작한다고 믿는 경향이 있다. 반면 60대의 개인은 스스로를 중년이라고 여기는 경향이 있다. 연대기적 연령과 사회적 연령 사이의 격차는, 개인이 나이가 들고, 나이든 개인이 스스로를 젊게 여기면서 점차 넓어진다(Goldsmith & Heiens, 1992). 또한, 주관적 연령과 연대기적 연령 사이의 격차는, 중년과 고령의 남성보다 중년과 고령 여성의 경우에 더 넓게 나타났다(Montepare & Lachman, 1989).

⟨업무 기반 연령 측정⟩
고령노동자에 대한 연구는 스텐스와 도버스파이커(Sterns and Doverspike, 1989)의 5가지 개념화, 연대기적 연령, 기능적 연령, 심리사회적 연령, 조직적 연령, 수명 연령에 중점을 두었다. 연대기적 연령, 기능적 연령, 심리사회적 연령에 대한 그들의 정의는 위의 단락에서 논의된 연령 구성개념과 실질적으로 일치한다(McCarthy et al., 2014; Segers, Inceoglu, and Finkelstein, 2014; Sterns & Miklos, 1995 참조). 조직적 연령은 개인이 현재 직무 또는 조직에서 보낸 기간(즉, 재직 기간)을 나타낸다. 수명 연령은 개인의 연대기적 연령, 세대적 변수, 고유의 경력과 생활 환경을 종합적으로 고려한다. 각각의

변수는 나이 듦에 따른 삶의 변화에 대한 종합적인 반응이다. 연령 측정법은 각 개인의 수명 연령은 고유하며, 개인의 행동은 생애주기 어느 시점에서도 바뀔 수 있음을 강조한다. 최근 유럽의 리뷰 연구(Schalk et al., 2010)는 스텐스와 도버스파이커(Sterns and Doverspike, 1989)가 제시한 범주에 대한 매우 유용한 표현을 제공한다(예: 연대기적 연령 = 달력 연령(calendar age), 기능적 연령 = 건강(health), 심리사회적 연령 = 사회적 혹은 자기지각적 연령(social or self-perceived age)).

스텐스와 도버스파이커(Sterns and Doverspike, 1989)와 같은 맥락에서, 클리블랜드와 동료들(Cleveland & Shore, 1992, Cleveland, Shore & Murphy, 1997)은 노동자의 나이를 정의하는 접근법을 다음 두 가지 개념적 연령 측정법으로 분류할 수 있다고 제안했다. 인물 기반의 연령 측정(즉, 개인 내 비교 초점), 맥락 기반의 연령 측정(즉, 개인 간 비교 초점). 위의 척도는 스텐스와 도버스파이커(Sterns and Doverspike, 1989)가 제시한 개념적 연령 측정과 대체로 유사하다.

- 연령 프리즘, 연령 매트릭스, 연령 큐브
조직 차원의 연령 측정 대안을 제공하기 위해, 노화와 일을 위한 슬로안 센터(Sloan Center for Aging and Work)의 연구자들은 연령 프리즘(prism of age)을 개발하였다(Pitt-Catsouphes, Matz-Costa, & Brown, 2010).

이 작품은 세대적 연령(generational age), 재직 연령(tenure age), 경력단계 연령(career-stage age)을 포함할 수 있도록 스텐스와 도버스파이커(Sterns and Doverspike, 1989) 그리고 클리블랜드와 쇼어(Cleveland and Shore, 1992)의 모델을 확장하였다. 세대적 연령은 개인이 태어난 특정한 기간을 의미한다(예: 1946년 이전에 태어난 전통주의자, 1946-1964년에 태어난 베이비붐 세대, 1965-1980년에 태어난 X세대, 1980년 이후에 태어났으며 때때로 '밀레이얼 세대'라고도 불리는 Y세대; Johnson & Lopes, 2008). 재직 연령은 개인이 고용주를 위해 일한 기간을 말한다. 경력단계 연령은 각 개인의 경력에서 그들이 위치한 단계를 의미한다. 연령 매트릭스(age matrix)와 연령 큐브(age cube)는 연령 프리즘에 변화를 제공한다(Segers et al., 2014). 로렌스(Lawrence, 1984, 1987, 1988)는 조직 내에서의 연령이 개인의 경력 또는 경력 기회에 대한 신념과 연관되어 있음을 발견했다. 노동자의 성별은 '나이 듦'에 대한 인식에 영향을 미친다는 몇 가지 증거가 있다. 예를 들어, 한 리뷰 연구(National Protection of Older People, 2009)에 따르면, 일부 고용주는 연령이 동일할 경우 남성보다 여성 노동자가 더 늙었다고 인식한다. 따라서 나이 든 여성은 나이든 남성보다 일터에서의 태도에 더 취약할 수 있다.

- 대안적 연령 측정법의 미로 탐색

미국의 최근 연구는 여러 대안적 업무 연령 개념화를 산출하였지만, 연령 프리즘, 연령 큐브, 연령 매트릭스 모델 모두, 아직 경험적으로 검증되지 않았다(Allen et al., 2012 Finkelstein, 2015). 또한, 극단적으로 좁게 정의된 실험적 설정을 제외하면, 모든 맥락 의존적 연령(예: Segers et al., 2014)과 연령에 대한 관점 중, 고령노동자가 직면한 주요한 도전을 이해하는 데 독립적인 기여를 하는 것은 거의 없다. 조직적 연령과 개인적 연령 측정치 간의 심리측정적 관계를 다루는 추가적인 연구가 필요할 것이다(Kooij et al., 2008).

이에 연구자들은 조직의 의사결정자를 대상으로 다음을 조사하였다(McCarthy et al., 2014). (1) 조직의 의사결정자가 노동자를 '늙었다'고 생각하는 연대기적 연령은 몇 살인지 (2) (더 중요한 것으로) 어떻게 그러한 결론에 도달하였는지. 조사에는 스컬크 등(Schalk et al., 2010)이 제공한 연령 지표와 함께, 스텐스와 도버스파이커(Sterns and Doverspike, 1989)의 개념화가 활용되었다. 고령노동자의 평균 연령은 28~75세 사이의 범위로 나타났으며, 평균 연령은 52.4세(표준편차=6.95), 중위 연령(median age)은 55세로 나타났다(McCarthy et al., 2014). 또한, 젊은 의사결정자(35세 미만)의 경우, 중년의 의사결정자(평균=53.11), 50세 이상의 의사결정자(평균=53.46)에 비하여, 늙었다고 생각하는 노동자의 기준점이 더 젊게 나타났다(평균=50.91). 의사결정자의 연령

평가에서 성별, 직위, 재직 기간, 업종에 따른 차이는 나타나지 않았다. 최근 클리블랜드와 한스컴(Cleveland and Hanscom, 2015)은 맥카시 등(McCarthy et al., 2014)의 발견을 확장하였고, 남성, 여성, 노동자가 몇 살의 연대기적 나이에 '늙었다'고 여겨지는지 구성원 설문조사를 실시하였다.

'고령노동자'의 개념은 몇 가지 객관적(예: 연대기적 연령), 몇 가지 지각적(예: 주관적 연령), 몇 가지 맥락의존적(동료와의 비교 연령 혹은 특정한 직무나 직업에 대한 기대치)인 것과 같은 다양한 지표의 관점에서 정의된다. 고령노동자가 직면하는 도전과 기회에 대해 논의할 때, 연령의 다차원적 개념을 고려하는 것이 중요하다. 왜냐하면 고령노동자의 도전과 기회는, 연령과 관련된 생물학적 변화, 서로 다른 사람의 단계에서 그들의 보여지는 모습에 대한 사람들의 인식과 대우, 두 가지 측면의 영향을 모두 받기 때문이다. 연대기적 연령은 늙었지만 젊어 보이는 노동자는, 연대기적 연령은 젊지만 늙어 보이는 노동자와 비교했을 때, 일터에서 매우 다른 상황에 직면할 수 있다.

조직 차원의 긍정심리학과 노화 이론

고령노동자의 업무 경험에 대한 통찰력을 제공할 수 있는 심리학 연구의 이론적 관점이 많이 존재하며, 그중 하나는 긍정심리학이다. 셀리그만과 칙센트미하이(Seligman and Csikszentmihalyi, 2000)는 인간 경험의 부정적 측면을 바로잡는 것 보다는, 긍정적 특성의 구축과 개인과 공동체의 번영을 강조한 긍정심리학의 초기 개척자였다. 긍정심리학은 긍정적인 삶의 경험을 촉진하거나 방해하는 여러 메커니즘(즉, 심리 외적 요인)을 제시한다(Alex-Linley, Joseph, Harrington, & Wood, 2006). 여러 메커니즘(예: 개인적 관계) 중에서, 일련의 메커니즘은 작업 환경, 조직, 기관을 포괄한다(Alex-Linley et al., 2006). 다시 말해, 우리의 개인적인 삶은 '좋은 삶' 추구에 영향을 미칠 수 있는 조직적 시스템에 포함되어 있다. 따라서 이 절에서는 노동과 고령의 노동과 관련된 긍정심리학 주요 특징의 개요

를 소개해보려고 한다.

일반적으로 업무 환경에 대한 긍정심리학 연구와 적용은, 건강하고 긍정적인 업무 경험의 창출, 직무 관련 웰빙의 실현을 지향한다(Turner, Barling, & Zacharatos, 2002). 예를 들어, (주로 일터의 개인에만 초점을 맞추고 있지만) 터너 등(Turner et al., 2002)은 업무 관련 웰빙이 다른 정신건강의 결과물로 치환되고, 구성원의 삶의 만족에 간접적으로 영향을 미칠 가능성을 확인했다. 다시 말해, 업무와 비업무 영역은 서로 연관되어 있으며, 업무에서의 긍정적인 경험은 잠재적으로 개인적인 비업무 생활로 이어질 수 있다(Turner et al., 2002). (고령 노동자를 포함한) 노동자의 번영을 위한 업무환경의 창조와 육성에 있어서, 다양한 긍정심리학적 특성이 밀접하게 관련되어 있고 적용이 가능하다.

긍정심리학 연구문헌에서 흔히 볼 수 있는 한 가지 보편적인 개념은 '긍정조직행동'(POB: positive organizational behavior)인데, 이는 앞서 언급한 긍정조직학(POS: positive organizational scholarship)과 부분적으로 겹친다(Bakker & Schaufeli, 2008). 루선스(Luthans, 2002)는 긍정조직행동을 조직 내 구성원의 긍정적인 행동, 상태, 특질에 대한 이론 구축, 연구, 적용에 초점을 둔 개념으로 묘사하였다. 일반적으로 긍정조직행동은 구성원 웰빙과 성과 향상에 중점을 둔다(Bakker & Schaufeli, 2008). 긍정조직행동은 구성원 성과에 영향을 미치는 개인 차원의 영향력(즉, 긍정적인 개인의 관점)을 강조하는 반면, 긍정조직학은 구성원의 번영과 업무 관련 결과물에 영향을 미칠 수 있는 조직 차원의 맥락과 긍정적 측면(즉, 긍정적인 조직의 관점)에 초점을 둔다(Bakker & Schaufeli, 2008; Cameron, 2005). 긍정적인 조직의 관점과 긍정적인 개인의 관점 모두에 초점을 두는 것은, 긍정심리학과 업무 관련 연구문헌 전반에 걸쳐 공통적으로 나타난다. 앞서 언급한 연구와 적용은 다양한 조직 차원의 행동과 실무에 주로 초점을 맞춘 것이다.

개인 차원에서, 루선스(Luthans, 2002)는 긍정조직행동에 대한 다음과 같은 구체적인 포함 기준을 확인하였다. 일터에서의 성과에 영향을 주고 이를

향상시킬 수 있도록, 이론과 연구에 기반해야 하며, 행동을 측정하고 개발하고 효과적으로 관리할 수 있어야 한다. 이에 루선스(Luthans, 2002)는 다음 세 가지 긍정조직행동능력을 주장하였다. (1) 희망: 성공적 목표달성이 가능하다는 감각과 목표달성 계획의 인지적인 집합체(hope, Snyder et al., 1991). (2) 자신감 혹은 자기효능감: 반두라(Bandura, 1982) 참조 (3) 회복탄력성: 변화, 역경, 위험에 직면하여 성공적으로 대처할 수 있는 능력(Stewart, Reid, & Mangham, 1997).

앞서 제기된 긍정조직행동의 3가지 능력은 변혁적 리더십(Avolio & Bass, 1988 참조)보다 능동적이라고 언급된 '리더십에 대한 긍정적 접근(PAL: positive approach to leadership)'과 같은 긍정심리학 연구문헌에도 잘 나타난다(Luthans, Luthans, Hodgetts, Luthans, 2001). 또한 이것은 현실적 낙관주의(Realistic optimism), 지성(Intelligence), 자신감(Confidence), 희망(Hope)과 같은 요소로 구성된다(이른바 RICH).

'긍정적인 심리적 자본'에 대한 논의에서도 유사한 능력이 나타난다(Luthans, Luthans, and Luthans, 2004). 이 논의에서 루선스 등(Luthans et al., 2004)은 자신감, 희망, 낙관주의, 회복탄력성을 언급하였다. 루선스 등(Luthans et al., 2004)은 위의 네 가지 능력으로 구성되는 긍정적인 심리적 자본을 다음과 같이 묘사한다. 당신이 누구를 아는가(즉, 사회적 자본) 혹은 당신이 무엇을 아는가(즉, 인지적 자원)보다는 "당신이 누구인가"에 관한 것이다.

피터슨(C. Peterson, 2006)은 (1) 긍정적인 주관적 경험 (2) 긍정적인 특질 (3) 가족, 학교, 기업, 공동체, 지역사회와 같은 긍정조직을 포함하는 긍정조직심리학의 정의에 대해 설명하였다(Donaldson & Dollwet, 2013). 일터와 조직은 기관의 일부로 간주되므로, 긍정조직론은 긍정심리학의 하위 집합이다. 긍정조직론은 긍정적인 주관적 경험, 긍정적인 특질, 긍정적인 조직에 대한 과학적 연구로서, 삶의 질과 조직의 효율성 향상에 적용된다(Donaldson & Ko, 2010). 리더십, 조직개발과 조직변화, 정서, 관계, 인적자원 실무, 몰입, 업무몰입, 웰빙을 포함하여, 긍정심리학이 일터에 적용되는 여러 영

역이 있다. 일반적으로, 이 분야의 접근법은 구성원이 언제 어떻게 일터에서 번영하는지 이해하기 위한 것이다. 번영은 인간이 '활기'를 느끼고 최적의 수준에서 성과를 내는 것을 의미한다(Donaldson and Dollwet, 2013). 일터에서의 번영은 새로운 지식을 습득하고 일에서 의미를 발견할 때 발생할 수 있다(Niessen, Sonnentag, & Sach, 2012). 긍정심리학 연구와 달리, 긍정조직론은 조직 내 긍정적 요소와 프로세스, 긍정적 조직 상황을 모두 포함하는 조직적 역학에 초점을 맞춘다(Cameron & Dutton, 2003). 여기에는 가시적인 긍정적 상태, 긍정적 프로세스, 일터에서 일반적으로 간과되는 긍정적 관계를 창출하거나 강조하는 것이 포함된다. 예를 들어, 이 접근법은 업무에서의 의미충족을 증진시키는 관행(Berg, Wrzesniewski, & Dutton, 2010) 또는 구성원 참여를 강화하는 권한위임 프로세스(Feldman & Khademian, 2003)를 포함한다.

긍정조직론에서 '긍정성'이라는 용어는 논란의 여지가 있다(Cameron and Dutton, 2003). 이 용어의 의미는 약 10년의 연구 끝에 도출되고 있으며, 다음의 네 가지 접근법으로 요약할 수 있다. 첫째, '긍정성'이란 이슈 혹은 상황에 접근할 때, 고유한 방식이나 대안적인 관점을 채택하는 것을 의미한다. 여기에서 문제 혹은 현상은 다르게 인식되고, 도전 혹은 장애물은 기회 혹은 성장 경험으로 재해석되고 재구조화된다(Gittell, Cameron, Lim, & Rivas, 2006). 긍정적 재구조화가 완료되면, 다음으로 연민, 영감, 에너지와 같은 다른 요소가 고려될 수 있다. 따라서 현상 그 자체는 달라지지 않지만, 현상이 시사하는 바에 대한 관점은 달라진다. '긍정성'에 대한 두 번째 접근법은 기대치를 초과하는 현저하게 긍정적인 결과에 초점을 맞추는 것이다. 여기서는 예외적인 행동과 탁월한 성과에 중점을 둔다. 세 번째 접근법은 자원을 풍부하게 하는 '확언적(affirmative)' 편향에 초점을 둔다(Cameron & Dutton, 2003, p. 26). 이 관점은 더 큰 자원과 능력을 이끌어내는 긍정성의 증폭 효과에 초점을 맞춘다. '긍정성' 개념에 대한 네 번째 접근법은 인간으로서 최선의 성과 혹은 그들이 가진 미덕에 대한 탐구

이다. 여기서는 희망, 용기, 지혜, 감사, 용서와 같이 개인의 강점 특성을 반영할 뿐만 아니라 타인의 번영을 도울 수 있는 조직 내의 개인적 행동에 초점을 맞춘다(Grant & Schwartz, 2011).

고령노동자에 대한 명확한 긍정심리학적 견해를 가장 먼저 제시했던 피터슨과 스파이커(S. J. Peterson and Spiker, 2005)는 인간이 노화됨에 따라 인적자본이 축적될 수 있다는 생각에 초점을 맞춘다. 인적자원 관리자와 메타분석으로부터 수집한 데이터를 인용하여, 피터슨과 스파이커(Peterson and Spiker, 2005)는 고령노동자가 젊은 노동자보다 훨씬 더 뛰어나진 않더라도, 비슷한 수준으로 학습하고 수행하는 것은 가능하다고 지적한 바 있다.

뿐만 아니라, 피터슨과 스파이커(Peterson and Spiker, 2005)는 고령노동자의 집단적인 심리적, 지적, 정서적, 사회적 자본이 결합하여, 고령노동자만의 고유한 가치창출에 기여할 수 있다고 주장하였다. 이는 다시, 제도적 기억의 창출과 유지, 생산성 향상, 이직률 감소, 충성심 증가와 같은 조직 차원의 혜택을 낳을 수 있을 것이다.

긍정심리학의 관점에서 본 노화 이론

노동자는 나이가 들면서 변화하고, 시간의 흐름에 따라 일부 기술과 능력을 얻고 또 어떠한 것을 잃어간다. 노화에 대한 서로 다른 이론들은 완전히 다른 유형의 변화에 초점을 맞추고 있으며, 어떠한 단일 이론도 변화의 전체 범위 또는 정도를 완전히 포착하지 못한다. 노화 이론(aging theory)의 생애주기 발달 관점은 수명에 걸친 변화와 발달과 관련이 있다. 이것은 큰 줄기의 이론적 관점이며 특정한 하나의 이론은 아니다. 많은 아이디어와 경향성은 다음과 같은 아이디어와 맞닿아 있다. 예를 들어, 다음 절에서 논의할 일터에서의 노화 연구를 위한 "유용한 조직 구조"(Hansson, DeKoekkoek, Neece, & Patterson, 1997, p. 209; Zacher, 2015)는 성공적인 노화의 구성개념이며, 선택-최적화-보상모델은 이에 대한 하나의 이론적 틀이다. 우리는 이 두 프레임워크를 미국에서의 공식적인

긍정심리학 운동보다 실질적으로 선행하는 것으로 설명할 것이다. 또한, 우리는 위의 두 가지 접근법보다 목표지향적이며 업무 중심적인 캔퍼의 동기부여 생애주기 모델에 대해서도 살펴볼 것이다. 마지막으로 우리는 긍정심리학의 여러 측면을 통합하는 보다 구체적인 노화와 업무 이론으로서, 사회정서적 선택 이론, 사회적 관계 호위대 모델, 직무요구-자원 모델을 소개할 계획이다.

〈성공적인 노화〉

긍정심리학 운동에 앞서, 성공적인 노화라는 용어는 빌렌(Bilren, 1958), 헤버허스트와 오르(Havighurst & Orr, 1955), 다른 연구자들(예: Gumpert, 1954)에 의해 1950년대에 소개되었다. 노년학(gerontology)과 생애주기 발달 연구에서, 성공적인 노화의 개념은 노년기와 노화 과정에 대한 새로운 대안적 방향성과 관점을 반영하였다. 그때까지의 노년학 연구는 인지와 신체 기능 쇠퇴, 사회적 철수, 우울, 의존성, 부정적인 경제적 영향을 비롯한 노화의 부정적인 결과에 주로 초점을 맞추었다(Zacher, 2015).

성공적인 노화를 이해하기 위해, 먼저 노화의 세 가지 수준(조건)을 이해해야 한다(Baltes, 1997; Friedrich, 2001; Rowe & Kahn, 1987). (1) '일반적인' 노화: 평균적인 개인이 연령 측정의 연속성에서 위치하는 정도 (2) 병리적(pathological) 노화(혹은 평균 이하의 노화): 급성 또는 만성 질병이 보편적인 노화 패턴을 변화시키는 경우(예: 알츠하이머병) (3) 성공적인 노화: 신체적, 심리적, 사회적 영역에 있어서 평균과 비교하여 장수하며, 생산적이며, 만족스러운 삶을 사는 경우. 어떤 개인은 이 세 가지 조건 중 어느 것에도 완전히 또는 정확하게 부합하지 않을 수 있다. 그러나 다른 개인은 몇 가지 조건에 부합할 수 있다. 최근의 연구는 성공적인 노화에 대한 기존의 연구를 리뷰하고 통합하여, 일터에서의 성공적인 노화에 대한 프레임워크를 제시하였다(Zacher, 2015). 이 프레임워크는 노동자의 나이와 업무 관련 성과 간의 관계를 조절하는 다양한 개인적, 환경적 변수를 제시한다. 노화와 성

공적인 노화를 설명하는 이론 개발에 대한 증가하는 관심은, 고령노동자에 대한 우리의 지식 향상에 기여할 상당한 잠재력이 있다고 믿는다.

〈노화의 선택 - 최적화 - 보상 이론〉

선택-최적화-보상 모델(SOC: selection-optimization-compensation model)은 사람들이 연령과 관련된 변화에 어떻게 대처하고, 그들의 삶에 어떻게 적응하며, 성공적인 노화를 위한 잠재력을 극대화하기 위해 어떤 전략을 사용하는지 개념화한다. 이 이론은 생애주기 발달 과정에서의 이득-손실 역동으로부터 유래했다. 이 모델은 노화 과정 전반에 걸쳐, 우리가 어떻게 성장하고(이득을 취하고) 쇠퇴하는지 설명한다(Baltes, 1987). 예를 들어, 나이가 들어감에 따라 우리의 서사적 지식은 계속 발전할 수 있고(즉, 성장) 유동적인 인지기능은 저하될 수 있다. 선택-최적화 보상 이론은 성공적인 노화를 위한 이득-손실 관계를 포괄하는 세 가지 주요 구성요소를 설명한다. 본 이론은 다음을 제시한다. 개인이 가진 자원에 초점을 맞추어, 환경, 결과, 목표의 관점에서 적응적인 전략적 선택을 내리는 프로세스를 탐구하는 것은 유용하다. 이 프로세스가 중요한 이유는 개인이 가진 자원은 제한되어 있기 때문에, 개인의 목표 위계 내에서 행동의 선택이 필연적이기 때문이다. 잠재적 이익을 극대화하고 손실을 보상하기 위한 다양한 선택전략(예: 선거, 손실 기반 등)이 존재한다(Baltes, 1997, Baltes & Baltes, 1990, Freund & Baltes, 2002). 우리는 업무환경을 위한 선택-최적화 보상 프로세스의 예를 다음과 같이 제시할 수 있다. 첫째, 고령의 구성원이 아직 강하게 보유하고 있는 지식, 기술, 능력을 요구하는 과업이 강조되도록 업무를 재설계하거나 재구조화할 수 있고, 그에게 있어서 더 중요해진 목표를 추구할 수 있으며(예: 타인을 멘토링 하거나, 경험을 활용하거나, 동료 네트워크를 활용함), 덜 중요한 다른 활동을 포기할 수 있을 때, 선택이 발생할 수 있다. 다음으로, 지속적인 학습 과정, 집단 또는 팀 기반 교육, 또는 젊은 동료와 쌍을 이루기와 같이, 일터에서 개인에게 제공되는 자극 기회를 통해 최적화가

이루어질 수 있다. 마지막으로, 직장 내 체육관, 정오 산책, 수직 의자/스탠드 데스크와 같이, 작업 환경에서 개인의 건강을 유지하기 위한 프로그램 혹은 기술의 가용성 측면에서 보상이 고려될 수 있다.

〈동기와 연령에 대한 생애주기 접근법〉

업무동기에 대한 여타의 기대이론과 선택-최적화-보상 모델과 긍정심리학의 유사한 요소를 활용하여, 캔퍼(Kanfer, 1987)는 업무 관련 변화와 발달이 일터에서의 개인의 동기에 어떻게 영향을 미치는지 설명하는 모델을 제시했다. 캔퍼(Kanfer, 1987)는 개인이 특정 과업이나 직무에 투입하는 노력은, 다음 세 가지 요소에 대한 인식에 근거한다고 언급했다. (1) 노력-성과 함수(effort to performance function) (2) 성과-효용 함수(performance to utility function) (3) 노력-효용 함수(effort to utility function). 노력-성과 함수는 업무 요구사항, 이를 위해 필요한 인지적 능력, 지식, 기술에 상당 부분 기반한다. 이것은 함수에 대한 개인의 지각이며, 주어진 수준의 성과에 도달하는데 필요한 노력의 양에 대한 개인의 평가 또는 인식을 반영한다(예: 적절한 수준의 노력을 유지함으로써 성과 수준을 향상시킴). 성과-효용 함수와 노력-효용 함수는 자기개념, 동기, 관심사와 같은 비능력 요인의 영향을 받는다(Kanfer & Ackerman, 2004).

이와 같이, 인생 전반에 걸친 연령 발달은 이 세 가지 함수에 각각 영향을 미친다. 예를 들어, 유동성 지능(Gf: general fluid intelligence)에 대한 요구가 상당한 작업 환경에서, 노년의 노동자는 이전의 성과 수준을 달성하기 위해 직무에 대한 노력을 증가시켜야 한다. 즉, 개인은 성과를 유지하기 위해 인지능력의 저하를 보완하도록 동기부여 된다. 그러나, 높은 수준의 유동성 지능을 요구하는 직무 환경에서의 노년 노동자의 경우, 유동성 지능의 손실이 증가함에 따라 노력-성과 함수가 커지게 되고, 시간의 흐름에 따라 효과성이 떨어질 것이다. 다른 한편으로, 결정성 지능(Gc: general crystalized intelligence)을 요구하는 작업 환경에서, 중년 혹은

노년 노동자는 유동성 지능의 손실을 벌충하기 위해 더 많은 경험과 더 많은 직무지식을 쌓을 것이다(Kanfer, 1987).

유동성 지능의 손실을 벌충할 수 있기 때문에, 성과 수준을 유지하기 위해서 노력-성과 함수를 크게 할 필요가 없는 후자의 경우, 중년 혹은 노년 노동자는 노화와 함께 더 큰 결정성 지능을 얻게 된다. 이는 지지적 업무 분위기/문화, 업무 설계/잡크래프팅의 관점에서, 구성원 관리자뿐만 아니라 조직에게 다양한 시사점을 제공한다.

역사적으로, 일터에서의 성과와 성공에 대한 많은 연구들은 대체로 과업과 기술적 성과의 관점에서 정의되어 왔다. 이는 유동성 지능의 손실이 명백하게 나타나는 영역들이다. 그러나 맥락적 성과, 조직시민행동, 긍정적 업무행동(예: 안전, 고객서비스 등)과 같은 비기술적 성과를 포함하는 조직과 인적자원 전문가의 경우, 노년의 원숙한 노동자가 번영할 가능성이 있다. 기술적 성과보다는 감독적/관리적 역할이 성과 기준에 크게 반영되는 경우, 더 나은 노력-효용 함수와 더 나은 성과-효용 함수에 기반하여 노년의 노동자가 더 좋은 성과를 창출할 수 있다.

〈사회정서적 선택이론〉

사회정서적 선택이론(SST: socio-emotional selectivity theory)은 우리가 나이 들어감에 따라 시간 변화에 대한 인식이 변화한다는 사실에 중점을 둔다(예: Carstensen, Isaacowitz, & Charles, 1999). 젊은 개인에게 있어서 미래는, 나이든 개인보다 멀리 있는 것처럼 보인다. 따라서 나이든 개인과 젊은 개인 간에 동기부여와 목표추구는 상당히 다르다. 이 이론은 다음 세 가지를 가정한다. 첫째, 사회적 상호작용은 우리 삶에 매우 중요하다. 둘째, 인간은 목표가 이끄는 방식으로 행동한다. 셋째, 우리는 많은 목표를 가지기 때문에, 선택에 의해 우선순위를 정하는 것이 필요하다(Carstensen et al., 1999). 이에 사회정서적 선택이론은 다음을 제시한다. 생애주기 동안 달라지는 시간제한으로 인해 목표가 변화할 뿐만 아니라, 목표의 선택 또한 변화한다. 예를

들어, 사람들은 생애 초기에 지식과 관련된 목표를 갖고, 생애 후기에 보다 감정과 관련된 목표를 갖는다. 노인의 경우 미래를 대비하기 보다는, 그들에게 의미 있는 사람과의 정서적인 상호작용을 늘리고, 정서적 욕구를 충족시킬 수 있는 목표에 무게를 둔다는 것이다.

〈사회적 관계의 호위대 모델〉

호위대 모델(Convoy model)은 생애주기에 걸친 개인의 발달과 사회적 관계 간의 상호작용을 강조한다(Kahn & Antonucci, 1980). 개인을 둘러싼 사회적 관계와 대인관계적 상호작용을 의미하는 호위대는 개인의 인생 경험, 지각과 발달에 영향을 주고, 사회적 지원 등을 제공한다. 예를 들어, 호위대 모델은 사회적 관계가 생애주기에 걸쳐 심리적 건강과 신체적 건강에 어떤 영향을 미치는지를 설명한다(Antonucci, Birditt, & Akiyama, 2009). 호위대는 다음 세 가지의 광범위한 지원을 제공할 수 있다. 원조(aid): 돈이나 조언과 같은 구체적인 도움, 정서(affect): 감정적 지지, 확인(affirmation): 가치, 규범, 목표, 포부와 관련된 관심에 대한 의사소통(Kahn & Antonucci, 1980). 개인이 가진 사회적 네트워크는 개인적 특성(예: 연령, 성별, 인종)과 사회적 특성(예: 환경, 문화)에 따라 달라진다.

〈직무요구-자원 모델〉

우리가 설명할 마지막 모델은 노화 모델이라기 보다는, 직무동기 모델, 노화의 선택-최적화-보상 모델과 같은 차원의 프로세스를 다루는 직무 환경과 스트레스 모델이다(Demerouti, Bakker, Nachreiner, & Schaufeli, 2001). 이 모델은 노화와 업무를 이해하는 데 적용되어 왔다(Fisher, Ryan, & Sonnega, 2015).

이 모델에 따르면, 직무요구(job demands)는 "지속적인 신체적 또는 정신적 노력이 요구되는 직무의 물리적, 사회적, 조직적 측면을 말한다. 따라서 이것은 특정한 생리학적 또는 심리학적 비용과 관련되어 있다"(Demerouti et al., 2001, p.501). 직무요구의 예로, 물리적 요구, 감정적 요구, 업무 압력을 들 수 있다. 직무 자원(Job resources)은 업무 목표 달성을 촉진하거나 직무요구를 줄일 수 있는 직무의 물리적, 사회적, 조직적 측면을 말한다. 이것은 상사의 지지, 일터에서 무엇을 해야 할지에 대한 명확한 기대, 업무와 업무 스케줄에 대한 자율성과 통제력과 같은 생리학적 또는 심리학적 비용과 관련되어 있다. 직무요구-자원 모델은 높은 수준의 직무요구(예: 과중한 업무량, 시간 압박)와 낮은 수준의 직무 통제력(즉, 자율성, 의사결정 범위)으로 특징지을 수 있는 직무에서 일할 때 직무 압력(job strain)이 나타난다고 설명하는 카라세크(Karasek, 1979)의 직무요구/통제 모델과 일치한다. 그러나 직무요구-자원 모델은 보다 광범위하며, 단순한 업무 통제를 넘어서서 업무 동기와 업무 목표 달성을 촉진하는 직무의 측면을 설명한다. 직무요구-자원 모델에 따르면, 직무요구가 낮거나 혹은 부정적인 직무요구를 완충할 수 있는 직무 자원이 있다면, 노동자는 업무의 해로운 영향을 경험할 가능성이 적고, 업무로부터 혜택을 받을 가능성이 크다(Fisher et al., 2015).

'고령노동자'가 된다는 것이 무엇을 의미하는지 정의하는 데에는 다양한 사고방식이 존재한다. 이 범주화는 연대기적, 사회적, 맥락적 요인에 영향을 받을 수 있으며, 일터에서 나이 듦이 시사하는 바는 복합적이다. 노동자가 나이 들어감에 따라 특정한 신체적, 정신적 기능이 감퇴하는 것은 분명하지만 나이 듦에 수반되는 이득에 대한 증거가 증가하고 있다. 역사적으로 노화와 노동에 대한 연구는 노동력이 노화됨에 따라 노동자와 조직이 직면하게 되는 도전에 더욱 초점을 맞추었지만, 보다 미묘한 관점이 필요하다는 것은 점점 더 분명해지고 있다. 긍정심리학에 대한 최근 관심의 증가는 다음에 대해 생각해 볼 수 있는 유용한 관점을 제공한다. 노동자가 나이 듦에 따라 얻게 되는 이득을 어떻게 인식하고 극대화할 것인가? 일터에서의 효과적인 성과와 만족스러운 경험을 가로막는 물리적/심리적 변화를 만회하기 위해, 이득을 어떻게 활용할 것인가?

요약하면, 긍정조직행동, 긍정조직론, 리더십에 대한 긍정적 접근법, 긍정적인 심리적 자본과 같이, 고령노동자의 경험적/ 기여적 가치뿐만 아니라 일터에도 적용할 수 있는 긍정심리학의 여러 특징이 존재하며, 일반적으로 자신감, 희망, 낙관주의, 회복탄력성, 지능을 비롯한 특정 능력의 기반 위에 구축된다. 이 공통적인 기반에 근거하여, 연구자들은 개인, 집단, 조직 차원에 적용이 가능한 핵심적인 긍정심리학적 특징을 개발했다.

일터에서의 사례에 긍정심리학 적용하기

인적자원 실무와 노령화된 노동력에 대한 시사점을 다루는 훌륭한 리뷰에서 연구자들은 전통적인 인적자원 실무의 프레임워크 내에서, 구성원이 노화하면서도 일터에서 생산성, 몰입, 건강을 유지할 수 있도록 조직이 무엇을 할 수 있는지에 대해 검토하였다(Truxillo, Cadiz, and Rineer, 2012). 우리는 이 리뷰를 되풀이하기 보다는, 현재와 미래의 고령노동자 모두의 업무생활의 질과 수명을 향상시키는 실무란 무엇인지 조직과 인적자원 전문가에게 알리는 방식으로, 긍정심리학과 노화 이론을 수렴할 수 있는 핵심 영역을 강조할 것이다.

인적자원 실무는 다양한 애착/몰입의 단계를 반영하는 세 가지 보편적 범주로 분류할 수 있다. (1) 조직 내부로의 이동 (2) 조직 내에서의 이동 (3) 조직 밖으로의 이동. 첫 번째 단계에서는 구성원을 모집하고 조직 내부로 선발하는 관행이다.

두 번째 단계에서는, 성과 평가, 교육, 도전적 과업뿐만 아니라, 직무 설계와 경력 개발이 강조된다. 세 번째 단계에서는, 조직 분위기, 상사와 동료의 지지, 멘토링, 다양성이 가진 가치를 비롯한 많은 비공식적 규범과 관행이 고령노동자가 조직을 떠날 것인지 머물 것인지에 대한 의사결정에 영향을 줄 수 있다.

〈조직 내부로의 이동: 고령노동자의 모집과 선발〉

어떤 요소가 노년층과 젊은 사람들을 조직에 끌어들이는지에 대한 연구는 거의 없지만(Truxillo 등, 2012a), 일부 고령노동자는 사회-정서적 성취감과 지속적 헌신과 관련하여 장기적 전망을 가진다

는 증거가 있다(Bal, De Lange, Zacher, & Van der Heijden, 2013). 또한 고령자는 조직에서 이들의 가치를 인식하고 개발을 지원할 때, 그리고 이들의 수퍼바이저로부터 공평한 실무를 부여 받는 경우 조직을 떠날 가능성이 적다. 다양한 연령대가 존재하는 조직의 풍토가 형성된 경우, 조직 헌신이 높아지고 이직률이 낮아지는 경향이 있으며(Kunze, Bohm, & Bruch, 2011), 이는 곧 조직이 적극적으로 고령노동자를 모집하고, 풀타임 고용으로까지 연결하는지 여부와도 관련이 있다(Goldberg, Perry, Finkelstein, & Shull, 2013; Karpinska, Henkens, & Schippers, 2013).

특히 젊은 노동자가 더 자주 고용되는 특정 직종이나 직업과 관련하여, 고령노동자에게 불리한 선발 편향 가능성에 대한 많은 연구가 이루어져왔다. 이렇게 연령에 대한 부정적 고정 관념이 존재할 경우 자격이 충분한 고령의 노동자의 취업을 막는 역할로 작용할 수 있다. 연령에 대한 고정 관념은 다양한 방식으로 작용한다. (1) 고정 관념과 부정적 특성은 성공과는 거리가 멀다는 인식과 연관 있다. (2) 고령노동자는 자격이 과하다는 고정 관념으로 인식될 수 있다. (3) 고령노동자는 특정 직업(즉, 직장-연령 고정 관념)에 대해 적합하지 않다고 인식될 수 있다(Cleveland & Landy, 1983). 연령에 대한 고정 관념에는 항목 (1)과 (2)에 반영된 바와 같이 부정적인 요소와 긍정적인 요소가 모두 포함되어 있음을 명심해야 한다. 고령노동자는 신기술을 배우는 데 있어 느리고 학습에 대한 의지가 덜하다고 받아들여질 수도 있지만, 동시에 정서적으로는 안정되고, 평온하며, 양심적이며, 신뢰할 만하다고 여겨질 수 있다. 이 분야의 주요 쟁점은 직업에 관한 항목 (3)에 반영되어 있다. 나이에 대한 부정확하거나/긍정/부정적인 인식의 상대적인 영향은 직업에 따라 크게 다를 수 있다. 따라서 직업에 따른 맥락적 변수를 조사하는 것이 매우 중요하다.

고령의 지원자와 채용과 관련된 또 다른 문제는 선발에 사용된 평가 방법의 유형과 지원자의 정보를 어떻게 활용할 것인가(유용성)에 대한 문제

이다. (경험적으로 검증하지는 않았으나) 한 연구 결과에 따르면, 유동성 지능을 중요하게 생각하는 선발 평가는 유동성 지능이 20대 중반부터 꾸준히 감소한다는 사실로 인해, 고령노동자를 불리하게 만드는 결과와 선발 결정에 영향을 미칠 것이다. 이전의 경험, 실습과 성격 요소가 고려되지 않도록 선발 시스템을 설계할 경우, 잠재적으로 성과가 높고 적응력 있는 성숙한 노동자를 간과할 수 있다.

중요한 것은 대부분의 모집과 선발 방법과 목표는 업무 관련 능력, 기술과 습득 또는 학습 능력 평가에 초점을 맞추는 것이다. 물론 사람은 충분히 지적이어야 하고 필요한 업무를 성공적으로 수행할 수 있는 충분한 지식이 있어야 한다. 그러나 성과(또는 성공)는 다음의 세 가지 요인의 함수로 만들어진다. (1) 직업 관련 능력(즉, 일을 할 수 있는 사람인가?) (2) 동기(일을 할 동기가 있는가?) (3) 일할 수 있는 기회(일할 수 있는 기회가 주어졌는가?). 특정 능력 평가에 치중하는 평가는 선발의 오류로 이어질 수 있다. 칸퍼(Kanfer)의 동기 모델, 선택-최적화-보상 모델과 긍정심리학의 적용과 일치하는 맥락에서 성과를 설명하는 상당 부분은 '동기-기반' 구성 요소를 반영한다. 그러나 아직까지 상당수의 인적자원 실무에서는 '능력-관련' 성과의 구성 요소에 중점을 둔다.

다음의 절에서 설명하듯이 동기부여 구성 요인의 역할은 구성원이 나이 들고 경력을 만들어가는 과정에 있어 그 중요성이 커질 수 있다. 조직은 구성원 관리에 긍정적 접근을 도입하는 일환으로 인적자원 동기 기반의 실무와 구성원 간 행동의 연계성을 이해하고 강화하는 방향으로 전환이 필요하다.

〈조직 내에서 이동: 성과 평가, 피드백, 교육과 경력 개발〉

구성원에게 성과 피드백을 제공하고 평가하거나, 진급과 승진, 도전 기회와 개발 혹은 타인을 지도/멘토링 할 수 있는 기회를 제공할 것인지 등을 평가하는 목적으로 다양한 인적자원 실무를 활용할 수 있다. 구성원이 업무수행과정에서 경험과 지식을 습득하게 되면 인지적으로나 신체적으로 지불해야 할 에너지가 줄어들고, 성과를 내는 데 더욱 집중할 수 있게 되므로, 궁극적으로 구성원과 조직 모두에 성과 수익을 가져다 줄 수 있다.

성과 평가와 피드백은 개인과 조직의 효율성 향상을 포함하여 여러 목적을 충족시키기 위한 목적으로 설계된 인적자원(HR) 실무에 널리 사용된다. 평가는 구성원이 자신의 업무의 다양한 측면을 얼마나 잘 수행했는지 또는 제대로 수행하지 못했는지에 대한 감독을 포함하는 목적으로 시행된다. 고령노동자가 젊은 구성원에 비해 능력, 동기 부여와 생산성이 낮은 것으로 잘못 인식되는 경우가 많으나(Hedge, Borman, & Lammlein, 2006), 최근의 메타 분석에서는 '연령-성과' 관련하여 부정적으로 바라보는 고정관념에 대해 반박하는 경험적 근거를 제공했다(Ng & Feldman, 2012). 실제로 특정 성과 유형은 맥락적 수행이나 조직 시민행동을 포함하여 나이와 긍정적인 관계가 있다고 밝혀졌다(Ng & Feldman, 2012). 또한 고령노동자는 스스로의 업무 기술 상의 손실을 보상하기 위하여 더 많은 시민 행동을 보일 수 있다. 네트워킹, 긍정적인 영향과 경험과 같은 다른 행동 또한 기술 상의 손실을 상쇄시킬 수 있는 행동이며, 유동성 지능에 의존하는 작업 수행에서 연령이 감소하는 현상과 관련하여 중요하게 여겨진다. 또한, 결정성 지능의 급격한 감소는 노년층(예: 75-80세 이후)에게 뚜렷이 나타나는 현상이다.

수퍼바이저의 평가에서 나타나는 나이 편향에 대한 연구근거는 매우 미약하다(다소 인공적인 실험실 연구 이외에 적용된 증거는 거의 없음, Cleveland, Festa, Montgomery, 1988; Ng & Feldman, 2008). 단 직업종류에 따른 고정관념, 직업/동료수퍼바이저-구성원의 나이 구성에 따라 다양한 현상으로 나타날 수 있다(Cleveland & Landy, 1983; Cleveland & Shore, 1992; Cleveland, Shore & Murphy, 1997; Murphy & Cleveland, 1995). 고령노동자가 인적자원으로서 덜 효과적이라고 인식되고 있는 현상을 해결하기 위하여, 고령노동자가 자신의 약점으로 비춰지는 영역을 상쇄시킬 수 있는 보상전략과 메커니즘을 개발해야 할 것이다.

- 성과 피드백, 개발과 구성원 동기

선택-최적화-보상 모델, 사회정서적 선택이론과 긍정심리학이 구성원에게 중대한 영향을 미칠 수 있는 중요한 영역 중 하나는 성과 피드백과 구성원 개발 분야이다. 피드백은 구성원에게 성과의 구체적인 영역을 전달하고, 성과를 향상시키거나 향상시켜야 하는 부분을 전달하기 위한 목적으로 수행된다. 그러나 수퍼비전 피드백 연구에 따르면, 성과 피드백 결과, 성과의 향상이 나타난 경우는 1/3, 성과 저하가 나타난 경우는 1/3, 그리고 변화 없음이 1/3로 연구결과가 혼재되어 있는 실정이다(Kluger & DeNisi, 1996). 한 연구에서는 보다 더 다양한 정보의 효과성을 확인하기 위하여, 다면 피드백의 도입을 통해 구성원들이 그들의 수퍼바이저 이외에도 동료와 부하직원(또는 직속보고)으로부터 성과 정보를 받는 연구를 실시했다(Atwater, Brett, & Charles, 2007).

다중 소스 피드백의 기본 가정은 한 명의 수퍼바이저로부터 받는 피드백과 동일하다. 즉, 피드백이 정확하고 공정하다는 신뢰만 존재한다면, 구성원은 자신의 성과향상에 도움이 된다고 생각되는 행동의 변화를 만들어낼 것이다. 그러나 선택-최적화-보상 모델과 사회정서적 선택이론에서는 다른 가능성도 제기하였다. 구성원이 조직에서의 나이가 들수록, 개발이 필요한 영역(즉 더 낮은 성과가 나타날 영역)에 집중하기보다는, 자신이 더 성과를 낼 수 있는 영역에 더 많은 에너지와 관심을 쏟는다는 것이다. 이는 칸퍼(Kanfer)와 액커만(Ackerman, 2004)이 제시했던 바와 마찬가지로 구성원은 자신의 성공을 이루어낼 수 있다는 기대치가 높은 영역에 더욱 많은 노력을 쏟기 위해 동기 부여될 것이라는 주장과도 일치한다.

더 나아가서 구성원들에게 개발이 필요한 영역(혹은 부정적)에 대한 피드백을 받을 경우 해당 영역에 대해 성공에 대한 기대가 낮아질 수 있다는 점을 시사한다. 이는 모든 구성원에게 해당될 수 있으나, 상대적으로 고령의 노동자들에게 더 중요하게 다가가는 시사점일 수 있다. 고령의 노동자는 이렇게 자신의 강점과 약점에 관련하여 비슷한 피드백을 반복적으로 들어왔을 것이기 때문이다. 동기부여 수준이 가장 높고 숙련된 구성원일지라도 일부 영역에 있어서는 성공률이 낮을 수 있기 때문에, 숙련된 구성원일수록 자신의 성과를 극대화하고 자신의 기술이 가진 강점과 자원을 강조하고 활용하는 방식으로 행동할 것이다. 성과 피드백 연구와 사례를 통한 시사점 한 가지는 구성원의 약점/한계점(수행능력이 떨어지고 자신의 자원을 투자하는 데 있어 동기부여가 잘 되지 않는 영역)에 집중하기보다는, 개별 강점을 강화하고 극대화하는 데 주력하여 개인의 행동의 강점을 확인하는 효과에 더 큰 주의를 기울일 필요가 있다는 점이다. 예를 들어, 주로 경험에 기반한 지식을 필요로 하는 직무에 종사하는 구성원은 인지 능력이 요구되는 직무에 종사하는 구성원보다 더 성공적일 수 있다(Kanfer & Ackerman, 2004). 또한, 피드백의 초점이 개인의 강점을 확인하는 방향으로 전환해야 한다는 점을 시사한다. 이를 통해 개인은 얻을 게 거의 없거나 상당부분 개선이 필요한 분야를 다루기 위한 노력을 기울이기 보다는, 강점을 더욱 향상시킬 잠재력을 깨닫게 된다. 이렇게 노동자가 자신의 강점을 발휘할 수 있는 영역에서 자신의 성과를 만들어내려고 노력한다는 관점의 변화는 노화(aging)에 대한 연구와도 매우 일치하는 결과이다. 기타 연구에 따르면 고령노동자의 경우, 더 나이가 많은 동료에 대한 만족도가 업무 몰입과도 밀접한 상관 관계가 있다고 밝혔다(Avery, McKay, Wilson, 2007).

- 업무 태도

업무 태도(Job Attitudes)에 대한 연구에 따르면, 나이는 업무 태도(더 바람직한)와 긍정적으로 연관이 있으며, 이는 다른 대부분의 업무에 있어서도 마찬가지로 적용된다(Ng & Feldman 2010). 구체적으로, 고령노동자의 업무/조직 태도를 조사한 결과, 35개 중 27개의 고령노동자는 젊은 노동자에 비해 더 긍정적이고 덜 부정적인 태도를 보였다. 한 연구에서는 긍정 심리학과 일치하는 생애주기 이론을 사용하여 긍정 요인(예: 일터 경험, 건강, 성격)의 조합과 여러 일-관련 자원(일에 대한 자율성,

사회적 지지 등)의 결합은 구성원으로 하여금 긍정적인 태도(직무 만족, 몰입, 성과)를 가질 수 있도록 도움을 줄 수 있다(Truxillo, Cadiz, Rineer, Zaniboni, Fraccaroli, 2012). 직무 특성, 특히 직무 통제와 구성원의 요구-수요 간의 적합성의 결핍, 광범위한 조직적 요인은 고령노동자의 태도에도 영향을 미친다. 예를 들어, 직장 복귀에 대한 피드백과 기회는 고령노동자들의 업무 태도와 더욱 밀접하게 관련되어 있었다(Bos, Donders, Schouteten & Van der Gulden, 2013). 조직 차원에서의 심리학 계약 위반(Bal, De Lange, Jansen, Van Der Velde, 2008), 지각된 효율성 또는 특정 인적자원 사례(예: 팀워크, 유연근무)사용에 대한 인식은 젊은 구성원보다 나이든 구성원의 직무 만족, 몰입과 더욱 밀접한 관련이 있는 것으로 나타났다.

- 훈련

훈련과 경력 개발은 구성원의 행동과 인지의 지속 가능한 변화를 촉진하도록 설계된 일련의 활동으로, 구성원이 경력을 쌓음으로써 조직 내 외부로 나아갈 수 있는 역량을 갖추기 위한 목적을 갖고 있다(Maurer, 2007; Salas, Tannenbaum, Kraiger , & Smith-Jentsch, 2012, Sterns & Kaplan, 2003). 사회정서적 선택이론과 선택-최적화-보상 모델과 일치하는 맥락에서 고령노동자는 그동안의 경험과 결정성 지능을 활용하는 멘토링이나 후진양성(generativity)과 관련된 목표를 선택할 것이다(Kanfer & Ackerman, 2004). 풍부한 조직경험을 갖고 있는 고령의 노동자는 후진양성(generativity)의 개념에 의거하여 자신의 지식이나 경험을 다른 사람들과 공유함으로써 의미와 만족감을 만들어 낼 수 있다(Kanfer & Ackerman, 2004, Templer, Armstrong-Stassen, & Cattaneo, 2010). 따라서 고령노동자는 조직의 사회적 활동과 훈련과 같은 상호 작용을 통해 이익을 얻을 수 있으며, 이와 같은 학습 상황의 설계 작업에도 기여할 수 있다. 예를 들어 고령노동자는 누적된 지식과 경험을 적용하여 조직의 다른 구성원에게 이익을 줄 수 있는 사례와 시나리오를 제공함으로써 교육 콘텐츠 개발에 참여할 수 있을

것이다. 훈련에 대한 문헌연구에서 나타나는 한 가지 일관된 발견은 고령노동자의 경우 훈련이나 과제/기회의 제안받는 횟수 자체가 적다는 것이다(Maurer, 2001; 2007). 이에 대한 한 가지 이유는 전통적인 훈련이 고령노동자의 장점보다는 유동성 지능(Gf)과 더 밀접하게 관련된 핵심 업무에 대한 정보 수집에 초점을 맞추고 있기 때문일 수 있다. 어떤 유형의 훈련이 고령의 학습자에게 동기 부여가 되어 업무 몰입을 증가시킬지에 대한 근거는 아직까지 분명치 않다(Truxillo et al., 2012a).

고령노동자는 진로에 대한 접근성과 기회가 낮을 뿐만 아니라 직업 진로 상담과 발달 기회를 얻거나 받을 가능성이 적으며(Career and Shore, 1992), 종종 승진 가능성에 대한 평가 (Shore, Cleveland, & Goldberg, 2003)와 승진가능성에 대한 인식(Goldberg, Finkelstein, Perry, & Konrad, 2004)이 낮게 나타났다. 이것은 단기적으로나 장기적으로 모두 문제가 되는 결과를 낳는다. 첫째, 새로운 기술을 습득하고 개발하는 기회가 줄어들면 고령노동자의 기술 감소로 이어지는 나선형 효과가 발생하여 이들에 대한 부정적인 인식이 쌓이게 된다. 장기적으로 직업과 개발 기회가 줄어들면 이동성과 안정성이 저하될 수 있다. 경력 이동성과 안정성은 고용인의 동기 부여와 취업 / 경력 변경과 적응력을 반영한다(Feldman 2007). 진로착근도(career embeddedness)의 개념은 특정 경력 경로에 적응할 수 있는 동기와 능력과 관련이 있다. 직원의 진로착근도가 높으면 전문 분야에서 다른 사람들과 광범위한 관계를 맺고 업무가 자신의 업무에 부합하며, 일을 떠나는 것이 어려워지고 새로운 직업을 추구하는 데 상당한 장벽을 가진다(Feldman, 2007). 구성원이 발달 기회, 진로 상담과 지원을 통해 높은 진로착근도 상태를 유지하게 되면, 조직을 떠나거나 퇴직할 확률이 낮아지고(Wang & Shultz, 2010) 높은 몰입도와 생산적인 기여를 계속할 가능성이 더 크다.

〈조직에 남거나/퇴직하거나/퇴사를 결정하는 것〉

건강, 안전, 가치 있다고 느껴지는 것은 조직에서의 웰빙을 예측하는 선행요인일 뿐만 아니라 은

퇴 결정에도 중요한 요인이다(Wang & Shi, 2014). 산업 보건 심리에 관한 최신 연구는 일의 심리학, 건강 심리학, 긍정심리학의 긍정적인 융합을 반영하고 있다. 그러나 나이가 많은 노동자가 더 큰 건강문제를 경험한다는 부정적인 고정 관념이 존재한다.

직종에 따라서는 특정한 건강 문제가 있을 수 있지만, 고령노동자가 스스로 보고하는 건강에 대한 문제는 별도로 없으며 젊은 노동자보다 정신건강이 나쁘지도 않다(Ng & Feldman, 2013). 더욱이 연령에 따른 스트레스의 변화는 특정 직종에 따라 나타나는 것으로 보인다. 특히 육체적 노동을 요구하는 직종에서 연령대에 따른 변동이 많이 발생하는 것으로 보인다(Rauschenbach, Krumm, Thielgen, & Hertel, 2013). 트럭실로(Truxillo)와 기타 연구에 따르면 가장 유망한 연구 분야 중 하나는 생애주기 동안에 노출되는 작업 환경(work environment)이 어떠한 방법으로 노동자의 노화 관련 변화의 적응과 작업 능력의 유지, 생산성에 기여할 수 있는 방법을 이해하는 것이다(Ilmarinen, Tuomi, & Klockars, 1997; McGonagle, Fisher, Barnes-Farrell, & Grosch, 2015). 성숙한 노동자의 지속적인 몰입, 건강과 노력에 기여하는 두 가지 주요 요소는 직무 설계와 포괄적인 조직 풍토이다.

〈직무 설계〉

조직 심리학 문헌은 직무 설계의 심리적 측면을 이해하는 데 관련된 여러 이론을 설명해왔다. 가장 널리 알려지고 많은 근거가 기반이 된 이론 중 하나는 직무 특성 모델(job characteristics model)이다(Hackman & Oldham, 1976). 직무 특성 모델은 일의 의미, 책임감, 결과에 대한 지식과 같은 심리적 상태로 이끄는 다섯 가지 본질적인 직무 특성(기술 다양성, 직무 정체성, 업무의 중요성, 자율성과 피드백)이 일터에서 중요한 동기 부여, 만족도와 성과 등의 긍정적 결과를 이끌어낸다고 밝혔다. 나이와 관련하여 트럭실로와 동료들(Truxillo, Cadiz, & Rineer, 2012, Truxillo, Cadiz, Rineer, Zaniboni, & Fraccaroli, 2012)은 자율성과 업무의 의미는 고령의 노동자일

수록 더욱 중요하다고 주장했다. 또한 고령노동자들 또한 자신들의 일자리를 보다 의미 있게 크래프팅하기 위해 자율성이 도움될 수 있다고 주장했다(Truxillo와 Zaniboni, 2015). 고령노동자는 젊은 노동자에 비해 '개인-직무 적합성(직무요구가 자신의 지식/스킬/능력/관심사와 매칭되는 정도)'을 향상시키기 위해 잡크래프팅을 통해 도움을 받을 수 있다고 한다(Scheibe, Van Yperen, 2015).

〈연령의 다양성과 포용에 필요한 조직 풍토〉

연령의 다양성과 포용을 위한 조직풍토를 수립하는 데는 팀 다양성과 더불어 타인과 협력하고, 시간이 지남에 따라 나타나는 개인의 변화를 중시하는 것 등이 포함된다. 나이에 대한 편견이 여전히 일터에서 지속적이고 심각한 문제라는 증거가 있지만, 낙관적인 이유도 있다. 차별 또는 편향의 일부 유형은 조직에서의 신중한 모니터링과 기존 법률의 시행을 통해 완화될 수 있다는 것이다. 미국의 평등 고용 기회위원회(EEOC: Equal Employment Opportunity Commission)에 정식으로 제출된 인종 차별 혐의와 인종 별 직업 분리의 변화에 대한 관계를 조사했다(Hirsh, 2009). 직접적인 고용 기회 집행(EEO 집행, 산업 환경과 성)을 포함하여 세 가지 요인을 예측 변수로 조사했다. 그 결과, 평등 고용 기회위원회 집행은 거의 변화를 가져 오는 데 영향이 없었음을 밝힌 반면, 조직적 요소는 직업적 차별 철폐의 변화와 관련이 있는 것으로 나타났다. 또한 산업 내에서의 인종 차별에 대한 언론의 보도가 커짐에 따라 직종에 대한 인종 차별 철폐가 강화됐다.

법적 요인 외에도 편견을 완화할 수 있는 사회적 요소가 있다. 예를 들어, 나이가 많아 보이게 행동하는 구성원은 나이든 사람에 대한 고정관념과는 멀리 떨어진 방식으로 행동하는 구성원에 비하여, 연대기적 연령과는 상관없이, 성과가 낮게 평가된다는 사실을 발견했다(Cleveland and Landy, 1983). 또한, 작업장 특성(예: 감독 통제 수준, 소수민족 관리자의 비율, 직종 분리)은 잠재적으로 편향된 인식(예: 인종, Hirsh & Kornrich, 2008)을 완화할 수

있다.

마지막으로, 구성원들은 조직이 공정한 방법을 통해 다양성을 지원하기 위한 노력을 하고 있다고 믿을 경우, 일터에서 일어나는 개별적인 차별 행위에 대해 영향을 덜 받았으며, 전체 조직의 대우가 공정하다고 판단할 가능성이 더 컸다(Triana & García, 2009 Triana, García, & Colella, 2010). 퍼드만(Ferdman, 2014)의 아이디어에서 확장하고 통합을 시도한 연구자들은(Shore, Cleveland & Sanchez, 2015) 이론 구축, 경험적 검증과 실무 적용에 유용할 수 있는 보다 완벽하게 개발된 프레임워크를 제시했다. 조직풍토에 기여하는 7가지 요인은 다음과 같다. 첫 번째 요소는 '안전하다는 느낌', 그리고 이는 다른 사람들과 다른 의견과 견해를 공유하는 것과 관련된 심리/신체적 안전을 모두 포함한다. 안전감은 개인 또는 특정 구성원 집단(예: 성숙한 노동자)을 대상으로 만들어질 수 있다. 예를 들어 여성의 정체성과 관련된 견해를 표현하는 고령의 노동자(예: 더 나은 헬스케어 또는 고령자를 위한 복지혜택의 필요성)는 자신에게 해당되는 견해를 표현함으로써 조직 내에서 안전하다고 느낄 수 있다. 젊은 연령대의 팀원들이 다수인 팀에 소속된 고령의 노동자가 자신이 타인들과 다른 의견을 갖고 있다는 사실을 편안하게 표현하는 것도 안전감과 관련되어 있다. 이 요소를 만족시킨다는 것은 유일성에 대한 욕구 충족과 관련이 있다(Shore et al., 2010).

두 번째 요소는 '작업 그룹에의 참여'이다. 이는 중요한 정보와 자원, 성공 기회, 갈등 관리과 팀워크의 조직적 진흥에 대해 스스로가 관련인(insider)이라는 느낌을 갖는 개인 또는 특정 집단의 인식을 나타낸다. 이 요소를 만족시킨다는 것은 소속감(belongingness)에 대한 욕구 충족과 관련이 있다(Shore et al., 2010). 세 번째 요소인 '존중받고 존경받는 느낌'은 집단과 조직으로부터 존중과 존경받는 구성원이라는 인식과 관련된다. 예를 들어, 직장 동료들에 의해 '한물 간' 또는 '기술에 뒤쳐진' 구성원에 대한 비방 발언이 있을 때, 고령의 노동자들은 이를 특정 집단에 대한 무례함의 단서로 간주할 수 있다. 이와 관련하여 인적자원부서에서

는 조직풍토 관련 촉진 활동에 멘토링과 인정과 보상 등을 포함할 수 있다(Shore 등., 2010). 네 번째 요소는 조직이 구성원 자신이 이야기하는 아이디어와 관점을 듣고, 영향을 준다고 생각하는 '의사결정에 대한 영향력'이다. 이 요소를 만족시킨다는 것은 소속감에 대한 욕구 충족과 관련이 있다(Shore et al., 2010). '진정성'은 다섯 번째 요소이며, 투명성과 더불어 가치 있다고 느껴지는 정체성의 공유를 의미한다. 이 요소의 예로는 중년 또는 고령 노동자가 후진양성과 관련된 이벤트(손자와 관련된 이벤트) 또는 '그들의 이야기'를 공유하는 경우가 있다. 이 요소를 만족시킨다는 것은 유일성에 대한 욕구를 충족시키는 것과 관련이 있다(Shore et al., 2010).

여섯 번째 요소는 공정한 대우, 상호 학습과 성장을 위한 차이점 공유, 단어와 행동을 통해 다양성에 대한 가치를 보여주는 최고 경영진(예: 구성원 설문 조사 결과, 다양성 풍토와 포용적 풍토에 대한 점점 더 긍정적인 시각을 보여준 것과 같은)과 같이 '조직 내의 다양성을 인정하고, 주의를 기울이고, 존중하는 것'이다. 이 요소를 만족시킨다는 것은 유일성에 대한 욕구를 충족시키는 것과 관련이 있다(Shore et al., 2010). 마지막으로 일곱 번째 요소는 '포용을 지원하는 정책과 실행'이며 고령 노동자와 기타 다양한 사람들의 성공을 저해하는 구조적/기타 장애 요인을 제거하는 것을 의미한다. 이 요소를 만족시킨다는 것은 구성원의 소속감과 유일성에 대한 욕구를 충족시키는 것과 관련이 있다(Shore et al., 2010).

개인에게 미치는 영향

노동자의 노화와 관련하여 개인과 조직에게 긍정/부정적인 결과가 모두 발생할 가능성이 있다. 이 장의 초점은 노화와 일의 '긍정적 측면'을 논의하기 위한 것이므로, 여기서는 지속적으로 일하는 것으로 인한 이득에 대해 논할 것이다. 일부 심리/경제적 이득은 일로 인한 직접적 결과일 수도 있으며, 일부 직무요구-자원모델을 기반으로 하는 직

무 자원을 통해 파생될 수도 있다.

개인 수준에서 얻을 수 있는 이득은 심리적 웰빙, 사회적지지, 인지적 활동과 경제적 이익이 포함된다. 다음에서 각각의 이득에 대해 더 자세히 살펴보자.

〈심리적 웰빙〉

고령의 나이로 일한다는 행위는 건강과 복지 향상에 도움이 된다. 일을 하는 행위는 삶의 만족도와 건강을 높이는 것과 관련 된다(Calvo, 2006). 1998년~2002년 사이에 실시된 건강과 은퇴 조사에서는 일과 웰빙에 대해 탐색하였다. 구체적으로 직장을 그만둔 후의 건강, 지속적으로 일한 후의 건강이 더 좋아지는지에 대해 알아보았다. 연구자들은 1998년을 기준으로 참여자의 건강 상태를 통제한 후, 4년 후에도 일하는 사람들은 보통~열악한 건강수준에 대한 보고가 6% 감소했음을 발견했다. 부정감정에 대한 보고는 일하는 사람들이 일하지 않는 사람들에 비해 2% 낮게 나타났다. 일의 유형은 건강수준 결과에 영향을 미치는 조절변수로 나타났다. 예를 들어, 원치 않는 일을 하는 것은 일하는 것으로 인한 긍정 정서(그리고 사망률)에 영향을 미치지 않았다. 또한 고령의 나이에도 일하는 것은 다양한 이익과 관련이 있었으며, 개인의 행복 수준을 유지하는 데에도 도움이 되는 것으로 나타났다.

〈사회적 지지〉

일은 사회적 연결이나 사회적 지지의 중요한 원천이 될 수 있다(Elovainio et al., 2003; Moen, Fields, Quick, & Hofmeister, 2000). 생산적이고 사회적인 활동에 대한 참여는 신체적 건강과 심리적 안녕에 유익한 것으로 밝혀졌다. 계속해서 일하는 사람들에서 관찰되는 강화된 웰빙의 일부는 일하는 사람들과의 사회적 관계를 유지하는 것으로 인한 결과일 가능성이 있다. 은퇴 후 자원 봉사나 사교와 같은 사회적 연결을 포함하는 여가 활동에 시간을 소비할 것으로 전망하지만 실제로 일과 관련된 공식적인 사회적 연결은 '고정적인' 네트워크를 제공

할 수 있다(Lancee & Radl, 2012). 또한 미국 노동통계국(U.S. Bureau of Labor Statistics, 2012)에 따르면 65세 이상 성인의 24.4% 정도만 자원 봉사활동에 종사하고 있으며, 이는 노년층의 소셜 네트워크가 손실되고 있을 가능성을 시사한다.

〈인지적 활동〉

일은 또한 인지적 활동의 자원을 제공할 수 있다. 한 조사에서는 국가 간 전국 수준에서 50대와 60대의 노동력 참여와 관련된 인지 기능 측정을 비교한 결과, 조기 퇴직이 인지 기능에 있어 심각한 부정적인 영향을 미친다고 결론 내렸다(Rohwedder 와 Willis, 2010). 다른 연구들은 인지 능력의 복잡성이 더 높은 수준으로 요구되는 일을 하는 것이 고령자의 인지 기능 수준을 높이고, 은퇴 후 인지 능력의 저하를 막는 것과 관련이 있음을 보여주었다(Finkel, Andel, Gatz, & Pedersen, 2009; 2014). 예를 들어, 교육과 사회 경제적 지위를 통제한 후에도, 높은 수준의 인지 능력이 요구되는 일을 하는 행위는 후기의 인지 기능 수준이 높을 뿐만 아니라, 은퇴 전과 후에 인지 능력이 저하되는 속도가 느려지는 것과 관련이 있는 것으로 나타났다. 기본적으로 인지 능력이 높은 사람은 인지적으로 복잡한 특징을 요구하는 일을 선택할 확률이 높지만, 경험적 증거를 통해서도 인지적 작업을 요구하는 일은 인지적 퇴행을 보호하는 요인으로 작용함이 밝혀졌다.

게다가 연령과 직무 수행 간의 관계에 관한 현재까지의 경험적 연구는 고령 노동자가 젊은 노동자보다 일에 있어 더 수행이 나쁘다는 근거를 발견하지 못했다(Ng & Feldman, 2008).

〈정체성〉

일에 참여하는 행위(유급/무급 모두)는 개인에게 있어 일의 역할을 통해 정체성의 원천을 제공한다. 정체성이 자신의 업무와 밀접하게 관련되어 있는 (일에 대한 몰입 수준이 매우 높은) 개인의 경우 일을 한다는 것은 더욱 중요할 수 있다. 정체성이 작용하는 또 다른 방법은 노동자의 자기 개념이나 정

체성에 관한 것이다. 개인은 긍정적인 자기 이미지 또는 정체성을 유지하도록 동기 부여하며, 이는 자신의 은퇴 의도에 영향을 줄 수 있다고 지적한 연구가 있다(Barnes-Farrell, 2003). 일에 대한 정체성을 가지는 것은 일로부터의 완전한 은퇴에 부정적으로 관련 있음을 발견한 연구도 있다(Zaniboni, Sarchielli, Fraccaroli, 2010). 다국적 기업의 노동자 샘플 대상의 연구(Taylor and Shore, 1995) 결과, 나이와 건강 이외에 퇴직 이후의 적응능력에 대한 노동자의 믿음이 퇴직 연령을 예측하는 중요한 요인임을 발견했다. 특히 퇴직 적응 능력에 의문을 제기한 사람들은 은퇴계획 시점이 더 늦게 나타났다. 일에 대해 몰입도가 높은 개인일수록 더 늦게 은퇴하기를 원할 수 있다는 개념과 일치하는 결과이다.

〈경제적 이익〉

앞서 설명한 심리적 혜택 이외에도, 근로 소득, 은퇴 예금 계좌(또는) 고용주가 제공하는 건강 보험 등 근로에 대한 경제적 이익이 분명하다. 예를 들어, 미혼 남성 평균이 62세 대신 70세에 은퇴할 경우, 75세 정도에는 자신의 연간 소득을 두 배로 늘릴 수 있다는 것을 보여준 연구가 있다(RW Johnson, 2005). 또한 사회 보장 제도(Social Security)의 변경으로 근본적인 소득 조사로 인한 페널티가 제거됨으로써, 기타 소득으로 인한 혜택의 손실이 발생하지 않는다. 정상적인 퇴직 연령을 넘어서 70세까지 혜택을 지연시키는 비율의 증가는 고용 정책을 연령 중립적으로 만드는 방식으로 변화했다(Burtless & Quinn, 2002). 장기간 일할수록 더 많은 재정 자원이 제공되므로 장기간의 은퇴 자금을 마련할 필요도 줄어든다. 60대 초반에 은퇴후 현대의 평균 기대수명인 80대 중반까지 사는 사람들의 경우, 나이가 들수록 소득이 충분하지 않을 위험이 있다(Burtless & Quinn, 2002). 따라서 노동자는 사회 보장 청구의 지연, 잠재적 저축 증가 시간의 증가, 퇴직금 저축 기간의 축소 등의 이유로 인해 더 일함으로써 노동자가 받게 되는 재정적 혜택이 부여된다.

조직에게 미치는 결과

개인 수준의 혜택 외에도 고령 노동자를 고용하고 유지하는 데 있어 조직적인 이점이 있다. 구체적으로, 구성원에 대한 경험이 풍부한 시니어 구성원의 보유한다는 점과 동시에, 보다 많은 주니어 노동자들을 훈련시키고 멘토링 할 수 있는 자원을 확보할 수 있다는 점을 포함한다. 각각에 대해서는 아래에서 보다 자세히 설명해볼 계획이다.

〈숙련된 인력의 보유〉

현재 세계 노동 인구를 살펴보면, 고령 노동자의 비율은 높은 반면, 출생률은 낮아 노동 인구 유입 자체가 적다. 그동안 대다수의 조직은 특정 일을 수행할만한 최고의 인적 자원을 파악하는 데 많은 노력을 투자해오고 있다. 이에 대한 한 가지 해결책은 조직 내 고령 노동자를 유지하는 것이다(Hanson & Lesser, 2009). 이로 인한 이점은 고령노동자가 가진 지식과 경험은 상대적으로 젊은 구성원으로부터 대체되기 어렵다는 것이다.

경우에 따라 노동자의 지식에는 제도적 지식, 즉 조직에서 누가 언제, 어디에서, 언제, 왜, 어떻게 업무 관행이나 절차를 수행했는지에 대한 오랜 역사를 포함할 수 있다. 고령의 노동자는 조직에 있어 매력적이고 유익한 특성을 가진 자원일 수 있다(Peterson & Spiker, 2005).

〈더 젊고 더 많은 주니어 노동자를 위한 멘토링〉

고령 노동자의 고용을 조직의 이득으로 활용할 수 있는 또 다른 방법은 더 많은 후배 구성원의 멘토링과 교육에 있다. 이 장의 앞부분에서 우리는 훈련에 대해 설명하고 노동자를 위한 동기 부여의 근원이 될 수 있는 요인으로써 후진양성의 개념을 제안했다. 첫째, 이전 연구에서 노동자마다 후진양성에 대한 동기를 가지고 있는 정도는 사람마다 차이가 있기 때문에, 일단은 개인이 일에 대해 가진 동기를 고려하는 것이 중요하다(Kanfer, Beier, & Ackerman, 2013). 예를 들어, 남성의 경우 전진적인 경력 지향성을 가진 사람일수록 후진양성의 동기와 개인의 성장 사이에 긍정적인 관계가 있음을 발견했다. 그러나 경력 유지에 대한 몰두는 후진양성과 개인 성장에 부정적으로 관련되어 있다는 연구도 있다(Arnold and Clark, 2015).

미래 연구

긍정심리와 노화의 종합적인 검토를 토대로 향후 연구를 위해 권장사항을 다음과 같이 제시하였다. 첫째, 성공적인 노화에 대한 추가적인 경험 연구가 필요하다는 제안을 바탕으로, 사람과 맥락 요인, 여러 업무 관련 결과 변수(예: 업무 동기, 직무 수행, 직무 태도, 건강과 웰빙)를 검토하는 향후 연구를 지도하기 위한 유용한 프레임워크를 제시한 연구가 있다(Zacher, 2015). 또한 일터에서의 성공적인 노화를 넘어서, 경험적 연구를 확대하여 건강과 신체와 정신 건강과 같은 보다 일반적인 노화의 성공 기준을 조사할 필요가 있다. 둘째, 전세계적으로 노동자가 노동 인구에 남아있는 기간이 증가함에 따라, 나이가 들어서(예상보다 훨씬 더 늦게까지) 일하는 개인과 조직에게 미치는 결과에 대한 추가 조사가 필요하다. 셋째, 노화는 시간이 지남에 따라 전개되기 때문에, 시간에 따른 개인 내 궤도를 검사하기 위한 종단 연구가 필요할 것이다. 예를 들어, 고령 노동자에게 혜택을 주는 개인적 특성과 긍정적 환경은 무엇인가? 고령 노동자를 유지하고 조직에 이득을 주는 것뿐만 아니라, 은퇴 후에도 건강과 웰빙을 보호하고 증진할 수 있는 효과적인 구조와 설계가 가능한 방법이 있는가? 마지막으로 우리는 조직의 현장 조사를 통해 산업 및 조직 심리, 그리고 인적자원 관리 실무의 이점에 대해 더욱 더 높은 수준의 이해가 필요하다. 이는 특정 산업 / 조직 심리와 인적자원 실무가 어떠한 메커니즘에 의하여 고령 노동자에게 유익한지를 더 잘 이해할 수 있는 이론의 개발과 더불어, 경험적 연구를 통해 고령 노동자 사이에서 조직의 관행으로 인해 어떠한 결과가 나타나는지에 대한 조사의 필요성을 제시한 연구자들의 의견과 일치한다(De Lange, Kooij & van der Heijden, 2015).

결론

인간 수명의 증가와 더불어 경제 추세로 인해 점점 더 많은 노동인구가 늦게까지 일터에 남게 되었다. 이 장에서는 긍정심리학 렌즈를 통해 노화와 일에 대한 우리의 이해를 높이기 위해, 긍정심리학과 노화, 그리고 산업 및 조직 심리학에 대한 이론을 검토했다. 일터 환경에 대한 긍정심리학 연구와 적용은 건강하고 긍정적인 업무 경험을 창출하고 일과 관련된 웰빙을 실현하는 방향으로 나아가게 돕는다. 인적자원 사례에 관한 추가 문헌은 노동자와 조직(고용자)이 긍정적인 근무 환경을 조성하기 위해 힘을 얻는 방법을 이해하는 데 도움이 된다. 노동자는 나이가 들어감에 따라 변화하며, 최고의 조직과 비즈니스 사례에서는 고령의 노동자에게 적합한 일과 웰빙을 촉진하는 방식으로 연구결과를 활용할 것이다. 이를테면, 채용 프로세스에서 연령 차별(예: 고정 관념, 불리한 영향을 주는 이질적 대응)이 일어나지 않도록 주의하는 것, 노동자의 선호도와 학습 스타일의 차이를 고려한 방식으로 훈련을 제공하는 것, 피드백과 보상시스템에 있어 고령의 노동자의 경우 약점의 극복을 위한 개발의 추구보다는, 그들의 강점을 활용하는 방식에 대해 피드백 하는 것이 더욱 효과적이라는 것 등이다.

선택-최적화-보상 모델, 직무요구-자원모델, 그리고 증가하는 경험 문헌에서는 노동자가 자신의 업무를 촉진하기 위해 자율성, 조직, 수퍼바이저와 동료의 지지를 만들어야 한다고 제안한다. 노동자는 의미 있다고 느껴지는 일에 참여할 기회가 있을 때 성공적인 수행을 보일 가능성이 더 크다. 후진양성 동기를 가진 사람들은 젊거나 덜 숙련된 노동자들과의 공식적/비공식적인 멘토링 관계로부터 이익을 얻을 수 있다. 종합해보면, 조직이 긍정적이고 성공적인 업무 환경을 조성할 수 있는 방법은 다양하다. 우리의 희망은 고령의 노동자에게 혜택을 주기 위한 인적자원 실무 사례를 통해 결국엔 모든 연령대의 노동자의 웰빙에도 실질적인 혜택이 전파되는 것이다.

22장
일터에서의 긍정심리학적 측정

애론 자덴(Aaron Jarden), 레베카 자덴(Rebecca Jarden)

서론

일터는 빠르고 극적으로 변화하고 있으며, 이는 소셜 미디어와 같은 기술적 진보의 영향력과 더 나은 업무 경험에 대한 욕구에 의한 변화라고 볼 수 있다. 조직의 재발명(Reinventing Organizations: Laloux, 2014) 같은 최신 서적과 긍정조직 실무에 대한 사례연구(예: David, Boniwell, & Ayers, 2012; Dutton & Spreitzer, 2014)는 '일터에서의 즐거운 하루(good day at work)'에 대한 욕구를 불러일으켰다. 국가 웰빙 지표(National Accounts of Well-being: Diener, Oishi, & Lucas, 2015; Weijers & Jarden, 2013)와 같은 늘어나는 공개 논쟁은 더 나은 삶과 일에 대한 욕구에 폭넓게 기여하고 있다.

이처럼 긍정적인 변화에 대한 요구가 증가함에 따라 긍정조직학(Positive Organizational Scholarship: Cameron, Dutton, & Quinn, 2003)과 긍정조직행동론(Positive Organizational Behavior: Luthans, 2002a, Nelson & Cooper, 2007)과 같은 관련 분야가 정착되었다.

이와 같은 연구 분야뿐만 아니라, 일터에서의 웰빙에 초점을 맞추기 시작한 조직(예: Luthans, 2002b)과 긍정심리학자(예: Steger, Dik, & Shim)의 연구는 다음과 같은 점을 나타내고 있다. 웰빙은 개인, 조직, 전체로서의 사회에 도움이 된다. 업무 웰빙 또한 재정적으로 이로우며, 조직 차원에서 웰빙에 투자한 자본은 약 3~5배의 수익을 제공한다(Goetzel & Ozminkowski, 2008; Rath & Harter, 2010).

특히 조직 차원의 탐구, 이에 따른 일터 웰빙 프로그램(Workplace Well-being Programs: 이하 WWP)* 에 대한 투자를 유도하고 있다. 이와 같은 활동에 있어서, 구성원 웰빙을 위해 조직과 컨설턴트가 어떻게 일터 웰빙 프로그램을 시행하는지, 구성원 웰빙과 조직의 주요한 성과지표에 미치는 일터 웰빙 프로그램의 영향력을 어떻게 평가하는지 아는 것이 중요하다.

첫째로 이 장에서는 일터에서 웰빙의 혜택, 웰빙 측정과 긍정심리학적 측정법의 활용을 요약할 것이다. 다음으로, 다양한 관련 문헌을 바탕으로, 우리는 현재의 일터 웰빙 측정 관행에 대해 평가할 것이다. 그런 다음, 조직에서 무엇이 측정되어야 하는지, 이것이 어떻게 측정되는지에 대해 제안

---

* '웰빙'은 긍정심리학 분야에서 가장 잘 알려진 하위영역이며, 비즈니스 맥락에서 가장 자주 사용되는 용어이기도 하다. 긍정적인 일터 평가 프로그램(positive workplace assessment program)이라는 용어 자체가 없기 때문에, 일터 웰빙 프로그램(workplace well-being program)이라는 용어가 널리 사용된다.

해보려고 한다. 마지막으로, 조직 차원의 웰빙 연구를 개념적으로 평가하기 위한 새로운 프레임워크를 간략하게 제시할 것이다. 이것은 또한 일터 웰빙 프로그램(WWP)에 대한 몰입을 이끌어 내야 할 때, 이것을 조직 내에서 구현할 때 실질적으로 유용할 것이다. 이 장은 향후 연구와 결론에 대한 몇 가지 제안으로 끝마칠 계획이다.

일터에서 웰빙의 혜택

일터 스트레스는 조직에 있어서 만성적으로 시급한 문제이다(Nixon, Mazzola, Bauer, Kruger, & Spector, 2011). 특히 서구권 국가에 있어서, 구성원과 조직을 위한 웰빙의 혜택에 대한 지식(Harter, Schmidt, & Keyes, 2002; 혹은 Lewis, 2011을 참고), 그리고 일터에서 높은 비율의 불행(예: 50%; Mercer, 2011) 간에 극명한 대조가 존재한다. 웰빙 수준이 높은 구성원은 다양한 이점을 제공한다. 예를 들어, 행복한 구성원은 더 건강하며(Waddell & Burton, 2006), 병가가 더 적고(Bertera, 1990), 더 많은 수입을 얻고(Koo & Suh, 2013), 더 빨리 승진한다(Boehm & Lyubomirsky, 2008). 웰빙 수준이 높은 구성원은 더 효과적으로 일하고(George & Bettenhausen, 1990), 더 생산적이며(Bockerman & Ilmakunnas, 2012; Page & Vella-Brodrick, 2009), 더 나은 조직시민행동(organizational citizenship behaviors)을 나타내고(Organ, 1988), 고객충성도를 이끌어내며(Harter, Schmidt, & Hayes, 2002), 다른 구성원의 웰빙을 증진시키고(Christakis & Fowler, 2009; Totterdell, Kellett, Teuchmann, & Briner, 1998), 직무에 더 오랫동안 머물며(Judge, 1993; Rusbult & Farrell, 1983), 심지어 회사의 주식 가치를 향상시킨다(Edmans, 2012). 행복한 구성원은 웰빙의 영향력 덕분에 회사 밖의 사회에도 영향을 미친다. 행복한 구성원은 사회적 웰빙에 긍정적 영향을 미친다(Graham, 2010). 이와 같이 업무 웰빙의 혜택은 비교적 잘 정립되어 있다. 전반적으로 구성원이 일터에서 행복하고 만족하는 것이 그렇지 않은 것보다는 더 낫다. 업무 웰빙의 혜택은 개인으로부터 발생하여 조직, 사회에 영향을 미친다.

일터에서 웰빙 측정의 잠재적 혜택

웰빙에 대한 조직 차원의 평가를 실시할 때, 측정 자체의 결과를 뛰어넘는 혜택이 존재한다. 즉, 평가의 확장된 맥락이 중요하게 작용한다. 측정의 혜택으로 다음과 같은 예를 들 수 있다. (1) 조직이 구성원을 보살핀다고 인식된다(채용의 질이 개선된다) (2) 조직이 일하기에 더 매력적인 곳으로 여겨진다(인적자원 유지가 용이해진다) (3) 얻게 된 정보를 중요한 경영 의사결정에 활용할 수 있다(예: 부서 재편성을 어떻게/언제 할 것인지) (4) 웰빙에 대한 정보가 심리적/신체적 건강을 보다 구체적/건설적으로 관리하는 데 도움이 될 수 있다(Lewis, 2011; Lopez & Snyder, 2003; Nelson & Cooper, 2007). 그러나 아직까지 맥락적 요인의 영향에 대해서는 더 많은 연구가 필요하다.

현재의 일터 웰빙 측정 관행

업무 웰빙이 더 나은 기능을 하는 개인, 조직, 사회의 큰 그림의 일부이며, 조직의 우선적인 목표가 되어야 한다는 증거가 점차 늘어나고 있다. 그렇다면, 조직의 입장에서 웰빙 목표를 향한 진보를 어떻게 추적할 수 있을 것인가?

다시 말해, 업무 웰빙과 웰빙에 대한 지식이 구성원과 조직의 가치 있는 목표라면, 현재의 일터 웰빙 측정 관행은 어떠한가? 에 대한 질문이 필요하겠다.

〈일터 내(에 대한) 평가의 부족 현상〉

안타깝게도 현재 일터에서의 긍정심리학적 실천에 대한 평가 자료는 부족한 실정이다.* 현재 활용하고 있는 웰빙 측정법에 대한 비판적 검토 혹은 연구는 존재하지 않는다. 또한 스펜스(Spence,

---

* 긍정심리학과 웰빙 사이의 관계가 자주 논의된다. 웰빙은 긍정심리학적 개입법의 핵심적인 결과물로 간주되며, 따라서 일터를 포함한 측정에서 핵심적인 영역으로 여겨진다. 이 장에서 논의될 측정은 일터를 위한 핵심적인 웰빙 평가의 샘플이며, 긍정심리학적 측정의 전체 범위를 대표하지는 않는다.

2015)가 지적한 것처럼, 어떤 데이터가 존재하더라도 (1) 실천적인 조직 차원의 웰빙에 대한 평가는 거의 이루어지지 않았으며, (2) 그러한 데이터가 존재하더라도 대체로 매우 피상적이다.

스펜스의 첫 번째 요점과 관련하여, 조직 컨설턴트들은 다음과 같은 의견을 제시한다. 웰빙에 대한 평가는 일반적으로 '의도된' 일터 웰빙 프로그램 맥락에서 발생한다. 구성원 혹은 조직의 웰빙 수준을 높이려는 시도가 없다면, 구성원 혹은 조직의 웰빙에 대한 평가는 수행되지 않는 것으로 보인다. 이 점은 매우 중요하다. 왜냐하면 호주와 같은 나라에서, 전체 노동인구의 3.6%에 불과한 1,500개 조직만이 공식적이고 구조화된 건강과 웰빙 프로그램을 제공한다(HAPIA, 2009). 따라서, 일터 건강과 웰빙 프로그램이 처음으로 발생하는 소수의 경우, 웰빙 평가를 시행할 기회는 거의 없다. 또한, 일터 웰빙 프로그램을 실행하는 조직의 46%(319명의 인적자원 전문가를 대상으로 한 샘플)는 그들의 일터 웰빙 프로그램을 평가하지 않았다(McCarthy, Almeida, and Ahrens, 2011). 일터 웰빙 프로그램을 평가한 나머지 조직들에 있어서도, 평가는 프로그램 자체의 영향보다는 프로그램의 유용성과 전반적인 만족도에 제한되어 있었다. 유사한 결과가 다른 곳에서도 보고되었다(예: 영국에서 McGillivray, 2002 연구). 이는 일터에서 긍정심리학적 평가가 거의 일어나지 않는다는 것을 시사한다.

스펜스의 두 번째 요점과 관련하여, 웰빙 평가가 이루어지는 경우라 하더라도, 표준적인 심리평가 프로세스에 따른 타당하고, 엄격하며, 측정하고자 하는 것에 적절하게 초점이 맞추어진 평가는 이루어지지 못한다(Shum, O'Gorman, Myors, & Creed, 2013 참조). 웰빙 측정은 보편적인 소규모 척도에 국한되고 적은 수의 질문이 제시되며(예: 전반적인 직무만족), 웰빙의 다차원적 특성의 평가에는 이르지 못한다(Diener et al., 2015; Hone, Jarden, Schofield, & Duncan, 2014). 이에 따라, 적절하고 엄격한 평가는 이루어지지 못하는 것으로 보인다.

웰빙에 대한 평가가 부족하며, 평가에 있어서 엄격함이 부족하다는 점은, 일터 웰빙 프로그램 자체가 질적인 면에 있어서 매우 편차가 크다는 것을 반증한다. 프라이스워터하우스쿠퍼스(PriceWaterhouseCoopers) 보고서는 다음과 같은 의견을 제시한다. 보편적으로 시행되는 일터 웰빙 프로그램(WWP)은 "조정되지 않은 프로그램들의 조각모음이며, 일관성과 통합성을 결여한 여러 공급자에 의해 제공된다"(PriceWaterhouseCoopers, 2010, p. 21). 일관성과 통합성은 더욱 도전적인 높은 품질의 평가, 적절한 심리측정적 평가를 제공한다. 제공되는 프로그램의 다양성은 밀스(Mills), 플렉(Fleck), 코지코프스키(Kozikowski)가 최근에 언급한 바와 같이, 불충분 혹은 부적절한 측정을 초래한다.

구성개념의 측정을 위해 활용하는 다양한 측정도구의 타당성에 있어서, 긍정적 구성개념의 조작적 정의가 급속하게 진행됨으로써, 일터에서의 측정은 적절한 기반 없이 불충분한 평가로 진행된다(2013, p. 160).

다시 말해, 활용된 구성개념 측정법은 어떤 경우 목적에 부합하지 않을 수 있으며, 이는 다시 수행되는 일터 웰빙 프로그램 자체의 품질과 그에 대한 평가와 관련될 수 있다.

현재 조직에 대한 웰빙 평가의 규모와 범위를 완전히 이해하기 위해서는, 일터 웰빙 측정 관행에 대한 연구와 리뷰를 포함한 더 많은 탐구가 필요하다.* 현재 시점에 이와 같은 사항을 넘어서는 일터에서의 웰빙 측정 관행에 대해 확고한 결론을 내리기는 어렵다. 평가 데이터가 부족하고, 조직에서 평가가 이루어질 때에도 적절하고 엄격하게 웰빙의 다차원적 특성을 반영하지 못한다는 점을 감안할 때, 웰빙 촉진 연구에 있어서 어떤 긍정심리학적 웰빙 측정법이 활용되고 있는지, 일터에서의 웰빙 연구에 어떤 측정법이 활용되고 있는지, 긍정심리학적 측정 전문가들은 어떤 측정법을 추천하는지 탐구해보는 것이 유익할 것이다.

〈응용 연구에서의 측정법〉

현재로서 구성원과 조직의 웰빙과 일터 웰빙

---

* 학술적인 연구, 특히 학문 분야 간 교류연구에 있어서, 웰빙 측정의 규모와 범위에 대한 동일한 지적이 가능하다.

프로그램의 영향력을 평가하기 위해, 일터에서 어떤 측정법이 활용되는지, 혹은 측정법이 활용은 되고 있는 것인지 식별하고 범주화하는 것은 어렵다. 이것이 불가능한 이유는 수많은 조직들은 무수히 많은 특이하고 독창적인 측정법을 사용하고 있으며, 조직 고유의 성격에 종속적인 측정법은 연구의 범위를 심각하게 제약하기 때문이다. 우리는 (일터 웰빙 프로그램의 목표와 유사하게) 웰빙 촉진을 목표로 하는 개입법, 그리고 일터에서의 웰빙에 한정된 개입법을 검증하는 연구에 초점을 맞춤으로써, 긍정심리학적 측정법을 활용한 연구에 보다 쉽게 접근할 수 있다.

〈웰빙 촉진 연구〉

2015년, 혼(Hone), 자뎅(Jarden), 스코필드(Schofield)는 실제 조직현장의 성인을 대상으로 하는 40개의 긍정심리학적 개입법에 대한 효과 검증(effectiveness trial)을 시행하였으며, 검토된 모든 개입법의 참가자는 10,664명에 달한다. 40개의 연구는 긍정심리학적 개입 프로그램의 효과를 평가하기 위해 활용된 측정법(긍정심리학적 측정법 포함)을 명시하고 있다. 모든 연구는 8가지 선택 기준(Hone et al., 2015, p.3 참조)을 충족시켜야 하는데, 그중 하나는 다음과 같다. '심리측정의 관점에서 타당한 측정법에 기반하여, 긍정적 변수에 대한 처치 전/처치 후 측정이 보고되어야 한다(예: 긍정정서, 주관적 웰빙, 낙관주의, 회복탄력성 등).' 이 장의 목적을 위해, 우리는 40개의 연구에서 활용된 측정법을 보다 자세히 조사했다.* 이는 긍정심리학적 효과 검증에서 어떤 측정법이 사용되었는지, 어느 정도까지 측정이 이루어졌는지를 강조한다. 이 결과는 표 22.1에 나와 있으며, 활용 빈도를 기준으로 정렬되었다. 40개의 연구에서 17개의 구성개념(예: 긍정정서와 부정정서, 웰빙)을 측정하기 위해 34개의 척도(삶에 대한 만족 척도, 심리적 웰빙 척도)가 활용되었다. 긍정심리학적 개입법 연구에서 활용된 측정법에 대한 검토는 다음과 같은 시사점을 제시한다.

1. 상대적으로 빈번하게 활용되는 몇 가지 측정법이 있다(예: 4회 이상 활용된 측정법은 6개뿐이다). 34개 측정법 중 20개는 단 1회 활용되었다.
2. 활용된 측정법의 대부분은 전통적 의미의 '긍정적 측정법'이 아니며, '긍정적 변수'를 측정하지도 않고, 오히려 더욱 임상적인 유형의 변수(예: 우울, 불안, 스트레스)를 측정한다.
3. 특정적인 일터 웰빙을 측정한 측정법은 하나뿐이다.
4. 정서와 감정에 대한 다수의 쾌락적 척도가 활용되었다.

〈일터에서의 웰빙 연구〉

다음으로 우리는 일터 웰빙 개입법의 효과를 평가하는 데 어떤 긍정심리학적 측정법이 활용되는지 체계적인 검토를 수행했다. 이를 위해, 2015년 12월까지 과거로의 날짜 제한 없이 전자 데이터베이스(OVID: psych INFO, psych TESTS, Cochrane library, AMED, Health and psychosocial instruments, MEDLINE; EBSCO Health Databases: MEDLINE, CINHAL Plus with Full Text; Scopus; Proquest)를 검색하였다. 데이터베이스 검색 용어는 다음을 포함한다. '긍정심리' 또는 웰빙 또는 '웰빙' 그리고 평가 또는 측정 그리고 노동자 또는 일터 또는 조직 그리고 개입법 그리고 효과성 또는 효과 또는 결과물 또는 평가("positive psych" OR well-being OR "well being" AND assessment OR measure AND worker OR workplace OR organi AND intervention AND effect OR effic OR outcome OR evaluat). 전자 데이터베이스 검색 이후, 포함된 모든 연구를 대상으로 전방과 후방 인용 검색이 수행되었다. 평가 측정법을 활용하여 일터에서의 긍정심리학적 개입법의 효과성(efficacy)**을 검증한 연구는 적합성을 충족한 것으로 간주되었다. 이 장의 저자 두 명은 우선 제목과 초록을 독립적으로 검토하여 포함될 연구

---

* 리뷰 논문의 공동저자인 루시 혼(Lucy Hone)의 도움을 받았다.

** 여기서의 효과성(efficacy)에 대한 초점과, 이전의 효과 검증에 대한 초점 간의 차이점에 유의할 필요가 있다.

를 선별했다. 포함 기준을 충족시키는 것으로 보이는 연구 혹은 명확한 결정을 내리기 어려운 연구를 위해, 논문의 전체 본문을 입수하였다. 다음으로, 각각의 연구가 개별적으로 검토되었고, 일터에서의 긍정심리학적 개입법의 효과를 검증하기 위해 활용된 각각의 측정 도구를 검토하였다.

[표 22.1] 40개 연구에 걸친 긍정심리학적 개입법 효과 검증에서 활용된 측정법

번호	측정법	개발자	측정 개념	활용 빈도
1	삶에 대한 만족 척도 (SWLS: Satisfaction with Life Scale)	Diener, Emmons, Larsen, & Griffin (1985)	삶에 대한 만족 (Life satisfaction)	11
2	심리적 웰빙 척도(SPW: Scales of Psychological Well-being)	Ryff & Singer (1998)	웰빙 (Well-being)	9
3	긍정정서와 부정정서 척도(PANAS: Positive Affect and Negative Affect Schedule)	Watson, Clark, & Tellegan (1988)	긍정정서와 부정정서(Positive affect and negative affect)	8
4	우울증 척도 역학연구센터(CES-D: Centre for Epidemiological Studies Depression Scale)	Radloff (1977)	우울한 기분 (Depressed mood)	6
5	우울 불안 스트레스 척도(DAS-21: Depression Anxiety Stress Scale)	Lovibond & Lovibond (1995)	우울/불안/스트레스 (Depression/Anxiety/Stress)	5
6	삶의 질 척도(QoLI Quality of Life Inventory)	Frisch (2004)	삶의 만족(Life satisfaction), 삶의 영역(life domains)	4
7	정서 상태 프로파일(POMS: Profile of Mood States)	McNair, Lorr, & Droppelman (1981)	정서(Emotions)	3
8	일터 웰빙 지수(WWI: Workplace Well-being Index)	Page (2005)	일터 웰빙 (Workplace well-being)	3
9	인지력 척도(CHS: Cognitive Hardiness Scale)	Nowack (1990)	인지력(Cognitive hardiness)	2
10	워릭-에든버러 정신 웰빙 척도 (WEMWBS: Warwick-Edinburgh Mental Well-being Scale)	Tennant, Fishwick, Platt, Joseph, & Stewart- Brown (2006)	웰빙(Well-being)	2
11	우울증 임상 면접(CID: Clinical Interview for Depression)	Paykel (1985)	우울증(Depression)	2
12	SPF 지수 수준 척도(SPF-IL: SPF-Index Level Scale)	Nieboer, Lindenberg, Boomsma, & Van Bruggen (2005)	웰빙(Well-being)	2
13	스틴 행복 지수(SHI: Steen Happiness Index)	Seligman, Steen, Park, & Peterson (2005)	행복(Happiness)	2
14	정신건강 연속체 - 축약형(MHC-SF: Mental Health Continuum - Short Form)	Keyes (2005)	웰빙(Well-being)	1
15	진정한 행복 척도(AHI: Authentic Happiness Inventory)	Peterson (2005)	행복(Happiness)	1
16	주관적 행복 척도(SHS: Subjective Happiness Scale)	Lyubomirsky & Lepper (1999)	행복(Happiness)	1

번호	측정법	개발자	측정 개념	활용 빈도
17	삶의 지향점 검사 - 개정판(LOT-R: Life Orientation Test - Revised)	Scheier, Carver, & Bridges (1994)	낙관주의(Optimism)	1
18	축약형 행복과 정서 연구 프로토콜 (SHARP: Short Happiness and Affect Research Protocol)	Stones et al. (1996)	행복(Happiness)	1
19	업무 관련 정서적 웰빙 S 척도(JAWS: Job-related Affective Well-being S scale)	Van Katwyk, Fox, Spector, & Kelloway (2000)	업무 관련 정서(Work affect)	1
20	반두라 이론에 기반한 자가개발된 자기효능감 척도(Self-developed self-efficacy scale based on Bandura, 2012)	Ouweneel, Le Blanc, & Schaufeli (2013)	자기효능감(Self-efficacy)	1
21	위트레흐트 업무 몰입 척도(UWES: Utrecht Work Engagement Scale)	Schaufeli, Bakker, & Salanova (2006)	업무 몰입 (Work engagement)	1
22	EuroQol 그룹 5차원 자기보고 설문지 (EQ-5D: EuroQol Group 5-Dimension Self-Report Questionnaire)	EuroQol Group (1990)	건강 관련 결과물 (Health outcome)	1
23	일반화된 불안장애 7항목 척도(GAD-7: Generalized Anxiety Disorder 7-item scale)	Spitzer, Kroenke, Williams, & Löwe (2006)	불안(Anxiety)	1
24	SF-36 건강 설문지(SF-36: SF-36 Health Survey)	Ware & Sherbourne (1992)	건강 상태(Health status)	1
25	홉킨스 증상 체크리스트-25(HSCL-25: Hopkins Symptom Checklist-25)	Derogatis, Lipman, Rickels, Uhlenhuth, & Covi (1974);	불안/우울 (Anxiety/Depression)	1
26	자기관리능력 척도(SMAS-30: Self-Management Ability-Scale)	Schuurmans et al. (2005) Self-management ability	자기관리능력 (Self-management ability)	1
27	심리적 자본 설문지(PCQ: PsyCap Questionnaire)	Luthans, Avolio, Avey, & Norman (2007)	심리적 자본 (Psychological capital)	1
28	세계보건기부 삶의 질 척도 – 축약형 (WHOQOL-BREF: World Health Organization Quality of Life Inventory - Brief)	WHOQOL Group (1998)	삶의 질(Quality of life)	1
29	건강 척도(FS: Flourishing Scale)	Diener et al. (2009)	건강(Flourishing)	1
30	세계건강기구 5웰빙 지수(WHO-5: WHO-5 Well-being Index)	Primack (2003)	삶의 질/웰빙 (Quality of life/Well-being)	1
31	개인적 웰빙 지수(PWI-A: Personal Well-being Index)	International Wellbeing Group (2006)	웰빙(Well-being)	1
32	정서 측정 척도(AES: Assessing Emotions Scale)	Schutte et al. (1998)	정서(Emotions)	1
33	정서적 웰빙 척도(AWS: Affective Well-being Scale)	Daniels (2000)	정서(Emotions)	1
34	행복 지향성 설문지(OTHQ: Orientations to Happiness Questionnaire)	Peterson, Park, & Seligman (2005)	웰빙(Well-being)	1

* 출처: 저자

[그림 22.1] 검토할 논문의 선택 과정을 보여주는 프리즈마(PRISMA) 다이어그램

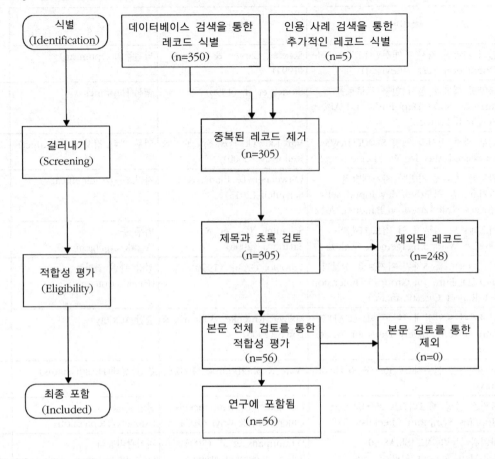

* 출처: 저자

데이터베이스 검색을 통해 350개의 논문이 식별되었고, 인용 검색을 통해 5개의 추가적인 레코드가 식별되었다. 중복된 레코드 제거, 제목과 초록 검토를 거친 후, 56개 논문의 전체 본문이 평가되어 포함 기준을 충족하였다(그림 22.1의 PRISMA 다이어그램 참조). 결과적으로 111개의 측정법을 활용하는 56개 연구가 식별되었다(확립된 측정법의 하위요소를 포함하는 연구도 선택되었다). 111개 측정법 중 17개는 56개 연구 중 2개 이상에서 활용되었다. 이 결과는 표 22.2에 나와 있으며, 활용 빈도를 기준으로 정렬되었다.

일터에서의 웰빙 연구에 활용된 측정법에 대한 검토는 다음과 같은 시사점을 제시한다.

1. 상대적으로 빈번하게 활용되는 측정법은 비교적 소수이다(예: 111개 측정법 중 4회 활용된 측정법은 8개뿐이다). 111개 측정법 중 대부분이(n = 94) 단 1회 활용되었다.

2. 활용된 측정법의 대부분은 전통적 의미의 '긍정적 측정법'이 아니며, '긍정적 변수'를 측정하지도 않고, 오히려 더욱 임상적인 유형의 변수(예: 우울, 불안, 스트레스) 혹은 건강 변수를 측정한다.

3. 긍정심리학적 개입법 효과 검증에서 가장 많이 사용된 척도인 '삶에 대한 만족 척도'는 56개 연구 중 4개 연구에서만 활용되었다.

[표 22.2] 56개에 걸친 일터에서의 웰빙 연구논문에서 2회 이상 활용된 측정법

번호	측정법	개발자	측정 개념	활용 빈도
1	일반 건강 설문지(GHQ-12: General Health Questionnaire)	Goldberg & Hillier (1979)	건강(Health)	10
2	지각된 스트레스 척도(PSS: Perceived Stress Scale)	Cohen & Williamson (1988)	스트레스(Stress)	8
3	직무만족 척도(JSS: Job Satisfaction Scale)	Warr, Cook, & Wall (1979)	직무만족(Job satisfaction)	7
4	말리크 소진 척도(MBS: Malach Burnout Scale)	Malach-Pines (2005)	소진(Burnout)	6
5	위트레흐트 업무몰입 척도(UWES: Utrecht Work Engagement Scale)	Schaufeli, Bakker, & Salanova (2006)	업무몰입(Work engagement)	5
6	삶에 대한 만족 척도(SWLS: Satisfaction with Life Scale)	Diener et al. (1985)	삶에 대한 만족(Life satisfaction)	4
7	긍정정서와 부정정서 척도(PANAS: Positive Affect and Negative Affect Schedule)	Watson et al. (1988)	긍정정서와 부정정서(Positive affect and negative affect)	4
8	우울증 척도 역학연구센터(CES-D: Centre for Epidemiological Studies Depression Scale)	Radloff (1977)	우울한 기분(Depressed mood)	4
9	피츠버그 수면의 질 지수(PSQI: Pittsburgh Sleep Quality Index)	Buysse, Reynolds, Monk, Berman, & Kupfer (1989)	수면(Sleep)	3
10	마음챙김 주의 알아차림 척도(MAAS: Mindfulness Attention Awareness Scale)	Brown & Ryan (2003)	마음챙김(Mindfulness)	3
11	코펜하겐 심리사회 설문지(CPQ: Copenhagen Psychosocial Questionnaire)	Kristensen, Hannerz, Hogh, Borg (2005)	심리사회적 업무 환경(Psychosocial work environment)	3
12	활력 척도(VS: Vitality Scale)	Ryan & Frederick (1997)	활력(Vitality)	3
13	직무요구(JD: Job Demands)	Wall, Jackson, & Mullarkey (1995)	직무요구(Job demands)	2
14	조직몰입 척도(OCS: Organizational Commitment Scale)	Cook & Wall (1980)	조직몰입(Organizational commitment)	2
15	상태적/기질적 불안 척도(STAI: State/Trait Anxiety Inventory)	Spielberger (1972, 1983)	불안(Anxiety)	2
16	SF-12 건강 설문지(SF-12: SF-12 Health Survey)	Ware, Kosinski, & Keller (1996)	건강(Health)	2
17	업무 능력 지수(WAI: Work Ability Index)	Ilmarinen (2007)	업무 능력(Work ability)	2

* 출처: 저자

<긍정심리학 측정 전문가가 추천한 측정법>

　　2015년의 논문에서 오웬스(Owens), 마자르-모에(Magyar-Moe), 로페즈(Lopez)는 긍정심리학적 측정의 구성개념에 대한 23개 영역(예: 정서, 감사, 강점, 웰빙, 낙관주의, 마음챙김 등)과 58개의 특정 척도(예: 건강 척도, 마음챙김 주의 알아차림 척도)를 제안하였다.

　　이 저자들은 실무뿐만 아니라 긍정심리학적 측정의 전문가이다. 예를 들어, 로페즈(Lopez)는 긍정심리학적 평가(Lopez & Snyder, 2003)의 핵심 편집자 중 한 사람이었으며, 오웬스(Owens)과 마자르-모에(Magyar-Moe) 두 사람은 모두 긍정성 평가 부문에서 출판 경험을 가지고 있다(예: Keyes & Magyar-Moe, 2003). 58개의 측정법은 아동, 청소년, 성인을 위한 '표준화된 긍정심리학적 측정법'으로 제시된다. 이는 "포괄적이지만 빠트림 없이 완벽하지는 않은 1990년대부터 현재까지 활용된 측정법의 목록"이다(Owens et al., 2015, p. 649). 오웬스와 동료들(Owens et al.)이 추천한 58개 측정법과, 웰빙 촉진 연구에서 활용된 34개 측정법(표 22.1) 혹은 일터에서의 웰빙 연구에서 2회 이상 활용된 측정법(표 22.2)에서 중복되는 것은 다음의 9개이다.

1. 삶에 대한 만족 척도(SWLS: Satisfaction with Life Scale)
2. 심리적 웰빙 척도(SPW: Scales of Psychological Well-being)
3. 긍정정서와 부정정서 척도(PANAS: Positive Affect and Negative Affect Schedule)
4. 삶의 질 척도(QoLI Quality of Life Inventory)
5. 스틴 행복 지수(SHI: Steen Happiness Index)
6. 주관적 행복 척도(SHS: Subjective Happiness Scale)
7. 삶의 지향점 검사 - 개정판(LOT-R: Life Orientation Test - Revised)
8. 건강 척도(FS: Flourishing Scale)
9. 마음챙김 주의 알아차림 척도(MAAS: Mindfulness Attention Awareness Scale)

　　다른 말로 하면, 위의 9개 척도는 웰빙 촉진 연구 혹은 일터에서의 웰빙 연구에서 상대적으로 인기가 있었기 때문에 오웬스와 동료들(Owens et al.)의 추천 목록에도 포함되어 있었다. 한걸음 더 나아가서, 웰빙 촉진 연구에서 활용된 측정법(표 22.1) 그리고 일터에서의 웰빙 연구에서 2회 이상 활용된 측정법(표 22.2) 간에 중복되는 것은 다음의 2개이다.

10. 위트레흐트 업무몰입 척도(UWES: Utrecht Work Engagement Scale)
11. 우울증 척도 역학연구센터(CES-D: Centre for Epidemiological Studies Depression Scale)

　　이들이 어떻게 식별되었는지에 대한 자세한 내용은 부록 A를 참조하기 바란다. 심리측정적 속성*에 있어서, 세 가지 데이터 출처 중 2개 이상에서 지지되었기 때문에, 부록 A의 11개 측정법은 일터에서의 긍정심리학적 평가 실무에서 활용될 가능성이 높다.

이상적인 조직 차원의 웰빙 측정

　　일터에서 웰빙이 평가되어야 하는 경우는, 작업환경에서 높은 웰빙의 혜택과 가치를 깨닫는 구성원과 조직에 달려있다. 만약 웰빙이 구성원과 조직의 목표라면(즉, 연구결과가 제안하는 대로 웰빙이 개발되고 증진되어야 하는 필수품으로 여겨지는 경우), 웰빙은 적절하게 평가되어야 한다. "측정한 것만 관리할 수 있다"라는 경영 상의 격언은 조직에서의 심리적 웰빙에 마찬가지로 적용된다. 노벨상을

* 이들 중 몇몇 척도의 심리측정적 품질에 대해서는 연구문헌에서 꾸준히 지적되어 왔다는 것을 알린다. 예를 들어, 심리적 웰빙 척도(SPW: Scales of Psychological Well-being)의 18개 항목 버전은 특히 낮은 alphas(크론바흐 알파: 내적일치도)를 갖고 있다. 마음챙김 주의 알아차림 척도는 구성타당도와 관련된 문제를 갖고 있다. 긍정정서와 부정정서 척도는 긍정 경험과 부정 경험 척도와 같은 보다 현대적인 척도에 비해 미흡한 심리측정적 속성을 갖고 있다. 대중적이라고 해서 반드시 심리측정적으로 타당한 것은 아니다.

수상한 경제학자 조셉 스티글리츠(Joseph Stiglitz)는 다음과 같이 말한다. "우리가 무엇을 측정했는가는 우리가 무엇을 하는가에 영향을 미친다. 측정에 결함이 있으면, 의사결정은 왜곡될 수 있다"(Stiglitz, Sen, & Fitoussi, 2009, p. 7). 조직이 웰빙을 엄격하게 측정하지 않으면 구성원, 조직 컨설턴트, 조직이 일터 웰빙 프로그램(WWP)의 필요성, 적절한 유형, 규모, 효과를 결정하기가 어렵다. 타당한 웰빙 측정이 일터 웰빙 프로그램을 고려하는 첫 단계라고 가정할 때, 중요한 질문은 다음과 같다. "*무엇이* 측정되어야 하는가?", "그것은 *어떻게* 측정되어야 하는가?"

두 질문을 해결하는데 있어서, 실천적인 고품질의 정보를 포함하는 평가의 목표(최소한 경영진의 관점에서라도)를 염두에 두는 것이 가장 중요하다. 예를 들어, 구성원들이 스트레스를 많이 받는다는 발견은 스트레스 감소 프로그램 혹은 업무 부하량 변경에 대한 투자로 이어질 수 있다. 구성원들이 강점을 활용하지 않는다는 발견은 강점 프로그램 혹은 팀 재구성에 대한 투자로 이어질 수 있다.

〈무엇을 측정해야 하는가? 바람직한 측정 목록〉

심리적 웰빙 자체의 성격과 개념에 대해 논쟁의 여지가 있지만(Diener, 2009; Warr, 2013), 긍정심리학적 측정 분야(Lopez & Snyder, 2003 참조)는 다음과 같은 합의에 도달하고 있다. 웰빙의 다차원적 본질을 파악하기 위해서는 측정의 계기판이 필요하다(Diener et al., 2015; Hone et al., 2014). 이를 위해 이 장에서는 연구 리뷰와 전문가에 의해 식별된 11개의 측정법을 제안하고, 추가적으로 16개의 측정법을 제안한다. 27개의 측정법은 보편적이며 평가적인 웰빙 정보를 제공하며(즉, "우리 조직의 웰빙 수준은 어떠한가"라는 질문에 답할 수 있음*), 일터

에서의 웰빙에 대한 특정한 동인(driver)과 조력요인(enabler)에 대한 정보를 제공한다(즉, "우리 조직의 웰빙 수준에 기여할 수 있는 요인은 무엇인가"라는 질문에 답할 수 있음). 우리가 제안한 추가적인 16개 측정법은 정확하게 보편적 웰빙과 웰빙 동인 간의 간극을 메우는 것이다. 그럼에도 불구하고, 각각의 조직에 적합한 측정법의 구성은 해당 조직의 상황과 요구에 달려있으며, 또한 조직은 구성원 웰빙과 관련된 지표(예: 이직, 병가, 업무성과)를 평가하기를 원한다. 다음에 열거될 16개 측정법은 아래의 8개 기준에 따라 선택되었다.**

1. 위의 11개 측정법에 포함되지 않았다.
2. 실천적인 정보를 제공한다.
3. 전반적인 웰빙 동인 수준에서, 바람직할 때 (예: 희망, 자기효능감)와 바람직하지 않을 때 (예: 회복탄력성)를 평가하는 방법을 제공한다.
4. 비교적 짧고 신속하게 관리할 수 있다.
5. 일부는 업무와 관련되어 있으며(예: 일과 의미 척도), 일부는 보다 보편적이다(예: 삶의 의미 척도).
6. 일부는 무료로 사용할 수 있으며, 나머지는 비교적 저렴하게 접근할 수 있다.
7. 모든 측정법은 타당하고 용인된 심리측정적 속성을 가지고 있으며(일부는 여타의 것보다 조금 나음), 실무 혹은 연구에 잘 활용된다.***
8. 있을 법한 일터 웰빙 프로그램과 잘 어울린다(예: 희망 프로그램은 성인 희망 척도로 적절하게 평가될 수 있으며, 의미 프로그램은 일과 의미 척도로 적절하게 평가될 수 있다).

아래에 제시된 2개의 웰빙 결과물 척도, 14개의 웰빙 동인 척도는 조직 웰빙 평가에 있어서 잠재력 있는 구성요소로서 제안되었다. 이것은 결코 확정적인 것이나 빠트림 없이 완벽한 것은 아니다.

---

* 무엇이 결과변수 혹은 원인변수로 간주될 수 있는지에 대해서는 논쟁과 주관성의 여지가 있다는 것을 알린다. 많은 경우 양쪽 모두로 간주될 수 있다(예: 소진은 조직에 대한 관심의 결과변수일 수도 있고, 웰빙의 원인변수일 수도 있다). 이 장의 목적은 이와 같은 논점을 다루는 것이 아니며, 이 목록은 저자의 관점을 나타낸다.

** 선정 기준 또한 논쟁의 여지가 있다. 다음 8가지 기준은 실무적, 이론적 이유에서 현재의 저자들이 중요하다고 간주하였다.
*** 앞 절에서 식별한 11개 측정법 모두가 이를 만족하는 것은 아니다.

앞서 언급한 11개 측정법과 이것의 결합은 더 나은 조직 웰빙 측정의 방향이자, 조직 웰빙의 다차원적 성격을 파악하기 위한 '좋은 첫 걸음'이 될 것이다.

- 전반적인 결과물 측정법

1. 워릭-에든버러 정신 웰빙 척도(Warwick-Edinburgh Mental Well-being Scale: Tennant et al., 2007)
2. 일터 웰빙 지수(Workplace Well-being Index: Page, 2005)

- 웰빙의 동인(driver) 측정법

3. 성인 희망 척도(Adult Hope Scale: Snyder et al., 1991)
4. 일과 의미 척도(Work and Meaning Inventory: Steger, Dik, & Duffy, 2012)
5. 삶의 의미 설문지(Meaning in Life Questionnaire: Steger, Frazier, Oishi, & Kaler, 2006)
6. 주관적 활력 척도(Subjective Vitality Scale: Ryan & Frederick, 1997)
7. 강점 활용과 인식 척도(Strengths Use and Knowledge Scale: Govindji & Linley, 2007)
8. 감사 척도(Gratitude Scale: McCullough, Emmons, & Tsang, 2002)
9. 호기심과 탐험 척도 - II (Curiosity and Exploration Inventory - II: Kashdan et al., 2009)
10. 보편적 자기효능감 척도(General Self-Efficacy Scale: Schwarzer & Jerusalem, 1995)
11. 축약형 회복탄력성 척도(Brief Resilience Scale: Smith et al., 2008)
12. 일반 건강 설문지(General Health Questionnaire: Goldberg & Hillier, 1979)
13. 지각된 스트레스 척도(Perceived Stress Scale: Cohen & Williamson, 1988)
14. 직무만족 척도(Job Satisfaction Scale: Warr, Cook, & Wall, 1979)
15. 말리크 소진 척도(Malach Burnout Scale: Malach-Pines, 2005)

16. VIA(Values In Action) strengths (Peterson & Park, 2009; Peterson & Seligman, 2004)

일부 동인은 보편적 웰빙을 촉진하기 용이하고, 일부 동인은 업무 웰빙을 촉진하기 용이하다. 예를 들어, 서로 다른 직업 집단(예: 관리자, 영업사원, 육체노동자 등)은 건강과 같은 보편적 웰빙보다는 직무만족과 같은 업무 웰빙에 있어서 서로 다른 동인을 갖고 있다(Hamling, Jarden, and Schofield, 2016). 여기서 '일과 삶의 균형'과 '몰입'과 같은 측면은 업무 웰빙의 큰 동인이었던 반면, '의미와 목적'과 '자존감'과 같은 측면은 보편적 웰빙의 큰 동인이었다.

요약하면, 보편적 웰빙의 결과를 측정하는 것은 의사결정자에게 중요한 정보를 제공한다. 특히 시간의 경과에 따라 추적할 수 있을 정도로 민감한 경우 더욱 그러하다. 삶의 만족에 대한 인지적 판단과 같은 일부 구성개념은 시간의 흐름에 따라 상대적으로 안정적이지만, 정서와 같은 다른 구성개념은 덜 그러하다(예: Sheldon, Jose, Kashdan, & Jarden, 2015 참조). 또한 웰빙의 동인과 조력요인을 측정하는 것은 그것이 시간의 흐름에 따른 변화에 민감할 경우 의사결정에 중요한 정보를 제공한다. 연구결과에 따르면, 동인의 증가는 조직 성과뿐만 아니라, 구성원 웰빙에도 도움이 된다. 예를 들어, 호기심의 강도는 목표달성(예: 일터에서 핵심 성과 지표에 도달)에 도움이 될 뿐만 아니라, 목표달성 자체로부터 비롯된 웰빙 혜택을 제공한다(Sheldon et al., 2015).

다양한 구성개념을 포괄하는 16개 측정법을 감안할 때, 측정법의 구성에 있어서 누락된 사항은 무엇인가? 웰빙 측정에 있어서 그 밖에 조직이 측정하기 원하는 것은 무엇인가? 첫째, (앞서 언급한 8가지 기준에 따를 때) 긍정적 리더십에 대한 좋은 척도가 없다(MacKie 이번 호 참조).* 둘째, 새롭게 대두되는 신체적 건강과 주관적 복지 사이의 중요한

---

* 진성 리더십 척도의 경우 긍정적 리더십 측면에 좋은 측정법으로 인정된다(Authentic Leadership Inventory: Neider & Schriesheim, 2011 참조).

관계를 고려할 때(Seligman, 2008), 일반 건강 설문지(GHQ-12: General Health Questionnaire)보다 구성원 건강 지표에 대한 상세한 측정이 도움이 될 수 있다(예: 건강 상태).* 긍정적 리더십과 건강, 이 두 가지가 조직에서 평가하고자 하는 영역일 것이다.

요약하면, 다양한 방법(즉, 웰빙 촉진 연구 검토, 일터 웰빙 연구 검토, 전문가 의견)이 조직 웰빙 평가에 활용할 평가 방법을 식별하는 데 사용되어 왔다. 또한, 우리는 합리적인 기준에 근거하였으며, 보편적 웰빙과 웰빙 동인 측정 간의 간극을 메울 수 있는 추가적인 측정법을 제안하였다. 앞서 언급한 바람직한 27개의 측정법 목록은, 각 조직이 처한 고유의 맥락에 따라, 바람직한 첫 번째 표본을 이끌어낼 수 있는 좋은 구성이라고 우리는 믿는다.

"무엇이 측정되어야 하는가?"라는 질문은 "웰빙이 어떻게 측정되어야 하는가?"라는 질문으로 전환될 수 있다. 이는 곧 조직 차원의 웰빙 측정을 위한 가장 좋은 방법은 무엇인가와 같은 의미가 될 수 있다.

〈조직에서의 웰빙 측정 실행〉

페이퍼와 온라인 기반 심리측정 테스트, 셀프 모니터링, 직접 관찰, 생리학적 측정(예: 심박수, 피부 전도율), 인터뷰, 기존 기록 사용을 포함하여, 업무 웰빙 측정(예: Juniper, White, & Bellamy, 2009)과 심리학적 측정(Shum et al., 2013 참조)을 위해 활용할 수 있는 다양한 방법이 있다. 특히 웰빙과 관련하여, 체험 샘플링 방법(ESM: Experience Sampling Method, Larson & Csikszentmihalyi, 1983)과 일상 재구성 방법(DRM: Day Reconstruction Method, Kahneman, Krueger, Schkade, Schwarz, & Stone, 2004)도 존재한다. 그러나 가장 많이 보급된 것은 심리측정 테스트(psychometric test)인데, 이는 주로 다른 방법에 수반되는 비용 증가, 경험 수준, 전문 장비, 시간 소요 때문이다. 페이퍼 기반 테스트와 온라인 테스트를 비교함에 있어서, 연구결과에 따르면 페이퍼 기반 버전과 비교할 때 온라인 측정법의 심리측정적 속성에 유의미한 차이는 없다(Lewis, Watson, & White, 2009; Riva, Teruzzi, & Anolli, 2003). 이는 웹 기반 연구법 활용이 증가하는 한 가지 이유이다(Reips, 2006). 온라인 테스트는 빨라지고, 기밀성이 향상되며, 채점은 자동화되고 있다(Shum et al., 2013). 위의 모든 이유로, 우리는 온라인 측정법의 사용을 권장한다.

앞서 언급한 27개 측정법은 표준적인 웹 기반 설문조사 소프트웨어(예: survey monkey, survey gizmo, survey pro)를 통해 자체적으로 관리할 수 있지만, 현재 활용할 수 있는 두 가지 온라인 웰빙 평가도구가 다음에 제시되어 있다. 두 검사 모두, 결과 수준과 동인 수준에서 웰빙지표의 조합을 파악할 수 있다.

- 일터에서의 웰빙**

일터에서의 웰빙(www. workonwellbeing.com)은 조직에서 구성원의 웰빙을 평가하고 추적하기 위해 특별히 개발된 온라인 평가도구이다. 평가는 50개의 질문으로 구성되며 평균 9분이 걸린다. 심리학 연구문헌에서 검증된 심리측정 지표의 모음으로 구성된 이 평가에는 다음 네 가지 주요 모듈이 있다. 전반적인 웰빙 평가(예: 삶의 만족), 영역에 대한 웰빙 평가(예: 친밀한 관계에 대한 만족도), 일터에서의 웰빙 평가(예: 일터에서의 자율성), 웰빙을 뒷받침하는 작업 환경과 관련된 웰빙 요인에 대한 평가(예: 신체적 건강 척도, 회복탄력성). 또한, 자체적인 특정 질문을 평가에 추가할 수 있으며, 검증된 50개의 추가적인 목록(예: 업무몰입, 소진, 스트레스, 희망, 의미, 마음챙김)에서 측정하고자 하는 구성개념을 선택할 수 있다. 평가가 끝나면 결과는 실시간으로 제공되며, 현시점의 웰빙보고서와 추적 비교한 웰빙보고서가 제공된다. 평가 기간이 끝나면 조직의 계정관리자와 구성원 모두에게 전체를 평균

---

* 도덕성, 마음가짐, 심리적 자본, 긍정적 정체성 등과 같은 많은 다른 구성개념이 있는데, 이를 평가하는 것도 유익하다.

** 이 장의 저자 중 한 명은 일터 웰빙 주식회사(Work on Wellbeing Ltd)의 관리자이며, 다른 한 명은 일터 웰빙 주식회사(Work on Wellbeing Ltd)의 수석과학자라는 것을 알린다.

한 익명의 조직 차원 웰빙보고서가 제공된다. 이 보고서는 하위집단 차원(예: 팀)으로 조정할 수 있다.

일터에서의 행복 설문지 일터에서의 행복 설문지(www.happinessatworksurvey.com)는 48개의 질문으로 구성되며, 평균 10분이 걸리는 온라인 업무 웰빙 평가도구이다. 설문지는 일터에서의 행복에 영향을 미치는 4가지 상호 연관된 역동적 범주를 측정한다. (1) 개인적 자원 (2) 조직 자체 (3) 업무 자체 (4) 일터에서의 생각과 감정에 대한 구성원의 응답을 실시간 보고서로 제공받으며, 결과물은 유의미한 발견을 촉진하는 역동적 모델에서 주목할 부분과 그렇지 않은 부분을 식별해준다. 조직 차원의 결과는 익명으로 평균되며, 하위집단 차원(예: 팀)으로 조정할 수 있다. 참가자들이 일터에서 행복을 증진하는 조치를 취할 수 있도록, 각 질문은 국가 단위 샘플과 비교하여 제시된다.

두 가지 웰빙 평가도구 외에도 Moodscope(www.moodscope.com), Tiny Pulse(www.tinypulse. com), Gallup Wellbeing Finder(www.gallup.com)등이 있다(그러나 시간의 흐름에 따라 웰빙을 추적할 수 있는 도구는 거의 없다). 평가도구와 관계없이 다음의 사항이 중요하다. (1) 평가는 단 하나의 정보에 의존하기보다는 여러 가지 방법을 활용해야 한다(예: 설문조사와 관찰). (2) 평가는 정기적으로 이루어져야 한다(예: 일터 웰빙 프로그램 전, 도중, 후). (3) 웰빙에 대한 정기적인 대화는 일터 웰빙 증진의 주요한 통로이며, 빈번한 평가 시점은 대화를 자극할 수 있는 기회를 제공한다(Dutton & Spreitzer, 2014).

지금까지 무엇이 어떻게 평가되어야 하는지 개요를 살펴보았다. 이제 우리는 구성원(Me), 팀(We), 조직(Us) 프레임워크를 간략하게 소개하고자 한다. 조직 차원의 웰빙을 평가하고, 일터 웰빙 프로그램에 대한 참여를 이끌어내며, 조직 내에서 일터 웰빙 프로그램을 실행할 때, 이것은 중요할 뿐만 아니라 실무적으로도 유용하다. 이 모델은 조직에 다음과 같은 이론적 근거와 유의사항을 제공한다. 조직 차원의 성과와 웰빙을 극대화하기 위해서는 다차원의 평가와 개입법이 필요하며, 개인 차원의 구성개념에만 초점을 맞추는 것은 충분하지 않을 수 있다. '좋은 첫 걸음' 이전에 제안된 대부분의 측정법들은 개인 수준에만 머물러 있었다.

'구성원, 팀, 조직(Me, We, Us)' 프레임워크

높은 수준의 심리적 웰빙의 혜택은 개인, 조직,

[그림 22.2] 웰빙 개입법의 구성원(Me), 팀(We), 조직(Us) 수준

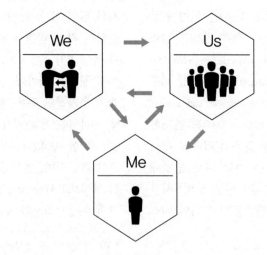

* 출처: 저자

사회 전체에 영향을 미치지만, 일터 웰빙 프로그램은 개인(예: 일터 밖에 있는 개인)보다는 주로 조직(예: 일터에서의 개임)을 대상으로 한다. 특히 조직 차원의 웰빙에 초점을 맞출 때, 웰빙 평가와 일터 웰빙 프로그램은 조직 구조나 규모에 상관없이 서로 다른 세 가지 수준에서 이루어질 수 있다. 이는 그림 22.2에 묘사된 것과 같이 개인 수준(Me), 집단 수준(We), 조직 수준(Us)이다.

개인 수준의 웰빙 방향성은 주의깊은 강점 발견과 활용(Niemiec, 2013), 마음챙김 프로그램을 수행(Kabat-Zinn, 2005)과 같이, 구성원 스스로 수행할 수 있는 전략과 작업을 포함한다. '구성원(Me)'의 방향성은 조직 내 다른 사람들의 개입을 요구하지 않는다. 집단 수준의 웰빙 방향성은 관리자, 소속 팀 혹은 업무환경에서 자주 접촉하는 다른 구성원과 같이, 해당 구성원의 웰빙에 영향을 미치는 다른 구성원의 개입을 요하는 전략과 작업을 포함한다.

위의 작업은 집단에 영향을 주거나 집단 형태로 수행되며, 관리자 혹은 팀원과 같은 타인의 협력과 투입을 필요로 하므로, 구성원 스스로 수행할 수 없다. '팀(We)' 방향성의 예로 잡크래프팅(job crafting: Wrzesniewski, 2014) 혹은 고품질의 관계 구축(Dutton & Heaphy, 2003)을 들 수 있다. 조직 수준의 웰빙 방향성은 조직 전체에 영향을 미치는 것을 목표로 하거나, 조직 최 상단에서 (이상적으로는 모든 구성원에게) 파급되도록 설계된 전략과 작업을 포함한다. '(조직)Us' 방향성 전략과 작업의 예로, 조직웰빙 정책수립(HAPIA, 2009), 일회성 혹은 소규모 웰빙 방향성에 대한 조직 차원의 자원 투입, 조직 전체에 대한 웰빙 평가, 긍정조직혁명(AI: appreciative inquiry, Cooperid & Whitney, 2005)과 같은 일터 웰빙 프로그램을 들 수 있다. 또한, 이와 같은 구성원, 팀, 조직(Me, We, Us) 수준은 통합될 수 있다. 예를 들어, 구성원(Me)은 강점에 기반하여 업무를 선택할 수 있고, 팀(We)은 프로젝트 할당에 있어서 팀원의 강점에 집중할 수 있으며, 조직(Us)은 모든 구성원을 위한 강점 프로그램에 대한 투자할 수 있다.

전반적인 개인, 집단, 조직 모든 수준에서 긍정심리학적 관점에서의 높은 웰빙은, 구성원과 조직이 강점을 자본화하고 바람직한 조건을 만들고 가꾸어 나감으로써, 무엇이 잘못되었는지 보다는 무엇이 잘 되었는지 그리고 무엇이 기능하는지로 관점을 옮기는 것이다(Jarden & Jarden, 2015; Lewis, 2011). 세 단계에 걸친 일터 웰빙 프로그램은 구성원이 자신의 강점을 활용하고, 관계를 강화하며, 일터에서 보다 큰 의미와 몰입을 찾음으로써, 구성원과 조직 모두가 진정한 잠재력을 달성할 수 있도록 돕는 것이다.*

단언하건대, 지금까지 웰빙 평가와 일터 웰빙 프로그램은 구성원(Me) 수준에 중점을 두었다. 팀(We) 수준에서의 웰빙 활동(예: 관리자의 부드러운 관계능력과 의사소통 기술)은 일터 웰빙 프로그램의 주요한 목표이지만, 팀(We) 수준의 웰빙 평가 측정법은 거의 존재하지 않는다. 현재로서 구성원, 팀, 조직(Me, We, Us) 세 가지 수준을 전체론적 관점에서 적절하게 측정하는 측정법, 척도, 도구는 없기 때문에(Work on Wellbeing, Happiness at Work Survey, 그 밖의 도구도 마찬가지 한계점을 가지고 있다), 실무는 물론 개입법 연구와 평가의 관점에서도 팀(We)과 조직(Us) 수준에 대한 더 많은 관심이 필요하다. 이는 지금까지 대다수 업무 웰빙 연구가 개인 수준의 혜택에 관한 것이라는 인식에 근거한다. 구성원, 팀, 조직(Me, We, Us) 프레임워크 자체와 각 수준 간의 통합에 대한 연구와 검증이 필요하다는 것은 명백해 보인다.

미래 연구

일터 웰빙과 건강 증진에 대한 긍정심리학적 평가의 잠재력을 극대화하기 위해, 현재 다양한 연구 방법이 제시되고 있다.

첫째로, 현재의 평가 관행에 있어서 연구방법

---

* 우리는 행복과 웰빙에 대해서만 독점적인 초점을 제시하려는 것이 아니다(이는 나쁜 결과를 낳을 수 있다 – Caza & Cameron, 2008 참조). 그보다는 무엇이 잘 되었는지, 무엇일 잘못되었는지에 대한 포괄적인 접근법을 취한다.

론에 대한 보고를 확대할 필요가 있다. 현재의 일터 웰빙 평가관행과 국가별 시행안에 대해서, 특정한 측정법을 언제, 왜, 누가 어떻게 사용했는지에 대한 연구와 리뷰가 필요할 것이다. 현재의 측정법이 목적에 부합하는지, 웰빙 평가가 보편적 연례 조사와 맥락이 맞는지를 밝혀줄 수 있기를 기대한다. 또한, 조사 그 자체의 표면적 목적보다는, 특정한 건강 관리의 방향성과 부합하는지, 특정한 조직 차원의 목적(예: 구조조정)과 부합하는지도 알려준다. 조직에서의 현행 웰빙 평가의 규모와 범위를 철저히 이해하기 위해, 변화의 기반이 되는 기저선과 특성의 확립을 위해 더욱 많은 연구가 필요할 것이다.

둘째, 일터에서 웰빙 평가를 수행할 때의 잠재적 장애물과 도전에 대해 더 많은 탐구가 필요하다. 예를 들어, 챕터 저자의 관점에서 다음과 같은 측면을 예상할 수 있다. (1) 조직 내에서 이루어진 수많은 평가와 설문조사에 대해 피로감을 느끼는 구성원 (2) 정보가 감춰지고 결과가 보류되거나, 조사결과와 관련된 후속조치 혹은 변화가 없었던 조사와 관련된 나쁜 경험 (3) 민감하고 개인적인 웰빙 데이터의 익명성과 안전성에 대한 우려 (4) 평가 실행의 실천적인 측면(예: 긍정심리학적 평가 전문가 섭외 여부, 문제를 적절하게 다루기 위한 기술 혹은 전문성의 확보 여부). 일터에서의 웰빙 평가가 가진 도전은 구성원, 조직, 사회 전반에 적용되며, 모든 상황에서 다를 수 있다. 그러나 현재 우리는 각종 장애물과 도전이 웰빙 평가에 어느 정도 영향을 미치는지 알지 못한다. 긍정심리학적 평가 실무를 제한할 수 있는 맥락을 구체화하기 위해서 더 많은 연구가 필요하다.

셋째, 조직 차원의 웰빙 평가 결과물 자체를 뛰어넘는 잠재적 혜택에 대해 더 많은 연구가 필요하다. 광범위한 맥락적 혜택으로는 다음의 예를 들 수 있다. 조직이 구성원을 보살피는 것으로 인식됨, 조직이 더 훌륭한 직장으로 여겨짐, 웰빙 평가 정보를 활용하여 중요한 경영 상의 의사결정을 내릴 수 있음, 심리적/신체적 건강을 보다 건설적으로 관리하는 데 웰빙 정보가 도움이 될 수 있음.

우리는 웰빙 평가와 관련된 맥락적 영향력의 전체를 알지는 못하기 때문에 맥락적 측면을 구체화하기 위해서 더 많은 연구가 필요할 것이다.

마지막으로 구성원, 팀, 조직(Me, We, Us) 프레임워크 자체와 그 유용성에 대한 탐구가 필요하다. 지금까지 대다수 업무 웰빙 연구가 개인 수준의 혜택에 관한 것이라는 인식에 근거하여, 특히 개입법 연구와 평가의 관점에서, 'We'와 'Us' 수준에 대한 조사가 필요하다고 보여진다.

결론

조직 차원의 웰빙을 위한 비즈니스 사례는 학문적, 재정적으로 축적된다. 그러나 높은 업무 웰빙의 혜택에 대한 지식이 널리 알려지는 것, 긍정심리학적 평가가 보편화되는 것은 시간의 문제이다. 현재 일터에서 긍정심리학적 평가는 거의 일어나지 않는 것처럼 보이지만, 지금이 현재의 조직 차원의 웰빙 관행에 대한 정보를 수집하기에 좋은 기회이다. 특히, 긍정심리학적 측정법과 이것이 어떻게 사용되는지에 대한 정보와 웰빙 개입법 그리고 평가의 수준에 대한 개념적인 사고는 조직 차원의 웰빙 평가를 개선하기 위한 '좋은 첫 걸음'이 될 것이다. 또한 지금이 어떠한 측정법이 포함되어야 하는지, 이를 통해 무엇을 이루어야 하는지, 이것이 어떻게 시행되어야 하는지에 대한 확고한 가이드라인과 권장사항을 확립할 때이다. 현재는 변화, 일관성, 비교가능성의 기저선으로 작용할 수 있기 때문이다. 이와 같은 권장사항을 밝히기 위해서 더 많은 연구가 필요하다.

고품질의 심리적 웰빙 정보는 최상의 강점과 가장 중요한 목표에 기반하여, 구성원이 의미 있고 즐거운 일을 할 수 있는 긍정적인 일터를 창조하는 데 활용할 수 있다는 것이 우리의 견해이다. 정확한 평가 정보를 통해, 조직은 각 구성원의 고유한 지적 능력과 개인적 장점을 자본화할 수 있다. 구성원이 단지 업무를 수행하는 것을 넘어서서, 좋은 일, 최고의 일을 할 수 있도록 초점을 맞추는 것이 가능하다. 조직은 단순한 문제해결을 넘어서서, 탁월함을 창조할 수 있다. 이와 같은 진보가 이루어지고 있고, 더 나은 업무 경험에 대한 구성원의 바람을 해결하는 작업이 시작될 것이며, '일터에서의 좋은 하루'를 만드는 데 도움이 될 것이며, 사회를 더 나은 삶의 방식으로 진전시키는 데 도움이 될 것이다.

부록 A: 둘 이상의 데이터 출처에서 선택된 긍정심리학 측정법

우리는 많은 연구에서 활용되며 긍정심리학 측정 전문가가 추천하는 11개의 측정법을 다음과 같이 제시한다.

번호	측정법	개발자	측정 개념	웰빙 촉진 연구 (표22.1)[a]	업무 웰빙 연구 (표22.2)[b]	전문가 추천[c]
1	삶에 대한 만족 척도(SWLS: Satisfaction with Life Scale)	Diener et al. (1985)	삶에 대한 만족(Life satisfaction)	✓	✓	✓
2	심리적 웰빙 척도(SPW: Scales of Psychological Well-being)	Ryff & Singer (1998)	웰빙(Well-being)	✓		✓
3	긍정정서와 부정정서 척도(PANAS: Positive Affect and Negative Affect Schedule)	Watson, Clark, & Tellegan (1988)	긍정정서와 부정정서(Positive affect and negative affect)	✓	✓	✓
4	우울증 척도 역학연구센터(CES-D: Centre for Epidemiological Studies Depression Scale)	Radloff (1977)	우울한 기분(Depressed mood)	✓	✓	
5	삶의 질 척도 (QoLI Quality of Life Inventory)	Frisch (2004)	삶의 만족(Life satisfaction), 삶의 영역(life domains)	✓		✓
6	스틴 행복 지수 (SHI: Steen Happiness Index)	Seligman, Steen, Park, & Peterson (2005)	행복(Happiness)	✓		✓
7	주관적 행복 척도(SHS: Subjective Happiness Scale)	Lyubomirsky & Lepper (1999)	행복(Happiness)	✓		✓
8	삶의 지향점 검사 - 개정판(LOT-R: Life Orientation Test - Revised)	Scheier, Carver, & Bridges (1994)	낙관주의(Optimism)	✓		✓
9	건강 척도(FS: Flourishing Scale)	Diener et al. (2009)	건강(Flourishing)	✓		✓
10	위트레흐트 업무 몰입 척도(UWES: Utrecht Work Engagement Scale)	Schaufeli te al. (2006)	업무 몰입(Work engagement)	✓	✓	
11	마음챙김 주의 알아차림 척도(MAAS: Mindfulness Attention Awareness Scale)	Brown & Ryan (2003)	Mindfulness(마음챙김)		✓	✓

* a: 1회 이상 활용

  b: 2회 이상 활용

  c: Owens et al. (2015)

Part III

비즈니스 현장에서 긍정심리학의
적용

23장
의료전문가의 웰빙: 일터에서의 긍정심리학

울리히 뷔스만(Ulrich Wiesmann)

서론

최근까지 긍정심리학은 의료 분야 종사자를 타인의 웰빙을 증진시키는 집단으로만 여기고, 이들의 웰빙에 대해서는 큰 주의를 기울이지 않았다. 의료 종사자의 업무 범위는 예방, 치료, 재활을 위한 체계적인 의료서비스를 제공하는 것으로 정의된다(Wikipedia, 2015). 이런 측면에서, 의료전문가는 건강을 증진시키거나 질병을 극복하기 위해 사람들이 활용할 수 있는 인적자원이다. 세계보건기구(World Health Organization)는 의료 종사자를 다음과 같이 정의했다. "건강 증진이 주 목적인 활동에 종사하는 모든 사람들(World Health Organization, 2006, p.1)" 의료에 포함될 수 있는 직무의 범위는 의사, 치과의사, 간호사, 심리치료사, 보건복지사, 사회복지사, 건강관리 및 건강증진 산업 종사자와 같이 광범위하다. 이 장에서는 환자와 직접 대면하는 의료전문가에게 중점을 두고 있다.

의료 분야 종사자는 각기 다른 영역에서 높은 수준의 전문성을 갖추고 있다. 그들은 직업 훈련을 통해 다른 사람들의 건강을 증진시킬 수 있는 특정한 지식, 기술, 능력을 갖춘다. 이와 같은 전문성과 높은 수준의 훈련을 바탕으로 그들이 돌보는 환자에 대한 의무와 책임을 다할 수 있다. 의료서비스는 윤리적, 도덕적 측면에서 환자 혹은 고객의 이익에 중점을 두어야 한다. 의료전문가는 자신의 이익보다 환자의 이익을 최우선으로 고려해야 하며, 의료서비스를 위탁한 고객을 존중해야 한다. 주목할 만한 점은, 많은 의료전문가들이 자기관리(self-care)를 직무 상의 문제가 아닌 개인의 문제로 여기고 있다는 점이다. 의료계 문화에서, 의사는 자기 이미지를 무결점의 보호자로 상정하고 있다(Wallace & Lemaire, 2009).

원칙적으로, 환자 또는 고객과 직접 대면하는 모든 의료전문가는 자신의 건강과 웰빙을 돌보아야 한다(Figley & Beder, 2012, Figley, Huggard, & Rees, 2013). 의료전문가는 심각한 부상, 죽음, 폭력, 성적 학대와 같이 정신적 외상을 줄 수 있는 사건을 직접 혹은 간접적으로 경험한다. 이러한 경험의 누적은 이차 외상(secondary trauma: Canfield, 2005; Collins & Long, 2003; Figley, 1995)과 소진(burnout)을 초래할 수 있고(Maslach, Schaufeli, & Leiter, 2001) 주관적 웰빙을 손상시킬 수 있다(Diener, Lucas, & Oishi, 2002).

전문가의 부정적 심리 상태는 의료서비스를 제공하는 과정에서 환자 혹은 고객에게 해로울 수 있다. 정서적으로 불안정한 의사 혹은 간호사를 떠올려 보라. 환자를 위해 의료 분야 종사자는 전문가로서 자기 자신을 돌볼 의무가 있다(Hantke & Görges, 2012; Larsen & Stamm, 2008).

실제로 개인으로서 의료전문가의 삶의 질은 전혀 주목 받지 못하고 있다. 언뜻 보면, 환자의 고통이 존재하는 상황에서 어떻게 자신의 건강, 웰빙, 직업적 성취를 향상시킬 수 있는지(Brown & Gunderman, 2006) 생각하는 것은 초점을 벗어난 것처럼 보인다. 의료전문가로서 자신의 일을 잘하면, 개인적 웰빙은 자연스럽게 따라올 것처럼 생각되기도 한다. 환자를 치유하는 것 혹은 생명을 위협하는 질병을 갖고 있던 고객을 치료하는 것보다 전문가로서 보람 있는 일이 과연 있을까? 물론 이것도 중요하다. 그러나 의료전문가가 소진되었거나 병을 앓고 있다면, 이들은 환자의 건강을 위한 인적자원으로서 기능할 수 없다는 점은 분명하다. 그들 자신의 심리적 자원이 고갈되었다면, 그들이 제공하는 의료서비스의 질 또한 떨어지는 것이 필연적이다(예: Scheepers, Boerebach, Arah, Heineman, & Lombarts, 2015).

이 장에서는 의료전문가의 웰빙에 관한 연구를 검토할 것이다. 첫째로, 의료산업에 대한 긍정심리학적 접근법의 가이드라인이 되는 쾌락적 웰빙(hedonic well-being)과 목적지향적 웰빙(eudaimonic well-being)의 개념(Ryff, 1989, 1995)을 살펴보려고 한다. 다음으로 의료전문가의 직무 스트레스와 이로 인한 위협을 요약해 볼 계획이다. 이 영역의 연구에서는 부정적인 심리상태를 예측하는 해로운 업무요인과 개인요인을 광범위하게 탐색해볼 것이다. 연구의 결과는 부정적 요인의 부재와 긍정적 요인의 존재(예: 자율성, 자기결정성)가 부정적 결과(예: 소진)를 완화한다는 것을 보여준다.

그 다음에는, 인간의 존재와 웰빙에 대한 새로운 관점을 반영하는 긍정심리학의 핵심개념들을 소개할 것이다. 예를 들어, 건강한 개인의 심리적 자원(resources), 잠재력(potentials), 역량(competencies), 긍정적 상태(positive states)와 같은 개념들에 대한 관심이 증가하고 있다. 이에 대한 연구결과를 통해 우리는 직무만족(job satisfaction), 업무몰입(work engagement), 자기결정성(self-determination),

자율성(autonomy), 잡크래프팅(job crafting), 마음챙김(mindfulness), 회복탄력성(resilience), 권한위임(empowerment)과 같은 이슈들을 탐색할 것이다. 그리고 의료전문가의 주관적 웰빙(subjective well-being)을 향상시키기 위해 고안된 '긍정적' 개입(intervention)에 관한 연구를 소개할 것이다. 마지막에서는 미래 연구에 대한 전망과 결론으로 이 장을 마무리할 계획이다.

의료전문가 웰빙 연구를 위한 긍정심리학적 접근법

의료전문가의 웰빙을 유지하고 향상시킬 수 있는 방법은 무엇일까? 이를 밝히기 위해, 먼저 긍정심리학에서 웰빙을 어떻게 정의하고 있는지 살펴보자 한다.

다이너(Diener), 오이쉬(Oishi) 및 루카스(Lucas)와 같은 저명한 연구자들은 다음과 같은 정의를 제시한다(2003, p.404).

주관적 웰빙(SWB: subjective well-being)은 사람들이 현재 혹은 지난 몇 년간 자신의 삶을 어떻게 평가하는지에 대해 과학적으로 분석하는 개념이다. 이러한 평가는 중요한 사건에 대한 사람들의 정서적 반응, 자기 삶의 만족과 성취에 대한 판단, 결혼 혹은 직장과 같은 중요한 영역에 대한 만족도를 포함하여 내려진다. 따라서 주관적 웰빙(SWB)은 사람들이 무엇을 행복 혹은 만족이라고 여기는지에 집중한다.

연구자들은 쾌락적 웰빙(hedonic well-being)과 목적지향적 웰빙(eudaimonic well-being)을 구분하여 제시하였다(Ryan & Deci, 2001; Ryff, 1989, 1995). 전자는 위에서 언급한 주관적웰빙의 정의와 마찬가지로, 일상 경험에서의 긍정적 감정과 같은 정서적 요소와 삶 전반에 대한 인지적 평가를 포함한다. 반면, 후자는 어떻게 하면 인간으로서 온전히 기능할 수 있는지에 초점을 맞춘다. 다시 말해, 쾌락적 웰빙은 현재의 경험과 이에 대한 긍정적 평가로부터 비롯된 "기분이 좋다"라는 현상에 주목한다. 목적지향적 웰빙은 개인에게 내재되어 있는 자원과 잠재력을 개발함으로써 '온전히 기능하는 것'에 초점을 맞춘다. 따라서 후자는 단순한 만족과 즐거움을 넘어서는 요소들을 포함하고 있다. 여기서 말하는 목적지향성(eudaimonia)을 표상하는 단어로는 건강, 진정한 자아, 잠재력 실현, 자아의 발현과 같은 것을 들 수 있다. 이와 같은 아이디어를 집약하는 본질적 질문은 다음과 같다. "당신은 누구입니까? 당신은 자아실현을 하며 살고 있습니까?"(Kimiecik, 2011, p.776)

리프(Ryff, 1989, 1995)는 고전적인 심리학 연구들(예: Allport, 1961, Erikson, 1982, Maslow, 1968, Rogers, 1961)에 기초하여, 심리적 웰빙(PWB: psychological well-being)의 여섯 차원을 다음과 같이 구분하여 제시하였다. 자기수용(self-acceptance), 타인과의 긍정적 관계(positive relations with others), 자율성(autonomy), 환경에 대한 통제력(environmental mastery), 삶의 목적(purpose in life), 그리고 개인적 성장(personal growth)이 바로 그것이다. 각각의 차원은 각기 다른 측면의 심리적 기능을 표상한다.

자기수용(self-acceptance)은 정신 건강, 자기실현(self-actualization, Abraham Maslow, 1968), 온전히 기능하는 사람(the fully functioning person: Carl Rogers, 1961), 성숙(maturity, Gordon Allport, 1961)을 가능하는 척도이다. 현재의 자신과 과거의 삶에 대해 긍정적 태도를 유지하고, 자신의 좋은 점과 나쁜 점을 모두 받아들이는 것은 바람직한 심리적 기능의 핵심이다. 타인과의 긍정적 관계(positive relations with others) 또한 정신 건강에 필수적이다. 긍정심리학의 많은 이론과 모델들은 공감(empathy), 애정(affection)과 같은 강력한 정서를 수반하는 따뜻하고 신뢰로운 대인관계, 친밀감(intimacy)을 수반하는 긴밀한 관계, 양육적인 지도와 방향 제시와 같은 후진 양성 욕구(generativity)와 같은 요소들을 중요하게 여긴다. 자율성(autonomy) 또한 중요하다. 자기결정성, 타인으로부터의 독립성, 자신의 행동에 대한 내적 규제(inner regulation of behavior)는 이러한 웰빙을 특징짓는 요소이다. 환경에 대한

통제력(environmental mastery)은 욕구와 필요에 따라 환경을 선택하거나 창조할 수 있는 능력을 말한다. 자신이 속한 세계를 발전시키고, 복합적인 환경을 창조적으로 형성할 수 있는 능력은 정신 건강의 중요한 측면이다. 삶의 목적(purpose in life) 혹은 삶의 의미 또한 정신 건강의 필수 요인이다. 온전히 기능하는 개인은 삶이 의미 있도록 느끼게 만들어주는 목표, 의도, 방향성을 가지고 있다. 개인적 성장(personal growth)은 다른 요인들보다 한 단계 더 고차원적인 것이다. 개인적 성장은 잠재력을 발현하여 인간으로서 성장하려는 노력, 자기 실현을 이끄는 내재적 동기를 의미한다.

웰빙 연구자들은 두 가지 측면 모두를 고려하는 것이 중요하다고 주장한다. 긍정심리학의 관점에서 볼 때, 목적지향적 웰빙(eudaimonic well-being) 접근법은 의료 종사자 웰빙 연구에 있어서 중요한 참고 기준이다. 왜냐하면, 이는 전문가로서 개인의 성장과 관련되어 있기 때문이다.

예를 들어, 종양전문의가 환자에게 심각한 소식을 전해야 할 때를 생각해보자. 쾌락적 웰빙(hedonic well-being)의 관점에서 보았을 때, 이는 분명 '기분 좋은' 상황이 아니다. 그러나 이를 기회로 환자 대응법을 개발할 수 있다는 점에서 이러한 과제가 심리적 웰빙의 여섯 차원의 발달로 이어질 수 있다. 지금까지 목적지향적 웰빙 접근법이 적용되지 못했던 이유는, 이것이 직무 상황과 같은 특수한 영역이 아닌 인생의 보편적인 상황을 대상으로 하기 때문이었다. 그럼에도 불구하고, 직무 관련 웰빙에 있어서 심리적 웰빙의 여섯 차원은 의료전문가로서 잠재력 실현의 척도이다. 의료전문가가 진정한 자아 실현을 위해 일하고 있는 중인지 파악하기 위해, 다음과 같은 질문을 던져보는 것은 의미 있을 것이다.

의료전문가로서 스스로에게 긍정적인 태도를 취하고 있는가, 아니면 내가 하고 있는 일을 혐오하는가(자기수용)? 환자와 그의 가족, 동료와의 관계는 바람직하고, 지지적이며, 진정성 있는가(타인과의 긍정적 관계)? 스스로 일하는 방식을 결정할 수 있는가, 아니면 타율적인 결정에 따라야 하는가(자

율성)? 환자와 함께 일하는 환경을 설계하는 과정에 참여할 수 있는가, 아니면 그럴 권한이 없는가(환경에 대한 통제력)? 전문가로서 하고 있는 일에서 삶의 의미를 발견할 수 있는가, 아니면 일의 의미를 스스로 납득할 수 없는가(삶의 목적)? 직무 역량을 개발할 수 있는가, 일터에서 인간으로서 성장할 수 있는가, 아니면 인생을 낭비하고 있는가(개인적 성장)?

의료전문가의 웰빙에 대한 대부분의 연구는 삶에 대한 만족, 직무만족, 건강 상태, 삶의 질과 같은 쾌락적 측면의 척도에 집중되어 있다. 같은 맥락에서, 대부분의 연구들은 우울증, 자살 사고, 심리적 고통, 소진과 같은 스트레스 요인의 결과변수로서 직무 스트레스를 측정하고 있다. 이와 같은 연구들은 현재에도 많이 있다.

이제부터는 의료전문가의 웰빙을 위협하고 습관적 스트레스 반응을 유발하는 직무 스트레스의 결정 요인을 검토해보려고 한다. 그 후, 긍정심리학의 관점에서 웰빙을 증진할 수 있는 요인들을 고찰할 것이다(Seligman & Csikszentmihalyi, 2000).

의료전문가의 직무 스트레스와 이로 인한 웰빙의 위협

의료전문가의 직무 스트레스를 다룰 때, 그들의 직무 생활에 영향을 미치는 거시적 조건과 정치경제적 상황을 고려하는 것이 중요하다. 오늘날 증권거래소에 상장된 다국적 의료회사는 의료인력을 고용하여 돈을 벌고 있으며, 재정적 압박과 커져가는 경쟁 압력으로 인해 의료전문가에게 감당해야 할 작업량을 엄청나게 증가시키고 있다. 동시에 공공 의료시스템의 민영화가 전세계에서 일어나고 있다. 이는 곧 지불할 수 있는 능력을 갖춘 사람들에게만 의료서비스가 제공된다는 의미이다. 직무환경은 '이윤창출을 위한 건강관리'라는 표어로 대변되며, 이는 전문가로서의 윤리적 책임과 충돌을 일으킨다. 환자와 함께 일함으로써 얻게 되는 업무 본연의 정서적 긴장 및 압박에 더하여, 이와 같은 정치경제적 환경의 변화는 의료전문가의 삶의 질을 현저하게 악화시키고 있다.

많은 경험적 증거들이 의료전문가는 다양한 심리적 장애를 경험할 수 있는 위험집단이라는 점을 보여준다(Humphries et al., 2014; Moreau & Mageau, 2012).

의사의 약 3분의 1은 자신의 업무에 만족하지 못하고, 레지던트와 간호사도 자신의 경력 선택에 만족하지 않는다(Brown & Gunderman, 2006; Djukic, 2011; Lu, Barriball, Zhang, & While, 2012; Lu, While, & Barriball, 2005; Utriainen & Kyngäs, 2009; Van Ham, Verhoeven, Groenier, Groothoff, & De Haan, 2006). 여성 의료 종사자와 간호사는 특히 자살에 취약하다(Hem et al., 2005a, 2005b; Schernhammer & Colditz, 2004). 의료전문가는 피로, 우울증, 불면증, 약물 남용과 같은 증상을 초래하는 높은 수준의 심리적 스트레스를 경험한다(Firth-Cozens, 2001; Hegney et al., 2014; Mohammed, Ali, Youssef, Fahmy, & Haggag, 2014; Oyane, Pallesen, Moen, Akerstedt, & Bjorvatn, 2013; Pereira-Lima & Loureiro, 2015; Smith-Miller, Shaw-Kokot, Curro, & Jones, 2014). 의료전문가는 사망, 중상, 심각한 질병과 같은 부정적 사건을 지속적으로 직면하기 때문에, 이차 외상(secondary trauma)과 감정적 피로(compassion fatigue) 또한 널리 퍼져 있는 문제이다(예: Fernando & Consedine, 2014; Mathieu, 2014; Rossi et al., 2012; Sprang, Clark, & Whitt-Woosley, 2007; Wentzel & Brysiewicz, 2014). 많은 수의 경험적 연구들은 의료전문가가 직무 소진(job burnout)으로 고통받고 있음을 보여준다. "직무 소진이란 직무 상황에서의 만성적 대인관계 스트레스로 비롯된 심리적 증후군이다. 이를 나타내는 주요한 세 가지 증상은 심각한 심리적 고갈/냉소적인 느낌, 직무로부터 분리된 느낌, 무력감 및 성취감의 결여이다(Maslach et al., 2001, p.399)." 소진은 심리적 자원이 고갈된 상태를 말하며, 전염성이 있는 것으로 알려져 있다. 표 23.1과 같이 소진 증후군(burnout syndrome)은 다양한 의료전문가 집단에서 발견되었다.

[표 23.1] 의료전문가 집단에서의 소진 연구

대상 집단	경험적 증거
1. 응급실 간호사	Adriaenssens, De Gucht, & Maes (2015)
2. 중환자실 간호사	Bakker, Le Blanc, & Schaufeli (2005), Epp (2012)
3 종양학과/혈액학과 간호사	Sherman, Edwards, Simonton, & Mehta (2006),Toh, Ang, & Devi (2012)
4. 종합병원 간호사	Sahraian, Fazelzadeh, Mehdizadeh, & Toobaee (2008),Wang, Kunaviktikul, & Wichaikhum (2013)
5. 정신건강 분야 간호사	Edwards, Burnard, Coyle, Fothergill, & Hannigan (2000)
6. 말기 환자 간병인	Pereira, Fonseca, & Carvalho (2011)
7. 레지던트	Ishak et al. (2009), N. K. Thomas (2004),West, Shanafelt, & Kolars (2011)
8. 미국의 의대생, 레지던트, 초심 의사	Dyrbye et al. (2014)
9. 내과의사/외과의사	Arora, Asha, Chinnappa, & Diwan (2013), Klein, Frie, Blum, & von dem Knesebeck (2010), Roberts, Cannon, Wellik, Wu, & Budavari (2013)
10. 치과의사	Hakanen & Schaufeli (2012), Hakanen, Schaufeli, & Ahola (2008)
11. 사회봉사 서비스 종사자	Thomas, Kohli, & Choi (2014)
12. 영양사	Gingras, de Jonge, & Purdy (2010)
13. 소아과 종양 전문의	Mukherjee, Beresford, Glaser, & Sloper (2009)
14. 암 전문의	Trufelli et al. (2008)
15. 종양 전문의	Sherman et al. (2006)
16. 기타 임상 환경의 의료전문가	Bohmert, Kuhnert, & Nienhaus (2011), Hyman et al. (2011), Kareaga, Exeberria, & Smith (2009)

* 출처: 저자

소진 상태는 신체적으로 악영향을 미치며(Kakiashvili, Leszek, & Rutkowski, 2013), 결근, 퇴직, 이직과 같은 부정적인 경제적 결과(예: Adriaenssens et al., 2015, Davey, Cummings, Newburn-Cook, & Lo, 2009; Flinkman, Leino-Kilpi, & Salantera, 2010, Hayes et al., 2006)를 낳기도 한다.

PsycINFO와 Medline과 같은 논문 정보 사이트를 살펴보면, 직무 스트레스를 유발하고 의료전문가의 웰빙을 훼손시키는 요인에 대한 수많은 연구들이 게재되어 있다. 하지만 이러한 연구들은 이론보다는 경험적 측면에 집중되어 있고, 이론이 제시된 경우에도 인용한 이론들이 각기 매우 이질적이다. 또한 이러한 연구들은 직무 환경과 직무 전문성 측면에서 매우 이질적인 간호사와 의사의 작업 조건과 심리사회적 특징을 한데 묶어서 조사하고 있다. 대부분의 연구들은 낮은 삶의 질로 인한 다양한 부정적 결과들을 평가하고 있기 때문에, 쾌락적 웰빙과 목적지향적 웰빙 요소들을 전면적으로 다루기에는 적합하지 않다.

직무 스트레스를 유발하는 요인이 무엇인가에 대한 질문에, 의료전문가들은 과중한 업무 부담과 행정 업무, 재정적 문제, 제한된 개인 시간, 환자의 고통과 죽음에 대한 노출, 전문적인 실수를 할 가능성, 소송의 위협 등을 언급한다(예: Moreau & Mageau, 2012). 이와 같은 요인들은 어느 직무에나 적용할 수 있는 보편적 직무요구사항으로도 치환될 수 있다. 의료전문가의 직무 스트레스에 대한 최근의 리뷰는 심리적 긴장의 여러 원인을 밝히고 있다(예: Adriaenssens et al., 2015; Arora et al., 2013; Gurman, Klein, & Weksler, 2012; Hyman et al., 2011;

Pereira et al., 2011; Sherman et al., 2006; Trufelli et al., 2008). 연구자들은 이를 업무요인과 개인요인으로 구별하고 있다(Adriaenssens et al., 2015). 이들은 의료전문가의 심리적 긴장을 유발하는 8가지 업무 요인(외상적 사건, 직무 특성, 과중한 업무량/높은 수준의 업무 요구사항, 자율성의 부족, 사회적 지지 부족, 조직 차원의 요인, 인력 문제, 조직 문화)을 제시하였다

특히 종양학 및 응급의학 분야에서, 의료전문가는 엄청난 정서적 스트레스를 유발하는 외상적 사건에 노출되기 쉽다. 이 분야의 의료전문가는 심각한 부상, 생명을 위협하는 질병, 고통 속에 죽어가는 환자, 절망에 빠진 가정, 자살 사고, 자살과 같은 사건에 직면하고, 공격적인 행동의 표적이 되기도 한다. (1) 사망의 위협, 실제 사망, 혹은 심각한 신체적 손상을 수반하는 사건이 발생하였고, (2) 이에 대한 반응으로써 격렬한 두려운, 무력감, 공포를 경험할 경우, 이와 같은 사건은 외상 후 스트레스 장애(post-traumatic stress disorder)로 이어질 수 있다(Canfield, 2005).

많은 직무요구사항(job demands), 좁은 의사결정 범위(low decision latitude), 낮은 사회적 지지(low social support)와 같은 세 가지 직무 특성은 직무 위험에 영향을 주는 요인(occupational risk factors)이다. 이러한 맥락에서 요구 통제 모델(demand control model, Karasek과 Theorell, 1990)은 직무 스트레스를 설명하는데 가장 많이 인용되는 이론 중 하나이다. 저자들은 "요구사항이 많은 직무에서 직무 위험 요인의 상승은, 이러한 요구사항(demands)이 낮은 통제력(low control on the job)과 상호작용할 때에만 나타난다(p.9)."라고 언급하고 있다. 다시 말해, 의사결정 범위가 넓다면, 과중한 업무량은 직무 위험 상승에 중요한 영향을 미치지 않는다. 고통 받는 환자를 돌볼 때의 감정적 소모와 윤리적/도덕적 압력을 감안한다면, 이 가정을 의료서비스에 적용할 수 있을지는 의문이다. 추후 이 모델에 사회적 지지가 추가되었으며, 수요 통제 지원 모델(demand control support model)로 다시 명명되었다. 상사와 동료로부터 받은 사회적 지지는 많은 직무요구사항, 낮은 직무 통제력으로 인한 직무 스

트레스를 줄이는 것으로 나타났다.

과중한 업무량, 그리고 많은 직무요구사항은 직무 소진(job burnout)을 초래하는 중요한 스트레스 요인이며, 시간 압박의 문제를 포함하는 개념이다. 많은 환자와 다양한 문제를 해결하기 위한 시간이 제한되어 있다면, 직무 수행 자체가 스스로의 가치관 및 흥미와 부합하지 않는 타율적인 작업이 될 수 있다.

환자 대 의료전문가 비율의 심각한 불균형으로 인하여, 환자를 충분히 보살피기 위해서는 초과근무를 할 수밖에 없을 때가 있다. 이러한 압력은 병가와 결근으로 인해 더욱 악화되며, 결과적으로 의무적인 초과근무, 더 큰 압력, 더 심각한 피로를 초래한다. 이와 밀접하게 관련된 또 다른 문제는 휴식 시간과 휴게 공간의 부족이다. 이러한 모든 요인의 결과로, 직장에서의 요구가 가정생활을 방해하거나 사적인 생활에서 갈등을 촉발할 수 있고, 반대로 가정과 사적인 영역에서의 갈등이 직무 영역을 침범할 수 있다. 의료전문가가 마주하는 특별한 직무요구사항은 치료의 복잡성과 치료의 유해성(예: 종양학)에 대한 우려이다. "점점 더 복잡해지는 암 치료법과 암 환자를 돌보기 위한 병원 서비스 축소의 결합은 종양 전문 의료인을 높은 직무 스트레스와 소진의 위협에 노출시켰다(Jones, Wells, Gao, Cassidy, & Davie, 2013, p.4)." 환자의 극심한 고통과 죽음을 목격함에 있어서, 의료전문가들은 내적 요인을 과대평가하고 외적 요인을 간과하는 기본 귀인 오류(fundamental attribution error)를 일으킴으로써 실패감을 느낄 가능성이 크다.

자율성의 부족(Lack of autonomy)은 의료전문가의 정신 건강을 위협하는 심각한 문제이다. 병원은 위계적인 조직이다. 위계 구조에서 위치가 낮을수록 개인의 자기결정성은 낮아진다. 행정적/재정적 문제는 개인의 의사결정 범위를 제한하고, 때때로 어떤 치료법을 쓸지 강제하며, 최소한의 조치로 치료법을 국한시키기도 한다. 자율성의 이슈는 이 장의 다음 절에서 다시 다루기로 하자.

의료서비스는 대인 관계 맥락에서 제공된다. 낮은 사회적 지지(Low social support)는 상호 신뢰,

집단 응집력, 사회적/정서적 교류와 같은 구성원 간 팀워크가 부재한 상황을 의미한다. 또한 이는 한 사람의 업적이 동료나 상사로부터 인정받지 못하는 상황을 가리킨다. 가장 악의적인 형태의 낮은 사회적 지지는 직장에서의 따돌림 형태로 나타나기도 한다(Johnson, 2009).

조직적 요인(Organizational factors)은 오래 전부터 알려진 직무 스트레스 요인이다. 의료전문가는 병동의 구조, 방 크기, 환자와의 기밀 대화 공간의 부재, 사생활 보호 장치의 부재, 좁은 락커룸과 같은 요인 때문에 직무 환경을 비호의적이라고 지각하고, 부서 간 의사소통과 협업을 어려워할 수도 있다. 결과적으로 부서 간/개인 간 정보 교환이 부족해지고, 이로 인해 의료전문가와 환자 모두 불이익을 받을 수 있다.

인력 문제(staffing issues)는 과중한 업무량과 밀접한 연관을 갖는다. 인적자원의 숙련도 부족, 인적자원의 양 부족으로 인한 환자 대 의료인 비율의 불균형, 불평등한 근무 스케줄 및 교대 근무는 직무 스트레스를 증가시킨다. 영구적인 야간 근무는 장기적인 삶의 질에 악영향을 미칠 수 있다. 인적자원의 부족뿐만 아니라, 업무에 활용할 수 있는 물적 자원의 부족 또한 중요한 요인이다.

마지막으로 조직 문화(organizational culture) 측면 또한 스트레스를 야기할 수 있다. 낮은 수준의 혁신과 변화, 서비스 품질 관리에 대한 무관심, 과중한 업무량에 비해 낮은 재정적 보상은 직무 불만족과 소진을 가중시킨다. 후자의 요점은 많은 직무 스트레스 연구자들에게 영감을 준 노력-보상 이론(effort-reward theory)의 핵심이다(Siegrist & Peter, 1994). 노력과 보상 사이의 불형평(inequity)은 감정적 고통을 초래한다(van Dierendonck, Schaufeli, & Buunk, 2001).

지금까지 탐색된 의료전문가의 웰빙에 영향을 미치는 개인적 요인으로는 인구통계학적 특성, 성격 특성, 환자 중심의 의사소통 기술의 부족, 역할 스트레스, 역할 모호성 등이 있었다. 리뷰 연구 결과를 보면 연령, 성별, 직종과 같은 인구통계학적 특성의 영향에 대해 혼재된 양상이 있음을 알 수 있다. 이와 같은 변수들이 삶의 질이나 소진에 미치는 체계적인 효과는 일관성 있게 제시되지 않았다.

성격 특성에 대한 연구들은 낮은 회복탄력성 (Epstein & Krasner, 2013, Taku, 2014), 낮은 인내심, 높은 신경증, 높은 완벽주의, 낮은 자기 비판, 외부 통제 소재, 수동 회피적 감정 대응 유형과 같은 변수를 다루고 있다. 문제는 이와 같은 성격 변수가 묘사하는 바는 소진으로 인해 나타나는 결과와 중복된다는 점이다. 그러므로 개인적 성격 특성과 소진 간의 높은 상관이 무엇을 의미하는지는 명확하지 않다.

환자 중심의 의사소통 기술의 부족, 공감의 결여는 직무 소진과 연관된다. 이러한 결핍은 특히 환자가 '까다로운' 방식으로 행동할 때, 의사와 환자의 관계에 불만을 갖게 만든다. 까다로운 환자는 우울증, 의존성, 영악함, 자기 파괴성, 비순응성, 공격성, 적대성과 같은 행동을 나타낸다. 까다로운 환자는 시간과 주의를 소진시키며, 그 결과 의료전문가는 좌절감과 피로를 경험한다. 이와 동시에 소진은 자기 성찰을 방해하고 환자에 대한 편견을 만들어 그들을 '까다로운' 환자로 인식하게 하기 때문에, 소진된 의료전문가 또한 환자에게도 까다로운 존재가 될 수 있다.

역할 스트레스는 자신의 직업 특성에 대한 의료전문가의 인식과 환자를 돌보는 실제 현장 간의 불일치를 말한다. 역할 모호성은 의료전문가로서 수행해야 할 특정 역할에 대한 일관되고 명확한 정보가 부족할 때 나타난다. 기대, 목표, 책임이 명확하지 않은 경우, 성공과 실패에 대한 상사 및 동료의 반응에 대해 양면적인 태도를 취하게 된다. 역할 스트레스와 역할 모호성이 간호사의 주관적인 복지와 소진에 미치는 부정적인 영향에 대해서는 경험적 증거가 다수 존재한다(예: Brunetto, Farr-Wharton, & Shacklock, 2011; Chen, Chen, Tsai, & Lo, 2007; Iliopoulou & While, 2010; Ruel, 2010; Tunc & Kutanis, 2009).

업무 관련 요인과 개인적 요인 중 어느 것이 웰빙에 더 큰 영향을 미치는가? 존스와 동료들(Jones et al., 2013)은 조직 문화, 업무 환경, 의료서비스 업무 자체의 성격이 매우 과소평가되었다고 주장한다. 반대로 말하면, 개인적 요인이 과대평가 되었음을 의미한다. 이는 대부분의 개입(intervention) 방법이 근로 환경의 특성보다는 스트레스에 대한 개인의 반응과 대처 전략을 수정하는 데 초점을 맞추고 있다는 사실을 반영한다. 예를 들어, 종양학, 응급의학 같은 예민한 환경은 말기환자 간병 혹은 회복치료 같은 환경보다 부담이 크다(Prins et al., 2010 참조). 존스와 동료들(Jones et al., 2013)은 "이 분야 연구의 이론적 토대가 강화되어야 하고, 미래의 연구는 조직적 요인에 더 초점을 맞추어야 한다(2013, p.46)."라고 언급하였다.

의료전문가의 스트레스를 증가시키는 요인이 무엇인지를 파악하기 위해, 근무 조건에서의 결핍과 개인적 특성에 중점을 두어 탐색한 결과, 업무 몰입, 심리적 성장, 회복탄력성과 같은 개인의 심리적 자원이 발견되었다. 이에 대해서는 다음 단락에서 더 자세히 다루도록 하겠다.

심리적 자원과 긍정적 상태

셔먼과 동료들(Sherman et al., 2006, 표 5, p.76)은 '부정적인' 심리학 연구 결과를 재편성하여, 암 간병인의 스트레스와 소진을 최소화하는 '긍정적인' 조직적/개인적 요인을 간추렸다. 긍정심리학의 관점에서 보면, 이와 같은 요인들은 심리적 스트레스를 줄일 뿐 아니라, 웰빙을 증진하는 조직적/개인적 자원이 될 수 있다.

셔먼과 동료들(Sherman et al., 2006)의 자료는 의료전문가의 웰빙 향상을 위해 활용할 수 있는 심리적 자원에 대해 유용한 요약을 제공하였다(표 23.2 참조).

이와 같은 요인은 긍정적인 주관적 경험, 긍정적인 개인 특성, 긍정적인 조직적 요인을 다루는 긍정심리학에 완벽하게 들어 맞는다. '부정적인 심리학'이 병리학적 조건으로 인한 손상(예: 소진)의 치료에만 집중하는 반면, 긍정심리학은 성취감을 느끼는 개인과 건강한 공동체에 초점을 맞춘다(Seligman & Csikszentmihalyi, 2000, p.5).

[표 23.2] 긍정적인 조직적/개인적 자원

조직적 요인
근무시간과 환자와의 접촉을 줄이기 위한 적절한 인력 배치
자율성과 의사결정 범위의 확장
스케줄과 업무배분의 유연성
부서 간 갈등의 완화와 향상된 팀워크
적절한 휴게 공간 및 시설
책임의 충돌 및 업무의 충돌 사안에 대한 재조정

개인적 요인
개인시간 및 휴식시간의 증가
의사소통 및 관리기술 교육
대인관계기술 교육과정
인정과 보상, 피드백
지지적인 집단
슬픔 워크숍/사별 워크숍
스트레스 관리 프로그램, 건강한 라이프 스타일
일의 의미에 대한 강화된 인식, 의미치료(Logo-therapy)
유머

* 출처: Sherman et al. (2006, 표 5, p.76).

긍정심리학은 과거에 대한 만족과 웰빙, 미래에 대한 희망과 낙관, 현재에 대한 몰입과 행복과 같은 주관적인 경험을 중요하게 여긴다. 개인 차원에서 이는 사랑, 직업, 용기, 대인관계 기술, 미적 감각, 인내, 용서, 독창성, 미래지향적 자세, 영성, 재능, 지혜 등과 관련된다. 집단 차원에서 이는 시민으로서의 미덕과 개인을 더 나은 시민으로 성장시키는 책임, 양육, 이타주의, 예의, 중용, 관용, 노동 윤리 등과 관련된다(Seligman & Csikszentmihalyi, 2000, p.5).

긍정심리학의 독창적인 장점은 개인과 환경으로부터 끌어올 수 있는 자원, 잠재력, 강점에 초점을 두는 것이다. 긍정심리학의 직업 연구는 주로 간호사와 의사를 대상으로 하고 있다. 이 연구들은 직무만족(job satisfaction), 업무몰입(work engagement), 자기결정성(self-determination), 자율성(autonomy), 잡 크래프팅(job crafting), 마음챙김(mindfulness), 회복탄력성(resilience), 권한위임(empowerment)과 같은 다양한 이론과 개념들을 포괄한다. 앞서 긍정심리학 연구를 위한 이론적 가이드라인으로 제시된 목적지향적 웰빙(eudaimonic well-being, Ryff, 1989, 1995) 개념은 아직까지 의료 환경에서의 연구에 본격적으로 적용되지 않고 있다.

⟨직무만족(job satisfaction)⟩

최근의 연구들은 긍정심리학의 중점적인 결과 변수로서 직무만족에 주목한다. 반 함과 동료들(Van Ham et al., 2006)은 직무만족이 여러 차원을 포함하여 다양하게 조작적 정의를 내릴 수 있는 광범위한 용어라고 주장한다. 직무만족은 '개인이 자신의 직업에 대해 갖는 모든 감정'을 의미한다(Lu et al., 2005, p.211). 이와 같은 정의는 주관적 해석 및 기대가 직무만족을 평가하는 데 중요하다는 것을 보여준다. 직무만족은 "감사, 의사소통, 동료, 부가 급여, 근무 조건, 업무 자체의 성격, 조직 자체의 성격, 조직의 정책 및 절차, 임금, 개인적 성장, 승진 기회, 인정, 직업 안정성(p.212)"과 같은 다양한 영역으로 구분될 수 있다(Spector, 1997). 이와 같은 목록은 아무리 길어도 완전하다고 보기는

어려울 것이다. 직무만족 자체와 직무만족을 결정하는 요인은 쉽게 혼동될 수 있고, 이 둘을 구별하는 것은 복잡한 문제이다.

직무만족과 직무불만족을 결정하는 긍정적 차원과 부정적 차원이 구분된다는 2요인 이론이 제시되었다(Herzberg, Mausner, 1959). 2요인은 뚜렷하게 구분되는 원인에 의해 나타난다. 직무만족은 성취, 인정, 직무 자체의 성격, 책임과 같은 내적요인(intrinsic factors)에 의해 활성화되며, "동기요인(motivators)"이라고 불린다. 직무불만족은 회사의 정책, 행정, 감독, 급여, 대인 관계, 근로 조건과 같은 외적요인(extrinsic factors)에 의해 활성화되며 "위생요인(hygiene factors)"이라고 불린다(Lu et al., 2005, p.212 참조).

미국의 의사를 대상으로 실시된 1,157건의 연구를 리뷰한 논문에서는, 전반적 만족, 경력/전문성에 대한 만족, 실무/직무/일에 대한 만족으로 구분되는 직무만족의 세 가지 기본 유형을 확인하였다(Scheurer, McKean, Miller, Wetterneck, 2009). 전반적으로 의사들의 직무만족은 시간의 흐름에 따른 횡단면 조사에서 변화가 적은 안정적인 결과를 보였으며, 약 80%가 만족한다는 결과를 나타냈다. 그러나 '매우 만족'한 일반의(general practitioners) 비율은 다른 전문의(specialists)에 비하여 적었다. 다른 리뷰 연구(Williams, Skinner, 2003)에서는, 1960년대에서 2002년까지 의사들의 직무만족이 감소하였다는 대조적인 결과가 도출되었다. 반 함과 동료들(Van Ham at el., 2006)은 직무만족을 높이는 세 가지 요인(직무의 다양성, 동료와의 관계 및 접촉, 의대생 대상의 강의)을 확인하였다. 직무만족을 저해하는 요인은 저소득, 과도한 노동시간, 관리 부담, 과중한 작업량, 시간 부족, 인정 부족이었다. 특히 농촌 지역의 의사가 불리한 요인이 많은 것으로 나타난다(Haggerty, Fields, Selby-Nelson, Foley, Shrader, 2013).

간호사를 대상으로 실시된 1,189건의 연구를 리뷰(Lu et al., 2005)한 결과, 직무만족과 관련하여 혼재된 양상이 나타났으며, 각 연구들은 각기 조직적, 직업적, 개인적 변수들을 다루고 있다. 이러한

변수에는 근무 조건, 환자/동료/관리자와의 상호작용, 일 자체의 성격(작업량, 일정, 도전적 업무 혹은 일상적 업무, 작업 요구사항), 급여, 직업적 성장 및 승진, 칭찬 및 인정, 통제 및 책임, 직업 안정성, 리더십 스타일, 조직 정책 등을 포함한다. 다시 말해, 이와 같이 경험에 기반한 목록은 광범위하고, 결론적으로 직무만족을 충분히 설명하고 예측할 수 있는 포괄적인 이론이나 모델은 여전히 부족하다는 것이다.

중요한 것은 직무만족이 긍정심리학의 결과변수에만 국한되지 않는다는 점이다. 직무만족이 의사, 환자 양측의 중요한 결과변수와 관련을 갖는다는 점을 밝힌 리뷰 논문이 있다(Williams, Skinner, 2003). 직무만족은 의사의 이직률, 정신건강, 신체적 건강, 업무 이외 영역의 만족도와 관련이 있고, 환자가 받는 보살핌의 질, 환자-의사 관계와도 상관관계가 있는 것으로 나타났다(2003, 그림1, p.129 참조).

〈업무몰입〉

직장에서의 건강을 다루는 심리학 영역에서, 긍정심리학의 아이디어는 직무요구-자원 모델(job demands-resources model)로 통합되었다(예: Hakanen et al., 2008). 모델의 이름이 나타내고 있는 바와 같이 업무의 심리/사회적 특성은 직무요구(job demands)와 직무 자원(job resources)으로 구분될 수 있다. 전자는 노력을 요구하는 비용 측면을 의미하고, 후자는 직무요구 및 비용을 줄이고, 업무 목표 달성을 돕고, 개인적 성장, 학습, 개발을 촉진하는 직무의 신체적, 심리적, 사회적, 조직적 측면을 말한다. 직무 자원은 외적 혹은 내적으로 동기를 촉진하는데, 내적 동기는 자율성, 소속감, 유능성의 기본 욕구를 충족시킴으로써 양성된다(Hakanen et al., 2008, p.225). 이 접근법에서는 리프(Ryff)의 PWB (psychological well-being)의 6가지 차원 중 3가지 — 자율성(autonomy), 타인과의 긍정적 관계(positive relations with others), 개인적 성장(personal growth) — 가 영향을 받는다. 세 가지 기본 욕구는 또한 자기결정성(self-determination)의 핵심 구성요소이다(Deci

& Ryan, 2000; Ryan & Deci, 2000, Ryan, Huta, & Deci, 2008, 아래 참조). 직무 자원은 업무몰입(work engagement) — 직무 소진과 개념적으로 반대되는 지속적인 상태 — 을 촉진시키는 것으로 가정된다. 업무몰입은 다음과 같이 정의할 수 있다(Schaufeli, Salanova, González-Romá, Bakker, 2002, pp.74).

업무 수행과 관련된 활력(vigor), 헌신(dedication), 몰두(absorption)로 특징지을 수 있는 긍정적이고 충족된 마음 상태를 말한다. 순간적/특수적 상태라기보다는, 특정 대상, 사건, 개인, 행동에 얽매이지 않는 지속적이고 보편적인 정서적/인지적 상태를 의미한다. 활력은 높은 수준의 에너지와 회복탄력성, 스스로의 일에 노력을 투입하려는 의지, 어려움에 부딪혀도 계속하는 지속성을 가리킨다. 헌신은 일에 대한 높은 수준의 관여, 중요성의 지각, 열정, 영감, 자부심, 도전을 경험하는 것을 의미한다. 몰두란 일로부터 자신을 분리하는 데 어려움을 겪을 정도로 완벽하게 집중하고 빠져들어 시간이 지나가는 줄 모르는 상태를 말한다.

직무요구-자원 모델에 따르면, 업무몰입은 일과 관련된 웰빙의 한 종류이다(van Beek, Hu, Schaufeli, Taris, Schreurs, 2012). 이런 측면에서 업무몰입은 업무를 수행하면서 행복과 기분 좋음을 느끼는 것을 의미하는 쾌락적 웰빙의 일종으로 볼 수 있다. 업무몰입은 이직 의도와 반대되는 개념인 조직몰입(organizational commitment)과 같은 긍정적인 결과변수와 관련되어 있다. 긍정적인 측면으로 바라보았을 때, 업무몰입은 의료전문가가 자기 자신을 직장 혹은 일과 동일시하는 것이다.

간호사 업무몰입의 원인변수 및 결과변수에 대한 심슨(Simpson, 2009)의 리뷰 연구에서는 조직적 요인이 개인적 요인보다 상대적으로 중요하다는 일관된 증거를 보였다. 결론적으로, 직무몰입은 생산성 및 성과에 긍정적인 영향을 미친다고 말할 수 있겠다. 레지던트를 대상으로 이루어진 네덜란드 연구에서 몰입이 높은 젊은 의사들은 더 적은 오류를 나타냈고(Prins et al., 2009), 다양한 의료전문가를 대상으로 하는 이탈리아 연구에서도 조직적 요인과 개인적 요인 모두 업무몰입과 깊은 연관을 보였다(Fiabane, Giorgi, Sguazzin, & Argentero, 2013).

〈자기결정성(self-determination) 및 자율성(autonomy)〉

최근 의료전문가의 웰빙에 대한 연구는, 인간은 본질적으로 성장을 지향하는 역동적인 존재라고 가정하는 자기결정이론(SDT: self-determination theory; Deci & Ryan, 2000, Ryan & Deci, 2000, Ryan et al., 2008)의 영향을 받고 있다.

업무 환경이 이와 같은 지향성을 촉진하고, 격려하고, 장려할 수도 있고, 반대로 가로막고, 억압하고, 제거할 수도 있다. 따라서, 의료전문가 개인과 직무환경 간의 상호작용은 주관적 웰빙과 개인적인 성장을 이해하는 데 중요하다.

자기결정 이론은 내재적 동기(intrinsic motiva-tion)와 외재적 동기(extrinsic motivation)를 구분한다. 내재적으로 동기화된 의료전문가는 업무 경험을 매력적이고, 즐겁고, 만족스러운 것으로 받아들인다. 다시 말해, 그들은 자기 자신을 위해 일하고 주체적으로 행동한다. 이는 내재적으로 동기화된 작업 활동은 자율적이고 자기주도적이라는 것을 의미한다. 이와 반대로, 외재적으로 동기화된 의료전문가는 도구적 가치(instrumental value)를 위하여 업무를 수행한다. 일반적으로 의료전문가의 내재적 동기는 매우 높다. 왜냐하면 이와 같은 경력을 선택하는 것은 친사회적 태도와 가치관에 기반하기 때문이다. 예를 들어, 외과 의사, 마취과 의사, 산부인과 의사가 참여한 연구에서는 약 3분의 1이 일을 통해 몰입(flow)을 경험한다고 보고했다(7장 참조). 수술을 집도하고, 연구를 수행하며, 환자와 의사소통 하는 것은 몰입과 깊이 관련된 업무활동이었다. 대부분의 참가자는 의사로서 일하기 위해 내재적 동기가 중요하다고 응답했다(Delle Fave, 2006).

직무 환경은 관계성(relatedness), 유능성(compet-ence), 자율성(autonomy)의 세 가지 선천적 심리적 욕구를 충족시키거나 좌절시킴으로써 내재적 동기를 촉진하거나 저해할 수 있다(Ryan & Deci, 2000.) 관계성 욕구(relatedness)란 환자 및 동료와의 긍정적인 관계, 상호 존중, 보살핌, 신뢰를 추구하는 것을 가리키고, 유능성 욕구(competence)란 도전적인 과제를 성공적으로 수행하고, 환자와 그 가족을 전문성에 기반하여 돌보는 것을 말한다. 자율성 욕구(autonomy)는 선택의 자유와 경력을 스스로 선택할 수 있는 기회를 의미한다(van Beek et al., 2012, p.34 참조).

반 빅과 동료들(van Beek et al., 2012)은 의료서비스 외부의 연구 결과를 다음과 같이 요약하였다(Gagné와 Deci, 2005). "세 가지 선천적 심리적 욕구, 자발적인 동기부여, 타고난 성장욕구를 만족시킬 기회는 전문가로서 최적으로 기능하는 것과 더불어 웰빙과 밀접하게 관련되어 있다. 업무 환경과 관련된 연구 결과에 따르면, 선천적 심리적 욕구, 자발적인 동기부여는 업무 지속성, 우수한 성과, 직무만족, 업무에 대한 긍정적인 태도, 조직몰입과 같은 긍정적인 결과와 관련되어 있다(p.34)." 중국의 의료전문가를 대상으로 하는 연구에서 반 빅과 동료들(van Beek et al., 2012)은 내재적 동기와 업무몰입 간의 긍정적인 관계를 보여주었으며, 이러한 결과는 또한 직무요구-자원 모델과 맥락을 같이 한다. 동시에 외재적 동기와 업무몰입 간의 긍정적인 관계 또한 발견되었고, 이는 의료전문가가 도구적 가치에 기반해서도 의료활동을 수행하고 있음을 보여준다. 캐나다의 간호사를 대상으로 하는 연구(Trépanier, Fernet, Austin, 2015)에서는 기본적인 욕구의 만족이 업무몰입을 촉진하고 이직 의도를 줄이는 것을 발견하였다.

〈잡크래프팅〉

잡크래프팅(job crafting)은 구성원이 자신의 직무를 어떻게 재구성하는지에 초점을 둔 개념이다. "잡크래프팅은 직무만족, 몰입, 회복탄력성을 높이고, 일터에서 성공할 수 있도록, 구성원이 스스로의 직무를 재설계하는 과정을 의미한다(Berg, Dutton, & Wrzesniewski, 2008, p.1)." 직무의 특정 측면을 독립적으로 수정함으로써, 구성원은 직무특성과 자신의 욕구, 능력, 선호 간의 적합성을 향상시킬 수 있다(Tims, Bakker, & Derks, 2013). 이 과정에서 구성원은 세 가지 유형의 맞춤화 전략을 활용할 수 있다. 첫째는 업무 행동의 영역을 변경시키는 것이다. 예를 들어, 레지던트가 새로운 기술을 필요로 하는 다른 업무를 요구하는 상황을 생각해보자. 매일매일 대장내시경만을 수행하는 것은 너무 단조로운 업무일 수 있다. 다시 말해, 너무 도전성이 낮은 업무를 하고 있는 것이다.

둘째는 업무적인 상호작용의 특성이나 범위를 변경시키는 것이다. 예를 들어, 간호사는 동료와의 접촉을 강화하거나, 자신을 고무시키는 새로운 관계를 만들 수 있다. 셋째는 자신이 하고 있는 업무에 대한 인식을 변화시키는 인지적인 전략이다. 예를 들어, 대장내시경 작업을 수행하는 레지던트는 이 작업이 지루하지만 중요하다고 생각을 바꿀 수 있다(Berg et al., 2008; Tims et al., 2013).

잡크래프팅은 직무 확대(job enlargement) 혹은 직무 강화(job enrichment)와는 구별되어야 한다(Slemp, Vella-Brodrick, 2014). 후자의 용어들은 직무 특성을 구조적으로 변경한다는 의미를 담고 있지만, 잡크래프팅은 구성원의 필요와 욕구에 따라 직무 경험을 형성하고 조형하는 일련의 개별적인 전략들을 의미한다. 자기결정 이론에 따르면, 잡크래프팅은 전문가로서 최적으로 기능하는 것과 주관적인 웰빙을 이끌어 내는 관계성(relatedness), 유능성(competence), 자율성(autonomy)의 세 가지 선천적 심리적 욕구를 만족시킨다. 실제로 잡크래프팅은 일에 대한 통제권을 행사하고, 긍정적인 자아상을 만들고, 직장에서 자신을 다른 사람들과 연결시키는 과정을 반영한다. 또한 잡크래프팅은 일에 대한 긍정적인 의미부여와 직장에서 자신의 정체성을 세우는 수단이 될 수 있다(Wrzesniewski, LoBuglio, Dutton, & Berg, 2013).

문헌 검토의 결과에 따르면, 의료서비스 영역에서 잡크래프팅은 아직 본격적으로 연구되지 않았다. 다만 간호사가 직장에서 역경에 어떻게 대처하는지에 대한 미국에서의 한 연구 결과가 있다(Caza, 2008). 이 연구에서는 서술적인 인터뷰 기법

을 활용하여, 직장에서의 업무 정체성의 역할을 밝혔다. 잡크래프팅은 다섯 가지 대응 행동 중 하나인 것으로 나타났다(나머지 네 가지 대응 행동: 이탈, 인내, 직업 전환, 정체성 전환).

〈마음챙김(Mindfulness)〉

마음챙김은 의식의 근본적인 활동에 기반한다(K.W. Brown, Ryan, Creswell, 2007). 알아차림(awareness)은 다섯 가지 신체 감각 중, 하나 혹은 그 이상의 자극을 인식하는 것을 말한다. 주의집중(attention)은 그 자극에 의식을 집중하는 것이다. 마음챙김은 "지금 무엇이 일어나고 있는지 주의 깊게 깨우치는 상태로 정의된다(Brown & Ryan, 2003, p.822)." 또한 마음챙김은 "현재의 사건과 경험에 대한 수용적인 주의집중과 알아차림을 의미한다(Brown et al., 2007, p.212)." 마음챙김이 심리적 웰빙과 신체적 건강에 유익하다는 것을 보여주는 경험적 증거들이 많다.

마음챙김은 특히 의료서비스 종사자에게 적합하다(Shapiro, Carlson, 2009). 고통받고 죽어가는 환자를 돌볼 때의 정서적 부담과 윤리/도덕적 책임감을 감안할 때, 마음챙김을 하는 의료전문가는 자신의 고통, 괴로움, 피로, 불안, 우울과 같은 반응을 탐색하고 이러한 경험을 적절하게 처리할 수 있다. 무엇보다 이와 같은 경험의 원인과 결과를 이해하는 것이 도움이 된다. 마음챙김은 장기적으로 웰빙에 기여한다. "우리는 자신의 몸과 마음의 내적 활동이 어떻게 작동하는지 이해할 수 있게 되고, 이와 같은 과정이 인간에게 어떤 의미를 갖는지 발견하게 된다(Shapiro & Carlson, 2009, p.107)." 자기결정 이론의 원리와 마찬가지로, 마음챙김을 수행한 사람은 자신의 필요, 가치관, 관심사와 일치하는 선택을 하기 때문에, 더 큰 행복을 느낄 수 있다.

마음챙김은 의료전문가의 자기 관리와 웰빙 간의 관계를 중재하는 변수이다(Richards, Campenni, Muse-Burke, 2010). 다양한 의료전문가 집단을 대상으로 고안된 마음챙김 기반 개입 프로그램은 구성원의 웰빙을 증진한다(예: Boellinghaus, Jones, &

Hutton, 2014; Byron et al., 2014; Cohen-Katz, Wiley, Capuano, Baker, & Shapiro, 2004). 또한 소진, 우울, 불안, 스트레스와 같은 부정적인 정서적 상태를 완화한다(Cohen-Katz et al., 2005; Fortney, Luchterhand, Zakletskaia, Zgierska, & Rakel, 2013, Goodman & Schorling, 2012, Krasner et al., 2009; Moody et al., 2013). 긍정심리학 분야에 있어서 유일한 무작위 통제 연구는 다음 단락에서 설명하도록 하겠다.

⟨회복탄력성(Resilience)⟩

긍정심리학의 관점에서 의료전문가의 업무 경험을 조사한 연구를 살펴보자(Zwack, Schweitzer, 2013). 약 20%의 의사가 소진을 경험한다면, 나머지 80%는 어떠한가? 의료서비스를 제공하는 과정에서 어려움에 직면함에도 불구하고, 건강을 유지하고 웰빙을 유지 혹은 향상시킬 수 있는 방법은 무엇인가? 연구자들은 다음의 세 가지 차원을 제시하였다. (1) 일반적인 만족의 원천(예: 의사-환자 관계, 직업적 효능감) (2) 습관과 행동 패턴(예: 스트레스를 완화시키는 여가 활동, 동료와의 관계를 유지시키기 위한 노력, 한계에 부딪히는 것을 막는 예방적 행동, 일과 생활의 구분) (3) 태도와 심리적 전략(예: 수용과 받아들임, 자기인식과 성찰, 감사하는 마음)

간호사 대상 리뷰 연구(Jackson, Firtko, Edenborough, 2007)에서는, 회복탄력성을 높이기 위해 활용한 자기개발 전략이 무엇인지 밝히고 있다. (1) 전문성에 기반한 양육적인 관계 및 네트워크 구축: 이 전략은 사회적 지지의 중요성을 강조하고 있다. 이렇게 구축된 네트워크는 도움을 필요로 할 때, 지원 시스템으로 작용한다. (2) 긍정성의 유지: 이 전략은 스트레스와 역경 가운데서 긍정적인 감정이 갖는 효과를 강조하고 있다. 미래에 대해 긍정성을 유지하는 것은 앞으로 일어날 일에 대한 긍정적 전망과 낙관주의, 잠재적인 이득과 긍정적 측면에 대해 감사하는 마음을 의미한다. (3) 정서적 통찰력의 개발: 이 전략은 긍정적 감정과 부정적 감정을 모두 고려하여 자신의 정서적 욕구를 이해하는 정서지능의 개발을 의미한다. 이러한 개발을 통해 동료의 정서적 상태와 요구를 이해할 수 있

게 된다. (4) 일-삶의 균형과 영성: 회복탄력성이 있는 개인은 삶의 목적, 일관성 있는 삶의 태도, 유일한 존재로서 자기 자신에 대한 긍정적 이해를 제공하는 철학적, 종교적, 혹은 영성 기반의 신념 체계를 가지고 있다. 또한 직장 밖에서의 건강한 습관은 업무 스트레스를 상쇄하는 역할을 한다. 높은 수준의 업무 요구 및 긴장과 오락 및 휴식 간 균형을 찾는 것은 중요하다. (5) 자기 자신을 성찰하기: 자기성찰은 학습과 긍정적 변화에 필수불가결한 전제조건이다. 이것은 구체적인 경험에 대한 통찰력을 개발하는 것을 의미한다. 이를 통해 향상된 자기 자신에 대한 지식은 미래를 더욱 현명하게 대처하는 데 활용될 수 있다.

⟨권한위임⟩

간호사의 직무만족에 대한 권한위임(empowerment)의 영향을 밝히는 경험적 연구들을 리뷰한 논문에서는, 권한위임의 두 가지 측면을 발견했다(Cicolini, Comparcini, Simonetti, 2014). 구조적 권한위임(Structural empowerment)은 네 가지 조직적 요인-정보(데이터, 기술적 지식, 전문적 기술), 자원(돈, 물질, 시간, 장비), 지원(리더십, 지도, 피드백), (자율성, 자기결정성, 도전, 개인적 성장을 위한)기회-에 대한 구성원의 접근성을 의미한다(Kanter, 1977). 심리적 권한위임(Psychological empowerment)은 "이러한 조직적 요인을 구성원이 경험하고 이해하는 방식을 의미한다. 심리적 권한위임은 이와 같은 일터의 환경에서 동기 부여될 때 나타난다(Cicolini et al., 2014, p.856)." 이 연구자들은 권한위임, 직무만족과 조직 성과 간에 실질적인 관계가 있음을 밝혔다. 구조적 권한위임은 심리적 권한위임의 전제조건이다. 다시 말해, 이 두 가지 권한위임의 결합은 직무만족의 강력한 예측변인이다. 결론적으로, "작업 환경에서 권한을 주지 않는 구조를 제거하면, 스스로 일터에 큰 영향을 미친다고 강력하게 믿게 됨으로써, 구성원들은 자율성이 있다는 강력한 의식을 갖게 된다(Cicolini et al., 2014, p.867)."

같은 맥락에서, 피어슨과 동료들(Pearson et al., 2006)의 리뷰 연구는 건강한 작업 환경을 조성하고

유지하기 위한 적절한 작업량 및 인력배치와 같은 구조적 요인의 중요성을 뒷받침하였다.

의료전문가의 주관적 웰빙을 향상시키기 위한 개입 전략

현재의 연구 상황을 고려해보았을 때 웰빙을 촉진하고, 업무관련 스트레스와 이로 인한 부정적 결과를 예방하기 위한 개입 전략에 대한 연구들이 서로 매우 이질적이라는 점은 놀랄 일이 아니다. 그래서 의료전문가의 웰빙을 향상시키기 위한 몇 가지 긍정심리학적 개입 전략을 제시하기 전에, 소진, 불안, 심리적 고통과 같은 부정적 영향을 완화시키기 위한 연구 결과를 요약해 보려고 한다. 이와 같은 작업은 긍정심리학의 관점에서 볼 때 매우 새로운 것이다. 왜냐하면 개입 전략은 조직과 개인 모두에 관련된 긍정적 요인들을 다루고 있기 때문이다.

〈긍정심리학적 개입을 통한 업무 스트레스 예방〉

몇몇 연구들은 스트레스 증상과 같은 부정적 상태를 완화하기 위한 긍정심리학적 개입의 효과를 조사하였다. 1995년에서 2007년 사이에 발표된 소진을 예방하기 위한 개입 프로그램들을 리뷰한 연구를 살펴보자(Awa, Plaumann, Walter, 2010). 연구자들은 타업종 종사자를 포함하여, 건강관리 전문가, 치과의사, 학과 간 통합 치료 전문가, 사회복지사를 대상으로 하는 25개의 연구를 확인하였다. 이 가운데 약 3분의 2(68%)는 구성원 개개인의 변화를 목표로 하는 개인지향적(person-directed) 개입이었다. 참가자들은 "인지 행동 교육, 심리치료, 상담, 적응성 훈련, 의사소통 기술 훈련, 사회적 지지, 이완 운동, 집단으로 음악 만들기(p.187)"와 같은 개인 혹은 집단 세션을 제공받지만, "업무 프로세스 구조화, 업무 수행 평가, 근무 교대 재조정, 직무 평가(p.187)"와 같은 조직지향적(organization-directed) 개입은 8%에 불과했다. 약 4분의 1(24%)은 개인지향적 개입과 조직지향적 개입을 모두 시행했다. 개입의 지속 기간과 평가 시점은 연구에

따라 매우 다양했다. 약 3분의 2의 연구는 개입의 지속 기간이 6개월 미만이었다. 사전 검사(처치 전 검사)와 사후 검사(처치 후 검사) 사이의 시간 간격도 연구에 따라 다양했다.

개인지향적 연구의 대부분(82%)은 소진의 유의미한 감소를 보고하였고, "불안, 심리적 고통, 우울, 기분 장애, 두려움, 지각된 스트레스, 죄책감, 박탈감, 노력-보상간 불균형, 타인으로부터의 정서적 압박"과 같은 부정적 지표에서도 마찬가지였다(Awa et al., 2010, p.187). 조직지향적 개입에 초점을 맞춘 연구의 수가 제한적이기 때문에, 이것의 효과에 대해 결론 내리기는 어려운 상황이다. 마지막으로 개인지향적 개입, 조직지향적 개입의 개별적 시행보다 통합된 개입이 더 나은 결과를 제공한다는 증거가 발견되었다.

최근의 코크런(캐나다 온타리오주 동부에 있는 지방) 리뷰(Marine, Ruotsalainen, Serra과 Verbeek, 2006 연구의 업데이트)에서는 의료 종사자의 직무 스트레스를 예방하기 위한 58개 연구를 면밀하게 조사하였다(Ruotsalainen, Verbeek, Mariné, Serra, 2015). 이들은 개입을 인지-행동 훈련(24%), 정신 및 신체 휴식(36%), 인지-행동 훈련과 휴식의 결합(10%), 조직적 개입(34%)으로 범주화하였고, 결과변수는 스트레스, 불안, 전반적인 건강 상태로 분류되었다. 연구자들은 다음과 같이 결론을 내렸다.

심리적 개입의 효과에 대한 증거는 미미하고, 조직적 개입의 효과에 대한 증거는 발견되지 않았다. 그러나 이와 같은 발견은 매우 적은 수의 연구를 기반으로 한다는 점을 유의해야 한다.

〈긍정적인 결과를 향상시키기 위한 긍정심리학적 개입 전략〉

무하와 마니온(Muha, Manion, 2010)은 PROPEL이라는 약자로 요약할 수 있는 여섯 가지 긍정심리학 원칙을 제안했다. (1) 열정(Passion): 열정은 의료전문가가 가치 있는 사람으로 살아갈 수 있는 방법에 대한 설득력 있고 구체적인 비전을 창출한다. (2) 관계(Relationships): 긍정적인 상호작용은 최소한 5:1의 비율로 부정적인 상호작용보다 중요

하다. (3) 낙관주의(Optimism): 낙관주의를 통해 모두가 만족할만한 해결책을 찾을 수 있다는 생각을 가질 수 있다. (4) 진취성(Proactivity): 결핍보다는 강점에 지속적으로 집중한다. (5) 에너지(Energy): 일상적으로 재충전하고 회복할 수 있는 기회를 만들어내고 확보한다. (6) 유산(Legacy): 의료전문가의 노력을 통해 환자 및 가족의 삶이 변화될 수 있다. 이 원칙은 최적의 조직 기능의 전제조건인 의료전문가의 긍정적인 감정을 불러일으키는 것을 목표로 한다. 안타깝게도 PROPEL 접근법은 경험적 연구의 검증을 통과하지 않았다. 긍정심리학 이론에 영감을 받은 개입 연구가 거의 없다는 것은 놀라운 일이다.

긍정적 감정, 자기효능감, 업무몰입을 불러일으키고 강화하기 위한 온라인 긍정심리학 개입 프로그램이 개발되었다(Ouweneel, Le Blanc, Schaufeli, 2013). 그러나 이 연구의 대상에 의료전문가가 포함되어 있는지는 불분명하다. 그럼에도 불구하고 개인지향적(person-directed) 접근법은 매우 매력적이다. 연구자들은 처치집단(개입 받은 집단)과 통제집단(스스로의 웰빙만을 모니터링한 집단)을 비교하였다. 처치집단의 개입에는 행복 촉진 활동, 일터에서의 목표 설정, 심리적 자원 확보가 포함되었다. 이와 같은 개입은 긍정적 감정과 자기효능감에 유의미한 영향을 미치지만, 업무몰입에 있어서는 그러한 효과가 나타나지 않았다. 초반 과정에서 업무에 몰입하지 않았던 개인에게서만 업무몰입 증가의 효과가 나타났다.

의사의 웰빙 증진을 위해 특정한 근무시간을 할애한 개입 프로그램이 최근에 개발되었다(West et al., 2014). 이 프로그램은 매2주의 근무시간 당 1시간씩, 9개월 동안 시행되었다. 이 집단 프로그램에는 마음챙김, 자기성찰, 경험의 공유, 집단의 응집력을 높이기 위한 집단학습과 같은 요소들이 포함되어 있다. 이 무작위 통제 실험에서, 연구자들은 개입을 통해 일의 의미, 권한위임, 업무몰입이 크게 향상되었음을 보여주었다. 가장 주목할 점은 이러한 변화의 효과가 12개월 동안 지속되었다는 것이다. 그러나 전반적인 삶의 질 및 직무에 대한 만족도에 있어서는 변화가 발견되지 않았다. 스트레스 수준과 우울 증상에 대해서도 마찬가지였다.

간호사 및 기타 의료전문가의 웰빙 증진을 목적으로 하는 온라인 개입 연구를 살펴보자(Bolier et al., 2014). 처치조건에서 연구자들은 참가자로 하여금 개인맞춤형 온라인 개입을 선택하게 하였고, 개인적인 피드백을 제공하였다. 참가자들은 다른 내용으로 구성된 다섯 가지 프로그램을 선택할 수 있었다. (1) 심리적 건강(Psyfit): 웰빙과 정신건강 증진을 목적으로 하는 프로그램 (2) 삶에 색칠하기(Colour Your Life): (임상적인 수준보다 낮은) 우울 증상의 완화를 목적으로 하는 인지-행동 프로그램 (3) 일터에서의 강인함(Strong at work): 스트레스 완화 및 대처 전략 개선을 목적으로 하는 프로그램 (4) 패닉하지 않기 온라인(Don't Panic Online): (임상적인 수준보다 낮은) 공황장애의 완화를 목적으로 하는 인지-행동 프로그램 (5) 술 덜마시기(Drinking Less): 위험한 음주 습관의 변화를 목적으로 하는 프로그램. 통제조건(처치의 효과를 비교하기 위한 집단)은 대기자 명단에 이름을 올리는 것이었으며, 6개월 후 동일한 처치를 받았다. 연구자들은 온라인을 통한 개입이 특히 심리적 웰빙을 효과적으로 향상시킨다는 것을 보여주었고, 3개월 및 6개월 후의 추적 조사에서도 중간 수준의 효과 크기(medium-effect size)가 나타났다. 단, 이와 같은 패턴은 처치집단에서 특히 이탈률이 높았다는 점을 감안하여 조심스럽게 해석할 필요가 있다.

미래 연구

의료서비스 영역에서 긍정심리학의 중요한 미래 연구 과제는 직무만족, 업무몰입, 자기결정성, 자율성, 잡크래프팅, 마음챙김, 회복탄력성, 권한위임과 같은 변수들을 통합할 수 있는 메타 이론의 도출일 것이다. 또한, 이를 긍정조직심리학의 프레임에 접목시키고, 다양한 의료 환경에 적용함으로써, 긍정심리학의 개인지향적(person-centered) 관점을 확대하는 것이 중요하다. 쾌락적 웰빙과 목적지향적 웰빙이 조직의 중점적인 목표를 얼마나 반영할 수 있는지 조사하는 것도 흥미로울 것이다.

지금까지 탐구되지 않았기 때문에 앞으로 밝혀져야 할 영역은, 개인 요인 및 업무 요인이 쾌락적 웰빙 및 목적지향적 웰빙에 상대적으로 어떤 영향을 미치는지 비교하는 것이다. 이와 같은 맥락에서, 서로 다른 전문분야(예: 종양학과, 응급의학과, 정신과)의 의료전문가 집단을 비교하는 것이 중요하다.

의료전문가의 웰빙에 대한 증거를 제공하는 긍정심리학 연구의 대부분은 횡단 연구설계라는 제한점을 가지고 있다. 그러므로 원인-결과 사이의 해석이 불가능하다. 따라서, 변화, 개발, 지속성을 탐색하기 위해, 향후에는 종단 연구설계에 기반한 연구가 필요하다. 이러한 연구설계를 통해 웰빙의 원인변수, 결과변수, 매개변수, 조절변수에 대한 풍부한 분석이 가능할 것이다.

의료서비스 영역에서의 긍정심리학 연구에는 개입 연구, 특히 무작위 통제 실험이 부족하다. 개입 연구는 개발, 실행, 효과의 3단계로 구성된다(Goldenhar, LaMontagne, Katz, Heaney와 Landsbergis, 2001). 개입 연구의 대부분이 단기 효과를 위한 프로그램에 중점을 두고 있는 반면, 이론에 기반하여 프로그램을 개발하는 것과 이를 항구적/지속적으로 실행할 방법에 대해서는 거의 관심을 기울이지 않고 있는 실정이다. 따라서, 개입 연구의 효과와 긍정적인 조직 변화 사이의 연관성을 밝히는 것이 핵심인 것으로 보인다.

결론

의료전문가를 위한 긍정심리학은 점차 발전하고 있는 새로운 연구 분야이다. 긍정적인 주관적 경험, 긍정적인 개인 특성, 긍정적인 조직(Seligman & Csikszentmihalyi, 2000)을 다루는 과학으로서, 지난 세기 말에 시작된 긍정심리학은 중요한 연구 질문과 흥미로운 대답을 해주었다. 그러나 여전히 방대한 연구 분야가 남아있다. 다른 한편으로 우리는 이미 소진, 우울, 자살 사고, 불안, 다른 형태의 심리적 고통을 낳는 유해한 업무 요인과 개인 요인을 알고 있다. 또한, 우리는 개인 및 그 가족을 돌보는 것과, 직무만족, 업무몰입, 자기결정성, 자율성, 잡크래프팅, 마음챙김, 회복탄력성, 권한위임을 연구하는 것이 어떻게 긍정적인 결과와 이어질 수 있는지 알고 있다. 한편, 이와 같은 긍정적인 개념들은 서로 다른 이론적인 관점에서 유래했으며, 때로는 하나의 동일한 용어가 서로 다른 이론적인 배경에서 탐구된다.

목적지향적 웰빙(eudaimonic well-being) 혹은 심리적 웰빙(PWB: psychological well-being)의 개념은 통합을 위한 하나의 출발점이 될 수 있다. 이 장의 시작 부분에서 언급한 바와 같이, 일터를 위한 긍정심리학에서 목적지향성(Eudaimonia)의 중요성, 개인 욕구의 충족, 온전히 기능하는 조직에서 온전히 기능하는 개인의 개념은 체계적으로 더욱 상세하게 탐구되어야 한다.

업무몰입(활력, 헌신, 몰두의 개념을 포함), 자기결정성, 조직몰입(직장에 대한 몰입과 동일시, 의료전문가로서의 정체성)에 대한 최근의 경험적 연구들은 모두 올바른 방향으로 나아가고 있다. 웰빙 연구에 관련하여, 이론에 기반하여 도출된 연구 의제가 필수불가결하다. 인간으로서 얼마나 잘 기능하는지를 표상하는 고전적인 긍정심리학의 여섯 차원 — 자기수용(self-acceptance), 타인과의 긍정적 관계(positive relations with others), 자율성(autonomy), 환경에 대한 통제력(environmental mastery), 삶의 목적(purpose in life), 개인적 성장(personal growth) — 에 대해서는 특별한 관심이 필요하다. 루오짤라이넨과 동료들(Ruotsalainen et al., 2015)이 규명한 것과 같이, 의사의 웰빙(주관적 웰빙과 심리적 웰빙 모두)에 관한 연구는 아직 부족한 상황이다.

긍정심리학은 아직까지 의료서비스 영역에 있어서 뚜렷한 발자취를 남기지 못했다. 이론적으로 정돈된 개념이 제시되기 보다는, 긍정적 업무 환경에 대한 다소 추상적인 목록만이 존재한다. 이와 같은 목록은 '호의적인' 병동의 구조, '적절한' 크기의 락커룸 및 집무실(환자와의 기밀 대화를 위한 공간 포함)과 같은 요구로 시작된다. 또한, 연구자들은 개인 의료전문가의 엄청난 업무량을 감안할 때 '적절한' 인력 배치(인력의 질을 포함), 근무 시간 및 환자와의 접촉 감소가 중요하다고 제안한다. 문제는 누가 어떻게 적절함을 정의하고, 이를 실현할 권력을 갖는지에 있다. 적절성 혹은 충분성의 문제는 직원 자율성 및 의사결정 범위 증가의 이슈와도 관련되어 있다. 기능, 기술, 전문 영역, 경제성의 관점에서 누가 자율성과 의사결정 범위를 결정하는가? 예를 들어, 병원과 같은 영리기업에서 경영진, 기획 및 전략 부서, 수석 의사, 수석 간호사, 직접 환자를 돌보는 개인 의료전문가 중 누가 이를 결정하는가? 스케줄링 및 작업 할당의 유연성에 있어서도 마찬가지이다. 또 다른 연구자들은 상호신뢰, 협력, 갈등을 해소하는 조직문화에 영향을 미치는 팀워크와 사회적 지지의 중요성을 강조한다. 결론적으로, 긍정심리학은 '긍정적인 리더십' 또는 '인적자원 관리'와 같이, 인적자원을 건강하게 유지하는 방법론에 대한 이론적 정보를 제공하지 못했다.

긍정적인 조직문화, 이것이 쾌락적 웰빙 및 목적지향적 웰빙(주관적 웰빙과 심리적 웰빙)에 미치는 영향에 대한 증거는 아직까지 부족하다. 또한, 긍정조직심리학은 예방, 치료, 건강 증진, 재활 서비스를 제공하는 다양한 의료기관의 직업윤리에 대한 가치 중심의 담론을 아직 제시하지 않았다. 이러한 맥락에서, 성격이 다양한 의료서비스를 하는 의료전문가 집단의 다각적 웰빙에 영향을 미치는 중요한 결정요인이 될 것이다.

결과적으로, 의료전문가를 위한 의료기관에 관한 연구는 아직 없다. 이러한 맥락에서, 권한위임과 참여의 관점은 특별한 관심의 초점이 될 것이다(Cicolini et al., 2014). 또한 이는 정치적 문제이기도 하다. 지금까지 수행된 개인 연구는 업무 환경 자체의 특성보다는, 개인의 스트레스 반응과 이에 대한 대처 전략을 수정하는데 중점을 두었다. 그래서 앞서 기술한 바와 같이, 조직문화, 의료환경, 의료서비스 업무의 성격은 의료전문가의 웰빙과 관련하여 과소평가 되어왔다. 의료기관은 의료서비스의 상업적 가치와 관련하여 운영되고, 경제적 문제는 도덕적/윤리적 주장보다 조직의 의사결정에 더 많은 영향을 주기 때문이다. 또 구성원의 건강

문제는 경제적 원칙과 이익에 의해 결정되며, 의료서비스를 필요로 하는 사람은 환자라기보다는 고객으로 여겨진다. 이러한 상황은 고전적인 의사-환자 관계의 성격이 모호해진다는 것을 의미한다.

특히 종양학과 응급의학과에서는 심각한 부상을 입은 환자, 중병을 앓고 있는 환자, 죽어가는 환자를 돌보기 위한 치료법의 복잡성 및 치료의 유해성에 대한 우려 때문에 극도로 긴장하고 있다. 이는 의료서비스 업무의 본질적 성격이 각각의 의료전문가를 한계에 몰아 넣을 수 있음을 의미한다. 결과적으로 현재는 경험적 증거에 기반한 구조적 해결책이 요구되는 상황인 것이다.

24장
교사와 교수의 웰빙

브리타니 브라난드(Brittany Branand), 잔느 나카무라(Jeanne Nakamura)

서론

교육자는 어느 문화에서나 중요한 역할을 수행하고 있는 사람이다. 이는 교사와 교수 업무가 갖는 독특한 전파적 특성 때문이다. 헨리 아담스(Henry Adams)가 말한 것처럼 "선생님의 영향력은 영구적이다. 그분의 영향력이 미치지 않는 곳을 찾기란 매우 어려운 일이다"(Adams, 1999, Ch. 20, para. 5). 따라서, 교사와 교수의 웰빙에 기여하는 요인에 대한 고찰은 충분한 연구 가치가 있다.

웰빙 분석 작업에 있어서 교육자라는 직무 특성과 배경을 이해하기 위해, 우선 교육자가 갖는 전파력의 개념에 대해 설명하고, 웰빙의 심각한 위협요인인 소진에 대해 간략하게 살펴볼 것이다. 다음으로, 직장에서 교사와 교수의 웰빙에 관한 문헌을 검토하고, 그들의 웰빙이 쾌락적 관점, 목적지향적 관점으로부터 각각 어떠한 영향을 받는지 검토할 것이다. 쾌락적 관점은 즐거움을 극대화하는 것을 강조하며(Diener & Lucas, 1999; Huta & Ryan, 2010; Seligman, 2002), 주관적인 경험(예: 긍정 정서, 삶의 만족, 낮은 부정 정서)에 초점을 맞춘다(Diener & Lucas, 1999, Fowers, Mollica, & Procacci, 2010; Ryan, Huta, & Deci, 2008). 반면 목적지향적 관점은

의미 있는 삶(Knoop, 2011; Knoop & Delle Fave, 2013; Seligman, 2002)과 몰입(Delle Fave, Massimini, & Bassi, 2011, Vitterso, 2013a, 2013b)을 강조하며, 자율성, 환경에 대한 통제력, 개인적 성장, 삶의 목적, 타인과의 긍정적 관계, 자기수용과 같은 웰빙의 심리적 측면에 초점을 맞춘다. 이에 덧붙여, 웰빙에 긍정적으로 기여할 수 있는 개인적 강점과 성격적 특성을 살펴볼 것이다. 또한, 멘토링에 초점을 맞추어, 어떠한 개입법이 시도되어 왔는지 검토해보려고 한다. 마지막으로, 근무 환경을 개선하고 교사의 웰빙을 증진시키기 위한 미래 연구의 방향을 제시할 것이다.

전파력

전파력(Generativity)을 갖는 역할을 생각해 보면 리더, 교사, 멘토를 들 수 있다. 조지 배일런트(George Vaillant)는 이들을 가리켜 "의미를 지키는 자(keepers of the meaning)"라고 표현하였다(Vaillant & Milofsky, 1980). 다차원적 심리사회적 구인인 전파력을 소개한 에릭슨(Erikson, 1950)은 이를 두고, "다음 세대를 육성하고 지도할 때, 최우선으로 고려할 사항"이라고 설명하였다(p. 276). 전파력은 교

육하고 가르치는 것에 초점을 맞춘 개념이다. 특히, 교사는 다음 세대를 육성하는 데 전적으로 헌신하는 직업이다. 교사를 통해 문화적인 전파력이 구현되고(Kotre, 1984), 교사의 직업 활동을 통해 문화를 구성하는 지식, 신념, 윤리, 기준이 보존되고 전수된다.

교육자의 역할은 매우 중요하고 전파력을 갖지만, OECD(경제협력개발기구: Organisation for Economic Co-operation and Development) 34개국을 대상으로 실시한 최근의 조사를 보면 교사들은 자신의 직업을 사랑하지만 저평가되고, 지지받지 못하며, 인정받지 못한다고 느끼고 있다(OECD, 2014). 전세계의 정치지도자들은 이와 같은 불균형을 인정하면서도 교사라는 역할 자체는 존중해야 한다고 주장한다. 영국의 교육부 장관 마이클 고브(Michael Gove)는 교육부의 정책 목표를 설명하는 연설에서 "교사는 우리나라의 성공과 시민들의 행복을 손에 쥐고 있다"라고 언급하였다. 비록 이와 같은 공개 성명이 바람직한 교육 정책으로 항상 뒷받침되는 것은 아니지만 말이다. 중국의 시진핑(Xi Jinping) 주석은 교사의 날을 기념하는 연설에서, 교사를 중국에서 가장 존경받는 직업으로 만들 것을 정부 당국에 촉구하면서 다음과 같이 말했다. "교사의 중요성은 영혼을 형성하고, 삶과 인간을 만들어 내는 데 있다(Xi calls, 2014)." 버락 오바마(Barack Obama) 미국 대통령은 학생들의 성공에 가장 큰 영향을 미치는 요인에 대한 연구를 언급하면서 다음과 같이 말했다. "학생들의 성취를 결정짓는 단 하나의 가장 중요한 요인은 피부의 색깔이나 출신 지역이 아니다. 부모가 누구이며 얼마나 돈이 많은지도 아니다. 그들의 교사가 누구인지가 바로 가장 중요한 요인이다(Education Week, 2009)." 교사의 역할이 높아져야 한다는 전세계적인 주장을 감안할 때, 교사의 웰빙에 대한 보호는 정치적으로도 실제적으로도 최우선 과제이다.

교육 분야의 연구 결과들은 학생의 성공과 웰빙이 교사의 성공과 웰빙에 의해 영향받는다는 것을 보여준다. 이는 교사 업무가 갖는 전파력을 입증하는 것이다. 예를 들어, 교사의 열정은 학생의 내적인 학습 동기를 촉진시키는 것으로 밝혀졌다(Cordova & Lepper, 1996; Patrick, Hisley, & Kempler, 2000; Stenlund, 1995). 또 다른 네덜란드 연구의 예로, 몰두, 업무의 즐거움, 내재적 동기 차원에서 몰입을 경험하고 있는 음악 교사의 학생들은 몰입하는 경우가 많았다(Bakker, 2005; Bakker & Schaufeli, 2000). 긍정적인 교사(낙관적인 설명 스타일, 그릿, 삶의 만족감)는 보다 효율적인 행동을 하며, 그가 가르치는 학생들의 학업 성취도가 더 높은 것으로 나타났다(Duckworth, Quinn, & Seligman, 2009). 뿐만 아니라, 교사의 긍정적인 정서는 학생의 동기와 행동에 영향을 미치는 것으로 나타났다(Sutton & Wheatley, 2003). 마지막 예로, 교사의 사회정서적 역량은 학생의 긍정적 발달을 촉진한다는 연구결과도 있었다(Jennings & Greenberg, 2009). 즉, 행복하고 몰입한 교사는 행복하고 몰입한 학생을 육성한다.

소진의 위협

일터에서 교사와 교수의 웰빙을 이해하려면, 보편적으로 알려진 심각한 위협요인인 소진에 대한 연구를 살펴보는 것이 도움이 될 것이다. 소진의 개념과 본질을 먼저 고려함으로써, 이와 상반되는 개념인 웰빙을 더 잘 이해할 수 있는 맥락적 지식을 갖게 될 것이다.

'소진(burnout)'이라는 용어는 미국 심리학자 허버트 프로이덴버거(Herbert Freudenberger)가 노동자들이 경험한 완전한 물리적 고갈을 묘사하기 위해 처음으로 사용하였다(1974). 소진에 대한 관심은 연구 분야가 블루 칼라 노동자로부터 간호, 법무, 교육과 같은 서비스 직종으로 확대된 1970년대에 높아졌다(Bardo, 1979). 교사의 소진은 블루 칼라 노동자와 같이 육체의 피로에 기인하기 보다는, 정서적인 과부하와 정신적 피로와 관련되어 있었다(Edelwich & Brodsky, 1980; Hamann & Daugherty, 1984). 마스라크와 레이터(Maslach & Leiter, 1999)는 특히 교사에 초점을 맞추어 소진을 연구하고, 이를 초래하는 요인과 직무 수행에 미치는 영향을 기술하였다. 또한 이들은 교사 소진 연구의 초기부터 널리 사용되어 왔던 마스라크 소진 인벤토리(MBI-HSS: Maslach Burnout Inventory - Human Services Survey)를 발전시켰다(Maslach, Jackson, & Leiter, 1996; Schaufeli, Maslach, & Marek, 1993; van Dick & Wagner, 2001).

OECD가 수행한 국제 조사 연구(OECD, 2013)에서는, 여러 문화에 걸쳐서 소진에 영향을 미치는 다양한 요인과 이에 따라 나타날 수 있는 문제들을 확인하였다. '교사의 문제(Teachers Matter)'라고 이름 붙여진 25개국 대상 설문조사 연구는, 소진이 전세계적으로 나타나는 보편적인 문제이며, 업무 부하 스트레스가 점차 증가하고 있는 심각한 지표임을 보여주었다(McKenzie, Santiago, Sliwka, & Hiroyuki, 2005). 또한, 이 연구는 다양한 문화권에서 교사의 역할이 확장되고 있음을 보여준다. 교사는 학생 개개인의 학습과 발달을 담당할 뿐만 아니라, 교실에서의 학습 프로세스를 관리하고, 더 나아가서는 학교를 '학습 공동체'로 발전시켜야 한다. 이에 더해, 지역사회 혹은 더 넓은 세계와 관계를 수립하고 유지하는 역할 또한 요구받고 있다. 이 연구는 늘어난 책임에 부합하는 지원과 지지가 제공되지 않았기 때문에, 교사들의 직무 만족이 감소하고 소진이 증가하고 있음을 시사한다.

교사 소진의 문제는 교육 분야의 연구에서 다양한 관점으로 조사되었다. 연구 결과는 소진이 경력 초기의 교사, 경력이 많은 교사 모두에게 널리 퍼져있음을 보여주고 있다(예: Burke & Greenglass, 1995, Friedman, 2000, Goddard, O'Brien, & Goddard, 2006). 이와 같은 현상은 다양한 문화권에서 보편적으로 관찰되며(예: Jackson, Rothmann, & van de Vijver, 2006; Jiang, 2005; Li, Li, & Sun, 2013; Liu & Onwuegbuzie, 2012), 성별에 관련 없이 나타난다(Purvanova & Muros, 2010). 같은 맥락의 연구는 초등교육과 중등교육(예: Ben-Ari, Krole, Har-Even, 2003; McCarthy, Lambert, O'Donnell, & Melendres, 2009), 고등교육(예: Bakker, Demerouti, De Boer, Schaufeli, 2003; Bartlett, 1994; Gonzalez & Bernard, 2006; Hamann & Daugherty, 1984; Watts & Robertson, 2011) 모든 수준

에서 이루어져 왔다. 소진을 개인 차원의 스트레스 문제로 다룬 연구(Schwartz, Pickering, & Landsbergis, 1996)도 있으며, 직무 환경에 영향을 미치는 체계적인 조직 차원의 문제로 다룬 연구(Maslach, 2003, Maslach & Leiter, 1999)도 존재한다.

소진(burnout)의 개념은 은유적이다. 산소가 없어서 꺼진 불, 연료를 다 태워 꺼진 양초를 떠올려 보라. 빛과 열로 생명력을 발산하던 존재가 어둡고 차가워진다는 것이다. 부정적 관점에서 이루어진 연구의 폭과 깊이의 토대 위에서, 우리는 긍정심리학의 관점에서 이루어진 이론적, 경험적 연구들을 살펴볼 것이다. 은유적으로 표현하면, 열정과 창의력의 불이 꺼지지 않도록 지키는 방법을 조사하여, 교사와 교수, 그들로부터 영향 받는 모든 이들이 빛날 수 있도록 하는 것이 목표이다. 소진과 그 원인만을 연구하는 것보다 더욱 풍요롭고 효과적인 방법은, 웰빙을 향상시키는 방법을 연구하는 길일 것이다. 이와 같은 강점 기반 접근법(strengths-based approach)은 웰빙을 촉진하는 요인, 긍정 정서와 강점을 강화하는 방법을 포함하고 있다.

쾌락적 웰빙과 목적지향적 웰빙의 이론적 측면

교사의 웰빙을 검토할 때, 일반적으로 주관적 웰빙(subjective well-being)이라고도 알려진 쾌락적 웰빙(hedonic well-being)의 측면을 먼저 살펴볼 것이다. 이 개념은 사람들이 비슷한 경험에 대해 다르게 반응하며, 그들의 삶에 대한 판단은 각 개인의 가치관과 기대에 따라 달라진다는 것을 가정하고 있다(Diener & Lucas, 1999). 웰빙의 주관적인 측면은 삶의 만족도를 평가하는 인지적 구성요소와 긍정적 혹은 부정적인 반응에 관련된 정서적 구성요소를 포괄하는 다차원적 개념이다(Diener & Lucas, 1999). 개선된 모델은 주관적 웰빙이 높은 수준의 개인적 만족, 높은 수준의 긍정 정서, 낮은 수준의 부정 정서를 경험한 결과라고 설명하고 있다(Deci & Ryan, 2008, Diener, 2000).

쾌락적 웰빙과 별도로, 우리는 의미, 진정성, 개인적 성장, 능력, 관계성, 몰입과 같은 목적지향

적 측면에서 교사의 웰빙 또한 검토할 것이다(Ryan & Deci, 2001; Ryff, 1989). 목적지향적 웰빙은 아리스토텔레스 철학의 목적지향성(eudaimonia)의 개념을 생애 주기 발달 이론(lifespan developmental theory, Erikson, 1959), 자기 실현(self-actualization, Maslow, 1968), 온전한 기능(full-functioning, Rogers, 1961)과 결합시킨 것이다. 목적지향적 웰빙은 긍정적 심리적 기능에 초점을 맞추어, 성공적인 교사가 갖추어야 할 필수적인 특성을 설명한다. 쾌락적 웰빙과 목적지향적 웰빙 두 가지 측면 모두 웰빙의 긍정적 상태에 전반적으로 기여하기 때문에, 그들 자신과 그들이 가르치는 학생들의 성공에 기여한다. 많은 이론적 틀이 교사 웰빙에 대한 연구 정보를 제공한다. 그러나 이 장에서는 긍정심리학의 관점에 초점을 맞춰, 다음 네 가지 이론을 중점적으로 다룰 것이다. (1) 사회인지 경력이론(SCCT; the social cognitive career theory, Lent, Brown, & Hackett, 1994) (2) 직무요구-자원 모델(JD-R; the job demands-resources model, Bakker & Demerouti, 2007) (3) 자기결정 이론(SDT; the self-determination theory, Deci & Ryan, 2000) (4) 몰입 이론(the theory of flow, Csikszentmihalyi, 1975/2000). 이론의 핵심을 논의하고, 이들의 발견을 확인하고 발전시킨 연구들을 검토함으로써, 교사의 웰빙을 보호하고 향상시킬 수 있는 요인을 가장 잘 파악할 수 있을 것이다.

렌트와 브라운(Lent & Brown, 2006)의 통합된 사회인지 모델(integrated social cognitive model)은 사회인지경력이론의 개념적 틀에, 특성, 직무-개인 적합성과 같은 직무만족의 주요 요인을 결합한 것이다(Lent, Brown, & Hackett, 1994). 사회인지경력이론은 경력을 선택하는 행동이 다음 네 가지 주요 원천으로부터 형성된 신념에 의해 영향받는다고 가정한다. (1) 개인적 성취(personal performance accomplishments) (2) 대리 학습(vicarious learning) (3) 사회적 설득(social persuasion) (4) 생리적 상태(physiological states). 특정한 분야에서의 노력과 성공 경험으로부터 비롯된 지속적인 전문성 개발 과정은, 자기효능감을 강화시키고, 유사한 미래의 목표를 성공적으로 달성할 것이라는 신념을 만든다. 결

과적으로, 이와 같은 과정을 지속적으로 추구하는 목표를 갖게 될 가능성이 높다. 이들은 2006년 모델에서, 모델의 결과변수인 직무만족에 덧붙여서, 상대적으로 변경이 용이한 다섯 가지 예측변수를 다음과 같이 정리하였다(Lent & Brown, 2006): 자기효능감(self-efficacy), 목표 과정에 대한 참여(goal participation), 성격적/정서적 특성(personality/affective traits), 근무 조건(work conditions), 지지적 자원(support resources).

렌트와 브라운(2006)의 모델을 검증하기 위해, 더피와 렌트(Duffy& Lent, 2009)는 미국 노스 캐롤라이나 주 전일제 근무 교사 366명을 대상으로 인터넷 설문조사를 실시하였다. 그들의 연구 목표는 바꿀 수 있는 직무만족의 선행요인을 확인하는 것이었다. 연구에 따르면, 업무 장면에서 과업 수행에 대한 자신감이 있고 목표를 달성하는 교사의 직무만족이 높을 수 있다는 결과가 나타났다. 또한, 특질적 긍정 정서(trait-positive affect)의 수준이 높은 교사일수록, 직업에 대해 긍정적인 태도를 취할 가능성이 높은 것으로 나타났다. 이는 그 밖의 특질 연구들(Connolly & Viswesvaran, 2000; Thoresen, Kaplan, Barsky, Warren, and de Chermont, 2003)과 일치하는 결과이다.

또한, 주관적으로 인식한 조직으로부터의 지원과 직무만족 간의 관계가 중요하게 나타났다. 이 세 가지 예측요인은 직무만족에서 나타나는 변량의 75%를 설명한다. 연구자들은 다음과 같이 제안하고 있다. 달성 가능하면서 자기효능감을 강화하는 업무 목표를 설계하는 데 교사 스스로가 참여하는 프로세스를 통해 스스로 보상을 받는다면, 긍정적인 업무 경험을 얻을 수 있으며 쾌락적 웰빙을 증진시킬 수 있다.

이탈리아 교사 235명을 표본으로 하는 조사를 통해, 연구자들은 교사의 직무만족을 예측하는 렌트와 브라운의 사회 인지 모델(2006)의 추가적인 지지 증거를 발견하였다(Lent et al., 2011). 연구 결과에 따르면, 가장 강력한 두 가지 예측요인은 앞서 언급한 노스 캐롤라이나 연구와 마찬가지로, 주관적으로 인식한 조직으로부터의 지원과 특질적

긍정정서였다.

렌트와 브라운의 모델에 대한 추가 연구에서는, 아랍에미리트 아부다비의 5,022명의 교사를 대상으로 인터넷 설문조사를 실시하였다(Badri, Mohaidat, Ferrandino & El Mourad, 2013). 연구 결과, 모델과 데이터 간 적합성은 매우 높았으며, 직무만족에서 나타나는 변량의 82%를 설명하였다. 따라서 모델은 교사의 직무만족을 설명하는 데 적합하다는 경험적 지지를 받았다. 그러나, 본 연구에서는 자기효능감과 직무만족 사이의 직접적인 경로를 발견하지 못했다는 점에서 더피와 렌트(2009)의 연구와는 차이점이 있다. 연구자들은 이와 같은 현상에 대해, 아부다비에는 성과 기반의 임금체계가 없고, 근로기간만이 교사의 임금을 결정하는 유일한 요인이기 때문이라는 설명을 제시하였다. 그러나 최근의 교육 개혁으로 이와 같은 제도는 수정되었다. 이 연구는 업무 기술을 향상시키기 위한 교사 역량개발 프로그램이 최우선적으로 중요할 뿐만 아니라, 적절한 조직적 지원이 필수적이라는 시사점과 미래 연구 방향을 제시하고 있다.

직무-요구 자원모델은 모든 직무에 직무요구와 직무자원이라는 두 가지 특성이 있다고 가정한다. 직무요구는 신체적 혹은 정신적 노력(비용)을 요구하는, 직무의 신체적, 정신적, 사회적, 조직적 측면을 말한다. 직무자원은 작업 목표를 달성하고, 직무요구와 관련 비용을 줄이며, 개인적인 성장과 개발을 촉진하는 데 필요한, 직무의 신체적, 정신적, 사회적, 조직적 측면을 말한다(Bakker & Demerouti, 2014).

직무-요구 자원모델의 기본 전제는, 위의 두 가지 특성이 교사의 웰빙에 영향을 미치는 상대적으로 독립적인 두 가지 심리적 과정을 유도한다는 것이다. 첫 번째는 에너지와 건강을 손상시키는 프로세스로, 높은 직무요구가 정신적, 신체적, 정서적 자원을 고갈시킴으로써 건강악화와 소진을 초래하는 과정을 말한다. 두 번째는 동기촉진 프로세스로, 직무자원이 성장, 학습, 개발을 촉진하고, 교사 스스로 자신의 업무 목표를 달성하는 데 영향을 미치도록 하여 결과적으로 몰두, 활력, 헌신과

같은 업무몰입을 이끄는 과정을 말한다. 따라서 직무자원은 높은 직무요구의 영향을 완충할 수 있다. 왜냐하면 이는 교육과 같은 직무요구가 높은 작업 활동의 실현을 지원하기 때문이다(Bakker & Demerouti, 2014).

직무-요구 자원모델은 여러 연구에서 지지되었다. 하나의 예로, 연구자들은 직무-요구 자원모델의 에너지와 건강을 손상시키는 프로세스를 검증하기 위해, 697명의 이탈리아 교사를 대상으로 교사 웰빙의 결정요인(Guglielmi, Panari, & Simbula, 2012)을 파악하였다. 이 연구는 세 가지 직무요구(작업량, 불형평, 직장/가정 갈등)와 스트레스의 결과(심리적 증상, 신체적 증상, 업무만족) 사이의 매개변수로 정신적 피로를 조사하였다. 연구 결과는 정신적 피로가 매개 역할을 한다는 점을 확인시켜 주었다.

직무-요구 자원모델에 대한 또 다른 연구에서는, 날마다 변동하는 동료의 지지, 날마다 변동하는 직장/가정 갈등이 직무만족과 정신건강을 예측하는지 조사하였다(Simbula, 2010). 61명의 이탈리아 교사가 5일간의 연속 근무일 동안 일일 설문조사를 완료한 결과를 보면, 동기촉진 프로세스에서 제시하는 바와 같이 사회적 지지는 각 개인의 웰빙과 직무만족에 도움이 되었다.

또한, 연구 결과는 사회적 지지가 중요한 직무자원으로 작용한다는 점을 보여주고 있다. 매일매일 사회적 지지가 변동함에도 불구하고, 업무몰입, 직업만족, 정신건강과 상관을 보여주고 있기 때문이다. 동료로부터 적절한 지지를 받는 교사는 더 몰입하였고, 더 높은 직무만족과 더 나은 정신건강을 나타냈다. 에너지와 건강을 손상시키는 프로세스에서 제시하는 바와 같이, 자신의 가족, 교사로서의 역할을 관리할 수 없는 교사는 더 많이 고갈되어 직무만족에 부정적인 영향을 받는다는 것이 확인되었다.

자기결정이론은 긍정심리학의 관점에서 특히 두드러진다. 자기결정이론은 인간이 본질적으로 개인적인 성장과 성취의 욕구를 가지고 있다고 가정한다. 또한 적극적으로 도전적인 일에 통달하고

자 하며, 새로운 경험을 받아들이는 방향으로 나아 간다고 가정한다. 이론에 따르면, 인간의 동력은 자기에 대한 일관된 인식(cohesive sense of self)과 목적지향적 웰빙을 개발하는데 필수적이다. 많은 사람이 돈과 칭송과 같은 외적 보상에 의해 동기화되지만(외재적 동기), 자기결정이론은 독립성, 지식을 얻고자 하는 욕구와 같은 내적 동기의 원천(내재적 동기)에 초점을 맞춘다. 자기결정이론은 다른 근로자와 마찬가지로 교사도 성장을 위해 충족되어야 하는 기본적인 욕구를 가지고 있다고 제안한다. 세 가지 기본욕구는 다음과 같다. (1) 유능성: 자신이 처한 환경을 이해하고 통달하며 요구되는 기술을 개발하고자 하는 욕구. (2) 관계성: 소속되어 타인에 대해 애착을 형성하고 타인으로부터 보살핌을 받고자 하는 보편적인 욕구. (3) 자율성: 자신의 행동과 목표를 통제할 수 있다는 인식. 데시와 라이언(Deci& Ryan, 2000)은 직무자원이 직업 활동을 통해 성취욕구를 충족하고자 하는 근로자를 지원하는 작용을 하기 때문에, 필수적이라고 주장하였다. 또한 이들은 성장이 기본적인 인간의 추동이지만 저절로 일어나지는 않으며, 오히려 사회적 지원이 이것의 발현에 핵심이라고 주장한다. 타인과의 관계와 상호작용을 통해 웰빙과 개인적 성장은 촉진될 수도 저해될 수도 있다. 이 이론을 교육 영역에 적용하는 것은 다음과 같은 시사점을 도출한다. 직무자원의 제공은 직무요구를 상쇄할 뿐만 아니라, 성장을 촉진함으로써 직무 장면에서 교사의 성공을 담보하기 때문에 매우 필수적이다.

자기결정이론의 적용가능성을 검증하는 이스라엘의 연구(Eyal, Roth, 2011)에서는 교장의 리더십 스타일이 교사의 동기와 웰빙에 큰 영향을 미친다는 것을 발견하였다. 연구자들은 다음과 같이 결론지었다. 교장이 교사의 자율성을 지원하도록 훈련받고 권한을 위임하면, 교사의 자발적인 동기부여, 만족감, 웰빙이 증진되며, 다양한 업무에 참여하는 것을 흥미롭고 의미 있다고 인식하게 된다. 또한, 자발적인 동기부여와 소진 간에 부정적인 상관관계가 존재하며, 교육에 대한 교사의 자율적인 동기부여가 학습에 대한 학생의 자발적인 동기부여를

예측한다는 것을 발견한 연구가 있다(Roth, Assor, Kanat-Maymon, Kaplan, 2007).

자기결정이론의 또 다른 연구는 다음과 같은 가설을 제안한다. 자기일치성(self-concordance)은 행복에 대한 직무요구의 부정적인 영향을 일시적인 수준에서 완충한다(Tadić, Bakker, & Oerlemans, 2013). 일기를 사용하여, 132명의 교사가 3일간의 연속 근무일 동안 실험에 참여하였다. 연구 결과는 높은 수준의 스트레스를 보고하는 동시에, 교사가 자신의 일에 만족하고 행복할 수 있는 이유를 부분적으로 설명한다. 진정한 자신의 선택, 개인적인 가치관과 흥미로부터 비롯된 자기일치성의 동기가 있을 때, 교사는 스트레스가 많은 과업 중에도 행복을 유지한다. 긍정적인 동기 부여, 자신의 행동과 목표를 통제할 수 있다는 인식은, 자기결정이론이 가정하는 것과 같이 웰빙을 증진시키고 소진을 방지한다.

마지막으로, 몰입 이론(Csikszentmihalyi, 1975/2000)은 내재적인 보상을 제공하고, 성장을 촉진하며, 가치와 의미가 충분한 현재의 순간에 깊이 빠져있는 경험적 상태를 묘사하기 때문에, 목적지향적 웰빙을 증진시킬 수 있다. 몰입 이론에 따르면, 인간은 매우 도전적인 과업을 수행할 때 극한의 웰빙을 경험하지만 그들이 가지고 있는 자원과 기술은 그 과업이 요구하는 수준과 같아야 한다.

몰입 경험의 조건은 다음과 같다. 현재의 기술을 신장시킬 수 있는 도전 혹은 기회의 인식(지나치게 크거나 너무 작지 않은 목표), 자신의 역량에 맞는 수준에서 도전을 하고 있다는 인식, 명확한 목표와 진행상황에 대한 즉각적인 피드백. 몰입 경험의 조건하에 인간은 다음과 같은 특징을 가진 주관적인 상태에 들어가게 된다. 현재의 순간에 무엇을 하고 있는지 강렬하게 집중함, 행동과 인식이 융합됨, 의식적인 자기 인식이 없어짐, 자신의 행동을 통제할 수 있다는 느낌을 가짐, 시간이 빨리 지나가는 경험, 본질적으로 보람 있는 활동을 경험함. 몰입 상태는 본질적인 보람을 제공하기 때문에, 인간은 몰입 경험을 반복하고 강화하려 한다. 새로운 도전에 숙달함으로써, 인간은 더 높은 수준

의 기술을 개발하게 된다. 목적지향적 웰빙의 관점에서 따라, 인간은 일단 하나의 과업에 숙달하면 점점 더 복합적인 도전을 추구하게 되며, 이에 따라 성장이 촉진된다(예: Jones, 2013).

많은 이론적 연구를 기반으로 몰입 이론은 교육자에게 적용되어 왔다. 이탈리아에서 184명의 교사를 표본으로 실시된 연구는 다음과 같은 시사점을 제시한다. 교실에서 가르치는 작업과 수업 준비와 같은 개인 업무(교사 역할의 두 가지 핵심 측면)는 일터에서 몰입을 경험하는 주요한 장면으로 확인되었다(Bassi & Delle Fave, 2012). 몰입 경험에 있어서 직업 간의 차이를 밝히기 위해 실시된 스페인 연구 두 건의 결과를 보면, 대학 강사는 관리자와 같은 수준으로 몰입을 경험하며, 대학 강사와 중학교 교사 모두 생산직 근로자보다 높은 수준으로 몰입을 경험하는 것으로 나타났다(Llorens, Salanova & Rodríguez, 2013, Salanova Martinez, Cifre, Schaufeli, 2005, Llorens et al., 2013에서 인용됨). 대조적인 이탈리아 연구 결과에 따르면, 몰입이 여가와 같은 다른 활동과 비교하여 업무와 연관되는 빈도는 의사보다 교사에서 적게 나타났다(Delle Fave & Massimini, 2003).

교육의 본질적 목표는 학습에 대한 학생들의 애정을 키우는 것이고, 이는 교사 자신이 학습하는 과정에서 경험한 즐거움으로부터 촉진된다(Csikszentmihalyi, 1997; Nakamura & Csikszentmihalyi, 2005). 교사와 교수 모두 자신이 학습하는 과정에서 몰입을 찾는 것으로 보인다. 델레 페이브와 마시미니(Delle Fave, Massimini, 2003)는 대부분의 교사가 몰입의 원천으로 독서를 언급하는 것을 발견하였다. 뉴만(Neumann, 2006)은 40명의 미국 교수와의 인터뷰를 통해 몰입의 의미를 추출하였다. 교사가 몰입을 경험하는 빈도는 인지적으로 학습과정에 몰입하는 학생의 비율과 관련이 있는 것으로 나타났다(Basom & Frase, 2004; Bakker, 2005 참조).

연구자들은 교사가 몰입을 경험할 가능성을 높이는 요인을 확인하였다. 몇몇 연구에서 교사들은 그들의 업무에서 상대적으로 높은 기술과 도전성을 지각하였으며, 이는 몰입 경험과 관련이 있었다

(Bakker, 2005; Bassi & Delle Fave, 2012, Beard & Hoy, 2010, Rodríguez-Sánchez, Salanova, Cifre, & Schaufeli, 2011). 몰입의 핵심 조건을 넘어선 다음과 같은 연구결과들도 있다. 미국의 연구에서 교사의 몰입 경험의 빈도는, 학교와 동료 교사의 효율성에 대한 지각과 교장이 교실을 방문하는 빈도와 관련이 있었다(Basom & Frase, 2004). 앞서 언급한 직무-요구자원모델 연구(Bakker, 2005)에서, 자율성, 사회적 지지, 성과 피드백, 상사의 코칭을 포함한 네덜란드 음악 교사의 직무자원은 몰입과 관련되어 있었다. 직무자원이 교사의 몰입 경험에 미치는 영향은, 모델이 예측하는 바와 같이, 업무의 도전적인 정도와 보유하고 있는 기술 간의 균형에 대한 인식에 의해 매개되었다. 스페인의 교사 연구(Salanova, Bakker, & Llorens, 2006)는 조직 차원의 직무자원과 몰입 간의 연관성을 발견하였다. 여기서의 직무자원에는 목표지향성, 사회적 지원, 혁신 지향이 포함되어 있다.

마지막으로, 스페인에서 이루어진 종단 연구는 개인적/조직적 직무자원이 일터에서의 몰입과 관련되어 있고, 일터에서의 몰입은 차후의 업무자원의 수준과 관련이 있다는 '상호 상승의 나선형(upward spiral)'의 증거를 제공하였다(Rodríguez-Sánchez et al., 2011 Salanova et al., 2006).

외부적/조직 차원의 직무자원

교사의 웰빙에 관한 여러 이론들이 일관성 있게 핵심적으로 지적하는 내용은, 업무 과정에서 만나게 되는 중요한 도전을 해결하기 위한 직무자원이 필요하다는 점이다. 교사의 웰빙에 기여한 요인으로 문헌들에서 인용된 다양한 자원을 살펴보면, 예를 들어, 자율성과 역량개발 기회에 대한 교사의 인식과 같은 외부적이며 조직적인 자원이 있을 수 있다. 이와 같은 조직 차원의 자원에는, 의사결정 과정이 공정하고 투명하며 개인적 성과와 책임에 따라 보상이 제공된다고 인식하는 것과 같은, 절차적/분배적 정의 또한 포함될 수 있다. 추가적으로 내부적 혹은 개인차원의 자원으로는 낙관주의, 회

복탄력성을 들 수 있다.

외부 자원에 대한 연구의 첫 번째 예로써, 크로아티아의 대학교 교수를 대상으로 하는 대규모 온라인 설문조사에서, 몇몇 조직적 자원과 교수 웰빙 간 상관관계에 대한 통찰이 드러났다(Slišković, Seršić, & Burić, 2011). 구체적으로, 연구자들은 직무 스트레스, 업무 통제소재(work locus of control)와 웰빙 간의 관계를 조사하였다. 그들은 지지적인 환경의 중요성과 업무 환경을 통제할 수 있다는 느낌을 고려하였다. 가르치기 어려운 학생(예: 동기 혹은 관심 부족)과 동료, 상사 혹은 멘토와의 빈약한 관계(예: 상사의 과도한 권력)는 직무만족에 직접적으로 부정적인 영향을 미치는 것으로 나타났다. 그러나 이와 같은 관계는 업무 통제소재에 대한 지각(perception)에 의해 더 잘 설명되었다. 학생과 동료와의 관계로부터 비롯된 대인관계적 압력은, 업무 통제소재를 통해 직무만족에 간접적인 영향을 주는 것으로 나타났다. 다시 말해, 일터에서의 빈약한 대인관계와 직무만족 간의 연관성은, 부분적으로 통제력의 결여와 의사결정에 대한 지각에 의해 설명될 수 있다.

터키에서 수행된 또 다른 연구에서, 학교생활의 질과 지지적 환경에 대한 초등학교 교사의 지각은 주관적 웰빙의 예측변인으로 나타났다(Cenkseven-Onder & Sari, 2009). 학교생활의 질 척도(QSLS, Quality of School Life Scale)를 통해, 관리자, 지위, 다른 교사, 학생들 간의 관계, 커리큘럼에 대한 교사의 인식과 학교에 대한 정서를 평가하였다. 교사 소진 척도(Teacher Burnout Scales)는 행정적 지원에 대한 인식, 경력 만족, 학생에 대한 태도, 직무 관련 스트레스에 대응할 수 있는 능력에 대한 데이터를 제공하였다. 분석 결과, 지위, 관리자, 커리큘럼, 다른 교사에 대한 지각과 학교에 대한 정서, 직무 관련 스트레스에 대응할 수 있는 능력은 교사의 주관적 웰빙을 전반적으로 예측한다는 것을 보여주고 있다. 이는 교사 웰빙 향상을 위한 몇 가지 경로를 제시해주는데, 특히 다른 교사와의 대인관계에 대한 지각의 중요성은, 개발과 성장을 촉진하는 긍정적인 관계에 기반한 직무환경의 중요성을 시사한다.

직무충실화(Job enrichment)는 구성원이 자신이 수행하는 업무에 대한 자기완결성(self-sufficiency), 책임, 성취, 통제력을 얻을 수 있을 때 발생한다(Riches, 1993). 라시드와 라시드(Rashid & Rashid, 2011)는 파키스탄 교수 표본에서 직무만족에 영향을 미치는 직무충실화 요인의 역할을 조사하였다. 구체적으로 연구자들은 책임, 성취, 경력개발(승진과 전문성 개발 기회)의 요인을 살펴보았다. (전체적으로 낮은 경력개발 수준으로 인해) 경력개발이 중요한 예측변인은 아닌 것으로 나타났으나, 책임과 성취에 대한 교수진의 인식 수준은 직무만족에 유의미하게 긍정적으로 관련되어 있었다.

두, 라이와 로(Du, Lai& Lo, 2010)는 중국에서 교수의 직무만족과 대학의 조직적 특성 간의 관계를 조사했다. 연구 결과에 따르면, 회복탄력성은 신경증보다 건강에 대한 일반적인 인식에 대한 더 강한 예측변인인 것으로 나타났다.

조직 분위기는 직무만족에 대한 강력하고 중요한 예측변인으로 나타났다. 특히, 학교 정책과 커리큘럼 개발에 대한 더 많은 참여는 더 높은 직무만족으로 이어졌다. 대인관계 또한 교수의 직무만족에 영향을 미치는 것으로 나타났다. 학교 측과 교수 간의 관계가 좋다고 느낀다면, 그들은 더 큰 만족을 경험한다. 학교 문화에 대한 중국의 연구(Zhu, Devos, & Li, 2011)에서는 목표 지향성, 리더십, 비전 공유가 교사의 헌신에 큰 영향을 미치는 것으로 나타났다. 이와 같은 발견은, 조직 차원의 자원, 학교 차원의 리더십, 교사의 참여가 교사의 헌신과 웰빙에 중요한 영향을 미친다는 것을 시사한다.

심리적/개인 차원의 직무자원

조직과 환경 차원의 자원 외에도 교사는 개인 차원의 자원에 의존한다. 개인적 자원은 교사가 변화와 직무요구에 보다 쉽게 적응하도록 돕는 심리적 토대이다(Hobfoll, 2002). 예를 들어, 낙관주의와 회복탄력성은 일터에서의 스트레스를 줄이는 데 기여할 수 있는 개인적 특성으로 밝혀졌다(van den Heuvel, Demerouti, Bakker, & Schaufeli, 2010). 회복 탄력성은 스트레스와 역경에 지속적으로 노출되어 있음에도 불구하고 '회복 가능한(bounce back)' 능력을 의미한다(Tugade & Fredrickson, 2004). 낙관주의(optimism)는 긍정적인 사건과 결과에 대한 일반적인 기대로 설명할 수 있다(Scheier, Carver, & Bridges, 2001). 탄력적이고 낙관적인 개인은 자신의 환경을 보다 적극적으로 받아들일 수 있는 개인적인 강점을 가지고, 일터에서의 직무요구를 위협보다는 도전으로 인식하는 것으로 나타났다(Scheier, Carver, & Bridges, 1994). 그들의 긍정적인 관점은, 일터에서의 직무요구를 덜 부담스럽게 받아들이게 하는 것으로 검증되었다(Lazarus & Folkman, 1984).

일터에서의 심리적 건강에 대한 통합된 모델을 검증하는 연구에서(Boudrias et al., 2011), 프랑스의 연구자들은 개인적 자원이 교사의 심리적 건강에 직접적, 간접적 영향을 미친다는 것을 발견했다. 연구자들은 웰빙, 욕구의 충족, 낙관주의와 회복탄력성으로 표상되는 개인적 자원, 사회적/조직적 자원, 직무요구를 측정하였다. 낙관주의와 탄력성이 높은 교사는 그들의 직무요구를 부담으로 인식하는 경향이 덜하였다. 이들은 더 많은 것을 사회적/조직적 자원으로 인식하고, 욕구 충족을 보장하기 위해 더 많은 개인적인 행동을 취했다. 이 연구의 결과를 문화 전반에 걸쳐 일반화시킬 수 있는지 검증하기 위해, 연구자들은 캐나다 교사에게 동일한 설문지를 작성하게 하였다(Boudrias et al., 2011). 구조 방정식 모델링 분석의 결과는 연구의 결과가 서로 다른 문화의 두 샘플에서 동일하다는 것을 보여 주었고, 따라서 원래의 연구결과를 검증하고 확장할 수 있었다.

일터에서 몰입 경험을 통한 개인적 자원의 효과를 검증하기 위한, 스페인의 258명 중등학교 교사를 대상으로 하는 종단 연구는 자기효능감과 몰입 사이의 관계는 지각된 도전과 기술의 조합에 의해 매개되는 것을 발견하였다(Rodríguez-Sánchez et al., 2011; cf. Basom & Frase, 2004). 낙관주의의 어떠한 측면이 몰입에 영향을 미치는지에 대한 미국

의 초등학교 교사 260명을 대상으로 하는 연구는 다음과 같은 결과를 보여준다. 교사의 자기효능감의 한 요소인 학술적 낙관주의(academic optimism)는 일터에서의 몰입과 관련이 있었던 반면, 기질적 낙관주의(dispositional optimism)는 그렇지 않았다(Beard & Hoy, 2010).

과중한 업무량, 통제력의 부족, 정서적 고갈과 같은 교사가 직면하는 끊임없는 도전을 감안할 때, 회복탄력성의 역할에 대한 연구에서는, 교사와 비교사 샘플에서 회복탄력성이 신경증의 영향을 넘어서 웰빙(즉, 직무만족, 건강에 대한 일반적인 인식)을 예측하는지 검증하였다(Pretsch, Flunger, Schmitt, 2012). 그러나 직무만족에 대한 회복탄력성과 신경증의 예측력은 동등한 것으로 나타났다.

개인적 자원에 대한 또 다른 연구에서는 교사의 웰빙에 대한 대처전략과 회복력의 영향력을 조사하였다(Parker& Martin, 2009). 업무숙달 지향성, 계획수립과 같은 '직접적' 대처전략은 높은 수준의 회복력(일상적인 탄력성), 웰빙, 몰입을 예측한다는 결과가 나타났다. 자기불구화(self-handicapping)와 실패 회피와 같은 '임시방편(palliative)' 대처전략은 낮은 수준의 회복력, 웰빙, 몰입을 예측한다는 결과가 나타났다.

긍정심리학의 주요한 방향성은 인간으로서 최적의 발달에 기여하는 강점과 미덕(virtue)을 발굴함으로써, 교사를 위한 기능적인 심리적 자원을 발견하는 것이므로, 위와 같이 자주 거론되는 개인적 자원을 넘어서는 탐색이 필요하다.

VIA(The Values in Action)에서 제시하는 강점과 미덕의 분류체계는, 긍정적인 인간의 강점(무엇을 잘할 수 있는지)을 이해하기 위한 이해의 틀과 단어들의 목록을 제공한다. 인간의 강점은 다음과 같은 여섯 가지 주요한 미덕으로 분류된다. 지혜/지식, 용기, 인간성, 정의, 절제, 초월(Seligman, Park, & Peterson, 2004).

연구에 따르면, 특정한 성격적 강점은 삶의 만족과 긍정적인 관계를 가지며(Park, Peterson & Seligman, 2004), 개인을 대표하는 강점이 새로운 개입법으로써 활용될 때 행복을 증진시킬 수 있음을

발견하였다(Seligman, Steen, Park, & Peterson, 2005). 중국의 교사를 대상으로 하는 연구에서는, 주관적 웰빙과 24가지 VIA 성격적 강점 간의 관계를 조사하였다(Chan, 2009).

정직, 용맹, 끈기, 열의와 같은 용기 차원의 강점에 더해, 용서, 희망, 자기 조절, 학습지향성과 같은 특정한 강점은 모두 주관적 복지의 세 가지 구성요소와 강하게 관련되어 있었다. 또한, 심미안, 감사, 희망과 같은 초월 차원의 강점은 삶의 만족을 매우 유의미하게 증가시키는 것으로 나타났다. 뿐만 아니라, 창의성, 호기심, 개방성, 학습지향성, 거시적 관점과 같은 지혜/지식 차원의 강점과 공정성, 리더십, 팀워크와 같은 정의 차원의 강점은 긍정정서 경험을 유의미하게 증가시키는 것으로 나타났다.

온라인을 통해 수집된 영국의 대규모 성인 인터넷 샘플(Linley et al., 2007)과는 대조적으로, 이 연구의 중국 교사 참가자들은 친절, 사랑, 사회지능과 같은 인간성 영역과 희망, 감사, 심미안과 같은 초월 영역을 중요하게 여기는 것으로 나타났으며, 사랑, 희망, 감사, 팀워크, 영성과 같은 특정 강점은 더 높은 수준으로 나타났다. 이 연구의 결과를 살펴보면, 교사들은 타인과 긴밀한 관계를 중요하게 여기고, 최선의 결과를 기대하고 이를 이루기 위해 노력하며, 발생한 긍정적인 일을 인지하고 감사하고 있으며, 집단과 팀의 구성원으로서 잘 일할 수 있으며, 더 높은 목적과 삶의 의미에 대한 일관된 믿음을 가지고 있다(Per Park& Peterson, 2008). 이와 같은 요소들은 교사로서 학생의 육성과 포용에 필요한 핵심적인 특징이었다.

추가 연구에서는, 교사의 주관적 웰빙에 대한 두 가지 성격적 강점-감사와 용서-의 기여를 조사하였다(Chan, 2013a). 이 두 가지는 친사회적, 관계적, 공감 기반 성격적 강점과 개념적으로 연결되어 있으며, 이와 같은 성격적 강점은 다시 심리적, 육체적 건강과 밀접하게 관련된다(Breen, Kashdan, Lenser, & Fincham, 2010). 또한 두 가지 성격적 강점의 결합은 유교적 가르침으로 인해 특히 중국 사회에서 타당성을 인정받고 있다. 챈의 연구에서,

중국 교사 참가자들은 감사 문항을 포함한 다섯 개의 자기보고식 설문지를 작성하였다. 주관적 웰빙과 관련되어 있다고 알려져 있는 행복지향성의 영향력(Vella-Brodrick, Park & Peterson, 2009)을 넘어서서, 감사와 용서는 교사의 삶의 만족에 대한 강력하고 중요한 예측변인으로 밝혀졌다. 심지어, 용서는 다른 어떤 예측변인보다 부정정서에 큰 영향을 주었다.

용서는 부정적인 감정을 줄임으로써 대인관계적 갈등의 해로운 영향을 줄이는 데 도움이 되는 반면, 감사는 타인과의 관계에서 비롯되는 혜택을 만끽하고 긍정적인 감정의 경험을 증진시키는 데 도움이 된다.

웰빙을 촉진하는 성격적 강점에 초점을 맞춘 연구 이외에도, 또 다른 연구들은 웰빙과 관련되며 개인 차원의 자원으로 기능할 수 있는 개인의 성격적 특성을 조사하였다. 노르웨이 고등학교 교사에 대한 연구에서는, 다음과 같은 변수들이 교사의 주관적 웰빙과 어떤 관련이 있는지를 조사하였다. 연령, 재직 기간, 학교 위치, 학교 크기와 같은 교사와 학교의 사회적/인구통계적 특성, 업무 요구, 목표 일치성(개인 목표와 조직 목표 간의 합치성)과 같은 조직 분위기, 신경증, 외향성과 같은 성격 특성. 시골, 교외, 도시로 그룹화된 다차원 분석의 결과는, 구성원의 웰빙에 가장 강력하게 관련된 변수가 성격이라는 점을 시사한다. 특히 외향성은 긍정정서와 관련이 있었고, 신경증은 부정정서와 관련이 있었으며, 이는 교사가 스스로의 웰빙을 어느 정도 통제할 수 있음을 암시한다. 쉽게 화내거나 감정적으로 반응하지 않고, 더 외향적이고 사교적일수록 그들의 웰빙은 증진된다. 본질적으로 대인관계적인 교사 업무의 특성을 감안할 때, 이와 같은 결과는 놀랍지 않다(Burns & Machin, 2013).

포르투갈의 초등학교와 고등학교 교사 표본 대상 연구에서는, 외향성, 신경증, 성실성의 성격 측면이 주관적 웰빙의 세 가지 요소를 차별적으로 예측한다는 것을 검증함으로써, 위와 같은 연구 결과를 뒷받침 하였다(Albuquerque, de Lima, Matos & Figueiredo, 2012). 연구 결과는 신경증 측면이 부정

정서의 가장 강력한 예측변인이지만, 긍정정서와 삶에 대한 만족과도 밀접한 관련이 있음을 보여준다. 외향성과 성실성은 긍정정서와 가장 높은 관련이 있었지만, 부정정서와도 유의미한 관련이 있었으며, 삶에 대한 만족과는 더 낮은 수준의 관련이 있었다. 이와 같은 결과를 감안할 때, 교사의 주관적 웰빙의 모든 측면은, 신경증을 줄이고, 외향성과 성실성을 증진시킴으로써 혜택을 얻을 수 있다.

몰입의 마음가짐

교사가 자신의 업무를 대하는 잠재적 태도는 그들의 성과, 그들의 웰빙에 대한 인식, 그들이 일에 부여하는 의미에 영향을 미친다. 경험적 연구를 통해 검증되었고 이론에 명시되어 있는 것과 같이, 교사가 직면하는 도전의 난이도는 그들의 생산성, 그리고 지속적으로 활용 가능한 자원과 균형을 이루어야 한다. 자원의 가용성에 미치는 가장 주요한 요인 중 하나는, 교사의 마음가짐으로부터 비롯되는 영향력이다. 이상적인 태도는 활력, 헌신, 몰두로 특징지어지는, 긍정적이며, 충족적이며, 업무와 관련된 마음가짐인 몰입이다(Bakker, Hakanen, Demerouti, & Xanthopoulou, 2007). 여기서 활력은 일하는 동안의 높은 에너지 수준과 정신 집중, 어려움에 마주했을 때에도 업무에 노력을 투입하고자 하는 의지와 관련이 있다. 헌신이란 자신의 업무에서 일의 의미, 자부심, 도전, 열정을 느끼는 것을 의미한다. 몰두는 자신의 일에 온전히 집중하고 기쁜 마음으로 열중함으로써, 시간이 빠르게 흐른다고 느끼고 일을 중단하는 데 어려움을 겪는 상태를 말한다. 몰두의 개념은 긍정심리학에서 말하는 소위 몰입의 의미를 반영하고 있다.

805명의 핀란드 교사를 대상으로 하는 연구에서, 상사의 지원, 혁신의 기회, 동료로부터의 인정, 지지적인 학교 환경 모두가 영향력 있는 자원임이 나타났다. 각각의 요인들 모두는 학생의 불량행동이 교사의 몰입에 미치는 부정적인 영향을 완화하는 것으로 나타났다(Bakker et al., 2007). 또한, 이와 같은 직무자원은 높은 스트레스 상황에서 몰입과 더욱 두드러지는 상관이 있음이 나타났다.

학교 환경과 혁신성은 업무를 흥미롭고 도전적으로 만들고, 성장의 기회를 제공하기 때문에, 업무몰입에 결정적인 영향을 미치는 것으로 나타났다. 요구 수준이 높은 상황에 직면한 교사는, 이와 같은 자원을 제공받음으로써 업무에 더욱 몰입할 수 있도록 도움 받을 수 있으므로, 직무-요구 자원 모델을 확증하는 것으로 볼 수 있다.

몰입에 대한 또 다른 네덜란드 연구에서, 직무자원, 업무몰입과 직무성과 간의 개인 내 상관관계를 조사하였다(Bakker & Bal, 2010). 조사 결과에 따르면, 매주 제공되는 직무자원은 동기를 촉진하며, 해당 주의 몰입을 증진시키는 것으로 나타났다. 주간 단위의 자율성과 개발 기회는 이번 주와 다음 주의 몰입 수준과 긍정적인 상관관계가 있었다. 이와 같은 발견은 직무-요구 자원 모델과 자기결정이론을 더욱 확증하는 것이다. 지지적인 자원을 적절하게 제공하는 업무환경은, 목표를 성취할 수 있고 소속감의 욕구(need to belong)를 충족시킬 수 있다는 교사의 확신을 형성한다는 것을 보여주기 때문이다(Bakker & Demerouti, 2007). 이와 같은 욕구에 대한 만족은 업무몰입을 증진시키며, 본 연구결과는 이와 같은 과정이 주간 단위로 작용할 수 있다는 점을 시사한다.

마지막으로, 몰입의 중요성에 대한 통찰은 다음의 핀란드 연구에서 발견되었다. 이 연구의 초점은 교사에게 부담을 주기보다는, 어떻게 그들에게 권한을 위임하여 몰입하도록 이끌 수 있는지 파악하는 것이다. 즉, 어떠한 상황이 몰입하게 만드는지, 도전적인 상황대응에서 취했던 어떠한 전략이 몰입으로 이끄는지 살펴본 것이다(Soini, Pyhalto, & Pietarinen, 2010). 연구결과, 학생, 동료, 학생의 부모와 상호작용하는 상황이 교사들을 몰입하게 만들었다는 사실을 확인하였다. 한편으로는 교사에게 부담이 될 수 있지만, 오히려 도전에 대응하는 유연하고 반응적인 전략은, 권한위임과 몰입의 감정을 불러일으킨다. 학교 환경과 교사 간의 상호작용이 지지적이며 협력적일 때, 교사는 그들이 필요로 하는 자원을 얻을 수 있으며, 그들의 상호작용은 권한위임과 몰입을 일으키는 것으로 나타났다.

개입법

연구 결과들이 생생하게 보여주고 있듯이, 교사가 권한을 위임 받고 몰입함으로써 자신이 가르치는 많은 학생들의 삶에 지속적으로 긍정적인 영향을 미치기 위해서는 다음과 같은 조건이 충족되어야 한다. 도전에 마주하여 그들의 창의성을 발휘할 수 있으며, 이와 같은 도전과제를 해결하기 위해 필요한 지지와 자원을 확보할 수 있어야 한다. 이와 같은 균형과 역동적 기능을 가능하게 하는 자원의 중요성을 인식하여, 적합한 개입법을 기획하고 시행하기 위한 많은 시도가 있었다. 이를 위한 개입은 1차, 2차, 3차 수준으로 나눌 수 있다 (Cartwright & Cooper, 2005). 1차적 개입은 업무 스트레스의 원천을 제거하거나, 일터의 환경을 수정하는 데 초점을 맞춘다. 2차적 개입은 스트레스 과부화를 예방하거나 이에 대한 그들의 대처 메커니즘을 향상시킴으로써, 개인 차원의 자원을 개발하는 데 초점을 맞추고 있다. 3차적 개입은 이미 스트레스와 관련된 건강 문제로 고통 받고 있는 개인의 재활에 초점을 맞추고 있다. 긍정심리학의 관점에서, 이차적 개입은 특별한 가능성을 내포한다.

예를 들어, 감사 프로그램(gratitude program)이 홍콩 교사의 삶의 만족과 소진에 미치는 영향을 조사하기 위한 개입법 연구에서, '당신이 받은 축복을 세어보세요(count-your-blessings)' 활동이 효과적인 전략임이 입증되었다(Chan, 2013a). '당신이 받은 축복을 세어보세요' 접근법(Emmons & McCullough, 2003)에서는 일주일 동안 일어난 세 가지 좋은 일 혹은 사건을 기록하게 한다. 다음으로 나이칸 명상 (Naikan-meditation) 질문(예: 내가 얻게 된 것은 무엇이며, 이는 나에게 어떤 의미를 가지는가?)을 통한 성찰을 8주 동안 시행한다. 웰빙을 측정하기 위해, 삶의 만족 척도(Satisfaction with Life Scale: Diener, Emmons, Larsen, & Griffin, 1985)를 포함한 설문지를 사전과 사후에 작성하도록 하였다.

소진을 측정하기 위해, 마스라 소진 척도(Maslach Burnout Inventory: Maslach et al., 1996)의 세 가지 요소도 설문지에 함께 포함되었다. 조사 결과, 삶의 만족과 개인적 만족감이 유의미하게 증가하였으며, 정서적 피로와 몰개인화는 유의미하게 감소하였다. 사전 검사에서, 행복에 대한 각 개인의 관점을 측정하기 위해, 즐거움, 의미, 몰입을 포함하는 행복지향성 척도에 응답하게 하였다(Peterson, Park, & Seligman, 2005). 삶의 의미 지향성과 개입법 사이에 유의미한 상호작용이 발견되었으며, 의미 있는 삶에 가치를 부여한 교사는 8주 간의 개입 기간 동안 삶의 만족과 정서적 피로에서 큰 변화를 나타냈다. 이와 같은 결과는 주간 감사하기 활동과 삶의 의미에 초점에 맞춘 개입법이 교사의 소진을 억제하는데 효과적일 수 있음을 시사한다.

이전 연구의 연장선에서, 챈(Chan, 2013b)은 주관적 웰빙을 증진하기 위한 후속 연구를 수행하였다. 후속 연구에는 두 가지 8주간의 두 가지 긍정 심리학적 접근법이 포함된다. 하나는 '당신이 경험한 불운을 세어보세요(count-your-misfortunes)' 대처 접근법(coping approach). 다른 하나는 '당신의 축복을 세어보세요(count-your-blessings)' 감사 접근법(gratitude approach)이다. 홍콩 교사들은 두 가지 조건에 무작위로 배정되었다. 감사 접근법 조건은 지난 주에 일어난 좋은 일과 사건을 기록하는 데 초점을 두고, 대처 접근법 조건은 나쁜 일이나 사건에 초점을 둔다. 두 집단은 그들의 경험을 성찰하기 위해 나이칸 명상 질문을 다시 사용하였다. 감사 접근법 조건에서는 그들이 얻은 혜택에 집중하고 감사의 마음을 배양한 반면, 대처 접근법 조건에서는 부정적 사건으로부터 얻은 교훈을 찾는 데 집중하였다. 두 가지 접근법 모두 삶의 만족을 높였지만, 감사 접근법만이 삶의 만족과 부정적 감정의 경험에 있어서 통계적으로 유의미한 변화를 가져왔다. 이 연구 결과는, 축복뿐만 아니라 불운을 생각하는 것도 삶의 만족을 증진시키는 데 효과가 있지만, 의미 만들기와 감사 접근법 쪽이 교훈 찾기와 대처 접근법보다 효과적일 수 있음을 제안한다.

또한 홍콩에서, 50명의 초등학교와 중등학교

교사가 회복 전략(recovery strategies)의 학습에 중점을 둔 스트레스 관리 훈련 프로그램(stress management training program)에 참여하였다(Siu, Cooper, & Phillips, 2014). 이 프로그램은 본업 이외의 의미 있는 활동에 참여하여 학습하는 과정이며, 일로부터의 심리적 분리와 일과 무관한 작업에 숙달하는 경험을 촉진한다. 이 연구에서는 통제집단이 있는 준실험 방법론과 사전-사후 검사설계를 사용하였다. 실험집단의 교사들은 통제집단과 비교하여 더 높은 회복 경험을 나타냈다. 또한, 그들은 더 높은 긍정정서, 더 낮은 정서적 피로, 더 적은 신체적/심리적 증상을 나타냈다. 이 연구의 결과는 회복 경험이 전략적 학습을 통해 훈련될 수 있다는 점을 시사한다. 업무 영역 이외의 새로운 기술을 배움으로써 숙달한 느낌을 갖는 것은, 개발이 가능한 개인적 자원이다. 이 연구는 최근 미국에서 이루어진 회복 연구를 뒷받침한다(Hahn, Binnewies, Sonnentag, & Mojza, 2011).

오리건(Oregon)의 초등학교에서, 교사 웰빙의 결과와 '전 학교에 걸친 긍정적 지지와 행동적 개입법(SWPBIS: school-wide positive behavioral interventions and supports)' 간의 상관관계를 분석한 연구가 실시되었다(Ross, Romer, & Horner, 2012). 이 개입법은 다양한 지지적 자원을 구현함으로써, 학교 분위기와 사회적 행동을 개선하도록 설계되었다. 이 개입법은 팀의 기술적 발전, 협력, 긍정적인 관계, 효과적인 관행의 실천과 같은 많은 다른 자원들에 영향을 미쳤다. 184명의 교사가 작성한, 전 학교 차원의 개입법을 포괄하는 54개 항목의 설문을 분석한 결과, 긍정적 지지와 행동적 개입법 시행과 교사의 효능감과 웰빙에 대한 인식 간에 강력한 상관관계가 발견되었다.

또 다른 흥미로운 발견은, 경제적 지위가 낮은 학교 교사의 웰빙이 긍정적 지지와 행동적 개입법 개입법에서 가장 큰 혜택을 얻을 수 있다는 것이다.

마음챙김 개입법(Mindfulness interventions)은 현재 순간에 대한 인식을 바탕으로 개인적 자원을 개발함으로써, 업무 스트레스를 줄이는 과정에 효과적으로 활용되고 있다. 혼합방법론을 통한 독일의 연구에서는, 교사를 위한 마음챙김 기반 개입법의 결과를 조사하였다(Taylor et al., 2015). 이 연구에서는 59명의 공립학교 교사가 사전-사후 훈련과 후속 인터뷰에 참여하였다. 훈련 프로그램에서는 직무 장면에서 정서조절을 위한 효능감의 증진, 대처 기술의 향상, 동료와 학생을 용서하도록 하는 효능감의 증진, 동정심에 대한 수용력의 증진과 같은 내용이 포함되어 있다. 개입 결과, 효능감에 대한 믿음과 용서의 경향성이 증진되었으며, 4개월 간의 추적관찰을 하고 기저선과 비교할 때 스트레스가 부분적으로 감소되었다. 또한 교사들은 대처를 위해 보다 적응적인 전략을 활용한다고 보고하였다.

최근 미국에서 이루어진 연구는, 교사용으로 수정된 마음챙김 기반-스트레스 감소 과정(mMBSR: modified Mindfulness-Based Stress Reduction course)을 활용한 무작위 통제 파일럿 실험의 결과를 보여주고 있다(Flook, Goldberg, Pinger, Bonus, & Davidson, 2013). 연구 결과, 심리적 증상과 소진의 유의미한 감소, 관찰자가 평정한 강의실 내 조직의 개선, 컴퓨터 작업에서의 정서적 주의력 오류 향상, 자기 연민의 증가가 나타났기 때문에, 이 과정은 유망한 개입법으로 볼 수 있다.

웨일즈(Wales) 초등학교 교사를 대상으로, 마음챙김 기반-스트레스 완화 과정 훈련의 효과성을 조사하는 양적 연구에서는, 불안, 우울, 스트레스에 더해, 명시된 목표를 향한 활동, 알아차림의 변화를 측정하였다(Gold et al., 2010). 연구 결과, 대부분의 참가자에게서 통계적으로 유의미한 향상이 나타났고, 마음챙김 기술 척도에서의 향상 또한 관찰되었다. 이 연구는 마음챙김 개입법이 교사의 웰빙에 긍정적인 영향을 미칠 수 있는 생산적이고 유익한 도구라는 확증을 더해 주고 있다.

교사 멘토링

이제 개입 전략에 대한 마지막 검토작업으로, 교사를 위해 폭넓게 활용될 수 있고, 쉽고 유연하게 적용할 수 있는 개입 프로그램인 멘토링에 대해 살펴보려고 한다. 멘토링은 폭넓은 호소력을 가지며, 교사와 교수가 필요로 하는 다른 자원의 원천을 소개할 수 있는 기능을 가지기 때문에, 이 중요한 개입법에 대한 심층적인 검토는 필수적이다. 이전 섹션에서 기술한 바와 같이, 교육은 상당한 만족감을 제공할 수 있는 잠재력을 가지고 있지만, 특히 경력 초기에 방향성을 수립하는 데 있어서 상당한 어려움을 겪을 수 있다. 지금까지 경력 초기 교육자의 과도기를 순조롭게 할 수 있는 지원책을 확인하는 데 많은 관심이 기울여져 왔다. 많은 국가에서 교사 신입연수의 구성요소로, 몇몇 경우 교수 연수의 구성요소로 활용되고 있는 개입법은 공식적 멘토링 프로그램이다. 이 섹션에서는 교육과 그 밖의 분야에서의 멘토링을 다루며, 이것이 교사와 교수의 웰빙에 미치는 영향력에 대해 밝혀진 내용을 소개해 볼 것이다. 멘토링의 객관적, 주관적 효과를 조사한 연구들에 대한 메타분석연구에서는 다음과 같이 결론을 내렸다(Allen, Eby, Poteet, Lentz, Lima, 2004). "가장 일관적인 멘토링의 혜택은, 직장을 대하는 정서적 반응에 대한 긍정적 영향과 자신의 경력에 대한 긍정적인 감정일 것이다(p.133)."

멘토링은 다양한 맥락에서 시행되기 때문에, 서로 다른 맥락에서 시행되는 다양한 멘토링을 아우를 수 있는 일치된 정의는 불분명하다. 하지만 일터에서의 멘토링을 정의할 수 있는 다섯 가지 특징을 다음과 같이 제시한 연구가 있다(Eby, Rhodes& Allen, 2007).

(1) 두 사람 간의 관계 (2) 학습으로 특징지어짐 (3) 멘토로부터 멘티에게 제공되는 심리사회적이며 수단적인 지원의 유형 (4) 멘티의 성장과 개발을 최우선 목적으로 하는 상호적이지만 비대칭적인 관계 (5) 시간의 흐름에 따라 변화하는 관계(p.10).

한 가지 중요한 분류는, 자발적으로 발생하는 멘토와 멘티 간의 비공식적 형태와, 멘토링의 효과를 극대화하고 제도화하기 위해 조직 차원에서 주도된 공식적인 형태이다. 두 번째 분류는, 개인에 대한 지원 제공을 목표로 하는 형태(멘티의 웰빙이 멘토링의 성과와 직접적으로 관련되어 있음)와, 마찰을 줄임으로써 조직을 튼튼하게 하는 것을 목표로 하는 형태(멘티의 웰빙은 멘토링과 조직성과 간의 매개변수로 작용함)이다.

멘토링은 다양한 맥락에서 시행되고, 다양한 형식을 취하며, 다양한 영역에서 서로 다른 목표를 위해 제공될 수 있기 때문에, 교육 외부의 영역으로부터 멘토링에 대한 시사점을 도출할 때 주의가 필요하다. 그러나 많은 학자들이 지적했듯이(예: Ghosh, 2013, Zellers, Howard, & Barcic, 2008), 멘토링에 대한 지식이 일찍부터 축적되었으며(예: Kram, 1985), 더욱 고도로 개발된 조직 분야의 연구(멘토링에 대한 광범위한 리뷰를 위해서는 Passmore, Peterson, & Freire, 2013을 참고할 것)를 무시해서는 안 될 것이다. 교사 멘토링과 비교했을 때, 조직 분야 멘토링의 가장 큰 차이점은, 공식적 멘토링과 경력 초기의 마찰 감소를 위한 목표를 강조하고 있다는 점이다.

회사 조직에서 수행되는 멘토링의 이점과 멘티의 웰빙에 초점을 맞춘 체계적인 검토에 따르면, 일터에서의 멘토링은 중간 정도의 긍정성이기는 하지만 일관적인 상관관계를 갖는다(Allen et al., 2004; Dougherty & Dreher, 2007; Kammeyer-Mueller & Judge, 2008). 알렌(Allen과 동료들, 2004)은 멘토를 갖는 것이 멘티의 경력만족, 경력몰입과 관련이 있음을 보고하였다. 또한, 멘티의 직무만족과 경력만족은 멘토링을 받는 양과 유의미한 관련이 있었다. 한 메타분석에 따르면, 멘토링이 직무만족과 경력만족에 미치는 긍정적인 영향은, 다양한 공변량을 함께 고려할 때에도 유지되는 것으로 나타났다(Kammeyer-Mueller와 Judge, 2008). 또한 멘토링이 직무 역할 모호성과 갈등을 줄임으로써, 부분적으로 긍정적인 직무태도를 조성한다는 몇 가지 증거가 있다(Lankau, Carlson, & Nielson, 2006).

교사의 소진 문제와 관련하여, 알렌과 동료들(2004)은 조직에 머물고자 하는 의도에 대한 연구를 조사하여, 멘토링의 긍정적인 영향력을 발견하였다. 다른 직종에 대한 종단연구에서는, 멘토링과 조직에서 지속적으로 일하고자 하는 의도 간의 긍정적 상관, 멘토링과 실제 이직률 간의 부정적 상관을 발견하였다(Higgins & Thomas, 2001; Payne &

Huffman, 2005). 육군 장교에 대한 페인과 허프만 (Payne & Huffman, 2005)의 종단연구는 이와 같은 맥락에서 근로자의 웰빙을 강조하였고, 일터에 대한 정서적 몰입(affective commitment)이 이직률에 미치는 멘토링의 영향을 부분적으로 매개한다는 것을 발견하였다.

조직 연구자들은 전통적으로 자연히 발생하는 비공식 멘토링 관계에 관심을 가졌다. 기본적으로 종단연구, 때로는 상관연구에 기반하여, 자연히 발생하는 관계가 공식적 멘토링 프로그램의 일부로 확립된 관계보다 혜택이 많다는 결론을 내렸다(예: Tong & Kram, 2013, Underhill, 2006). 그러나 공식적 프로그램에서 주로 나타나는 낮은 접촉 빈도, 파트너 선정에 대한 참가자의 낮은 기여도, 의무적인 참여와 같은 특징들은 개선이 가능한 것으로 보인다. 이에 대한 연구와 평가는 점진적으로 효과적인 프로그램의 특징을 확인하고 있다. 예를 들어, 무작위 통제실험에서 이간과 송(Egan & Song, 2008)은 직무만족과 기타 결과변수의 측면에서, 촉진적인 공식 프로그램의 참가자가 비촉진적인 프로그램 참가자보다 더 많은 혜택을 얻었다는 사실을 발견하였다(두 경우 모두, 통제집단보다는 많은 혜택을 얻었다.)

교육 분야에 초점을 맞춘 경력 초기 멘토링의 혜택에 있어서는, 교사와 교수 모두에서 멘토링과 웰빙 간에 중간 수준의 상관이 발견되었다.

예를 들어 이스라엘의 연구(Alhija & Fresko, 2010)에서, 교사 부임 첫해에 받은 공식적 멘토링은 사회화에 대한 만족감과 상관이 있었다. 유사하게, 미국의 여성 교수에 대한 조사(August & Waltman, 2004)에서 (공식적 또는 비공식적) 멘토링은 비종신고용(untenured) 교수의 만족도에 대한 예측변인으로서 유의미했지만 그 정도로 높진 않았다. 반면, 종신고용(tenured)에게 있어서는 유의미한 예측변인이 아니었다.

상관연구에서는 경력초기 교육자의 일터에서의 자기효능감과 멘토링 간의 관계를 조사하였다. 의과대학 조교수를 대상으로 하는 미국의 조사에서는, 공식적 또는 비공식적 멘토를 갖는 것이 자기효능감과 상관이 있음을 발견하였다(Feldman, Arean, Marshall, Lovett, O'Sullivan, 2010). 교사를 대상으로 할 때에도, 직장 멘토로부터 받는 지지에 대한 인식의 정도가 자기효능감과 상관이 있었다(Molding, Stewart, & Dunmeyer, 2014).

네덜란드 교수에 대한 조사(van Emmerik, 2004a)에서, (공식적 또는 비공식적) 멘토를 갖는 것은 내재적 직무만족, 경력만족과 작지만 유의미한 상관을 가지며, 소진과 기타 변인과 부적상관을 갖는 것으로 나타났다. 또한 멘토를 갖는 것은 역할갈등이 업무만족에 미치는 부정적 영향을 완화시켰으며, 소진에 미치는 영향을 조절한다는 증거도 있다.

교사의 경우, 1980년대 이후부터 공식적인 멘토링 프로그램이 많은 국가의 신입연수 과정에 포함되었다(Hobson, Ashby, Malderez, & Tomlinson, 2009, Howe, 2006). 하우(Howe, 2006)는 8개 국가의 대표적인 교사 신입연수 프로그램을 분석한 결과, 가장 효과적인 프로그램은 전문적 멘토(expert mentor)를 활용한다고 결론지었다. 효과적인 프로그램의 특징으로는, 명확한 프로그램의 목표 설정, 프로그램 효과성 평가, 멘토를 선별하고 훈련하고 지원하는 방법의 확립, 멘토와 멘티 간 적합한 매칭, 멘티에 대한 평가보다는 지원에 초점을 맞출 것, 주기적인 만남을 가질 것 등이 있었다(Hobson et al., 2009; Howe, 2006).

멘토링을 제공하는 공식적인 프로그램에 대한 강한 관심을 고려할 때, 공식적인 멘토 훈련에 대한 관심이 증가하고 있다는 점 또한 놀랍지 않다. 멘토 훈련 프로그램은 멘토링의 개념과 기능(예: 정의, 철학, 목표, 역할과 책임, 조직차원의 고려 사항)을 설명하고, 효과적인 멘토링 사례 경험을 제공해야 하며, 새로운 멘토들에 대한 지원을 공식화해야 한다(Garvey & Westlander, 2013). 이와 같은 사항들이, 효과적인 교수 멘토링 프로그램에도 적용되는 것으로 보인다(Lumpkin, 2011).

앞서 언급했듯이, 미국과 다른 국가에서 진행되는 공식적인 교사 멘토링 프로그램의 주요한 목표는 인적자원 유지이다(Hobson et al., 2009). 인적자원 유지와 관련하여, 미국 연구를 검토한 연구

결과, 1년 이상 근무하는 경력 유지의 가장 강력한 예측변인은, 같은 과목을 가르치는 멘토의 존재여부라는 사실을 발견하였다(Ingersoll& Strong, 2012). 이들은 또한 미국 3개 주에서 진행된 프로그램에 대한 조사를 실시하여, 멘토링이 신임교사의 직무만족과 교사라는 직종을 지속하고자 하는 몰입에 영향을 미친다고 보고하였다.

마지막으로, 조직 분야의 연구결과들은 공식적인 멘토링이 유기적으로 형성된 관계보다 효과적이지 않음을 보여주고 있기 때문에(예: Baugh & Fagen-son-Eland, 2007 참조), 교사가 공식적/비공식적 멘토를 어떻게 인식하는지 비교하는 것의 의미가 있다. 교사가 비공식 멘토와 더 자주 상호작용하고, 그들로부터 더 많은 감정적 지지를 얻으며, 비공식적 멘토링 관계를 더 긍정적으로 인식한다는 점을 발견한 연구도 있다(Desimone et al., 2014). 그러나 그들은 공식적 멘토와의 관계도 매우 긍정적으로 인식했다. 또한, 공식적 멘토는 신임교사가 가장 중요하게 생각하는 멘토링 기능 중 하나인 수업 관찰/피드백을 더 많이 제공하였다(Hobson et al., 2009). 따라서, 어떤 면에서 두 관계는 상호보완적일 수 있다.

전통적인 멘토/멘티 관계의 형성과 유지에 장애물로서 가장 빈번하게 언급되는 것은 양측의 시간 부족이며 (Ehrich, Hansford, & Tennent, 2004), 이것이 장애물로 작용하는 것은 다른 생산적 관계에 있어서도 마찬가지이다. 신임교수에게 있어서, 여러 멘토에게 역할을 분산시키는 것은 한 사람과의 멘토링 관계에 대한 효과적인 대체물이 될 수 있다(Janasz & Sullivan, 2004; van Emmerik, 2004b). 이 대안은 늘어나고 있는 학계에서의 학술적 이동성(institutional mobility)을 수용할 수 있는 방안이다. 유익함에 대해 생각해보는 차원에서, 교사-멘토링은 전문적 문화 속에 통합적으로 스며들어가야 할 필요가 있다(Kardos & Johnson, 2007). 경험 연구에 따르면, 신임교사가 필요로 하는 다양한 지원은 동시다발적으로 나타날 경향이 있으며(Ingersoll & Strong, 2012), 기능별로 학부로 구분된 대학교와 같은 환경의 경우, 멘토링은 멘토와 멘티 모두에게

이익이 된다(Hobson et al., 2009).

공식적 멘토 역할을 수행하는 것은 업무 과부하, 이에 따른 스트레스와 같은 잠재적 위협요인을 가지고 있지만, 많은 교육자는 빈번하게 이 역할로부터 얻은 혜택을 보고하고 있다. 홉슨과 동료들(Hobson et al., 2009)은 멘토가 됨으로써 얻게 된 보상에 관한 문헌을 검토하였다. 웰빙의 측면에서 교사들이 스스로 보고한 혜택으로는, 멘티의 발전에 기여한 자부심과 만족감, 향상된 자신감, 업무 전문성의 갱신이 포함되었다.

이와 같은 시사점은 조직 분야의 연구결과에 의해서도 뒷받침된다. 한 메타분석 결과는, 멘토가 됨으로써 얻을 수 있는 객관적 결과(전문성, 생산성, 경력 성공의 획득) 이외에 다음과 같은 혜택을 보여준다(Ghosh& Reio, 2013). 멘토가 되는 것, 더 구체적으로 멘티에게 심리사회적 지원과 역할모델을 제공하는 것은 직무만족과 조직몰입과 상관관계를 가지는 것이다. 한국 사무직 근로자를 대상으로 실시된 연구에서는, 멘토의 조직몰입의 장기적 효과(longitudinal effects)가 나타났다(Chun, Sosik & Yun, 2012). 이와 같은 연구는 멘토로서 일하는 근로자의 웰빙이 어느 정도 향상되었고, 직무와 직장에 대한 긍정적 감정이 타인에 대한 멘토 역할 수행을 얼마나 촉진하는지 명확히 하기 위해 필요하다. 상대적으로 명확하게 나타난 점은, 멘토로서 일하는 것이 멘토 자신의 개인적 만족감, 의미와 목적, 미래 세대에게 공헌했다는 느낌, 전파력을 갖는다는 느낌에 기여한다는 점이다(Allen, Poteet, & Burroughs, 1997; Nakamura, Shernoff, & Hooker, 2009).

멘토링은 만병통치약이 아니다. 혜택과 함께 해로움도 줄 수 있다는 연구결과가 존재하며(Tong & Kram, 2013), 멘티와 멘토 웰빙에 대한 측정된 혜택은 일반적으로 보통 수준이다. 공식적 멘토링 프로그램과 관련하여, 교사/교수의 웰빙에 기여하는 효과적 실무와 멘토링 효과의 조절변수를 파악하는 것이 필요하다. 또한 멘토링 프로그램의 비용과 편익을 다른 형태의 지원과 비교하는 데 더 많은 연구가 필요하다. 그럼에도 불구하고, 멘토링은 다양한 문화적 배경에서 효과적 개입법으로서 큰 가능

성을 보여주었다.

미래 연구

교육 분야에서 교사가 소진에 이르게 되는 과정에 대해서는 상당히 많은 연구가 있지만, 소진을 방지하기 위해 교사의 몰입을 증진시키는 방법에 대한 연구는 상대적으로 적다. 또한 교육자의 웰빙에 관한 연구 중에, 교사의 웰빙과 몰입을 증진시키는 지원에 관한 부분은 존재하지만 교수에 대해서는 더 많은 연구가 필요하다. 고등교육 수준에서, 교수로 하여금 온전히 몰입하고 최고의 성과를 올리도록 도울 수 있는 프로그램의 혜택을 고려하는 등의 연구를 통해, 교육자의 웰빙에 관한 연구 간의 격차를 해소하는 것은 특히 중요하다.

요구 수준이 높은 직무에 내재된 도전에 직면할 때, 교육자를 최선으로 지원할 수 있는 자원이 무엇인지 명확히 하기 위해서는 더 많은 연구가 필요하다. 이를 위해, 웰빙을 지원하는 조직 구조, 정책, 환경적 자원을 조사해야 하며, 개인적 자원의 역할에 대한 검토 또한 더욱 요구된다.

이때, 긍정심리학은 조직적 도덕성, 잡크래프팅과 같은 교육 분야에서 상대적으로 아직 탐색되지 않은 새로운 개념들을 제시한다. 다양한 경험적 개입법을 도입하고 제도화함으로써, 교육기관은 효과적인 지원을 받을 수 있을 것이다. 또한, 교사와 교수의 웰빙에 대한 연구는, 스트레스를 완화하고, 도전과제를 해결하며, 가치와 의미가 있는 경력개발을 돕는 이차적 개입법에 대한 조사를 필요로 한다. 뿐만 아니라, 시간의 흐름에 따라 개입과 훈련의 혜택이 어떻게 지속되거나 경감되는지를 측정하기 위한 종단연구가 필요하다. 멘토링 분야에 있어서는, 비공식적 멘토링과 공식적 멘토링이 각각 교사의 웰빙을 어떻게 증진시키는지 식별하기 위해 더 많은 연구가 필요하다. 이에 따라, 비공식적 멘토링의 이점을 적용한 공식적인 프로그램이 설계될 수도 있을 것이다.

결론적으로, 교육자의 성공을 단순히 허용하는 것을 넘어서서 촉진할 수 있는 관행, 정책, 개인적

특징, 리더십 스타일, 그 밖의 요인들을 확인하고 증진하기 위한 관점에서, 연구들을 살펴보는 것이 유익할 것이다.

결론

이 장을 마무리하면서, 교사와 교수의 웰빙은 그들이 수행하는 업무의 성격 때문에 중요하다는 점을 다시 한번 강조하고 싶다. "교육자는 개인의 삶을 변화시키고, 사회 전체의 삶의 질을 향상시킨다(Johnsrud, 2008, p.489)." 교육자가 직면하는 과중한 업무부하와 존중의 부족에도 불구하고, 다양한 문화권에 걸쳐서 교육자가 담당하는 중추적인 역할과 공헌에 대한 자료는 많이 존재한다. 교육자가 '소진'을 피하고 자신의 위치에서 온전한 번영을 누리기 위해서는, 심도 있는 몰입이 필수적이라는 가설을 기반으로, 우리는 이와 관련된 이론과 모델을 조사하고, 쾌락적 웰빙과 목적지향적 웰빙을 검증하는 기존의 경험적 연구들을 탐색하였다. 이를 통해 우리가 얻은 시사점은 다음과 같다. 교사와 교수 웰빙의 역동적인 상태는, 직무수행에서 맞닥뜨리는 도전과제에 대응하기 위한 자원의 적절성으로부터 영향을 받는다. 교사와 교수 웰빙을 위해 필요한 자원으로는 외부적/조직적 자원과 내부적/개인적 자원이 존재하며, 이와 같은 자원을 보호하고 증진시키기 위한 다양한 개입법이 검토될 수 있다.

지금까지의 연구결과로부터 도출할 수 있는 행동전략의 예로 다음과 같은 것을 들 수 있다. 몇 가지 연구에서의 발견에 기반하여, 대학 운영에 다음과 같은 시사점을 적용할 수 있을 것이다. 의사결정 과정, 특히 그들에게 직접 영향을 미치는 의사결정에 구성원을 참여시키는 것, 인정과 인센티브를 제공하는 것, 경력 개발 프로그램을 지원하기 위해 적절한 기금을 마련하는 것. 또 다른 측면에서, 직무 스트레스 대응에 필요한 낙관주의, 회복탄력성과 같은 개인적 자원의 개발을 돕기 위한 지원이 제공되어야 한다. 또한, 경력 초기 교사에게 자주 나타나는 전반적 스트레스를 완화하고 웰

빙을 증진하기 위해, 멘토링 프로그램을 시행할 수
도 있을 것이다.

　마지막으로, 자신의 업무에 깊게 몰입한 교수
를 세상에 알리는 저술에서, 저자는 기관장과 교수
진의 리더가 지명한 50명의 교수들을 소개하였다
(Eugene Rice, 1986). 이 교수들의 공통점은 주요 상
의 수상자이자, 평생학습과 가르침의 즐거움을 공
유한다는 점이다. 이들과 같이 업무에 깊게 몰입하
고 높은 동기를 가지고 있는 교육자는, '자신의 직
업'을 다른 사람으로 하여금, 온전한 인생을 살기
위해 학습하도록 촉진하는 '동기부여의 수단'으로
여긴다. 이들은 자신이 수행하는 교육이 단지 교실
을 넘어서서, 사회적 맥락의 의미와 중요성을 가진
다는 점을 확신한다. 교사의 웰빙을 촉진하고 증진
함으로써 영감을 불러일으키는 핵심은 강력한 몰
입감일 것이다.

25장
IT 전문가의 웰빙

칼레쉬 싱(Kamlesh Singh), 모히타 윤나카(Mohita Junnarkar)

서론

전세계적으로 약 10억 명의 사람들이 IT(Information Technology) 분야에서 일하고 있지만, 여전히 이 분야는 직원 부족에 직면해 있다(Young, Marriott, & Huntley, 2008). 인도는 해외 아웃소싱 활동을 위한 최고의 장소로 자리매김하였으며(전국 소프트웨어 및 서비스 기업 협회[National Association of Software and Service Companies: 인도 뉴델리에 본사를 두고 있는 IT기업 협회], McKinsey & Company, 2005), IT 산업의 급성장은 1990년 이래로 국가 경제의 급속한 성장에 기여했다. 2006년, 인도는 IT 개발, 유지보수 및 지원 분야에서 시장점유율의 3분의 2를 차지했다. 나머지 시장은 캐나다, 아일랜드, 중국, 베트남, 필리핀, 브라질 등 다른 국가들이 점유하고 있다(Tholons Inc., 2006). 전세계적인 변화와 새롭게 등장한 경영 상의 도전은, 조직 연구자들로 하여금 새로운 연구분야로써 구성원의 신체적/정신적 건강과 웰빙에 집중하도록 만들었다.

이 분야의 많은 구성원, 특히 개발도상국에서 근무하는 구성원들은 수면 장애, 발성 장애, 청각 문제, 소화 불량, 시각 문제와 같은 신체적 건강 문제(Kamp, 1992)와 심리적 고통(Guna Seelan & Ismail, 2008)을 초래할 수 있는 긴 근무시간(최대 하루 14시간, Santhi & Sundar, 2012) 등과 같은 문제에 직면하고 있다. 구성원들은 성공과 조직목표 달성을 위해 열심히 노력하고 있으며, 이는 그들의 신체적 건강 및 사회적/심리적 웰빙에 영향을 미친다. 직업 불안정성과 같은 업계의 역동적인 특징은 구성원의 웰빙에 영향을 미치고 스트레스의 수준을 높인다(Fatimah, Noraisha, Nair, & Khairuddin, 2012).

IT업계의 구성원들은 정신건강과 웰빙 문제에 직면해 있다는 경험적 증거들은 이 장의 5개 절에 제시되어 있다. 첫 번째 절에서는 웰빙의 이론적 구인과 삶의 질, 직무/경력 만족, 직무/경력 몰입과 같은 다양한 모델에 대해 설명할 것이다. 두 번째 절에서는 자기효능감, 일의 동기, 일터에서의 삶의 질, 일과 가정의 균형과 같은 다양한 직무관련 요인들과 웰빙 간의 연관성을 확립해 볼 계획이다. 세 번째 절에서는 IT 구성원의 웰빙을 예측하고, 상관관계를 가지며, 영향을 미치는 요인들을 검토해 보려고 한다.

네 번째 절에서는 IT업계 구성원들에게 웰빙의 긍정적 향상을 가져온 다양한 이니셔티브에 대해 논의하고, 다섯 번째 절에서 이 분야의 향후 연구

의제를 검토한 다음, 마지막으로 짧은 결론을 제시해보도록 하겠다.

웰빙의 의미와 그 요인들

최근 몇 년 동안 각기 다른 영역(심리적, 사회적, 정서적)에서 이루어진 웰빙에 대한 이해와 탐구는, 사람들의 삶을 향상시키는데 목적이 있는 긍정심리학 연구의 핵심이 되었다(Diener, Suh, Lucas, & Smith, 1999, Kahneman, Diener, & Schwarz, 1999, Linley, Maltby, Wood, Osborne, & Hurling, 2009). 웰빙이라는 용어는 신체적, 정신적, 사회적 안녕을 포함하는 보다 광범위한 생물심리사회적 구인을 표상하며, 단지 신체적 질병이 없는 것 이상의 의미를 담고 있다(Tehrani, Humpage, Willmott, & Haslam, 2011). 웰빙은 '목표를 달성할 수 있는 능력'(Foresight Mental Capital and Well-being Project, 2008), '행복'(Pollard & Lee, 2003), '삶의 만족'(Diener & Suh, 1998; Seligman, 2002)과 같은 몇 가지 의미로 정의되어 왔다.

웰빙에 대한 연구는 두 가지 이론적 접근법을 기반으로 한다. 쾌락적(hedonic) 전통은 행복의 감정에 초점을 맞추고, 목적지향적(eudaimonic) 전통은 개인적/사회적 삶에 있어서 최적의 기능을 강조한다. 쾌락적 전통이 개념화하는 웰빙은 주관적 웰빙으로도 알려져 있다. 이는 부정적 정서에 대한 긍정적 정서의 우세(쾌락적 균형)와 삶의 만족에 대한 개인의 인지적 판단을 포함한다(Diener, et al., 1999; Linley et al., 2009). 목적지향적 전통은 몇 가지 구인을 포함한다. 이 중 가장 눈에 띄는 것은 심리적 웰빙으로 알려져 있다. 이것은 칼 융(Carl Jung), 아브라함 매슬로(Abraham Maslow), 고던 올포트(Gordon Allport), 칼 로저스(Carl Rogers), 에릭 에릭슨(Erik Erikson)과 같은 인본주의 및 생애주기 심리학자의 작업을 기반으로 하여, 리프(Ryff, 1989)에 의해 최초로 개념화되었다(Lamers, Westerhof, Bohlmeijer, Klooster, & Keyes, 2011). 이것은 자기수용, 개인적 성장, 삶의 목적, 타인과의 긍정적 관계, 자율성, 환경에 대한 통제력의 6가지 차원을 포함한

다. 심리적 웰빙은 최적으로 기능하는 수준에 도달하기 위해 분투할 때 개인이 직면하게 되는 도전을 반영한다. 키이스(Keyes, 2002)는 두 가지 웰빙의 전통이 수렴할 때, 정신건강은 정서적, 심리적, 사회적 웰빙이 존재하는 것으로 폭넓게 정의될 수 있다고 제안하였다. 이는 세계보건기구의 정의와 일치한다(WHO, 2004). 세계보건기구에 따르면 정신건강은 "개인이 자신의 능력을 실현하고, 삶의 보편적인 스트레스에 대처할 수 있으며, 생산적으로 일할 수 있고, 자신이 속한 공동체에 기여할 수 있는 상태"이다(WHO, 2004, p.12). 이와 같은 정의는 다음 세 가지 핵심 요소로 구성된다. 웰빙, 개인의 삶에 있어서 효과적으로 기능하기, 공동체의 삶에 있어서 효과적으로 기능하기.

긍정심리학은 인간의 부정적 측면이나 역기능적 특징으로부터, 인간의 긍정적 측면이나 기능적인 특성으로 초점의 이동을 촉진하였다. 키이스(Keyes, 2005, 2007)는 증상을 나타내는 증후군으로 구성된 정신병리모델(mental illness model)로부터 유추하여 정신건강모델(mental health model)을 제안하였다. 그는 정신건강을 번영, 중간 수준의 건강, 쇠약으로 분류하기 위해 진단(diagnosis)이라는 용어를 사용했다(Keyes, 2005). 유사한 맥락에서 셀리그만(Seligman, 2002)은 쾌락(pleasure), 몰입(engagement), 의미(meaning)의 세 가지 웰빙 요소를 제시하였다. 최근 발전한 이론은 사람들이 지속적인 행복을 경험하는데 필수적인 요소를 다음 다섯 가지로 세분화 하였다. 긍정적 정서(positive emotion), 몰입(engagement), 관계(relationships), 의미(meaning), 성취(accomplishment)(PERMA; Seligman, 2011).

긍정심리학 이론의 업무 영역에의 적용은 긍정조직행동(POB; positive organizational behavior) 연구의 발전을 촉진하였다. 이는 희망(hope; Snyder, 2002), 회복탄력성(resilience; Masten, 2001), 낙관주의(optimism; Seligman, 1998), 자기효능감(self-efficacy; Bandura, 1997)과 같은 심리적 자원을 통한 개입법이 가진 잠재력의 탐구를 목적으로 하는 연구 분야이다.

긍정조직행동 분야의 연구는 위에서 언급한 네

가지 요인을 포함하는 고차원 요소를 확인하고, 이에 심리적 자본(PsyCap; Psychological Capital)이라는 이름을 붙였다(Luthans & Youssef, 2007; Larson, Norman, Hughes, & Avey, 2013).

심리적자본은 다음과 같이 정의된다(Luthans, Youssef, Avolio, 2007, p.10).

심리적 자본은 다음으로 특징지을 수 있는 개인의 심리적 상태를 의미한다. (1) 도전적인 과제에서 성공하기 위해 필요한 노력을 기울이고, 이를 수행할 자신감(자기효능감)을 가짐. (2) 현재와 미래의 성공에 대하여 긍정적으로 귀인함(낙관주의). (3) 목표를 향해 끈기 있게 노력하고, 필요하다면 목표를 향하는 경로를 다시 설정함(희망). (4) 문제와 역경에 직면했을 때, 성공을 위해 견디고 다시 회복하거나, 심지어 더 좋은 모습을 보임(회복탄력성).

메타분석 연구에 따르면, 심리적 자본은 바람직한 구성원의 태도(직무만족, 조직몰입, 심리적 웰빙), 바람직한 행동(시민행동), 다면평가(객관적 지표를 통한 본인과 상사의 평정)과 긍정적 상관을 나타냈다. 대조적으로, 바람직하지 않은 구성원의 태도(냉소주의, 이직의도, 직무 스트레스, 불안), 바람직하지 않은 행동(일탈)과는 부정적 상관을 나타냈다(Avey, Reichard, Luthans, & Mhatre, 2011).

삶의 질 모델(quality of life model)은 삶과 건강에 대한 만족, 사회적 관계, 심리적 웰빙, 신체의 건강, 환경적 건강을 포함한다(WHO, 1996; Skevington, 2001). 이 모델의 적용범위는 노동자 계급으로 확대되었다. 일터에서의 삶의 질(QoWL; Quality of work life)은 자신의 경력에 대한 행복 또는 만족의 수준을 의미한다. 이는 또한 조직의 성장과 함께하는 구성원의 성장을 촉진하는 구성원과 전체 업무환경 간의 관계를 포함한다(Pugalendhi, Umaselvi, & Senthil, 2011; Vijaimadhavan & Raju, 2013a, b). 일터에서의 삶의 질은 직무만족, 직무몰입, 동기, 생산성, 건강, 안전 및 웰빙, 직업 안정성, 역량개발, 업무와 생활의 균형과 같은 변수와 밀접한 관련을 갖는 다차원 구인이다(Guna Seelan and Ismail, 2008).

일터에서의 삶의 질이 보장되지 않는다면 직무불만족을 발생시킨다. 일터에서의 삶의 질의 개념은 다음과 같은 전제를 갖는다. 인간은 신뢰할 수 있고, 책임감 있고, 조직에 가치 있는 기여를 할 수 있으며, 다른 사람들 또한 존중하며 대우한다(Vijaimadhavan & Raju, 2013b).

웰빙과 IT 구성원

영국의 인력 개발 연구소(CIPD; Chartered Institute for Personnel and Development, 2006)는 다음과 같이 밝혔다. 일터에서의 웰빙이란, 구성원이 자신과 조직의 이익을 위해 잠재력을 충분히 발휘할 수 있는 만족스러운 상태를 조성하기 위해 일터를 창조하는 것을 의미한다(Tehrani et al., 2011). 연구자들에 따르면, 웰빙은 일터에 영향을 주고 또한 일터로부터 영향을 받는 것으로 개념화 될 수 있다(Easton and Van Laar, 2013). 웰빙은 또한 좋고 나쁨에 대한 인간의 주관적인 느낌으로 개념화되기도 하는데, 이 스펙트럼은 기쁨, 만족, 행복, 활력과 같은 긍정적인 느낌과, 슬픔, 우울, 스트레스, 불안과 같은 부정적인 느낌을 포괄한다.

신체적/정신적으로 건강한 구성원은 업무에 몰입하고 일터에 기여할 가능성이 크다. 구성원의 몰입은 이직률과 결근에 영향을 미치는 것으로 관찰되기도 했다. 일터에서의 웰빙은 최대의 신체적, 정신적, 사회적, 지적, 영적 잠재력에 도달하기 위해 물리적/문화적 환경과 구성원의 욕구를 관리하는 것을 수반한다.

따라서 조직은 구성원의 신체적/정신건강을 향상시키기 위해 적극적으로 그들을 지원해야 한다. 주관적인 경험으로서의 웰빙 증진은 건강한 식사의 도입, 일터에서의 체육 시설, 신입사원을 위한 워크샵과 같은 실질적인 조치를 포함한다. 이를 통해 조직의 가치와 신념 및 개인의 가치와 신념이 일치될 수 있다. 구성원 웰빙은 조직의 일상적 업무에 반영되어 있어야 한다(Tehrani et al., 2011). 캐나다 관리개발 센터(Canadian Centre for Management Development, 2002)는 구성원 웰빙은 식이요

[표 25.1] 웰빙의 다섯 가지 영역과 요소.

영역	요소
신체	신체적 건강, 정신 건강, 작업 환경, 물리적 안전, 편의시설
가치	윤리적 기준, 다양성, 심리적 계약, 영적 표현
개인의 발전	자율성, 경력개발, 평생학습, 창의성
감정	긍정적 관계, 회복탄력성, 정서지능, 사회적 책임
업무/조직	변화관리, 업무 요구, 자율성, 직업 안정성

* 출처: Tehrani et al. (2011).

법, 운동 및 여가와 같은 건강한 생활방식과 건강의 유지와 관련이 있음을 밝혔다. 또한 구성원 웰빙은 자기확신 및 자기존중을 증진시키고, 정서적으로 더 탄력적이고, 새로운 아이디어와 경험, 호기심과 창의성을 촉진하는 적극적인 마음가짐을 가지게 하며, 지지적이고 양육적인 관계를 가지게 하는 태도의 개발과도 관련이 있음을 밝혔다.

일터에서의 웰빙은 신체, 가치, 개인의 발전, 감정, 업무/조직의 다섯 영역으로 이루어져 있으며, 각각의 영역은 위의 표 25.1에 제시된 바와 같이 세부 요소를 가지고 있다(Tehrani et al., 2011)

IT전문가의 건강(flourishing)에 대한 연구 결과는 다음과 같다(Diedericks and Rothmann, 2014). 연구자들은 건강이 직접적으로뿐만 아니라 간접적으로도 직무만족, 조직몰입, 조직시민행동에 영향을 준다는 것을 발견하였다. 또한 직무만족은 조직몰입에 강력한 긍정적 영향을 주고, 이직의도에 강력한 부정적 영향을 제공하며, 역효과를 유발하는 업무행동에는 중간 정도의 부정적 영향을 미친다는 결과도 제시되었다. 또 다른 흥미로운 점은 건강이 조직몰입을 통해 이직의도에 간접적으로 부정적 영향을 미쳤다는 점이다. 이러한 결과는 건강한 개인이 시민행동에 참여한다는 것을 의미한다. 즉, 건강한 사람은 조직과 타인을 위해 자신의 직무범위를 벗어나는 일을 하는 반면, 건강하지 않은 사람은 시민행동에 덜 참여한다.

웰빙과 직무 관련 요인

일터에서의 삶의 질이 높은 경우 결근, 사고, 마찰을 감소시키는 동시에, 생산성, 조직효율성, 구성원의 사기를 향상시킨다(Vijaimadhavan & Raju, 2013b). 마요(Mayo, 1960)는 '업무의 질(quality of work)'이라는 용어를 문헌에서 최초로 사용한 연구자였다. 그 후에, 많은 연구자들이 일터에서의 삶의 질 모델을 개념화하고 제안하였다. 해크만과 올드햄(Hackman and Oldham, 1974)은 심리적성장(psychological growth)이 과제정체성(task identity), 과제중요성(task significance), 자율성(autonomy), 피드백(feedback)으로 구성되어 있으며, 이는 QoWL을 높이려는 어떠한 가치 있는 시도에도 중요하다는 점을 주장하였다.

반면 테일러, 쿠퍼, 멈포드(Taylor, Cooper, Mumford, 1979)는 임금, 업무시간, 업무조건과 같은 외재적 요인과 경영에 대한 구성원의 참여, 공정성, 사회적 지지, 자기개발, 사회적 관련성과 같은 업무특성과 연관된 외재적 요인은 일터에서의 삶의 질의 서로 다른 측면을 형성한다고 제안하였다. 워르, 쿡, 월(Warr, Cook, and Wall, 1979)은 업무몰입과 직무만족, 내재적 직무동기와 직무만족, 지각된 내재적 직무특성과 직무만족과 같은 요인들 간의 상관관계를 증명했다. 이 분야의 문헌 및 연구가 발달함에 따라, 동등한 고용기회, 행정 시스템, 업무역할 모호성, 이직의도, 훈련의 적절성, 감독, 직무충실화(job enrichment), 공정한 임금, 유연한 근무일정과 같은 하위요인의 목록이 늘어났으며, 통합된 사회기술 시스템(integrated socio-technical systems)도 출현했다(Cunningham & Eberle, 1990; Katzell, 1983; Mirvis & Lawler, 1984).

전송 모델(transfer model)과 파급효과(spillover effect; Kavanagh & Halpern, 1977), 보상 모델(compensation model; Schmitt & Mellon, 1980), 세분화 모델(segmentation model; George & Brief, 1990), 수용 모델(accommodation model; Lambert, 1990)과 같은 다양한 모델이 연구되었고(Martel and Dupuis, 2006), 일터에서의 삶의 질의 새로운 개념화로 통합되었다. 이 분야의 연구가 진행됨에 따라, 업무관련 삶의 질 척도(WRQoL; work-related quality of life scale)의 개발을 이끌어낸 개념적 개선이 있었다. 업무관련 삶의 질 척도는 직무 및 경력만족(JCS; job and career satisfaction), 보편적 웰빙(GWB; general well-being), 일터에서의 스트레스(SAW; stress at work), 일터에서의 통제(CAW; control at work), 가정-일터 경계면(HWI; home-work interface), 업무조건(WC; working conditions)과 같은 다양한 차원을 통해, 구성원의 삶의 질을 측정하려고 노력한다(Edwards, Webster, Van Laar, & Easton, 2008). 영국 허더즈필드 대학교(University of Huddersfield)에서 일터에서의 삶의 질 설문지를 통해 실시한 연구는 다음과 같은 결과를 보여준다. 구성원의 건강한 웰빙과 낮은 스트레스 수준은 업무 관행을 개선하고, 경영 개선을 위한 인적자원(HR)의 변화를 촉진한다(Wolff, 2009).

동기부여 또한 업무생활의 질에 영향을 미칠 수 있다는 동기의 2요인 이론(two-factor theory of motivation)이 제안되었다(Herzberg, Mausner, and Snyderman, 1959) 이 이론은 구성원이 다음 두 가지 유형의 욕구를 가지고 있음을 주장한다. 첫째, 위생욕구(hygiene needs). 수퍼비전, 대인관계, 물리적 업무조건, 급여, 회사정책, 행정관행, 복리후생, 직업 안정성과 같은 위생요인(hygiene factors)에 의해 충족된다. 둘째, 동기욕구(motivator needs)는 성취, 인정, 할당된 업무과제, 책임, 승진과 같은 동기요인(motivators)에 의해 충족된다. 위생요인은 만족에 대한 중립적인 상태를 만들며, 구성원의 만족 혹은 불만족의 결과를 일으키지 않는다. 대조적으로, 긍정적인 동기요인은 직무만족의 향상에 기여한다.

따라서 구성원의 웰빙은 일터에서의 동기와 일터에서의 삶의 질에 크게 의존한다. 자기효능감, 업무-가정 균형, 사회적 환경, 신체적 건강, 심리적 환경과 같은 요인들도 웰빙에 영향을 미친다. 이 요인들에 대해서는 다음 절에서 자세히 설명하도록 하겠다.

IT 전문가의 웰빙에 영향을 미치는 요인

여러 해 동안 여러 연구에서 일터에서의 삶의 질의 다양한 구성요인을 확인하였다. 예를 들어, 경력만족, 경력성취, 경력균형은 일터에서의 삶의 질에 영향을 미치는 경력 관련 차원의 중요한 예측요인이다(Rose, Beh, Uli, Idris, 2006a). 대조적으로 이탈리아 보건의료 종사자에 대한 연구에서는, 전문가 관계, 업무 조직, 환자에 대한 보살핌, 전문적 능력, 직업적 성장을 일터에서의 삶의 질의 지표로 확인하였고, 특히 전문가 관계에 주요한 초점을 맞추었다(Argentero, Miglioretti and Angilletta, 2007). 건강과 웰빙, 직업 안정성, 직무만족, 역량개발, 업무와 비업무 생활 간 균형을 새롭게 대두되는 차원으로 일터에서의 삶의 질을 제안한 연구도 있다(Reddy and Reddy, 2010).

여러 연구 조사에서는 다음과 같은 월튼(Walton)의 여덟 가지 주요 개념 범주를 사용했다. 적절하고 공정한 보상, 안전하고 건강한 근무조건, 능력을 활용하고 개발할 수 있는 즉각적인 기회, 지속적인 성장과 안전을 위한 기회, 업무조직으로의 사회적 통합, 업무조직에서의 법치주의, 업무와 총체적 삶의 공간, 일터에서의 삶의 질과 관련된 업무생활의 사회적 관련성(Bolhari, Rezaeean, Bolhari, Bairamzadeh, & Soltan, 2011, Sofi, Razzaghi & Hajelo, 2012, Tabassum, 2012). 일터에서의 삶의 질을 위한 여섯 차원을 다음과 같이 제시한 연구도 있다. 직무 및 경력 만족, 근무조건, 보편적 웰빙, 가정-일터 경계면/가정-업무 균형, 경력 전망 및 보상, 훈련 및 개발(Swapna and Gomathi, 2013).

비제이마드반과 라주(Vijaimadhavan and Raju, 2013b)는 IT 전문가의 근무환경에 영향을 미치는 요소를 파악하기 위해 광범위한 연구를 수행하였다. 연구결과에 따르면, 직무만족(구성원 관계, 업무 특성, 직무자율성, 직업 안정성), 근무조건(업무환경, 사회적 환경, 심리적 환경), 보편적 웰빙(신체적 건강, 우울 증상, 업무 스트레스), 업무와 삶의 균형(업무의 가정에 대한 간섭, 가정의 업무에 대한 간섭), 경력 전망과 보상(동기부여, 경력만족, 대인관계 커뮤니케이션, 고용주의 노력), 훈련 및 개발(직무 목적의 교육과 자기효능감)은 일터에서의 삶의 질의 구성요인이었다. 일터에서의 삶의 질의 다른 차원에 대해서는 아래에서 더 자세히 설명하도록 하겠다.

구성원 관계(Employee relationship) 구성원 관계는 직무목적, 직무 자율성, 업무특성, 직업 안정성, 자기효능감, 사회적 환경, 동기부여, 경력만족, 고용주의 노력과 관련이 있다(Erwee, 1990; Vijaimadhavan & Raju, 2013b). 관리자와의 긴밀한 관계는 구성원으로 하여금 더 생산적으로 일하고, 자기주도적으로 피드백을 주고받도록 한다(Zhang and Huang, 2013). 대인관계는 원활한 집단작업을 개발하고 용이하게 하는 반면, 대인관계의 부조화는 조직목표를 달성하는 데 필요한 모든 구성원의 헌신을 방해한다.

업무특성(Work nature) 업무특성은 직무 자율성, 직업 안정성, 사회적 환경, 직무 목적의 교육, 동기부여, 경력만족, 자기효능감, 고용주의 노력, 대인관계 커뮤니케이션, 신체적 건강, 업무환경, 업무의 가정에 대한 간섭, 가정의 업무에 대한 간섭과 관련이 있다(Vijaimadhavan & Raju, 2013b). 유사하게, 업무의 특성은 직무 자율성에 영향을 미친다(Erwee, 1990). 또한 직무 자율성, 직업 안정성, 특정한 직무를 위한 역량, 자기효능감과 업무특성 사이에는 긍정적인 상관관계가 있는 것으로 보고되었다(Warr, 2010).

직무 자율성(Job autonomy) 직무 자율성은 직

업 안정성, 동기부여, 사회적 환경, 경력만족, 직무 목적의 교육, 대인관계 커뮤니케이션, 자기효능감, 고용주의 노력과 높은 상관관계를 보여 주었다. 반면, 신체적 건강, 업무환경, 가정이 업무환경에 미치는 영향과는 중간수준의 긍정적 상관관계가 나타났다. 대조적으로 직무 자율성과 우울증상, 업무 스트레스 사이에는 부정적인 상관관계가 관찰되었다(Vijaimadhavan & Raju, 2013b). 직무 자율성과 통제력은 조직에 대한 구성원의 기여를 향상시키고 유지하는 데 크게 기여하며, 지지적인 업무환경을 창출하는 데에도 직무 자율성이 필수적이라는 사실이 발견되었다(Holz-Clause, Koundinya, Nancy and Borich, 2012).

직업 보장(Job security) 직업 보장은 사회적 환경, 동기부여, 경력만족, 대인관계 커뮤니케이션, 직무 목적의 교육, 고용주의 노력, 자기효능감, 신체적 건강, 업무환경과 긍정적 상관관계가 있었으며, 업무 스트레스, 우울증상과 부정적 상관관계가 있었다(Vijaimadhavan & Raju, 2013b). 특히 여성 근로자의 경우, 직업 보장은 괴롭힘에 대한 노출에 대응한 행동, 여가시간의 포기, 업무를 위한 다른 활동과 같은 사회적 환경에 의존하였다.

고용주가 직업 보장을 약속할 수 없다고 하더라도, 고용시장에 필수적인 기술을 유지하고 향상시키는 데 도움을 줄 수 있다는 관점도 있다(Sinha, 2012). 직업 보장은 IT 전문가의 직무 자율성에 큰 영향을 미친다고 할 수 있다. 직업 보장은 직업 보유와 직업 상실의 두려움을 포함하고 있는 개념이다. 여성 근로자의 직업 보장과 직무 자율성 간의 관계 또한 발견되었다(Erwee, 1990).

업무환경(Work environment) 업무환경은 가정의 업무에 대한 간섭, 우울증상, 신체적 건강, 업무의 가정에 대한 간섭, 업무 스트레스, 직무 목적의 교육, 사회적 환경, 자기효능감, 고용주의 노력, 동기부여, 경력만족, 대인관계 커뮤니케이션과 긍정적으로 중간수준의 상관관계를 나타낸다. 그러나 업무환경과 심리적 환경 사이에는 부정적인 상관관계가 있었다(Vijaimadhavan & Raju, 2013b). 업무성과는 업무환경에 영향을 미친다는 것을 보여준

연구도 있다(Bogdanova et al., 2008). 업무환경이 삶의 질에 미치는 영향에 관한 연구에서, 열악한 안전, 신체적 건강, 업무 압력 또는 스트레스, 부적절한 작업 도구의 제공이 낮은 일터에서의 삶의 질 경험을 초래하는 환경적 측면임이 입증되었다(Kiriago and Bwisa, 2013).

사회적 환경(Social environment) 사회적 환경은 직무 목적의 교육, 동기부여, 경력만족, 자기효능감, 고용주의 노력, 대인관계 커뮤니케이션, 신체적 건강, 가정의 업무에 대한 간섭, 업무의 가정에 대한 간섭과 부정적 상관관계를 보인다. 그러나, 사회적 환경과 심리적 환경 간에는 부정적 상관관계가 나타났다(Vijaimadhavan & Raju, 2013b). 이러한 상관관계는 집단 노동력의 업무기반 정체성이 조직성과에 간접적으로 중요한 영향을 미친다는 것을 시사한다. 부하직원의 만족과 성과는 상사-부하 관계에 달려있다고 제시하는 연구도 있는데(Ahmad, 2011), 이는 사회적 환경과 직무 목적의 교육 간의 긍정적인 상관관계를 지지한다.

심리적 환경(Psychological environment) 심리적 환경이란 근로자가 느끼고 생각하고 행동하는 방식에 영향을 주는 환경적 특성의 집합이다(Briner, 2000). 심리적 환경은 업무의 가정에 대한 간섭, 가정의 업무에 대한 간섭, 업무 스트레스, 우울증상, 신체적 건강, 직무 목적의 교육, 동기부여, 자기효능감과 유의미한 상관관계가 있는 것으로 나타났다 (Vijaimadhavan & Raju, 2013b). 건강한 직업과 일터는, 높은 수준의 만족도, 낮은 수준의 결근과 건강 이슈와 같은 혜택을 통해, 개인의 신체적, 심리적, 사회적 웰빙에 기여한다. 동시에, 조직의 입장에서는 이직률을 줄이고, 구성원의 업무성과를 향상시킬 수 있다(Graham, 2005).

신체적 건강(Physical health) 신체적 건강은 웰빙을 향상시키는 가장 중요한 요소 중 하나이다. 여러 산업 부문에서 질병으로 인한 결근율은 상당하다. 2013년, 금융, 은행, 보험 부문에서 병가로 인한 결근은 3개월 동안 구성원 당 각 6.1일, 7.4일, 7.4일로 측정되었다. "건강이 재산이다"라는 속담과 같이, 신체적 건강은 구성원의 조직에 대한

기여에 중요한 영향을 미친다. 구성원의 신체적 건강은 회사의 이직률, 고객과의 관계에 영향을 미친다. 신체적 건강은 가정의 업무에 대한 간섭, 직무 목적의 교육, 업무의 가정에 대한 간섭, 동기부여, 우울증상, 고용주의 노력, 자기효능감, 대인관계 커뮤니케이션, 업무 스트레스, 경력만족과 중간 수준이지만 유의미한 상관관계를 나타낸다(Vijaimadhavan & Raju, 2013b). 그러나 다른 연구에서는 신체적 건강과 가정의 업무에 대한 간섭 간에 부정적인 상관관계가 나타난 모순된 결과가 보고되기도 하였다(Beutell, 2010).

우울증상(Depressive symptoms) 우울증상은 업무 스트레스, 업무의 가정에 대한 간섭, 가정의 업무에 대한 간섭과 긍정적 상관관계가 있지만, 경력만족, 대인관계 커뮤니케이션, 고용주의 노력과는 부정적 상관관계가 있었다(Vijaimadhavan & Raju, 2013b). 스트레스는 불안, 두통, 우울, 감기, 동맥질환, 약물남용을 포함한 광범위한 건강 문제와 관련이 있다(De Bruin, 2006).

설문조사에서 IT 근로자들은 업무 성과, 스트레스, 직장-가정 균형 달성의 실패, 어려움을 극복할 능력의 부재, 우울과 같은 문제에 영향을 미칠 수 있는 사소한 건강문제(예: 수면 장애)를 경험하고 있다고 보고하였다(Vijaimadhavan & Raju, 2013b).

업무 스트레스(Work stress) 업무 스트레스는 "직무관련 요인이 근로자와 상호작용하여 심리적/생리적 상태를 변화(붕괴 혹은 향상)시킴으로써, 정상적인 기능(정신 혹은 신체)으로부터 벗어나게 하는 상황"으로 정의된다(Newman & Beehr, 1979, pp 1-2). 이반세비치와 맷슨(Ivancevich and Matteson, 1980)은 직무 스트레스(job stress)를 "개인에게 과도한 심리적 혹은 물리적 요구가 부과되는 외적(환경적) 행동, 상황, 사건의 결과로서, 개인차 혹은 심리적 과정으로부터 매개되는 적응적 반응"으로 정의하였다(pp. 24-25). 마지막으로, 유럽연합 집행위원회(European Commission, 1999)는 업무 관련 스트레스(work-related stress)를 다음과 같이 정의했다. "업무, 업무환경, 업무조직의 혐오적이며 유해한 측면에 대한 정서적, 인지적, 생리적 반응이다.

이것은 높은 수준의 긴장, 고통, 적응하지 못한다는 느낌으로 특징지어진다."(Levi, 2002, pp.5에서 인용됨). 업무/직무 관련 스트레스의 정의는 사건에 대한 정서적, 인지적, 행동적 반응으로서, 스트레스가 개인의 적응 전략에 크게 영향을 받는다는 것을 명확하게 보여준다(Sugumar, Kumaran, Raj, & Xavier, 2013). 가족, 직장, 공동체에서 개인이 수행하는 여러 역할은 종종 상반되는 요구와 기대를 창출한다. 업무 스트레스는 최적 각성의 법칙(law of optimal arousal)을 따를 것이라는 가설을 세울 수 있다(Yerkes & Dodson, 1908). 이 법칙은 최적의 지점까지 생리적 혹은 정신적 각성을 하는 것은 성과를 향상시킨다고 명시하고 있다. 하지만 각성 수준이 최적의 지점 이상으로 높아지면 성과가 저하된다. 이와 같은 관계는 역U자형 곡선을 통해 표현된다. 이 법칙은 직무 스트레스 상황에도 적용될 수 있다. 일정 수준의 스트레스는 구성원의 업무 효율성을 높일 수 있지만, 스트레스가 최적의 한계 수준을 넘는 순간 업무 효율성이 떨어질 수 있다. IT 근로자의 40%는 직업 보장에 대해 걱정하고, 긴 근무시간에 종사하면서 높은 스트레스 수준을 경험한다(Pai, Yeh, Huang, 2012). 더욱이, 업무 스트레스는 구성원의 전문성 몰입에 악영향을 미친다. 스트레스의 수준은 남성에 비해 여성이 더 높은 것으로 나타났다. 스트레스는 업무의 가정에 대한 간섭, 가정의 업무에 대한 간섭과 부적 상관관계를 가진다(Vijaimadhavan & Raju, 2013b). 아프리카 근로자들을 대상으로 실시된 연구에 따르면, 26-30세의 응답자는 일, 행동, 건강과 관련된 스트레스에 직면하고 있으며, 다른 연령대와 비교하여 가장 높은 스트레스 수준을 보였다. 반면 31-35세 응답자는 높은 수준의 심리적 스트레스를 경험하고 있었다(Sugumar et al., 2013). 성별 차이도 관찰되었다. 남성은 전반적인 스트레스 수준이 더 높았으며, 여성은 심리적 스트레스 수준이 높았다. 또 다른 연구에서는, 프로세스 변경이 IT 근로자의 스트레스와 긴장을 유발하고 만족도를 감소시키는 것으로 나타났다(Korunka & Vitouch, 1999). 심층 인터뷰 형식의 질적 데이터는 과도한 작업량, 부적절

한 구성원 배치, 가정 생활에 영향을 미치는 역할 모호성, 시간 압박, 역할 갈등, 높은 마찰로 인해 발생하는 엄청난 업무 스트레스에 IT 전문가들이 노출되어 있다는 것을 확인하였다. 구성원의 대처 전략으로는 개인적으로 즐겁거나 보람 있는 레크리에이션 활동이 포함되었다(Dhar & Dhar, 2010).

업무의 가정에 대한 간섭(Work-family interference) 업무의 가정에 대한 간섭은 가정의 업무에 대한 간섭, 직무 목적의 교육, 동기부여, 자기효능감, 대인관계 커뮤니케이션, 고용주의 노력과 긍정적인 상관관계를 나타냈다(Vijaimadhavan & Raju, 2013b). 업무의 가정에 대한 간섭, 가정의 업무에 대한 간섭은 업무 요구와 밀접한 관련을 가진다. 이 요인과 관련된 또 다른 측면은 '업무(경력과 야망)'와 '삶(즐거움, 여가, 가족, 영적 개발)' 사이의 우선순위에 관한 일과 생활의 균형(work-life balance)의 문제이다(Santhi & Sundar, 2012).

이러한 균형은 조직에 대한 구성원의 태도에 영향을 미치며, 최적 수준으로 달성되면 직장과 가정에서의 성과를 향상시킬 수 있다. 특히 IT 분야에서 일하는 여성들과 관련한 일과 생활의 균형은 지원 시스템, 보육 시설, 복리후생, 재배치, 근무시간, 레크리에이션, 직무환경과 같은 여러 요인의 영향을 받는다(Santhi & Sundar, 2012).

가정의 업무에 대한 간섭(Family-work interference) 가정의 업무에 대한 간섭은 직무 목적의 교육, 자기효능감, 동기부여, 대인관계 커뮤니케이션과 긍정적으로 관련되어 있다(Vijaimadhavan & Raju, 2013b). 특히 여성 근로자의 경우, 높은 수준의 가정 압박감, 부정적인 감정, 가정에서의 자율성 부족이 업무 영역에 영향을 미치는 것으로 나타났다(Van Aarde & Mostert, 2008). 일터에서 소진된 에너지는 가정에서 보충되지 않으며, 따라서 악순환이 발생한다.

동기부여(Motivation) 동기부여는 경력만족, 직무 목적의 교육, 고용주의 노력, 대인관계 커뮤니케이션, 자기효능감과 긍정적 상관관계를 가지며(Vijaimadhavan & Raju, 2013b), 경력만족의 달성에 강하게 기여한다(Adnan & Mubarak, 2010).

경력만족(Career satisfaction) 경력만족은 자신의 경력, 삶의 기대와 업무 맥락에서 제공되는 것 사이의 개인적 비교로 구성된다(Rose, Beh, Uli, & Idris, 2006b). 이것은 대인관계 커뮤니케이션, 직무 목적의 교육, 고용주의 노력, 자기효능감(Vijaimadhavan & Raju, 2013b), 그리고 전문성 몰입과 유의미한 긍정적 상관관계를 나타낸다. 명확한 비전을 갖고 집단 목표의 수용을 촉진하는 관리자는 구성원의 경력만족을 높이는 동시에, 관리자와 구성원 간 관계의 질을 향상시킨다(Adnan & Mubarak, 2010). 인센티브와 긍정적 보상은 구성원의 경력성장을 향상시킬 뿐만 아니라, 관리자의 만족도 또한 향상시킨다. 그러나, 성과가 저조한 경우 경력만족을 높이는 동일한 요소가 이것을 저해할 수도 있다(Vijaimadhavan & Raju, 2013b). 경력만족은 정보센터 구성원의 경력몰입과 이직률의 지표로 간주된다(Gupta, Guimaraes, & Raghunathan, 1992).

경력몰입(Career commitment) 경력몰입은 직업 및 경력과 자기 자신을 동일시하고, 자신의 직업과 경력에 가치를 부여하는 정도를 말한다(Blau & Lunz, 1998). 이것은 정서적 몰입(affective commitment), 규범적 몰입(normative commitment), 지속적 몰입(continuance commitment)의 세 가지 요소로 구성된다(Cho & Huang, 2012). IT 전문가는 오랜 기간 관련 활동에 지속적으로 헌신해야 하는 정교한 전문지식의 개발을 요구 받는다. 높은 경력몰입을 가진 사람은 직장을 떠날 의도가 적고, 보다 나은 성과에 반영되는 기술을 개발하는 데 더 많은 시간을 할애한다(Wright & Bonett, 2002). 그러나 IT 분야에서 구성원이 자신의 경력에 몰입하는 것은 쉽지 않다. 업무에서의 소진 스트레스, 예기치 않게 끊임없이 변화하는 사용자의 요구, 비현실적인 마감시간, 끊임없이 발전하는 기술은 따라잡기 위해 분투하는 것은 IT 전문가들 사이에서 보편적인 경험이다. 이러한 압력과 불확실성의 원천은 직무몰입을 어렵게 만든다(Major, Morgan son, & Bolen, 2013; Shih, Jiang, Klein, & Wang, 2013). 스트레스 혹은 소진으로 고통 받거나, 직업 보장을 걱정하는 IT 근로자는 경력 변화를 고려할 가능성이 높다

(Shropshire and Kadlec, 2012). 경력몰입은 직무만족(Duffy, Dik, & Steger, 2011, Reid, Riemenschneider, Allen, & Armstrong, 2008), 직무 참여(job involvement; Reid et al., 2008)와 긍정적인 관계가 있다. 푸와 첸(Fu and Chen, 2015)은 IT 전문가의 경력몰입이 경력만족에 의해 결정된다는 이전의 연구결과를 검증하였다. 기술 지향성과 직무만족 간의 관계는 전문가의 직무에 대한 인식(직업 공정성, 직업 발전의 전망, 조직의 진취적인 자세, 조직 응집력)에 의해 매개된다(Loh, Sankar, and Yeong, 1995).

파키스탄의 IT 전문가를 대상으로 하는 연구에 따르면, 구성원의 전문성에 대한 보상, 훈련 및 개발, 관리자의 지원은 조직몰입 및 경력몰입과 유의미한 상관관계를 나타냈다(Naqvi & Bashir, 2015).

대인관계 커뮤니케이션(Interpersonal communication) 효과적인 대인관계 커뮤니케이션은 상호작용과 관계의 질을 높여주고, 근로자에 대한 고용주의 노력을 보여준다. 대인관계 커뮤니케이션에서의 충돌은 모두가 지는 상황을 만들고, 전사적 성공의 장애물로 작용한다(Zhang & Huang, 2013). 대인관계 커뮤니케이션은 대인관계의 질, 고용주의 노력, 직무 목적의 교육, 자기효능감과 긍정적 상관관계를 갖는 것으로 확인되었다(Vijaimadhavan & Raju, 2013b).

고용주의 노력(Efforts by the employer) 고용주의 노력은 직무 목적의 교육, 자기효능감과 긍정적인 상관관계가 있는 것으로 나타났다(Vijaimadhavan & Raju, 2013b). 실무 교육(on-the-job training)에 대한 고용주의 추가적인 노력은 구성원의 임금 상승과 직무 성과에 영향을 미치는 것으로 나타났다. 이 결과는 교육에 대한 고용주의 노력이 직무에 긍정적인 영향을 미친다는 것을 시사한다.

자기효능감(Self-efficacy) 자기효능감이란 자신이 업무를 수행할 수 있다는 개인의 믿음을 의미한다. 자기효능감은 업무동기의 자발성을 끌어내고 증가시키는 기반이자 동기적 힘이며, 개인의 성과를 향상시키는 데 중요한 역할을 한다 (Paraskeva, Mysirlaki, & Choustoulakis, 2009). 높은 자기효능감이 동기부여에 긍정적인 영향을 미칠 수도 있고

부정적인 영향을 미칠 수도 있지만, 낮은 자기효능감은 항상 낮은 동기부여를 초래한다. 높은 자기효능감은 업무에서 성공하기 위한 높은 수준의 자신감을 형성한다. 자기효능감이 있는 구성원은 업무 완수에 더 많은 노력을 기울이는 경향이 있으며, 더 오랜 시간 동안 업무에 관여한다(Hees, Koeter, de Vries, Ooteman, & Schene, 2010). 어려움이 있는 상황에서 자기효능감이 결여된 개인은 노력을 줄이거나 포기할 가능성이 높지만, 자기효능감이 높은 개인은 도전과제를 해결하기 위해 더욱 노력할 것이다. 또한 직무 목적의 교육은 업무를 완수하고 목표를 달성할 수 있는 능력을 표상하는 자기효능감과 긍정적인 상관관계가 있는 것으로 나타났다(Vijaimadhavan & Raju, 2013b). 구성원의 자기효능감과 교육의 수준은 직무와 책임을 구성원이 어떻게 이행하는지에 중요한 영향을 미치며, 구성원의 일터에서의 삶의 질에도 영향을 준다(Mensah & Lebbaeus, 2013).

웰빙 이니셔티브

구성원을 대상으로 하는 웰빙 이니셔티브는 스트레스, 우울, 불안과 같은 부정적 측면을 낮추고, 삶의 질, 사회적 관계, 사회적 웰빙, 심리적 웰빙, 정서적 웰빙, 신체적 건강, 환경적 건강, 자기효능감, 대인관계 커뮤니케이션 등의 긍정적 측면을 향상시키는 것을 목적으로 한다. 커와 보이드(Kerr and Boyd, 2012)에 이어, 비제이마드반과 라주(Vijaimadhavan and Raju, 2013a)는 웰빙 이니셔티브가 인사 정책, 교육 프로그램, 건강 증진, 기업의 사회적 책임의 네 가지 범주로 분류 될 수 있다고 제안했다. *인사 정책*(HR policy)은 건강 및 안전 개선조치, 경력개발 및 인재관리, 경력 휴식, 유연 근무, 특별휴가 및 육아 바우처, 복지지원 서비스와 같은 수단을 통해, 근로자의 웰빙을 증진하는 것을 목표로하는 이니셔티브로 구성된다. 이러한 이니셔티브에는 장애인을 위한 동등한 기회 제공, 괴롭힘 및 학대 방지, 출석 및 성과 관리, 구성원 태도 설문조사 및 스트레스 조사 실시(Vijaimadhavan & Raju,

2013a)가 포함된다.

교육 프로그램(Training programs)에는 응급처치, 시간관리, 스트레스 인식 관리, 자기주장, 인력관리, 리더십 개발, 근태 관리, 코칭 및 멘토링, 변화관리, 갈등관리, 팀 빌딩과 같은 교육이 포함된다(Vijaimadhavan & Raju, 2013a).

건강 증진(Health promotion) 건강증진은 건강에 대한 정보를 제공하는 이벤트 및 세미나뿐만 아니라, 작업장의 안전 및 위생 개선, 운동공간 또는 체육관을 조성하기 위한 개입법을 포함한다(Vijaimadhavan & Raju, 2013a). 샤르마와 마주다르(Sharma and Majumdar, 2010)는 직장에서의 신체적 자세로 인한 질병을 줄이기 위해서는, 의자에 오래 앉아 있는 것을 피하고, 걷기 혹은 스트레칭을 위한 휴식을 자주 취하고, 신체적 활동에 참여하는 것이 필요함을 연구를 통해 보여주었다.

기업의 사회적 책임(Corporate social responsibility) 기업의 사회적 책임에는 지역사회 봉사활동, 헌혈, 자선기금 모금, 재활용, 가족의 날, 스포츠 행사와 같은 활동들이 포함된다(Vijaimadhavan & Raju, 2013a).

개입 전략은 주로 구성원의 스트레스를 줄이고 생산성을 높이는 것을 목표로 한다. 구성원의 생산성은 그들의 심리사회적 웰빙에 달려 있다. 앞서 살펴본 바와 같이, 스트레스는 구성원의 신체적 건강, 업무성과, 사회적 삶, 동료와의 관계, 가족과의 관계에 악영향을 미친다. 스트레스 요인과 그 결과는 개인과 조직 차원에서 이해할 필요가 있다. 일터에서의 스트레스 발생은 구성원들 사이에서 매우 보편적인 현상이기 때문에, 조직은 스트레스를 예방하고 감소시키는 기술을 교육하는 이니셔티브를 수행해야 한다. 광범위한 리뷰 연구(Deshpande, 2012)는 요가, 명상, 유머가 업무 스트레스에 대한 해독제로서 갖는 잠재력을 강조했다. 본 리뷰의 주요한 결과물은 다음과 같다. 업무관련 스트레스 요인(대인관계, 역할 관련, 업무 통제력 관련, 조직의 물리적 환경 관련), 비업무 스트레스 요인(시간 기반, 부담 기반, 역할 기반 등), 개인차 요인(건강, 지식 기술, 대처 기술, 회복탄력성, 일중독)은 생리적 문제(심장질환,

궤양, 고혈압, 두통, 수면장애, 질병의 증가), 심리적 문제(직무불만족, 낮은 몰입, 피로, 우울, 기분 장애, 소진), 행동적 문제(낮은 업무성과, 더 많은 사고, 잘못된 의사결정, 높은 결근율, 공격적 행동, 이직)를 초래하는 스트레스를 유발한다. 요가, 명상, 마음을 진정시켜 주는 행동과 같은 대처전략의 실행은, 이러한 기술을 적용하지 않는 비교대상에 비해, 더 좋은 성과를 내고, 열심히 일하며 이전보다 행복해하고, 조직에 장기간 헌신하며, 스트레스로부터 자유로운 구성원을 만들어 냄으로써, 개인과 조직 차원의 혜택을 제공하였다. 연구결과는 요가, 명상, 마음을 진정시켜주는 행동이, 행복감, 평온과 이완, 노화의 지연, 에너지 수준의 상승, 피로의 감소, 우울과 불안의 감소, 학습능력과 기억력의 개선을 촉진하는 것을 나타냈다.

정신건강 프로그램은 일터에서의 스트레스를 줄이고, 근무환경을 개선하며, 회복탄력성을 키우는 것을 목표로 한다. 직장 기반의 건강증진 개입 프로그램은 구성원의 우울과 불안을 완화시킨다. 조직에서 이루어지는 정신건강 개입 프로그램 중 일부는 신체 활동의 증가와 함께, 문제해결 기술 및 작업환경의 변화, 동기부여 면담, 정신건강에 대한 지식 증진, 상담, 명상을 통한 업무 스트레스를 감소에 중점을 둔다. 이러한 개입법은 정신건강에 긍정적인 영향을 미치고, 구성원의 우울과 불안을 감소시키는 데 기여한다(City of London Corporation, 2014).

기업을 위한 연구자가 고안해낸 다양한 웰빙 이니셔티브는 유연성, 개성, 이익 공유, 책임성, 일터에서의 가치(정직, 신뢰, 개방성, 정의), 긍정적이고 열린 양방향 의사소통, 흥미와 자극을 가진 업무와 같은 방법들이 구성원의 웰빙을 향상시킨다는 것을 강조하고 있다. 웰빙은 조직의 거대한 행동을 요구하는 것이 아니라, 구성원의 정신적, 정서적, 사회적, 신체적 건강을 증진하기 위한 포괄적인 접근법을 기반으로 하는 작은 발걸음을 필요로 한다. 조직의 웰빙 이니셔티브가 최고경영자가 기대했던 행동 및 활동으로 바뀌면, 모든 구성원이 더 많은 가치와 보상을 받게 된다.

미래 연구

IT 구성원의 웰빙에 관한 현재 연구는 업무와 관련된 삶의 질, 스트레스, 조직 풍토, 직무만족, 경력만족, 자기효능감, 업무-가정 균형, 사회적 환경, 신체적 건강, 심리적 환경에 중점을 둔다. 이전에 논의된 바와 같이, 다양한 웰빙 모델이 존재하지만 업무 관련 삶의 질 모델(work-related quality of life model)이 광범위하게 연구되고 있다. 그러나 정신건강 연속성 모델(MHC; Mental Health Continuum), PERMA와 같은 최근에 개발된 모델을 활용하여 구성원의 웰빙을 측정하는 연구는 거의 없다. 미래 연구는 IT 부문에서 이러한 웰빙 모델을 탐구하고, 개인, 직장, 조직 차원에서 구성원 웰빙의 상관관계 및 예측변인을 식별해야 한다. 이 분야에서 추가 연구가 요구되는 핵심적인 부분으로는 다음과 같은 것이 있다.

1. 특히 가족 환경 및 조직 풍토와 관련하여, 구성원의 웰빙에 중대한 영향을 미치는 요소를 확인해야 한다. 이와 같은 연구는 구성원의 웰빙과 업무성과를 향상시키는 적절한 대처전략을 개발할 수 있게 할 것이다.
2. 새로운 모델을 적용한 구성원 웰빙의 조사가 요구된다. 건강수준이 높은/중간정도의/낮은 IT전문가가 경력만족, 직무만족, 스트레스, 업무환경을 어떻게 지각하는지 이해하는 데 정신적 웰빙척도(MHC; Keyes, 2005)를 활용할 수 있다. 관련된 연구를 통해 IT 구성원의 정서적, 사회적, 심리적 웰빙의 서로 다른 상관관계 및 예측변인을 식별할 수 있을 것이다. 이와 같은 맥락의 연구는 또한 효과적인 개입 모델을 설계하는 데 기여할 수 있다. 셀리그만(Seligman, 2011)은 PERMA 모델을 통해, 긍정적 감정, 참여, 관계, 의미, 성취가 지속적인 행복을 경험하는 데 필수적이라고 제안했다. 그러나 업무-가정 균형, 근로환경, 직무 및 수입 만족이 지속적인 행복에 기여하는 바에 관한 증거는 거의 없다. 미

래 연구에서는 이와 같은 요인들이 PERMA 모델의 구성요소에 미치는 영향과 중요성을 다룰 수 있을 것이다.

3. IT 구성원 웰빙 척도의 개발과 타당화가 요구된다. 척도의 타당화는 특정한 집단에서 구인의 적용 가능성을 확립하는 데 있어서 중요하다. 그러나 이 장에서 검토한 연구들은 척도 타당화에 대한 정보를 제공하지 않고 있다. 미래 연구는 IT 구성원에 적용할 수 있는 척도를 개발하기 위해, 심리측정 부분에서 나타나는 이와 같은 차이를 메워야 한다. 또한, 양적 자료와 질적 자료의 결합에 기반을 둔 혼합된 방법론(mixed methodology)이 현재 심리학 연구에서 강조되고 있다. 이러한 접근법은 방법론적 결함을 줄이고, 연구하고자 하는 구인과 모집단에 대한 이해를 높인다. 지금까지 IT 분야의 경험적 연구는 정량적 접근법을 채택해 왔지만, 질적인 데이터를 포함하는 작업은, 고통을 유발시키는 또 다른 요인의 발견 혹은 구성원의 웰빙 증진에 기여할 수 있을 것이다.

4. 웰빙을 향상시키는 대처전략의 개발과 개입법의 확인이 요구된다. 비록 마음챙김 개입전략과 요가가 스트레스 수준을 낮춤으로써 웰빙을 향상시키는 것으로 확인되었지만, 그 외에도 구성원의 만족과 행복을 향상시키기 위한 더 많은 대처전략이 실행되어야 한다.

결론

긴장도가 낮은 업무환경은 구성원이 압력을 느끼지 않고 직무 관련 기능 및 비직무 기능을 수행할 수 있는 양호한 건강 및 심리적 환경을 보장해서, 결국 스트레스가 덜한 업무환경을 만들어 낸다(Guna Seelan and Ismail, 2008).

건강한 생활 방식은 균형 잡힌 식단, 신체 활동, 생체 시계와의 조화를 통해 스트레스, 우울, 불안에 대처할 수 있게 한다. 비제이마드반과 라주(Vijaimadhavan and Raju, 2013b)는 좋은 수면이 구성원의 건강, 생산성, 안전에 미치는 관련성을 제안하였다. 앞서 수행한 리뷰를 통해 다음과 같이 결론지을 수 있을 것이다. 업무환경으로부터 조직 풍토 및 업무-가정 균형에 이르는 다양한 요인은, 구성원의 웰빙을 증진하고 스트레스를 감소시키는 데 중요한 역할을 한다. 그러나 보완된 과학적 엄격함과 새로운 웰빙 모델의 탐구를 통해, 복합적인 이슈를 더 잘 파악하고, IT 구성원의 정신건강과 웰빙을 향상시킬 수 있는 개입전략을 설계할 수 있을 것이다.

26장
예술과 공예 부문의 웰빙

안토넬라 델 페이브(Antonella Delle Fave), 가자 자거 콕잔(Gaja Zager Kocjan)

서론

긍정적인 근무 경험과 환경에 대한 연구는 일터에서의 심리학 분야의 연구자와 실무자 모두의 관심을 끌고 있다. 지난 20년 동안 이 주제에 대한 방대한 문헌이 만들어졌다. 많은 연구들은 구성원 웰빙에 관련될 수 있는 개인적 성격, 과제의 특성, 업무 환경의 측면을 조사하였다. 개인과 사회 차원의 구조, 조직, 결과물 측면에서 매우 다양한 측면의 업무활동이 이루어짐에도 불구하고, 심리학자들은 주로 현대 도시 상황의 전형적인 사무실과 공장 작업에만 관심을 기울여 왔다. 그에 비해, 예술과 공예는 큰 관심을 받지 못했다. 이 장에서는 서구사회 및 그 밖의 국가 혹은 문화권에서, 예술가와 공예가로서 일하는 사람들의 웰빙을 조사한 몇 가지의 연구를 정리해보면서, 이러한 간격을 조금이나마 메워보려고 한다.

문헌 검토는 흥미로운 역설적 결과를 보여준다. 전문 예술인 특히 공예가의 직무경험을 조사한 심리학적 연구는 부족하지만 비직업적 여가활동 혹은 치료 방법으로서 예술과 공예가 갖는 긍정적인 결과물에 대한 연구는 상대적으로 풍부하다. 이러한 발견에 대한 종합적인 개관은 이 책의 목적과 관련이 있다고 생각되는데, 이는 조직 영역에서 웰빙에 초점을 맞춘 개입법을 설계할 때 잠재적인 유용성이 있기 때문이다. 따라서 이 장은 크게 두 부분으로 나뉘어 있다. 첫 번째 부분에서는 전문 예술가와 공예가의 직무경험 및 웰빙을 다룬 연구에 주의를 기울이고, 두 번째 부분은 미술과 공예를 비직업적인 회복 프로그램 혹은 여가활동으로 다룬 연구에 초점을 맞출 것이다.

여가와 치료를 넘어선 예술과 공예

문헌 검토 결과, 예술과 공예에 관한 연구의 약 80%에서는 이러한 활동을 여가 혹은 치료 및 재활 도구로 다루는 것으로 나타났으며, 직업이나 직무로서 조사하는 경우는 매우 드물었다. 예술과 공예 부문의 종사자가 업무환경에서 직면하는 도전과 이러한 문제에 도움이 되는 자원에 대해서는 알려진 것이 거의 없지만, 사무실과 공장 근무자의 업무환경과 경험에는 상당한 주의가 기울여지고 있다. 이와 같은 접근방법은 전 세계 모든 직업 영역과 조건에서 일하고 있는 많은 사람들의 업무경험을 이해하기 위한 표준에 대해, 제한된 연구결과를 적용할 위험을 수반한다. 이 행성에 사는 수십억

인류는 주류 심리학 문헌에서 조사된 것과는 크게 다른 조건과 환경에서 일하고 있다. 기술과 컴퓨터가 많은 직무에서 인력을 대체했지만, 바느질, 직조, 목공, 건설, 신발 제작, 보석 생산과 같은 전통 공예활동은 수많은 가족과 지역 사회를 위한 기본 생계 수단으로 남아 있다(Sengupta, 2011). 현대 도시 사회에서도 많은 사람들이 수공예(예: 미용사, 제빵사, 패션 스타일리스트 및 재단사, 꽃집) 혹은 창작예술 활동(댄서, 작가, 화가, 음악가) 부문에서 일한다. 이 사람들은 전통적인 농촌 생활뿐만 아니라, 현대 도시 생활에서도 귀중한 역할을 하지만 아직 대부분의 현대 연구에서는 관찰되지 않는다. 전문 공예가를 언급하는 대부분의 논문은 경제학자, 사회학자, 인류학자에 의해 쓰여졌기 때문에 이 노동자들의 심리적인 자원과 경험보다는 사회경제적 문제를 다루고 있다.

전문 예술가와 공예가의 업무경험의 질에 대한 관심 부족은, 창조적 업무를 수행하고 자유와 독립을 즐길 수 있는 행운아로 이들을 인식하는 진부한 시각에 부분적으로 근거한다(Markusen, 2013, Sennett, 2008). 일에 대한 현대적 이해에서 나타나는 이와 같은 고정관념은 다음과 같은 사실에 의해 부분적으로 정당화될 수 있다. 공장이나 그 밖의 분야에서 일하는 회사의 노동자는 개인적 주도성 및 자기표현에 있어서 속박의 어려움을 겪고 있다. 문제는 일터를 대상으로 하는 심리학 분야 주류 연구에서 자주 강조되어왔던 점이다. 이와 같은 증거는 안전욕구 혹은 사회적 인정욕구와 같은 인간 욕구의 기본적 '결핍'을 충족시키기 위한 수단으로서 일을 인식하는 관점을 지지한다(Maslow, 1968). 일은 의무적 활동으로 간주되며 다른 삶의 목표를 달성하는 데 도움이 되는 것으로 생각하고, 자기실현은 일반적으로 사람들이 자유시간에 행하는 다른 활동을 통해 추구되는 것이다.

⟨창의성과 기술: 예술과 공예의 양면⟩

예술과 공예는 여가활동의 긍정적인 경험과 유사한 두 가지 측면을 실제로 가지고 있다(Delle Fave, Massimini, & Bassi, 2011). 현대적 공장이나 사무실

과 비교했을 때, 이 직업은 목표설정과 업무수행에 있어 제한이 적으며, 창의성과 자기표현의 기회를 제공한다. 그러나 예술과 공예의 창조적 측면은 인내심, 엄격한 훈련, 고된 연습과 같은 전문적 역량과 기술을 습득하기 위한 필수 전제조건과 불가분의 관계로 얽혀 있다(Holmes, 2015).

심리적 차원에서 예술과 공예의 이중 구조는 목표추구 과정에서 행동의 단계를 제시한 골비처의 마인드셋 이론(Gollwitzer's mindset theory, 2012)을 통해 설명할 수 있다. 이 이론은 서로 다른 인지적 과정을 통해 작동하는 숙고의 마인드셋과 실행의 마인드셋 사이의 구분을 제시한다. 숙고의 마인드셋(deliberative mindset)은 목표설정과 관련이 있으며, 다양한 잠재적 결과 중에서 선택하는 것을 의미한다. 반면 실행의 마인드셋(implementation mindset)은 전 단계에서 설정된 목표를 달성하기 위해 실제적인 작업을 수행하는 것을 의미한다.

더 높은 수용성과 개방성을 특징으로 하는 숙고 과정은 노동자가 '영감'을 얻고 결과물의 정신적 이미지를 구축하는 창조적 단계와 관련될 수 있다. 후속의 실행 단계에서는 목표 추구에 대한 의지, 목표 지향적 행동의 초점, 지속적인 노력이 대신해서 요구된다.

전문기술의 연마는 "전적으로 빠져들었을 때 사람들이 느끼는 전체론적 감각"이라고 묘사되는 몰입(flow)과 같은 최적의 의식 상태와 높은 수준의 결과물 양쪽을 모두 얻는 데 필요한 경로이다(Csikszentmihalyi, 1975, p.36). 그러나 피로, 지루함, 심지어는 고갈을 불러올 수 있으므로, 반복되는 연습이 항상 즐거운 것은 아니다. 정확성과 완벽함을 위한 고된 연습은 심지어 신체적 부상(Guptill, 2012) 또는 높은 수준의 불안(Kenny, Driscoll, & Ackermann, 2014)을 야기할 수 있다.

예술가와 공예가가 일하는 공간적 환경 및 사회적 환경 또한 그들의 경험에 기여한다. 경제학자들의 연구에 따르면, 전문 예술가들은 종종 낮은 소득, 정규고용의 부재와 같은 가혹한 객관적 조건에서 일하는 것으로 나타났다(Alper & Wassall, 2006). 또한 재단사와 세공사가 겪는 지속적인 눈의 피로,

미용사의 서 있는 자세, 신발제작자의 앉아있는 자세와 같은 직무의 물리적 측면은 건강에 직접적인 영향을 줄 수 있다(Areeudomwong, Puntumetakul, Kaber, Wanpen, Leelayuwat, Chatchawan, 2012).

이와 같은 증거는 예술과 공예 직무를 복합적인 프레임워크를 통해 조사해야 하며, 창의적이고 즐거운 측면, 혹은 문제되는 측면과 부담, 어느 한쪽에 초점을 둔 단순하고 일방적인 견해를 극복해야 한다고 제안한다. 사실, 전문 예술가와 공예가는 객관적으로 어려운 조건에 직면해 있으며, 그들의 작업이 결코 즐거움이 아닌 경우는 종종 존재할 것이다. 동시에, 예술 및 공예 활동은 참여의 기회를 표상하며, 문제해결, 자기표현, 기술개발을 촉진하며, 개인 정체성의 성취 및 발전에 기여할 수 있다(예: Csikszentmihalyi & Csikszentmihalyi, 1988; Griffiths, 2008; MacDonald, Byrne & Carlton, 2006). 이와 같은 긍정적인 특성에 기반하여, 이러한 활동은 강점촉진 및 자원개발의 모범적인 조건으로 간주될 수 있다. 또한, 다른 작업 환경에서의 웰빙 증진을 위한 개입법 설계에 대한 실질적인 통찰을 도출할 수 있다고도 생각된다.

전문 예술가: 도전적인 환경에서의 웰빙을 위한 기회

웰빙보다는 결핍에 관심을 가지는 것은 인간의 행동과 경험에 대해 수십 년 동안 이루어진 연구의 특징이다. 창의성과 예술 분야에서는, 연구자들은 스트레스, 우울, 성과 불안과 같은 부정적 지표를 주로 조사했다. 저소득 및 직업 불안정과 같은 어려운 객관적 상황에 직면해 있음에도 불구하고, 최근 연구들은 지각된 높은 자율성(Bille, Bryld Fjael-legaard, Frey, & Steiner, 2013), 자기 고용, 업무 다양성, 새로움을 접할 기회, 학습의 기회(Steiner & Schneider, 2013)와 같은 특징들에 기반하여, 전문 예술가는 비예술가에 비해 높은 직무만족을 나타낸다고 보고하고 있다.

전문 예술가의 업무 경험에 대한 과학적 관심 또한 분야별로 매우 다르다. 많은 연구는 주로 무용가와 음악가에 초점을 맞추어 왔고, 글쓰기, 그림 그리기, 연기와 같은 다른 예술적 직업은 별로 관심을 받지 못했다. 경험적 타당도의 관점에서, 기존의 연구들은 광범위하게 변화하는 다양한 웰빙 지표에 의존하였다. 웰빙의 이론적 개념화와 연구에서의 측정 및 운영 방식은 연구마다 다르며, 종종 단일 연구에서 하나 이상의 이론이나 구인을 활용하기도 하였다.

따라서 우리가 접근 가능한 연구결과들은 평가하기 어려운 경우가 많고, 비교하기는 더욱 어렵다. 그래서 이제부터 우리는 조사된 주요 구인들에 따라 연구를 그룹화하는 시도를 해보려고 한다. 프로 예술가를 대상으로 하는 연구에서, 긍정적인 업무경험과 웰빙의 지표로 의심의 여지 없이 가장 자주 조사되는 몰입부터 시작해보겠다.

〈전문 예술가와 예술 분야 학생의 몰입〉

몰입(flow)은 강렬한 집중과 활동에 대한 깊은 관여, 행동과 인식의 병합, 시간의 왜곡된 인식, 명확한 목표, 자신의 성과에 대한 지속적인 피드백, 내재적인 동기 부여, 그리고 수행하고 있는 과제와 하나된 느낌으로 특징지을 수 있는 긍정적인 경험이다(Csikszentmihalyi, 1975; Nakamura & Csikszent-mihalyi, 2009). 몰입 경험의 중요한 선행요인은 진행 중인 활동으로부터 인식되는 도전의 수준과 이러한 도전에 직면하기 위해 동원할 수 있는 기술 간의 일치이다(Bassi & Delle Fave, 2012, Fong, Zaleski, & Leach, 2015, Inkinen, Lonka, 1914년 Kawabata & Mallett, Massimini, Csikszentmihalyi, & Carli, 1987).

다양한 장르의 전문 댄서의 몰입을 연구하는 반구조적(semi-structured) 인터뷰(Hefferon & Ollis, 2006)에서 수행된 해석학적 현상분석(IPA; inter-pretative phenomenological analysis)은 다음 세 가지의 주요한 고차원 테마를 강조하였다. 경험의 자기목적성(the autotelic nature of the experience), 도전-기술 균형(challenges-skills balance), 몰두(absorp-tion). 또한 춤으로부터 도출될 수 있는 몰입의 촉진요인을 조사한 결과, 다음 여섯 가지의 주요 카테고리가 확인되었다. 자신감, 음악 및 안무, 사전

공연 루틴(routine), 의상 및 메이크업, 무대 설정, 타인과의 관계. 또 다른 해석학적 현상분석 기반 연구에서, 전문 발레 댄서들은, 행동과 인식의 병합(몰두), 경험의 자기목적성 지각, 자의식의 소실(loss of self-consciousness)을 춤에서 도출될 수 있는 주요한 몰입 차원으로 보고하였다(Panebianco-Warrens, 2014). 연구 참가자 중 일부는 음악에 심취하는 것을 몰입의 구성요소로 언급하였다. 또한 댄서들 대부분에게 있어서 음악은 몰입의 시작을 촉진하였다. 그러나 음악에 대한 비선호 혹은 녹음된 음악은 몰입 경험을 방해할 수 있다는 것으로 나타났다.

또한 몰입은 예술가의 신체적 경험에 관한 연구의 기본적인 이론적 틀로 채택되었다. 연구자들은 음악가와 가수에게서 자주 나타나는 악기와의 긴밀한 관계를 전문가로서의 웰빙에 유리한 것으로 간주하여 이에 집중하였다(Simoens and Terva-niemi, 2013). 악기를 음악가의 신체에 통합하여 인식하는 것은 개념적으로 몰입 경험과 관련되어 있다. 이와 같은 현상은 주의집중의 초점을 기술적 측면으로부터 음악 자체로 옮겨가는 것을 촉진하는 전제조건으로 해석되었다. 악기/목소리에 대한 일체감의 정도에 따라, 연구 참가자는 다음과 같이 네 집단으로 구분됐다. 연합된 집단(사람과 악기/목소리 사이의 차이 없음), 사람 우선 집단(악기/목소리보다는 사람이 관객을 맞이함), 숨어있는 집단(개인적 정체성을 악기 뒤에 숨김), 장애물 집단(악기가 음악가와 관객 사이의 장애물로 작용함). 연구결과는 사람과 악기/목소리 간 일체된 관계에서 도출되는 심리적 이점을 강조하였다. 다른 집단과 비교할 때, '연합된 집단'은 높은 성과 자신감, 낮은 성과 불안과 사회적 공포감, 압력에 대한 낮은 인식, 관객을 향한 일차적인 감정(음악가 자신, 앙상블의 다른 음악가, 혹은 타인보다)을 보고하였다. 또한 '연합된' 참가자들은 몰입의 시작을 촉진하는 것으로 여겨지는 고도로 구조화된 학술적 훈련을 받은 것으로 보고하였다. 이는 음악가와 그들의 악기/목소리 간의 일체된 관계를 이끌어낸다.

일부 연구는 음악가에게 해로운 몰입의 역할에 대해 논의했다. 연주와 관련된 상해로 고통받는 예술가를 대상으로 실시된 질적 연구는 다음과 같은 점을 강조한다.

몰입의 상태에 들어간다는 것은 신체와 시간의 분리, 통증에 대한 낮은 인식, 지나치게 길어지고 중단되지 않는 연습을 수반할 수 있다(Guptill, 2012). 이 연구에 참가한 음악가들은 자신의 건강 보호를 위해, 오히려 몰입을 중단하거나 피하도록 해주는 전략을 설명해주기도 했다.

몰입과 유사한 경험은 시인들 사이에서도 발견되었다. 라툰드(Rathunde, 2010)는 인생 후기의 창의성에 관한 연구에 참여한 전문가들과의 인터뷰를 분석하여, 평생학습 과정에서 몰입의 역할을 탐구하였는데(Csikszentmihalyi, 1996), 그중 퓰리처 상을 수상한 시인 마크 스트랜드(Mark Strand)는 시를 쓰는 작업의 몰입과 관련하여, 최적의 경험에 대한 몇 가지 측면을 설명하였다.

다른 연구에서는 전문 직업으로서 음악가를 지망하는 학생들의 몰입을 조사하였다. 훈련 과정에 수반되는 장기간의 몰입과 매일 진행되는 연습참여 때문에, 우리는 이 연구를 본 절에 포함하기로 결정했다. 몰입 및 인생 테마 설문지(Flow Question-naire and Life Theme Questionnaire; Massimini & Delle Fave, 1995)를 통해 음악 아카데미 과정에 다니는 10대와 젊은 성인을 대상으로 수집된 데이터는, 73%의 참가자 사이에서 음악 활동이 몰입 경험과 관련되어 있음을 강조하였다. 이들은 이와 같은 몰입 경험을 강렬한 집중, 깊은 심취, 자기표현의 기회이자, 도전의 원천으로 묘사하였다. 음악 전공의 학생을 대상으로 하는 종단연구에서는, 도전-기술 균형과 몰입 경험 사이에 정적 관계가 발견되었다. 또한 복잡한 기술을 요구하는 음악 작곡 작업을 포함하는 심사연주회 준비 과정에서의 불안과 몰입 경험 사이에서는 부적 관계가 발견되었다(Fullagar, Knight, & Sovern, 2013). 실시간 샘플링 절차인 경험 표집 방법론(ESM; Experience Sampling Method, Hektner, Schmidt, & Csikszent-mihalyi, 2007)을 통해 실시된 연구는, 학생들의 몰입 경험과 작곡된 음악의 창의성 평정 간에 유의미한 관계가 있음을 보여주었다(Byrne, MacDonald & Carlton 2003; Mac-Donald et al., 2006). 피아노 전공 학생들의 몰입 경험에서 정서의 역할 또한 조사되었는데(Marin & Bhattacharya, 2013), 연구 결과에 따르면, 정서지능은 기질적 몰입을 긍정적으로 예측했지만, 몰입이 높은 성과의 유의미한 예측변인은 아닌 것으로 나타났다. 또한, 특정한 음악 스타일(고전주의와 현대주의 이후에 나타난 낭만주의), 특정 작곡가(베토벤, 드뷔시, 바흐, 이후의 쇼팽)에 의해 표현되거나 유도된 높은 각성(arousal) 정서(유쾌/불쾌 정서 모두)는 더 높은 몰입의 발생과 관련이 있었다(Russell, 1980).

마지막으로, 직무요구-자원 모델(JD-R; job demands-resources model; Demerouti, Bakker, Nachreiner, & Schaufeli, 2001)에 기반하여, 교사와 그들의 학생들이 모두 참여한 합동 연구는 다음과 같은 결과를 보여준다. 직무자원은 도전과 기술 간에 균형이 있다는 교사의 인식을 촉진함으로써, 결과적으로 몰입을 촉진한다(Bakker, 2005). 작업환경에서 직무요구와 개인적/환경적 자원 사이의 균형이 이루어진 상황에서 몰입을 성취할 가능성이 높다는 측면에서, 연구결과는 두 가지 이론적인 관점 사이의 개념적 수렴을 제안했다. 또한 이러한 결과는 교사에서 학생으로 전이되는 몰입의 메커니즘을 보여준다는 측면에서, 정서적 확산(emotional contagion)으로 묘사되는 몰입의 특성을 잘 보여준다(Hatfield, Cacioppo, & Rapson, 1994).

〈전문 예술가와 예술 분야 학생의 자기결정성〉

자기결정 이론(Deci & Ryan, 1985)은 댄서와 춤 전공 학생을 대상으로 수행된 다양한 연구의 기초가 되는 개념적 틀을 제공한다. 이 연구의 주요 목표는 이론에 의해 가정된 자율성, 유능성, 관계성의 세 가지 기본욕구를 충족시킬 수 있는 개인 및 환경 요인을 확인하는 것이었다(Deci & Ryan, 2000). 자율성의 지원과 기본욕구 충족의 역할이 어떤 것인지에 대해, 전문 댄서를 대상으로 1개월 간의 일지 연구(diary study)를 통해 조사를 실시했다(Quested, Duda, Ntoumanis, & Maxwell, 2013). 구체적으로 다음 세 가지 장르에 대해 비교 연구를 실시했다.

발레와 중국 무용(통제되고 구조화된 춤의 형식), 그리고 현대무용(보다 자기표현적이고 자유로운 장르로 여겨짐). 가장 낮은 수준의 자율성의 지원과 기본욕구 충족은, 발레 및 현대무용에 비해 중국 무용에서 발견되었으므로, 이는 장르의 성격과 기본욕구 충족을 위한 환경적 기회가 밀접하게 관련되어 있음을 시사한다. 또한 자율성의 지원 및 기본욕구 충족의 정도는 장르에 따른 댄서들의 정서적 경험과 관련이 있다는 것으로 나타났다.

이러한 관계는 학습하는 맥락에서의 개인 내 비교에서 부분적으로 확인되었다. 서로 다른 학습 상황(수업, 리허설, 공연)은 정서적인 상태를 예측함에 있어서 서로 뚜렷하게 다른 기본욕구를 반영하였다. 또한 업무에 몰입하는 분위기는 자기 개선, 학습, 개인적 노력의 촉진을 통해 댄서들의 기본욕구 충족에 유익한 역할을 하였다. 기본욕구 충족은 높은 긍정정서와 낮은 부정정서 측면에서 웰빙에 기여했다. 자율성의 지원에 대한 인식과 자율성의 만족, 관계성 욕구 간의 유의미한 관계 또한 발견되었다(Quested & Duda, 2010). 춤에 대해 동기를 부여하는 환경과 불안 간의 관계를 조사한 다른 연구들은 이러한 결과를 뒷받침했다(Draugelis, Martin, & Garn, 2014; Nordin-Bates, Quested, Walker, & Redding, 2012). 자율성의 지원에 대한 인식과 소진 사이의 관계에서, 기본욕구 충족이 완전매개 역할을 한다는 것이 발견되었다(Quested & Duda, 2011). 마지막으로, 기본욕구 충족과 코르티솔(cortisol: 스트레스에 반응해 분비되는 호르몬 물질) 수준 간의 관계, 기본욕구 충족과 불안 간의 관계가 강조되었다(각각 생리학적 지표와 심리학적 지표를 표상함)(Quested, Bosch, Burns, Cumming, Ntoumanis, & Duda, 2011). 보다 구체적으로, 도전적인 평가는 기본욕구 충족과 코르티솔 수준 간의 관계를 매개하는 반면, 위협적인 평가는 기본욕구 충족과 불안의 강도 사이의 관계를 매개하였다.

전문 음악가와 댄서의 웰빙 지표를 평가한 연구는, 업무경험의 질에 있어서 자율성과 자율성을 뒷받침되는 환경의 중요성을 강조했다. 재즈 및 클래식 전공 학생과 전문가를 대상으로 실시된 반구조화 인터뷰를 통해, 이러한 예술가들이 직면한 업무관련 요구사항의 차이점을 탐구할 수 있었다(Dobson, 2010). 공연 중 자기표현에 대한 인식의 정도가 관련된 테마로 대두되었다. 재즈 음악가는 충분한 수준의 자율성, 높은 자발성과 창의성, 탐구하는 느낌이 충분하다고 보고했다. 반면, 클래식 음악가, 특히 오케스트라 연주자는 직접적인 자율성의 부족, 완벽한 정확성의 요구로부터 비롯된 높은 수준의 제한, 지속적인 평가로부터 비롯된 외적 통제를 보고하였다. 클래식 전공 학생들은 연습을 정서적으로 부담되는 것으로 경험하며, 이에 대한 부정적인 느낌을 보고했다. 이와 같은 도전에 대처하고 통제력을 유지하기 위해, 클래식 전문가들은 정서적인 거리 두기와 제한된 자기 투자와 같은 대처 전략을 채택했음을 보고하였다. 이러한 결과는 젊은 여성에게 두드러지게 발견되는 높은 수준의 기질적 불안, 공연 불안, 우울과 같은 증상을 보고한 전문 오케스트라 음악가로부터 얻은 결과와 일치한다(Kenny et al., 2014). 공연 불안의 주된 원인은 자기 자신으로부터의 압력, 공연 전과 공연 중의 과도한 신체적 각성, 부적절한 준비였다. 이러한 업무 도전을 해결하기 위한 전략으로, 집중 연습, 심호흡, 긍정적인 자기 대화가 사용되었다.

점원, 공장 노동자, 인사 부문 구성원을 비롯한 다른 전문가와 음악가를 비교한 몇 안 되는 연구 중 하나에서 다른 견해가 나타났다(Kivimaki & Jokinen, 1994). 이 연구에 따르면, 음악가와 다른 직업 집단 간에는 자율성의 수준에 대한 인식, 갈등, 일터에서의 스트레스 요인 간에 차이가 발견되지 않았다. 그러나 더 많은 근골격계 증상에도 불구하고, 기술 다양성에 대한 인식이 음악가들 사이에서 유의미하게 높았으며, 직무만족 또한 더 높게 나타났다.

저자들은 높은 기술 다양성이 자기실현의 적절한 기회를 제공하였으며, 따라서 직무만족에 기여했다고 주장한다. 음악가들 사이에서, 개인 차원에서 인식된 자율성 및 갈등의 부재는 더 높은 직무만족과 관련이 있었다.

<직무만족, 웰빙, 작업환경>

앞에서 언급했듯이, 불리한 노동 조건에도 불구하고 예술가는 비예술가와 비교할 때 높은 직무만족을 나타낸다. 연구자들은 이러한 전문가들을 대상으로 작업환경과 직무만족 간의 관계를 조사하였다. 온라인 설문조사와 포커스 그룹을 통해 실시된 연구는 아일랜드 댄서들의 직업에 대한 긍정적, 부정적 태도를 다루었다(Cahalan & O'Sullivan, 2013). 직업 불안정성 및 짧은 경력, 신체적 및 정신적 불편감, 여행을 동반하는 생활방식으로부터 비롯된 이동 문제에 직면하고 있음에도 불구하고, 댄서들은 높은 수준의 직무만족을 보고했다. 댄서들의 업무의 주요한 긍정적 측면은 다양한 문화를 접할 기회, 오래가는 우정, 취미로서의 춤을 경력으로 전환함으로써 얻는 재정적 이익, 개인적 개발, 신체적 건강함이었다.

직무만족과 건강 간의 관계는, 오케스트라 음악가를 대상으로 구체적으로 조사되었다(Liljeholm Johansson & Theorell, 2003). 다음과 같은 세 가지 건강 지표가 고려되었다. 전체적인 질병 증상, 근골격계 증상, 웰빙(낮은 수준의 피로, 걱정, 좌절, 낮은 수준의 주의집중의 어려움, 높은 순간적인 만족의 조합으로 정의됨).

작업 내용(지휘자, 리허설, 레퍼토리)에 대한 전반적인 긍정적 평가는 높은 수준의 건강을 예측했다. 인구통계학적 변수(성별, 악기의 유형, 오케스트라에서의 역할)와 인식된 심리사회적 환경의 특징(사회적 지원, 오케스트라 작업 환경에 대한 고용주의 관여) 또한 건강 수준의 예측변인이었다. 특히 여성은 남성보다 높은 질병 증상 점수를 나타냈다. 관악기 연주자는 현악기 연주자보다 낮은 근골격계 증상을 보고하였다. 마지막으로, 엘리트 오케스트라에서 일하는 음악가는, 덜 유명한 오케스트라 구성원에 비해 낮은 수준의 웰빙을 보고하였다. 이는 아마도 높은 수준의 직무요구와 낮은 자율성 때문일 것이다.

이 마지막 발견은 프로 가수와 아마추어 가수를 비교한 연구에서 얻어진 결과와 일치한다(Grape, Sandgren, Hansson, Ericson, & Theorell, 2003). 노래 수업 전후에 수집된 심장혈관 및 호르몬 생화학 측정 결과에 따르면, 두 집단의 참가자 모두 수업 후에 더 활기차고 편안한 결과가 나타났다. 그러나 아마추어 가수들은 프로보다 더 높은 웰빙과 더 낮은 각성을 나타냈다. 반구조화된 짧은 인터뷰에 대한 답변 내용을 보면, 프로는 보다 성취지향적이었으며, 아마추어는 노래 수업을 자기표현과 자기실현의 기회로 인식했다는 것을 보여줌으로써, 이와 같은 발견을 더욱 명백히 하였다.

전체적으로 높은 직무만족은 대부분의 아티스트로부터 보고되었다. 이러한 결과는 웰빙 증진 및 업무경험의 높은 질에 대해 예술적 전문직업이 갖는 높은 잠재력을 나타낸다. 연구에 사용된 정량적, 정성적 방법론의 다양성은 확정적인 결론 도출을 어렵게 만들고 있긴 하지만 그럼에도 불구하고 이러한 연구는 예술 전문가의 웰빙을 체계적으로 탐구하기 위한 중요한 출발점이 될 것이다.

전문 공예가: 보이지 않지만 중요한 노동자들

전문 예술가의 업무 경험에 대한 연구에서 전문 공예가에 대한 연구로 옮겨가면, 연구의 수가 현저히 줄어든다. 그러나 전문 공예가가 제공하는 활동, 서비스, 제품이 전세계적으로 개인 및 공동체의 삶의 질에 실질적으로 기여하고 있다는 것은 명확한 사실이다.

전세계 모든 사람들은 최소한 한번 이상 미용사와 손톱관리사를 방문해 보았을 것이고, 특별한 축하를 위한 주문제작 케이크를 주문해 보았을 것이며, 옷을 줄이거나 늘리기 위해 재단사를 찾았을 것이며, 꽃꽂이 혹은 수제보석을 구매해 보았을 것이고, 고르지 않은 벽면에 책꽂이를 설치하기 위해 목수를 고용해 보았을 것이다. 그럼에도 불구하고 심리학 연구는 이러한 전문가의 업무 경험에 거의 관심을 기울이지 않는다. 그들의 삶과 작업 조건은 사회경제적 관점과 인류학적 관점에서, 그리고 주로 비서구 사회에서 더욱 자주 조사된다. 대부분의 연구는 현상학적 접근법을 채택하여 장인의 작업 경험에 대한 서사를 분석하므로, 다른 연구 및 조사와의 비교가 매우 어렵다. 그러나 공예 전문가의 업무 경험을 다루는 몇 안 되는 연구는 희귀하기 때문에 중요한 정보원이다. 그리고 이는 이와 같은 주제에 대한 추가적인 탐구의 기초가 될 수 있다.

〈공예, 웰빙, 그리고 개인의 정체성: 젠더 문제〉

전문적 장인을 대상으로 실시된 연구 중 일부는 여성의 정체성 확립 및 부권으로부터의 해방을 촉진하기 위한 직업의 의미에 초점을 맞추어, 공예 활동에 대한 참여와 젠더의 관점에서 바라본 웰빙의 결과물 간의 관계에 집중한다. 옷 생산으로 생계를 유지하는 트리니다드토바코 여성을 대상으로 하는 민족지학 현장연구(ethnographic fieldwork)에서 바느질은 개인적 만족과 정체성의 근원으로 나타났다(Prentice, 2012). 재봉을 배우는 것은 다음 두 가지 수준에서 유익했다. 바느질은 참가자들에게 경제적 권력을 제공함으로써, 그들의 자립심, 적응력, 풍부한 자원을 가지고 있다는 인식을 향상시켰다. 또한 그것은 즐거움, 자극, 개인적 재능의 발전을 위한 기회였다. 장기적으로 바느질 기술 습득과 연습은 참가자의 정체성 형성에 긍정적인 영향을 주었다.

사우스 오스트레일리아(South Australia)의 영어가 모국어가 아닌 1세대 이민 여성들을 대상으로 바느질의 의미(여가, 직업, 가계 경제에 기여, 또는 문화적 기대를 충족시키는 수단)가 탐구되었다(Boerema, Russell, & Aguilar, 2010). 개인 및 집단 인터뷰의 질적분석에 따르면, 바느질은 창의성, 즐거움과 만족의 원천을 나타낼 뿐만 아니라, 가족 생활에 기여할 수 있는 유용한 수단을 가질 수 있는 기회였다. 또한, 바느질은 참가자들의 정체성 형성에 중요한 역할을 했으며, 이에 따라 문화적 변화 과정에서 연속성을 제공함으로써 새로운 환경에 적응하는 것을 지원했다.

노동자의 정체성 형성 과정은 가정에서 공예작업을 하는 사람들(주로 여성)과의 인터뷰 및 관찰을 통해 조사되었으므로, 직무 및 일터 맥락과 관련된 참조점은 부족하다(Dickie, 2003). 연구결과에 따르면, 명확한 일정뿐만 아니라 물류 및 마케팅 규정의 명확한 정의가 참가자의 업무 정체성을 형성하는데 크게 기여하는 것으로 나타났다. 특히, 연구의 참가자들은 업무 관련 활동과 재료를 위한 특정한 장소 혹은 공간을 지정하는 것, 적절한 장비와 보급품을 확보하는 것, 명확한 작업 시간표를 수립하는 것은 물론 법적인 사업 정체성을 확보하는 것이 중요하다고 언급하였다. 이와 같은 작업 정체성은 가족 및 지역사회 구성원으로부터 충분한 인식과 자원을 받게 해주는 것이다.

남성을 대상으로 노동의 의미와 가치를 조사한 몇 안 되는 연구 중 하나는, 최소한 25년 동안 같은 회사에서 근무하였던 메사추세츠(Massachusetts)에 있는 제지공장의 은퇴 노동자를 연구하였다(LeBlanc, 2009). 종이제작자는 공예 활동과 창의성의 표현 통로로서 자신의 직업 활동에 대한 인식을 발전시켰다. 참가자들은 또한 일과 삶의 균형을 위한 가족 지원의 중요성을 강조했다.

다른 연구들은 소위 공예가 정체성의 상실 또는 평가절하로 불리는 반대 현상을 조사하였다. 영국의 카페트 제직 공장에서 수행된 연구(Sayce, Ackers, & Greene, 2007)는 다음과 같은 점을 강조한다.

조직 변화 및 자동화 기술의 도입은 남성 직공으로 하여금 자신의 직업 정체성을 재정립하도록 강제하였다. 왜냐하면 공예가로서 그들의 정체성은 남자다움 및 높은 사회적 지위와 밀접하게 연관되어 있었기 때문이다. 젠더에 관한 정체성 분열의 이슈는 보석 생산에 종사하는 인도 여성을 대상으로 하는 민족지학적 연구에서도 다루어졌다(Soni-Sinha, 2011). 이 연구는 남성은 생계유지자로 간주되고, 여성은 가정에서 자주 노동을 함에도 불구하고 가정주부로 여겨지는 성별에 따른 노동분업에 대한 인식을 밝히고 있다. 이 여성들의 활동은 낮은 숙련 및 낮은 부가가치의 여가활동으로 여겨졌다. 이 여성들은 전통적인 성역할을 해체하고 더욱 복합적이고 다면적인 정체성을 달성함으로써 노동자의 지위를 주장할 수 있었다.

인문지리학(human geography)의 관점에서 개인의 서사 및 집단 토의를 통해 수행된 또 다른 현장 연구는, 지역의 젠더 이데올로기와 경제 전략에 도전하는 인도의 자영업 공예가 여성의 투쟁을 탐구했다(Acharya, 2003, 2004). 마지막으로, 인터뷰 기반 연구는 행상인으로서 소상공인 역량강화 프로그램에 등록한 카리브해 연안 국가 여성을 대상으로, 문화, 젠더, 인종으로부터 비롯된 고정관념이 직업 정체성에 미치는 부정적 영향을 강조하였다(Karides, 2005). 이러한 프로그램의 빈번한 실패는 비현실적인 기대와 관련이 있다. 보다 구체적으로 말하면, 이러한 계획의 발기인들은 공식적인 지원을 받지 못한 채 가사와 사업의 균형을 맞추기 위한 여성의 투쟁을 간과하였다.

〈일하는 조직과 공예가의 웰빙〉

풍요로운 사회의 정책입안자와 시민들은 공정무역기구(FTO: fair trade organization)의 이슈 및 개발도상국의 형평성과 복지 증진에 점점 더 민감해지고 있다. 다음 두 가지 연구는 공정무역기구가 노동자의 복지에 미치는 영향을 조사하였는데, 페루의 생산자들 사이에서, 공정무역기구로의 참여는 전문가로서 자부심, 행복, 자기 보고한 생활 수준과 긍정적인 관계가 있었다 (Becchetti, Castriota, & Solferino, 2011). 주간 단위 식량 소비의 증가, 수입에서 식량 지출비중의 감소와 같은 객관적인 혜택도 발견되었다. 두 번째 연구는 모기업의 공정무역기구에서 일하면서 사업 기술을 습득한 후, 이를 새로운 비즈니스 개발에 적용한 인도의 장인(artisan)을 대상으로 하였다(Strawn & Littrell, 2006).

구조조정(work restructuring)이 장인의 심리적 웰빙에 미치는 영향은 사회 시스템 전환의 맥락에서 조사되었다. 키르기스스탄의 공예 기반 기업가를 대상으로 하는 연구는 소련 해체 이후의 시장 환경에서, 그들의 업무 경험을 탐구하였다(Botoeva & Spector, 2013). 서사 분석(narrative analysis)은 지역의 지식과 기술을 재할당하고, 경쟁적인 시장환경의 요구에 적응하는 능력에 대한 연구 참가자의 만족감을 강조하였다. 가족 부양과 고객 행복에 대한 기여는 주요한 의미의 원천으로 인용되었다. 과달라하라(Guadalajara: 멕시코 서부의 도시)의 장인은 지역사회 응집력과 가족의 지원에 힘입어, 경제적 자유주의가 초래한 변화에 적응하고 그들의 공예 생산을 유지할 수 있었다(Rivas-Jimenez, 2008).

마지막으로, 중국 도자기 작업장의 소유주들 사이에서 실시된 연구에 따르면, 수공예의 민영화(privatization)에도 불구하고 공영화(collectivization)에 의해 도입된 공유의 관행은 유지되었으며, 지역사회 구성원 간의 지식 전수를 촉진하였다(Gowlland, 2012).

이 간략한 개관은 특히 심리학 분야에서 전문 공예가에 대한 과학적 연구문헌이 부족하다는 것을 강조하고 있다. 이 분야의 노동자는 사회 공헌에 있어서 필수적인 역할을 하고 있음에도 불구하고, 연구자에게는 매력이 없는 것처럼 보인다. 따라서, 공예가의 작업 경험에 대한 조사는 심리학의 연구 분야를 도전적으로 확장할 수 있으며, 이와 같은 과정은 인간의 업무 활동에 대한 기존의 지식 체계를 풍부하게 할 수 있을 것이라 생각된다.

비전문적인 예술과 공예 활동을 통한 웰빙의 증진

예술과 공예 활동 경험을 다루는 문헌들에 대한 철저한 검토를 통해, 흥미로운 역설을 발견할 수 있다. 전문적인 직업으로서 이러한 활동은 주목받지 못하고 있지만, 치료 혹은 여가 활동으로서는 훨씬 더 자주 연구된다. 또한, 직업으로서 연구된 활동의 범위와 비교해보면, 이와 같은 관점에서는 연구의 범위가 현저하게 넓어진다. 예술 분야에 있어서, 심리학자들은 음악과 춤 이외에도 시, 작곡, 연극에 관심을 기울였다. 그러나 대부분의 경우, 예술과 공예에 관한 연구는 창의적 활동의 일부로 간주되었다.

이러한 활동의 유익한 효과는 다양한 측정 도구와 기술을 통해 조사되었다. 웰빙은 예술공연 및 공예제작 경험이 갖는 의미, 신체 및 정신 건강에 대한 공헌의 관점에서 탐구되었다. 전문가를 대상으로 실시된 연구와 유사하게, 대부분의 연구는 특정 이론과 구조에 의존하지 않는다. 유일한 예외는 비전문가를 대상으로도 자주 조사되는 몰입 경험

이다.

웰빙 증진을 위한 예술 및 공예의 혜택을 다루는 연구는 치료나 재활을 위한 개입법, 자유시간 혹은 정규교과 외의 교육 두 영역으로 구분할 수 있다. 여가 활동으로서 예술과 공예의 유익한 역할은 다양한 문화적 맥락 및 삶의 단계에서 조사되었다.

〈예술과 공예의 치료적 역할〉

치료와 재활의 수단으로서 예술과 공예가 가지고 있는 잠재력은 과학 문헌에서 크게 연구되어왔다. 그러나 이러한 대부분의 연구들에서 웰빙은 정신 건강의 존재보다는 부정적 증상의 부재 혹은 감소로 정의되어 왔다(Brillantes-Evangelista, 2013; Mohammadian et al., 2011; Tegner, Fox, Philipp, Thorne, 2009). 웰빙의 긍정적 측면이 이 분야 연구의 양적, 질적 지표의 일부분이 된 것은 오직 지난 20년 동안뿐이었다.

민감한 정신의학적 환경에서 10주간의 창조적 예술치료법을 시행한 뒤, 환자가 스스로 보고한 웰빙의 유의미한 개선을 감지하는데 워릭-에든버러 정신 웰빙 척도(WEM-WBS; Warwick-Edinburgh Mental Well-being Scale, Tennant et al., 2007)가 사용되었다(Crone et al., 2013). 주거 환경에서 실시된 정신재활 프로그램에서 ESM(Experience Sampling Method)을 사용한 실시간 연구는 다음과 같은 점을 강조한다. 참가자들은 일상적인 예술 및 표현 활동(그림, 춤, 사진)을 수행하는 동안 높은 수준의 도전과 몰입을 경험하는 반면, 다른 일상적인 활동은 덜 긍정적인 경험적 프로파일과 관련이 있었다(Bassi, Ferrario, Ba, Delle Fave, & Viganò, 2012). 연구 결과는 명확한 규칙, 높은 구조성 및 복합성과 같은 재활활동의 핵심 기능은 참가자로 하여금 높은 수준의 도전을 지각하게 하였다는 것을 보여주었고, 이는 몰입 발생의 주요한 전제조건으로 널리 알려져 있다.

연구자들은 또한 외래환자 환경에서 예술 워크숍 및 프로그램의 결과를 평가해보았다. 참가자는 창의적 예술 워크숍을 목적, 희망, 자기가치감, 사

회적 주장성(social agency), 강화된 개인적 정체성에 대한 인식과 연관시켰다(Stick-ley, Hui, Morgan, & Bertram, 2007). 공동체 기반의 예술 프로그램에 대한 질적 연구는 자기표현 및 자신에 대한 성찰, 권한부여(자신의 삶에 대한 통제력과 타인에 대한 영향력), 자기 확신(정체성, 자신감, 생활양식의 변화에 대한 지각), 영적 성취(의미, 목적, 희망, 수용)를 통하여 참가자의 회복 과정을 촉진시킬 수 있는 잠재력을 보여주었다.

지지적인 관계와 환경 또한 이 과정과 관련이 있었다(Lloyd, Wong, & Petchkovsky, 2007). 또 다른 질적 연구는 예술 프로그램에 대한 참여가 정체성 재구성, 적응력 있는 대처 메커니즘의 개발, 성취감, 의미와 목적을 통해 정신질환으로부터의 회복을 촉진할 수 있음을 제안하였다(Spandler, Secker, Kent, Hackings, & Shenton, 2007).

한 혼합적 방법 연구에서는, 만성 정신질환을 앓고 있는 성인을 대상으로 치료집단과 통제집단을 둔 6개월간의 무작위 대조연구를 실시하여, 예술치료 프로그램의 결과를 평가하였다. 참가자들의 서사는 치료작업이 자부심, 헌신과 성취의 감각을 촉진한다는 것을 강조하고 있었다. 그러나 프로그램의 효율성은 표본의 작은 크기 및 높은 이질성 때문에, 양적인 측정법에 의해 뒷받침 되지는 않았다(Odell-Miller, Hughes, & Westacott, 2006).

마지막으로, 몇몇 연구는 예술 기반의 개입법과 웰빙의 생리적 지표 사이의 관계를 조사했다. 건강한 퇴직자에게 제공되는 시각 예술품 제작 훈련 프로그램은 뇌의 기본 모드 네트워크(DMN: default mode network)의 기능 연결성을 향상시키는 것으로 밝혀졌으며, 이는 더 높은 회복탄력성 점수와 관련이 있었다(Bolwerk, Mack-Andrick, Lang, Dörfler, & Maihöfner, 2014). 또 다른 실험 연구에서는 노래 세션 전후에 타액의 IgA(immunoglobulin A) 수치를 평가하였다. 그 결과 아마추어, 음악과 학생, 교수와 같은 다양한 집단에서 면역체계 활동이 증진되었다는 결과가 나타났다(Beck, Cesario, Yousefi, & Enamoto, 2000; Beck, Gottfried, Hall, Cisler, & Bozeman 2006, Kreutz, Bongard, Rohrmann, Hodapp, &

Grebe, 2004, Kuhn, 2002).

유사한 발견은 정신건강 서비스 이용자를 대상으로 공예제작의 치료적 역할을 조사한 연구에서도 제시되었다. 목조 제작 워크숍은 의미 형성, 시간 구조화, 긍정적인 환경 특성으로부터 유래한 높은 내재적 동기부여와 관련성을 나타냈다(Mee & Sumsion, 2001). 사례연구에 따르면, 개인적 슬픔과 결합된 사진의 태피스트리를 만드는 작업은 자기 자신의 얼굴 표정과 그 슬픔과 관련된 상실의 수용을 돕는 것으로 나타났다(Reynolds, 1999). 치료사의 관점에서 공예 기반 개입법의 의미를 조사하는 서사 연구(Harris, 2008)는 다음과 같은 점을 제안하였다. 실체적인 결과물을 창작하는 작업을 통해 공예 제작은 의미 있는 목표의 추구, 자기효능감, 희망, 성취감을 촉진한다. 연구결과의 해석은 공예 제작이 창조성에 대한 인간의 타고난 욕구를 충족시킨다는 가정에 기반을 둔다.

프란시스 레이놀즈(Frances Reynolds)는 현상학적 접근법에 기반한 연구를 통해 만성질환을 앓고 있는 사람들의 웰빙 증진에 있어서 예술 및 공예 활동의 역할을 조사했다. 직물 제작 작업은 개인적 성장, 성취, 사회적 연결의 감각을 통해, 예술가로서의 긍정적인 정체성 개발과 질병에 대한 성공적인 적응과 관련성을 나타냈다. 또한 이러한 작업은 시간의 구조화, 걱정으로부터 주의분산, 타인에 대한 공헌의 수단으로 인식되기도 했다(Reynolds, 2002, 2003). 우울증을 겪고 있는 여성들은 몰입 경험과 밀접하게 관련된 이완, 깊이 있는 집중, 몰두의 조건을 충족하는 바느질 활동을 수행하였다(Reynolds, 2000). 참가자들은 바느질 작업의 장점으로서 사회적 인정, 관련성, 지원뿐만 아니라, 자부심, 숙달 및 능숙의 감각 또한 언급하였다. 암환자 여성들은 직물 제작, 그림 그리기, 시 쓰기, 콜라주와 같은 시각 예술과 공예 활동을 통해 스트레스를 완화하고 통제력, 능숙함, 성취감을 느끼게 해주는 깊은 몰입의 상태를 경험하였다(Reynolds & Prior, 2006). 마지막으로, 만성피로 증후군 진단을 받은 여성들은, 삶의 만족, 개선된 자기상 및 자신감, 희망, 사회적 연결을 경험할 수 있는 기회로서, 그림 그리기, 시

쓰기, 카드 만들기, 자수, 태피스트리와 같은 예술 및 공예 활동을 언급하였다(Reynolds, Vivat, & Prior, 2008).

창의적인 활동의 치료적 의미는 완화치료 환경에서 치료 세션에 참석하는 암환자를 대상으로 하는 질적인 접근법을 통해 세부적으로 조사되었다. 참가자는 창의적인 활동을 긍정적인 목표로 집중을 촉진하고, 개인의 능력과 역량을 인식하도록 유도하는 유용한 대처전략으로 인식하였다. 더 넓은 관점에서 창의적인 활동은 질병에 대한 적응적 대처와 환경과의 조화에 도움을 주었다(La Cour, Josephsson, Tishelman, & Nygård, 2007). 창의적인 활동의 긍정적인 역할은 치료자와 참가자의 관점에서 탐구되었는데(Griffiths, 2008), 참가자는 창의적인 활동으로부터 비롯되는 혜택과 건강과 관련된 이익으로서, 몰입의 촉진, 기술 개발, 성취감, 자신감, 목적, 부정적 생각에 대한 통제, 개인의 정체성 및 사회적 관계에 대한 기여를 언급하였다. 치료사는 환자가 의미 있는 것으로 간주하는 작업을 제공하는 것이 중요하다는 점을 강조하였다고, 환자는 사회적 관계를 발전시키고, 창의적인 참여를 경험하며, 관심을 작업으로 전환 할 수 있는 기회에 초점을 맞추었다.

〈여가 활동으로서의 예술 및 공예가 제공하는 개인적/사회적 웰빙〉

다양한 연구는 자유시간 동안의 예술과 공예의 활동이 쾌락적 측면, 목적지향적 측면, 사회적 웰빙 측면과 같은 다양한 면에서 웰빙을 촉진한다는 것을 강조한다. 키이스의 정신건강 모델(Keyes' model of mental health)에 따르면, 이러한 세 가지 측면은 건강(flourishing)의 요소라고 할 수 있다(Keyes, 2007). 특히, 사회적 웰빙은 사회적 지지, 문화적 소속감 및 수용, 공동체의 응집력, 사회에 대한 개인의 공헌에 대한 인식을 포함한다(Keyes, 1998).

서사 분석은 공예 제작의 과정이 유쾌하고, 만족스럽고, 몰입에 도움이 된다는 것을 강조한다. 이는 자기표현과 개인적 성장의 기회를 제공한다. 공예과정의 결과물은 제조업자에게 성취감을 주는

구체적인 제품과 상응한다. 공예 제작은 또한 시간의 구조화, 신체적/인지적 기술의 습득, 자부심, 자신감, 내적 통제 소재(internal locus of control), 의미의 감각을 얻을 수 있는 기회이다. 마지막으로, 공예에 대한 참여는 문화적 인식 및 사회적 인식과 관련이 있다(Pöllänen, 2013, 2015).

그림 그리기, 도기 제조, 사진 촬영과 같은 예술 활동에 정기적으로 참여하는 여성들은 예술품 제작 과정과 결과물 모두를 긍정적 정서, 향상된 자기상, 사회적 연결과 관련시킨다(Titus & Sinacore, 2013). 중년 여성들은 보석 세공 작업의 심리적, 영적 혜택을 사회적 인정, 쾌락적 웰빙 및 목적지향적 웰빙의 차원, 신적인 존재 및 타인과 연결된 감각과 연계한다. 그들은 또한 이러한 활동의 명상적 기능을 강조한다(Adams-Price & Steinman, 2007). 어린 자녀의 어머니들은 육아와 일의 책임으로부터의 휴식뿐만 아니라 자기표현의 기회로써 공예 제작을 묘사하였다. 공예 제작 과정은 그들에게 도전, 기쁨, 자기 자신을 위한 시간을 제공하였다. 어머니들은 자신이 제작한 결과물을 선물로 제공함으로써, 타인과의 연결을 강화하고, 관련된 가치를 젊은 세대에게 전달할 수 있었다(Grace, Gandolfo, & Candy, 2009, Mason, 2005).

다른 연구들은 예술과 공예 활동에 내재된 개인적, 사회적 가치에 초점을 맞추었다. 혼합 방법 연구는 직물의 생산과 사용이 여성에게 의미와 동기부여의 원천으로 지각된다는 것을 보여주었다. 참가자들은 유형 및 무형의 가치가 있는 개인적 정체성의 상징으로 생산품을 묘사했다(Johnson & Wilson, 2005). 일상적인 요리와 자수에서 그들의 문화를 전형적으로 표현하는 사이프러스 나무 패턴을 재현하는 관습을 보존해온 호주로 이민 온 이란 여성들은, 이러한 패턴을 삶의 연속성의 상징과 젊은 세대에게 물려줘야 할 고향의 기억으로 묘사하였다(Warin & Dennis, 2005).

같은 맥락에서, 카자흐스탄의 젊은 여성들은 가내 직물생산 기술의 습득을 가족 및 사회에서 자신의 정체성 및 지위의 구축과 연관시켰다(Portisch, 2009).

객관적 설문조사를 통해 단일지표로서 웰빙을 측정하는 데 초점을 맞춘 연구는 많지 않았다. 성가대 가수들은 리허설 후에 긍정적인 정서와 개인적 성장 및 활력을 보고하였다(Busch & Gick, 2012). 아마추어 음악가, 전문 음악가, 음악가가 아닌 사람은, 음악과 관련된 강렬한 경험에 대한 자유기술 및 정량적 평가를 통해, 몰입 경험을 시사하는 참여와 자기인식의 소실의 결합을 보고하였다(Gabrielsson & Lindström Wik, 2003). 음악 공연의 강렬한 경험에 대한 학생들의 묘사는 즐거움(pleasant), 참여(engaged), 의미 있는 삶(meaningful life)을 구분하는 행복 지향성 모델(orientation to happiness model)의 관점에서 조사되었다(Seligman, 2002). 참가자들의 묘사에서 – 개인적, 사회적 의미뿐만 아니라 몰입을 포함하는 – 행복에 이르는 목적지향적 경로(eudaimonic route)가 우세하게 나타났다. 쾌락적 경로(hedonic route)도 언급되었지만 관련성은 낮았다(Lamont, 2012). 음악 교육 프로그램에 등록한 청소년을 대상으로 경험적 표집 방법(ESM: Experience Sampling Method)을 통해 수행된 연구에서, 음악공연의 성취도와 몰입의 발생 빈도 간에 긍정적인 상관이 발견되었다(O'Neill, 1999). 정규교과 외 음악 프로그램에 등록한 학생들 사이에서, 합창단 공연은 몰입과 관련되어 있었으며(Freer, 2009), 내재적 동기, 높은 집중력, 명확한 목표와도 관련이 있었다(Martin & Cutler, 2002).

향후 연구의 방향성

이 결과들은 종합해 볼 때, 직업 환경에서의 웰빙 증진에 대한 큰 잠재력에도 불구하고 지금까지 간과되어 온 예술과 공예 분야로 연구자들이 관심을 영역을 확장하려는 현상을 보여준다. 인류학, 사회학과 같은 다른 사회과학의 연구자들은 예술가와 공예가의 업무 경험을 이해하는 데 있어서 더 높은 민감성과 헌신을 보여주고 있다. 그러나 전반적으로 관련 연구는 많지 않은 상황이다.

직업을 연구하는 심리학자가 다른 직종에 비해 사무실 및 공장 노동자에게 훨씬 더 많은 주의를 기울였다는 사실은, 대규모 생산성 향상에 목표를 둔 비즈니스 중심 연구의 이슈와도 관련된다. 현재의 상황에서 근로조건, 경험, 구성원 만족을 이해하는데 관심이 있는 회사가 연구보조금을 지원하는 경우가 많다. 더욱이, 몇몇 국가에서 대기업은 업무 관련 스트레스, 최근의 경우에는 웰빙까지 포함하는 구성원의 건강 지표에 대한 정기적인 모니터링을 포함하는 법적 조항의 구속을 받는다. 대부분의 전문 예술가와 공예가는 소규모 작업장에서 일하거나 자영업자이며, 노동조합 조직이 거의 없기 때문에, 정부, 사회, 건강 서비스에 있어서 계속해서 간과되는 위험에 처해있다.

이번에 전문 예술과 공예 분야의 업무 경험 및 웰빙을 다루는 제한된 연구문헌을 검토함으로써 방법론적, 개념적 결점을 확인할 수 있었다. 방법론에 있어서, 측정도구와 기법의 다양성은 엄격한 정량적 연구의 부족과 함께 연구결과의 비교 및 통합을 매우 어렵게 만든다. 이 문제는 연구의 이론적 틀로 채택된 정신건강 모델 및 구성개념의 광범위함에 의해, 개념적 차원에서도 더욱 심화된다. 또한 몇몇 연구는 몰입이론, 자기결정성 이론과 같이 확고하게 정립된 접근법에 기반하고 있지만, 서사 혹은 인터뷰에 기반한 다른 많은 연구들은 모호한 이론적 기반을 가지고 있다는 문제도 존재한다.

참가자의 묘사에서 나오는 일부 주제는 기존 이론 및 모델에 쉽게 포함될 수 있다. 예를 들어, 자기표현 및 자기실현에 대한 참가자의 잦은 언급은 개인적 표현과 잠재력의 개발을 특징으로 하는 목적주의자 정체성 이론(eudaimonist identity theory; Waterman, 1990) 및 인간의 동기에 대한 매슬로(Maslow, 1968)의 이론으로 설명할 수 있다. 지각된 개인의 능력 및 성공을 포함하는 주제는 자기효능감의 개념과 연결될 수 있다(Bandura, 1997). 그러나, 연구결과의 해석에 있어서 저자가 이와 같은 이론적 개념을 언급하는 경우는 많지 않다.

이와 같은 통일된 이론적 접근법의 결여는 부분적으로 정당화 될 수 있는데, 그 이유는 정신건강과 웰빙이 상대적으로 여전히 미확인된 구성개념이며, 보편적으로 받아들여지는 개념정의가 부족하다는 사실 때문이다. 또한, 정신건강과 웰빙에 대한 심리적 개념화는 종종 다른 분야의 관점과 섞여있다. 예를 들어, 경제학자들은 노동자의 물질적, 사회적 환경과 같은 웰빙의 객관적 지표에 더 관심이 있는 반면, 인류학자는 사회문화적 특징이 개인의 행복에 미치는 영향에 특히 주의를 기울인다.

전반적으로, 이러한 결과는 엄격한 방법론으로 수행된 추가 연구의 필요성을 제기한다. 또한, 웰빙과 정신건강에 대한 다양한 이론적 관점을 포괄할 수 있고, 인간 경험의 다양한 영역과 상황에 적용할 수 있는 공유된 정의와 개념화의 필요성도 강조할 수 있을 것이다.

결론

방법론적, 구조적 한계에도 불구하고, 이 장에서 요약된 연구는 예술과 공예가 사람들의 정신건강에 이로운 영향을 미치며, 높은 수준의 몰입, 성장과 성취의 감각, 개인적 발전을 촉진한다는 것을 보여준다. 많은 에너지 투자와 기술의 투자를 요하며, 개인적으로나 사회적으로 의미와 목표를 추구하도록 요구하는 예술과 공예과정 자체는 매우 높은 수준의 복합성을 가지며, 이는 곧 예술과 공예가 사람들의 정신건강에 이로운 영향을 미치는 것과 관련이 있다고 볼 수 있다.

앞서 설명한 긍정적 영향은 지금까지 산업 및 조직심리학자가 주로 연구해 왔던 사무실 및 공장 업무의 환경과 구조에서는 발견되지 않는 특성이다. 대부분의 사무실이나 공장의 업무는 노동자로 하여금 개인적으로나 사회적인 의미, 높은 수준의 도전, 스스로 결정할 수 있는 목표 등을 제공하지 않는다. 또한 많은 업무들은 관련성과 복합성이 모두 낮은 수준의 반복작업이기 때문에, 노동자가 업무를 통해 높은 수준의 질적 경험을 얻을 수 없다. 따라서 예술가와 공예가에 관한 연구로부터 얻은 결과는 탈몰입, 반복성, 의미 있는 도전의 결여와 같은 위험에 노출되어 있는 다른 직업 영역의 직무만족 및 업무 관련 웰빙을 증진하기 위한 개입

법의 개발에 의미 있는 시사점을 제공할 수 있을 것이다.

이 장에서 제시된 연구결과는 현대 도시 환경에 거주하는 사무실 구성원에 대한 좁은 초점을 넘어, 업무에 대한 광범위한 견해의 채택이 필요하다는 것을 보여주고 있다. 전세계의 많은 사람들이 가치를 인정받지 못하지만 꼭 필요한 직업 활동에 시간과 에너지를 쏟고 있으며, 그들의 업무를 통해 우리 사회와 일상생활이 형성되고 있다는 것을 기억해야 한다. 마지막으로, 이와 같은 연구결과는 좀더 넓은 사회적 관점에서 볼 때, 유능성과 헌신적 태도로 업무를 수행하지만 낮은 권력을 갖는 위치에서 일하기 때문에 연구와 정책에 영향을 미치지 못하는 노동자에 대한 관심의 필요성을 제시한다.

27장
농업 부문 노동자의 웰빙

로렌스 수사이 네이던(Lawrence Soosai-Nathan), 안토넬라 델 페이브(Antonella Delle Fave)

서론

농부는 식량을 조달함으로써 인간의 기본 욕구를 충족시키므로 없어서는 안 되는 존재이다. 인류가 음식을 먹는 한 농업 부문의 중요성은 절대 줄어들지 않는다. 2014년을 기준으로, 농촌에 거주하는 사람은 세계 인구의 47%를 차지하며, 지구의 약 38%는 농경지로 구성되어 있다(World Bank, 2015). 10억 명에 달하는 사람들이 공식적으로 농업 부분에서 일하는 것으로 집계되고, 특히 여성과 어린이를 중심으로 세계 여러 개발도상국에서 실질적 기여를 하고 있음에도 불구하고 급여를 받지 않는 파트타임 및 전일제 노동자가 많기 때문에, 정확한 수를 산출하기는 어렵다(Food and Agriculture Organization, 2015).

많은 사람들이 이와 같이 농업을 통해 핵심적 역할을 담당하고 있음에도 불구하고, 농업 부문은 산업 및 조직 연구에서 상당히 소외된 범주이다. 하지만 지난 20년 동안 기후변화로 인하여 피할 수 없는 새로운 도전이 제기되었다. 악화되고 있는 지구 생태계는 다른 분야 과학자들의 관심을 자연환경, 농촌 지역에 거주하는 사람들의 삶과 일로 돌려 놓았다.

"지구의 부양, 생명을 위한 에너지(Feeding the Planet, Energy for Life)"라는 모토하에 이탈리아 밀라노에서 열린 "2015년 유니버설 박람회(The 2015 Universal Exposition)"의 핵심 주제로 영양 및 지구의 자원 문제가 제기되었다. 행사의 공식 선언문인 밀라노 헌장(Milan Charter)은 농촌 노동자의 상황에 대한 관심, 농업에서 전통과 혁신의 조화에 대한 필요성을 다음과 같이 강조한다. "농부, 축산업자, 어부 모두가 전세계인의 영양 공급에 중요한 역할을 한다. 그들이 소규모 작업장에서 일하든, 대규모 기업에서 일하든 모두 동등한 권리와 의무를 가지고 있다.", "전통적 생산방식, 진보된 생산방식 양쪽 모두에 대한 지식 및 현장 경험은, 가족 농장으로부터 산업화된 농장에 이르기까지 모든 농업 시스템의 효율성을 위해 매우 중요하다(Milan Charter, 2015)."

지구에서 가장 인구 수가 많은 노동 계급에 대한 중대한 방치에 대응하여, 이 장은 전통적인 경제학 및 사회학 연구에서는 다루지 않았었지만 긴급하게 탐구되어야 할 농부 웰빙의 다양한 측면을 검토한다. 이를 위해 27장에서는 검토 가능한 연구문헌에 대한 리뷰를 제공할 것이다. 이 리뷰에서는 웰빙의 목적지향적(eudaimonic) 및 쾌락적(hedonic)

관점에서, 농업 분야에서 일하는 사람들의 자원 및 잠재력에 대한 몇 가지 단서를 제공한다. 좀더 구체적으로 살펴보면, 농부를 대상으로 실시된 많지 않은 연구들은 긍정적 관계, 통제력과 자기효능감, 자연과의 연결, 농사의 성과에 직접적 영향을 미치지만 예측 불가능한 자연변화에 직면할 수 있게 하는 회복탄력성의 중요성을 강조한다. 또한, 웰빙 증진에 중점을 둔 개입법에 있어서 중요한 몇 가지 도전과 문제점을 살펴볼 것이다.

농사의 역설

농부는 다음 세 가지 측면에서 역설적인 노동자이다. 첫째, 농업은 고대부터 시작되었지만, 현재에도 이루어지고 있다. 기원전 8,000년경, 인간은 작물 재배와 가축 사육에 생존을 의지하게 되었다. 발굴된 증거에 따르면, 기원전 3,500년경에 중동의 농업 생산량은 첫 번째 문명을 일으킬 수 있을 만큼 충분한 비농업 전문가를 부양할 수 있는 수준이었다(Balter, 2013). 수렵-채집 경제를 대체한 후, 농업은 수천 년에 걸쳐 인류의 주요한 직업이었다. 인구 증가에 따른 식량 수요의 증가로 인하여, 농업은 산업혁명 이후에도 이와 같은 역할을 유지했다. 많은 아프리카 및 아시아 국가에서 농업은 21세기에도 가장 주요한 노동의 기회로 남아 있다(World Bank, 2015).

둘째, 농업 인력은 인구가 많지만, 사회적으로 소외되었다. 농업에 종사하는 사람의 수는 국가별로 다르지만(미국과 캐나다에서 2% 미만, 다수의 아프리카 및 아시아 국가에서 80% 이상으로 다양함), 농업 분야는 유효한 전체 노동력의 3분의 1에 달하는, 세계적으로 가장 큰 고용 부문으로 남아있다(International Labour Organization, 2011). 또한, 농촌 지역에 살고 있는 세계 빈민층의 70%는 농업을 주요한 소득 및 고용의 원천으로 삼고 있다(World Bank, 2015). 그럼에도 불구하고, 많은 나라에서 농장 노동자는 부적절한 거주 환경, 열악한 건강 및 교육 시설, 저소득, 상대적인 사회적 고립으로 표상되는 가장 소외된 시민의 범주 중 하나이다.

셋째, 농업 부문은 평화로워 보이지만, 위험에 처해있다. 흔히 사람들은 농업으로부터 아름다운 자연으로 둘러싸인 평화롭고 건강한 삶의 방식과 같은 이미지를 연상한다. 이와 같이 이상적이고 파편화된 이미지와는 달리, 농부들은 신체적 상해, 영양실조, 급성 및 만성 질병, 자연적 원인 및 인간의 변형으로 초래된 자연재해, 널리 퍼진 유전자변형 생물(GMO: genetically modified organisms) 활용과 같은 극심한 경쟁으로 인하여, 오늘날 가장 위험에 처해있는 노동 계급으로 여겨진다.

세 가지 역설을 고려할 때, 세계에서 가장 스트레스가 많은 10가지 직종 중 하나인 농업이(Kolstrup et al., 2013) 심리적 차원의 부정적 결과를 초래한다는 것은 놀라운 일이 아니다. 몇몇 연구들은 여러 국가들을 대상으로 하여 이와 같은 문제를 탐구했으며, 연구의 대부분은 정신건강 및 웰빙보다는 정신질환 및 질병에 초점이 맞추어졌다(Crain et al., 2012; Dongre & Deshmukh, 2012, Feng, Ji, & Xu, 2015; Judd, et al., 2006; Thomas et al., 2003). 여러 나라에 걸쳐서 나타나는 농부 자살의 증가에도 특별한 관심이 기울여졌다. 이와 같은 걱정스러운 현상은 가뭄 및 가축 전염병과 같은 자연적 문제뿐만 아니라, 다국적 기업 및 대규모 곡물 공급업체의 공격적 시장지배로 인한 지속적인 농부의 재정적 상황 악화와도 관련되어 있다(Fraser et al., 2005; Miller & Burns, 2008; Mishra, 2007; Peck, 2005).

농업에 종사하는 많은 인구 수에도 불구하고, 농부의 자살이 가족 및 공동체에 미치는 잠재적 영향은 아직 조사되지 않았다(Kennedy, Maple, McKay, & Brumby, 2014).

농부(및 소비자)의 건강 및 웰빙에 대한 또 다른 위험요인은 농업에서의 광범위한 잠재적 유독물질의 사용이다. 과학자, 농업 관련 회사, 기술자, 정책 입안자가 농부에게 절차와 도구(예: 기계적 도구, 화학 비료, 가축용 식품보충제)의 위험과 이익에 대한 완전하고 정확한 정보를 제공하지 않는 경우가 많다. 이와 같은 도구들은 생산물의 양과 질뿐만 아니라, 농부, 가축, 소비자의 건강과 웰빙에도 영향을 미친다. 이러한 측면은 인간, 동물, 전체 생태계에 해를 끼칠 수 있음에도 불구하고 자주 간과된다. 예를 들어, 건강 신념 모델(health belief model; Raksanam, Taneepanichskul, Robson, & Siriwong, 2014)에 기반하여 태국의 쌀 농민을 대상으로 실시된 연구에 따르면, 참가자들은 화학비료 및 살충제, 분무장치의 유지보수, 관련 작업을 수행할 때 적합한 복장에 대한 안전성의 인식에 있어서, 몇 가지 오류가 있는 신념을 가지고 있었다.

농부 웰빙의 다차원 구조

농부들이 일상 생활에서 직면하는 다양한 도전 과제를 감안할 때, 그들의 웰빙을 탐구하고 증진하기 위한 연구, 정책, 개입법을 개발하는 국제기구의 역할은 점점 중요해지고 있다. 불행히도 한 방향성은 경제적 요인에 중점을 두어 경제적 웰빙에만 머무르며, 농부 복지의 다차원적 본질은 간과된다(Nimpagaritse & Culver, 2010). 농부의 심리적 자원이 일터에서의 번영과 바람직한 재정적 결정을 내리는 능력을 증진시킬 수 있다는 사실은 환경적 조건 및 사회적 조건과 관련 없이 자주 잊혀지고 있다. 연구문헌에 대한 광범위한 검토에서, 농업 부분의 활성화 요인은 거의 발견되지 않았다(Goffin & ACC Policy Team, 2014). 개인 및 공동체의 웰빙에 기여하는 이러한 영역의 잠재력은 여전히 탐구되지 않는 듯하다.

그럼에도 불구하고, 몇몇 연구의 노력 덕분에 농업 공동체의 웰빙에 대한 더 넓은 관점이 강조되고 있다. 특히, 농부의 정신건강에 관한 연구는 다차원적 접근법에 매진하고 있다. 왜냐하면 농부는 복잡하고, 복합적이며, 다양한 스트레스 요인으로부터 영향을 받기 때문이다. 연구자들은 농부의 신체적 및 정신건강, 업무 성과, 만족도를 이해하기 위해서는 업무의 내용 및 조직, 노동자의 능력, 그들의 니즈, 문화적 신념 및 관행, 개인적 이슈와 같은 더 넓은 범위의 탐구가 필요하다고 제안한다(Kolstrup et al., 2013). 이 주제에 대한 선구적인 연구 중 하나(Wozniak, Draughn, & Knaub, 1993)에서, 미국의 농장에 거주하는 남편과 아내는 여덟 가지

삶의 영역의 만족도를 평가하도록 요청 받았다. 자신과 가족의 삶에 대한 통제력의 지각(Perceived control)이 가장 높은 만족도를 보이는 영역으로 나타났으며, 재정적 측면은 가장 낮은 만족도를 나타냈다.

더 최근의 연구는 남아프리카공화국 농부를 대상으로 수행되었다(Thekiso, Botha, Wissing, & Kruger, 2013). 참가자들은 삶의 만족, 긍정적 정서, 활력(주관적 활력 척도(SVS: Subjective Vitality Scale, Ryan & Frederick, 1997)를 통해 측정됨)에 있어서 매우 낮은 수준을 나타냈고, 유능성(competence), 자율성(autonomy), 관계성(relatedness)의 세 가지 기본적 및 심리적 욕구 충족에 있어서도 매우 낮은 수준을 나타냈다(La Guardia, Ryan, Couchman, & Deci, 2000). 동시에 그들은 대인관계, 종교적 신념 및 관습에 기반한 지원, 공예 및 스포츠 활동과 관련된 깊은 몰두 및 즐거움과 같은 유사 몰입 경험(flow-like experiences)을 긍정적 자원(positive resources)으로 설명하였디.

그럼에도 불구하고, 참가자들은 신체적, 정신적 건강에 심각하게 영향을 미치는 빈곤과 종속의 악순환에 제약을 받는 것으로 보였다.

농부의 웰빙 증진을 위한 객관적 성과의 중요성은, 매우 다른 환경인 호주 건조지역의 농부 및 관개시설 종사자를 대상으로 하는 연구에서 확인되었다(Peel, Berry, & Schirmer, 2015). 데이터는 2013년 지역 웰빙 조사를 통해 수집되었으며, 개인 웰빙 지수(PWI: Personal Wellbeing Index, International Wellbeing Group, 2013)를 통해 측정되었다. 조사 결과, 농장의 높은 수익성, 높은 웰빙 수준과 낮은 고민(distress) 사이에 유의미한 관계가 강조되었다. 하지만 네덜란드 농부를 대상으로 진행된 3단계 종단연구는 위와 같은 증거와 부분적으로 모순된 결과를 보여준다(Gorgievski-Duijvesteijn, Bakker, Schaufeli, & van der Heijden, 2005). 연구 결과, 개인 내(intra-individual) 비교에서, 웰빙 수준은 재정적 조건의 인식보다 안정적이었으며, 재정적 문제의 증가는 자기 보고된 질병에 영향을 미치지 않은 채 일시적인 고민 수준의 증가에만 영향을 미쳤다.

웰빙과 신체적 건강 간의 관계 또한 탐구되었다. 뉴질랜드 축산 농민을 대상으로 실시된 연구에 따르면, 업무 만족도는 사륜 오토바이를 운전하는 동안 더 잦은 통제력 상실을 경험하는 것과 관련이 있는 것으로 나타났다(Clay, Treharne, Hay-Smith, Milosavljevic, 2014). 이 놀라운 결과는 평가 전략과 관련될 수 있다. 일터에 대한 만족도는 전신 진동 건강 감시 설문지(WBVHSQ: Whole Body Vibration Health Surveillance Questionnaire, Pope et al., 2002)로부터 추출된 15개의 항목을 통해 측정되었다. 항목 부하량(item loadings) 분석을 통해, 직무 만족, 동료 지원, 직무요구라는 세 가지 요인이 도출되었다. 이 중에서는 직무요구만이 통제력 상실 사건과 유의미하게 관련이 있었고, 이는 특히 자영업 농부에서 두드러졌다. 직무요구-자원 모델(job de-mands-resource model)과 같은 몇몇 모델을 통해 실증된 바와 같이(Demerouti, Bakker, Nachreiner, & Schaufeli, 2001), 직무요구는 몰입 경험의 기회를 제공할 뿐만 아니라, 고민의 원천이 될 수도 있다. 이 연구에서 자영업 농부는, 높은 재정적 압박, 스스로 사업을 영위함에 따르는 책임, 복잡한 의사결정 관리와 관련하여, 고용인에 비하여 더 스트레스적인 요구에 직면했다. 이러한 요구, 그리고 같은 맥락의 연구문헌(Personick & Windau, 1995)과 함께 해석할 때, 이들에게 운전 사고의 발생 위험이 더 컸다. 이러한 발견은 일터에서의 웰빙을 평가할 때, 서로 다른 측면을 고려하는 것의 중요성을 강조한다. 지각된 도전과 요구와 같은 측면은, 특정한 직업 또는 업무 역할에 있어서, 두 가지 이상의 요인의 부하량에 영향을 미칠 수 있다.

〈사회경제적 조건의 역할〉

농업 노동자의 웰빙에 미치는 사회경제적 조건의 영향은, 같은 국가 내에서 농촌과 도시의 웰빙 지표를 비교한 연구에 의해 더욱 분명하게 강조되었다. 몇몇 연구들에 따르면, 농부의 정신질환 발병률이 더 높았다(Fraser et al., 2005; Hounsome, Edwards, Hounsome, & Edwards-Jones, 2012). 정신건강 혹은 웰빙에 긍정적 점수를 매기는 농부조차도 비(非)농민보다, 미래에 대한 희망이 없다고 느끼고, 자살 사고(suicidal ideation)를 가지고 있으며, 자살을 하는 경향이 있는 것으로 나타났다. 이러한 역설은 아직 완전히 이해되지 않았지만 몇몇 국가에서 명백하게 나타난다(Thomas et al., 2003).

남아프리카공화국에서 도시와 농촌 인구를 대상으로 1998년과 2010년 사이에 실시된 4개의 횡단면 연구(cross-sectional studies)는 각각의 집단에서 반복적으로 웰빙의 패턴을 확인했다(Wissing, Temane, & Khumalo, 2013). 농촌 집단에서 쾌락적 차원(hedonic dimension)에서의 삶의 만족도(삶의 만족 척도[SWLS: Satisfaction with Life Scale, Diener, Emmons, Larsen, & Griffin, 1985]를 통해 측정됨)와 쾌락적 균형(Affectometer2[Kammann & Flett, 1983]를 통해 측정됨)이 유의미하게 낮은 결과가 꾸준히 나타났다.

정신건강 연속척도(MHC-SF: Mental Health Continuum, Keyes, 2005)를 통해 측정된 사회적 웰빙에서도 유사한 결과가 발견되었다. 이는 도시보다 농촌 지역의 사회적 지지, 응집력, 결속이 더 높다는 고정관념과 상반된다. 목적지향적 차원(eudaimonic dimension)에 있어서, 패턴은 더욱 복잡했다. 상호연관성(interconnectedness)에 초점을 맞춘 자렐 영적 웰빙 척도(SWS: JAREL Spiritual Well-Being Scale, Hungelmann, Kenkel-Rossi, Klassen, & Stollenwerk, 1996)로 측정한 영적 웰빙은 농촌 집단에서 꾸준히 높게 나타났다. 연구 중 하나에서 응집력의 감각(SOC: Sense of coherence, Antonovsky, 1993)은 집단 간에 유의미한 차이가 없는 것으로 나타났으며, 일반적 자기효능감과 심리적 웰빙에서도 마찬가지였다. 2010년의 연구에서 정신건강연속척도(MHC-SF)를 통해 측정된 사회적 웰빙은 농촌 집단에서 유의미하게 높게 나타났다. 대조적으로, 같은 연구에서 워릭-에든버러 정신 웰빙 척도(WEMWBS: Warwick-Edinburgh Mental Well-Being Scale, Tennant et al., 2007)를 통해 측정된 전반적 정신건강(global mental health)은 농촌 집단에서 유의미하게 낮았다. 반면, 여러 연구에 걸쳐 도시 집단(특히 여성)의 고민 및 우울 수준은 높게 나타났다. 이러한 결과는 도시화 그 자체보다는, 일자리, 건강, 여가의 인프라 및 기회 측면에서의 긍정성이 도시 집단의 웰빙 수준(사회적 구성요소 포함)을 설명할 수 있음을 시사한다. 연구결과는 자기효능감, 상호연관성의 감각, 응집력의 감각과 같이 이미 가지고 있는 목적 지향적 자원을 활용하고, 객관적인 노동 및 삶의 조건 개선에 초점을 맞춤으로써, 농부의 쾌락적 웰빙과 전반적 정신건강을 증진할 수 있는 개입법의 잠재력을 시사한다.

또 다른 횡단면 연구는 개인 웰빙 지수(PWI: Personal Wellbeing Index)를 통해, 가뭄 기간에 직면해 있는 호주의 농부 집단과 일반인에서 추출된 참가자들을 비교하였다(O'Brien, Berry, & Hogan, 2012). 연구결과, 두 집단 모두 삶의 만족은 서로 다른 8개 삶의 영역으로 인식되었고, 이는 다시 유대감의 만족(satisfaction with connectedness), 효능감의 만족(satisfaction with efficacy)이라는 2개의 큰 영역으로 통합된다. 또한, 효능감은 유대감과 전반적 만족 간의 관계를 매개하였다. 공동체에 대한 개인의 유대감을 강화하는 것은 더 높은 효능감을 촉진시킴으로써, 삶 전체에 대한 만족도를 높일 수 있다고 연구자는 제안하였다. 이러한 결과는 상대적으로 고립되어 있으며 사회복지 및 보건시설에 대한 접근이 제한적인 농부를 위한 개입법에 특히 의미가 있을 것이다.

〈관계와 상호연관성의 역할〉

앞서 언급한 연구들을 통해, 관계가 농부 웰빙의 주요 원천임을 확인하였다. 이러한 발견은 모든 인류에 대한 공감과 애정, 더 큰 사랑, 더 깊은 우정, 타인과의 따뜻한 관계와 같은 긍정적 인간관계에 초점을 맞춘 많은 연구문헌들과 일치한다(Ryff, 1989). 출생부터 노년에 이르기까지, 개인적 돌봄, 소속과 같은 기본적 욕구 충족에 있어서, 관계는 결정적인 역할을 한다. 웰빙을 위한 관계의 중요성은 웰빙 연구의 다양한 이론과 모델에서 강조되어 왔다(Deci, La Guardia, Moller, Scheiner, & Ryan, 2006; Delle Fave, Wissing, Brdar, Vella-Brodrick & Freire, 2013; Forgeard, Jayawickreme, Kern & Seligman, 2011;

Ryff & Singer, 2008).

농업 부문은 고유하고 복합적인 관계의 기회를 제공한다. 왜냐하면 업무, 가정, 가족 안에서 개인의 역할이 산업 및 서비스 직종보다 복잡하게 얽혀 있고 통합되어 있기 때문이다. 다른 분야와 달리, 농업 부문에서는 인간의 다양한 영역이 통합되고 상호작용한다. 개인으로서 농부는 농장과 가족이라는 미시적 영역(micro sphere)의 중심에 위치하며, 중간 수준의 영역(meso-level sphere)에서 공동체, 생태계/장소(환경의 자연적, 물리적 요소), 산업에 밀접하게 통합된다. 이는 다시 정부, 경제, 사회의 거시적 영역(macro sphere)에 포함된다(Greenhill, King, Lane, & MacDougall, 2009).

이러한 독특한 특징은 농사를 개인적인 관심사로 선택하는 도시 사람들의 수가 증가함에 따라 강조된다. 이러한 특징은 스웨덴의 말 사육 농부를 전형적인 사례로 들고 있는 "모호한 업무(ambiguity work)"라는 개념을 통해 논의되었다(Andersson Cederholm, 2015). 말을 활용한 서비스를 제공하는 자영업 여성을 대상으로 수행된 서사 분석(analysis of narratives)은 다음과 같은 점을 강조한다. 이 노동자들은 가족의 역할, 개인적 관심사와 직업의 상업적 측면 사이의 지속적인 균형잡기에 몰입하고 있다. 이렇게 함으로써, 서로 다른 삶의 영역과 개인적 정체성의 구성요소 사이의 경계를 넘나드는 긍정적 침투(positive spillover and blurring)에 힘입어, 그들은 업무와 삶의 병존문제를 극복할 수 있었다.

일부 연구는 사회적 자본이 빈약한 사회적 자원 혹은 회복탄력성을 가진 사람들에게 있어서, 상호성의 부담(reciprocal burden)을 가져다 주는 '어두운 측면'을 조망하고 있다(Berry, 2008; Schulman & Anderson, 1999). 그러나 대부분의 연구에서 관계는 농부의 정신건강과 웰빙을 향상시키는 것으로 나타난다(Berry & Welsh, 2010). 인터뷰에 기반한 질적 연구에 따르면, 긍정적인 관계와 공동체 상호연관성은 건강, 생활 수준, 자기효능감과 함께, 농장 노동자의 웰빙에 크게 기여하는 독특한 사회적 자원임이 드러났다(Berry, Hogan, Ng, & Parkinson,

2011 Greenhill et al., 2009).

사회적 지원은 농업 스트레스와 직무만족 간의 관계에서 중요한 변수로 밝혀졌다. 농부들은 수의사와 같은 농업 분야에서 일하는 다른 사람들의 지원을 통해, 효과적으로 스트레스를 다루었다고 보고했다(Peck, 2005). 대조적으로, 낮은 통제력, 낮은 사회적 지원과 함께 까다로운 작업환경을 경험하는 농부들은 스트레스와 긴장, 정신건강 문제 및 우울을 보고했다(Kolstrup et al., 2013). 공동체 결속에 대한 지각과 사회적 응집력은 웰빙을 유지하기 위한 전략임과 동시에 격려가 필요한 불리한 환경을 극복할 수 있게 하는 자원으로 작용한다(King, Lane, MacDougall & Greenhill, 2009). 농촌 노동자를 대상으로 하는 건강 개입법은 지역사회단체 혹은 산업협회를 통해 그들에게 접근할 때 가장 성공적이었다(Kilpatrick, Willis, Johnsa, and Peek, 2012). 더 높은 사회적 지지를 지각하는 인도 농부들 사이에서 자살률은 더 낮았다(Mishra, 2007). 가뭄에 시달리는 호주 농부들은 사회적 자본과 사회적 응집력을 불리한 기후조건을 다루는데 있어서, 가족은 자신을 도와주는 주요한 적응적 자원 및 회복탄력성 촉진제라고 인식하였다(Caldwell & Boyd, 2009; Rolfe, 2006).

농업은 자연의 역동과 조화를 이루어야 하기 때문에, 농부의 삶의 관계적 차원은 생태계로 확장된다. 농부는 정체성의 일부로서 토지에 대한 밀접하고 고유한 강력한 유대감을 개발하므로, 토지를 돌보는 것이 스스로를 돌보는 일의 일부가 된다(Albrecht et al., 2007; Berry et al., 2011). 그들의 가치감은 토지의 청지기(steward) 및 농업 생산자로서의 성공에 달려있다(Burton & Wilson, 2006; Schirmer, Berry, & O'Brien, 2013). 심각한 가뭄을 겪은 호주의 농부들은, 그들과 가족의 웰빙은 농장의 웰빙이 해결된 이후에만 해결될 수 있다는 신념에 근거하여, 사회경제적 도전에 대처할 마음가짐을 표명했다(DPRESP, 2008).

종교와 농업의 상호연관성은 반복적으로 묘사되며, 이는 연결(connection)의 기회를 표상하고 있다(Zeder, 2008). 고대로부터 씨 뿌리기, 들판 돌보기, 작물 수확하기는 신의 인도와 도움을 구하는 과정으로 이루어졌다. 아시아의 전통에서 자연은 신으로 간주된다. 호주 농부를 대상으로 실시된 질적 연구에서, 참가자들은 가족관계, 정원 돌보기, 그들이 살고 있는 환경 모두가 자기 자신을 넘어서는 삶과 연결되는 감각에 기여했다고 보고하였다(Greenhill et al., 2009).

〈통제력과 자기효능감의 역할〉

환경에 대한 통제력(environmental mastery)의 개념은 필립스(Phillips, 1961)에 의해 처음 소개되었다. 그는 이것을 고립(isolation), 의존(dependency), 자율성(autonomy), 협력(cooperation), 독립(independence)의 다섯 단계로 진행되는 본능으로 묘사했다. 그러나, 이 개념은 리프(Ryff, 1989)가 이것을 심리적 웰빙의 구성개념에 포함시킴으로써 주목을 받게 되었다. 리프의 공식에 따르면, 환경에 대한 통제력은 "자신의 삶과 주변 세계를 효과적으로 관리할 수 있는 능력"으로 정의된다(Ryff & Keyes, 1995, p.720). 이것은 자원과 기회를 조작하고, 통제하고, 효과적으로 사용하여, 자신의 심적 상태에 적합한 환경을 조성하는 능력이다. 무력감에 대한 해독제는 행동보다는 마음의 상태이다. 환경에 대한 통제력은 중요한 심리적 자원으로 간주됨에 따라, 건강 및 사회과학 연구에서 더 많은 관심을 받고 있다.

농업에 내재하는 과정 및 결과물의 불확실성 및 예측불가능성에 따라, 다른 직업 부문과 비교할 때 농부는 환경에 대한 통제력의 영향을 덜 받는다는 주장이 제기될 수 있다. 예를 들어, 자살은 때때로 재정적 어려움, 그에 따른 통제력 상실, 무력감과 관련이 있다. 이와 같은 우려는 농업 부문을 특징짓는 통제력을 더 잘 묘사할 수 있는 개념 명료화를 요구한다.

서양철학의 전통은 인간, 특히 남성이 우주의 주인이며, 자연계 전체를 지휘하고 조형하도록 부름 받았다는 위계적 모델(hierarchical model)을 제시한다. 이러한 관점에서, 자연은 인간에 봉사하도록 만들어졌기 때문에, 환경에 대한 통제력은 인간의 욕구와 필요에 따라 환경을 조작, 수정, 활용하는 능력으로 인식된다. 결과적으로, 자기효능감(Bandura, 1997)은 환경적 도전을 통제하고 이것에 숙달할 수 있는 능력으로 표상된다. 반대로 동양철학의 전통에서, 인간은 우주의 꼭대기에 있는 것이 아니라 그것이 일부이기 때문에, 순환 모델(circular model)을 강조한다. 이러한 세계관은 리그베다(Rg Veda: 인도 문화의 근원을 이루는 힌두교 경전)에서 찾을 수 있는 리타(Ṛta)의 개념에서 집대성된다. 산스크리트(Sanskrit) 언어에서 리타는 우주와 그 구성요소의 활동을 조절하고 조화시키는 질서, 규칙, 진리 그리고 자연의 원리를 '적절하게 결합한 것'을 의미한다(Mahony, 1998). 그것은 은하계에서부터 원자 입자에 이르기까지 모든 것을 결합시켜서, 그 본성과 과정에 영향을 주는 궁극적인 우주 질서를 의미한다. 상호연관성에 대한 이러한 세계관은 현재 시스템 생물학, 후성유전학, 생물진화 다양성과 같은 연구들에 의해 뒷받침 되고 있다(Jablonka & Lamb, 2014; Richerson & Boyd, 2005). 이러한 관점에서, 환경 숙달은 통제라기보다는 적응(adaption)과 협력(collaboration)이라고 할 수 있다. 교차문화 심리학 연구는 비서구 참가자들 사이에서 현저하게 나타나는 이러한 개념의 중요성을 반복해서 강조해왔다(Bond, 2013; Markus & Kitayama, 1991).

위계적 모델은 환경을 예측하고, 조작하고, 수정하는 기술 발전을 통해 편안하고 안락한 삶을 가져다 준다. 그러나 이것은 지구의 미래에 대한 국제기구, 과학자, 정치가들의 점점 더 거쳐가는 우려와 같이 악영향을 초래한다. 순환 모델에 따르면, 인간은 자연을 압도하는 능력보다는, 환경에 대처하고 적응하는 사고방식을 부여 받는다. 이 모델 내에서, 자기효능감은 환경에 대한 통제와 조작을 위한 것이 아니라, 협력(collaboration)과 조화(coordination)를 위한 것이다.

자연에 대한 의존성을 고려할 때, 농업 부문은 순환적 혹은 협력적 환경 숙달에 기반하여 자연과 '함께 일하는' 과정이다. 예를 들어, 농업은 재정적, 물질적 영향력이 큰 의사결정을 끊임없이 필요로 하므로, 농부는 전적으로 확실하거나 알려진 세계가 아닌, 언제나 복합적인 세계를 감안하여 결정을 내려야 한다.

서로 연결된 다양한 변수를 고려하여 결정을 내려야 하기 때문에, 농부는 순환적 숙달(circular mastery)을 강조하는 인지적 전략인 제한된 합리성(bounded rationality)에 기반하여 결정을 내리게 된다(Greenhill et al., 2009).

농업을 생활양식에서 사업으로 전환하려는 시도에서, 농업의 산업화와 근대화는 위계적 숙달 모델(hierarchical mastery model)을 도입했다. 하지만 사업지향적인 농장은 실용주의적 결정을 내릴 것이지만, 생활양식 지향적인 농장은 정체성과 가족 문제에 기반한 결정을 내릴 것이다(Davis-Brown & Salamon, 1987). 오늘날 농부들이 직면하는 대부분의 중대한 문제는 위계적인 통제-숙달 접근법(hierarchical control-mastery approach)의 부작용을 표상한다. 협력적 숙달 모델(collaborative model of mastery)은 현재의 환경문제에 효과적으로 대처할 수 있을 뿐만 아니라, 농부의 웰빙을 증진시키는 것에도 유용하다. 이러한 패러다임 내에서, 숙달(mastery)은 단순히 자율성을 위한 개인의 능력 혹은 삶에 대한 통제력으로 구성되는 것을 넘어서서 아직 펼쳐지지 않은 삶에 온화하게 적응할 수 있는 능력으로 구성된다(Schirmer et al., 2013).

또한, 자연의 예측불가능성으로 농업 부문을 특징 짓는 '위험 대처 기량(workmanship of risk)'(Schwalbe, 2010)은 개방성, 독창성, 만족, 개인적 성장을 개발할 수 있는 기회를 제공한다. 질적 연구에 참여한 호주 농부들은 건강에 대한 회의론, 최악에 대한 준비, 변화에 대한 개방성, 지속적인 개선에 대한 준비성을 나타냈다(Greenhill et al., 2009). 이러한 특징은 중대한 역경의 경험에도 불구하고 긍정적인 적응을 나타내는 과정으로 정의되는 회복탄력성의 구성요소이다. 여러 연구에 따르면, 전국적으로 농부의 회복탄력성은 평균보다 높으며, 농부들은 보편적으로 현실적 낙관주의(realistic optimism)를 형성하고 있다고 한다(Caldwell & Boyd, 2009; Sobels, 2007).

〈자연 환경의 역할〉

영국 통계청에 의해 정기적으로 실시된 인구 웰빙 평가에서, 농부는 다른 직업과 비교하여 가장 행복한 노동 계층으로 나타났다(Hope, 2012). 세계 여러 지역과 국가에서 농부들이 직면하고 있는 다양한 어려움을 감안할 때, 이러한 결과는 합리적인가? 이 장에서 반복하여 강조한 바와 같이, 이 노동자들은 대부분의 산업/조직 연구가 수행되는 도시 환경 밖에서 살고 있다. 그러므로, 조사결과는 농부들이 이용할 수 있는 시설 및 사회 서비스, 사회적 지위, 그들을 둘러싼 자연 및 건설 환경의 특성을 고려하여, 현재 일하며 살고 있는 사회경제적 및 문화적 환경 내에서 맥락화 되어야 한다.

사실, 다른 직업과 달리 농부는 자연과 가까이 있다는 독특한 특권을 가지고 있다. 자연과의 관련성은 다른 심리적 요인과 상관없이 행복을 예측하는 심리적 이득을 갖는 것으로 밝혀졌다. 농부들은 자연과 관련된 활동을 본질적으로 만족스러운 과업, 그리고 개인적 정체성의 일부라고 묘사한다(King et al., 2009; Schirmer et al., 2013).

신체적, 심리적 웰빙을 향상시키는 자연의 역할은 반복적으로 확인되었으며, 웰빙과 자연 사이의 연결을 설명하기 위해 완전히 새로운 생태심리학(eco-psychology) 분야가 등장하고 있다. 자연과 가까운 장소에서 지내는 것은 정신적 피로 회복을 촉진하고, 삶의 만족도와 전망을 향상시키고, 스트레스 대처와 회복에 도움이 되며, 질병과 부상에서 회복하는 능력을 향상시키고, 집중력을 회복시키며, 생산성을 향상시킨다(Burls, 2007). 여러 연구에 의하면, 공동 정원과 같은 자연환경은 정신건강에 있어서 다양한 혜택을 주며, 자연과의 연결은 대부분의 웰빙 및 신체적 건강의 측정치와 관련이 있다(Butler & Friel, 2006; Chevalier, Sinatra, Oschman, Sokal , & Sokal, 2012, Zelenski & Nisbet, 2014). 녹지에 대한 노출은 스트레스를 줄이고, 건강에 대한 감각과 소속감을 증가시킨다(Bremer, Jenkins, & Kanter, 2003).

녹지 공간이 증가함에 따라 지역 사회의 범죄는 줄어들고, 식물의 존재는 폭력적 행동의 선행요인 중 하나인 정신적 피로를 완화시킨다(Kuo & Sullivan, 2001). 단순히 식물을 관찰하기만 해도 두려움, 분노, 혈압, 근육 긴장을 줄일 수 있는 것으로 나타났다(Ulrich, 1979, 1986).

자연환경이 인지기능 회복에 미치는 효과는, 주의회복이론(ART: attention restoration theory, Berman, Jonides, & Kaplan, 2008)에 근거한 두 실험에서 구체적으로 연구되었다. 주의회복이론에 따르면, 자연은 상향식(bottom-up fashion) 주의력을 향상시키는 자극을 제공하며, 하향식 직접 주의 능력(top-down directed-attention abilities)을 보충해준다. 반대로, 도시의 자극은 끊임없이 신속한 선택을 요구함으로써 주의력을 극적으로 저하시킨다.

권한위임(Empowerment) 프로그램과 농부의 웰빙

국제기구, 지방자치단체, 일반 대중은 심각한 생태계 위기를 직면하고 있는 농민 인구의 어려움을 점차 인식하고 있다. 이전 절에서 논의된 바와 같이, 대부분의 국가에서 농부의 웰빙을 저해하는 주요한 문제는, 그들이 경험하는 빈약한 사회경제적 조건과 관련이 있다. 이에 대한 인식은 지속가능하고 생태학적 안정성을 갖춘 식량생산뿐만 아니라, 농업에 대한 참여적 접근법, 권한위임의 촉진, 사회적 인정, 재정적 해방, 궁극적으로 농업 부문 노동자의 웰빙 촉진과 같은 다양한 정부 차원 및 비정부 차원의 방향성을 불러일으켰다. 서구권 국가에서 두드러지게 도입된 다른 방향성은 농촌체험 관광(agritourism) 혹은 직업 치료와 같은 기회를 통해 농부의 소득원을 다양화할 수 있는 방법을 제공함으로써, 농업 활동이 갖고 있는 웰빙의 잠재력을 자본화하는 것이다.

〈참여를 통해 농부의 웰빙 증진〉

대체로 국제기구가 지원하는 참여적 농업 프로그램은 여러 나라에 널리 퍼지고 있으며, 이를 통해 농부에 대한 권한위임을 촉진할 수 있는 잠재력이 여러 연구에 의해 강조되었다. 브라질에서 유기농 가정식 농업(organic family farming)을 실천하고 있는 29명을 대상으로 실시된 연구에서는, 세계보건기구 삶의 질 척도(World Health Organization Quality of Life scale, WHOQoL Group, 1998)와 반구조화 인터뷰를 통해 노동자의 삶의 질을 조사했다. 참가자의 월 소득은 다른 직종에 비해 현저하게 낮았지만, 주거시설 및 참여적, 협력적 업무조직은 이들이 갖고 있는 환경적 자산을 대표하였다. 참가자들은 삶의 질 척도의 심리적 영역에서 전반적으로 긍정적인 삶의 질을 보고했다. 이러한 발견은 82%의 참가자가 자신의 삶과 사회적 관계에 대해 긍정적인 시각을 갖고 있다고 보고한 인터뷰를 통해 확인되었다. 삶 전체에 대한 두드러진 감정을 묘사할 때, 41%는 희망, 31%는 즐거움/만족, 12%는 소망과 삶의 기쁨을 언급하였고, 13%만이 재정적 걱정을 언급하였다.

또 다른 연구는 유기농 농업 프로그램에 등록된 캄보디아 농부를 대상으로 수행되었다(Beban, 2012). 연구의 목적은 '좋은 삶'에 대한 그들의 견해를 이해하고, 농부들의 기대가 지역개발 방향성과 일치하는 정도를 확인하는 것이었다. 참가자들은 좋은 건강상태, 육지와의 접근성, 적절한 소득과 같은 객관적 자원에서부터, 내적 통제소재, 의사결정의 자율성, 자기충족성과 같은 심리적 자산에 이르기까지 다양한 방식으로 행복을 묘사하였다.

많은 경우 개발도상국의 농업 프로그램은, 여러 연구를 통해 가난한 농업 공동체에서 가장 취약한 구성원으로 밝혀진 여성을 대상으로 시행된다(Armendariz & Morduch, 2005; World Bank, 2001).

아시아, 아프리카, 라틴아메리카에서 많이 찾아볼 수 있는 소액 금융지원 프로젝트(micro-credit projects)는 남성에 비해 여성 쪽이 이동성이 낮고, 위험회피 성향이 높으며, 가족의 니즈 및 자녀의 건강과 교육에 치우친 소비 패턴을 가지고 있다는 전제하에, 여성을 대상으로 시행된다(Farnworth, 2009; Lott, 2009; Mahmud, Parvez, Hilton, Kabir, & Wahid, 2014; Nussbaum, 2001; Rahman & Milgram, 1999). 개발도상국의 농촌 공동체에서, 여성이 가진 관계적 기술과 사회적 자본 개발에 대한 기여는, 짐바브웨에서 385명의 가장을 대상으로 수행된 인터뷰 연구를 통해 조사되었다(Mupetesi, Francis, Gomo, & Mudau, 2012). 연구결과에 따르면, 가족 구성원, 친구, 이웃, 공공기관과 신뢰로운 관계를 구축하는 데 있어서, 남성보다 높은 여성의 역량이 강조되었다. 이러한 증거에 비추어 볼 때, 몇몇 참여적 프로젝트에서는 여성 농부를 의도적으로 포함시키고 있다. 여성이 농부로서 인정받는 것을 목표로 하여 시리아에서 이루어진 민족지학 연구(ethnographic study)는, 식물 품종개량(plant breeding) 프로그램의 긍정적인 결과물을 다루었으며, 농업 지식과 의사결정에 대한 그들의 접근을 촉진하였다(Galie, 2014).

또 다른 대표적인 참여적 접근법은 공동체 지원 농업(CSA: Community Supported Agriculture)이다. 공동체 지원 농업은 유기농 및 환경친화적 농업, 소비자와 농부 간의 직접적 연결을 강조하는 대체 농업 시스템이다(Brown & Miller, 2008). 이 접근법은 소비자들이 점차 식량 안보, 식량 자립, 공동체 정신을 바탕으로 구축된 지역 식량 시스템에 관심을 기울임에 따라, 몇몇 나라에서 추진력을 얻고 있다(Hunt, Geiger-Oneto, & Varca, 2012). 공동체 지원 농업은 소비자가 식량 생산 과정을 알 수 있도록 하는 것과 더욱 관여하도록 하는 것을 목표로 한다. 공동체 지원 농업은 분배 공유(distribution share), 노동 공유(working share)의 두 가지 모델로 구현되었다(Shi, Cheng, Lei, Wen, & Merrifield, 2011). 분배 공유의 경우, 회원은 농장의 재배 계획에 따라 정기적으로 농산물 상자를 받는다. 그들은 공유된 식량 생산량을 구매하는 책무를 통해, 농부들과 일종의 가치 기반의 파트너십을 발전시킨다(Charles, 2011). 노동 공유의 경우, 한 가구가 토지를 임대하고, 농장으로부터 기술지도, 공구와 장비, 씨앗, 유기농 비료를 수령하고, 경작과 생산에 대한 직접적인 책임을 진다. 노동 공유를 채택한 농장의 소비자 회원을 대상으로 하는 인터뷰는, 참가자들이 농부와 지역 공동체에 대한 지원을 함으로써 윤리적 가치와 시민 책임의식을 느낀다는 것을 보여준다(Hayden & Buck, 2012). 또 다른 연구는 단위 농장의 회원이 노동 공유 모델에 기반하여 공동체 지원 농업을 통해 인식하는 가치를 탐구하였다(Chen, 2013). 연구자는 기능적 가치, 정서적 가치, 사회적 가치, 지식적 가치, 어린이를 위한 교육적 가치의 다섯 차원을 확인하였다. 다섯 가지 차원 중 가장 중요한 것으로 평가된 정서적 가치에는 행복, 자유, 삶의 풍요, 스트레스 해소, 성취감 같은 구성요소가 포함되었다.

〈농촌체험 관광과 자원봉사 관광: 농장주와 방문객의 웰빙 증진〉

생태학적으로 지속가능한 식량 경제에 대한 인식이 높아짐에 따라, 농촌체험 관광이나 농장 관광과 같은 현상이 확산되고 있으며, 이에 따라 농부의 소득 증대 및 사회경제적 여건 개선의 기회가 열리고 있다. 이러한 현상은 농촌 노동력이 지속적으로 감소하고 비용은 증가하고 있으며, 대규모 농업 기업이 주류를 이루고 있고 가족 농장은 생산 및 산업 차원에서 이들과 경쟁할 수 없는 탈공업사회(post-industrial societies)에서 특히 그러하다(Di Domenico & Miller, 2012).

관광객과 자원봉사자의 유치는 소규모 농장주에게 있어서 수익성 있는 해법으로 농업 활동을 유지할 수 있도록 해주며, 유기농 경작법을 적용함으로써 생산품의 품질 또한 향상시킬 수 있다(Haugen & Vik, 2008). 이와 관련된 현상은 "자원봉사 관광(voluntourism)"이라고 불린다. 방문객은 일주일에 20시간에서 30시간 내외로 농장 업무에 참여하고, 무료 숙식을 제공받는다. 이와 같은 방향성을 확산시키는 동시에 관리하기 위해 특정한 단체가 설립되었다. "유기농 농장의 세계적인 기회(WWOOF: World Wide Opportunities on Organic Farms)"는 농장주와 방문객을 매칭시키기 위한 목적으로 현재 60개 이상의 국가에서 운영되고 있다(WWOOF-USA, 2013). 방문객과 농장주의 관점에서 이러한 현상을 탐구하는 연구가 늘어나고 있다.

방문객은 자연과의 더 긴밀한 접촉에서부터 신체 운동, 농업 기술 습득, 생태학적 인식 증진에 이르기까지 농업 환경에서 여가시간을 보내는데 따른 다양한 혜택을 보고하고 있다. 농장주의 경우,

방문객을 유치함으로써 날씨, 생산량 추이, 문화적 특수성, 사회경제적 조건과 같은 지역적 변동에서 받은 영향력을 완충할 수 있게 되어, 경제적 측면뿐만 아니라 심리적, 사회적 측면에서도 혜택을 얻을 수 있다(Forbord, Schermer & Grießmair, 2012 Sharpley & Vass, 2006).

관련 연구의 대부분은 서사 분석, 반구조화 인터뷰와 같은 질적 연구를 기반으로 한다. 미국에서 실시된 연구(Tew & Barbieri, 2012)에 따르면, 농촌체험 관광을 통해 농부는 새로운 농장 고객을 확보하고, 일반 대중에게 농업을 교육하고, 가족의 삶의 질을 향상시키는 것과 같은 경제적, 사회적, 개인적 웰빙을 위한 다양한 목표를 달성할 수 있었다. 자원봉사자를 다소 장기간 유치하는 미국의 농부를 대상으로 하는 또 다른 연구(Terry, 2014)는 재정적, 관계적, 감정적 차원의 혜택을 강조했다. 참가자들은 젊고 열정적인 사람들과의 협력, 농업 기술을 가르칠 수 있는 기회, 이러한 역할에서 비롯된 책임의식을 즐겼다. 영국에서 이루어진 가족 농장에 대한 연구는 경험적 진정성(experiential authenticity)의 개념적 관점을 통해, 농장 여행이 가족 조직과 생활양식에 미치는 영향을 탐구하였다. 연구결과는 전통적인 농장 활동을 여행 목표 및 조직에 적응시키는 데 필요한 변화와 개인 및 가족 정체성의 변화 간의 창의적, 긍정적 수렴에 대한 참가자의 지각을 강조한다(Di Domenico & Miller, 2012).

〈농업의 치료적 역할: 웰빙과 혜택의 공유〉

재활 및 치료 도구로서의 농업 활동의 잠재력은, 유럽 국가들에서 개발된 건강 및 사회 서비스와 농부 간 협력 프로젝트의 긍정적 성과에 의해 반복적으로 확인되었다. 정신질환으로 진단받은 사람들, 약물 남용 및 중독에서 회복 중인 사람들, 감옥에서 석방된 사람들과 같이 가장 취약한 사회 구성원을 대상으로 하는 치료 프로그램에 농업 활동이 포함된다. 이러한 맥락에서, 농업 활동은 참가자의 웰빙 증진과 농부의 권한부여, 지식 확장, 사회적 인정, 사회경제적 조건의 신장이라는 두 가

지 목적 달성에 도움이 된다(Hassink, Grin, & Hulsink, 2015).

농업 활동의 치료적 효과는 영국의 정신건강 서비스 이용자를 대상으로 조사되었다. 이들은 "농장 돌봄 프로그램(care farm program)" 전후로 척도화된 설문지와 인터뷰를 수행하였다(Leck, Upton, & Evans, 2015).

워릭-에든버러 정신 웰빙 척도(WEMWBS: Warwick-Edinburgh Mental Well-Being Scale, Tennant et al., 2007)는 웰빙의 변화를 정량적으로 측정하기 위해 사용되었고, 인터뷰는 농장 경험의 어떠한 특징이 이러한 변화에 기여했는지 확인하기 위해 실시되었다. 분석 결과, 프로그램 참가 기간의 길이와 웰빙 수준의 증가 간에 유의미한 긍정적 상관관계가 발견되었다.

발견된 혜택으로는 권한부여, 개인적 성장, 긍정적인 사회적 상호작용이 있었다. 실제 삶에서 이루어 진다는 점, 개인의 건강 상태 및 잠재력에 기반하여 활동의 내용을 맞춤 설계할 수 있다는 점은 이러한 프로그램의 주요한 강점이다. 이러한 기회가 아니라면 상호작용할 일이 없는 생산적 사회 부문(농부와 건강 서비스) 간의 협력을 촉진할 수 있다는 것은 또 다른 강점이다(Iancu, Zweekhorst, Veltman, van Balkom, & Bunders, 2015).

미래 연구

이 장 전체에 걸쳐 반복적으로 강조되는 것과 같이, 농부의 웰빙과 삶의 질은 심리학에서 간과되어 온 주제이다. 그럼에도 불구하고, 위험요인 혹은 자원으로서 농촌 노동자의 삶의 질에 영향을 미치지만, 다른 징계적 관점에서 적절하게 탐구될 수 없는 다양한 심리사회적 측면에 대한 발견에 기반하여, 이 문제의 중요성에 대한 인식은 심리학자들 사이에서 증가하고 있다(Landini, Leeuwis, Long, & Murtagh, 2014).

농부의 웰빙 증진을 위한 개입법은 자연환경의 특성, 사회 및 건강 서비스의 이용 가능성과 관련된 생활조건 및 지역적 위험요인을 고려하여 설계

되어야 한다(Hossain, Eley, Coutts, & Gorman, 2008; Robinson et al., 2009). 개입 프로그램은 협력적 숙달(collaborative mastery)과 자기효능감의 강화(Roy, 2014)와 함께, 전통적 농업 조직을 와해하는 경제적 도전 및 구조적 사회변화에 성공적으로 대처하는데 필요한 적응 전략의 촉진에 초점을 맞추어야 한다. 질병 척도를 포함한 농부 웰빙의 다양한 측면을 고려할 때, 비농부와 비교한 농부의 정신건강 질환 발병률에 관한 결정적 데이터가 부족하다는 것을 보여주는 메타연구 결과는 철저한 연구의 필요성을 제기한다(Fraser et al., 2005).

농업활동 및 이와 관련된 위험요인이 안정적으로 잘 정의되어 있음에도 불구하고, 이러한 위험요인의 영향을 상쇄하거나 농부의 회복탄력성 및 개인적 성장을 촉진할 수 있는 다양한 지역적 조건, 문화적 태도, 밝혀지지 않은 사회적 및 개인적 자원에 특별히 주의를 기울여야 한다. 이와 같은 변수의 광범위한 상이함은 단순한 일반화를 허용하지 않기 때문이다.

농민 웰빙의 다양한 측면과 구성요소를 적절히 조사하기 위해, 연구자는 데이터를 수집한 문화의 환경을 신중하게 고려해야 하며, 문화형평성(culture-fair)의 관점에서 결과를 해석해야 한다. 농업은 다른 직업보다 지역의 전통 및 관습, 토지와의 관계에 강하게 뿌리내리고 있다. 탈공업 사회보다 계층화가 심한 개발도상국 사회에서는 농민의 지위가 열악한 경우가 많기 때문에, 심리학적 탐구의 경계를 넘어서서 여러 학문 분야가 관련된 광범위한 접근이 필요하다.

세계 대부분의 지역에서 농부들은 높은 수준의 교육을 받지 못한다. 따라서 방법론에 있어서 표준화된 척도의 사용은 문제가 될 수 있으며, 개방형 질문에 기반한 질적 접근법이 우선시 되어야 한다. 언어 문제는 고려되어야 하며, 지역의 언어 및 지역의 사회문화적 맥락을 알고 있는 지역 연구자의 적극적인 참여가 필요하다.

긍정심리학에서 연구된 특정한 구성개념은 농부를 대상으로 하는 연구의 좋은 출발점이 될 수 있다. 이 장에서 요약된 몇 가지 발견에서 제안된

바와 같이, 업무 환경에서 인식하는 대인관계의 질(가족구성원을 포함하는 경우가 많음), 업무 관련 의사결정에서 인식하는 숙달 및 자기효능감의 수준, 개인적 회복탄력성 측면(적응적 대처 전략, 낙천주의, 삶의 의미에 대한 인식, 목표의 설정 및 추구), 일상 생활에서의 정서적 균형은 목적지향적 및 쾌락적 웰빙을 둘러싼 농부 웰빙의 일반화된 표상을 얻기 위한 중요한 조사 대상이 될 수 있다.

향후 탐구되어야 할 특정한 구성개념은, 주로 도시환경에 기반한 다른 직종과 농업 간에 뚜렷하게 구분되는 차이인 자연환경과의 관계이다.

공통점과 차이점을 확인하기 위해 서로 다른 생태계 및 문화적 맥락에서의 발견을 비교하는 교차문화연구(cross-cultural studies)를 통해, 농부 웰빙에 대한 좀 더 일반화된 이해를 얻을 수 있다. 이러한 접근법을 통해 문화적 차이 및 특이성, 이에 따른 개입법의 필요성을 반영하는 농부의 자산(asset)과 자원(resource)을 설명할 수 있을 것이다.

향후 조사가 필요한 중요한 분야는, 함께 일하고 생활하는 가축에 대한 농부의 태도, 관계, 행동과 밀접하게 연결된 농장 동물 복지(FAW: farm animal welfare)이다. 최근의 문헌 리뷰(Hansson & Lagerkvist, 2014)에 따르면, 이 영역은 긍정심리학 접근법을 활용한 연구자와 실무자에게 잠재적으로 관련이 있을 것으로 여겨진다. 왜냐하면 이 분야는 거의 탐구되지 않은 영역인 생물종 간의 관계(interspecific relations), 동물 웰빙과 같은 측면을 포함하고 있기 때문이다.

결론

이 장에서 검토된 연구들은 전반적으로 다음과 같은 점을 강조하고 있다. 농업 부문 노동자가 인식하는 도전과 자원은 그들이 살고 있는 사회문화적 환경과 불가분의 관계로 얽혀 있기 때문에, 웰빙에 대한 인식에 잠재적으로 광범위한 영향을 줄 수 있는 변화를 이끌어 낸다. 그러나 대다수의 농부들은 개발도상국에 살고 있으며, 가장 빈곤한 노동 계층 중 하나이다. 권한위임, 사회적 인정, 농업의 발달과 지속가능성에 대한 농부의 적극적 참여는 장기적인 관점에서 농부의 웰빙을 증진시키기 위한 기본적 전제조건이다.

이를 위해, 그들 업무에 대한 전문가인 농부의 목소리에 주의 깊게 귀를 기울여야 한다. 진정성 있는 참여적 프로그램을 개발하고 그들의 자기효능감, 자율성 숙달의 지각을 촉진하기 위해서는, 농부로서 보유한 지식 및 전통에 대한 지식이 세심하게 고려되어야 한다(Horseman et al., 2014; Reyes-García et al., 2014). 과학적 지식의 보유자로 여겨지는 기술자/농학자(agronomist)와 낮은 교육 수준을 가진 비과학적 전통의 추종자로 여겨지는 농부 간의 지식 교환 및 협업에 대한 장벽이 여전히 강력하기 때문에, 이러한 문제는 아직 다루어지지 않고 있다(Cockburn, 2015). 널리 퍼져있는 이러한 태도는 개인적 성장, 사회적 인정, 의사결정에서의 적극적 역할 측면에서, 농부들이 심리적 및 사회적 웰빙을 달성하는 것을 실질적으로 저해하고 있다. 지속가능한 농업, 식량 생산뿐만 아니라, 노동자와 소비자의 웰빙을 구현하기 위한 규칙과 전략을 고안하는 데 농부의 대표자가 직접적으로 참여해야 한다(Farnworth, 2009).

자연의 풍부한 기능, 특히 땅의 풍부한 기능은 독특하고 경이롭다. 자연은 결코 고갈되는 일이 없다. 인류가 이러한 풍족한 저장소를 놓치는 일은 없어야 한다. 작물 재배와 저장의 신기술에서 비롯된 외견상의 풍요로움으로 인해, 농업에 대한 인류의 근본적인 의존도는 종종 간과되고 있다. 아무리 정교한 인간 공동체라도 인류의 생존과 불가분의 관계에 있는 농업의 중요성을 무시할 수는 없다. 신뢰로운 식량의 원천과 거리가 멀어지는 것은 영양실조와 기아의 위험을 초래한다는 것을 의미한다. 농업 노동자의 웰빙을 보존하고 유지하려는 노력은 사회적 정의를 향상시킬 뿐만 아니라, 불만족으로 가득찬 다른 업무 부문에 문화적 모델을 제공할 수 있을 것이다.

색 인

일터에서 긍정심리학 활용하기

초판발행	2019년 4월 20일
지은이	Lindsay G. Oades · Michael F. Steger · Antonella Delle Fave · Jonathan Passmore
엮은이	유성경 · 박정민 · 이혜진 · 이준걸
펴낸이	노 현
편 집	강민정
기획/마케팅	노 현
표지디자인	이미연
제 작	우인도 · 고철민
펴낸곳	㈜ 피와이메이트
	서울특별시 금천구 가산디지털2로 53 한라시그마밸리 210호(가산동)
	등록 2014. 2. 12. 제2018-000080호
전 화	02)733-6771
f a x	02)736-4818
e-mail	pys@pybook.co.kr
homepage	www.pybook.co.kr
ISBN	979-11-89005-43-6 93180

* 잘못된 책은 바꿔드립니다. 본서의 무단복제행위를 금합니다.
* 역자와 협의하여 인지첩부를 생략합니다.

정 가   25,000원